大宰府史跡発掘五〇周年記念論文集刊行会編

大宰府の研究

高志書院刊

序

福岡県教育委員会が主管する大宰府史跡の発掘調査開始の鍬入式が行われたのは昭和四十三年(一九六八)十月十八日でした。今年はそれから数えて五〇周年という記念すべき節目を迎えています。これより先七月一日には大宰府史跡発掘調査指導委員会が発足しました。当時の委員会の構成は次のようでした。

委員長　竹内理三(国史学)
副委員長　鏡山　猛(考古学)
委　員　坂本太郎・井上光貞・岸　俊男・井上辰雄(国史学)
　　　　岡崎　敬・坪井清足(考古学)
　　　　浅野　清・太田静六(建築学)
幹　事　小田富士雄(考古学)

一方、この段階では太宰府市はまだ太宰府町時代で、地権者ともども大宰府史跡の指定拡張方向には反対を表明していましたが、昭和四十五年(一九七〇)九月二十一日文化庁は大宰府史跡の指定拡張を官報告示しました。

実際に発掘調査が開始されたのは十一月末でした。まず政庁跡の南門跡・中門跡からとりかかりました。それまで現存した礎石建ちの景観は創設以来のものと考えられていましたが、十世紀頃の火災後にそれ以前の礎石建物の旧規を踏襲して再建された状況が明らかにされました。そしてそれが天慶四年(九四一)五月の藤原純友らの大宰府侵攻に起因した復興であると結論されました。さらに最下層に創建期の掘立柱建物の存在まで確認されました。かくして七世紀代にさかのぼる掘立柱構成段階(Ⅰ期)、八世紀前半代の礎石建段階(Ⅱ期)、十世紀前半代の再建礎石建段階(Ⅲ期)の三段階変遷が知られてまいりました。このことは従来の大宰府史跡に対する〝常識〟を改めねばならない成果でありました。後年政庁正殿跡の発掘調査においてもこの三期編年観は追認され、さらにⅠ期の内容も細分されて、この地における政庁の創設が天智朝にまでさかのぼることが期待されてきました。

これより先、昭和十二年（一九三七）に鏡山猛先生の「大宰府の遺跡と條坊」（九州大学『史淵』16・17輯）が発表されました。大宰府政庁を北限に据え、南行する中央大路によって東西両郭に各々十二坊、南北二十二坊の条坊制を復元し、さらにこの府域を囲んで北に大野城・水城を、南に基肄城・関屋土塁を設け、東と西は峻険な山陵線を繋ぐ羅城構成案を提示されました。その一条坊単位方画は周囲の条里制を引き入れて108㍍となります。また大宰府政庁四町方画の東に学校院（二町方画）を、さらにその東に観世音寺（三町方画）を、右郭北限の外に筑前国分寺（二町方画）を配置する復元案を示しました。この鏡山条坊復元案は発掘調査が始まった一九六〇年代から七〇年代まで調査の基本として利用されてまいりました。しかし発掘調査が進展してくると、発見された条坊区画と合致しないところが少なくない状況となりました。鏡山復元案の基本的構成は、府域周辺に展開する条里制区画を府域にまで引き入れたところでしたが、発掘調査の開始以来、現地や地籍図と周辺条里との検討がすすめられてくるにつれて両者の不一致が指摘されてきました。そこで発掘調査の成果を加えて新たに90㍍方画に拠る府域の条坊復元案が太宰府市教委を中心に示されつつある現状です。このように鏡山復元案を基本にした大宰府政庁域の復元案も発掘調査成果や現地の地形なども参照して再検討すべき段階にあります。

第１表　大宰府史跡の計画調査一覧（九州歴史資料館作成、2017 年）

計画調査	年度	調査地区
計画調査以前	S46 まで	大宰府政庁跡（大宰府跡）、学校院跡、観世音寺、子院跡、政庁周辺官衙跡
第１次５ヶ年計画	S47 ～ 51	大宰府政庁跡（大宰府跡）、学校院跡、月山東地区（大宰府跡）、政庁周辺官衙跡
第２次５ヶ年計画	S52 ～ 56	大宰府政庁跡（大宰府跡）、蔵司地区（大宰府跡）、学校院跡、観世音寺、子院跡、政庁周辺官衙跡
第３次５ヶ年計画	S57 ～ 61	月山東地区（大宰府跡）、学校院跡、観世音寺、子院跡、政庁周辺官衙跡
第４次５ヶ年計画	S62 ～ H3	学校院跡、観世音寺、子院跡、政庁周辺官衙跡
第５次５ヶ年計画	H4 ～ 8	観世音寺、政庁周辺官衙跡、子院跡、水城跡
第６次５ヶ年計画	H9 ～ 13	水木跡、大宰府政庁跡（大宰府跡）、筑前国分寺跡、学校院跡、政庁周辺官衙跡
第７次５ヶ年計画	H14 ～ 18	水城跡、観世音寺、子院跡、政庁周辺官衙跡
第８次５ヶ年計画	H19 ～ 23	蔵司地区官衙跡（大宰府跡）、大野城跡（クロガネ岩城門）、政庁周辺官衙跡
第９次５ヶ年計画	H24 ～ 28	蔵司地区官衙跡（大宰府跡）、大野城跡（クロガネ岩城門）、政庁周辺官衙跡
第 10 次５ヶ年計画	H29 ～ 33	蔵司地区官衙跡（大宰府跡）

一方、発掘調査体制にも変更がありました。昭和四十八年（一九七三）二月二十四日九州歴史資料館の開設とともに、大宰府史跡の発掘調査も福岡県教育委員会から同館に移管されることとなりました。さらに発掘調査の進展、調査後遺跡の整備・公開などの業務にも対応すべく、指導委員会の体制にも改修が必要となりました。現在では「大宰府史跡調査研究指導委員会」に改称され、歴史学・考古学・建築史

学・造園学・都市工学・土木工学などの学識経験者一五名構成となりました。そして九州歴史資料館で五ヶ年ごとを一区切りとする年次計画を作成し、指導委員会の審議を経て実施されてまいりました。現在までの経緯を示すと第1表のようであります。

また発掘調査後の遺跡復元整備や、平成十五年(二〇〇三)七月の太宰府市周辺の集中豪雨による大野城跡・水城跡などの被災復旧事業などに際しては、指導委員会から付託された地元委員で構成する「大宰府史跡整備指導委員会」を組織してすすめられています。

大宰府史跡の発掘調査は開始以来、年月を重ねるにつれて大宰府史跡のほぼ全域に及んできています。それらの成果を適宜公表して県民・市民にも周知してもらうことは、史跡の保護を理解し支援していただくための必要業務でもあります。そのために発掘一〇周年ごとに九州歴史資料館で特別展を以下のように開催してきました。

一〇周年展『蘇る遠の朝廷　大宰府』一九七八年十月〜

二〇周年展『発掘が語る遠の朝廷　大宰府』一九八八年十月〜

三〇周年展『大宰府復元』一九九八年十月〜

四〇周年(二〇〇八年)事業は資料館の小郡市への移転を近くに控えて特別展は見送られ、かわって古都大宰府保存協会と共催して『天平追想—古代都市大宰府の栄華—』が行われました。また福岡県教育委員会と共催して十一月二十三日にシンポジウム「古代都市・大宰府の成立を考える」が太宰府市中央公民館で行われました。このシンポジウムの内容はパネリストたちによって補筆され、翌平成二十年(二〇〇九)七月、月刊『考古学ジャーナル』(No.588)で特集「古代都市・大宰府の成立」(小田編)として発刊されました。さらに同年三月には九州歴史資料館企画による『大宰府発掘今昔物語』(小田講述)が古都大宰府保存協会から発刊されています。保存協会と大宰府史跡とのかかわりも久しく、その前身「古都大宰府を守る会」時代にも発掘一〇周年を記念して「大宰府アカデミー講座」全四四講を実施しています(一九八三年四月〜一九八五年三月)。これによって大宰府史跡調査の新しい成果や研究が周知され、さらに終了後に『大宰府の歴史』全7巻として発刊され広く普及するに至った功績は永く記憶されるでしょう(一九八四年〜一九八七年西日本新聞社刊)。

一方、先師鏡山猛先生の大宰府史跡の研究は、太平洋戦争後まもなくから再開され、政庁周辺・観世音寺・筑前国分寺・大野城・

基肄城などの遺跡に発掘調査をもともなって続けられてきました。そして福岡県教育委員会によって発掘調査が開始される直前の一九六八年六月、『大宰府都城の研究』（風間書房刊）を公刊されて、自身のこれまでの研究を集大成され、後学へのバトンタッチをはかられました。さらに「大宰府都城」名称に象徴される如く、その源流を朝鮮半島百済の最終王都であった扶餘邑の泗沘都城の構造に求められています。すなわち泗沘王城を大宰府政庁に、水城・山城を含む防衛外郭施設を泗沘羅城構造に擬する考えを提起されました。この鏡山説には特記すべきほどの否定論や反論もなく現在に至っています。

第2表　大宰府都城の系譜

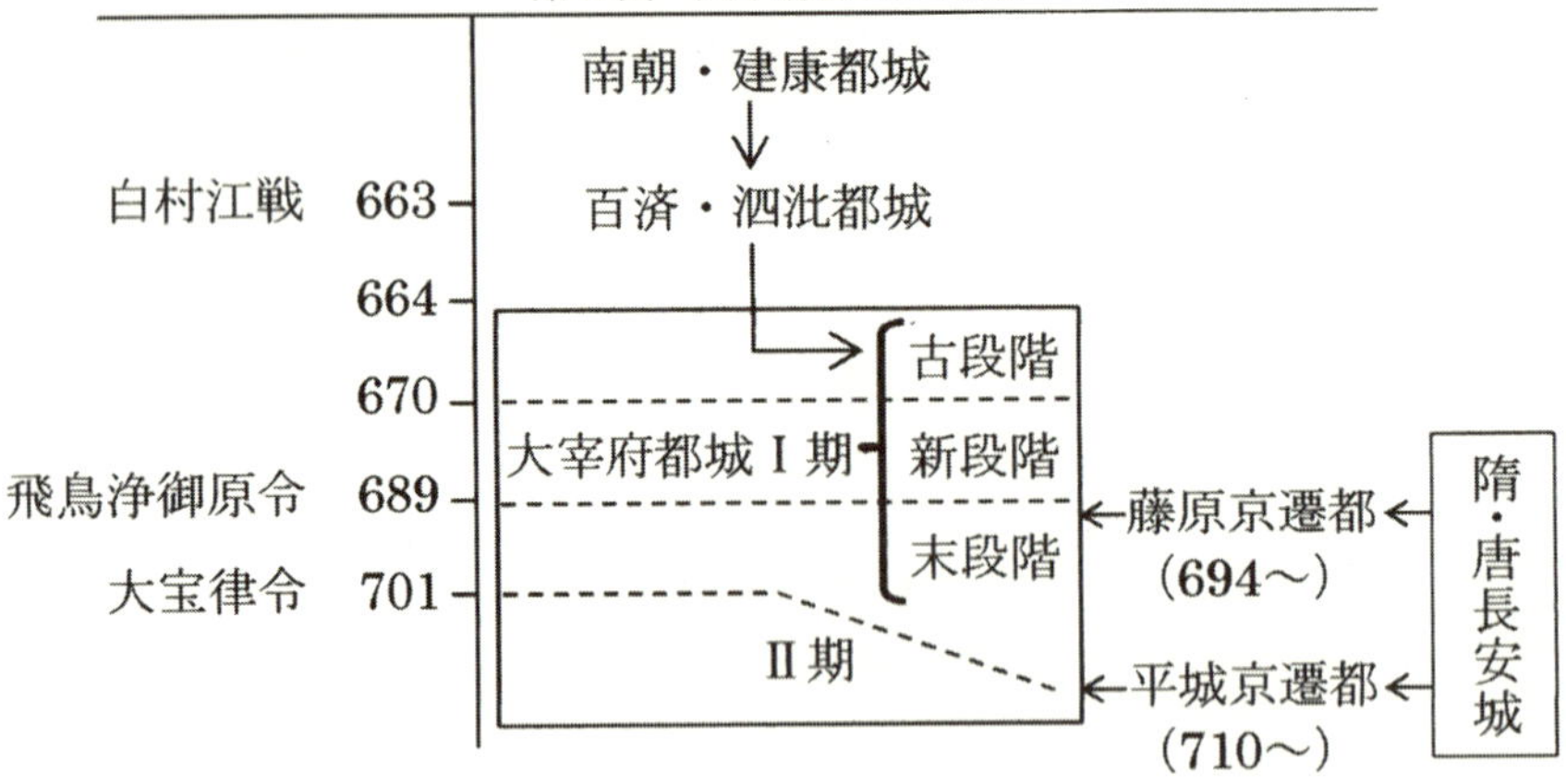

先師の指導に始まってその調査に従事することの多かった私も、大宰府都城制研究ではこれらの説に共感するところ少なくありません。私もわが国歴代の首都や中国・朝鮮（とくに百済）の都城との比較検討に考察を及ぼす機会を得て、中国南朝都城→百済泗沘都城→大宰府都城の系譜論を提示して鏡山説を補足発展させるところがありました（「百済熊津・泗沘期の都城制と倭―とくに倭京～大宰府との関係について―」『古文化談叢』49集、二〇〇三年）。さらに鏡山先生は大宰府条坊制の規範を藤原京に求められましたが、以後現在までの条坊制関係の研究の進展成果を参考するとき、七世紀にさかのぼって条坊制施行が模索される考えは、戦前研究の常識に照らせば首肯されるでありましょう。しかし最近までの発掘成果などを参照するならば、平城京の造営と大宰府Ⅱ期政庁（礎石建屋瓦葺）や条坊が密接に関係しながら成立した事情も明らかになってきた現在、その完成は八世紀第1四半期（～第2四半期前半）まで降るであろうと結論されるに至りました（「大宰府都城の形成と律令体制」『古文化談叢』74集、二〇一五年）。この点鏡山説は補訂せざるをえません。生前に先生から託された大宰府研究の宿題解決は、批判的に補訂継承することで日進月歩の学問的進展を期するものとご理解いただければ幸いであります。

以上の所論をまとめると第2表のように要約することができます。すなわち八世紀初めに完成をみた大宰府都城は二段階を経て形成されたのであります。第1段階は南朝・建康

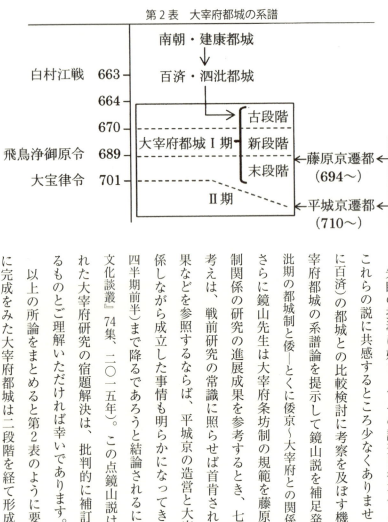

都城に起源して百済・泗沘都城を経由し、百済高官の指導のもとまず防衛外郭ライン（羅城相当）を築城し、府域形成まで視野に入れた非条坊都市形成をめざして出発しました（Ⅰ期古段階～新段階）。つづく第2段階は飛鳥浄御原令（六八九年発布）によって大宰府官制は実質的に出発しました（Ⅰ期末段階）が、やがて大宝律令（七〇一年発布）以降、平城京の造営と関連しつつ隋・唐系の条坊都城制を受容して完成しました。中央首都は上述した大宰府の第2段階から出発しましたので、大宰府の第1段階は存在しません。ここに二つの異なる時期と系譜を包蔵重成した大宰府だけにみる独自性の成立事情が存在していることを見逃してはならないでしょう。

さかのぼって昭和五十八年（一九八三）十二月に九州歴史資料館では、開館一〇周年を記念して『大宰府古文化論叢』上・下二巻を刊行しました（吉川弘文館刊）。内容は考古・歴史・建築史・美術史の分野にまたがり、時代も弥生時代から中世にまで及び、地域も大宰府のみならず近隣広範にわたっていました。そのなかには発掘十年間に明らかになった成果も含まれていて、大宰府発掘一〇周年を兼ねたものといっても過言ではない内容でした。以来今日までこれに後続すべき論文集は編む機会もなく、四〇年が経過してしまいました。今般発掘五〇周年という重要な節目を迎えるに至って関係各位から論文集発刊の要望が高まってまいりました。しかしながら昨今の不安定な社会情況のなかで実現することは容易ではありません。折から福岡県とも関係あさからぬ高志書院から、この企画から発刊までを引き受ける趣旨の好意ある申し入れをいただき、この企画は急遽実現の運びとなりました。しかしながら大宰府発掘調査五〇周年の諸行事が平成三十年（二〇一八）十一月に計画されていて、それにあわせ発刊したいという事業主催者側の希望にあわせるには、寄稿される皆様方にも厳しい成稿期間を強いる結果にならざるをえません。そこで印刷・校正・製本・発刊の手順と完成期限との関係から一冊六〇〇ページ程度に仕上げることが提案され、したがってテーマも「古代の大宰府」を主な対象として、国史学・歴史考古学・建築史学・歴史地理学・美術史・文化財学などの分野の調査・研究成果をまとめた大宰府研究の到達点と今後の課題を示して、将来への出発点となることを期待したいという抱負も要望されたのであります。さらに今般の出版事業主体は記念論文集刊行会有志の発起という建前から、刊行会会長として現在大宰府史跡調査研究指導委員会委員長を務めている小田が起用される次第となりました。

このような緊急情況での企画にもかかわらず、四三篇もの玉稿をご寄稿いただきましたことは深く感謝申し上げるところであります。一方、事務局から、本書の序文には、大宰府史跡調査の回顧や、私とのかかわりについてもふれておくように要望されました。

また本書の企画段階から事務局として作業にあたってきた九州歴史資料館ではこれら玉稿を本書目次に示していますように、内容によって1〜6部門に分類配置いたしましてその系統的整理をはかっています。読書時のお役に立てば幸いです。ご寄稿いただいた方々には、今般の性急なお願いに懲りず、今後とも大宰府史跡の調査や整備にご指導ご鞭撻賜わりますようお願い申し上げまして本書発刊の序といたします。

平成三十年十一月　日

大宰府史跡発掘五〇周年記念論文集刊行会

会長　小田富士雄

〔補記〕　本書に水城遺跡に関する玉稿を寄せられた林重徳氏（佐賀大学名誉教授）は本論文ご執筆後の平成二十九年十月十八日にご病気のため逝去なさいました（享年七二歳）。水城跡につきましては福岡県の調査開始以来ご専門の土木工学的立場からご指導いただいてまいりました。永年のご指導を感謝申し上げるとともに、遺稿となりました本書へのご寄稿の経緯を記してご冥福を祈ります。

目　次

第2部　大宰府の成立と展開

第3部　大宰府の防衛と古代山城

第４部　古代都市大宰府の諸相

第5部　大宰府の瓦と土器

第6部　大宰府史跡の保存

第1部　大宰府と西海道

成立期大宰府都城調査の成果と検討

小田富士雄

はじめに

古代大宰府史跡の考古学的研究は、昭和四十三年(一九六八)に開始された発掘調査以前と以後に大別できる。前者の始まりは、大正二年(一九一三)国鉄鹿児島線工事の水城切断面について中山平次郎氏の調査[中山 一九一四]、昭和五年(一九三〇)長沼賢海氏による大野城跡[長沼 一九三二]や水城跡[長沼 一九三二]の調査までさかのぼる。これら大宰府史跡個々についての歴史学や考古学による調査研究は他にもあるが、大宰府周辺にこれら史跡群を包括する大宰府都城制ともいうべき条坊制が施行されていたことを指摘し、具体的に地図上でその復元案を提示したのは鏡山猛氏であった[鏡山 一九三七]。すなわち大宰府政庁を中央最北端に置き、これより南に延びる中央大路(朱雀大路相当)によって左右両郭各々東西十二坊、南北二十二条を設けるというものであった。また各一条坊方画は周辺の条里をそのまま引き入れた構成を考えている。一方、一九六八年以前の大宰府関係調査研究は、遺跡の現状調査が主流で、発掘調査は部分的にとどまるものであったから、現存する状況が七世紀後半代にさかのぼる大宰府史跡成立時の姿をとどめているものと考えられてきた。一九六八年六月に発刊された鏡山氏の『大宰府都城の研究』(風間書房)は、それまでの大宰府研究を総括して、同年十月から開始される本格的な発掘調査の参考に供しようとする意図も含めて積年の研究をまとめたものであった。そしてはじめて「大宰府都城」の名称が市民権を獲得する意義ぶかいものともなったのである。この呼称については都市としての条坊の意味に加えて「山城・水城などの城塞に囲まれた広い範囲の都城を意味する場合」(同上書一頁)と定義している。以来本格的な発掘調査は今日まで五十年を経過し、多くの成果を重ねてこれまでの〝常識〟を改めねばならないところも少なくない。それらのすべてについて限られた本稿でふれることはできないので、大宰府都城成立期の形成過程とその系譜問題、大宰府庁域設定問題について現在到達しえた成果に対し、歴史考古学的立場から再検討を加えて将来に資したいと思う。

1 天智朝外交と東アジア

天智天皇二年(六六三)、わが国水軍は唐・新羅連合軍と白村江で戦って大敗を喫し、その結果わが国は連合軍の襲来に備えて西日本に緊急防衛体制を整備する必要に迫られることとなった。翌三年に対馬・壱岐・筑紫国に防と烽を置き、水城を築いた。四年には百済王室の高官(兵法

第1表　山城の記録〈築城～修理～廃城〉

期	記録
築城期	(1)　天智3(664)年　對馬嶋《つしま》・壹岐嶋《いきのしま》・筑紫《つくし》國等に防《さきもり》と烽《すすみ》とを置く。また筑紫に大堤を築きて水を貯えしむ。名づけて水城《みづき》という。(日本書紀)
	(2)　天智4(665)年8月　達率答炑春初《だちそつとうほんしゅんそ》を遣わして城を長門《ながと》國に築かしむ。達率憶禮福留《おくらいふくる》・達率四比福夫《しいふくふ》を筑紫國に遣わして大野《おおの》及び椽《き》二城を築かしむ。(日本書紀)
	(3)　天智6(667)年11月　倭《やまと》國の高安城《たかやすのき》・讃吉《さぬき》國山田郡の屋嶋城《やしまのき》、對馬國の金田城《かなたのき》を築く。(日本書紀)
	(4)　天智8(669)年8月　天皇高安の嶺に登りまして議《はか》りて城を修めんとす。なお民の疲れたるを恤《めぐ》みたまひて止めて作りたまはず。(日本書紀)
修理期	(5)　天智9(670)年2月　冬　高安城を修《つく》りて畿内の田税《たちから》を収む。(日本書紀) 高安城を修りて穀と塩とを積む。また長門城一つ、筑紫城二つを築く。 (665年の重出か)　(日本書紀)
	(6)　天武4(676)年2月　天皇高安城に幸《いでま》す。(日本書紀)
	(7)　天武8(680)年11月　初めて関を龍田山、大坂山におく。よつて難波に羅城《らじょう》を築く。(日本書紀)
	(8)　持統3(689)年9月　直廣参石上朝臣麿《じきこうさんいそのかみのあそみまろ》、直廣肆《じきこうし》石上朝臣虫名《むしな》等を筑紫に遣わして位記を給送す。かつ新城を監《みたま》う。(日本書紀)　同年10月天皇高安城に幸す。(日本書紀)
	(9)　文武2(698)年5月　大宰府をして大野、基肄《きい》、鞠智《くくち》の三城を繕治せしむ。(續日本紀) 8月　高安城を修理《おさ》む(天智天皇5年築城也)。(續日本紀)
	(10)　文武3(699)年9月　高安城を修理む。(續日本紀) 文武3年12月　大宰府をして三野、稲積の二城を修《つく》らしむ。(續日本紀)
廃城・変質期	(11)　大宝元(701)年8月　高安城を廃してその舎屋雑儲の物を大倭《やまと》、河内《かわら》二國に移し貯う。(續日本紀)
	(12)　和銅5(712)年正月　河内國高安の烽を廃《や》めて、始めて高見の烽及び大倭國春日《かすが》の烽をおく。以て平城に通《かよ》わしむ。(續日本紀) 8月　高安城に行幸《みゆき》す。(續日本紀)
	(13)　養老3(719)年12月　備後《びんご》國安那郡の茨城《うばらき》、葦田郡の常城《つねき》を停む。(續日本紀)

家)を遣わして長門国に一城を、筑紫国に大野・椽(基肄)二城を築城した。

さらに六年(六六七)には高安城(大和国)・屋嶋城(讃吉国)・金田城(対馬国)など瀬戸内から畿内に至る防衛・連絡機能を達成した。史書に記された山城の築城から廃滅に至る経緯を整理すると第1表のようになる。すなわち築城はほぼ六七〇年前後までに終了したことが知られる。天智朝はまさに防衛施設の構築に終始した時期であった。なかでも天智三～四年に始まる水城・大野城・基肄城の築城は、のちの大宰府政庁や条坊制が実施された府域を包蔵する、大宰府都城の外郭ラインを構成する位置を占めている点は見逃せない。またこの時期には中国からの使者が来航していることも重要である。

まず天智三年(六六四)五月十七日紀に、百済鎮将劉仁願が遣使して表・函を進めたが、朝廷では唐国天子の書に非ず、「在百済国、大唐行軍摠管」の私使・私書であるとして入京させず、筑紫大宰のもとで丁重に饗賜して帰国させた[小田 二〇一五a]。この年は対馬・壱岐・筑紫国に防と烽を置き、筑紫に水城大堤の築成が始まった第一次防衛網開始年でもある。一方近年の水城大堤基底部に使用された樹枝類の同定から、「晩春から夏（五月中・下旬～七月中旬頃）に伐採され、土中に敷き埋められた」ことが指摘された［井上二〇〇九ａ］。このことは遣使が対馬（四月）・筑紫（五月）に来航した段階で、連合軍の進攻危機が遠のいた確証が得られたであろうが、水城の築成はその直後から始まったことになる。その翌年八月には長門に一城、筑紫に大野・基肄二城の築城に着手している。同年九月には正式の唐国遣使二五四人が来航し、このたびは入京を果たしている。また同年八月には唐側で熊津都督扶余隆（元百済太子）と新羅文武王を熊津城で会盟させて和解をはかり、一方では唐の太宗が翌年正月に太山（泰山）で行う封禅の儀に参加させるべく、「新羅・百済・耽羅・倭人四国使」（『唐會要』）を泰山の近くに集めている。またこの年わが国では唐使を送って「小錦守君大石等」を唐に派遣するなど、急速に友好外交が展開しはじめた。

天智天皇五年（六六六）正月と十月、翌七年七月には高句麗の使者が来航している。短期間におけるこのような遣使は、唐の征討を受けていた情況を考えれば、多分援軍の要請であった可能性が高いであろう。しかしわが国ではそれら要請にも応ぜず、ついに同年九月高句麗は滅亡した。一方、同月には斉明天皇二年（六五六）以来国交の途絶えていた新羅が遣使してきた。十一月新羅使の帰国にあわせて、わが国からも遣新羅使が発遣された。半島からの唐軍撤退を望む新羅にとっても、日唐友好を見据えて友好外交に転ずるのが得策と判断されたのであろう。この間わが国では瀬戸内から畿内に至る第二次防衛網が形成され（天智天皇六年十一月）、金田城（対馬）と同じく、鞠智城（肥後）もこの時に築城されたのであろう。両城は百済扶余の泗沘城周辺の外城にも相当する大宰府都城の外城としての位置にあるとみなされる。

天智天皇九年（六七〇）三月、唐と新羅は全面戦争状態となる一方、西方吐蕃征伐戦（四～八月）や、新羅海軍と唐の百済地域への軍糧運搬船団との戦闘（十月）などで、唐側はあいついで大敗し、天武天皇五年（六七七）唐は安東都護府を遼東まで後退させた。ここに新羅の半島統一が実現して、半島情勢は安定期を迎えるに至った。

天智天皇十年（六七一）十一月には唐国使郭務悰等総二〇〇〇人が四七隻で来航した。その内容と天智政府の対応[1]について直木孝次郎氏は次のように解説する［直木二〇〇九］。来航者総人数のうち一四〇〇人は白村江戦時の日本軍捕虜で、その返還条件として彼等の有償引取を求めた。政府では大量の施《ふとぎぬ》・布《ぬの》・綿《わた》を賜与して彼等を受容した。

なおこの唐使滞在中の十二月三日天智帝崩御に伴い、天智外交の終焉はその異母弟大海人皇子（のちの天武天皇）に託されたが、白村江戦後も唐・高句麗などの半島内戦の続くなか、天智政権はそれらに介入することを一切断って友好外交で応ずることに徹していて、一方では防衛体制を固めながら、内政面の改革を充実させる方向性を継承していったのである。

2　大宰府都城の成立と系譜

天智政権における律令国家体制の導入と確立も内政面の緊急課題であった。天智政府のもと、唐帝国をモデルとした律令国家システムの導入政策がすすめられることとなった。氏族統制策、最初の本格的戸籍（「庚午年籍」＝六七〇年）、律令制的中央官制（六官制）、金属貨幣発行（無文銀銭）など次々に諸政策を打ち出しているが、ここでは大宰府都城の形成を考える上で参考される宮都建設（大津宮遷都＝六六七年三月）についてふれておこう。大津宮（滋賀県大津市錦織地区）時代は約五年間の短期間であったが、喜田貞吉氏によって、白村江敗戦後敵襲に備えて、飛鳥からさらに内陸の琵琶湖西岸の地に遷都して「大津京」を設営したとする説が唱導された〔喜田 一九一〇〕。以来今日まで一世紀余を経てなお通説的位置を占めている。ようやく近年になって考古学や古代史学の立場から喜田説を脱皮せざるを得ないような新しい研究成果が出されてきた〔林 二〇〇一、仁藤 一九九八〕。その成果を要約すれば、まず琵琶湖西岸と比叡山地に挟まれた南北に長いこの地は谷筋や低湿地で、高燥な扇状地にしか建物などは設営できない。また大津宮の規模も小さく、関係諸機関や官人住宅なども扇状地に分散せざるを得ない。さらに条坊制の設定も、後続する藤原京に始まるとされる現行所見からは否定的で、確実な史料もない。一方、上述した唐使来航記事からもうかがわれるように、友好外交が回復されつつあった状況下で、敵襲に備えた遷都まで必要とされたであろうか。しかも天智政権では再三にわたる高安城の修築や飛鳥に留守司や兵庫を設けるなど両地域ともに防衛上重視されている。さらに飛鳥地域のたび重なる軍事や造作にかかわる民衆の疲弊、耕地の開発終了などから、改めて近江の生産力が注目された。また大津付近は旧伴造層を中・下級官人として集住させる適地でもあった。宮の造営を担当したのは、天智政権の重臣であった中臣氏・蘇我氏や百済系遺民たちであった。近江遷都は律令制国家の成立を急ぐ政権にとっては、飛鳥に拠る旧政権支持層を避けて進める意図もあった。しかし全豪族たちの支持を得るまでには至らぬうちに、天智の崩御（六七一年十二月）をむかえて、この短命な遷都時代は終わった。

以上のような近江遷都と並行して始められた大宰府都城の形成は、単に国土防衛という軍防目的にとどまらず、さらにその先を見据えた来るべき東アジア外交の窓口として、大宰府都城の整備を重視する方向に転じつつあったとみられ、ここに近江遷都と共通する意図を指摘することができよう。

大宰府政庁跡の建物群や都城内条坊の復原を初めて発表したのは、鏡山猛氏の昭和十二年（一九三七）論考〔鏡山 一九三七〕であった。以来昭和四十三年（一九六八）に始まった大宰府史跡の発掘調査に至るまで、この方面の指針としての役割を果たしてきた。しかしこの鏡山条坊案は大宰府政庁中軸線を基準に左右両郭各十二坊、南北二十二条としながら、周囲の条里（一区画108㍍）をそのまま引き入れて復原していたところに問題を残した。発掘調査開始以来今日まで条坊遺構にかかわる地点の発掘事例も急増して、現在では井上信正氏が唱導する一条坊区画90㍍説に合致する事例が最有力である〔井上 二〇〇一〕。一方、大宰府政庁の発掘成果〔九州歴史資料館 二〇〇二〕から、遺跡に現存する礎石群は天慶四年（九四一）の藤原純友の乱で焼亡後に再建されたもの（Ⅲ期）であること。それ以前に七世紀後半まで遡る掘立柱建物段階（Ⅰ期）、つづく八世紀前半代の再建期建物段階（Ⅱ期）の三期変遷が周知されるに至って、Ⅰ期の開始は白村江敗戦時近くまでのぼせ得ることとなった。敗戦の翌年に水城、翌々年に大野城・基肄城が着工されて、まず大宰府都城の外郭防衛ラインの建設が百済亡命高官たちの指導とともに開始された。大宰府政庁跡の発掘成果とこの時期の文献史学の成果も照合して大宰府政庁Ⅰ期はさらに三段階に区分してその推移をみることができる〔杉原 二〇〇七〕。

①古段階（六六四～六七〇年前後）
　大宰府都城の外郭防衛ラインの築城・政庁地区の準備
②新段階（六七〇年前後～六八九年以前）
　大宰府政庁建設着工（正殿位置決定）・外郭防衛ライン修復
③末段階（六八九年六月～七〇〇年代初）

飛鳥浄御原令制定により大宰府体制発足・同年九月十日中央政府から「位記」（官位授与辞令）伝達・「新城監察」（防衛施設・条坊制策定のための現地視察）

これらを中央政府に照合してみると、①段階＝天智朝（後岡本宮～大津宮）、②段階＝天武朝（飛鳥浄御原宮）、③段階＝持統朝（飛鳥浄御原宮～藤原宮）のように対応させ得る。

すでに旧稿［小田二〇一三b］でも述べておいたように、大宰府都城の直接的系譜は百済の泗沘都城に求められ、さらにその源流は中国南朝の建康都城にさかのぼる。この系譜を引く都城の特徴は中央北寄りに宮都を置き、その中軸線を南に延ばす南北大路を配しているが、条坊制はみられない。都城域には五部五巷制を設け、これは百済泗沘都城までは継承された。要するに非条坊都市型として大宰府都城まで伝達された点が注意される。天智政権を承けた天武政権は律令制国家確立への政策を本格的に推し進めるとともに、新城造営（遷都）の意志を示したが、やがて次の持統朝に至って飛鳥浄御原令の制定（六八九年六月二十九日）、藤原京遷都（六九四年十二月六日）として結実した。大宰府政庁Ⅰ期②～③段階の背景には、天武・持統朝の律令体制の確立に至る道程との関わりをあわせ考えねばならない。

天智政権下で国内的には敵襲の危機感を煽りつつ完成を急いだ軍防体制の完了は、上述したように六七〇年までにはほぼ到達したが、国内の律令国家体制への改革は、敵襲危機感を煽って対応できるほど国民的理解を得やすくはない。その急進的改革をはかるべく実行された大津宮遷都をもってしても完成には至らなかった。天武・持統政権へと継承され、持統八年（六九四）十二月の藤原京遷都で、条坊制を伴う隋・唐長安城を手本とした都城制を導入して一応の完成をみた。

首都のミニ版ともいえる大宰府都城の本格的建設も、藤原京建設と並行して進められた。Ⅰ期③段階は飛鳥浄御原令制定（持統三年＝六八九）とともにⅡ期にむけて始動しはじめた時期である。同年九月には「監新城」とあり、条坊制施行策定作業がこのときに始まったことも知られてきた。かくして大宰府都城が目に見える〝かたち〟として完成するのはⅡ期に入ってからである。大宰府政庁は朝堂院式配置をとる礎石建瓦葺建物群で構成される。その中軸線上に重なる南北大路の東西前面には碁盤目状（一区画90㍍方画）の条坊制が展開する。また首都における四大寺に比すべき「府大寺」（観世音寺）も政庁の東に配置されていて、首都のミニ版ともいうべき景観が実現されるに至る。しかしながらその完成には平城京の工事と並行して進められ、大宰府都城では初めて条坊制が導入されることとなった。律令国家体制の完成には、大宰府都城外観の整備まであわせて中央政府の計画に組み込まれていた。大宰府政庁跡の完工は八世紀第1四半期であった［横田一九八三］ことは周知されているが、この時期は関連施設（官衙・寺院など）の建設期であり、外郭防衛施設の最終整備期でもあった。近畿系の鴻臚館式や老司式の古瓦がこれら施設に使用されたのである［小田二〇一六b］。一方古代史学からも「筑紫之役」と称された力役（年間十九日間の特例措置）が、筑紫地域に慶雲三年（七〇六）から養老二年（七一八）までの十二年間に課されていたことが注目され、その主体は大宰府都城の整備にかかわるものであったことが指摘されている［鎌田二〇〇一］。また八木充氏も隼人反乱鎮圧後の和銅六・七年（七一三・七一四）から大宰府政庁ほかの造営が本格化し、霊亀年間（七一五～七一六）にはおおかた竣工したとする［八木二〇〇二］。さらに条坊制とのかかわりで政庁Ⅱ期の成立を検討している井上信正氏は、朱雀大路と政庁の中軸線はほぼ重なる一体的施工であること、政庁中軸と観世音寺講堂中心点間の距離は594・74㍍＝二〇〇〇小尺となり、両者は配置上関連すること。政庁Ⅱ期主要施設はその各設計、互いの配置いずれも小尺が使用されたことなどから、『続日本紀』和銅六年(七一三)二月壬子条にみえる小尺採用後の設計・造営を考える［井上 二〇〇九］。以上、諸説ともに八世紀第Ⅰ四半期成立説には異論はないようである。その仕上げ段階では、平城京司として外観整備を担当した多治比真人池守が和銅八年(七一五)に大宰帥として赴任し、養老二年(七一八)に帰京している。都城域の景観整備もほぼこの頃に完成したのであろう［小田 二〇一五b］。

以上の経緯を通じて大宰府都城の形成には二段階の推移があったことが知られる。

第2表　大宰府都城の系譜

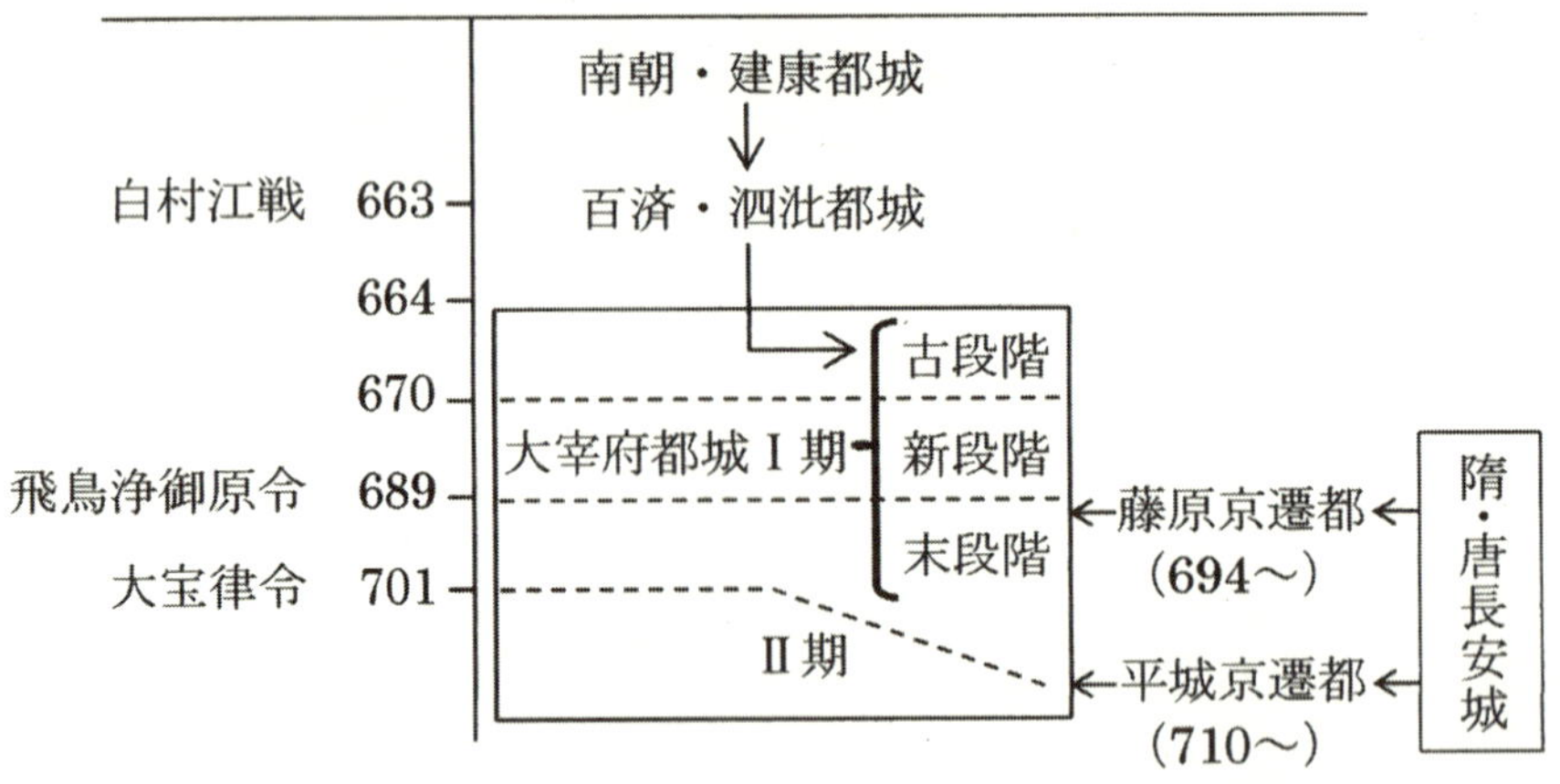

第一段階は政庁Ⅰ期古段階に始まる百済高官たちの指導による水城・山城を連ねる人工土塁や、自然天険連峰を結ぶ都城外郭ラインの形成と、政庁域の選定、南朝建康城に淵源する百済泗沘都城を手本とする非条坊制都市を企図して発足した。

第二段階は政庁Ⅰ期末段階に出現した隋・唐長安城を手本とする藤原京や平城京にみる条坊制都市に習って完成した。

このような形成過程を整理すれば第2表のようになる。

以上のような二段階重層構成の都城タイプは大宰府都城だけにみられる特性であり、中央首都においては第一段階は受容していないのである。「羅城」形成に淵源する東アジア型都城外郭ラインの形成は、本源的な中国の羅城制を、受容地域の地形特徴に応じて若干変更を加えつつ朝鮮半島三国を経て大宰府にまで足跡をとどめるに至った点に歴史的評価を認むべきであろう。

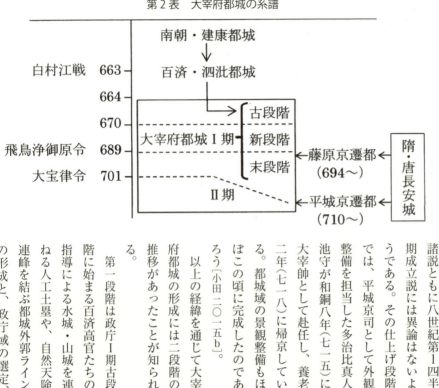

3　府庁域設定の再検討

鏡山猛氏の大宰府条坊の復元案［鏡山 一九三七］が発表されて以来、条坊域北辺中央の条坊復元案では大宰府政庁域四町方画域が設定されてきた。鏡山氏の一条坊区画は108㍍平方区で、これは周囲の条里制区画を引き入れたものであった。発掘調査当初にはこの鏡山案に拠って現地での利用がはかられた。しかしいままで鏡山案に適合するような条坊制道路遺構はほとんど発見されていない。この点を重視した岸俊男氏らは「想定されている大宰府郭の内外かなり広い範囲にわたって、明治初年の地籍をもとに遺存地割の復原作業を太宰府町と筑紫野町の二五〇〇分の一地図上に行なったが、その結果、西や南の周辺地域には条里制遺構が遺存していても、肝心の郭の中心部にはその条里制地割に適合するような地割がほとんど現存しないことが判明した」［岸 一九八三：二五五頁］とする大宰府域復原の基本にかかわる重要な成果が提示された。

さらに大宰府政庁の位置決定についても、「政庁中軸線は北に延長すると、大野城の最高点、大城山の頂上をほぼ通るので、あるいはそうした基準によって」（二五五頁）いるのではないか。また高句麗や新羅の都城に中国式の条坊制が採用されても、「都城の構造そのものは百済とは異なるので泗沘や熊津にも同じように条坊制が施かれていたとはいえず、（中略）たとえ条坊制が施かれていたとしても、それは日本の都城のごとき左右対称の整然たるものではなかったであろう。とすれば、その百済の都城を模倣した大宰府の場合もおよそ見当がつくといえる」（二五六頁）。以上の結果として「大宰府設置の当初から都城としての条坊制の存在した可能性は極めて少く、条里制に基づく郭の設定は少くとも奈良時代以後であろうと考えられる」（二五六〜七頁）など、今日我々が到達している成果の先駆的提言として、その透徹した史観には脱帽を禁じ得ないところである。

岸氏の論考と時を同じくして発表された石松好雄氏の考古学調査成果に基づく大宰府府庁域の復元案［石松 一九八三］は、今日までほぼ定着して各方面に継承されている。発表以来三十数年を経過しているが、これまで同論考についての再検討などはほとんどなく、発掘調査によって実証され不動化したような印象を与えてしまった。そして現在はすでに古典的位置を占めているといっても過言ではなかろう。しかしその後の調査成果や関連研究の進展に応じて再点検すべき時期にあることも否定できない。以下筆者の抱いてきた年来の疑問ともあわせて検討し、私案の概要も提示しておこう。

まず石松復元案を要約しておく。

①鏡山氏の条坊復元案を出発点として発掘成果をこれに重ねて府庁域設定の是否を指摘する立場を表明。発掘調査は政庁（方四町）・学校院（方二町）・観世音寺（方三町）と西から東に並列する鏡山案に拠って進められてきたが、「政庁前面域における調査では官衙と推定される建物の遺構が広範囲にわたって遺存していることが明らかにされるにいたっている。これらの遺構は、これまでの復元案による方四町の範囲をはるかに越えており」（二一六頁）、府庁域の四至について再検討の必要を提起した（第1図参照）。

②発掘調査の成果について府庁域に関係する官衙遺構で検討を加えたのは政庁地区・月山東地区・学校院中央地区・学校院東辺地区・蔵司地区・政庁北地区・大楠地区・不丁地区・日吉地区である。掘立柱建物・礎石柱建物・建物群や地区境界を画する溝・柵列などが検出されている。そしてこれらの遺構群は推定条坊方位にほぼ沿っている点も注意される。各地区の詳細については石松論考を参照されたい。ここにいう「府庁」は「政庁およびその周囲の官衙群を含めた範囲」、「政庁」は「現在都府楼とよばれている中枢部一郭」をさしている（二一八頁註（2））。以下石松氏の推定する府庁域四至は次のようである（第1図参照）。

③東限――月山東地区で発見された柵によって囲まれた官衙は、その東面柵が「政庁中軸から約二二九㍍のところにあり、二町の線を越えている。このことは政庁と学校院とが隣接しているのではなく、その間に何らかの官衙が存在しており、府庁の範囲がさらに東へ広がっていることを示している」（二一六頁）。「府庁と学校院の境界が明らかでない現在、学校院は府庁域の東の一画を占めたものと理解しておきたい」（二一七頁）。これに従うならば、府庁域の東隅溝（ＳＸ2020）は、観世音寺との境界をも示している（第2・3図参照）。

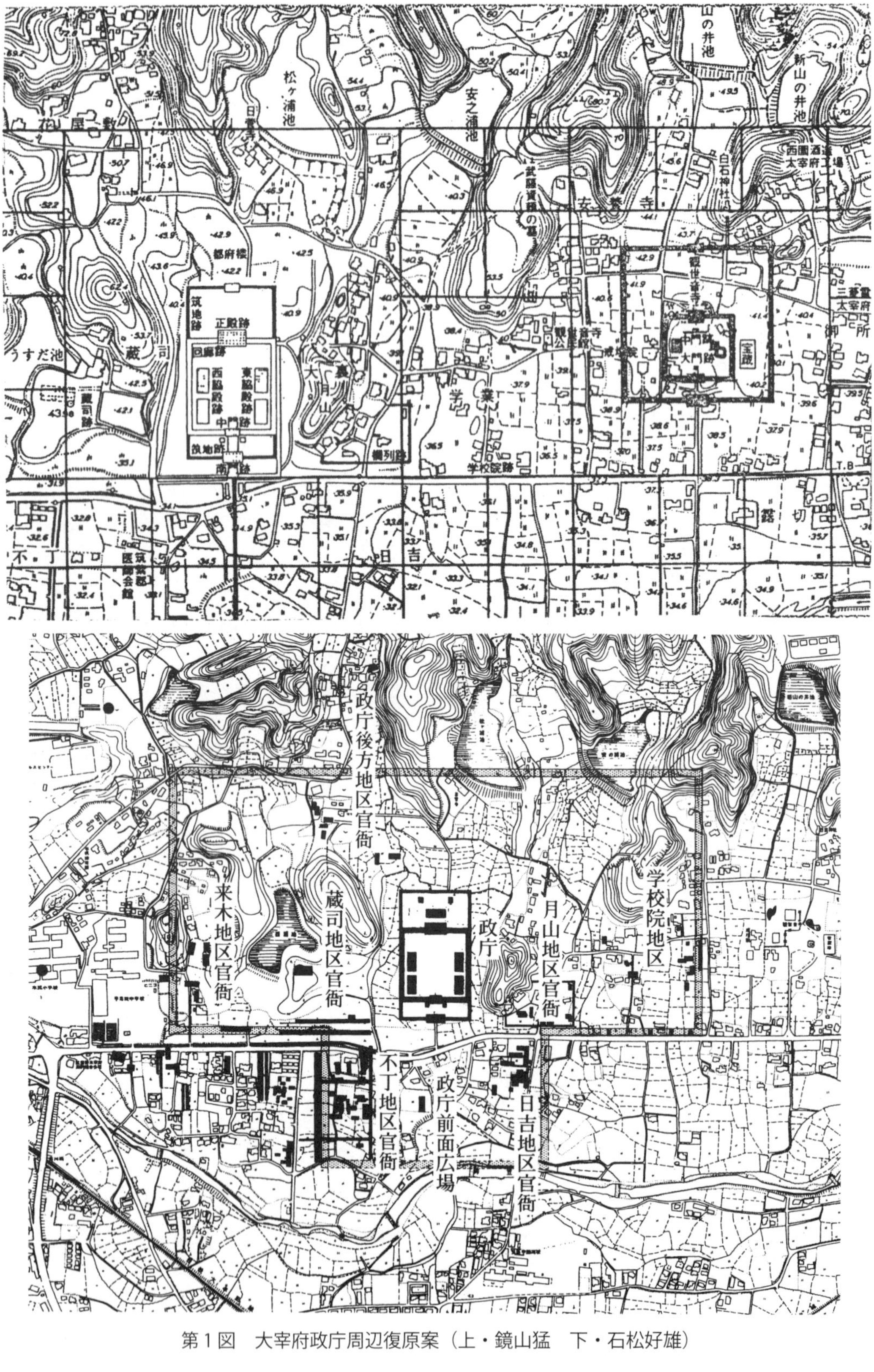

第１図　大宰府政庁周辺復原案（上・鏡山猛　下・石松好雄）

④西限――蔵司前面で東西方向の三条の築地（ＳＡ1400・1410・100）が発見されていて、ＳＡ100はさらに西に延びるが、石松氏は「東側の界線としたＳＸ二〇二〇を西に折り返すと、来木丘陵の西側の南北に走る小路の約二〇㍍ほどのところへくる。これより以西は一段低くなり、中学校のグランドとなっており旧地形は不明である」（二二七頁）から、「西の範囲はこの南北小路の西付近」（同上）とする（第４図参照）。

⑤北限――「最も北に位置する遺構は政庁北の二間×五間と推定される柱穴群である」（二二七頁）が、その北にも平坦地が約一町ほど続く。これを北限として東に延ばせば大野山から延びてきた丘陵が複雑に入りこんで、溜池上を走る。鏡山・石松両説ともこれを北限とみる（第1図参照）。

⑥県道南側――「この地域はいわば張り出し部とも考うべきもので、現在のところ政庁正面の空間地を間において東西対称に官衙が配置されていたと推測される。それぞれの具体的な範囲は不明であるが、基準のひとつとして得るものに大楠地区で検出した南北の大溝ＳＤ三二〇がある。この大溝より以西ではこれまでのところ遺構は検出されてい

第２図　月山東・日吉地区遺構配置図

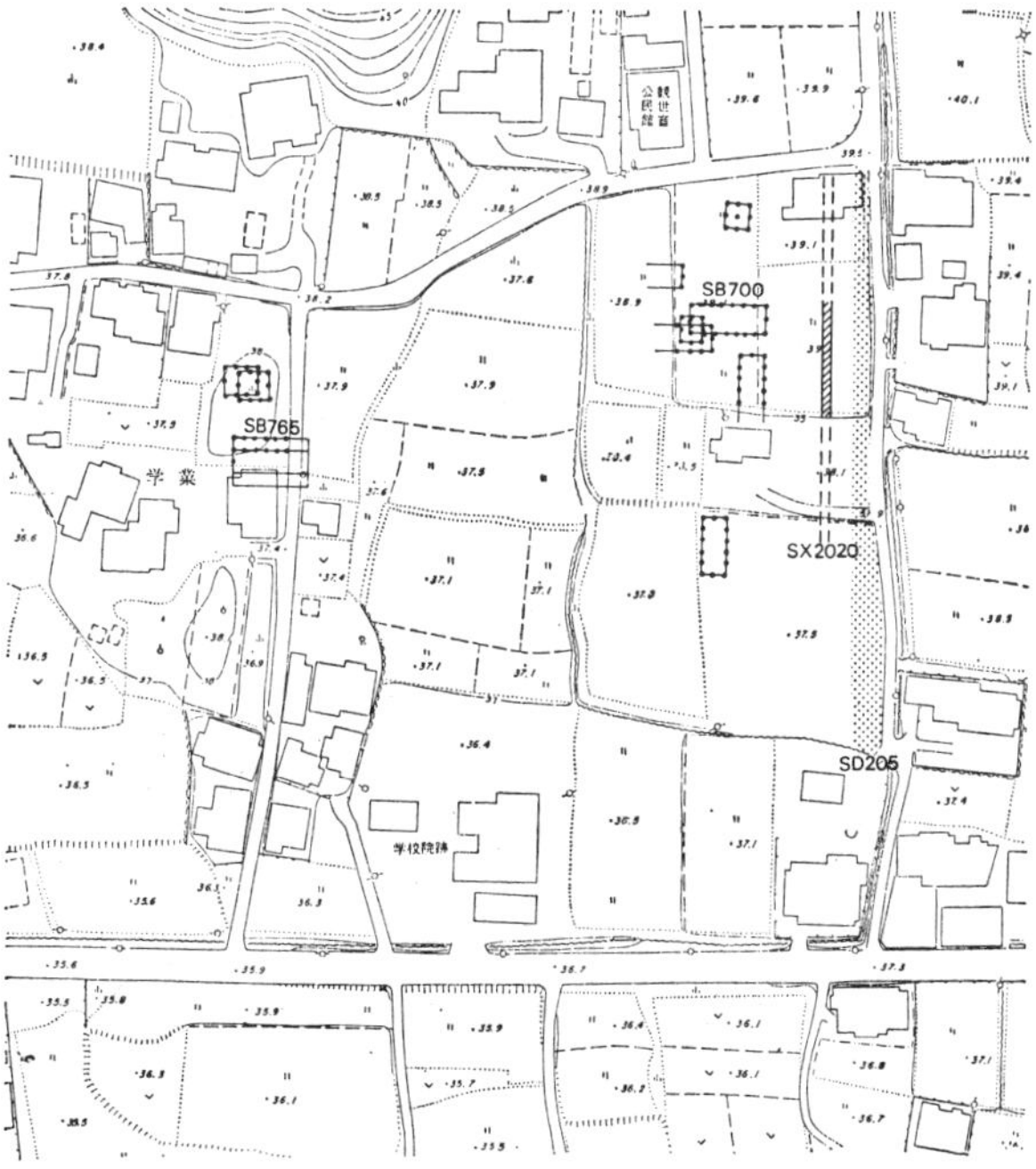

第３図　学校院中央・東辺地区遺構配置図
（第２図～第４図　石松好雄「大宰府庁域考」1983 年より）

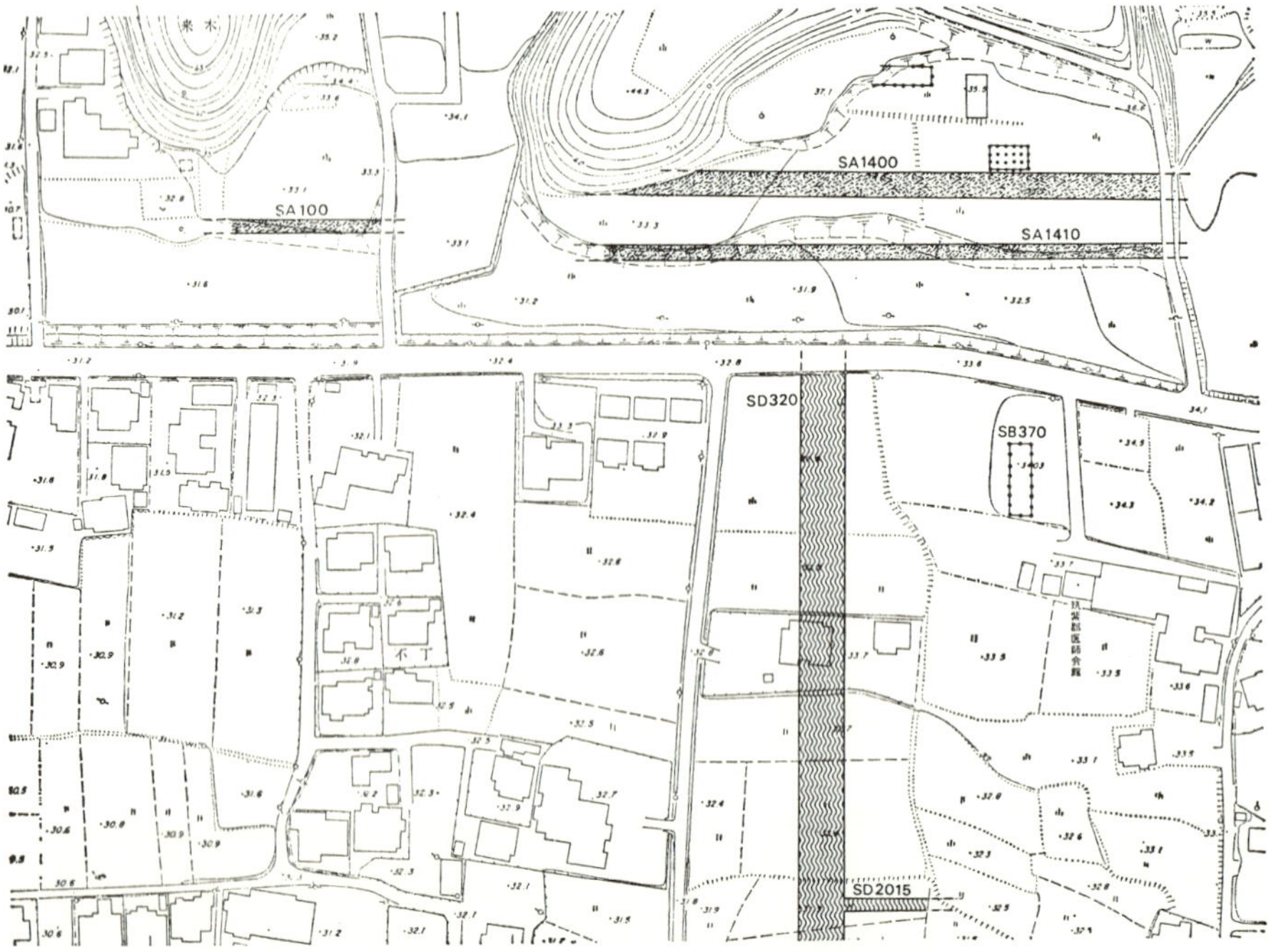

第4図　蔵司・大楠・不丁地区遺構配置図

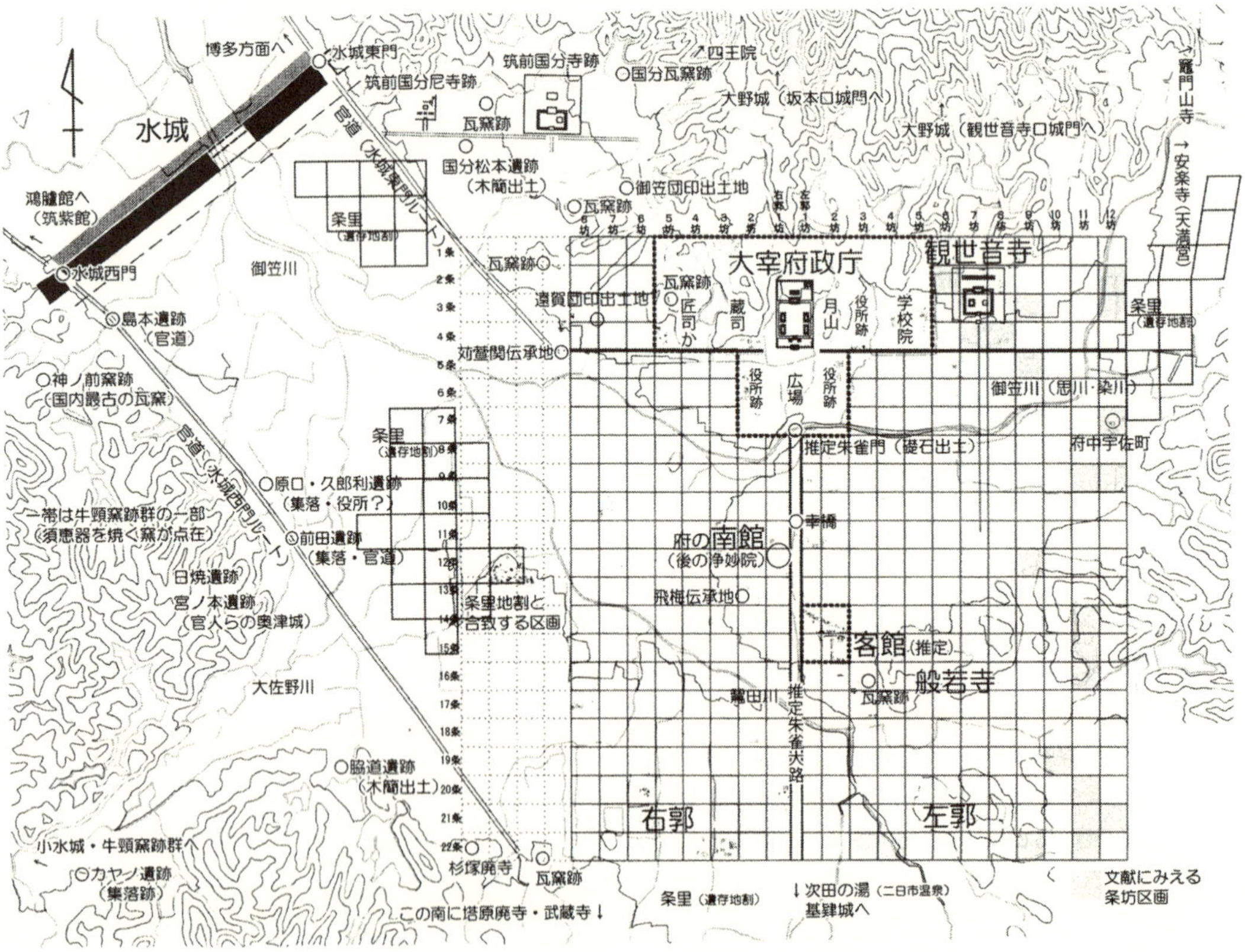

第5図　現行の大宰府条坊跡および周辺図

（条坊復原・井上信正、大宰府政庁復原は石松好雄による）［太宰府市『大宰府条坊跡 44』図7（2014)］

ないので、これを西の界線とする」（二二七頁）。これを東に折り返すと日吉地区官衙群があり、その東接するＳＤ320相当地にも南北方向のやや蛇行する溝が流れている浅い谷状地形がみられる。南限については上述した大楠地区の南北大溝「ＳＤ三二〇にほぼ直交する東西溝ＳＤ二〇一五」（二二八頁）がとりあげられた。「この溝は未だ一部を検出したのみで東延長部については明らかではないが、この溝から南側は御笠川の流路にあたっており、遺構はおよんでいないもの」（二二八頁）と推測して、南限をこの溝の延長上に求めた。

以上のように結論した石松氏は最後に「かなりの推測をまじえたものであり、また各遺構相互の時期的な問題についてもなかば無視した状態で論を進めた点など」（二二八頁）をあげてその弱点も自省している。しかしこれ以後、府庁域については、石松説にさしたる批判的立場も示されずに受け入れられてきた。すなわち一町方画単位の条坊構成から成る鏡山説によって、県道以北の政庁域は東西八町・南北四町、県道以南は東西四町弱・南北二町弱のいわゆる逆「凸」字形ともいうべき府庁平面形態が提示されてきた。その後、昭和五十七年（一九八二）に御笠川改修工事の際に円形柱座式礎石一個が川床から発見された。政庁南門の南約二町の地点で、推定府庁の南限にあたり、政庁正殿跡や南門の礎石よりはるかに大きく、「大宰府庁の正門で、宮都でいう朱雀門の役割を負った建物（門）の礎石の可能性」［一瀬 二〇一〇：二二六頁］が考えられている。ここに府庁南限もこのあたりに推定できるであろう。また府庁を含む条坊制についても上述してきたように、発掘結果からは一条坊方画は90㍍の場合が最も適合性が高いことが知られてきた。

そこで蔵司前面の二つの築地間を通る東西条ラインを設定すると、政庁南門と月山東地区官衙の南面柵列の前を通る。さらに鏡山案の東二条～三条間の学校院地区にはみ出していた東山地区官衙の東面柵列と、その東を南北に走る浅い谷状低地は完全に一区画内におさまり、そしてここから東に観世音寺西境界までの間にさらに二方画が設定できる。かくして地形的にも府庁域と学校院域の重複は解消されてくる。石松案では鏡山条坊案にのせていて学校院と重複してしまうので、政庁―月山東官衙―学校院を連続させて府庁域として一括してしまった。筆者ははやくから官衙域（行政機関）と学校院（教育機関）を、境界なく府庁域として一括してしまうことに疑問を感じていた。藤原京・平城京においても、宮城施設域のなかに学校施設はない。この点では鏡山案で政庁域四町方画、学校院二町方画と分割して示している方式に従うべきではあるまいか。

さらに石松氏は鏡山案に拠る左郭東西四町を右郭にも左右対称方式の発想で求めた。すなわち蔵司遺跡を擁する台地とその西の来木丘台地の間には約幅50㍍の深い谷地形が南北に走り、現在も〝うすだ池〟によって二分されている。来木丘台地には須恵器ほかの生産遺跡の存在が知られていて、ここを匠司《たくみのつかさ》に充てている。またうすだ池に臨む蔵司跡の西側崖部は長年の風害で侵蝕がなお進行中であり、有名な「玖須評」木簡もこの丘陵側からの廃棄流出したものであった。この崖部上面の谷底からの高さは少なくとも7～8㍍以上に及ぶであろうから西側来木丘との間は、完全に遮断されている。一方、蔵司台地の西端部は90㍍方画の条坊案をかぶせてみると、政庁中軸線から右郭三・四坊の境界にあたり、うすだ池の東端は水道状に三坊内に引き込まれている。また鏡山案で設定された政庁北境ラインは、溜池の南裾近くまで後退するものの、さして不都合な影響はみられない。

以上のように再検討を加えてくると、政庁南門以北の政庁・官衙域は

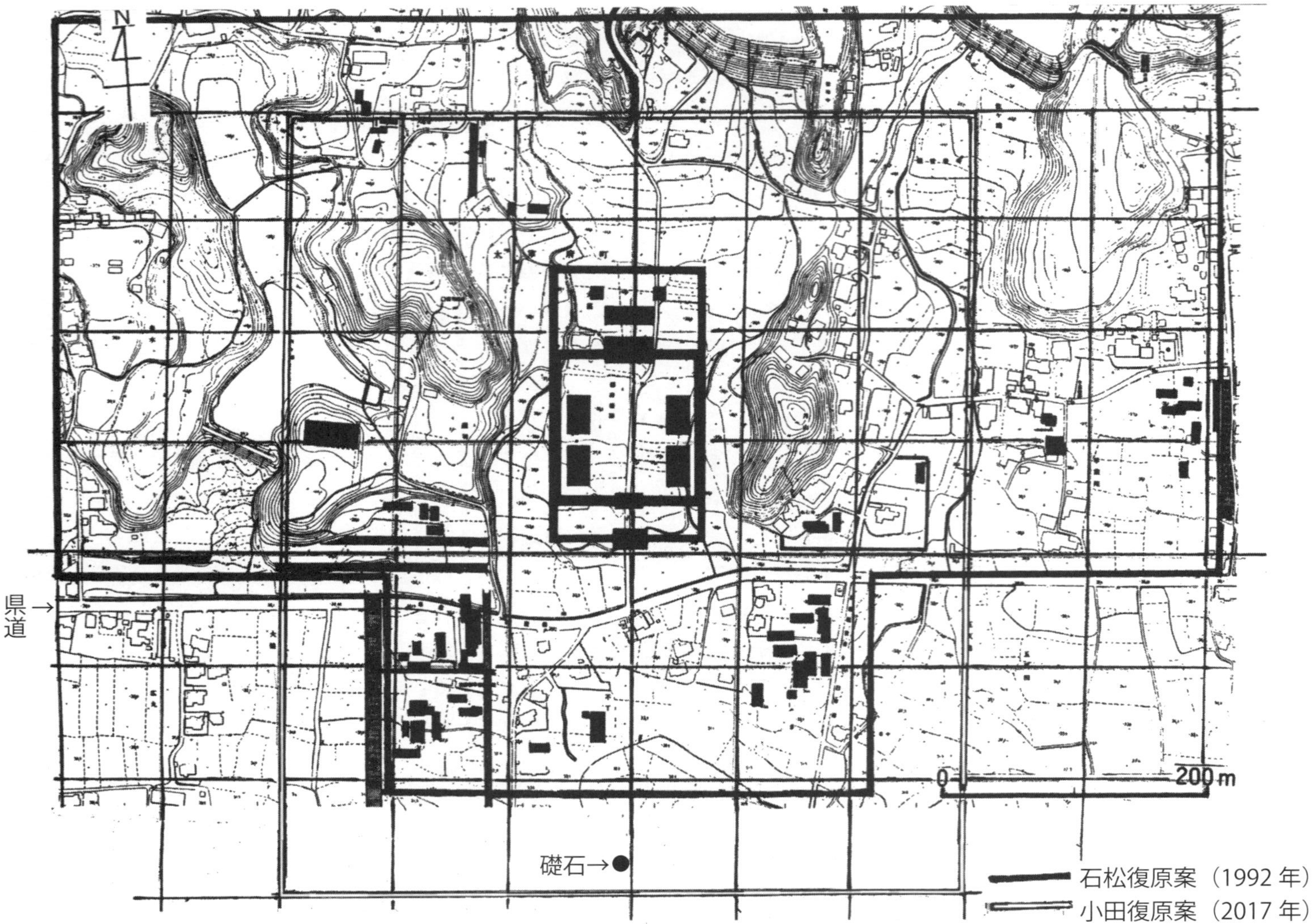

第 6 図　大宰府府庁域復元図

政庁中軸線の左右各三町・北行四町が想定できる。そして東方観世音寺との間に二町方画域の学校院も設定することができる。

県道南側地域は政庁前面広場の西に不丁地区官衙、東に日吉地区官衙を対称的に配置する石松案が示されている。とくに不丁地区官衙の西限は南北大溝ＳＤ320が採用され、これと直交する東西溝ＳＤ2015が南限を画するものと想定された。しかしこの東西溝の検出はまだ一部にとどまっている点に疑問が残る。果たして後年さらにこの南方御笠川の川床から政庁正門礎石が発見されたことによって、府庁南限は御笠川流路近くに及んでいた。いずれにしても、発掘調査の進展によって政庁官衙域の南限が県道南側に及ぶことが確認されたことは新しい成果であった。石松案ではこの南に拡張された官衙群を画する溝と、その対称地区設定の手法で逆「凸」字形政庁・官衙プランが提起されたのであった。

ここに至って筆者には、また新しい疑問が生じる。石松氏の逆「凸」字形府庁プラン案はすでに述べてきたように二つの官衙地区設定案から構成されている。県道以北の政庁・官衙地域と県道以南の官衙地域である。前者の区域設定には鏡山案に拠る条坊区域観が適用されたが、後者の区域設定には官衙建物区域観を適用している。そこで県道以北地域の90㍍方画手法を適用するときは不丁地区官衙域は右郭二坊におさまるが、その西限を画する南北大溝ＳＤ320は三坊にまではみ出してしまう。また府庁正門礎石(朱雀門相当礎石)が御笠川の川底で発見されたことで、政庁南限は石松案より拡張されることとなった。そこで90㍍方画案をかぶせてみると、東西両境界は各三坊分をとり入れ、南限は県道南側の三町域をとり入れることによって解消される。これはさきの県道北側の東西各三町域の境界南延長線上にあたる。かくして政庁と官衙群で構成される府庁域は南北七町・東西六町の長方形プランとなる。すなわち首尾一貫した条坊区域観によって県道南・北域を統一的に復原することができ、石松案における南北の不統一観も解消できるであろう。さらには首都(藤原・平城京)における宮城域外観とも整合性がとりやすくなるであろう。

ところで大宰府政庁はすべて連続的区域を形成しなければならないであろうか。石松案で示された学校院や来木丘生産遺跡(匠司比定地)などその好例である。とくに後者では、幅広く深い谷地形によって政庁区域と遮断されている現状には一層この感を深くする。大宰府には諸司・諸所があった。職員令には五十一人の大宰府官人が数えられる。竹内理三氏は年数を経過するにつれて官人は増加傾向を示していることを指摘しているが、さらに十二世紀代におよぶ史料を渉猟して、大宰府の「所」「司」で存在の明らかなものとして次の十八所をあげている[竹内 一九五六]。

学校院・兵馬所(兵馬司)・蕃客所・主厨司・主船司・匠司・修理器仗所・防人司・警固所・大野城司・蔵司・大帳所・公文所・薬司・貢上染物所・作紙所・貢物所・政所。

これらの所・司すべてが現政庁・官衙群の区域にあったわけでもない。蕃客所(鴻臚館)、匠司など直接現地に臨んで設置されたものも考えられる。今後の考古学的調査の継続などによって判明してゆくことを期待したい。また石松案で示された府庁域の各地区官衙遺構の年代は必ずしも同一年代ばかりではないことや、府庁の初期相当からII期、III期の所在までが遺構分布域に含まれていて、どの時期の状況かに特定するのは難しい。筆者が本稿で設定したのは「成立期」の大宰府庁である。具体的には八世紀の第1四半期であり、時として第2四半期までを含めて検討対象にすることを考えている。大宰府史跡の発掘成果をさらに年代的に細分して示せるようになることを将来に期するとして、現段階で示しうる府庁域の復元案は本稿で提示した程度にとどめざるを得ないであろう。府庁の所(司)によっては府庁域を離れて分散的に置かれたことも考えねばならない。さらに条坊研究の立場から、官衙建物と密接に関係して設営されているケースなども言及されていて［井上 二〇〇九］、また別視座からの検討も必要になろう。

おわりに

これまで大宰府都城の外郭ラインの設営に始まり、大宰府都城と藤原・平城京建設との相関関係、条坊制と大宰府庁域の設定関係など、大宰府都城の成立に至る経緯を調査成果から検討することによって将来への前進を試みた。しかしまだ調査中の県道南側地区では、不丁地区官衙に接する大楠地区にも官衙かと思われる遺構群が発見されて不丁地区の西側に広がりつつある。本稿で取り扱ってきた成立期官衙は、条坊制とも深くかかわりながら設定された立場からすれば、第Ⅱ期当初からこのような展開の在り方には疑問も呈し得ない。大宰府庁は時代を経過するにつれて官人増加傾向を示している［竹内 一九五六］ことを参考すれば、そのような動向とあわせて、大楠地区や政庁後方地区などにやがて拡大していくことも当然予想しておくべきことであろう。

筆者にとって大宰府研究は、学生時代以来の鏡山猛師から託された宿題であるが、いまなお完成の域に到達し得ない。本稿でふれなかった大宰府系古瓦の研究［小田 二〇一三a・二〇一六a］、管内諸国・郡衙と大宰府との交渉［小田 二〇一四］など、なお進行中の課題も多い。加えて昨今は大宰府都城の東外郭ラインを構成する筑紫野市・前畑土塁の発見［筑紫野市教委 二〇一七］やその保存など新たな問題も発生して、その対応も多岐にわたっている。大宰府史跡調査研究指導委員会にかかわってからも五十年が経過した。すでに八十路を越えながら未だ研究途上にあり、次世代への継承もどのように果たすべきか思案する昨今である。大宰府史跡の発掘調査が半世紀という節目を迎えた現在、関係衆智を集めて今後の新しい方向性を定めることが緊急課題となってきている。

(二〇一七年四月四日稿了)

註

(1) この年十二月三日、天智帝が近江宮で崩御した。以下の対応記事は天武天皇元年(六七二)五月十二日条(『日本書紀』)による。

参考文献

石松好雄　一九八三年「大宰府庁域考」『大宰府古文化論叢』上巻　吉川弘文館

一瀬　智　二〇一〇年「御笠川川床出土の礎石(SB4650)について」『大宰府政庁周辺官衙跡Ⅰ』第Ⅶ章　九州歴史資料館

井上晋一　二〇〇九年a「水城跡の敷粗朶の樹種同定」『水城跡』下巻第Ⅶ章　九州歴史資料館

井上晋一　二〇〇九年b「植物と人・生きもの達㊽　古代・水城の敷粗朶について」『ふるさとの自然と歴史』第三七五号　歴史と自然をまもる会

井上信正　二〇〇一年「大宰府の街区割りと街区成立についての予察」『条里制・古代都市研究』一七号　条里制古代都市研究会

井上信正　二〇〇九年「大宰府条坊区画の成立」『月刊考古学ジャーナル』五八八号　ニューサイエンス社

小田富士雄　二〇一三年a「老司式軒瓦の再検討」『古代九州と東アジア』Ⅱ　同成社(初出二〇一一年)

小田富士雄　二〇一三年b「百済熊津・泗沘期の都城制と倭—とくに倭京～大宰府との関係について—」『古代九州と東アジア』Ⅱ　同成社(初出二〇〇三年)

小田富士雄　二〇一四年「筑後・上岩田遺跡の再検討—とくに初期官衙と仏堂の形成をめぐって—」『上岩田遺跡Ⅴ』小郡市教育委員会

小田富士雄　二〇一五年a「白村江戦の戦後処理と国際関係」『古文化談叢』第七三集　九州古文化研究会

小田富士雄　二〇一五年b「大宰府都城の形成と律令体制」『古文化談叢』七四集　九州古文化研究会

小田富士雄　二〇一六年a「大宰府都城I期軒丸瓦考」『古文化談叢』第七五集　九州古文化研究会

小田富士雄　二〇一六年b「山城出土のI期古瓦」『季刊考古学』第一三六号　雄山閣

鏡山　猛　一九三七年「大宰府の遺跡と条坊」(一)・(二)『史淵』第一六輯・第一七輯　九州史学会(のち鏡山『九州考古学論攷』一九七二年に収録、吉川弘文館)

鎌田　元　二〇〇一年「平城遷都と慶雲三年格」『律令公民制の研究』塙書房(初出一九八九年)

岸　俊男　一九八三年「大宰府と都城制」『大宰府古文化論叢』上巻　吉川弘文館

喜田貞吉　一九一〇年「大津宮遷都考」『歴史地理』一五巻一・二号

九州歴史資料館　二〇〇二年『大宰府政庁跡』九州歴史資料館

杉原敏之　二〇〇七年「大宰府政庁のI期について」『九州歴史資料館研究論集』三二集

竹内理三　一九五六年「大宰府政所考」『史淵』第七一輯　九州史学会(のち『竹内理三著作集』第四巻、二〇〇〇年、角川書店所収)

筑紫野市教育委員会　二〇一七年「筑紫野市前畑遺跡の土塁遺構について」『第9回西海道古代官衙研究会資料集』西海道古代官衙研究会

直木孝次郎　二〇〇九年「百済滅亡後の国際関係—とくに郭務悰の来日をめぐって—」『直木孝次郎 古代を語る7』吉川弘文館(初出一九九三年)

長沼賢海　一九三一年「大野城及び四王寺遺跡」『福岡県史蹟名勝天然紀念物調査報告書』第六輯　福岡県

長沼賢海　一九三二年「大野城及び四王寺遺跡」『福岡県史蹟名勝天然紀念物調査報告書』第七輯　福岡県

中山平次郎　一九一四年「水城の研究」『筑紫史談会講演集』第1輯

仁藤敦史　一九九八年「『大津宮』の再検討」『古代王権と都城』吉川弘文館

林　博道　二〇〇一年『大津宮跡の研究』思文閣出版

八木　充　二〇〇二年「筑紫における大宰府の成立」九州歴史資料館『大宰府政庁跡』吉川弘文館

横田賢次郎　一九八三年「大宰府政庁の変遷について」『大宰府古文化論叢』上巻　吉川弘文館

大宰府官衙の研究

森　公章

はじめに

　大宰府は宣化朝の那津官家(『書紀』宣化元年五月辛丑朔条)などを先蹤とし、直接的には推古朝に初現する筑紫大宰(推古十七年四月庚子条)に淵源するもので、海域アジアへの窓口としての地政学上の位置とともに、律令制下では西海道全体を統括する機関として重要な役割が期待された(1)。七世紀後半には吉備・周防・伊予にも大宰・総領が置かれ、広域的行政の統括により、山城の管理や律令制地方支配体制の構築が推進されているが(2)、大宝律令施行直前の任命例を最後に(『続紀』文武四年十月己未条)、八世紀段階ではこうした存在は大宰府だけになっている。

　広域的行政機関としての大宰府の存在は、鎌倉幕府の鎮西奉行・鎮西探題や室町幕府の九州探題など、西海道・九州統治の特殊性を規定しており、長らく歴史的影響を及ぼすものであった。大宰府の官衙機構が現在位置に定まったのは、六六三年白村江戦の敗戦後であり、上述の山城による防衛体制やそれを支える西海道統治の必要性などから、後代に続く位置づけ・役割が付与されたのであろう。『書紀』持統五年正月丙戌条には「直広肆(従五位下相当)筑紫史益拝二筑紫大宰府典一以来、於レ今廿九年矣」とあり、大宰府の始まりとの符合が注目されるとともに、当初から実務官が存し、機構的整備が図られていたことが窺われる。

　大宰府の様相についてはいくつかの先駆的研究が行われ、その後の発掘調査の進展、木簡などの出土文字資料や他の遺物なども相俟って、中心となる政庁跡や複数の官衙地区の様相が明らかになってきているところである(3)。大宰府に関する既存の文献史料は『大宰府太宰府天満宮史料』(以下、府史料と略称)などに集成されており、木簡についても『大宰府史跡出土木簡概報』一・二(九州歴史資料館)や『木簡研究』の各号に報告がなされているが、官衙名などを記した墨書土器は意外に出土しておらず、個々の官衙地区の解明は、不丁地区東限の南北溝出土木簡中に紫草関係のものがあることから、貢上染物所の所在が推定されているくらいで、なお研究途上にあると言わねばならない。

　文献史料に基づく大宰府官衙機構の様相は早くに整理がなされており(4)、付加できる点は多くはないが、官司や家政の実務遂行部署である「所」に関する研究、地方官衙としての国衙・郡家の検討なども深化されており(5)、近年の発掘調査の進展・知見をふまえて、より具体的な官衙像や運営の日常の姿を究明することが必要であると考える。そこで、以下では、大宰府の官衙組織について改めて史料を整理し、より具体的な執務の場のあり方を考察することにしたい。

1　大宰府の品官

まず養老令文に記された大宰府の官制を示すと、次の通りである（『続紀』大宝三年二月癸卯条「大宰府史生更加十員」とあるので、大宝令では史生は十人か。それでも大国の三人よりは遙かに多い）。

a　職員令大宰府条

大宰府〈帯二筑前国一〉。主神一人〈掌二諸祭祠事一〉。帥一人〈掌下祠社、戸口、簿帳、字二養百姓一、勧二課農桑一、紏二察所部一、貢挙、孝義、田宅、良賤、訴訟、租調、倉廩、徭役、兵士、器仗、皷吹、郵駅、伝馬、烽候、城牧、過所、公私馬牛、闌遺雑物、及寺、僧尼名籍、蕃客、帰化、饗讌事上〉。大弐一人〈掌同レ帥〉。少弐二人〈掌同二大弐一〉。大監二人〈掌下紏二判府内一、審二署文案一、勾二稽失一、察中非違上〉。少監二人〈掌同二大監一〉。大典二人〈掌下受レ事上抄、勘二署文案一、検二出稽失一、読中申公文上〉。少典二人〈掌同二大典一〉。大判事一人〈掌下案二覆犯状一、断二定刑名一、判中諸争訟上〉。少判事一人〈掌同二大判事一〉。大令史一人〈掌レ抄二写判文一〉。少令史一人〈掌同二大令史一〉。大工一人〈掌二城隍、舟楫、戎器、諸営作事一〉。少工二人〈掌同二大工一〉。博士一人〈掌下教二授経業一、課中試学生上〉。陰陽師一人〈掌二占筮相地一〉。医師二人〈掌レ診二候療病一〉。筭師一人〈掌レ勘二計物数一〉。防人正一人〈掌二防人名帳、戎見、教閲及食料田事一〉。佑一人〈掌同レ正〉。令史一人。主船一人〈掌レ修二理舟楫一〉。主厨一人〈掌二醯、醢、韲、葅、醤鼓、鮭等事一〉、史生廿人。

これを整理し、官位相当の位階を表示すると、次の如くになる（〔↓〕は後の名称変更、【　】は関係部署名を示す）。

○主神（正七位下）一人
○帥（従三位）一人―大弐（正五位上）一人／少弐（従五位下）二人―大監（正六位下）二人／少監二人（従六位上）―大典（正七位上）二人／少典（正八位上）二人―史生二十人
○大判事（従六位下）一人―少判事（正七位上）一人―大令史（大初位上）一人／少令史（大初位下）一人〔↓明法博士〕
○大工（正七位上）一人―少工（正八位上）二人〔↓主工〕【匠司、修理器仗所】
○博士（従七位下）一人【学授、学校院】
○陰陽師（正八位上）一人
○医師（正八位上）二人【薬司、薬園】
○筭師（正八位上）一人【税倉、税司】
○防人正（正七位上）一人―佑（正八位上）一人―令史（大初位下）一人【防人司】
○主船（正八位上）一人【主船司】
○主厨（正八位上）一人【主厨司、厨戸】

大宰府の機構としては、神祇官に比される主神、太政官に比される政務運営の中枢部があり、刑部省的な判事部局、木工寮的な大・少工、学芸を担う博士や陰陽寮的な陰陽師、典薬寮的な医師、財政を掌る筭師（民部省主計寮・主税寮に筭師あり）、大膳職的な主厨など、中央の太政官組織のミニュチュア版が看取され、防人の管理を担う防人司、船の修理を担当する主船といった独自の部署も存した(6)。

b　『三代格』巻五延暦十六年四月十三日官符

応下選二白丁一補中大宰府使部上事。右検二案内一、太政官去宝亀四年八月十六日符偁、大宰府使部、自今以後、宜下取二外散位一補上レ之。若有下不レ堪二駈使一者上、選二用白丁一、不レ得レ過二廿人一者。今被二大納言従三位神王宣一偁、奉レ勅、宜下改二前員一定中卌人上。

c 『三代格』巻十四大同二年正月十三日官符

応レ給二府使部・書生等借貸稲一事。右得二大宰府解一偁、検二例帳一偁、直レ府使部二百人・散仕百人、四月上旬使部九十許人・書生十許人、量二其官仕一、分為二三等一、以二正税稲一給二借貸一、人別五百束以下、百束以上者。府准レ例給レ之其来尚矣。今加二覆審一、借二貸官物一。非二法所一レ聴、覚挙停止。但件使部・書生等不レ顧二産業一、遠有二府下一、頗賜二借貸一済二其家途一。雖レ然務劇賞薄、進少退多。今依二法意一已従二停止一、人望已絶、物情難レ勧。望請、依レ旧貸賜者。右大臣宣。奉レ勅、依レ請。

その他、大宰府には使部二百人・散仕百人がいたことが知られる。使部は中央官司には令文に規定されており、職員令神祇官条集解には「官内雑使」に駈使されるものであるといい、選叙令散位身才条に「凡散位、才劣弱、不レ堪二理務一者、式部判二補諸司使部二」、軍防令内六位条には「内六位以下八位以上嫡子、年廿一以上、見無二役任一者」を三等級に区分したうちの「身才劣弱、不レ識二文算一、為二下等二」を「下等為二使部二」などの規定があり、使部の官人的位置づけが窺われる。大宰府の使部はbで外散位からも補充するとあるので、八世紀段階から存し(天平年間と目される『大宰府木簡』二―一五四号には使部が見える)、中央の使部と同様の出身階層であったと推定される。そして、cの散仕は後文では書生とも表現されているから、国府の雑任で、文書などの逓送に従事する郡散事、朝集使などに随行して京上する雑掌と三位一体の存在として、文書行政に従事する国書生に相当する役割であり(7)、やはり八世紀段階から府書生として勤務していたものであろう。

このように大宰府には多くの部署、令外の存在も含めた多くの官人がいたのであるが、主船・主厨はその職務との関係から大宰府官衙の地ではなく、博多湾岸部に配置されていたものと目される。主厨は大宰府官衙の厨房の役割も想定されるところであるが、「所レ掌之職最在二蕃客一」(『三代格』巻五承和七年九月二十三日太政官奏)とあり、供客機能を主としたようである。大宰府には七世紀末に筑紫館(『書紀』持統二年二月己亥・九月戊寅条)、筑紫小郡(同三年六月乙巳条)が所見し、これが鴻臚館につながっていくものと目されるが、同様に難波館・難波大郡・難波小郡が知られる摂津には、「客饗時役也」という酒戸や大炊戸などが配されており(職員令造酒司条・大炊寮条集解古記所引官員令別記)、供客に備える形になっていた(8)。ちなみに、『延喜式』巻二十三民部下(後掲史料f)には、大宰府でも「主船一百九十七人、厨戸三百九十六烟」という形で駈使(仕丁)が配備されていたことが知られる(主計下式勘大帳条によると、「大宰厨戸」は不課とある)。したがって大宰府の主厨も、同様の役割を果すために鴻臚館付近に所在したと推定される。そして、『入唐五家伝』所引「頭陀親王入唐略記」には、貞観三年に真如親王が大宰府に到来した時、「八月九日到二着大宰府鴻臚館一、于レ時主船司香山弘貞申レ府」とあるので、主船司もまた、鴻臚館の近くに配され、船舶を掌る用務に従事していたのであろう。

その他、防人は対馬・壱岐や北部九州沿岸部に点在して配置されており(『木簡研究』二八号所収佐賀県中原遺跡出土木簡などを参照)、防人関係の部署は沿海部への所在を考慮することができるかもしれないが、正・佑・令史各一人の事務統括的役割であれば(『続紀』宝字元年閏八月壬申条に防人司が見え、防人の鎮戍への配備を扱っている)、大宰府下にあって、全体を目配りするという執務形態も考え得るので、大宰府膝下に所在したと見ることができ、必ずしも沿海部にこだわらなくてもよいとしておきたい[9]。またaには見えないが、九世紀以降に散見する大唐通事は[10]、鴻臚館付近にいるのが至便と思われるものの、「大唐通事張友信渡レ海之後、未レ知二帰程一。唐人往来、亦無二定期一。請友信未レ帰之間、留二唐僧法恵一、令レ住二観音寺一」(『三代実録』貞観六年八月十三日条)によると、大宰府下にいて、その都度役割を果すという形態も可能であったと考えられる。ただ、大唐通事の場合は、官衙の如きものがあったか否か、むしろ個人として適宜活動したと見ることができよう。

d『続紀』天平十七年八月己丑条

給二大宰府管内諸司印十二面一。

ところで、大宰府は天平十二年少弐藤原広嗣の乱後に一時廃止され(『続紀』天平十四年正月辛亥条)、しばらくして平城還都時に復置される(天平十七年六月辛卯条)。dはそれに伴う措置であるが、ここに登場する「管内諸司」に関しては、これを大宰府管内の諸国の印(九国三島)と解する説[11]と、大宰府被管諸司の印とする説が呈されている[12]。ともに特段の論拠は示されていないが、大宝公式令では天子神璽以外には内印・外印・諸国印しか規定されておらず、その後養老年間には斎宮寮や八省・春宮坊の印が整備されていくものの(養老二年八月甲戌条、同三年十二月乙酉条)、それ以下の被管官司の印使用は遅れると考えられることから(養老公式令天子神璽条には「諸司印」が規定され、義解は「謂、省台寮司等、各皆有レ印也」とする[13])、大宰府被管諸司への印頒布、そもそも被管諸司が十二もあったか否かは疑問であるとする見解も存する[14]。

ただし、この見解においても、大宰府廃止期間中に西海道諸国の国印が収公されることがあったかどうかには不審が示されており、大宰府の民政面での機能を果した筑前国以下の執務には国印は不可欠であると思われ、諸国印説を有力とする考え方も盤石ではない[15]。そこで、改めて大宰府の被管諸司の様相を検討してみたい。令文に規定された大宰府の官制はaの如くであるが、例えば国府においては八・九世紀に国書生などの雑色人や国務分掌の場としての「所」の存在が知られており[16]、大宰府についても官印頒布に与るような「司」か否かは別にして、そうした存在の有無を考慮せねばならない。

e『三代実録』貞観十二年二月二十三日条

参議従四位上行大宰大弐藤原朝臣冬緒進起請四事。(中略)其三曰、承前之例、諸国雑米各随二其本色一、輸二納諸司・諸所一。而或司全納、用尽既訖、或所多致二未進一、公途有レ闕、至レ有二期会一、不レ得二廻撥一。次復件司等監典二人、勾二当釐務一、或時有二自用一、亦非レ无二判置一、貢進之怠莫レ不レ縁レ此。縦令一任之内、殊立二厳制一、猶恐、相承之官任レ意改更、自レ非二官符一、何立二後法一。望請、五使斫之外、庸米并雑米、惣納二税庫一、毎月下行。若非二符宣旨一、輙以下用、監当之官准レ法科レ罪。(下略)

f『延喜式』巻二十三民部下

凡大宰府充二仕丁一者、帥卅人、大弐廿人、少弐十二人、大少監各八人、主神・主工。大少典博士・明法博士・主厨各六人、音博士・陰陽師・医師・筭師・主船各五人、大唐通事四人、史生・新羅訳語・弩師・傔仗各三人、府衙四人、学授二人、蔵司二人、税倉二人、薬司一人、匠司一人、修理器仗所一人、守客館一人、守辰六人、守駅館一人、儲料廿人。竝准二諸国事力一、其食皆充二庸米一。若有下仕丁情二願酬傭一者上、竝以二黒綿卅斤一為レ限、不レ得二因レ此過収一。其香椎宮守戸一烟、薬園駈使廿人、主船一百九十七人、厨戸三百九十六烟。

十・十一世紀に所見するものも含めて、大宰府管下の諸司・「所」を列記すると、学校院、(左右)兵馬所(兵馬司)、蕃客所、主厨司*、主船司*、匠司*、修理器仗所*、防人司*、警固所、大野城司*、蔵司*、大帳所、公文所、薬司*、貢上染物所*、作紙所*、貢物所、政所*などが知られる。[17]これらのうち、右下に*を付したものは、e・fその他九世紀、あるいは防人司のように八世紀にも登場する部署名であり(「匠司」「政所」は不丁地区出土八世紀の墨書土器に見える)、職員令の官員・部署との照合は上掲の如くになる。それらには照応しなくても、九世紀に見える部署が大宰府の実務分掌上の必要から、既に八世紀にも存した可能性は考慮しておくべきであろう。ただ、いずれにしてもdの時点で十二もの「管内諸司」があったかどうか、また官印を付与されるような責務と権限を有するものであったか否かは不審が残り、さりとてこれを管内諸国の印とするのも疑問があって、dの解釈は保留せざるを得ない。

ここでは八・九世紀における分掌の部署の存在の方に着目して、その運営のあり方や大宰府官衙の遺構との関係如何などを検討する方向を呈示し、章を改めて、そうした考察の方法を探ることにしたい。

2 官衙運営の諸相

神亀五年前後から天平二年まで大宰帥を務めた大伴旅人の下には、大宰府の中下級官人として、大監に大伴宿禰百代、少監に阿倍朝臣息嶋・土師宿禰百村、大典には史氏(史部か)大原・麻田連陽春、少典山口忌寸若麻呂、大判事丹比麻呂、大令史小野朝臣宿奈麻呂、少令史田氏肥人、薬師張福子・高氏義通、神司に荒氏稲布、陰陽師礒氏法麻呂、算師志紀連大道、防人司佑大伴宿禰四綱など多彩な面々がいたことが知られる(『万葉集』巻五—八一五～八四六天平二年正月十三日梅花歌、巻四—五六九・五七〇、巻三—三二九・三三〇など)。品官として職務が明瞭な人々はともかくとして、監・典クラスの実務官はどのような役割を果していたのであろうか。

g『三代格』巻八貞観十三年八月十日官符

応レ責二大宰府貢物麁悪一事。(中略)懲粛既明勧戒周備、須下慎二守格旨一勤以遵行上。而年来所レ貢絹綿等、濫悪既多精細尤少。寔是府国之吏不レ慎二憲章一之所レ致也。又聞、管内浮浪之輩、或属二府司一上二交易之直一、或賂二国宰一輸二調庸之物一。貢非二土民営設之実一、利帰二浮手奸偽之徒一、濫穢所以難レ遏、麁悪由レ其弥倍。不レ督之怠雖レ帰二府国一、容隠之責専在二蔵司一。右大臣宣、奉レ勅、有レ法不レ行、何期二懲革一。宜下降二霜典一更粛中将来上。仍須下麁悪之物、絹及二一百疋一、綿満二一万屯一、蔵司勾当監典并使等、解二却見任一、不上曽寛宥一。自余雑事一如二前格一。

e・gは九世紀後半の史料であるが、gでは大宰府貢物の麁悪について、調庸物を管理する蔵司や貢調使の責務を問うことにしており、そこには「蔵司勾当監典」、つまり蔵司の運営に携わる監・典が配置されていたことがわかる。eにも諸司・諸所には「監典二人、勾二当釐務一」とあり、この状況は広く大宰府下の実務部門に通有するようである。その他、大宰府南郭に存した続命院に関しても、「令三府監或典一人及観世音寺講師勾二当其事一」となっていた(『三代格』巻十二承和二年十二月三日官符)。大宰府の官員は十世紀初までは令制の定員が守られていたが、十世紀末までに監・典クラスに権官が増加し、十一世紀には庁頭、監代、典代、執当、また府老のような非令制職名が登場してくるようである。[18]

したがって八～九世紀においては、aに規定された監・典の定員のみでこうした実務運営の部署を勾当していたことになる。ただし、例えば貢綿使は使以下に史生、書生二人、郡司十人、郡司子弟十人が随行し、朝集使・正税帳使・大帳使・調帳使には雑掌二人、御贄使には厨造一人、書生二人、別貢使には書生三人がつくことになっており(『三代格』巻六大同四年正月二十六日官符)、使に就任する四等官、特に監・典の下にはそれを支えるさらなる実務担当者がいたことが窺われる。

h『三代格』巻七天長二年八月十四日官符

応レ直二府書生権任一郡司一事。右得二大宰府解一偁、府所二惣管一九国二島、政迹之體内外相兼、雑務出納触レ色紛繁。監典等早朝就レ衙午後分行、多レ事少レ人僅検二大略一。唯就レ事書生得レ弁二細砕一。因レ茲承前選二択書生一、毎レ所配充永置不レ替、求二得経按一繋名郡司尽二其勤卓一。而依二太政官去弘仁三年八月四日符一、郡司之選一依二国定一。書生等競就二本国一、無レ心レ留レ府、雖レ加二捉搦一、免而無レ恥。弘仁七年以来雑公文至レ今未レ進職斯之由。望請、直レ府書生随二其才一、権任主帳以上。惣数莫レ過二十人一、名繋二郡司一身留二府衙一、以二継譜之慶一粛二奔躁之心一者。右大臣宣、奉 レ勅、依レ請。

hによると、こうした状況は各「所」においても同様であり、監・典は大略を検ずるのみで、実際には交替年限のない府書生が「所」に配置され、実務の詳細を把握していたという。書生の出自は郡司クラスの豪族であったようであり、弘仁三年に郡司任用方法が国擬に一本化されると、彼らは本国に戻って譜第郡司の地位維持を企図したので、大宰府では書生のなり手が不足、雑公文の作成ができなくなって、府務が擁滞するという問題が生じている[19]。そこで、hでは書生十人を権任郡司に任じることで、彼らの繋ぎ止めを図っており、十人としたのは貢綿使の郡司十人と関連するものと目され、またこれが後代の十郡司の呼称につながっていくのであろう[20]。ともあれ、書生は八世紀から存在し、上述の貢綿使などの構成員も八世紀に遡るものと考えられるから、dの「管内諸司」との関係や八世紀前半の状況は措くとしても、hのような形での府衙の実務運営は八世紀以来のものであったと推定される。

i『三代格』巻十二斉衡二年六月二十五日官府所引延暦十六年四月二十九日官符

(上略)延暦十六年四月廿九日下大宰府符偁、従二位行大納言神王宣、奉 レ勅、括二責浮宕一、先已下知。今聞、秩満解任之人、王臣子孫之徒、結レ党群居、同悪相済、佞二媚官人一、威二陵百姓一、妨レ農奪レ業、為レ蠹良深。宜三厳検括勒二還本郷一。情二願留住一、便即編附。去留之事夏月令レ畢、附二大帳使一別状申上。若有レ犯者、不レ論二蔭贖一、科二違勅罪一、移二配遠処一。士人容而不レ申、官司知而不レ糺者、亦与同罪者。(下略)

j『続日本後紀』承和九年八月庚寅条

大宰府言、豊後国言、前介正六位上中井王私宅在二日田郡一、及私営田在二諸郡一、任レ意打二損郡司百姓一。因レ茲吏民騒動、未レ遑レ安レ心。又本自浮二宕筑後・肥後等国一、威二陵百姓一、妨レ農奪レ業、為レ蠹良深。中井尚欲下入部徴二旧年未進一、兼徴中私物上。而調庸未進之代、便上二私物一、倍二取其利一。望請、准二拠延暦十六年四月廿九日格旨一、令レ還二本土一。太政官処分、罪会二去七月十四日恩赦一。宜三身還二本郷一。

そして、gには府衙の実務を支えたもう一つの存在として、大宰府管内の浮浪人の活動にも留意される。iによると、大宰府管内では八世紀末には浮浪人、その実態としては秩満解任の国司や王臣子孫、九世紀に全国的な問題になる王臣家人の動向が顕現化していたことが知られ、早くから対策が講じられていた。しかし、jの前豊後介中井王の活動に看取されるように、調庸未進物を大宰府に代納して自らの責務遂行に努める一方で、出挙的経営によって未進代物を徴収し、また自らの私営田経営を推進し土着のための基盤作りにも勤しんでいる。

それを取り締まるのはiの延暦十六年格が基本であるが、その後も王臣家人の管内での活動は続いていく。仁和三年八月に大宰大弐に任じられた藤原保則の府務に関しては、『藤原保則伝』に次のように記されている。

公在二鎮府一、専以二清静一而施レ化、故吏民感服、政化大行。元是姦猾之輩、猥聚二鎮西境内一、其筑前・筑後・肥前三国、尤為二群盗之藪沢一焉。郷閭騒擾、道路隔絶、人民有二蓄積一者、皆被二殺略一、行旅有二資儲一者、無レ有レ令レ治。前年府官及国司、発レ兵捕殺、凶党弥熾、不レ能二禁止一。公初莅レ領、衆人皆云、宜下多発二軍士一、悉加中鉏誅上。公曰、吾聞、此盗渠帥、率非二編戸之民一、皆是流浪之輩也。或良家子弟逐二衣食之利一、或旧吏従僕取二婚姻之便一、寓二居辺城一、猶如二桑梓一。而比年不レ稔、生産失レ利、無頼之輩、同悪相済、争尋二干戈一、赴為二賊徒一之。国之吏大半為レ賊、今悉捕而教レ之、則里落之内、闃而無レ人、縦令有二隣国之警一、誰人城戍乎。此輩未三必懐二凶狡之心一、多是為二飢寒一被二逼迫一而已。若施以二恩賑一、自応レ食椹改レ音。即以二其俸米一、遍賑二贍三国一、深加二慰撫一、各存二生業一。於レ是盗徒大悦相語云、府君以二父母之情一遇レ我、々豈不レ尽二孝子之志一乎。相率帰レ他、莫レ不レ為二守剣之夫一。

保則の赴任前の状況に関しては、実際に九世紀後半の新羅海賊対策のために派遣された左近衛少将で大宰少弐を兼帯した坂上瀧守が随身した近衛らが瀧守の秩満後も陵暴を致したので、後任の少弐藤原房雄がこれを殺害し、さらに大きな騒動になり、ついには房雄を肥後守に転任させる仕儀が起きている(『三代実録』元慶四年五月二十三日条)。このような情勢の中、元慶の乱を収束させた良吏として名高い保則は、これら王臣家人に賑恤を伴う徳化を及ぼすことで宥和することに成功したという。

大宰府は東アジアへの窓口として、交易面の役割も担い、八世紀後半以降は新羅商人の来航が窺われ、[21] 九世紀後半以降は唐商人の到来、人々が唐物獲得に狂奔する事態が生じていた。保則の赴任頃にも、『三代実録』仁和元年十月二十日条には「先レ是、大唐商人着二大宰府一。是日下二知府司一、禁下王臣家使及管内吏民私以二貴直一競買中他物上」とあり、『三代格』巻十九延喜三年八月一日官符「応レ禁三遏諸使越レ関私買二唐物一事」でも同様の状況が指摘されている。延喜三年格ではまた、「墎内富豪」、即ち大宰府下に居住する官人・王臣家人や在地豪族が、この唐物争奪に参画していることが知られ、こうした国際交易も含めて、王臣家人の府下での活動や土着の流れはなくならず、府衙の運営に携わる存在も現出してくるのではないかと思われる。

以上、gの如き官司運営は九世紀を通じて概ね認めることができる。では、論を実務運営の様相に戻し、さらに遡って八世紀のあり方は如何であろうか。その点を検討する材料として、大宰府跡出土の木簡などにも素材を探究したい。まず不丁地区東限の南北溝SD二三四〇からは一六〇点の木簡が出土しており、年紀のあるものを見ると、天平年間前半頃までの時期が推定される。中には大宰府から中央に貢上される特産品として知られる紫草の貢進物付札を始めとして、筑前・筑後・豊後・肥後・大隅・薩摩、さらには南島からの貢納の様子が看取されるものが存する。特に二一三号木簡は、「合志郡紫草大根四百五十編」とあり、〇三二型式の荷札であるが(後掲史料m—2)、木簡の中央付近から上部には漆が付着しており、木簡本来の機能を終えた後、漆を用いる何らかの木製品に転用された可能性が指摘されている。[22]荷札の中では紫草に関するものが多く、「はじめに」で触れたように、ここには貢上染物所の現業部署があったのではないかと推定される所以である。

k『大宰府史跡出土木簡概報』二―一五一

・　□　　□本□
　　十一月　日田山□□人
木工□□□□〔秦人マ山カ〕孔館仕五日　　九年
□□〔木工カ〕秦人マ 遠 雲館仕七日　並月八

・　月一十年八平天　　（この面は全体に天地逆）
月二十□□□〔日カ〕一十
　　」　　□□　　　（114）・（30）・4　019

l『大宰府史跡出土木簡概報』二―一五四

・　□遠賀郡子弟名　　（この面は横材で使用）
□料受□師伊福マ□□
□受使マ他田舎千依〔人脱カ〕

・受 使 部三家連安
　瓦工
受 呉マ廣野
廿二　宿奈
・四月三日休□花□□〔百カ〕廿□〔根カ〕　（異筆）　（38）・（243）・4　081

kは漆を用いる作業との関連が推定される木工関係の人物の上番状況を記したものであり、参考までに掲げた。正確な文意は不詳とせねばならないが、こうした形で現業を支える人々の存在が知られるのは重要である。そして、lには郡司子弟や使部などの活動が記されている。b・cによると、使部は府書生とともに府務に従事する存在で、hによれば、府書生には郡司氏族から出仕する者も存した。郡司子弟は将来の郡司たるべく実務に携わりつつ研鑽を積む就労で、[23]大宰府では郡司とともに貢綿使に随行して京上するような任務にも従事していた。使部他田舎人千依は不明であるが、三家連安については筑前国早良郡・那珂郡の郡領氏族出身者と目され、管内の豪族が大宰府の実務を支える様相が看取される。その他、政庁地区正殿後方築地東北隅出土木簡にも「車持朝臣氏道」、「」□書生鴨牧麻」、「合漆人前田臣[ ]」（『大宰府史跡出土木簡』一―三四・三六・三七）のような人名を記した削屑があり（八世紀中葉～後半か）、書生の肩書、筑前国上座郡の郡領氏族として知られる前田臣の存在など、やはり管内諸豪族の出仕状況を示すものが存する。

m―1『大宰府史跡出土木簡概報』二―一八九号
　怡土郡紫草廿根　　110・21・4　032

m―2『大宰府史跡出土木簡概報』二―二一三号
　合志郡紫草大根四百五十編　　392・31・16　032

m―3『大宰府史跡出土木簡概報』二―二一九号
　薩麻国枯根　　259・44・6　032

m―4『大宰府史跡出土木簡概報』二―二二六号
・山鹿郡紫草
・　託□　大根　　（232）・（12）・6　081

m―5鴻臚館跡出土木簡（『木簡研究』一三）
　京都郡庸米　　（110）・21・5　039

m―6鴻臚館跡出土木簡（『木簡研究』一三）
　肥後国天草郡志記里□　　（135）・21・5　039

m―7大宰府史跡第一二四次調査〈不丁地区〉（『木簡研究』一三号）

肥後国飽田□〔郡カ〕□□壹□□　□□□□　(237)・34・7　039

n—1『平城宮発掘調査出土木簡概報』三十一—三一頁（国衙公文様書風）

筑紫大宰進上肥後国託麻郡…□子紫草　(168+19)・19・3　081

n—2『平城宮木簡』二—二二八七号（国衙公文様書風）

筑後国生葉郡煮塩年魚肆斗弐升　霊亀三年　172・21・4　031

n—3『平城宮木簡』一—二八三号

・筑前国怡土郡調綿壹伯屯四両　養老七年
・　室山　235・26・5　031

n—4『平城宮木簡』一—三〇〇号

肥後国飽田郡調綿壹伯屯　天平三年主政大初位下勲十二等建部君馬□〔都カ〕　368・37・10　031

n—5『平城宮発掘調査出土木簡概報』二十九—三七頁

大原里綿七十八屯
□〔綿カ〕壹伯屯　天□〔平カ〕四年
三井里廿□□〔二屯カ〕　(194)・24・4　019

彼らの実務遂行の様子を大宰府とその関連施設出土木簡、また京上の作業に関係して平城宮跡出土木簡に探ってみたい。大宰府は筑前国御笠郡に所在するが、大宰府跡およびその周辺の関連施設から出土した荷札木簡を見ると、筑前国以外の管内諸国からのものを含めて、国名から書き始める荷札例は少なく(m—3・6・7)、郡名からのものが多い。これは西海道全体が大宰府管内であり、大宰府への進上は「国内」での物資移動という意識もあり、郡名から記せばよいという方式であったことを窺わせる。一方、大宰府から宮都に進上された荷札を見ると、m—1～4の紫草に対応するn—1では、「筑紫大宰進上」の文言と国郡名が明記されており、大宰府管内からの荷札がそのまま宮都に送られた訳ではないことがわかる。すなわち、そこには大宰府における中央貢上のための荷札作成の作業が存したのである。

n—1・2は国衙公文様書風であり、大宰府で文筆能力により実務運営を支える人々によって作成されたものと思われる。この点を調綿進上の荷札について見ると、宮都出土のものはn—3の如き書式が基本で、百屯という数量・四両という重量を記すようになっており、裏面に木簡作成者＝計量責任者の名前があり、彼らこそが書生などの実務担当者であったと考えられる。一方、n—4は郡司による貢上、n—5は複数人による合成を示しており、このような異質のものも存する。大宰府跡出土のm—4には紫草について複数郡の貢上をまとめて記したものがあり、m—7では貢綿に関して重量表記のないものが見られる。(25) m—7には郡司云々は記されていないと目されるが、書式としてはn—4に類似しており、こうした形のものが大宰府管内から府衙に納入される際の貢綿荷札であって、n—5は一律百屯にするための合成のあり方を知る材料と位置づけることができる。すなわち、n—4・5は本来中央には到来しないはずの大宰府管内での作業を反映するものであり、こうした管内からの貢上をn—3の如き荷札に整える作業が府衙で行われたことを示すものとなる。

以上、木簡によって府衙の日常作業の様子をかいまみた。次にその作業の場となる官衙の様相を検討したい。大宰府史跡ではm—1～4により、不丁地区に貢上染物所の所在が推定されており、その他に蔵司地区と谷を挟んで西側の来木丘陵上とその周辺の来木地区には銅・鉄の生産工房が検出されていることから、匠司の存在が考えられているものの、政庁以外の各地区の機能にはなお不明の点が多い。(26) ここでは近年発掘調査が進む蔵司地区について若干の考察を試みる。蔵司地区では早くに南西部の台地南端で実施された第四次調査において、東西方向の築地や幅26メートル・深さ2メートル以上に及ぶ南北方向の溝（流路）を検出しており、この溝から八世紀初前後のものと目される木簡九点が出土している。近年、木簡の再検討が行われているので、(27) その知見を敷衍しながら、私見を整理することにしたい。

o—1蔵司西地区出土木簡六号〔三号〕
•告稲事者受食白　大伴ア尸手　此
•无□〔故〕在時□〔奴〕吾□〔麻〕□〔稲〕□〔取カ〕出白　343·21·6　011

o—2蔵司西地区出土木簡一号〔一号〕
•］□疾病為依
］日下部牛□〔閈カ〕
•
里長日下部君牛閈　(147)·31·6　019

o—3蔵司西地区出土木簡四号〔四号〕
［　財
八月廿日記貸稲数　財ア人　物　(153)·32·7　061（物差）

o—4蔵司西地区出土木簡三号〔二号〕
•久須評大伴ア
•太母□□□三貝〔具カ〕　156·27·3　032

o—5蔵司西地区出土木簡五号（表面上端部右側に角を丸く加工したような痕跡あり）
］年里五戸　(134)・(15)・(5)　081

o—6蔵司西地区出土木簡七号
□□□□子亥戌［
□□〔記カ〕□□□□□□　(163)·37·5　019

o—7蔵司西地区出土木簡八号〔三号〕
］十二篇其□□〔以カ〕［　(116)·37·6　081

o—8蔵司西地区出土木簡二号〔五号〕
］大夫之□〔紬カ〕［　091

当該木簡群を残した機構については、o—2が里長からの何らかの申請であるので、評・郡に関わる施設の存在を想定し、o—1・3の出挙関係の木簡もそれと関連するとされ、一方でo—4の如き大宰府への進上を示す荷札が存するので、大宰府関係の施設も所在したと考えられている。(28) しかし、o—2は南北溝第Ⅳ層にブロック状に混入する黄色砂質粘土から検出されたもので、他の八点が第Ⅳ層の腐植土層から出土しているのとは異なっている。里長の文書が大宰府の関連施設に届く可能性も考慮した上で、少なくともo—2以外は一括して検討した方がよいのではないかと思う。そうすると、o—1・3の出挙関係とo—4の大宰府への物資の収納または消費の両方を満たす大宰府関係の官衙に関わる木簡群ということになる。

遺跡の性格決定には文書木簡の方が有効であるとする知見によれば、o—1は重要である。o—1は「告す。稲の事は受（授）けたまへと白す。大伴部尸手。此れ无き故に、在る時に奴吾（われ）麻□《人名か》稲取り出すと白す」とでも訓読すべきもので、正確な内容理解には至らないが、稲の出入に関わる指示または申請を記した文書と目される。この稲とはo—3の「貸稲」、すなわち出挙活動の実施に関連するものであり、木簡を残した部署では出挙に伴う事務が行われていたことになる。o—6～8は何らかの文書または習書と目されるが、これらの木簡を使用していた部署の職務を考える材料としては手がかりにならない。

そこで、木簡出土地の丘陵上に存する蔵司地区の状況や蔵司の機能を検討してみたい。蔵司地区は現在発掘調査が進行中であるが、丘陵上西南部のD地区に存する桁行九間・梁行四間の東西棟礎石建物SB五〇〇〇の解明が注目されるところである。この建物は大宰府政庁の正殿を上回る規模で、礎石には丁寧な柱座を作り出している。gでは蔵司が調庸の麁悪などを看過している点が指弾されており、蔵司には収納・管理の業務が期待されていたようである。これは中央官司で言えば、大蔵省に比すべきものであり、職員令大蔵省条の卿の職掌には「掌二出納、諸国調及銭、金銀、珠玉、銅鉄、骨角歯、羽毛、漆、帳幕、権衡度量、売買沽價、諸方貢献雑物事一」と見える。大蔵省にはまた、現業を担う典履・百済手部・典革・狛部や典鋳司・掃部司・漆部司・縫部司・織部司など被管官司が附属しており、手工業生産も統括していた。木簡出土地に近隣する蔵司地区丘陵上南西部のE地区からは七世紀後半～八世紀中葉と目される鉄鏃・甲冑（小札）・鉄刀・刀子・鉄釘が出土しており、丸瓦・平瓦の検出は丘陵上に瓦生産機構が存したのではないかと目されるといい、何らかの現業部門が併存していたのかもしれない(29)。

蔵司地区の全容が発掘調査によって解明されるにはまだ時間がかかりそうであり、その成果に期待したいが(30)、ここでは文献史料から推察される蔵司の性格についてさらに考察をめぐらしてみたい。蔵司に比すべき中央の大蔵省は、『古語拾遺』に、

> 《神武朝》当二此之時一、帝之与レ神、其際未レ遠。同レ殿共レ床、以レ此為レ常。故、神物・官物、亦未二分別一。宮内立レ蔵、号曰二斎蔵一、令三斎部氏永任二其職一。（中略）至二於後磐余稚桜朝一、三韓貢献、奕世無レ絶。斎蔵之傍、更建二内蔵一、分二取官物一。仍、令下阿知使主与二百済博士王仁一記中其出納上、始更二定蔵部一。至二於長谷朝倉朝一、秦氏分散、寄二隷他族一。秦酒公進仕蒙レ寵。詔聚二秦氏一、賜二於酒公一。仍、率二領百八十種勝部一、蚕織貢レ調、充二積庭中一。因賜二姓宇豆麻佐一〈言、随レ積埋益也。所レ貢絹・綿、軟二於肌膚一。故、訓二秦字一謂二之波陁一。仍、以二秦氏所レ貢絹一、纏二祭レ神釼首一。今俗猶然。所謂秦機之縁也〉。自レ此而後、諸国貢調、年々盈溢。更立二大蔵一、令下蘇我麻智宿禰検二校三蔵一〈斎蔵・内蔵・大蔵〉、秦氏出二納其物一、東西文氏勘中録其簿上。是以、漢氏賜レ姓為二内蔵・大蔵一。今、秦・漢二氏為二内蔵・大蔵主鎰・蔵部一之縁也。

とあり、その由来が窺われる。律令制下では調と庸のうちの布・綿類は大蔵省、庸のうちの米・塩は民部省、舂米は宮内省被官の大炊寮に納入されることになっていたが(31)、民部省の前身である民官は部民制の廃止に伴って、天武朝の六官として初めて出現しており(32)、宮内省の前身である宮内官は、膳職などを管轄していたものの、天武朝には六官の外にあって、大炊寮の前身官司なども未整備であったと目される(33)。とすると、大蔵以来の伝統の中では物品収納・管理の上で大蔵省が果す役割は大きく、大宰府の蔵司の位置づけも同様の性格を有すると思われる。大宰府では民部省に比される官司は税司であり、こちらが徴税や予算の責務を担っていたのであろう。

中央の大蔵省には収蔵施設、倉廩が付設されており、平安宮の古図では宮城の北部、平城宮でも同様の場所にかなりの面積を占めて林立していたと考えられる。ただし、前期難波宮では西北部の官衙域で巨大な倉庫群が検出されており、これが大蔵に相当する区画と目され、郡家の遺跡でも郡院の西側に正倉院が所在する事例も見られる(34)。倉庫令倉於高燥処置条には「凡倉、皆於二高燥処一置之、側開二池渠一。去レ倉五十丈内、不レ得レ置二館舎一」とあり、難波宮跡北西には木簡も出土した谷部の水利施設が存しているから、倉庫群との関係でも注目される。大宰府史跡の蔵司地区も丘陵部に所在し、礎石建物SB五〇〇〇が存するD地区の

北・西にはすうだ池が広がる谷地形で、水の供給が可能になっていたと目される。その観点からは蔵司地区に一大倉庫群が検出されることを期待したい(35)。

中央の大蔵省では正蔵院に季禄を積み上げて賜与する儀式などが行われていたから(『儀式』巻九「二月廿二日賜二春夏季禄一儀」など(36))、蔵司でも同様の形で禄物の賜与が行われていたのかもしれない。ただし、o—1・3の出挙関係の木簡との関連の有無で言えば、大蔵省は調物を管理していたが、稲穀の収蔵・出納に携わっていた徴証はなく、蔵司についてもそのような職掌を有していたか否かは不明とせねばならない。しかしながら、郡家の正倉には、倉別に収納物の区別はあると思われるものの、調庸物と稲穀の双方が納入されていたと目され、地方官衙である大宰府でも中央官司の如き稲穀管理の分掌は行われておらず、クラとしての蔵司が一括して掌握していたと考えることができるかもしれない。とすると、出挙木簡を蔵司の職務に関係づけることも全く無理ではなくなるが、いずれにしても蔵司地区のクラとしての機能の究明が俟たれるところとなる。

以上、不明の点が多いが、官衙運営の様相を知る一例として蔵司について考察を試みた。米の管理については、eには九世紀中葉段階でも「随二其本色一、輸二納諸司・諸所一。而或司全納、用尽既訖、或所多致二未進一、公途有レ闕」という縦割り的な運営であったため、以後は「庸米并雑米、惣納二税庫一」という形で全体統括が可能な方式にしようとしたことが窺われる(37)。ここには税庫の役割強化が看取されるとともに、o—1・3の出挙木簡に関連して言えば、それ以前は諸司・諸所での米の運用が行われていた状況を推測できるのかもしれない。重ねての推測の呈示になるが、こうした点も含めて、他の官衙の運営実態を探ることも課題として記しておきたい(38)。

3　府衙の展開

寛仁三年(一〇一九)四月に刀伊の入寇があった時、大宰府官人の構成は次の通りであった。大宰帥三品敦平親王、中納言兼権帥藤原隆家、少弐兼筑前守源道済、少弐藤原蔵規、大監菅原雅隆・大蔵光頼、少監豊島静風・上毛野行蔭、大典上毛野師善。これらのうち、帥敦平親王は在京であり、刀伊撃退には権帥藤原隆家が中心となって従事したことはよく知られている。ただし、長徳の変の要因ともなった隆家の武断的性格が発揮されたというよりは、むしろ当該期に大宰府に拠点を有し、後代に九州の武士団の中心的存在となる人々の曩祖たちが活躍したところが大きいと目される(39)。

すなわち、以上の大宰府官人以外に、前少弐平致行、散位平為賢・平為忠、前大監藤原助高、前少監藤原明範、傔仗藤原友近と随兵紀重方、前少監大蔵種材、傔仗大蔵光弘などが知られ、彼らは「府無レ止武者等」と称される存在であった。撤退する刀伊軍を追撃しようとした時、少弐源道済が進発の可否を尋ねたところ、「奉使者等各申云、賊船数多、猶造二兵船一、一度可二罷向一者」という慎重論が大勢を占めたが、大蔵種材が「種材齢過二七旬一、身為二功臣之後一。待レ造二了兵船一之間恐賊徒早逃。弃レ命忘レ身、一人先欲二進向一者」と発言したので、道済もこれを善しとして、「衆軍」を進発させたという(『小右記』寛仁三年六月二十九日条)。結局のところ、刀伊の退去の方が早く、追撃は間に合わなかったが、武者の気概とその役割を窺わせるものと言えよう。

大蔵種材は藤原純友の乱の際に大宰府攻防戦で活躍した右衛門志大蔵

春実の孫で、『大蔵系図』によると、父種光は「大宰大貫主」とあるので、父の代に大宰府周辺への定着を進め（春実は対馬守になったというが、『扶桑略記』天徳四年〔九六〇〕十月二日条には在京の武力保有者として活動している）、種材は前少監とあるように、府官クラスを世襲する存在として、大宰府機構の中に地歩を確立していたようである。大監に光頼、傔仗に光弘（『大蔵系図』では種材の子。通字から考えると、光頼の兄弟か）があり、次代を担う人々も活躍していた(40)。

その他、『吉記』養和元年（一一八一）四月十日条には、大蔵氏流の原田種直が大宰権少弐になった際の先例として、「平致行〈寛弘九年（一〇一二）十二月任二少弐一〉、藤原蔵規〈長和四年（一〇一五）二月任二少二（弐）一〉、秦時重〈康平六年（一〇六三）十二月任二少二（弐）一〉、宇佐公通〈仁安元年（一一六六）十二月任二少弐一〉」とあり、前少弐平致行と少弐藤原蔵規は府官から少弐になった最初期の稀有な人物であったことが知られる。蔵規は大監としての活動がわかり、小野宮家の高田牧司としても活躍しており、彼の子孫は肥後国に土着し、菊池氏として発展していく(41)。致行は系譜不明ながら、他の平姓者ともども、鎮西平氏の祖となる人物と目される(42)。

以上を要するに、当該期の大宰府には府官クラスで府衙の実務を担い、また武力の面でも「武者」と称されるような生態を有する人々がいたのである。肥前国にも松浦党などの祖と目される前肥前介源知という者がおり、松浦郡で刀伊を射撃したという（『小右記』寛仁三年六月二十九日条）。ただし、こうした武者だけでなく、府検非違使の活動や府兵の奮闘（『朝野群載』巻二十寛仁三年四月十六日大宰府解）があったことも報告されており、この段階では武者の驍勇やその私的武力のみに依存するのではなく、基本的には府衙の軍制が健在であって、これを武者的な府官が指揮して軍事力を発動するというしくみであったと考えられる(43)。では、ここに至る府衙の展開は如何なるものであろうか。府官の役割や動向などを検討しながら、府務遂行の様相を見ていきたい。

天延三年（九七五）十一月十四日大宰府兵馬所解案（『平安遺文』三一〇号）には、奥上に別当少監藤原、傔仗長清原「邦縁」、蔭孫高階「理家」、日下に官人代建部、奥下に勾当百済・調・海原、執当赤染末貫・宗形、官人代小治田の署名があり、八・九世紀には未見であったが、兵馬所なる「所」の構成として、府官が別当となって統括し、傔仗長や蔭孫などの京下り者が関与、勾当・執当・官人代などが実務を掌るしくみであったことが知られる。官人代については、『類聚符宣抄』第七承平六年（九三六）四月三日内竪所請状「請下重蒙二処分一因二准進物所・校書殿等例一改二官人代号一為中執事職上状」に、「而諸司往々以二雑色人等一私号二官人代一。彼此雖レ異、名号一同。仍不レ案二事情一之輩、以為二卑賤之職一。於レ是競進之輩漸稀、繁劇之動殆闕」とあるのが参考になる。ここでは中央官司について、雑色人を登用したのとは異なる官人代の存在が示されているが(44)、一方で雑色人を私的に官人代として起用することがあった点が注目される。

前章で見たように、九世紀の大宰府の「所」では監・典クラスの勾当の下に府書生が実務を掌っており、当該期には国衙機構においては国書生などの雑色人を登用した判官代なる役職が登場していた(45)。府書生の事例としては、『権記』長保四年（一〇〇二）八月二十三日条「弼宰相（藤原有国）付下大宰府書生片嶋伊明叙二栄爵一解文上。即付二奉親宿禰一、為レ令レ入レ奏也」とあるのが知られ、この片嶋姓者は筑前国穂波郡堅磐（カタシマ）郷に由来する豪族であれば、八・九世紀以来の書生の出自を引き継ぐ存在と目される。一方、官人代の名称は「卑賤之職」との混同が嫌われたためか、以後は見えなくなり、永延三年(九八九)十月二十五日大宰府庁下文案(『平安遺文』三三六号)では、税司納米を観世音寺金堂仁王長講仏供料に下行する出納責任者として、預矢作、十郡司別、別当散位橘などが知られ、税司には別当の下に預・十郡司なる役職があったことが窺われる。十郡司はhの権任郡司(名繫郡司)十名の枠に由来する名称と考えられ、その後十一世紀前半くらいまで散見するが(『平安遺文』五七一号長元九年(一〇三六)五月十日大宰府公文所勘文案など)、十一世紀初に典代や府老が出現し、以後はこれらが府官の下の実務官になっていく。特に典代、続いて登場する監代(『平安遺文』五七一号が初見)は、府老などが容喙できない政所の実務を担い、人数も増大し、鎌倉時代においても活躍を続けている(46)。

次に「所」の活動状況を見てみると、税司・蔵司に関しては保管・出納官司として、「税司納米」(『平安遺文』三三五号永延三年(九八九)十月二十五日大宰府牒案、三三六号同年十月二十五日大宰府下文案)、「蔵司・税司并諸司納物」(四一五号長保六年(一〇〇四)十一月十九日大宰府牒案)、「税司庸米」(一四〇九号承徳三年(一〇九九)閏九月十一日筑前国観世音寺三綱解案、一四一三号康和元年(一〇九九)閏九月十六日大宰府公文所勘申米)などを観世音寺の諸法会の供米に支給する役割を果していたことが知られる。『宇佐大鏡』には勾別符の由来について、「件別符者、字勾六郎藤原貞平〈仮名内蔵富近〉所領也。而朱雀帥《藤原伊房》御時、蔵司納物之代進レ府之」とあり、その後権帥藤原伊房(寛治二年(一〇八八)八月二十九日任～同六年七月十八日入洛)が宇佐八幡宮に三昧堂を建立、寛治五年に仏聖燈油料として施入したと記されている。

その他、古文書類には兵馬田の帰属をめぐって観世音寺と係争を続ける兵馬所(『平安遺文』三三〇・三七五・四四五・五三八・五七一・五七五・一〇七八・一〇七九・一〇八〇・一〇九六号)、その争訟に関わって田地の状況を勘申する大帳所(三七五号)や公文所(五三八・五七一号)の活動が知られ、また観世音寺に呉楽頭を送り込み、呉楽所役として諸法会の音楽を担当する一方で、呉楽田の領有をめぐって争ったり(府史料四寛弘九年八月十九日条、『平安遺文』一二四三・一三八〇号)、宇佐宮の遷宮に際して音楽を奏したりする(府史料五長元三年十一月十六日、延久二年五月条)蕃客所の動向も興味深い。観世音寺とは警固所・主厨司(『平安遺文』四三五号)や学校院(六二一・一〇二六・一〇七三号)も土地の帰属を争っており、観世音寺には造観世音寺行事所に庁頭・府老・文殿・典代・監代や監・典が配備されるなど(一〇〇四・一〇〇七・一〇一二号)、大宰府による庇護・崇信が示されるとともに、各部署との間には特に田地の帰属をめぐる紛擾が続いていくようである。

ただし、こうした「所」の活動については、外国人到来に存問を行う警固所(『朝野群載』巻二十長治二年(一一〇五)八月二十日警固所解)、府衙の軍事・警察を担う検非違所(府史料七文治二年八月十五日中原師尚勘状所収仁平元年(一一五一)九月二十三日の大追捕)を除くと、十一世紀末までの史料が存するものの、十二世紀以降には見えなくなっていく。観世音寺の訴えを受けて勘申を命じられていた公文所は十一世紀最末まで機能していたことが知られるが、十二世紀には所見がなく、以後はそれ以前から並存していた、監・典や監代・典代を構成員とする政所がその役割を一手に担っている。

p『中右記』天仁元年(一一〇八)二月九日条

(上略)次有二仗議一。是大宰帥大江卿申請事等府解十通・調度文書等合五六十通也。不レ可二忽沙汰一歟。(中略)但下官申云、凡帥卿所為、甚不二穏便一之由所二定申一也。其故者、去々年春任二太宰帥一、于レ今不二赴任一。今所レ進之解状、彼府官等訴二申帥卿一之申文等也。而帥具二自解申文一進二公家一、凡下人之訴、不レ可レ及二仗議事等一也。為二帥・大弐一之人、乍レ在レ京最初条事許、所二申請一也。其後早着二任所一、行二府務一也。其身乍レ居レ京、暗執二行府務一、至二民憂一者、申二行陣定一之条、非二聖者之所為一。又公家不レ被二咎仰一如何。為二彼身一有レ益、為二公家一無レ由、誠以不便歟。件趣大略申上之処、諸卿多被レ同。（下略）

この点に関連して、十二世紀には府官長の現地赴任がなくなっていくことに注目したい。特に保安二年（一一二一）六月二十六日任の大弐藤原俊忠以降は、仁安元年（一一六六）七月十五日任の大弐平頼盛までは赴任例がなく、頼盛は異例の赴任を強行するが(47)、実際に大宰府にいたのは半年程のことで、仁安三年に後白河法皇の逆鱗に触れ、「此外年来之間、漸々積悪、種々違勅、大嘗会之間、宰府所課一切対捍、九国支配非法訴条々、被レ仰二禅閤一云々」として解却されてしまう（『兵範記』同年十一月二十八日条）。pの権帥大江匡房は前回の任用（承徳元年〔一〇九七〕三月二十四日任〜康和四年〔一一〇二〕正月得替）に続く二回目の就任で（嘉承元年〔一一〇六〕三月十一日〜天永元年〔一一一〇〕）、前回は権中納言を兼帯したまま赴任、今回は就任時六十六歳で、権中納言を去任の上での就任であったが、任用後三年目になってもなお現地に赴いていないことで、府務擁滞が生じている点が非難されている。匡房は任終後の天永二年七月二十九日に大蔵卿に任じられるが、十一月五日には七十一歳で薨去しており（『公卿補任』天永二年条尻付）、彼の最晩年での登用で、結局赴任しないままに任終になったと目される。

『古今著聞集』巻三（政道忠臣第三）―八二「大江匡房道非道の物を各一艘の船に積む事」には、

匡房中納言は、大宰権帥になりて任におもむかれたりけるに、道理にてとりたる物をば、舟一艘につみ、非道にてとりたる物をば、又一艘につみてのぼられけるに、道理の舟は入海してけり。非道の舟たひらかにつきにければ、江帥いはれけるは、「世ははやくすゑになりたり、人いたく正直なるまじき也」とぞ侍ける。

という逸話が記され、これは前回の就任時のことであろうが、府官長には莫大な収入があったようである。匡房の場合は「非道の舟」の積荷の方が軽かったので、無事に到着したと考えられるから、「道理の舟」の積荷の重さ、府官長の収入が正規のものだけでも大きかったことが窺われる。十一世紀前半の大弐藤原惟憲（『小右記』長元二年〔一〇二九〕七月十一日条）や十一世紀後半の藤原経平（『帥記』承暦四年〔一〇八〇〕五月二十七・九月二十日条、永保元年〔一〇八一〕五月二十八日条など）など、府官長が唐物を始めとして管内の収奪を行った事例は散見しており、経平の段階では目代の活動も知られ、府務を遂行するしくみが完成しつつあった(48)。

それとともに、府官長の遥任化以降、天承二年（一一三二）閏四月大宰府在庁官人等解（府史料七）を初見とし、大宰府の在庁官人が登場することにも留意したい。諸国ではすでに十一世紀頃から在庁官人制が存在しており(49)、大宰府でも判官代などに類する典代・監代は同じ頃から散見している。しかしながら、大宰府で在庁官人の語が出現するのは、この十二世紀前半であり、「在庁官人」と呼ばれたのは政所を構成する府官の監・典や監代・典代などであって、従前から大宰府の実務を掌握していた彼らが、政所の官人、在京する府官長に対して、目代の下で在庁官人として府務を担うことになるのである。第1表により監代・典代や府老などの氏姓を見ると、監・典として活躍する人々と概ね合致しており、

第１表　監代・典代と「所」官人の氏姓

監代	直、安部、大蔵朝臣、大中臣朝臣、小野朝臣・小乃、上毛野、紀朝臣、清原真人、百済、佐伯、早良、菅乃朝臣、菅原、但波、多治朝臣・丹治、高橋、豊嶋、津、伴朝臣、竹志、橘朝臣、秦、速部、惟宗朝臣、日奉、船真人、藤原朝臣、源朝臣、御春朝臣、真上、宗形朝臣、山村、和気朝臣／直宿禰、伊勢、大蔵朝臣、大中臣朝臣、大原朝臣、小野、上野、紀朝臣、清原、惟宗朝臣、菅野、橘、伴朝臣、平、中原朝臣、藤原朝臣、文屋真人、源
典代	阿刀、不知山、大蔵、大中臣、紀、清原、内蔵、財部、橘朝臣、津、長岑、速部、宗形／平
庁頭	大中臣、惟宗、伴宿禰、秦、藤井、山、和気
貫首	清原、高橋、豊嶋、中臣、秦／丹治、源
税司	預：矢作、十郡司：別、別当：橘
蕃客所	執行：山村、監代：山村
兵馬所	官人代：建部・小治田、勾当：百済・調・海原〃執当：赤染・宗形、庁頭：中臣・清原、十郡司：酒井、府老：大中臣・山宿禰、預
警固所	鎰取：田口、本司兼監代：百済、文殿：宗形、庁頭：大中臣、貫主：高橋、府老：紀朝臣
検非違所	別当、執行：大蔵、検非違使：佐伯、大神
公文所	庁頭：和気・山・宗形・惟宗、府老：百治（百済か）・山・宗形朝臣・惟宗朝臣、案主書生：紀、案主史生：高橋、監代：竹志・小乃・藤原・早良・大中臣
学校院	別当：（権監代）、院司
造観世音寺行事所	庁頭：藤井、府老：大中臣、典代：不知山、監代：菅野、文殿：内蔵、府掌：平

（備考）「／」以降は鎌倉時代の事例であることを示す。「所」官人については役職名別に表示した。兵馬所の項の「〃」は別の文書での構成員であることを示す。庁頭・貫主には後掲の「所」官人として登場する事例も含めて表示してある。

在地有力豪族や刀伊の入寇の際に所見する中央からの下向・土着志向者で構成され、彼らが府官層、在庁官人となって府務を掌握するので、従前の「所」による分散的活動から、政所を中心とする執務形態に変容し、警固所や検非違所については必要に応じて分掌体制が残ったのではあるまいか。

府官層の中では、藤原道長の家司受領として著名な平惟仲が寛弘二年（一〇〇五）にその宅で死去した（『小右記』同年四月七日条）とある貫首秦定重は、『今昔物語集』巻二十六第十六話「鎮西貞重従者、於レ淀買ニ得玉一語」、『宇治拾遺物語』下―一八〇（巻十四ノ六）「珠ノ価、無レ量事」では、宋商人から借財して上京、藤原頼通や中央の枢要者に献物を行う活動が知られ、摂関家との直接的なつながりを形成していた。その孫筥崎大夫則重は筥崎宮の神官で、『水左記』永保元年（一〇八一）十月二十五日条に宋商人来着時の大宰府の勾当官として活躍しており、博多近辺の筥崎を拠点に府官かつ交易に関係する存在として地歩を維持していることが窺われる。定（貞）重の子、則重の父は、通字と活動時期から見て、上掲の府官から少弐になった三番目の事例として登場する秦時重に比定され、秦定重―時重―則重の地位・存立基盤を知ることができる。[50]

仁平元年（一一五一）九月二十三日にはその筥崎に対して、目代宗頼が「以ニ検非違所別当安清、同執行大監種平・季実等一為ニ使張本一、引ニ率五百騎軍兵一、押ニ混筥崎・博多一、行ニ大追捕一。始レ自ニ宋人王昇後家一、運ニ取千六百家資財・雑物一、乱ニ入当宮一、打ニ開大神殿・若宮殿・宝蔵等一」という濫行事件が勃発している（府史料七文治二年八月十五日中原師尚勘状）。大監種平・季実は大蔵氏流で、大蔵氏流の人々もまた、府官として武力を担う役割を果していたことがわかる。それとともに、ここでは筥崎宮の神官である秦氏が、時には大宰府の利害に反することや他の府官との対立が生じることもあった状況が看取される。そうした相克を含みながらも、府官として様々な在地有力者が府衙を支える形が確立していくのである。(51)

むすびにかえて

小稿では近年発掘調査・研究整理が進む大宰府史跡の官衙地区の様相解明に関連して、大宰府の「所」など府衙の実務運営について、文献史学の知見を整理しようと試みた。大宰府の「所」は八世紀から存在した可能性があり、監・典などの府官を別当・勾当として、書生・雑色人が実務を担う形で組織され、さらには貢物使などへの郡司の参画が知られるものの、実務運営の具体相や「所」の内部構造にはなお不明の部分が大きい。

官衙地区出土の木簡は実務運営の様相を解明する上で有用であり、小稿でも大宰府史跡および都城跡出土の荷札木簡や蔵司西地区出土木簡などに依拠して、府務の機構を探究しようとしたが、やはり今後のさらなる出土文字資料の出現に俟たねばならない。古文書類に基づく府衙の展開に関しては、十二世紀段階での府官長の遙任化と政所に集う在庁官人による実務の掌握を展望してみたが、その段階で「所」の分掌がどのような形で政所の日常業務に継承されているのか、官衙地区の遺構変遷との照応関係如何などは残された課題であり、これも発掘調査の進展や知見整理に期待されるところとなる。今後の考察材料増加を鶴首しつつ、拙い稿を終えることにしたい。

註

(1) 倉住靖彦a『大宰府』(教育社、一九七九年)、b『古代の大宰府』(吉川弘文館、一九八五年)、田村圓澄『大宰府探究』(吉川弘文館、一九九〇年)、八木充a「いわゆる那津官家について」、b「筑紫大宰とその官制」(『日本古代政治組織の研究』塙書房、一九八六年)、北條秀樹「大宰府成立前史小論」(『日本古代国家の地方支配』吉川弘文館、二〇〇〇年)、拙稿「大宰府および到着地の外交機能」(『古代日本の対外認識と通交』吉川弘文館、一九九八年)など。

(2) 拙稿「山城と地方支配からみた国家形成過程」(『屋嶋城が築かれた時代』高松市歴史資料館、二〇一三年)、仁藤敦史「広域的行政区画としての大宰総領制」(『国史学』二一四、二〇一四年)など。

(3) 田村圓澄編『古代を考える 大宰府』(吉川弘文館、一九八七年)、杉原敏之『遠の朝廷 大宰府』(新泉社、二〇一一年)などを参照。発掘調査の正報告書としては、九州歴史資料館編『大宰府政庁跡』(吉川弘文館、二〇〇二年)があり、大宰府政庁周辺官衙群として、日吉地区、不丁地区、大楠地区、広丸地区などの刊行が進められている。

(4) 竹内理三「大宰府政所考」(『史淵』七一、一九五六年)。

(5) 梅村喬「「所」の基礎的考察」(『日本律令制論集』上巻、吉川弘文館、一九九三年)、松原弘宣「長屋王家の家政機関」(『日本古代の支配構造』塙書房、二〇一四年)、拙稿「家政運営の諸相」(『長屋王家木簡の基礎的研究』吉川弘文館、二〇〇〇年)、山下有美『正倉院文書と写経所の研究』(吉川弘文館、一九九九年)、佐藤全敏「「所」と所々別当」(『平安時代の天皇と官僚制』東京大学出版会、二〇〇八年)など。

(6) 渡辺直彦a「主神司の研究」、b「筑前国司廃置に関する研究」(『日本古代官位制度の基礎的研究』増訂版、吉川弘文館、一九八七年)、板楠和子「主厨司考」(『大宰府古文化論叢』上巻、吉川弘文館、一九八三年)、正木喜三郎a「大宰府官司の一考察—主工を中心として—」(『東海史学』一四、一九八〇年)、b「大宰府官司の一考察—大宰主工について—」(『古文化論攷』鏡山先生古稀記念論文集編集委員会、一九八〇年)、c「建築生産機構の変遷について」(『大宰府古文化論叢』上巻、吉川弘文館、一九八三年)、d「大宰府官司制の変質について」(『大宰府領の研究』文献出版、一九九一年)など。
(7) 拙稿a「外散位に関する諸問題」、b「国書生に関する基礎的考察」(『在庁官人と武士の生成』吉川弘文館、二〇一三年)。
(8) 拙稿「古代難波における外交儀礼とその変遷」(註(1)書)。なお、坂上康俊「筑紫館の風景」(『史料・史跡と古代社会』吉川弘文館、二〇一八年)も参照。
(9) 坂上康俊「文献からみた鞠智城」(『鞠智城とその時代』二〇一一年)は、山城には防人は配備されていないと見る。
(10) 拙稿「大唐通事張友信をめぐって」(註(1)書)。
(11) 渡辺註(6)b論文。
(12) 鈴木茂男「日本古印をめぐる二、三の考察」(『書の日本史』九、平凡社、一九七六年)。
(13) 弥永貞三「大宝令逸文一条」(『史学雑誌』六〇の七、一九五一年)。
(14) 新日本古典文学大系『続日本紀』三(岩波書店、一九九二年)四五二~四五三頁補注。
(15) 『続紀』天平十五年十二月辛卯条には筑紫鎮西府の設置があり、将軍・副将軍・判官・主典が任命されているから、大宰府の軍事的側面はここに引き継がれた。同十六年正月戊午条には、准位や季禄・月料・公廨田などが定められ、辛酉条「給鎮西府印一面」と見える。
(16) 註(7)b拙稿。「国務所」(『平城宮発掘調査出土木簡概報』十二―一六頁)、「検領藤所」・「造瓦倉所」(『下野国府跡』Ⅶ〔栃木県文化振興事業団、一九八七年〕二一六五号・四二一三号木簡)、「□炊所」(下野国府跡出土漆紙文書、『木簡研究』九号〔一九八七年〕参照)などの例がある。
(17) 竹内註(4)論文。
(18) 川添昭二監修・重松敏彦編『大宰府古代史年表』(吉川弘文館、二〇〇七年)「官人補任表」、門田見啓子「大宰府の府老について」(『日本古代の思想と筑紫』櫂歌書房、二〇〇九年)など。
(19) 郡司任用方法については、拙稿「律令国家における郡司任用方法とその変遷」(『古代郡司制度の研究』吉川弘文館、二〇〇〇年)を参照。
(20) 竹内註(4)論文。
(21) 田中史生「筑前国における銀の流通と国際交易」(『国際交易と古代日本』吉川弘文館、二〇一二年)、拙稿「奈良時代後半の遣唐使とその史的意義」(『東洋大学大学院紀要』五一、二〇一五年)などを参照。
(22) 九州歴史資料館『大宰府史跡出土木簡概報』二(一九八五年)。
(23) 平野友彦「郡司子弟論」(『日本古代政治史論考』吉川弘文館、一九八三年)、拙稿「地方豪族と人材養成」(『地方木簡と郡家の機構』同成社、二〇〇九年)など。
(24) 『平城宮木簡』一(解説)(奈良国立文化財研究所、一九六九年)一一九頁は、n―3の「室山」について、「その収納責任者」と述べる。
(25) 倉住靖彦「福岡・大宰府跡〔不丁地区〕」(『木簡研究』一三、一九九一年)は、m―7の最下段右側には四文字程度の墨痕が存するが、平城宮跡出土の貢綿木簡のような双行による重量・年紀の記載とは異なることを指摘している。可能性としては、n―4のような年紀記載が推定される。
(26) 酒井芳司「大宰府・水城」(『史跡で読む日本の歴史』3古代国家の形成、吉川弘文館、二〇一〇年)。
(27) 酒井芳司「大宰府史跡蔵司西地区出土木簡の再検討」(『九州歴史資料館研究論集』三〇、二〇〇五年)。木簡は五点が『大宰府史跡出土木簡概報』一(九州歴史資料館、一九七六年)に掲載されているが、釈文と木簡番号は酒井氏の論考により(o―4には異見を示した)、『木簡概報』の方の番号は〔 〕で併記する。なお、九号木簡は〇三二型式であるが、墨痕不明であり、掲げなかった。
(28) 酒井註(27)論文。
(29) 小嶋篤「大宰府の兵器―大宰府史跡蔵司地区出土の被熱遺物―」(『九州歴史資料館研究論集』三六、二〇一一年)。なお、蔵司丘陵南端地点(大宰府史跡第二〇九次調査)でも、古代末以降の埋土に被熱鉄製品が検出されているという。
(30) 『大宰府史跡発掘調査報告書』Ⅶ(九州歴史資料館、二〇一二年)「蔵司地区の計画調査」に現状と課題が整理されている。ややまとまった平坦面が存するA地区には礎石が散在しており、倉庫群の存在が究明されつつあるところである。
(31) 早川庄八「律令財政の構造とその変質」(『日本古代の財政制度』名著刊行会、二〇〇〇年)。

(32) 拙稿「民官と部民制」(『弘前大学国史研究』一一八、二〇〇五年)。なお、庸のうちの布・綿類が大蔵省に納入されるのは『続紀』慶雲三年閏正月戊午条からであり、それ以前は庸はすべて民官・民部省に納入されていた。

(33) 直木孝次郎a「大蔵省と宮内省の成立」、b「大宝令前官制についての二、三の考察」(『飛鳥奈良時代の考察』高科書店、一九九六年)、石上英一「大蔵省成立史考」(『日本古代の社会と経済』上巻、吉川弘文館、一九七八年)など。

(34) 古市晃「前期難波宮内裏西方官衙の再検討」(『ヒストリア』一五八、一九九七年)、条里制・古代都市研究会編『日本古代の郡衙遺跡』(雄山閣、二〇〇九年)などを参照。

(35) 大宰府の調の中ではnの綿が重要物品であり、中央の大蔵省との対比では、庸綿も含めて、蔵司に保管されていたことになる。蔵司地区の立地環境を含めた蔵司の役割については、俣野好治「大宰府財政機構論」(『律令財政と荷札木簡』同成社、二〇一七年)を参照。なお、綿の国際交易上の位置づけについては、吉川真司「国際交易と古代日本」(『京都北京』角川書店、二〇〇六年)を参照。

(36) 古市註(34)論文。

(37) 俣野註(35)論文。

(38) 佐々木恵介「大宰府の管内支配変質に関する試論」(『奈良平安時代史論集』下巻、吉川弘文館、一九八四年)は、九世紀後半~十世紀前半を中央が大宰府に管内諸国の政を委任する体制への移行期であり、財政基盤や公文勘会機能の強化が図られたといい、府支配の大きな画期であったと位置づける。とすると、諸官衙に関してもそれを受けとめる形で機構的整備・強化が推進されていくのかもしれない。

(39) 拙稿「刀伊の入寇と西国武者の展開」(『東洋大学文学部紀要』史学科篇三四、二〇〇九年)。

(40) 藤野秀子「大宰府府官大蔵氏の研究」(『九州史学』五三・五四、一九七四年)。

(41) 志方正和a「菊池氏の起源について」(『熊本史学』一五・一六、一九五九年)、b「刀伊の入寇と九州武士団」(『日本歴史』一四〇、一九六〇年)。

(42) 野口実「鎮西における平氏系武士団の系譜的考察」(『中世東国武士団の研究』高科書店、一九九四年)。

(43) 註(39)拙稿。

(44) 中央の官人代については、田原光泰「官人代の成立」(『日本歴史』七三八、二〇〇九年)を参照。

(45) 註(7)拙稿b。

(46) 府老については、門田見註(18)論文を参照。門田見氏は十郡司の初見を『紀略』延喜十六年八月二十二日条の「十郡司三宅春則」とするが、これは新訂増補国史大系の校訂に従い、「於郡司三宅春則宅」と理解する方がよい。大宰府の在庁官人の一覧表は、拙稿「平安・鎌倉時代在庁官人・国衙関係者表(稿)」(『平安・鎌倉時代の国衙機構と武士の成立に関する基礎的研究』平成二十一年度~平成二十三年度科学研究費補助金(基盤研究(C))研究成果報告書(研究代表者・森公章)、二〇一二年)を参照。

(47) 頼盛の赴任が日宋貿易の掌握云々とは関係しないことは、拙稿「伊勢平氏と日宋貿易」(『日本古代史の方法と意義』勉誠出版、二〇一八年)を参照。

(48) 府目代については、小川弘和a「白河・鳥羽院政期の大宰府と府目代」(『熊本学園大学論集総合科学』一六の一、二〇〇九年)、b「院政期の肥前社会と荘園制」(『熊本史学』九五・九六、二〇一二年)などを参照。経平については、拙稿「平安中・後期の対外関係とその展開過程」(『東洋大学文学部紀要』史学科篇四一、二〇一六年)を参照されたい。

(49) 註(7)b拙稿。

(50) 註(48)拙稿。

(51) 筑前国宗像郡の郡領氏族宗形朝臣氏については、正木喜三郎「律令制の崩壊と宗像」(『宗像市史』通史編第二巻古代・中世・近世、一九九九年)を参照。

大宰府官司制論
——被管官司の検討を中心に——

松川 博一

はじめに

大宰府は、日本古代の対外防衛・外交・西海道支配において重要な役割を果たした地方最大の官司である。その官人構成は、四等官として長官の大宰帥(従三位相当)一人、次官の大弐(正五位上相当)一人・少弐(従五位下相当)二人、判官の大少監各二人、主典の大少典各二人が置かれ、そのほかに品官や史生二十名を含めて五十名の官人からなる。品官としては大判事一人・少判事一人・大令史一人・少令史一人、大工一人・少工二人、博士一人、陰陽師一人、医師二人、算師一人、主船一人、主厨一人が配置され、別に三等官制をとる防人正一人・佑一人・令史一人がみられる。

平野邦雄氏は、その官制上の位置づけについて「非レ京非レ国、中間孤居」(『類聚三代格』巻六、承和五年六月二十一日太政官符)と「管内之政、先申二於府一、々更修レ解申レ官」(『類聚国史』巻八十雑公文、元慶五年五月三日条)を引き、京(中央)と国の中間機関として独自の政治的機能と、九国二島を総管する大幅な独立の行政機能を有していたと述べた上で、その機能を担う徴税機構の検討を通して、「蔵司」「税司」をはじめとした所司の役割と中央政府・大宰府・西海道諸国の関係を論じ、大宰府の財務行政の特質を明らかにしている[平野(邦)一九六九]。

倉住靖彦氏は、大宰府と中央の八省および国府の官人構成の比較を行い、その官制の特徴を第一に長官(大宰帥)の相当位階が高位(従三位)であること、第二に判官・主典だけでなく少次官(少弐)も二人制を採用していること、第三に四等官のほかに各種かつ多数の品官を配属していること、第四に中央の神祇官にあたる主神を配置していること、第五に大宰府の所務に応じて分課した所司が存在していること、などを挙げている。そして、大宰府は、地方官司として卓越した規模を有し、中央の八省を上まわる律令制上最大の官司であったと位置づけている[倉住 一九八五]。

正木喜三郎氏は、大宰府の官制について、四等官制を主軸にして中央の各省寮司の職掌を品官が分割・併有する形で編成されたとし、九州における太政官的立場にあったとしている。他方、大宰府の品官は大宰帥の支配下に属する反面、中央の省寮司の長官の被管的性格をも具備し、太政官と大宰府の重層的支配を受けていた可能性を指摘している[正木 一九八〇a]。

春名宏昭氏は、「官の位」(官職がもつ位)という視角から大宰府の官制構造を分析し、大宰府は基本的に八省と同じ構造をとり、長官のみを四位官(主席官)から三位官(枢機官)に昇格させたものと述べている。そのことは官司の権限の拡大を意味しており、大宰府が太政官からある程度独立して政務運営が行えた所以としている［春名 一九九七a・b］。

先学の研究を踏まえて大宰府の特徴をまとめるとすれば、地方官司でありながら中央の八省に比肩できる規模を誇り、九州の中枢機関として西海道諸国に対し太政官的な機能を有し、ある程度中央から独立した政務運営を行っていたと述べることができる。その官制上の特色は、高位の大宰帥をはじめとした多数の四等官と多種かつ多数の品官の配置であり、大宰府の役割を十分に担うべく分課された被管官司の存在であるといえる。本稿では、大宰府の被管官司である諸司の検討を通じて、大宰府の特質について考えてみたいと思う。

1　研究史の整理

大宰府被管の所司についてはじめて専論したのは竹内理三氏である。氏は所司に関わる史料を博捜し検討した上で、学校院・兵馬所（兵馬司）・蕃客所・主厨司・主船司・匠司・修理器仗所・防人司・警固所・大野城司・蔵司・税司・大帳所・公文所・薬司・貢上染物所・作紙所・貢物所・政所の十九の所司の存在を明らかにし、このなかで政所が中央の太政官庁的地位を占めたとしている［竹内 一九五六］。そして、所司は大宰府政庁における所務分担の部局課ともいうべきものであり、中央の寮・司に当たるものと説明している［竹内 一九七三］。

倉住氏は、竹内氏の研究をうけて、これらの所司がもつ機能や官人構成の検討からその分類を試みている［倉住 一九九〇］。諸司は八世紀に十二司が成立していたとした上で、令制的な品官の系譜をひく品官系の司と大宰府機能の一部を分掌する司に分けることができると論じている。前者は品官とその属僚で構成され、学校院（府学校）・主厨司・主船司・匠司・防人司・薬司・主神司（神司）の七司のほか、大判事・陰陽師・算師を官長とする三司を想定している。後者は蔵司と税司の二司を挙げ、知られるかぎり監典などの府官を構成要員とするとしている。なお、城司については、弘仁十一年（八二〇）の主城の新設にもとなって成立したとし、品官系の司に分類している。一方、諸所はいずれも十世紀末以降に初見し、国衙の所と同じように大宰府の機能の一部を分掌するかたちで形成され、監典やそのころから増加する府官によって構成されると述べている。

正木氏は、大宰府における建築生産機構の分析を通して、承和年間の頃から品官と所司に分化・解消してゆくとしている。令制官である大工の職掌は、品官である主工・主城と、所司である匠司・城司により分課的にそれぞれ継承され、別の機能を有したとの理解を示している。これらはともに監典の支配監督下にあったとする。また、司を形成する場合、蔵司・税司のように大蔵・税倉などの官衙を中心とする場合と、主工・主厨等の品官を中心として匠司・主厨司（厨司）などの司を形成する場合の二形態があったと想定している。一方、所制は養老令が施行された天平宝字年間に出現し、貢上染物所・作紙所等はおそらく九世紀初頭には分課的な工房として機構化され活動していたとする［正木 一九八〇b・一九八三］。

所司の個別研究としては、管見のかぎり、平野邦雄・俣野好治氏による蔵司・税司・主厨司などの徴税・財政機構の研究［平野 一九六九、俣野 一九九七］、正木氏による匠司・主工司・貢上染物所・作物所・修理器仗所などの建築生産機構の研究［正木 一九八〇a・b・一九八三］のほか、平野博之・渡辺直彦氏による主神司［平野〔博〕一九六六、渡辺〔直〕一九七二a］、板楠和子氏による主厨司〔板楠 一九八三〕、瀧川政次郎・杉山宏・佐藤鉄太郎氏による主船司〔瀧川 一九六一a、杉山 一九六八、佐藤〔鉄〕二〇〇六〕、倉住氏による府学校や城司〔倉住 一九七五・一九七六・一九九〇〕、門田見啓子氏による公文所〔門田 一九八五・一九八六〕についての専論などがある。

先学により大宰府被管の諸司諸所の抽出や比定、官人構成の検討が行われ、個別の所司についてもその機能や変遷が明らかにされてきた。しかしながら、大宰府の被管官司については、律令に規定がみられないため総体的かつ体系的な把握が困難であり、また正史などに設置記事が一切見られないことから成立時期が特定できない状況である。その上、初出史料のほとんどが平安時代以降のものであるため、いつまで時代を遡って理解すべきか判断が難しいところである。これまでの研究でも史料上の初見をもってその成立時期をその前後に措定したり、すでに奈良時代から存在したことを前提にして推論されることが多かったように見受けられる。

本論では、大宰府の被管官司である「諸司」に関わる史料を管見のかぎり取り上げて検討を加えるとともに、先学の個別官司研究の成果によりつつ、個別の被管官司について詳論していく。その際には、近年、まとめられつつある大宰府政庁の前面官衙跡の発掘調査成果や現在進行している蔵司地区の発掘調査の最新成果を取り入れていくつもりである。これらの検討を通して、大宰府の被管官司である諸司の成立時期や官人構成を総体的に解き明かし、さらには所在や運営の実態に迫ることができればと考えている。

2 大宰府の「諸司」

大宰府の「諸司」についての史料上の初見は、『日本書紀』天武天皇六年（六七七）の筑紫大宰による祥瑞献上の記事まで遡る。

〔史料1〕『日本書紀』天武天皇六年（六七七）十一月一日条

筑紫大宰献二赤烏一。則大宰府諸司人、賜レ禄各有レ差。且専捕二赤烏一者、賜二爵五級一。乃当郡々司等、加二増爵位一。

このとき、赤烏を献じた褒賞として、「大宰府諸司人」を筆頭に捕獲者と当該地域の「郡司」が賜禄および昇叙に与っている。「大宰府諸司人」への賜禄については史実として疑問視する意見もある〔長 一九八八〕。確かにこの記事をもって天武天皇六年の段階で筑紫大宰の下に「諸司」が形成されていたと解するのは慎重を要する。同条においては、「筑紫大宰（府）」ではなく令制にならい「大宰府」を用い、同様に「評造（評領）」ではなく「郡司」の表現を使用していることから、「諸司」という表現も『日本書紀』編者の飾筆の可能性が高いとみられる。むしろ、本条は『日本書紀』の編纂時、大宰府に「諸司」が存在していたことを前提として述作されたと考えるべきであろう。したがって、『日本書紀』が編纂された養老四年（七二〇）当時、大宰府の管下に「諸司」が置かれていた状況を示している。

大宰府の「諸司」については、これまで『続日本紀』天平十七年（七四五）の大宰府管内の諸司印の支給記事が確実な初見史料として注目されてきた〔倉住 一九八五〕。

〔史料2〕『続日本紀』天平十七年（七四五）八月己丑条

給二大宰府管内諸司印十二面一。

本条の「大宰府管内諸司」の解釈をめぐっては、倉住氏に代表される大宰府被管の諸司とする理解〔鈴木 一九七六、倉住 一九八五・一九九〇〕のほかに、大宰府管内の諸国島司とする渡辺直彦氏の理解〔渡辺（直）一九七二b〕がある。渡辺氏は、藤原広嗣の乱にともなって収公されていた諸国島印があらためて支給されたことを示す記事として捉えている。確かに『続日本紀』において「大宰府管内」に続く語として「諸国」が一般的であり、あわせて九国三島であれば十二面という印数も合致している。さらに、諸司印の成立の過程をみていくと、大宝令制には八省印をはじめとした諸司印の規定すらなく、養老三年（七一九）にいたってようやく八省印が整備されており、奈良時代には原則として八省の被管官司である職・寮・司などには公印が賜与されていない〔弥永 一九五一・一九八八〕。養老二年（七一八）の斎宮寮への公印賜与（『続日本紀』養老二年八月甲戌条）や天平八年（七三六）の内侍司牒（正倉院文書正集四）への「内侍之印」の押捺（『大日本古文書』二―四・八）という例外はあるものの、主計寮や主税寮をはじめとした八省等の被管諸司に公印が支給されるのは、延暦年間以降であった。このことから、それ以前に大宰府の被管官司に対して公印が支給されるのは、特殊な事情がない限り、通常考え難いのも確かである。

一方で広嗣の乱ののち、天平十四年正月五日に大宰府が廃止され、むしろ九国三島の国司が担うべき行政的な役割と責任は大宰府を介さない分、相対的に高まったと考えるべきであろう。国司にとって「印鑰」は、国司の権威と権限を象徴する存在である。したがって、国島印はその行政権の執行や中央への公文の提出において必要不可欠であり、それを大宰府廃止後の措置として国司等から取り上げてしまうというのもこれまた考え難い。

やはり天平十七年六月五日の大宰府の復置をうけて、その二か月後に大宰府の被管諸司が再置され、諸司印が頒下されたと理解するのが妥当と思われる。それでは、中央の職・寮・司に先んじて大宰府の諸司へ公印が支給された特殊事情とはどのようなことが考えられるのであろうか。これについて西別府元日氏は、広嗣の乱をうけて大宰府が有する権限の分割を意図したものであり、大宰府の再設置にあたって各被管官司の独立性を強めることを志向した結果と推考している〔西別府 二〇〇二〕。大宰府管内の「諸司印」十二面が大宰府の被管官司の公印を指すとすれば、大宰府に十二の被管官司が存在したことになる。

奈良時代の大宰府に諸司が存在したことを示す史料としては、大同四年（八〇九）正月二十六日太政官符（『類聚三代格』巻六）所引の神護景雲二年（七六八）七月二十八日太政官符がある。

〔史料3〕『類聚三代格』巻六、大同四年（八〇九）正月二十六日太政官符

　太政官符

一聴㆑運㆓位禄季禄料米㆒事

右得㆓大宰府解㆒偁。謹検㆓太政官去神護景雲二年七月廿八日符㆒偁。得㆓府解㆒偁。五位国司及帯㆑国諸司官人等款云。所㆑賜位禄并季禄料舂米上㆑京欲㆑資㆓親族㆒者。府検㆓辞状㆒不㆑可㆑不㆑申。仍請㆓官裁㆒者。官判依㆑請者。謹依㆓符旨㆒行亦久矣。而依㆓太政官去延暦十二年八月十四日符旨㆒。亦同禁断。資養之徒因㆑之亦憂。府司商量不㆑可㆑不㆑申。仍請㆓官裁㆒者。府旨灼然。所㆑禁有㆑限。而共従㆓禁断㆒。府官所㆑失。宜㆓依㆑旧聴㆒㆑之。

以前右大臣宣。奉㆑勅。如㆑件。

　大同四年正月廿六日

本官符は、大宰府管内の五位の国司と帯国の諸司官人らに対して、位

禄や季禄として支給される舂米を在京の家族のために京へ運送することを許可したものである。ここにみえる「帯㆑国諸司官人」とは、国司を兼ねる大宰府の官人のことを指す。養老六年（七二二）、大宰府管内である大隅・薩摩・多祢・壱岐・対馬等の二国三島の国司に欠員が生じた場合、大宰府の官人を選んで権に補任することを認めている（『続日本紀』養老六年四月丙戌条）。つまり、「諸司」とは大宰府の「諸司」のことであり、大宰府部内に複数の被管官司が存在したことを前提とした表現といえよう。

二国三島の国の等級が中・下国にあたることを考えれば、中国の守の相当位階が正六位下で大宰大監と同等であり、下国守が従六位下、中国の掾が正八位上で大宰少典と同等、中国の目が大初位下で大宰判事少令史・防人令史と同等、下国の目が少初位上となり、対象となる大宰府の官人は、監典および大判事から防人令史までの品官ということになる。このことは同時に、大宰府の諸司を構成していた官人は、主として監典および品官であったことを示しているともいえよう。

次に大宰府の「諸司」が史料上で確認できるのは、時代が下り貞観十二年（八七〇）のことである。それまでに天平二年（七三〇）の「神司」（『万葉集』巻五―八三二）や天平宝字元年（七五七）の「防人司」（『続日本紀』天平宝字元年閏八月壬申条）、天長三年（八二六）の「貢上染物所・作紙所」（『類聚三代格』巻十八、天長三年九月二十二日太政官符）、貞観三年（八六一）の「主舩司」（『入唐五家伝』「真如親王入唐略記」貞観三年八月九日条）、貞観四年の「厨司・染所」（『類聚三代格』巻十四、貞観四年九月二十二日太政官符）など、個別の所司の名称がみられ、大宰府における「諸司諸所」の存在が確認できる。

〔史料4〕『日本三代実録』貞観十二年（八七〇）二月二十三日条

廿三日乙巳。参議従四位上行大宰大弐藤原朝臣冬緒進㆓起請四事㆒。（中略）。其三曰。承前之例。諸国雑米各随㆓其本色㆒。輸㆓納諸司諸所㆒。而或司全納。用尽既訖。或所多致㆓未進㆒。公途有㆑闕。至㆑有㆓期会㆒。不㆑得㆓廻挽㆒。況復件司等監典二人。勾㆓当釐務㆒。或時有㆓自用㆒。亦非无㆓判置㆒。貢進之怠莫㆑不㆑縁㆑此。縦令一任之内。殊立㆓厳制㆒。猶恐。相承之官任㆑意改更。自㆑非㆓官符㆒。何立㆓後法㆒。望請。五使料之外。庸米并雑米。惣納㆓税庫㆒。毎月下行。若非㆓符宣旨㆒。輙以下用。監当之官准㆑法科㆑罪。（中略）詔並従㆑之。

貞観十二年（八七〇）、大宰大弐であった藤原冬緒は、新羅海賊襲来の危機と大宰府政治の弛緩への対応策として四か条にわたる起請を奏進し、施行の勅許を得ている。その内容は、①烽火演習の実施、②大宰府管内からの馬の移出禁止、③庸米・雑米の出納管理の徹底、④地子交易の専任官の停止である。大宰府の諸司・諸所に関わるのは、③庸米・雑米の出納管理の徹底についての起請であり、右に該当部分の全文を掲出した。その具体的な内容は、西海道諸国から大宰府へ納められた雑米は、それぞれ直接諸司や諸所へ運んで納めていたが、以後は五使料のほか、庸米や雑米はすべて税庫に納めて月ごとに諸司諸所へ支給するようにしたい旨を申請したものである。それまで所司に割り当てられた雑米の出納管理は、基本的に所司に任されており、全納された財源をすべて使い切ってしまう諸司もあれば、多くの未納により財源不足に陥る諸所もあるという状態であった。さらに諸司等の釐務を勾当する監・典二人が雑米を自らのために使用していながら、公用として処理するという事態も起きていたという。つまり、貞観十二年以前は諸司諸所がそれぞれ倉庫を有し、貢納物の勘検や出納の事務全般あるいはその一部を行っていたことになる。それは、大宰府の被管官司が監典の勾当の下、ある程度独立した官司運営を行っていたことを示している。

倉庫の出納管理において公印が倉庫の鎰とともに大きな意味を持っていたことは、諸国印とは別に諸国倉印が養老三年頃、つまり八省印と同時期に鋳造・頒下されていたことからもうかがえる［岸 一九六七、鎌田 一九九四］。古尾谷知浩氏は、延暦年間以降、八省の被管官司に諸司印が支給される契機のひとつとして調庸などの納入手続きを厳正化する中で規定された返抄や日収への捺印を挙げ、官衙財政が独立化していく流れの中で理解されている［古尾谷 二〇〇四］。

大宰府の諸司印もまた、西海道諸国から諸司諸所に直接納められる雑米などの貢納物の勘検・収納の際に使用され、独立した官司運営の遂行のために機能したと考えられる。しかしながら、九世紀中頃にいたって、貢納物の未納・欠負や諸司官人の不正が深刻化したことから、その出納管理を個別の被管官司から大宰府本司もしくは税司に一元化することで、管理の厳正化を図ろうとしたとみられる。

3　大宰府十二司の比定

大宰府には遅くとも八世紀前半に諸司が存在しており、天平十七年、十二の被管官司に対して諸司印が班賜されたと考えて大過ないであろう。それでは、その十二の被管官司とは具体的にどの官司を指すのか、各官司の関係史料や関連遺跡などについて検討を加えていくことにする。これまで十二の諸司について比定を行ったのは、先述のとおり倉住靖彦氏である［倉住 一九九〇］。倉住氏は、学校院(府学校)・主厨司・主船司・匠司・防人司・薬司・主神司(神司)・蔵司・税司に、品官である大判事・陰陽師・算師を官長とする三司を加えた十二司を想定している。

しかしながら、諸司の名称や活動が確認できるのは多くが平安時代以降の史料という制約もあり、各官司の成立時期がどこまで遡るのか、明らかにし難いところである。そこでまずは確実に八世紀に存在したことが確認できる防人司(防司)・主神司(神司)・主船司・匠司・城司・府学校(学校院)の六司から検討をはじめることにする。

(1) 防人司

大宰府管下の所司の中で唯一律令の規定に位置づけられているのは「防司」、つまり防人司のみである。養老職員令大宰府条には、防人司の職員として防人正一人・佑一人・令史一人の三等官が規定され、中央の八省管下の中司にならった構成をとっている。[1] その職掌は「防人名帳、戎具、教閲、及び食料田事」とされており、防人の管理を担っていた。また、同考課令最条には「防司之最」として「防人調習、戎装充備」の評価項目が挙げられている。『令集解』同条の「古記」にも「防司最」とみえることから大宝令段階ですでに「防司」が成立していたことが確認できる。その「古記」の内容は「防司」の「戎装充備」と「大宰」の「戎具充備」、また「兵部」の「調充戎事」という三者の最の相違について論じたものであり、大宝令制下においても「防司」が大宰府の管下にあったことがわかる。

防人司の史料上の初見は『続日本紀』天平宝字元年閏八月壬申条であり、大宰府防人にはこれまで「板東諸国兵士」を徴発していたが、今後は「西海道七国兵士合一千人」を「防人司」に充てる旨が命じられている。次に防人の廃止を命じる延暦十四年(七九五)十一月二十二日の太政官謹奏に「防人之官」とみえる。これにより、「防人之官」こと防人司は停廃されることになる。

防人司の所在地については、特に防人の防衛拠点となるべき場所に関わる史料は見当たらない。その職掌が「防人名帳」「戎具」の管理や「教閲」「調習」の実施ということであれば、大宰府周辺に曹司のひとつとして所在したと考えてよいであろう。

(2) 主神司

大宰府の主神司については、『万葉集』巻五の「梅花歌三十二首」(八一五〜八四六)の詠み人のひとりに「神司」として「荒氏稲布」がみえる。それは天平二年(七三〇)正月十三日に大宰帥大伴旅人の邸宅で催された宴、いわゆる梅花の宴で詠まれた和歌を収載したものであり、参宴者は大弐紀男人を筆頭とする大宰府の官人のみならず、筑前守山上憶良や筑後守葛井大成をはじめとして豊後守・壱岐守・対馬目・大隅目・薩摩目など、ひろく大宰府管内の国司に及んでいる。「神司」とはいうまでもなく大宰府において「諸祭祠事」を掌る主神のことであり、大宝令制下においても大宰主神が存在したことを示す。「神司」については『倭名類聚抄』にある神祇官の国訓「加美官」に対する当て字を敷衍した表記とする見方[渡辺(直)一九七二a]もあり、『万葉集』の史料的性格からも諸司としての神司の存在を確証する史料として取り上げるには慎重を要するのも確かである。

大同二年(八〇七)に斎部広成が撰した『古語拾遺』には「而今、大宰主神司独任二中臣一、不レ預二斎部一。」と記されており、少なくとも九世紀初頭には大宰府に主神司が置かれていたことがうかがえる。また、この前条には斎宮寮主神司における中臣・斎部両氏の関係についての記述もみえ、延暦年間の初めに権勢が中臣の一氏に移っていったことが語られている。斎宮寮の主神司は、寮内に整備された十三の被管官司のひとつであり、中臣一人を官長として忌部・宮主各一人、神部六人、卜部四人からなる。斎宮寮と大宰府との官制の類似性は、主神および主神司を筆頭とする点など、すでに指摘されているところである[瀧川 一九六一b]。斎宮寮の主神司の長は主神ではなく中臣であることから、主神司の官司名は大宰主神を長とする大宰府の主神司にならったものと考えるべきであろう。したがって、大宰府の主神司は、斎宮寮の主神司に先行して成立していたことになる。斎宮の主神司の成立時期については、斎宮寮およびその被管諸司の官員と官位相当を定めた神亀五年(七二八)七月二十一日勅(『類聚三代格』巻四)により被管官司が成立したとする説[田中 一九五五]や、神亀四年の斎宮寮官人一二一人の補任をもって諸司が新設・整備されたとする説[西 一九八〇]、大宝元年(七〇一)の斎宮寮の成立から養老五年(七二一)の中臣・忌部・宮主の任命までの間に成立したとする説[熊田 一九七七、古川 一九九三]などの諸説がある。いずれにしても神亀五年以前に斎宮寮の主神司が成立していたことは確実であり、その先例になったと考えられる大宰府の主神司については、天平二年の梅花の宴をさらに遡り、遅くとも神亀五年までには成立していたと考えられる。

(3) 主船司

大宰府の主船司は、『令義解』および『令集解』営繕令有官船条の各注釈において摂津の主船司と並んで登場する。古記には「主船司」の注釈に「筑紫主船亦同也」とみえ、大宰府の主船が筑紫主船と呼ばれていたことがわかるとともに、一司を形成していたかはわからないものの、筑紫主船がのちの大宰主船司の役割を担っていたことがうかがえる。延暦六〜十年(七八七〜七九一)成立の令釈には官船を管理する官司として摂津主船司と大宰主船司が明記されていることから、八世紀に大宰府主船司が成立していたことは確実である。一方の摂津主船司とは、摂津職つまり難波津に常置されていた兵部省被管の主船司のことを指し、令制官司である。天長十年(八三三)編纂の『令義解』にも「摂津及大宰主船司」とみえる。

大宰府の主船については官船等の「舟檝修理」および主船司の船の「看守」を職掌としており、「舟檝」の「営作」は大工の所管となっていた。弘仁十四年(八二三)、主厨とともに一時停止され、承和七年(八四〇)に復置されており、それに応じて主船司も改廃されたと考えられている。しかし、主船司自体の役割がなくなるとは考えられず、また主船の廃止時期に編纂された『令義解』に依然として「大宰主船司」とみえることから、あくまで品官である主船の廃置だったのではないかと考えられる。

主船の復置後の活動を物語る原史料としては、仁寿三年(八五三)の円珍鎮西府公験(円珍関係文書、東京国立博物館蔵)がある。これには「主船之印」が十五顆押されており、大宰府の主船司のものとされている[田島 一九九七]。これにより大宰府の十二の諸司印のうち、主船司の印の実在が確認できる。

大宰府主船司の所在地については、摂津主船司が兵部省の被管でありながら難波津に常置されていたことからすれば、博多津つまり博多湾岸に所在したと考えられるが、現在のところ特定はされていない。江戸時代以来、福岡市西区周船寺が主船司に由来する地名として有力な候補地とされてきた[瀧川 一九六一a]。その周辺に位置する西区の徳永遺跡からは越州窯系青磁や定窯系白磁などの中国陶磁器が多量に出土しており、また同区の今山遺跡では船舶関連の施設と思われるドック状遺構が検出されている。前者が九世紀中頃～後半の遺構、後者が十世紀前半代前後に開削された遺構とされており、ともに主船司関連の遺跡の可能性が指摘されている。

しかしながら、西別府元日氏が大宰府続命院にかかる研究で問題提起したように、官司や施設の名称から派生した地名については、官司の所在地に限らず、その領田が置かれたと考えられる地でもみられることから、官司所在地の根拠とするには慎重を要する[西別府 二〇〇〇]。佐藤鉄太郎氏もまた、博多警固所と複数の警固という地名の関係を引きつつ、西区の「周船寺」のほか、早良郡小田部にも「主船司」あるいは「守泉寺」という名がかつて存在したことを挙げ、両者を領田に因む地名としている。その上で主船司は博多大津の大宰府鴻臚館や博多警固所と一体の地に設置されたと推論されている[佐藤〔鉄〕二〇〇六]。傾聴すべき見解である。

(4) 匠　司

大宰府の匠司については『延喜式』民部省下式大宰仕丁条を史料上の初見とし、その成立がどの時期まで遡るのか不明であったが、大宰府政庁周辺官衙跡不丁地区から出土した八世紀の須恵器の坏蓋に「匠司」の墨書が確認され、その成立が八世紀まで遡ることがわかった。さらに大宰府条坊跡の九世紀前半の祭祀土坑からも「匠司」と判読できる墨書土器が出土しており[2]、匠司が八世紀から十世紀まで連綿と存在したことが確認できる。

匠司の分掌内容については、大宰大工の職掌である「城隍・戎器・船檝・諸営作」とする理解[竹内 一九七三]に加え、手工業生産部門全般を担当し、分課した修理器仗所・貢上染物所(染所)・作紙所などの諸所(工房)を包括していたと理解されている[正木 一九八〇a、倉住 一九八五]。

大宰府政庁跡の西丘陵に位置する蔵司地区の西南隅には「匠司」と称される一帯があり、多くの小鉄片や鉄滓が散在することが本格的な発掘調査が行われる以前から知られていた〔鏡山 一九六八〕。その後の発掘調査により蔵司丘陵の前面やその西に位置する来木丘陵裾部からは鋳造・製鉄遺構や坩堝・鞴羽口・鋳型が発見されており、さらに来木丘陵周辺には来木北瓦窯跡をはじめとした瓦窯群の存在も確認されている。

また「匠司」の墨書土器が出土した不丁地区については、紫草関係荷札をはじめとした木簡群や官司名を記した墨書・刻書土器の出土から、匠司・貢上染物所・細工所などの工房的官司と「政所」などの事務的官司とが存在した可能性が指摘されている〔酒井 二〇〇七〕。また、同地区からは、五〇〇点あまりの漆付着土器や濾布、漆が付着した木簡が出土している〔小田 二〇一六〕。いまのところ、蔵司から来木地区にかけての丘陵や不丁地区など、大宰府政庁跡の西側に「大宰府工房」とも総称できるような遺跡が所在している様相が明らかになってきた。そして、それらの生産関係の遺物には、八世紀まで遡るものが多く含まれている。ただし、これらの「大宰府工房」とされる遺構が全て匠司に関連するものであるかは、後述するが、再考の余地がある。

(5) 城司

大宰府の城司は、貞観十八年(八七六)三月十三日太政官符(『類聚三代格』巻十八)に初見する。本官符は大宰府の申請を受けて大野城の衛卒の粮米を旧例に復して税庫ではなく城庫に収納することを許可する内容のものであり、城司の意見が尊重されている。

本来、山城の管理については、職員令の国司の職掌に「城牧」とあるように基本的に所在国の国司が責任を負うことになっていた。大宰府管内であれば、大野城は筑前国司、基肄城は肥前国司、鞠智城は肥後国司が管轄したことになる。ただし、大野城が所在する筑前国の場合、大宰府兼帯と筑前国別置を繰り返しており、大野城の所管もそれに連動する形で、あるときは大宰府、あるときは筑前国と変遷があったと考えられる。それが弘仁十一年(八二〇)三月までには、筑前国が別置であっても、大野城は大宰府に付属、つまり管轄されることになっていた(弘仁十一年三月四日大宰府牒案、九州国立博物館所蔵文書)。そして同十四年正月二十九日には論奏により主厨・主船各一人が停止され、主城二人が置かれる。その後、承和七年(八四〇)九月二十三日、主厨・主船の復置にともない、主城二人のうち、少主城が廃され大主城のみが残ることになった(『類聚三代格』巻十八、承和七年九月二十三謹奏)。そのなかで貞観十八年三月十三日、大野城を管理する「城司」がはじめて史料上に登場する。この「城司」をめぐっては、現地に配属の大野城司とする説〔正木 一九八三〕と主城を官長とする城司を想定する説〔倉住 一九九〇〕がある。後者であれば、自ずとその成立時期は、主城が新置された弘仁十四年以降ということになる。

しかしながら、早良平野の中央部に位置する次郎丸高石遺跡(福岡市早良区賀茂)からは、「城司」と墨書された八世紀の須恵器の高台付坏が出土している。墨書土器が出土した遺構は、八世紀前後の浸蝕によってできた自然流路である。同時期の建物等の遺構は検出されていないが、調査区の南側周辺地に奈良時代の官衙的性格をもつ集落が存在すると考えられている。この「城司」銘墨書土器の発見は八世紀の段階で大宰府管内に「城司」が存在したことを示している。さらに大宰府政庁周辺官衙跡不丁地区からは「大城」と墨書された八世紀の須恵器の皿が出土しており、大野城を所管する官司との関わりが想定されている。

(6) 府学校

大宰府の府学校は、天応元年(七八一)三月八日太政官符(『類聚三代格』巻十五)に初見する。それは、射田の増置とあわせて大宰府管内諸国に学問奨励のための褒賞の財源として学校料田の設置を許可するというものである。官符には「府学校六国学生医生算生有二二百余人一」とあり、府学校では府下六国、つまり筑前・筑後・肥前・肥後・豊前・豊後の六か国から大宰府へ来ていた明経道の学生をはじめ医生・算生あわせて二〇〇余人が学んでいたことがわかる。中央の大学寮が学生・算生あわせて四三〇人の定員であることから、大宰府にはそのおおよそ半分に当たる学生たちを受け入れる地方最大の教育機関が存在したことになる。府学校については、中央の大学寮に相当する所管官司の存在を明示する史料は確認できないが、これまでも先学により府学校を「司」もしくは「所」に当たる存在として、大宰府の被管官司のひとつに数えられてきた。

所在地については、大宰府政庁跡の東、観世音寺との間の方二町の範囲が大宰府学校院跡として、国指定史跡となっている。

(7) 主厨司

大宰府の主厨司については、九世紀まで時期が下るが、貞観四年(八六二)九月二十二日太政官符(『類聚三代格』巻十四)に「厨司」がみえる。本官符は大宰府管内諸国の雑米進納について、違期・未進は大宰府官人の職田・公廨等で弁済させる旨を命じたものであり、府庫に収納されていた雑米の使途として「修二理官舎器仗一并選士衛卒粮、厨司・染所之使料」が列挙されている。この「厨司」とは、長保六年(一〇〇四)十一月十九日大宰府牒案にみえる「主厨司」に当たるものと考えられる。主厨司の職掌については、板楠氏により蕃客饗応から朝廷への御贄や供御物の貢上、官人交替料、大宰府会食および常食に至るまで大宰府において必要とされる食料品の調達・加工・保存とまとめられている[板楠 一九八三]。

その所在地をめぐっては、『日本三代実録』貞観十一年十二月五日条の「鴻臚中島館并津厨等、離居二別処一、无レ備二禦侮一、若有二非常一、難二以応猝一」の記事から大宰府と離れて博多津に存在したとする説[竹内 一九五六]と、「贄」や「膳部」に関わる木簡が大宰府政庁後殿地区から出土していることから後殿地区付近とする説[藤井・亀井 一九七七]がある。板楠氏は大宰府政庁内とする説に賛同した上で、津厨については主厨司の管轄のもと博多湾沿岸において大宰府や鴻臚館の厨物所用および饗応膳を整える施設とし、福岡市東区の海の中道遺跡に比定した。

近年では大宰府政庁周辺官衙跡の発掘調査の成果から、政庁前面の大楠地区を主厨司に比定する説も提出されている[小田 二〇一六]。その根拠となったのは、多量の製塩土器の出土と総柱倉庫跡・井戸跡の検出であり、また大楠地区と東の不丁地区とを区画する境界溝(SD320)から「烏賊」「腊」と記された木簡や「那ツ支(菜坏)」「厨」と判読できる墨書土器、「春岑」と刻まれた移動式竈など、厨施設の存在をうかがわせる遺構・遺物が確認されたことである。

(8) 蔵　司

大宰府の蔵司は貞観十三年(八七一)八月十日太政官符(『類聚三代格』巻八)に初見する。本官符は大宰府が貢進する絹・綿の品質の麁悪さを譴責したものであり、その監督の怠慢は大宰府や管内諸国の官人に帰するけれども、容隠の責任はもっぱら蔵司にあると述べている。そして、その状態が今後も続く場合は蔵司の官人を解任するとしている。蔵司が管内諸国から府庫へ収納された絹・綿などの調庸物の品質管理と京進を担当していたことがわかる。

大宰府の蔵司は、中央の大蔵省に当たる官司と考えられている。省名の「大蔵」とは同省が管理する倉庫群のことであり、調庸物をはじめとする諸国からの貢納物を収納する正蔵(倉)や長殿(蔵)、正蔵率分を別置する率分蔵などからなる[森田 一九七八]。古代のクラの用字については、収納物により原理的な区分があり、「蔵」がクラの総称ないしは上位概念、「倉」が稲・穀・粟を納めたクラ、「庫」が兵器・文書・書籍・布帛・宝物などを納めたクラのことを指したという。さらに中央のクラについては「大蔵」や「正蔵」のように「蔵」の字を用い、原則として「倉」を用いないという使い分けがあったとされる[平野(邦)一九八三]。

『令集解』宮衛令兵庫大蔵条には、中央に所在する兵庫や大蔵以外で、その管理に準ずべき「余庫蔵」の解釈をめぐり諸説が紹介されている。そのうち、延暦六〜十年(七八七〜七九一)成立の令釈では「余庫蔵」を「諸国兵庫及筑紫大蔵類」と解して、大宰府のクラを中央の大蔵に準え「筑紫大蔵」と呼称している。先に主船司の成立を検討した折、『令集解』営繕令有官船条の古記により大宰府主船司の前身として大宝令制下における「筑紫主船」の呼称が確認された。同じく「筑紫」を冠する「筑紫大蔵」もまた大宝令制下もしくはさらに時代を遡る呼称と考えられる。したがって、蔵司の名は、「筑紫大蔵」の古称に由来すると考えられ、その成立は奈良時代以前に遡る可能性が高い。平安時代になると、大宰府のクラは、斉衡三年(八五六)五月二十七日太政官符(『類聚三代格』巻十二)を初見として、「府庫」と呼ばれるようになる。これは中央の「京庫」や諸国の「国庫」、さらには大野城内の「城庫」に対して用いられた呼称である。

蔵司の所在地については、「蔵司」の小字名が残ることから大宰府政庁跡の西の丘陵部に比定されている。平成二十一年度から行われている発掘調査により、丘陵の西南部(D・E地区)では、七世紀末から八世紀初頭の掘立柱建物三棟と八世紀前半から九世紀前半の東西九間、南北二間の身舎に南北の廂がつく大型礎石建物一棟が検出された[下原 二〇一六]。丘陵の東南部(A・C地区)では、八世紀から十世紀とされる東西三間、南北五間の総柱の瓦葺礎石建物が南北に二棟並んでおり、さらにその倉庫群の南端から東へ折れた位置に瓦葺きの礎石建物が東西方向に二棟以上並ぶことが確認された[九州歴史資料館 二〇一七]。これにより八世紀の段階で高床式倉庫をはじめとした倉庫群が中央の広場を囲むように配置されていた様子がうかがえ、これらの発掘成果により蔵司にともなう遺構である可能性が高まったといえる。

大宰府の蔵司にあったであろう倉庫群の検討に際しては、平城宮および平安宮の大蔵省の正蔵(倉)院の例が参考となる。佐藤信氏は、その構造と機能について以下のように述べている[佐藤(信)一九八一]。まず構造については、一院のなかに(養老宮衛令兵庫大蔵条)、「雙倉」(『続日本紀』宝亀六年十月壬戌条)や「東長蔵」(『同』延暦元年七月甲申条)といった各種の倉庫が方位を揃えて整然と配列され、倉庫の間に火災に備えて池や渠を配し(養老倉庫令倉於高燥処置条)、「中庭」(『儀式』賜二春・夏季禄一儀)・「中区」(『同』奉二山陵幣一儀)や「大庭」(『類聚国史』巻百七十三弘仁十四年十一月壬申条、『政事要略』巻二十九 貞観六年十二月十四日大蔵省例、『西宮記』班幣)とよばれる広場があったことを指摘している。その機能については、単に諸国から貢進された調庸物を保管するだけでなく、その収納に際して現物を勘会する場(延喜民部式勘納調庸物条)であり、かつ五位以下の官人に季禄を支給する時に禄物を積み上げて分配する(『儀式』賜二春・夏季禄一儀)という官僚組織維持の上で重要な行事の場であったとしている。大宝元年(七〇一)には五位以下の官人が大蔵省に参集し、禄物を受け取ることが定められている(『続日本紀』大宝元年八月丁未条)。また、山陵使(荷前使)が諸山陵に奉幣する儀式の際の幣物も正蔵院の「中区(中庭)・大庭」に積み上げられてから分配されたこと(『儀式』奉二山陵幣一儀、『西宮記』班幣)にも言及されている。

「筑紫大蔵」院においても同様の構造と機能が求められた可能性が十分考えられよう。構造についていえば、丘陵の南東部(A・C地区)にみられる広場を囲み倉庫群が整然と並ぶ建物配置は、正蔵院の「雙倉」と「中庭」「大庭」に通じる。次に機能についていえば、西海道諸国からの調庸物の保管はもとより現物勘会の場として、また季禄の支給についても大宰府の官人への季禄の運積・分配の場として機能したと考えられる。地方官で季禄の支給対象となるのは、大宰府と壱岐・対馬の官人のみであり(養老禄令給季禄条)、その季禄は大宰府で賜与されることになっていた(『延喜式』式部省上式大宰府条)。さらにいえば、大宰府管内の香椎廟(橿日廟)は延喜神名帳にその名が見えず廟司や守戸が置かれ、平安中期まで神社ではなく山陵と同じ扱いだったとされることから[八代一九三九]、その幣物の積上・分配の場となった可能性も皆無とはいえない。

平安京の宮城図古図(陽明文庫本・九条家本など)によると、平安京では大蔵省の西南辺に大蔵庁があったとされている[佐藤(信)一九八二]。平城宮における大蔵省の建物配置はわからないものの、蔵司地区の丘陵の西南部(D・E地区)の建物を大蔵庁に相当する建物、つまり蔵司の曹司庁と考えることはできないであろうか。東西九間、南北二間の大型礎石建物は、大宰府の一被管官司の曹司庁として破格の規模であるが、蔵司はいわば大宰府による西海道支配を体現する部内官司ということができ、その中枢にふさわしい規模と格式の建物が西海道支配の装置として必要であったとみることもできる。また、大型礎石建物の前面に広がる空閑地は、大蔵省正蔵院の「大庭」にあたる役割を担った可能性も考えられる。このような推論が許されるならば、蔵司は遅くとも八世紀前半には整備され、調庸物の勘会・出納・保管にともなう政務や賜禄儀礼をはじめとした儀式の場として機能していた可能性が高いであろう。

中央の大蔵省の職掌としては、森田悌氏が整理されているように、出納、収納、度量衡ないし估価のほかに、官工房に関係するものがあり、そのための被管官司として典鋳司・掃部司・漆部司・縫部司・織部司が置かれていた[森田一九七八]。これまで述べてきたように、大宰府の蔵司が大蔵省に相当する役割を担っていたとすれば、これまで匠司の管下と考えられてきた、いわゆる「大宰府工房」のうち、蔵司管掌のものが多く含まれている可能性が考えられる。大蔵省およびその管下の官工房で製造もしくは調達された物品を列挙すると、典鋳司の金属器・ガラス器・玉器、掃部司の薦・蓆・床・簀・苫・葦簾等、漆部司の漆器、縫部司の衣服、織部司の錦・綾・紬・羅等の染織品、そして、品官である典履の靴・履・鞍具、典革の染革品などである。むしろ、匠司の官人とされる大工の職掌の「城隍・戎器・船檝・諸営作事」と重なるところは見受けられない。したがって、土木・建築工事、瓦などの建築部材の製造・調達、船舶の建造、武器・武具の生産に関わることは匠司が担当し、それ以外の染織品や漆工品などの手工業生産に関わることは蔵司が管掌したと考えられる。そのことから、貢上染物所(染所)や作紙所・細工所などの諸所、もしくはその前身となる工房は、蔵司の管下にあった可能性がある。そうなれば、紫草の付札木簡や木工に関わる「轆轤役」木簡、漆付着の木簡・土器などの手工業生産に関わる遺物が多く出土し、これまでは匠司との関連が指摘されてきた不丁地区も含めて蔵司の管轄地区であったとみることもできる。蔵司は大宰府諸司のなかでも別格の規模と権限を有する存在であったといえよう。

(9) 税司

大宰府の税司は永延三年(九八九)十月二十五日大宰府牒案において初めてみえる官司名である。ただし、税司が所管したとされる「税庫」については、『日本三代実録』貞観十二年(八七〇)二月二十三日条の大宰大弐藤原冬緒の起請に庸米や雑米を収納する倉庫としてみえる。また『延喜式』民部省下式大宰仕丁条には、仕丁の配分先として「蔵司」とともに「税倉」が列記されている。税司の官司名はいうまでもなく稲穀を収納する「税倉」に由来するものであり、中央の民部省主税寮にならった名称とみられる。管内の調庸物を収納する「筑紫大蔵」を所管する蔵司の成立が奈良時代まで遡るとすれば、庸米や雑米を収納する「税倉(庫)」を所管する税司も十世紀を遡って併存した可能性が高いと考えられる。

「税司」の名称についていえば、『続日本紀』大宝二年(七〇二)二月乙丑条の「諸国司等始給レ鎰」の記事の割註の中に「先レ是、別有二税司主鎰一、至レ是、給二国司一焉」とみえる。この税司については、中央から派遣された検税官であり、現地において主鎰を指揮使役したとする見解［村尾 一九五九］のほか、中央の中務省の前身である中官に属した司で各国に主鎰を派遣したという見解［黛 一九六〇］や民部省主税寮の前身である可能性を指摘する見解［八木 一九六八］など、大税の保管などを担う中央官司の古称と理解する説も出された。その後、平城京長屋王家跡から「伊勢税司」「下総税司」「武蔵税司」や「出雲国税使」など、「国名＋税司(使)」と記された木簡が出土したことから、税司(使)は大税の運用や封戸の経営に従事した国司の属僚とする説をはじめとして、大宝二年の「税司」を地方官であることを前提とする諸説が出された［渡辺(晃) 一九九一、角林 一九九一、平石 一九九六］。

一方で森公章氏は、長屋王家木簡の「税司(使)」はあくまで長屋王家が任命・派遣したものとして、国名を冠さない「税司」が封戸物の交易・進上や現地での出挙経営などに従事する「国名＋税司(使)」を統括していたとの一案を示している［森 二〇〇〇］。この長屋王家の「税司」のあり方は、かつての中央官司および地方官司としての「税司」の関係を踏襲したものと考えることはできないであろうか。大宝二年以前においては、中央に民部省主税寮等の前身となる「税司」があり、地方にも「税司」を置いて正倉の鎰の管理をしていたが、大宝二年以降は諸国の税司もしくは税司・主鎰を引き上げ、国司が直接に正倉を管理することになった。ただし、大宰府管内については、大宰府の「税司」が管内諸国の「税司」を統括していた可能性が高く、管内国司に鎰が移管されたのちも引き続き「税司」の官司名を使用したと推考される。

(10) 薬司

大宰府の薬司は『延喜式』民部省下式大宰仕丁条が史料上の初見である。同条には大宰府の仕丁の配属先として「薬司一人」がみえる。大宰府の品官の中には医師二人がおり、「診候、療レ病」を職掌としていた。その職掌は、宮内省被管の典薬寮の医師の職掌である「療諸疾病、及診候」と通じることから、薬司の主要な構成員として医師がいたと考えられる。医師は医生の教授および課試も職掌にしていたとされる。しかしながら、薬司の成立が奈良時代まで遡るのかは不明であるものの、倉住氏がすでに述べているように、品官である医師の存在から十二司のうちの一司であった可能性は高いと考えられる［倉住 一九九〇］。

薬司の所在地の特定はできていないが、薬草となる草木類を擂り潰した可能性が高いとされる須恵器擂鉢が政庁前面の不丁・大楠地区で出土している［小田 二〇一三］。薬司との関わりが想定される。薬司には薬園があり、二十人の駈使丁が配置されていた。

⑾「判司」・「陰陽司」

倉住氏は、大宰府被管の十二司として、これまで述べた十司のうち城司を除く九司を挙げており、あとの三司については大判事・陰陽師・算師をそれぞれ官長とする諸司を想定している［倉住 一九九〇］。大判事・少判事・大令史・少令史で構成されたとされる。「判司」は、それに相当する官司名が史料上見出せないことから、倉住氏が仮定した名称である。「判司」については、倉住氏が指摘するように、防人司と同様に大判事・少判事・大少令史の三等官制を採っているという見方もできる。一方、中央の官司でいえば、刑部省にあたり、大判事・中判事・少判事は一司を形成することはなく、あくまで同省の品官に過ぎない。大宰府においても判事・令史のみで一司を構成したとは考え難い。

倉住氏が想定されている陰陽師を官長とする司、仮に名付けるとすれば「陰陽司」も存在した可能性は皆無とはいえない。中央でいえば中務省被管の陰陽寮にあたる。大宰府には漏刻があり、鐘や太鼓で時を知らせる守辰丁が六人配されていたことがわかっている。仮に「陰陽司」が存したとすれば、そこの所属となる。漏刻は、政庁の東の「月山」丘陵にあったとされ、「月山（つきやま）」は「辰山（ときやま）」が訛ったともいわれている［鏡山 一九六八］。

倉住氏がいう算師を官長とする司については、その必要性が思い当たらない。中央において算師が置かれるのは、出納官司である民部省主計寮と主税寮である。前者は「勘㆓計調庸及用度事㆒」、後者は「勘㆓計租税事㆒」を算師の職掌としている。大宰府でいえば蔵司と税司に当たることになる。大宰算師の職掌は「勘㆓計物数㆒」として、対象となる税目が明示されていないが、蔵司に配属、もしくは二司に両属していたと考えられる。弘仁五年（八一四）に中央での公文勘会を理由に一人増員されており、各司に置かれるようになったと推察される。このように理解できるならば、いずれの諸司にも専務を担うべき品官である算師が配されていたことになる。

⑿府　衛

十二司目を考えるにあたり、ぜひ、検討したい史料がある。それはこれまでにも蔵司や税司、薬司、匠司を検討する際にも触れた『延喜式』の大宰府の仕丁の配備先についての規定である。

〔史料5〕『延喜式』民部省下式大宰仕丁条

凡大宰府充㆓仕丁㆒者、①帥卅人、大弐廿人、少弐十二人、大少監各八人、主神・主工・大少典・博士・明法博士・主厨各六人、音博士・陰陽師・医師・算師・主船各五人、大唐通事四人、史生・新羅訳語・弩師・傔仗各三人、②府衛四人、学授二人、蔵司二人、税倉二人、薬司一人、匠司一人、修理器仗所一人、③守客館一人、守辰六人、守駅館一人、儲料廿人、並准㆓諸国事力㆒。其食皆充㆓庸米㆒。若有㆘仕丁情願㆓酬傭㆒者㆖、並以㆓黒綿卅斤㆒為㆑限、不㆑得㆓因㆑此過取㆒。

其香椎宮守戸一烟、薬園駈使廿人、主船一百九十七人、厨戸三百九十六烟。

この箇条の構成をみていくと、①大宰府の官人に支給される仕丁、②大宰府の被管官司等に支給される仕丁、③施設等の管理のために配備される仕丁に分けることができる。その場合、「府衛」と「学授」については、大宰府官人の職名の可能性も考えられる。これまでも「府衛」は「傔仗」の次にあることから同じ武官として、また「学授」を府学校の教官として捉えてきた。しかしながら、①の「帥卅人」から「傔仗各三人」までは仕丁の人数の多い順に整序されており、「府衛」が官職名とすれば本来「大唐通事・府衛各四人」と記されるはずであるが、そのようになってはいない。さらに、その後に記されている「学授」についてはこの史料のほかに確認できず、「学校」の誤記の可能性がある〔竹内一九五六〕。「授」と「校」のくずした字形が近似していることによるものと考えられる。やはり、仕丁配属先の表記順や人数表記の方法から、「府衛」や「学授(学校)」は、「蔵司」「税倉」「薬司」「匠司」と同様に被管官司もしくはその主要施設の名称として捉えるべきであろう。

「府衛」は本条にしかみえず、ほかに手がかりとなる史料はないが、語意から類推すると、大宰府の守衛を主務とした官司と考えられる。大宰府の守衛は、軍団制下、筑前・筑後・豊前・豊後・肥前・肥後の府下六国から上番してきた軍団兵士が担っていた可能性が高く、天長三年(八二六)の西海道における軍団制の廃止以降は、それに替わり大宰府配備の統領・選士・衛卒がその役割を果たした〔松川 二〇一二〕。彼らは西海道の総監府である大宰府、そしてその西海道の支配を完遂するための中央軍事力として配備されたものである。彼らは、日常的には、大宰府政庁をはじめ、周辺の府庁域、特に兵庫や筑紫大蔵等の警衛、そして大宰府の郭内、言い換えれば古代都市大宰府の治安維持を任務としていた。「府衛」は、いわば「遠の朝廷」の「衛士」ともいえる大宰府上番の兵士や統領・選士等を指揮・監督するための官司であったと考えられる。まさに都城でいうところの衛士府および衛門府にあたる存在と位置づけられる。軍団兵士からなる大宰府の常備軍は、奈良時代まで遡ることから、それを管轄した「府衛」、もしくはその前身となる官司がすでに存在していた可能性は高いであろう。

また、中央の兵部省が担う兵員や武器武具の管理に関わる事務を担当していた可能性も考えられよう。大宰府政庁周辺官衙跡不丁地区からは、大宰府が所在する筑前国以外に筑後国の軍団兵士も大宰府へ上番し、兵役に就いていたことを示す木簡が出土している。

〔史料6〕大宰府史跡出土一四八号木簡(『木簡概報(二)』)

・「兵士合五十九人　□　□二人　兵士□三人
　　定役五十四　□□(筑前カ)兵士卌一　筑後兵士廿三　」

・「天平六年四月廿一日」

この木簡の「定役」の字句が示すように、天平六年(七三四)の時点で大宰府の守衛に関わる兵員を上番元の国別に把握する管理事務が臨時的ではなく、日常的に行われたことを示している。実際、天平六年には大宰府管内において兵士の臨時的な徴発や動員が行われるような反乱や外寇などの事態は起こっていない。おそらくは、この大宰府常備軍の「定役」に関わる事務を担ったのが「府衛」であったと考えられる。

では、「府衛」はどこに所在したのであろうか。兵士関係木簡が出土している不丁地区の一画の可能性も皆無とはいえないが、ここで注目されるのは、明治三十二年(一八九九)に蔵司・来木丘陵の西にあった御笠北高等小学校(現在の水城小学校)の敷地で偶然発見された銅印「遠賀團印」の存在である。奈良時代の銅印とされている。「府衛」の候補地のひとつとして考えてよかろう。

「府衛」が管轄したと考えられる兵庫の所在地を考える手がかりはある。それは難波宮や平安宮における兵庫の位置である。岸俊男氏は、『日本書紀』朱鳥元年(六八六)正月乙卯条の「酉時、難波大蔵省失火、宮室悉焚、或曰、阿斗連薬家失火之、引及㆓宮室㆒、唯兵庫職不㆑焚焉」の難波宮全焼記事と『宮城図』の大蔵庁・正蔵院と兵庫寮・図書寮・内蔵寮との近接する位置関係[3]から、難波宮と平安宮では大蔵(正蔵院)の付近に兵庫が置かれていたとされ、さらに図書寮や内蔵寮の倉庫も含めて大蔵庁・正蔵院の周辺に倉庫群が集中して配置されていた可能性を指摘している〔岸 一九八二〕。

蔵司地区では大量の武器・武具が集積されていた状況が確認されている〔小嶋 二〇一一〕。大宰府の兵庫の所在地は、旧稿でも述べたとおり、貞観十一年(八六九)の兵革の予兆記事に「有㆓大鳥㆒、集㆓大宰府庁事并門楼兵庫上㆒」(『日本三代実録』貞観十一年十二月庚子条)とみえることから、大宰府政庁の近くであったことは確実であり、大宰府政庁の西に隣接する蔵司地区はその有力な候補地のひとつと考えてよいであろう〔松川 二〇一二〕。大宰府においても難波宮や平安宮と同様に大蔵と兵庫が近接して所在する状況が想定される。

4　諸司の官人構成と運営

大宰府の官人構成を規定した『養老職員令』大宰府条では、その筆頭に主神を挙げ、次に四等官である帥以下が続く。それは先学がすでに指摘しているように、職員令における神祇官と太政官の序列にならったものであり〔瀧川 一九六一b・平野〔博〕一九六六〕、大宰府における主神あるいは主神司の位置づけが他の品官あるいは諸司とは異なることを示している。その主神司の構成を示す史料はないが、斎宮寮の主神司が中臣を官長としていることから、『古語拾遺』が記すように九世紀以降は大宰府もまた中臣氏専任の主神を官長としたと考えてよいであろう。その下僚として確認できるのは卜部であり、宝亀四年(七七三)の時点で、壱岐島と対馬島上県郡・下県郡から各一名の計三名が大宰府に「府卜部」として上番していたとみられる[4]〔松川 一九九七〕。

諸司の中で明確に官人構成が令に規定されているのは、「防司」こと防人司である。防人正・佑・令史の各一名からなる三等官制を採用している。これは先述したとおり、八省管下の中司の職員構成と同じである。さらに考課令最条に「防司之最」が設定され、令制上も官司の存在が前提となっている。これらの点から大宰府の他の諸司と同列に論じることはできない。防人司は、中央官司をみても同じ職掌のものはなく、唯一無二の存在である。本来、兵部省の被管官司としての位置づけを与えてもよいと思われるが、防人の配備地の都合で大宰府の被管官司に位置づけられたと考えられる。もともとは兵部省もしくはその前身である兵政官の管下に置かれていたことを想定すべきかもしれない。

主神司と防人司の二司は成り立ちやあり方が他の被管官司と異なる可能性が高い。さらに言えば、正木氏が大宰府の品官について太政官と大宰府の重層的支配の可能性を指摘しているが〔正木 一九八〇a〕、主神司と防人司については、大宰府の部内諸司でありながらそれぞれ中央の神祇官と兵部省の被管官司的な性格をあわせ持っていたことも考えられる。

大宰府の主船司については、令規定で確認できるのは主船一名である。主船司の官人で名前がわかるのは『入唐五家伝』所収の「真如親王入唐略記」にみえる「主船司香山弘貞」であり、貞観三年（八六一）八月九日に真如（高丘）親王が入唐のために大宰府鴻臚館に到着した旨を大宰府へ報告した人物として登場する。主船司が令の規定する官船の修理だけではなく、邦人の出入国の管理に関わっていたことを示している。これに先立つ仁寿三年（八五三）七月、円珍が入唐する際に大宰府へ提出した牒には、公験としての効力を保証するために主船司の公印である「主船之印」が全面に捺され、「勾当客使」の「鎮西府少監」藤原有蔭が自署を加えている。主船司が出入国の管理に関わっていたことの証であるとともに、大宰少監である有蔭が主船司を勾当していた可能性が考えられる。また、承和七年（八四〇）九月二十三日太政官謹奏（『類聚三代格』巻五）によれば、これ以降、主船は大唐通事を兼ねることから、元々大唐通事や新羅訳語も主船司の構成員であったと考えられる。なお、この大唐通事や新羅訳語については、主船と同様に、大宝令制定当初から大宰府に存した可能性が想定されている［森 一九九八］。

兵部省被管の摂津主船司は主船正・佑・令史の各一名、使部六名、直丁一名、船（守）戸一〇〇戸からなり、三等官制をとっている。その内の船戸については養老営繕令有官船条に主船司の船は船戸が分番して看守するように規定されており、同条集解の古記には「筑紫主船」つまり大宰府の主船司もまた同じとして大宝令制下における大宰府の船戸の存在を示している。『延喜式』には大宰府主船に仕丁五人のほかに船戸にあたる人員として一九七人を規定している。主船司は、品官である主船が船戸を指揮し官船の修理・看守に当たるとともに現地責任者として出入国管理を担い、監典が勾当していたと考えるべきであろう。

主厨司についても品官である主厨一名しかみえない。板楠和子氏の研究［板楠 一九八三］によれば、長官である主厨の下、阿曇氏一族からなる厨造は、厨戸三九六烟を率いて御贄となる海産物の調備に努めるとともに、御贄を京進する御贄使の一員として正使や書生と上京する役割を担っていた。厨戸は宮内省被管の大膳職の雑供戸に当たるもので、筑前国糟屋郡の津厨のほか、筑後国生葉郡や肥前国松浦郡に宇野御厨があったとされる。

また、大宰府史跡の出土文字資料の中には、主厨司の膳部に関わる「長一人膳」と書かれた木簡や「膳」「厨」「人給」銘の墨書土器がみられる。「人給」「人給所」銘の墨書土器は、都城跡で多くみられ、地方では秋田城と大宰府でしか確認されていない［吉野 二〇〇二］。大宰府にも主厨司の下、食料支給部署としての人給所もしくはその担当部門の存在をうかがわせる。主船と主厨は品官として両輪のような変遷をたどることから、主厨司も主船司と同様に監典が勾当していたと考えてよいであろう。むしろ、同じ監典が両司を所管していた可能性が高いと考えられる。

蔵司については、貞観十三年（八七一）の史料であるが、その官人構成を知ることができる。大宰府から京進する絹や綿の品質が粗悪であることに対して、蔵司の官人の罰則を定めた太政官符の一節に「仍須下麁悪之物。絹及二一百疋一。綿満二一万屯一。蔵司勾当監典并使等。解二却見任一不中曽寛宥上。自余雑事一如二前格一。」（『類聚三代格』巻第八　貞観十三年八月十日太政官符）とみえる。「蔵司勾当監典并使等」の解釈をめぐっては、「勾当・監・典」の三等官とする理解［竹内 一九五六、平野（邦）一九六九］と、「勾当の監・典」とする理解［正木 一九八〇b、倉住 一九八五］の二通りがある。これについては、〔史料4〕の貞観十二年（八七〇）の記事に「件司等監典二人。勾二当釐務一」とあり、諸司に監典二人が配され政務を勾当していたと明確に示されていることから後者の理解に従うべきであろう。

城司についても正木氏が述べるように監典の勾当の下、政庁にいる主城が各城司と連絡をとり、山城の管理全般に当たっていたと考えられる〔正木 一九八三〕。不丁地区出土の木簡に基肄城の稲穀を諸国に班給する旨を記したものがあり、その責任者として大監田中朝臣(三上)の名がある〔松川 二〇一八〕。田中朝臣が勾当の監であった可能性もあろう。

では、それらの被管官司はどのように運営されていたのであろうか。それを窺い知ることができる天長二年(八二五)の史料があるので、全文を掲げることにする。

〔史料7〕『類聚三代格』巻第七　天長二年八月十四日太政官符

太政官符

応三直レ府書生権任二郡司一事

右得二大宰府解一偁。府所二惣管一九国二嶋。政迹之体内外相兼。雑務出納触レ色紛繁。監典等早朝就レ衙午後分行。多レ事少レ人僅検二大略一。唯就レ事書生得レ弁二細砕一。因レ茲承前選二択書生一。毎レ所配充永置不レ替。求二得経按一繋名郡司尽二其勤卓一。而依二太政官去弘仁三年八月四日符一。郡司之選一依二国定一。書生等競就二本国一。無レ心レ留レ府。雖レ加二捉搦一。免而無レ恥。弘仁七年以来雑公文至レ今未レ進職斯之由。望請。直レ府書生随二其才一。権任二主帳以上一。惣数莫レ過二十人一。名繋二郡司一身留二府衙一。以二継譜之慶一粛二奔躁之心一者。右大臣宣。奉レ勅。依レ請。

天長二年八月十四日

まず、監典の勤務をみると、早朝は「衙」に就き、午後からは「分行」するとある。「衙」については、ひとつの機構のなかで分化した部署のことを指し、諸国の場合であれば政所とかを念頭に置いた表記であったとされている〔八木 一九八六〕。大宰府の監典にとっての「衙」といえば、大宰府の政所ということになろう。大宰府の政所は、長徳五年(九九九)正月一日大宰府解所引の同四年十二月二十八日大宰府解(『本朝世紀』長保元年三月七日条)に登場する「府政所」が初見とされてきたが、不丁地区より「政所」と墨書された土師器の坏がみつかっていることからすでに八世紀中頃には成立していたと考えられる[5]。府政所の役割や位置づけについては、大宰府の総務的な事務を担った部署であり、竹内氏が述べているように中央の太政官庁的な地位を占めていたとみられる〔竹内 一九五六〕。府政所の所在地については、物品の出納・支給、労役の管理、施設の守衛など広範な職域を示す木簡や大量の習書木簡および削屑が出土していることから、大宰府政庁の後殿地区(正殿後方地区)である可能性が考えられる〔松川 二〇〇二〕。

次に午後の「分行」については、監典が分担して被管官司を勾当していたとすれば、その行く先は勾当を務める諸司諸所ということになる。令制における監典の定員は大少監各二人、大少典各二人であることから、〔史料4〕にあるように一司ごとに監典各一人を配するとなれば、監・典一人が二〜三司を担当することになり繁忙を極めた[6]。つまり、監典はまず早朝に大宰府政庁に出仕し府政所において大宰府全体の政務に関わる事務を処理したのち、午後は政庁周辺に展開する諸司諸所をめぐり分掌事務をこなしていたと解することができる。その状況は、分課が進んだ被管官司に対して勾当する監典が不足しており、用務の大略を把握するのが精一杯であったことが〔史料7〕からもうかがえる。

さらに同史料からは、諸司諸所における主たる実務の担い手が、永年にわたり一部署に勤続し実務に精通した府書生であったことがわかる。彼らは終日所司に勤務し、現業を担当する品官に対して、公文の作成・

掌握をはじめとした管理・事務的な職務に当たっていた。その定数は大同二年(八〇七)正月十三日太政官符(『類聚三代格』巻第十四)によれば一〇〇人であり「散仕(事)」とも呼ばれ、その出身階層は大宰府管内諸国の郡司層であった[森 一九九三]。弘仁三年(八一二)までは大宰府が管内諸国の郡司の銓擬権を有していたので、郡司子弟が大宰府に書生として出仕することに利点があったが、その権限が諸国に移譲されたことにより書生は大宰府を去り国元へ帰っていった。そのため、所司の事務は停滞する事態に陥り、その対応策として府書生のうち十人を上限に権任郡司とすることで「府衙」に留めようとした。

　主神司と防人司以外の被管官司は、原則として監典二人の監督の下、現業を所管する品官と事務を担当する書生により運営されていたと考えられる。

おわりに

　大宰府の被管諸司は、令の規定にはみえないものの、遅くとも八世紀前半に成立しており、天平十七年の時点で十二の諸司が存在したと考えられる。その性格は、中央の八省被管の職寮司に先行した被管官司印の班賜や財源である雑米等の直接的な出納管理が示すように、本司からの独立性が高いものであったとみられる。

　十二の被管官司としては、防人司・主神司・主船司・匠司・城司・府学校・主厨司・蔵司・税司・薬司・「判司」・「陰陽司」もしくは府衙が想定され、その大半が奈良時代まで遡り得ることが確認できた。また、中央官司との比較やこれまでの発掘調査成果により、その機能や所在地の比定も行った。諸司に関する史料は九世紀後半以降のものが多いが、不丁地区をはじめとした政庁前面の発掘調査による成果をみると、むしろ、八世紀から九世紀中頃までが遺構・遺物ともに官衙として整備されていた状況が確認できる。

　これらの諸司の運営は、基本的に監典二人の支配管理の下、各司の実務を指揮監督する品官と事務を担当する書生が担った。監典は府政所において府務に当たるとともに、複数の諸司諸所を所管していたと考えられる。中央官制でいえば、諸司は八省に相当する存在であり、府政所は太政官庁、監典は弁官と八省の卿・輔を兼ねるような役割を担ったと考える。

　小論はこれまでの大宰府官制についての研究史を整理し、現段階における被管官司の成立時期の確定と所在地の比定に取り組むことで、今後の大宰府政庁周辺官衙跡の調査研究の一助になればと思い執筆したものである。しかしながら、被管官司のうち、諸司の基礎的な考察に止まり諸所を含めた総合的な研究にはいたらなかった。そのため、大宰府の機構や機能における被管官司の位置づけや大宰府の長官(帥)・次官(大少弐)を含めた大宰府官制全般の特色について言及できなかった。今後の課題としたい。

註

(1) 曽我部静雄氏は防人正・佑・令史は品官に準ずるものとしている[曽我部 一九五九]。

(2) 報告書では「道司」とされているが[山本 二〇一七]、「道」の字形が平城宮跡出土の木簡削屑「内匠」(『平城宮木簡五』七〇一三号木簡)の「匠」の字形と近似しており、「匠司」の可能性が高い。

(3) 『宮城図』では、正蔵(倉)院は宮城の北辺中央に位置する。その正蔵院の南に内蔵寮、正蔵院の西に北から南へ兵庫寮・大蔵庁・図書寮がならぶ。ただし、民部省の廩院はそこから離れて八省院の東に民部省と並んで置かれている。

（4）　来木地区では、八世紀後半～九世紀初頭の井戸跡から「直嶋」と刻まれた木印が斎串や土師器とともに出土しており、府卜部として大宰府へ上番していた対馬の卜部直氏の私印である可能性が考えられる［松川　一九九七］。

（5）　大宰府には、天平宝字三年（七五九）、兼帯していた筑前国の政所である「国政所」も存在したことが確認できる（天平宝字三年八月五日国政所牒、早稲田大学所蔵文書、『大日本古文書　編年文書』十四）。観世音寺三綱に宛てた本牒には、少監・大典・史生各一名が署名しており、国政所が大宰府の被管官司のひとつであったことがうかがえる。墨書が国政所の意である可能性も皆無とはいえないが、仮にそうだとしても国政所がすでに存在しているのであれば、府政所はそれ以前に成立していたと考えるべきであろう。

（6）　監典の「勾当」は諸司諸所のほかに続命院の「勾当」として監あるいは典一人（八三五年）、俘囚配備の「勾当」として監・典で謀略する者（八六九年）、穀倉院の「勾当」として監一人（八七〇年）など多岐にわたる。

参考文献

石松好雄　一九八三年「大宰府庁域考」『大宰府古文化論叢　上巻』吉川弘文館
板楠和子　一九八三年「主厨司考」『大宰府古文化論叢　上巻』吉川弘文館
弥永貞三　一九五一年「大宝令逸文一条」『史学雑誌』六〇―七
弥永貞三　一九八八年「大伴家持の自署せる太政官符」『日本古代の政治と史料』高科書店
岡藤良敬　一九九一年「大宰府財政と管内諸国」『新版日本の古代③九州・沖縄』角川書店
小田和利　二〇一三年「須恵器擂鉢について」『九州歴史資料館研究論集』三八
小田和利　二〇一六年「大宰府の文房具」『大宰府の役人と文房具』（企画展図録）九州歴史資料館
鏡山　猛　一九三六年「大宰府蔵司の礎石と正倉院」『史淵』一四
鏡山　猛　一九六八年『大宰府都城の研究』風間書房
門田見啓子　一九八五・一九八六年「大宰府の府老について―在庁官人制における―（上）（下）」『九州史学』八四・八五（のちに柴田博子編『日本古代の思想と筑紫』櫂歌書房、二〇〇九年に所収）
角林文雄　一九九一年「長屋王家政経済関係木簡考証」『続日本紀研究』二七七
鎌田元一　一九九四年「日本古代の官印―八世紀の諸国印を中心として」『古代・中世の政治と文化』思文閣出版（のちに同『律令公民制の研究』塙書房、二〇〇一年に所収）
岸　俊男　一九六七年「倉印管見」『日本歴史』二二四（のちに同『日本古代籍帳の研究』塙書房、一九七三年に所収）
岸　俊男　一九八一年「難波の大蔵」『難波宮址の研究』七、大阪市文化財協会（のちに同『日本古代宮都の研究』岩波書店、一九八八年に所収）
九州歴史資料館　二〇一七年「大宰府史跡現地説明会資料　特別史跡『大宰府跡』蔵司地区の調査成果～大宰府史跡第二三六次調査～」
熊田亮介　一九七七年「斎宮寮の成立をめぐって」『文化』四一―一・二
倉住靖彦　一九七五年「府学校について（一）（二）」『西日本文化』一一五・一一六
倉住靖彦　一九七六年「大宰府学校院について」『九州歴史資料館研究論集』二
倉住靖彦　一九八五年『古代の大宰府』吉川弘文館
倉住靖彦　一九九〇年「大野城司考」『古代中世史論集』吉川弘文館
小嶋　篤　二〇一一年「大宰府の兵器―大宰府史跡蔵司地区出土の被熱遺物―」『九州歴史資料館研究論集』三六
酒井芳司　二〇〇七年「大宰府史跡出土木簡」『木簡研究』二九
佐藤鉄太郎　二〇〇六年「主船司考（一）（二）」『中村学園大学・中村学園短期大学部研究紀要』三八
佐藤　信　一九八一年「史料からみた平城宮大蔵省」『平城宮北辺地域発掘調査報告書』奈良国立文化財研究所（のちに同『日本古代の宮都と木簡』吉川弘文館、一九九七年に所収）
下原幸裕　二〇一六年「蔵司地区官衙の調査成果」『都府楼』四八
杉山　宏　一九六八年「主船司考」『軍事史学』四―一（のちに同『日本古代海運史の研究』法政大学出版局、一九七八年に所収）
鈴木茂男　一九七六年「日本古印をめぐる二、三の考察」『書の日本史』九、平凡社
曾我部静雄　一九五九年「品官考」『日本歴史』一三二
瀧川政次郎　一九六一年a「怡土城と主船司」『史迹と美術』三一―五～七
瀧川政次郎　一九六一年b「律令における太神宮」『神道史研究』九―四
竹内理三　一九五六年「大宰府政所考」『史淵』七一（のちに同『竹内理三著作集第四巻　律令制と貴族』角川書店、二〇〇〇年に収録）
竹内理三　一九七三年「大宰府と大陸」『九州文化論集一』平凡社（のちに同『竹内理三著作集第四巻　律令制と貴族』角川書店、二〇〇〇年に収録）
田島　公　一九九七年「真如（高丘）親王一行の「入唐」の旅―「頭陀親王入唐略記」を読む―」『歴史と地理』五〇二
田中　卓　一九五五年「斎宮―直木孝次郎氏の所説に関連しつつ―」『続日本紀研究』二―一〇（のちに同『伊勢神宮の創祀と発展』国書刊行会、一九八五年に所収）
長　洋一　一九八八年「筑紫大宰の祥瑞献上―大宰府成立の側面―」『福岡県地域史研究』八
西別府元日　二〇〇〇年「続命院の創置とその経済的基盤」『史学研究』二二七（のちに同『日本古代地域史研究序説』思文閣出版、二〇〇三年に所収）
西別府元日　二〇〇二年「律令官制の変質と地域社会」『律令国家の展開と地域支配』思文閣出版
西　洋子　一九八〇年「斎宮寮について―奈良時代を中心に―」『日本古代史研究』吉川弘文

館
春名宏昭　一九九七年ａ「律令官制の内部構造―八省体制の成立―」『律令国家官制の研究』吉川弘文館
春名宏昭　一九九七年ｂ「鎮西府について」『律令国家官制の研究』吉川弘文館
平石　充　一九九六年「税司に関する一考察」『日本古代の国家と祭儀』雄山閣出版
平野邦雄　一九六九年「大宰府の徴税機構」『律令国家と貴族社会』吉川弘文館
平野邦雄　一九八三年「クラ(倉・庫・蔵)の研究―大宰府、郡家の発掘調査によせて―」『大宰府古文化論叢　上巻』吉川弘文館
平野博之　一九六六年「大宰府主神考―八世紀を中心に―」『和歌山工業高等専門学校研究紀要』創刊号
藤井功・亀井明徳　一九七七年『西都大宰府』日本放送出版協会
古尾谷知浩　二〇〇四年「印と文書行政」『文字と古代日本１支配と文字』吉川弘文館(のちに同『律令国家と天皇家産機構』塙書房、二〇〇六年に所収)
古川淳一　一九九三年「斎宮寮に関する基礎的研究」『日本律令制論集 下巻』吉川弘文館
正木喜三郎　一九八〇年ａ「大宰府官制の一考察―大宰大工について―」『古文化論攷』鏡山猛先生古稀記念論文集刊行会
正木喜三郎　一九八〇年ｂ「大宰府官司制の一考察―主工を中心として―」『東海史学』一四
正木喜三郎　一九八三年「建築生産機構の変遷について―大宰府官司制における―」『大宰府古文化論叢　上巻』吉川弘文館(のちに同『大宰府領の研究』文献出版、一九九一年に所収)
俣野好治　一九九七年「大宰府財政機構論」『日本国家の史的特質　古代・中世』思文閣出版(のちに同『律令財政と荷札木簡』同成社、二〇一七年に所収)
松川博一　一九九七年「大宰府史跡第一七〇次調査出土の木印をめぐって」『大宰府史跡』太宰府市教育委員会
松川博一　二〇〇二年「考察　木簡」『大宰府政庁跡』九州歴史資料館
松川博一　二〇一二年「大宰府軍制の特質と展開―大宰府常備軍を中心に―」『九州歴史資料館研究論集』三七
松川博一　二〇一八年「律令制の大宰府と古代山城」『九州歴史資料館研究論集』四三
松原弘宣　一九八九年「『所』と『領』」『律令制社会の成立と展開』吉川弘文館(のちに同『日本古代の支配構造』塙書房、二〇一四年に所収)
松原弘宣　二〇一四年ａ「成立期の蔵人所と皇后宮職・中宮職の『所』」『日本古代の支配構造』塙書房
松原弘宣　二〇一四年ｂ「『津税使』再論」『日本古代の支配構造』塙書房
松原弘宣　二〇一四年ｃ「長屋王家の家政機関―『所』・『司』・『使』」『日本古代の支配構造』塙書房
松原弘宣　二〇一四年ｄ「八・九世紀代における地方官衙の『所』」『日本古代の支配構造』塙書房
黛　弘道　一九六〇年「国司制の成立」『律令国家の基礎構造』吉川弘文館(のちに同『律令国家成立史の研究』吉川弘文館、一九八二年に所収)
村尾次郎　一九五九年「律令制初期の正倉管理機構―不動穀倉制度の源流(上・下)」『日本歴史』一三〇・一三一号(のちに同『律令財政史の研究　増補版』吉川弘文館、一九六一年に所収)
森　公章　一九九三年「国書生に関する基礎的考察」『日本律令制論集　下巻』吉川弘文館(のちに同『在庁官人と武士の生成』吉川弘文館、二〇一三年に所収)
森　公章　一九九八年「大唐通事張友信をめぐって―九世紀、在日外国人の存在形態と大宰府機構の問題として―」『古代日本の対外認識と通交』吉川弘文館
森　公章　二〇〇〇年「家政運営の様相」『長屋王家木簡の基礎的研究』吉川弘文館
森田　悌　一九七三年「古代地方行政機構についての一考察」『歴史学研究』四〇一(のちに同『平安時代政治史研究』吉川弘文館、一九七八年に所収)
森田　悌　一九七八年「平安中期の大蔵省について」『続律令国家と貴族社会』(のちに同『平安時代政治史研究』吉川弘文館、一九七八年に所収)
八木　充　一九六二年「古代稲穀収取に関する二、三の問題」『日本歴史』一六七(のちに同『律令国家成立過程の研究』塙書房、一九六八年に所収)
八木　充　一九八六年「国府の成立と構造」『国立歴史民俗博物館研究報告』一〇(のちに同『日本古代政治組織の研究』塙書房、一九八六年に所収)
八代国治　一九三九年「天皇と神社の祭神」『国史叢説』吉川弘文館
山本信夫　二〇一七年「墨書土器について」『大宰府条坊跡四七』太宰府市教育委員会
吉野秋二　二〇〇二年「『人給所』木簡・墨書土器考―律令制下の食料支給システム―」『古代文化』五四―九(のちに同『日本古代社会編成の研究』塙書房、二〇一〇年に所収)
渡辺晃宏　一九九一年「長屋王家の経済基盤」『平城京長屋王邸宅と木簡』吉川弘文館
渡辺直彦　一九七二年ａ「主神司の研究」『日本古代官位制度の基礎的研究』吉川弘文館
渡辺直彦　一九七二年ｂ「筑前国司廃置に関する研究」『日本古代官位制度の基礎的研究』吉川弘文館

大宰府の客館と蔵司について

八木 充

はじめに

古代における大宰府は、ほぼ七世紀初頭の先行組織から、律令国家が成立した七、八世紀の交をこえ、ほぼ十世紀にいたるまでの間、いかなる構成・機能を展開したであろうか。律令制大宰府の帥の職権は、同じ在外諸司の外官である国司守の場合と比較して、別に蕃客・帰化・饗讌の三項目が付加される(ただし壱岐・対馬・日向・薩摩・大隅の場合、鎮捍・防守・蕃客・帰化、陸奥・出羽・越後には饗給・征討・斥候が加わる)。主神・帥以下合わせて五〇人の官人によって構成され、西海道管内諸国・諸島を総管し、西海防衛・外交・迎接機能が付与されている。そのため多様な諸司・諸所などで構成された。

特別史跡大宰府跡の遺構については、一九六八年政庁域の正殿をめぐって、九州歴史資料館による発掘調査が開始され、以後ほぼ半世紀にわたって調査・研究が継続されている。その間政庁域、その東方の月山地区・学校院、西方の蔵司地区・来木地区、さらに政庁域南側の不丁地区や正面広場、あるいは府域条坊などが再現されてきた。

大宰府を構成する被管諸司のなかで、一九八七年福岡市中央区で平和台球場外野席の改修工事に伴い検出された史跡鴻臚館跡の発掘調査が、福岡市教育委員会によって着手されて以来、球場南側のテニスコート場にわたって、南北二館の遺構の全容がほぼ明らかとなった。他方二〇〇六年度太宰府市教育委員会による太宰府市朱雀の西日本鉄道操車場跡地一帯の発掘調査によって、長大な南北棟二棟が再現された。さらに二〇〇九年以降、政庁域西方の蔵司台地上で、九州歴史資料館によって、大型礎石建物と先行する三棟の掘立柱建物他が確認された。

これら三遺跡は、従来の大宰府構成組織の解明を大きく前進させる貴重な考古資料といってよく、その検討は古代大宰府の機構と役割のさらなる解明にとって、すこぶる重大な知見を提供するといってよい。

1 大宰府客館

(1) 古代の客館(館)

古代の客館として知られるのは、国司(国府)の館(『続日本紀』天平十五年五月丙寅条、『日本三代実録』元慶七年七月十九日条他)、郡家の館舎(『続紀』和銅六年九月己卯条、延暦八年七月甲寅条他)、駅館(『仮寧令集解』外官聴喪条古記、『日本後紀』大同元年五月丁丑条)、三関館舎(『続紀』延暦八年七月甲寅条)などが挙げられる。

ところで館は『和名類聚抄』十に「日本紀云、無戸室和名宇豆無呂、唐韻云館官反作館和名、多知一云無知、豆美客舎之也」と注する。通常旅客を外泊させる宿舎の謂であるが、客館(館)には、上掲の客館の他、さらに朝鮮・中国などから来航する使節にたいする客舎として使用される事例が少なくない。以下入国使用に設置された客館の所在名称と出典を列記する。

(1) 平城京客館(『続紀』天平四年十月癸酉条)
(2) 平安京客館・鴻臚館(『日本紀略』弘仁元年四月一日条、『続日本後紀』承和四年三月十九日条)
(3) 難波館・津館・難波鴻臚館(『書紀』継体六年十二月条、大化元年七月条、『続後紀』承和十一年十月条)
(4) 山背相楽館(『書紀』欽明三十一年四月条、敏達元年五月条)
(5) 阿斗桑市館(『書紀』敏達十二年歳条)
(6) 阿斗河辺館(『書紀』推古十八年十月条)
(7) 越前松原客館・駅館(『扶桑略記』延喜十九年十二月、『延喜式』雑式)
(8) 能登客館(『日本後紀』延暦二十三年六月条)
(9) 穴門館(『書紀』欽明二十三年歳条)
(10) 筑紫館(『書紀』持統二年二月条、二年九月条他)
(11) 鴻臚館(西海道、(2)節で詳説)

列記した各地の客館のなかには、特定の外国使に限定して供用される客舎があり、難波館の場合、隋(『書紀』推古十六年四月条)、唐(『書紀』推古十六年四月条・舒明四年十月条)、高麗(『書紀』欽明三十一年四月条・推古十六年四月条)、百済(『書紀』皇極二年三月条)、新羅(『書紀』欽明二十二年歳条・敏達十二年歳条)などの記述がある。推古十六年隋使来朝にあたり、「更造二新館於難波高麗館之上一」(推古十六年四月条)とあり、舒明二年歳条に「改修二理難波大郡及三韓館一」とみえる。高麗使は右記の通り欽明三十一年の入国以来、到着地は越地方であったが、やがて神亀四年高麗朝を継承した渤海の場合も越中・出羽地方に来航し、のち『続紀』宝亀四年六月条に記す太政官処分によって、「取二此道一来朝者、承前禁断、自今以後、宜下依二旧例一従二筑紫道一来朝上」と宣せられている。越前地方に松原客館が起案されるのは、延暦二十三年六月以降の時点であった(『日本後紀』)。

筑紫館に関しては、来航使節の国別客館に分別されて設置されることはなかった。朝鮮・中国、さらに耽羅の使者にたいして、同一施設が使用される仕組みであった。記録上の初見は既述のように持統二年二月紀であるが、隋使初入国のさい、「大唐使人裴世清、下客十二人、従二妹子臣一至二筑紫一、遣二難波吉士雄成一、召二大唐裴世清等一、為二唐客一更造二新館於難波高麗館之上一」(『書紀』推古十六年四月条)とあり、当時筑紫大宰はすでに出現していたとみられるから、初現的な客館的施設の成立を全面的に否定するのは、あるいは行きすぎであるかも知れない。しかしそれにしても、やがて『書紀』持統五年正月条によると、遅くとも百済の役後の天智三・四年以降には筑紫大宰府機構は整備されていたことが分かる。

推古十六年来朝の隋使の場合、四月筑紫に到着、六月丙辰(十五日)難波津に停泊している。また推古十八年七月筑紫に着岸した新羅使は、十月丙申(八日)京に達した。あるいは天智三年五月甲子(十七日)、百済占領の唐武官らは表函を進め、十二月乙酉(十二日)帰国したとある。同じく唐使劉徳高一行二五四人は天智四年九月二十日筑紫に達し、二十二日表函を進め、十二月帰国の途についた。また天武五年十一月丁卯(三日)新羅使金清平らは筑紫に来航し、六年三月辛巳(十九日)京に召されている。

入京停止措置となった天武八年〜持統六年の間では、天武九年十一月乙未(二十四日)新羅使金若弼らが入国、十年六月癸卯(五日)筑紫で饗され、八月壬午(十六日)帰国したとある。十四年十一月己巳(二十七日)、新羅は金智祥らを遣使、請政、翌朱鳥元年五月戊辰(二十九日)筑紫で饗され、出国した。その間、同年四月、新羅使一行を供応せんがため、川原寺の伎楽を筑紫に運んでいる。また持統元年九月来航した新羅王子金霜林らは国政を奏請、調賦を献上し、翌年二月、大宰から新羅の調賦を献じ使者は帰国した。

一方、高麗使に関し、斉明六年一月朔日賀取文らが筑紫に泊り、五月戊申(八日)難波館に達した。また高麗・百済使は舒明二年三月朔日朝貢、八月庚午(八日)朝で饗され、九月丙寅(四日)帰国となった。耽羅については、天智八年三月己丑(十一日)王子久麻伎らを派遣、貢献し、丙申(十八日)帰国した。

以上、一部列記したように、朝鮮・中国などからの使節は、その多くは筑紫北部に着岸、あるいは北陸地方に来航し、一定期間、長い場合知られる限り、最大十二か月間にわたって筑紫北部に滞在したことが分かる。天武九年五月高麗使人卯問らは筑紫に来航、十年五月帰国、天武九年十一月入国し、調物を進呈した新羅使金若弼一行は、翌年六月筑紫で饗され、八月帰国したという。七か月、六か月間の筑紫在留も例外とはいえない。もちろん船中滞留の事態もあろうが、数か月にわたる場合、上陸し、宿泊施設が提供されたと推測できる。その施設が他でもなく、筑紫や各地に設置された客館であったといえる。

客館の主たる機能は、承和三年七月、「勅符(中略)奏下遣唐使第一・第四両船、廻二著肥前国一之状上、使等不レ利二西颿一漂廻嘗レ艱、宜下安二置府館一。迄二于更発一、依レ旧供億上」(『続日本後紀』)とあり、六年八月には第十七次遣唐録事の大宰府に送った牒状によって、遣唐船の安穏を諜ったのち、客館に安置したという(『同』)。大宰府館とは大宰府客館を指し、第十次遣唐大使藤原清河を迎える高元慶らが帰国し、さらに高元慶が再渡航するにあたって派遣された水夫沈惟岳らが、天平宝字六年八月「着レ府、依二前例一、安置供給」(『続紀』)とみえる。「安置供給」は、とりわけ海外使節に対する列島内における宿泊提供と給食の処遇を示す慣用語として使用されていたと理解できる。

客館の主要な役割は、外国使節を迎えた安置・供給機能にあったが、他にも「遣レ使就二客館一賜二渤海大使忠武将軍胥要徳従二位、首領无位己閼棄蒙従五位下一、并賻二調布一百十五端、庸布六十端一」(『続紀』天平十二年正月丙辰条)と叙位行為を行っている。また頻出する「饗二於筑紫一」の記述には、客館における饗応を意味する場合もあったのではないかと推察される。「饗二(新羅使金)霜林等於筑紫館一」(『書紀』持統二年二月条)、「饗二耽羅佐平加羅等於筑紫館一」(九月条)などが参照される。また天平十四年二月、「詔以二新京草創宮室未レ成、便令下右大弁紀朝臣飯麻呂等、饗中(新羅使)金欽英等於大宰上、自レ彼放還」(『続紀』)とある。当時大宰府は廃府中であったから、大宰は客館を意味することになる。外客用宿舎には、右のような外交儀礼の執行空間としても機能することがあったといえる。

(2) 大宰府客館・鴻臚館

持統二年紀に初見として記録された筑紫館は、『大宝令』施行後も、海外使節や対外派遣使節の滞在施設として使用された。天平八年二月発令された遣新羅使阿倍継麿らの一行は、瀬戸内海を西航し、六月「至二筑紫館一、遥望二本郷一悽愴作歌四首」(『万葉集』十五、三六五二〜五五)、また「海辺望月作歌九首」（三六五九〜六七）と題詞に記す。作歌の情景から着岸したのは、筑前地方の北岸、例えば那津付近であり、筑紫館は海辺近くに立地したことがうかがえる。

筑前地方北岸の海辺に所在した筑紫館に対し、天平四年十月癸酉条に「始置二造客館司一」（『続紀』）とあって、新しく客館の造営を決定した。その新設置に関し、亀井明徳氏は、神亀二年聖武が難波宮に行幸、翌年十月藤原宇合を知造難波宮事に任じ、四年二月造難波宮の雇民の課役が免除され、同九月石川枚夫を造難波宮長官に任命、また六年三月にも造難波宮司の存在が確認され、難波宮は有力な陪都として存在したとして、造客館司は難波宮内における客館の造営所と解釈した[1]。これに対し、たなかしげひさ氏は、天平四年以前、難波にはすでに客館が存続し、また奈良時代、造宮官司には具体的な名称を付すのが通例とされることなどを理由に、新造の客館の所在地は平城京内を指すと評した[2]。また、鍋田一氏は天平十七年正月来朝した渤海大使らに、「就二客館一」いて授位を行った客館が新造の平城京内における客館であったとする[3]。『職員令集解』治部省玄蕃寮古記は館舎に関し、「館舎謂在二京及津国一宿舎」と解し、天平中期には、畿内において摂津客館、すなわち難波客館のほか、平城京内に海外使節用の客館が存在したことが分かる。

天平初年以降、外国使節・対外派遣使節用の客館が難波のほか平城京内において機能し、これら使節の一行が一時的に寄宿することになった。

平城京内における客館の新設に対応して、新たに大宰府条坊府域内に設置されたのが、大宰府の客館であった。その所在地や成立時期に関する直接的な史料は残されていないが、前節で言及した『続紀』天平十四年二月条によると、来航した新羅使にたいし、当時恭仁宮未完成のため、大宰において饗応したとある。大宰府は天平十四年正月〜十七年六月の間、廃止となったから、この大宰はいうまでもなく新設された大宰府の客館であったといえる。竣工、さらに運用開始期は明確ではないが、十二年八月大宰少弐藤原広嗣が反乱をおこし、加えて西海道管内において、七年以来疫病の異常な流行が続き、「大宰府言、管内諸国疫瘡大発、百姓悉臥」（『続紀』天平七年八月条）と、新客館の造営工事は順調には進捗しなかったであろう。

ところが右客館の成立後、奈良時代後半からの政務や儀礼の唐風化の進展に伴い、弘仁九年四月、平安宮に関し、「有レ制、改二殿閣及諸門之号一、皆題二額之一」（『日本後紀』）とある。推測すると、この新制に準じて、西海道筑紫地方における対外・国内使節止宿用の客館、すなわち大宰府客館、筑紫客館もまた所在地、役割を踏襲しながら、大宰府鴻臚館、筑紫鴻臚館に改称されたと推定して行き過ぎではないと推測する。文献上『日本紀略』大同五年四月条に「饗二渤海使高南容等於鴻臚館一」の記述があるが、二次的史料として採用できず、大宰府鴻臚館の初見は、『文徳実録』仁寿二年十二月二十二日条の小野篁薨伝中に、承和五年頃、「近者大宰鴻臚館、有二唐人沈道古者一、聞二篁有二才思一、数以二詩賦一唱之」とあるのが指摘できる。また承和十四年（会昌七）九月、円仁らが帰国したさい、九月十日対馬を過ぎ、夜肥前国松浦郡北界鹿島で泊船、十五日橘浦、十七日博太の西南能挙嶋に到着、十八日には鴻臚館前に到り、翌日鴻臚館に入場した（『入唐求法巡礼行記』四）とある。

二〇〇六年より一〇年にわたって、太宰府市教育委員会が、太宰府市朱雀三丁目（いわゆる左郭十五条二坊[4]、西日本鉄道操車場跡地）で発掘調査を続け、南北二棟の長大掘立柱建物の遺構を検出した。北棟ＳＢ480は、桁行一六間（29.5メートル）、梁行五間（8.8メートル）、南棟ＳＢ300は桁行一一間(23.6㍍)、梁行五間(8.6㍍)で、両棟とも西側二間分が庇となっているので、西向きの建物であったことが分かる。掘立柱掘方出土の遺物によって、八世紀第2四半期に造営され、八世紀第3四半期に衰退し、確実に廃絶したといえるのは、一帯が畑と化したとみられる九世紀中期～後期の時期であった。(5) さらに二〇一二年、この長大二建物跡の北北西の朱雀二～三丁目一帯の発掘調査によって、掘立柱建物五棟とその付近の井戸・土坑から、佐波理製の匙・盤、あるいは朝鮮系無釉陶器などの破片が出土して注目される。(6) この一帯は止宿した外国使節らのための調理あるいは給食の場となったのであろうか。

以上記述した二棟の長大建物を主軸とする遺跡が、すなわち他でもなく、大宰府客館、平安初期以降の大宰府鴻臚館そのものに関する考古学調査にもとづく主要知見そのものであったと理解する。

大宰府の客館・鴻臚館の所在地は、京域における客館・鴻臚館の占地が参照される。平城京・長岡京における外客宿泊施設の所在地は現在未詳であるが、平安京に関しては、『帝王編年記』延喜八年条に、「是歳、渤海客来朝、於鴻臚館(南北二丁、起二北七条坊門一、迄二南七条一、東西二町、起二東壬生一迄二西朱雀一)送別」と記す。一方『拾芥抄』十九、宮城部は「鴻臚館(七条北朱雀西朱雀東々西二丁(匡遠本)七条坊門以南、七条以北、朱雀東西也、非二京畿内一歟之由、永仁六六廿三「西朱雀東東西二町」顕衡宿禰被レ申了、東坊城西坊城南七条北七条坊門)」と、左右両京の七条一坊の朱雀大路沿いに東西両鴻臚館が占拠したという。すなわち七条坊門小路と七条大路、朱雀大路と壬生大路に囲まれた区画に鴻臚館東館、朱雀大路の向かいの対称的な区画に鴻臚館西館が占地したことを示している。

発掘された大宰府客館の庇取付け面からみて、西向きの配置をとり、さらに小字芝原の区画の地が南北大路を挟んで右郭地区をも包摂する地割残存にも着目することができる。これらの地点は博多湾に流入する御笠川の支流鷺田川流域に含まれ、筑紫館・筑紫鴻臚館から大宰府に通ずる陸上官道とともに、水行によって相互に結ばれた交通上好利便の一角であったといえよう。

一方現在福岡市中央区舞鶴公園内(旧平和台球場・テニスコート一帯)で一九八八年(発見は一九八七年)以来、福岡市教育委員会によって発掘調査がすすめられている史跡鴻臚館跡は、現在その全容がほぼ再現されてきた。報告書によると、七世紀後半の第Ⅰ期から十一世紀前半までの第Ⅴ期まで時期区分され、第Ⅰ期から谷状地形によって南北二館が分立し、南館では南北棟二棟、東西棟二棟の掘立柱建物とその内側に礎石建物とみられる一棟が確認されている。北館は東西71.5㍍×南北55.4㍍の口の字形に囲まれた柱列区画の内部に掘立柱建物が確認されている。八世紀の後半の第Ⅱ期では、南北両館共通の東西74㍍、南北56㍍の区画で、いずれも東門を設け、それぞれ南西区画外にトイレ遺構が検出されている。八世紀後半～九世紀前半の第Ⅲ期には、南館で礎石建物の南北棟二棟と直交する東西棟一棟、東門、北館域で東西棟一棟などが確認されている。九世紀後半～十世紀前半の第Ⅳ期以降の建物遺構は確認されていないが、第Ⅳ期の廃棄土坑が第Ⅲ期の礎石建物基壇を切った形で検出され、南館北東部で十世紀後半～十一世紀前半の第Ⅴ期の区画溝が確認、さらに出土瓦は十世紀代を示し、瓦葺き建物の存続を推定させる。(7) この遺構がとりもなおさず、筑紫客館・鴻臚館の貴重な考古学的全容にほかならない。

筑紫(客)館は持統二年紀に初見して以来、上記天平八年派遣の遣新羅使が寄泊したさいに残された詠歌の題詞から察せられるように海浜近くに所在し、さらに鴻臚館時代になると、先述した通り承和十四年九月、円仁の帰国時、十七日博多西南の能挙島下に船を泊め、翌日鴻臚館前に達し、鴻臚館に参入したという。また『三代実録』貞観五年四月二十一日条に、

先レ是大宰府言、新羅沙門无着・普嵩・清願等三人著二博多津岸一、至レ是勅安二置鴻臚館一、資二給粮食一、待二唐人船一、令レ得二放却一、

と記す。鴻臚館が博多津辺(『書紀』斉明七年三月条「娜大津」、『続紀』天平宝字四年三月条他に「博多大津」など)に立地したことを的確に記述する。七年七月二十七日条に、

先レ是大宰府言、大唐商人李延孝等六十五人、駕二船一艘一来二着海岸一、是日勅安二置鴻臚館一、随レ例供給、

とあり、八年十月三日条には、

先レ是九月一日大唐商人張古等卌一人、駕船一艘来二着大宰府一、是日勅二大宰府一、安二置鴻臚館一、随レ例供給、

と述べる。

以上列挙した鴻臚館は、いずれも来航船の着岸近くで、しかもその客館名は単に鴻臚館と称するだけで、所在名などを冠していない点で共通し、鴻臚館は大宰府鴻臚館の略称ではないことが分かる。貞観十一年十二月五日の太政官符に記す「鴻臚中嶋館并津厨」も、新羅海賊侵掠に備え俘囚を配備したとあり(『三代格』十八、他)、また名称からも中嶋館・津厨とも(筑紫)鴻臚館関連の施設で、海辺に位置したと理解できる。

ついで次の史料にも注目される。『三代実録』貞観七年七月二十七日条は、

先レ是大宰府言、大唐商人李延孝等六十三人、駕二船一艘一来二着海岸一、先日勅安二置鴻臚館一、随レ例供給、

と記す。その一方で『入唐五家伝』「頭陀親王入唐略記」によると、貞観三年、

七月十一日出レ自二巨勢寺一(中略)、十三日駕船、八月九日到二着大宰府鴻臚館一、于時主船司香山弘貞申レ府、即大弐藤原冬緒朝臣・筑前守藤原朝臣貞庭等、率二随兵騎兵百余人一到来、頂拝存問、于時大唐商人李延存、在二前居鴻臚北館一(下略)、

と、大宰府鴻臚館で存問が行われ、また北館を配した鴻臚館の存在が知られる。

なお延喜元年右大臣から大宰権帥に左遷された菅原道真による『菅家後集』の「南館夜聞二都府礼儀懺悔一」にみえる南館は、配謫の地とされる現太宰府市朱雀六丁目に鎮座する榎社境内に比定され、大宰府政庁域の南方に当たったための呼称とされることがある。[8] しかし着任国司に提供される官舎のように、権帥の館舎の配置のなかで、南館は南北二棟のうち前面の主殿的な建物を指すと推定できるのではなかろうか。

筑前地方の沿岸部に造営された筑紫鴻臚館にたいし、いま一つの鴻臚館がすなわち大宰府鴻臚館であった。『文徳実録』仁寿二年十二月二十二日条によると、参議小野篁の薨伝に、二度海難し三度目の渡海となった第十七次遣唐使藤原常嗣の一行に加わった副使篁に関し、承和五年「近者大宰府鴻臚館、有二唐人沉直古者一、聞二篁有二才思一、故数以二詩賦一唱レ之」と記す一方、円珍の帰国に当たって天安二年六月の「十九日早明、傍二山行一至二本国西界肥前国松浦県管旼美楽埼一、天安二年六月廿二日、廻至二太宰府鴻臚館一」(『智証大師伝』)とある。

『続紀』天平宝字五年八月条の迎(十次遣唐使)藤原河清使高元度の唐からの帰国にあたって、送使押水夫官ら三九人を大宰府に安置したという。また宝亀五年三月条には、「新羅国使礼府卿沙飡金三玄已下二百卌五人到二泊大宰府一」、七年閏八月条は第十四次遣唐使一行が信風を失

って引きかえし、十一月条に大使は帰京、節刀を進めたが、副使らは「留レ府待レ期」とある。また『続日本後紀』承和三年七月条の第十七次遣唐使に関する「安置府館」の記述(上述)や六年八月条に同遣唐録事の大宰府宛ての牒状によって、遣唐使の安穏を得たのち、客館に安置されたと記す(同)。これらの大宰府・府・府館、あるいは客館は、いずれも大宰府政庁ではなく、大宰府客館・大宰府鴻臚館を指す用語といってよい[9]。

元西鉄操車場一帯で検出された建物群が最終的に廃絶するのは、上述の通り九世紀中期～後期の時期であった。その間、唐では七五五年(天平勝宝七)～七六三年(天平宝字七)安禄山の反乱やさらに八七五年(貞観十七)～八八四年(元慶八)黄巣の乱の戦禍が続き、九〇七年(延喜七)滅亡した。最終唐使の来日は宝亀十年十月(『続紀』)となる。新羅使の場合、比較的頻繁に来航したのは八世紀後半の宝亀年間までで、延長七年正月が最終の入国となり(『扶桑略記』)、その六年後に滅亡する。なお渤海使は、延長七年十二月の丹後来着まで記録が残る(『日本紀略』)。

一方筑紫鴻臚館の記録上における終末期は、『三代実録』貞観十五年十二月二十二日条にみえる、

先レ是大宰府言、去九月廿五日新羅人卅二人、乗二一隻船一漂二着対馬嶋岸一、嶋司差二加使者一送レ府、即禁二其身一著二鴻臚館一、

である[10]。福岡市平和台球場跡地で検出された南北二館の遺構における第Ⅳ期に相当する。

なお、難波鴻臚館は、承和十一年十月摂津国府に転用され(『続後紀』)、その役割を終え、平安京鴻臚館に関しては、東鴻臚館の地所が承和六年八月、宮内省典薬寮の薬園に転用され(『続後紀』)、十世紀半ばには衰退し、「堂宇欲レ尽、所司不レ能二修造一」とされている(『本朝文粋』天暦十一年十二月廿七日菅原文時意見封事)。

以上、古代大宰府をめぐって、筑紫大津で経営された筑紫客館・鴻臚館と大宰府府域内に造営された大宰府客館・鴻臚館が並存したことを述べた。『令集解』治部省玄蕃寮頭の所掌内容に、「監当館舎(謂鴻臚館也)、(中略)古記云、館舎謂在二京及津国一、館舎者惣検校也、此摂津職在京諸司故云レ爾」と注する。大宰府客館・鴻臚館や筑紫客館・鴻臚館が例示されないのは、西海道における外来客舎が筑紫大宰や大宰府の管掌下にあったのが、その主因であったと察せられる。

本節の終りに私見を付け加えると、筑紫客館・鴻臚館と大宰府客館・鴻臚館の理解に関し、前者と後者がいささか混同され、前者のみならず、後者に関しても、福岡市中央区内で検出されたいわゆる史跡鴻臚館跡がその遺跡として容認されたのではないかと思う。したがって大宰府鴻臚館は筑紫鴻臚館と混同される結果となり、前者の歴史的意義は広く評価されることがなかったのではなかろうか。多くの論者が、広く筑紫鴻臚館(筑紫客館)と特別史跡大宰府跡(大宰府客館・鴻臚館)を同一視し、あるいは筑紫館の後身を大宰府鴻臚館とみなしてきた。かかる誤認が定着したのは[11]、文献史料に関する理解が不十分であった点もあるが、何よりもこれまで関連遺跡が一か所だけで、府域内の西鉄操車場跡地の発掘調査が未着手であった研究の資料と条件に大きく制約されていたにすぎなかったのである。

2　大宰府の蔵司

太宰府市観世音寺三丁目に所在する蔵司丘陵は、西方すうだ池に臨み、大宰府政庁域を介して東方月山地区と相対する位置にある。二〇〇

九年度から九州歴史資料館による遺跡の発掘調査が進められてきた。とくにD地区の調査によって、一棟の礎石建物と三棟の掘立柱建物、さらにC地区で三棟の建物の遺構と構造が明らかとなった。そのうち七世紀末から八世紀初頭の蔵司第ⅠA期において、八世紀前半に造営された東西棟礎石建物ＳＢ５０１０とＳＢ５０００に先行して、その南方に東西棟の掘立柱建物ＳＢ５０１０とＳＢ５０００の東北側に東西棟の掘立柱建物ＳＢ５０２０と西北隅に東西棟の掘立柱建物２０３０が検出された。さらに蔵司丘陵で最大規模のＳＢ５０００が八世紀前半から九世紀前半にわたって、露出部分を含めその全容が、はじめて明らかとなった。

ＳＢ５０００は、政庁における正殿を凌駕する規模と構造を備え、桁行九間(36.9メートル)、梁行四間(13.0メートル)、両面庇で、南に出入口をとったとみられる構造である。八世紀前半の第ⅡA期には、ＳＢ５０００を巡る外側の溝とその内側に据えられた区画溝が確認されている。[12]大宰府政庁第Ⅱ期の正殿の規模は、桁行七間(28.5メートル)、梁行四間(13.0メートル)であったという。[13]

大宰府組織の膨大な構成は、『養老職員令』の大宰府に関し、主神・帥以下の官人組織が規定されている。帥の職掌内容は、

掌㆘祠社、戸口簿帳、字㆓養百姓㆒、勧㆓課農桑㆒、糺㆓察所部㆒、貢挙、孝義、田宅、良賤、訴訟、租調、倉廩、徭役、兵士、器仗、鼓吹、郵駅、伝馬、烽候、城牧、過所、公私馬牛、闌遺雑物、及寺・僧尼名籍、蕃客・帰化・饗讌事㆖、

とあり、その一部に倉廩の管理を規定する。倉廩は穀倉や米倉に限らず、すべての官倉を指すのであろう。『延喜式』民部下に規定する大宰府管轄下における仕丁配備の諸司・諸所として、府・学校・蔵司・税倉・薬司・匠司・修理器仗所・客館・辰・駅館を挙げる。そのほか府庫(『三代格』斉衡三年五月廿七日官符、他)、税庫(同、貞観十八年三月十三日官符)、防人司(『続紀』天平宝字元年閏八月条)、主厨司(『三代格』承和七年九月廿三日官符)、主船司(同)、貢上染物所(同、天長三年十一月三日官符)、作紙所(同)、警固所(同、寛平七年三月十三日官符)などが知られる。さらに大宰府跡出土の土器墨書・刻書によって、政所・人給所・細工所が復原できる。[14]

そのうち蔵司や府倉をめぐって、竹内理三氏は、「大宰府の蔵司は管国の諸国からの調庸物の収納倉である」と述べ、[15]村尾次郎氏は「クラは倉と庫・蔵の三種に大別されていたことは明瞭であり、法家は倉は稲粟塩の属を貯え、庫は器仗綿絁の類を貯える。(中略)蔵は内蔵・大蔵のように主として朝廷の官職にあらわれた[16]」と解する。また「クラを表わす文字は、令では倉・蔵・庫が用いられており、大蔵・内蔵など、調庸物や諸国貢献物を収めるクラには蔵、正税その他の米穀類を収めるクラには倉あるいは倉廩、兵器および文書を収めるクラには庫の字を用いるのが普通であ[17]」るとされる。さらに平野邦雄氏は、「倉は稲・穀・粟などをおさめるクラ、庫は兵器・文書・書籍・布帛などをおさめるクラ、蔵は、おさめ・たくわえる意味から、クラの総称ないし上級概念となったものと、一応理解してよいであろう[18]」と指摘する。

蔵用語の官司的機能をめぐって、諸説は必ずしも収束されているようにはみえないが、基本的には各種貢献物・調庸物収取の施設と解釈することができるであろう。したがって、蔵司は、これら各種貢献物の受理・格納、税物の検収とその管理を差配する一曹司に相当するように理解する。

西海道諸国・諸島からの調庸物の貢進先は、七世紀後半飛鳥京・藤原京ではなく、大宰府関連であって京進されることはなかった。蔵司跡第

Ⅰ・Ⅱ期に相当する時期である。七世紀代の宮都跡において、各地域からの貢進物付札木簡が多数出土しているにもかかわらず、西海道地域からのそのような付札は、まったく出土していないからである。(19)『延喜式』民部上には、「凡諸国貢二調庸一者(中略)西海道納二大宰府一」とある。

そのなかで蔵司が大宰府機構内において、税物の収納・管理を担当する主要部署としての曹司的役割を担っていたことは、あらためて指摘するまでもない。蔵司丘陵西側の谷部から出土した木簡のなかに、「久須評大伴マ」「太丹□□□(三具)」や「八月□(廿)記貸稲数財財マ人□物」(九州歴史資料館『大宰府史跡出土木簡概報(一)』)などが含まれ、付近が税物収納遺跡であったことは十分理解されなくてはならない。(20)時代はくだるが、『三代格』斉衡三年五月廿七日官符「応レ勘二大宰府所レ進調庸用度帳一事」は「(前略)太政官去嘉祥三年八月三日符偁、得二大宰府解一偁、准レ例管内諸国調庸検二収府庫一、随レ用出充、即修二用度帳一、副二調帳一進レ官(後略)」とみえる。府庫は調庸物収納の蔵司の一部署であろう。また『三代格』貞観四年九月廿二日官符にも、雑米収納所として府庫が記されている。『延喜式』兵部省では、西海道諸国から送られる器仗は府庫に貯納するとある。

律令国家の負担体系のなかで、奈良末期以降、調庸物の京進にあたって、違期・未進・粗悪化が急増し、政策課題視されてきた。大宰府管内においても、延暦十四年・大同二年・承和十三年など、官符を通じて府司に規定遵守が厳命されている(『三代格』貞観十三年八月十日官符)。右貞観十三年太政官符、「応レ責二大宰府貢物麁悪一事」は、

(前略)聞、管内浮浪之輩、或属二府司一、上二交易之直一、或賂二国宰一、輸二調庸之物一、貢非二土民営設之実一、利帰二浮手姧偽之徒一、濫穢所以難レ遏、麁悪由レ其弥倍、不レ督之怠雖レ帰二府国一、容隠之責専在二蔵司一、右大臣宣、奉レ勅有レ法不レ行、何期二懲革一、宜下降二霜典一更粛中将来上、仍須下麁悪之物、絹及二一百疋一、綿満二一万屯一、蔵司勾中当監典并使等上、解二却見任一、不二曽寛宥一、自余雑事一如二前格一、

と述べ、蔵司は西海道管内からの調庸の絹綿類の検収を担当したことが分かる。調庸物の粗悪化に対し、上記のようにたびたび政令遵守を命じ、さらに現官解任の処置さえ講じたことになる。『延喜交替式』に「凡大宰府貢物麁悪并違レ期、府司及管内国宰、奪二公廨四分之一一、但郡司准二諸国貢調絹領一、決二杖八十一」と、また「大宰府貢物麁悪、絹及二百屯一綿満二一万屯一、蔵司勾当、監典并使等解二却見任一」と規定する。要するに大宰府蔵司は官制組織上、財政諸般にわたって権限行使の基幹官司であったといえる。なお大宰府内から収納された調綿は、天平元年はじめて毎年一〇屯京進されることになり、さらに神護景雲三年二〇屯に増額され(以上『続紀』)、延暦二年再び一〇屯に減額、弘仁四年以後、隔年の上進となった(以上『三代格』)。

当面の大宰府蔵司跡の建造物をめぐって、SB5000と先行するSB5010・5020・5030、さらにC地区の三棟建物と対比し、また政庁域からの距離にやや隔たりがみられ、さらにSB5000が正殿を上回る規模と構成を擁する点などから、蔵司が政務・儀礼の空間とみられる視点を、(21)さらに具体的に実質化することはできないであろうか。

朝鮮・中国からの使節の入朝にあたって、都城宮内における重要な外交儀礼に、国書(表函)の進呈と珍貨・信物(特産品)・禽獣類などの献上があり、森公章氏は唐・新羅・渤海による場合、貢進物をそれぞれ、信物、調、信物・方物・土毛と使い分けたと述べる。(22)百済・高句麗使の場合を付け加えると、百済は調・献物、高句麗は調・調賦・信物・方物と

する用例がみられる。さらに別献先を大王（天皇）・大后（皇后）・王子（皇子）・群卿・大夫などと記述する事例が、『書紀』『続紀』に再三記録されている。また「調賦与二別献一」（持統三年五月条）ともみえる。以下煩をいとわず列記することにする。

まず推古六年八月条に「新羅貢二孔雀一隻一」、七年九月条「百済貢二駱駝一匹・驢一匹・羊二頭・白雉一隻一」、十六年八月条「大唐之国信物置二庭中一」とある。皇極元年一月壬辰（六日）条に、

高麗使人泊二難波津一、丁未（二十一日）遣二諸大夫於難波郡一、検二高麗国所貢金銀等并其献物一、

とある。ついで大化三年是歳条に、

新羅遣二上臣阿飡金春秋等一、送二博士小徳高向黒麻呂・小山中中臣連押熊一、来献二孔雀一隻・鸚鵡一隻一、仍以二春秋一為レ質、

と記す。さらに天智十年六月条、「新羅遣レ使進レ調、別献二水牛一頭・山鶏一隻一」とある。天武八年十月甲子（二十七日）条には、

新羅遣二阿飡金項那・沙飡薩虆生一朝貢也、調物金銀鉄鼎・錦絹布皮・馬狗騾駱駝之類、十余種、亦別献レ物、天皇・皇后・太子、貢二金銀刀旗之類一、各有レ数、

と述べ、貴重な金属製品・珍獣、また天皇ほかに金銀以下の別献物を進上、翌年四月乙巳（二十五日）筑紫で饗し、六月戊申（五日）帰国したと記す。天武十年十月条は、

新羅遣二沙喙一吉飡金忠平・大奈末金壱世一貢レ調、金銀銅鉄、錦絹鹿皮・細布之類、各有レ数、別献二天皇・々后・太子一、金銀霞錦、幡皮之類、各有レ数、

とみえる。また十四年五月条は、

高向朝臣麻呂・都努朝臣牛飼等、至レ自二新羅一、乃学問僧観常・霊観従至之、新羅王献物、馬二匹・犬三頭・鸚鵡二隻・鵲二隻及種種物、

とある。十一月条に「新羅遣二沈珍飡金智祥・大阿飡金健勲一請レ政、仍進レ調」とみえ、翌朱雀元年四月条は、前年十一月条をうけ、

新羅進レ調、従二筑紫一貢上、細馬一匹・騾一頭・犬二狗・鏤金器、及金銀、霞錦・綾羅、虎豹皮、及薬物之類、并百余種、亦智祥・健勲等、別献物、金・銀・霞錦・綾羅・金器・屏風・鞍皮・絹布・薬物之類、各六十余種、別献二皇后・皇太子及諸親王等一之物、各有レ数、

と各種珍宝類を進上した。

次いで持統元年九月条に「新羅遣二王子金霜林・級飡金薩慕及級飡金仁述・大舎蘇陽信等一、奏二請国政一、且献二調賦一」とあり、二年二月辛卯（二日）条に、

大宰献下新羅調賦、金銀絹布・皮銅鉄之類十余物、并別所レ献仏像、種々彩絹・鳥馬之類十余種、及霜林所レ献金銀彩色・種々珍異之物、并八十余物上、

と述べ、己亥（十日）筑紫で霜林らに饗応物を賜り、一九日後に帰途についた。翌年四月、新羅は天武の喪儀に参集するため、級飡金道那らを派遣し、「献二金銅阿弥陀像・金銅観世音菩薩像・大勢至菩薩像、各一軀、綵帛錦綾一」じ、七月帰国した。また九年三月には新羅王子以下が入国し、「奏二請国政一、且進レ調献レ物」とある。

藤原京・平城京期においても、『続紀』によると、文武二年正月甲子条に「新羅使一吉飡金弼徳等貢二調物一」とあり、和銅二年来朝の新羅使は五月方物を献じ、養老三年五月来朝した新羅使は閏七月、「献二調物并騾馬牡牝各一疋一」と記す。また神亀二年六月辛亥条に「新羅使貢二調物一」とある。天平四年一月丙寅（二十二日）条に新羅使来朝、三月戊

申（五日）「召二新羅使韓奈麻・金長孫於大宰府一」とあり、五月壬子（十一日）金長孫ら卌人が入京、庚申（十九日）条に、

金長孫等拝レ朝、進二種々財物并鸚鵡一口・鴝鵒一口・蜀狗一口・獵狗一口・驢二頭・騾二頭一、

とあり、珍奇な動物が進上されている。

これらは使節の入京停止期間は筑紫に留めおかれ、それ以外の時期の場合、大宰府経由で京進されたことは指摘するまでもない。朝鮮半島内で調達できず、近隣諸国との交易・貢進などを通じて調達された品目・物件も少なくなかったと推測できる。また使節の筑紫下船後、上記のようにかなり長期間、筑紫に滞在している。貢進物は船内で管理される事例があるにしても、多くの場合、陸上で保管される必要があったことは、十分理解されるであろう。ただ奈良時代半ば以降、新羅使の入朝のさい、貢進物に関する所伝は残されていない。

進上された将来物に関し、律令国家の財政機構のなかで、その管理部局として挙げられるのは、まず大蔵省であろう。大蔵省卿の職掌は、「出納、諸国調及銭、金銀・珠玉・銅銭・鉄・骨角歯・羽毛・漆・帳幕・権衡度量・売買估価、諸方貢献雑物事」（『養老職員令』）と規定し、諸方に関して「穴云、諸国也、或云、諸方者諸蕃并諸国皆約之文、其諸蕃皆納二大蔵一」（『令集解』）と注する。次いで中務省内蔵寮頭は、「掌二金銀・珠玉・宝器・錦綾・雑綵・氈褥・諸蕃貢献奇瑋（謂、非常之物、其金銀以下雑物、皆自二大蔵省一、割別而所レ送者也）之物、年料供進御服、及別勅用物事一」とある。後宮職蔵司に関し「尚蔵一人、掌二神璽・関契・供御衣服・巾櫛・服翫及珍宝・綵帛・賞賜之事一」と規定する。また東宮職主蔵監は「正一人、掌下金玉・宝器・錦綾・雑綵・裁二縫衣服一、翫好之物上（中略）、蔵部廿人（下略）」と定める。すなわち海外使節が献上する天皇・皇后・皇太子への別献品は、大蔵省が総括し、天皇宛てには中務省が管轄、皇后・皇太子宛てには、それぞれ後宮職・東宮職が措置する仕組みとなっていたことが理解できる。大蔵卿の職掌に「諸方貢献雑物」、後宮職蔵司は「珍宝」、また東宮職主蔵監正は「金玉・宝器・錦綾・雑綵・裁縫衣服・玩好之物」をそれぞれ管掌したことになる。

『延喜式』式部下によると、

受二諸蕃使表及信物一

其日、式部設二使者版位於龍尾道南庭一、設二庭実位於客前一、諸衛立レ仗、各有二常儀一、群官五位以上及六位以下左右分入、使者服二其国服一入如二常儀一、

と規定する。大宰府においては、入国最初の迎接地として、朝鮮・中国からの使節による表函・信物の貢進・受納にあたって、宮内儀式に準ずる一定の外交略儀が挙行されたのではなかろうか。ＳＢ５０００と先行するＳＢ５０１０〜５０３０の造営物の性格と機能を理解するための不可欠の視点ではないかと推考する。

蔵司周辺地区からの出土器物は、現在のところ比較的少なく、多くの瓦類のほか、弥生土器・須恵器・土師器・黒色土器や石製品のほか、中国産白磁・青磁、朝鮮系陶磁器、さらに被熱鉄器などという。[23]上述した蔵司の性格・役割などに多少とも関連するとみられる遺物は、なお検出されていないが、考古学分野による今後の調査・研究に大いに期待されるところである。加えて西方すうだ池地区を含む蔵司丘陵Ａ〜Ｇ地区、なかでも政庁域により近いＡ・Ｃ・Ｅ地区一帯の遺跡・遺物を介して、その歴史的全容がより解明、再現されることを切望してやまない。

おわりに

古代における大宰府は律令国家の最大規模の地方官衙であり、西海道諸国・諸島を総管し、さらに対外的な迎接機能と西海方面における軍事拠点の役割を担った。これまでその成立過程や権限・役割に関する究明がより広く続けられてきた。筑紫大宰に起源する大宰府官制は、七世紀末にはほぼ形成されたが、その場合、大宰府がしばしば総体として把握され、大宰府組織を構成する幾多の諸司・諸所に関する検討は現在なお十分に展開されているとは、いいがたいと思う。それには伝存する文献上の制約も無視できないが、さいわい大宰府跡の発掘調査が半世紀間継続され、その多くの知見や成果は政庁域にとどまらず、周辺各地区から、さらに小稿が課題とした鴻臚館や蔵司に関する遺構の検出と研究にも広がっていると解されよう。

西海道北部において、外国使節の来航に伴う宿泊・迎接施設をめぐって、従来広く一か所とみなされてきた通説に反し、博多津付近の筑紫客館・鴻臚館とは別に、内陸部に大宰府客館・鴻臚館が造営され、両者が並存して機能したことを明らかにした。畿内における京域内と難波津における客館・鴻臚館に対応する施設配置であった。

もう一点考述したのは、大宰府政庁域西方、蔵司丘陵で検出されたＳＢ５０００とＳＢ５０１０～５０３０、さらにＳＢ５１１０・ＳＢ５１２０などの遺構が、文献上に伝えられた蔵司の役割から、西海道諸国からの調庸物を収蔵、管理する機能を付与された施設と解される所見である。加えてそれとあわせ、朝鮮・中国からの貢進奇貨を暫定的に受理、格納する空間として造営されたのではないかと考えたのである。

以上、西海道における外国使節の一時的な滞在施設となったのが、海浜の筑紫客館・鴻臚館と併存した府域内の大宰府客館・大宰府鴻臚館であり、一方西海道地域からの税物の出納・管理の部局となり、加えて使節の各種貢献物の最初の受納空間ともされたのが、大宰府蔵司であったと理解する。

註

（1）亀井明徳「大宰府鴻臚館の実像—構造と遺跡の再検討—」（『古文化論叢』一、一九七四年）九二頁。

（2）たなかしげひさ『六国史の鴻臚館・客館・国駅館と便処の研究』（白川書院、一九七八年）四八四～四八五頁。

（3）鍋田一「六～八世紀の客館—儀式の周辺—」（牧健二博士米寿記念『日本法制史論集』同朋舎、一九八〇年）八二頁。

（4）井上信正「大宰府の街区割りと街区成立についての予察」（『条里制・古代都市研究』一七、二〇〇一年）三節。

（5）太宰府市教育委員会『大宰府条坊跡—県道観世音寺二日市線建設に伴う調査—』36（太宰府市、二〇〇八年）二〇八～二〇九頁。同『大宰府条坊跡—推定客館跡の調査概要報告書』46（二〇一四年）一四〇～一四二頁、井上信正「大宰府朱雀大路沿いの大型建物群と出土品」（『都府楼』42、二〇一六年）五四頁。

（6）井上信正註（4）論文、五七～五九頁。太宰府市教育委員会『大宰府条坊跡—第二五一・二五五・二五七次調査—』42（太宰府市、二〇一二年）、とくに一八〇頁。

（7）福岡市教育委員会『鴻臚館・鴻臚館跡』14（福岡市、二〇〇四年）、一二～一三頁。同『史跡鴻臚館跡（鴻臚館）』20（二〇一三年）、四～五頁。

（8）川口久雄校注『日本古典文学大系　菅家文草』（岩波書店、一九七五年）七三七頁。太宰府市史編集委員会『太宰府市史』古代資料編（太宰府市、二〇〇三年）六九三頁。

（9）太宰府市教育委員会註（5）報告書、一四五～一四六頁。ただし本文引用の府館に関し、「大宰府条坊内の客館を指している可能性が高い」と述べる。井上信正註(5)論文は、「畿内には難波津と宮都が相関し、双方に客館が置かれた。この関係はまさに筑紫館(大宰府鴻臚館)と大宰府の関係に当てはめることができる」とする。六〇頁。

(10) 田島公「大宰府鴻臚館の終焉—八世紀～十一世紀の対外交易システムの解明—」(『日本史研究』三八九、一九九三年)六頁。

(11) 平野邦雄「鴻臚館」項(『国史大辞典』五、吉川弘文館、一九八五年)。亀井明徳「鴻臚館再発見」(『新版古代の日本3　九州・沖縄』角川書店、一九九二年)三一九頁。田島公註(10)論文、一〇頁。山崎純男「鴻臚館」項(『日本史大辞典』平凡社、一九九三年)。森公章「大宰府および到着地の外交機能」(『古代日本の対外認識と通交』吉川弘文館、一九九八年)三三三頁。平野邦雄「鴻臚館」(『史跡保存の軌跡』吉川弘文館、二〇〇四年、初出一九九〇年)一一六～一一八頁。福岡市教育委員会註(7)報告書、六～七頁。大庭康時「鴻臚館」(上原真人他編集『列島の古代史』4、岩波書店、二〇〇五年)三〇六頁。太宰府市史編集委員会『太宰府市史』通史編1(太宰府市、二〇〇五年)五六五～五六六頁、八〇四～八〇五頁。池崎譲二「鴻臚館」項(『日本古代史大辞典』大和書房、二〇〇六年)。田中健夫他編『対外関係史辞典』「大宰府鴻臚館遺跡」項、吉川弘文館、二〇〇九年。池辺誠「鴻臚館の盛衰」(『通交・通商圏の拡大』石井正敏他編「日本の対外関係」3、吉川弘文館、二〇一〇年)二七六～二七九頁。福岡市史編集委員会『新修福岡市史』特別編(自然と遺跡からみた福岡の歴史』福岡市、二〇一三年)二二七頁。坂上康俊『摂関政治と地方社会』(「日本古代の歴史」5、吉川弘文館、二〇一五年)一五一～一五五頁。

(12) 小嶋篤「大宰府史跡発掘調査最前線—蔵司地区—」(『都府楼』42、二〇一〇年)五〇～五二頁。下原幸裕「蔵司地区官衙の調査成果」(『都府楼』48、二〇一六年)五八～六〇頁。九州歴史資料館「平成28年度大宰府史跡調査研究指導委員会資料」(二〇一六年)。

(13) 太宰府市史編集委員会『太宰府市史』建築・美術工芸資料編(太宰府市、一九九八年)二二頁。同『太宰府市史』通史編Ⅰ(二〇〇五年)五六五～五六六頁、八〇四～八〇五頁。

(14) 『大宰府史跡』(九州歴史資料館、一九八五年)五六頁。酒井芳司「大宰府史跡出土木簡」(『木簡研究』二九、二〇〇七年)二一七頁。

(15) 竹内理三「大宰府政所考」(『史淵』七一、一九五六年)四四頁。

(16) 村尾次郎『律令財政史の研究』第三章(吉川弘文館、一九六一年)一五〇頁。

(17) 井上光貞他校注『日本思想大系　律令』(岩波書店、一九七九年)六七二～六七三頁。

(18) 平野邦雄「クラ(倉・庫・蔵)の研究」(九州歴史資料館開館十周年記念『大宰府古文化論叢』上、九州歴史資料館・吉川弘文館、一九八三年)二八八～二八九頁。

(19) 北條秀樹「府支配と西海道—府と四度公文—」(『日本古代国家の地方支配』吉川弘文館、二〇〇〇年、初出一九七〇年)二〇〇頁。吉川真司「律令体制の形成」(歴史学研究会・日本史研究会『日本歴史講座』1、東京大学出版会、二〇〇四年)二一一頁。

(20) 酒井芳司「大宰府史跡蔵司西方地区出土の木簡の再検討」(『九州歴史資料館研究論集』30、二〇〇五年)四一頁。

(21) 九州歴史資料館註(12)資料。

(22) 森公章「古代耽羅の歴史と日本—七世紀後半を中心として—」(註11書、一九九八年、初出一九八六年)二六一頁。

(23) 小嶋篤註(12)論文、五二頁。

鴻臚館の成立と変遷

菅波　正人

はじめに

鴻臚館跡は、昭和六十二年の平和台野球場改修に伴う発掘調査以来、施設の中核と考えられる部分の二十六年間に及ぶ調査により、七世紀後半～十一世紀前半までの存続期間と五時期の遺構変遷を確認することができた。また、一万箱を超える出土品により、古代の外交施設の様相や対外交易のあり方に迫ることができた。

本稿ではこれまでの調査成果を整理するとともに、今後の全容解明に向けて、更なる調査研究が求められることを踏まえて、鴻臚館の成立と変遷に関して、成立の背景、施設の実態と変遷過程、終焉の様相について述べていく。

1　筑紫館の成立をめぐって

(1) 筑紫館出現以前の外交関係

『日本書紀』の持統二年(六八八)の記事に初出する筑紫館が鴻臚館の前身とされ、大宰府の外交施設として、蕃客の安置・供給・饗讌の役割を担った。筑紫館が登場する以前の六六〇年代は、東アジアの動乱の中で、倭王権にとって対外的にも対内的にも激動の時代であったと言える。天智二年(六六三)の白村江の戦いで唐・新羅の連合軍に大敗した倭王権が国防と政治体制の強化を図る最中、同三年(六六四)、唐の駐留将軍の使節が初めて派遣される。その後、天智四年(六六五)、同六年(六六七)にも使節が派遣され、国交の回復が図られていく。同八年(六六九)には遣唐使の派遣にいたる。

一方、天智七年(六六八)、高句麗が滅ぶと、唐との関係が悪化していた新羅から使節が派遣される。以後、新羅は「請政」という形で国内情勢を倭王権に伝え、たびたび来朝して「朝貢」姿勢を示し、倭王権も遣新羅使を派遣するという関係が続くことになる。この間、高句麗遺民や耽羅などが倭王権の支援を望み、活発に使節が派遣されるようになる。

壬申の乱後、天武天皇が即位すると、天武二年(六七三)、天皇の即位を祝う賀騰極使・金承元らと、天智天皇の喪への弔いで金薩儒らが来日する(『日本書紀』)。前者は入京したが、後者は筑紫大郡で饗応を受けた。筑紫大郡は、この時の『日本書紀』の記事が初出で、以後の史料では見られないが、筑紫での饗応はここで取り行われたと考えられている。天武朝(六七二～六八六年)から持統朝(六八七～六九七年)にかけて、新羅使などが頻繁に来朝しているが、天武八年(六七九)から持統四年(六九〇)の間は入京させずに筑紫で饗応し、帰国させたとされる[長 二〇〇五]。

筑紫での外国使節の饗応は、京から遣わされた使者によって行われ、朱鳥元年（六八六）には川原寺から伎楽の衣装なども運ばれている。

筑紫大郡の機能と構造は不明確であるが、難波大郡に共通するものと考えられている［平野 一九九〇］。難波大郡は『日本書紀』の欽明二十二年（五六一）の記事に登場し、難波津にあって、宿舎としての難波館と一体となり、百済や新羅、高句麗、唐などの外国使節を迎え、饗応や儀式を行うための施設と考えられている。筑紫大郡についても同様に、宿舎となる館が併設されていた可能性が高いが、史料では館の記載は見られない。所在した場所は特定されていないが、鴻臚館跡の発掘調査では対応する時期の遺構は確認されておらず、那津に近接する場所がふさわしいと考える。

福岡市那珂遺跡群は那津に注ぐ那珂川河口域に立地し、那津官家関連とされる比恵遺跡群に隣接する遺跡である。六世紀後半以降、集落が拡大し、七世紀前半以降、大型の倉庫や牛頸窯系の初期瓦が検出されるようになる。なかでも、第23次、114次調査では七世紀前半から後半にかけての大型倉庫や東西長90㍍を図る区画溝などが確認されている。また、この地点周辺では牛頸窯系瓦も多数出土している。このような遺構・遺物の様相から、那津官家から繋がる公的な施設の可能性が指摘されている。河口に隣接する立地、クラやヤケ、タチなどに想定される遺構の存在、難波屯倉と難波大郡との関係を参考にすると、那珂遺跡群は筑紫大郡が所在した有力な比定地と考えられる。更に、河口部にある博多遺跡群においては七世紀後半の高句麗土器が出土しており、高句麗遺民の派遣との関わりが指摘されている［白井 一九九八］。今後の調査成果も待たれるが、那珂川河口域は七世紀の外交使節の安置・饗応に関して拠点的役割を担ったと推測される［菅波 二〇一三］。

筑紫館については、『日本書紀』の持統二年（六八八）の記事に、新羅使金霜林らを饗応した施設として登場する。鴻臚館第Ⅰ期の建物群に対応する施設と考えられている。この施設が那珂川河口域ではなく、湾を挟んだ西側に立地することや宿舎である館で饗応を行っていることなど、筑紫大郡と一線を画するものであったと推測される。おそらく律令体制を確立していく中で、外国使節にかかわる制度や施設の整備が行われ、筑紫において新たに造営されたものが筑紫館であったと考えられる。

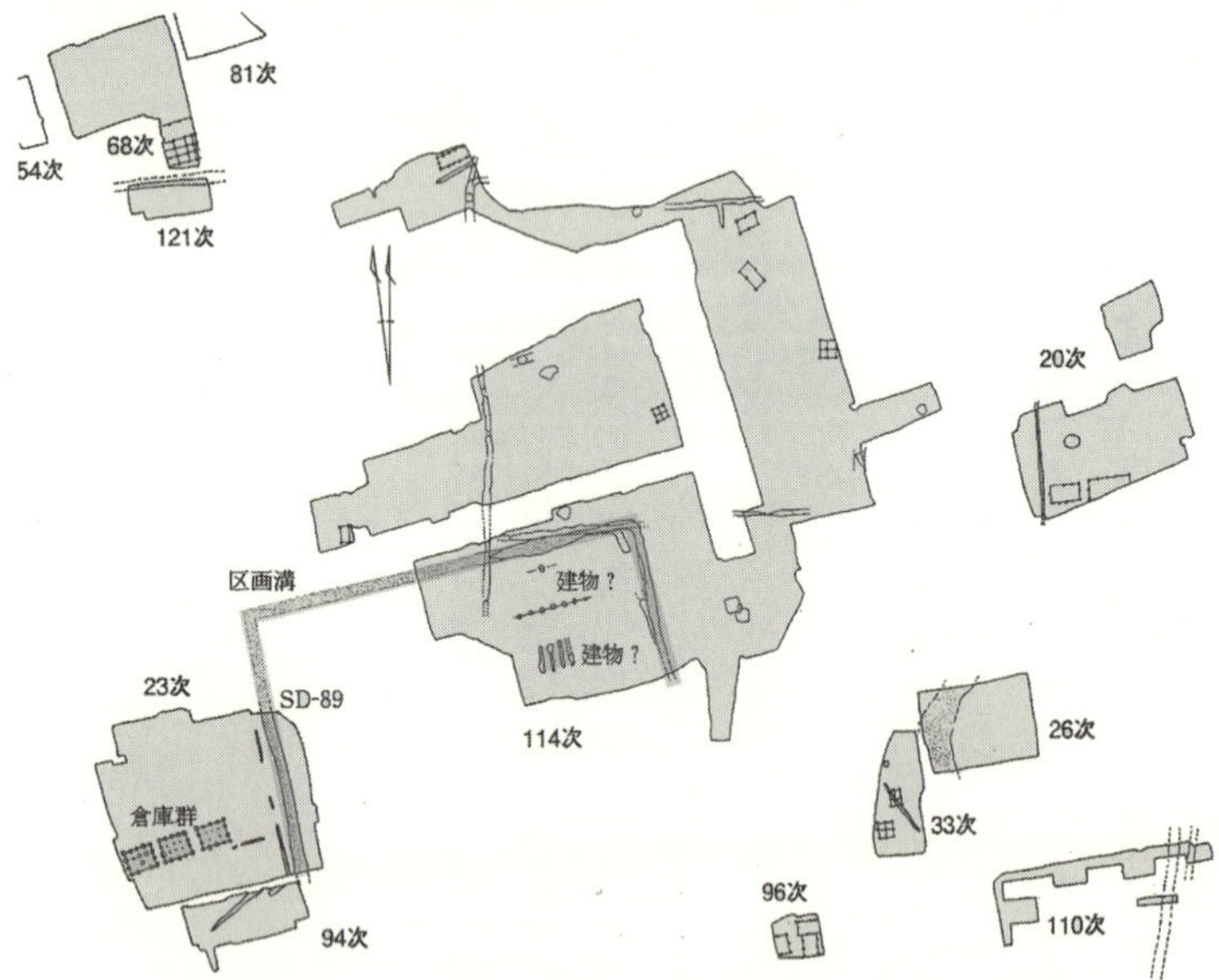

第1図　那珂遺跡群第23次・114次調査周辺遺構配置図

(2) 筑紫館の成立と変遷

筑紫館が立地する場所は、南の「大休山」から博多湾に伸びる「福崎」と呼ばれた丘陵の先端にあたる。施設が存在した時代は、丘陵西側は「草ヶ江」の入江で、その対岸は「荒津山」に向って砂洲が伸びていた。荒津山の裾部の海は水深があり、古代には大型船の停泊地になったと考えられている。湾内は大型船の停泊は困難であるが、施設へは艀等を利用したと考えられる。

一方、東側は那珂川河口の入江となっていたと想定されており、その北東側の砂丘上に立地するのが博多遺跡群である。現在、この入江の南東隅にあたる場所に式内社であった住吉神社が存在する。博多遺跡群は弥生時代以来、奴国の海上交易の拠点であり、古代では鴻臚館に関連した官衙の存在が指摘されている。大宰府と鴻臚館、博多の間には水城の東側と西側からそれぞれ伸びる官道があり、両者はその結節点となっている。

筑紫館が設置された場所は早良郡と那珂郡の郡境にもあたり、郡の中心施設や駅家などとも一定の距離があった。しかも両側を入江で挟まれる立地は隔離性、防備性を備えたものであり、蕃客を対応する施設にふさわしいものであったと言える。約四〇〇年間この場所に存続しえたのはその環境が保たれていたからに他ならない。

鴻臚館跡の変遷は第Ⅰ期～Ⅴ期までの五期に分けられ、筑紫館に対応するのは第Ⅰ期・第Ⅱ期である。以下、時期ごとの変遷を見ていく〔吉武二〇一一、菅波他二〇一七〕。

第Ⅰ期（七世紀後半～八世紀前半）

第Ⅰ期は、丘陵に入り込む谷で南北に隔てられた施設（以後、それぞれ

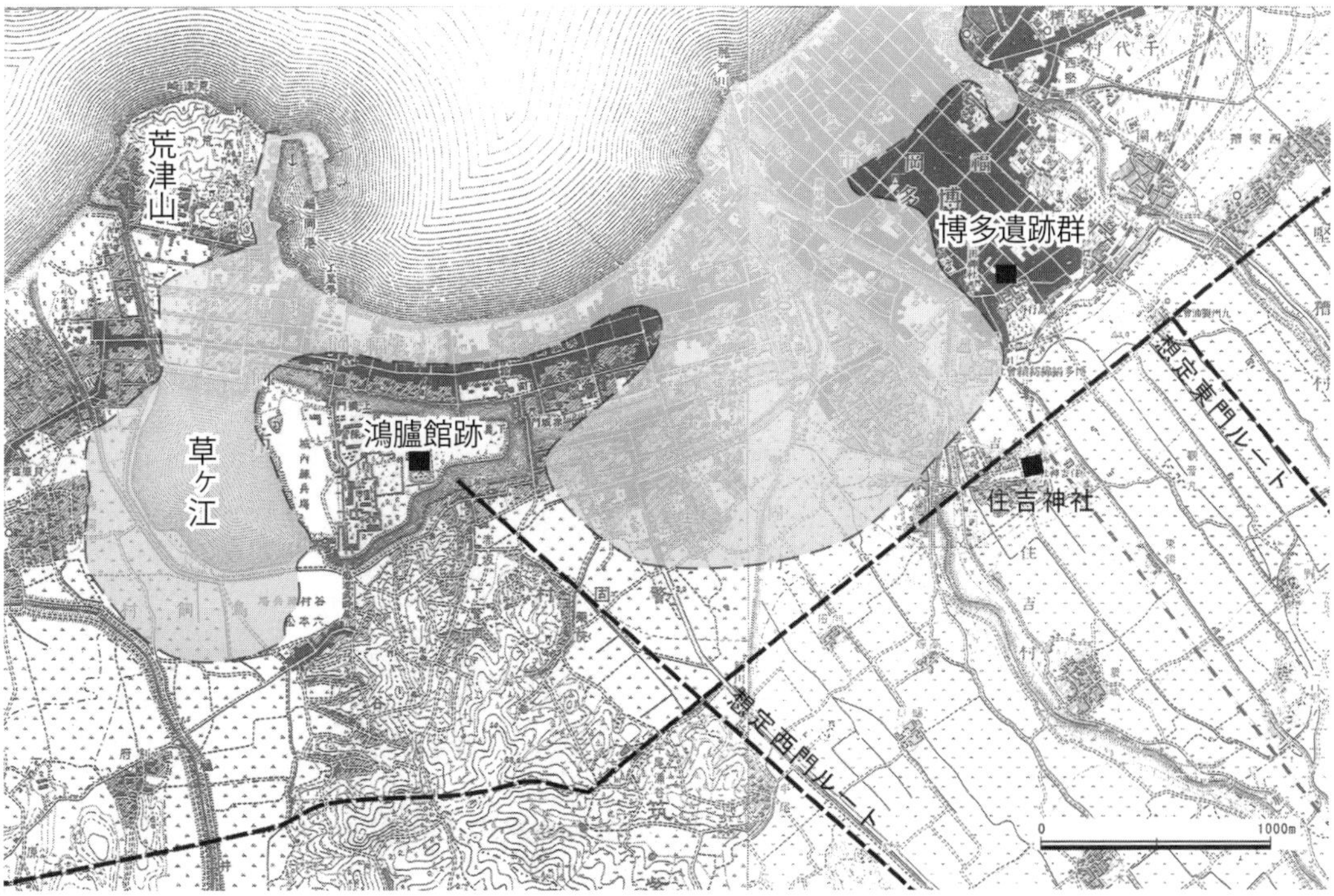

第２図　鴻臚館跡周辺旧地形及び官道推定図

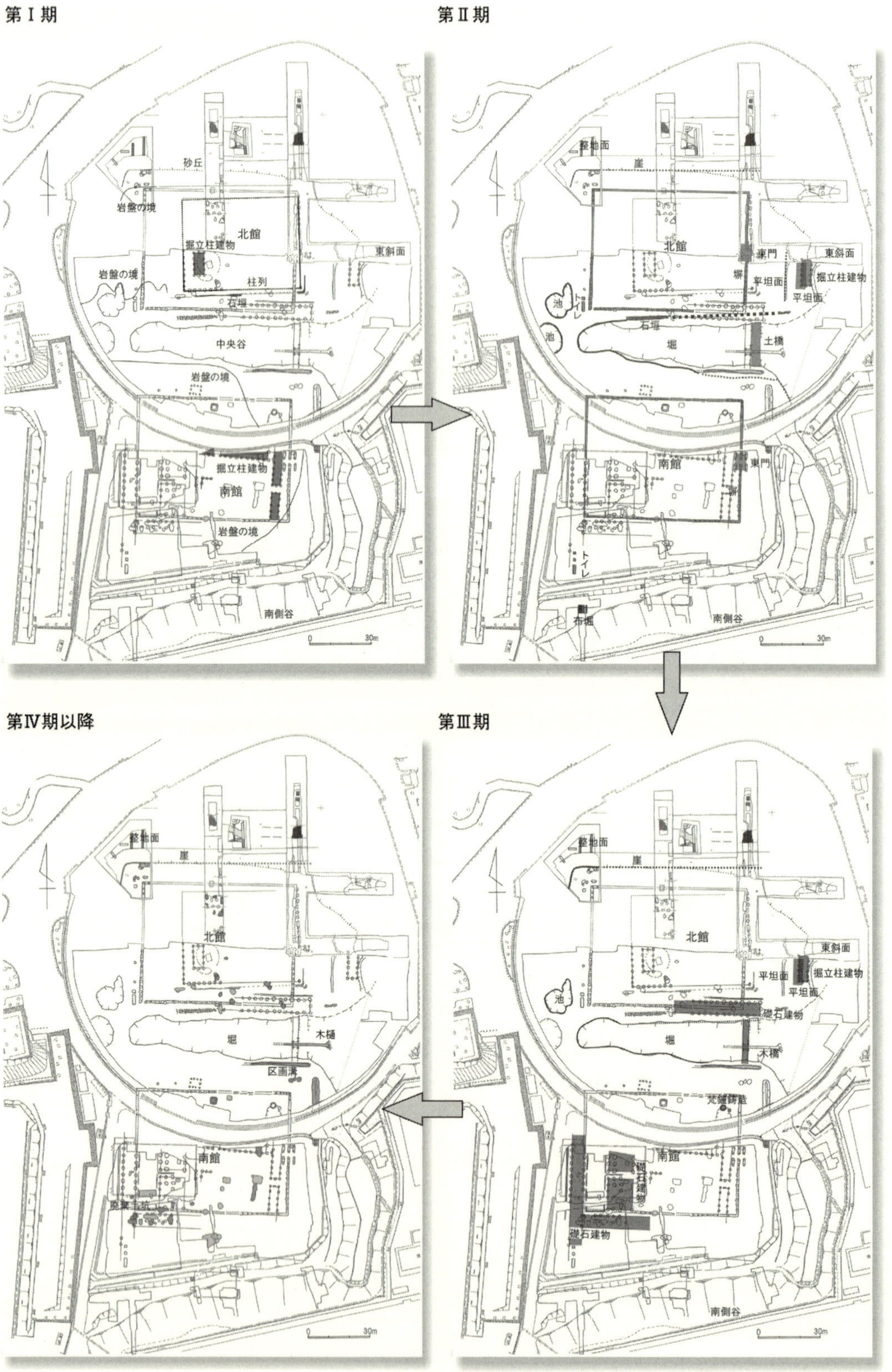

第 3 図　鴻臚館跡遺構変遷図

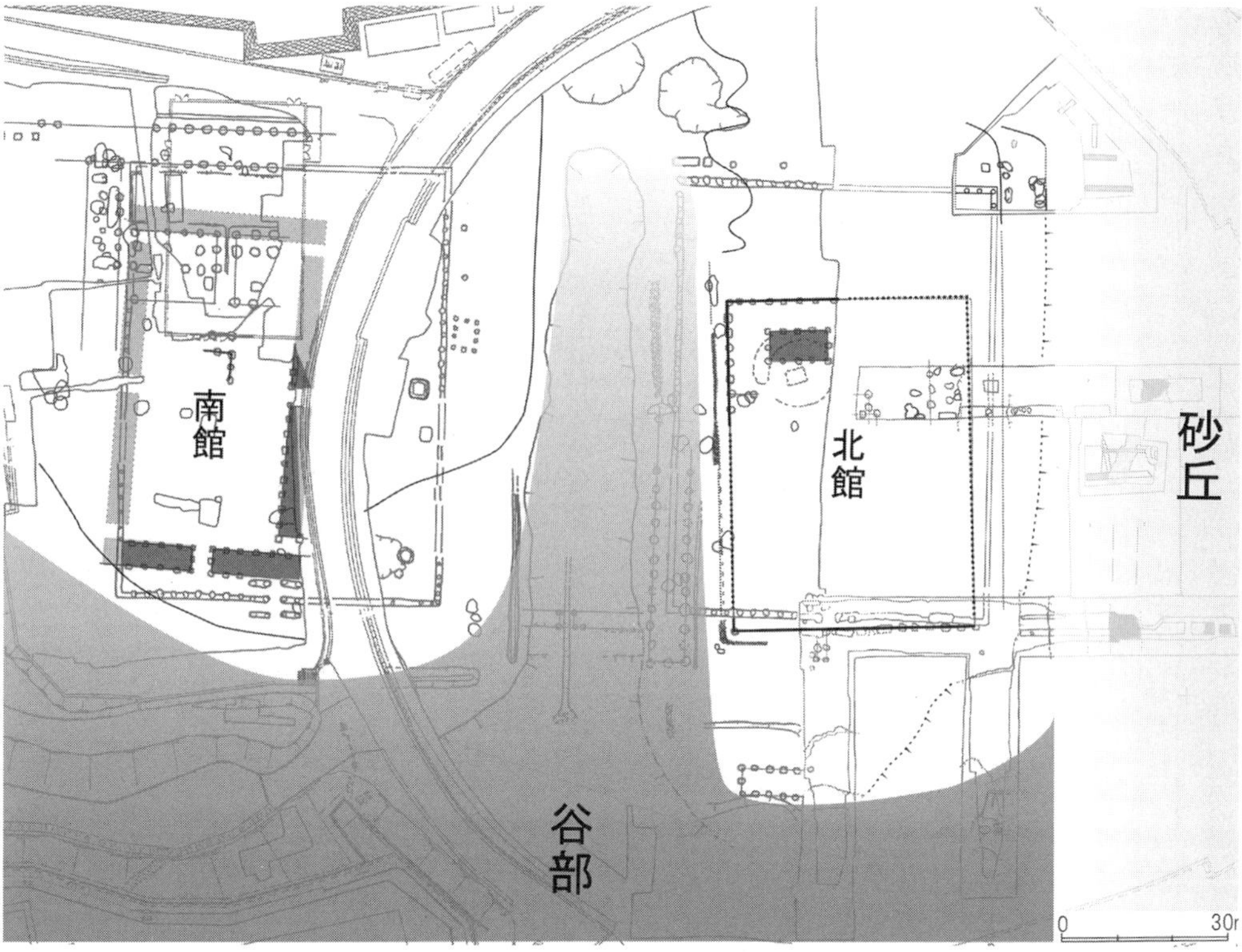

第４図　第Ⅰ期建物配置復元図

を南館、北館と呼ぶ）が造営される。南館・北館とも掘立柱建物で構成される。瓦の出土が見られないことから、屋根は板葺と考えられる。北館では石垣と長方形に巡る柱列が検出された。石垣は柱列に南辺と南東コーナーに沿って積み上げられている。柱列の主軸方位はN―1度30分―Wをとり、規模は東西約54㍍×南北約39㍍となる。柱列の内部は二×四間の側柱建物が確認された。柱列の東側では門の一部と考えられる柱穴群が検出された。南館は北館より約1．5㍍高い場所にあり、ここでは主軸方位N―5度―Eをとる、梁間二間、桁行五間以上の側柱建物の南北棟一棟と柱筋をそろえる同様の建物一棟が検出された。また、それらに直交する二×九間の東西棟一棟と柱筋をそろえる同様の建物一棟が検出された。更に、南北・東西棟の内側で建物一棟が検出された。

第Ⅰ期は後世の造成により、不明確な部分も多いが、南館と北館では建物等の主軸方位や構成が異なっている。検出された建物の状況から、南館建物群は長舎建物がロの字形に配置されたと想定される。内部にある建物は中心建物であった可能性が高い。北館は建物を塀で囲むもので、内部に数棟程度の建物が想定される。

遺構や地形などを考慮して施設を復元すると、南館は推定復元で、東西長約52㍍、南北長約37㍍の規模となる。建物構成に注目すると、長舎建物が中心建物を取り囲む構造は初期の郡庁の建物配置に類似する。郡庁は政務の実務的な場である一方で、儀式や饗宴の場としての機能も想定されている。また、饗宴施設の建物配置モデルとして取り上げられている、奈良県石神遺跡のA3期東区画建物群にも類似する［小田 二〇一四］。これらの事例を参考にすると、第Ⅰ期の南館には儀式や饗宴施設の機能が想定される。一方、北館の構造は建物を塀で取り囲むものであり、その構造から部外者との接触が避けられた外交使節が滞在する館

（宿舎）の機能が想定される。つまり、海側に近い北館は宿舎であり、一段高い位置にある南館は儀式や饗宴施設となり、外交使節の宿泊、管理、饗応の機能を備えた施設の姿が浮かんでくる。

第Ⅱ期（八世紀前半〜末）

第Ⅱ期は、およそ南北二町、東西一町の範囲を大規模に造成して敷地を広げ、規格性の高い建物配置が行われている。南北を隔てる谷は埋め立てにより狭められ、幅約20㍍の堀となる。堀の開口部では土橋を確認しており、南北の連絡路と考えられる。北館の南側では盛土造成を行い、谷の北側斜面に石垣が築かれる。高さ約4.2㍍を測り、裏込め石や版築はなく、盛土しつつ積み上げられたと考えられる。北館の北側は、盛土造成で第Ⅰ期より北側に約10㍍平坦面を広げて、高さ約4㍍の崖面となす。拡張した平坦面には布掘り塀が設けられることになる。崖下の砂丘面には瓦を敷いて、幅約10㍍の盛土造成を行っている。

南館・北館は東西長約74㍍、南北長約56㍍の長方形区画の布掘りの塀が巡り、東側に八脚門が付く。塀の主軸方位はN―1度30分―Eをとる。門は梁行5.3㍍×桁行7.5㍍、中央間3.5㍍を測る。北館の門の東側は幅20㍍程の平坦面があり、そこから一段下がる場所に二×五間の掘立柱建物があり、使節等の出迎えや警備に関わるものと考えられている。塀の内側では建物の柱穴や礎石は確認できず、削平で失われたと推測されるが、鴻臚館式軒瓦が葺かれた建物であったと考えられる。

建物以外の遺構では、南館の南西隅外側で三基のトイレ状遺構、北館の南西隅外側で二基のトイレ状遺構が検出された。平面形は隅丸長方形プランと隅丸方形プランのものがあり、本来の深さは4㍍ほどあったと考えられる。坑内から籌木や食物残滓などを含む排泄物が出土し、その中に含まれる種子や花粉、寄生虫卵の分析からウリ・ヤマモモ・ナツメ・ミズアオイ・アブラナ、コイ・アユなどが食されたと想定されている。その内、南館のＳＫ69、70からはブタやイノシシなどの寄生虫卵も出土しており、肉を常食とする外来者（新羅使）が使用した可能性が高いと推測されている。南館のＳＫ57では籌木として転用された荷札木簡があり、筑前国内の「京都郡」や「鞍手郡」、肥後国の「天草郡」や讃岐国の「三木郡」の米、「鹿乾脯」（鹿の干し肉）や「魚鮨」といった食材に付けられたもので、ここで提供された食事を推測する手がかりとなっている。

南館と北館は同一主軸、同一規模の相似形をなすものであるが、造営の時期に若干の差が認められる。南館の布掘り塀と門、便所遺構の造営時期は八世紀前半〜中頃に比定される。一方北館は、石垣の推定ラインと布掘り塀が交差することや、布掘り塀と掘り込まれる盛土との関係により、石垣は八世紀前半の築造、石垣に後出する布掘り塀は、八世紀中頃〜後半に造営されたと考えられる。

つまり、第Ⅰ期の長舎建物から変わる形で、南館が先行して布掘り塀と門、それに伴う施設が造営される。八世紀前半〜中頃に造営される南館は、第Ⅰ期の北館と同様、塀による区画施設をもつもので、宿泊施設として再整備されたと考えられる〔菅波二〇一七〕。

(3) 筑紫館の変質

大宝律令の施行に伴って、大宰府の官制は整備され、律令国家の対外的機能、軍事的機能の一端を担い、かつ、西海道を統括する機関となる。これに対応する朝堂院様式の大宰府政庁第Ⅱ期の建物は、海外の使者を送迎する儀礼の府としての姿に相応しいものであった。政庁第Ⅱ期の造営の時期は、和銅年間（七〇八〜七一五）から霊亀年間（七一五〜七一七)を経て養老年間(七一七〜七二四)頃までというのが有力な説であり、第Ⅱ期の筑紫館の造営もこれに続いて行われたと考えられる。また、『続日本紀』の天平四年(七三二)の記事に、「造客館司」を初めて設置したとある。こうした動きは八世紀第2四半期の造営とされる太宰府市客館跡や第Ⅱ期の筑紫館の変遷にも関わるものであり、新羅や渤海との外交関係の強化をめざした造営事業として一体的に捉える必要があろう。

第Ⅱ期の筑紫館は、遣唐使や遣新羅使の風待ちの場所でもあったが、一義的には新羅との外交政策のための施設と言えよう。ただし、新羅使は来朝しても筑紫館での饗応の記事は見られないことから、大宰府で饗応を受けたと考えられる。筑紫館の主な役割は安置・供給であったのだろう。また、第Ⅱ期の筑紫館が段階的に規模を拡大しているのも、新羅や渤海との外交関係も背景にあると考えられる。

この時期の日本と新羅の関係は、朝貢を求める日本とそれを改めたい新羅の姿勢により、次第に亀裂を生じていく。天平六年(七三四)、国号を「王城国」に改めたと告げた新羅の使節を返して以来、一時は新羅討伐の計画が立てられるほどの状況になる(『続日本紀』)。一旦、小康状態が続いた後、宝亀十年(七七九)を最後に新羅使の行き来が途絶えることになる。これにより結果として、外交施設としての筑紫館の役割は低下していくことになる。

3　鴻臚館の変遷をめぐって

(1) 鴻臚館の変遷

第Ⅲ期(九世紀初〜後半)

第Ⅲ期は、乱積みの基壇を持つ礎石建物が設けられた時期で、第Ⅱ期の主軸方位を踏襲しながら、布掘り塀から回廊状建物へ改変され、施設の規模も拡大する。外交施設としての役割が低下する中で、逆行するかのような動きである。第Ⅲ期の堀は埋め立てにより狭められ、Ⅱ期の石垣は埋められる。堀に架かる土橋は木橋に変わる。全体に遺存状況は悪いが、比較的残りの良い南館の西南側では、軒を連ねた身舎二間で、東西に庇が付く南北棟二棟、その西側に梁間二間、桁行十六間(48㍍)以上の南北棟一棟、それに直交する梁間二間、桁行七間(21㍍)以上の東西棟一棟とそれに伴う雨落ち溝が検出された。これらの建物配置から、第Ⅱ期の建物方位や中軸線を踏襲した回廊状の建物とその内部に長大な南北建物が配置されたと考えられる。北館では南東側でⅡ期の布掘り塀の南辺に重なるように梁間二間、桁行十四間(42㍍)以上の礎石建物の東西棟一棟が検出された。削平のため遺構の残りが悪いが、南館同様に回廊状の建物と想定される。ただし、南館より南北の長さが一回り小さい復元案が示されている。この時期の施設の様子を示すものとして、天安二年(八五八)、唐から帰国した円珍に対して、鴻臚館に滞在した中国商人の送別詩の題に「鴻臚北館門楼」という記載があり(『唐人送別詩並尺牘』)、この時期の北館は重層の門であったと想定されている。

第Ⅲ期は第Ⅱ期の規格を踏襲し、南北の規格に若干の違いはあるものの、外交施設としての役割が低下する一方で、規模が拡大する。また、第Ⅲ期開始期の弘仁年間(八一〇〜八二四)は、施設の名称を中国風に呼び変える時期であり、施設は威容を誇るものとなる。改変の契機は不明確であるが、鴻臚館へは外国からの使節に変わり、新羅商人や唐商人が来着するようになり、施設の役割は変化していく。それまで外交使節により人々やモノは行き来していたが、外国商人が担い手になるように変わっていく。

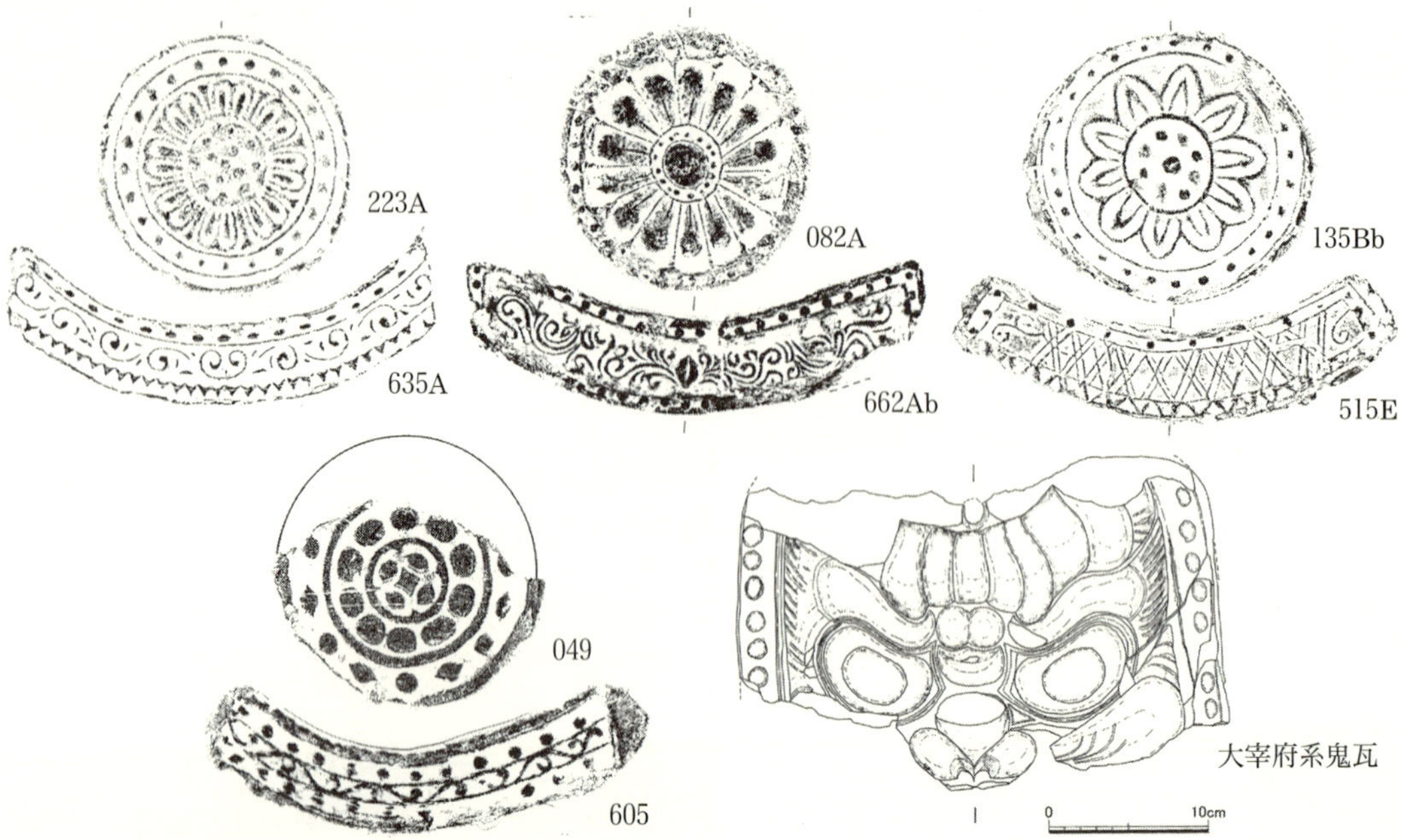

第５図　鴻臚館跡出土主要瓦実測図

第Ⅳ期以降（九世紀後半～十一世紀前半）

第Ⅳ期（九世紀後半～十世紀前半）と第Ⅴ期（十世紀後半～十一世紀前半）は主に廃棄土坑の出土遺物から時期区分している。

第Ⅳ期以降は、中国商人の来着の記事が多くみられ、この場所が唐物の取引の場として、活況を呈していたと推測される。ただし、建物遺構の遺存状況は悪く、施設構造は不明確である。しかし、瓦類は多量に出土しており、特に十～十一世紀代の特徴を示す瓦も多く含まれることから、瓦葺き建物は存在したことは確かであろう。

調査で出土した軒瓦の鴻臚館式（丸瓦223型式、平瓦635型式）が大半で、それに軒丸瓦082Ａ型式、082Ｂ型式、軒平瓦662型式、663型式が加わったものが主たる構成となる。第Ⅳ期以降もそれらが再利用される。135、515型式は第Ⅳ期で、女原瓦窯跡で同笵が確認されている。十世紀～十一世紀に位置づけられるものは少量であるが、軒丸瓦049型式と軒平瓦605型式がある。これらは主に北館で見られるもので、南館ではほとんど出土しない。第Ⅳ期以降、施設造営は北館に力が注がれたことが想定される。

南館で多く見られる廃棄土坑は、中国産陶磁器、特に越州窯系青磁が大量に廃棄されたものである。出土した陶磁器が二次的に火を受けていることから、倉庫等に保管していた商品が火事にあい、一括投棄されたものとみられる。これらの土坑から出土した陶磁器は越州窯系青磁を主体とするが、組成には顕著な差が認められ、福建省産とみられる粗製の越州窯系青磁（Ｂ群）が過半数を占めるものや複数の産地の様々な器種を集めたようなものなどがある。一方で、北館においてはそのような廃棄土坑はほとんど見られず、完形の土師器坏や碗を多量に廃棄した土坑が多く見られる。

(2) 鴻臚館の変質

鴻臚館の役割の変化を遺構・遺物の状況から考えてみると、瓦の出土状況や廃棄土坑の様相から南北の機能差を窺うことができる。つまり、南館には貿易陶磁器類の管理や取引、北館には宴会や飲食、宿舎といった役割が想定できるのではないかと考える。第Ⅳ期以降の様相はそれより前に比べ、整然さが欠けるような印象であるが、そこには贈与や宴を介して、中国商人との関係を維持した大宰府官人の姿も垣間見えるのかもしれない。

『日本三代実録』貞観十一年(八六九)五月二十二日条に、新羅海賊に豊前国年貢の絹綿が略奪されたことに対応して、同年十二月には鴻臚館へ統領一人・選士四〇人、甲冑四〇具、翌年正月には甲冑百十具を移している。また、『延喜式』には大宰府の兵馬二十疋のうち十疋、牧馬十疋を分置するとあり、防備の拠点強化も進められている。

鴻臚館の防備に関して、北館の北側の崖下で第Ⅳ期に位置づけられる塀の積土もしくは積土が崩壊堆積したものが検出されている。全容は不明であるが、北側の外郭を示すもので、第Ⅴ期まで継続したと想定される。なお、第Ⅱ期・第Ⅲ期の外郭を示す遺構については確認されていない。第Ⅳ期以降の鴻臚館の役割は外交施設から中国商人との取引の場と変わり、合わせて新羅海賊などへの防備も強化される。それらのことから、ここで検出された外郭施設も外交施設の外観よりも、防備を重視していた可能性も考えられる。

(3) 出土遺物から見た遺跡の変遷

出土遺物の様相を見ると、外交や交易に関わる陶磁器類が目立つ一方で、官衙遺跡で多く見られる銙帯や墨書土器、国産の灰釉や緑釉陶器などの出土量は少ない。蕃客や商客などが滞在した施設のあり方を象徴するものと考えられる。

新羅土器は第Ⅰ期と第Ⅱ期に見られるもので、新羅使を迎えたことにも対応するようである。出土量は南館の方が多い傾向にあり、第Ⅱ期の南北の館の設置時期の差を反映しているのかもしれない。器種には印花文を施した坏蓋、瓶などが出土している。トイレ状遺構からは無文の樽型瓶が出土している。

貿易陶磁器は第Ⅲ期段階になると、越州窯系青磁や邢窯系白磁、長沙窯水注などが出土するが、出土量が増大するのは第Ⅳ期以降である。第Ⅳ期のもので主体となるのは越州窯系青磁である。越州窯系青磁は精製品と粗製品の二種類に大別され、前者が浙江省産、後者が福建省産と把握されている。鴻臚館跡出土品は胎土や釉色から前者がA群、後者がB群と分類される。器種は碗や坏、水注や鉢などがあり、このほか、褐彩陶器の水注や鉢、褐釉陶器の灯盞(燈明皿)や香炉、無釉陶器の茶碾輪(薬研)、朝鮮半島産無釉陶器、定窯白磁など多彩な製品が見られる。これらの中には中国商人が船中や鴻臚館滞在中に使用したと考えられるものも含まれる。第Ⅴ期になると、景徳鎮窯白磁が出現し、青磁は減少傾向となる。白磁は口縁を折り返して玉縁状にした碗や皿が主体となる。青磁は毛彫りや片彫りの劃花文を施した碗や水注など、前代には見られなかったものが出土している[田中(克)二〇一七]。

出土した貿易陶磁器には外底部に墨書を記したものが少数だが存在する。越州窯系青磁に記したもの(判読できないが)もあるが、大半は第Ⅴ期の白磁碗、皿である。判読できるものでは、船主を示す「綱」や「呉」「李」「鄭」といった中国人名などがある。十二世紀代に博多遺跡群で多く見られる墨書土器に類似するものであり、鴻臚館での交易に関

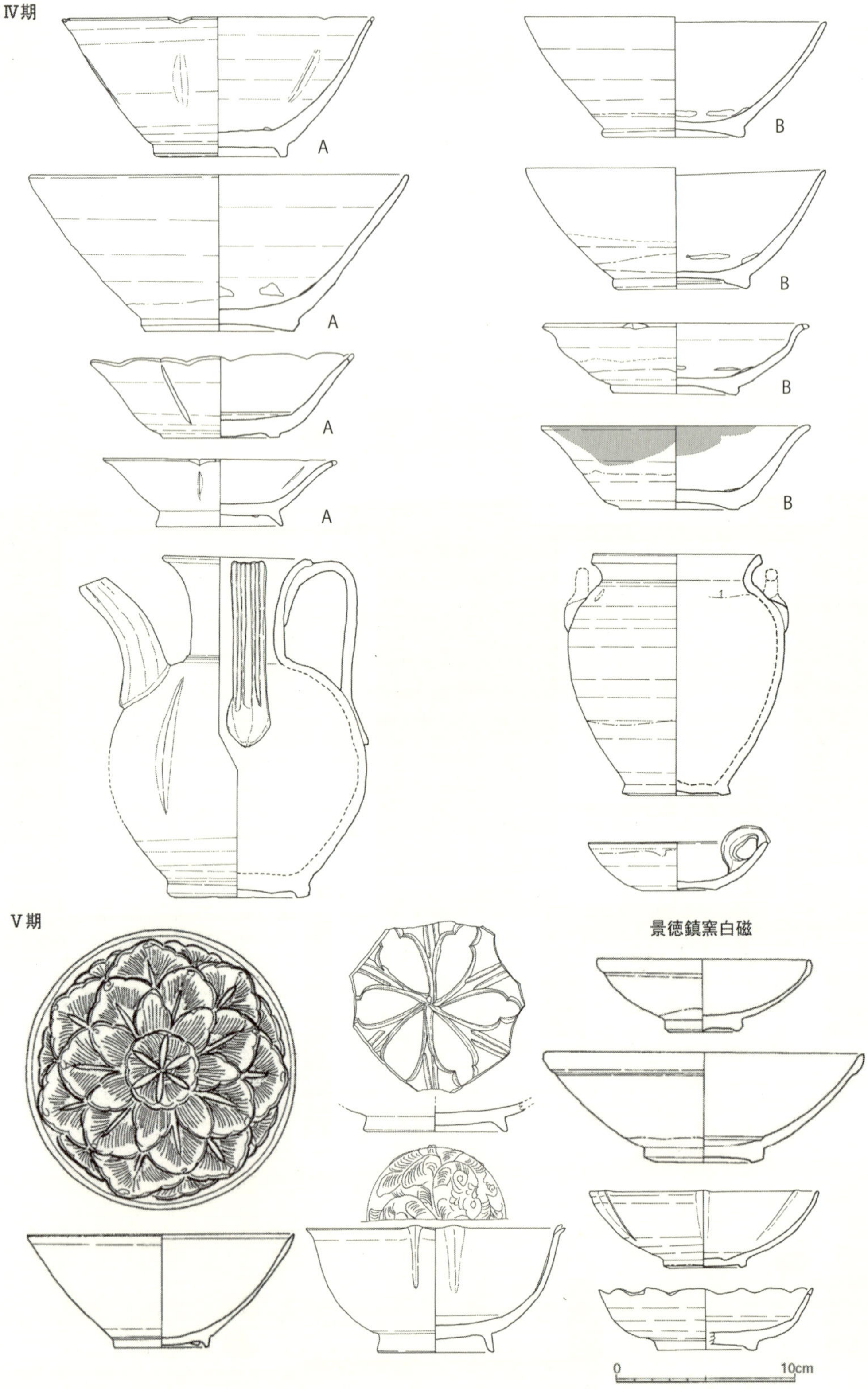

第６図　鴻臚館跡出土の第Ⅳ・Ⅴ期の貿易陶磁器実測図

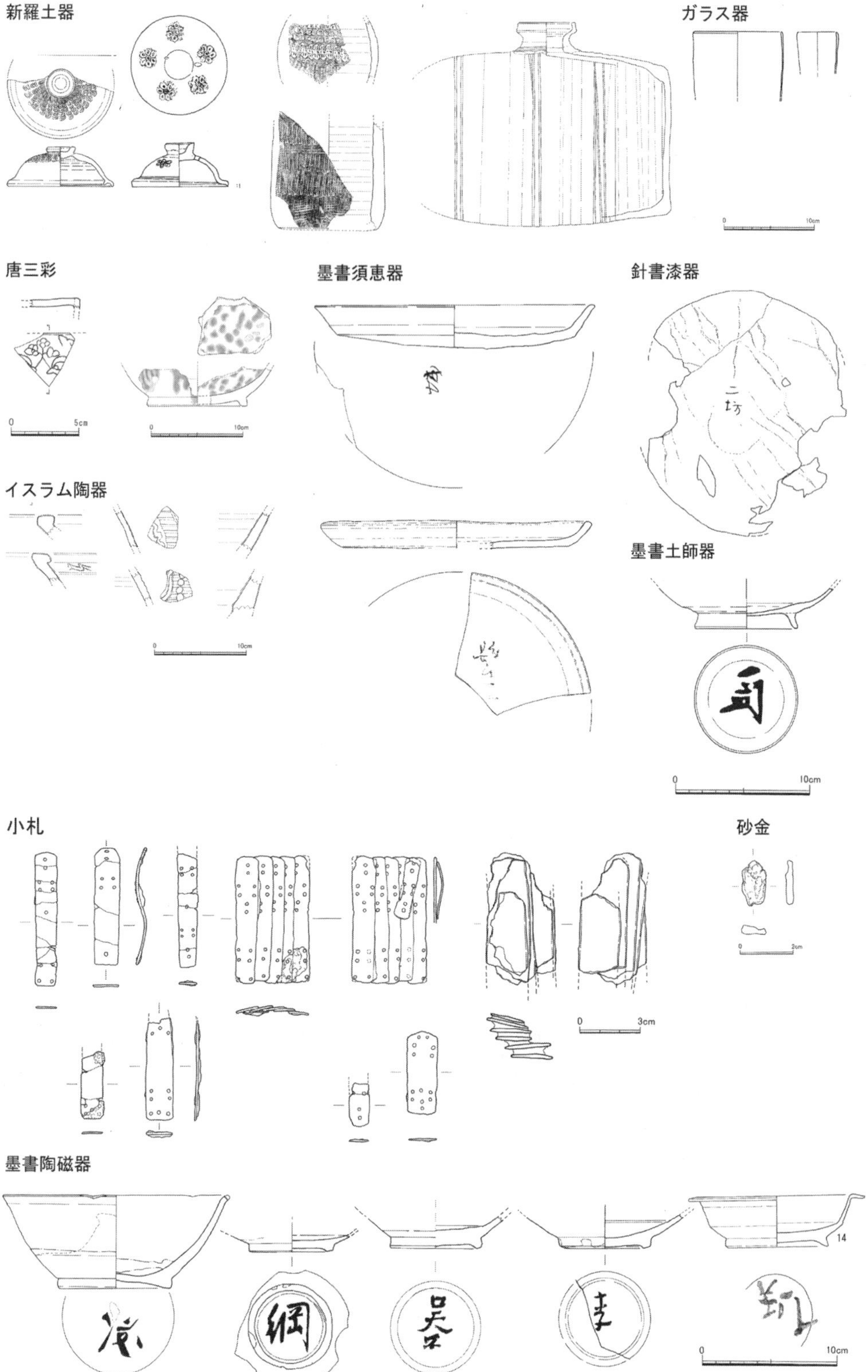

第７図　鴻臚館跡出土の主要遺物実測図

わる中国商人の存在を示す。

中国商人との取引には九世紀後半以降、唐物使が派遣されて行われることになるが、その際の取引の対価は砂金とされる。鴻臚館では一点ではあるが砂金が出土している。共伴遺物が少なく、年代を特定することはできないが、99．5％の純度の高いものである。

交易等にかかる特殊遺物としては少量ではあるが、ガラス器・唐三彩・イスラム陶器なども出土している。ガラス器は蛍光X線分析では西アジア系ソーダ石灰ガラスの特徴に類似する。唐三彩は形態が分かるものとしては三彩鴛鴦文陶枕がある。また、晩唐に比定される白化粧した白地に緑釉・黄釉で斑点を打つ盤が出土している。イスラム陶器は破片資料が大半であるが、外面に貼付文を施し、コバルトブルーの釉薬の大型の壺がある。イスラム系商人の活動の拡大により中国にもたらされたものが、中国商人により持ち込まれたものと考えられている。

施設の機能に関わる文字資料として、注目されるのが八世紀後半の皿の底部に「城」と記されたものがある。『続日本紀』宝亀三年（七七二）十一月辛丑の条にある「罷筑紫営大津城監」の記述にある「大津城」に関連する可能性が指摘されている［佐藤 一九九四］。トイレ状遺構SK57から出土した漆器には「二坊」と針書きしたものがあり、宿舎などの施設を示す資料として注目される。十世紀代に位置づけられる土師器碗では外底部に「厨」と記されたものがある。

須恵器・土師器は一定量出土しているが、外交使節への食の供給を考えると、量は多いとは言えない。金属器や漆器などの使用も想定されるが、使用した食器がどのようなものであったかは注目される。

鴻臚館の防備の強化に関わるものとして挂甲の鉄小札があり、重なった状態で十数点出土している。小札は、革紐等で綴じ合わせたものであろうが、紐は遺存していない。先に触れた貞観十一年（八六九）の鴻臚館への甲冑の配備にも関わるものとして注目される。

(4) 鴻臚館の終焉

鴻臚館の最末期である第Ⅴ期になると、中国商人の滞在期間は六～八年という長期にわたって滞在する例も見られはじめる。来航の年数を規定する年紀制により、規定年数まで居住した後、わずかな年数のあいだ帰国し、再び来航するという形態で貿易を行う中国商人が現れた結果、鴻臚館では常駐化する中国商人がいたと想定されている。この時期に見られる「綱」「呉」「李」「鄭」などを墨書した陶磁器の存在がその傍証と言えよう。また、このことは後の博多における「住蕃貿易」に繋がるものとして評価されている［渡邊 二〇一〇］。

十一世紀中頃以降は『扶桑略記』永承二年（一〇四七）の「大宋国商客宿房」放火犯人の捕縛の記事と整合するかのように、鴻臚館に関わる遺構や遺物は皆無となり、焼失した鴻臚館は再建されなかったと考えられる。ただし、史料に示される事件と考古学的な変遷とではまだ、整合性の取れていない点も多い。十一世紀中頃の史料である藤原明衡『雲州消息』下末所収文書に見られる「客館」「鄭十四客房」や『香要抄』にある「唐人王満之宿坊」などは鴻臚館焼失後のものであり、その場所が鴻臚館であるか博多であるかの検証が必要である［山内 二〇一〇、亀井 二〇一五、大庭 二〇一五］。

(5) 鴻臚館から博多への移行について

古代における「博多」に関して、『続日本紀』天平宝字三年（七五九）三月二十四日条の「博多大津」があげられるが、広義の博多湾を指した

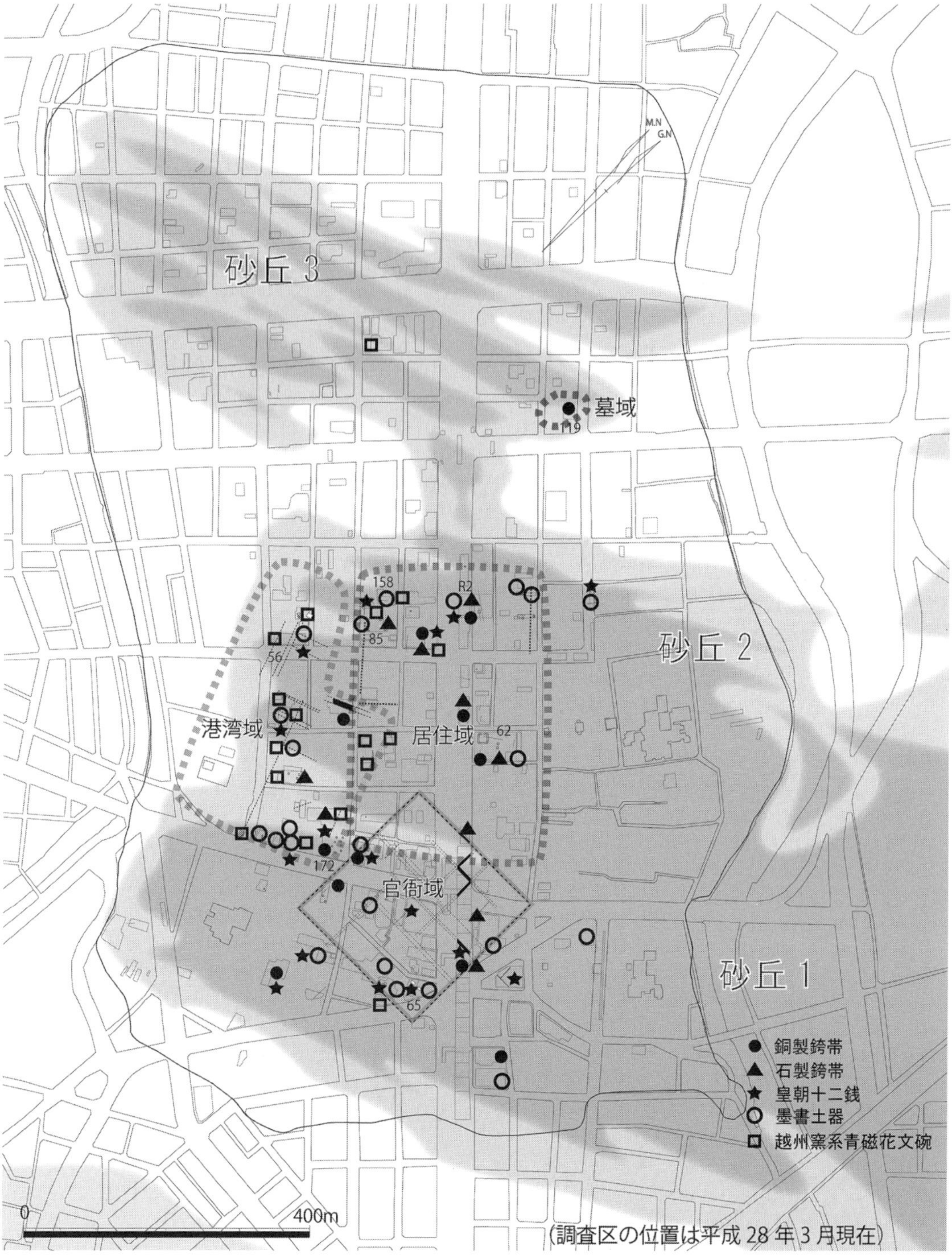

第 8 図　博多遺跡群官衙関連遺物分布図

もので、古代の博多の様相を示す文献史料はほとんどない。発掘調査の成果がその様相を知る手がかりである。

遺跡群では八世紀以降、区画の溝や竪穴住居跡、井戸などの遺構が確認されており、那珂川河口の北西側は港湾域と想定されている。それらの地域からは官人層の存在を示す帯金具や墨書土器、硯などの遺物が確認される。また、鴻臚館跡には数量的には劣るものの、越州窯系青磁・邢窯系白磁・長沙窯の製品、イスラム陶器など初期貿易陶磁器が出土している。数量の多い越州窯系青磁についてはほぼ全域で出土している。

十世紀後半から十一世紀前半になると、鴻臚館でも多く見られる、見込みに花文を施した越州窯系青磁碗が港湾域で出土するようになる。この段階では鴻臚館跡で検出されたような貿易陶磁器の廃棄遺構は検出されていないものの、鴻臚館跡と同様の陶磁器類が多量に出土することは、中国商人との交易に関連するものと言えよう。鴻臚館焼失後の十一世紀後半以降、その新たな拠点となったのは博多であるが、それに先立って交易活動の一端が博多にも存在したことを推測することができる。

おわりに

古代における博多湾は、遠近の国々が朝貢してくる場所であり、警護武衛の要の地であると認識され、管理されていた。鴻臚館は約四〇〇年間の存続期間の中で、対外関係の変化と連動して、施設の性格が変容しており、遺構や遺物からもそのことを窺うことができる。例えば、外交の施設であった第Ⅰ期・第Ⅱ期の建物の様相や新羅土器などのあり方、本格的に交易の場となった第Ⅳ期以降の膨大な量の貿易陶磁器、更に新羅海賊の侵入などに対して、兵士や武器・兵馬等を配備して防備の強化を図った点、十一世紀中頃以降の遺構の消滅などがあげられる。

鴻臚館に関しては隣接地や関連遺跡の調査による全容解明が待たれる。鴻臚館に付属したと考えられる倉庫や馬の厩舎、博多津の防備を行った「警固所」などについては考古学的に確認されておらず、これらの検証も鴻臚館の全容解明につながる課題と言える。

参考文献

大庭康時　二〇一五年「博多津唐房以前」『博多研究会誌』第一三号　博多研究会

小田裕樹　二〇一四年「饗宴施設の構造と長舎」『長舎と官衙の建物配置　報告編』第一七回古代官衙・集落研究会報告書　クバプロ

亀井明徳　二〇一五年「鴻臚館と唐房の構造と機能」『博多唐房の研究』亜州古陶瓷学会

九州歴史資料館編　二〇〇二年『大宰府政庁跡』吉川弘文館

佐藤鉄太郎　一九九四年「実在した幻の城—大津城考—」『中村学園研究紀要』第二六号

白井克也　一九九八年「博多出土高句麗土器と7世紀の北部九州」『考古学雑誌』第八三巻四号　日本考古学会

菅波正人　二〇一三年「律令成立期前後の福岡」『新修福岡市史特別篇　自然からみた福岡の歴史』福岡市史編集委員会

菅波正人他　二〇一七年「鴻臚館跡二三—北館部分の調査(一)」『福岡市埋蔵文化財調査報告書』第一三三六集　福岡市教育委員会

菅波正人　二〇一七年「鴻臚館の道路と景観」『日本古代の道路と景観—駅家・官衙・寺—』八木書店

田島　公　一九九五年「大宰府鴻臚館の終焉—八世紀～十一世紀の対外交易システムの解明—」『日本史研究』三八九　日本史研究会

田中克子　二〇一七年「鴻臚館時代の貿易陶磁器と交易」『よみがえれ！鴻臚館—行き交う人々と唐物—』福岡市博物館

田中史生　二〇一六年『国際交易と古代列島』角川選書五六七　KADOKAWA

田村圓澄　一九九〇年『大宰府探究』吉川弘文館

長　洋一　二〇〇五年「大宰府鴻臚館前史への試論」『海路』第二号　海鳥社「海路」編集委員会

平野邦雄　一九九〇年「鴻臚館の成立」『古代文化』四二　古代学協会

山内晋次　二〇一〇年「『香要抄』の宋海商史料をめぐって」『東アジアを結ぶモノ・場』勉誠出版

吉武　学　二〇一二年「鴻臚館跡一九—南館部分の調査(一)」『福岡市埋蔵文化財調査報告書』第一一七五集　福岡市教育委員会

渡邊　誠　二〇一〇年「鴻臚館の盛衰」『日本の対外関係三　通交と通商圏の拡大』吉川弘文館

古代都城における帝国標章の浮沈

岩永省三

はじめに

国家一般と同様に日本の古代国家においても、支配者集団による広域支配・統治を可能とし永続的に維持するための諸機構・組織・制度が、それを支える社会的・経済的インフラの整備の上に構築された。古代国家の場合、支配者集団は、時期によって呼称が変わるが、倭国王ないし天皇という「王」を中心に結集しており、「王」の権威・権力を正当化し、それを発動させる様々な装置が構築された。また「王」を中心とする権力核の維持装置、さらに外側の国家機構が、中国や朝鮮半島諸国で先行して形成されたものを参照しつつ建設された。

日本の古代国家の形成は、かつて石母田正が明らかにしたように、隋・唐という巨大な帝国の周辺に位置し朝鮮半島諸国と常に緊張関係にある日本の支配者集団が、激烈な国際環境の中で政体として生き残るために、権力を集中させ、人民を掌握し、労働力や生産物を確実に徴発し、対外戦争に耐え得る体制を構築していく過程であった。

国家形成の過程で日本の支配者集団は、朝鮮半島の諸国に実質的支配を及ぼすことは不可能となっていたが、彼らから朝貢を受ける帝国としての立場を維持しようとし［石母田 一九七〇］、列島内においては中央政権の支配下に入っていなかった辺境諸集団を支配に組みこむ政策を強化していった。この動向は奈良時代を通じて継続し、対外強硬策は藤原仲麻呂の新羅出兵計画の頓挫以来沈静化するが、蝦夷への強硬策は新王朝樹立を意識した桓武朝においてピークに達した。

小稿では、七世紀後半から八世紀末における政治動向をこのように理解したうえで、この時期における天皇の宮の中枢部の構造変化について、帝国標章の顕在化の観点から解明し、大宰府政庁や西海道国庁の建物配置の歴史的評価を再検討する。(1)

1　石母田正の「東夷の小帝国」論

石母田正は、「日本古代国家が中国王朝を中心とする世界帝国的秩序の中での対立と緊張を通して形成されてきた」とし、五世紀以来八世紀に至る古代貴族の国際意識において、「大陸に対する朝貢国および被朝貢国としての日本」＝「東夷の小帝国」という自己認識が存在したと主張した［石母田 一九六二a・b］。

この「小帝国」論の要点を纏めておこう。

◎古代貴族の国際意識の背後には、古代国家が成立当初から組み入れられた世界的秩序があり、その中で日本は、中国王朝に朝貢しつつ、

「百済・新羅等を朝貢国として隷属させ」「小帝国に転化しようとする一貫した政策」を採り、「東夷の小帝国」として国際的に承認されたいという要求を持ち続けた。この国際意識は、貴族の意識だけの問題ではなく、「小帝国」に固有な内外の隷属の体制を基礎に成立した。

◎朝鮮の朝貢国と並んで、国内の「異民族」としての「エミシ」「ハヤト」を抱え支配することが「古代小帝国」の欠くべからざる構成要素であり、夷狄を支配することが天皇にとって必要であった。この小帝国の維持の問題が王権または国家にとってもった意義は、政治・外交・国家構造の理解に不可欠である。

◎日本王朝は、朝貢関係を基本とする唐中心の国際的秩序の中で、国際的地位を築くために、諸蕃の朝貢の上に立つ小帝国としての国家体制―維持がきわめて困難で唐・朝鮮諸国の双方に対して矛盾を含み不安定―を、律令制的形態で固め、中国王朝の承認を勝ち取ろうとした。律令法の継受は小帝国の支配を法制的に補強し、被朝貢国にふさわしい国家体制として固めることを課題とし、大宝令の制定が一つの画期となった。

◎大宝令の制定は、国内支配体制の法典化のみならず、諸蕃と国内夷狄に君臨する「東夷の小帝国」として日本を法的に位置付け、天皇の小帝国の首長としての地位を法的に固めることを重要な側面としていた。

◎天皇と諸蕃との関係を律する宮廷儀礼の整備上の画期が大宝元年であった。これは同年の朝拝の儀において、正門に烏形幢、左に日像青龍朱雀幡、右に月像玄武白虎幡を立て、蕃夷の使者を左右に陳列せしめたことを「文物の儀、是に備れり」と特記しているのを根拠とする。また蕃客入朝の儀に隼人・蝦夷が参列するのは、夷狄の服属を確認する儀式であり、唐を模倣した儀式と、大化前代からの辺境夷狄の服属儀礼とが結合したものである。

以上の石母田「東夷小帝国」論は、今日の古代史学界では、どのように評価されているのだろうか？

平野卓治氏は、「東夷の小帝国」の存立には「良人＝王民共同体」から排除された「夷狄」「諸蕃」が不可欠と石母田説を承認したうえで、律令位階制を論じ、「諸蕃」への授位の実態から「東夷の小帝国」の矮小性・限界性を指摘した〔平野 一九八五〕。律令位階制は、「東夷の小帝国」としての秩序と構造を、朝廷における「饗宴」の場という限定された空間、すなわち天皇との実質的共有空間・共食空間（天皇と臣下が一体となる場）において具現化するための装置であったとする。

田島公氏は、石母田説に基づきつつ律令国家の迎接・外交儀礼＝「賓礼」を検討した〔田島 一九八五〕。外国からの使者や隼人・エミシが参加する元日朝賀の儀は、唐礼を模倣して、「小帝国」としての律令国家の地位を維持し支配者層の国際意識を満足させるのに不可欠な儀式であり、「即位」儀とともに「大儀」であった。「国書・信物受納の儀」は「大儀」、使者に対する宴会は「中儀」であり、天皇の徳の高さを使者に見せつけることで律令国家の威信を高めるものとして評価した。

東野治之氏は「小中華」「小帝国」は誤解のもとで、日本の朝廷は本場の中華に対して「小中華」を樹立しようとしたのではなく、日本こそが唯一の中華であり、新羅はもちろん唐も蕃夷だったとする〔東野 一九九四〕。もちろんそれが唐に通じるはずもなく、遣唐使は二十年一貢を約した朝貢使であり〔東野 一九九二〕、朝貢使以上の行動は取らなかったとする。

河内春人氏は、大宝遣唐使が大宝律令を携行し、その根底にある理念「東夷の小帝国」を唐に対して主張し承認されることを目的としたとする石母田の説を否定した［河内 一九九六］。ただし、日本が「諸蕃・夷狄を従えた天皇を中心とする日本」という帝国秩序の構築を意識していたこと自体は認めており、それが日本国内においてのみ有効に機能しえたと主張している。

石見清裕氏は、北宋『天聖令』の出現で明らかとなった唐令の条文を検討し、従来「夷狄」と考えられてきたものが「夷獠」であり、唐令には「夷狄」という身分形態は存在せず、『令集解』所引「古記」の「夷狄」は唐令の「夷獠」を書き改めたものにすぎず、大宝令・養老令で、列島内の王朝の教化に従わない人々を「夷狄」という概念・範疇で把握しようとしたかどうか疑問だとした。ただし、日本の王朝が、列島外の地を「化外」とし、そこの住人を「化外人」「外蕃人」と認識し、列島内に王朝の教化に従わない人々がいたこと自体は認めている［石見 二〇〇九］。

大高広和氏は、日本古代国家は唐律令の条文に内在する中華思想をそのまま継受したにすぎず、「化内」「化外」の別のみがあり、石母田の主張のように「諸蕃」と「夷狄」、「蕃」と「夷」は区別されていなかったと主張する。隼人・エミシも化外の存在であり朝貢を行い「征討」の対象ともなったことに注意する。ただし、大宝律令において「小帝国」として周囲の「化外」に臨もうとしたことは確かとし、八世紀の「小帝国」構造自体の存在と、「朝鮮諸国」と「列島内の諸種族」とを区別して捉える動きがあったことは認めている［大高 二〇一四］。

以上のように、石母田説の大枠は現在も揺らいではいないと考えられる。

帝国の秩序は国内でのみ、特に宮内における天皇との共有空間、あるいは地方におけるその疑似空間で実現される矮小な物であり、「夷狄」と呼ぶかはともかく列島内に王朝の教化に従わない化外の異文化集団が認識された。

日本古代国家が朝鮮諸国をどのような概念で把握しようとしたにせよ、せいぜい朝貢させ使節を授位し天皇の臣下とした［平野 一九八五］に留まり、それら諸国に日本の実質的支配が及ばなかった以上、「帝国」が日本側だけの観念であったことは間違いない。しかし、律令の規定上は、唐も朝鮮諸国も蕃夷であり、「夷狄」と呼ぶかはともかく列島内に王朝の教化に従わない化外の異文化集団—隼人や蝦夷など—が認定されたことは間違いないから、国内において「小帝国」の秩序と構造を表明・誇示し、官人層や諸蕃に確認させる必要があったわけである。そのため、従来指摘されているように、それら蕃夷に朝貢させ、元日朝賀・拝朝などの儀式に参列させ、饗宴で授位することによって、位階制に基づく礼的秩序の中に組み込み、それら儀式の参加者が、「帝国」を再認識する場が設けられたのであった［平野 一九八五、田島 一九八五］。それら国家的儀式の場では、儀式参列者が天皇との距離、互いの立場を確認し、天皇を頂点とした国家構造を再確認した。したがって、それらの儀式が行われる場所とその構造が問題となる。

藤原宮から平安宮に至る宮の中枢部においては、大極殿・朝堂区画(2)がそのような儀式に使用された場所とみなせ、このような機能が常在したとは言えるが、大極殿・朝堂区画の構造が不変であったわけではなく、帝国確認を強く意識したとみなせる構造(以下「帝国標章」と呼ぶ)が顕在化した時期、そうでない時期があると考えられる。小稿では、律令国家の対外関係、国内の隼人・蝦夷などに対する政策を通時的に確認し、「帝国標章」発現の時期・事情、「帝国標章」の具体像を考察するとともに、それらの地方における疑似空間である大宰府政庁や国庁などとの関係についても検討する。

2　帝国維持のための諸政策

中国・朝鮮半島政策、隼人・南島政策、蝦夷政策、の時期的推移を探り、帝国標章の盛行・顕在期を探っておく。

(1) 唐・朝鮮半島政策

日本は唐の冊封体制の外部に位置する一朝貢国・蛮夷にすぎず、日本の支配者もその国際秩序を変更する意図はなかった［石母田 一九六二b］。しかし朝鮮半島諸国に対しては朝貢国として隷属させ「大国」的地位を保持することに固執した。百済復興運動支援で唐・新羅と対立したが、統一新羅成立以降に新羅と修好し、神亀以降には新羅と敵対する渤海との交渉も始まった。政府は新羅・渤海の我が国に対する朝貢関係の維持に腐心した。律令国家は「蕃国」の上にも立たねばならないからであるが、天平期以降、新羅は渤海攻撃を目論む唐との関係改善を背景に日本への朝貢関係からの離脱を要求し、新羅との外交上の対立・緊張は先鋭化した。藤原仲麻呂政権による新羅征討計画は、仲麻呂個人の恣意や謀略の産物ではなく、国家の基本構造に基づく政策であったが［石母田 一九七〇］、結局、奈良時代を通じて朝鮮半島諸国への支配はまったく実体を伴うものとはならなかった。したがって、政府にとって帝国構造の実現のためには、国内異文化集団「化外人」への支配を実現させる方がより切実な問題であったはずである。

(2) 隼人・南島政策

天武六年（六七七）に多禰島人を飛鳥寺西で饗応しており、その後、天武十一年（六八二）まで多禰島への使者派遣や多禰・掖玖・阿麻彌人への饗応が続く。他方、隼人との関係が史料に明確に出現するのは天武十一年（六八二）で、隼人が多数来て大隅隼人と阿多隼人が相撲をし、彼らを飛鳥寺西で饗応した。天武朝に多禰島人や隼人が朝貢を開始することから、それに先立ち政府が南九州から南島に対して朝貢を促した可能性がある［永山 二〇〇九］。その原因については、白村江の敗戦後の国内体制見直しで政府の支配の浸透が十分でない地域への関心が高まった［永山 二〇〇九］、との説がある。

文武二年（六九八）に南島に覓国使が派遣され、翌年に多褹・夜久・奄美・度感の人が朝貢してきたが、武器を携行した覓国使と隼人との間に摩擦が生じたらしく、文武四年（七〇〇）に覓国使が帰国に際して隼人から妨害を受けたため、筑紫総領に処罰させた。南九州での国制移行への反発が原因らしい［永山 二〇〇九］。大宝元年（七〇一）に約三〇年ぶりに遣唐使が再開されたが、航路は南路を取るようになり、文武二年の覓国使はその予備調査の意味もあったようだ［坂本 一九五九］。大宝元年（七〇一）に大宝令が制定され、大宝二年（七〇二）に薩摩・多褹が反乱を起こしたので征討し、編戸を強行し官吏を置き、薩摩国・多褹島を成立させた。肥後から計画的移民で高城郡を設け、それ以南は隼人主体の一一郡とした。和銅二年（七〇九）には、薩摩隼人が朝貢している。続いて日向国側では和銅六年（七一三）に大隅隼人が反乱を起こし、終結後に日向国から隼人居住地を分ける形で大隅国が置かれた［永山 二〇〇九］。その後、霊亀二年（七一六）に薩摩・大隅の隼人の朝貢が六年に一回と定められ、翌年には朝貢しているが、養老四年（七二〇）に隼人が大隅国主を殺したため、大軍を派遣し、翌年に終結した。これ以降、隼人の軍事的抵抗はなくなったが、隼人に対する造籍・班田・田租徴収などの律令制的諸制度の完全適用は延暦十九年(八〇〇)まで留保され、その翌年まで朝貢が続けられた。

(3) 蝦夷政策

大化改新前の皇極元年(六四二)、「越辺の蝦夷」の大量服属があり、背後に王権側からの働きかけがあったとされており[熊谷 二〇〇四]、すでに王権の北方政策は始まっていた。大化改新による新政権成立後、国造制施行区域の評制への転換がはかられたが、東北の太平洋岸に道奥国、日本海岸に高志国が設置された。そして仙台平野・米沢盆地・新潟平野北部以北の蝦夷社会に対して、改新政府の辺境政策が進んだ。

日本海側では、大化三年(六四七)の渟足柵・磐舟柵の設置、両柵への柵戸の設置によって軍事・交通・交流の拠点を設けたうえで、斉明四～六年(六五八～六六〇)の阿倍比羅夫の遠征が実施された。この遠征については、蝦夷集団との政治的関係構築[熊谷 一九八六]、高句麗への北方ルート開発[今泉 二〇〇五]など諸説あるが、蝦夷を服属させ朝貢を開始させる点で、改新政府の帝国形成志向が現れたものと見たい。斉明五年(六五九)の第四次遣唐使では道奥蝦夷二人を伴って高宗に面会した。倭国が朝貢国を抱える立場であることを顕示したのである。

一方、太平洋側でも七世紀前半に関東からの移民が始まっており、渟足柵・磐舟柵の設置とほぼ同じ時期に仙台平野に郡山Ⅰ期官衙が成立し、そこを拠点とする辺境支配が始まった。日本海側の阿倍比羅夫の遠征と同じ頃に海路による北方遠征が行われ、三陸方面の蝦夷の服属と朝貢が開始されたようである[永田 二〇一五]。

このように、孝徳朝から斉明朝にかけて東北において中央政府の帝国形成志向が顕在化したが、斉明六年(六六〇)から天智二年(六六三)の百済救援失敗、白村江の敗戦の結果、西国の国防強化が喫緊の課題となる中で、東北での大きな動きは約二〇年間なくなる。

天武十二年(六八三)から十四年(六八五)に国境確定事業が行われたが、日本海側では、天武末年に渟足柵・磐舟柵を中心に越後国が作られ、大宝二年(七〇二)に越中東部の四郡が越後国に移管された。それを背景に和銅元年(七〇八)には出羽柵を中心とする出羽郡が作られた。和銅二年(七〇九)から出羽柵を拠点とする大規模な征夷が実行され、和銅五年(七一二)に出羽国が設けられ陸奥国から置賜・最上二郡が移管された。

太平洋側では、七世紀後半には大崎平野や牡鹿地方への移民や柵の設置が進められ、七世紀末に大規模な郡山Ⅱ期官衙(初期陸奥国府)が整備され、そこでは蝦夷の服属儀礼が行われていたようだ。八世紀初頭にかけて、大崎平野や牡鹿地方での郡の設置と移民が強力に進められた。その結果、養老四年(七二〇)に大規模な蝦夷の反乱が発生し、按察使が殺害された。政府は、陸奥・出羽双方に軍を派遣し鎮圧に努めるとともに、様々な政策を講じて支配体制を再建強化しようとした[永田 二〇一五]。養老二年(七一八)にいったん陸奥国から分離した石背・石城国を陸奥国に再合併させ、陸奥・出羽両国の調庸の徴収を停止して公民の負担を軽減し、鎮所への軍糧蓄積を図るなど蝦夷支配体制が強化され、その拠点として新たに多賀城を造営(神亀元年〔七二四〕完成)するとともに、大崎地方に城柵を造り「黒川以北十郡」と呼ばれる移民主体の郡を設けていった。こうした動きが再び蝦夷の反乱を誘発し、神亀元年(七二四)に海道蝦夷が反乱を起こし陸奥大掾を殺害した。政府は再び陸奥・出羽双方に大軍を派遣し鎮圧に努めた。聖武天皇の即位当初は軍団の新設など支配強化策を継続し、天平五年(七三三)には出羽柵を秋田に移し、天平九年(七三七)には陸奥国から出羽柵に至る交通路の建設を目指す遠征を行ったが、途中で中止された。その後は天平九年(七三七)の天然痘大流行で民力が大打撃を受けたため、陸奥・出羽の軍団兵士制・鎮兵制は維持されたものの、坂東から大兵力を動員しての積極策は困難となった[永田二〇一五]。聖武天皇が天然痘による大混乱で衝撃を受け領域拡大策を中止し、仏寺の造作に熱中したため、約二〇年間平穏な時期となった。

しかし、藤原仲麻呂が桃生城・雄勝城を築造し、陸奥・秋田間の駅路の開通などの領域拡大策・強攻策を復活したことから、蝦夷の激しい抵抗を引き起こした[熊谷二〇一五]。仲麻呂敗死後の称徳・道鏡政権でもこの策は変わらず、神護景雲元年(七六七)には伊治城を造営したが、蝦夷固有の土地での城柵の設置と柵戸の移配によって、蝦夷との対立は深刻となり、宝亀五年(七七四)には海道蝦夷の蜂起によって桃生城が襲撃されて落城した。その後さらに反乱は拡大し、「三十八年戦争」に突入した。以後、光仁・桓武朝から嵯峨天皇の弘仁二年(八一一)まで、計画のみのものも含めて征夷は一〇回に及ぶ。宝亀十一年(七八〇)に伊治公呰麻呂の乱が発生し四三年ぶりに征討使が派遣され、延暦八年(七八九)には惨敗を喫したが、延暦十三年(七九四)にようやく戦果を挙げ、延暦二十年(八〇一)に胆沢の蝦夷を平定した。延暦二十四年(八〇五)の徳政相論で征夷中止が決定され、以後蝦夷支配方式が転換した。

こうしてみると、対蝦夷強攻策は仲麻呂政権以降一貫していると言えるが、光仁・桓武はそれをますます強化したと言えよう。称徳天皇の死去後に即位した光仁天皇は久々の天智系天皇であり、桓武天皇は新王朝樹立意識を強く持っていたという[滝川一九六七、林一九七二、早川一九八四・一九八七、清水一九九五]。新都の建設と蝦夷征服戦の敢行による帝国の拡大は、新王朝の樹立にとって不可欠な事業と意識されたのであろう。

(4)「化外人」内属化政策の顕在期

律令国家は、東北地方の北半部や九州南部以南の異文化集団を「化外人」・「夷狄」と認識し、まずは朝貢を迫り、さらには帝国の支配下に置くべく諸方策を実行していった。具体的には、A武力で屈服させる、B移民を送り込み評(郡)制実施地域を造る、C異文化集団主体の郡を造る、D支配のための軍事的・政治的拠点を置く、などがあり、方策の順番は対象集団・時期・地域によって異なるが、「化外人」の内属化を進めていった(3)。

このような帝国的方策は、国家の基本方針ではあっただろうが、潜在化期・顕在化期がある。上記の検討から、顕在化期は、七世紀末～八世紀第1四半期(文武朝～元正朝)と八世紀第3四半期～九世紀初(光仁・桓武朝)の二時期がある。

この二時期の意義を念頭に置きつつ、七世紀末から九世紀初頭に至る宮の中枢部構造の変化を見ておく。

3　宮中枢部構造の変化と帝国標章

そもそも天皇の宮の中枢部は、天皇の日常生活、天皇や貴族・官僚による政治・儀式が展開した場であり、その空間的構造の通時的変化に、天皇と臣下との身分的関係、政治や儀式の執行形態、官僚機構の組織や成熟度などとその変動が、直接・間接に反映されている。ここでは上記のような帝国を標榜する国家政策と宮中枢部の構造の関係を検討する。

中枢部施設のうち、内裏は天皇の代替わりごとに改作を計画ないし実行したが[岩永二〇〇八a]、大極殿・朝堂区画は国家政策の推移に即応して造り替えるようなものではない。しかし、その創建期には国家構想を反映しているはずであり、その設計のあり方から政権の構想を探ることは可能であろう。ただしその後の実際の用い方が当初の構想通りとは限らない点に注意を要する。

(1) 難波長柄豊碕宮（第1図①）

大化新政権が造った難波長柄豊碕宮は、空前の規模で建設された広大な朝堂区画に臣下を集め、内裏から前殿に天皇が出御して国家的儀式・饗宴や朝政を行うとともに、朝堂区画の周囲に曹司を整然と配し日常政務を行うという構想の産物と見るべきだろう。巨大な内裏南門が長安城宮城の承天門（外朝正殿）に擬されたものとすれば［中尾 一九九二・一九九五］、その北に座す大王と建設さるべき帝国の権威を朝堂区画に参集した官人や外国使節に示す装置として設計されたものであろう(4)。

(2) 飛鳥京ⅢA期（後飛鳥岡本宮ないし飛鳥浄御原宮前半期）

飛鳥京跡ⅢA期が後飛鳥岡本宮か飛鳥浄御原宮か、ⅢB期が天武朝初期からか天武朝後半からか説が分かれているが、Ⅲ期が難波長柄豊碕宮と藤原宮との間に位置する宮構造であることに変わりがないので、ここでは拘らない。

斉明朝には宮を難波から飛鳥に戻したが、斉明五年（六五九）出航の遣唐使では高宗にわざわざ蝦夷を見せて、倭国が朝貢国を従えた帝国たることを主張したり、国内では阿倍比羅夫が三回も東北地方や北海道へ遠征を行って蝦夷や粛慎を服属させ、百済復興のために出兵するなど、小帝国的性格を強く出した時期である。しかし都城については、王宮自体（後飛鳥岡本宮＝飛鳥京ⅢA期か）は前期難波宮と異なり朝堂区画部分を待たず、独自性は、飛鳥寺西の聖なる空間・槻樹広場での蝦夷への饗宴の実施、王宮の東の山城の造営などに現われた。

(3) 飛鳥京ⅢB期（飛鳥浄御原宮）（第1図②）

天武朝には後飛鳥岡本宮を踏襲した内裏の東南に大規模な正殿ＳＢ七七〇一を有する区画が成立する。ＳＢ七七〇一が日本で最初の大極殿とみられる。大極殿出現の背景であるが、天武朝から持統朝にかけて、日本の国号や天皇号が確立し［森 一九八三・一九八六］、王権神話が体系化され、大嘗祭・即位式が整備されるなど、君主の地位の神格化が図られた。そのような中での大極殿の出現ゆえ、帝国の君主にふさわしい名称が求められたのであろう。大極殿は「太極殿」の模倣であろうが、「太極殿」でなく大極殿としたのは、天皇の支配の正統性が天帝からの受命ではないという認識から、故意に違えたのではなかろうか。

(4) 藤原宮（第1図③）

藤原宮では難波長柄豊碕宮で成立した出御空間と大規模な日常政務空間（朝堂区画）を、飛鳥浄御原宮において出御空間とは別に成立した中国風儀式空間（大極殿）と統合することによって、朝堂区画の正殿としての大極殿が確立した［渡辺 二〇〇六］。大極殿院の構造は、孝徳朝に成立した内裏前殿の大極殿化、八角殿院の消滅などの差異もあるが、朝堂区画については前期難波宮の構造を引き継いでおり、藤原宮建設時に新たに加えられた要素はない。二〇〇七年の調査で大極殿門が桁行七間の巨大な規模と判明したことによって、難波長柄豊碕宮の要素を継承したことが明らかとなった。この門と広大な朝堂区画は、帝国の権威をそこに参集した官人や外国使節に示す装置と評価できようが、その不十分さは大宝の遣唐使が長安城で思い知ることとなる。

(5) 平 城 宮（奈良時代前半）（第1図④）

平城遷都後から天平十二年（七四〇）の恭仁遷都まで。大宝の遣唐使帰国後に設計され遷都した平城宮の大極殿・朝堂区画は藤原宮朝堂区画とは大きく異なる構造を持つ。藤原宮において日本風・日常的な政務空間（朝堂区画）と中国風儀式空間（大極殿）と内裏からの出御空間とを統合・一元化させて成立した構造を、わざわざ東西に分割して機能分担させ、中央区に大極殿院（儀式空間、正殿ＳＢ七二〇〇＝第一次大極殿）・朝堂区画（四堂）、東区に南から朝堂区画（政務空間、一二堂）・出御空間（正殿ＳＢ九一四〇）・内裏を設けた。東区の諸施設はすべて掘立柱建物であるが、平面プランは藤原宮を継承し、政務空間としての朝堂院と内裏からの出御空間が接合している。東張り出し部に皇太子居住区を設けたのは、太極宮の東宮を意識したものか。

中央区大極殿院の空間構造について、大宝の遣唐使が実見した唐長安城大明宮含元殿（第2図上）を模したと見る説は、狩野久氏［一九七五］・鬼頭清明氏［一九七八］が提唱し、奈文研『学報ＸＩ』が継承した［奈文研 一九八二］。かりに長安城の情報が遣唐使中断前に入っていたとしても、大明宮の創建は高宗の龍朔二年（六六二）であり、天智八年（六六九）の高句麗平定慶賀のための遣唐使があったにせよ、大明宮および含元殿に関わる詳しい情報が入ったのは大宝の遣唐使（七〇四年帰国）の際とみられる。

では中央区大極殿院（第2図右下）は、含元殿のどこを模倣したのか。即位儀や元日朝賀時に大極殿に天皇が出御し、広場に臣下が列立する。大極殿の建物自体は、藤原宮の大極殿の移築とみられているから［小澤 一九九三］、規模・構造上の変化はあるまい。変わったのはその周囲の空間構造であって、南北330㍍、東西193㍍の広大な大極殿院内に、儀式時に臣下が列立する南北長200㍍の広大な礫敷広場があり、その北に高さ約2㍍の塼積擁壁で画された高い壇を設け、壇上に大極殿が屹立し、塼積擁壁の左右両端に設けた斜道から壇上に上がるようになっており、この構造が、含元殿前面の擁壁構造（中央に龍尾道がなく左右両側から壇上に上がる）と類似する点からみて、影響関係は間違いあるまい。大極殿と塼積擁壁との位置関係は宇宙の縮図ともいうべきレイアウトを表現しているという［内田 二〇〇七］。この構造は、塼積擁壁で天皇の空間と臣下の空間を峻別し、天皇が臣下に隔絶して君臨するという身分秩序、帝国の主の強大な権力を表現している。広大な下段空間から大極殿を見あげる場合の圧倒的威圧性は、南は高く北が低い藤原宮では絶対に得られない。この構造の実現は藤原宮の改造では不可能であるから［阿部 一九八四］、それを遷都の理由の一つとしてよかろう[5]。

この平城宮中央区大極殿院に限らず大極殿の本来的機能として、一般的儀礼空間ではなく、元日朝賀・即位式・外国使節謁見など最重要の国家的儀式の場であるのに加えて、平城宮中央区大極殿については、天皇の威厳を増し参列者を威圧する道具立て［今泉 一九八四］、唐に対抗できる圧倒的皇帝権力装置［阿部 一九八四］、対外的な威の発揚の場［金子 一九八七］、唐のような中華としての国家構造を体現する場［浅野 一九九〇］、朝庭における国家儀式を優先させ天皇の権威を内外に発揚する場［町田 一九九一］などと評価されてきた。高い塼積擁壁上の大極殿と階下の広大な庭によって、諸蕃や国内異文化集団に対する帝国的支配を明示する場として特設されたものと言えるだろう。

ことさらこの時期に支配者集団がそれを必要とした理由――裏返せば七四五年の平城環都後にそれが再現されず消滅してしまう理由――は何であろうか。その理解には、こうした構造の導入が藤原不比等の構想か否かはさておき、先に検討したように、七世紀末～八世紀第1四半期が、日

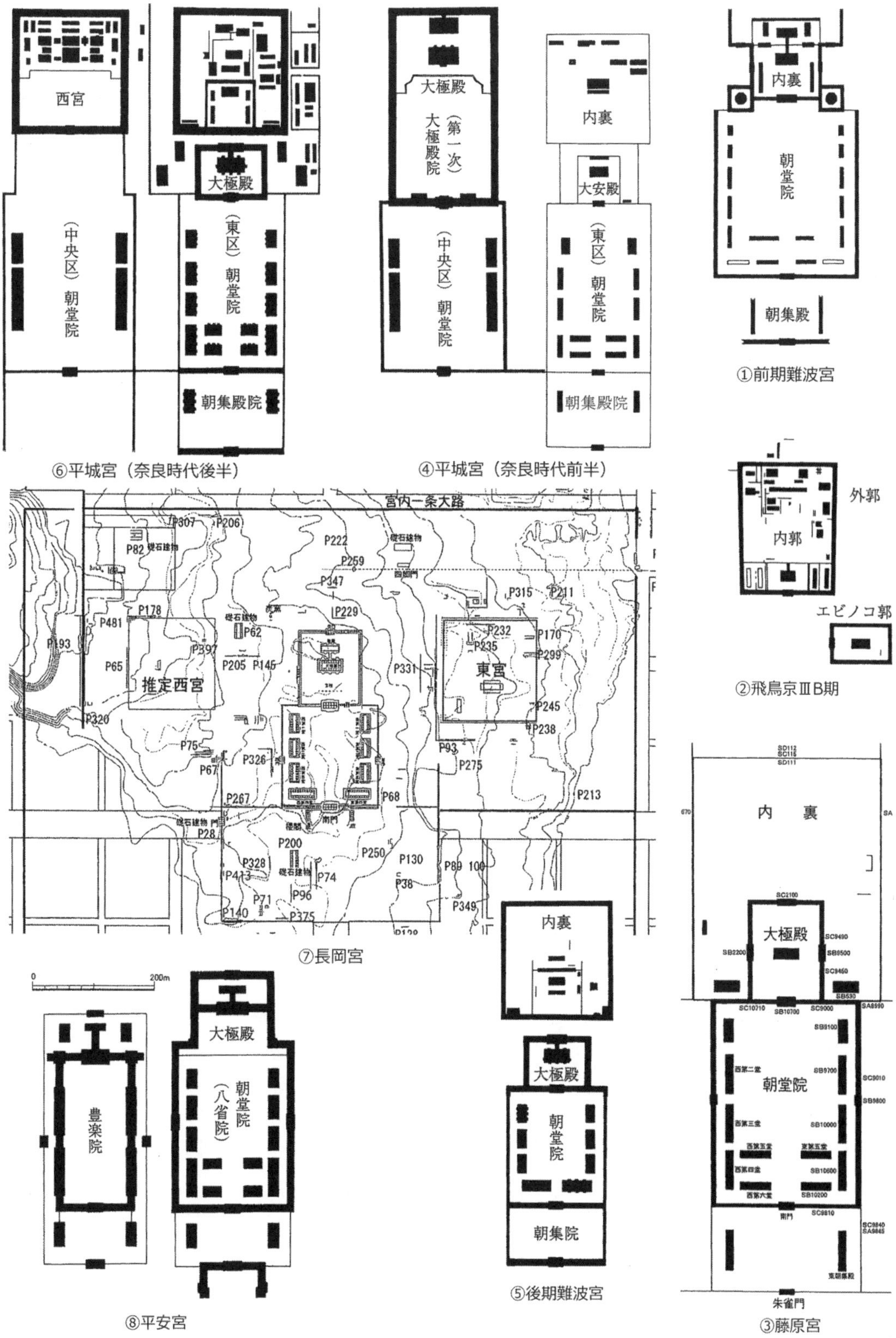

第１図　宮中枢部の変化過程

本の政権が帝国的方策を強化した時期であることに注目する必要がある。

文武朝は天武・持統朝における天皇の神格化を踏まえて、大野・基肄・鞠智・三野・稲積・高安城修理（六九八〜六九九年）、磐舟柵修理（六九八・七〇〇年）、薩摩・多褹への征討軍派遣（七〇二年）、南西諸島への朝貢要請（六九八年）など中華意識が高まった時期である［渡辺 二〇〇一］。同時に文武朝は、新羅外交の転換期であり、それまでの文化摂取面を切り捨て、「朝貢」関係の交渉のみを強要するようになり［鈴木 一九八五］、新羅即藩屏付庸国観が形成された［鈴木 一九六九］。日本の律令制の原則では唐も「蕃夷」であったが、現実の唐との関係で対等はありえず朝貢国に過ぎない。しかし新羅に対しては宗主国―付庸国の関係の維持に固執し、新羅と対等以上の文化的諸装置の獲得が目指され、ようやく完成に至った。その成果を披露して国際的地位を高めるべく、満を持して三三年ぶりに遣唐使を再開した。

しかし、都城・律令・銭貨といった東アジアの一等国が備えるべき要素を完備させ、国号・年号も自前で制定したことを、唐の朝貢諸国に誇示するつもりが、逆に時代錯誤の後進性を痛感するはめになった執節使・粟田真人、および彼から報告を受けた政権首脳部らのショックは甚大であったのであろう。その克服の必要性から、遣唐使の帰国後、都城・律令・銭貨などの要素において、矢継ぎ早に軌道修正を実施せざるを得なくなったうえに（平城遷都、養老律令、和同開珎）、対蝦夷戦・対隼人積極策の開始など、あらたに帝国意識を高揚させたのであろう。

都城プランや宮城の位置の問題はここでは触れないが、大明宮含元殿の圧倒的皇帝権力装置を体験し、宮の中心に類似の構造を実現することが帝国に不可欠と認識した結果が平城宮中央区プラン出現の主要因であり、日常的政務空間（東区の十二朝堂区画）の自立の方がむしろ付随的結果であろう。

他方、大極殿院の南にある中央区朝堂区画（第3図右）では、東西に二棟ずつの朝堂があり、位階すなわち天皇との身分的距離に応じて第一堂・第二堂に臣下の座が割り振られるから、天皇を頂点とする身分制の構造が直截に空間的に表現される。中央区朝堂区画でこの配置を採用した理由はまさにこの点にあろう。[6]

このように中央区の大極殿院と朝堂区画とによって、天皇を頂点とする帝国の構造が即物的に表現されていた。この構造が顕在化したのは平城宮への遷都が計画され中央区の構造が設計された時期、すなわち大宝遣唐使の帰国（七〇四年）後から和同年間（七〇八〜七一四年）に至る時期である。

⑹ 平城宮（奈良時代後半）（第1図⑥）

中央区大極殿院の構造は恭仁遷都時に解体され、天平十七年（七四五）の平城還都後には大極殿院は再建されず、天平宝字年間に特殊な構造の宮殿（孝謙太上天皇の御在所、称徳天皇の西宮）に改造される。そのモデルは長安城大明宮麟徳殿であり［奈文研 一九八二］、この時に政権を握っていた藤原仲麻呂の主導によると考えられている。仲麻呂は聖武の内治重視策（後述）を転じ、対蝦夷強硬策を復活し、新羅征討計画を発動するなど、対外的な帝国の主張を復活させたから、かつて麟徳殿で則天武后が朝貢国使者と謁見したように、麟徳殿を模した建物で、朝鮮半島諸国や国内異文化集団の使者を饗する構想はあったかもしれない。仲麻呂没落後は称徳の西宮として内裏的性格となったが、七本の宝幢を立てる儀礼が二回行われ、元日朝賀など最重要国家儀礼の場としても機能したようだ。

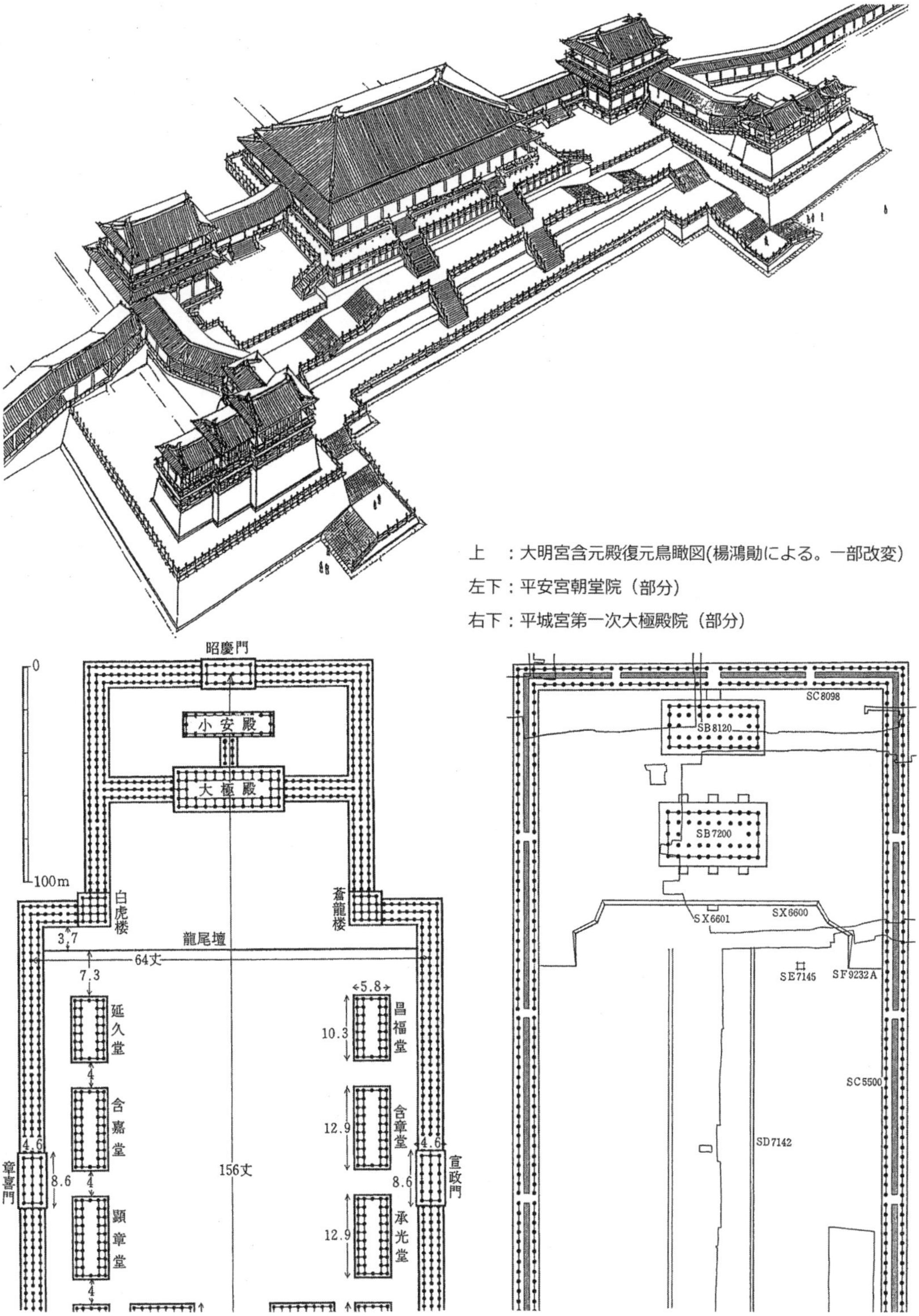

上　：大明宮含元殿復元鳥瞰図(楊鴻勛による。一部改変)
左下：平安宮朝堂院（部分）
右下：平城宮第一次大極殿院（部分）

第２図　唐長安城大明宮含元殿と影響を受けた施設

何故、五年間の彷徨を経た平城環都後に、第一次大極殿院の構造が復活されなかったのであろうか。平城遷都当初には中央区大極殿院を設ける必要性が厳然とあった、すなわち外国使節や夷狄を交えて即位式・元日朝賀や饗宴を行うことで、天皇が君臨する帝国構造を臨席者の意識上に再生産することであった。平城環都後もそれらの儀礼・饗宴自体がなくなったわけではないから、それ専用の特殊構造を構えておく必要がなくなった、すなわちそれらの機能が、中央区大極殿ではなく東区の小さくなった大極殿、大極殿院でも構わないと意識されるようになり、もはや中央区大極殿院のような大仰な施設は不可欠のものではなくなったと言うことになるのであろう。

聖武天皇は、天平十二年(七四〇)の藤原広嗣の乱の勃発以前から、相次ぐ天然痘の流行による甚大な被害や凶作などから、対蝦夷戦の縮小、写経・造仏・造塔の推進など仏事の振興による内治重視策に邁進するようになり、対外的な帝国の主張は退き消極策に転じていた。圧倒的権力装置消滅の事情は、こうした内治重視策への転換に加えて、藤原氏を中心とする上級貴族集団の意向[岩永 二〇〇八b]があると考える。

律令制は本来的には、官僚制的原理で作動していくが、日本への律令制の導入にあたっては、畿内の有力ウジの身分的経済的特権を当面保護し、大化前代以来の氏族制の原理をある程度温存して、じょじょに官僚制の原理に転換するほかはなかった。まだ伝統的大豪族が健在であった奈良時代の間は、天皇の徹底した専制君主化、豪族層の徹底した官僚化は彼らの利益に反した。

それは、鎌足以来の累代の天皇家への奉仕と功績を有利な初期条件として、婚姻による天皇家との密接な関係の構築に成功した藤原氏にとっても同様であった。天皇の超越的・絶対的権力化は、天皇家との身内的関係を構築しえた氏族だけに有利に働くが、外戚関係の構築などは偶然に左右され、他氏族に優位を奪われる危険性は常にあるから、過去の実績を根拠に藤原氏の権力の永続が制度的に一〇〇％保障されていたわけではない。また天然痘の流行による房前・麻呂・武智麻呂・宇合の急逝による勢力の後退や、時期は下るが、道鏡と孝謙太上天皇との個人的結合の出現によって仲麻呂の専制体制があっけなく敗退した例を引くまでもなく、歴史の展開の中で藤原氏にも没落の可能性があった。したがって天皇の中国的専制君主化は藤原氏にとっても時期尚早であることが判明し、八世紀初頭の国際情勢の中で導入したプランは約三〇年を経て更新されなかった。

他方、中央区朝堂区画は奈良時代後半期にも存続したが、前半どおり機能したかについては否定的な意見が多い。平安宮豊楽院が奈良時代後半期の中央区朝堂院の機能を継承したのであれば使われたことになろうが[今泉 一九八九]、橋本義則氏は今泉説には賛同せず、豊楽院を用いた儀式が平城宮朝堂院の儀式のうちの節会・饗宴を受け継ぎ、その際に天皇が出御した大極殿閤門の機能を豊楽殿が襲ったとみる[橋本 一九八四]。豊楽院の出現はあくまで大極殿閤門の消滅を前提とすると主張し、長岡宮造営当初には豊楽院は存在しないとする。志村佳名子氏も豊楽殿で行われた饗宴が君臣間の饗宴であり、東区朝堂区画で行われた儀礼の系譜を引くとする。さらに、中央区朝堂院の使用機会が平城宮前半期からかなり限定されていたとし、大極殿の東区への移建後には饗宴の場として使用されていないとする[志村 二〇一五]。橋本・志村説では、奈良時代後半の中央区朝堂院は機能停止しており、豊楽院は機能的には奈良時代後半に閤門が存在した東区朝堂区画の機能を継承し中央区朝堂区画とは関係なかったということになる。ただし、豊楽院の機能の系譜については必ずしもそう考える必要はない[7](後述)。

　このように奈良時代の後半には、中央区北半は称徳天皇の御在所＝西宮となり、中央区朝堂区画の朝庭では称徳即位の大嘗祭が挙行された後、道鏡の法王宮が建設された可能性が強い［渡辺 二〇〇五・二〇一〇］。そのためか光仁・桓武朝には忌避されて放置されたようである。光仁は東院に楊梅宮を造ったが、近年の調査で、そこに大規模な国家的饗宴施設が設けられたことが判明しており、中央区朝堂区画の機能を継承したのは、楊梅宮の可能性が出てきた(後述)。称徳は東院に玉殿を設けていたが、光仁はそれを撤去して、まったく新しい構造の楊梅宮に改造した。光仁が中央区を再生しなかったのは、天武系最後の称徳・道鏡政権の中枢部を忌避したからであり、東院地区の重視は、全体的に丘陵上の高みに位置し、南端部の庭園を含めた風光が明媚な点を好んでのことであろう。

　他方、東区では奈良時代前半の掘立柱による十二朝堂区画と内裏からの出御空間が、礎石立ちの大極殿院・朝堂区画に改造された。すなわち、朝堂区画(十二堂院)への出御空間正殿が大極殿を兼ね、内裏・大極殿院・朝堂区画が同一軸線上に乗る藤原宮型が復活した。平城遷都当初に中央区・東区に分けられた朝堂区画の機能の大半が東区に再統合され[8]、国家的儀式・朝政と饗宴の多くがこの区画で行われるようになり、この構造は長岡遷都まで変わらない。呼称も天平宝字元年(七五七)頃から朝堂区画が「太政官院」と呼ばれるようになる(後述)。

　儀式空間と日常政務空間の再統合の要因について渡辺晃宏氏は、朝政の場の内裏への移行による朝堂区画の政務空間としての機能の形骸化［渡辺 二〇〇六］、「日本的なものと中国的なものの真の統合の実現」を「聖武天皇が願い続けた[9]」［渡辺 二〇一〇］、中国風礎石建物は日常政務には使い勝手が悪かったが、この時期に東区朝堂区画を礎石建物化したことから、中国風礎石建物で日常政務を行うことに支障がなくなった［渡辺 二〇一〇］、大極殿の機能が恭仁遷都前から変質し、仏事や叙位など日本的な行事を挙行できるようになった［渡辺 二〇〇六］、などと説明されている。言い換えれば、朝堂区画での政務の有名無実化によって儀式の場としての性格が強まり大極殿との一体使用が好ましくなってきたという理解であろう。志村佳名子氏は、平城遷都当初には中央区では元日朝賀・朔日朝参、東区では行事朝参・尋常朝参がなされたが、天平期を境に朝参の場が東区に集約されたとする。他方、饗宴を主機能とする中央区朝堂区画の使用機会が平城宮前半期からかなり限定されていたのに対し、東区では君臣間で行う定期的な饗宴の実施によって君臣関係が維持・再生産されていたとする［志村 二〇一五］。渡辺氏と異なりむしろ政務空間・饗宴空間としての機能が整うという理解である。

　以上、論者による多少の相違はあるものの、恭仁遷都前から、政務のみならず、臣下との定期的な饗宴まで東区で行われるようになっていたと認められるのであれば、中央区に残された機能は、即位式・元日朝賀、外国使節や夷狄を交えた儀礼・饗宴のみとなり、それをも東区で行って構わなくなっていたのであれば、平城環都後には、もはやそれ専用の巨大施設を構えておく必要がなくなったということになろうか。

(7) 長岡宮(第1図⑦)

　このような平城宮期後半における中枢部構造が長岡宮ではどうなったであろうか。長岡宮では、難波宮の大極殿・朝堂区画を移築したため朝堂区画が小型化する。立地場所の地形が悪く内裏を朝堂区画の北には置けなかったことから、内裏が朝堂区画から分離し、前半期には朝堂区画の西側、後半期に朝堂区画の東側に置かれた［國下 二〇一三］。

朝堂の数は後期難波宮朝堂区画の移築で建設されたため八堂に減った。大極殿後殿が回廊内に独立する点は平安宮の先駆的要素であるが、まだ閤門があり平城宮までの構造を維持している。この時期の末、延暦十一年（七九二）以降に「朝堂院」という呼称が見られ［今泉 一九八〇］、平城宮以来の朝堂区画の性格変化が想定されてきた(10)。

注目すべきは、朝堂区画南門の左右に翼状に回廊が取り付き先端に楼閣を持つ点であり［松崎 二〇〇七］、平城宮までと異なる。楼閣の発見までは、朝堂区画前に条坊道路としての二条大路が通る構造と考えられてきたが、楼閣の発見によって、南門以南も宮内に含まれると考えられるようになった。藤原宮・平城宮のように朝集殿院を持つのかどうかは判然としないが、朝堂区画の南限の東西に塀が取り付き、それを北限とする広い空間が朝堂区画の前面に確保されているようである。この空間は東西を南北築地塀で画されており、二条大路と直接つながってはいないが、長安城の宮城正門たる承天門とその前面の横街が意識されていると考えられる。國下多美樹氏は、朝堂区画南門が楼閣を伴うことから、その構造が大明宮含元殿あるいは承天門に源流があるとし、南門が宮城門として造営され、南門以北が長安城の宮城空間、南門以南が皇城空間を意識したと想定した［國下 二〇一三］。國下氏は承天門と含元殿の性格が全く異なるとしたが、ともに外朝正殿とみれば［岸 一九七七、田島 一九八五］、共通するとみることもできる。そのうえで朝堂院南門が宮内二条大路に北接する点を重視すれば、承天門相当とみるほうが良かろう。もっとも長安城では朝堂が承天門の南にあり、皇帝の居住区が太極殿の北にあるから、長岡宮は太極宮の直模ではないが、長岡宮の構造に長安城の要素が新たに取り入れられたとみる説は魅力的である。後述するように桓武が新王朝樹立意識を強く持っており、遷都や蝦夷征服戦・南郊祭天など、それを示す政策を強行したとすれば、長岡宮の独自性は、桓武による新皇統開始・新帝国樹立の演出装置であって、天武系の平城宮と異なる宮構造を、あらためて長安城に範を求めて設計させたとは考えられまいか。特に、父光仁・桓武共に天武系皇統が健在なら天皇になれるはずもなかっただけに、正統化と権威付けが必須であった。とはいえ、長岡宮中枢部建物は後期難波宮の建物の移築であり規模の点で見劣りがし、そのうえ長岡宮の所在地は平坦ではなく数条の谷が東西方向に深く入り込む地形であるため、構想がかなりの変形を余儀なくされたと思われる。平安遷都の強行の理由の一つはその点の克服にあろう。

(8) 平安宮（第1図⑧）

平安宮では、大極殿・朝堂院と内裏が完全に分離する長岡宮の構造を継承した。さらに朝堂院（第2図左）では大極殿院の南面回廊と閤門が消滅し龍尾壇が作られ、壇上では、大極殿両脇から左右に翼状に回廊が伸び南に曲がる先端には白虎楼・蒼龍楼が設けられた。この構造の成立は、平城宮東区の大極殿院・朝堂区画から閤門がなくなった結果［直木 一九六七］、あるいは、内裏が大極殿院の北から北東へ移動し、大極殿が内裏前殿＝出御空間としての機能を失い朝堂院の正殿としての機能に特化した結果［渡辺 二〇〇六］と捉えられてきた。

他方、朝堂院の西隣に豊楽院が成立した事情については、平城宮東区朝堂区画では饗宴に際しては閤門に天皇が出御していたが、平安宮では饗宴の場が朝堂院の西隣に移り、天皇出御の豊楽殿と四堂からなる豊楽院として新設されたため、結果的に平安宮朝堂院では閤門がなくなったと考えられてきた［橋本 一九八四］。

これらの点には異論がある。まず、平安宮朝堂院の龍尾壇以北の構造が、内裏が朝堂院と離れ、大極殿が内裏からの出御の場でなくなり、朝政の場が内裏に移行し、大極殿と朝堂院が儀式の場として一体化したので、長岡宮までの大極殿院から閤門がなくなった結果として成立したという消極的事情ではなく、もっと積極的な意義を与える。むしろ、当初からこの構造が目指されたと考える。大極殿の桁行を一一間と正面の広いものとし、平城宮で後殿に取り付いていた回廊を大極殿に直接的に取り付けて大極殿の左右から翼状に回廊が派生するようにし、その先端に楼閣を設け、それらを朝庭から一段高い壇上に載せる。この構造は長安城大明宮含元殿一郭の構造(第2図上)に類似度が高い(11)。

桓武は、天智系の父・光仁と自分が新王朝を樹立したという意識が強かったという[滝川 一九六七、林 一九七二、早川 一九八四・一九八七、清水 一九九五]。平城京を捨てての新京への遷都、蝦夷への征服戦の敢行、南郊祭天の挙行、『新撰姓氏録』の編纂による氏族系譜の整理、自己の皇統を支える外戚として藤原式家の重用、光仁朝の二回の遣唐使派遣を受けてではあるが最澄・空海らを唐へ派遣するなど、あらたな王朝の樹立に伴う施策のなかで、帝国意識を高揚させせたとみられる。そうした施策の中で、天皇を頂点とする帝国支配の具現化として、国家的儀礼空間となった朝堂院を帝国秩序発現の場とすべく、大明宮含元殿一角の構造を意識的に再導入したと積極的に評価したい。結果的に約八〇年前の元明朝以来二回目だが、構造的類似度は平城宮中央区大極殿院よりはるかに高いと言える。平安宮大極殿と含元殿との類似はすでに田島公氏により提唱されていたが[田島 一九八五]、学界内で注目されていなかったようである。田島氏が指摘したように平安時代にすでに平安宮大極殿が含元殿と類似するという認識があったようである(12)。

豊楽院については、国家的饗宴に使用された区画で、堂が四棟であること、十二堂の朝堂院の西に位置していることから、平城宮中央区朝堂区画の構造を引き継ぐものと考えられてきた[今泉 一九八九]。しかし、中央区朝堂区画は恭仁遷都前には外国使節や夷狄を交えた儀礼・饗宴での使用が伺われるものの、環都後にはほとんど使用されていない可能性がある[志村 二〇一五]。この点が、豊楽院が中央区朝堂区画の系譜を引くと考える際の難点となっていた。ところが近年、平城宮東院地区での発掘調査が進み、光仁朝の楊梅宮の中枢部の構造が明らかとなってきた[小田・川畑 二〇一四、小田 二〇一四]。回廊で区画された広大な区画内の東西両側に南北棟の長舎を二棟ずつ計四棟配した施設が推定され、蝦夷対象の饗宴の場であったと考えられている[小田 二〇一四]。臣下・蕃客を対象とする饗宴は東区朝堂区画で行われていたが、蝦夷を参加させる饗宴は楊梅宮のこの施設で行われていたようである。そうであれば、機能上は恭仁遷都前の中央区朝堂区画を継承していると言えることになる。この施設が光仁朝の国家的饗宴施設であったのなら、平安宮豊楽院はその系譜を引くと考えればよく、朝堂院から饗宴に際しての出御の場としての閤門がなくなったことと豊楽院の成立を結びつけなくても良くなる。

4 大宰府政庁の構造の原型

以上論じてきた宮中枢部構造における帝国標章の顕在化の観点から、大宰府政庁Ⅱ期(第3図左)の空間構造の原型について検討する。大宰府政庁Ⅱ期の建物配置は、正殿と中門の脇に取り付く回廊で囲んだ空間の東西両側に二棟ずつの脇殿を有する。正殿の後ろに後殿、中門の南に南門を置く。

国庁一般はさておき、大宰府政庁Ⅱ期については、朝堂区画（十二堂院）の省略形とみる説が多いが［阿部 一九八三・一九八六、山中 一九九四］、四堂であることから平城宮中央区朝堂区画を念頭に設計されたとする説［山村 一九九四］もある。

朝堂区画（十二堂院）省略説の場合、十二堂には「官司の論理」で座が割り当てられているので［今泉 一九八九］、それの「省略」とはいかなることかの説明が必要となる。

中央区朝堂区画モデル説の場合、既述したように中央区朝堂区画は、「位階の論理」によって天皇との身分的距離で第一堂・第二堂に官人の座が割り振られるから、天皇を頂点とする帝国の論理が表現しやすく、平城宮中央区朝堂区画でこの配置を採用した理由もまさにこの点にあろう。大宰府政庁の建物配置の説明にはより適している。

大宰府政庁Ⅱ期の建物が竣工したのは、鎮壇具あるいは整地土・基壇土からの出土土器の年代観［小田 二〇〇二、横田 二〇〇二、山村 一九九四、吉村 二〇〇三、狭川 一九九三］、あるいは瓦の年代観［岩永 二〇〇九］からみて七一〇年代後半頃である。平城宮中央区大極殿院の竣工は和銅三年（七一〇）から和銅八年（七一五）の間［奈文研 二〇一一］、中央区朝堂区画の竣工は霊亀元年（七一五）以降である［岩永 一九九六］。したがって建設年代では大宰府政庁Ⅱ期の方が中央区朝堂区画より早そうであるが、建物配置等の基本計画が構想されたのはほとんど同じ頃と見て良いであろう。つまり、小稿でいう帝国意識の高揚期の産物である。

そもそも大宰府政庁は九国三嶋を総監しており、一般の国庁より格上の政庁であるから、後述するように、八世紀には西海道でも国庁に同型の配置はなかったと考えたい。西海道の品字形国庁が長舎の脇殿四棟になるのは九世紀前半以降（筑後・肥前・日向）に下り、このうち肥前については、大宰府政庁の配置に近くモデルとしたことは認められるが、筑後・日向については必ずしも影響源が大宰府政庁とは言えないだろう。

大宰府の機能には、一般の国にはない「蕃客」対応機能が含まれている。七世紀末から八世紀初頭には対隼人戦も進行中であった。先述したように、この時期は「帝国」意識の高揚期であり、そのため、大宰府は外国使節や隼人に対して帝国の威力を見せつける場としての構造が必要とされたと考えたい。

その観点から大宰府政庁の構造のモデルを考えてみよう（第3図）。

正殿には通常は帥が座すが、朝拝の際には天皇が御す大極殿に擬される。(13) 正殿の前面には龍尾壇のような壇が設けられていたことが判明している［九歴 二〇〇二］。壇上と壇下では身分的隔絶性が表現されており、これは平城宮中央区大極殿とその前面の塼積擁壁と同じ構想に基づくものであろう。平城宮では塼積擁壁の下の広い庭に官人が列立したが、ここでは脇殿の北妻以北の空間に圧縮されている。

脇殿が東西二棟ずつである点は中央区朝堂区画と同じであり、脇殿には位階に応じて、つまり天皇との距離に応じて官人が座したと考えられる。

このように大宰府政庁Ⅱ期は、平城宮中央区大極殿院と朝堂区画を圧縮・接合した形態として設計したと考えられ、規模は小型化しているものの平城宮中央区と同じ構想に基づくものであろう。(14) 他の国庁が礎石建物となるのに先駆けて創建期から礎石建物である点も平城宮中央区と同じであり、日常政務空間である平城宮東区朝堂区画（十二堂）が掘立柱であるのとは異なる。

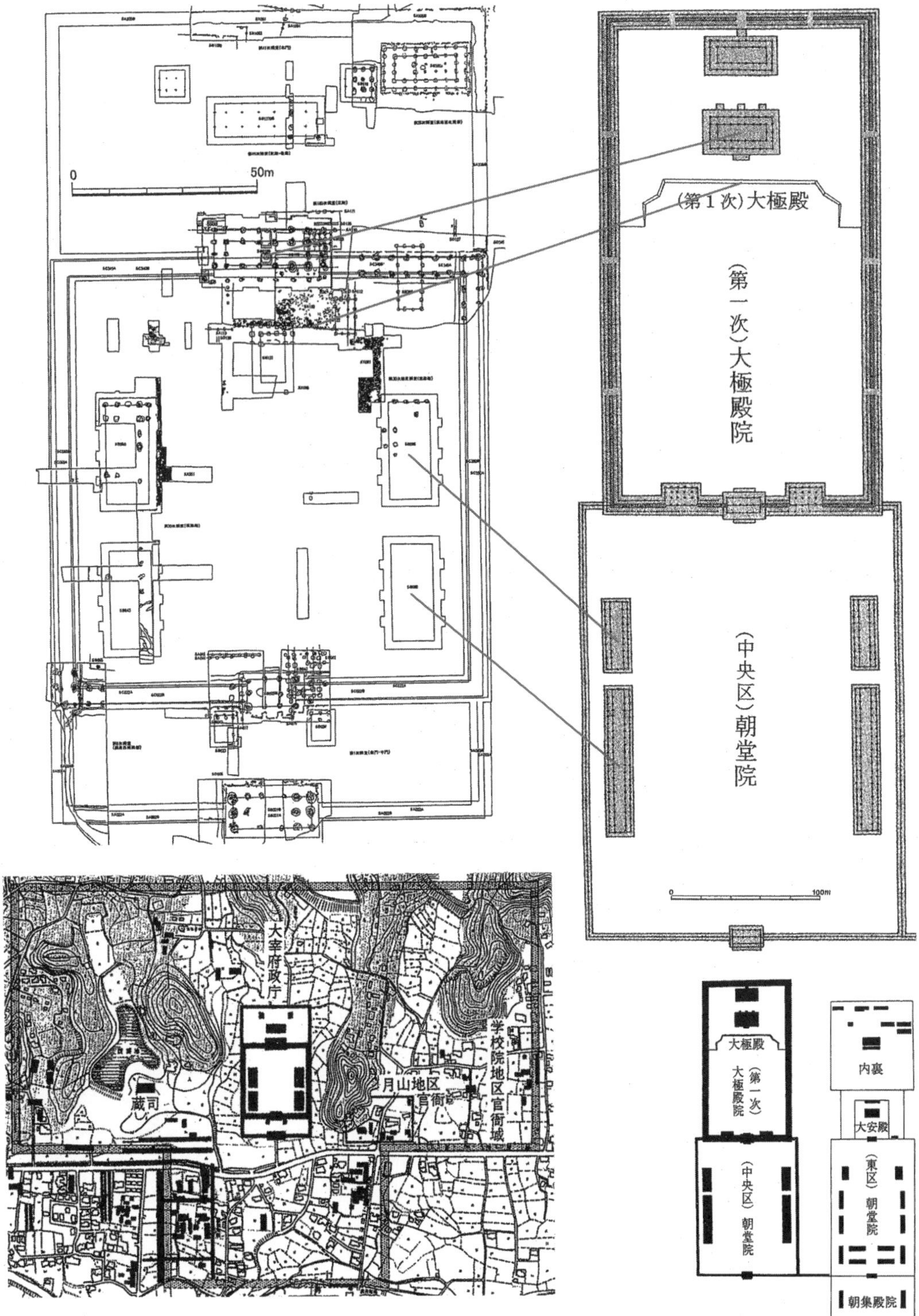

第3図　平城宮第一次大極殿・中央区朝堂院と大宰府政庁の比較

5　西海道国庁の建物配置の再検討

国庁の建物配置のなかに、大宰府政庁Ⅱ期と類似した「大宰府政庁型」が設定されており、西海道に多いタイプとしての評価が一般的である［船木 一九八五、阿部 一九八六、山中 一九九四・二〇〇四］。そこで、西海道の一般的な国庁の建物配置との関係を検討しよう。西海道の国庁で様相が判明している例を検討する。

肥前国庁（第4図⑤）は、八世紀前半には、やや長方形の区画内に、正殿・前殿、小型の脇殿を左右二棟ずつ（倉か）配し、大宰府政庁には似ていない。八世紀後半に正殿の両側に回廊が取り付き、塀で囲んだ後殿ができる点は大宰府政庁に近くなる。九世紀前半に四棟の脇殿が長舎化し最も大宰府政庁に似る。十世紀には正殿に取り付く回廊、脇殿・後殿が消滅する。終始、前殿が存在する点が特徴で、正殿前に広い空間が確保されてはいない［佐賀市教委 二〇〇六］。

筑後国府Ⅱ期政庁（第4図⑥）は、築地塀の方形区画の中に正殿と左右一棟ずつの脇殿が品字形に配置されている。検出されている脇殿の北側にも脇殿を想定し、左右二棟ずつの脇殿の大宰府型と推定する説［山中 二〇〇四］もあるが、無理して脇殿四棟とせずとも、脇殿左右一棟ずつの城柵政庁型（第4図①）に近い配置とみたほうが良いと考える。Ⅲ期政庁は十世紀に下るが、正殿・脇殿四棟を塀で囲む形態となる［久留米市教委 二〇〇八］。

日向国庁（第4図⑦）は「前身官衙」は郡家か初期国庁か説が分かれるが長舎連結型である。八世紀後半に「定型化国庁」となるが、正方形区画の中に正殿と左右一棟ずつの脇殿が品字形に配され、城柵政庁型に近い。正殿は南北両廂で区画の中央やや北寄りに位置する。九世紀中葉に既存の脇殿の北側に脇殿が立てられ左右二棟ずつとなるが、全体的配置は大宰府政庁より内裏正殿地区の方に近い［津曲 二〇一七］。

このように大宰府政庁とまったく同じ配置の国庁はない。したがって、「大宰府政庁型」と呼ぶとしても、公約数的に「正殿と左右二棟ずつの長舎脇殿四棟を持つ型」と表現するほかはない。ただしここまで単純化してしまうと、西海道に限られるわけではなく、常陸・伊賀にもある。

常陸では、初期官衙は東面する長舎連結型である。八世紀前葉に定型化国庁となり（第4図②）、正方形区画の中に正殿と左右二棟ずつの脇殿を配す形態となる。正殿は南廂で、脇殿は隅に寄っており、前庭が広大である。八世紀中葉にほぼ同じ配置で建て替えられるが、正殿の南に細長い前殿ができ、正殿の横に総柱建物が建つ。九世紀前葉には西隣の曹司と一体化する［箕輪 二〇一七］。

伊賀国庁（第4図③）は、八世紀末から九世紀前半に正殿・前殿と左右二棟ずつの脇殿が建つ［伊賀市教委 二〇一二］。北側の脇殿は東西棟で桁行が短く、南側の脇殿は南北棟で五間ほどである。九世紀前半以降、脇殿が左右一棟ずつとなり、「大宰府政庁型から城柵政庁型へと変化した可能性がある」［山中 一九九五］。

常陸・伊賀についても、建物配置だけの比較なら、原型が大宰府政庁ではなく、平城宮の内裏正殿地区や式部省・兵部省、平安宮紫宸殿地区などの方が類似すると言える。あえて「大宰府型」と呼ぶほどの類似性に欠ける。

しかも、この「正殿と左右二棟ずつの脇殿四棟を持つ型」は八世紀代には大宰府政庁・伊賀・常陸しかない。伊賀・常陸は空間的に大宰府か

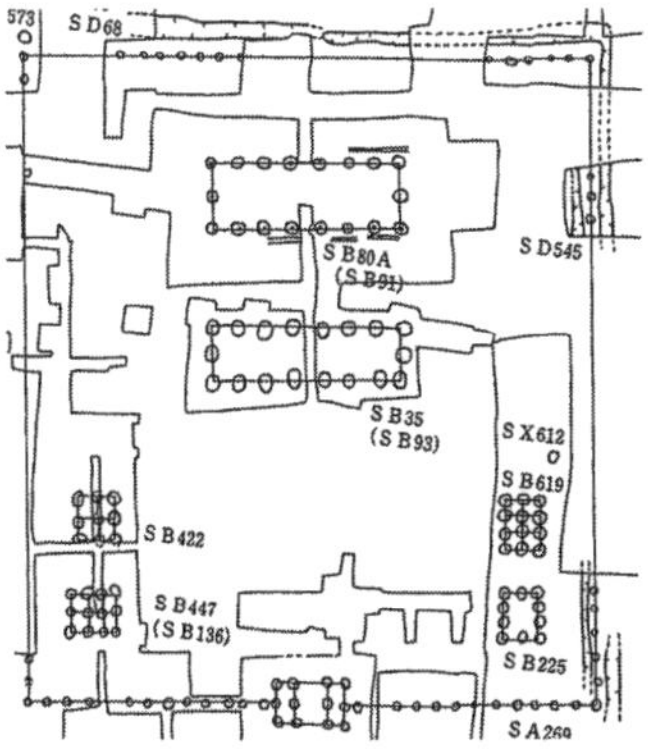

⑤肥前国庁（８世紀前半）

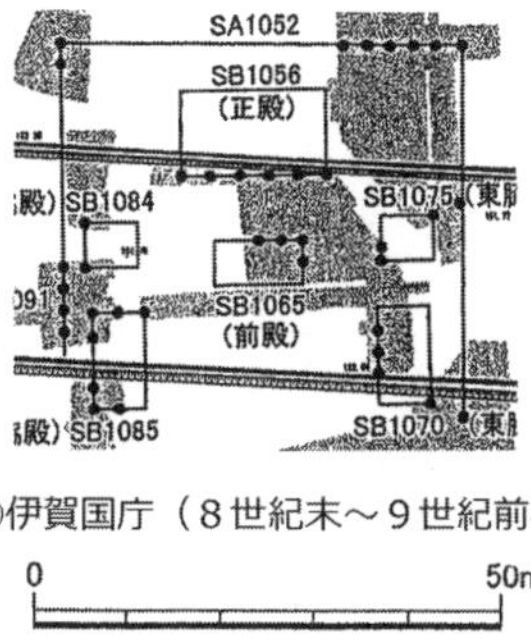

③伊賀国庁（８世紀末～９世紀前半）

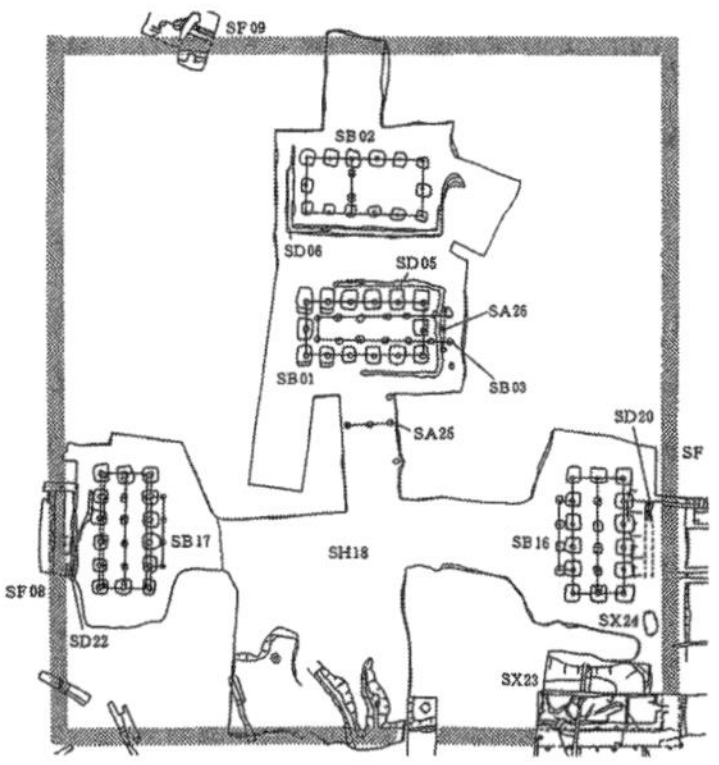

①桃生城（８世紀後半）

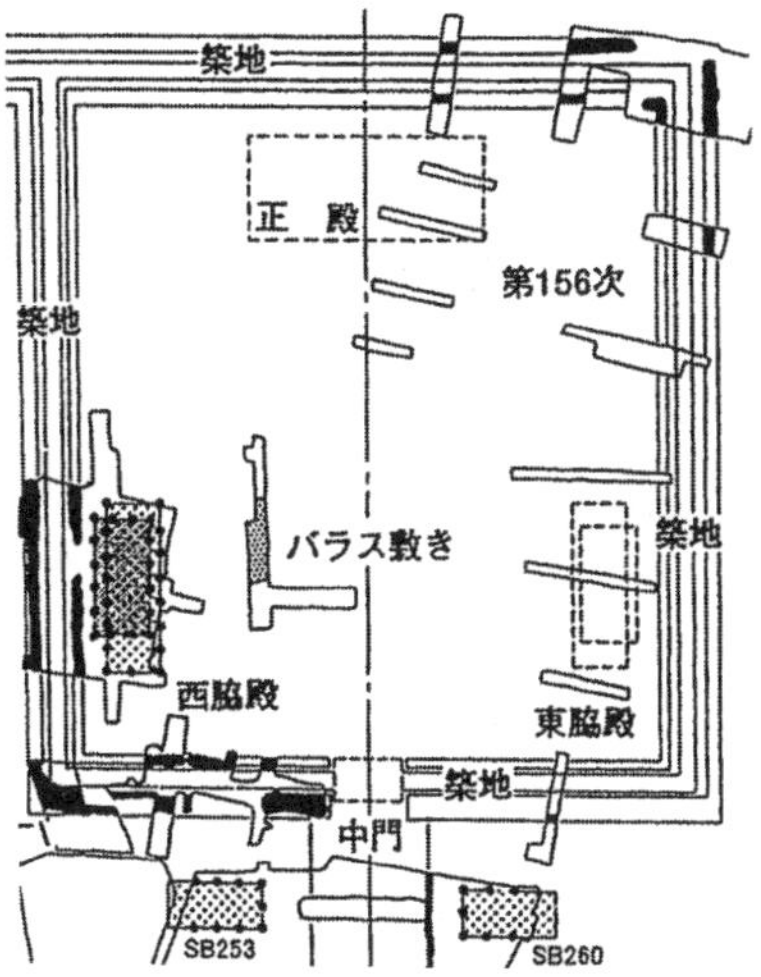

⑥筑後国庁（８世紀中頃～）

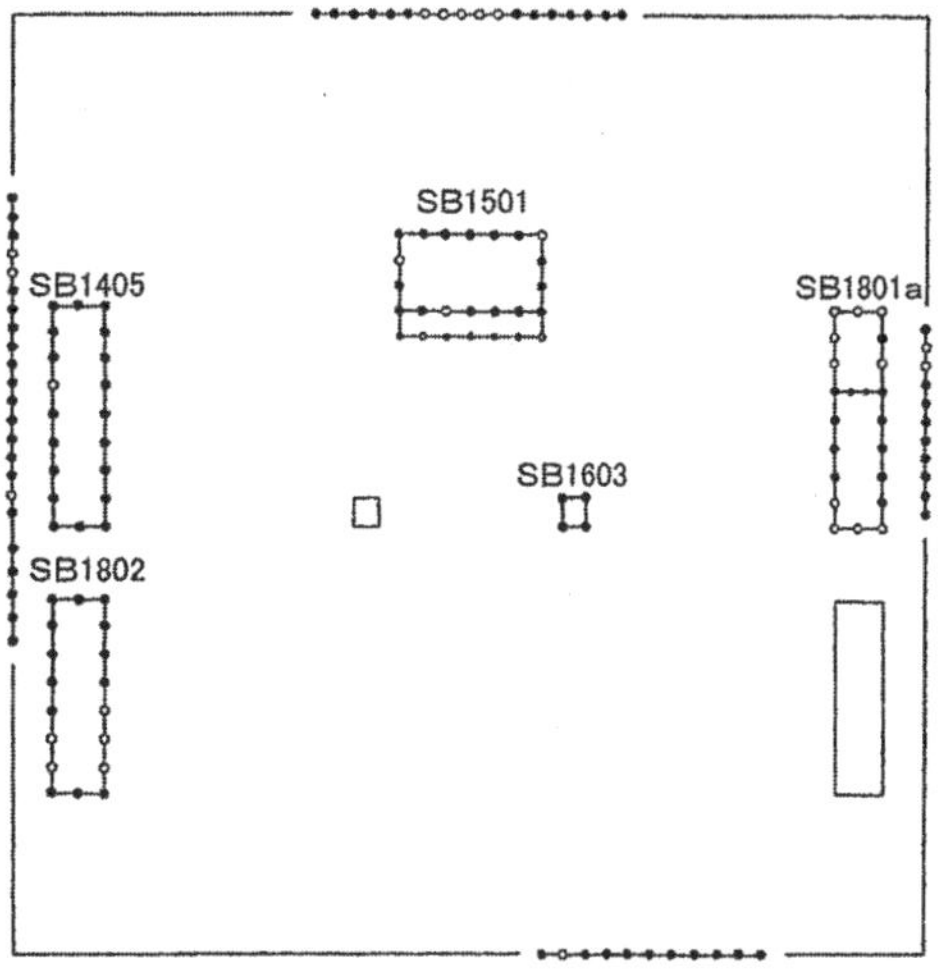

②常陸国庁（８世紀前葉）

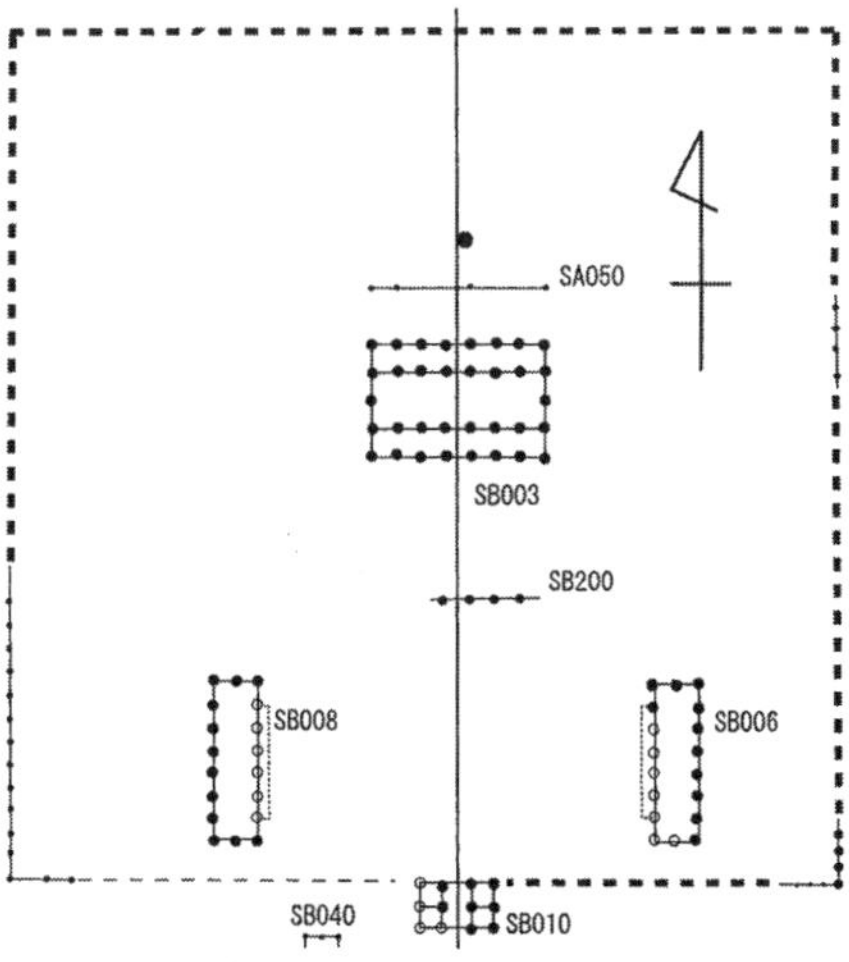

⑦日向国庁（８世紀後半）

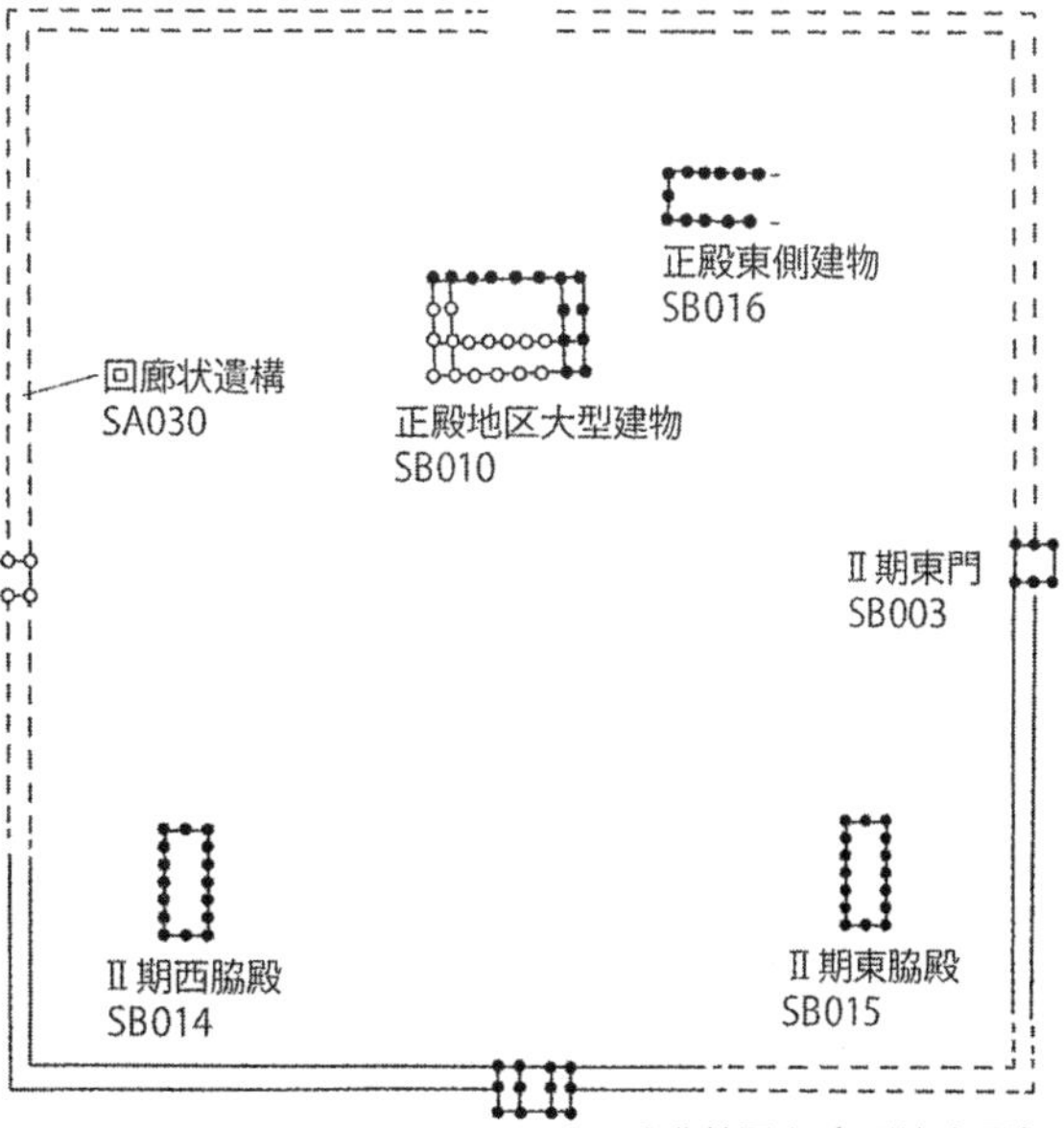

④豊前国庁（８世紀初頭）

第４図　８世紀の西海道国庁と関連国庁

ら遠いのに加え、常陸は長舎脇殿二棟ずつの四棟ではあるが、二棟ずつの長舎を南面・東面・北面にコ字形に配した初期官衙の配置を継承したものであり［箕輪 二〇一七］、大宰府政庁が原型ではありえない。伊賀は脇殿が短くさらに類似度が低い。

西海道の国庁でも筑後・肥前・豊前・日向は八世紀には大宰府型ではない。むしろ正殿・脇殿の建物配置は品字形で「正殿と桁行の短い両脇殿が品字形に配置される［山中 二〇〇四］」「城柵政庁型」（第4図①）に近い。初期の豊前国庁とみられる福原長者原遺跡の配置（第4図④）が判明し［九歴 二〇一四］、「城柵政庁型」に近いことから、西海道の国庁の基本形はむしろこの型であったと見るほうが良い(15)。さらに青木敬氏は、国庁の平面形について、正方形区画が東日本中心、長方形区画が西日本中心とみたが［青木 二〇一二］、日向・豊前（福原長者原遺跡）は正方形であり、その点でも城柵政庁型と近い。

西海道以外の国庁に多い脇殿が左右一棟ずつの長舎である型と、脇殿が長舎ではない一棟ずつで正殿と合わせて品字形となる配置との差異の意義は別箇に検討の必要があるが、品字形が西海道と陸奥・出羽、すなわち「蕃客」や「化外民」と対峙した地域に見られるのには意味があるだろう。したがって名称も「城柵政庁型」ではなく、「境域型」とでもした方が良かろうか(16)。

国庁の機能としては、朝賀の儀、郡司告朔、饗宴、政務などがあり［山中 一九九四］、建物配置の型の違いの成因を機能における重点と連関させるのは容易ではないが(17)、「境域型」＝品字型は、脇殿における政務よりも正殿と広い前庭における儀式や饗宴を重視する型とは言えまいか。朝賀の儀は参列者に身分秩序を自覚させ天皇の超越的権威を実感させるものであった。郡司告朔の儀は、国司と郡司の間の支配従属関係を再確認・更新し、国司の支配力や権限を強化するものであった。これは国庁の普遍的機能であろうが、帝国のうち、諸蕃や化外民と近い西海道諸国と陸奥・出羽においては、この服属儀礼がより重視され、八世紀第1四半期の帝国標章顕在期において、大宰府政庁Ⅱ期が平城宮中央区大極殿院・朝堂区画をモデルに建造され、西海道諸国で多賀城政庁と類似した国庁が整備される事態になったと意義付けられる。

註

(1) 筆者は二〇〇六年に奈良時代の大嘗宮遺構を素材に、その建設地の移動の意義を考察し、王権を支える支配者集団結集方式の呪術的側面を検討した［岩永 二〇〇六a・b］。二〇〇八年には平城宮内裏改作の意義を検討し、歴代遷宮停止後に残った代替わりごとの天皇の居住地の更新であり、天皇の支配の安定化・正当化のために、当時最新の機構と法制の整備と並んで用いられた、大化前代の古い歴史的資源を再構成して創出された擬古的方式の一環として評価した［岩永 二〇〇八a］。続いて天皇と太上天皇の御在所並列を取り上げ、生前譲位がもたらした二重権力状況の空間処理法を解明した［岩永 二〇一五］。今回は、古代都城空間構造分析の第四課題である。

(2) 「朝堂院」の呼称は、確実には延暦十一年以降の長岡宮期後半に始まるから、それ以前については単に「朝堂」と呼ぶのが正しい。しかし、個別の朝堂建物と、広大な朝庭および宮によって異なるが四・八・一二・一四（以上）棟の朝堂建物からなる中枢空間全体とを区別する必要があるので、長岡宮期前半以前については、前者を「朝堂」、後者を「朝堂区画」と呼び分ける。

(3) 隼人が内属化した後には、南島人が蝦夷相当の夷狄扱いされるようになった。帝国には夷狄が必要であり、夷狄は次々に造り出されるものであった。

(4) 実際には、朝堂区画は日常的な朝参・朝政の場としては機能していない［西元 二〇〇八、志村 二〇一五］、あるいは宮中枢の周囲にそれほど多くの官衙空間を想定できないとしても［林部 二〇〇一］、それは中大兄と孝徳の不和、皇極・中大兄の飛鳥帰還などによる意図せざる結果であって、各種国政機能を宮外の皇子宮や豪族宅で分散的に行う大化前代方式を否定し、宮内に諸官衙を集中させる構想であったことは否定できないであろう。

（5）渡辺晃宏氏は、平城宮第一次大極殿が含元殿をモデルとするという説を認め、天皇と臣下の身分秩序を演出する舞台装置として評価はする。しかし、平城宮で中国風儀式空間としての第一次大極殿院を自立させたのは、朝政のための空間に大極殿という新しい機能を導入する過程での試行錯誤の一端に過ぎず、最終的に平城宮第二次大極殿で大極殿と政務空間が再び一元化・統合されたのを真の意味での日本の大極殿の成立と高く評価する立場から、大極殿の自立より政務空間としての東区朝堂院の自立の方を重視している［渡辺 二〇〇六］。また、太極宮型である藤原宮大極殿と含元殿型である平城宮第一次大極殿とを系統差と捉える鬼頭説［鬼頭 一九七八］を批判した。渡辺氏は「大極殿としての自立に重きがあったのならば、天平一七年の平城環都後に再び政務空間と統合することにはならなかったであろう」とするが、東区の政務空間としての自立が重要であり、その付随的結果として大極殿院がはみ出してきたに過ぎないのであろうか。

（6）今泉隆雄氏は、平安宮朝堂院と豊楽院では着座の原理が異なり、朝堂院では朝政と儀式が行われ官司ごとに着座し、豊楽院では饗宴が行われ位階に基づき着座したことを明らかにした［今泉 一九八九］。その用途の差から十二堂と四堂という構造の差が生じたとし、平安宮における朝堂院・豊楽院の機能差からみて、平城宮においても中央区の四堂と東区の十二堂が併存して用途を分担し、それが平安宮に引き継がれたとみる。今泉氏は、藤原宮で統合していた儀式・饗宴・政務の場が平城宮で中央区と東区に分化した原因は、儀式と饗宴の重視に基づく新構造の大極殿・朝堂（中央区）の創設にあり、平城宮創建時に中央区が東区より重視されたとみる。即位儀・朝賀の儀式は、臣下の天皇への服従を確認するための、律令国家における天皇支配の根幹に関わる重大行事であり、饗宴は儀式に付随して支配階級としての天皇と臣下の一体感を作り出すための行事とみている。首肯すべき点が多いが、後述するように、平城宮中央区が直接に平安宮豊楽院には繋がらない可能性が出てきている。

（7）志村氏説では、奈良時代後半においては、君臣間の饗宴は従来通り東区であったが、夷狄への饗応も東区で行われるようになっており、中央区朝堂区画はほとんど放置されたに等しい状況であったことになる。確かに環都後は天皇が出御する建物（閤門）を欠いており、称徳・道鏡政権下には朝庭に「法王宮」があって中央区を饗宴には使えなかったであろう。ただし、天平勝宝四年の新羅使、天平勝宝五年の渤海使への饗宴は東区が改作工事中の天平勝宝年間であるから東区ではないし、天平宝字三年の渤海使、天平宝字七年の渤海使（朝堂）、神護景雲三年の陸奥蝦夷、宝亀三年の渤海使、宝亀五年の出羽蝦夷、宝亀十年の渤海使、宝亀十年の唐使、宝亀十一年の新羅使、宝亀十一年の唐使への饗宴の場は、「朝堂」とのみ記され、延暦二年の大隅・薩摩隼人への饗宴の際のように天皇の閤門出御が明記されている訳でもないから、厳密には東区である確証はない。小田氏は、宝亀五年（七七四）に蝦夷が饗宴を受けた「朝堂」は楊梅宮の「朝堂」とみている［小田 二〇一四］。これとても東区か楊梅宮か即断はできぬが、楊梅宮に「朝堂」と呼べるような施設があった可能性が出てきたので、今後、楊梅宮の用い方の検討が急務となる。本来、天皇になれるはずがなかった光仁は、即位後に臣下らとの関係を一から構築せざるを得ず、臣下との一体性を高める儀礼や饗宴を大規模かつ頻繁に行った可能性がある。史料的裏付けには乏しいが、楊梅宮で検出されつつある施設の大規模さからみて、時たまの使用のためとは考えにくく、東区朝堂区画との使い分けなど今後の検討課題は多い。

（8）渡辺晃宏氏は、小墾田宮以来の日本的な朝政空間と、浄御原宮での大極殿導入以降の中国的な公的儀礼空間の、統合（藤原）・分割（平城）の試行錯誤の結果として、最終的に平城宮東区大極殿で大極殿と政務空間が再び一元化・統合されたのを、真の意味での日本の大極殿の成立と高く評価する。平城宮中央区大極殿の成立後にも後期難波宮や平城宮東区のような朝政空間と儀礼空間が一元化した構造が出現したことを重視し、「統合に苦心している姿をこそ認めるべき」と述べているから、あくまで「一元化」が目指すべきものであり、平城中央区は試行錯誤の結果淘汰されたものにすぎないという評価なのであろう［渡辺二〇〇一・二〇〇六］。

(9) 平城環都から天平勝宝年間に至る時期は、聖武天皇・元正太上天皇から孝謙天皇・聖武太上天皇に移行し、橘諸兄から藤原仲麻呂へ政権が移行する時期であった。東区大極殿・朝堂区画の礎石建物への改作は孝謙女帝の即位には間に合わず、天平勝宝年間にようやく完成したようだが、構想や設計は聖武天皇在位中から始まっていたとみられる。しかし、渡辺氏が言うように、儀式空間と日常政務空間の統一は「日本的なものと中国的なものの真の統合の実現」を「聖武天皇が願い続けた」結果［渡辺二〇一〇］とみるべきなのであろうか。平城宮をあれほど忌避し大仏造営に熱狂した聖武が、そのようなことを真面目に考えたか疑問がある。

(10) その変化の実態であるが、朝堂区画の政務空間としての機能低下［渡辺二〇〇六］説が有力であったが、志村氏は、奈良時代後半の「太政官院」の呼称の成立を、朝堂区画が天皇の出御空間から一定の独立性を持った臣下の自律的な政務空間として整備された結果と位置付け、朝堂区画から「朝堂院」への過渡的な状況を示すと理解した［志村二〇一五］。となると変化の帰結としての「朝堂院」呼称の成立も、儀礼空間としてではなく、政務・儀礼・饗宴を一元的に実施する場として、大極殿院と一体性を強め平安宮における「朝堂院」成立を準備したと見るべきなのであろう。

(11) 鬼頭清明氏は日本の大極殿を太極殿型と含元殿型に分け、平安宮大極殿を含元殿型とした［鬼頭一九七八］。これは他の説が平城宮第二次→長岡宮→平安宮という変化の終着点として、つまり、内在的要因で平安宮型が成立したと見るのに対して、外来的祖形の相違から平安宮の成立を説明する点で重要だが、渡辺氏の反論を誘発した［渡辺二〇〇六］。また田島公氏は、平安宮における大極殿閤門の撤去、龍尾道の形成の要因を、大極殿が大明宮含元殿を模倣したことに求めている［田島一九八五］。田島氏は、国家的儀礼である「賓礼」の開催場所を問題とした。「賓礼」でもある蕃客参加の元日朝賀の儀、「国書・信物受納の儀」や外国使節への宴会が、平城宮では大極殿—朝堂を用いて行われたとし、大極殿閤門が長安城「外朝」の承天門に当たるとする岸説［岸一九七七］を受け、天皇が出御する大極殿閤門が「賓礼」機能を果たしていたことを重視する。平安宮では大極殿閤門が撤去され龍尾道に変わったことから、平城宮で天皇が大極殿閤門に出御して行われていた宴会が、平安宮では豊楽院と朝堂院で別々の日に行われるようになったとみる。

(12) 『中右記』永長元年（一〇九六）十月十一日条に、仁明天皇が派遣した承和の遣唐使の大使藤原常嗣（承和六年［八三九］帰国）が、平安宮大極殿が唐大明宮含元殿と類似していた様子を帰国後に伝えていた、という記述がある。

(13) 国庁で行われる朝拝について古尾谷知浩氏は、朝拝の対象となる「庁」が宮都の大極殿ではなく、国の「庁」を大極殿に見立てて朝拝を行うとした［古尾谷二〇一七］。大宰府政庁の場合も同様であろう。

(14) 筆者はかつて山村氏の中央区朝堂モデル説に対し、機能に相違があり、大宰府政庁Ⅱ期の方が建造年代が早そうであるから、十二堂の省略と考えたほうが良いと述べたが［岩永二〇〇九］、今回考えを改めたので撤回する。

(15) かつて山中敏史氏は、大宰府型を西海道諸国の型と見る阿部説［阿部一九八六］に対し、肥後国庁は「むしろ多賀城により近い」、豊前国庁は「阿部の言う「内国」の国庁類型となる可能性が高い」から、「肥前国庁のようなスタイルの大宰府型を西海道諸国に共通した地域的類型とすることはできなくなる」と指摘していた［山中二〇〇四］。現在では、山中氏がとりあげた肥後国庁は調査が古く情報が不十分、豊前国庁は平安前期に下る、大宰府型の肥前国庁は九世紀前半に下る、と言った問題があるが、「大宰府型を西海道諸国に共通した地域的類型とすることはできなくなる」という山中氏の主張は妥当であろう。なお、第4図に城柵政庁型の代表例として、大宰府政庁Ⅱ期と創建時期が近い多賀城政庁第一期を挙げたかったが、図が大きくなるため、小規模な桃生城を示した。

(16) ただし、日向・大隅・薩摩のみならず筑・豊・肥諸国をも境域に含めるのは抵抗があるかもしれず、また美作国庁もこの型となる可能性があり［山中二〇〇四］、必ずしも地域的類型ではないので名称は検討の余地がある。阿部氏の「城柵型・内国型・大宰府型」［阿部一九八六］は地域的類型であるが、分布が必ずしも地域に限定されないという難点があった。他方、山中氏の「長舎型・大宰府政庁型・城柵政庁型」［山中一九九五・

二〇〇四]は建物配置の類型だが、「大宰府」「城柵」の文字が入り地域的類型と誤解されやすい。品字型・長舎型・四棟型などと呼ぶ方が良いかもしれない。

(17) 国庁一般の原型は、朝堂院[鏡山 一九六二、山中 一九九四]、平城宮の太政官曹司[阿部 一九八六]などの説が唱えられ、長舎型国庁の祖形については、大極殿・朝堂院[山中 一九九四]、太政官曹司[阿部 一九八六]説がある。山中氏は、国庁の正殿・前庭は儀式・饗宴に重要な役割を果たし、脇殿は政務などに不可欠な施設と位置付け、長舎型国庁は政務などが相対的に重視された構造と理解した[山中 一九九五]。

参考文献

青木 敬 二〇一二年「宮都と国府の成立」『古代文化』六三巻四号
浅野 充 一九九〇年「古代天皇制国家の成立と宮都の門」『日本史研究』三三八号
阿部義平 一九八三年「古代城柵政庁の基礎的考察」『考古学論叢Ⅰ』東出版寧楽社
阿部義平 一九八四年「古代宮都中枢部の変遷について」『国立歴史民俗博物館研究報告』三集
阿部義平 一九八六年「国庁の類型について」『国立歴史民俗博物館研究報告』一〇集
伊賀市教育委員会 二〇一二年『史跡伊賀国庁跡保存管理計画書』
石母田正 一九六二年a「日本古代における国際意識について—古代貴族の場合—」『思想』一九六二年(のち、同著『日本古代国家論』第1部、一九七三年所収)
石母田正 一九六二年b「天皇と「諸蕃」—大宝令制定の意義に関連して—」『法学志林』六〇巻三号(のち同著『日本古代国家論』第1部、一九七三年所収)
石母田正 一九七〇年『日本の古代国家』岩波書店
今泉隆雄 一九八〇年「平城宮大極殿朝堂考」『関晃先生還暦記念日本古代史研究』吉川弘文館
今泉隆雄 一九八四年「律令制都城の成立と展開」『講座日本歴史』二 東京大学出版会
今泉隆雄 一九八九年「再び平城宮の大極殿・朝堂について」『律令国家の構造』
今泉隆雄 二〇〇五年「古代国家と郡山遺跡」『郡山遺跡発掘調査報告書』総括編
岩永省三 一九九六年「平城宮」『古代都城の儀礼空間と構造』奈良国立文化財研究所
岩永省三 二〇〇六年a「大嘗宮移動論—幻想の氏族合議制—」『九州大学総合研究博物館研究報告』第四号
岩永省三 二〇〇六年b「大嘗宮の付属施設」『喜谷美宣先生古希記念論集』
岩永省三 二〇〇八年a「内裏改作論」『九州大学総合研究博物館研究報告』第六号
岩永省三 二〇〇八年b「日本における都城制の受容と変容」『九州と東アジアの考古学』
岩永省三 二〇〇九年「老司式・鴻臚館式軒瓦出現の背景」『九州大学総合研究博物館研究報告』第七号
岩永省三 二〇一五年「二重権力空間構造論—並列御在所の歴史的評価—」『九州大学総合研究博物館研究報告』第一三号
石見清裕 二〇〇九年「唐代内附民族對象規定の再検討—天聖令・開元二十五年令より—」『東洋史研究』六八巻一号
内田和伸 二〇〇七年「宇宙を象る宮殿—平城宮第一次大極殿の設計思想—」『日本史の方法』第五号 日本史の方法研究会
大高広和 二〇一四年「大宝律令の制定と「蕃」「夷」」『史学雑誌』第一二二編第一二号
小澤 毅 一九九三年「平城宮中央区大極殿地域の建築平面について」『考古論集』潮見浩先生退官記念事業会
小田和利 二〇〇二年「考察(2)土器」『大宰府政庁跡』九州歴史資料館
小田裕樹 二〇一四年「饗宴施設の構造と長舎」『第一七回古代官衙・集落研究会報告書 長舎と官衙の建物配置 報告編』奈良文化財研究所
小田裕樹・川畑純 二〇一四年「東院地区の調査—第五〇三次」『奈良文化財研究所紀要二〇一四』奈良文化財研究所
鏡山 猛 一九六二年「平城京と大宰府」『大和文化研究』七巻九号
金子裕之 一九八七年「平城宮」『古代を考える 宮都発掘』吉川弘文館
狩野 久 一九七五年「律令国家と都市」大系日本国家史一 東京大学出版会
河内春人 一九九六年「大宝律令の成立と遣唐使派遣」『続日本紀研究』三〇五
岸 俊男 一九七七年「難波宮の系譜」『京都大学文学部研究紀要』一七(『日本古代宮都の研究』岩波書店に再録)
鬼頭清明 一九七八年「日本にける大極殿の成立」『古代史論叢』中 吉川弘文館
九州歴史資料館編 二〇〇二年『大宰府政庁跡』
九州歴史資料館編 二〇一四年『福原長者原遺跡第3次調査・福原吉原遺跡第2・3次調査』『東九州自動車道関係埋蔵文化財調査報告—13—』
國下多美樹 二〇一三年『長岡京の歴史考古学研究』吉川弘文館
熊谷公男 一九八六年「阿倍比羅夫北征記事に関する基礎的考察」『東北古代史の研究』吉川弘文館
熊谷公男 二〇〇四年『古代の蝦夷と城柵』吉川弘文館
熊谷公男 二〇一五年「蝦夷支配体制の強化と戦乱の時代への序曲」『蝦夷と城柵の時代』吉川弘文館
久留米市教育委員会 二〇〇八年『筑後国府跡(一)』
佐賀市教育委員会 二〇〇六年『国指定史跡 肥前国庁跡保存整備事業報告書—遺物・整備編』
坂本太郎 一九五九年『日本全史』二古代一、東京大学出版会
狭川真一 一九九三年「大宰府の造営」『古文化談叢』三一
清水みき 一九九五年「桓武朝における遷都の論理」『日本古代国家の展開』上 思文閣出版
志村佳名子 二〇一五年『日本古代の王宮構造と政務・儀礼』塙書房
鈴木靖民 一九六九年「奈良時代における対外意識—『続日本紀』朝鮮関係記事の検討—」『日本史論集』上 吉川弘文館

鈴木靖民　一九八五年「日本律令制の成立・展開と対外関係」『古代対外関係史の研究』吉川弘文館
瀧川政次郎　一九六七年「革命思想と長岡遷都」『法制史論叢第二冊　京制並に都城制の研究』角川書店
田島　公　一九八五年「律令国家の「賓礼」—外交儀礼より見た天皇と太政官—」『史林』六八巻三号
津曲大祐　二〇一七年「日向国府跡の調査成果」『一般社団法人日本考古学協会二〇一七年度宮崎大会　研究発表資料集』
東野治之　一九九二年「遣唐使の朝貢年期」『遣唐使と正倉院』岩波書店
東野治之　一九九四年『遣唐使船　東アジアの中で』朝日新聞社
直木孝次郎　一九六七年「大極殿の門」『末永先生古希記念古代学論叢』（のち同著『飛鳥奈良時代の研究』一九七五年所収）
中尾芳治　一九九二年「難波宮発掘」『古代を考える　難波』吉川弘文館
中尾芳治　一九九五年「前期難波宮と唐長安城の宮・皇城」『難波宮の研究』吉川弘文館
永田英明　二〇一五年「城柵の設置と新たな蝦夷支配」『蝦夷と城柵の時代』吉川弘文館
永山修一　二〇〇九年『隼人と古代日本』同成社
奈文研　一九八二年『平城宮発掘調査報告XI—第一次大極殿地域の調査—』奈良国立文化財研究所
奈文研　二〇一一年『平城宮発掘調査報告』XⅦ
西本昌弘　二〇〇八年『日本古代の王宮と儀礼』塙書房
橋本義則　一九八四年「平安宮草創期の豊楽院」『日本政治社会史研究』中（のち同著『平安宮成立史の研究』一九九五年に再録）
早川庄八　一九八四年「古代天皇制と太政官政治」『講座日本歴史』二　東京大学出版会
早川庄八　一九八七年「律令国家・王朝国家における天皇」『日本の社会史』三　岩波書店
林　陸朗　一九七二年『長岡京の謎』新人物往来社
林部　均　二〇〇一年『古代宮都形成過程の研究』青木書店
平野卓治　一九八五年「律令位階制と「諸蕃」」『日本古代の政治と制度』続群書類従完成会
船木義勝　一九八五年「考察」『払田柵跡I—政庁跡—』秋田県教育委員会
古尾谷知浩　二〇一七年「国の「庁」とクラ」『名古屋大学文学部研究論集』史学六三
町田　章　一九九一年「平城京」『新版古代の日本』六　角川書店
松崎俊郎　二〇〇七年「長岡宮跡第四四三～第四四五次調査」『都城』一八　向日市埋蔵文化財センター
箕輪健一　二〇一七年「常陸国庁と周辺郡衙の政庁域の変遷と特質」『第二一回　古代官衙・集落研究集会　地方官衙政庁域の変遷と特質　研究報告資料』奈良文化財研究所
森　公章　一九八三年「「天皇」号の成立をめぐって—君主号と外交との関係を中心として—」『日本歴史』四一八号（のち同著『古代日本の対外認識と通交』吉川弘文館に再録）
森　公章　一九八六年「天皇号の成立とその意義」『古代史研究の最前線』一　雄山閣
山中敏史　一九九四年『古代地方官衙遺跡の研究』塙書房
山中敏史　一九九五年「古代地方官衙論」『展望考古学』考古学研究会
山中敏史　二〇〇四年「国庁の構造と機能」『古代の官衙遺跡　Ⅱ遺物・遺跡編』奈良国立文化財研究所
山村信榮　一九九四年「大宰府成立論—政庁第Ⅱ期における大宰府の成立」『牟田裕二君追悼論集』
横田賢次郎　二〇〇二年「考察（1）遺構」『大宰府政庁跡』九州歴史資料館
吉村靖徳　二〇〇三年「成立期の大宰府政庁に関する試論」『九州考古学』七八
渡辺晃宏　二〇〇一年『平城京と木簡の世紀』講談社
渡辺晃宏　二〇〇五年「称徳天皇の西宮と中央区朝堂院」『奈良文化財研究所紀要二〇〇五』
渡辺晃宏　二〇〇六年「平城宮中枢部の構造—その変遷と史的位置—」『古代中世の政治と権力』吉川弘文館
渡辺晃宏　二〇一〇年『平城京一三〇〇年「全検証」　奈良の都を木簡からよみ解く』柏書房

挿図出典

第1図　①②④⑤⑥⑧　金子裕之　二〇〇四年「大極殿・朝堂院」『古代の官衙遺跡　Ⅱ遺物・遺跡編』奈良国立文化財研究所。③　奈文研　二〇〇二年『奈良文化財研究所創立五〇周年記念　飛鳥・藤原京展—古代律令国家の構造—』。⑦　國下多美樹　二〇一三年『長岡京の歴史考古学研究』吉川弘文館

第2図　上　楊　鴻勛　一九九七年「唐長安城大明宮含元殿の復元的研究—その建築形態にかんする再論—」『佛教芸術』二三三。右下　奈文研　一九八二年『平城宮発掘調査報告XI—第一次大極殿地域の調査—』。左下　㈶古代学協会・古代学研究所編　一九九四年『平安京提要』

第3図　右上　奈文研　二〇〇二年『日中古代都城図録』。右下　金子裕之　二〇〇四年「大極殿・朝堂院」『古代の官衙遺跡　Ⅱ遺物・遺跡編』奈良国立文化財研究所。左上　九州歴史資料館　二〇〇二年『大宰府政庁跡』。左下　岡寺　良　二〇一〇年「蔵司跡の最新調査研究成果」『展望・大宰府研究—蔵司跡の調査から—』九州国立博物館

第4図　①　宮城県多賀城跡調査研究所　二〇〇二年『桃生城X』。②　石岡市教育委員会　二〇〇九年『常陸国衙跡—国庁・曹司の調査—』。③　伊賀市教育委員会　二〇一二年『史跡伊賀国庁跡保存管理計画書』。④　行橋市教育委員会　二〇一七年『豊前国府誕生　福原長者原遺跡とその時代』。⑤　佐賀市教育委員会　二〇〇六年『国史跡　肥前国庁跡保存整備事業報告書—遺物・整備編—』。⑥　奈良文化財研究所　二〇一七年『第二一回古代官衙・集落研究会　地方官衙政庁域の変遷と特質　政庁域　遺構集成』。⑦　津曲大祐　二〇一七年「日向国府跡の調査成果」『一般社団法人日本考古学協会二〇一七年度宮崎大会　研究発表資料集』

西海道のヤケと倉——九州北部の首長・豪族居館を例として——

重藤 輝行

はじめに

弥生時代から奈良時代において、高床倉庫は竪穴住居、側柱建物と並ぶ集落や首長・豪族居館、官衙を構成する主要な建物である。近年では、郡衙正倉等、官衙に付属する倉庫の調査・研究が進展し、律令国家における正倉の実態解明はもとより、弥生時代以降の農耕社会における高床倉庫の意義にも新たな視点を提供している。一方、古墳時代から奈良時代にかけては、地方の首長、豪族が中央政権の支配下に入り、中央集権的な統治機構に組み込まれる過程にある。中央集権的な地方制度が整うと、地方豪族が郡司に任用されるなど官人化が進むが、それ以前は奉仕貢納を通じて中央とつながっていたという関係にある。

ところで、吉田孝氏は「ヤケ」という語を、周囲に垣をめぐらし、門をもったヤやクラを含む一区画の施設とし、農業経営の単位として機能していたとする。そして、日本の古代社会においては、在地首長の住居が、景観の側面からヤケと呼ばれ、在地首長のイヘと合致していたと、解釈する［吉田 一九八三］。

ヤケは首長等の住居、すなわち考古学的に検出される首長・豪族居館と重なる。ヤケにおいて稲穀を中心に収納した倉は中核的な機能を果した建物のひとつであり、五世紀以降は総柱建物という考古学的遺構としても把握できる。本稿では西海道の首長・豪族居館や文献史料からヤケとその倉を検討することにしたい。また、倉の規模、棟数からヤケおよび首長・豪族居館、中央と地方および地域内の首長・豪族と一般の集団との関係、ひいては西海道の古代の社会の一側面を論ずることにしたい。

1　先行研究と本稿の目的

(1) 先行研究

古代の倉の研究は、奈良時代の郡衙正倉の出納を記録した正税帳などの史料の検討から始まる。平野邦雄氏は倉庫の字義や用途、倉の構造を検討し、「倉」が穀倉であり、「庫」が器物を納める建物であることを解明するなど、史料による研究を総括している［平野 一九八三］。考古学的には郡衙正倉等の官衙の倉庫遺構の発掘調査が各地で蓄積し、正税帳との対比から研究が深められている。その研究を主導してきたのが松村恵司氏と山中敏史氏である［松村 一九八三他、山中 一九九四・二〇〇七他］。両氏は正税帳と遺構を対比し、「倉」が高床倉庫、「屋」が側柱建物にあたるという建物構造、高床倉庫の壁構造の違いと内容物との対応、倉の規模と収納量の計算方法などの基本的な問題を解明している。その成果は官衙以外の集落遺跡の研究、飛鳥時代以前の高床倉庫の解明にもつながっている(1)。

考古学的な首長・豪族居館に関する研究は、多くの蓄積があるが、その倉に焦点を当てた研究は少ない。広瀬和雄氏は畿内の奈良時代以前の集落の建物群について、塀などの区画施設の有無、倉の有無とその棟数から階層的に区分した上で、世帯間の社会的力量の差、世帯の内部での家父長の権力の成熟度と関連づけて理解し、集落遺跡中の倉に対する基本的な視角を提示している。そして、首長居館は区画施設の中にあり複数の倉を有することが多く、八世紀になると官衙風の配置をとるようになるとする［広瀬 一九八九］。

山中敏史氏は古代の首長・豪族の居館研究を概観するとともに、官衙の正倉とも比較して、居館の倉に検討を加えた［山中 二〇〇七］。そして、倉の存在は居館の必要条件にはあたらないが、倉の所有率の高さは居館の特徴であり、居館の半数近くが三棟以上の倉を有していたとする。また、居館では郡衙正倉に見られる三間×三間総柱の高床倉庫は稀で、郡衙正倉に多い四間×三間総柱のものはほぼ存在しないとする。また、田中広明氏は豪族の居宅には複数の小規模な倉が建てられたとし、埼玉県深谷市百済木遺跡の倉を含む二つの方形区画は、豪族の経営拠点「宅」のひとつであったとする［田中 二〇〇七］。吉田孝氏の取り上げた「ヤケ」とその倉が遺跡として解明されつつある。

ところで、近年、ミヤケ・屯倉に関する考古学的研究が九州北部を中心に進められている。福岡市比恵遺跡群、有田遺跡群などで柵列により囲繞された大型倉庫群が確認され、那津官家、屯倉との関連、その形成過程および後の大宰府や郡衙などの政治拠点とのつながりが論じられる［米倉 二〇〇三、辻田 二〇一三］。桃崎祐輔氏は生産拠点に注目して屯倉比定地を検討し、畿内から軍事・農業生産・金属生産・窯業生産・祭祀にかかわる先進集団が入植したとする［桃崎 二〇一〇］。これに対して、岩永省三氏は、ミヤケを在地首長を介した土地・領域の間接支配の制度とし、桃崎氏とは異なる見解をとる［岩永 二〇一四］。

ミヤケはヤケの尊称であり、必要条件ではないものの、倉はその重要な構成要素であった。仁藤敦史氏は貢納奉仕関係の拠点としてのヤケ、ミヤケの連続性を重視する［仁藤 二〇一二］。貢納奉仕の拠点としての性格を考古学的に捉える場合にも、稲穀を主体に生産物を収納した倉は重要と考えられる。本稿ではミヤケの比定地やその定義には論及しないが、ヤケの特質、ヤケの倉の検討は、ミヤケに関する議論とも関わりをもつと考えている。

(2) 本稿の視点と対象とする資料

高床倉庫は弥生時代早期に出現し、弥生時代中期には一般化する。その後の展開では、束柱で床を支える総柱建物構造の高床倉庫が普及する五世紀に大きな画期をむかえる［植木 一九九一］。この総柱構造の高床倉庫は、遺跡の発掘調査でも認定しやすい。本稿は五世紀以降の首長・豪族居館を主な対象とし、総柱建物を主として倉と考える(2)。

なお、西海道全域を本来、視野に入れるべきであるが、九州北部とは異なり、九州南部は農業生産における稲作の比重が低いという特質があると考えられるので(3)、ここでは九州北部を対象にすることとした。

山中氏は首長・豪族居館の倉の所有率の高さはその特徴のひとつで、倉を伴う居館の半数近くは三棟以上の倉を有していたとする［山中 二〇〇七：一一四頁］。官衙以外で多数の総柱建物が検出されている遺跡が首長・豪族居館の候補として考えられる。ただし、東国の集落では集落全体の生産物が村落首長の管理する集落共有の倉に収納されたという指摘もあり［鬼頭 一九七九］、群倉だけが存在する場合も考えられる。そこで、ヤケの景観のように大型の側柱建物と三棟以上の総柱建物が共存する遺跡を対象とする。検討にあたっては、同時存在する倉の棟数と景観を考えながら首長、豪族居館等を概観し、その展開を考える。

また、ヤケや「家一区」に関する文献史料に基づいたヤケの研究を参照しながら論を進めることにしたい。

本稿での目的は首長・豪族居館の抽出やその基準を議論するというよりも、首長・豪族居館の機能・特質を、倉の面から明らかにすることを目指している。また、ヤケの中での倉の意味、ヤケに関する諸研究や史料を概観しながら、居館やヤケの集落の中での位置付け、その機能や形成の契機を論じることにしたい。

2　首長・豪族居館と倉

(1) 福岡県小郡市上岩田遺跡の居館と倉

小郡市東部、筑後国御原郡に属し、『日本書紀』天武天皇七年（六七八）十二月是月条に見える筑紫国地震によって倒壊した瓦葺基壇建物を含む評制段階の官衙遺跡として著名である。ここでは、上岩田遺跡で明らかになった評制段階官衙の時期から奈良時代にかけての一連の居館に注目し、その倉のあり方、居館としての特質をみることにしたい（第1図）。

遺跡の展開は報告書の考察、報告書に掲載された小田富士雄氏の論考［柏原他編 二〇一四、小田 二〇一四］に詳しい。それによると、生垣とも考えられるような柱穴群が周囲を取り囲むA区は七世紀前半の竪穴住居に始まり、筑紫国地震に先行する1期（七世紀第3四半期）、地震後の2期（七世紀末）には、G区の基壇建物を含む評制段階の官衙に対応する評の官人クラスの居館を形成したと考えられる（第1図1・2）。正南北に軸線をとる官衙的配置のA区3期（八世紀第1四半期）は小郡官衙遺跡群に郡庁が建造された時期と重なり、報告書では郡衙の支所、出先機関とする。

評衙の時期に併行する1・2期の居館内の倉と考えられる総柱建物をみると、1期は西部に九棟の二間×二間、三×二間の総柱建物が集中する。重複（B13とB407、B24とB406）や近接距離にあり同時存在がやや問題なもの（B15とB407、B15とB239）もあり建替えが想定されるが、B7・B10・B22・B407は軸線を揃え同時期と考えられる。少なくとも四棟の倉が存在し、居館にふさわしい数である。規模も1期と同様である。特にB9・B11・B17・B19・B65の五棟、あるいはB8・B16・B64・B66の四棟は軸線を揃えており、同時期の可能性が高い。1期と同様に最低でも四棟の倉が同時存在していたと言える。3期の官衙的建物群は南北棟の五間×二間身舎四面廂建物のB28を主殿とし、南北東西方向に柱筋を揃えて並ぶB5・B23・B34・B36・B38が中心建物群をなす（第1図3）。その西にB14・B18・B21・B68の四棟の二間×二間総柱建物があり、やや南に離れて三間×三間総柱建物B54がある。B54は一般集落では少ない大形の倉であるが、郡衙正倉には及ばず、3期の倉庫群は1・2期と大きな隔たりはない。

このように評衙段階の1・2期のA区の倉は居館とする報告書の位置付けを裏付ける棟数、規模といえる。

ところで、基壇にとりつき西辺が失われた方形の柵列で区画されたG区の評衙政庁に伴う倉は柵列の外に想定されている（第1図4）。筑紫大

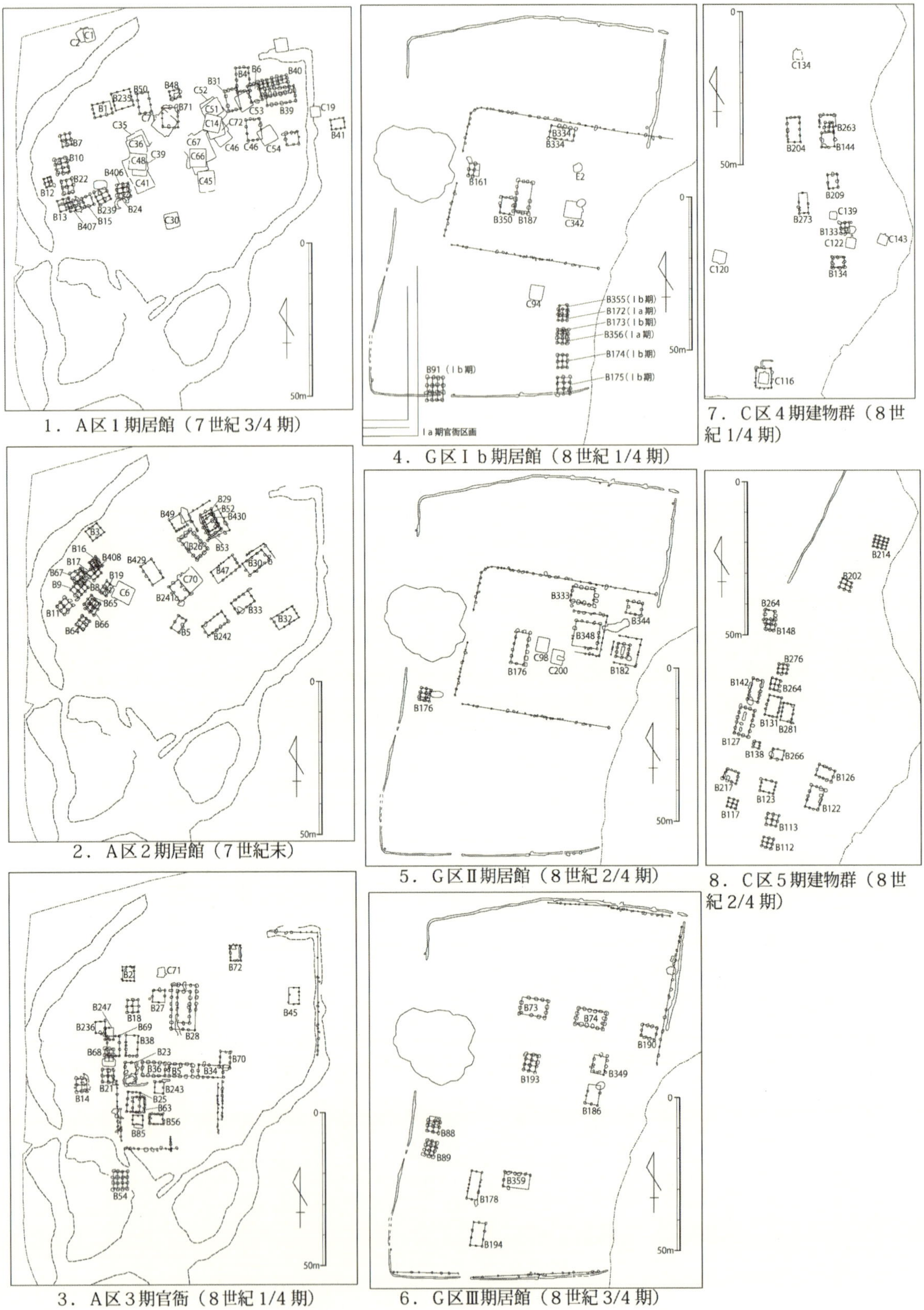

1．A区１期居館（7世紀3/4期）

4．G区Ⅰb期居館（8世紀1/4期）

7．C区４期建物群（8世紀1/4期）

2．A区２期居館（7世紀末）

5．G区Ⅱ期居館（8世紀2/4期）

8．C区５期建物群（8世紀2/4期）

3．A区３期官衙（8世紀1/4期）

6．G区Ⅲ期居館（8世紀3/4期）

第１図　上岩田遺跡のヤケ（1/2,000、柏原他編2014からトレース）

地震前のＩａ期の総柱建物は二間×二間のＢ172・Ｂ356がある。大地震後のＩｂ期では三間×三間のＢ91、三間×二間のＢ173・Ｂ175、二間×二間のＢ174があり、正倉的性格が想定されている。これらの評衙政庁に伴う正倉的倉とＡ区1期、2期の居館に伴う倉は大差のない規模、棟数であると言える。居館に伴う倉も評衙の機構と一体となって役割を果たしたのではないかと推測される。

八世紀第1四半期になると、Ｇ区政庁建物群、区画柵列の東部と重複するように、Ｇ区に南北125㍍、東西約85㍍の略長方形に溝で区画された居館が出現する（第1図4）。Ｇ区の変遷で言えば評衙政庁廃絶後のＩｂ期新段階にあたり、Ａ区の変遷で言えば官衙建物群が形成される3期に相当する。報告書ではＡ区からＧ区に居館が移動したと解釈している。Ｇ区Ｉｂ期新段階の居館外郭部にあるＣ94竪穴住居からは円面硯が出土し、居館とする解釈に合致する。Ｉｂ期新段階の居館に伴う倉には、柵で区画された内郭の二間×二間総柱建物Ｂ161がある。八世紀第2四半期とされるＧ区Ⅱ期の居館区画内では、外郭の西部にあるＢ176、内郭にあり、さらに柵で囲繞されたＢ182という二棟の三間×二間総柱建物が倉と考えられる（第1図5）。八世紀第3四半期のＧ区Ⅲ期の倉には区画の中央やや西よりに三間×二間総柱のＢ89・Ｂ193、二間×二間総柱のＢ88があり、Ｂ88とＢ89は柱筋をほぼ揃える（第1図6）。Ｇ区Ⅳ期、八世紀第4四半期になると居館区画溝が消滅し、建物数も減少する。

上岩田遺跡は初期の評衙の実態を物語る事例と言えるが、注意されるのは、居館との関係である。山中敏史氏は地方首長の私宅そのものを評衙とする類型の設定は困難とするが、国造時代の施設が評衙に移行した場合、あるいは豪族居館が評衙に踏襲された場合、さらには豪族居館と官衙が未分化であった場合を想定する［山中 一九九四］。居館、評衙に先行する七世紀前半の集落からの連続性、さらにはＡ地区1期、2期の居館とＧ地区Ｉａ期、Ｉｂ期古段階の評衙政庁が同時期に隣接する関係はそのような想定と合致する。[4] 仁藤敦史氏はヤケの一つの役割として人間集団に対する貢納奉仕の拠点をあげ、「ミヤケ」・「評家」・「郡家」・「宮」という語は、ヤケの特徴が肥大化したものとする［仁藤 二〇一二］。Ａ区居館をヤケと捉えると、そこに隣接して評衙政庁が設置された上岩田遺跡の様相は、ヤケと「評家」の間の関係を実態として示しているものと考えるべきであろう。

ただ、上岩田遺跡のヤケは生垣とも考えられるような柱穴群が囲繞するＡ区1・2期の居館、溝・柵で区画されたＧ区Ｉｂ期新段階以降の居館に限定できるわけではない。Ｇ区の北東、Ｃ区では七世紀前半から建物の形成が始まるが、Ｃ区5期の八世紀第2四半期には大型の側柱建物群と三間×三間一棟を含む八棟の総柱建物から構成される（第1図7・8）。総柱建物の数で言えば併行するＧ区Ⅱ期の居館を凌駕する。Ｃ区では溝や柵による区画は検出されていないが、これも有力者のヤケに相当する存在である。須原祥二氏は、郡司は実際には終身官ではなく、頻繁に交代し、その資格者は多数、存在したとする［須原 二〇一一］。このようなＣ区5期の主体も郡司の候補者であった可能性がある。

(2) 八世紀の居館と倉

福岡県宮若市下遺跡群［小方他 一九八九、山中他 一九九八］ 宮若市に所在し、八世紀の豪族居館と考えられている。建物の主軸方向から三時期に区分され、継続的に居館が営まれたと言える（第2図）。

Ｉ期は六間×三間身舎に西廂をもつ25号建物を主殿とし、その北に三間×二間総柱の8号建物、二間×二間総柱の2・6号建物という三棟の

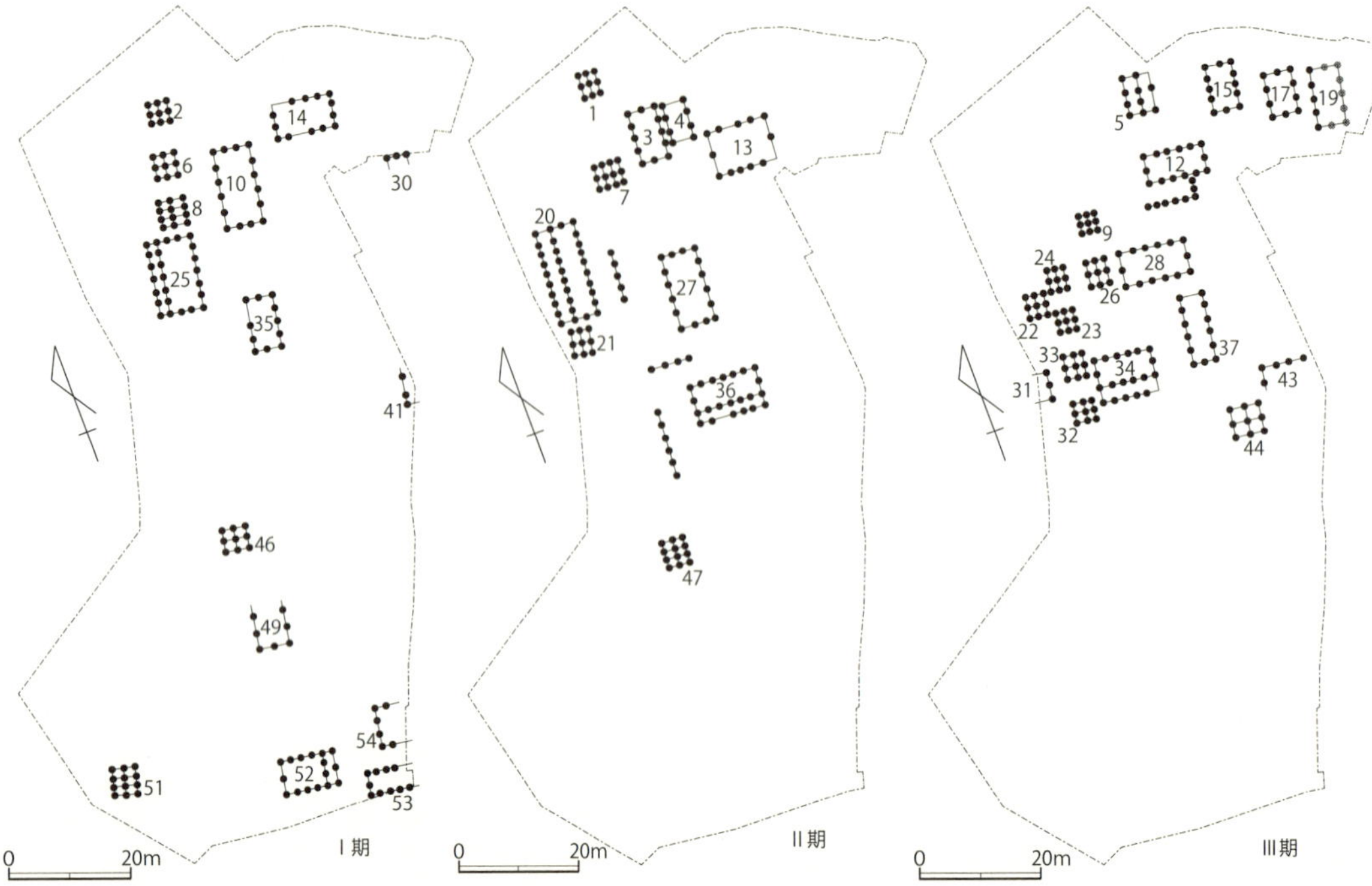

第2図　宮若市下遺跡群小倉遺跡遺構変遷図（1/1,500、小方他 1984 からトレース）

倉があり、主殿の南部には三間×二間総柱の51号建物、二間×二間総柱の46号建物という二棟の倉がある。Ⅱ期には九間×二間身舎で西廂をもつ20号建物を主殿とする。総柱建物としては三間×二間の7・47号建物、二間×二間の1・21号建物があるが、近接する位置にある20号建物と21号建物は時期差があったと考えられる。同時には最大で三棟の倉となろう。Ⅲ期は9・22〜24・26・32・33・44号の八棟の総柱建物が見られる。このうち側柱建物群の西にまとまる倉は22号以外はほぼ等間隔で並んでおり、少なくとも六棟の倉が同時存在した可能性が高い。一方、これらの群とは離れた44号建物はやや異なる性格を持った建物と考えられる。Ⅲ期は東西棟で五間×二間身舎に南廂をもつ34号建物が主殿の可能性があるが、倉と考えられる32・33号建物と近接しすぎるので、同時存在ではないだろう。

なお、下遺跡群の居館には外郭を区画する柵、溝等の施設は伴わない。居館では完全に遮蔽する明瞭な区画施設を必要条件とは考えなくても良いと思われる。

福岡県糟屋郡粕屋町江辻遺跡第6地点〔新宅他 二〇〇二〕　糟屋平野の中央を流れる多々良川左岸に存在する居館である。八世紀後半〜九世紀にかけての建物の変遷があり、Ⅲ期には14・15・17・18・22・27号建物という二間×二間総柱建物六棟と、四間×二間の総柱建物である26号一棟が見られる。このうち14・15・17・18号建物は南北方向に柱筋を揃えてほぼ等間隔で並んでいて、同時存在となる可能性が高い。一方、26号建物は大型の東西棟であるので、他の倉とは性格が異なる可能性も考えられる。少なくとも四棟の倉が同時に存在したと言えるだろう。

福岡市西区元岡・桑原遺跡群第20次調査区〔菅波編 二〇〇七〕　福岡市西区元岡・桑原遺跡群第20次調査区は五〜七世紀の竪穴住居七〇棟と奈良時

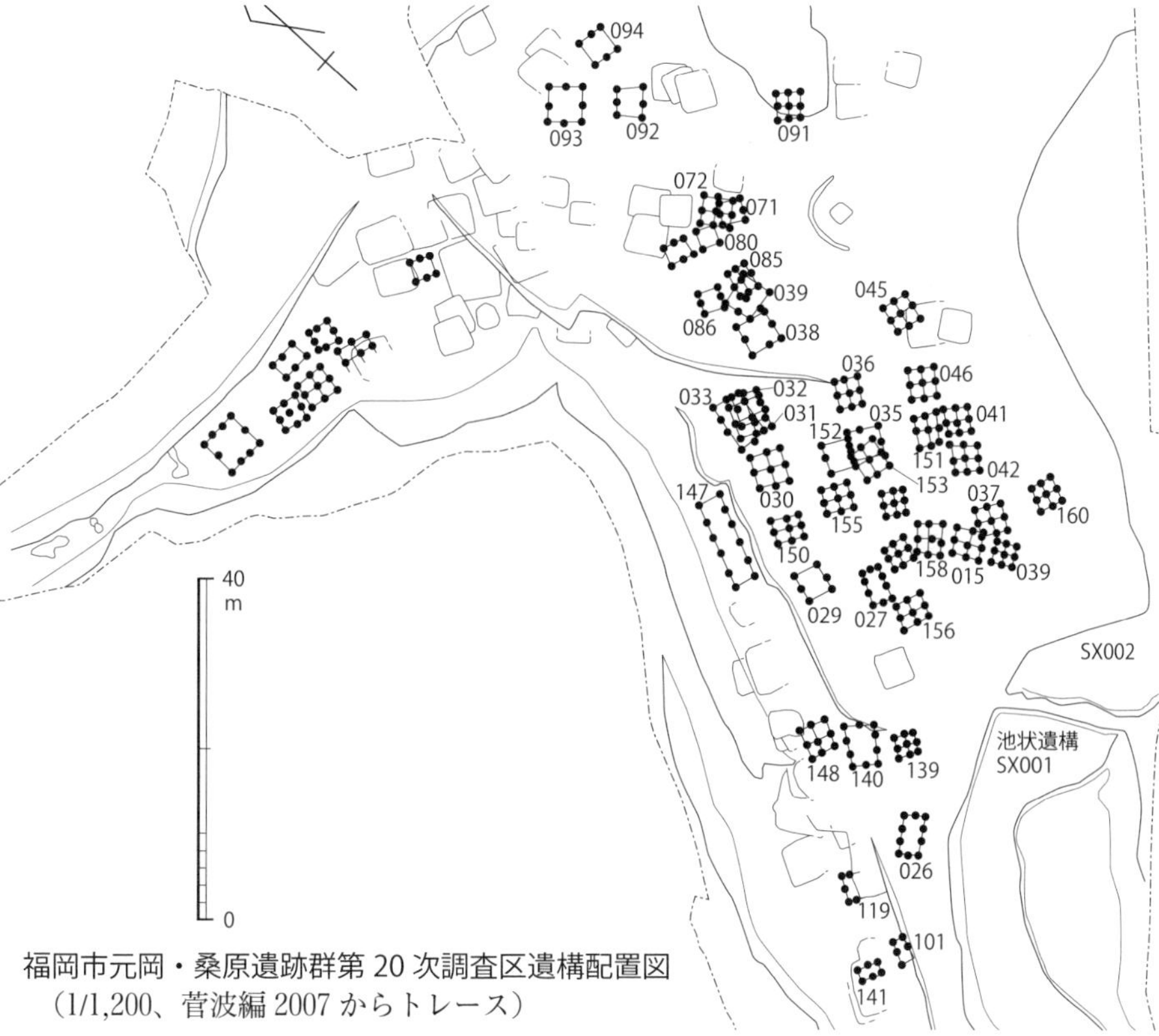

第３図　福岡市元岡・桑原遺跡群第 20 次調査区遺構配置図
（1/1,200、菅波編 2007 からトレース）

代の掘立柱建物三二棟が検出され、奈良時代の掘立柱建物は二間×二間の総柱建物が大多数を占める（第3図）。大宝元年（七〇一）荷札木簡、延暦四年（七八五）計帳作成木簡などのほか、新羅産緑釉陶器、越州窯青磁など貿易陶磁、帯金具、権衡、硯も出土している。

掘立柱建物の時期は木簡等から考えて八世紀初～末までと幅が大きく、建物も主軸の方向や重複から何時期かに区分できるようである。報告書ではその性格を官衙的遺跡とするが、小田富士雄氏によれば嶋郡衙は志麻郷に比定され、元岡・桑原遺跡群は川辺郷にあたる〔小田 一九九七〕ので、官衙としても郡庁、郡衙正倉の可能性は低い。そこで、郡衙正倉以外の官衙に伴う倉の可能性はないか、検討が必要となる。

奈良時代の各国の正税帳には「借倉・借屋」という語があり、山中敏史氏は他の倉とともに正倉域を構成するものもあれば、豪族居館や集落などに置かれたものもあるとする。また、延暦十四年（七九五）閏七月十五日・同年九月十七日の太政官符（『類聚三代格』巻十二）で、正倉を郷ごとまたは相接した数郷ごとに設置するように定めており、これを山中敏史氏は「郷倉」と呼んでいる〔山中 一九九四〕。元岡・桑原遺跡群第20次調査区の時期を考えると郷倉は除外して良いが、豪族居館に付随する借倉・借屋の可能性は考慮すべきであろう。貿易陶磁、帯金具、権衡、硯等の出土も近隣に豪族居館が存在する可能性をうかがわせる。

川辺郷の豪族に関連する施設とすれば、正倉院文書中の大宝二年（七〇二）『筑前国嶋郡川辺里戸籍』に現れる嶋郡大領肥君猪手の戸との関連が問題となる。肥後を本貫とする肥君一族は磐井の乱後に北部九州に進出し、沿岸部に分布することから海洋性があったとされ〔井上 一九六七〕、貿易陶磁の出土と合致する。

肥君猪手の戸は寄口二六人、奴婢三七人を含む戸口数一二四人の古代の戸籍で最大級の戸である。川辺里戸籍で判明している他の二三戸は戸口数三五人以下であり、その隔絶性がわかる。肥君猪手の戸は、戸主およびその直系親・戸主傍系親・寄口・奴婢の四グループに分けられ、さらにそれぞれの内部に小グループが認められる〔門脇 一九六〇、宮本 二〇〇六〕。一方、戸籍の法的擬制説の立場をとる南部曻氏は肥君猪手などの川辺里の有力戸主は口分田の総額を大きなものにしようと試み、巧妙な造籍操作によって自己の戸を大型化したとする〔南部 一九九二〕。八世紀になって群倉を形成する元岡・桑原遺跡群第20次調査区は、これと符合するかのようである。

また、造籍においては郡司が実質的な主体と考えられ〔杉本 二〇〇一〕、郡大領であった肥君猪手の居館に近接する場所で計帳関係木簡や川辺郷以外の嶋郡内の郷名（明敷、登志、志麻等）を記録した木簡が出土するとしても無理がない。(5)

このような点から、元岡・桑原遺跡第20次の倉を主体とする建物群は、肥君猪手のような豪族の居館の中心施設ではないとしても、それに付随して設置されたものと考えておきたい。

(3) 七世紀の居館と倉

福岡県遠賀町尾崎・天神遺跡5次調査区〔武田編 一九九九、重藤 二〇一二〕

遠賀川西岸の丘陵上の遺跡である。丘陵の斜面に六〜七世紀の集落遺跡が展開し、その中から七世紀後半になると丘陵頂部に大型の側柱建物を主体とする居館状の建物群が成立する。側柱建物、および一棟のみ確認される竪穴住居は主軸の方向からA・Bの二群に分かれ、時期差と考えられる。これに伴う倉には、建物群の北に偏在する34〜36号建物がある。36号建物は三間×二間、35号建物は二間×二間の総柱建物で、34号

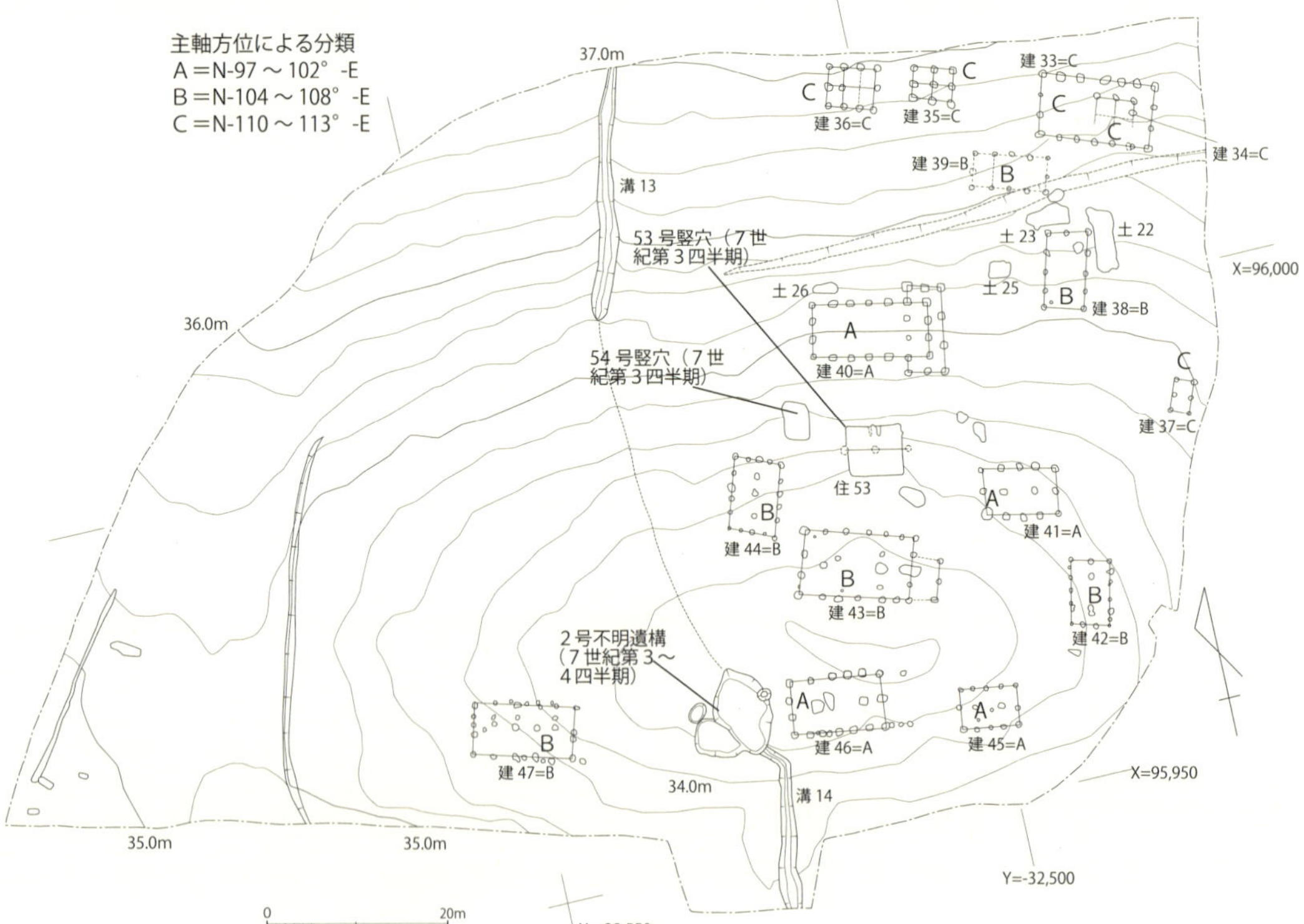

第４図　遠賀町尾崎・天神遺跡Ⅷ建物群　（1/1,000、重藤 2012）

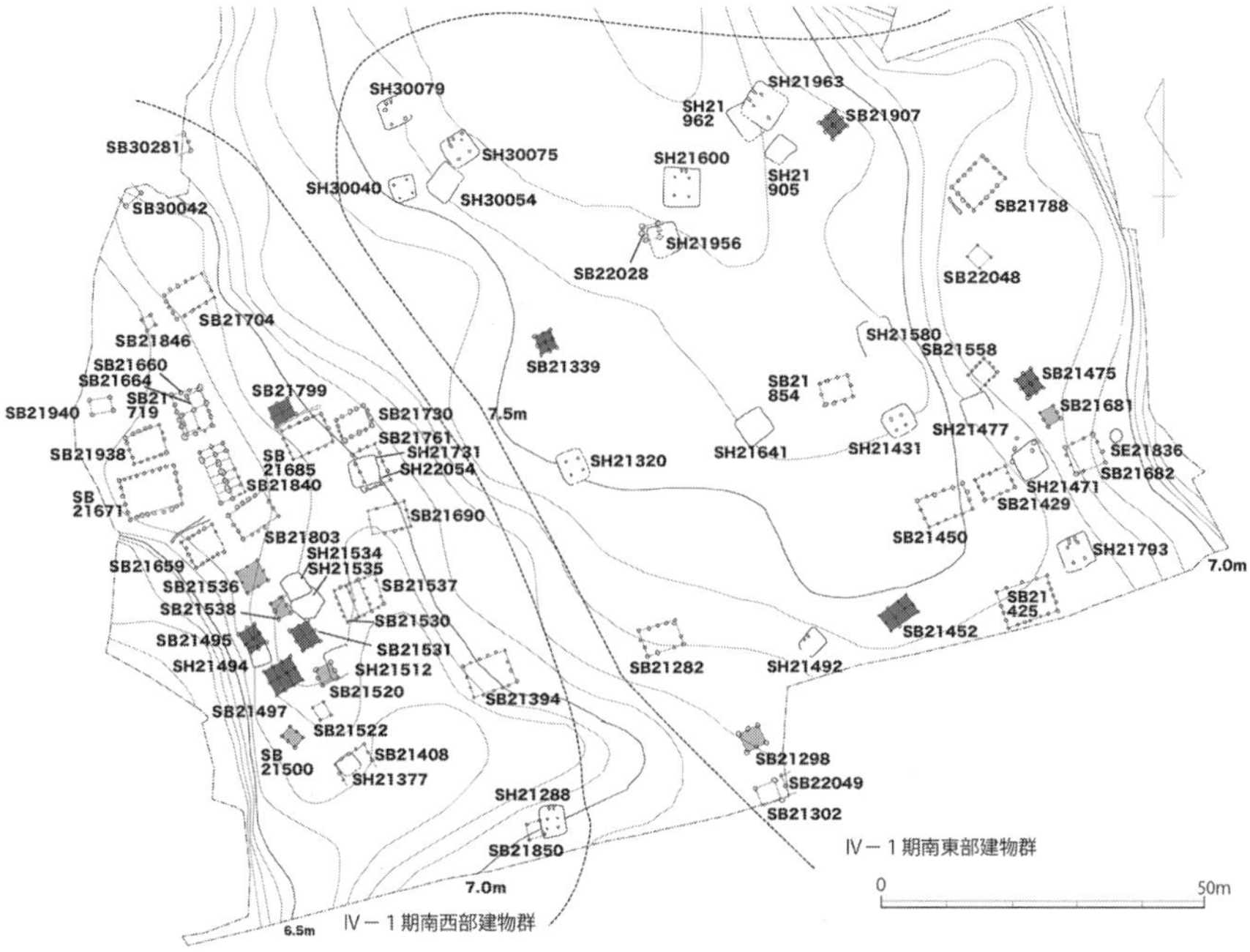

第５図　白石原遺跡Ⅳ－１期南部の主要遺構配置図（遺構配置図は 1/1,600　谷澤他編 2012 からトレース。灰色は高床倉庫と推定される建物）

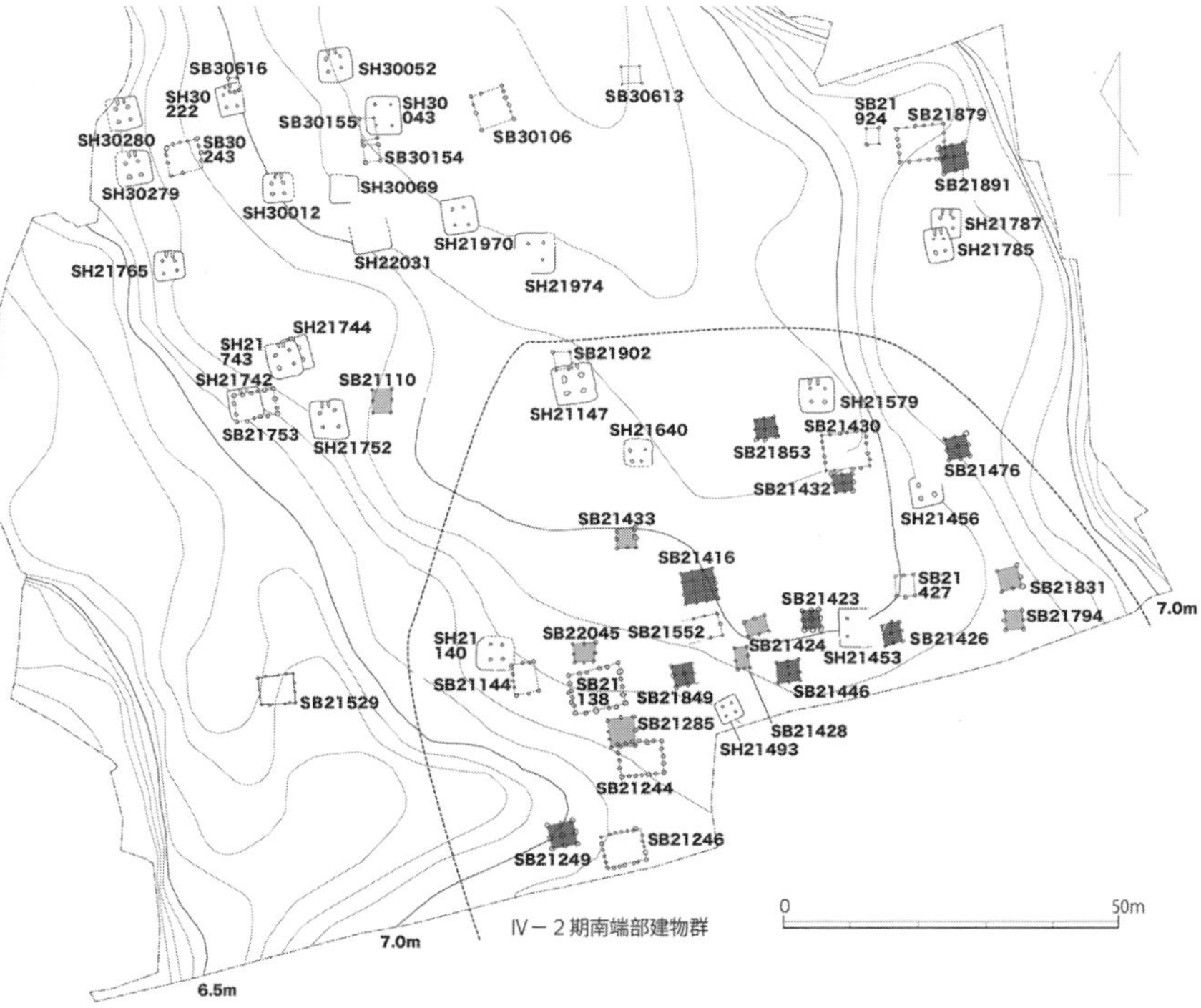

第６図　白石原遺跡Ⅳ－２期南部の主要遺構配置図（遺構配置図は 1/1,600　谷澤他編 2012 からトレース。灰色は高床倉庫と推定される建物）

建物は全体規模は不明である。これらの建物はA・B群建物とは軸線を異にしており、建物主軸からはいずれに伴うかは決定できない。ただ、35・36号建物は側柱の33号建物と柱筋を揃えており同時期と考えられる建物群を構成している。一方、34号建物は33号建物と重複していて、時期が異なる。したがって、少なくとも二棟の建物が同時に存在したと考えられる。

他の居館遺跡に比べると倉の棟数が少ないが、集落の展開から、この地区が集落の階層性の頂点に位置し、村落首長級の居館であった蓋然性は高い。また、2号不明遺構から祭祀的性格も想定される須恵器鳥形瓶が出土したこともこれに符合する。

佐賀市白石原遺跡〔谷澤他編 二〇一二、重藤 二〇一四〕 佐賀市街地の北東、久保泉町に位置している。報告書では五世紀末～七世紀前半の遺構がⅣ期として抽出され、南部の掘立柱建物群は柱穴等からの出土土器が少ないため、建物主軸のまとまりによって、Ⅳ―1～3期に分けられている。[6] Ⅳ―1期(第5図)は七世紀前半で、仔細に見れば南西側の標高7.0㍍の等高線より西に掘立柱建物群が集中する(南西部建物群)。南西部建物群は八×五間のSB671、五×三間のSB685など大形建物側柱建物群が集中する。倉としては三×二間総柱一棟(SB497)、二×二間総柱三棟(SB495・SB799・SB531)があり、二×一間の掘立柱建物も倉の可能性がある。

Ⅳ―2期(第6図)には調査区南端部、竪穴住居跡SH147、SH579よりも南に建物群がまとまり(南端部建物群)、SB138(五間×五間)、SB244(六×四間)、SB430(五×五間)、SB416(三×三間総柱)という大形の掘立柱建物も集中する。南端部建物群には、三×三間総柱建物一棟(SB416)と二×二間総柱建物八棟(SB249・SB423・SB426・SB432・SB446・SB476・SB849・SB853)が含まれる。束柱の確認されない二×二間建物五棟や二×一間建物二棟も倉と想定すると、一六棟の倉が南端部建物群に集中したことになる。ただ、二×二間総柱のSB432と大形掘立柱建物SB430が接したり、二×二間建物SB285と大形建物SB244が重なるなど二～三時期に細分される可能性がある。そうすると一時期には五～七棟程の倉となる。

このような大型の側柱建物と多数の倉を伴う建物群は、集落を統括する村落首長級の居館に相当すると考えられる。ただし、これらの建物群を区画するような明確な溝、柵が検出されていない。削平により区画施設の遺構が消滅した可能性も考慮されるが、居館がⅣ―1期南西部建物群からⅣ―2期南端部建物群へと場所を移動していることも合せて、溝や柵などで区画され、世代を越えて継承されるような居館ではなかったと言えるだろう。

(4) 五～六世紀の首長居館と倉

福岡市西区吉武遺跡群〔加藤編 二〇〇四、加藤 二〇〇五、横山 二〇〇六〕 九州北部では五～六世紀の確実な首長居館と考えられる遺跡は少ないが、その可能性が検討できる貴重な遺跡に、早良平野の西部の扇状地に立地する吉武遺跡群がある。古墳時代中期中頃の首長墓と目される帆立貝式古墳などの五～六世紀の古墳群とそれに併行する時期の竪穴住居、掘立柱建物からなる集落の広範囲が、発掘調査で明らかになっている(第7図)。

首長居館の可能性のあるのは第4次調査区樋渡地区東端の吉武S1号墳の南部である。その地点には、古墳時代中期後半のSB40・41という高床で露台をもつ可能性のある建物が二棟並ぶ。[7] その西側には広場状の空間が広がっており、辰巳和弘氏が古墳時代の居館の属性として挙げるマツリゴトを執行するための「ハレ」の空間に相当すると考えられる〔辰巳 一九九〇〕。SB40・SB41は祭祀的な性格をもった居館の主殿で、その東に位置し主軸方向が一致するSC01が日常的な首長の居住用建物に相当したと考えられる。S1号墳は古墳時代中期中頃の築造であり、古墳に眠る祖霊を対象とした祭祀を行う祭祀性の強い居館と考えておきたい。この居館に伴う倉としてはSB40・SB41と主軸方向がほぼ一致する三間×二間の総柱建物SB42がまず挙げられる。また、SB40・41

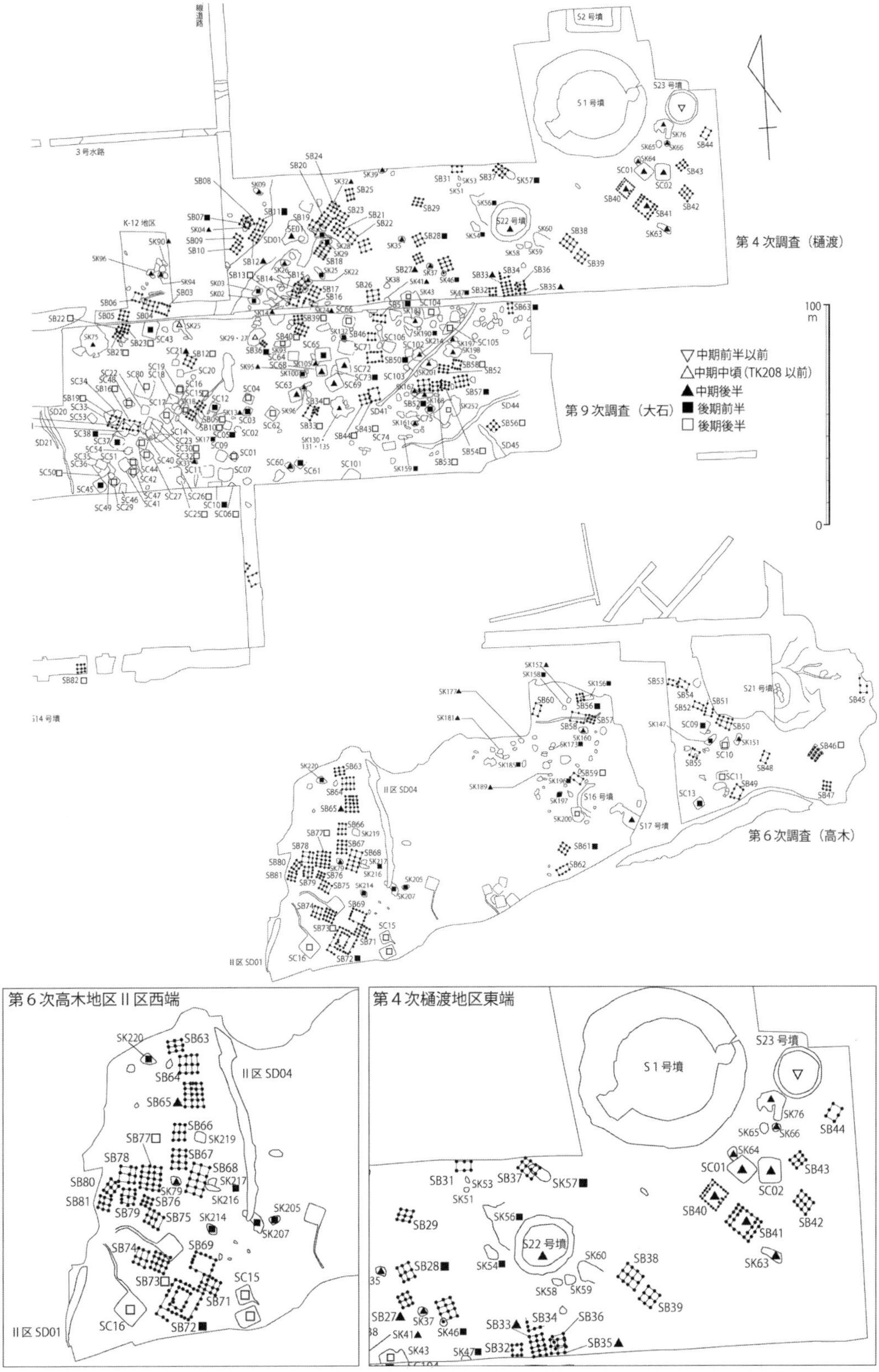

第７図　吉武遺跡群主要遺構配置図（全体図 1/3,000　細部 1/2,000　報告書よりトレース）

のやや西に離れた場所にありながらも、主軸方向の一致する三間×二間のＳＢ37・ＳＢ38、二間×二間のＳＢ39という三棟の総柱建物も居館を構成する倉と考えられる。柵や溝で区画されていないが、この居館状の施設は古墳時代中期後半の時期に「ハレ」の空間を中心に構成されていた。また、倉の規模、棟数は七～八世紀の居館と一致している。

吉武遺跡群では、第6次調査高木地区Ⅱ区の西端で検出された古墳時代後期の総柱建物群も注目される。古墳時代後期では大型に属する四間×三間、三×三間の建物を含む一六棟の総柱建物が溝ＳＤ01とＳＤ04に挟まれた空間に集中する。ＳＤ01、ＳＤ04出土土器、建物柱穴出土土器は六世紀前半～後半と時間差があり同一時期に全てが建てられたとは考えられないが、第4次調査区樋渡地区の居館の倉を凌ぐ大規模な群倉である。柵列による区画を伴わないので博多湾沿岸で検出される「ミヤケ状遺構」ではない。吉武遺跡群では六世紀の建物群が展開するので、集落共有の倉庫とするのも一案である。

しかし、ここで注意されるのはＳＣ15、ＳＣ16のような排水溝付竪穴住居が伴うことである。これらの竪穴住居とその排水溝は総柱建物と重なることが少なく、同時存在していた可能性が高い。また、このような排水溝付竪穴住居は朝鮮半島西南部栄山江流域に多く見られ、九州北部の古墳時代中期～後期の例はその地域からの渡来人と密接な関わりをもつと考えられる［重藤・吉田 二〇一二］。この群倉の管理に、渡来人の深い関与が想定される(8)。集落全体の共有の倉という一面があったとしても、渡来人を管掌する首長の政治的権力のもとに管理された特殊な群倉であったと考えておきたい。

3　史料に見える「家一区」・ヤケと倉

ヤケの実態を物語る史料として、奈良時代の売買券などに現れる数棟の屋・倉の建造物とその建物が設置された土地を示す「家一区」がある［吉村 一九九六］。関口裕子氏は正倉院文書などに残る売買券など「家一区」を記録した史料について、集落遺跡研究における単位集団あるいは世帯共同体と「家」が一致するかを検討している［関口 二〇〇四］。関口氏は家一区はヤケの施設・機関を指し、中下級官人の農業経営のための施設、庄所であるヤケの不動産的側面を示す史料とする。その事例を見ると、平安時代になると倉に関する記載が少なくなるが、奈良時代においては数棟の屋と数棟の倉からなるものが多く、上述した居館の遺跡と合致する。関口裕子氏は、文献の「家一区」は、一般農民の住居を示す単位集団ではなく、世帯共同体と文献上の「家一区」の共通性はないと結論づける。これに対して、吉村武彦氏は「家一区」が世帯共同体に対応するとする［吉村 一九九六］。

『日本書紀』天武天皇十三年（六八四）十月壬辰条にある白鳳大地震では「諸国郡官舎及百姓倉屋。寺塔。神社。」の多くに被害が及んだとある。百姓の建物として倉と屋が併記されており、屋敷地に倉と屋が存在する景観が一般的であったと理解される。また、『続日本紀』宝亀三年（七七二）十月丁巳条では、その年の五月に豊後国速見郡敵見郷（速見郡朝見郷、現在の大分県別府市内）で、地震などの山腹崩壊により形成された天然ダムが決壊し、「百姓卌七人、家卌三区」が埋没した、という大宰府の報告が見える。これは大宰府官人が、有力者のヤケのみならず、百姓、すなわち庶民、世帯共同体の屋敷地も「家一区」として認識していたことを示している。

「家一区」の史料には屋と倉が見えるが、山中敏史氏が述べるように、屋は側柱建物、倉は高床倉庫に相当する。このような景観は奈良時代の庄所に関する史料にも見える。天平勝宝七年（七五五）『東大寺越前国桑原庄券』第一（尊勝院文書）では、屋六棟と倉一棟が記載され、天平勝宝八年（七五六）『東大寺越前国桑原庄券』第二（尊勝院文書）では、屋七棟と板倉一棟が記載される［海野二〇一五他］。売買券にみえる「家一区」と共通する建物景観であったと考えられる。

また、延喜五年（九〇五）九月『筑前国観世音寺資財帳』には、筑前国の嘉麻郡長尾庄、上座郡把枝（伎）庄、筑後国生葉郡生葉庄の庄所建物が記載されている。長尾庄、把枝（伎）庄はいずれも屋三棟であるが、生葉庄は屋二棟に倉一棟が加わる。

観世音寺の庄所は、朱鳥元年（六八六）に施入された筑前国一〇〇戸、筑後国一〇〇戸の封戸が、資材帳記載の封戸二〇〇烟（筑前国嘉麻郡碓井郷、筑前国鞍手郡金成郷、筑後国生葉郡大石郷、筑後国生葉郡山北郷）と一致し［高倉一九八三］、その時点にまで遡る可能性がある。十世紀初頭には高床倉庫と考えられる総柱建物がほとんど見られなくなるので、生葉庄庄所の倉は特異であるが、七世紀末に成立した庄所建物を踏襲して記載した可能性もあろう。したがって、生葉庄庄所にみる屋と倉の組み合わせは「家一区」や『桑原庄券』と同様の景観と考えられる。

また、『日本書紀』雄略天皇即位前紀中の安康天皇三年八月の眉輪王の叛の記事では、眉輪王が葛城円大臣の宅に逃げ込み、円大臣は自らの娘、韓媛と葛城の宅七区（『古事記』では「五処之屯宅」）の献上により贖罪を請うが、雄略は許さず宅に火を放ったとする。葛城円大臣は自らが居住し眉輪王を匿ったヤケの他に、農業経営の拠点として、複数のヤケを領有していたと言える［熊谷二〇〇二］。

以上のように、古代の中小官人や豪族の屋敷地、農業経営拠点は「家一区」と呼ばれていた。また、家一区は八世紀以前は、屋と倉から構成される場合が多く、庄所も共通する建物景観であったと考えられる。古文書には地方の一般農民に関する「家一区」の史料は見えないが、豊後国速見郡敵見郷の家卌三区の記載から、西海道の百姓の屋敷地も、一般には「区」を単位として数えるようなヤケであったと考えられる。[9] 葛城円大臣の宅と同様に、地域においてはヤケは重層的に存在していたと捉えるべきであろう。

4　ヤケと倉からみた古代の社会

(1) 首長・豪族居館の倉とヤケの性格

考古学的な首長居館の検討では、首長・豪族居館には複数の倉を伴うという山中敏史氏の見解を追認できた。本稿では資料が少ないため深く掘り下げることのできなかった五～六世紀の首長居館の姿は前方後円墳の家形埴輪群にも現れるとされる。

『筑後国風土記逸文』の筑紫の君磐井関係記事には、磐井の墳墓の別区の衙頭、政所に石人とともに、「石殿三間、石蔵二間」があるとする。磐井の墓、福岡県八女市岩戸山古墳では家形石製品は知られていないが、家形埴輪に類する「殿」、「蔵」の石製品が存在したことになる。磐井が自らのヤケを模して「殿」、「蔵」の石製品を置いたことは実証できないが、「殿」、「蔵」が磐井の衙頭、政所を示すという風土記編纂時の認識を反映したといえる。ヤケの政治拠点としての性格を物語るとともに、倉がその重要な構成要素であったことを示している。

仁藤敦史氏は史料に見えるミヤケの検討から、ヤケの実態に迫り、第一にヤケは開発の単位であり、田畑や隷属民たる「奴ヤカツコ」などは「ヤケ」に付属すること、第二に「家一区」の史料に見るようにヤケは不動産の基本単位であるとともに、動産や生産手段の管理を行う経営体であること、第三に「ミヤケ」・「評家」・「郡家」・「宮」は貢納奉仕の拠点としての「ヤケ」の特徴を肥大化させたものであること、とその特質をまとめている［仁藤 二〇一二］。首長・豪族居館に複数の倉が伴うことは、開発の単位、動産や生産手段の管理、首長への共同体成員の奉仕の拠点であるとともに、地方首長から王権などより上位の主体への奉仕の拠点として、首長のヤケが果たした特質と合致する。

『豊後国風土記』日田郡靭編郷の条の記述には、欽明天皇の時代、日下部の祖、邑阿自が靭部として奉仕することを契機に、宅を形成したとある。吉村武彦氏は、古代の奉仕の概念について、在地首長の王権への服属を契機として、在地首長に対する共同体成員の意識が、天皇に転化・拡大したものとする［吉村 一九九六］。邑阿自のヤケが邑阿自の管掌する部民の奉仕の場であるとともに、邑阿自の王権への奉仕拠点と考えられ、それに伴う穀物の収納施設がヤケの倉であったと考えられる。孝徳朝における立評を解明した薗田香融氏は、「立郡人」を郡家造建の主体と考える［薗田 一九八一］。評の官人として新しい形の奉仕の開始をきっかけに郡家が設けられたと言え、邑阿自のヤケと類似する。

八世紀の下遺跡群では継続的にヤケとその倉が営まれるが、上岩田遺跡や白石原遺跡の居館は遺跡内で位置が移動したり、尾崎・天神遺跡や吉武遺跡群の首長居館では短期間で廃絶される。須原祥二氏は、郡司は頻繁に交代し、その資格者は多数存在したとし［須原 二〇一一］、阿部武彦氏は古代の族長位は特定の氏族に固定していたが、兄弟継承も含むなど、嫡々継承が確立していなかったとする［阿部 一九八四］。族長位の継承に関して平野邦雄氏は王族に複数の宮があったように、貴族・豪族にも、複数の宅が存在したとし、その複数性は、氏の複数の系に対応したと解釈する［平野 一九八五］。ヤケの移動や短期性は、兄弟間や傍系親族への首長、族長の地位の継承等の理由で奉仕関係に組み換えが起こったことに起因するのではないかと考えられる。

八木充氏は、弥生時代の剰余生産物は共同体的倉に収納されたが、それが共同体の首長による共同体の支配機関に転化し、その延長として、国家支配が政治的倉に媒介される田租制という形の貢納関係が成立したとする［八木 一九六八］。このような共同的な倉は六世紀の吉武遺跡群の群倉に見える。その後、首長・豪族居館との関連を深めながら元岡・桑原遺跡群第20次の倉を主体とする建物群あるいは上岩田遺跡A区の居館内の倉につながった。その一端を示すものが、居館の倉あるいは評衙正倉から夜津評内の「家」への出挙を記録した上岩田遺跡に隣接する井上薬師堂遺跡出土の出挙木簡［平川他 二〇一四］であろう。

もう一方では、国家の地域支配制度に組み込まれて郡衙正倉の前提となったと考えられる。『日本書紀』天武紀十四年十一月の詔では、大角・小角・鼓・吹・幡旗および弩・抛を「私家」に置くことを禁じ、「郡家」に納めるように命じている。ヤケやそれに付属する倉庫には、地方支配制度の進展により、地方首長の政治的拠点であるヤケと郡衙などの地方官衙の機能が分化していく過程が投影されていると言えるだろう。

(2) ヤケの重層性と倉

吉田孝氏は垣、門によって区画された大規模な独立的景観からヤケの観念が発生し、農民の住居は一般にはヤケと観念されていなかったとする［吉田 一九八三］。また、一般小民のイへは七世紀の前後の頃にははっきりとした区画をもったヤケとして成立していたかは疑わしいと述べる。上述したように関口裕子氏は「家一区」という語を一般農民の住居を示す単位集団ではないとする。

これに対して吉村武彦氏は「家一区」が世帯共同体に対応すると述べている。また、森田悌氏は、宅神祭を各人がその所有する宅ごとに神霊＝穀霊＝祖霊を迎え奉斎する行事と考え、竪穴住居に居住するような庶民も宅をもち、宅ごとの祭礼を行ったと考える［森田 一九八六］。上述した宝亀三年（七七二）の豊後国速見郡敵見郷の家卌三区の記載は、そのような庶民の宅地を示すものであろう。森田悌氏は農民、庶民の宅地について、耕地の周辺に居住可能な野地・ひま地が多く残っていて、宅地は国家に班給されるものではなく、任意に設定されたものと考える。大規模で区画を伴うようなものではない。また、ヤケや「家一区」に通じる観世音寺生葉庄庄所の屋二棟、倉一棟の建物棟数は七〜八世紀の一般集落のいわゆる単位集団と大きな違いはない。したがって、庶民の居住する小規模な屋敷地、区画も、倉を伴う経済生活の単位として機能していれば、ヤケや「家一区」と認識されたと考えるべきである。七〜八世紀の地域の農耕社会は首長・豪族の居館から庶民の住まいまで大小様々なヤケで構成されていた、ということになる。

八世紀第2四半期の上岩田遺跡では、溝で区画されたG区Ⅱ期居館と、多数の倉をもつC区5期建物群が同時に存在していた。また、『日本書紀』雄略天皇即位前紀に登場する葛城円大臣は自らのヤケとは別に七区のヤケを領有していたと言える。

井上薬師堂遺跡出土の出挙関係木簡は居館あるいは評衙正倉から、他のヤケへの出挙を示すものであり、複数のヤケの共存を証明する史料である。それは出挙を通じて上下に結びつくものであるので、ヤケも豪族・首長のヤケから庶民のヤケまで重層的に構成されたと考えられる。それを結びつけたのが共同体やそれを代表する首長、さらには首長より上位にある王権への奉仕であり、後の時代になると出挙というより即物的な関係、国家の地方支配の中での公的な官衙とヤケとの分離が顕著になると言える。筆者は古墳の階層性、古墳構築に関する情報の広がりから重層的な社会のつながりを論じたことがある［重藤 二〇一六］。古墳と同様にヤケも首長・豪族居館を頂点に重層的であり、その階層性や奉仕の関係は倉棟数や規模にも現れると理解される。

上述のように、肥君猪手の戸は口分田の総額を大きなものにしようと造籍操作によって大型化したとする考えがある。仮にその戸が実態から離れた擬制的なものであったとしても、肥君猪手のもとにある倉には口分田、さらには大領としての職分田からの稲穀が集積されたであろう。元岡・桑原遺跡群第20次の群倉はそのような豪族・首長のヤケに伴う倉の階層的位相を示している。本稿でみたような大型の側柱建物とともに、複数の倉をもつ豪族・首長居館は、地域におけるヤケの階層性の頂点、貢納奉仕関係の結節点にあったと結論づけておきたい。

おわりに

本稿ではヤケの性格、倉との関係に焦点を絞り、主として首長・豪族居館を対象とした。居館の網羅的検討を基礎としたものではないなど大きな問題はあるが、ヤケという位置付けにより、居館やその倉の意義に迫るためのひとつの試みとして捉えていただければ幸いである。また、このようなヤケとしての性格、機能は各地で蓄積が進む首長・豪族居館、官衙とその先行集落との関係、さらには評衙・郡衙とは言えないものの官衙風の建物配置を示す遺跡の解釈にも通じる部分があるのではないかと考えている(10)。

史料が示すようにヤケは庶民の宅地にいたるまで重層的であると理解できる。倉、さらにはヤケの階層的位相全体を論ずるためには、庶民の宅地や、一般集落の単位集団まで検討に含めなければならない。もちろん、このような問題を論ずるためには、古代の戸籍計帳に関する研究も参照する必要があるが、様々な階層の資料が遺構や遺物として残る考古学的な集落遺跡の階層性が重要な資料と考えられる。今後の課題としておきたい。ヤケを拠点として奉仕などで重層的に結びつく社会として捉えることができれば、古墳の様相とも対比できると思われる。

また、ここでは官衙やミヤケを対象から除外したが、郡衙正倉に加えて、西海道においては大野城跡・基肄城跡、蔵司などの大宰府そのものの倉庫、大宰府に先行する那津官家の倉庫との関係も問題となる(11)。文献史の研究、文献史料も一部の引用、言及にとどまっており、誤りなども多いのではないかと危惧している。御批判、御叱正をお願いしたい。

本稿は筆者に与えられた科学研究費補助金基盤研究（C）「古墳時代～奈良時代の西日本集落遺跡における倉庫遺構に関する研究」研究課題番号：26370899（重藤輝行、佐賀大学、平成二六～二九年度）の成果の一部である。

註

（1）　本稿では史料に登場するヤケと発掘調査された遺跡、遺構を区別する必要があるので、郡・評の役所を「郡衙」・「評衙」とし、首長・豪族の住居を含む一角を「居館」とする。

（2）　弥生～古墳時代、高床構造の神殿の存在が想定されるが、「ハレ」の空間の中心的建物［辰巳 一九九〇］として理解できる場合などの条件がある場合に、その可能性を考える必要があろう。

（3）　薩摩・大隅は延暦十九年に至るまで班田が行わず、天平十七年に諸国の公廨稲が制定された時、中国は二十万束が原則であるにもかかわらず、中国である大隅、薩摩はその五分の一の四万束とされた［井上 一九六七］。

（4）　報告書では上岩田遺跡を御原評衙とするが、酒井芳司氏は井上薬師堂遺跡出土の木簡の記載から、筑前・筑後の分国前の夜津(夜須)評に属し、筑前・筑後分国後、御原郡となり小郡官衙遺跡に郡衙が設置されたと考える［酒井 二〇一六］。上岩田遺跡が御原評、夜津評のいずれに属するかは定見をもたないが、小郡官衙遺跡や夜須郡内に郡庁が営まれる前の、初期の評衙とヤケの関係を示すのが上岩田遺跡であると解釈しておきたい。

（5）　元岡・桑原遺跡群第20次調査区からは、寺院や公私諸機関で文書、記録を司る下級役人、「案主」銘の墨書土器も出土する。案主も肥君猪手のような豪族との関連で任じられたと考えておきたい。

（6）　本論で取り上げる範囲の白石原遺跡の遺構番号は二一〇〇〇番台であるので、以下の文中では下三桁のみを記載する。

（7）　高床の神殿には総柱の構造以外にも、吉武遺跡群第4次調査区樋渡地区西端のSB40・SB41のような露台をもつ構造の建物が存在する可能性を想定する必要があろう。

（8）　直木孝次郎氏は、中央の倉の管理に、渡来人である「倉人」が係わったとしており［直木 一九五八］、渡来人の職掌の一つとして倉の管理があったと考えられる。

（9）　古代荘園図に関する研究［金田 一九九八］によると、荘園図には、百姓の宅地と建物が「家」として記載されることが多い。

（10）　松原弘宣氏は愛媛県松山市久米官衙遺跡を評制度に先行する国造制時代の統治機構から、孝徳立評時の前期評家、七世紀後半の評家への展開を示すとする［松原 二〇一四］。また、久留米市御井郡衙のヘボノ木遺跡周辺には郡衙政庁・正倉以外の官衙風建物が分布する。高良大社文書中の高良大社神宮寺の『高隆寺縁起』［久留米市史編さん委員会編 一九九二］では、白鳳十三年癸酉(六七三)二月八日の寺創建に物部氏、阿曇氏とならんで「弓削郷戸主　草部公」が見える。また、弘仁元年庚寅(八一〇)三月の講堂改築に関する記事では、御井郡大領、少領として「草部公」の名が見える。弓削郷はヘボノ木遺跡を含む地域にあたり、弓削郷に本拠を置いた草部氏が立評に関与し、草部氏の居宅に近接して評衙を造建した可能性が高い。上岩田遺跡と同様に豪族の居館を基盤に評衙が形成されたと想像される。

(11) ここでは郷里の役所、それに伴う倉の存在に重きを置かなかった。郷や里のレベルの役所の存在を、「郷家」(「儀制令春時祭田条」)、「五十戸家」(木簡など)という記載から考える意見もあるが、浅野充氏は里や郷には官人的存在が一人しかおらず、領域も本来的には存在しないことから、「郷家」や「五十戸家」を里や郷の機能を体現した郷長、里長の家と考えている[浅野 二〇〇七]。郡衙正倉よりも下位の倉について、居館・ヤケとの関連性を踏まえた抽出、把握が重要であると言える。

引用文献

浅野　充　二〇〇七年『日本古代の国家形成と都市』校倉書房

阿部武彦　一九八四年『日本古代の氏族と祭祀』吉川弘文館

井上辰雄　一九六七年『正税帳の研究』塙書房

岩永省三　二〇一四年「ミヤケの考古学的研究のための予備的検討」高倉洋彰編『東アジア古文化論攷』二　中国書店

植木　久　一九九一年「高床式建築の変遷」直木孝次郎・小笠原好彦編『クラと古代王権』ミネルヴァ書房

海野　聡　二〇一五年『奈良時代建築の造営体制と維持管理』吉川弘文館

大津　透　二〇〇二年「農業と日本の王権」『岩波講座　天皇と王権を考える』三　生産と流通

小方良臣・舌間悟・古野千恵子　一九八九年『下遺跡群』若宮町文化財調査報告書第七集

小田富士雄　一九九七年「筑前国志麻(嶋)郡の古墳文化」『古文化談叢』第三九集

小田富士雄　二〇一四年「上岩田遺跡の歴史的意義」柏原孝俊・山崎頼人編『上岩田遺跡』V　小郡市文化財調査報告書第二七七集

柏原孝俊・山崎頼人編　二〇一四年『上岩田遺跡』V　小郡市文化財調査報告書第二七七集

加藤良彦編　二〇〇四年『吉武遺跡群』XVI　飯盛・吉武圃場整備関係調査報告書一〇(古墳時代生活遺構編一)　福岡市埋蔵文化財調査報告書第八三一集

加藤良彦　二〇〇五年『吉武遺跡群』XVII　飯盛・吉武圃場整備関係調査報告書一一(古墳時代生活遺構編二)　福岡市埋蔵文化財調査報告書第八六四集

門脇禎二　一九六〇年『日本古代共同体の研究』東京大学出版会

金田章裕　一九九八年『古代荘園図と景観』東京大学出版会

鬼頭清明　一九七九年『律令国家と農民』塙書房

熊谷公男　二〇〇一年『大王から天皇へ』日本の歴史第〇三巻　講談社

久留米市史編さん委員会編　一九九二年『久留米市史』第7巻　久留米市

酒井芳司　二〇一六年「筑紫における総領について」『九州歴史資料館研究論集』四一

重藤輝行　二〇一二年「筑前における七世紀の集落—福岡県遠賀郡遠賀町尾崎・天神遺跡を事例として—」『古文化談叢』第六八集

重藤輝行　二〇一四年「佐賀平野の古代集落に関する一考察—佐賀市白石原遺跡を中心として—」佐賀大学・佐賀学創世プロジェクト編『佐賀学II　佐賀の歴史・文化・環境』岩田書院

重藤輝行　二〇一六年「古墳の埋葬施設の階層性と地域間関係—古墳時代中期の九州北部を例として—」田中良之先生追悼論文集編集委員会編『考古学は科学か—田中良之先生追悼論文集』中国書店

重藤輝行・吉田東明　二〇一二年「日本列島北部九州地域における馬韓・百済系竪穴建物の検討」『甕棺古墳社会の住居跡』国立羅州文化財研究所

新宅信久・西垣彰博　二〇〇二年『江辻遺跡』第六地点　粕屋町文化財調査報告書第一八集

菅波正人編　二〇〇七年『元岡・桑原遺跡群』八　福岡市埋蔵文化財調査報告書第九六二集　福岡市教育委員会

杉本一樹　二〇〇一年『日本古代文書の研究』吉川弘文館

須原祥二　二〇一一年『古代地方制度形成過程の研究』吉川弘文館

関口裕子　二〇〇四年『日本古代家族史の研究』塙書房

薗田香融　一九八一年『日本古代財政史の研究』塙書房

高倉洋彰　一九八三年「筑紫観世音寺史考」『大宰府古文化論叢』下巻　吉川弘文館

高田知恵・本田岳秋編　二〇〇四年『古賀ノ上遺跡』三　北野町文化財調査報告書第一九集

武田光正編　一九九九年『尾崎・天神遺跡』IV　遠賀町文化財調査報告書第一三集

辰巳和弘　一九九〇年『高殿の古代学』白水社

田中広明　二〇〇七年「地方官衙の「館」と豪族の居宅」山中敏史編『古代豪族居宅の構造と機能』奈良文化財研究所

谷澤仁・古賀章彦編　二〇一二年『白石原遺跡』I(一区A〜E地点の調査)佐賀市埋蔵文化財調査報告書第七〇集

辻田淳一郎　二〇一三年「古墳時代の集落と那津官家」『新修福岡市史』特別編　自然と遺跡からみた福岡の歴史　福岡市

直木孝次郎　一九五八年『日本古代国家の構造』青木書店

南部　昇　一九九二年『日本古代戸籍の研究』吉川弘文館

仁藤敦史　二〇一二年『古代王権と支配構造』吉川弘文館

平川南・清武雄二・三上喜孝・田中史生　二〇一四年「井上薬師堂遺跡出土木簡の再検討」柏原孝俊・山崎頼人編『上岩田遺跡』V　小郡市文化財調査報告書第二七七集

平野邦雄　一九八三年「クラ(倉・庫・蔵)の研究—大宰府、郡家の発掘調査によせて—」『九州歴史資料館開館十周年記念　大宰府古文化論叢』上巻　吉川弘文館

平野邦雄　一九八五年『大化前代政治過程の研究』吉川弘文館

広瀬和雄　一九八九年「畿内の古代集落」『国立歴史民俗博物館研究報告』第二二集

松原弘宣　二〇一四年『日本古代の支配構造』塙書房
松村恵司　一九八三年「古代稲倉をめぐる諸問題」『文化財論叢』奈良文化財研究所創立三〇周年記念論文集　同朋舎
宮本　救　二〇〇六年『日本古代の家族と村落』吉川弘文館
桃崎祐輔　二〇一〇年「九州の屯倉研究入門」『還暦、還暦?、還暦!』武末純一先生還暦記念献呈文集・研究集　武末純一先生還暦記念事業会
森田　悌　一九八六年『日本古代の耕地と農民』第一書房
八木　充　一九六八年『律令国家成立過程の研究』塙書房
山中敏史　一九九四年『古代地方官衙遺跡の研究』塙書房
山中敏史　二〇〇七年「地方豪族の居宅構造と空間的構成」山中敏史編『古代豪族居宅の構造と機能』奈良文化財研究所
山中敏史・石毛彩子　一九九八年「地方豪族の居宅と稲倉」奈良文化財研究所埋蔵文化財センター編『古代の稲倉と村落・郷里の支配』奈良文化財研究所
横山邦継　二〇〇六年『吉武遺跡群』XⅧ　飯盛・吉武圃場整備関係調査報告書一二(古墳時代生活遺構編三)　福岡市埋蔵文化財調査報告書第九一一集
吉田　孝　一九八三年『律令国家と古代の社会』岩波書店
吉村武彦　一九九六年『日本古代の社会と国家』岩波書店
米倉秀紀　二〇〇三年「筑前におけるミヤケ状遺構の成立」『先史学・考古学論究』Ⅳ

肥前国佐嘉郡条里の問題点について

日野尚志

はじめに

佐嘉郡の条里は同一の方位からなる単一条里ではない。この点に関して『東亜の集落』［米倉 一九六〇］では三つの条里区からなるとしている。

地割の方位が異なっていても一町方格の地割が連続している場合は同一条里区と考え、一町方格の地割を地形図に記入して縮小したのが第1図（ただし、里界線と主要河川のみを記す）であるが、米倉氏の考える三つの条里区ともう一つの方一里程度からなる条里区（第1図A）があり、全体で四つの条里区からなっていたと考えたい。

佐賀平野には多数のしこ名（通称地名）が存在し［服部 二〇〇一］、複数の地図にみえるしこ名（以下、しこ名はすべて複数の地図からの引用）から里界線の復原は可能で、いずれも東北隅を一

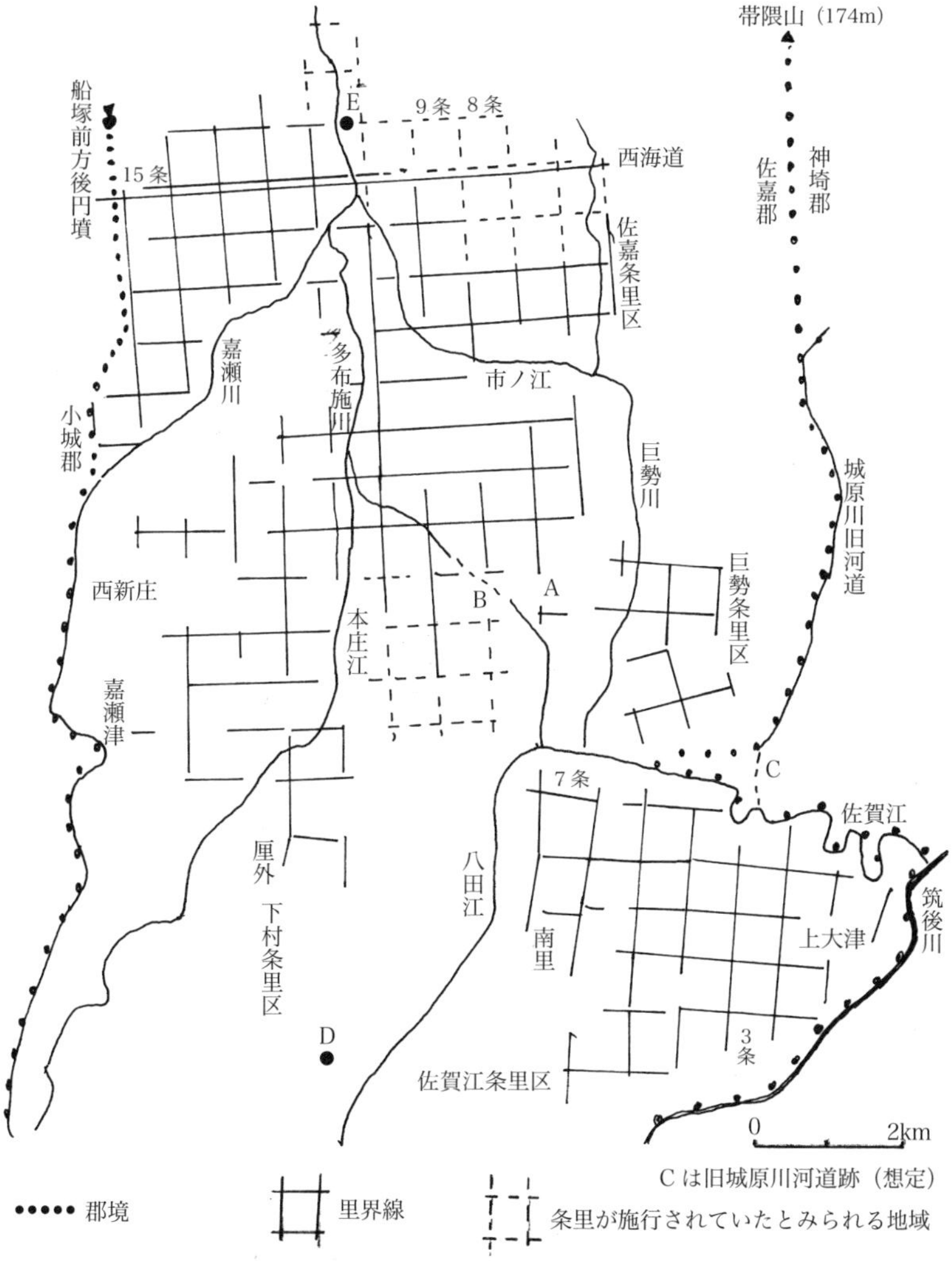

第１図　佐嘉郡の条里地割

ノ坪、東南隅を三十六ノ坪とする千鳥式の坪並である。この四つの条里区(第1図参照)に佐嘉条里区・佐賀江条里区・巨勢条里区・下村条里区と仮称名をつけておきたい。

肥前国佐嘉郡条里の問題に関して佐賀県地籍図集成㈣『佐嘉郡一』で「肥前国佐嘉郡の条里について(その1)」[日野 一九九六]を始めとして佐賀県地籍図集成㈤『佐嘉郡二』で「同(その2)」[日野 一九九八]、佐賀県地籍図集成㈥『佐嘉郡三』で「同(その3)」[日野 二〇〇〇]、佐賀県地籍図集成㈦『佐嘉郡四』で「同(その4)」[日野 二〇〇二]で述べたことがあるが、まだ残された課題について考えたい。

1　佐嘉条里区の問題点について

肥前国庁については『肥前国府跡』Ⅰ・Ⅱ・Ⅲ[佐賀県教委 一九七八・一九八一・一九八五]、『肥前国庁跡―遺構編―』[大和町教委 二〇〇〇]から明確になっているが、国庁跡の東にN11度Wの方位をもつ佐嘉条里区と異なる正方位の地割が存在すると小字図から考えた「肥前国府に関する再検討」[高橋 一九八四]がある。

一方、考古学の立場から「肥前国府周辺の地割について」[谷沢 一九九九]、「肥前国府域における地割と周溝状遺構について」[谷沢 二〇〇三]の論考がある。都市化が進む旧大和町内の発掘調査から検出された正方位を示す道路や地割、周溝状遺構から高橋氏の見解を認め、その成立は国庁が拡大する九世紀前半であり、その後地割に沿うように尼寺の寺域が改善され、十世紀には地割の指標という役割を担った周溝状遺構が順次造られていくものと考えている。

この正方位の地割の存在について史料から考えてみたい。しかし、この問題を考えるためには国庁跡周辺の条里地割、固有里名の現在地への比定、佐嘉郡家、駅路、伝路、佐嘉駅家、市(国府市)、嘉瀬川の流路(奈良時代から平安時代初期)、佐嘉条里区の北限について検討しなければならない。

諸問題を考察するために地形図に条里の里界線と発掘調査で確認された駅路[佐賀県教委 一九九五]を記入してみると、駅路が里界線に一致しない(第2図参照)ことに注目したい。駅路は直線で嘉瀬川を渡河していたとして第2図にそのルートを記入している。

次に時代はかなり下がるが承安三年(一一七三)二月十四日付清原兼平質地去状案(『平安遺文』三六一九号)に

　権介清原真人兼平謹解
　　渡進先祖相伝畠地壱処事
　　　在　管佐嘉郡山田東郷川原村者
　　　四至　東限小津溝　北限高瀬古大路
　　　　　　西限大川　　南限府大路
　（以下略）

とある川原村から検討してみたい。

まず南限の「府大路」の「府」は大宰府、「大路」とはかつての駅路とみられ、既に駅制は廃止されていたが大宰府に至る道路として機能していたのであろう。これによって南限は明確になったと思われる。東限の小津溝は第2図の市ノ江であろう。市ノ江は巨勢川と合流して巨勢川となり佐賀江に流入している(第1図・第5図参照)。佐賀江の右岸は小津東郷(『倭名類聚抄』の小津郷)にあたるので小津溝とは小津郷に至る市ノ江を指すことは明白といえよう。国庁跡(第1・2図参照)が市ノ江に接することから奈良時代市ノ江は舟運のある嘉瀬川の分流(主流

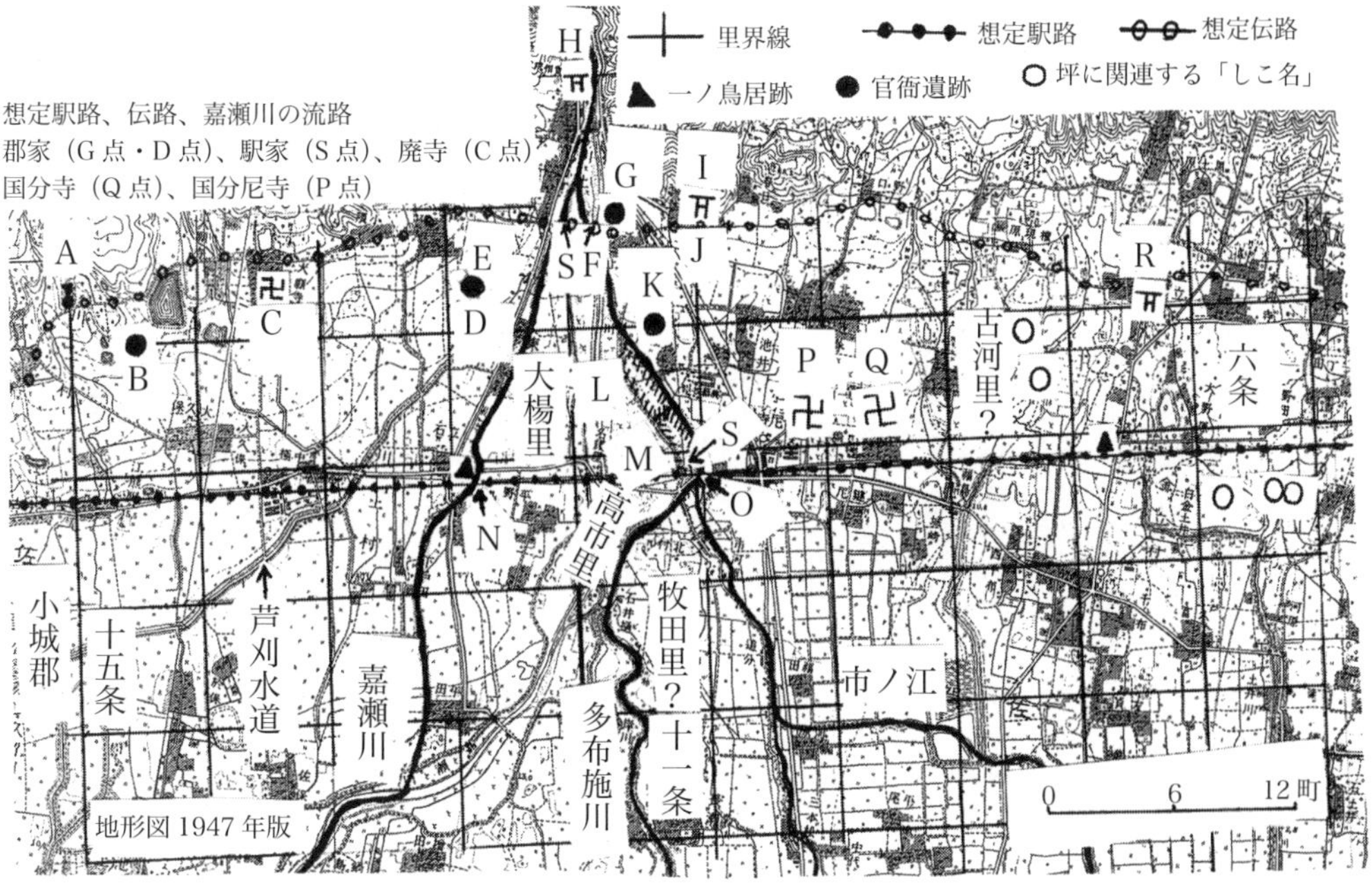

第２図　肥前国庁（K点）周辺の条里

の一つ)であったが、十二世紀末頃には土砂が河道に堆積して細い流れになっていたために「溝」と呼ばれるようになったのであろう。なお、市ノ江の「市」は国府市に由来することは間違いないだろう。

北限の「高瀬古大路」の「高瀬」とは嘉瀬川上流域で浅いところを渡ることを示し、「古大路」とは駅路が設定される以前、背振山地の山麓を東西に通る道路(のちに伝路)を指すのであろう。この道は駅路より古く存在し、しかも重要なルートであったことから古大路と呼ばれていたのであろう。

伝路と考えたのは佐賀公の墳墓とみられる肥前国最大の船塚(墳長114㍍)前方後円墳(第2図A点、佐嘉・小城郡境の目標にもなっている)のすぐ南を東に進む道路があり、約300㍍行くと、そこに「大願寺二本松遺跡」(第2図B点)〔大和町教委 一九九三〕がある。この遺跡は八世紀前半から後半にかけて掘立柱建物群が形成され、しかも計画性の高いL字型の建物配置を示し、北側に倉庫をつくるなど規模は小さいが国庁周辺の遺構と似た建物配置をしている。また建物の方位は、八世紀前半は西傾、八世紀後半には正方位に変化しているのは国府関連遺跡と同一で官衙遺構である可能性が高い。

この遺跡の東北約800㍍に『肥前国風土記』(『寧楽遺文』下巻)佐嘉郡条に記す「寺壱」に比定される大願寺廃寺(第2図C点)がある。この廃寺は瓦の年代的特徴から七世紀末から八世紀前半の創建とみられる大きな礎石31個(『川上読本』二〇二三)が残る。おそらく大願寺一帯は佐賀公の拠点で大願寺二本松遺跡は山田郷家であろう。

大願寺廃寺からさらに東側約1300㍍離れた地点に「東山田一本杉遺跡」〔佐賀県教委 一九九五〕と「西山田二本松遺跡」〔佐賀県教委 一九九六〕がある。この二つの遺跡(第2図D点)は隣接していて嘉瀬川左岸から移転してきた佐嘉郡家であると思われるが、この点については後述したい。

嘉瀬川を渡河した道路は惣座から式外社甘南備神社（第２図Ｉ点『日本三代実録』貞観十二年〔八七〇〕二月二十五日条にみえる）前を通り、金立にある式外社金立神社（第２図Ｒ点、『日本三代実録』貞観二年〔八六〇〕二月八日条にみえる）の北側を経て川久保に至る道路に接続する。

川久保の東から神埼郡域に入り、烽が置かれていたとみられる日の隈山（148メートル）の山麓（条里の固有里条に火隈里がある）を通り、城原川を渡ると神埼郡家〔日野 二〇一一〕に達する。神埼郡でも山麓を通る道路に沿って烽や郡家が置かれていたことに注目すべきであろう。

以上のように背振山麓を通る道路は嘉瀬川の氾濫を受けないルートとして少なくとも古墳時代から存続し律令時代には伝路として、伝路廃止後は地域の重要なルートとして利用されていたことは間違いないだろう。嘉瀬川右岸近くに「横道」（第２図Ｅ点）、左岸の甘南備神社に接して「横道」（第２図Ｊ点）のしこ名があり興味深い。

西限の「大川」について考える前に次の史料を検討してみたい。

正平九年（一三五四）六月の座主増成免田畠注文写（『南北朝遺文』九州編第三巻、三六九二号）に記す「御鉾料河原村畠地在家等分」に「一所国尺畠（中略）、下河原畠地（中略）、栗小島・志々岐津留（以下略）」とあり、河原村のなかに国尺畠・栗小島・志々岐津留と呼ばれる地区があったことがわかる。志々岐は砂礫地、津留は水路のある低地、栗小島は土砂の堆積した微高地に栗が植林されていることを示しているとみられ、河原村は低湿地で嘉瀬川から派生した分流（現在の嘉瀬川であろう）があって土砂の堆積した微高地が点在していたことが想定される。

ここで注目したいのは「国尺畠」である。尼寺の小字に「国尺」（第２図Ｍ点）があり、市ノ江に接し、想定駅路が通ることにも注目したい。

国尺について米倉氏〔一九六〇〕は、国造の転訛ではないかとしているが、『日本の地名』〔鏡味 一九六四〕によれば、「ジャク」が渡船場などに道祖を祀り、石神（ジャクジ）の石碑を建てたことに由来しているとあり注目したい。それは『肥前国風土記』佐嘉郡条に「又此川上有石碑。名曰世田姫」とあり、式内社の淀姫神社（第２図Ｈ点）が石神であったことが判明する。奈良時代嘉瀬川の主流の一つであった市ノ江の左岸（駅路の通過点）に石神を建て、市ノ江を渡れば式内社淀姫神社に至ることを駅路を通る人々に知らせたのであろう。国庁に近いことから「国石神」が「国尺」になったのではないだろうか。

想定駅路を直線で西に延長した立石には淀姫神社の一ノ鳥居（第２図Ｎ点）があって、想定駅路に沿っているのでおそらくここから北に向かう道路を約２２００メートル行くと淀姫神社に至るということを駅路を通る人々に知らせたのであろう。この道路は天明五年（一七八五）作の「上佐嘉上郷久池井村之内河上神領」（佐賀県立図書館所蔵）に一ノ鳥居から淀姫神社に向かう直線状の道路として描かれている道路にあたる。

一ノ鳥居はここだけでなく、国分寺〔大和町教委 一九七六・一九九〇〕の東約１４００メートルの想定駅路に沿って式外社金立神社一ノ鳥居跡〔日野 一九七九〕があり、ここから北に直線で進む道路を約800メートル行けば金立神社（第２図Ｒ点）に達するので、ここでも駅路を通る人々に神社の位置を知らせるために建てられたのであろう。

式外社の金立神社に一ノ鳥居跡があるのは神社が徐福伝説と関係があり、参詣に来る人々が多数であったと想定されよう。徐福は秦の始皇帝の臣で仙薬（不老不死の薬）を求めて蓬萊島へ渡ったという故事は『史記』にもみえるが、その徐福が佐賀市浮盃《ぶばい》（第５図参照）に上陸し、金立山に向かったという伝説があり、金立神社では五十年に一度、徐福の道を昔そのままにたどる御幸行列がある〔佐賀新聞社 一九八三〕。

淀姫神社一ノ鳥居がある立石も「石神」を祀る石碑があったことに由来している可能性があり、一ノ鳥居の存在と併せて考えてみると立石が嘉瀬川の渡河地点であったことを示唆しているといえよう。そうであれば淀姫神社に至る道路が嘉瀬川右岸の自然堤防上にあったと想定されるので字図や空中写真の判読から第2図にその流路を想定してみた。この流路が奈良・平安時代を通じて嘉瀬川の本流で西限の「大川」とは当時の嘉瀬川の本流を指していると考えたい。

第2図からもわかるように市ノ江と駅路に接してしこ名「前田」があり、駅家が転訛したと考えられる「まや」さらに転訛したと考えられる「まえ(前)」も駅家想定地として取り上げられているので〔木下 二〇〇九〕、その位置から佐嘉駅家に関連する地名をみることができよう。

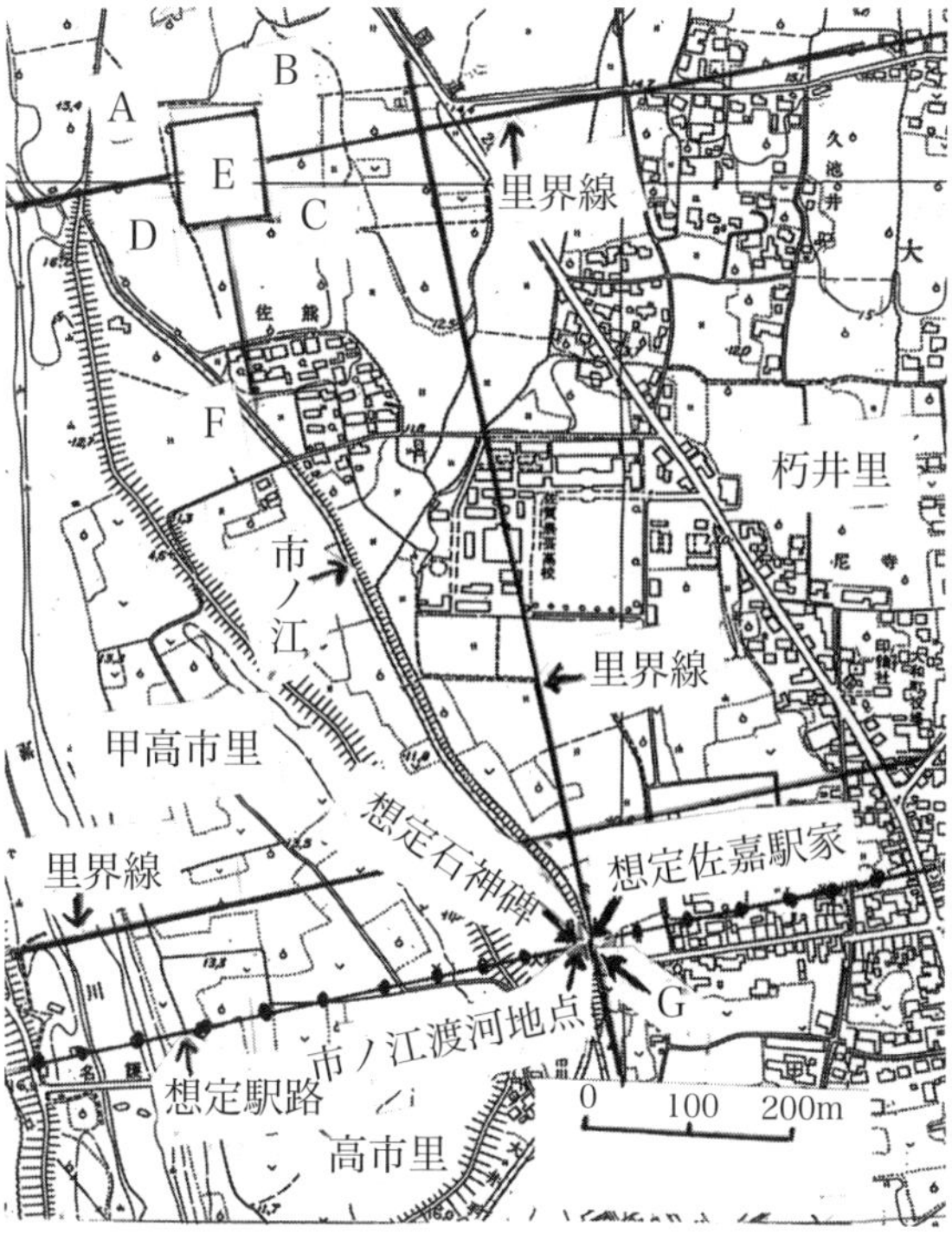

第3図　国庁（A-B-C-D）と駅路を結ぶ想定道路（E-F-G）

S点を駅家とした場合、ここから国庁に向かう道路を考えなければならない。国庁の南門から出る道路は発掘調査〔大和町教委 二〇〇〇〕でも確定するまでには至っていないが、道状の残存小字等から幅9㍍前後の道路が想定されている。その方位はN10度Wでそのまま南に延長すると市ノ江に突きあたるので、おそらく市ノ江の左岸に沿いながら駅路に達していたと考えたい。その場合、第3図(五千分一国土基本図11―1C―83を縮小、第4図も同じ)に示したように三差路の交点の東に駅家、西に石神碑があって市ノ江の渡河地点に河津があり、市ノ江を渡ればそこは国府市場であったと考えたい。

次に佐嘉郡家について触れてみたい。『肥前国風土記』佐嘉郡条に「郡西有川、名曰佐嘉川」とあり、川とは嘉瀬川を指すので郡家は左岸にあったことがわかる。ここでは高瀬古大路に想定される道路から北に約150㍍離れ、嘉瀬川が山地から平地に出た地点に「久池井六本杉遺跡」(第2図G点)〔大和町教委 一九九〇〕がある。遺構の一・二期は八世紀初頭から八世紀前半で桁行七間×梁行三間の東西に長い建物が二棟一直線に並び主軸N11度Wは条里地割の方位と一致している。しかし、三期から五期は三×四間の総柱建物群と二間×五間の桁行の長い建物で構成され、N11度Wから真北方向への変化があり、その時期は八世紀前半～八世紀後半・九世紀前半とされ、建物の性格が異なっていることに注目したい。

この遺跡は肥前国庁跡から北に約700㍍離れているので一・二期は佐嘉郡家で、八世紀後半から九世紀前半にかけて肥前国府域の拡大に伴って倉庫群となり、新しい佐嘉郡家は佐賀公の拠点に近く背振山麓の古道を強く意識しながら嘉瀬川の氾濫を受けない地点(右岸にある芦刈水道〔第

2図参照）は嘉瀬川の派生河道の一つを利用して近世初頭に築造された人工水路で、ここまで嘉瀬川の氾濫があることを示している）で嘉瀬川の水運を利用できる位置、前述した東山田一本杉遺跡（第2図D点）に移転したのであろう。

この遺跡からは掘立柱建物一一棟が検出され、築地側溝とそれに伴う正方位建物が確認されている。内部の状況など全体像は明確でないが内部に郡庁があった可能性がある。特に九世紀初頭に築造されたとみられるSB237は棟方向を真北に九間×四間（身舎七間×二間プラス出一間の四面庇）を有する規模の大きい建物で国庁の正殿に匹敵し、近くで二面の圏脚円面硯が出土している。

一方、この遺跡に西隣する西山田二本松遺跡については前述したが、A区では八世紀前半から掘立柱建物が検出され倉庫群が確認されている。出土したヘラ書き土器に「郡廐」、「厨」があり郡家であることを示しているといえよう。

『肥前国風土記』の成立を天平年間の初め頃とした場合、郡家の移動は七三〇年後半から七四〇年代であろうか。

奈良時代既に嘉瀬川が分流していた市ノ江（下流は巨勢川）・多布施川・嘉瀬川が主流（第1・2図参照）であったと思われる。

嘉瀬川は第1図の条里地割分布図からもわかるように右岸に非条里地割区が広がり、西新庄付近（第1図参照）には「籠《こもり》」（低地を少しずつ囲んで（籠《こも》って）開発していくことに由来）のつくしこ名もみられ、中世の開発によってできた地区も考えられる。しかし、平時には舟運のある河川で嘉瀬津の地名も残っている。その嘉瀬は『平家物語』の「康頼祝詞」に「さるほどに鬼界が島の流人共露の命草葉の末にかゝッて、おしむべきとにはあらぬ共、丹波少将のしうと平宰相の領、肥前国鹿瀬庄より衣食を常にをくられければ、それにてぞ俊寛僧都も康頼も命をいきて過しける」と、鹿瀬庄がみえる。その鹿瀬には鑑真に因む嘉瀬津の伝承があるので古代嘉瀬川が主流の一つであったことは間違いないだろう。

川原村の四至を検討した結果、その範囲は第2図のF—O—N—Sとなり、このなかに四里（一ノ坪から六ノ坪までしかない里を含めると六里）が想定されるので、その四里について考えてみたい。

条から考えると川原村は十一条・十二条になるが、十二条と記された固有里名は確認できない。しかし、十一条には甲高市里・高市里・牧田里が確認できる。高市里の「高」は「国府《こう》」を指すとみられ、国府市里を示すといえよう。甲高市里の「甲」は高市里と区別するために「こう」に通じる「甲」をつけたとみられ、高市里の北であろう。高市里（第3図参照）は駅路が通り、市ノ江に接しさらに多布施川にも接する里が高市里で、その北を甲高市里と考えたい。

佐嘉郡の固有里名のなかに上船保里・船保里があるので、おそらく市ノ江から多布施川に多数の帆船が集まる拠点があり、有明海沿岸や筑後川流域から集めた物資を国府や国府市場に運んでいたことから里名がつけられたのであろう。

甲高市里に国庁跡（第3図参照）が入ることから甲高市里は国府や初期の佐嘉郡家との取引、高市里は農民、国分二寺・佐嘉駅家との取引と対象が異なっていた可能性があるのではないだろうか。

二里が決定し残るのは二里であるが、元亨三年（一三二三）九月十六日鎮西下知状（『鎌倉遺文』第三十七巻、二八五二四号）に「山田東郷川原村大楊里八坪」「大楊里十八坪」があり、川原村に大楊里があったことが判明し、残るは一里である。

正和三年（一三一四）正月廿六日沙弥浄光国分長季田地等去状（『佐賀県史料集

成』第二巻、佐賀県立図書館刊行）に

（端裏書）「□□萩原□□朽井内下河原里六坪□□」

奉引渡

尊光寺阿弥陀如来筥崎御領□□下河原里六坪壱町同領内僧座南萩原畠地壱所事

（以下略）

とあり、下河原里が確認できる。萩原は現在でもしこ名として使用されていて国庁跡付近をいう。僧座は現在の惣座、朽井は久池井であることから国庁跡付近が下河原里であることが想定される。久池井の小字「川原・下川原・上川原」が嘉瀬川流域にあるのでその位置から甲高市里の北が下河原里であろう。下河原里六ノ坪は嘉瀬川の流域ではなく右岸の平坦地になるので当時は条里地割が存在していたのであろう。下河原里の北は憶測であるが上河原里と思われ、式内社淀姫神社がこの里内に含まれることになる。

川原村にある大楊里について、安元二年（一一七六）六月日肥前国河上宮神田注文案（『平安遺文』第七巻、三七六六号）に「二季御祭御供饗膳料」として「大楊里十八坪四段」「大楊里廿一坪丁卅二坪四段」がみえ、大楊里八・十八・廿一・卅二坪が免田・神田の対象となっている。

大楊里は他の三里の位置から第2図に示した位置で十二条になることは間違いなく、免田・神田の対象になった坪は川原村の四至外になっている。川原村の全体像は把握できないが、前述した正平九年（一三五四）の史料から嘉瀬川本流と市ノ江（当時は主流の一つ）に挟まれた地域にあり、さらに分流もあったと思われ、そのために生産性の低い土地が多く、免田・神田の対象になりにくかったのではないだろうか。

十一条牧田里は里内に牧と水田が展開していたことから里名がつけられたとすれば、高市里の南ではないだろうか。里内に条里地割と蛇行する多布施川があり、自然堤防の斜面や低湿地が牧になっていたのではないだろうか。その位置から国府・郡家・駅家などに馬を供給していたのであろう。

市に関する史料は存在しないが、正平二十二年（一三六七）正月十一日僧成譲状（『南北朝遺文』九州編第四巻、四六五七号）に河上宮の御免になった一つに「佐嘉郡内市辺本屋敷壱所　四至見本証文・大楊領」、さらに「市辺南屋敷茶薗半分事」とあり、大楊領がどの範囲であるか不明であるが十二条大楊里と関連があるのは確かであろう。大楊里の東が高市里なので市の近くに大きな屋敷があり、かつてそこに律師（僧都に次ぐ僧官）が居住していたので市ノ江の自然堤防の斜面で茶園を営んでいたのであろう。「市辺」から市が十四世紀後半でも機能していたことが判明する。

次に国庁跡周辺の条里地割について検討してみたい。前掲の安元二年（一一七六）六月日肥前国河上宮神田注文案にみえる「甲高市里三坪」は、国庁跡付近となり、市ノ江の左岸にも条里地割があったことになるので国庁跡より東にも地形図（第2図参照）に里界線を記入して坪に関するしこ名を記入してみたい。

しこ名は才淵川流域で銚子塚前方後円墳西側に「サナツボ」が二箇所あり、同じ里の三ノ坪と廿三ノ坪にほぼ一致する。里内に小川《こがわ》（地元ではごがわと呼ぶ）集落があることから固有里名の古河里の遺称地である可能性がある。小川では墨書土器や製塩土器を出土した八世紀後半から九世紀初頭の集落跡が発掘調査で確認されている〔大和町教委二〇〇四〕。

小川を古河里の遺称地とすると、その初見は前掲の安元二年（一一七六）の肥前国河上宮神田注文案にみえる「古河里三坪内」で、しかもしこ名の「サナツボ」に相当することになり、条里地割が部分的であり施行されていたことが明確になったといえよう。前掲の文保二年（一三一八）二月十日肥前河上宮免田領主交名注文案に「古河里三坪内二段　千員」と三坪のことが記されている。

巨勢川の流域にある野田に「十七橋・十七・上の十七」があり、十七橋がほぼ十七坪に一致するが他は一致しない。

坪に関するしこ名が残る二つの里に条里地割は検出されないが、しこ名がいずれも河川の流域にあるので、前述したように河川沿いに局地的な条里地割が施行されていたと考えるべきであろう。

古河里を小川に想定した場合、八条になるので十一条甲高市里との間にある九条・十条に条里地割が存在していたのか否か史料から検出してみたい。

文永八年（一二七一）歳次辛未八月廿七日尊光国分忠俊寺領寄進状（『鎌倉遺文』第十四巻、一〇八六六号）に「奉寄進　（筑前）筥崎御領肥前国朽井内山野并田畠等事」として、

四至　限東朽井堺堀通　限南若宮御前馬場堀通
　　　限西同若宮山尾東平通　限北高木城
　　外田地
四至　朽井里十六坪四段　十七坪壱段参杖
　　　在廿坪壱町　廿一坪七段
（以下略）

とあり、国分忠俊（朽井の地頭）の高城寺への寺領寄進状であるが、四至外にあった田地二段三杖は僧侶たちが開発した水田と記してあり、朽井《くちい》（遺称地は久池井）里にあったことがわかる。

次に寄進された土地の四至について検討してみたい。東限の「朽井堺」とは旧久池井村と隣接する村（北原）との堺を示し、その堺が堀となっている。第４図にあるA―Bの小川は旧久池井村の東境で天明五年（一七八五）の上佐嘉郷北原村の絵図（佐賀県立図書館所蔵）でも、久池井村と北原村の村境であった。久池井付近の水田は山地から流れ出る小川の水に依存していたので水を下流に少しでも流させないように小川に堀を設けて水を溜めていたことから境堀といわれたのであろう。

第４図　朽井里（G-H-I-J）、正方位地割の範囲（K-L-M-N）、寺領（A-B-C-D）

南限の「若宮御前馬場堀通」は尼寺の小字に「若宮」があり、若宮宮があるのでこの付近が南限となると尼寺と久池井の旧村境であるB—C間に注目したい。この間は多少屈折しているが直線に近く現在でも小川が東西方向に流れているのでC—D間を南限と考えたい。

西限は明確にしがたいが王林寺に至るC—E間であろうか。北限の高木城は春日山(237㍍)で城山跡ともいわれる。

四至のうち東限と南限が明確になったのでその境界線を第4図に記入し、条里の里界線を記入しF—G—H—Iを朽井里として考えたい。

第4図からもわかるように問題の田地はすべて四至外にあり、一方第4図の正方位地割のK—L—M—Nを朽井里としても問題の田地はすべて四至外にある。しかし、四至外の土地で四至に接する田地は後者が多い。四至に接する荒地を無断で開墾していたとすれば、正方位条里地割で考えたほうが妥当性は高いと思われ、その存在を認めるべきであろう。

問題はなぜ条里施行地域に正方位地割を施行したかであろう。憶測にすぎないが、市ノ江の氾濫によって久池井周辺の条里地割が消滅し、そのために新しい地割を施行する際に正方位にして土地を整備し国府に勤める官人たちの居住区にあてたのではないだろうか。

2　佐賀江条里区の問題点について

この条里区(第5図)では南里に注目したい。南里が条里地割の南限を示す地名とみられるが、第5図からもわかるように南里の北には一町方格が基準より大きい区画、逆に小さい区画、菱形をした区画があり、複雑な様相を呈しているが、それでも方六町からなる一里となっている。しかし、南里の南には一町方格の地割は存在しない。

南里については弘安十年(一二八八)正月十八日沙弥某寄進状(『鎌倉遺文』第二一巻、一六四八五号)に

寄進
肥前国春日山高城禅寺
同国河副庄内東故衙・西故衙・松丸等尻荒野事
四至　東北限本作土居
　　　西南限南里江底

とあり、東と北が土居、西と南が南里江湖(満潮時には海、干潮時には干潟内の河川となる低地)であった。

さらに正応元年(一二八八)十一月七日北条時定荒野寄進状案(『鎌倉遺文』第二二巻、一六八〇八号)に

寄附　春日山高城禅寺
肥前国河副庄三分一方米津土居外旱潟荒野壱所事
四至　限東米津并東故衙土居　限南米津土居
　　　限西南里前通旱潟　　　限北南里土居

とあり、東は米津と東故衙土居、北は南里土居、西は南里前通旱潟、南は米津土居となっている。

この二つの史料に記される土居を五千分の一地形図、藩政時代の絵図、空中写真の判読から第5図のような土居を考えたい。服部氏[二〇〇二]によれば干拓は袋状に小さく干潟を囲い込むことによって成立していて、二ヶ所にある「六反ごもい」(六反籠)のような地名はそのことをよく示しているとしているが、二ヶ所ではなく三ヶ所(第5図A点)にみられる。その一つが東古賀集落のすぐ南にあり、ここが干拓地であることが判明する。前掲正応元年(一二八八)の史料本文を省略したが、その

第５図　佐賀江条里区の地割と想定河川流路（F-D-H、F-D-G）　想定土居

なかに「早以新開田之土貢」とあり、寄進された土地が新開田であることが判明する。

この二つの史料にみえる荒野は守護北条時定によって高城寺に寄進されているが、法光寺殿（北条時宗）の菩提を弔うための経費に充てるためで不毛の地が寄進されたとは考えにくい。

コ字形に囲まれた干潟がいつ干拓地になったのかははっきりしないが、おそらく十三世紀後半ではないだろうか。そうであれば十三世紀後半既に条里システムが崩壊していたと考えるべきであろう。南里以北の条里地割がいつであるか明確でないが隣接する神埼郡［日野 二〇一五］では、十一〜十二世紀に条里システムが理念的になりかけ、そのために新開田では一町方格の地割が多少あいまいになり、一里内に大小の区画が生じたり、一里の一辺が六町になっていない里が生じたと想定されるので、佐嘉郡でも同様ではなかったかと考えたい。

東古賀の「六反こもい」の東約300㍍に「じゅうの坪」のしこ名（第６図）がある。そこは想定される東故衙土居の東側にあたるのでこの土居の東と西で開発の時期が大きく異なることに注目したい。

肥前国庁跡の西から流れ下る市ノ江は東淵で巨勢川と合流して巨勢川となり、江上で佐賀江に合流（第５図参照）し、そこから増田・光法を経て東古賀まで流れここで東は三重川（仮称）、西は古賀川（仮称）となって有明海に達していたと考えたい。

古賀川に沿う米納津は古代河津として発展していたのであろう。承元二年（一二〇八）七月十二日僧蓮栄田地譲状案（『鎌倉遺文』第三巻、一七五〇号）に

　譲与
　河副御庄新建立極楽寺免田内壱□（町）事

在米津里参拾陸坪　但本田内

と米津里がみえる。寛政六年（一七九四）の「川副下郷米納津村絵図」（佐賀県立図書館所蔵）にみえる米津村域から三十六坪は第6図のH点であろう。その場合、十三世紀初頭既にこの一帯に条里地割が施行されていたことになる。

東古賀から西古賀にかけての土居の西側が東側にくらべて干拓地の造成が始まった時代を十三世紀後半とした場合、東側と比較して一～二世紀遅れたことになると思われる。その要因は多布施川の下流にあたる八田江が古代から流路をしばしば移動したこと、さらに氾濫の大きい河川で干拓が容易ではなかったからではないだろうか。

承元二年（一二〇八）六月日助律師某下文案（『鎌倉遺文』第三巻、一七四七号）に

在御判

下　河副御庄内之内八ヶ里庄官□（等カ）

とあり、河副庄に当時少なくとも八里があり、その一つが米津里であることが判明する。

仮称古賀川と仮称三重川の間に条里地割が展開しているが、南里の北側と同じように一町方格の大きい区画からなる里、一里の一辺が五町からなる里も存在する。おそらく両河川が運んできた土砂が堆積してできた土地に条里地割を施行したのであろう。その施行にあたって河川の分岐点から南ではアオ（淡水）の確保が上流より困難なために坪境に大きな溝（アオを溜める目的）を設けたために方一里が基準より大きい里、逆に基準の方一里に収めるために一町分へらして一辺を五町にしたのではないだろうか。いずれにしても施工時期は条里システムが理念的になりかけた十一～十二世紀ではないだろうか。

整然とした一町方格地割の残る角町（第5図参照）について次の史料を検討してみたい。暦応二年（一三三九）四月廿五日石志定阿譲状案（『南北朝遺文』九州編第二巻、一三三〇号）に

河副庄角町名等田地屋敷事（中略）河副庄角町名内屋敷壱所　田地壱町譲与也、

とあり、河副庄角町名が確認できる。角町の東南には不規則な地割がみられ、このような地割は条里施行の際に取り残された低湿地かアオの溜池として利用されていた地区を河副庄が入手して開発したのではないだろうか。開発が十三世紀後半から十四世紀初め頃であれば既に条里システムは崩壊していたとみられ、不規則な地割が施行されたのであろう。

前述した江上村付近から東古賀を経て米納津・三重に流れていたとみられる仮称古賀川・三重川の旧河道跡に沿って不規則な地割が展開する史料を検討してみたい。延文五年（一三六〇）四月十三日斑島行法譲状（『南北朝遺文』九州編第四巻、四一九八号）に「ゆつりあたふ孫四郎かところに」のうちに、

同国河副庄福田内壱町　同益田内壱町

とあり、福田の遺称地は福田、益田の遺称地は増田・増田宿（第5図参照）でいずれも旧河道とみられるルートに沿い、さらに光法のしこ名「天神籠」（第5図D点）、「観音籠」（第5図E点）もこのルートに沿うので旧河道に沿う低湿地を河副庄が入手して開発して新田としたのではないだろうか。

正平九年（一三五四）六月日座主増成免田畠等注文写（『南北朝遺文』九州編第三巻、三六九二号）に

（前略）

一、勤行料免壱町小津東郷三重屋庄内上癸里森田比丘尼浄法、元亨二年（一三二二）十月廿日浄

法請状在之

とあり、三重屋の遺称地は三重であるが上癸里の遺称地は残っていない。

この三重屋について観応二年（一三五一）十二月日龍造寺家政申状案（『南北朝遺文』九州編第三巻、三三〇四号）に

□（龍）造寺又七家政謹庭中言上
早当肥前国◯佐嘉郡龍造寺末吉名田畠屋敷等并同国三重屋新庄田地三町

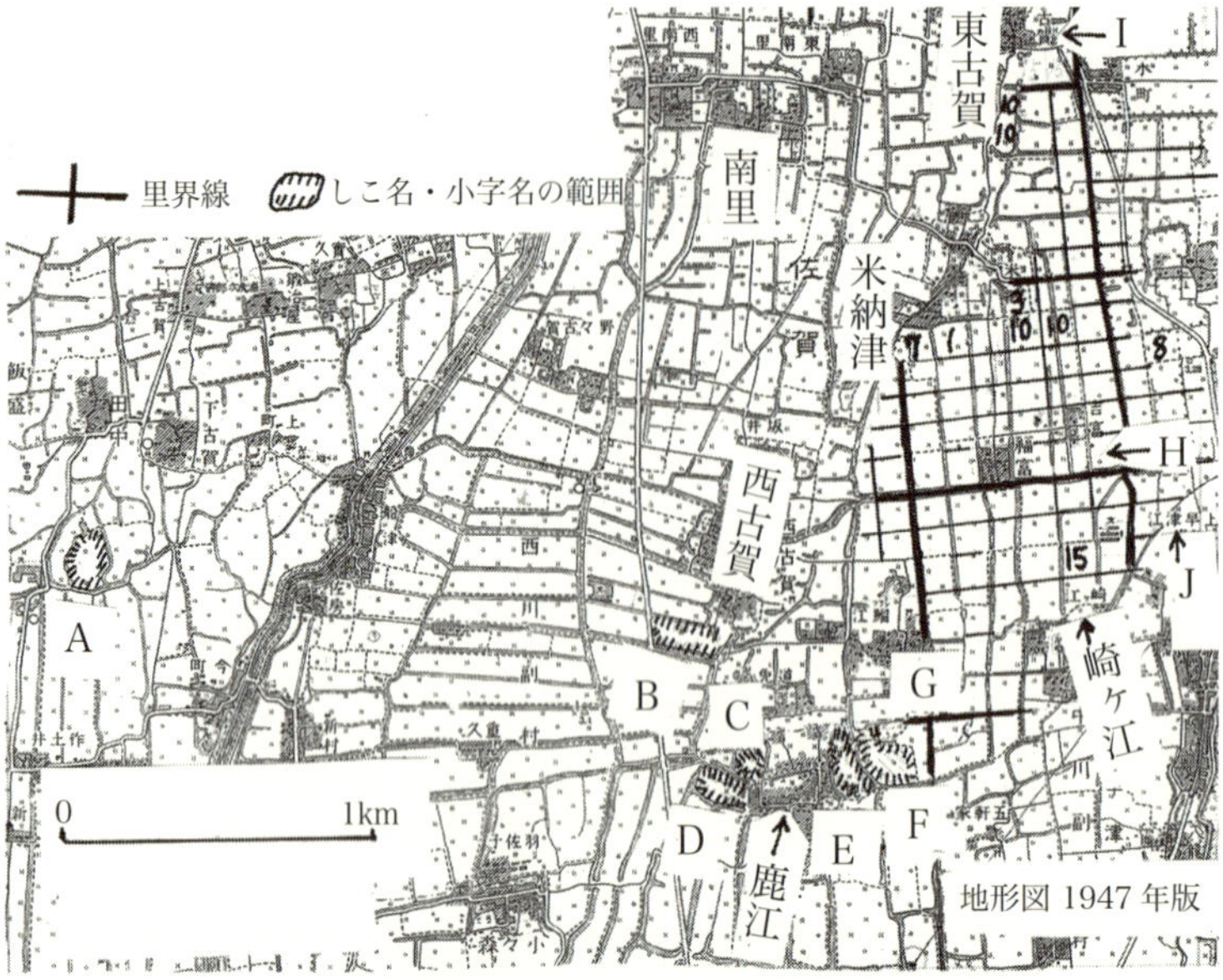

第６図　東古賀・米納津・西古賀の条里地割
（図中の番号は「坪」のつくしこ名）

とあり、三重屋新庄がみえる。新庄とは三重付近の新田開発のために設けられたのではないだろうか。そうであれば十四世紀になって開発されたために条里システムは機能しなくなっていて大きな方格地割が生じたのであろう。

西古賀の南に鹿江があり、正平二十二年（一三六七）正月十一日僧成譲状（『南北朝遺文』九州編第四巻、四六五七号）に

一、同法花料免河副庄三分一方内鹿江里三坪五反、八坪五反

とあり、鹿江里が確認できる。旧鹿江村の北と東の旧村境（第６図Ｇ点から西と南に直線でのびる町村界線が旧村境）は里界線に一致するが条里地割は確認できない。しかし、しこ名に「六ノ坪籠弐角」（第６図Ｄ点）、「八ノ坪籠弐角」（Ｃ点）、「九ノ坪壱角」（Ｅ点）、「九ノ坪弐角」（Ｆ点）がある。旧村境の東北隅（Ｇ点）を一ノ坪とし、東南隅を三十六ノ坪とする千鳥式であれば「六ノ坪籠弐角」は六ノ坪になるが他は一致しない。坪地名に籠がついているので十四世紀代には条里地割が存在していたが、その後災害を被って再開発した際に条里地割と異なった地割が生じ、その際かつて坪で呼ばれていた土地なので坪のあとに籠をつけたのではないだろうか。九ノ坪には「籠」がついていないが、広い内部を区切って一角・二角とつけたとみられ、この点は六ノ坪・八ノ坪にも「角」がついているので同時期の再開発であろう。

以上、十四世紀代の史料から佐賀江条里区には整然とした条里地割の施行された地域に低湿地かアオの溜池として取り残された地域が点在していたが十四世紀になって開発されて耕地化が進められたのであろう。その要因の一つにアオを導入する水路の拡大・拡張、アオを導入する技術の向上などがあったのではないだろうか。

憶測にすぎないが佐賀江に接する六条・七条の里は変則的な方格地割

となっているのは佐賀江の氾濫によって整然とした地割が消滅し再開発の際にはアオを導入しやすいように変形地割にしたとすればその時期は十一～十二世紀ではないだろうか。

3　安政五年に記録された「新北大明神御由緒」

安政五年(一八五八)に記録された新北神社に所蔵される「新北大明神御由緒」が『佐賀県史料集成』第二六巻(佐賀県立図書館発行)に少弐妙恵地頭職譲状として紹介されている。

史料は元亀三年(一五七二)壬申九月吉祥日、天文十四年(一五四五)乙巳九月八日、弘治四年(一五五八)戊午弐月吉日の三点からなる。内容は佐嘉郡河副下庄の新北神社の御寄進と御神領の所在地が詳細に記されているが、寄進は「有肥前国佐賀郡川副庄内小杭分、野町荊(里のこと)三十之坪弐反之所、於新北宮御神前、為末代年之夜御供田之堅、令寄進畢」だけで、他はすべて神領となっている。ただし御神領田数二十町五反四畝壱歩半分のうちの十一町八反壱畝拾八歩半は天正十七年(一五八九)の検地によるとあるが、検地とそうでない場合の区別はなされていない。

問題はその場所を示すのに単に里名と坪(坪が記されない場合も含む)と地積、村名と里名と坪と地積、村名と坪と地積、名と集落名と地積を示す四通りに分類されると思われる。以下四通りに区分して考えたい(ただし地積は問題になると思われる場所のみ記しておきたい)。

㈠　里名と坪と地積の場合(里名と地積のみの場合も含む)

新北里四ノ坪　新北六ノ坪　野辺五ノ坪

萩原里　南里里

㈡　村名と里名と坪と地積の場合

三重村新北里六ノ坪　七ノ坪　九ノ坪　十ノ坪　十一ノ坪　十五ノ坪　二十二ノ坪　二十三ノ坪　二十五ノ坪　二十六ノ坪　三十五ノ坪　三十六ノ坪

三重村中黒ヶ里十九ノ坪　二十五ノ坪

野町村中黒十九ノ坪

小杭村新開新ヶ里三ノ坪

㈢　村名と坪と地積の場合

徳富村四ノ坪　六ノ坪

米納津村壱ノ坪四反　弐ノ坪七畝拾七歩半

崎ヶ江村八ノ坪

㈣　名または集落名と坪(または地名)と地積の場合

鰡江本名之内

東古賀二五ノ内弐反弐歩

早津江十丁分新北里三ノ坪　四ノ坪　五ノ坪

早津江八丁分ノ内

西古賀村太郎丸ノ内五反　三ノ坪四反

寺井之内八反田

三重村之内諏訪森ヶ里之内

以上である。㈠から新北六ノ坪は新北里四ノ坪からみて里が省略されている。野辺五ノ坪も野辺里五ノ坪と判断されるが遺称地は残っていない。さらに萩原里の遺称地も残っていない。

㈡から野町村中黒は三重村中黒ヶ里から里が省略されている。三重村の遺称地は三重、小杭村の遺称地は小杭、野町村の遺称地は野町で新北里は新北神社のある里(第5図参照)でその場合新ヶ里は新北里の南に、野町里は新北里の北に、三重と野町の二村にまたがる中黒ヶ里は野町里の西ではないだろうか。

徳富村は里でいえば四里程度の広がりがあり、単に徳富村四ノ坪・六ノ坪では具体的な位置の比定ができない。方一里が狭い東古賀には「東古賀二五ノ内」とあり、二五は二十五ノ坪を指すとみられ、第6図のI点とすれば小区画の地割に一ノ坪から三十六ノ坪までがあったと考えたい。

条里地割の検出されない西古賀には「西古賀村太郎丸と三ノ坪四反」がみえるが、いずれもしこ名にもみえない。西古賀集落東側第6図のH点の西は三ノ坪にあたるのでここであろうか。干拓によってできた第6図B点に「九ノ坪」のしこ名がある。憶測にすぎないが干拓してできた土地に条里システムと無関係に一ノ坪・二ノ坪とつけていたのであろうか。

「小杭村新開新ヶ里三坪」は新ヶ里の位置を大正元年(一九一三)刊行の地形図をみれば、三ノ坪一帯に竹や潤葉樹のある小さな丘陵地があるので、新開とはこの一帯を開墾して水田化した残りが大正元年の景観であろう。

「諏訪森ヶ里」の遺称地は残っていないが東寺井の新川左岸(第5図C点)にしこ名「諏訪」がある。しかし、ここは新ヶ里なのでその東側の里であろう。「崎ヶ江村八ノ坪」は崎ヶ江集落の位置から第6図J点であろう。

以上、安政五年(一八五八)に記録された史料の検討を試みたが整然とした条里地割が残る地域に新ヶ里・新北里と「新」のつく固有里名が奈良時代につけられたとは考えにくいのでこの点について触れてみたい。

佐賀江(佐賀江湖)から分離する新川(第5図参照)は条里の三条と四条の里界線を通って野町で一町西に折れ、再び直線(坪境線)で早津江川に流入する全長約4キロの感潮河川である。この新川はもと江湖であったものを成富兵庫茂安(一五六〇〜一六三四)によって改修が行われたと伝えられているが、佐賀江は筑後川右岸地区最大のアオの供給源地区でもあり、佐賀江に集まる悪水の排水路でもあった。『諸富町史』[一九八四]によれば一九三九年刊行の『東川副村誌』に新川の小杭・野町境あたりを大江湖といい、野町付近は小江湖といい、更に小江湖の土橋(新川が一町西に折れる地点か)から早津江川間を新川と通称していることから、成富兵庫茂安が開削にかかわったのは土橋から早津江間ではないかとしている。仮にこの開削によって佐賀江から早津江川に悪水の排水路としての機能が高まり、さらにアオの導水増加によって佐賀江条里区の南限近くではアオが充分に満たされたことによって生産力の向上につながり地域のシンボルとして新北神社を祭祀し、新川の「新」を取って既存の里名(不明)を新ヶ里と変更したのであろう。

『諸富町史』が引用する『東川副村誌』に記す大江湖・小江湖の痕跡を検出するのは困難である。福田・益田・角町で述べたように条里施行地域のなかにアオを溜める江湖や低湿地が残されていたことの表現と考えるべきではないだろうか。

4　一ヶ里は固有里名か否かについて

元亀元年(一五七〇)十月廿日龍造寺隆信坪付(『佐賀県史料集成』第二六巻)に

十九坪四反　　河副当ヶ里□□袋之替地也

天文十二年(一五八四)卯月廿五日龍造寺政家坪付(『佐賀県史料集成』第

二六巻)に

　河副文馬分之内　作之二反官給

　早稲ヶ里　　一ヶ里

とあり、早稲里・一ヶ里・当ヶ里がみえるが早稲里・当ヶ里のしこ名は残っていない。一ヶ里については旧東与賀町役場の東北約100㍍に「一ヶ里田」(第6図A点、第1図D点)のしこ名がある。ここが一ヶ里の遺称地とするとこの一帯は中世後期から末期にかけての干拓地とみられ、条里地割も検出されないし、「坪」のつくしこ名もみられない。干拓でできた土地の一区画に一ヶ里・二ヶ里などとつけていたのであろうか。当ヶ里が一ヶ里の近くなのか否かも不明であるが沓地の袋(第5図参照)は佐賀江条里区の八条に接しているが一ヶ里とは約3.5キロ離れている。

　当ヶ里には十九ノ坪があるので固有里名と考えるべきで十ヶ里の当字ではないだろう。

　わずか一点の史料であるが条里地割の施行されていない地域にも「里」のつく呼称が中世後半から末期にかけてでてくることがあるという認識は必要であろう。前述した西古賀には干拓地に「九ノ坪」のしこ名があるので条里システムと無関係に「坪」、「里」のつく呼称が土地につけられていた可能性があるのではないだろうか。近世になって始めてでてくる「里」のつく場合も十分に考慮する必要があるのではないだろうか。

おわりに

一　発掘調査で確認された肥前国庁が筑後川から舟で遡上してくることができる市ノ江に沿い、背振山地山麓の東西に通る伝路、佐賀平野を東西に通る駅路にも近く、駅路の市ノ江渡河地点に佐嘉駅家が置かれ、さらに石神が設置されていたと思われ、国府市場が市ノ江に沿っていたことが判明したといえよう。

二　国庁跡の東に佐嘉条里区の地割と異なる正方位の地割が存在すると小字図の検討から考えた高橋氏の考察に対して谷沢氏は発掘調査によって検出された正方位を示す道路や地割から高橋氏の見解を認め、その成立が肥前国府の拡大により九世紀前半としている。

　この点に関して国分忠俊が高城寺へ寄進した寺領の四至外の田地が朽井里にあり、佐嘉条里区と正方位の地割区で検討しても、どちらにも適合するが後者が四至に接する地積が多いこと、四至外という事情を考慮すれば、後者と考えるべきで、そうであれば正方位地割区の存在を認めるべきであろう。

　条里地割の確認できない国分寺の東にある小川にしこ名「サナツボ」があり、佐嘉条里区の里界線を小川に延長してみると三ノ坪に相当する。その小川を古河里の遺称地とすると安元二年(一一七三)の史料にみえる「古河里三坪内」に一致することになり、西海道(駅路)以北の六～八条に部分的であれ条里地割が施行されていたとみるべきであろう。

三　佐賀江条里区では整然とした条里施行地域と方一里が基準より大きい場合、逆に小さい場合、方一里の一辺が五町しかないなど複雑な様相を呈しているが、おそらく条里システムが理念的になりかけた十一～十二世紀を中心にして施行されたからであろう。

　佐賀江条里区はアオ(淡水のこと、シオともいう)による水田耕作を行っていて、整然とした条里施行地域でもアオ確保のために低湿地を残して溜池代わりに利用していたが、十三～十四世紀になるとアオの導水技術が進歩して河川沿いに点在していた低湿地が開発され、この頃、既に条里システムは崩壊していて一町方格と異なる地割が生じたのであろう。

四　天文十二年(一五八四)の龍造寺政家坪付にみえる「一ヶ里」はしこ名「一ヶ里田」をその遺称地とすると条里地割が確認できない地域に「里」がついていたことになる。憶測にすぎないが南北朝以降に始めて史料にみえる「里」のつく地名が条里システムによる「里」であるか否かよく検討してみる必要性を痛感している。このことは安政五年(一八五八)の「新北大明神御由緒」にみえる新ヶ里・新北里が当初導水された固有里名と異なっていると考えられることからも理解できよう。

参考文献(五十音順)

鏡味完二　一九六四年『日本の地名―付日本地名小辞典―』角川書店
木下　良　二〇〇九年『事典古代の道と駅』吉川弘文館
佐賀県教育委員会　一九七八年『肥前国府跡Ⅰ』佐賀県文化財調査報告書第39集
佐賀県教育委員会　一九八一年『肥前国府跡Ⅱ』佐賀県文化財調査報告書第58集
佐賀県教育委員会　一九八五年『肥前国府跡Ⅲ』佐賀県文化財調査報告書第78集
佐賀県教育委員会　一九九五年『古代官道・西海道肥前路』
佐賀県教育委員会　一九九五年『東山田一本杉遺跡』九州横断自動車道関係埋蔵文化財調査報告書18
佐賀県教育委員会　一九九六年『西山田二本松遺跡』九州横断自動車道関係埋蔵文化財調査報告書19
佐賀新聞社　一九九三年『佐賀県大百科事典』
高橋誠一　一九八四年「肥前国府に関する再検討」『人文地理』第三六巻第一号
服部英雄　二〇〇一年『二千人が七百の村で聞き取った二万の地名、しこ名―佐賀平野の歴史地名地図稿―』花書院
日野尚志　一九七九年「駅路考―西海道・南海道の場合―」『九州文化史研究所紀要』第24号　九州大学九州文化史研究施設
日野尚志　一九九六年「肥前国佐嘉郡の条里について(その1)」『佐嘉郡一』佐賀県地籍図集成(四)　佐賀県文化財調査報告書第126集　佐賀県教育委員会
日野尚志　一九九八年「肥前国佐嘉郡の条里について(その2)」『佐嘉郡二』佐賀県地籍図集成(五)　佐賀県文化財調査報告書第135集　佐賀県教育委員会
日野尚志　二〇〇〇年「肥前国佐嘉郡の条里について(その3)」『佐嘉郡三』佐賀県地籍図集成(六)　佐賀県文化財調査報告書第143集　佐賀県教育委員会
日野尚志　二〇〇二年「肥前国佐嘉郡の条里について(その4)」『佐嘉郡四』佐賀県地籍図集成(七)　佐賀県文化財調査報告書第147集　佐賀県教育委員会
日野尚志　二〇一一年「肥前国東部の駅路について」『古文化談叢』第65集　九州古文化研究会
日野尚志　二〇一五年「西海　肥前」『古代の都市と条里』吉川弘文館
谷沢　仁　一九九九年「肥前国府周辺の地割について―肥前国府域における地割と官道を基準とした施工計画について―」『考古学ジャーナル』No.四四九
谷沢　仁　二〇〇三年「肥前国府域における地割と周溝状遺構について」『続文化財学論集』文化財学論集刊行会
大和町教育委員会　一九七六年『肥前国分寺跡』
大和町教育委員会　一九九〇年『肥前国分寺跡―第4次発掘調査―』大和町文化財調査報告書第11集
大和町教育委員会　一九九〇年『久池井六本杉遺跡』大和町文化財調査報告書第12集
大和町教育委員会　一九九三年『大願寺二本松遺跡』大和町文化財調査報告書第22集
大和町教育委員会　二〇〇〇年『肥前国庁跡』大和町文化財調査報告書第55集
大和町教育委員会　二〇〇四年『東古賀遺跡Ⅰ』大和町文化財調査報告書第71集
米倉二郎　一九六〇年『東亜の集落』古今書院

第2部　大宰府の成立と展開

筑紫国造と評の成立

酒井芳司

はじめに

国造は、倭王権が、日本列島各地の地域首長を任命した地方官である。皇極天皇四年(六四五)六月の蘇我本宗家討滅にはじまる大化改新において、それ以前の倭王権の地方支配制度である国造・伴造制、屯倉制は、大きく改革され、評や五十戸という新たな制度が作られた。一般に国造の国は、評へと編成されたと考えられており、その過程を解明することは、古代国家(律令国家)の成立を明らかにするための重要な課題である。国造は、近世以来の長い研究史をもつが、右の理由により、近代の歴史学においても、倭王権の地方支配のあり方を明らかにするために、数多くの研究が積み重ねられてきたのであり、国造の成立時期や性格、機能、評の成立との関わりなどについて、多くの学説があって、決着をみない[新野 一九七四、篠川・大川原・鈴木 二〇一三・二〇一七]。

本稿では、国造制の膨大な研究史をふまえて、その全体について論ずることはできないが、これまで筆者は、大宰府の成立について研究する過程で、筑紫国造や那津官家、筑紫総領と評の関係について論じてきた[酒井 二〇〇八・二〇一六]。筑紫国造は、筑紫君磐井の乱に関する史料を中心として、文献に記録が残されている。いっぽう、九州における評の成立は、考察する史料に必ずしも恵まれない。しかし、筑紫国造と筑紫の評との関わりは、大宰府の管内支配の成立過程を明らかにするために避けて通れない課題である。

これについては旧稿でも簡単に触れることがあったが、詳細に論ずることができなかった。本稿では、間接的に国造や評に関連する史料、他地域の評に関する史料とあわせながら、筑紫国造と筑紫における評の成立を詳しく考察し、もって大宰府の管内支配成立、すなわち九州における律令制支配の成立について明らかにすることにつなげたい。

1 筑紫国造の任命と那津官家の修造

はじめに、筑紫国造の任命から検討する。筑紫国造は、まず筑紫君磐井の乱について記す『日本書紀』継体天皇二十一年(五二七)六月甲午条に「筑紫国造磐井」とみえる。『古事記』継体天皇段に「竺紫君石井」、『筑後国風土記』逸文(『釈日本紀』巻十三)に「筑紫君磐井」とあるので、筑紫国造の氏姓は、筑紫君であった。

ここで、近年の国造制の研究をふまえれば、磐井の乱後にその息子である筑紫君葛子が倭王権に糟屋屯倉を献上したことを起点として、全国的に屯倉が設置され、この屯倉制を基礎として、六世紀前半に国造制が成立したとされる［篠川 一九九六、舘野 一九九九、大川原 二〇〇九］。したがって、磐井の時代には、国造制はまだなかったので、磐井を筑紫国造とするのは、『日本書紀』編者による潤色である。

このように、国造制の成立についての先学の研究成果においても、屯倉を管掌することと国造任命が連動していることは指摘されている。このことをふまえて、まず筑紫国造の任命の前提となった屯倉の設置について検討したい。

筑紫国造と関わりのある屯倉として、まず想起されるのは、磐井の乱後に筑紫君葛子が倭王権に献上したと伝える糟屋屯倉である。

〔史料1〕『日本書紀』継体天皇二十二年（五二八）十一月～十二月条

十一月甲寅朔甲子、大将軍物部大連麁鹿火、親与二賊帥磐井一、交二戦於筑紫御井郡一。旗鼓相望、埃塵相接。決二機両陣之間一、不レ避二万死之地一。遂斬二磐井一、果定二疆場一。十二月、筑紫君葛子恐二坐レ父誅一、献二糟屋屯倉一、求レ贖二死罪一。

糟屋屯倉の献上は、磐井が糟屋に保有した港湾施設の支配を、葛子が倭王権に献上し、王権が屯倉としたというのが事実であろう。ただし、糟屋屯倉の献上によって、王権が葛子を許したことから、倭王権の戦争の目的が糟屋の地をおさえることであったことがわかる。なお、糟屋屯倉は福岡県古賀市鹿部田渕遺跡で発見された六世紀中頃の大型掘立柱建物群がその比定地となる可能性が指摘される［古賀市教委 二〇〇三］。

『日本書紀』継体天皇二十一年六月甲午条は、磐井の乱の原因として、新羅に滅ぼされた加耶東部の南加羅・喙己呑を復興するために、継体天皇が派遣した近江毛野の軍が渡海するのを、磐井が妨害したためとする。しかし、亀井輝一郎氏は、継体天皇紀の年紀に作為があることをふまえて、磐井の乱の原因を新羅の加耶侵攻ではなく、磐井が糟屋に進出し、高句麗等韓半島諸国の職貢船をみずからのもとへ招いたことにあったとする。そして磐井の乱の鎮圧によって、倭王権は外交の一元化を実現したとみるのである［亀井 一九九一］。

ただし、『先代旧事本紀』国造本紀、伊吉島造条に、磐井に従った新羅海辺の人があったことを伝えているので、磐井が倭王権の意志と異なって、新羅と深い交流を持っていたことを否定する必要はない。いずれにしても、磐井の乱の背景には外交問題があり、磐井独自の外交拠点である糟屋の地を接収し、倭王権のもとに外交の権限を一元化することに、磐井を討つ大きな意義があったのは確かであろう。

さきに触れたように、屯倉を管掌することと、国造に任命されることは連動する。そのことを端的に述べるのは、『日本書紀』大化元年（六四五）八月庚子条、いわゆる東国国司への第一詔である。

〔史料2〕『日本書紀』大化元年（六四五）八月庚子条

拝二東国等国司一。仍詔二国司等一曰、（中略）若有二求レ名之人一、元非二国造・伴造・県稲置一、而輙詐訴言、自二我祖時一、領二此官家一。治二是郡県一。（後略）

ここでは、国造、伴造、県稲置であることと、祖先の時代から官家（屯倉）を預かり、郡県を治めて来たことが相即的に語られる。地域首長は、国造、伴造、県稲置に任じられ、屯倉（屯家・三宅・三家・官家・弥移居など表記はさまざま［舘野 一九七八］）を管理することで、屯倉が置かれた地域の支配を王権から認められ、また王権に仕えるのである［大川原 二〇〇七］。

磐井の乱後に糟屋屯倉を最初として屯倉が全国的に設置され、屯倉制を基礎として国造制が創始されたのであれば、初代の筑紫国造は、糟屋屯倉を献上したと伝えられる葛子であろう。とすれば、筑紫国造が当初に管掌した屯倉は、糟屋屯倉であったと考えられる。

ところで、京都の妙心寺の梵鐘銘に「戊戌年四月十三日壬寅収糟屋評造春米連広国鋳鍾」とあり、戊戌年(六九八)に糟屋評造であった春米連広国が鐘を鋳造させたと記される。春米連は、『新撰姓氏録』左京神別上によると、石上氏(物部氏)と同祖とされる。このことから、葛子によって献上された糟屋屯倉の現地の首長は、磐井を討った物部麁鹿火の支配下に入ったと推定される。なお、厩戸王子(聖徳太子)と膳菩岐々美郎女との娘に春米王女がおり、王子・王女の名前は、乳母を出して養育した氏族の名前に由来するので、厩戸王子が、春米氏に王女の養育を担当させたことがわかる。このことから、用明天皇二年(五八七)の蘇我物部戦争において、蘇我馬子らによって物部守屋が滅ぼされた後、糟屋の地域首長である春米連は、厩戸王子の支配下に置かれたと考えられる〔黛 一九九一〕。

糟屋屯倉が、大化改新の後に糟屋評に編成され、屯倉を預かっていた春米連が糟屋評造に任じられたのだとすれば、糟屋屯倉が置かれた当初は筑紫国造となった葛子が管掌したと考えて良いが、その後、いつかの時点で、筑紫君は、春米連に糟屋屯倉の管理を委任した可能性が想定される。筑紫君の本拠地が本来、磐井の墓とされる八女市岩戸山古墳を含む八女古墳群の周辺であることも考慮すれば、糟屋屯倉が置かれた時に、物部麁鹿火の支配下にありつつ、葛子の下で実際に糟屋屯倉の管理にあたった糟屋地域の中小首長が春米連だったのではないだろうか。

こう考えると、葛子が筑紫国造として主に管掌した屯倉がどこなのかが問題となる。『先代旧事本紀』国造本紀によって、九州の国造名をみると、後の筑前国・筑後国に相当する範囲には、筑紫国造しかみえない。この範囲には、胸肩君や水沼君など君の姓を持つ有力な地域首長が存在したが、これらの首長が国造となったことは、国造本紀以外の史料にもみえない[1]。したがって、筑紫国造が支配した人間集団は、少なくとも筑前国・筑後国におよぶ広範な地域に存在していた可能性がある。旧稿では、筑紫国造が預かった屯倉として、那津官家が相応しいと考えた〔酒井 二〇〇八〕。発表後、旧稿の那津官家修造記事の理解への批判も提出されたので、批判にも答えながら、あらためて詳しく考察したい。

『日本書紀』には、安閑天皇二年(五三五)に東海地方から中国地方、九州北部に二十六の屯倉を置いたとある。

〔史料3〕『日本書紀』安閑天皇二年(五三五)五月甲寅条

置㆓筑紫穂波屯倉・鎌屯倉、豊国膝碕屯倉・桑原屯倉・肝等〈取㆑音読。〉屯倉・大抜屯倉・我鹿屯倉、〈我鹿、此云㆓阿柯㆒。〉火国春日部屯倉、播磨国越部屯倉・牛鹿屯倉、備後国後城屯倉・多禰屯倉・来履屯倉・葉稚屯倉・河音屯倉、婀娜国膽殖屯倉・膽年部屯倉、阿波国春日部屯倉、紀国経湍屯倉、〈経湍、此云㆓俯世㆒。〉・河辺屯倉、丹波国蘇斯岐屯倉、〈皆取㆑音。〉近江国葦浦屯倉、尾張国間敷屯倉・入鹿屯倉、上毛野国緑野屯倉、駿河国稚贄屯倉㆒。

このように、糟屋屯倉以外にも、筑紫・豊・火三国には、八か所の屯倉が置かれたことが伝えられる。比定地は、筑紫の穂波屯倉(福岡県飯塚市)・鎌屯倉(嘉麻市鴨生)、豊国の膝崎屯倉(北九州市門司区、または大分県国東半島)・桑原屯倉(福岡県八女市黒木町、または築上郡築上町、田川郡大任町)・肝等屯倉(京都郡苅田町)・大抜屯倉(北九州市小倉北区貫)・我鹿屯倉(田川郡赤村)、肥(火)国の春日部屯倉(熊本市国府)となる〔坂本・家永・井上・大野 一九六五〕。筑紫君の勢力圏を取り囲むように設置され、磐井の乱後に葛子が献上した糟屋屯倉とあわせ、豊前・豊後方面から博多湾に至るルートを倭王権が掌握し、筑紫君を牽制しつつ、韓半島における戦争遂行のための兵糧や兵力を動員する拠点を構築したのである〔亀井 一九九一〕。

　これら三国の八か所の屯倉は、磐井を討った物部麁鹿火と大伴金村によって、九州北部の中小の地域首長が支配下に置かれたことを前提に設置され、地域首長が統率する人間集団は、物部氏や大伴氏の系列の部民に編成され、地域首長に率いられて、その居住地の近傍に置かれた屯倉に奉仕させられた〔酒井 二〇〇九〕。それをふまえると、三国の八か所のそれぞれの屯倉は、筑紫国造が管掌した屯倉としては、支配する人間集団の分布する範囲が狭いと考える。

　このように考えると、先行研究においても指摘されるように〔松原 一九八三、亀井 二〇〇四、酒井 二〇〇八〕、いわゆる那津官家が筑紫国造の管掌した屯倉として想起される。那津官家は、糟屋屯倉と三国の八か所の屯倉から那津に倉の一部ごと穀を移転させることによって建設され〔鎌田 二〇〇一c〕、このことによって三国の屯倉をも統括したのであり、その支配拠点は九州北部の広域に及ぶ。

〔史料４〕『日本書紀』宣化天皇元年（五三六）五月辛丑朔条（A〜Cの記号は筆者が付けたものである）

　詔曰、（A）食者天下之本也。黄金万貫、不レ可レ療レ飢。白玉千箱、何能救レ冷。夫筑紫国者、遐迩之所二朝届一、去来之所二関門一。是以、海表之国、候二海水一以来賓、望二天雲一而奉レ貢。自二胎中之帝一洎二于朕身一、収二蔵穀稼一、蓄二積儲粮一。遥設二凶年一、厚饗二良客一。安レ国之方、更無レ過レ此。（B）故、朕遣二阿蘇仍君一、〈未レ詳也。〉加運二河内国茨田郡屯倉之穀一。蘇我大臣稲目宿祢、宜下遣二尾張連一、運中尾張国屯倉之穀上、物部大連麁鹿火、宜下遣二新家連一、運中新家屯倉之穀上、阿倍臣、宜下遣二伊賀臣一、運中伊賀国屯倉之穀上。修二造官家、那津之口一。（C）又其筑紫肥豊、三国屯倉、散在二懸隔一。運輸遥阻。儻如須要、難二以備レ率。亦宜下課二諸郡一分移、聚二建那津之口一、以備二非常一、永爲中民命上。早下二郡県一、令レ知二朕心一。

　旧稿では、（A）は『日本書紀』編者の造作とした。（B）は宣化天皇の詔を受けて、大臣蘇我稲目、大連物部麁鹿火、阿倍臣ら群臣が、個別人格的な支配下にある地域首長を通じて、その地域首長が預かる屯倉の穀を運ばせたことが記されており、これが律令官僚制的な命令系統とは異質のものであることから、律令制以前の特徴を表したものと考えた。しかし、目的地が那津であるとは断定できないし、（C）で九州北部の三国の屯倉からの穀の輸送すら難しいのだから、近畿地方や東海地方からの穀輸送は困難であったとの先学の指摘をふまえ〔倉住 一九八三〕、那津官家の修造とは関係のない穀輸送の断片的な記録を結合したとした。（C）については、とくに三国の屯倉を分け移して那津の口に聚め建てるという建設方法が特異なものであることから、那津官家の修造に関わる記事であると判断したのである。

　（B）を那津官家の修造と関係のない記録とした点は、その後、批判を受けた。吉村武彦氏は、近畿周辺から那津まで、当時の技術で重い穀を運ぶのは難しいと考えた旧稿を含む説に対して、五世紀末から六世紀に、阿蘇ピンク石が奈良・大阪・滋賀に運ばれ、舟形石棺や家形石棺に加工されており、四・五世紀には、有明海沿岸で製作された舟形石棺が、岡山・香川・兵庫・大阪・京都に運ばれていたことから、稲穀が重くても、水上交通で運搬するのは問題なかったとする〔吉村 二〇一五〕。

　須永忍氏は、「阿蘇仍君」の「仍」を衍字とみて、宣化天皇が直接に阿蘇君を遣わして、茨田屯倉の穀を運ばせたのであり、阿蘇君は、那津官家修造の現地における中核的存在であったとした〔須永 二〇一六〕。

以上の批判に応えて、（B）について再考する。吉村氏の批判をふまえて、穀の輸送について考えると、確かに技術的には水上輸送で巨大な石棺の石材を九州から近畿まで運べるのであるから、穀の輸送じたいは困難ではないかもしれない。（C）をあらためて読み直してみると、九州北部の屯倉からの輸送について、須要に際してにわかに備えがたいことを問題にしているのであって、確かに緊急事態以外での日常的な穀の輸送は問題としていない。したがって、緊急事態でないであろう近畿地方や東海地方の屯倉からの穀輸送は困難ではなかったことになる。

つぎに、須永説によれば、（B）は那津官家の修造に関する記事と考えて良いことになる。また、この記事の年代を考えてみると、ここに登場する物部麁鹿火は、『日本書紀』によると、継体朝に続いて、安閑・宣化朝にも大連に再任されているが、宣化天皇元年七月に薨じている。いっぽう蘇我稲目は、同元年二月に大臣に任じられたのが初見である。もちろん大連や大臣の任命の年紀が正しいかどうか確証はないのだが、物部麁鹿火が薨去した後、欽明天皇即位前紀の宣化天皇四年十二月には、大伴金村とともに物部尾輿が大連に再任されたとある。記事に登場する群臣たちの構成まで編者の作文とは考えにくいことからも、（B）の年代は宣化朝以前なのは確かである。

加えて、屯倉の成立が継体朝であることや、蘇我稲目は即位前の欽明天皇に娘の堅塩媛と小姉君の二人を妃に入れ、欽明天皇は堅塩媛との間に七男六女、小姉君との間に四男一女をもうけて（『古事記』欽明天皇段、『日本書紀』欽明天皇二年三月条）、稲目は欽明天皇との間に強い絆を結んでいったのであり、それをふまえると、稲目の台頭の契機は、安閑・宣化朝にあったであろう。したがって、（B）の年代も那津官家の修造記事の年紀と隔たるものではない。

しかし、旧稿では那津官家の修造の実年代を、中国地方から九州北部の屯倉設置の実年代や韓半島情勢をふまえて、六世紀中頃と考えており［酒井 二〇〇八］、（B）の年代とは若干、隔たりが生ずるのである。依然として確証は持てないが、「阿蘇仍君」が阿蘇君であるならば、（B）が那津官家の修造に関する記事であることもあながちに否定すべきではない。もし、（B）が那津官家の修造に関係するとするならば、ここでの穀輸送は、糟屋屯倉に続いて、六世紀前半のうちに成立した東海地方や近畿地方の屯倉から、来るべき筑紫での屯倉修造に備えて、穀を輸送したものと考えておきたい。

那津官家の修造についての再考はここまでとして、筑紫国造と那津官家との関わりを述べて行きたい。那津官家は、糟屋屯倉および、先行して置かれた筑紫・豊・火（肥）三国の八か所の屯倉から倉の一部ごと穀を那津に移転することによって建設され、これによって糟屋屯倉を含めて三国の屯倉をも統括した。那津官家の修造によって、九州北部から恒常的に穀を那津に輸送する体制が成立し、那津官家は、韓半島における戦争遂行のための基地となったのである。

なお、いうまでもなく、史料には、那津の口に官家を修造せよとあるだけで、那津官家という名称の屯倉はみえない。『日本書紀』天武天皇十三年（六八四）十二月癸未条に百済救援戦争で唐の捕虜になり、新羅を経て送還された人物の中に「筑紫三宅連得許」がみえ、また『古事記』神武天皇段に、神八井耳命（神武天皇の皇子、綏靖天皇の兄）の後裔氏族をあげた中に、筑紫三家連がある。この氏族は、筑紫ミヤケの管理にあたったことから、その職務を氏族の名としたのだろう。筑紫という筑前国・筑後国をも包括する広域の地名を冠したミヤケとして相応しいのは、三国の屯倉を統括下に置く那津官家である。したがって、那津官家は当時、筑紫官家と呼ばれたのではないだろうか［八木 一九八六］。

先に、筑前国・筑後国の範囲には、筑紫国造以外の国造がみられないことも触れた。以上をふまえると、初代の筑紫国造に任命され、筑紫官家（那津官家）を管掌したのが、筑紫君葛子であったと考えられる。筑紫三宅連は、筑紫国造の下で那津官家の管理にあたった官家周辺の中小首長だったと推測する。

那津官家の統括下には、一部、豊国や肥国の屯倉も含まれるが、それぞれの近隣の伴造や県稲置となった地域首長が配下の人間集団を率いて、屯倉の管理にあたっていたと考えれば、三国の屯倉は、筑前・筑後地域を中心に、飛び地的に存在していたと言える。この那津官家を頂点とする広域の重層的な屯倉に奉仕させられた人間集団の全体が、筑紫国造の支配する国造国としての筑紫国だったといえよう［笹川 一九八五］。

2　筑紫君・筑紫国造と筑紫の地域首長

まず、磐井の乱前の筑紫君と筑紫の地域首長との関係、乱後の筑紫国造と同じく地域首長との関係に触れておきたい。

磐井の乱前の筑紫君磐井の勢力について、小田富士雄氏は、磐井の父の代から筑前・筑後を領有し、磐井の代に豊・火にも勢威をおよぼし、九州北部全域に威令をとどろかすにいたったとする。さらに、筑前・筑後が九州でも最大の穀倉地帯であり、豊・火の国々にまでおよんだことが筑紫君の経済基盤を大きく支えたともする［小田 一九七〇］。

小田氏が指摘するように、福岡県八女市・八女郡広川町に広がる総数三〇〇基ともいわれる八女古墳群が、筑紫君一族の墓所であったと考えられている。この古墳群が頭角を現すのは、五世紀前半代の石人山古墳からであり、その被葬者は磐井の祖父のころにあたる。柳沢一男氏は、筑紫・火地域に広がる石製表飾品・阿蘇石製石棺・石室構造・装飾古墳などから、北・中部九州の諸豪族（首長）が「有明海連合」を形成していたとし、また熊本県宇土市の馬門で産出した石製の石棺が、真の継体天皇陵とされる大阪府高槻市今城塚古墳をはじめ、西日本各地の古墳で発見されることから、有明海連合は、西日本各地の首長たちとも交流し、継体天皇の王権と韓半島との対外交流を支えており、磐井はその九州側の代表者であったとする［柳沢 二〇一四］。

磐井が乱以前、倭王権に従っていたことは、『日本書紀』継体天皇二十一年（五二七）六月甲午条に、近江毛野の軍を妨害した磐井が、「今為二使者一、昔為二吾伴一、摩レ肩触レ肘、共器同食。安得四率尔為レ使、俾三余自二伏尔前二」と述べており、かつて倭王権に出仕し、毛野とも同じ器で物を食べた同輩であったと主張していることからも確かである。さらに、五世紀後半、雄略天皇没後の王位継承の混乱期に、倭王権の求心力が低下し、諸豪族からの利害を調整して対外交渉に臨むことができる力量を備えた倭国王が不在であった時期に、磐井は、前代以来王権に仕え奉ってきた外交の職務を遂行する中で、津を整備拡大し、倭王権の外交を担うようになったともされる［小野里 二〇一三］。そして、磐井の乱の原因は、柳沢氏や小野里氏が指摘するように、六世紀になって新たに求心力を強めた継体天皇の王権が、磐井や九州北部の首長連合による外交の役割を奪取しようとしたことにあるとみて良いであろう。

さて、五世紀代に八女古墳群を墳墓とした勢力（後の筑紫君一族）が台頭したこと、岩戸山古墳の規模や、その一〇〇を超える石製表飾品（いわゆる石人・石馬）の存在から、磐井が、有明海連合（小田氏は筑紫・火に加えて、豊の首長も磐井に従っていたとの理解から「筑紫連合」と呼ぶ）の盟主となっていたことは事実とみられる。また、小田氏が、筑紫君一族が九州北部・中部の首長連合の盟主となりえた理由を、火(肥)君との連携にあったとしたことも、石製表飾品の広がりや、『日本書紀』欽明天皇十七年(五五六)正月条に「別遣₂筑紫火君₁〈百済本記云、筑紫君児、火中君弟〉」とあることにより、筑紫君と火君との間に婚姻関係があったとみられ、説得力がある[小田 二〇一二]。ただ、磐井の乱の際に、磐井に味方した勢力について考えると、乱前の磐井の九州北部・中部への支配は、それほど専制的なものにはなりえていなかったのではないだろうか。有明海連合、あるいは筑紫連合を構成した首長たちは、乱に際して、すべてが磐井に協力したわけではないからである。

首長連合の有力な構成者だったとみられる火君は、磐井の乱後に、筑紫君の勢力が後退したあとを受けて、筑紫や肥前に進出し、乱において最終的に朝廷側についたともされる[井上 一九七〇a]。火君が乱後に筑紫や肥前に進出したことは、多くの研究者もこれを認めている[瓜生 二〇〇九、加藤 二〇一七]。

さらに、沖ノ島祭祀を掌ったことで知られる胸肩君も、磐井に協力しなかったとみられる。筑前地域の全体を見渡してみると、糸島地域や福岡地域で三世紀から五世紀前半にかけて、大型古墳が築かれているが、宗像地域で大型古墳が築かれるのは、五世紀後半以降である。宗像市牟田尻に装飾古墳である桜京古墳が存在するものの、五世紀後半以降の宗像地域の津屋崎古墳群では大型古墳の築造がみられ、八女古墳群を凌駕する古墳も築かれた。このことから宗像地域は、磐井の乱の基盤となる首長連合体には属さず、磐井と対抗、牽制するように、胸肩君が台頭したとみられる。ただ沖ノ島祭祀が四世紀後半から開始されることと、岡垣町や遠賀町など遠賀川下流域に三～四世紀の大型古墳がみられることから、この頃の沖ノ島祭祀を支えていた勢力は、宗像地域を越えた範囲で考える必要があるともされる[重藤 二〇一一]。

津屋崎古墳群でさかんに大型古墳が築かれるようになるのが、五世紀後半頃からであることによれば、氏姓制度が成立する六世紀初めよりも少し前から、実質的には、後に胸肩君と呼ばれる氏族集団は成立していたとみられる。宗像地域の大型古墳の出現ともあわせて考えると、津屋崎古墳群を造営した首長は、倭王権とのつながりを強め、王権が主導する沖ノ島祭祀に固定的に関与することになり、名実ともに六世紀初め頃に、宗像地域の統括と宗像神の祭祀を職務とし、胸肩君の名を負う古代氏族として成立したとみて良いだろう[篠川 二〇一三]。

胸肩君以外の九州北部の首長が、沖ノ島祭祀に関与していたことは、『日本書紀』巻第一、神代上、第六段、第三の一書に、宗像三女神が宇佐島に降ったことと、筑紫の水沼君が宗像神を祀っていたとあることからも推測できる。篠川氏は、磐井の乱の後、倭王権が外交権を一元化したことによって、沖ノ島祭祀を中心的に担う集団が津屋崎古墳群の造営集団に固定化され、その集団に胸肩君の氏姓が賜与されたとし、沖ノ島祭祀に関わった水沼君は、後の筑後国三瀦郡三瀦郷を本拠地とした首長であり、磐井の配下にあって外交に携わったともする。

『日本書紀』雄略天皇十年(四六六)九月戊子条に身狭村主青らが呉からもたらした鵝が水間(水沼)君の犬に喰われて死んだので、水間君は鴻と養鳥人を献上し、天皇から許されたとあり、水間君が外交に関わったことがわかる。『同』景行天皇十八年七月丁酉条には、景行天皇が八女県の山々に神がおられるかと質問し、水沼県主猿大海が、八女津媛という女神がおられると答えている。八女県は筑紫君の本拠地であるにも関わらず、水沼県主が答えていることは、磐井の乱後に水沼君が勢力を伸長したことを物語っているのではないだろうか。倭王権や胸肩君とともに、水沼君が磐井を滅ぼしたとの見解もある［新川　一九九二］。

このように、筑前・筑後地域には、磐井に協力しなかった首長が存在し、乱後に勢力を伸ばしている。九州北部・中部で連合して、倭王権の外交を担っていた首長たちも、倭王権と戦うことになった際、磐井に味方するか、倭王権に協力するか、首長によって選択は異なったのである。

乱に際して磐井に味方したのは、本拠地である八女地域から、火君とともに筑紫君が奉斎したことが『筑後国風土記』逸文（『釈日本紀』巻五）にみえる筑紫神社(2)を経て、糟屋屯倉を結ぶ交通路を中心とする地域の首長、『筑後国風土記』逸文（『釈日本紀』巻十三）が、磐井が豊前国上膳県に逃げたと伝えることから、ともに大彦命後裔とされる豊前国上毛郡の膳臣など同族関係を築いていた首長や、交流があった新羅国からの渡来人である豊前地域の秦氏系氏族であった［井上　一九八三］。この他、先述のように、『先代旧事本紀』国造本紀に、石井（磐井）に従った新羅の海辺人を伐った、天津水凝の後・上毛布直を伊吉島造としたとあるので、新羅からも磐井の軍勢に参加した勢力があったことがわかる。

さて、磐井の乱後、八女古墳群の首長墓系列に乱の前後で変化がなく、筑紫君の勢力は減退していない［佐田　一九八〇、重藤　二〇一二］。筑紫君が筑紫国造に任じられたこと、その支配する筑紫国が、那津官家によって統括された三国の屯倉が分布する筑前・筑後と一部の豊前・肥後等の地域に広がるとみられることも考えあわせると、倭王権は、筑紫君を滅ぼすことなく、王権主導の筑紫支配に協力させたのである。

しかし、磐井の乱を経て、九州北部・中部の首長たちは、倭王権に協力した者、磐井に味方した者とで分裂してしまったとみられ、筑紫国造の支配は、乱前の首長連合の盟主であった筑紫君の地位のみに依拠することはできなかったであろう。九州北部・中部の首長は、磐井を討った大伴金村や物部麁鹿火の支配下に地方伴造として組み込まれた者も多かった。それを前提として、倭王権によって設置された三国の屯倉に、九州北部の首長は管掌者として奉仕させられ、これらの屯倉を統括する那津官家を、筑紫国造となった筑紫君葛子が預かることによって、九州北部の地域社会は、筑紫国造を頂点として再統合されたのではないだろうか［笹川　一九八五］。筑紫三宅連(3)、筑紫聞物部、竹斯物部、筑紫火君など、九州北部に筑紫を氏族名に冠する複姓氏族が分布するが、これらは乱前の磐井の勢力を示すのではなく、乱後に九州北部に進出した氏族名を含むことから、筑紫君の筑紫国造就任後に、同族関係を構築した氏族と考える。

倭王権が設置した屯倉を媒介として、王権の主導のもとに九州北部の地域社会は再統合された。しかし筑紫国造の国は、磐井の乱前の首長連合そのままの王権からの相対的な独立性を持った勢力ではない。筑紫君は勢力の温存と引き換えに、倭王権が韓半島で行う新羅との戦争に協力させられることになった。筑紫国造が那津官家を預かるといっても、それはあくまで現地の管理者に過ぎず、宣化天皇二年に派遣されたという大伴磐・狭手彦など中央の豪族将軍や、推古天皇十年（六〇二）二月に任命され、同年四月に筑前国嶋郡に駐屯した撃新羅将軍の久米王子など王族将軍、これら将軍の系譜を引き、同十七年四月に初見する筑紫大宰といった中央派遣の王族・豪族の命令を受けて、那津官家に集積された物資や、屯倉に奉仕する地域首長を通じてその支配下の人民を動員する存在だったのである［酒井　二〇〇九］。

つぎに、筑前・筑後地域に存在した地域首長と筑紫国造との関わりをみたい。一般に地方伴造となった首長支配下の部民は、国造を通じて倭王権に徴発された［大川原　二〇〇七］。

まず胸肩君である。胸肩君の支配した民衆が編成された部民としては、『続日本紀』和銅二年（七〇九）六月乙巳条に、筑前国御笠郡大領として宗形部堅牛がみえ、[4]『万葉集』巻十六に、筑前国の志賀の白水郎の歌十首という短歌が収められていて（三八六〇〜九番歌）、その詞書に、神亀年間（七二四〜九）の宗像郡の宗形部津麻呂が大宰府によって対馬に糧を送る船の柂師に充てられたとみえ、大宰府史跡不丁地区出土2号木簡に、兵士の「宗形マ刀良」もみえるので［九州歴史資料館　二〇一四］、宗形部があったことがわかる。宗形部は農民もいたであろうが、津麻呂のように海人とみられる者もいて、胸肩君に率いられ、農作物のみならず、船での物資輸送や海産物の貢納で、筑紫国造を通じて倭王権に奉仕したのだろう。胸肩君は、国造となっていない一方、篠川氏が指摘するように、宗像地域の統治と宗像神の祭祀をもって王権に仕えたことを氏族の名に負うことから、伴造として宗形部を率いて、筑紫国造を通じて倭王権に奉仕したと考える。また、宗像郡には海部郷があるので、胸肩君の一族には、海部を統括した凡海連氏や阿曇連氏［篠川　二〇一六］の地方伴造として、海部を率い、同様に筑紫国造を通じて倭王権に奉仕した者もあったであろう。[5]

水沼君は、水沼部は知られないが、氏族名を冠した部民や海部を率いて、同様に伴造として奉仕した可能性もある。また、養鳥人を雄略天皇に献上した伝承と、水沼君の本拠地である筑後国三潴郡に鳥養郷があったことから、その一族で鳥養部の伴造として、筑紫国造を通じて、王権に奉仕した者もいたであろう。その他、磐井の乱後に、大伴金村や物部麁鹿火の支配下に置かれて、大伴氏・物部氏系部民を率いた地域首長も、筑紫国造を通じて、倭王権に仕えたと考えられる。

3　筑紫における評の編成と筑紫国造

筑紫国造とその地域支配のあり方は、大化改新によって大きく変わる。前節までに述べたことをふまえ、以下、その過程を明らかにしたい。

大化改新によって、孝徳朝に評の編成（立評）が行われるが［鎌田　二〇〇一d］、筑紫における立評の過程は、出土文字資料も含めて、孝徳朝に遡る史料がなく明確ではない。これについて、重松敏彦氏が、那津官家と三国の屯倉がどのように評に編成されて行ったかを考察した。三国の屯倉のうち、穂波屯倉と鎌屯倉が、後の穂波郡、嘉麻郡につながることから、これらが穂波評、鎌評に編成されたこと、妙心寺梵鐘銘に糟屋評がみえるので、糟屋屯倉が糟屋評に編成され、糟屋郡につながることは確かである。そして、旧稿［酒井　二〇一六］で国宰国としての筑紫国の成立を示す史料とした、『日本書紀』持統天皇四年（六九〇）九月丁酉条の大伴部博麻の帰朝報告に、博麻が百済救援戦争に「筑紫国上陽咩郡」から出征したとあることと、朝倉橘広庭宮（朝倉宮）との位置関係から、上陽咩評・下陽咩評の分割は斉明朝に遡り、上旦座評と下旦座評の分割も同様であって、ヤメ評、アサクラ評の成立も孝徳朝の立評時に求められるとした。さらに、総領が評の編成に携わったと考え、筑紫総領の設置も孝徳朝とする［重松　二〇一七］。首肯できる見解である。

この他、七世紀後半に、全国に八つの神郡（評）が置かれた。神郡は、倭王権が支配領域を拡大するための拠点や、韓半島への航路の要衝として、古代交通上の要衝で、かつ倭王権にとっても軍事上の要衝でもある地の神社のために設置したが、宗像郡(評)もその一つであり、孝徳朝に置かれたとみられる〔有富 二〇一二、小林 二〇一二〕。

以上のように、三国の屯倉のいくつかは、評に編成されたことがわかる。では、那津官家、および那津官家と三国の屯倉との統括関係は、どうなったのだろうか。重松氏は、孝徳朝における評の編成によって、那津官家に移築されていたクラは本来属していた地域に返還され、それらのクラから構成されていた那津官家は解体したのではないかとした。私見はこれと異なり、田中卓氏が指摘したように、難波屯倉が、外交施設としてみえる難波郡(評)となり、さらに難波大郡・難波小郡となったのと同様に、那津官家(筑紫官家)が筑紫評に編成され、後に筑紫大郡(『日本書紀』天武天皇二年(六七三)十一月壬申条)・筑紫小郡(『同』持統天皇三年(六八九)六月乙巳条)となったと考える〔田中 一九五二～三〕。この場合、三国の屯倉との統括関係も維持され、筑紫評―三国の評の重層的な評の支配が行われたとみる〔酒井 二〇一六〕。

評が重層的に存在するというのは、奇異に思われるかもしれない。しかし、静岡県浜松市伊場遺跡出土敷智郡屋椋帳木簡(伊場遺跡21号)では、遠江国敷智評周辺の屋と倉を、敷智評の管轄下のサトごとに列挙するにあたり、駅評の人である語部三山の椋一などと並んで、加毛江五十戸の人である「□□男」の椋一などを挙げる〔鈴木・渡辺・山本 二〇〇八〕。評と五十戸は、その集団の長の姓がともに造であり、両者には身分上の差異はなく、行政組織の系統化は存在しなかったとされる〔狩野 一九九〇b〕。ゆえに、敷智評の管轄下に駅評と加毛江五十戸が並列してあったと解することも可能であり、評が重層的に存在した可能性があろう。(6)

そして、筑紫評に編成された那津官家を管掌した筑紫評造は、筑紫国造である筑紫君だったと考える。その場合、筑紫君の本拠地であるヤメ評、あるいは分割後の上陽咩評の評造には、『常陸国風土記』行方郡条で、茨城国造壬生直麿と那珂国造壬生直夫子が、惣領高向大夫等に行方郡(評)を建てることを申請して、その評の初代の官人となったように〔鎌田 二〇〇一d〕、筑紫君の一族が就任したか、あるいは筑紫評造となった筑紫君の族長自身が兼ねたかの二つの可能性を考えておきたい。百済救援戦争で唐の捕虜となり、上陽咩郡の軍丁の大伴部博麻が身を売って、帰国させ、天智天皇十年(六七一)十一月に対馬にたどり着いた筑紫君薩野馬(夜麻)がいるので(『日本書紀』天智天皇十年十一月癸卯条、持統天皇四年十月乙丑条)、筑紫君と上陽咩評との深い関係が考えられる。

那津官家を筑紫評に編成する際に、三国の屯倉を編成した評との統括関係も維持されたと考える理由は、一般に大化改新後も、評に編成されず、倭王権に把握されていない首長支配下の民衆が存在したとみられるので、筑前・筑後地域にも、筑紫君の支配下にあって、倭王権に掌握されていない民衆が広く存在したと推測されるからである。

〔史料5〕『日本書紀』天智天皇三年(六六四)二月丁亥条

天皇命㆓大皇弟㆒、宣㆘増㆓換冠位階名㆒、及氏上・民部・家部等事㆖。(中略)其大氏之氏上賜㆓大刀㆒。小氏之氏上賜㆓小刀㆒。其伴造等之氏上賜㆓干楯・弓矢㆒。亦定㆓其民部・家部㆒。

〔史料6〕『日本書紀』天武天皇四年(六七五)二月己丑条

詔曰、甲子年諸氏被㆑給部曲者、自㆑今以後、皆除之。又親王・諸王及諸臣、并諸寺等所㆑賜、山沢島浦、林野陂池、前後並除焉。

〔史料5〕は、甲子の宣と呼ばれ、とくに「民部・家部」の解釈が、律令公民制の成立過程をどのように考えるかの主要な検討対象となり、また大化改新否定論の提起にはじまる大化改新論争の重要な論点ともなっている〔野村 一九七八、武光 一九八二〕。『日本書紀』大化二年(六四六)正月甲子朔条の大化改新詔に「罷二昔在天皇等所立子代之民・処々屯倉、及別臣連伴造国造村首所有部曲之民、処々田庄一。仍賜二食封大夫以上一、各有レ差」とあるように、大化改新詔で部曲を廃止することになっているが、これに疑問を呈した画期的な学説を、北村文治氏が提出した〔北村 一九九〇〕。北村氏は、甲子の宣で定められた民部・家部について、民部は純然たる豪族私民であり、ここではじめて国家が調査確認して部曲とした上で、豪族に賜ったものとし、この部曲を〔史料6〕のように、天武天皇四年に廃止したとした。

民部・家部については、大化改新否定論を提起した原秀三郎氏のように、民部は国家所有の人民で、家部は豪族所有の人民とする説〔原 一九八〇〕、鎌田元一氏が論じ、狩野久氏が承認したように、品部は、部民一般を王権に対する従属・奉仕の側面からとらえた語であり、部曲（民部）は、部民に対する諸豪族の領有・支配の側面を表現した語であり、両者は表裏一体のものとする説〔鎌田 二〇〇一b、狩野 一九九〇a〕（なお、鎌田氏は家部を豪族私有民と捉える〔鎌田 二〇〇一a〕）、共同体所有の賤民のうち、家族的結合をなして配隷したのが家部であり、個別的に共同体に配没した奴婢で国家に掌握されたのが民部と推測する説〔八木 一九六八〕などがある。

民部・家部＝部曲の豪族私有民としての性格を強調して理解する学説として、篠川賢氏は、部曲は、部民化されていない豪族の私的領有民であり、甲子の宣で、はじめてその掌握が命じられて、天智天皇九年（六七〇）編纂（『日本書紀』同年二月条）の庚午年籍に登録され、天武天皇四年に廃止されたとする〔篠川 二〇一七〕。また仁藤敦史氏は、『日本書紀』大化元年（六四五）八月庚子条の鐘匱の制の詔に、訴える人は伴造があれば、その伴造がまず勘当して奏し、尊長があれば、その尊長がまず勘当して奏せとあり、同日条に「国家所有公民」と「大小所領人衆」という併称もあることから、この時期、支配系統が、王権に直属する伴造配下の民と有力諸氏・国造配下の民に分かれていたとする。そして民部・家部の王民化は甲子の宣まで遅れ、その内容も王族や豪族の有する権益はあまり変化せず、庚午年籍の段階でも、部民・ミヤケ系列の五十戸編成と氏族単位の民部・家部＝部曲という二元的な編成がなされていたとした〔仁藤 二〇一三〕。

このように、部民制の廃止、公民制の成立については諸説があるが、大化改新後も、倭王権に掌握されない民衆が一定数いたことは確かである。平野邦雄氏は、大化改新期の詔から、地方豪族の私的な支配下にあるか、その周辺に分散していた農民で、いずれの部民にも編成されていなかった農民が存在したことを指摘し、国造の領域には、このような所属の不確定な農民が存在したと推定した。また、正倉院文書の戸籍原本の調査では〔竹内 一九五九〕、大宝二年度（七〇二）の筑前国嶋郡川辺里と豊前国上三毛郡塔里・加自久也里、同国仲津郡丁里の戸籍には、氏姓を記入せずに名のみを記した部分があり、そこには例外なく国印を捺されていなかった。平野氏は、これら無姓の農民は、中央との所属関係を持っていなかった人々であり、空白部分に後から氏姓を追記して国印を捺した人々もあり、これらはその同族に所属関係のあるものが、その縁を求めて便宜的にその氏姓を付けたと考えた〔平野 一九六九〕。

〔史料7〕『続日本紀』天平十七年（七四五）五月己未条

（前略）筑前・筑後・豊前・豊後・肥前・肥後・日向七国、无姓人等、賜二所レ願姓一。（後略）

〔史料7〕によると、八世紀の西海道には、無姓の民衆が存在していた。天智天皇九年（六七〇）の庚午年籍の編纂によって、豪族と人民の姓が定められたが[加藤 一九七二]（人民の定姓は庚寅年籍によるとする説もある[湊 一九八九]）、戸籍編纂時に氏姓が確定されなかった民衆には、国造や伴造、県稲置となった地域首長の私有民で、部民に編成されず、倭王権が把握していない人々が含まれていた可能性がある。

いっぽう部民に編成されていた民衆は、大化改新以前には、統率する地域首長に率いられて、屯倉に奉仕しており、大化改新によって屯倉が評や五十戸に編成されれば、倭王権が掌握する人民となり、評を支配する地方官、すなわち孝徳朝に設置された総領や、斉明朝末年までに九州に置かれた国宰の統括下に入ったと考えられる。

なお、筑前国と豊前国戸籍の無姓者は、庚午年籍に脱漏した人々で、律令国家が、無姓者に部姓を付加することには積極的であったのと異なり、氏姓の根本台帳である庚午年籍で確定したカバネ姓の変更は認めなかったため、たとえ姓の確定した人物と父子関係があっても、カバネ姓の継承を認められず、無姓のまま放置された者ともみられる[南部 一九七八]。したがって、そのすべてが地域首長の私有民であったとはいえないが、平野氏の指摘のように、筑前国と豊前国戸籍には、御野国戸籍に多くみられる国造族や県主族などの族姓者がみえないので、無姓者や部姓者の中に地域首長の私有民を含む可能性はある。

磐井の乱後に、大伴金村と物部麁鹿火は、かつて磐井の勢力下にあった中小の地域首長とその支配下の民衆を、大伴氏や物部氏の地方伴造と部民に編成し、崇峻天皇四年（五九一）の四氏族将軍の筑紫駐屯時には、紀、巨勢、大伴、葛城氏の将軍が、九州の民衆を部民に編成し、さらに推古朝には、上宮王家（聖徳太子一族）も同様に、九州の人民を部民に編成した[酒井 二〇〇九]。しかし、一般に国造や伴造となった地域首長の統率する人間集団のすべてが、部民として屯倉に奉仕したわけではなく、倭王権に属さない人民や中小首長もいたと考える。

それらは無姓であったであろうが、戸籍編纂にあたり、縁故のある部姓を持つ民と同じ部姓を付けられたのではないだろうか。倭王権の支配下にない首長私有民で無姓だった人民は、庚寅年籍で人部姓や族姓などの姓を付けられ、大宝二年度の筑前国や豊前国の戸籍で部姓に改姓されたとされる[湊 一九八九]。

先述のように、三国の屯倉を統括する那津官家を筑紫国造が管掌し、その屯倉に奉仕する人間集団の総体が、筑紫国造の支配する筑紫国であったとみられるので、屯倉に奉仕していない筑紫君とその統率下の中小首長の私有する民衆が、筑前・筑後地域に存在していたとすれば、孝徳朝に、那津官家と三国の屯倉を、筑紫評と三国の評に編成したからといって、筑紫評による三国の評の統括をすぐに解体することはできなかったと考える。磐井の乱以前と変質しているではあろうが、かつての磐井の勢力の広がりと、国造となった葛子以後も、筑紫を氏族名に冠する複姓氏族のように、筑紫国造と関係を結んだ中小首長がいることを考慮すれば、筑前・筑後のみならず、豊前地域にも、その統率下の中小首長や私有民が点在していた可能性は否定できないだろう。

百済救援戦争の際に、筑紫に行幸した斉明天皇が、那津から四〇キロも離れた内陸にある朝倉宮に移った理由は、朝倉宮で斉明天皇が筑紫内陸部の首長を服属させ、百済救援戦争に民衆や物資を動員させるためであった[酒井 二〇一四]。総領、国宰、評、五十戸という大化改新後に作られた地方支配制度のみでは、地域首長や人民を戦争に十全に動員するのは難しかったであろう。『備中国風土記』逸文（『本朝文粋』巻第二、三善清行意見封事）に、百済救援戦争に際し、斉明天皇が備中国迩磨郷で、試みにこの郷の軍士を徴発したところ、二万人の兵が集まったと伝える。

倭国王が現地に赴くことで、地域首長を服属させ、その支配下の民衆を動員することが可能となるのである。撃新羅将軍の久米王子が筑前国嶋郡に駐屯したことを契機に、上宮王家の部民が、嶋郡を中心に九州北部・中部に設定されていったことも同様である［酒井 二〇〇九］。

このように、大化改新以前には、大伴狭手彦・磐や崇峻朝の四氏族の将軍、久米王子などの王族将軍も、倭国王の代理として、現地に赴くことによって、筑紫の首長と支配下の民衆を服属させて、伴造と部民に編成し、那津官家や三国の屯倉に奉仕させたのである。大化改新以前の「国司（ミコトモチ）」は、部民制の原理によって、現地の首長や部民集団とつながりを持つ者が、倭王権から派遣され、屯倉を拠点として、国造と協業して職務を遂行しており［中 二〇一七］、将軍の地域支配は、このミコトモチの支配と類似したあり方である。

『日本書紀』推古天皇十七年（六〇九）四月庚子条に初見し、隋使到来に備えて設置された筑紫大宰が、王族将軍の系譜を引くことを考慮すると、原則として王族が就任した筑紫大宰は、倭国王の代理として、倭王権に把握されていない首長支配下の民衆を、首長を服属させることを通じて新たに掌握し、白村江の敗戦後、九州の国防に備えるとともに、総領と評の支配にこれらの民衆を王民として組み込み、筑紫における律令制支配の成立を支えたのである。

つぎに、筑紫における律令制地方支配の成立過程［酒井 二〇一六］とあわせながら、筑紫国造と筑紫評の行方を追ってみたい。孝徳朝に筑紫総領が設置された後、斉明天皇七年（六六一）までに、九州には、筑紫国・豊国・肥国が置かれ、筑紫国は筑紫総領が直轄統治し、豊国・肥国には国宰が派遣された。なお、『古事記』上巻の国生み神話には、筑紫島に筑紫国・豊国・肥国・熊曽国がみえるが、隼人を倭王権の支配下に組み込むことは、天武朝に本格化し［中村 二〇一四］、さらに『古事記』のもととなった帝紀・旧辞の虚実を定める作業が天武天皇の生前に完了していたとみるならば［矢嶋 二〇〇八、酒井 二〇一三］、熊曽国（後の日向・大隅・薩摩国）に国宰が派遣されるのは、天武朝であろう。

しかし、国宰国としての筑紫国・豊国・肥国が成立しても、それは国境が画定された国ではなかったので、飛び地的に後の豊前国や肥後国の領域内に存在していた筑紫評支配下の評（豊国の腠崎屯倉・桑原屯倉・肝等屯倉・大抜屯倉・我鹿屯倉、肥国の春日部屯倉等に由来する評）は、豊国宰や肥国宰の管轄下にはなく、引き続き筑紫評造たる筑紫君を通じて、筑紫総領が統括していたと考える。なお、旧稿では、これらの評は豊・肥国宰に帰属したとしたが、本稿のように見解を改める。

このような筑紫評による三国の評の統括は、どのように解消されたのだろうか。やはりそれは、首長私有民の公民化とそれにもとづく、五十戸一里の地域編成を通じてであろう。甲子の宣で民部・家部を定めたことについての私見は、首長私有民に対して王権による制約が加わったものでもあるが、制限であると同時に、所有の公認でもあったこと［早川 二〇〇〇］を重視し、民部・家部は、王権の支配が及ばず、評制にも編成されていない地域首長やその支配下の人間集団であったと考える。

早川氏が指摘するように、『続日本紀』神亀四年（七二七）七月丁酉条に「筑紫諸国、庚午籍七百七十巻、以二官印一印之」とあり、西海道諸国の庚午年籍の巻数七七〇巻が、『倭名類聚抄』の西海道九国二島の郷（里）数五〇九よりもはるかに多いことから、庚午年籍は里よりも小さな単位、すなわち豪族に直結する、または豪族によって編成された人間集団を単位として作られていたのである。早川氏は、庚午年籍に登載されたのも、王権によってすでに掌握されている豪族とその私有民たる部曲、国家の民とされた旧部民のみであるとした。しかし、庚午年籍には、脱漏が皆無ではないが、王権の支配下になかった無姓の民衆も含めてすべての人民を登載しようとしたと考えられる［湊 一九八九］。

倭王権の支配下にない地域首長と統率下の民衆は、筑紫においては、筑紫大宰による軍事動員のための服属の推進によって、徐々に王権の支配下に入って行ったのであろう。壬申の乱を経て、天武天皇四年（六七五）二月には、甲子の宣で賜った部曲が廃止され（史料6）、首長による人民の私有が禁止される。評制下の木簡のサトの表記は、はじめ五十戸であったが、天武天皇十二年（六八三）以降に里と五十戸が混在し、持統天皇二年（六八八）以降に里に統一される［奈良文化財研究所 二〇〇六］。したがって天武朝前半に、五十戸一里の編成が進んだものとみられ、王権による首長私有民の掌握が進展した。天武天皇十二年から十四年にかけて、国境画定が行われ、国宰（国司）の国は、領域をともなう律令制の国（令制国）となる［鐘江 一九九三］。そして、持統天皇四年（六九〇）の庚寅年籍で、天武朝を通じての民衆の五十戸一里への編成が結実し、首長の私有民も公民化される［早川 二〇〇〇］。

筑紫評による三国の評の統括は、この過程で解消され、筑紫総領や豊国宰・肥国宰が、三国の評をそれぞれ支配する行政機構の系列化も成立したと考える。国造制との関係でみると、国造国としての筑紫国は、天武朝に最終的に解体されたと言えよう。篠川賢氏も、国境画定に際して国造制の廃止が決定されたとしている［篠川 一九九六］。

〔史料8〕『日本書紀』天武天皇五年（六七六）八月辛亥条

詔曰、四方為㆓大解除㆒。用物則国別国造輸、秡柱、馬一匹・布一常。以外郡司。各刀一口・鹿皮一張・钁一口・刀子一口・鎌一口・矢一具・稲一束。且毎㆑戸、麻一条。

この史料は、この時までに律令制下の一国一員の律令国造が成立していたことを示す［新野 一九七四］。国宰国としての筑紫国が、持統天皇三年（六八九）の飛鳥浄御原令施行前後に筑前・筑後に分割された後［長 一九九一］、筑紫君の本拠地が八女地域であることから、筑紫君が、律令国造としての筑後国造となった可能性はあるだろう。そして、筑紫評を通じた地域支配体制が解体された後も、筑紫君は、他の律令国造と同様に、国造としての政治的権威を持ち続けたと考えられる［森 二〇〇〇］。

さらに、天武朝前半期の五十戸一里の編成の進展によって、筑紫評の三国の評統括が解消されるまでは、筑紫君は筑紫評造として、那津にあったのではないだろうか。三国の評統括の解体後は、筑紫評造の地位を筑紫三宅連に委ね、筑紫君は、上陽咩評の評造となり、大宝律令制下には、上妻郡の郡領氏族となったかもしれない。しかし、いずれも史料では確認できないので、あくまでも憶測として記しておく。

三国の評を統括する機能を失っても、筑紫評は存続し、筑紫評の那津官家に由来する建物は、外交施設の筑紫大郡・筑紫小郡として機能した。筑紫君が筑紫評造から退転すると、筑紫評は同時に、旧那津官家に付属する耕作地などが広がっていた地域を管轄する行政組織（後の筑前国那珂郡家の前身）ともなったのだろう。[7]

旧稿では、白村江の敗戦後、那津は危険であり、筑紫総領の統括の下に、筑紫評に集積された稲穀などの税物を、そのまま博多湾岸においていたとは考えにくいので、国防体制の構築のため、天智朝に筑紫大宰が那津から現在の太宰府市周辺に移転したのとともに、筑紫総領も太宰府市周辺に移転したと考えた［酒井 二〇一六］。しかし、天智朝に筑紫評造たる筑紫君が、依然として那津の筑紫評において、国造国としての筑紫国を支配している状況では、九州の統治を担う筑紫総領は、筑紫評を離れることはできなかったであろう。

そして、天武朝に五十戸一里の編成や、筑紫評の三国の評統括と国造国としての筑紫国の解体、筑紫君の筑紫評造解任が行われたことによって、筑紫総領とその内政機能は、集積した税物とともに、那津から太宰府市付近に移転することができたのである。その時期は、筑紫大宰とその軍事機能の移転より遅れて、天武朝後半以降となる可能性がある。福岡市那珂遺跡群では、七世紀前半の掘立柱建物の倉庫にともなう溝群から七世紀後半代の高坏や七世紀末の遺物が出土し［下村・荒牧 一九九二］、七世紀後半には倉庫群は姿を消すが、区画溝や瓦が発見されている。これらは郡衙や寺院にともなうともされるが、筑紫大郡があったとも推定されている［菅波 一九九六・二〇一七］。

いっぽう、大宰府政庁Ⅰ期建物は、七世紀後半に遡る古段階と、飛鳥浄御原令施行前後に成立した新段階に分かれる。古段階は白村江の敗戦後に軍事機能を強化した筑紫大宰に関わる施設で、新段階は礎石建物の第Ⅱ期政庁に連続する機能を持つ［杉原 二〇〇七］。さらに、蔵司西地区では、七世紀末の①久須評（後の豊後国球珠郡）の荷札など西海道支配に関する木簡と、②貸稲（出挙）などに関する木簡が、一括して出土している［酒井 二〇〇五］。蔵司地区で、八世紀の礎石建物SB5000に先行する掘立柱建物が発見されており［下原 二〇一六］、掘立柱建物は、木簡の廃棄主体の有力な所在地候補である。七世紀末に大宰府政庁周辺で内政機能が整備される状況も、筑紫総領の太宰府市移転が、天武朝後半から持統朝初めにかけてであることを傍証しよう。

なお旧稿では、①は那津から移転した筑紫大宰・総領に関わる木簡で、②は地域首長に関わる木簡であることから、筑紫大宰・総領に関する施設と評の施設が近接して存在したと考えた。本稿では、もう一つの可能性として、筑紫国宰を兼帯する筑紫総領の筑紫国支配に関わる可能性を指摘したい。これら貸稲関係木簡は、総領が大化以来、評造である筑紫君とともに、筑紫評と統括下の三国の評を管理していたために、天武朝における筑紫評の三国の評統括の解体後も、評造となった筑紫国内の地域首長と協力して、貸稲など地域支配に、大宝律令制以降の大宰や国司よりも直接に関与していたことを示すのかもしれない。

むすび

以上、筑紫国造の部内支配と筑紫における評編成について検討を加えた。まずは研究史をふまえつつ、六〜七世紀の筑紫国造から評制への変遷を考察した。蔵司地区の調査成果との関わりにふれたが、本稿のような文献史学の研究成果と大宰府史跡の発掘調査成果とをどう突き合わせていくかは今後の課題である。先学の研究への誤解や見落とし、論理の飛躍など、不十分な点が多いと思う。伏して諸賢のご叱正を賜わりたい。

註

（1）国造本紀に掲載する全国の国造の総数は一三五であるが、和泉・摂津・出羽・丹後は「国司」とあり、奈良時代の設置とする美作国造、書式の異なる津島県直・多褹島国造をあわせた七例を除くと、一二八となる。その他の史料にみえる長狭国造（『古事記』神武天皇段）、津島国造（『日本書紀』顕宗天皇三年四月庚申条）、闘鶏国造（『同』允恭天皇二年二月己酉条）、大分国造（『先代旧事本紀』天孫本紀・国造本紀火国造条）、牟義都国造（『釈日本紀』所引「上宮記」一云）を足すと、一三三となる。同音の山城・山背、无邪志・胸刺、加我・加宜を捨象すると、一三〇である。このように、確認できる国造の数は、『宋書倭国伝』の東の毛人五十五国と西の衆夷六十五国の合計一二〇国に近い［大川原 二〇〇九］。

(2) 青柳種信編『筑前国続風土記拾遺』巻之十八、御笠郡四によると、筑紫神社の神は、かつては、基肄城が築かれた基山の山頂に祀られていたが、祟りにより山上から麓に移し、筑前国御笠郡原田の筑紫神社と肥前国基肄郡宮浦の荒穂神社に祀られたと伝える。

(3) 『古事記』神武天皇段に、筑紫三家連は、火君・大分君・阿蘇君等とともに、神八井耳命（神武天皇の皇子、綏靖天皇の兄）の後裔とされる。これらの首長は、磐井の乱後に九州北部に進出したとみられるので、その同族の中小首長が、筑紫国造の統括下で那津官家を管理し、筑紫三家連を氏姓とすることになったのだろう。

(4) 宗形部堅牛は、益城連の姓を賜っているので、肥後国益城郡との関わりが推測され、磐井の乱後に肥後出身の首長の一族で、肥後から糟屋や宗像地域への途中の御笠郡地域に移住し、七世紀前半に胸肩君の支配下に入った人物が、堅牛の祖先だったとみられる[瓜生 二〇〇九]。宗像地域には、肥後中南部と関係の深い石室や装飾を持つ桜京古墳があり、磐井の乱後に宗像地域に進出した肥後の首長がもたらしたものとされる[吉村 二〇一六]。

(5) なお、大海人王子（天武天皇）の妃となって、高市皇子を生んだ胸形君徳善の娘の尼子娘（『日本書紀』天武天皇二年[六七三]二月癸未条）の名が乳母の出身氏族に由来するとすれば、尼子娘を養育したのも宗像の海部氏だったと考えられる。天武天皇の葬儀で大海宿祢蒭蒲が壬生の事を誄しているので、大海宿祢（凡海連）氏が大海人王子を養育したとみられる（『同』朱鳥元年[六八六]九月甲子条）。胸肩君が海部氏とつながりがあるとすれば、凡海連氏を通じて、大海人王子と尼子娘の婚姻も成立したのではあるまいか。

(6) 那津官家の統括下にあった三国の屯倉のうち、評や郡に引き継がれていない屯倉は、評と五十戸の行政組織の系統化が存在しなかったことから、奉仕する人間集団の規模の大小などによりつつ、五十戸に編成されたものもあれば、評にはなったが、郡に引き継がれなかったものもあったと考える。なお、伊場遺跡21号木簡にみえる駅評については、一般の評とは異なるとの理解もあるが、ここは、本来、渕評と同格である駅評が、加毛江五十戸と並んで渕評の下に所属していたとみる見解を支持する[市 二〇一七]。

(7) 菅波正人氏は、福岡市博多区那珂遺跡群では、七世紀前半から後半にかけて、大型倉庫や方形区画の溝などが確認され、牛頸産の瓦も出土し、那津官家関連とされる比恵遺跡群にも隣接していることから、筑紫大郡などを含めた公的な施設があったとする[菅波 二〇一七]。また、森哲也氏は、和銅四年（七一一）に観世音寺に施入された筑前国那珂郡の熟田三段百三十歩（『延喜五年観世音寺資財帳』）が、那津官家に由来する土地である可能性を指摘する[森 二〇〇七]。

参考文献

有富由紀子　二〇一二年「下総国香取神郡の諸相」『千葉史学』六〇
市　大樹　二〇一七年「出土文字資料からみた駅制と七道制」『日本古代都鄙間交通の研究』塙書房
井上辰雄　一九七〇年a「筑紫・豊・肥の豪族と大和朝廷」鏡山猛・田村圓澄編『古代の日本3九州』角川書店
井上辰雄　一九七〇年b『火の国』学生社
井上辰雄　一九八三年「大和政権と九州の大豪族―その統治政策を中心として―」『九州歴史資料館開館十周年記念　大宰府古文化論叢　上巻』吉川弘文館
瓜生秀文　二〇〇九年「筑紫君磐井の乱後の北部九州」長洋一監修・柴田博子編『日本古代の思想と筑紫』櫂歌書房
大川原竜一　二〇〇七年「大化以前の国造制の構造とその本質―記紀の『国造』表記と『隋書』『軍尼』の考察を通して―」『歴史学研究』八二九
大川原竜一　二〇〇九年「国造制の成立とその歴史的背景」『駿台史学』一三七
小田富士雄　一九七〇年「磐井の反乱」鏡山猛・田村圓澄編『古代の日本3九州』角川書店
小田富士雄　二〇一二年「筑紫君磐井の乱と火（肥）君」『古代九州と東アジアⅠ』同成社
小野里了一　二〇一三年「六世紀前半における倭王権の変質と磐井の乱」篠川賢・大川原竜一・鈴木正信編『国造制の研究―史料編・論考編―』八木書店
加藤　晃　一九七二年「我が国における姓の成立について」坂本太郎博士古稀記念会編『続日本古代史論集　上巻』吉川弘文館
加藤謙吉　二〇一七年「『磐井の乱』前後における筑紫君と火君―西海道地域の首長層の動向と対外交渉―」篠川賢・大川原竜一・鈴木正信編『国造制・部民制の研究』八木書店
鐘江宏之　一九九三年「『国』制の成立―令制国・七道の形成過程―」笹山晴生先生還暦記念会編『日本律令制論集　上巻』吉川弘文館
狩野　久　一九九〇年a「部民制―名代・子代を中心として―」『日本古代の国家と都城』東京大学出版会
狩野　久　一九九〇年b「律令国家の形成」右同
鎌田元一　二〇〇一年a「七世紀の日本列島―古代国家の形成―」『律令公民制の研究』塙書房

房

鎌田元一　二〇〇一年b「『部』についての基本的考察」右同

鎌田元一　二〇〇一年c「屯倉制の展開」右同

鎌田元一　二〇〇一年d「評の成立と国造」右同

亀井輝一郎　一九九一年「磐井の乱の前後」坪井清足・平野邦雄監修『新版古代の日本 第三巻 九州・沖縄』角川書店

亀井輝一郎　二〇〇四年「大宰府覚書―筑紫大宰の成立―」『福岡教育大学紀要　五三　第二分冊社会科編』

九州歴史資料館　二〇一四年『大宰府政庁周辺官衙跡Ⅴ―不丁地区遺物編2―』

北村文治　一九九〇年「改新後の部民対策に関する試論」『大化改新の基礎的研究』吉川弘文館

倉住靖彦　一九八三年「那津官家の修造」『九州歴史資料館開館十周年記念　大宰府古文化論叢　上巻』吉川弘文館

古賀市教育委員会　二〇〇三年『古賀市文化財調査報告書　第三三集　鹿部田渕遺跡―第2次・6次・7次調査―』

小林宣彦　二〇一二年「日本古代の神事と神郡に関する基礎的考察」『國學院雑誌』一一三―一一

酒井芳司　二〇〇五年「大宰府史跡蔵司西地区出土木簡の再検討」『九州歴史資料館研究論集』三〇

酒井芳司　二〇〇八年「那津官家修造記事の再検討」『日本歴史』七二五

酒井芳司　二〇〇九年「倭王権の九州支配と筑紫大宰の派遣」『九州歴史資料館研究論集』三四

酒井芳司　二〇一三年「神話と『古事記』『日本書紀』」東京国立博物館・九州国立博物館編『国宝大神社展』NHK・NHKプロモーション

酒井芳司　二〇一四年「朝倉橘広庭宮名号考」吉村武彦編『日本古代の王権・国家と社会』塙書房

酒井芳司　二〇一六年「筑紫における総領について」『九州歴史資料館研究論集』四一

坂本太郎・家永三郎・井上光貞・大野晋　一九六五年『日本古典文学大系　日本書紀　下』岩波書店

笹川進二郎　一九八五年「『糟屋屯倉』献上の政治史的考察―ミヤケ論研究序説―」『歴史学研究』五四六

佐田　茂　一九八〇年「筑後地方における古墳の動向―在地豪族の変遷―」『鏡山猛先生古稀記念　古文化論攷』鏡山猛先生古稀記念論文集刊行会

重藤輝行　二〇一一年「宗像地域における古墳時代首長の対外交渉と沖ノ島祭祀」『「宗像・沖ノ島と関連遺産群」研究報告』Ⅰ

重松敏彦　二〇一七年「『大宰府の七世紀史』覚書」『太宰府市公文書館紀要―年報太宰府学―』一一

篠川　賢　一九九六年『日本古代国造制の研究』吉川弘文館

篠川　賢　二〇一三年「古代宗像氏の氏族的展開」『「宗像・沖ノ島と関連遺産群」研究報告』Ⅲ

篠川　賢　二〇一六年「古代阿曇氏小考」『日本常民文化紀要』三一

篠川　賢　二〇一七年「『大化改新』と部民制」篠川賢・大川原竜一・鈴木正信編『国造制・部民制の研究』八木書店

篠川賢・大川原竜一・鈴木正信編　二〇一三年『国造制の研究―史料編・論考編―』八木書店

篠川賢・大川原竜一・鈴木正信編　二〇一七年『国造制・部民制の研究』八木書店

下原幸裕　二〇一六年「蔵司地区官衙の調査成果」『都府楼』四八

下村智・荒牧宏行編　一九九二年『那珂遺跡4　福岡市埋蔵文化財調査報告書　第二九〇集』福岡市教育委員会

新川登亀男　一九九一年「宗像と宇佐」坪井清足・平野邦雄監修『新版古代の日本 第三巻 九州・沖縄』角川書店

鈴木敏則・渡辺晃宏・山本崇編　二〇〇八年『伊場遺跡発掘調査報告書　第一二冊　伊場遺跡総括編（文字資料・時代別総括）』浜松市教育委員会

須永　忍　二〇一六年「古代肥後の氏族と鞠智城―阿蘇君氏とヤマト王権」『鞠智城と古代社会』五

菅波正人　一九九六年「那津の口の大型建物群について―福岡市比恵遺跡、那珂遺跡群の6～7世紀の様相―」『博多研究会誌』四

菅波正人　二〇一七年「筑紫館（鴻臚館）の成立」福岡市博物館編『発見一〇〇年記念特別展よみがえれ！鴻臚館―行き交う人々と唐物―』「鴻臚館跡発掘30周年記念特別展」実行委員会

杉原敏之　二〇〇七年「大宰府政庁のⅠ期について」『九州歴史資料館研究論集』三二

竹内理三　一九五九年「正倉院戸籍調査概報」『史学雑誌』六八―三

武光　誠　一九八一年『研究史　部民制』吉川弘文館

舘野和己　一九七八年「屯倉制の成立―その本質と時期―」『日本史研究』一九〇

舘野和己　一九九九年「ミヤケと国造」吉村武彦編『古代を考える　継体・欽明朝と仏教伝来』吉川弘文館

田中　卓　一九五二～三年「郡司制の成立（上）・（中）・（下）」『社会問題研究』二―四・三―一・四―二

長　洋一　一九九一年「筑紫・火・豊国の成立」坪井清足・平野邦雄監修『新版古代の日本第三巻　九州・沖縄』角川書店

中　大輔　二〇一七年「日本古代国家形成期の交通と国司―その前史と成立・展開―」『歴史学研究』九六三

中村明蔵　二〇一四年『隼人の実像』南方新社

奈良文化財研究所　二〇〇六年『評制下荷札木簡集成　奈良文化財研究所史料　第七十六冊』（市大樹氏執筆）

南部　昇　一九七八年「庚午年籍と西海道戸籍無姓者」井上光貞博士還暦記念会編『古代史論叢　上巻』吉川弘文館

新野直吉　一九七四年『研究史　国造』吉川弘文館

仁藤敦史　二〇一三年「七世紀後半における公民制の形成過程」『国立歴史民俗博物館研究報告』一七八
野村忠夫　一九七八年『研究史　大化改新　増補版』吉川弘文館
早川庄八　二〇〇〇年「律令制の形成」『天皇と古代国家』講談社
原秀三郎　一九八〇年「大化改新論批判序説―律令制的人民支配の成立過程を論じていわゆる『大化改新』の存在を疑う」『日本古代国家史研究―大化改新論批判』東京大学出版会
平野邦雄　一九六九年「無姓と族姓の農民」『大化前代社会組織の研究』吉川弘文館
松原弘宣　一九八三年「難波津と瀬戸内支配」『ヒストリア』一〇〇（『日本古代水上交通史の研究』所収）
黛　弘道　一九九一年「舂米部と丸子部―聖徳太子子女名義雑考―」『律令国家成立史の研究』吉川弘文館
湊　敏郎　一九八九年「律令的公民身分の成立過程」『姓と日本古代国家』吉川弘文館
森　公章　二〇〇〇年「律令制下の国造に関する初歩的考察―律令国家の国造対策を中心として―」『古代郡司制度の研究』吉川弘文館
森　哲也　二〇〇七年「『延喜の奴婢停止令』と観世音寺文書」『市史研究ふくおか』二
八木　充　一九六八年「律令賤民制の成立」『律令国家成立過程の研究』塙書房
八木　充　一九八六年「筑紫大宰とその官制」『日本古代政治組織の研究』塙書房
矢嶋　泉　二〇〇八年『古事記の歴史意識』吉川弘文館
柳沢一男　二〇一四年『シリーズ「遺跡を学ぶ」〇九四　筑紫君磐井と「磐井の乱」岩戸山古墳』新泉社
吉村武彦　二〇一五年『蘇我氏の古代』岩波書店
吉村靖徳　二〇一六年「装飾古墳の方形区画―筑前・桜京古墳の再検討―」『九州歴史資料館研究論集』四一

〔付記〕初校に際して、中村順昭「律令制成立期の国造と国司」（佐藤信編『史料・史跡と古代社会』吉川弘文館、二〇一八年）に接した。大宝律令以後も、旧国造が存続したとするなど、本稿と関わるところが多いので、参照されたい。

大宰府成立前後における地域社会の変革
——福岡県大野城市乙金地区遺跡群の事例から——

上田龍児

はじめに

六六四年、六六五年に相次いで築造された水城跡・大野城跡は、日本古代史上最大規模の防衛施設・土木建造物である。水城・大野城築造と同時に大宰府政庁の整備が始まり、程なく大宰府都城が成立する。七世紀中頃～八世紀の北部九州では大宰府を中心に国家レベルの大土木事業が進められるわけであるが、それは古墳時代から律令社会への変革の過程でもあった。このような情勢は、大宰府周辺の地域社会にも大きなインパクトを与えたであろうことは想像に難くない。

本稿では、近年調査が進展した乙金地区遺跡群の様相、特に古墳時代の集落を中心に検討し、大宰府成立前後における一地域社会の変革過程を提示するのが目的である。

1　乙金地区遺跡群をめぐる遺跡動態

(1)　乙金地区遺跡群の位置と概要

乙金地区遺跡群(以下、「乙金地区」)は、福岡県大野城市乙金・乙金東に所在する。博多湾岸に開けた福岡平野の東南最奥部に位置し、沿岸部から10㌔ほど南へ行った内陸部にあたる(第1図)。標高410㍍の大城山を最高峰とする四王寺山脈には、北側に突き出たような乙金山があり、乙金地区は四王寺山脈の北西麓に広がる遺跡群である。南は二日市地峡帯

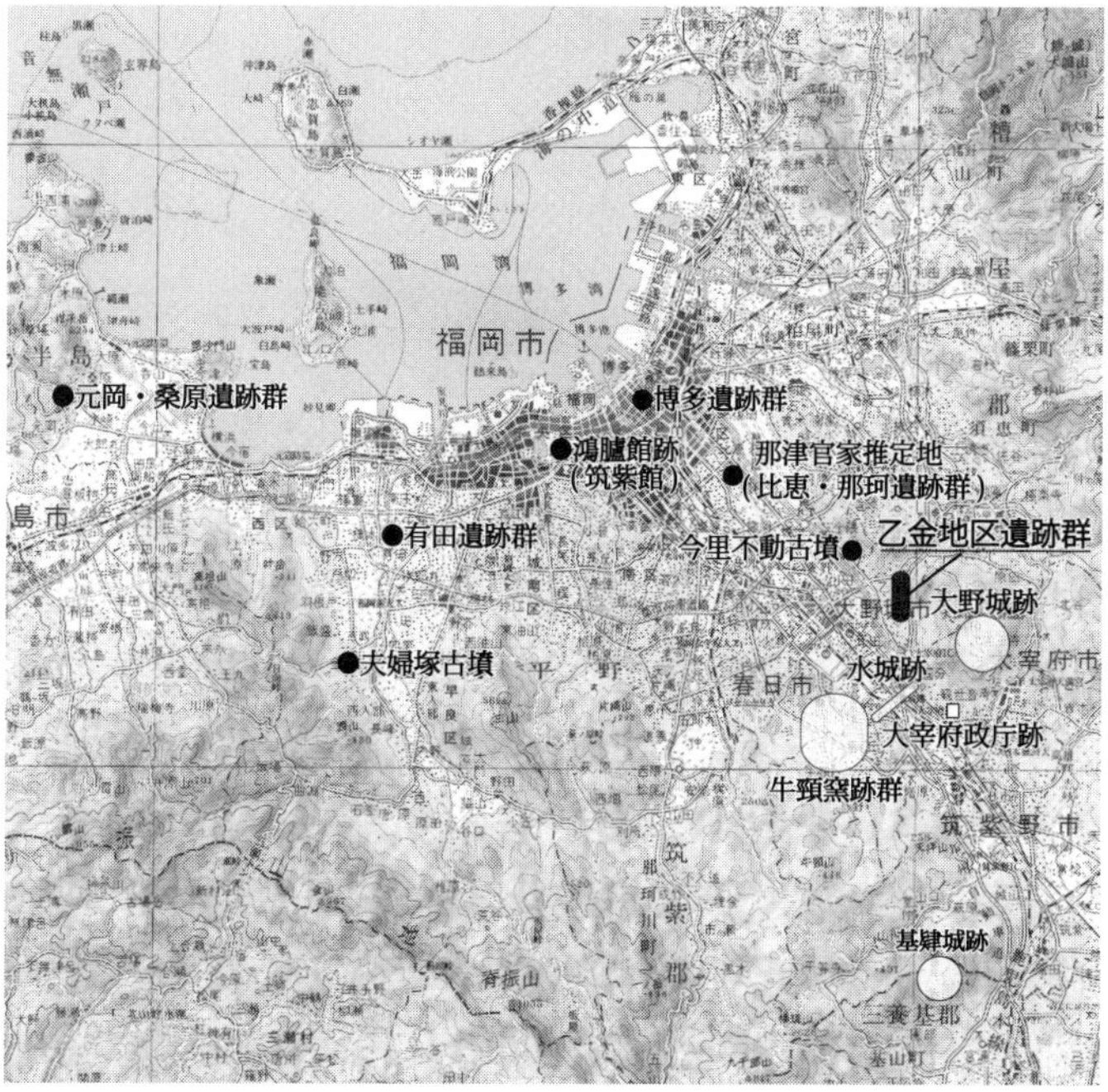

第１図　福岡平野における７世紀前後の主要遺跡と乙金地区遺跡群

の北端部に、北は月隈丘陵南端部に、東は丘陵・山塊部を介して糟屋平野に接し、西は福岡平野を南北に貫流する御笠川が形成した平野部に面する。古代の行政区では御笠郡に属し、「大野郷」の範囲にあたる可能性がある。

乙金地区には、善一田古墳群・王城山古墳群・古野古墳群を中心とした群集墳である「乙金古墳群」や乙金窯跡・雉子ヶ尾窯跡といった須恵器窯跡のほか、古墳時代・中世集落を主体とした複合遺跡である薬師の森遺跡などがある（第2図）。なお、大野城跡が至近距離にあり、時期的・地理的に近接することから、両者の関係性が注目できる。

(2) 御笠川東岸における古墳時代の遺跡動態

本論に入る前に、五世紀以降の御笠川東岸地域を中心に遺跡動態について整理する（第3図、文末の付表参照）。

五世紀前半　平野部・低丘陵を中心に多くの集落が展開する。ほとんどが弥生時代から断続的に続く小規模集落である。群集墳は未発達で、墳墓の形成は低調である。なお、二日市地峡帯北端部の笹原古墳（直径30メートル、甲冑副葬）は当該期の盟主墳に位置づけられる。

五世紀中頃〜六世紀前半　前代から継続する立花寺B遺跡や高畑遺跡などの集落では、滑石製品生産関連遺物や陶質土器・軟質土器などの朝鮮半島系資料が分布する。鉄器・須恵器生産の痕跡はない。墳墓では月隈丘陵で単独ないし少数の古墳があるほか、次段階以降大規模化する堤ヶ浦古墳群や持田ヶ浦古墳群が出現する。また、乙金地区の古野古墳群では十数基からなる群集墳が展開する。前代の盟主墳である笹原古墳に近接し、成屋形古墳（全長32メートル・帆立貝式前方後円墳）がある。

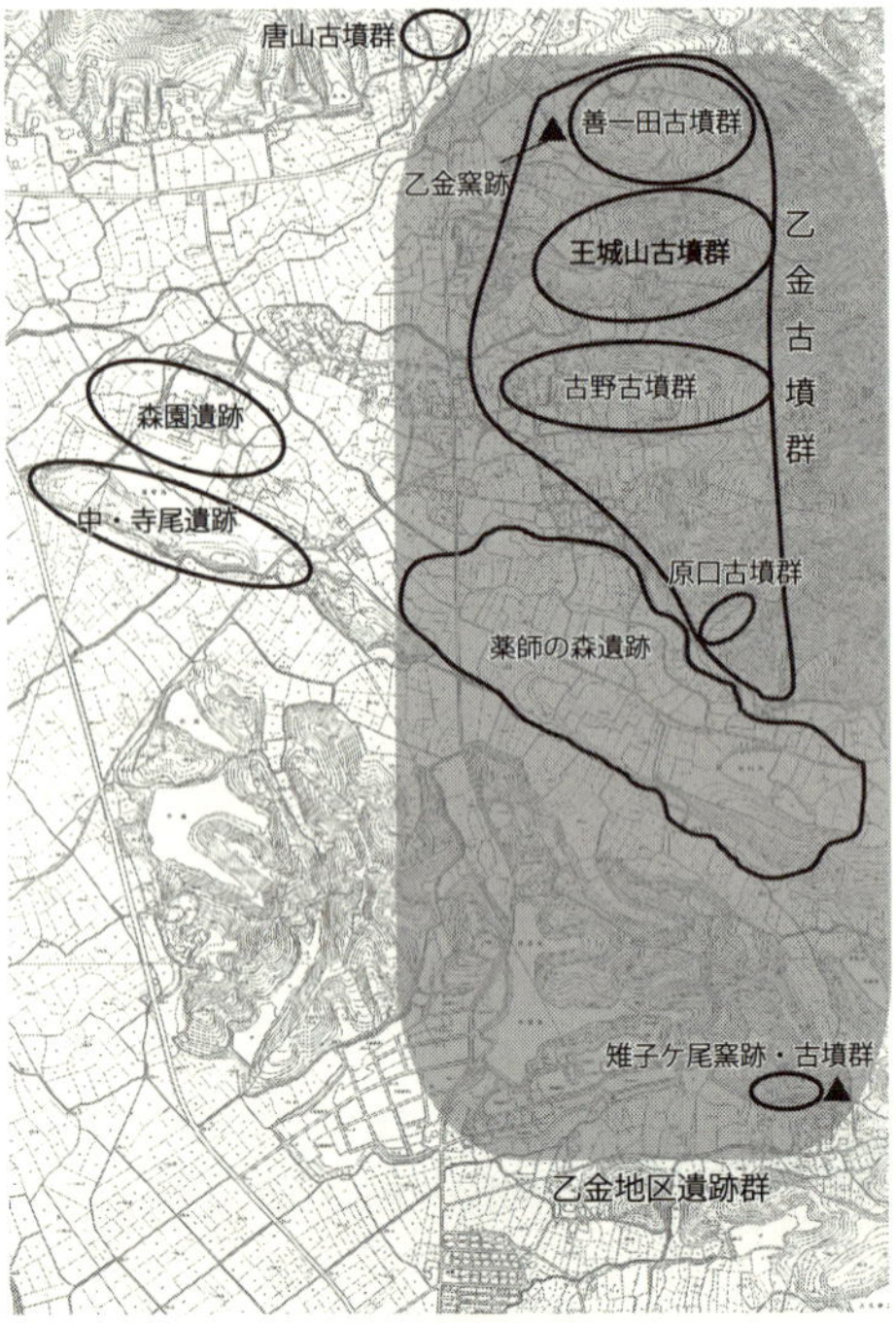

第2図　乙金地区遺跡群周辺の遺跡分布

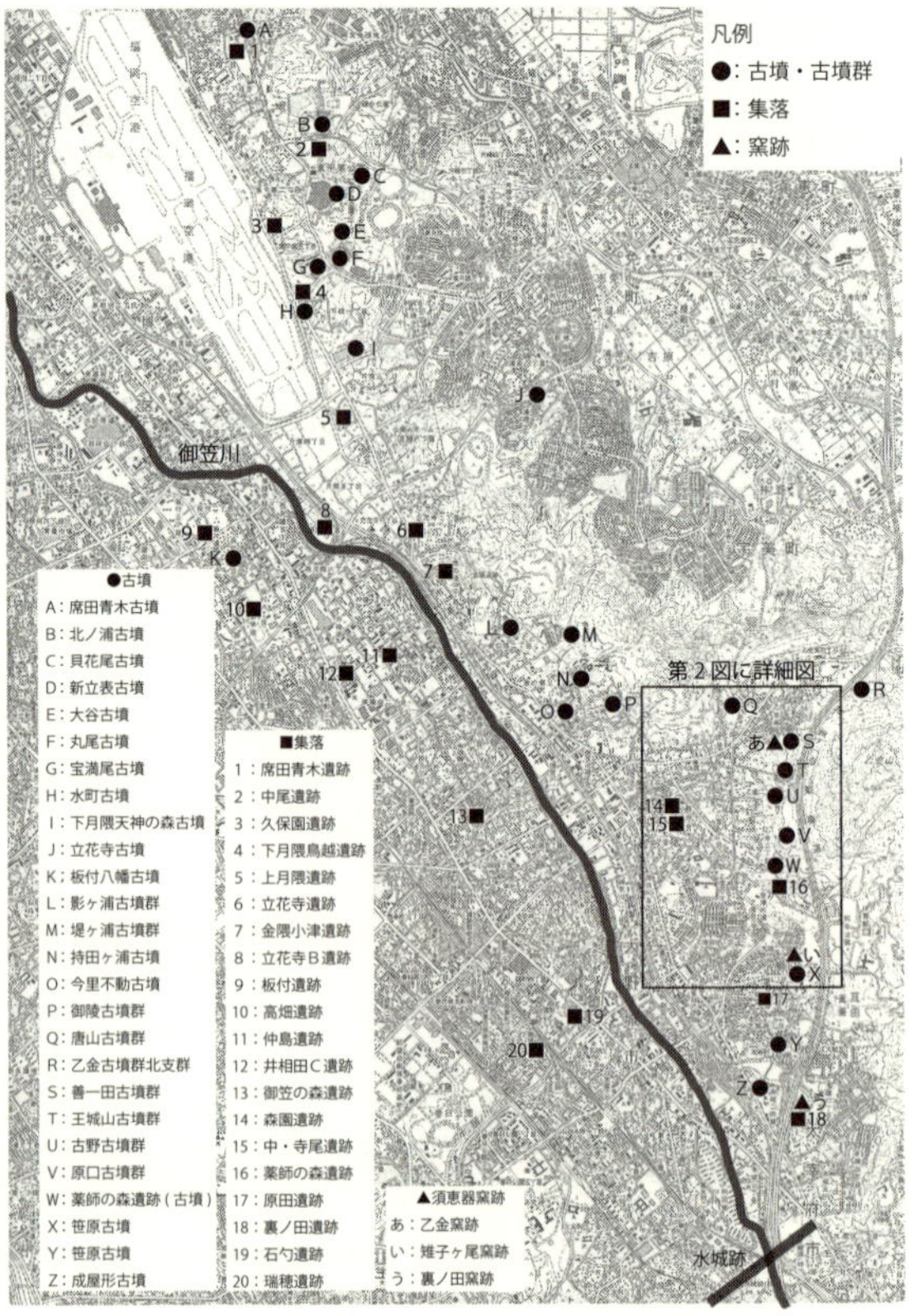

第3図　御笠川流域の遺跡分布

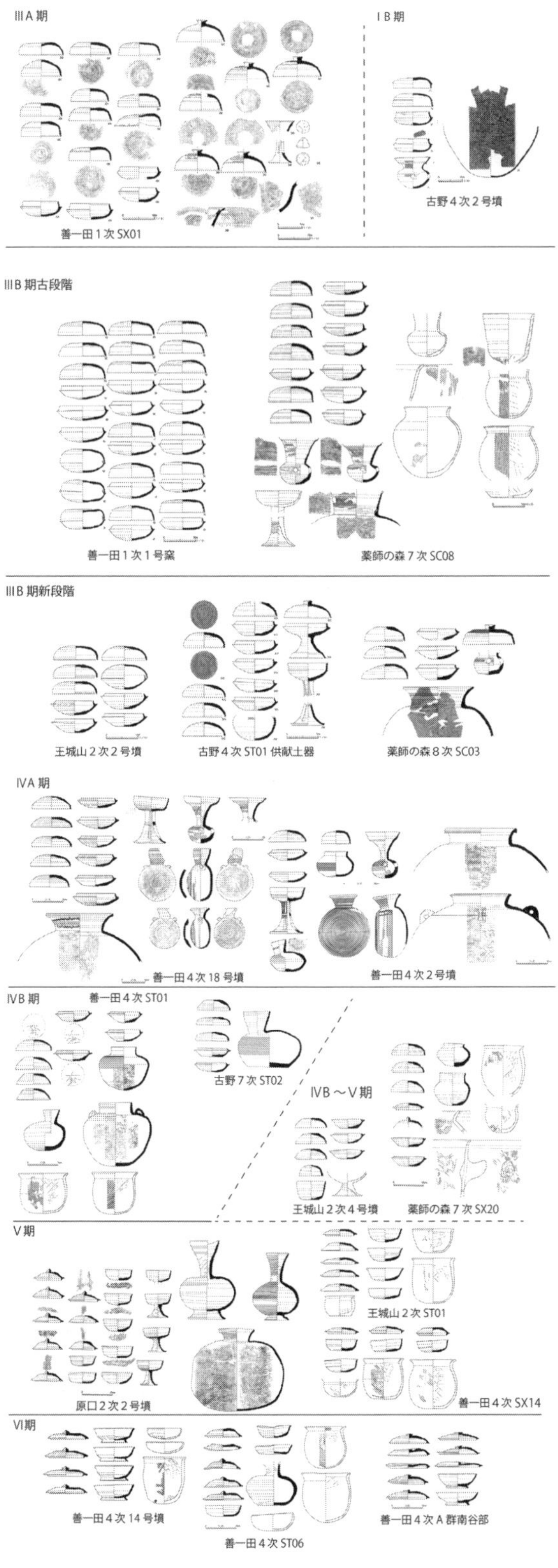

第4図　乙金地区遺跡群における土器の変遷

六世紀中頃　前代に平野部で展開した集落の多くが消滅する。一方、山麓部では乙金地区の善一田遺跡・古野遺跡・原口遺跡・薬師の森遺跡や四王寺山麓の裏ノ田遺跡など集落の形成が顕著となる。また、乙金窯跡・裏ノ田窯跡など小規模ながら窯業生産を開始する。墳墓では一時的に造墓が不安定となる。

六世紀後半～七世紀前半　集落では山麓部の薬師の森遺跡や裏ノ田遺跡、平野部の仲島遺跡などが大規模化する。集落の大規模化と前後して、山麓部において小古墳が爆発的に増加し古墳築造のピークを迎える。このうち善一田遺跡4次18号墳(22×26㍍：円墳)・今里不動古墳(直径30㍍：円墳)は当該期の盟主墳である。

七世紀中頃～後半　集落の存続が不明確な遺跡が多く、全体的に集落関連遺構が激減する。墳墓では古墳の新規築造が沈静化し、追葬期へ突入するとともに、善一田古墳群や王城山古墳群で土坑墓が展開する。

2　乙金地区における集落の変遷と構造

ここでは、乙金地区における古墳時代を中心とした集落の変遷を明らかにした上で、居住域の立地のほか、集落内における各種手工業生産関連遺物や朝鮮半島系資料(1)の分布から、集落の様相について整理する。時期区分については、第4図を参照されたい。

(1) 集落の変遷

① 集落出現以前(五世紀～六世紀前半)

五世紀前半～中頃では薬師の森遺跡第16次調査(以下、乙金地区の調査

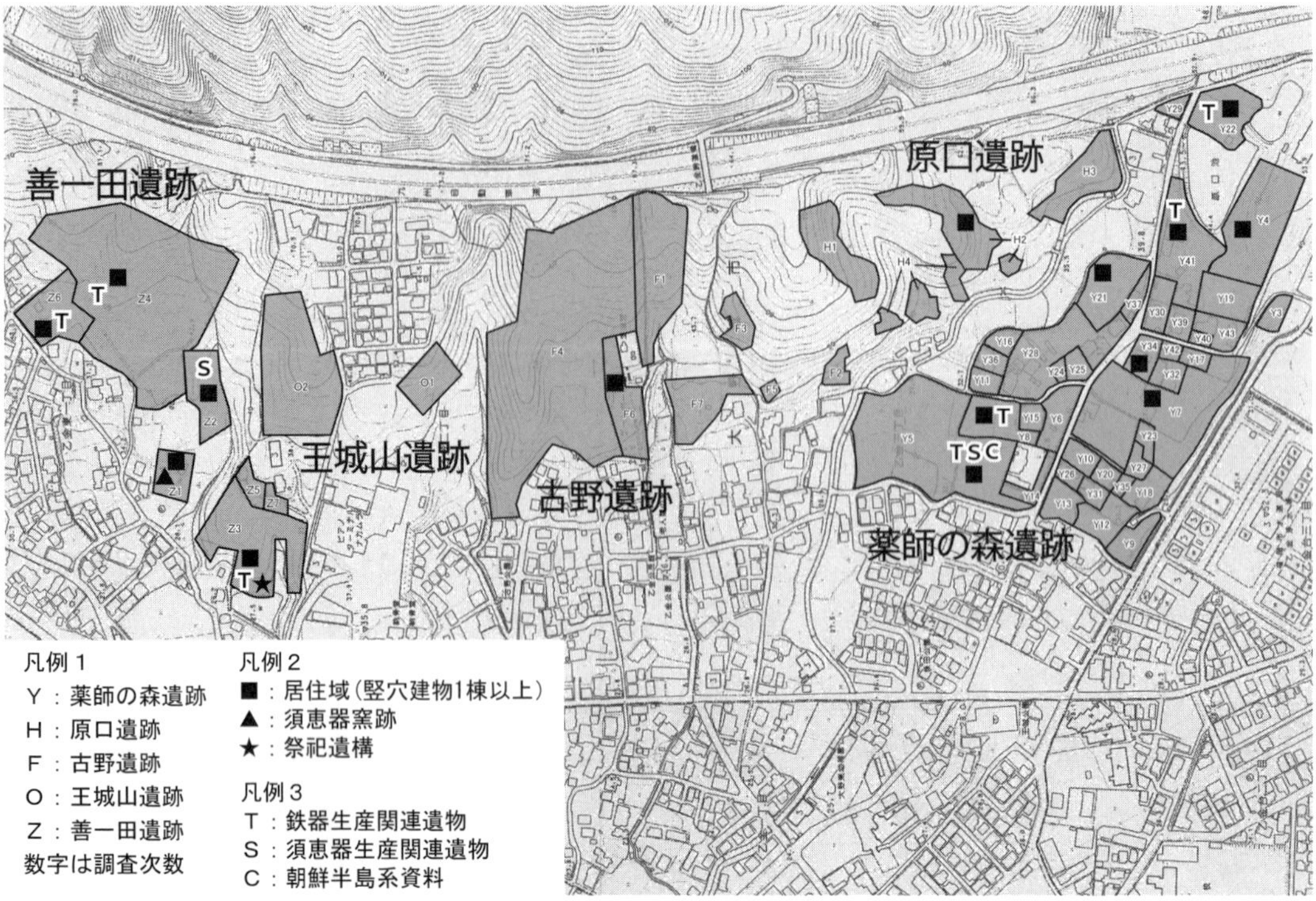

第5図　集落出現期の居住域

次数を表記する場合、「遺跡」「第」「調査」は省略する）で単独の古墳がある。五世紀後半からは古野古墳群で群集墳が出現し、善一田古墳群の一部や王城山古墳群の一部で単独ないし少数の古墳がある。薬師の森21次でも五基前後からなる小規模な古墳群があるほか、薬師の森8次では集落出現前の古墳の残骸と考えられる破壊の著しい遺構がみつかっている。乙金地区ではこれまでに40㌶を超える面積を調査したが、当該期の集落関連遺構は皆無で、小規模な群集墳や古墳が展開する以外に土地利用はされていなかったと考える。

なお、乙金地区周辺では森園遺跡で五世紀前半、中・寺尾遺跡で五世紀前半～後半の小規模な居住域が展開する。いずれも弥生時代から断続的に続く集落で、平野部に面した標高20㍍前後の低丘陵上に位置する。手工業生産に関連する資料はなく、基本的には水田経営を主要な生業とした在地集団の集落と考える。この他、四王寺山麓の原田遺跡では五世紀後半の集落域が展開し、滑石製品の生産をしていた可能性が高い。

②集落出現期（ⅢA期～ⅢB期古段階：六世紀中頃）

乙金地区で明確な居住域を形成するようになるのは、六世紀中頃である。ここでは、大規模群集墳出現直前の六世紀中頃（ⅢA期～ⅢB期古段階）を集落出現期と捉え、居住域・手工業生産関連資料・朝鮮半島系資料の分布をみていく（第5図）。

居住域の分布　乙金地区内の広範囲に複数の居住域が出現・展開する点が大きな特徴である。それぞれの居住域は数軒～四・五軒の竪穴建物で構成する。薬師の森4・22次、原口2次や善一田4・6次調査地のように標高40㍍を超える丘陵奥部まで分布する点も特徴である。

生産関連　乙金窯（善一田1次）が操業し、善一田2次や薬師の森5次ではまとまった量の切削物がある。このうち善一田2次調査地は乙金窯跡に近接しており、窯の操業に関わる居住域の可能性がある。なお、胎土分析の結果から、乙金窯で生産した須恵器の一部は薬師の森遺跡に供給したことが明らかになっている［足立・田尻他 二〇一七］。鉄器生産関連遺物も薬師の森遺跡、善一田遺跡で鉄滓・羽口などを確認している。

朝鮮半島系資料　薬師の森5次では須恵質の甑、内面平行当具のある須恵器系土師器や有溝把手付土器などの朝鮮半島系土器が伴い、一定量の須恵器系土師器が存在する。善一田4次でも直接遺構に伴わないが有溝把手付土器がある。また、乙金窯で生産した須恵器の中にも朝鮮半島的な要素を持つ資料がある。

集落出現期には須恵器・鉄器生産といった手工業生産を開始していたこと、一定数の渡来人が活動していたことが明確である。また、乙金窯では慶尚道地域に系譜を求め得る須恵器を生産していることから、渡来人の系譜を推測させるとともに窯業生産と渡来人の関係を示す［上田 二〇一七d］。なお、善一田3次では池に面した土坑で多量の滑石製品が出土し、集落出現期における水辺祭祀の痕跡と考える。

③集落展開期（ⅢB期新段階〜ⅣA期：六世紀後半〜七世紀前半頃）

広範囲に広がっていた居住域が薬師の森遺跡に集約する（第6図）。この段階には王城山古墳群・善一田古墳群で造墓活動を開始し、墳墓と居住域が明確に分離する。

居住域の単位　薬師の森遺跡の古墳時代の集落範囲はこれまでの調査成果より、東西500㍍、南北150㍍ほどと想定している。居住域は立地の点で大きく南北二つに大別でき、南側の丘陵尾根〜緩斜面（4・7次調査地主体：以下、居住域A）と、北側の段丘緩斜面（5・8次調査地主体：以下、居住域B）に分かれる。さらに居住域Aの南側には、谷部に面した緩斜面に居住域が分布する（3・9次調査地：以下、居住域C）。遺構密度は居住域Bの5・8・11次調査地周辺が最も高く、居住域Cのうち9次調査地も比較的高密度である。居住域Aの主体は丘陵尾根部にあることから削平による遺構の消滅も考慮する必要があるが、遺構密度は低い。遺構面の土質は居住域A・Cが花崗岩風化土・岩盤、居住域Bは砂質土という違いがある。[2]

生産関連　居住域Aでは滑石の砕片と紡錘車の未製品と考えられている板状加工品や須恵器生産と関連する可能性がある焼成不良の須恵器と白色粘土塊が出土している。鉄器生産関連遺物は皆無である。居住域Bは複数の鉄滓・羽口があるほか、須恵器生産関連遺物として、著しく焼け歪んだり、器面が焼けはじけた須恵器や釉着資料が多い。直接的な資料ではないが、粘土塊や滑石荒割素材が複数ある。居住域Cでは鉄滓が9次調査地に多く、他の調査地点の鉄滓と比べガラス質である点が特徴的である。須恵器・石製品関連遺物は皆無である。なお、当該期には乙金窯が操業を停止し、乙金地区の南端部にある雉子ヶ尾窯で操業を開始

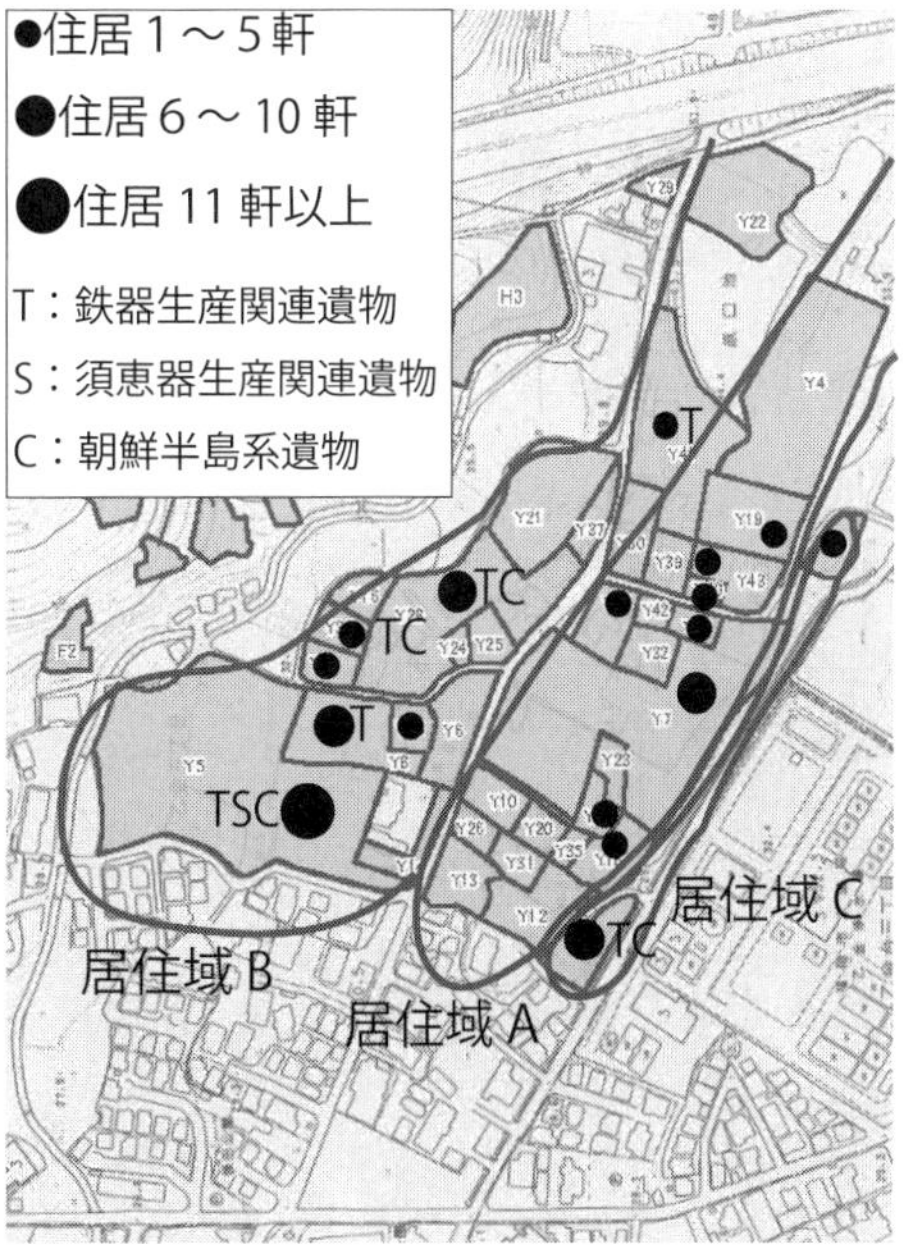

第6図　集落展開期の居住域（薬師の森遺跡）

する。雉子ヶ尾窯跡は、内面に平行当具痕を有す須恵器蓋杯が特徴的で、同様の資料は居住域A・Bに分布し、胎土分析の結果からも薬師の森遺跡と雉子ヶ尾窯の需給関係を示す［足立・田尻他二〇一七］。

朝鮮半島系資料　居住域Aの遺構では溝付住居、遺物では有溝把手付土器が一点あるのみである。居住域Bでは算盤玉形陶製紡錘車のほか複数の有溝把手付土器や平底土器、国内で類例が乏しい異形土器がある。遺構としては土器棺墓がある。居住域Cでは有溝把手付土器・平底土器がある。

④集落縮小期（ⅣB～Ⅴ期：七世紀中頃前後）

高密度で分布していた居住域が縮小に向かい、遺構・遺物量が極端に減少する（第7図）。

各居住域の様相　居住域Aでは少数の竪穴建物、居住域Bでは溝状遺構と数棟の竪穴建物・掘立柱建物がある。居住域Cでは遺構・遺物ともに皆無である。

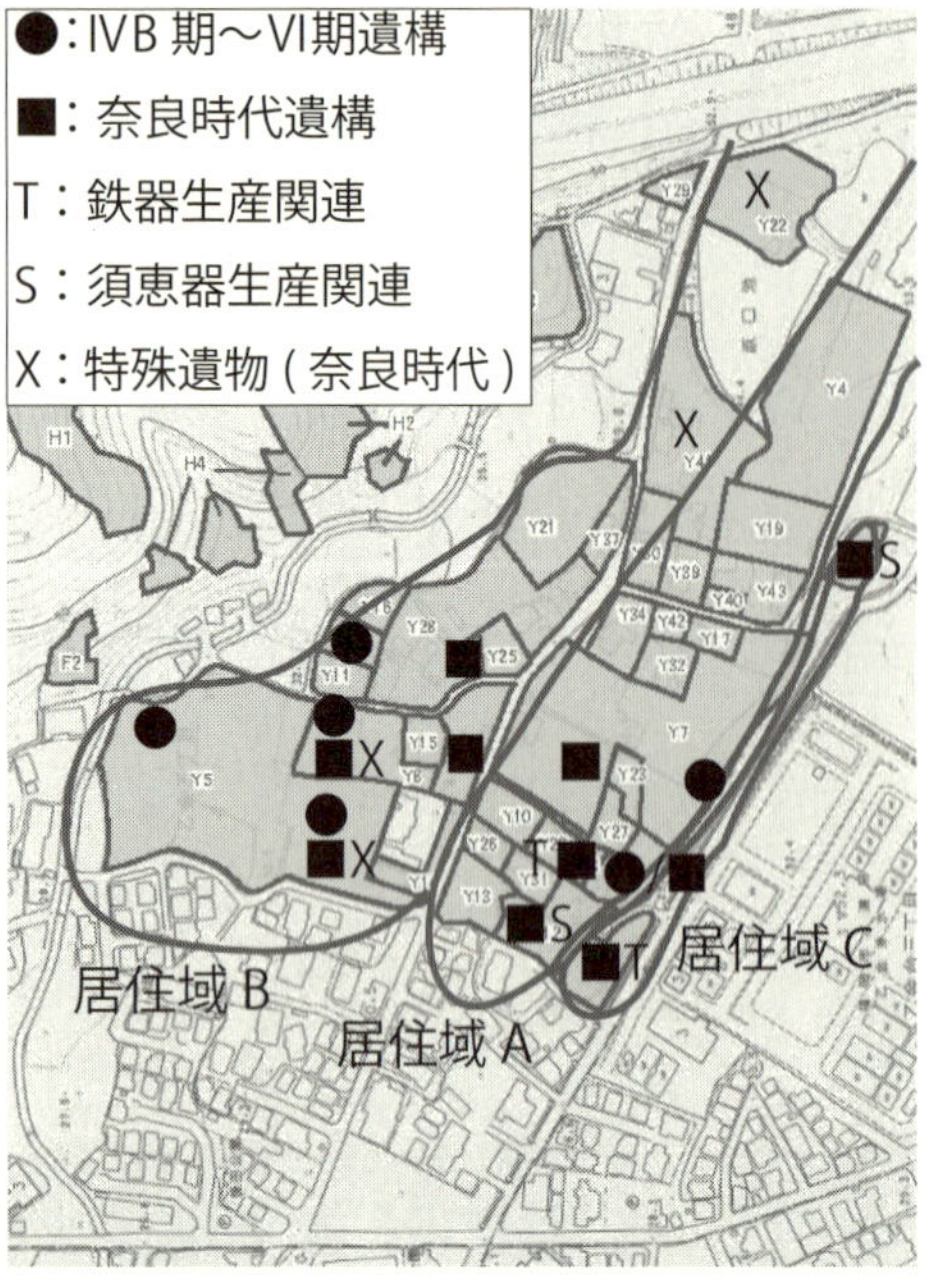

第7図　集落縮小期～再開期の居住域（薬師の森遺跡）

生産関連・朝鮮半島系資料　居住域Aで鉄滓が一点あるのみである。雉子ヶ尾窯は前代で操業を停止する。朝鮮半島系資料は明確ではないが、36次出土の新羅土器は当該期の資料で、乙金地区では唯一の集落出土例であることは注目できる。

⑤集落断絶期（Ⅵ～ⅦA期：七世紀後半～八世紀前半）

居住域Bでは遺物が分布するが、明確な遺構は非常に乏しい。八世紀前半にあたるⅦA期の確実な遺構は、竪穴建物が一棟あるのみである。

⑥集落再開期（ⅦB期：八世紀中頃～後半）

再び集落の形成が認められ、広範囲に居住域が広がる（第7図）。

各居住域の様相　古墳時代集落域の西半部に遺構・遺物が集中する。居住域Aでは掘立柱建物が主体で竪穴建物や井戸が分布する。居住域Bでは竪穴建物が主体で、井戸状遺構や溝がある。

生産関連　居住域Aと居住域Cに鍛冶炉、居住域Cに面した地点では須恵器窯跡がある。

特殊遺物　ヘラ書き須恵器（「多来」）、越州窯系青磁、長沙窯系陶器、製塩土器、銅製鉸具などの特殊遺物が多く、特に居住域Bに偏在する。

(2) 各居住域の様相

以上、分布論の視点から生産関連遺物・朝鮮半島系資料に注目しつつ、薬師の森遺跡を中心に乙金地区の通時的な集落動態について概観した。その結果、集落展開期では居住域の単位と手工業生産関連遺物・朝鮮半島系資料の分布に明確な相関関係があることが明らかとなった。以下では、集落展開期を中心に、検討を深めたい。

居住域Aの様相　主要な地点である4・7・17次を中心に検討する。

出現期では複数の竪穴建物がある。このうち7次の竪穴建物（ＳＣ08）では住居床面の片隅で須恵器蓋杯一五点が重ね並べた状態で出土した（第8図）。同住居では滑石製紡錘車が四点あり、一つの住居出土数としては薬師の森遺跡で最多となる。須恵器・紡錘車のみではあるが、財の保有・保管という点で注目できよう。

展開期では竪穴建物の数が増加する。微視的に見ると、ⅣＡ期の竪穴建物は三棟のみで、他はいずれもⅢＢ期新段階のものである。居住域Ｂ・ＣではⅢＢ期（新）→ⅣＡ期にかけて同一地点で継続的に竪穴建物が存在するのとは対照的で、居住域ＡではⅢＢ期新段階から徐々に竪穴建物が減少・消滅していくものと考える。

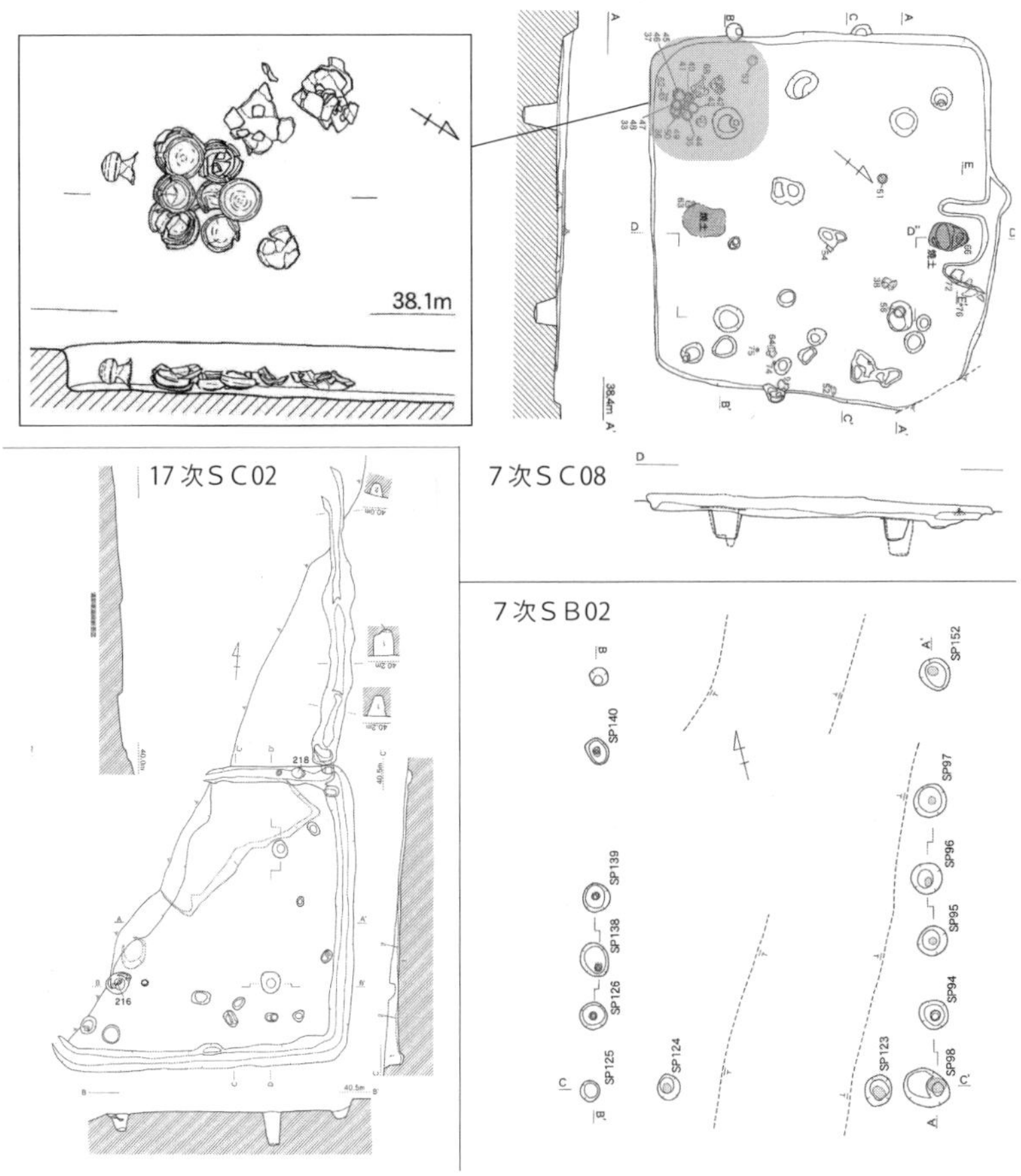

第８図　居住域Ａの様相（薬師の森遺跡）

次に7次で確認した掘立柱建物（ＳＢ02）について検討する（第8図右下）。当該遺構は四×五間以上の側柱建物で、明確な時期は不明であるものの、柱穴から古墳時代の須恵器の破片が出土した。別の竪穴建物と重複するものの先後関係は明らかではない。周囲に奈良時代の遺構はなく遺物も極めて希薄であることから、奈良時代の建物である可能性は低い。また、隣接する調査区では平安時代の建物が複数あるが、当該遺構は平安時代の建物と比べ柱穴が相対的に大きいことや柱穴間が狭いこと、出土遺物が古墳時代の須恵器のみで古代以降の遺物を含まないことからⅣ期の所産と想定する。柱穴間の狭さはむしろ「大壁建物」に近く、隣接する調査区では朝鮮半島に系譜が求められる溝付住居（17次ＳＣ02）があること（第8図左下）を踏まえると[3]、当該遺構は大壁建物の可能性も指摘でき、かつ薬師の森遺跡の古墳時代掘立柱建物の中では最大規模の一つとなる。したがって、居住域ＡではⅣＡ期になると主要な居住施設が竪穴建物から掘立柱建物へと移行していったことが想定できる。以上、遺構の密集度が低いこと、生産関連資料を欠くこと、竪穴建物から掘立柱建物（大壁建物風の遺構含む）へと移行することや器物の多量保有・保管の状況から、居住域Aには一部に階層的に高く手工業生産に従事しない集団が起居したと考えることができ、薬師の森遺跡の中枢域と考える。

居住域Bの様相（第9図）　出現期では複数の遺構で鉄滓があり、鉄器生産関連遺物が散見する。まとまった量の切削物があり、朝鮮半島的な土器が伴う。展開期では、多くの調査地点で鉄滓・羽口などの鉄器生産関連遺物、算盤玉形陶製紡錘車や複数の有溝把手付土器が分布する。また、遺構では須恵器中型甕を棺とした土器棺墓が一基ある。須恵器生産関連遺物は明確ではないが、焼け歪み資料や釉着資料が多く、住居内や土坑内に粘土を伴うものもあり、須恵器生産との関連がうかがえる。

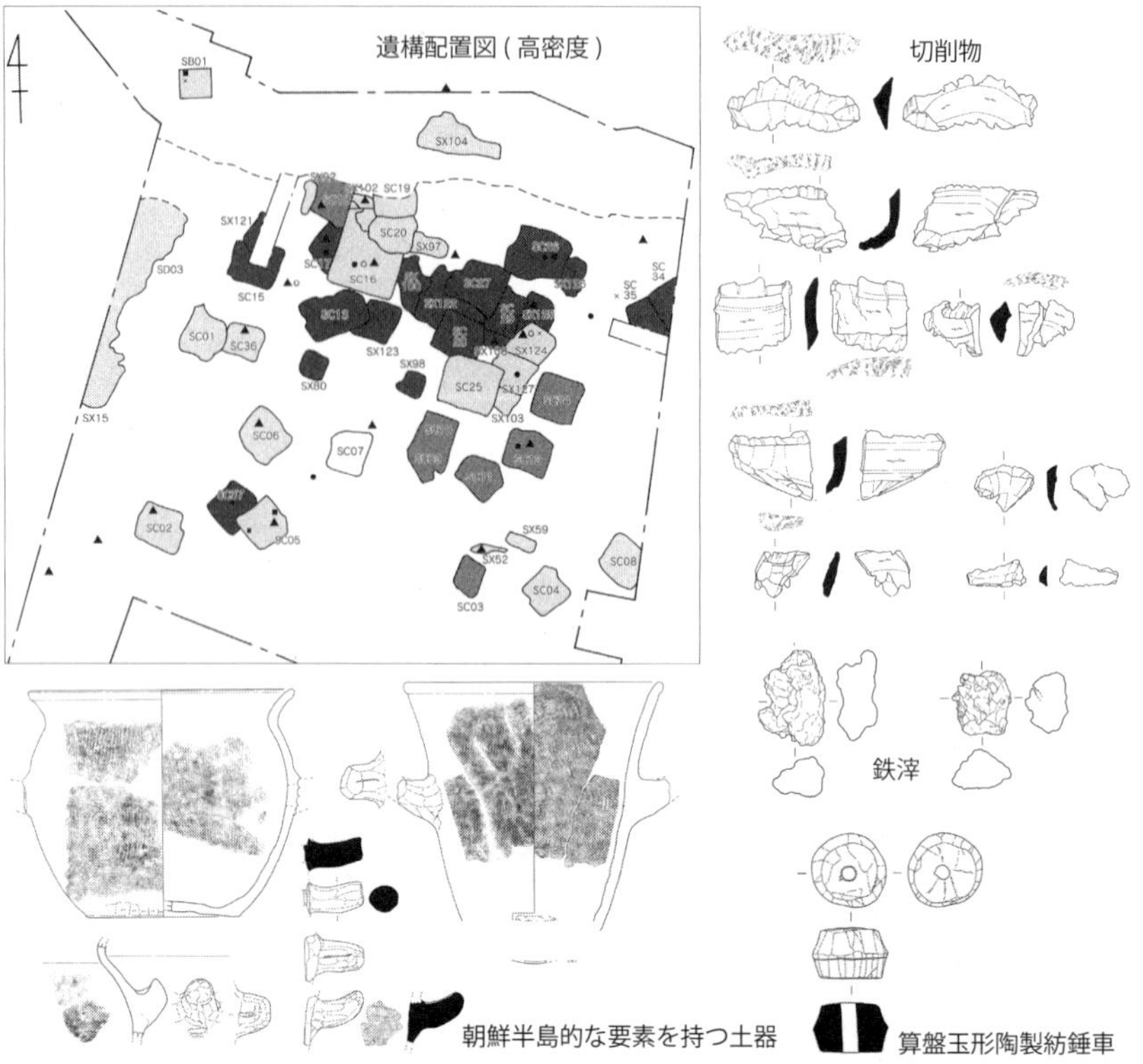

第9図　居住域Bの様相（薬師の森遺跡）

以上より、居住域Bには鉄器生産を主体に須恵器生産などの手工業生産に従事した集団が居住したと考える。各住居はカマドを備えており、工房域ではなく、居住域兼工房となる。遺構密度が極めて高いこと、軟弱な地盤の上に立地すること、掘立柱建物を欠くことから比較的階層が低い集団が居住した可能性が指摘できる。また、朝鮮半島系資料が集中しており、渡来人を含むものと考える。

第10図　居住域Cの様相（薬師の森遺跡）

居住域Cの様相（第10図）　展開期の遺構のみで、出現期・縮小期の遺構を欠くことが特徴である。竪穴建物が密集し、鉄器生産関連遺物がやや多い。鉄滓は他の地点と比べガラス質である点が特徴である。自然科学分析の結果、比較的低温度による鍛冶作業により生じた鉄滓であることが明らかになり、操業地点により異なる工程を行っていた可能性を示す。須恵器・石製品関連遺物は皆無で、有溝把手付土器や平底土器が伴う。以上より、鉄器生産に特化した集団で、ガラス質滓の存在や経営期間の短さから一時的な工房兼居住域と考える。比較的大型の掘立柱建物があることから、やや高い階層の人物を含む可能性がある。

(3) 集落と群集墳の関係

薬師の森遺跡の北側には善一田古墳群・王城山古墳群・古野古墳群などを主体とする乙金古墳群が位置する。同時代性や地理的な近しさのほか、新羅土器をはじめとする朝鮮半島系資料や鉄滓・鉄鉗など鉄器生産関連遺物の存在から、薬師の森遺跡と乙金古墳群の一部、特に善一田古墳群・王城山古墳群は対応関係にあることが想定できる。各古墳群・各支群はそれぞれ異なる特徴を有していることや、古墳群間・支群間の階層構造が明らかになっている[上田二〇一七e]。

ここでは、薬師の森遺跡の性格をより明確にするため、隣接する乙金古墳群の様相について記述する。薬師の森遺跡の集落と善一田・王城山古墳群が対応関係にあるという前提に立って、先に区分した薬師の森遺跡の居住域の単位と古墳群における各支群の関係について検討を試みたい。

古墳群の階層構造と支群の性格（第11図）　善一田古墳群・王城山古墳群・古野古墳群では墳丘・石室の規模や副葬品の内容及び立地条件に明確な相関関係があり、これらの様相から階層構造が明らかである。古墳群間では、善一田古墳群に最も優位性が認められ、善一田—王城山—古野へと連なる階層構造を復元できる。各古墳群内の支群間で比較すると、善一田古墳群ではA群を頂点にB群・C2群—C1群、王城山古墳群ではA群を頂点にB群—C群、古野古墳群ではB群にやや優位性が認めら

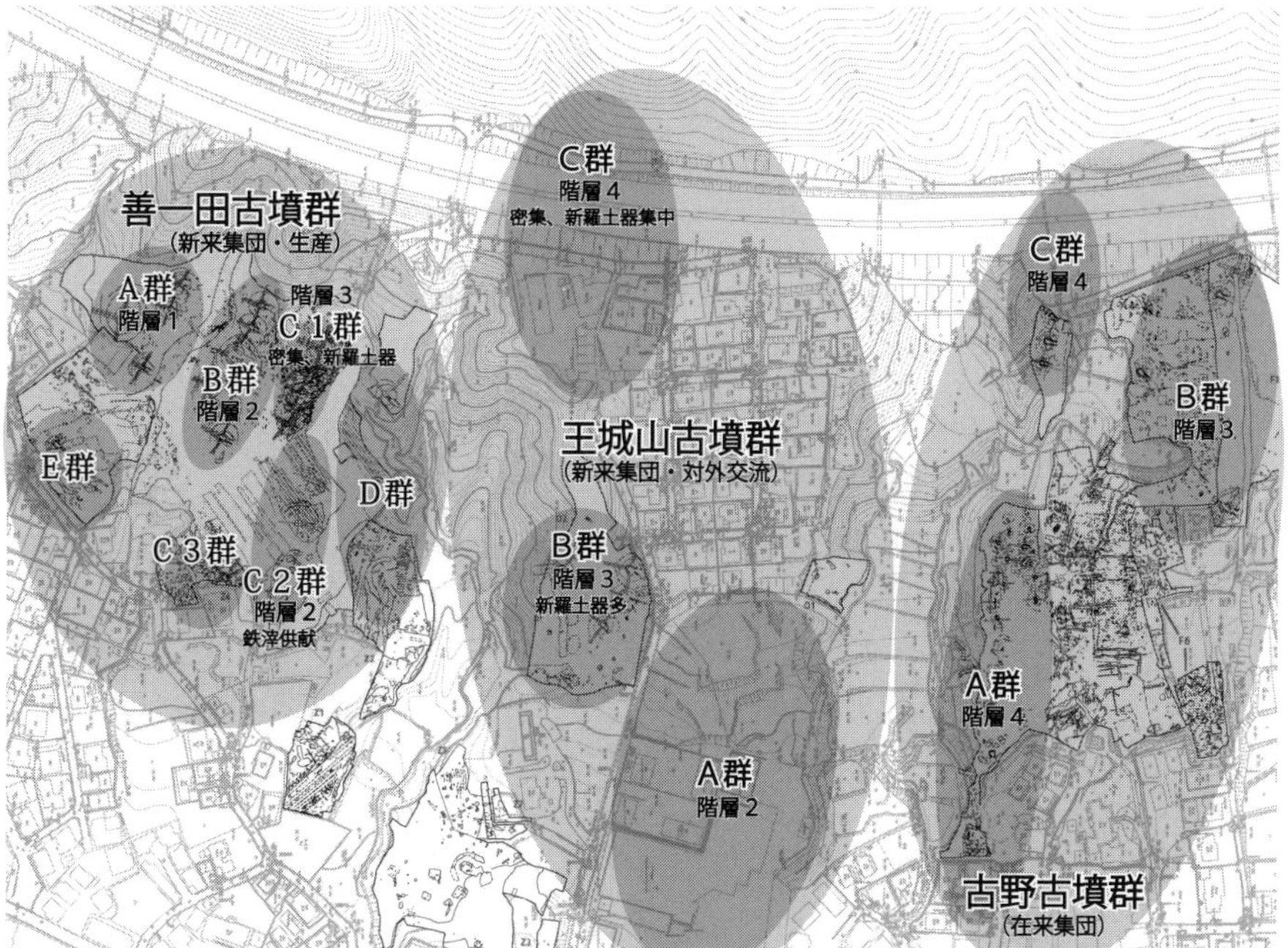

第11図　乙金古墳群の支群構成

れ、支群間においても明確な階層差を読み取ることができる。乙金古墳群全体を横断すると、〈階層1〉善一田A群、〈階層2〉善一田B・C2群、王城山A群、〈階層3〉善一田C1群、王城山B群、古野B群、〈階層4〉王城山C群、古野A・C群、という関係性を復元することができる。

また、各古墳群の性格として、善一田・王城山古墳群は新来集団の古墳群で、善一田古墳群は鉄器生産関連遺物の存在から手工業生産に主体的に関わる集団、王城山古墳群は多数の新羅土器の存在から積極的に対外交流を展開した集団、古野古墳群は五世紀以前から続く在来集団の古墳群と考える。

集落と支群の関係　集落で想定した各居住域の性格と群集墳で想定した各支群の性格を比較していくと、居住域Aは高階層であることから善一田古墳群A群や王城山古墳群A群、居住域Bは密集した遺構の状況や朝鮮半島系資料の集中度から善一田古墳群C1群や王城山古墳群C群、居住域Cは鉄器生産に特化した状況であることから鉄滓供献古墳が顕著な善一田古墳群C2群、とそれぞれ対応するという仮説を提示したい。

いずれにせよ、薬師の森遺跡と乙金古墳群の一部が対応関係にあるとするならば、薬師の森遺跡に居住した集団は手工業生産に従事する一方で、朝鮮半島との対外的な交流を積極的に展開した集団と考えることができる。古墳群で新羅土器が集中する状況からすると、乙金地区で活動した渡来人の一部は新羅周辺に系譜を求めることも可能であろう。また、善一田古墳群から見た集落像として、4次18号墳のように馬具・盛矢具や鉄鉗などの豊富な副葬品を有した地域有力者、三累環頭大刀・象嵌大刀を保有するクラスの人物のほか、七世紀前半のヘラ書き須恵器の存在から文字技術者が存在した可能性や、銅滓を副葬・供献する古墳もあることから、集落内で青銅器生産を行っていた可能性も浮上してくる。

3　乙金地区遺跡群と大野城跡

乙金地区は大野城跡に近接する同時代の遺跡群であることは先述の通りである。ここでは、乙金地区の地理的環境及び大野城築造時に前後する時期の薬師の森遺跡に注目し、両者の関係性に言及する。

(1) 交通の要衝としての薬師の森遺跡(第12図)

まずは、改めて乙金地区の立地に注目し、交通の要衝としての位置づけを行いたい。

①田中道

薬師の森遺跡の西端部をかすめるように南北に伸びる道があり、県道飯塚大野城線と交差する「巡町」を起点に南側へ伸びる。乙金南部の丘陵地を経て県道112号線(旧日田街道)に接続し、ほどなく水城東門跡へと到達する。この道は通称「田中道」と呼ばれ、正徳四年(一七一四)に記録された「二日市宿庄屋覚書」によると、福岡藩主黒田長政が筑後藩主田中吉政の参勤交代のためにつくらせたという。明治元年(一八六八)の「弟鐘記録抄　全」や明治十三年(一八八〇)の『福岡県地理全誌』にも同様の記録がみえる[平田 二〇〇五]。なお、陸地測量部による明治三十三年の五万分の一の地図では、現状とほぼ変わらない道があることが確認できる。

②唐山峠・日守峠(岩ころひ越)

「田中道」の北端部にあたる巡町交差点は県道飯塚大野城線との結節点でもあり、巡町から宇美町井野に通じる峠は「唐山峠」と呼ばれる。飯塚大野城線は大野城市山田を起点に糟屋平野を経て筑豊地域へと通じるルートで、さらに東進すると豊前方面へ至る。巡町の北東にある唐山（井野山）に戦国時代になって唐山城が築かれることは、この峠が軍事的に重要な要路であったことを伝える。巡町を西進し月隈丘陵沿いに北上すれば、当時大きく湾入していたと考えられる多々良川・宇美川河口に至るし、飯塚大野城線の起点となる大野城市山田は古代官道水城東門ルート上にある。なお、『福岡県地理全誌』や『筑前国続風土記』には、

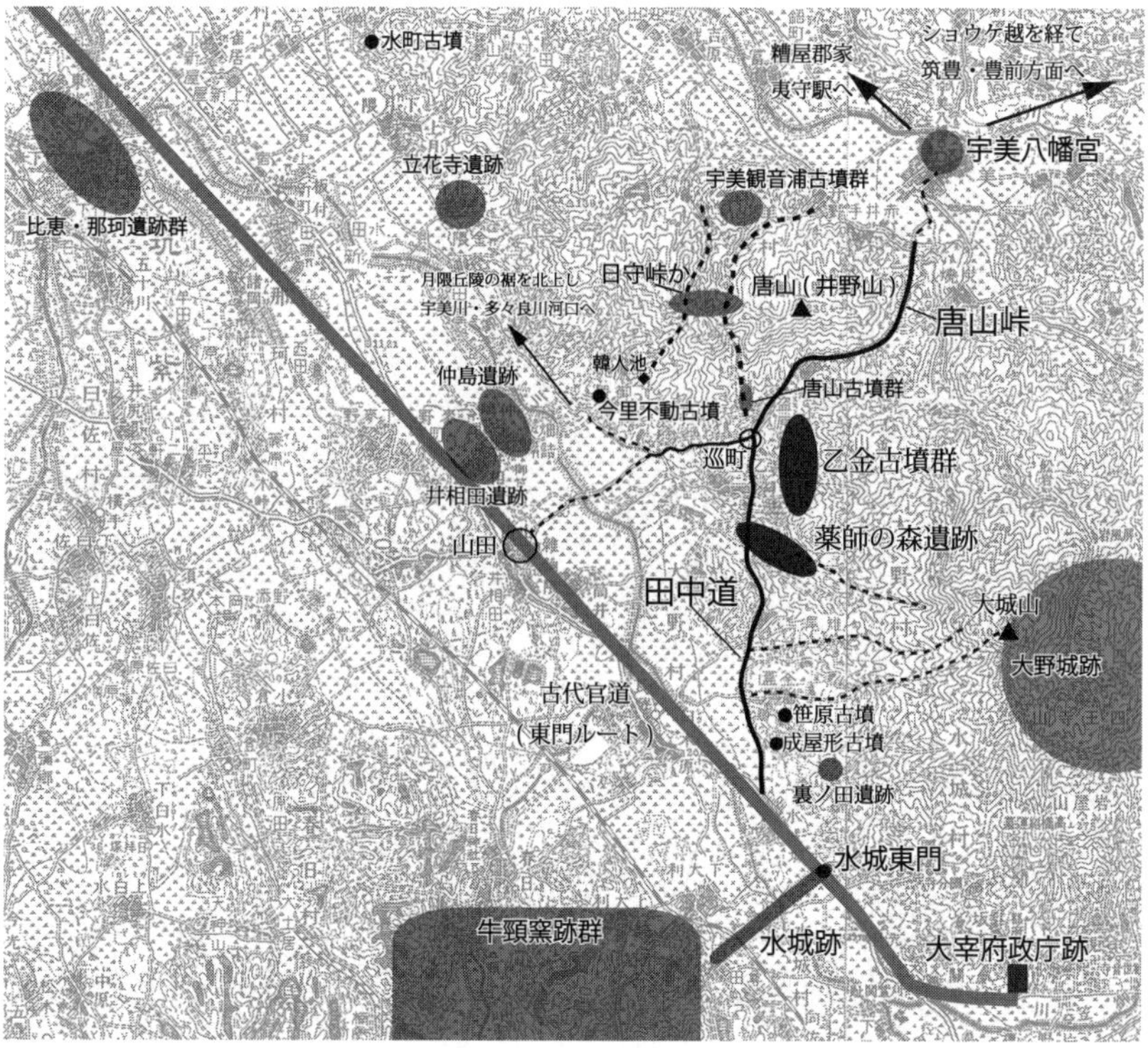

第12図　乙金地区遺跡群の地理的環境

「日守嶺」「日守峠」の記述があり、乙金から宇美町井野に通じる峠のことを「日守峠（岩ころひ越）」と呼称し、大宰府から夷守駅（粕屋町内橋坪見遺跡が推定地）に至る道と解釈されている［服部二〇〇五］。

以上、①田中道、②唐山峠（日守峠）と連続するルートは糟屋平野から大宰府に至る最短ルートであり、[4] 福岡平野南部と糟屋・筑豊方面、さらには豊前方面を結ぶルートの福岡平野側の起点でもある。また、福岡平野東部を南北に結ぶルートとも容易にアクセスできる環境にある。①②ともにいつまでさかのぼる道かは明らかではないが、戦国期・近世初期や近代の状況から乙金地区の地理的環境は理解できよう。

③薬師の森遺跡と四王寺山

薬師の森遺跡の東端部から尾根伝いに登っていくと、一時間程度で四王寺山最高点「大城山」に到達する。現在のところ、大野城跡西側のうち乙金方面に面した地点で城門跡は確認されていないが、大城山からは大野城跡の主要な諸施設へ容易にアクセスできる。大城山には七七四年に四天王像が安置された四王寺（四王院）の中心的な施設が置かれたと考えられ、現在でも毘沙門堂が鎮座している。

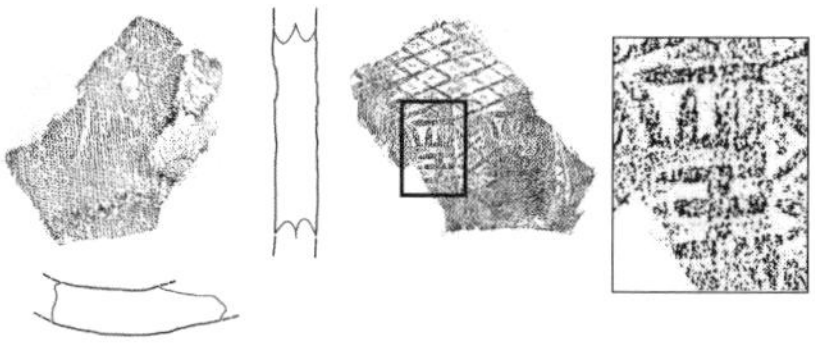

第13図　薬師の森遺跡の「四王」銘瓦

薬師の森遺跡と四王寺山を関連づける資料として「四王」銘の瓦（三点確認）がある（第13図）。「四王」銘瓦は四王院に葺かれた瓦と考えられ、その多くは

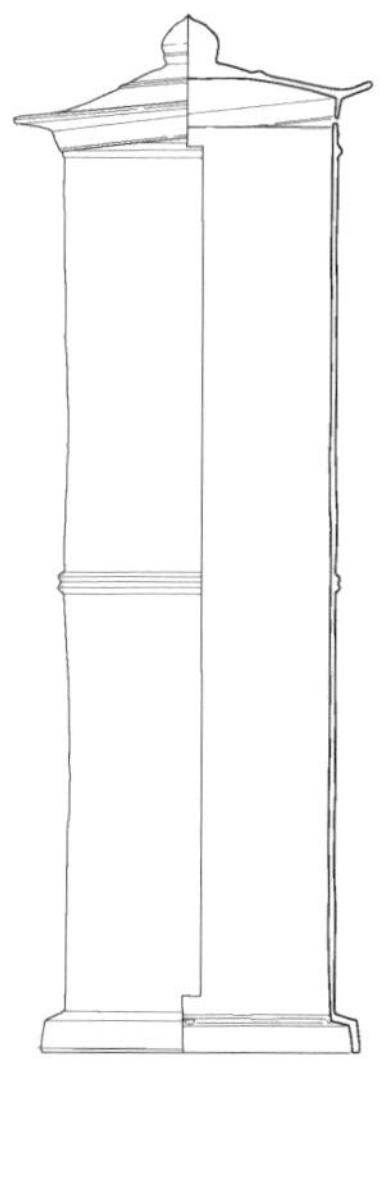

第14図　古野遺跡の四王寺型経筒

毘沙門堂付近で採集されている。瓦自体は十一世紀前後の資料であるが、薬師の森遺跡の中世集落の様相から、十二〜十三世紀代に四王寺信仰を背景に選択的に集落内に持ち込まれたものと解釈されている［林 二〇一四］。つまり、中世の薬師の森遺跡の住人が四王院に詣でた際に「四王」銘瓦を拝借してきた、ということである。また、古野遺跡４次では古墳群内部に経塚が営まれている。四王寺山に分布が集中する四王寺型経筒（第14図）を埋納しており、乙金地区と四王院との関係性を物語る。したがって、薬師の森遺跡と四王寺山との関係は少なくとも中世まではさかのぼる。

また、近世の資料であるが、乙金村と中村の刈敷場をめぐる両村の争いについての史料がある。四王寺山は当時入会地となっており、仲島・畑詰・山田・筒井・中・乙金の六ヶ村が利用していたことや、乙金村の権限が他村より強かったことなどが記されており［市瀬 二〇〇五］、近世乙金村と四王寺山との関係を伝える。なお、明治三十三年の地図には大城山付近から西に派生する道が数本伸びており、そのうちの一本は薬師の森遺跡の方へと通じている。また、一八〇六年の太宰府旧蹟全図には、毘沙門堂から西へ伸びる道が記されている［四王寺山勉強会 二〇一五］。

以上、薬師の森遺跡及び近世乙金村と四王寺山との関係について、中・近世を中心に見てきたが、両者の関係は考古資料からは少なくとも中世まではさかのぼることが理解できよう。薬師の森遺跡と大城山を結ぶルート上の標高100㍍近い地点には此岡古墳群が立地しており、古墳時代においても比較的山深い地点まで土地利用がなされていたことが推測できる。近世の史料からは四王寺山麓部が山林資源の供給地として利用されていたこと、中世の資料からは薬師の森遺跡と四王寺山頂が直結するという結論を得た。古墳時代における薬師の森遺跡は手工業生産を盛んに行っていたことから、山麓部の自然資源をめぐって四王寺山麓を利用したと考えるのは自然であろう。

したがって、乙金地区遺跡群の立地は福岡平野と糟屋平野を結ぶ交通の要衝であることに加え、大野城・大宰府といった古代の政治的・軍事的な拠点との関係性においても重要な位置を占めることが推察される。

(2) 薬師の森遺跡の集落縮小期〜再開期の評価

薬師の森遺跡の集落はⅣ期にピークを迎えたあと、Ⅴ・Ⅵ期には衰退する。ただし、全く人が居なくなったわけではなく、Ⅴ期まではわずかに遺構がありⅥ期の遺物も分布し、ⅦＢ期には再び集落経営が活発化する。また、群集墳における追葬・墓前祭祀の継続や土坑墓の存在などから、薬師の森遺跡の住人が断絶したわけではなく、移住等に伴い別の場所で生活を営んでいたことは間違いない。以下では、大野城跡が築造された時期にあたる集落縮小期〜再開期の様相についてみていくこととする。

縮小期・断絶期の遺構と遺物　当該期の遺構は、少数の竪穴建物のほか溝状遺構や土坑墓がある。ここでは特異な形態の総柱建物（５次Ｂ区ＳＢ03）に注目したい（第15図）。

当該遺構は集落出現期・展開期の居住域Ｂの中心的な地点である５次Ａ区と谷を挟んだ北側に位置する。５次Ａ区とＢ区の境には中世に水田として利用される谷があり、北側・東側は谷（調査前現況は水路）を挟んで原口遺跡・古野遺跡が立地する丘陵部に接する。西側についても谷が大きく入り込んでおり、四方を谷に囲まれ独立した微高地状を呈している。同微高地上には出現・展開期の遺構が散見するが、遺構密度は総じて低い。明確な遺構としては竪穴建物（ＳＣ01）・掘立柱建物（ＳＢ01〜

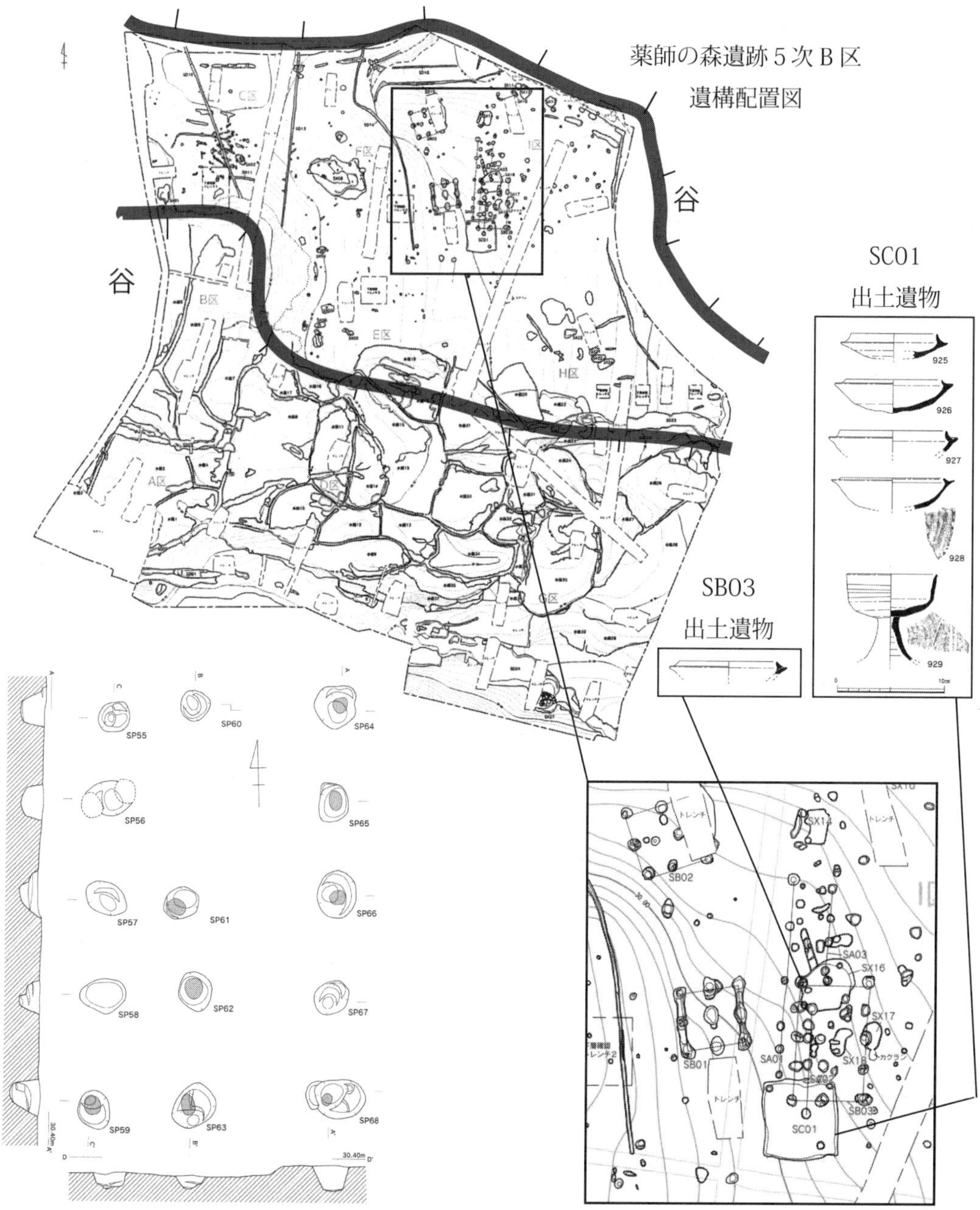

薬師の森遺跡５次Ｂ区 SB03　　薬師の森遺跡５次Ｂ区建物群

第 15 図　薬師の森遺跡５次Ｂ区の建物群

03)・柵列(SA01〜03)がある。このうち、掘立柱建物SB03は東西二×南北四間の建物(面積：29.9㎡)で、桁行方向の中央柱列が西側に偏在する変則的な総柱建物である。一×四間の建物に片面庇が付属したものと見ることもできるが、中央柱列のうち一ヶ所の柱穴を欠く。竪穴建物SC01と重複し、これより後出する。竪穴建物SC01からは七世紀前半〜中頃に属する可能性が高い須恵器蓋杯・高杯が出土していること、掘立柱建物SB03の柱穴からは七世紀中頃前後の須恵器杯身が出土していること、周辺では奈良時代の遺構が皆無であることから、SB03の所属時期は七世紀中頃(Ⅴ期)前後と考える。薬師の森遺跡の古墳時代掘立柱建物の中では最大規模で、奈良時代まで含めても最大級の建物となる。なお、SB03の周囲及び重複した状況で、SB03と主軸を揃えた柵列(SA01〜03)がある。

ところで、七世紀代を中心とした北部九州の掘立柱建物については重藤輝行氏による検討がある[重藤 二〇一二]。重藤氏は尾崎・天神遺跡の集落分析を通じて、村落首長レベルの居館域と想定される七世紀後半代の建物群に注目した。側柱建物は庇・床束をもつ長舎風の建物が多く、これらの系譜を鹿部田渕遺跡3号建物跡や柏原M遺跡21号建物跡に求めた。一方、桃﨑祐輔氏は、篠崎譲治氏の馬小屋研究の成果を踏まえて北部九州の厩舎関連遺構を抽出し、重藤氏が首長居宅と捉えた建物について、厩舎関連遺構の可能性を指摘した[桃﨑 二〇一七]。さらに、大型鋳銅鈴との関連からこれらの厩舎関連遺構は古代官道の成立に先立つ駅家の前身的な施設と考えた。5次B区SB03を村落首長層の居宅あるいは厩舎状遺構と即断することはできないが、大型であること、変則的な平面プランであること、柵列を伴う可能性があること、独立した微高地上に位置すること、薬師の森遺跡では遺構・遺物量が激減する時期の遺構であることから、特殊な建物であることは間違いない。今後、検討を深める必要があろう。

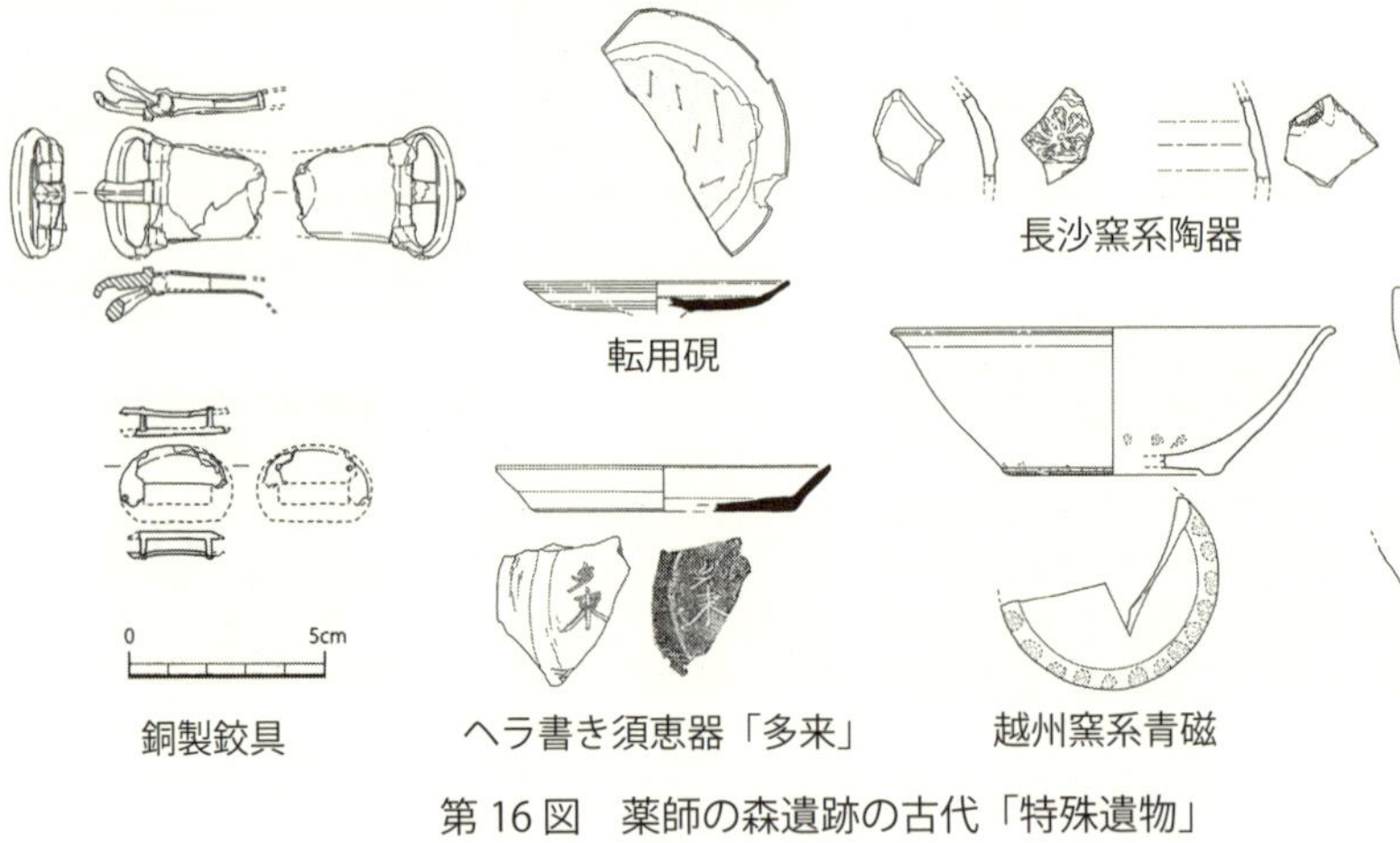

第16図　薬師の森遺跡の古代「特殊遺物」

集落再開期の遺構と遺物

ⅦA期では6次調査で竪穴建物が一基あるのみで、他の遺構は判然としない。ⅦB期になると遺構・遺物量が増加し、居住域A・Bで集落関連遺構が展開する。居住域Aでは、展開期の集落域の西半部を中心に遺構が分布し、特に35次周辺に多い。遺構の種類としては、複数の総柱・側柱建物や井戸のほか、少数の竪穴建物がある。掘立柱建物では床面積が30㎡前後となる比較的大型の建物を含む。特殊遺物として7次で須恵器杯を転用した硯がある。居住域Bでは、竪穴建物・井戸状遺構や土坑があり、掘立柱建物は明確ではない。特殊遺物として、越州窯系青磁・長沙窯系陶器・製塩土器、銅製鉸具・丸鞆や「多来」銘のヘラ書き須恵器、円面硯などがある

（第16図）。生産関連遺構としては、須恵器窯に関連する遺構や鍛冶炉があり、居住域C及び居住域Cに面した地点を中心とした各種手工業生産を示す。須恵器窯跡・鍛冶炉の存在は集落出現期・展開期の様相を引き継ぐものであり、特殊遺物の存在も、官人層や地域有力者の存在を推測させ、前代の乙金古墳群で見える様相を引き継ぐ。手工業生産の様相や特殊遺物の存在から、古墳時代の薬師の森集団の系譜にあたる集団が、再び本貫地に集落を経営したことを示唆する。

4　集落変遷の画期とその背景

(1) 七世紀前後の乙金地区遺跡群の評価

前項までの検討結果をもとに、七世紀前後の乙金地区遺跡群の様相について整理する。

遺跡動態　六世紀前半以前は居住の痕跡が皆無で、基本的には小規模な墳墓域を形成する以外に土地利用はない。六世紀中頃になると山麓部の広範囲に居住域が出現し、各種手工業生産を開始するとともに大規模な開発を行う(5)。六世紀後半には居住域が薬師の森遺跡に集約し、手工業生産を継続する。居住域と墳墓域が明確に分離することにより、名実ともに乙金古墳群が成立する。七世紀中頃になると居住の痕跡が希薄となり、墳墓域においても順次造墓が停止し古墳群が終焉を迎える。八世紀中頃～後半には薬師の森遺跡で集落の経営を再開し、手工業生産も展開する。

手工業生産と渡来人　乙金地区で集落が出現する六世紀中頃には、同時に各種手工業生産も開始する。規模こそ大きなものではないが、須恵器生産・鉄器生産・石製品生産など複合的な生産を展開することが特徴である。集落縮小期・断絶期とした七世紀中頃～八世紀前半を除く全ての時期で須恵器・鉄器を生産しており、一貫して複合的な生産活動を展開した集団と考える。

朝鮮半島系資料は集落展開期を中心に、集落出現期～縮小期前後まで認めることができ、遺物では有溝把手付土器を中心とした朝鮮半島系土器や算盤玉形陶製紡錘車など、遺構では土器棺墓や溝付竪穴住居といった資料がある。遺物では再現品や模倣品といった朝鮮半島系土器が主体であることから、集落内に渡来人が居住したことを示す。また、乙金窯や雉子ヶ尾窯の製品の中にも朝鮮半島的な要素を有す資料を含むことや、薬師の森遺跡居住域B（鉄器生産関連資料・朝鮮半島系資料が豊富）の様相から渡来人と手工業生産の関わりが明確である。

なお、朝鮮半島との直接的な交流を示す資料として、王城山古墳群を中心に新羅土器がある。新羅土器は集落出現期の六世紀中頃にはなく、展開期のうち六世紀末以降に増加する。時期的にみると遣隋使派遣や筑紫大宰の設置と重なることは注意が必要であろう。新羅土器は七世紀中頃にかけて安定的な数量があり、七世紀後半においても搬入されることから、この時期までは確実に直接的な交流を示し、継続的な交流拠点であった可能性がある。

地理的環境　乙金地区の立地は福岡平野と糟屋平野以東の地域を結ぶ交通の要衝であることに加え、大宰府や大野城といった七世紀前後の軍事・政治的拠点との関係で重要な位置にある。また、中世以降の考古・文献資料からは乙金地区と四王寺山の関係を示す資料がある。

(2) 画期の抽出とその背景

以上の整理から画期を抽出すると、

【画期1】六世紀中頃：集落の出現と地域開発の進展
【画期2】七世紀中頃～後半：集落の停滞と古墳群の終焉
【画期3】八世紀中頃～後半：集落の再開と特殊遺物の集中

となる。以下、北部九州、特に福岡平野を中心とした歴史的な事象より、それぞれの画期の背景を考察する（第1表）。

第1表　東アジアにおける主要な出来事と乙金地区遺跡群

<table>
<tr><th colspan="2" rowspan="2"></th><th colspan="3">6世紀</th><th colspan="3">7世紀</th></tr>
<tr><th>前半</th><th>中頃</th><th>後半</th><th>前半</th><th>中頃</th><th>後半</th></tr>
<tr><td rowspan="2">乙金地区遺跡群</td><td>集落</td><td>居住域なし</td><td>出現期（乙金山麓部の広範囲に居住域分布）</td><td colspan="2">展開期（薬師の森遺跡に集約）</td><td>縮小期</td><td>断絶期</td></tr>
<tr><td>古墳</td><td>古野・王城山・善一田古墳群、薬師の森遺跡で小規模な墓域</td><td>造墓不安定</td><td colspan="2">善一田A群18号墳を嚆矢に、小古墳が爆発的に増加、造墓のピーク</td><td>造墓数減少、副葬品希薄</td><td>古墳の新規造墓停止、土坑墓の卓越</td></tr>
<tr><td colspan="2">筑紫の主要出来事</td><td>527：磐井の乱</td><td>536：那津官家修造</td><td></td><td>600：来目皇子駐屯
609：筑紫大宰初出</td><td>664：水城築造
665：大野城築造
※大宰府都城の整備</td><td>政庁Ⅰ期</td></tr>
<tr><td colspan="2">東アジアの主要出来事</td><td></td><td>562：伽耶滅亡</td><td>589：隋建国</td><td>618：唐建国</td><td>660：百済滅亡
663：白村江の戦い</td><td>676：統一新羅成立</td></tr>
</table>

①画期1（六世紀中頃）

北部九州における六世紀中頃前後の歴史的な大きな出来事として、筑紫君磐井の乱（五二七・五二八年）及び那津官家の設置（五三六年）を挙げることができる。乙金地区遺跡群で集落が出現する背景として、山麓部の広範囲に居住域が展開する状況及び手工業生産・朝鮮半島系資料の様相や出現の時期から那津官家の設置が大きく影響するものと考えることができよう。御笠川東岸域における集落動態からみても六世紀中頃前後に地域全体で大きな再編が行われたことが推測できる。集落出現期より渡来系技術者集団を含むものであり、朝鮮半島では新羅による金官伽耶併合（五三二年）、大伽耶併合（五六二年）など、伽耶諸国をめぐる朝鮮半島情勢が変化する時期と重なることも注意が必要である。

当該期に乙金地区に進出した集団は、地域開発を目的とした渡来系技術者を含む開拓者集団の性格を想定することができる。群集墳の様相も考慮すると、七世紀前半頃にかけても順調に成長していったことを示し、六世紀末～七世紀初頭以降に新羅土器が集中することから、対外交流や交渉の場面でも重要な役割を帯びていたであろう。

②画期2（七世紀中頃～後半）

六六三年の白村江戦を受け、福岡平野内陸部で水城（六六四年）、大野城（六六五年）を相次いで築造し、大宰府都城の整備が進展する時期である。御笠川東岸域全体でみても当該期の遺構・遺物量は限定的で、地域社会に大きな変革があったことが推察できる。乙金古墳群では古墳の新規造墓がほぼ停止し、土坑墓が顕在化することからも大きな社会変化を示す。乙金地区で集落関連遺構が激減する背景には、東アジアの動乱や近隣で進捗した大宰府都城の整備が大きく影響するものとみて無理はなかろう。

一方、水城以南に位置する御笠団印出土地周辺遺跡では、当該期に大規模な整地を行い正方位を意識した溝・掘立柱建物が出現する。また、大宰府条坊域では政庁Ⅰ期(七世紀後半)併行期の整地層・掘立柱建物や区画溝が確認されており、政庁Ⅰ期段階の条坊区画と評価されている[井上二〇〇九]。このように、水城以南、大宰府政庁直近の遺跡と乙金地区遺跡群における遺跡動態は対照的な様相を呈す。

乙金地区には各種の技術者集団が居住していたことや大宰府直近の遺跡動態に加え画期3の様相も踏まえると、乙金地区の集団は周辺で進展した大宰府都城の整備・造営に関わる可能性を指摘したい。古墳群に対する様々な営みは当該期まで継続することから、一時的に別の場所で集落を経営したのであろう。具体的には土木事業そのものへの従事のほか、土木事業に関わる各種生産活動への従事などが想定できる。また、乙金地区の集団は朝鮮半島との交流パイプを有していたこと、なにより大野城が立地する四王寺山直近の遺跡群であることから、当地の集団が大野城の選地や築造に関わった可能性も示唆する。

③画期3(八世紀中頃〜後半)

七世紀後半から整備が進む大宰府政庁は、大きく三時期の建物変遷があり、このうち政庁Ⅱ期の造営は八世紀第1四半期にあたる。政庁周辺に置かれた各種の官衙=「府庁域」の整備はⅡ期政庁の造営と併行して進められ、八世紀中頃には政庁を中心とした府庁域が成立したとされる[杉原二〇〇九]。また、観世音寺などの大寺や条坊制も含め八世紀前半までには都城制の外観が整えられたと考えられている[小田二〇一三]。『続日本紀』神護景雲三年(七六九)十月甲辰条には「此府人物殷繁、天下之一都会也」とされ、八世紀中頃における大宰府の繁栄を如実に示す。

乙金地区の集落再開期は、大宰府の主要施設が成立した時期に前後するものであり、画期2の様相を踏まえると、集落再開の背景には大宰府都城整備の収束に伴い本貫地で再び集落を経営した結果を示すものと見たい。乙金地区における当該期の特殊遺物の存在は地域有力者の存在をうかがわせるものであり、特に青銅製の鉸具・丸鞆の存在は郡衙・郷衙、あるいは大宰府に関わる官人層居住の可能性を示す[藤元二〇一四]。

おわりに

集落の変遷・構造や集団の性格を整理した上で画期の抽出を行い、それぞれの画期について歴史的背景を考察した。乙金地区の集団は地域開発を目的に六世紀中頃に進出した渡来系技術者を含む開拓者集団であり、集落変遷の画期には那津官家の設置や大宰府都城の整備が深く関わるものと結論づけた。大宰府成立前後における一地域社会の変化の様相を提示できた点で、本稿の目的は概ね達せられたと思う。

乙金地区遺跡群は一つの遺跡群で集落・墳墓・生産の様相を明確に把握でき、古墳時代から律令社会への変化の過程をトレースできるだけでなく、より上位の公的な機関や軍事・政治的拠点との関係性を示すことから、七世紀前後の北部九州を理解する上で非常に重要な遺跡群と考える。

乙金地区の様相が福岡平野という朝鮮半島・中国大陸へのフロントラインに位置していることや、大野城の麓という特殊性に起因するものか、あるいは北部九州全体もしくは全国的なレベルでの現象であるのかということについては、他地域の検討を進める必要がある。なお、同じ大野城市域に位置する牛頸窯跡群は、六世紀中頃に操業を開始し、六世紀末～七世紀前半にかけて窯の基数が増加した後、七世紀中頃に一時的な衰退期を挟み、八世紀前半には爆発的に増加する[舟山・石川 二〇〇八]。特に七世紀中頃～後半が大きな画期で、背景には白村江戦や水城・大野城築造、大宰府成立が深く関わるものと考えられている[石木 二〇一七]。乙金地区の様相と比較すると時期的に若干の前後はあるものの、通時的な動態や歴史的背景が類似しており興味深い。

集落と群集墳の対応関係については、仮説の域を出るものではないが、遺跡の同時代性や動態、遺構・遺物の様相を丹念に擦り合わせていくことにより、ある程度の蓋然性を高めることができると考えている。集落・古墳・古代山城や古代寺院を複合的に俯瞰することで、より立体的な地域像を描ける可能性があり、大野城以外の古代山城周辺の遺跡動態も含め検討を重ねていきたい。

また、古墳時代集落を主眼としていたため、奈良時代以降の様相については深く追求できなかった。御笠川西岸域では八世紀になると、雑餉隈遺跡・南八幡遺跡・麦野A・C遺跡など八世紀を中心とした竪穴建物主体の比較的大きな集落が出現する。これらの集落については、大宰府との関係において政治的に集住が行われた集落と評価されている[宮井 一九九八]。今後は周辺域の遺跡動態を含め、乙金地区の奈良時代以降の様相についても明確にしていく必要があろう。

註

(1) 遺物では直接的な資料である搬入品のほか、形態・技法の模倣・影響品、忠実再現品を含む。遺構では日本では定着せずに、朝鮮半島に系譜を求め得る資料(例えば、オンドル付住居・溝付住居や大壁建物など)を「朝鮮半島系資料」として一括する。土器の場合、平底土器や内面平行当具痕など一部の形態・技法の模倣や影響などが認められるものを「朝鮮半島的な土器」、有溝把手付土器のほか朝鮮半島の土器の忠実な模倣・再現品や格子タタキ・縄目タタキなど基本的に日本に定着しない製作技術を用いた土器を「朝鮮半島系土器」と表現する。

(2) 太田智氏は須恵器工人集落を検討するにあたり、薬師の森遺跡も分析対象とした[太田 二〇一五]。この中で、本稿で居住域Bの主要地点とした5・8次調査区の居住域をA～C群に細分し、切削物・粘土貯蔵土坑、鉄滓・羽口の分布状況や廃棄土坑・遺構出土土器に占める須恵器の割合などを根拠にB群を須恵器工人集団、C群を鉄器生産集団と解釈した。確かに現象面だけみると氏の解釈も可能なように見えるが、遺物の分布状況はあくまで廃棄時の様相を示すにすぎない。また、氏が細分したB・C群間に区画施設や明確な空閑地は存在しないこと、両者は非常に近接することや発掘調査を担当した感覚からも細分は難しいと考えている。ただし、本稿で居住域A・B・Cとした単位の中により細かな単位が存在する可能性はある。ここでは大別に留め、小単位の抽出は今後の課題としたい。

(3) 古墳時代の溝付竪穴住居に注目した重藤輝行氏は、その系譜を全羅道地域を中心とした馬韓に求めた[重藤 二〇一三]。また、亀田修一氏は溝付住居の存在から、薬師の森遺跡に馬韓系の人々が居住した可能性を推測した[亀田 二〇一七]。調査を担当した林潤也氏は慎重な立場をとるが、薬師の森遺跡に朝鮮半島系資料が集中することとの関連性に注目した[林 二〇一四]。

(4) 西垣彰博氏は糟屋郡家(阿恵遺跡)から大宰府に至る伝路として、宇美八幡宮から唐山峠を越えて乙金地区を抜け水城東門に至るルートを想定した。宇美八幡宮から東側へはショウケ峠を越えて穂波郡の大分廃寺へと至るルートも提示した[西垣 二〇一五]。さらに、これらの交通網は「ミヤケのルート」として那津官家の時代までさかのぼる可能性や、古代山城への物資輸送・情報伝達との関わりについても指摘した[西垣 二〇一七]。

(5) 善一田古墳群の土壌について花粉分析・植物珪酸体分析を行った結果

からは、古墳が広く展開し始める六世紀後半の直前には山麓部の伐開が行われ草地が広がる景観を示す。

参考文献

市瀬洋子　二〇〇五年「第四編第六章　幕末の動乱と福岡藩そして本市域農村」『大野城市史（上巻　自然・原始・古代・中世・近世）』大野城市史編さん委員会

石木秀啓　二〇一七年「西海道北部の土器生産〜牛頸窯跡群を中心として〜」『徹底追及！大宰府と古代山城の誕生―発表資料集―』九州国立博物館「大宰府学研究」事業、熊本県「古代山城に関する研究会」事業合同シンポジウム

井上信正　二〇〇九年「大宰府条坊区画の成立」『考古学ジャーナル』No.588

上田龍児　二〇一三年「御笠川流域の古墳時代―集落・古墳の動態からみた画期とその背景―」『福岡大学考古学論集2―考古学研究室開設25周年記念―』福岡大学考古学研究室

上田龍児　二〇一七年a「福岡県大野城市王城山古墳群の再検討」『考古学・博物館学の風景』中村浩先生古稀記念論文集

太田　智　二〇一五年「須恵器工人集落の研究　序―牛頸窯跡群での様相―」『古文化談叢』第74集

小田富士雄　二〇一三年「総説・大宰府都城制の成立」『福岡大学考古学論集2―考古学研究室開設25周年記念―』福岡大学考古学研究室

小田富士雄　二〇一五年「白村江戦の戦後処理と国際関係」『古文化談叢』第73集

小田富士雄　二〇一五年「大宰府都城の形成と律令体制」『古文化談叢』第74集

亀田修一　二〇〇〇年「鉄と渡来人―古墳時代の吉備を対象として―」『福岡大学総合研究所報』第240号

亀田修一　二〇一七年「日本列島古墳時代の馬韓系集落」『馬韓のムラと生活』二〇一七年馬韓研究院国際学術会議

四王寺山勉強会　二〇一五年『「大野城太宰府旧蹟全図北」現代解釈集　太宰府旧蹟全図に描かれた四王寺山』

重藤輝行　二〇一二年「筑前における七世紀の集落」『古文化談叢』第68集

重藤輝行　二〇一三年「宗像地域における古墳時代首長の対外交渉と沖ノ島祭祀」『宗像・沖ノ島と関連遺産群研究報告Ⅰ』宗像・沖ノ島と関連遺産群世界遺産推進会議

菅波正人　二〇一二年「筑前地域の様相」『集落から見た七世紀―律令体制成立期前後における地域社会の変貌―』第61回埋蔵文化財研究集会発表要旨集　埋蔵文化財研究会

杉原敏之　二〇〇七年「大宰府政庁のⅠ期について」『九州歴史資料館研究論集』32

杉原敏之　二〇〇九年「大宰府政庁と府庁域の成立」『考古学ジャーナル』No.558

辻田淳一郎　二〇一一年「古墳時代の集落と那津官家」『新修福岡市史特別編　自然と遺跡からみた福岡の歴史』福岡市史編纂委員会

辻田淳一郎　二〇一一年「博多湾沿岸地域の古墳時代後期社会―小戸1号墳の調査成果から」『新修福岡市史資料編　考古3　遺物からみた福岡の歴史』福岡市史編纂委員会

西垣彰博　二〇一五年「官道にみる夷守駅と糟屋郡家」『海路』第12号

西垣彰博　二〇一七年「九州の郡庁の空間構成について」『第20回古代官衙・集落研究会報告書　郡庁域の空間構成』奈文研研究報告第19冊　奈良国立文化財研究所

服部英雄　二〇〇五年「唐山城と牛頸城」『大野城市史（上巻　自然・原始・古代・中世・近世）』大野城市史編さん委員会

半田隆夫　二〇〇五年「生産・流通と交通・通信」『大野城市史（上巻　自然・原始・古代・中世・近世）』大野城市史編さん委員会

宮井善朗　一九九八年『雑餉隈遺跡4』福岡市報第569集

桃﨑祐輔　二〇一〇年「九州の屯倉研究入門」『還暦、還暦？還暦！―武末純一先生還暦記念献呈論文集・研究集―』

桃﨑祐輔　二〇一七年「福岡市南区柏原M遺跡SB21建物は古墳時代の大型厩舎か―厩舎遺構と鋳銅製多角形鈴からみた筑前の駅家成立過程―」『福岡大学考古学研究室・福岡市連携事業福岡市南区柏原調査準備講座資料』

大野城市教委報告書

舟山良一・石川健　二〇〇八年『牛頸窯跡群―総括報告書Ⅰ―』大野城市報第77集

林　潤也　二〇一三年「Ⅷ章2.」『乙金地区遺跡群6』大野城市報第106集

藤元正太　二〇一四年「Ⅴ章3.」『乙金地区遺跡群9』大野城市報第114集

林　潤也　二〇一四年「Ⅴ章2.」『乙金地区遺跡群11』大野城市報第120集

足立達郎・田尻義了・中野伸彦・小山内康人・上田龍児　二〇一七年「Ⅲ.自然科学分析―乙金地区遺跡群出土須恵器の胎土分析について―」『乙金地区遺跡群22』大野城市報第158集

上田龍児　二〇一七年b「Ⅵ章2.」『乙金地区遺跡群20』大野城市報第156集

上田龍児　二〇一七年c「Ⅴ章2.」『乙金地区遺跡群21』大野城市報第157集

上田龍児　二〇一七年d「Ⅳ章2.」『乙金地区遺跡群22』大野城市報第158集

上田龍児　二〇一七年e「Ⅴ章1節.」『乙金地区遺跡群23』大野城市報第159集

付表　御笠川流域の遺跡動態

No.	遺跡名		5世紀 前	中	後	Ⅱ	ⅢA	ⅢB	ⅣA	ⅣB	Ⅴ	Ⅵ
A	席田青木古墳	1号墳									●	○
B	北ノ浦古墳					●						
C	貝花尾古墳	1号墳			●							
		2号墳			●?							
D	新立表古墳	1号墳			●	○						
		2号墳						?				
E	大谷古墳	1号墳			●							
F	丸尾古墳	1号墳		●?								
		2号墳							●	○		
G	宝満尾古墳					●?						
H	水町古墳				●				●?			
I	下月隈天神の森古墳	1号墳				●						
		2号墳			●							
J	立花寺古墳	1号墳			●							
		2号墳						●	○		○	
K	板付八幡古墳							●?				
L	影ヶ浦古墳							●		?		
M	堤ヶ浦古墳					━	━	━	━	━	━	━
N	持田ヶ浦古墳				━	━	━	━	━	?		
O	今里不動古墳									●?		
P	御陵古墳群						━	━	━	━	━	
Q	唐山古墳群								▬	▬	▬	▬
R	乙金古墳群北支群								━	━	━	
S	善一田古墳群							━	━	━	━	━
T	王城山古墳群							━	━	━	━	━
U	古野古墳群				━	━	━	━	━	━	━	━
V	原口古墳								━	━	━	━
W	薬師の森遺跡（古墳）		●		▬	▬						
X	雉子ヶ尾古墳群								▬	▬	▬	▬
Y	笹原古墳		●									
Z	成屋形古墳				●							

●は単独墳（○は追葬）　━ は群集墳

No.	遺跡名	立地	標高(m)	5世紀 前	中	後	Ⅱ	ⅢA	ⅢB	ⅣA	ⅣB	Ⅴ	Ⅵ	生産 鉄	須	石
1	席田青木	丘陵	9							━						
2	中尾	丘陵	15	━							━					
3	久保園	丘陵	20						▪▪							●
4	下月隈鳥越	丘陵	8～10										▪▪			
5	上月隈	丘陵	20			━			▪▪							
6	立花寺	丘陵	10～30						━	━	━	━	━	●		●
7	金隈小津	平野	11										▪▪			
8	立花寺B	平野	9	━	━	━	━	━▪	▪▪							●
9	板付	台地		━												
10	高畑	台地	10	━	━	━	━	━▪	▪▪							●
11	仲島	平野	11	━	━	━▪	▪▪	▪━	━	━	━	━	━	●		●
12	井相田C	平野	11	━	━	━	━	▪▪	━	━	━	▪▪	▪▪			●
13	御笠の森	平野	14										━			
14	森園	丘陵	20～25	━				━	━							●
15	中・寺尾	丘陵	25	━		━										
16	薬師の森	丘陵	35～45						━	━	━	━	━	●	●	●
17	原田	丘陵	30			━										●
18	裏ノ田	丘陵	40					━	━	━	━				●	●
19	石勺	平野	20	━	━	━			━							●
20	瑞穂	平野	20	━												

鉄：鉄器生産、須：須恵器生産、石：滑石製品生産

大宰府成立再論——政庁Ⅰ期における大宰府の成立——

山村 信榮

はじめに

平成三十年(二〇一八)で大宰府において計画的な発掘調査が始まって半世紀を迎える。緊急調査を含め大宰府史跡では二三〇次余、大宰府条坊跡においては三二〇次余の調査事績が積み上げられ、都市論としての大宰府は、中枢である大宰府政庁とその周辺の官衙域のプランが提示され、その後、条坊域の具体的なプランの復元に発展し、条坊に連接する古代駅路や小地域間に敷設された道路網の復元など、研究は確実に深化している。各古代山城も史跡指定や災害復旧事業、整備事業等に伴い発掘調査が行われ、個別の大規模遺跡もその範囲や構造について考古学的な所見が積み上げられてきた。

一方で大宰府そのものの成立については、都市の外郭たる大宰府羅城の存否などに注目が集まっているが、古墳時代から古代にかけての北部九州域を実資料に基づき考古学的手法によって概観するような総合的な論議はいま一つ深まっていない。

1 時間軸としての須恵器編年について

大宰府の成立を概観する際に重要な時間軸についても解決すべき課題がある。九州における大宰府成立期に係わる考古学的な時間軸は、遺跡から出土する頻度の高い須恵器が用いられてきた。当該地域の須恵器編年は小田富士雄氏らの研究成果によるところが大きく(以下、九州編年)〔小田 一九六四・一九九六他〕、多くの行政調査においては現状でもその枠組みが用いられている〔大野城市 二〇〇八他〕。しかし、型式と期の設定を同一化し、設定した土器型式を、重箱を重ねる方式で時間軸をたてる方式には問題点があり、研究史や新たな編年案についてかつて考察したことがある〔山村 一九九五・一九九九〕。また、編年に対する実年代に関わる諸問題についても指摘した〔山村 一九九八〕。しかしその後、須恵器研究では論議はあったものの〔中島 一九九七、長 二〇〇九、石木 二〇一二他〕、大宰府を中心とした官衙研究において編年問題は留保された状況で停滞している感があり、九州の古墳時代研究と官衙研究が乖離したような状況が続いている。そのような背景もあり、九州においては古墳時代と古代が不連続な世界として記録化されて来た感があることは否めない。

本論においては九州編年における「期」として括られた遺物の一群か

ら一つの典型的な型式を抽出し、型式間には時間の流れに従った量的増減がありながらの共伴を認め、新しい型式の出現をもって期を区切る考え方で時間軸を立てる。例えば坏形土器についていえば、回転ヘラケズリのあるⅣA型式（奈良文化財研究所分類坏H）に遅れ、ヘラケズリが無く身のかえりの立ち上がりが短いⅣB型式が後出するが、ⅣA型式はⅣB型式と共伴し、さらにその後に出現する蓋の内側にかえりを持つⅤ型式（奈良文化財研究所分類坏G）とも共伴する。実年代については水城跡の木樋ＳＸ051とその掘り方ＳＸ051等から出土する土器群がⅣ型式を主体としてⅤ型式が共伴することから、この様相を水城が成立した六六四年頃、Ⅵ型式（奈良文化財研究所分類坏B）が主体で少数のⅤ型式が共伴する段階（上岩田遺跡Ｇ区25号住居出土土器群等）の一時期を天武七年（六七九）の筑紫大地震頃に（少数ながら当該期まで坏Ⅳ型式が残存。筑後国府89次ＳＸ３８５６下層、牛頸小田浦39地点1号土坑他）、Ⅶ型式主体でⅥ型式が少数共伴する段階（牛頸ハセムシ12地点9号窯等）を和銅年前後頃（八世紀第1四半期中頃）に、Ⅶ型式の坏の回転ヘラケズリなどが省略される段階（大宰府政庁前面域ＳＤ２３４０中、下層等。大宰府土器編年Ⅲ期）を天平年頃（八世紀第2四半期頃）と考える。このように一時期には複数の系統、型式の土器が共伴するため、一つの遺構が存在した厳密な時期を知るためには埋没した環境が知られることや、一定量の同器種複数系統の土器が出土する必要がある。現実的には本論で取り扱う官衙や古代山城の特定の一つの遺構や層から多量の土器が出土するのは稀で、少量の土器が示す時期には不確実性がある。しかし、同じ遺跡が継続して使用され、土壌の堆積や遺構の切りあいが繰り返される場合、少量の土器の出土であっても一定の時期的変遷の傾向は遺物群の前後関係から見て取れる場合が少なくない。遺構が巨大である場合は各地点で出土した少量の遺物が同一性を示すのであれば、一定の幅で遺構の存在した時期の一端を知ることはできる。

行政で出された調査報告書は当初から土器型式名でなく実年代の記載が多く見られ、本論との整合が困難であることから（たとえば水城木樋掘り方ＳＸ051の土器相は七世紀前半とされている）［杉原 二〇一七］、煩雑ではあるが本論においては極力遺構から出土した土器型式（九州須恵器編年の型式名）を記述することとしたい。

2　大宰府成立前代の関連遺跡と成立時期

A大宰府羅城

竹内榮喜、鏡山猛、阿部義平と続く大宰府の外郭施設である羅城プランの検討は、基本的には新たな遺跡の発見によって付加式に案が積み重ねられて来ており、近年、筑紫野市前畑遺跡において大宰府南側の自然丘陵上において古代の土塁が発見された。それをきっかけとし現地踏査と過去の発掘調査資料を再検討することにより、新たな羅城プランを提起したところである［山村 二〇一七］。大宰府の外郭たる羅城プランは、大宰府の北側では大野城の稜線が西に派生した先に長さ1．2㌔の水城があり、北西側の谷部に上大利、春日（推定）、小倉（推定）、大土居、天神山と小水城群が一連のラインを形成していると理解されている。これらはすべて狭小な谷を塞ぐ土塁であり、発掘調査によれば水城跡は長さ約1．2㌔、最大幅80㍍、高さ7～10㍍、上大利小水城跡は長さ80㍍（残存長）、基底部幅約21㍍、高さ約4．9㍍（残存高）、大土居水城跡は基底部幅約40㍍以上、高さ約8㍍以上とされている。土塁の縦断面構造には類似性が認められ、大きく上下に区分される。水城跡では下成土

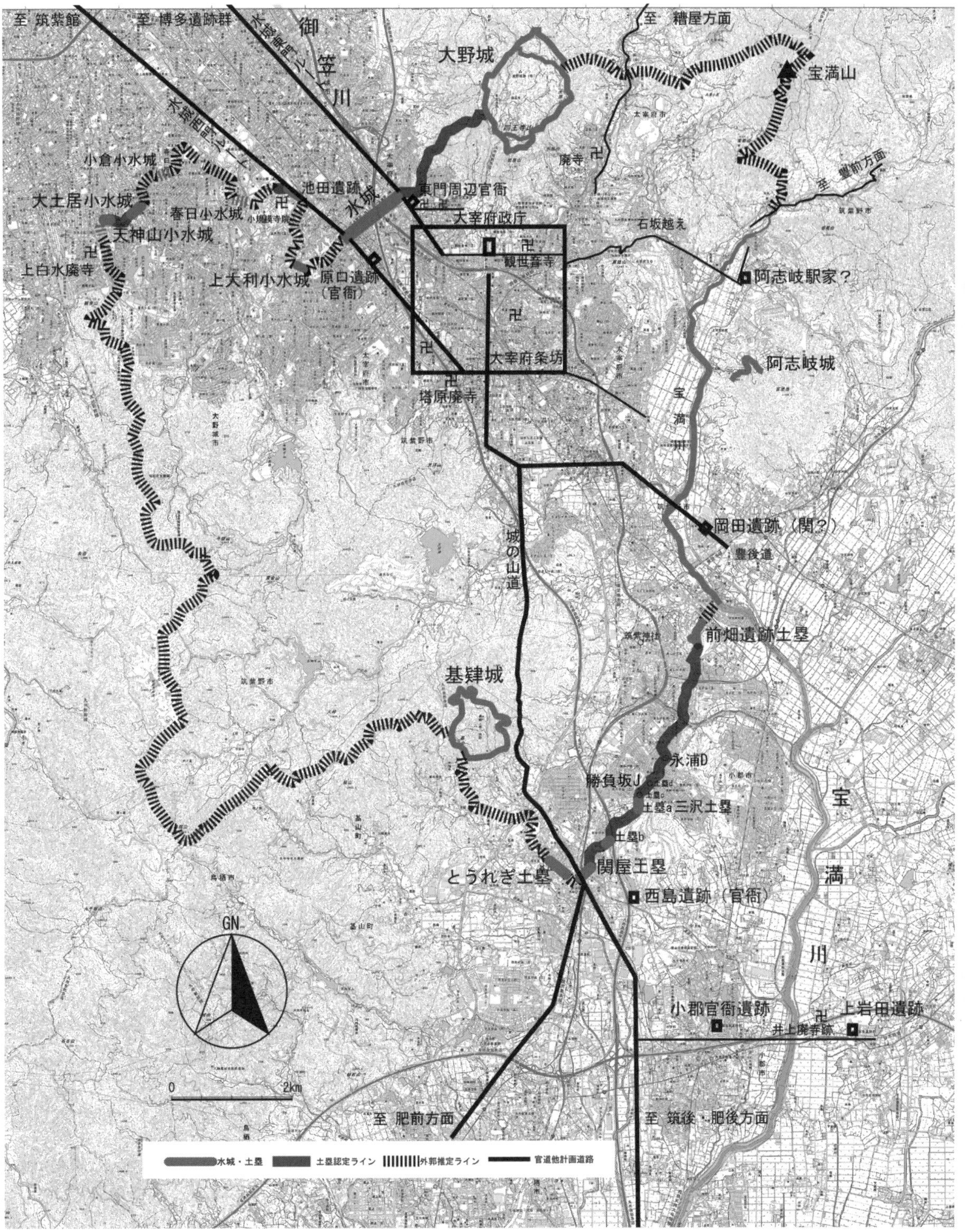

第１図　大宰府羅城プラン（フェイズ７段階頃）

塁、上成土塁と命名され、下成土塁はベースの盛土で、防御すべき北側に寄った形で上成土塁が細かな水平な積土によって盛り足されている。韓国扶余の百済泗沘東羅城の断面に見られるような縦方向に不整合な土層線はない（つまり扶余の羅城土塁は一旦積み上げた土塁を覆うようにさらに前面側に版築土壌を積み上げるため、縦断面には新旧の積土の境で不整合面が生じている）。堰板の使用による不整合面もなく、厳密な意味での版築にはなっておらず古墳墳丘の築成方法に近い。このことから水城や小水城の土工手法は日本独自の工法であり、各々が共通性を持っていることが指摘される。また、大型古墳にしばしばあるような積土中での表土の形成や土壌の流出、崩壊などの痕跡は無く、土塁は後補の補修箇所を除けば、中断することなく一度に構築されたと考えられる。

各々の外郭土塁にはその他にも共通性を指摘しうる。水城跡や大土居小水城等においては積土下部に黒色粘質土の土塊が連続、不連続に置かれた状況を成し、その一つの土塊は上部に色相が漸移的に薄くなり、土塁の直交軸に対してどちらかの方向に厚みが逓減する構造を持っている。この構造は筑紫野市前畑遺跡の土塁や九州大学筑紫キャンパス内遺跡ＳＸ301土塁、久留米市上津土塁でも顕著に確認され、筑紫においては古代土塁に広く共通して用いられた工法と認められる。

大宰府羅城の外郭土塁が構築された時期を出土した遺物から検証したい。水城跡では水処理を目的とした木製の箱型の暗渠である「木樋」が土塁の下に設置されているが、木樋の設置坑は長さ80㍍にわたって水城を縦断するように土塁の構築中に設定され、土塁の構築とともに埋められていた。５次と62次調査ではこの設置坑（5次ＳＸ051）から須恵器坏Ⅳ型式（奈文研坏Ｈ）に少量のＶ型式の坏身（奈文研坏Ｇ）と短脚の高坏が一定量出土している。上大利小水城跡では１次と３次調査で土塁盛土中からⅣ型式の須恵器坏が出土している。大土居水城跡では南側裾部積土下の小溝からＶ型式の須恵器坏身が出土している。前畑遺跡の土塁では１トレンチにおいて下部土塁を構成する第１層群からⅢＢ、Ⅳ型式の須恵器坏が出土し、土塁の表層からⅦ型式の須恵器坏が出土している。九州大学筑紫キャンパス内遺跡ＳＸ301土塁は八世紀の遺物包含層に先行する構造物で、東隣地を池田遺跡として大野城市が後年に調査している。土塁は基底部幅が34㍍あったことが指摘され、土塁中央付近に地山から発生した落差30㌢ほどの段差があり、その上面がＶ字状に掘られ補修された痕跡が認められた。その補修面からⅦ型式（古相）の須恵器坏蓋が貼りつくように検出されたという。このように外郭土塁群から出土した土器の出土量は決して多いものではないが、外郭土塁から出土した土器を概観すると構築前や構築時の土壌からはⅣ型式＋Ｖ型式の須恵器が含まれ、土塁を被覆する層からはⅦ型式の須恵器が出土していることがわかる。土塁群は個別単体で構築されたのではなく、一連のものとして造作されたと理解され、その時期は『日本書紀』天智三年条の水城築造記事、六六四年を上限として、下限を池田遺跡の土塁の補修を天武七年（六七九）の筑紫地震を契機とするものと想定した場合、それ以前の時期といえる。

B大野城と鞠智城

大野城跡は大宰府羅城の北辺に位置する大宰府政庁の後背に置かれた要害であり、『日本書紀』天智四年（六六五）秋八月条に築造記事がある。昭和四十年代より始まった史跡整備や平成十五年の災害復旧事業などで土塁や石垣内部に及ぶ発掘調査が複数個所で実施されている。そのうち45次調査の大石垣地区では石垣のベースとなる積土である明灰色砂層からⅣ型式ないしⅤ型式の須恵器坏が出土している。また、石垣後背面の初期の自然堆積層である1トレンチ黄褐色砂層からはⅥ型式の須恵器坏（奈文研坏B）が出土している〔太宰府市 二〇一五〕。大宰府口城門においては初期Ⅰ期城門上面からⅥ型式の須恵器坏が出土している。その他、小石垣地区では表土からⅣ型式須恵器坏身とⅤ型式の須恵器坏蓋が出土している〔福岡県 二〇一〇〕。Ⅳ型式須恵器坏は45次の流出土壌である白黄色砂層と尾花地区土塁の表土でも出土している。Ⅴ型式の須恵器坏蓋は大石垣上方内周土塁地区の流出土壌からも出土している〔福岡県 二〇〇六〕。大野城跡においても遺物の出土量は僅少で多くを語りえないが、現在までの出土状況は石垣や土塁の構築土壌からはⅣ型式とⅤ型式の須恵器坏が出土し、構築後の土壌からはⅥ型式の須恵器が出土している。土塁や石垣が構築された場所は大野山の頂部域にあり、前代に古墳や同時期の集落が営まれるような場所ではない。Ⅳ型式須恵器坏（奈文研坏H）が地点を越えて存在することが確認され、大野城築造初期段階に持ち込まれた土器相にⅣ型式の須恵器が含まれていたことが想定される。太宰府口城門から出土したコウヤマキの柱根の年輪年代調査により、木の伐採年が六四八年以降とされたことから、大野城築造年が六五〇年まで遡るという論議もある〔赤司 二〇一七〕。木自体は外皮まで残っていないため伐採年次が特定されないうえ、材として畿内から持ち込まれた転用材との指摘もあり、現状では大野城の築造開始期は『日本書紀』の記述に沿う形で理解しておく〔酒井 二〇一七〕。ともあれ、出土した須恵器の土器相が水城と整合的であることを指摘しておきたい。

鞠智城は大宰府の南約50キロに築造された古代山城で、『続日本紀』文武天皇二年（六九八）五月条に修築記事があり、築造開始時期はそれに遡ることが知られている。整備事業に伴い昭和四十二年以来発掘調査が継続している。調査所見のうち、土器相の古い出土例について概観してみたい。多くの掘立柱建物や礎石建物が集中して発見された長者原地区では90-Ⅲ区5号建物跡、90-Ⅳ区16号建物柱掘方から九州編年Ⅳ型式の須恵器坏身が出土している。11号建物柱掘方からⅤ型式の須恵器坏蓋が出土している。建物跡からのⅥ型式以降の須恵器の出土例は枚挙に暇がない。現状の所見として鞠智城の築造初期段階は報告から察するにⅤ型式からⅥ型式の須恵器使用時を想定していると見られるが（本論では存続幅としてⅤ式は単独で期は形成せずⅣ型式かⅥ型式と並存）、建物はⅣ型式の須恵器が使用されていた段階に遡る可能性がある。長者原地区では鞠智城築造に先行する「六世紀後半の古墳時代の住居」が存在し、掘立柱建物にⅣ型式の須恵器が混入する要因になっていると理解されているようであるが、同地区89-2区検出の5号住居址は七世紀末の蓋の返りのある須恵器坏身が出土したとされ、竪穴式住居がⅥ型式の須恵器を伴う時期まであったこととなり、掘立柱建物や礎石建物群と竪穴式住居が共存していたことがわかっている。山の上に忽然と出現したⅣ型式の須恵器が入る住居跡こそ鞠智城築造に伴って出現した遺構であり、住居掘方プランが建物群と整合的な方向を示す例（27区東側住居址群）からもそう理解することができる。長者原地区の北にある池の跡は貯水や貯木を行う機能が想定され、百済式の小金銅仏が出土するなど、城内でも貴重な水源であったことが想定される。池跡28トレンチでは祭祀に係わる遺物であった可能性のある須恵器の横瓶が二点出土している。一点は肩に稜線を持つⅥ型式の所産と思われるが、もう一点は胴部に丸みを持ちⅣ型式に位置づけられ、土師器の坏類もこの型式に伴うと思われるものが見られる。池の遺跡としての使用も須恵器Ⅳ型式使用期に遡るものと思われ、長者原の建物群初期の土器型式と同様の時期として理解される。このことから鞠智城の遺跡としての始原の時期に使用された須恵器の型式としては大野城や水城と差が無いものと理解される。

C大宰府政庁跡

大宰府の中枢をなす官衙であり、昭和四十三年以来の調査で大きく3期にわたる変遷が確認されている。そのうち遺跡の成立したI期は上層にあるⅢ・Ⅱ期の遺構を保全する必要があり限定的な調査しかなされておらず、残念ながらその全容はわかっていない。調査の結果から政庁草創期のI期は古段階と新段階に分かれるという。政庁域は大野山（四王寺山）の南裾の東西幅約180㍍の幅で南に開口する谷部を利用しており、I期古段階の構築直前は淡灰色の砂層が広く堆積していた。この上にⅡ期の正殿と中門の位置では暗褐色の土壌がI期遺構造営のため整地土として敷かれていた。I期古段階の遺構はⅡ期正殿の基壇北裾の位置で正方位の東西柵SA111があり、その南側に正方位の南北棟の掘立柱建物SB122とSB360がある。東西柵SA111はI期古段階の整地を穿って建てられ、柱が抜き取られた後にI期新段階の整地によって埋められている。SB122からは九州編年ⅢA型式の坏蓋が、SA111からはⅢA型式の坏身が出土している。また、これら施設のベースとなるI期古段階の整地層からは一定量のⅢA型式の土器群が出土している。I期新段階はⅡ期正殿の基壇北直下に正方位を保つ区画溝SD125の南に接するように大型の東西棟SB120があり、Ⅱ期正殿正面の中軸線位置に四面庇の南北棟SB121がある。SB120からはⅣ型式の坏身とⅦ型式の坏蓋が、SB121からはⅦ型式の坏蓋が出土している。ちなみにI期新段階後とⅡ期正殿築造の間に構築されたSB123からはⅥ型式とⅦ型式（古相）の坏蓋が出土している。I期新段階後とⅡ期正殿築造段階では土器相としては同じ段階かやや逆転した感がある。大型東西棟SB120とその前殿的なSB121はI期新相段階での柵を伴う中枢建物と言える。正殿地区ではⅡ期整地層にはⅣ型式の坏身が、中門地区の中門礎石のベースとなる第2整地層からはⅢA型式からⅦ型式にわたる各型式の須恵器が出土している。ちなみに政庁地区西側の丘陵は蔵司地区とされ、八世紀の四面庇式の礎石建物SB500があり、その建物が乗る整地層の下から正方位の掘立柱建物群が発見されている。整地の掘り下げは遺構保存のため部分的なものであるが、整地層にはⅣ型式の坏が含まれていた。蔵司地区65－1次の整地層はⅢB～ⅣA型式の須恵器しか出土していない。

その西側の谷部西側で行われた4次調査北トレンチでは弥生時代の遺物包含層であるⅤ層を覆うⅣ層からⅢBからⅦ型式の須恵器が出土している。量的にはⅢBとⅥ、Ⅶ型式の須恵器は少量でⅣ型式の坏が多い。同層からは「久須評」銘の木簡も出土しており、谷の西側である来木地区か東側の蔵司地区にⅡ期政庁に先立つ行政機能を持った施設が存在した可能性がある。

このように大宰府政庁地区ではⅢA型式の土器群を主体とする時期に谷部が整地され、正方位を示す柵や掘立柱建物が建てられ、Ⅳ型式を消費する段階では政庁地区西の蔵司地区からさらにその西側の谷部にまで土地の利用が広がっている。調査報告書では政庁正殿I期古段階の遺物は「古墳時代の遺物」とされ、遺構生成時の前代に当たる混入遺物として取り扱われている。I期古段階の出土須恵器がⅢA型式、I期新段階がⅥからⅦ型式であり、土器の型式的不連続性がそういう結論を導き出したのかもしれない。I期段階の建物群が官衙中枢の建物にあたるのか、調査が限定的で確証はない。しかし、注目すべきはI期古段階の東西柵SA111はⅡ期正殿の基壇北裾にあたり、I期新段階の東西区画溝SD125

や大型の東西棟ＳＢ120の北側の桁方向に整合的な位置に当たる事実は注目され、古段階と新段階の建物群に連続性があった可能性は捨てきれない。古相段階の建物の柱が抜き取られて新相段階の整地がなされていることも見逃せない。そしてⅠ期新段階に置かれる四面庇の南北棟ＳＢ121はⅡ期正殿正面の中軸線位置にあり、同時期と見られる中門下層の南北柵ＳＡ016とＳＡ017は中軸線で折り返した対の位置にあることからⅠ期新段階とⅡ期のプランには連続性があること、Ⅰ期新段階の掘立柱建物の柱が抜き取られⅡ期政庁基壇生成の整地土で埋められていることが指摘されている。このことから政庁Ⅰ期古新相の遺構群は後に大宰府政庁の中枢となるⅡ期政庁の遺構群と連続性を持つ可能性があると言える。

D大宰府条坊跡・古代官道

大宰府政庁を包含する二日市地狭帯北辺には大宰府条坊跡と呼ばれる東西約2キロ、南北約2キロの規模で、道路区画による都市街区が存在した。都市街区内の土地利用は一律でなく時期的には放棄地となる箇所もあるが［山村 二〇〇七］、道路は十二世紀まで繰り返し使われた箇所もある。条坊内では300次を超える箇所で調査が行われているが、道路側溝が掘削初期の様相を示す箇所は少ないながらある［井上 二〇一四］。条坊157次は左郭七条十一坊の交差点付近にあたり、条路南側溝ＳＤ205からはⅥ、Ⅶ型式の須恵器坏が出土している。条坊236次調査区は左郭十五条三坊に位置し十五条路が検出され、北側溝ＳＤ015からはⅥ型式の須恵器坏が一定量出土している。条坊255次は左郭二坊十六条にあたり、十六条と十五条の等間位置で条間路ＳＤ035が検出され、Ⅵ型式のものに少量Ⅶ型式のものが混じる須恵器が一定量出土している。

これらのことからグリットを持つ計画都市としての大宰府条坊の生成はⅥ型式の須恵器に少量のⅦ型式のものが混じる段階と考えられる。条坊の中心の南北路（朱雀大路）は、条坊64、142次での東側溝からⅦ型式新相の須恵器を含む土器が中・下層から出土し、それ以前の施工と知られる。その方向は政庁中軸線と整合し、条坊グリットとはズレが生じており、朱雀大路は条坊グリットに遅れて施工されたことが指摘されている［井上 一九九七］。八世紀に官衙街となる政庁前面域の遺構形成も不丁地区廃棄土坑ＳＸ２３４０、政庁前面広場地区の石組暗渠ＳＸ２３２０などⅥ型式の須恵器が出土しており、都市域である条坊街と同時的に整備が進んでいたことが想定される。政庁前面広場地区では谷や落ちを埋めた遺構ＳＸ２３１９、ＳＸ４６４２などはⅣ型式の須恵器が主体のようであり、この場所においては土地開発の始原は都市域よりも古いようである。観世音寺境内周辺でもＳＸ３８４１のように小規模な整地はⅣ型式の須恵器が出土する段階に見られるが、本格的な土地の改変はＳＫ１５２１、ＳＤ３６１９等のⅥ型式の須恵器が出土する段階であり、瓦を伴う確実な遺構はⅦ型式古相の須恵器を出すＳＥ３６８０からであり、今のところⅡ期政庁成立以前に観世音寺地区周辺で堂宇が成立していた痕跡はないといえる。観世音寺伽藍の設計プランも大宰府Ⅱ期政庁と整合し、同時的に計画されたことが知られている［井上二〇〇一］。

大宰府条坊域から外界につながる古代官道は水城を通過するルートが顕著に発見されている。そのうち水城西門から鴻臚館（筑紫館）については八世紀の直線ルートは太宰府市前田遺跡の調査所見より、官道側溝はⅥ型式の坏が出土した土坑を切り、側溝内からはⅤ型式～Ⅶ型式（大宰府土器編年Ⅱ～Ⅲ期）の須恵器坏が出土している［太宰府市 二〇〇二］。また、それに先行する曲線を描くルートは側溝からⅤ型式を含むⅥ型式の須恵器が出土している［狭川 一九九三］。官道西門ルートは先行する曲線ルートが大宰府政庁Ⅰ期新段階に相当し、直線ルートは政庁Ⅱ期初期段階に成立したことがわかる。

E比恵・那珂遺跡の官衙

大宰府Ⅱ期政庁成立期以前の大宰府周辺の官衙について触れておく。比恵・那珂遺跡は博多湾に面する博多砂丘の後背部にある北西から南東に延びる標高5～10㍍の洪積層を基盤とする東西約1㌔、南北約2.5㌔の微高地上にあり、北から900㍍付近あたりにある浅い東西方向の谷を挟んで北側が比恵遺跡、南側が那珂遺跡となっている。微高地中央の那珂遺跡側に全長75㍍で、阿蘇溶結凝灰岩製の石棺を有する後期前方後円墳である東光寺剣塚古墳がある［桃崎二〇一〇・二〇一二］。

比恵遺跡では北端部の7、13次でコ字ないしロ字形の大型建物、その南西100㍍に位置する39次で三本柱柵に沿う総柱建物、この二地点とは浅い谷を隔てた西の微高地上にある8、72次でも三本柱柵に沿う総柱建物群が、比恵遺跡の中心付近の50次では柱筋を揃えた三棟の総柱建物群が見つかっている。

上記のうち様相の明らかな7次、13次調査区では、二×九間、4×22㍍の東西の脇に長大な東西2.5㍍、南北20㍍以上の柵のような長舎が取り付くコ字ないしロ字形の建物配置を成す施設が見つかっている。建物の方位はN-2～3度-Eであり正方位を採る。遺構から直接時期を示す遺物は報告されていないが、7次では東側に沿う溝ＳＤ05からⅣ型式の坏身、約80㍍南の6次調査地点にある建物群に並行する溝ＳＤ04からはⅣ型式の横瓶、長脚の高坏等が出土しており、建物の存続時期の一端を類推しうる資料を提供している。瓦の出土は無く屋根は板葺きであったと考えられる。

7次調査の西約300㍍にある8次調査地点では布掘の掘り方に三本の柱が据えられた外柵に沿って五棟以上の三×三間、4×5㍍規模の総柱の掘立柱建物が並列式に配置されており、「那津宮家」の推定遺跡として国史跡となっている。柵の方位はN-36度-Eである。ＳＢ086、ＳＢ090の建物掘方からはⅢＢ型式からⅣ型式の須恵器坏が出土し、柵の掘方を壊す土坑ＳＫ061からはⅥ型式の坏蓋が出土しており、遺跡の存続幅がわかる。遺跡の南西の比恵72次調査で対となる東西の三本柱柵と柵に沿う三棟の総柱の掘立柱建物が、その北に布掘りの総柱の掘立柱建物二棟が確認されている。倉と考えられる掘立柱建物の柱筋は揃っていない。その他、柵を伴う建物はさらにその西の比恵109、125次でも発見されている。39次で出た三本柱柵に沿う総柱建物掘り方からはⅢＢ型式の須恵器坏身が出土している。

那珂遺跡では北の比恵遺跡との境の18次で三×四間、5×6.2㍍規模の総柱建物三棟（遺物なし。桁方向の方位はN-27度-W）があり、南西300㍍の地点の21次でも三×三間の総柱建物が検出された（Ⅳ型式出土か。桁方向の方位はN-16度-W）。単位遺跡として様相の明らかなものは微高地中央付近の23、114次調査例が挙げられる。遺跡は東西幅約80㍍の矩形を呈す溝を区画施設として、114次側の矩形内部北辺に東西に長大な側柱建物があり、23次側の矩形区画の西外に棟を揃えた三×四間、5.5×6.5㍍規模の掘立柱建物三棟が並ぶ。方位はN-12度-Wで、ＳＢ67と90の柱掘り方からⅢＢ型式とⅣ型式の須恵器坏が出土している。矩形の溝ＳＤ89の最終埋没土からはⅦ型式（大宰府土器編年Ⅲ期）、中層からはⅣ型式とⅥ型式の須恵器、神ノ前タイプの丸瓦、竹状模骨痕を持つ丸瓦等、下層からはⅣ型式の須恵器坏、瓶、鉢、甕類が出土している。神ノ前窯タイプの丸瓦等の初期瓦も出土している。包含層からは月ノ浦タイプの

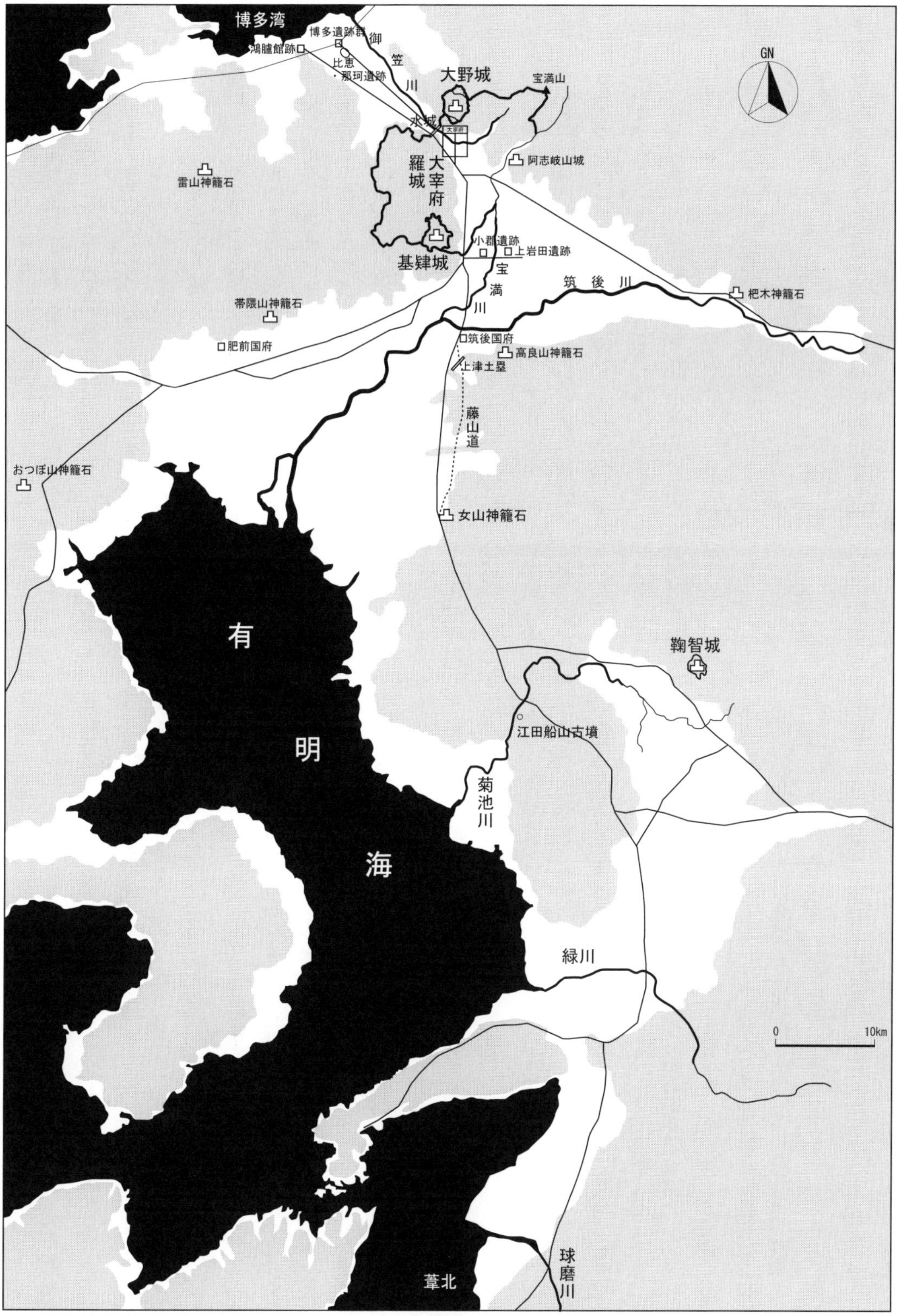

第２図　大宰府羅城とその前面

軒丸瓦も出土している。

神ノ前窯は牛頸窯跡群中の太宰府市側にあるⅣ型式の須恵器を焼いた窯(2号窯)で、丸瓦はロクロ挽きした筒状の瓶を半分に割ったものである。月ノ浦窯は大野城市域の牛頸窯跡群中にあるⅥ型式とⅤ型式の須恵器を焼いた窯(1号窯)で、通常とは凹凸が反転した二種の瓦当文様の丸瓦、鴟尾、桶板痕跡のある平瓦等が出土している。これらの消費地は那珂遺跡に限られる特殊な出現期の瓦である。東光寺剣塚古墳の南150㍍ほど南東の117次ではⅣ型式の須恵器が出土した二×六間以上、4.8×10.9㍍以上、桁の方位はN-77度-W(磁北)の東西棟の掘立柱建物SB01があり、竹状模骨痕を持つ丸瓦、桶板の痕跡のある平瓦等がまとまって出土している。また、微高地の南端の隣り合う37次B区、52次南区、115次2C区ではⅣ型式の須恵器が出土する溝を切り、柱掘り方からⅣ型式の須恵器が出土し、Ⅳ型式の須恵器が出土する柱穴に切られる東西棟の掘立柱建物SB01が発見されている。梁行は7㍍強、桁行は11㍍以上で正方位を保つ。調査者は30㍍ほど南の56次で検出された南北の連棟SB01とSB02とを関連付け、回廊状の方形区画を持つ官衙である可能性を提示している。同心円の当て具痕跡を持つ平瓦が出土している。

博多湾に面す比恵・那珂遺跡ではⅢB型式の須恵器が使用された段階に柵を伴う倉庫群が複数個所で形成され、Ⅳ型式の須恵器使用段階に正方位を意識して矩形に配置された中枢施設と、一部に初期瓦を用いた掘立柱建物群からなる官衙的施設が成立している。

Ｆ小郡、上岩田遺跡

太宰府の宝満山を水源とし筑後川に注ぐ宝満川が筑前、筑後、肥前の国境に接する付近で、川の両岸に七世紀に遡る二つの官衙遺跡が発見調査され国史跡となっている。川の西岸側にある小郡遺跡は西に三国丘陵、東に宝満川に挟まれた微高地上にあり、方位を違えた三時期の掘立柱建物群が発見されている。Ⅰ期はN-15度-Wの方位を持ち、南北に連なる三棟の総柱の掘立柱建物とその42㍍北側に北を限る東西方向の溝がある。Ⅱ期は東方官衙群、西方官衙群、北方倉庫群の三群の掘立柱建物からなる。官衙群は地形に合わせたのかN-37度-Eと大きく傾く方位を持っている。倉庫群はN-41～51度-Eの方位を成しややばらつきがある。東方官衙群は南西側が土地の削平によって遺構を失い本来のプランがわからないが、八棟以上の長舎建物によって矩形に配置された空間の中に一棟の建物が北に寄って配されている。東辺中央の建物間に柵があり門とされている。矩形配置の正面を南西側とする案が一般的だが、矩形内部の建物を正殿的性格と見て南東側を正面と捉える説もある[片岡二〇〇九]。Ⅲ期は全ての設計プランが正方位に変更され、東方官衙群、西方官衙群、二条の溝に挟まれた築地に囲まれた北方区画の三群で構成される。Ⅱ期に比して建物の数が大きく減じるが、東方官衙中に主殿的な二棟の大型掘立柱建物がある。

Ⅲ期には多量の鉄鏃が出土し、Ⅱ期相当期の周辺集落でも鉄鏃などの武具や金属生産関連遺物が出土している。報告されている土器はごく少ない。Ⅱ期の溝SD849からはⅤ型式の須恵器坏蓋が出土し、SB844からはⅥないしⅦ型式の坏身があり、このほかⅡ期建物出土遺物としてⅦ型式の坏身と皿が紹介されている。また、この遺跡の南西約400㍍付近の小郡伏前遺跡ではⅡ期官衙の方位に合う幅約6㍍の道路が検出されており、東側溝である2号溝からⅥ型式の坏身が出土している。このような状況から小郡遺跡Ⅱ期はⅥ型式の須恵器が使用された段階が主たる時期で下限はⅦ型式(大宰府土器編年Ⅲ期)の須恵器使用段階と考えられ、Ⅰ

期はそれ以前、Ⅲ期はそれ以降の八世紀中と考えられる。

上岩田遺跡は小郡遺跡とは2キロ隔てた宝満川を挟んだ対岸の位置にあり、平成十二年に小郡官衙の前身評衙として小郡官衙遺跡の追加指定により史跡となった遺跡で、七世紀から九世紀に至る竪穴式住居からなる集落、掘立柱建物と基壇建物からなる官衙や首長居宅の性格を持つと評価されている。官衙域の始原は基壇建物が出現したⅠA期と基壇建物が地震によって損壊した後のⅠB期に分かれる。ⅠA期は基壇建物を中心に矩形に巡る二条の柱列からなる柵があり、囲まれた空間の中に東西棟の掘立柱建物が展開する。西側では柱列が抽出されておらず不明であるが、柵で囲まれた矩形の空間は南北で120メートルの規模である。小郡遺跡Ⅱ期東方官衙の内法幅が東西64メートルであるので約倍の規模であり、大宰府政庁Ⅱ期朝堂院域と同等規模といえる。ⅡB期は矩形の空間の北に東西棟、東西に南北棟の掘立柱建物が建てられ、基壇建物正面を広い空間として建物群で空間を囲むような建物配置となっている。ⅠA期以前にはこの空間は、報告書では0期に区分される5群の延べ二四棟の竪穴住居が展開する集落域であった。官衙に先行する住居群からはⅣ、Ⅴ、Ⅵ型式の坏、高坏、甕類と土師器の坏、皿、甕類が出土している。ⅠA期の掘立柱建物から出土する遺物はⅣ、Ⅴ型式の坏が、ⅠB期の掘立柱建物からはⅣ型式の坏とⅥ型式の皿などが出土している。ⅠB期の建物を切る溝D150からはⅦ期古相（大宰府土器編年Ⅱ期）の坏蓋と長頸壺が出土している。基壇建物には山田寺系の丸瓦、垂木先瓦、鬼板が所用されていたが、基壇には縦横に亀裂が見られ瓦が北東方向にまとまって出土しており、天武七年（六七九）の筑紫地震といわれる耳納断層のずれによって生じた巨大地震により倒壊したとされている。ⅠB期の建物群はその後に再建されたものとされ、ⅠB期の掘立柱建物B59が切る竪穴遺構C25からはⅥ期の坏、皿、鉢類の須恵器がまとまって出土しており、当該地震時の土器相として考えられている［長 二〇一七］。上岩田遺跡での土器型式は官衙に先行する集落段階の0期にはⅣ、Ⅴ、Ⅵ型式の須恵器があり、天武七年の筑紫地震前後のⅠ期ではⅥ型式の須恵器が主体となる様相で、Ⅶ型式の須恵器を持つ遺構の進出をもってこのエリアでの官衙的な様相が急速に無くなるということになる。Ⅵ型式の須恵器だけをみれば0期からⅠ期を通じて存在する。基壇建物で所用された山田寺系単弁瓦は上岩田遺跡の西800メートルの位置にある井上廃寺でも見つかっている。同廃寺では八世紀に及ぶ複数型式の単弁系瓦が出土しており、上岩田の基壇建物は井上廃寺に引き継がれたものと理解されている。

G筑紫館（筑紫鴻臚館）

博多湾に直面する福崎丘陵には黒田が築造した福岡城があり、三の丸域の下層で多量の初期貿易陶磁器などを伴う古代官衙が発見され、当地が筑紫館、後の筑紫鴻臚館の跡とされている。遺構は谷を隔て北館と南館の南北のエリアに別れている。初期の様相は出土遺物が僅少で遺構変遷案も数度更新され、遺構の全容はいまだわかっていないが、最新の所見では［菅波 二〇一七］、Ⅰ期は北館が掘立柱柵に囲まれた矩形の空間内の北辺に掘立柱建物の東西棟があり、南館は長舎で四周を囲む建物群が想定されている。Ⅱ期は北館、南館ともに布掘りの柵で囲まれた空間の東側中央に八脚門が取り付く構造が示されている。両者とも同一軸のN－1度30分－Eの正方位を成し、規模も東西74メートル、南北56メートルのシンメトリーとなっている。柵の南西外に北館では二基、南館では三基の深い土坑によるトイレ遺構が付帯している。時期に係わる所見は、北館地区では古墳の石室と周溝が発見され、周溝からⅣ型式の須恵器坏がまとまって出土している。北館地区は古墳石室床面レベル付近まで削平したうえ南の谷側に石垣を築いて平坦面を形成し、Ⅰ期掘立柱建物を建造している。Ⅰ期石垣の裏込め土からⅤ型式の須恵器坏蓋が、Ⅱ期の柵ＳＡ１１０４掘り方からⅥ型式の須恵器坏が出土している。Ⅱ期遺構については建物関連の遺物の詳細は不明だがトイレ遺構などからの出土遺物があり、存続の時期は八世紀前半から八世紀末とされる。

H初期瓦生産と供給先

筑紫における初期の瓦はⅣ型式古相の須恵器窯である神ノ前2号窯を嚆矢例とする。その後、Ⅳ型式新相の月ノ浦窯をはじめとしてハセムシ窯、小田浦、大浦窯などの牛頸窯跡群内で瓦陶兼業の形で広がる。その消費地はほぼ那珂遺跡の大型掘立柱建物がある数箇所に限られる。しかし、その量は二次的な拡散があったにしても一宇全てを賄う量では出土していない。牛頸窯跡群における瓦は古相の神ノ前窯段階では完全に土器の手法で瓦風に製作したもので、月ノ浦1号窯などの新相段階では、平瓦に桶板痕跡があり玉縁が付けられるなど、桶巻き技法などの専業瓦生産の技法が一部に導入されたことが伺える。しかし、平瓦の桶板痕跡の上に青海波模様の充て具痕跡が覆うなど、基本的には土器作りの範疇で製作されたことが看取され、個々の大きさも統一感を欠く印象のものである。

春日市惣利西遺跡はⅣ型式新相段階にあたる須恵器生産に係わった住居跡が丘陵斜面でまとまって見つかっている。その中の2号住居跡からⅣ型式にⅤ型式が伴う一定量の須恵器と共に玉縁を持つ平瓦が出土し、この瓦には「西北方角一」なるヘラ書きが記されている。一方で、上岩田遺跡で出土したⅥ型式の須恵器を主体とする土器と共伴する単弁系瓦群は、飛鳥地域で成立した造瓦体制が導入されたと思われる高規格の製品群であり、建物に葺かれた瓦が地震倒壊の後に井上廃寺に持ち出されたとはいえ、基壇建物一宇を葺く量の瓦はあったと想定され、垂木先瓦などの道具瓦も備えている。つまり牛頸窯跡群での瓦生産段階では、那珂遺跡の特定の堂宇の、葺く特定の箇所まで指定して、既存の須恵器の窯場で間に合わせに生産された土器瓦とも呼べるようなもので、後出の上岩田遺跡の瓦は造寺体制が整ったシステムの中で調達されたものと理解される。

共伴する須恵器の型式から神ノ前2号窯は水城築造期に先行し、月ノ浦1号窯等は並行する時期であり、上岩田遺跡の瓦は大宰府政庁Ⅰ期新段階に先行する。那珂遺跡の瓦所用建物が寺院であったか知る由も無いが、いずれにしてもこれらの段階では大宰府羅城内においては大寺と呼べる寺院は成立していない。

3　西海道での官衙・寺・山城の成立と展開

A大宰府関連遺構群出現の諸段階

遺跡群ごとに概観してきたが、紙面に余裕がないため、以下に出土遺物による時間軸に従った関連遺構群の出現の諸段階（フェイズ）の所見を示す（第1・2表参照）。

〔フェイズ1〕須恵器ⅢA型式が使用された段階で、最も早い正方位建物群である大宰府政庁Ⅰ期古相の遺構群が成立。調査環境に制約があり全体像は不明。牛頸窯跡群が創業。

〔フェイズ2〕やや遅れて須恵器ⅢA～ⅢB型式使用期に那珂遺跡や比恵遺跡で三本柱柵に囲まれた倉庫群が成立する。有田小田部遺跡、古賀市

第１表　土器のセリエーションとフェイズ

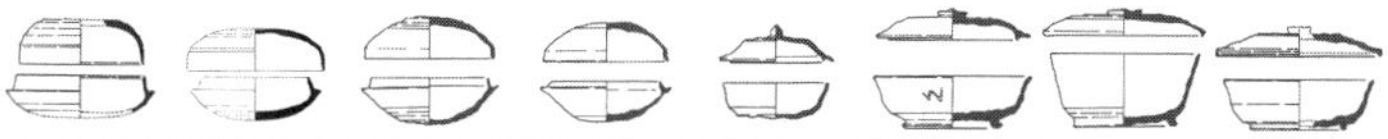

典型資料／須恵器坏形式	九州編年	IIIA	IIIB	IVA	IVB	V	VI	VII 古	VII 新	備考
	大宰府土器編年						I	II	III	
	奈文研分類			H	H	G	B	B	B	
政庁Ⅰ期古段階		○	＋							
野添６号窯跡		○	＋							
野添９号窯跡		＋	○	＋						
神ノ前２号窯跡			＋	○	＋					初期瓦
月ノ浦１号窯跡／惣利西２号住居				○	○	○				初期瓦
小田浦窯跡群 79 地点（1,2 号窯）					＋	＋	○			
牛頸ハセムシ 12 地点９号窯							＋	○		
政庁前面域 SD2340 中下層								＋	○	

※編年上 IVB, V 型式は前後どちらかの型式と共存

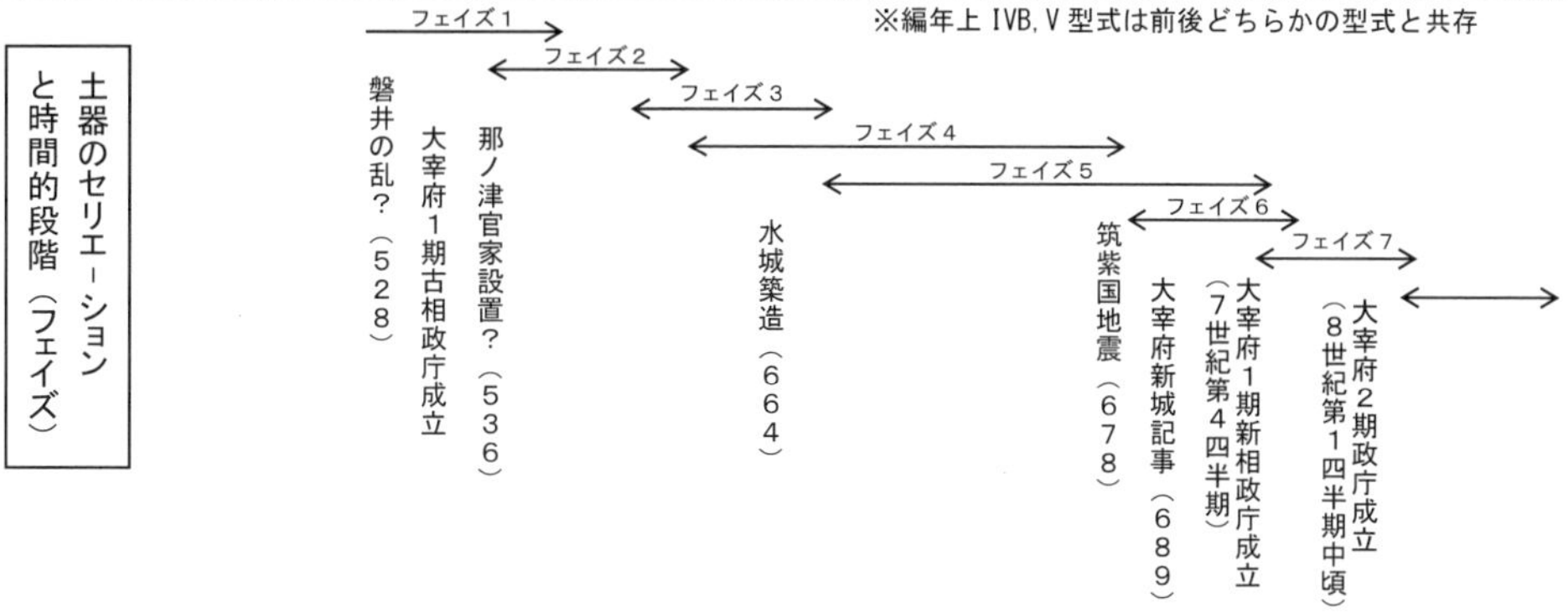

鹿部田淵遺跡、筑前町惣利遺跡の掘立柱建物群もこの段階。柱筋を揃えるような建物間での基準軸は無く、正方位より地勢にあわせた施工状況。

〔フェイズ3〕須恵器Ⅳ型式使用期で、比恵7、13次の正方位矩形長舎組合せ式の中枢的官衙が成立。比恵8次では三本柱柵に囲まれた倉庫群は継続。牛頸窯跡群の神ノ前2号窯で土器瓦が小規模に生産され仏殿等の堂舎建設が企画される。政庁蔵司地区で整地地業。

〔フェイズ4〕須恵器Ⅳ＋Ⅴ型式使用期で、大宰府羅城（水城、大野城他）、鞠智城等が成立。那珂遺跡23、114次と37次Ｂ区、52次南区、115次２Ｃ区で神ノ前、月ノ浦タイプの初期瓦を用いた施設を含む正方位建物群も成立。大宰府は政庁前面域、蔵司地区、観世音寺前面等で整地地業が行われる。

〔フェイズ5〕須恵器Ⅳ＋Ⅴ＋Ⅵ型式使用期で、小郡遺跡で長舎囲繞型の官衙（非正方位）、上岩田遺跡で単弁瓦葺きの仏殿を伴う正方位官衙が成立。水城西門ルートで非直線のプレ官道施工。小郡遺跡には直線の導入路が敷設。比恵・那珂遺跡は退潮傾向。政庁前面域、条坊域等広域に整地。筑紫大地震（六七九年）はこの段階か。

〔フェイズ6〕須恵器Ⅵ＋Ⅶ型式古段階使用期で、大宰府政庁はⅠ期新相の整地と正方位建物群が成立。連動して鴻臚館Ⅰ期もこの頃成立か。都市域としての大宰府条坊が成立。山城城門、倉庫の礎石化はこの段階か。

〔フェイズ7〕須恵器Ⅶ型式古段階使用期で、大宰府で朝堂院形式のⅡ期政庁が成立。直線的古代官道が施工され本格的な駅路網が整備。鴻臚館Ⅱ期もこの頃成立か。小郡遺跡は長舎囲繞形の中枢建物がなくなり、正方位Ⅲ期官衙に移行。上岩田遺跡は大規模掘立柱建物群がなくなりⅠ期官衙が終焉。

B遺跡の性格ごとの推移

・フェイズ1の大宰府Ⅰ期古相例は筑紫において最も古い正方位の柵を伴う建物群。倉や中枢施設などは不明だが、同時期に類例なし。大宰府跡の後背地においては古墳の形成がなかったことは初期官衙の存在に関連か。牛頸窯跡群はこの段階で操業を始める(野添6号窯)。

・ただし、有田小田部第107・181次の一本柵と総柱式掘立柱建物は方位や出土遺物から、フェーズ1に先行する可能性がある。

・倉庫群はフェイズ2~3の段階は博多湾岸の比恵、那珂、有田小田部に集約。羅城成立のフェイズ4後に朝鮮式山城内へ移行。

・朝鮮式山城は後の筑前、肥前、肥後の領域に各一城がフェイズ4(国制度成立以前)で成立し、フェイズ7以降も倉の機能が長く保持される。炭化米が出土し穀倉が主体とみられ、地域支配にとって長期に一定の機能を果たす。

・正方位の官衙中枢建物はフェイズ3で最も海際の比恵で成立。比恵、那珂遺跡の倉庫と官衙中枢建物+瓦所用建物(仏殿?)が並存する形は、大宰府羅城が成立したフェイズ4まで継続。

・フェイズ5で博多湾岸の比恵・那珂遺跡の勢いは退潮。長舎囲繞型の官衙である小郡遺跡と単弁瓦葺きの仏殿を伴う正方位官衙である上岩田遺跡が、並立するように羅城外の宝満川両岸で成立。比恵、那珂遺跡の機能が移転したものか。後の羅城中枢の大宰府政庁域及び観世音寺は未だ未整備。小郡Ⅱ期官衙は外交に係わる客館的機能、仏殿を持つ上岩田ⅠA段階の官衙は外交に係わる饗宴施設の機能が付与された可能性あり。筑紫地震後も機能を維持するため上岩田遺跡の建物の一部は復興(ⅠB期官衙)。寺院機能は井上廃寺に移し維持。両遺跡周辺に竪穴住居主体の集住空間あり。遺跡の成立と維持はヤマト勢力と在地勢力との結託によるものか。フェイズ5では都市大宰府は未成立で、集住空間は未発見。

・フェイズ7で朝堂院形式の大宰府Ⅱ期政庁が成立。平城京遷都に連動か。

・フェイズ4で成立した大宰府羅城は南側も外郭施設を完備。連動して上津土塁や鞠智城もこの期に存在。羅城のフロントは博多湾岸とともに有明海側が意識される構造を採る。次期フェイズ5で外交機能が想定される小郡、上岩田遺跡が大宰府の南側の有明海に通じる宝満川両岸に並立したことはそれを示唆(第2図)。

・フェイズ4以前に有明海沿岸部が在地勢力による外交のフロントであったことは、古墳の様相からも指摘があるところで、外交権を掌握しようとしたヤマト政権による鞠智城築造背景に大きく影響したと考えられる[白石 二〇〇四、桃崎 二〇一〇]。

・久留米市の高良山城が筑紫大地震の影響を残すのであれば神籠石系山城はフェイズ4から5までに出現か[松村 一九九四]。大宰府羅城と連動し、環有明海の拠点施設としておつぼ山、帯隈山、高良山が定距離に配置され、阿志岐、女山、杷木などが交通路掌握のため配置されたとみられる。上津土塁は全長約450㍍、幅20~40㍍、高さ約50㍍で南側に幅18㍍の堀を有し、肥後地域と大宰府を繋ぐ主要路の遮断城として高良山南西裾を塞ぐ。筑紫大地震で一部崩壊し、その後に補修される。

・上津土塁と筑後川の間にある筑後国府前身官衙とされる施設はフェイズ6で成立し、7で廃絶か。遮断城と渡河地の中間にある要衝で、もう一段階古い時期の遺構がある可能性あり[久留米市教委 一九八九]。

・大宰府羅城のうち前畑遺跡と阿志岐山城は宝満川の両岸にあって、有

第２表　遺跡出土遺物表

	須恵器小田型式			IIIA	IIIB	IV	V	VI	VII古	備考
	奈文研坏分類					H	G	B	B	
羅城	水城跡	5次	SX050,051			○	○			
	上大利小水城跡	2次	積土			○				
	池田遺跡土塁		補修土						○	地震痕跡
	大土居水城跡	2次	積土下溝				○			
	前畑遺跡土塁	13次	第一層群		＋	＋				
			土塁表土						○	
山城	大野城跡	45次	明灰色砂層			＋	＋			
			1トレンチ黄褐色砂層					○		
			白黄砂層			○				
		尾花地区土塁	表土			○				
		太宰府口城門	I期城門上面					○		
		小石垣	表土			○	○			
	鞠智城跡	90-3区	5号建物跡			○				
		90-IV区	16号建物柱掘方			○				
		90-IV区	11号建物柱掘方				○			
		20次	貯水池跡			○		○		
官衙・都市	大宰府政庁跡	180次	SB122	○						
		180次	SA111	○						
		180次	I期古段階整地層	○						
		180次	I期新段階整地層		＋			○	＋	
		180次	SB120			＋			○	
		180次	SB121						○	
		180次	SB123					○	○	
	蔵司地区	65-1次	整地層		○	＋				
		54,60次	整地層					○	＋	II期築地ベース
	大宰府政庁前面域	17次	SK388					○		
		86次	SX2319			○				
		81次	SX2320			＋	＋	○		
		136-2次	SX4642			○				
		98次	SX2480				＋	○		
		83,84次	SX2344			○		○		
		84次	SX2416				＋	＋	○	
	観世音寺地区	61次	SK1521			○	＋	○		
		70次補	SD1850					○	○	
		121次	SD3619			＋		○		
		130次	SX3841			○		＋		
		121次	SE3680						○	
	大宰府条坊跡	50次	SX500	＋					○	
		98次	SX005				＋	○		飛鳥IV坏
		157次	SD205					○	○	
		236次	SD015					○		
		255次	SD035					○	＋	
	原口遺跡	2次	SD050				○	○		プレ官道側溝
	前田遺跡	1次	SD100				＋	＋	○	官道西側溝
	比恵遺跡	7次	SD05			○				長舎関連溝
		6次	SD04			○				長舎関連溝
		8次	SB086,SB090		○	○				並倉
		8次	SK061					○		後出の土坑
		39次	SB016		○					三本柱柵内掘立
	那珂遺跡	23次	SB67,90		＋	○				掘立柱建物
		23次	SD89			○瓦				下層
		23次	SD89			○		○		中層
		23次	SD89						○	上層
		117次	SB01			○瓦				
		115次	SB01			○瓦				
	小郡遺跡	2次	SD849				○			II期官衙溝
		2次	SB844					＋	＋	II期官衙
	小郡前伏遺跡	1次	溝1,2					○		II期官衙道路側溝
	上岩田遺跡		0期住居群			＋	＋	＋		
			Ia期掘立柱建物			＋	＋瓦			
			Ib期掘立柱建物			＋		＋		
			II期SD150						○	Ib期廃絶後の溝
			C25					○		地震時期直前？
	筑紫鴻臚館跡	20次	SD14530			○				北館地区古墳周溝
		20次	SX1240		＋	○	＋			I期石垣の裏込め
		19次	SA1104					○		II期外郭柵
		6次	SK-57						○	II期トイレ

※地震は天武7(679)年の筑紫地震と想定

明海側から宝満川伝いに大宰府に連なる平野を閉塞する位置にある。両遺跡間は宝満川が外郭の機能を果たすため、かつての阿部羅城説のように七箇所の小水城が消失した、という想定の必要はない（第1図）。

・羅城ラインはフェイズ4で成立しており、都市域の形成は遅れてフェイズ6で成立。フェイズ4の段階で「郭」＝羅城ラインと「城」＝政庁を含む条坊域という二重性を意識していたかは不明。しかし、核と思われる施設が政庁I期古相以来継続してフェイズ4段階まであったとすれば、羅城成立時に中枢と外郭の形はあったこととなる。『旧唐書』（九四五年成立）においては「羅城」の用語は中国唐代の地方諸都市や外国の都市についての用例があるが、遺跡としての実態は不明である。『日本書紀』天武八年(六七九)十一月条には「初置關於龍田山大坂山、仍難波築羅城。」とあり、七世紀の倭においては「羅城」という名の固関施設とセットとなる計画都市の領域を画す外郭施設の概念はあったと見られる。

• フェイズ6でようやく大宰府にシンメトリーを意識した中枢建物を持つプレ政庁(I期新相)と大宰府条坊が成立。藤原京成立に連動か。客館である鴻臚館I期もこの頃成立か。プランは小郡II期官衙のような長舎囲繞型施設として整備。

• 長舎囲繞型の中枢官衙建物と瓦所用の建物のセットは飛鳥での石神遺跡A2期官衙と飛鳥寺の関係に相似か。外交装置としての安置供給施設と饗応施設とのセットの可能性あり。筑紫においてはフェイズ3において博多湾岸の比恵遺跡で萌芽の様相が見られ、フェイズ4では那珂遺跡に主体が遷る。フェイズ5で有明海側の小郡、上岩田遺跡に遷移し、賓礼が確立された平城京期であるフェイズ7で鴻臚館(筑紫館)と大宰府II期政庁がそれを担う形にたどり着く。

• 羅城ラインは前畑遺跡、阿志岐山城など土塁被覆土からの出土遺物からフェイズ6までは維持されていた可能性があり、大野城や鞠智城はフェイズ7以降も機能した。羅城ライン直近の内外には、官道ルートに沿った門や渡河地点付近で太宰府市原口遺跡、筑紫野市岡田遺跡、小郡市西島遺跡のような交通を管理する固関施設がフェイズ6、7段階で成立した。このことから羅城の領域はフェイズ4から7までは機能していたと考えられる(第1図)。

• 羅城域北の最高所である宝満山(829メートル)は、博多湾と有明海双方に注ぐ川の源としての水配りの山で、フェイズ6で山中での祭祀が開始。フェイズ7以降は「蕃」銘墨書土器や皇朝銭等の出土から、沖ノ島に代わって大宰府の国境における対外交渉に係る山岳祭祀の場となったことが知られる。羅城域全体と玄界灘、有明海までの眺望を有す。

• フェイズ6で帯金具などを伴う官人火葬墓と思われる墳墓が、太宰府西丘陵上の篠振遺跡で形成される。フェイズ7以降は同丘陵南側の宮ノ本遺跡に継承される。官人層の居留から在地化のメルクマールとなる現象と捉えられる。

4　都城としての大宰府

縷々整理してきたように、フェイズ1での大宰府政庁第I期古相の整地と建物群の成立が、その後の当該地域相を決めた核になったことを主張しておきたい。遺跡としての内陸の中枢と臨海のフロントの関係は、大宰府跡から見た北の玄界灘側と南の有明海側の双方で成立していた。御笠川は宝満山西麓に発して大宰府を経由し比恵、那珂遺跡経由で北の博多湾に至る。宝満川は宝満山東麓に発して小郡、上岩田遺跡を通過し河口の筑後川に合流し有明海に至る。大宰府のある二日市地狭帯は福岡平野と筑後平野との接点である分水嶺にあり、地政学的な点では時代を経ても変わることのない要所たる優位性を持っていた。フェイズ4で成立した大宰府羅城はこの地狭帯と水源地である宝満山を丸々囲い込むものであり、要所たる箇所の優位性を外護するものであったと評価できる。羅城の外側に置かれた官衙と瓦建物(仏殿か)はそれ単独で機能していたのではなく、後の鴻臚館と大宰府の関係を遡上して考えれば、要所たる箇所のフロントにあって外交に深く係わった施設と見られる。検討してきたこれら遺跡群は「大宰府システム」ともいうべき有機的な関係性をもった遺跡群として括ることができる。

大宰府羅城は倭(日本)で最も早く企画された外郭を伴う都城であった。その諸施設の出現は同時的かつ斉一的であり、外周約50キロに及ぶ壮大な規模であった。築造技法には日本的要素が看取されるが、設計思想は韓半島から移入されたものであり、このことは韓半島での国家間レベルでの騒乱に直接さらされた結果によるものと評価できる。大宰府条坊の成立は新益(藤原)京の成立、朝堂院型式の第II期大宰府政庁や直線官道の出現は平城京成立が背景にあったと考えられる。牛頸窯跡群のように同位置で長く機能した施設もあれば、各フェイズで成立した施設が後代に引き継がれず消失したもの、小郡遺跡や上岩田遺跡のように性格を変えてその後に残ったものもある。比恵、那珂遺跡のフロント機能はさらに海浜寄りの鴻臚館(筑紫館)跡と博多遺跡群に移るものと思われる。

「大宰府」は大宝律令の成立をもって国家機構として明確となるが、では果たして機能としての「大宰府」はいつ成立したといえるのであろう。どの考古学的要素・所見をもって評価するのかで「大宰府」の概念規定は変わるのであるが、機能を伴った都市としての「大宰府」は、後代に続く政庁(I期新相)、条坊、山城を含む羅城、広域路、外交施設、山岳祭祀、官人墓が揃うフェイズ6段階で成立したと見做せるのではないだろうか。平城京が成立するフェイズ7において直線的な景観を伴った様式的な完成形(II期政庁と朱雀大路を通した条坊を備えた計画都市)となった感がある。大宰府における中枢官衙や羅城、条坊の成立は、東アジア的な都市形成の潮流を背景とすることと、倭における国家形成の機が重なり、東アジア世界との境界域で発生した現象と捉えられるのではないか。

ヤマト政権が律令国家形成の胎動期に拠を置いた箇所が畿内で流転したのとは異なり、北部九州における大宰府を取り巻く遺跡群は同じ地域で積層した。それゆえに大宰府の成立については個別の遺跡理解に歴史事象の当て嵌めを先行させず、さらなる相応の考古事象の抽出と広域的な視点を持った分析、芯となる時間軸の構築が必要である。

〔謝辞〕本稿は一九八二年より九州大学筑紫キャンパスの調査事務所にお世話になり、さらに一九八七年に太宰府市に奉職して以来、現場で出くわした古代の遺跡そのもの、その調査研究に従事された諸先生、諸兄からいただいたご教示に対する感謝の意を込めた拙い小稿である。改めて記してすべての方に感謝申し上げたい。

参考論文

赤司善彦　二〇一七年「大宰府と古代山城の誕生」『徹底追究！大宰府と古代山城の誕生』九州国立博物館・熊本県教育委員会

阿部義平　一九九一年「日本列島における都城形成―大宰府羅城の復元を中心に―」『国立歴史民俗博物館研究報告』36号

石木秀啓　二〇一二年「筑紫の須恵器生産と牛頸窯跡群」『古文化談叢』67集　古文化研究会

井上信正　一九九七年「大宰府条坊の区割について」『条里制研究』第13号

井上信正　二〇〇一年「大宰府の街区割りと街区の成立についての予察」『条里制・古代都市研究』通巻17号

井上信正　二〇一四年「大宰府条坊研究の現状」『大宰府条坊跡44』太宰府市教委

小鹿野亮・海出淳平・柳智子　二〇一七年「筑紫野市前畑遺跡の土塁構造について」『第9回西海道古代官衙研究会資料集』西海道古代官衙研究会

小田富士雄　一九六四年「九州の須恵器序説」『九州考古学』22号

小田富士雄　一九九六年「九州地方の古墳時代の土器」『日本土器辞典』

鏡山　猛　一九五六年『北九州の古代遺跡』至文堂

片岡宏二　二〇〇九年「福岡県小郡遺跡・下高橋遺跡」『日本古代の郡衙遺跡』雄山閣

酒井芳司　二〇一七年「大野城跡出土柱根刻書再考」『九州歴史資料館研究論集』42集　九州歴史資料館

狭川真一　一九九三年「大宰府成立期の遺構と遺物」『古文化談叢』30集中　古文化研究会

白木　守　二〇〇六年「水縄断層系の活動に伴う地震痕跡」『古代学研究』第175号

白石太一郎　二〇〇四年「もう一つの倭・韓交易ルート」『国立歴史民俗博物館研究報告』第110集

菅波正人　一九九六年「那津の口の大型建物群について」『博多研究会誌』第4号　博多研究会

菅波正人　二〇一七年「筑紫館(筑紫鴻臚館)の成立」『図録　発見100年記念特別展よみがえれ！

鴻臚館』福岡市博物館
杉原敏之　二〇一一年『遠の朝廷　大宰府』新泉社
杉原敏之　二〇一七年「大宰府造営の年代論」『徹底追究！大宰府と古代山城の誕生』九州国立博物館・熊本県教育委員会
竹内榮喜　一九二八年「大宰府を中心とする築城施設の考察」『歴史地理』第51巻第5號
長　直信　二〇〇九年「九州島における七世紀の須恵器」『第12回九州前方後円墳研究会』九州前方後円墳研究会
長　直信　二〇一四年「九州における長舎の出現と展開」『奈良文化財研究所研究報告』第14冊　奈良文化財研究所
長　直信　二〇一七年「西海道の土器編年研究―七世紀における土器編年の現状と課題―」『徹底追究！大宰府と古代山城の誕生』九州国立博物館・熊本県教育委員会
中島恒次郎　一九九七年「七世紀の食器―九州消費地―」『古代の土器研究律令的土器様式の東西―七世紀の土器―』古代の土器研究会
松村一良　一九九四年「高良山神籠石」『久留米市史』第12巻　久留米市
桃﨑祐輔　二〇一〇年「九州の屯倉研究入門」『還暦、還暦?、還暦!』武末純一先生還暦記念事業会
桃﨑祐輔　二〇一二年「ミヤケと北部九州の遺跡」『6世紀の九州島 ミヤケと渡来人』嘉麻市教委
山村信榮　一九九四年「大宰府成立論 政庁第Ⅱ期における大宰府の成立」『牟田裕二君追悼論集』
山村信榮　一九九五年「八世紀初頭の諸問題」『大宰府陶磁器研究』森田勉氏遺稿集・追悼集刊行会
山村信榮　一九九八年「七世紀後半の諸問題」『古文化談叢』41集　古文化研究会
山村信榮　一九九九年「筑紫における七世紀土器編年と実年代の諸問題」『飛鳥・白鳳の瓦と土器―年代論―』古代の土器研究会
山村信榮　二〇〇七年「大宰府における八・九世紀の変容」『国立歴史民俗博物館研究報告』134集　国立歴史民俗博物館
山村信榮　二〇一七年「大宰府の羅城と通行施設としての古代土塁について」『第9回西海道古代官衙研究会資料集』西海道古代官衙研究会
米倉秀紀　一九九三年「那津官家?博多湾岸における三本柱柵と大型総柱建物群」『福岡市博物館研究紀要』第3号　福岡市博物館

発掘報告書

大野城市教委　牛頸小田浦窯跡群(39地点)[一九九三]・月ノ浦窯跡[一九八六]・牛頸窯跡群総合報告書[二〇〇八]・上大利小水城跡[二〇一六]
小郡市教委　小郡遺跡[一九八〇]・西島遺跡5[一九九七]・上岩田遺跡Ⅵ古代総集編[二〇一四]・小郡伏前遺跡4[二〇一六]
春日市教委　春日地区遺跡群Ⅲ(惣利西遺跡)[一九八五]・大土居水城跡[二〇〇〇]
九州歴史資料館　大宰府史跡 平成11年度発掘調査概報(政庁正殿第180次)[二〇〇〇]・大宰府政庁跡[二〇〇二]・大宰府政庁周辺官衙跡Ⅰ(政庁前面広場地区)[二〇一〇]・大宰府政庁周辺官衙跡Ⅱ(日吉地区)[二〇一〇]・水城跡上・下[二〇〇九]
熊本県教委　鞠智城跡[一九九一]・鞠智城跡[二〇〇九]ほか
久留米市　上津土塁跡[一九八六]・筑後国府跡(87次)『久留米市史』第二〇巻資料編考古[一九九四]
久留米市教委　筑後国府跡・国分寺跡[一九八九]
太宰府市教委　神ノ前窯跡[一九七九]・篠振遺跡(古代官人火葬墓)[一九八七]・大宰府・佐野地区遺跡群XI(前田1次)[二〇〇一]・宝満山総合報告書[二〇〇一]・大宰府条坊跡36(条236次)[二〇〇八]・大宰府条坊跡21(条157次)[二〇一三]・大野城跡1[二〇一五]
福岡県　特別史跡大野城跡整備事業[二〇〇六]・特別史跡大野城跡整備事業Ⅴ下巻[二〇一〇]
福岡市教委　比恵遺跡 第8次調査概要[一九八五]・第6次調査遺物編[一九八六]・九州横断自動車道路埋蔵文化財調査報告書(小郡伏前遺跡)[一九八八]・那珂遺跡4(23次)[一九九二]・比恵遺跡群12(39次)[一九九三]・比恵29(72次)[二〇〇一]・鴻臚館跡14[二〇〇四]・那珂50(115次)[二〇〇八]・那珂53(117次)[二〇〇九]・那珂56(14次)[二〇一一]・有田・小田部遺跡31(107・181次)
忠南大学校百済研究所　扶餘郡百済泗沘羅城[二〇〇〇]
㈶忠清文化研究所　扶余石木里羅城遺跡[二〇〇九]

古代大宰府における対外的機能の画期とその財政的位置づけ

——文献史料からみた大宰府の時期的変遷検討の前提として——

重松　敏彦

はじめに～発掘調査の衝撃～

福岡県教育委員会による大宰府史跡の発掘調査が始まったのは、昭和四十三年（一九六八）十月十九日のことである。これに先立って同四十一年、文化財保護委員会（現文化庁）は、福岡県教育委員会からの大宰府史跡の指定拡張申請を承けて大宰府史跡の大幅な追加指定計画を発表した。それは、大宰府政庁跡およびその後背地を中心に、116㌶におよぶ広大な地域を指定域とするものであり、旧来の12㌶に比してほぼ一〇倍となる広域指定であった。これに対して当時の太宰府町議会は、反対を決議する。これ以降、太宰府は開発か、あるいは史跡の保存かをめぐって揺れ動いていくことになるのである。このことは史跡の所在する地域住民の生活をも含めて、史跡のありかたを根本的に問うものとして太宰府を全国的に注目させることとなった。ここでの激しい議論の中で、史跡は少しずつではあるが保存の方向へと傾いていった。最終的には、昭和四十五年九月二十一日、特別史跡「大宰府跡」の追加指定、および「大宰府学校院跡」「観世音寺境内及び子院跡」の新たな史跡指定が告示された。指定拡張計画発表から実に四年後のことである[1]。

こうしてみると、発掘調査が開始された昭和四十三年という時期は、まさにこの大宰府史跡をめぐっての開発か保存かの議論の渦中にあったということができる。それゆえに、この調査は次のような使命を負うことになった。すなわち、史跡の保存のために遺構の状況を具体的に示し、その価値を明示すること、および今後遺跡を保存、整備、活用するための基礎資料をえることであった。

実質的な発掘調査は十一月より開始された。最初の調査（第1次調査）は、大宰府政庁南門跡・中門跡から始まったが、これにはふたつのねらいがあった。ひとつは遺構の残存状況を把握することであり、いまひとつは今後の調査の基準とするために南門跡・中門跡と正殿跡の遺構を通して、その中軸線を確認することであった。のちに詳しくふれるように、その成果はそれまでの通説を覆す衝撃的なものであり、それをもとに大宰府政庁の時期的変遷が次のように示されたのである。

第Ⅰ期　七世紀後半（天智朝）～八世紀初頭
第Ⅱ期　八世紀初頭～十世紀前半（天慶四年〈九四一〉）
第Ⅲ期　十世紀後半～十二世紀前半[2]

これがあまりに大きなインパクトであったために、わたくしも含めて、古代大宰府の時期的な変遷を示す場合、この大宰府政庁の時期区分を基本としてきたところがある。しかし、翻って考えてみると、これはあくまでも発掘調査によって明らかになった、遺構などによる時期的変遷であることに注意すべきであろう。わたくしは以前、田島公氏の大宰府鴻臚館の終焉時期に注目しつつ、文献史料によってその時期的変遷を追った論考[3]に触発されて、同じく大宰府鴻臚館について検討したが[4]、古代大宰府についても、そうした検討が必要であろうと考えている。本稿では、その前提のひとつとして、大宰府における対外的機能の画期とその財政的位置づけについて、ほぼ平安前期までを視野に入れて考察することとしたい。

1　これまでの研究の概観

まず、これまでの大宰府の時期的変遷に関する研究を整理しておきたい。ただ、これを詳細にあとづける余裕はないから、概略を示すにとどまる。

さて、発掘調査開始以前の大宰府政庁の変遷に関する通説は、以下のように整理できると思われる。

(1) 大宰府政庁(都府楼)は天智朝に築かれ、天慶四年(九四一)、藤原純友の乱による焼き討ちにあうまで存続した。

(2) 純友の焼き討ちによって焼失した政庁の建物は、その後再建されることなく、そのまま廃絶した。

(3)したがって、現在、地表に遺る礎石は、天智朝創建期のものである。

こうした考え方はいったい何によるのであろうか。まず(1)天智朝創建説については、すでに貝原益軒や青柳種信が説いている[5]。これは、『日本書紀』にみえる「筑紫大宰府」の初見(天智十年〈六七一〉十一月辛卯条)からの推測とみられる。また、(2)純友の乱後の非再建説については、種信の『筑前国続風土記拾遺』[6]では、『扶桑略記』にみえる純友による焼き討ちの記事を引用した後に、「是より連綿して鎌倉の比に至れり。(中略)蓋鳥羽崇徳の御世となりて天下無事にして海外事なかりしかは、帥の人も京に在て太宰には下向なく府務は大弐より掌れり。其後ハ大弐も京にありて少弐をして九国を治めしめらる。かく政道の陵夷せしかは此程にさばかり広大に造構へし楼閣官庁已下舎屋も修造することもなく漸におとろへ行て終に源平の乱に及へり。(割注略)しかれとも源平の比までも猶官舎ハありしにや。寿永に安徳天皇比所に鳳駕をとどめ給へり。」としており、純友による焼き討ちの後、政庁の「楼閣官庁已下舎屋」は修造されることはなかったと考えている。さらに大宰府跡発掘調査開始の直前に著された長沼賢海氏の『邪馬台と大宰府』[7]には

然るに都府楼の遺構として遺つてゐる礎石は正庁前の左右の脇堂の礎石とともに、多く動いても、埋められてもいない。天平築造当時のままである。といふことは焼亡の後再建も補修もされなかったことの証明ともなるのである。天慶の乱後再建の為め、九州諸国に其の修築料を徴収せられた形迹もないのである[8]。

とある。氏は遺された礎石の観察から、純友の乱後の再建を否定しており、また「天平築造のままである」とされるが、これが「天智築造」の誤りであれば[9]、長沼氏の見解は先の通説をほぼ代弁するものといえる。

しかし、発掘調査の成果はこうした考え方を大きく覆すものであった。先の通説とされるものと関連させつつまとめてみると、次のようになる。

(1) 現存する礎石の下層からさらに2期の遺構を検出、あわせて3期の遺構の存在を確認した。これを下層から順に第Ⅰ期・第Ⅱ期・第Ⅲ期と呼ぶ。最も古い第Ⅰ期は、天智朝まで遡るものと推定される。

(2) 3期の遺構のうち、第Ⅲ期の建物は、純友の焼き討ち後に再建され

たものと推定された。つまり、政庁は純友による焼き討ちによって廃絶したのではないことが判明した。

(3) したがって、現存する礎石は第Ⅲ期に属するものであり、天智朝創建期のものではないことが判明した。

一見して了解されるように、これらは先の通説とは大きく異なるものであった。これも大宰府跡発掘調査開始直前にまとめられたものであるが、鏡山猛氏の『大宰府都城の研究』(10)は、大宰府政庁について次のように述べている。

都府楼の遺跡から発見される古瓦は天智朝以後平安鎌倉時代まで降ったものがある。藤原純友の兵乱に焼亡したことも記録されてはいるが、建直しはあったであろう。由来この府の建物についての記事は正史にも、ほとんど現れていない。遺跡ではそれにかかわらず礎石が厳然と残り、他に例をみない完全な姿で保存されている。この礎石群はたとえ何回かの改築があったとしても府庁草創当時の位置を動いていない。此処では正面の正殿、背後の後庁、前面の左右殿堂、中門南門と相連って一郭一院の建築群を示している。

氏は大宰府政庁の終焉については語っていないが、その始まりは天智朝とみているようであり、また純友の乱後の建替を含め、幾度かの改築の可能性を想定している。発掘調査の結果は、この想定を裏づけるものであった、といえよう。

また発掘調査の成果による大宰府の時期的変遷が示される一方で、これまでにも、おもに文献史料に拠りつつ、その点に言及した研究がある。ここではそれらのいくつかを取り上げておきたい。

まず、北條秀樹氏の研究である。氏は、西海道の四度公文に対する勘会過程、なかでも中央政府に対する管内諸国の公文弁申を大宰府が行うか、あるいは管内諸国が自ら行うか、という点に注目して、(1)令制初期〜弘仁期、(2)天長期〜貞観期、(3)元慶期〜、という三時期の変遷を示した(11)。

そのうえで、九世紀後半における国司受領化という観点からみると、九世紀末における四度公文完済は解由、具体的には不与解由状を得るために行われたのであり、それは国司功過評定の際の最も重要な要素であり、大宰管内諸国が四度公文の弁申を、直接中央に対して行うようになったのも、それが国司功過に直結したからであるとし、

かくして府の勘会はその実質においても、また四度公文勘会そのものの持つ目的の変化からしても、もはや有名無実のものと化してきた。昌泰元年府は解を出し、弘仁五年に奏請した算師一人の上京をやめ二寮の属に算師を兼任させ、管内四度公文の勘済を委ねることを申請したのも、以上述べ来たった経緯からしていわば当然の結果と言えるであろう。

とされた。また、佐々木恵介氏の論考も、そうした研究のひとつとしてあげることができるだろう(12)。氏は、物件費・人件費を含めた大宰府財政のあり方に注目して、八世紀〜十一世紀の中央政府・大宰府・管内諸国の関係の変化をあとづけて、次のような大宰府の時期的変遷を描いている。

(1) 八世紀〜九世紀前半　中央政府が西海道諸国に対して直接的な統制・監督を行っており、大宰府の管内支配はそれに強く規制されていた時期

(2) 九世紀中葉〜十世紀前半　中央が大宰府に管内諸国の政を委任するという体制への移行期

(3) 十世紀末〜十一世紀初頭　大宰府の管内に対する直接的支配の展開

が表面化する時期

そして、なかでも⑵の時期が一画期として重視されるべきとしつつ、

本稿でみた⑵の時期の変化はあくまで制度的なものであって、大宰府機構及び管内支配総体の変質は、十世紀から十一世紀にかけて徐々に進行していったと考えられる。

とまとめられている。

最後に、倉住靖彦氏の『古代の大宰府』[13]をあげておきたい。これは、古代大宰府に関するほぼ平安時代初期までの通史的叙述である。氏は、この著書のなかで、最後に「大宰府の変質」という一章を設けて、八世紀後半代以降のいわゆる奈良時代から平安時代初頭にかけての時期を大宰府の歴史における転換期、ないしは変質期として位置づけ、その間における二、三の問題を取り上げて考察を試みてきた。と述べ、その変質の指標のひとつとして帥をめぐる問題を検討している。すなわち、それは帥に親王が任じられるという事態であり、倉住氏は「かかる長官職の変質は大宰府自体のそれを象徴している」とするが、その変質の理由、また大宰府機構への影響など、具体的な考察はなされていない。

こうしてみると、北條氏は中央における公文勘会の過程、佐々木氏は財政面を中心とした管内支配機能、そして倉住氏は官制をとりあげて、それぞれ大宰府の時期的変遷や変質を論じているといえる。このことは、そうした変遷・変質を検討する際に、何を指標として設定するかという問題があることを意味している。

2　対外的機能と管内支配機能

それでは、本稿において何を指標として設定するかであるが、「はじめに」でふれたように、大宰府の果たした機能によってその時期的変遷をあとづけるという方法をとってみたい。

私見によれば、古代大宰府の機能としては、対外的機能、軍事的機能、管内支配機能があった。このうち、軍事的機能、対外的機能が十全に遂行できるように、その裏付けとして大宰府に管内支配機能が付与されたと考えられる。また、軍事的機能についていえば、特に天智朝に付与された防人・烽といった軍制は、奈良時代から平安時代初期にかけて実質的な意味を失っていったと考えられる。とすれば、まず問題とすべきは、対外的機能と管内支配機能との関係であろうと思われる[14]。そしてこの点に注目するならば、財政的な側面に注目する必要があるのではないか。それは、すでに佐々木恵介氏がとりあげたように、大宰府の管内支配機能を検討する指標のひとつとして、財政があげられるからであり[15]、また対外的機能を果たすための財源をどう確保するかは、大宰府にとっても、また中央政府にとっても重要な課題であったと考えられるからである。そして、この観点にたったとき、おさえておくべきことがある。そのひとつは、この対外的機能を遂行するための財源に不足が生じないようにするための方策である。これには、その遂行財源を確保するための方策と、大宰府財政全体を健全化する方策とがあると考えられるが、本稿ではさしあたり前者について考えることとする。いまひとつは、大宰府財政全体のなかで、この対外的機能を遂行するために必要な財源がどの程度を占めるのか、という問題である。この点については、

後述する安置・供給などのための財源と、また交易を行うための財源との両者を考える必要があると思われるが、本稿では当面、前者を中心に取り上げて検討する。

古代大宰府の対外的機能は、養老職員令69大宰府条の帥の職掌にみえる「蕃客」（外国使節に対する管理・監督、安置・供給を含む）、「帰化」（帰化志願者に対する管理・監督、安置・供給を含む）、「饗讌」（外国使節に対する饗宴）[16]にその一端を窺うことができると思われる。なお、ここにいう「蕃客」とは、大宰府に即して言えば、おもに新羅使をさすとみてよかろう。それでは、これらの機能を果たすための経費はどのように確保されていたのかを、まずは考えてみたい。ここで、先述した三項目の職掌のうち、「饗讌」は蕃客に対するそれと考えられているから、「蕃客」「饗讌」はセットで考えた方がよいと思われる。いまひとつの「帰化」は、一応これらとは別に考えることにしておきたい。この問題を考えたときにまず想起されるのは、『延喜式』にみえる次の史料であろう。

〔1〕『延喜式』民部省下　蕃客儲米条

凡大宰府蕃客儲米三千八百卅石。若経レ年致レ損、便充二公用一、廻レ旧収レ新供レ事。其修理府中館舎料稲四万束。毎レ年出二挙六国一、取二其息利一充用。若利満二一万束一者停レ挙。

これによれば、大宰府には「蕃客儲米」という名目で稲穀三八四〇石が貯積されていた。この式文の前半部分は、この稲穀が年を経て腐敗などによって損失を出すようであれば、それを便宜的に公用に充当することによって旧米を消費し、そのかわりに新米を収納することを定めたものである。これが先述の「蕃客」の安置・供給や「饗讌」のために用いられた経費のひとつと考えられよう。この蕃客儲米に関連しては、次の史料が注目される。

〔2〕『類聚三代格』巻五　宝亀十一年（七八〇）八月二十八日太政官奏[17]

太政官謹奏

加二増府官及管内諸国司相替年限一事

右、筑紫大宰遠居二辺要一、常警二不虞一兼待二蕃客一。所レ有執掌殊異二諸道一。而官人相替限以二四年一、送レ故迎レ新相二望道路一、府国困弊職此之由。加以所レ給厨物其数過多。毎レ年守二旧例一充給、或闕二蕃客之儲一。於レ事商量甚不二穏便一。臣等望請、且停二交替料一、兼官人歴任増為二五年一。然則百姓有二息肩之娯一、庖厨無二懸磬之乏一。謹具録レ状、伏聴二天裁一。謹以申聞。謹奏。聞。

宝亀十一年八月廿八日

史料〔2〕では、府官および管内諸国司に交替料として支給されていた「厨物」の停止、および府官・管内諸国司の任期の一年延長が許可されているが、その理由として「蕃客之儲」に欠乏が生じることをあげている。この官奏が、結果的に最後となる新羅使金蘭孫の来航直後であることからすると、その時、実際に欠乏が生じていた可能性も考えられるかもしれない。この「蕃客之儲」には、史料〔1〕にみえる蕃客儲米に相当するものも含まれていたのではないかと推測されるから、少なくともその淵源は奈良時代末までは遡ることができると思われる。

それでは、蕃客儲米の財源は何に求められるだろうか。そもそも筑紫の地には、外国使節を入京させなかった天武朝から持統朝にかけて[18]、それを受け入れていたという実績をもっている。この場合における財源については、のちに管内諸国から大宰府へ収納された穀稲・調庸が推定できよう。文武朝初年、また大宝律令制定当初のころには、そうした財源の残余が貯積されていた可能性が指摘できるのではなかろうか。次に、注目したいのは、天平九年度豊後国正税帳にみえる「遣新羅使料春稲弐伯伍拾陸束」という記載である。[19] これは天平九年(七三七)に帰国した遣新羅使に関わるものとみられる。[20] 春稲二五六束という端数を含む数量からみて、実際に必要とされた分が支出されたものと推測される。この遣新羅使料は、この時期に蕃客儲米の存在したことを直接に示すものではないが、[21] この場合と同様に、のちの蕃客儲米に相当するものが、大宰府の指示により、蕃客来航に際して、管内諸国(おそらくは三前三後の六国)の正税から臨時に支出されることがあったのではなかろうか。つまり、これも財源のひとつであったと推測したい。

〔3〕『類聚国史』巻八四　大同四年(八〇九)六月丙申条

勅、観察使兼二帯外任一、暫停二食封一代以二公廨一。而陸奥国、官多料少。宜三按察使公廨、給二便近之国一。又大宰帥公廨二万束、給二因幡・備前・備中・讃岐・伊予等五国一、省二遠運費一。但非レ帯二観察使一、一依二前例一。若大弐缺間、其料者、准二帥闕時一、充二用蕃客料一。

大同四年四月、勅によって、観察使に支給されていた食封二〇〇戸を返納させ、代わりに外官を兼任させてその公廨を支給することとなった。[22] 史料〔3〕は、それに関連して陸奥国、大宰府における公廨支給方法を定めたものであるが、末尾部分がここでは重要である。すなわち、ここでは大宰大弐が欠員の場合、その公廨料は「蕃客料」に充当せよ、とされている。しかもそれは大宰帥欠員の場合に准じるとあるから、帥欠員時の公廨料を「蕃客料」に充当することは大同四年以前に遡って行われていたことがうかがえるのである。大宰府における公廨稲については、以下の史料に注目しなければならない。

〔4〕『続日本紀』天平八年(七三六)五月丙申条

先レ是、有レ勅、諸国司等、除二公廨田・事力・借貸一之外、不レ得二運送一者、大宰管内諸国、已蒙二処分一訖。但府官人者、任在二辺要一、禄同二京官一。因レ此、別給二仕丁・公廨稲一、亦漕送之物、色数立レ限。又一任之内、不レ得レ交二関所部一。但買二衣食一者聴之。

〔5〕『続日本紀』天平十七年(七四五)十一月庚辰条

制、諸国公廨、大国卌万束。上国卅万束。中国廿万束、就中、大隅・薩摩両国各四万束。下国十万束、就中、飛驒・隠伎・淡路三国各三万束、志摩国・壹伎島各一万束。若有二正税数少及民不レ肯レ挙者一、不二必満レ限。其官物欠負未納之類、以レ茲令レ塡、不レ許二更申一。又令三諸国停二止仕丁之断一。

〔6〕『続日本紀』天平宝字二年(七五八)五月丙戌条

大宰府言、承前公廨稲、合一百万束。然中間、官人任レ意費用、今但遺二一十余万束一。官人数多、所レ給甚少。離レ家既遠、生活尚難。於レ是。以二所レ遺公廨一、悉合二正税一。更割二諸国正税一、国別遍置、不レ失二其本一、毎レ年出挙、以二所レ得利一、依レ式班給。其諸国地子稲者、一依二先符一、任為二公廨一、以充二府中雑事一。

史料〔5〕は、諸国公廨稲の設置を定めた著名な史料であるが、一方、史料〔4〕によれば、大宰府にはすでに天平八年以前から、禄として支給される公廨稲が存在していたことが知られる。[23] また史料〔6〕は、いわゆる「府官公廨」成立の画期を示すものである。この点については、最近、山本祥隆氏が検討を加えておられる。[24] ここで、大宰府における公廨稲のあり方に関する私見を示しておきたい。推測にわたる部分が多く、また確証がない点もあるが、これらの史料を勘案しつつ、もっとも蓋然性のある展開過程は以下のように整理できると思われる。

すでにふれたように、史料〔4〕によれば、大宰府においては、天平八年以前より大宰府官人に公廨稲が支給されていた。「任在辺要、禄同京官」という理由で、仕丁・公廨稲が支給された、とあるから、この公廨稲が官人給与として支給されていたことは明らかである。この財源については、論定出挙稲とみる説と公田地子稲とみる説があるが、私見では大宰府管内諸国の公田地子稲であったと推測する。

天平十七年、諸国公廨稲が設定されると、おそらくこれにならって「府官公廨」出挙本稲一〇〇万束が管内三前三後の六国に設定されたと推測され、これが大宰府官人の給与に充当されることとなった。これが史料〔6〕にみえる「承前公廨稲、合一百万束」である。この措置によって、それまで大宰府官人に給与として支給されていた公田地子稲による「公廨稲」は、府官公廨の出挙利稲によって支給されることとなったから、これも史料〔6〕にみえるように、公田地子稲は「公廨」と呼ばれて「府中雑用」に充当されることとなった。このように考えると、ここにみえる「先符」は、確証はないものの、天平十七年以降、「府官公廨」が設定された時に出されたものとみられよう。

さて、すでにみたように、蕃客儲米には、大同四年以前から、帥欠員時の公廨稲が充当されていたとみられる。これがどの時点まで遡るかは明らかではないが、いま検討したように大宰府官人には、天平八年以前から禄としての公廨稲が存在したことを考えると、早い時期から行われていたと想定することもあながち無理ではあるまい。

史料〔2〕の主旨は、「蕃客之儲」をきちんと確保しておくために、府官および管内諸国司の任期延長と交替料の停止を求めたものと考えられる。一方、史料〔3〕では大宰帥・大弐欠員時の公廨稲を「蕃客料」に充当するとしているから、これが蕃客儲米の財源となったとみてよい。こうして一旦、蕃客儲米として貯積してしまえば、史料〔1〕でみたように、損耗が生じないよう、旧米と新米を入れ替えて定量を確保しておくのである。蕃客が来航すると、これが費消されることになるが、その分は再び、上述のような方式によって補塡されたのであろう。こうして蕃客儲米は確保されることになったと考えられる。三八四〇石という端数を含む数量からみれば、ある時点で貯積されていたものを総量として設定したものであろう。

そもそも、「蕃客」の来航には事前通告があるわけではなく、かつ不定期であることから、[25]こうした稲穀の貯積は必要であったと考えられるが、不定期であるがゆえに、史料〔2〕にみるように、貯積されたはずの稲穀が、当面必要な別の用途に費消される場合もあったのだろう。史料〔1〕における蕃客儲米の、いわば経年劣化に対応する定めも、こうした不定期な来航のためであったと考えられる。

しかし、大宝律令制定以降に限ってみても、その関係悪化などはあるものの、新羅使の来航は都合二一回に及ぶから、これに対応する形で蕃客儲米(それが蕃客儲米と呼ばれていたかは不明だが)が貯積されていたと思われる。

ここで、大宰帥の任官について確認しておきたい。八世紀に限ってみると、『続日本紀』や『公卿補任』によって、[26]帥の任官が確認できない時期がある。もちろん記録に現れないだけで、帥の任官があったとも考えられるが、もしこの間、帥が任命されていないのであれば、その分の公廨稲は蕃客儲米に充当されたであろう。[27]また、大宰帥大伴旅人については、その任命された時期は判然としないが、神亀四年(七二七)後半から五年初めころに赴任してきたとみられ、『万葉集』には、旅人が大宰府において詠じた和歌が収められている。注目したいのは、旅人は大納言に任じられて(ただし大宰帥も兼任するが)、天平二年(七三〇)十二月に帰京していることである。このことから類推すると、大納言の地位にあって、大宰帥を兼任した場合は、現地には赴任しない、とみることができるのではないか。(28) さらに史料〔4〕によれば、仕丁・公廨稲が支給されるのは、その任が辺要にあるのに禄は京官と異ならないから、とされる。これは赴任が前提とみられ、実際に赴任しない場合は、公廨稲は支給されないと考えられ、それは蕃客儲米の貯積分とされたのだろう。この点については、次の史料も注目される。

〔7〕『類聚三代格』巻六　公廨事　弘仁二年(八一一)十月十五日太政官符

太政官符

応レ聴三府官并国島司公廨稲春米漕二上京一事

右得二大宰府解一偁、大宰所部、本禁二出米一。後依二太政官去延暦十二年八月十四日符一、重加二勾勘一、一切礶禁。此部諸国、桑麻不レ繁。国司在レ任、衣服已乏。加以或老親在レ京、常闕二資養一。望請、人別料稲四分之一、毎年春米漕レ京。謹請二官裁一者、右大臣宣、奉レ勅、依レ請。但兼任之官聴レ漕二半料一。

弘仁二年十月十五日

本来、大宰府部内から米を持ち出すことは厳しく禁じられていたらしく、「公廨稲の春米」もその例外ではなかった。弘仁二年にいたって、ようやく公廨稲の四分の一を京へと漕運することが許されたのである。さらに末尾の但し書きによれば、兼任の場合も、その半分の漕京が許可された。こうした大宰府よりの出米禁制を考え合わせれば、現地に赴任しない兼任帥の公廨稲は、蕃客料へ振り替えられたと考えられるのではあるまいか。

いまひとつ、大宰帥の公廨稲についても確認しておこう。史料〔6〕にみえる「府官公廨」は、一〇〇万束の出挙本稲が設定されているから、利稲は利率五割で五〇万束(三割なら三〇万束)となる。これを『延喜式』主税上　大宰府公廨条にみえる大宰府公廨処分法によって大宰帥に支給される公廨稲を単純に概算すると、おおよそ五万束(石に換算すると二五〇〇石、三割ならば三万束、一五〇〇石)となる。(29) 平安時代においては、史料〔3〕にみえる「大宰帥公廨二万束」(＝一〇〇〇石)というのが現実的な数字であろうと思われる。これらによるならば、奈良時代ではおおよそ一年半分、平安時代でも二年半～四年分の帥の公廨稲で蕃客儲米とされた三八四〇石分を貯積することができることになる。

一方で、奈良時代には、国家使節(新羅使)ではない新羅人の日本への来着もみえるが、史料から窺うことのできるそのピークは天平宝字年間(七五七～七六五)と弘仁年間(八一〇～八二四)にあるという。(30) そうした状況のなかで、次の史料がみえるのである。

〔8〕『類聚三代格』巻一八　宝亀五年(七七四)五月十七日太政官符

太政官符

応三大宰府放二還流来新羅人一事

右被二内大臣宣一偁、奉レ勅、如レ聞、新羅国人有二来着一、或是帰化。或是流来。凡此流来非二其本意一。宜下毎レ到放還以彰中弘恕上。若駕船破損、亦無二資粮一者、量加二修理一、給レ粮発遣。但帰化来者、依レ例申上。自レ今以後、立為二永例一。

宝亀五年五月十七日

これは、「新羅国人」の来着を「帰化」「流来」に区分したうえで、流来者の送還を義務化した点で画期的意義を有するとされるが、(31) ここで注目したいのは、帰化志願者について、例によって申上せよ、としていることである。「例に依りて」とは、律令に規定された次のような手続きを指すものと考えられる。すなわち、蕃人が帰化を志願すると、館に安置・供給される(養老公式令70駅使至京条)。そして所在の国郡が衣粮を支給し、飛駅によって中央に奏上、その後、寛国に貫附・安置するが、目的地までは粮を支給して逓送する（養老戸令16没落外蕃条）。さらに帰化の後、十年間の復（課役免除）が与えられる（養老賦役令15没落外蕃条）、とされている。このように、「帰化」に関しては、館における安置・供給から給復までが、令条文に整然と規定されていることが窺えるのである。すでに述べたように、大宰府には「帰化」という職掌が付与されているが、重要なのはこれが中央官司のいずれにも規定がない、いわば大宰府固有の職掌ということである。(32) そして、すでにみたように「帰化」の手続きのなかには、館における安置・供給が規定されているのである。大宰府に即していえば、まさに筑紫館（鴻臚館）におけるそれと考えることができよう。とすれば、これはまさに「蕃客」の安置・供給と同じであり（ただし、当然のことながら「饗讌」は含まれない）、この帰化志願者の安置・供給にも先述の蕃客儲米が用いられたと考えてよいのではなかろうか。史料〔7〕以降、すでにふれたように弘仁年間には、新羅人の「帰化」を伝える史料が多くみられるようになる。その背景には、八世紀末以来の新羅国内の混乱に加えて、九世紀前半の気候変動による連年の食糧不足の可能性も指摘されているが、(33) こうした帰化志願者に対しても、その安置・供給には蕃客儲米が用いられたと推測しておきたい。(34)

3　対外的機能からみた大宰府の画期

ここでは、「はじめに」で述べたように、対外的機能との関連からみた大宰府の画期を考えてみたい。文献史料からみた場合、八世紀前半がその第1の画期とみられる。それは、ひとつには大宝律令制定施行により、筑紫大宰府が名実ともに成立し、(35)「蕃客」「帰化」「饗讌」という対外的機能に関わる職掌が法的に付与されたと推定できること、いまひとつには、発掘調査の成果からみた鴻臚館跡第Ⅱ期の様相、(36) 大宰府政庁第Ⅱ期の成立、また大宰府跡客館地区の成立(37) などにより、蕃客来航に関わる儀式および「饗讌」の場が整備されたとみられることに拠る。

文献史料からみた大宰府鴻臚館の時期的変遷を検討したことは既述したが、(38) 大宰府の対外的機能と大宰府鴻臚館とが深く関連すると推定されることを考えると、(39) その時期的変遷にも、相関関係があると考えられるのではないか。私見による大宰府鴻臚館の時期的変遷は、(1)七世紀後半〜八世紀前半、(2)八世紀前半〜九世紀前半（承和期）、(3)九世紀後半（貞観期）〜十一世紀前半を想定した。八世紀前半は、大宰府政庁跡、鴻臚館跡のいずれも、発掘調査成果によってその画期とされており、大宰府の機能からみた第1の画期もここにあると考えた。そして、以下に述べるように、その第2の画期は九世紀前半、承和期にあると考えている。その検証のため、本稿に必要な範囲で奈良時代後半〜平安時代前期における日本の対外関係を整理しておきたい。

まず、神亀四年（七二七）、はじめて日本に来航した渤海使についてみてみよう。すでにふれたように、実際に大宰府に来着したのはおもに新羅使であったが、実は渤海使の来着も想定されていた時期があったのである。

〔9〕『続日本紀』宝亀四年（七七三）六月戊辰条

遣レ使、宣二告渤海使烏須弗一曰、太政官処分、前使壹万福等所レ進表詞驕慢。故告二知其状一罷去已畢。而今能登国司言、渤海国使烏須弗等所レ進表函、違レ例无礼者。由レ是不レ召二朝廷一、返二却本郷一。但表函違レ例者、非二使等之過一也。渉レ海遠来、事須二憐矜一。仍賜二禄并路粮一放還。又渤海使、取二此道一来朝者、承前禁断。自レ今以後、宜下依二旧例一従二筑紫道一来朝上。

〔10〕『続日本紀』宝亀八年（七七七）正月癸酉条

遣レ使、問二渤海使史都蒙等一曰、去宝亀四年、烏須弗帰二本蕃一日、太政官処分、渤海入朝使、自レ今以後、宜下依二古例一向中大宰府上。不レ得下取二北路一来上。（下略）

史料〔9〕では、渤海使烏須弗に対して、旧例によって筑紫道（大宰府）より来航すべしと宣告されている。「渤海使、この道を取りて来朝するは、承前禁断す」とあるのは、史料〔10〕から北路経由の来航をさすとみられ、烏須弗以前にすでに禁止されており、それは宝亀二年（七七一）来航の渤海使壱万福まで遡ると推測される。[40] 渤海使は、天平宝字三年（七五九）来航の高南申らが大宰府に召喚された時[41]以外は大宰府へは来航しなかったが、八世紀後半、制度的には渤海使に対する安置・供給および饗讌にも、先述の蕃客儲米が用いられることになっていたと考えられる。

〔11〕『類聚三代格』巻一八　宝亀十一年（七八〇）七月二十六日勅

勅、筑紫大宰、僻二居西海一、諸蕃朝貢、舟檝相望。由レ是簡二練士馬一、精二鋭甲兵一。以示二威武一、以備二非常一。今北陸之道、亦供二蕃客一。所レ有軍兵、未二曽教習一。属レ事徴発、全無二堪用一。安必思レ危、豈合レ如レ此。宜下准二大宰一、依レ式警固上。事須下縁海村邑見二賊来過一者、当即差レ使速申二於国一、国知二賊船一者、長官以下急向二国衙一、応レ事集議、令中管内司警固且行且奏上。〈其一。〉（以下五ヶ条省略）

宝亀十一年七月廿六日

渤海使に対するその後を追ってみると、史料〔11〕では、筑紫大宰が諸蕃の朝貢に対応して威武を示し、非常に備えていることにふれて「今、北陸の道もまた蕃客を供す」として、六条にわたる軍事的措置を命じており、北陸道への蕃客来航が前提とされている。これは渤海使の来着地に対する「現実受容・方針転換の段階」[42] とみられる。

〔12〕『日本後紀』延暦二十三年（八〇四）六月庚午条

勅、比年渤海国使来着、多在二能登国一。停宿之処、不レ可二疎陋一。宜三早造二客院一。

さらに、史料〔12〕によれば、渤海使の来着が多く能登国であることから客院造営が命じられ、「「北路」利用容認の段階」[43] に至ったのである。つまり九世紀初頭の段階で、渤海使の大宰府来航はほぼ想定されなくなったと推定されるのである。

ついで、新羅との関係についてみてみよう。国家使節としての新羅使は、宝亀十年（七七九）～十一年、金蘭孫の来航が最後となるが、これはあくまでも結果論であって、日本側はその後も新羅使の来航を期待していたふしがある。しかも、それは朝貢形式を基本とするものであった。

〔13〕『日本紀略』弘仁五年（八一四）五月乙卯条

制、新羅王子来朝之日、若有二朝献之志一者、准二渤海之例一。但願レ修二隣好一者、不レ用二答礼一、直令二還却一。且給二還粮一。

史料〔13〕では、まず新羅王子の来朝を前提として「朝献の志」があれば渤海の例に准じて礼遇するが、「隣好を修めんと願う」ならば、答礼を用いず、直ちに還却する、としている。[44] こうした期待が完全に失われるのは承和年間（八三四～八四八）であったと考えられる。

〔14〕『続日本後紀』承和三年（八三六）十二月丁酉（三日）条

遣新羅国使紀三津復命。三津自失二使旨一、被二新羅誣劫一皈来。（中略）又三津一介緑衫、孤舟是駕、何擬レ為二入唐使一哉。如レ此異論、近二于誣罔一。斯事若只存二大略一、不レ詳二首尾一、恐後之観者莫レ弁二得失一。因全写二執事省牒一附二載之一。

新羅国執事省牒　日本国太政官
　紀三津詐二称朝聘一兼有二贄贐一、及レ検二公牒一假偽非レ実者。牒、得二三津等状一偁、奉二本王命一、専来通レ好。及二開レ函覧レ牒、但云修二聘巨唐一。脱有三使船漂二着彼界一、則扶レ之送過、無レ俾二滞遏一者。主司再発二星使一、設問丁寧、口与レ牒乖、虚実莫レ弁。既非二交隣之使一、必匪二由衷之賂一、事無レ摭レ実。豈合二虚受一。且太政官印。篆跡分明。小野篁船帆飛已遠。未下必重遣二三津一聘中于唐国上。不レ知島嶼之人、東西窺レ利、偸学二官印一、假造二公牒一、用備二斥候之難一、自逞二白水之遊一。然両国相通、必無二詭詐一。使非二専対一。不レ足レ為レ憑。所司再三請下以正上刑章一用阻中姦類上。主司務存二大体一、舎レ過責レ功、恕二小人荒迫之罪一。申二大国寛弘之理一。方今時属二大和一、海不レ揚レ波、若求二尋旧好一、彼此何妨。況貞観中、高表仁到レ彼之後。惟我是頼、唇歯相須、其来久矣。事須下牒二太政官一并牒二菁州一、量レ事支二給過海程粮一。放中還本国上。請二処分一者、奉レ判准レ状。牒二太政官一、請垂二詳悉一者。

　承和三年閏五月、遣唐使の渡海に先立って遣新羅使紀三津が派遣された。遣唐使が新羅に漂着した場合に備えて、その接受と送還を「告諭」するのが目的であった。史料〔16〕はその復命に関わるものだが、三津は自ら使の旨を失い、新羅の誣刧を受けて帰国した。この紀三津のいわゆる「失使旨」事件については、佐伯有清氏が

　三津は新羅と日本の国際関係の悪化のはざまに突きおとされた犠牲者だったといってよい。日本は、いつまでも新羅を「蕃国」視して、遣唐使船が漂着した場合の救援依頼も、礼を欠く態度でのぞみ、それが新羅への太政官の牒にもあらわれていたのであろう。しかし、いまの新羅は、昔日の新羅ではなかった。新羅の執事省の牒に「小人荒迫の罪を恕し、大国寛弘の理を申たり」とあるように、新羅は「大国」をもって自任し、日本に対応したのであった。新羅は三津の遣使の意味を十分に知りながら、日本の無礼な態度に不満をいだいて、三津の主張と太政官の牒の内容とがくいちがっているといいはったのであろう。

と述べ[45]、また石上英一氏も、新羅が「大国の寛弘の理」によって小人（紀三津）の罪を寛恕しつつ、さらに「旧交を求尋」するならば何の妨げもない、と対等外交の立場を明確にしている点にふれている[46]。

　このことは、新羅が朝貢という日本が期待する形で来航する可能性がほぼなくなったことを示しているといってよかろう。すなわち、日本と新羅との間の国家使節を媒介とする公的な対外関係は終焉を迎えることになった。これを承ける形で、新羅に対する迎接施設としての平安京鴻臚館の廃絶、難波鴻臚館の転用が行われたのである。

〔15〕『続日本後紀』承和六年（八三九）八月辛酉条
　以二東鴻臚院地二町一、充二典薬寮一、為二御薬園一。

〔16〕『続日本後紀』承和十一年（八四四）十月戊子条
　摂津国言、依二去天長二年正月廿一日・承和二年十一月廿五日両度勅旨一、定二河辺郡為奈野一、可レ遷二建国府一、而今国弊民疫、不レ堪レ発レ役。望請、停レ遷二彼曠野一。便以二鴻臚館一為二国府一、且加二修理一者。勅聴レ之。

　史料〔15〕によれば、平安京東鴻臚館が典薬寮の御薬園に充てられている。おそらく西鴻臚館が渤海迎接用、そして東鴻臚館は新羅迎接用に担保されていたと推測され、新羅使の来航が期待できなくなったことから、東鴻臚館の廃絶、御薬園への転用という措置がとられたものであろう。さらに史料〔16〕によれば、新羅使入京の際に利用されていた難波鴻臚館も、摂津国府に転用された。摂津国の言上では、天長二年、承和二

年の二度の勅旨によって国府移転が命じられていたが、国勢の疲弊により民衆の徴発ができなかったと語られている。このタイミングで転用が実現したことは、新羅使との公的な対外関係の終焉に連動したものと考えられよう。

こうした事態は、大宰府鴻臚館のあり方にも影響を与えたと推測される。田中史生氏によれば、奈良時代後半以降、新羅人に対する日本の対外政策は次のような変遷があったという(47)。

(1)宝亀五年、新羅人の来航を、帰化・流来に区分し、流来は放還、帰化は「例によって申上」とする(史料〔8〕)。

(2)天長元年、大宰府管内居住の新羅人を陸奥に移配する(『日本三代実録』貞観十二年〈八七〇〉二月壬寅条所引天長元年〈八二四〉八月二十日格)。

(3)天長八年(八三一)、新羅商人との間における国家管理下の交易体制が成立する(『類聚三代格』巻一八　天長八年九月七日太政官符)。

(4)承和九年(八四二)、「入境新羅人」の「商賈之輩」は官司先買の対象外とし、また大宰府鴻臚館における安置・供給を停止する(史料〔17〕)。

というのがそれである。先述した承和年間における平安京鴻臚館、難波鴻臚館の変化という点からみると、重要なのは(4)であろう。

史料〔17〕『類聚三代格』巻一八　夷俘并外蕃人事　承和九年(八四二)八月十五日太政官符

太政官符

応レ放二還入境新羅人一事

右大宰大弐従四位上藤原朝臣衛奏状偁、新羅朝貢其来尚矣。而起レ自二聖武皇帝之代一、迄二于聖朝一不レ用二旧例一。常懐二姧心一、苞苴不レ貢、寄二事商賈一、窺二国消息一。望請、一切禁断、不レ入二境内一者。右大臣宣、奉勅、夫徳沢洎レ遠。外蕃帰化、専禁二入境一、事似二不仁一。宜下比二于流来一、充レ粮放還上。商賈之輩飛帆来着、所レ齎之物任聴二民間一令レ得二廻易一、了即放却。但不レ得二安置鴻臚一以上給食。

承和九年八月十五日

承和九年、時の大宰大弐藤原衛は、新羅人の入境を一切禁断すべしと奏言した。これに対して中央政府は、帰化を願う新羅人まで入境を禁止とするのは「似不仁」として、彼らには史料〔8〕の「流来」に準じて処遇する、すなわち粮を支給して放還し、また「商賈之輩」の場合は、民間との交易は許可するが、その後直ちに放却、さらに大宰府鴻臚館における安置・供給は許可しないことを命じたのである。田中氏は、さらに「九世紀中葉以後の中国海商による大宰府交易は、天長八年(八三一)官符を契機に整備された大宰府鴻臚館での唐・新羅人に対する官司先買体制から、承和九年(八四二)に「新羅人」を除外することによって成立した」とされる(48)。このことを、以上述べきたった経緯からみれば、国家使節の来航が期待できなくなった新羅との関係の清算ともいえるのではないか、と考えられる。

こうした事態を、大宰府の対外的機能との関連でみると、どのように位置づけることができるだろうか。延暦年間に渤海使の大宰府来航の可能性がなくなり、また承和年間にいたって新羅使の来航も期待できなくなったことから、大宰府の対外的機能のうち、「蕃客」「饗讌」は無実化したといわなければならない。ここに、対外的機能からみた大宰府の画期があると考える所以である。一方、もうひとつの「帰化」という機能は、新羅商人や唐商人の処遇に適用されていくことになる。

〔18〕『日本三代実録』貞観四年(八六二)七月庚寅条

大唐商人李延孝等卅三人来。勅二大宰府一、安置供給。

〔19〕『日本三代実録』貞観七年(八六五)七月丙午条
先レ是、大宰府言、大唐商人李延孝等六十三人、駕二船一艘一、来二著海岸一。是日、勅安二置鴻臚館一、随レ例供給。
〔20〕『日本三代実録』貞観十六年(八七四)七月甲辰条
先レ是、大宰府言、大唐商人崔岌等卅六人、駕二船一艘一、六月三日着二肥前国松浦郡岸一。是日、勅、宜下准二帰化例一、安置供給上。

これらは九世紀後半に来着した唐商人に対する処遇に関する記事である。唐商人らはいずれも勅によって安置・供給されているが、それは「帰化例」に準じて(史料〔20〕)、大宰府鴻臚館において行われた(史料〔19〕)。すでに述べたように、その安置・供給には大宰府に貯積された蕃客儲米が用いられたと推測しておきたい。

4 大宰府財政のなかにおける蕃客儲米

二節においては蕃客儲米について、その成立過程、用途について検討した。また、三節においては対外的機能からみた大宰府の画期について論じた。次の課題として、大宰府に輸納・貯積される重貨のなかでの蕃客儲米の位置づけを考えてみたいと思う。

大宰府に管内諸国から輸納される重貨には大宰府における人件費としての府官公廨、および物件費としての府儲・公田地子等があり、いずれもいわゆる三前三後の六国の負担であった、とされるが[49]、すでにみたように、経費としては蕃客儲米、あるいはまた、のちに一部を引用する『類聚三代格』巻六 大同四年(八〇九)正月二十六日太政官符に「或給正税。或給府儲。」とみえるように、府儲とともに正税もあったことが確認できる。

これらのうち、まず公田地子米を検討したい。すでに述べたように私見では、史料〔4〕にみえる、大宰府官人に禄として支給された「公廨稲」は大宰府管内諸国の公田地子稲を財源とするものであった。天平十七年、諸国公廨稲の設定にならって、「府官公廨」出挙本稲が設定され、それが大宰府官人の給与に充当されるようになったことによって、公田地子稲は、史料〔6〕の末尾に「其諸国地子稲者。一依先符。任為公廨。以充府中雑事。」とみえるように、「公廨」として「府中雑事」に充てられることになったのである。

〔21〕『類聚三代格』巻六 天平宝字四年(七六〇)八月七日勅
勅
対馬多褹二島等司、身居二辺要一、稍苦二飢寒一。挙乏二官稲一、曽不レ得レ利。宜下割二大宰所部諸国地子一各給上。守一万束、掾七千五百束、目五千束、史生二千五百束。其大隅薩摩壱岐別有二公廨一、不レ給二地子一。
天平宝字四年八月七日

その「府中雑事」については、詳細は不明とせざるを得ないが、史料〔21〕によれば、史料〔6〕から二年後には、大宰府管内諸国の地子は対馬・多褹両島司に、給与として支給されることになったと考えられる。

〔22〕『弘仁式』主税
凡五畿内伊賀等国地子混二合正税一。其陸奥充二儲糒并鎮兵粮、出羽狄禄一。大宰所管諸国充二対馬多褹二島公廨一。余国交二易軽貨一送二太政官一。但随近及縁海国春米運漕。其功賃便用二数内一。
〔23〕『延喜式』主税上 地子条
凡五畿内伊賀等国地子。混二合正税一。其陸奥充二儲糒并鎮兵粮、出羽狄禄一。太宰所管諸国、充二対馬島司公廨一之外、交二易軽貨一、送二太政官厨一。自余諸国交易送亦同。但随近及縁海国。春米運漕。其

功賃使用二数内一。

また、史料〔22〕・〔23〕は、それぞれ諸国地子の用途を定めた『弘仁式』、『延喜式』の条文である。史料〔22〕では「大宰所管諸国」の地子は「対馬多褹二島公廨」に充てられるが、史料〔23〕では対馬島の公廨に充てる以外は、軽貨に交易し、太政官厨家に送るとされている。佐々木氏は、『弘仁式』から『延喜式』への変化が起こったのは、『続日本後紀』承和五年(八三八)九月己巳条に「定二大宰管内地子交易法一。綿一屯直稲八束。」とみえることから承和頃のことではないか、と推測されている。[50]とすれば、承和頃には、大宰府において消費される公田地子は対馬島司に対する公廨支給に限られていたとみられる。史料〔23〕に多褹島がみえないのは、天長元年(八二四)、それが大隅国に併合されたためである。[51]

ついで、大宰府の運営経費のひとつとして史料にみえる「府儲」に注目したい。そのあり方を検討する際に参考となるのが、国儲であろう。「府儲」、「国儲」という名称の類似性はもとより、その財源、用途についても共通する点がみられるからである。

国儲を検討するには、まず公用稲にふれておかねばならない。公用稲は、神亀元年(七二四)に設置されたと推定されている。[52]そして、その公用稲を出挙した利稲を国儲と呼んだとする山里純一氏の説が妥当であろう。[53]公用稲は、天平六年(七三四)の官稲混合によって正税に混合される。この点についても、山里氏は「公用稲は正税に混合されその名称は消滅したが、機能は正税に吸収されたのであるから、正税利稲のうち、従来の公用稲の用途に充てられる配分稲を国儲と称して、充用したと解されなくもない」[54]とされている。

〔24〕『延暦交替式』巻三八　延暦二十二年(八〇三)二月二十日太政官符
(適宜、傍線部に番号を付した)

太政官符

一定下割二公廨一置二国儲一数上事

大国壱万弐仟束〈計二公廨利率一、一万束、割二取一千一以二為国儲一。若公廨有二増減一者、一依二此率一准折。上中下国亦同レ此。〉

上国玖仟束

中国陸仟束

下国参仟束〈志摩国并壱岐、対馬、多褹三島不レ入二此例一。〉

右検二案内一、(1)去神亀元年三月廿日格偁、割二正税稲一、出挙取レ利、名為二国儲一、以充下朝集使還国之間、及非時差役并繕写籍帳書生、并除運二調庸一外向京擔夫粮食上。其出挙法、大国四万束、上国三万束、中国二万束、下国一万束者。(2)至二天平十七年一、始置二公廨一、即停二国儲一。(3)天平宝字元年十月十一日式、唯称下割二公廨内一置中国儲物上。未レ立二割置之数、充用之色一。因レ茲、諸国所レ置、多少無レ限、或有下貪吏不上レ免二贓汚一。(4)自レ今以後、宜三依レ件為レ定、以充二公用一。(5)其充二給粮食一之色、准二神亀元年格一。但税帳大帳貢調等使亦充二粮料一。其長官佐職各遥奉レ使、品秩雖レ異、使務是同。如聞、或国、一使之料、上下別レ数、事実不レ穏。宜二一使粮料高卑同レ法。但四度使料多少之数、量二事閑繁一、増減定レ之。若違二此制一、輙私犯用者、計レ贓科レ罪。一同二官物一。

一定処分公廨例事

(中略)

以前、被二右大臣宣一偁、奉レ勅、如レ右者、諸国承知、依レ件行レ之。

延暦廿二年二月廿日

史料〔24〕は、国儲について、公廨稲から割き取るべき数量を国の等級にしたがって定めたものであるが、ここに国儲の制度的変遷が具体的に示されている。(1)が、公用稲(出挙本稲)の設置=国儲(出挙利稲)の設置とされることは既述した。そして、公用稲(国儲)は天平六年、正税に混合されて、以後、正税を財源として支出された。(2)に、天平十七年(七四五)、「始置公廨。即停国儲」とあるのは、公廨稲を設置して、それまで正税を財源としていた国儲を、この公廨稲を財源とすることにあらためた、とみられる[55]。この考え方には異論もあるが、ここでは小市和雄氏の説[56]にしたがって、整理しておきたい。すなわちまず、(3)天平宝字元年(七五七)十月十一日式[57]は、藤原仲麻呂政権による(2)の政策の確認、明確化とみる。そして、(4)延暦二十二年に「国儲」が単独で公廨稲を割取して設置された、とするのである。さらに小市説で重要なのは、天平勝宝七年(七五五)「越前国雑物収納帳」[58]の記載にみられる、①海損米の補塡方式が「天平宝字元年式につながるものとして、天平十七年の公廨稲処分法の内容を推測させる」こと、また②「四度料百二斛」を「四度使料」と解し、(1)にみえる朝集使に、(5)の税帳・大帳・貢調使を加えた「四度使料」が、天平宝字元年以前に公廨稲から支出されていたこと、を指摘した点である。これらのことを念頭に、府儲に関連する史料と対比しつつ検討しよう。

まず、天平九年度豊後国正税帳に「儲府料春稲玖伯束」、天平十年度筑後国正税帳に「府雑用料稲伍伯束」[59]とみえることに注目したい。これらは、管内諸国(おそらくは三前三後の六国)の正税出挙利稲を大宰府へ輸納した雑米と考えられる。このことは、『類聚三代格』巻一四　貞観四年(八六二)九月二十二日太政官符に、「今府庫所レ納雑米、修理官舎器仗并選士衛卒粮厨司染所之使料等惣三千七百八十余斛、或正税或府儲、年料春運色別有レ数」とあり、府庫に輸納される雑米として正税、府儲があった、とみえることからも知られる。さらに『類聚三代格』巻六　大同四年(八〇九)正月二十六日太政官符には、いわゆる大宰府九箇使(貢綿使・朝集使・正税帳使・大帳使・調帳使・御贄使・別貢使・相撲人使・紫草使)の料米がみえるが、それらは「検二府例一、件使等料米、前帥参議従三位石川朝臣豊成去天平神護三年五月三日処分所レ定。毎使有レ差。或給二正税一、或給二府儲一。立以為レ例、行来久矣。」とあって、大宰帥石川豊成の天平神護三年(七六七)五月三日処分によって定められ、その財源としては、やはり正税、府儲が充てられていた。先の正税帳の記載はいずれも府儲の財源とみられてきたが[60]、そうではなく、「儲府料」が府儲に相当し、また「府雑用料」は正税に相当するのではないか。

〔25〕『日本三代実録』貞観十五年(八七三)十二月戊申条

大宰府言。(中略)又府儲稲惣三万束。五使粮并水脚賃及厨家雑用、凡百庶事、惣在二其中一。諸国所レ備、各有二色数一。而或致二違期一、或置二未進一、府中之用、常苦二闕乏一。須下割二置田二百町一、名二府儲田一。収二其地子一、以充中府用上。但租穀同レ上。依レ請許レ之。

史料〔25〕は、管内諸国から輸納される府儲稲に違期・未進があり、府用に欠乏が生じることから府儲田二〇〇町を設定し、その地子を府用に充当することとしたのである。ここに「府儲稲惣三万束」とあるのは、三前三後六国に設定された府官公廨一〇〇万束の出挙利稲三〇万束の十分の一であり、延暦二十二年、国儲が公廨稲の十分の一を割いて定量化されたこと(史料〔24〕)に準じたものと推定される[61]。とすれば、府儲も国儲と同様、公廨稲を財源としていたとみられる。また、先に掲げた府儲に関する史料は、その用途にも言及している。この点は、すでに山里氏の論究[62]があるが、あらためて検討しよう。

(1) 九箇使料米

既述したように、正税あるいは府儲を充てるとされている。国儲は当初、四度使のうち「朝集使還国之間」の粮食に充てられていたが、先の小市氏の指摘をふまえると、天平宝字元年以前に税帳・大帳・貢調使も加えられた。とすれば、国儲に準じて、朝集使・正税帳使・大帳使・調帳使の料米は、府儲から支出されていたのではないか。そして、史料〔25〕に府儲稲の用途として「五使料」とあるのは、これらに貢綿使を加えた五使の料米が、府儲からの充当とされたものであろう。したがって、九箇使料米については、五使料には府儲が、他の四使料には正税が充てられていたとみられる。

⑵ 修理官舎・器仗

大宰府官舎の修理については、『延喜式』主税寮上　諸国正税出挙本稲条に、三前三後六国に「修理府官舎料」として計四万束の出挙本稲が設定され、これに対応して史料〔1〕には、蕃客儲米の規定に続いて「其修理府中館舎料稲四万束。毎年出挙六国。取其息利充用。若利満一万束者停挙。」とある。しかし、『弘仁式』には「修理府官舎料」の項目はなく、おそらくは当初、正税から支出されていたものが、貞観四年以降に、その出挙本稲が設定されたと思われる。もうひとつの修理器仗料についても、出挙本稲の設定はなされていないが、これもおそらくは正税がその財源として充当されていたのではないか、と思われる。

⑶ 選士・衛卒粮

『類聚三代格』巻一八　天長三年(八二六)十一月三日太政官符によれば、大宰府および管内諸国に、軍毅・軍団兵士にかわる存在として選士・衛卒、統領が設置された。『延喜式』主税寮上　諸国正税出挙本稲条によれば、六国に衛卒料が設定されているので、これも正税を財源としていたものが、のちに出挙本稲が設定されたとみられよう。また、選士粮についても、衛卒料に準じて正税を財源としていたと考えておきたい。

⑷ 厨司

大宰府の所司のひとつである「主厨司」に関わるであろう。史料〔25〕にみえる「厨家」も主厨司をさすとするならば[63]、その料米は府儲を財源とするものとなる。

⑸ 染所之使料

『類聚三代格』巻一八　天長三年(八二六)十一月三日太政官符によれば、衛卒が充当される所司のひとつに「貢上染物所」がある。『延喜式』民部省　年料別貢雑物条によれば、大宰府において管内諸国の調物を染造することがみえ、これを中央に貢進するための料米が「染所之使料」であろう。正税、府儲いずれを財源とするかは明らかではないが、「使料」であること、および次項にみるように別貢雑物進上の水脚賃が府儲充当であることから、府儲を財源とするのではなかろうか。

⑹ 水脚賃

府儲稲が充当される。具体的には『類聚三代格』巻八　延暦二年(七八三)三月二十二日太政官符にみえる貢綿に携わる水脚、また『類聚三代格』巻一四　弘仁十三年(八二二)十二月十日太政官符にみえる別貢雑物の進上など、大宰府から中央に貢進する際の水脚賃をさすものであろう。

以上、大宰府に輸納される府儲・正税の用途については、推測にわたる部分も多く確定はできないのだが、少なくとも史料〔25〕による限り、五使料、水脚賃、厨家雑用は、府儲を財源とすることは確実である。すでにふれたように、このうち五使料は、国儲が朝集使以下四度使の粮食に充当されていることを考えると、府儲の用途としては首肯されるところである。水脚賃も、貢綿使による綿絹、また「染所之使料」に対応して、貢上染物所で染造された染物を含む別貢雑物の京進のために府儲が充当されたのであろう。とすれば、国儲と対比させた場合、府儲の用途としてやや異質なのは、「厨家雑用」ということになる。これはなぜ府儲をその財源としているのだろうか。

この「厨家」が主厨司をさすものとすると、『類聚三代格』巻五 承和七年(八四〇)九月二十三日太政官符において、主厨を再置する際に「右創法之日肇置主厨、所掌之職最在蕃客、加以供御之儲不可闕乏、」とあることが注目されよう。つまり、律令を制定した時に主厨を置いたが、その最たる職掌は蕃客に対するものであったこと、またそれのみならず、天皇に対する「供御」も欠くことができないことを理由にあげている。後者は、主厨が「御贄」の調達にあたっていたことを示し、九箇使のうちの「御贄使」に関わるとも考えられる。また、前者についていえば、すでに述べたように、この時期には、新羅使の来航は現実的に期待できなくなっていたが、一方で新羅商人の来航を念頭に置いたものかもしれない。

国儲が、天平十七年の公廨稲設置により、これを財源としたように、府儲も府官公廨の設置にともなって、それを財源としたと推定される。また、当初の朝集使の粮食に加えて、大帳・税帳・貢調使のそれにも国儲が充てられることとなったが、大宰府においても、九箇使のうち、主要な五使にかかる料米が府儲から充当されることになったとみられる。さらに、国儲は延暦二十二年、公廨稲の十分の一を充当することで定量化されたが、府儲もこれに準じて定量化されたと推定できる。このことは、国儲・府儲の財源としてそれぞれの公廨稲を設定することで、より確実にその料米を担保することにあったのではないか。「厨家雑用」についても、「御贄」に関すること、また商人に対する安置・供給の料米を確保することにあったとみておきたい。

以上、大宰府における雑米のあり方、すなわち公田地子、府儲・正税をみてきたが、これらは蕃客儲米に充当されておらず、むしろ、このうちの府儲、蕃客儲米には、財源として府官公廨が設定されていたことが明らかになったと思う。こと蕃客儲米についていえば、令制当初は「遣新羅使料稲」のように、正税出挙利稲が充当された可能性もあるが、すでに指摘したように大宰府官人、特に大宰帥、大宰大弐欠員時の公廨稲を財源としており、このことは蕃客儲米をより確実に担保する方策が図られたから、とみられるのではないか。くわえて、『類聚三代格』巻六承和五年(八三八)六月二十一日太政官符によって、大宰府官人の公廨に未納があっても、不足分を正税により補って、全給が許可されたことを[64]勘案すれば、それはさらにより確実なものになったと推測されるのである。

さらにここで注目しておきたいのは、すでに引用したが、『類聚三代格』巻一四 貞観四年(八六二)九月二十二日太政官符には「今府庫所納雑米、修理官舎器仗并選士衛卒粮厨司染所之使料等惣三千七百八十余斛」とみえることである。この三七八〇余石という数字は、「惣て」とあるように、大宰府に輸納されるはずの雑米の総量と大きく隔たるものではないと推定できよう。とすれば、蕃客儲米の三八四〇石は、ほぼこれに匹敵する量であることになる。このことから、蕃客儲米は大宰府財政のなかにおいて、かなり大きな比重をしめていたといえる、との指摘もある。[65]ここで問題となるのは、大宰府における公田地子のあり方であるが、すでに指摘したように、平安初期には対馬島に対する公廨支給以外は、軽貨に交易して太政官厨家に進納されたとみられ、大宰府財政のうえでは大きな比重をしめるものではなかった可能性が大きい。とすれば、平安初期には、蕃客儲米が大宰府財政にしめる比重はかなり大きかったとの指摘は首肯できる部分もある。ただ、この点については、弘仁十四年（八二三）に実施された公営田制、およびその制度のなかにおける地子のあり方を検討しなければなるまい。今後の課題としたい。

むすびにかえて

以上、四節にわたって、文献史料によって大宰府の時期的変遷を考えるための前提として、大宰府の対外的機能の画期とその財政的位置づけについて、とくに蕃客儲米を中心に検討してみた。

平安初期までに限ってみると、大宰府の機能からみた画期としては、日本古代対外関係史上においても画期とみられている承和期があげられることを指摘した。また大宰府においては、蕃客儲米をはじめとする、蕃客に対する安置・供給のために用いられたと考えられる経費が、大宰府官人欠員時の公廨稲をその財源として確保されているが、それは、こうした経費をより確実に担保することにあったのではないか、と推測したのである。

しかし、残された課題は大きい。まず、本稿では、大宰府の時期的変遷を掲げながら、その考察は十世紀以降には及んでいない。冒頭に示したように、大宰府政庁は十二世紀半ばまで存続するのであり、その全体を通した検討が是非とも必要である。また、九世紀以前に限定しても、大宰府における財政的側面を検討しながら、そこに公営田制の検討が含まれていない。同じく財政的側面という点では、蕃客、あるいは商客の安置・供給のみならず、交易にも用いられたと考えられる調庸物に関する考察も不可欠である。今後、これらの点をさらに検討することを約して、ひとまずは擱筆する。諸賢のご叱正を願いしたい。

註

（1）以上に述べた点については、平野邦雄「大宰府」（同『史跡保存の軌跡その苦闘の記録』吉川弘文館、二〇〇四年）に詳しい。

（2）この時期的変遷は、主として大宰府政庁跡の発掘調査の成果に拠る。九州歴史資料館編『大宰府政庁跡』（吉川弘文館、二〇〇二年）参照。また、その終焉を十二世紀前半とする点は、杉原敏之「大宰府政庁の終焉」（『九州歴史資料館研究論集』三三、二〇〇八年）に拠る。

（3）田島公「大宰府鴻臚館の終焉―八世紀～十一世紀の対外交易システムの解明―」（『日本史研究』三八九、一九九五年）。

（4）拙稿「大宰府鴻臚館について―文献史料からみた時期的変遷に関する覚書―」（『市史研究　ふくおか』九、二〇一四年）。

（5）九州歴史資料館編『大宰府政庁跡』（吉川弘文館、二〇〇二年）第Ⅲ章大宰府史跡の研究史、を参照。

（6）福岡古文書を読む会校訂『筑前国続風土記拾遺』（文献出版、一九九三年）。

（7）長沼賢海『邪馬台と大宰府』（太宰府天満宮文化研究所、一九六八年）。

（8）この叙述の存在については、九州歴史資料館の伊崎俊秋氏のご教示を得た。

（9）同書に「天智天皇紀十年以後は都督府の名は見えず、代って大宰府の名が見える。武官制が文官制に代ったのである。この頃今（ママ）に其の正聴（ママ）府倉庫等の址を遺している大宰府が建設されたのではないか、或は府の建設の頃に文官制が設けられたのかも知れない。」とあり、氏は大宰府の天智朝の創建を想定されているようである。

（10）鏡山猛『大宰府都城の研究』（風間書房、一九六八年）。

（11）北條秀樹「府支配と西海道―府と四度公文―」（同『日本古代国家の地方支配』吉川弘文館、二〇〇〇年、一九八〇年初出）。

（12）佐々木恵介「大宰府の管内支配変質に関する試論―主に財政的側面から―」（『奈良平安時代史論集』下巻、吉川弘文館、一九八四年）。ちなみに、坂上康俊氏は、この北條・佐々木両氏の説について、

九世紀の大宰府は、単純化して言えば、管内諸国島の受領化を認めるか（大宰府が有名無実化するか）、大宰府自体が受領化するかの岐路

にたたされていたが、結論的には著者(北條氏のこと:重松注)は前者のコースを踏んだとみている。

これに対しては、佐々木恵介(論文名・出典略、注(12)論文のこと:重松注)が、むしろ後者のコースを辿ったとみるべきことを主張しており、坂上康俊「「九州」の成り立ち」(丸山雍成編『前近代における南西諸島と九州』所収、多賀出版、一九九六年)も、こちらの見方を支持している。

と述べられている。私見においても、上記の点に関しては、佐々木説は首肯できるものと考えている。

(13) 倉住靖彦『古代の大宰府』(吉川弘文館、一九八五年)。

(14) この点で、近年の吉岡直人氏による研究(a「大宰府外交機能論—大宰府西海道管内支配との関係からの考察—」『立命館史学』三一、二〇一〇年、およびb「大宰府西海道支配と対外関係」『日本史研究』六三一、二〇一五年)はこの流れに沿うものではある。ただ、b論文は二〇一四年度日本史研究会大会古代史部会での共同研究報告を原稿化したものであるが、その〈討論と反省〉のなかで、小川弘和氏は「対外関係と管内支配とをリンクさせて大宰府について考えるのであれば、大宰府の機構や業務の在り様などの全体像の中で、対外関係の部分がどのような位置にあるのかという俯瞰的見方をしなければ完結しないテーマ」と発言されており、榎本淳一氏も「大宰府の全体像を考えて検討した報告であったが、課題として浮き彫りになったのは、逆にそれぞれの分野の研究を把握した上で複眼的な視点で考える必要がある」、また「大宰府の特質を捉えるためには八世紀から九世紀の途中までではなく、一〇・一一世紀もふまえて長いスパンで捉えるべき」と発言されている。この両氏の指摘は、まさに正鵠を得たものと考える。本稿の意図するところも、これらの点の検討にあるが、しかし榎本氏の指摘する十世紀以降には及んでいない。この点は、今後の課題としたい。

(15) 佐々木氏註(12)前掲論文。

(16) この三つの職掌のうち、「蕃客」「帰化」について、大宰府の管理・監督機能を重視する点は、太宰府市史編集委員会編『太宰府市史』通史編Ⅰ(太宰府市、二〇〇七年)所収拙文(第三編第二章第三節)を参照されたい。

(17) これとほぼ同内容の記事が『続日本紀』宝亀十一年(七八〇)八月庚申条にもみえている。

(18) 入京させなかった理由について、田島公氏は「天武・持統朝には国家の外交権を掌握するため、従来は宮室や難波などで大臣・大夫らが迎接や国家意志の確認・伝達に深くかかわっていたことを排し、迎接の機能や権限の一部を筑紫に移して皇親や信頼のおける臣下をその任にあて、皇帝がすべてを主宰する中国的な外交儀礼を採用できるような国内の体制が整うまで、筑紫でおもな外交交渉を行った。」と述べておられる(「外交と儀礼」岸俊男編『日本の古代』7、まつりごとの展開、中央公論社、一九八六年)。

(19) 正税帳の記載は林陸朗・鈴木靖民編『復元 天平諸国正税帳』(現代思潮社、一九八五年)による。

(20) 『続日本紀』天平九年正月辛丑条参照。

(21) 山里純一「大宰府財政をめぐる諸問題」(『国史学』一一五、一九八一年)。

(22) 『日本紀略』同年四月乙未条。なお、観察使全般については、さしあたり笠井純一「観察使に関する一考察(上)(下)」(『続日本紀研究』一九四・一九五、一九九七・一九九八年)を参照のこと。

(23) 史料〔4〕について、天平八年に大宰府官人への仕丁・公廨稲支給が開始されたとの解釈もあるが、ここでは山里純一氏の解釈に従った(山里「大宰府財政をめぐる諸問題」『国史学』一一五、一九八一年)。

(24) 山本祥隆「公廨二題—律令国家地方支配の転換点をめぐって—」(佐藤信編『律令制と古代国家』吉川弘文館、二〇一八年)。氏は、「大宰府管内においては歴史的に三つの異なる「公廨」が存在し、相互に連関しつつも個別の盛衰を遂げた」とし、また大宰府におけるそれらを「旧公廨」「新公廨」と呼称して、その展開を論じておられるが、私見とは異なる部分が存する。

(25) ただし、のちには、渤海については天長元年(八二四)、一紀十二年間隔とする年期制がもうけられた(石井正敏「光仁・桓武朝の日本と渤海」同『日本渤海関係史の研究』吉川弘文館、二〇〇一年)。また、平安期に来航した商客に対しても、延喜十一年(九一一)に年紀制が設けられたことが知られており、渡邊誠氏はその年限について、前回来航時(特に安置された年)から次回来航時までの間隔を約十年とされている(同『平安時代貿易管理制度史の研究』思文閣出版、二〇一二年、また同「年紀制に関する補説—河内春人・中村翼両氏の批判に対する回答を中心に—」『史人』六、二〇一五年も参照)。

(26) たとえば、和銅五年(七一二)~同七年、養老三年(七一九)~神亀四年(七二七)、天平十年(七三八)~同十三年。なお、天平十四年~同十七年も同様だが、これは大宰府が廃止されていた期間にあたる。

(27) ただし、史料〔4〕にみえる公廨稲支給が天平八年(七三六)以前のどこまで遡るかによる。

(28) たとえば、慶雲年間にみえる大伴安麻呂、天平初年、旅人の後を承けた藤原武智麻呂らが、これに該当する。

(29) ここで、その概算の方法についてふれておきたい。『延喜式』にみえる各官職の定員については、基本的に養老職員令に拠り、それにみえない主工・明法博士・音博士・主城・大唐通事・弩師・新羅訳語はそれぞれ一人とした。また、傔仗は、『続日本紀』和銅元年(七〇八)三月乙卯条に、大宰帥に八人、大弐に四人が支給された、とあることから、計一二人とした。さらに、主神などの「一分大半」、大唐通事の「一分少半」については、仮に大半を四分の三分、少半を四分の一分と考えた。これに拠って、分の数を総計すると一〇一分となるのである。大宰帥への配分は十分であるから、全体のおおよそ十分の一となる。

(30) 渡邊誠「海商と古代国家」(鈴木靖民ほか編『日本古代交流史入門』勉誠出版、二〇一七年)。

(31) 山内晋次『奈良平安朝の日本とアジア』(吉川弘文館、二〇〇三年)。

(32) ただ、養老職員令70大国条によれば、「帰化」の職掌は「蕃客」とともに、壱岐・対馬・日向・薩摩・大隅の諸国島守に付加されている。しかし、通常の「掌」ではなく「惣知」と規定されているように、やはり大宰府がこれらを総管する、とみなすべきであろう(倉住氏註(12)前掲書)。

(33) 山内晋次「9~12世紀の日本とアジア—海域を往来するヒトの視点から—」(『専修大学アジア世界史研究センター年報』六、二〇一二年)。

(34) ちなみに、『入唐求法巡礼行記』承和十四年(八四七)九月十八日・十九日・十月六日条に、次のような記事がみえる。

(九月)十八日、到鴻臚館前。
(九月)十九日、入館住。
十月六日、借得官庫絹八十疋・綿二百屯、給船上四十四人冬衣。六日、生料米十碩送来。依国符、従十月一日始宛行。

承和の遣唐使に随行し、ひとり唐に残って巡礼を果たした円仁は、承和十四年九月、帰国して大宰府鴻臚館へと入住した。そして、十月六日条によれば、「生料米十碩」が送り届けられたとあり、これが円仁らの供給に用いられたものと考えられる。小野勝年氏は、これについて

なお大宰府には蕃客用として米三千八百四十石を貯蔵する規定があり、渤海の使節などに対しては大使以下首領梢工にいたるまで支給すべき食法も定まっていた(「延喜式」巻二二民部、下(ママ)巻二六主税)。

との注釈を付して、この「生料米」が蕃客儲米から支給された可能性を示唆されているごとくである(小野『入唐求法巡礼行記の研究』第四巻、鈴木学術財団、一九六九年)。

(35) 大宰府の成立をどこに置くかは、それ自体検討すべき課題であるが、私見では八世紀前半と考える。倉住氏のように、飛鳥浄御原令により筑紫大宰府が成立する、との考え方もあるが(倉住氏註(13)前掲書)、拙稿において検討したように、文武末年において筑紫捴領、筑紫大宰の両官職を収斂させつつ、最終的に大宝律令により筑紫大宰府が成立したとみたい(「大宰府の七世紀史」覚書」『太宰府市公文書館紀要　年報　太宰府学』一、二〇一七年参照)。これ以前は、大宰府成立前史として捉えるべきであろう。

(36) これについては、『鴻臚館跡　22—北館部分の調査(1)—』(福岡市埋蔵文化財調査報告書第一三〇〇集、福岡市教育委員会、二〇一六年)一七九頁以下(菅波正人氏執筆)を参照。

(37) この点については、井上信正「推定客館跡の概要」(『大宰府条坊跡44—推定客館跡の調査概要報告書—』太宰府市教育委員会、二〇一四年)参照。

(38) 註(4)前掲拙稿。

(39) 註(16)前掲拙文参照。
(40) 石井氏註(25)前掲論文。
(41) 『続日本紀』天平宝字三年十月丙辰条に「徴高麗使於大宰。」とみえる。
(42) 鄭淳一『九世紀の来航新羅人と日本列島』(勉誠出版、二〇一五年)。
(43) 鄭氏註(42)前掲書。
(44) 以下の叙述は、拙稿「平安初期における日本の国際秩序構想の変遷—新羅と渤海の位置づけの相違から—」(『九州史学』一一八・一一九)に拠る。これに対して渡邊誠氏は、この弘仁五年の記事について、「最後の新羅使が来航した宝亀10年から35年も後のものであり、その時点で新羅使の来航の可能性がなお現実に期待できると為政者が考えたとは思いがたい。」とされた(「日本古代の朝鮮観と三韓征伐伝説—朝貢・敵国・盟約—」『文化交流史比較プロジェクト研究センター報告書』VI、二〇〇九年)。しかしながら、後述するように新羅使の迎接装置としての鴻臚館が、まがりなりにも承和年間まで維持されていたことを考えると、単なる観念上のものにすぎなかったとはいえないのではないかと思う。
(45) 佐伯有清『最後の遣唐使』(講談社、一九七八年)。
(46) 石上英一「古代国家と対外関係」(『講座　日本歴史』第二巻・古代二、東京大学出版会、一九八四年)。
(47) 田中「新羅人の交易活動と大宰府」(同『国際交易と古代日本』吉川弘文館、二〇一二年)。
(48) 田中氏註(47)前掲論文。
(49) 佐々木氏註(12)前掲論文。
(50) 佐々木氏註(12)前掲論文。
(51) 『類聚三代格』巻五　天長元年九月三日太政官符。永山修一氏は、この多褹島停廃について、前年の弘仁十四年(八二三)に、公営田制が導入され、多褹島の維持財源に充てていた公田地子が激減し、大宰府財政の見直しが行われたためとしている(「平安時代前期の南九州」同『隼人と古代日本』同成社、二〇〇九年)。
(52) 薗田香融「出挙—天平から延喜まで—」(同『日本古代財政史の研究』塙書房、一九八一年)。
(53) 山里純一「公用稲と国儲」(『続日本紀研究』一九七、一九七八年)。
(54) 山里氏註(53)前掲論文。
(55) 薗田氏註(52)前掲論文。
(56) 小市和雄「舂米運京の粮料と国儲」(『日本歴史』四〇三、一九八一年)。
(57) この式については『延暦交替式』天平宝字元年十月十一日太政官宣、『続日本紀』同年十月乙卯条を参照。
(58) 『正倉院文書』続々修四三—三。
(59) 正税帳については、林陸朗・鈴木靖民編『天平諸国正税帳』(現代思潮社、一九八五年)による。
(60) たとえば林氏ほか編註(19)前掲書の語注を参照。
(61) この点については、『国史大辞典』「国儲」項(宮本救氏執筆)に言及がある。
(62) 山里氏註(21)前掲論文。
(63) 山里氏註(21)前掲論文。
(64) 佐々木氏註(12)前掲論文参照。
(65) 山里氏註(21)前掲論文。

大宰府管内における官衙の成立

杉原 敏之

はじめに

律令制下、大宰府は独自の政治機能として外交儀礼や対外軍事権を有すると共に、西海道諸国島に対する内政総管の府でもあった。この大宰府機構の原型は、七世紀の東アジア世界との交流を背景としながら、当時筑紫と呼ばれた九州島に対する段階的統治によって成立した。さらに八世紀初頭の令制大宰府の発足によって、西海道諸国島の統治が重要な任務となり、南方の隼人鎮圧と列島西南の領域支配は政治的命題であった。記録によれば、大宝二年（七〇二）に薩麻国が、和銅六年（七一三）に日向国分割によって大隅国が成立し、九国三島制の成立は和銅年間頃と考えられている［倉住 一九八五］。

大宰府が管内支配を進めていく上で、自らの政治機能を具現化するため都宮の朝堂院形式に倣って中枢施設・大宰府政庁が整備された。一方、西海道諸国では律令制成立を経て大宰府と共に管内諸国も整備されていったが、国司制の成立と共に諸国に赴任した国司の政治儀礼空間である国庁の成立過程については不明な点が多い。

西海道独自の統治形態として、大宰府と諸国は機能的階層性を備えていたことは確かだが、あらためて施設構造として両者を対比させる意味はあろう。これまで、諸国の中枢施設の成立をめぐっては、筑後国府の調査成果をもとに議論が展開されてきた。しかし、ここ十数年の西海道官衙遺跡の膨大な調査成果を鑑みる時、あらためて大宰府と諸国の統治形態を視野に入れて官衙遺跡総体として捉え直す時期にきている。

本稿では、大宰府政庁と西海道諸国の中枢施設である国庁の調査成果を比較検討し、大宰府管内における官衙の成立過程について素描したい。

1 大宰府政庁と周辺官衙の成立

(1) 令制大宰府の中枢施設（第1図）

律令制成立後、大宰府における最大の画期は、II期大宰府政庁の造営である。西海道の官衙では最初の瓦葺の礎石建物であり、都宮の朝堂院形式を採用した南北215.45メートル、東西119.20メートルの規模で、前庭部の東西に脇殿を、中央奥には宮の大極殿に相当する正殿を配した。創建瓦は鴻臚館式軒先瓦（223a・635A）等であり、独自の鬼面文を持つ大宰府式鬼瓦I式も葺かれた。あらためてII期大宰府政庁の平面配置をみると、政庁中軸線を折り返した東西幅119.20メートルの四等分が29.80メートルとなり、天平小尺（＝0.298メートル）の一〇〇尺に相当する。つまり東西は四〇〇尺になることが分かる。この小尺採用は和銅六年（七一三）の改定以後であり、大宰府政庁

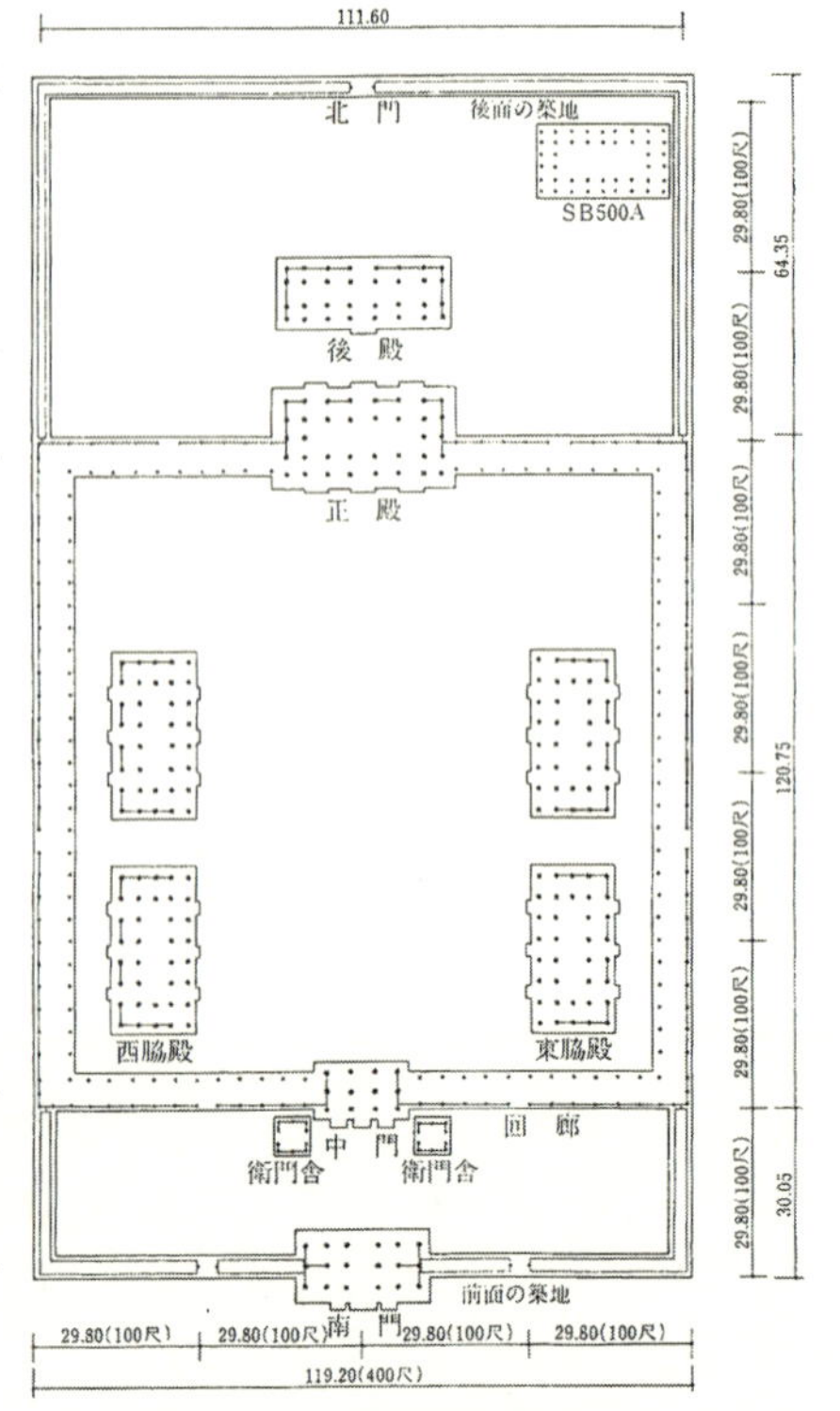

第1図　Ⅱ期大宰府政庁

の造営は平城京遷都以降に本格化したとみられている［井上 二〇〇九他］。霊亀元年（七一五）には造平城京司長官であった多治比真人池守の赴任の記録があり、この霊亀・養老年間頃にⅡ期大宰府政庁が成立したと考えられている［狭川 一九九三他］。

Ⅱ期大宰府政庁は、南門、中門、正殿、後殿、北門を南北直線上に配し、正殿から中門へ回廊がコの字に廻り、北門や南門から延びる築地がそれぞれ回廊に取り付く（第1図）。さらに、十世紀後半の藤原純友の乱後に再建されたⅢ期大宰府政庁は後殿後方の東西に総柱建物を設け、回廊の柱間を変更している。

主要施設のうち、南門はⅡ・Ⅲ期ともに桁行五間×梁行二間で、中央の柱間が広い。玉石積基壇で、Ⅱ期が東西24.2メートル、南北12.2メートルでⅢ期には東西26.2メートル、南北14.4メートルとそれぞれ拡張する。重層の門が復元され、三つの扉と前面に三箇所の階段が取り付く形となる。そして、中門は三間×二間で基壇規模は東西17.5メートル、南北10.5メートル、三間三戸の八脚門に復元される。さらに、正殿は七間×四間の四面廂建物で、身舎の桁行柱間は4.40メートル、梁行は3.25メートル前後となる。Ⅱ期については不明な点が多いが、Ⅲ期と同様の規模が想定される。基壇規模は東西34.7メートル、南北19.7メートルの凝灰岩切石の壇上積基壇であり、前後面に三箇所の階段が取り付く。礎石は二段の造出しで、後方には一部地覆のための欠き込みがあり、正面が吹き抜けで側面後方には壁、背後には扉と壁が付く構造で裳層による重層の建物であったことが分かる。正殿に取り付く回廊部は、Ⅱ期の梁行が4.65メートル（一五・五尺）と桁行3.9メートル（一三・三尺）だが、Ⅲ期には梁行が4.0メートル（一三・五尺）になる。

(2) 下層遺構との関係（第2図）

大宰府政庁では中門・正殿・北門地区においてⅡ期以前のⅠ期遺構が確認されている。このうち正殿地区では、現地表に残るⅢ期礎石建物下位にⅡ期建物の礎石据付穴が重複し、さらにⅡ期基壇下位においてⅠ期遺構が検出されている。

正殿基壇下位に重複する掘立柱建物SB120は長舎状の東西棟で南面廂付建物である（第2図）。柵（板塀、SA110）が取り付き、後背に溝（SD125）が並走する。柱間は桁行2.66メートル、梁行は北から三間が2.40メートル、廂部では3.03メートルになる。柱筋が通る板塀と北側桁行を共有する。さらに掘立柱建物の前面には、七間×五間の南北棟四面廂の掘立柱建物SB121が配されている。桁行総長17.70メートル、梁行総長11.36メートルで、政庁内における四面廂建物では最大である。床面積は85.8平方メートルであり、座標北に対して0度5分西偏し、中軸線はⅡ期政庁より1.5メートル東へずれる。

政殿地区の調査では、基壇積土と周辺の整地層を層位的に捉えること

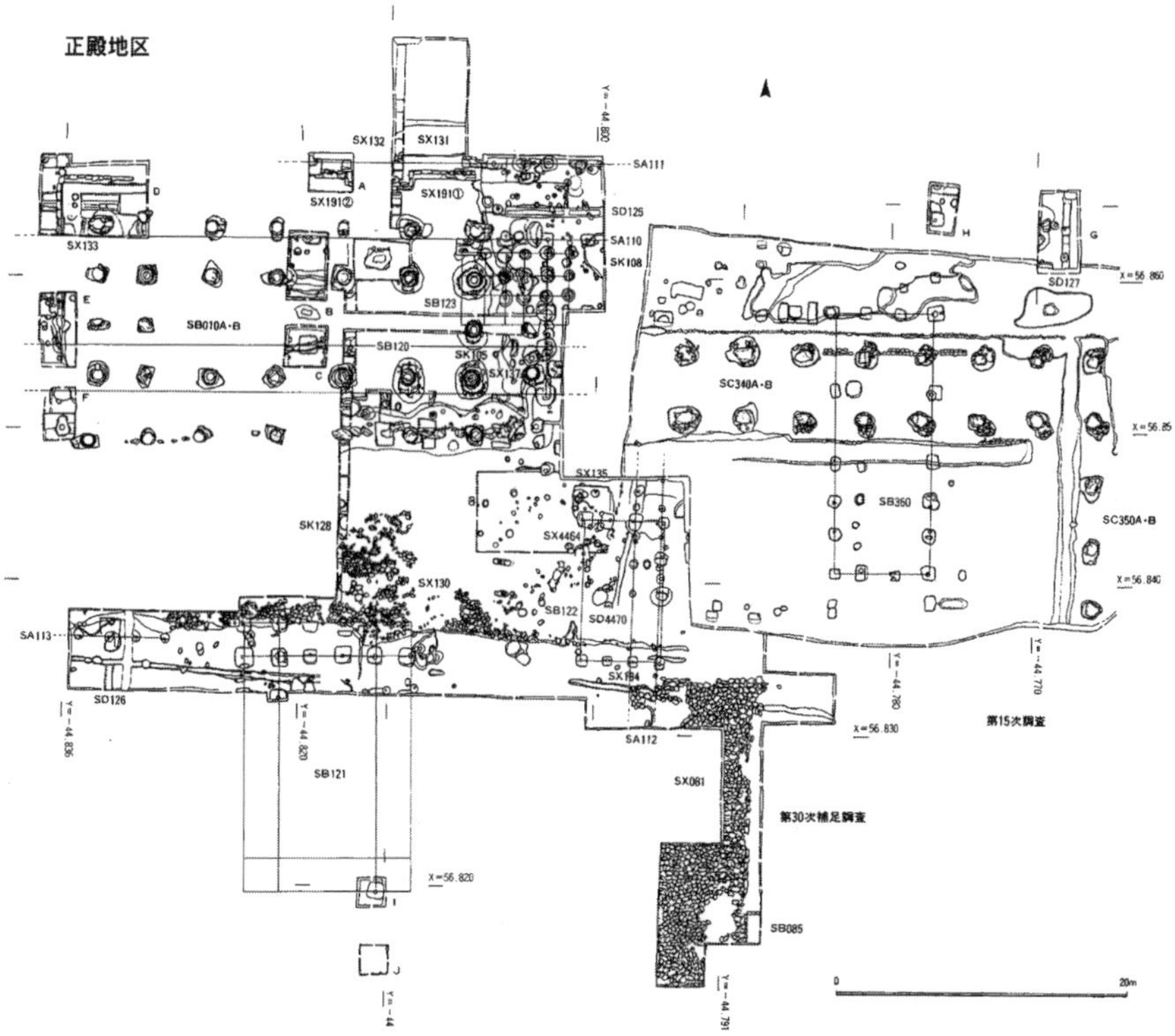

第２図　大宰府政庁正殿地区遺構配置図

によりⅠ期遺構が時期的に整理された(第3図)。それは、最下層の政庁Ⅰ期古段階(柵ＳＡ111、建物ＳＢ122・360)、正殿基壇下位や周辺に大型建物(ＳＢ120・121)や溝(ＳＤ125・127)、柵(ＳＡ112)が展開する政庁Ⅰ期新段階、基壇造営時に置かれたⅡ期造営段階の建物(ＳＢ123)・柵(ＳＡ113)、暗渠(ＳＸ133)である。つまり、Ⅰ期政庁が大きく二時期、Ⅱ期造営に関わる短期間の時期に細分される。

これらのうち、Ⅰ期新段階の施設の廃絶状況が注意された。Ⅱ期政庁の基壇の下では、Ⅰ期新段階の建物(ＳＢ120)や板塀(ＳＡ110)の柱を抜き取って、Ⅱ期基壇下層の粘土が充填され、また溝(ＳＤ125)も基壇の整地と共に埋められていたのである。つまり、Ⅰ期新段階の遺構廃絶後、時間を置かずにⅡ期正殿の造営が開始されており、Ⅰ期政庁の機能的発展の上にⅡ期政庁が成立したと理解される。その時期は、基壇積土や柱痕跡出土資料から八世紀第1四半期頃に比定される。一方、政庁Ⅰ期新段階の成立時期については、基壇周辺部の出土土器から七世紀第４四半期

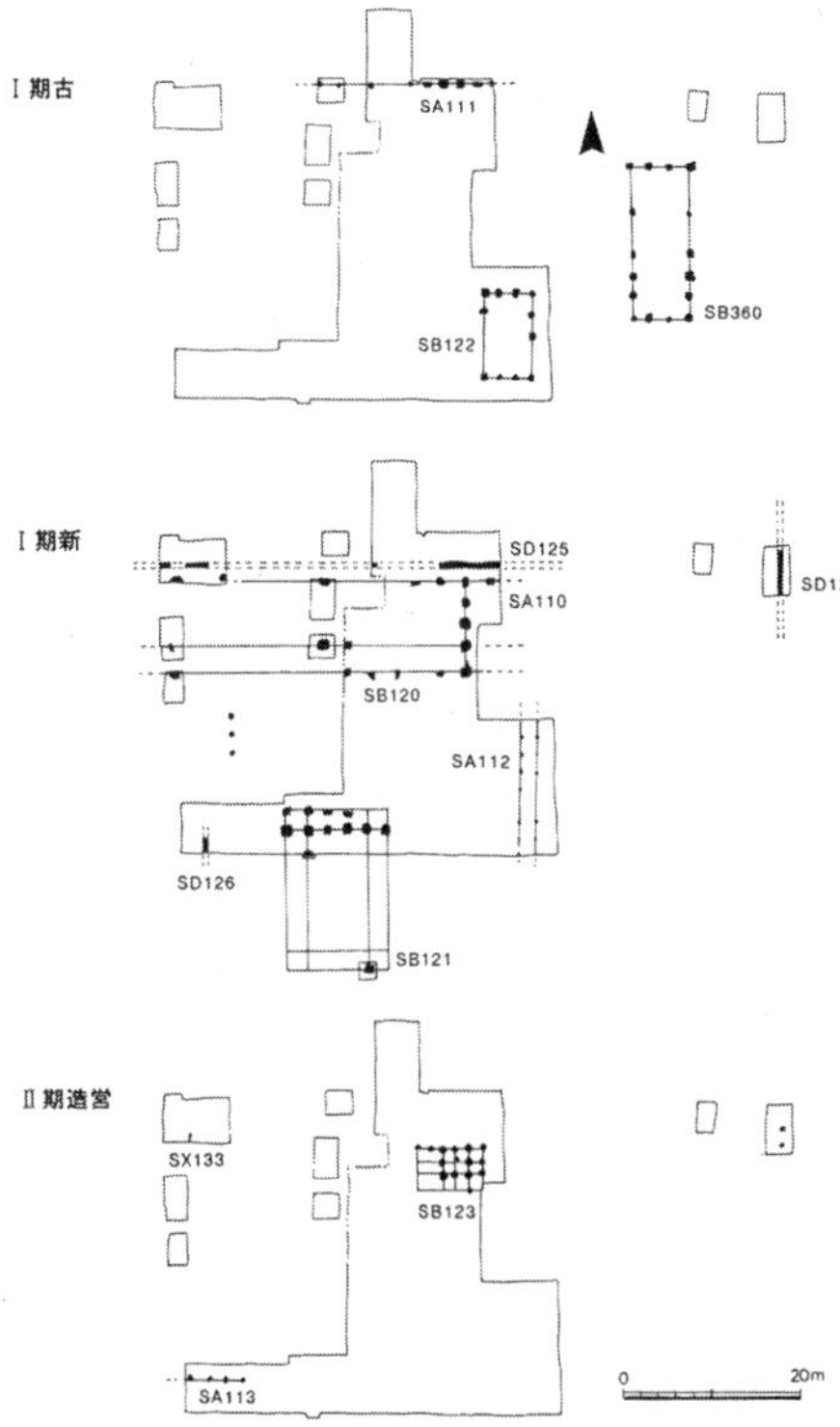

第３図　正殿地区Ⅰ期遺構変遷図

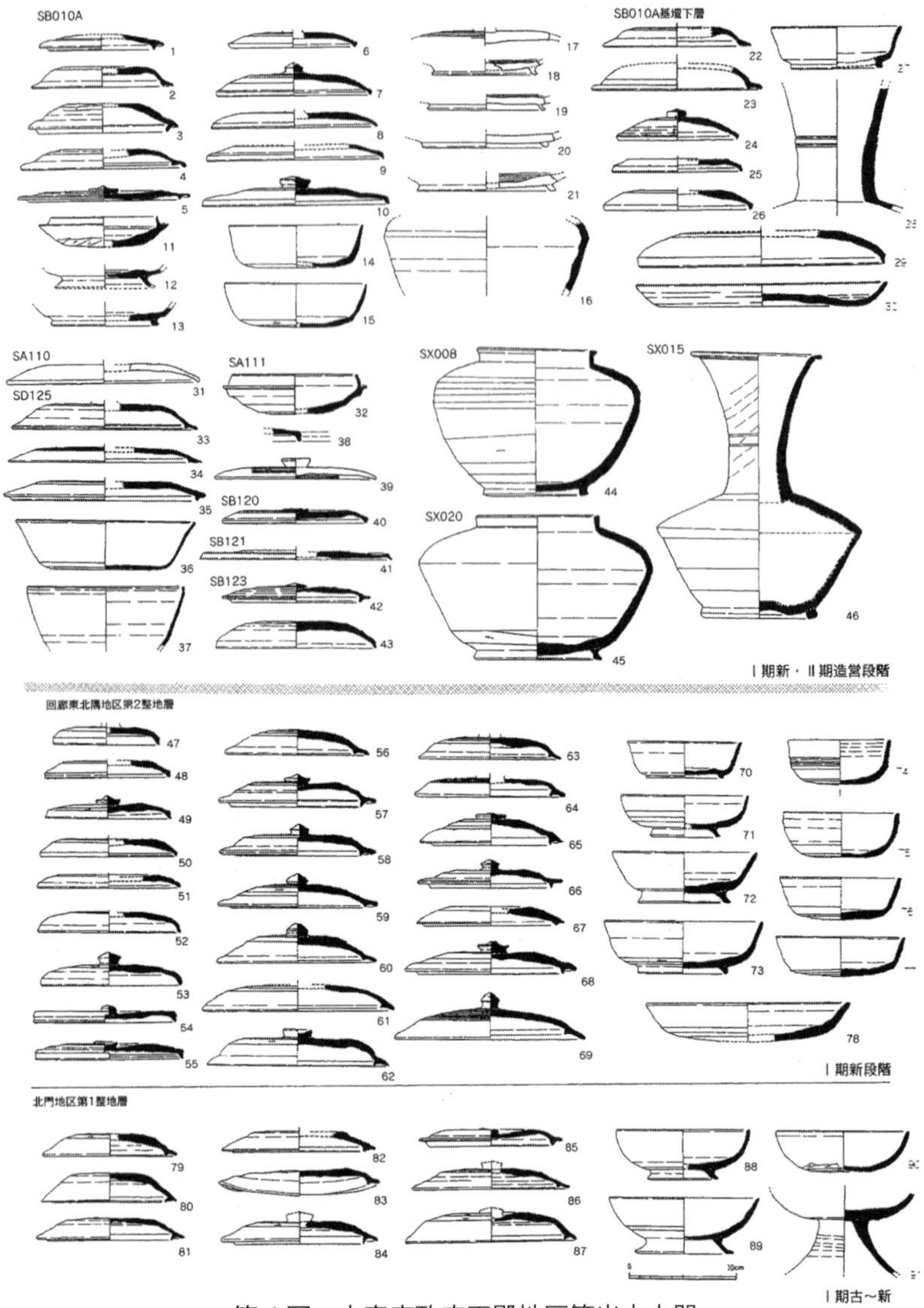

第４図　大宰府政庁正殿地区等出土土器

を上限とみることができ、概ね飛鳥Ⅳ期に捉え得る（第４図）。これは持統三年（六八九）の飛鳥浄御原令制定の頃であり、政庁Ⅰ期新段階の整備がこの法令に連動している可能性は高い。

(3) 大宰府庁域の造営（第５図）

大宰府庁域[鏡山 一九六八、石松 一九八三]と称される大宰府政庁周辺官衙では、Ⅱ期大宰府政庁と共に本格的な施設整備が開始される。まず、政庁正面には広場、東に日吉地区官衙、西に不丁地区官衙と大楠地区官衙がそれぞれ配置され、これらの官衙は南北の溝によってそれぞれ区画される。各地区の境界溝の割付をみると、正面広場を挟んで東西に位置する日吉地区官衙の西境界溝（ＳＤ4660）と不丁地区官衙の東境界溝（ＳＤ2340）の溝心々距離が184.4ﾒｰﾄﾙ、不丁地区官衙の西境界溝（ＳＤ320）と東境界溝（ＳＤ2340）の距離は溝心々87.3ﾒｰﾄﾙ、さらに西側の大楠地区官衙の区画溝（ＳＤ2680）と不丁地区官衙の西境界溝の溝心々距離が87.8ﾒｰﾄﾙで割り振られている（第５図）。これらの溝は、小尺（＝０.296ﾒｰﾄﾙ）換算で、日吉地区官衙の西境界溝と不丁地区官衙の西境界溝の間が約六二〇尺、不丁地区官衙の東境界溝と日吉地区官衙の西境界溝、不丁地区官衙の西境界溝と大楠地区官衙の区画溝の距離がそれぞれ約三〇〇尺となる[九州歴史資料館 一九八六・二〇一七他]。そして政庁中軸線から不丁地区官衙の東境界溝までの心々距離は、102.4ﾒｰﾄﾙになる。

官衙の境界となる区画溝の配置は政庁を含めた御笠川以北の官衙域では妥当だが、以南の条坊域との関係からみると齟齬がある。つまり、大宰府政庁と幅36ﾒｰﾄﾙ（一二〇小尺）の朱雀大路中軸線の一致に対して、一辺約90㍍の条坊区画の左右郭一坊の溝とに約5㍍のズレが生じているのだが、この状況を政庁の単位尺である小尺（＝0.296㍍）に対する大尺（＝0.35㍍）施工の結果とみる意見がある［井上 二〇一二］。そして、主要官衙施設の造営以前の七世紀末から八世紀初め頃に街区の大宰府条坊が先行して施工されたとするのである。

あらためて大尺換算で政庁前面域の区画溝をみると、日吉地区官衙の西境界溝と不丁地区官衙の東境界溝間が五二〇尺、不丁地区官衙の東境界溝と西境界溝、西境界溝と大楠地区官衙の区画溝間は約二五〇尺となる［九州歴史資料館 二〇一〇］。官衙の境界溝の開削時期については、不丁地区官衙の東境界溝が98次調査で確認された七世紀第3～4四半期の流路を切ることや溝最下層出土土器を踏まえれば八世紀前後とみられる。そして、この境界溝に規制される形で八世紀前半に官衙施設の本格的な造営が開始される。この状況から、条坊区画の施工が官衙の造営に先だつことは確かである。

　研究の現状を踏まえ、あらためて都市大宰府と大宰府官衙の造営過程を整理すれば、七世紀第4四半期末頃、大宰府条坊の区画の施工が街区を中心に行われた。それは、一部御笠川以北にまで拡大されたが、この時期の政庁域ではⅠ期新段階の施設を中心に中枢官衙が機能している。その後、八世紀第1四半期のⅡ期大宰府政庁の造営と共に、新たに東の学校院、観世音寺等の配置が確定されると同時に、前面域の政庁周辺官

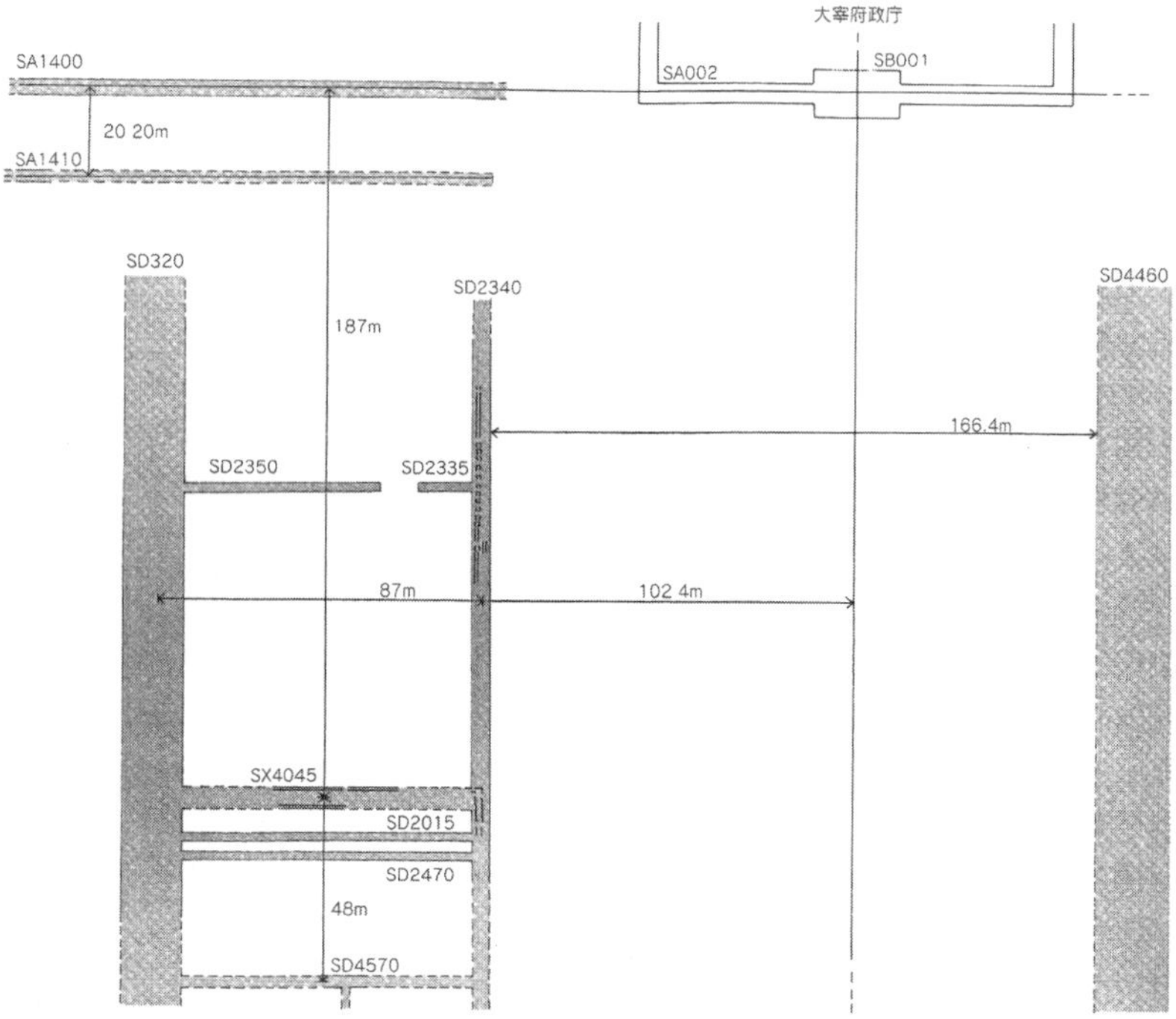

第5図　大宰府政庁と周辺官衙の区画

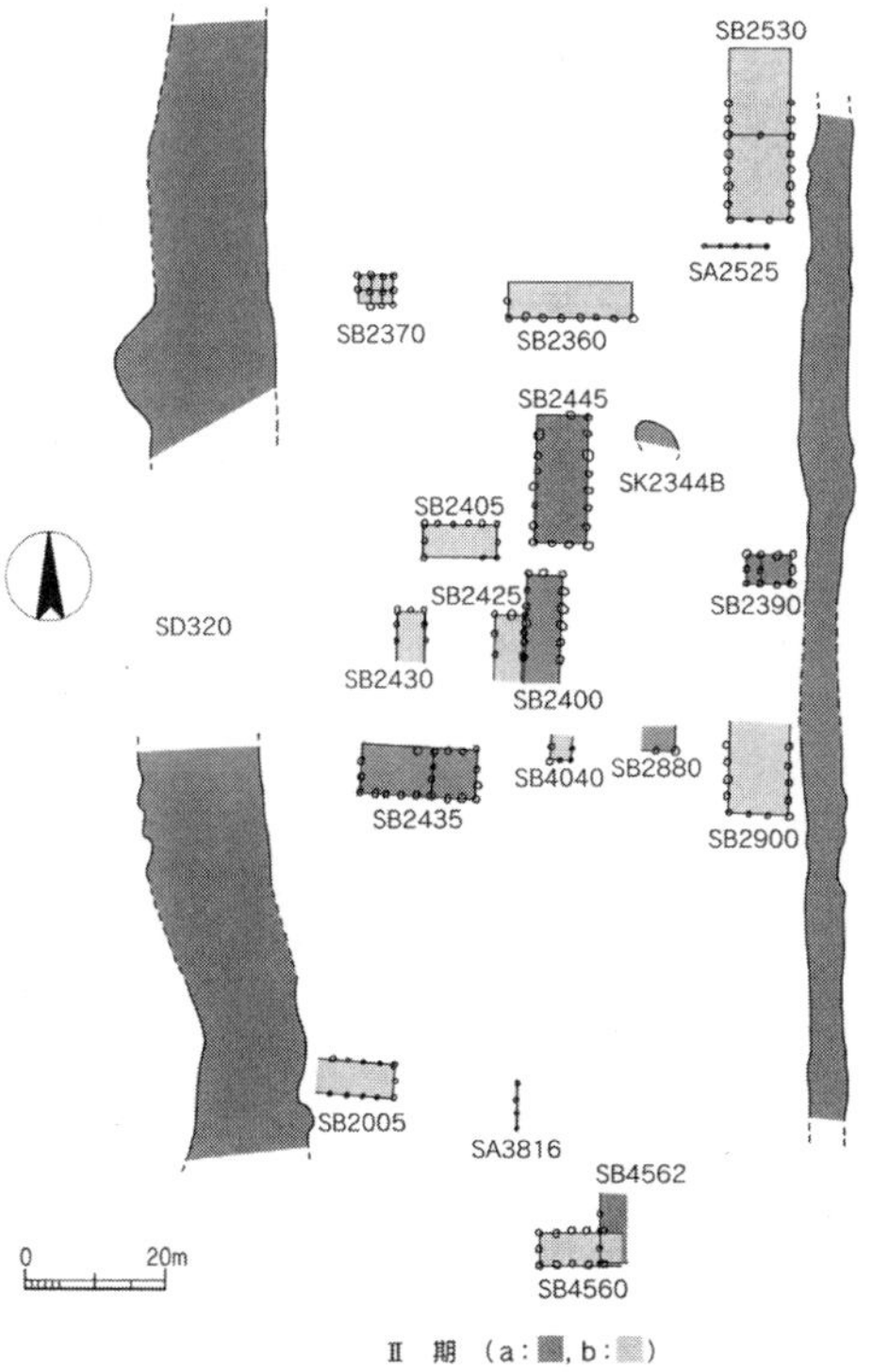

第6図　不丁地区官衙Ⅱ期構配置図

衙の造営が本格的に開始されたと言える。

そして、Ⅱ期大宰府政庁と共に政庁正面西側に位置する不丁地区官衙も機能し始める。八世紀前半のⅡａ期には南北棟建物の二棟（ＳＢ2445・ＳＢ2400）が並列して南の東西棟建物（ＳＢ2435）とで逆Ｌ字形配置を、Ⅱｂ期には北に東西棟（ＳＢ2405）、東西に南北棟の二棟（ＳＢ2430・ＳＢ2425）とでコの字形配置をそれぞれとる（第６図）。東の境界溝（ＳＤ2340）からは、「糟屋郡紫草廿根」をはじめ「大野郡黒葛」、「薩麻国枯根」、「合志郡」等、西海道各地の国郡名を記した調庸関係の木簡が出土しており、大宰府と諸国との統治関係が十分に機能していたことを窺わせる。最下層に流水を示す砂層堆積があり、その上位に滞水を示す粘質土層がある。85次調査区では下層より「天平六年（七三四）」銘木簡が出土しているが、上層堆積層の埋没年代は八世紀中頃までと捉えられる。

２　西海道諸国島の中枢官衙

(1) 諸国における中枢施設の動向

筑後国府　国庁の四時期変遷と三度の移転が明らかになっている〔松村編 二〇〇八他〕。Ⅰ期古宮国府（七世紀末～八世紀中頃）、Ⅱ期枝光国府（八世紀中頃～十世紀前半）、Ⅲ期朝妻国府（十世紀前半～十一世紀末）、Ⅳ期横道国府（十一世紀末～十二世紀前半）である。このうち初期国庁のⅠ期古宮国府は、前身官衙から機能的発展を遂げて筑紫分国の頃に成立したとされる（第７図）〔田中 一九八九〕。

二条の溝と築地塀（土塁）に囲まれた南北170メートル、東西約80メートル以上の方格区域内に正殿、前殿、東脇殿などが確認されている。正殿に相当すると

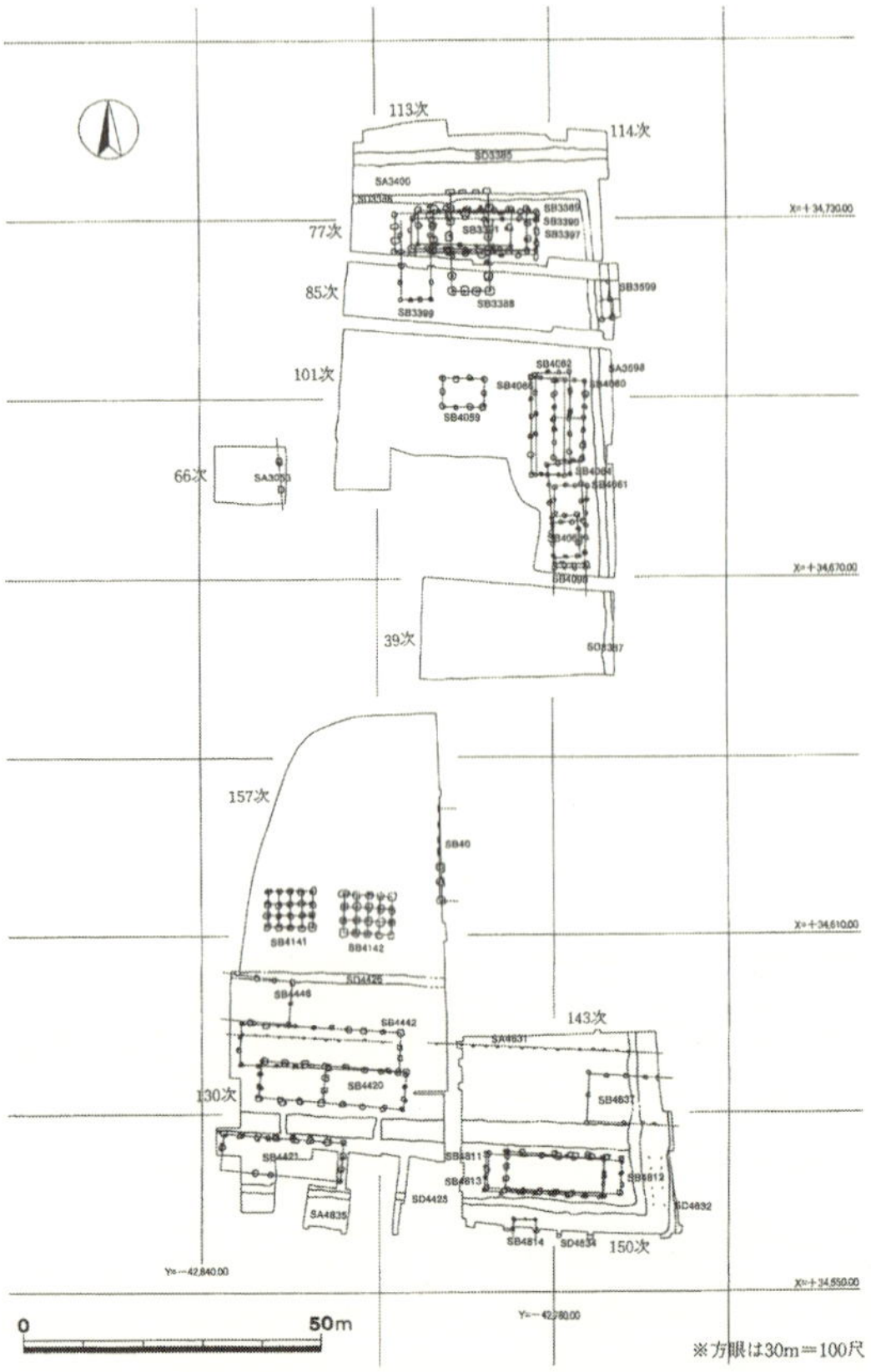

第７図　筑後国府　Ⅰ期古宮国府

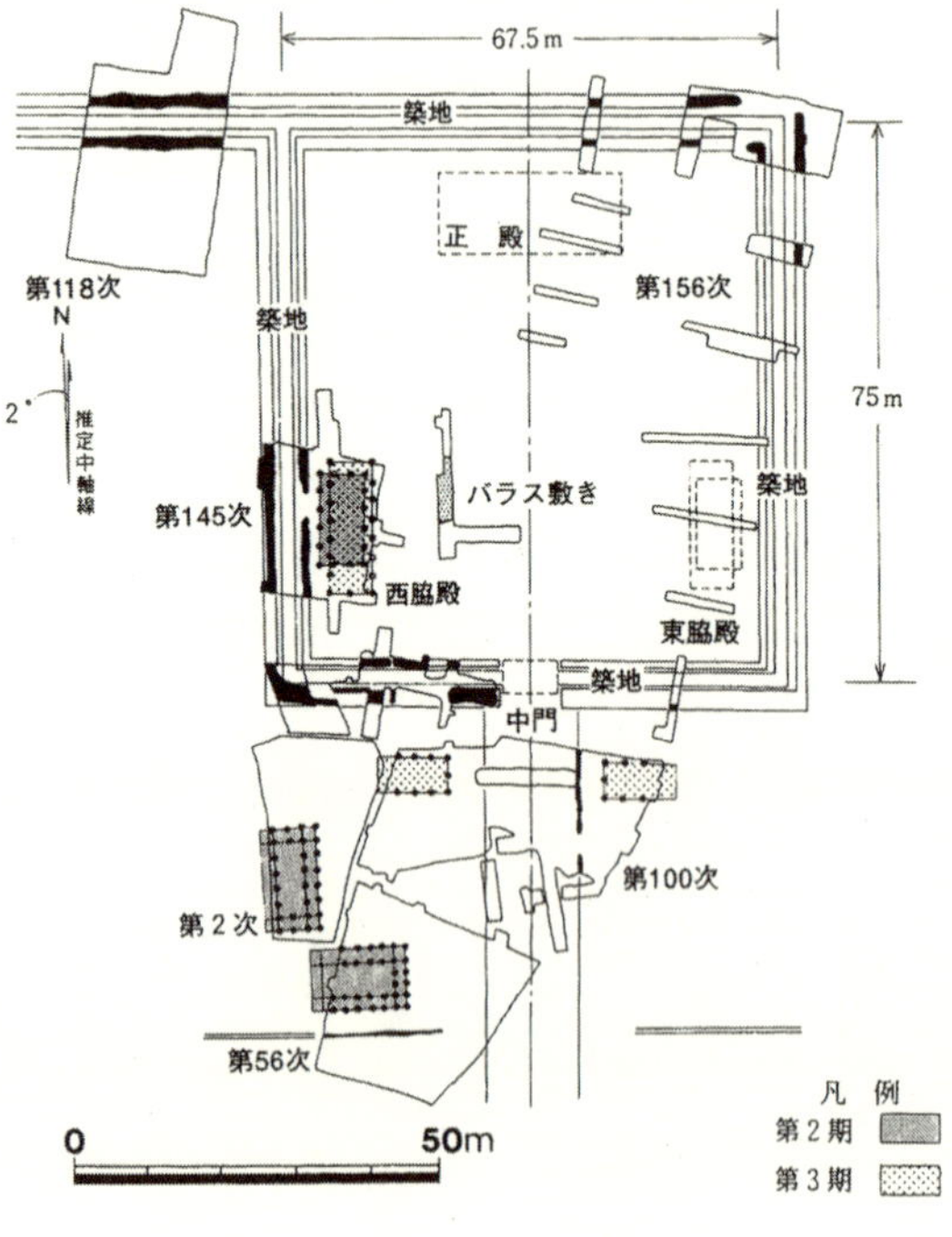

第８図　筑後国府　Ⅱ期枝光国府

みられる施設は、溝（SD3386）を利用した八間×三間（桁行総長24．0㍍、梁行総長6．60㍍）の東西棟建物（SB3390）である。この建物は、中軸線が通る三間×二間（桁行総長7．2㍍、梁行総長4．8㍍）の「前殿」と推定される東西棟建物（SB4059）と並列する六間×三間の東脇殿二棟（SB4060・4061）とで施設を構成しているが、西脇殿については不明である。このⅠ期政庁の溝（SD3386）と南境にあたる溝（SD4255）の心々距離は170．5㍍、四八〇大尺（一尺＝0．355㍍）とされる［神保編二〇一七］。

その後、八世紀中頃の天平年間に、阿弥陀地区へⅡ期枝光国府が移転造営される（第8図）。瓦葺の築地塀に囲繞された南北75㍍、東西67．5㍍の政庁域となる。庁域内の施設の大半は失われているが、西脇殿は六間×三間（桁行総長14．5㍍、梁行総長5．8㍍）の規模で九世紀初め頃に礎石建物に変わる。

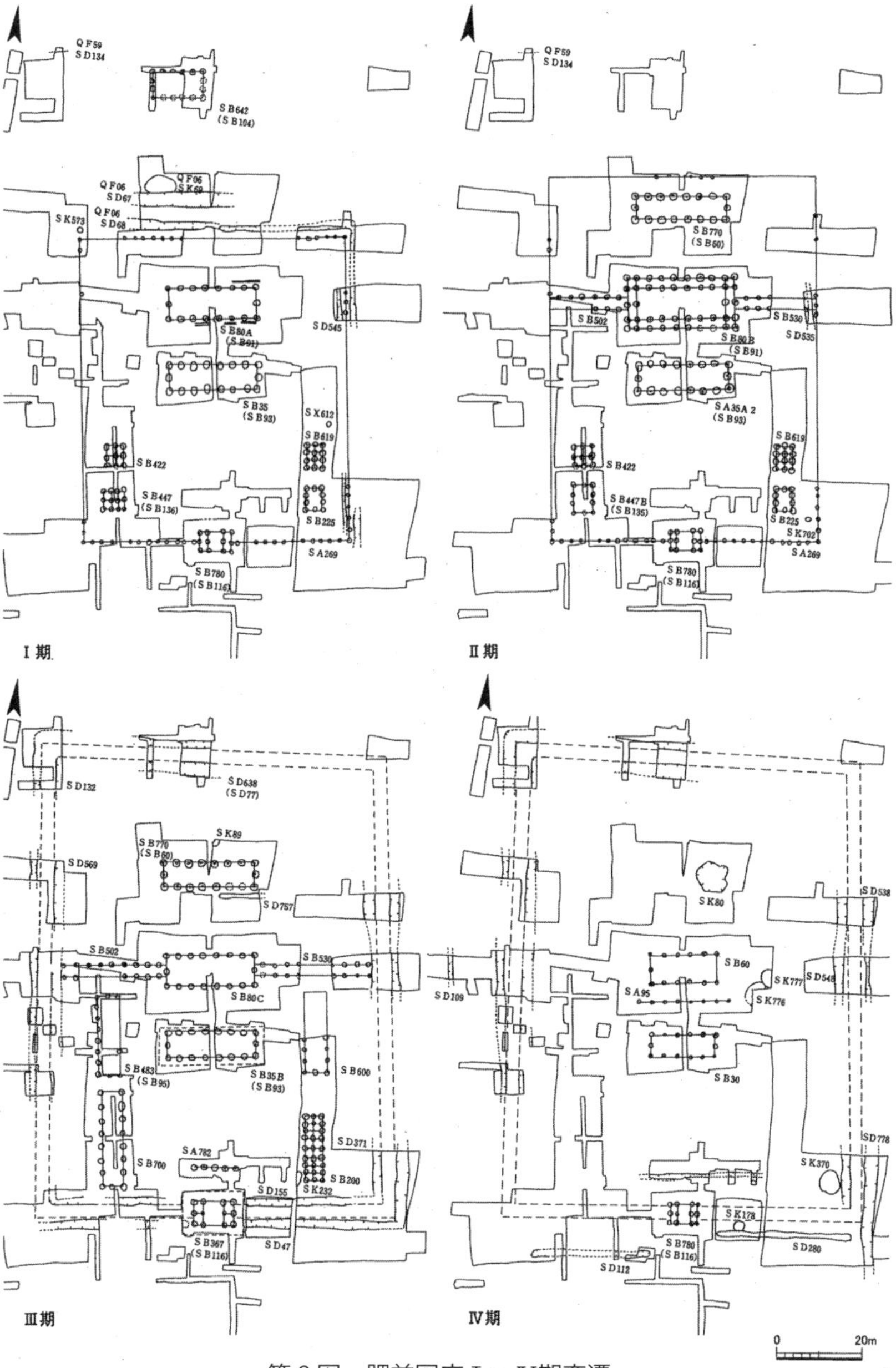

第9図　肥前国庁Ⅰ～Ⅳ期変遷

肥前国府（第9図）　概ねⅠ～Ⅳ期の施設変遷が整理されている［佐賀市教委二〇〇六］。最下層のⅠ期は鴻臚館式軒先瓦の出土から八世紀前半に遡る可能性もある。南門（八脚門）、前殿、正殿、東西脇殿で構成され、掘立柱塀（SA269）で区画される政庁は東西約64㍍、南北約68㍍の規模で正方形に近い。正殿（SB80A）は七間×二間（桁行総長20．355㍍、梁行総長6．875㍍）の掘立柱建物で、同様に前殿も七間×二間である。東西脇殿は、総柱建物や側柱建物が並び規模も小さい。そして八世紀後半のⅡ期には掘立柱式の正殿（SB80B）が九間×四間（桁行総長約24・5㍍×梁行総長約11・2㍍）の四面廂建物となり、梁行約2・5㍍の翼廊が取り付く。さらに後背に七間×二間の後殿（SB770）が配され、あわせて掘立柱塀が拡張されて南北約82㍍の庁域となる。脇殿はⅡ期後半の建替えにより長棟化する。さらに九世紀前半のⅢ期には、築地塀に囲まれた政庁は南北104㍍、東西82㍍の規模に拡充されるが、地形の制約を受けた逆台形状になる。後殿と翼廊を除いて礎石建物となる。

豊前国府（第10図）　国庁級以上の規模である福原長者原官衙遺跡の政庁は大きくⅠ～Ⅲ期（七世紀末～八世紀第2四半期）にわたって変遷する［行橋市教委 二〇一六］。区画溝（SD055）が囲繞するⅠ期（七世紀末）の詳細は不明だが、この溝を埋めて廃絶するⅡ期（八世紀第1四半期）には約141・3㍍四方の区画溝（SD050）と回廊状遺構（SA030）を廻らせ、両施設間に11・8㍍の等間隔の空閑地を持つ。Ⅱ期政庁の南門（SB001）は八脚門で、桁行総長8・52㍍（二八・四尺）、中央間は3・96㍍（一三・二尺）である。南門は柱穴の重複によりA（古期）・B（新期）に細分される。政庁内では、正殿地区に東と南に廂を持つ七間×三間の東西棟建物（SB010）があり、廂部の柱間は一一尺以上、柱痕跡の径は40㌢を超える。また、東西脇殿（SB014・SB015）が推定中軸線の対称地に位置する。Ⅲ期政庁の南門（SB002）も一見「八脚門」だが、柱穴の規模は小さく柵（板塀、SA033）に北側の控え柱が取り付き突出した門となる（桁行総長7・24㍍、梁行総長4・92㍍）となる。そのため、Ⅱ期南門とは機能的にも異なる可能性

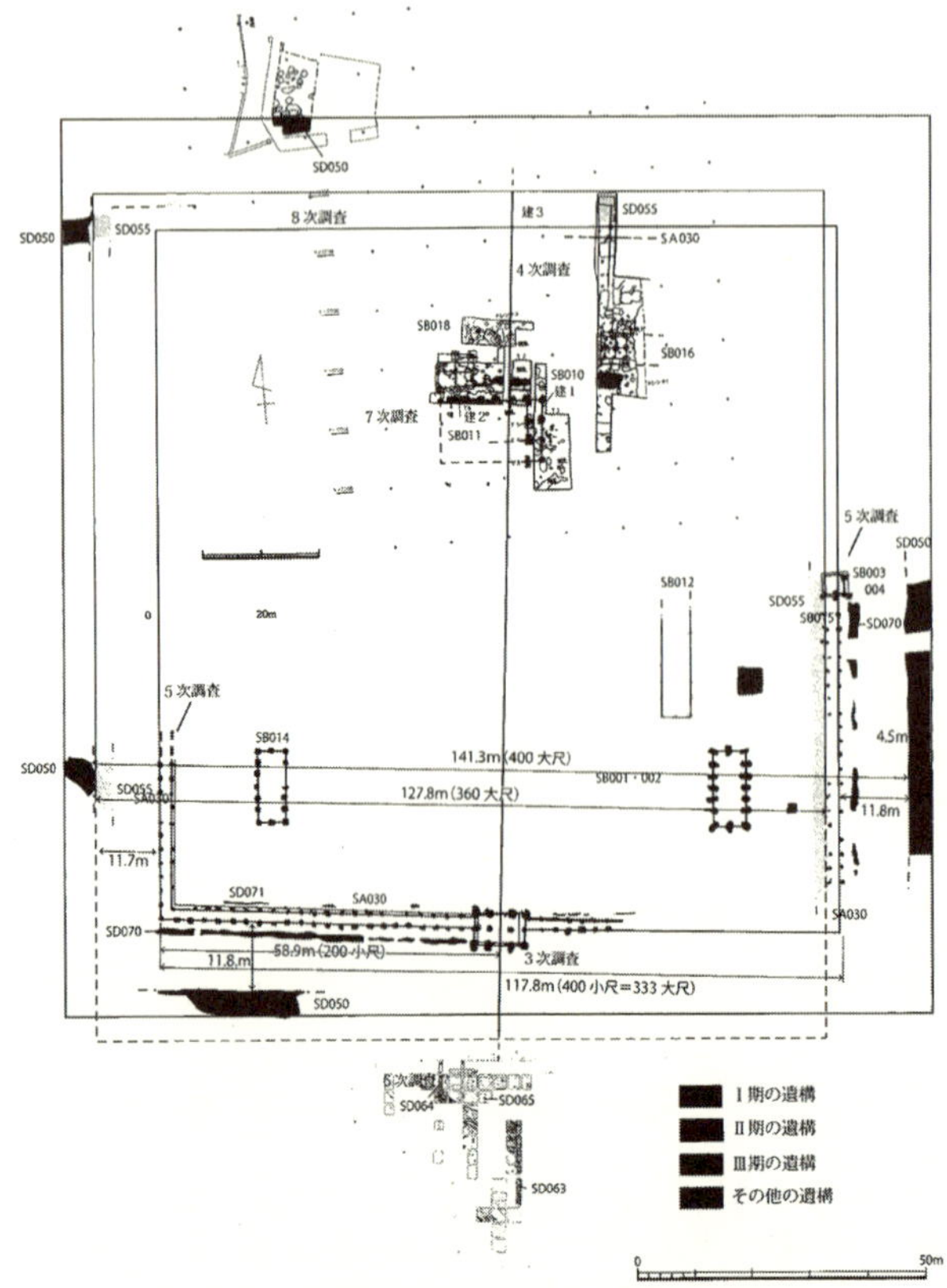

第10図　福原長者原官衙遺跡遺構配置図

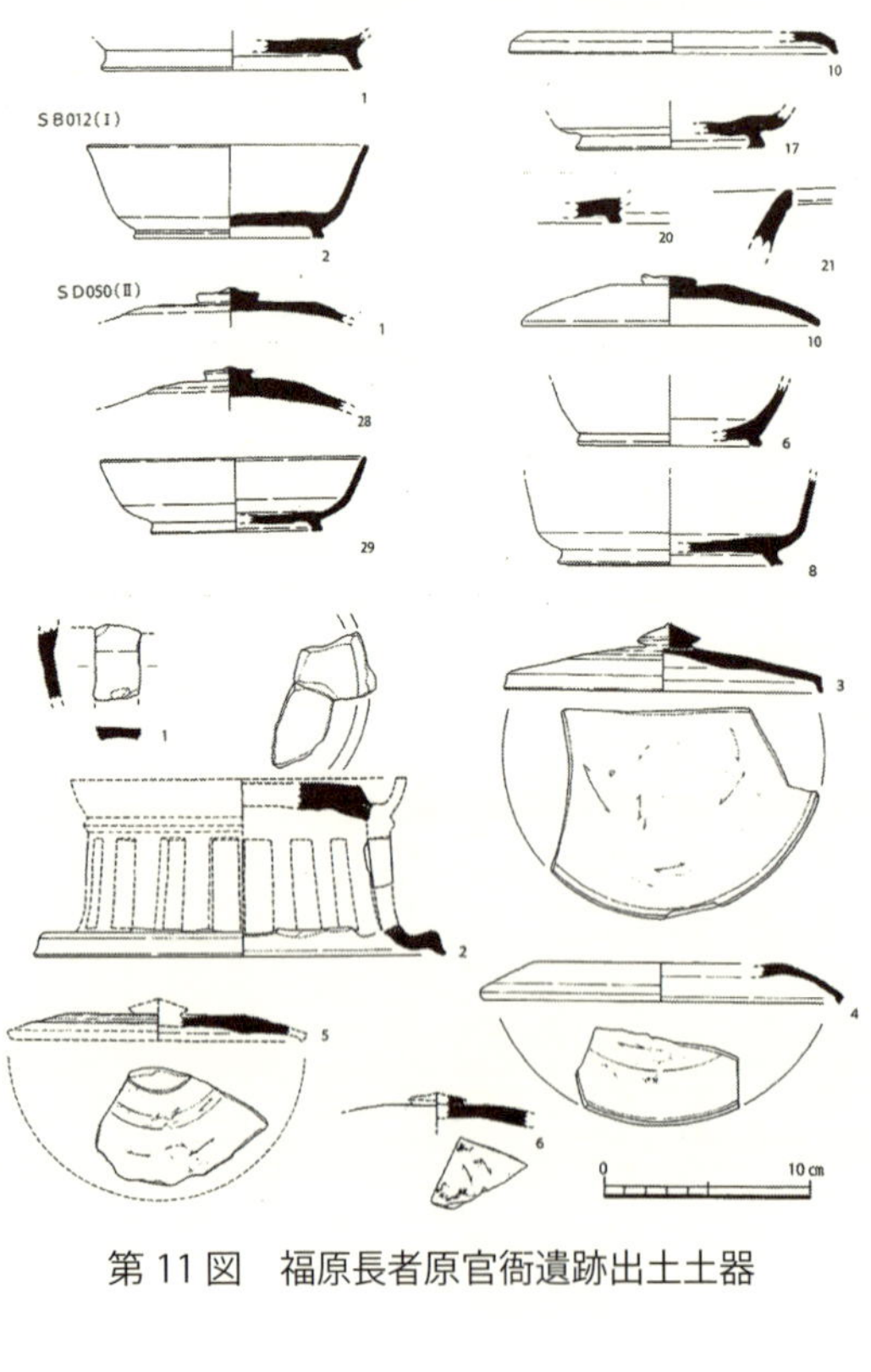

第11図　福原長者原官衙遺跡出土土器

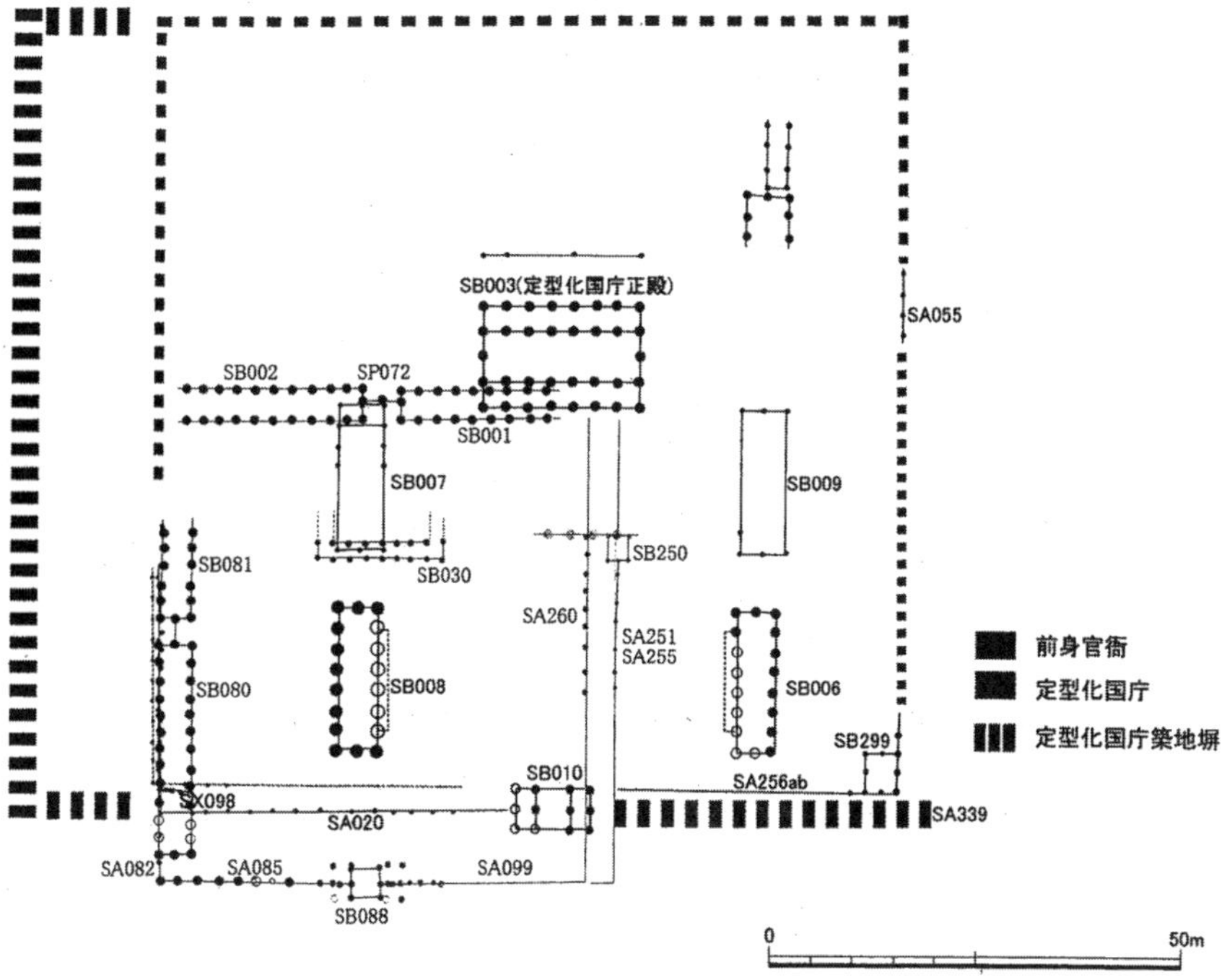

第12図　日向国府遺構配置図

が高い。あらためて、本遺跡の出土土器類をみると、七世紀第4四半期～八世紀第1四半期を中心としている(第11図)。特に八世紀後半以降の官衙遺跡に特徴的なミガキを施す土師器類が小片を含めて認められず、瓦類も小片で総瓦葺建物を想定できない。この点も施設の存続期間を考える上でも重要である。

日向国府(第12図)　前身官衙のⅠ期(八世紀中葉まで)と定型化国庁のⅡ期(八世紀後葉～十世紀前半)とに大きく分かれる[津曲 二〇一七]。このうち前身官衙Ⅰa・Ⅰb期は、北辺と西辺が2棟の長舎、南辺と東辺が柵(板塀)となる。中央北に前身官衙主殿の東西棟建物(SB030)が配され、Ⅰb期に桁行八間の廂付建物になる。Ⅰb期は、東西約53.8㍍、南北58㍍の規模となり、南門(SB088)が四脚門から八脚門(桁行柱間西2.2㍍、中央4.2㍍、東1.8㍍)へ変わる。この前身官衙の廃絶に続く、定型化国庁のⅡa期(八世紀後半)は、南北約90㍍、東西約87.7～89㍍の正方形に近い掘立柱塀の区画で中央北側に七間×四間の南北二面廂建物正殿(SB003)、東西に七間×二間の脇殿(SB006・SB008)を配した「品字型」になる。攪乱を受けている南門(SB010)は掘立柱式の八脚門が想定される。施設の建替えが見られるⅡb期(八世紀末～九世紀初頭)も同規模である。さらにⅡc期(九世紀前半～中頃)には築地塀となり政庁域が東西約120㍍に拡張する。大規模な整地が行われ正殿や東西脇殿は礎石建物になる。新たに東西脇殿が配され、南北二棟が並列する。前殿はなく主要施設が瓦葺になる。

肥後国府　飽田国府推定地の二本木官衙遺跡では、政庁に関連するとみられる掘立柱建物や板塀、東西方向の道路や築地等が確認されている[金田・岩谷編 二〇〇七]。このうち政庁を取り囲む板塀とされる2号柱列や西脇殿が想定される南北棟3号建物があるが、正殿は地業痕跡のみで確認されていない。また、板塀の西側には八間×八間の6号総柱建物が並列しており、曹司の「事務棟」、あるいは倉庫が想定されている。6号建物柱穴出土の地鎮遺構出土土器や国分寺創建頃に比定される軒先瓦から、Ⅰ期施設の上限は八世紀中葉とされる。

(2) 律令成立期の国庁

律令成立期における諸国の中枢施設として、筑後国府跡Ⅰ期古宮国府、豊前国福原長者原官衙遺跡、日向国府跡前身官衙が該当する。

七世紀末頃に成立したⅠ期古宮国府は、定形化する以前の初期国庁の典型として理解されてきた。築地塀（土塁、SA3400）に二条溝が廻る、南北170㍍、東西80㍍以上の方形区画による囲繞施設の構造は特異であり、軍事的色彩の強い国府と評価されてきた。一方、初期豊前国府の機能を備えた可能性もある豊前国福原長者原官衙遺跡は、141.3㍍四方の区画溝（SD050）内に回廊状遺構（SA030）がめぐり八脚門（SB001）に取り付く特異な囲繞施設であり、西海道諸施設に直接系譜を求めることはできない［杉原 二〇一七］。外堀と空閑地を備えた藤原宮をモデルにしたとされ、回廊状遺構と八脚門は七世紀第3四半期の伊予・久米官衙遺跡群とも共通する［林部 二〇一七］。さらに日向国府前身官衙は北辺長舎（SB001・002）と西辺長舎（SB080・081）、柵（板塀）による東西約53.8㍍、南北58㍍の囲繞施設の中に前身官衙主殿（SB030）が置かれ、Ⅰb期に桁行八間の廂付建物になり、また南門（SB088）が四脚門から八脚門へと変わる。

これらの政庁を比較すると、施設様式は多様だが、それぞれ一部共通する要素がある。まず、Ⅰ期古宮国府と福原長者原官衙遺跡は地割の造営尺には和銅六年以前の大尺使用が想定され、長大な区画溝がめぐる点においても共通する。また、福原長者原官衙遺跡については瀬戸内の海路で都に直結した要衝に置かれている。これは七世紀末の筑紫分国以後、大宰府南方の要衝である筑後川沿いに配されたⅠ期古宮国府の選地とも通じる要素である。さらに、福原長者原官衙遺跡にみられる八脚門は定型化した後も国庁の主門の基準として考えて良く、この点からみると、八脚門が置かれる日向国府前身官衙Ⅰb期は国庁として捉えることはできる。ただ、こうした長舎に八脚門が取り付く施設様式は西海道では類例がない。この日向国府の前身官衙に直接関わる出土遺物は限られるが、長舎建物（SB001）柱穴周辺で検出された「主帳」銘墨書須恵器坏身は八世紀第1四半期に比定でき、この官衙の実働期を示すものと考えられる。

(3) 大宰府政庁との関係

西海道では大宰府政庁の影響による、正殿の左右に長棟化した脇殿が配される「大宰府型国庁」［山中 一九九四］が理解されてきた。その具体的事例とされたのは肥前国府である。

肥前国庁は概ね四期にわたって変遷し、段階的整備による施設様式の変化を捉えることができる。Ⅰ期（八世紀前半～中頃）は掘立柱塀で区画され、東西約64㍍、南北約68㍍で正方形に近く、南門・前殿・正殿が南北に並ぶ。七間×二間の掘立柱建物の正殿（SB80A）の前面にほぼ同規模の七間×二間の前殿（SB35A）が配される。ただし東西脇殿は、総柱建物や側柱建物が並び規模も小さい。続くⅡ期（八世紀後半）には掘立柱塀が北に拡張され南北約82㍍の政庁域になると正殿（SB80B）が九間×四間の四面廂建物となり、梁行約2.5㍍の翼廊（SB530・502）が取り付く。前殿は同規模の建替えで継続するが、新たに七間×二間の後殿（SB770）が配される。その後、Ⅱ期後半に脇殿は長棟化し、Ⅲ期（九世紀前半）に礎石建物となる。Ⅲ期の囲繞施設は築地塀となって南北104㍍、東西82㍍の規模に拡大され、後殿と翼廊を除いて礎石建物となる。八脚門の南門（桁行総長9.734㍍、梁行5.310㍍）の中央間は4.130㍍（一四尺）で、基壇規模はⅡ期よりも大きくなる。

以上のように、中枢施設の変遷過程を復元できる肥前国庁では、中央北に正殿、その前面東西に長棟化した脇殿を二棟並べることから、ある段階でⅡ期大宰府政庁に近い形態をとる。特にⅡ期の八世紀後半に四面廂の両脇に回廊状の翼廊が取り付き、新たに後殿を配するなど施設様式として大きく変化しており、大宰府の影響とみることもできる。ただ、前殿が継続するなど細部において配置が異なる。さらに主要施設が礎石建物となるⅢ期では、翼廊で二分される政庁域前庭部の空間は南北約54メートル、後殿周辺の空間が南北約50メートルで儀礼空間としてみてもやや狭い。そこに南北二棟の脇殿が配置され、東西脇殿の北棟が前殿の側面よりも北側に延びる。この状況を踏まえると、脇殿の長棟化を直接大宰府政庁の影響のみとみるより、国庁成立から時間を置いた八世紀後半段階における儀礼空間総体としての施設様式の変化が想定される。同様の段階的変化は日向国府にもみられ、断片的だが筑後国府でも確認できる。

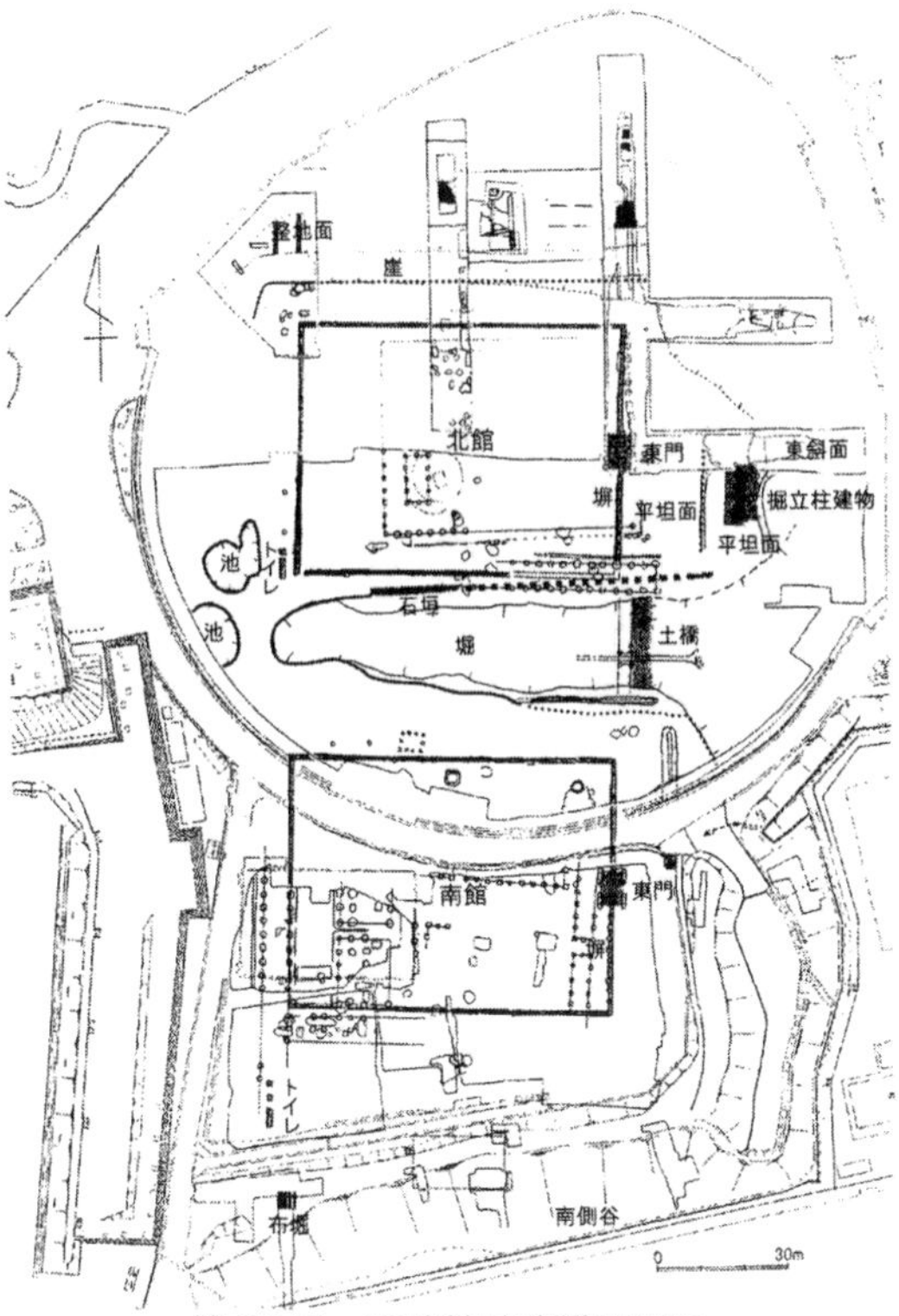

第13図　鴻臚館跡遺構配置図

3　大宰府管内における官衙中枢施設の成立と展開

大宰府管内として中枢施設の変遷をみると、七世紀末から八世紀初め頃は施設構造も多様であり、西海道では長舎建物が主体となる。国庁に関わる施設としては、日向国府Ⅰ期の前身官衙がある。児湯郡衙の可能性も指摘されるが、東西約53.8メートル、南北58メートルの規模で確かに郡（評）の政庁域の規模とほとんど変わらない。ただ、この時期の中枢施設の規模がそのまま、行政的階層性や格式を表現したと言えないのも事実である。例えば、大宰府の外交施設である筑紫館（鴻臚館）では、七世紀後半のⅠ期南館は長舎建物二棟が並列して空閑地を囲うように儀礼空間を創出しているが、東西約54メートル、南北59メートルの規模は日向国府前身官衙Ⅰb期とほぼ同じである（第13図）［菅波 二〇一七］。さらに、日向国府では、律令制成立期に継続する前身官衙Ⅰb期に南門（SB088）が四脚門から格式の高い八脚門へと変わる。つまり、この時期こそが、この官衙が国庁として本格的に機能し始めた可能性はある。

国に直接関わる施設である、筑後国府Ⅰ期古宮国府や豊前国福原長者原官衙遺跡では、一辺100メートル以上の区画溝と共に築地塀か板塀に囲まれた巨大な政庁が造営される。これらの大規模な囲繞施設は、例えばⅠ期古宮国府の二重の溝と築地塀（土塁）に軍事機能も想定されるように、施設構造に実務的機能が反映されている可能性がある。また、その位置づけと評価は課題だが、豊前国福原長者原官衙遺跡では区画溝（SD050）と空閑地を含めて141.3メートル（四〇〇大尺）となり、正面に八脚門（SB001）を配して板塀の回廊状遺構（SA030）が取り付く。八脚門の控柱の掘方は段掘状で深さ1.2メートル、柱痕跡の径は40センチを超える規模で、門の上部構造に関わるものと考えられる。さらに回廊状遺構は並走する雨落状の溝から上部構造に屋根などが想定できる。こうした正門や囲繞施設も本来は何らかの儀礼か機能に関わる可能性が高い。同じく巨大な空間を持つ点で共通するのが、大宰府Ⅰ期新段階の施設である。正殿地区周辺の中枢部では、長舎状建物(ＳＢ120)には柵(板塀・ＳＡ110)が取り付いて溝が並走し、中央に南北棟の四面廂建物(ＳＢ121)が配されている。中門のⅠ期施設と併せてみると100㍍以上の範囲に建物が展開する〔杉原 二〇〇七〕。この大宰府政庁Ⅰ期新段階の施設は、機能的にも儀礼空間として令制大宰府の中枢施設Ⅱ期政庁に継承される。

Ⅱ期大宰府政庁の造営とほぼ同じ頃、現在地において肥前国庁の造営も開始された可能性はあろう。Ⅰ期は掘立柱塀で区画されるが、東西約64㍍、南北約68㍍で正方形に近い点や後殿の不在が注意される。正殿(ＳＢ80Ａ)は七間×二間の掘立柱建物であり、東西脇殿も総柱建物や側柱建物が並ぶが規模も小さい。現状では、こうした施設構造にⅡ期大宰府政庁の影響を直接読み取ることはできない。調査成果によれば、大宰府政庁に類似した翼廊や後殿が配されるのはⅡ期(八世紀後半)以降であり、さらに遅れて脇殿が長棟化する。つまり、肥前国庁の造営当初は、大宰府の直接的影響により政庁域の空間構成が決定された可能性は低いと言える。例えば、七間×二間の前殿の配置に象徴されるように、他の国府と同様に直接宮都の施設配置構想の影響があったと思われる〔青木 二〇一二他〕。そして、この肥前国庁の造営開始にやや遅れた八世紀第2四半期の天平年間頃、大宰府管内としてみると、多様性を持つ初期国庁施設の再編が行われ、儀礼空間としての斉一性と階層性が進んだのであろう。それは、肥前国庁Ⅱ期や筑後国府Ⅱ期の施設にみられるように「大宰府的要素」の出現期とも重なる。

このような諸国の動向と大宰府郭内の官衙との連動性が想定される(第14図)。例えば、不丁地区官衙では、Ⅱ期の境界溝(ＳＤ2340)が八世紀第2四半期から第3四半期頃に廃絶し、変わって上位にⅢａ期の石組暗渠(ＳＸ2485)や石組溝(ＳＤ2335)が築造され、南北の境界溝に直交する東西溝(ＳＤ2015・ＳＤ2470)、礫敷遺構(ＳＸ4045)等によって官衙が区画される。石組溝や暗渠は築地下部構造の一部であり、基礎地業の礫敷(ＳＸ4045)は東西に並走する二条の溝から築地等の区画施設と想定される。この状況から、Ⅱ期の境界溝廃絶後、南北約222㍍(七四〇尺)範囲の官衙域を細分する東西に延びる築地等の区画施設が新たに配置されたことが分かる。そして、新たに中央区域で四面廂建物(ＳＢ2420)を中心とする建物配置をとるなど、官衙における大きな画期がみられる。出土食器類は土師器が主体となり、坏は体部下半外底部にヘラケズリしてミガキを施している(第15図)。出土遺物からみる限り、九世紀前半頃まで施設は継続

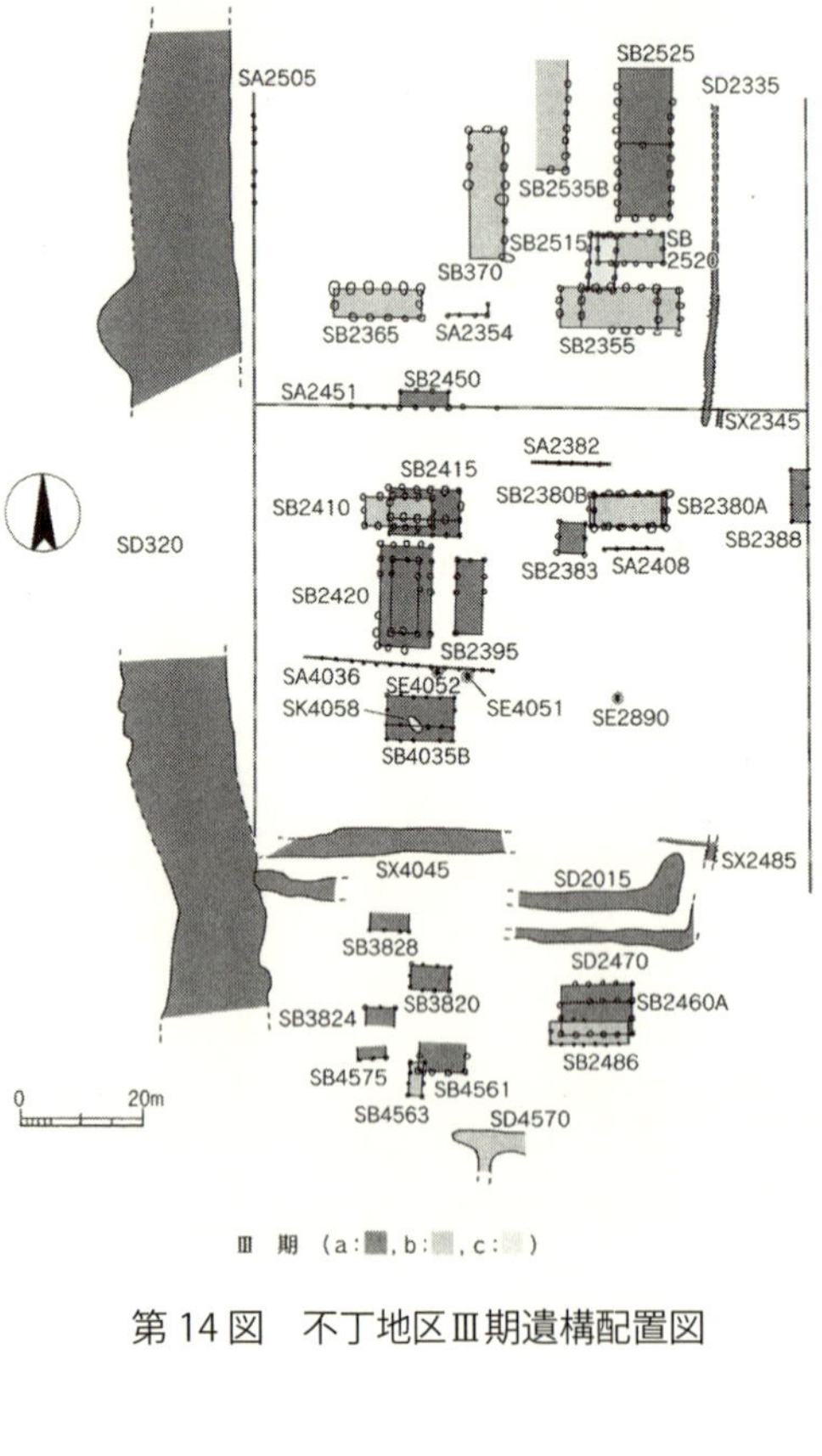

第14図　不丁地区Ⅲ期遺構配置図

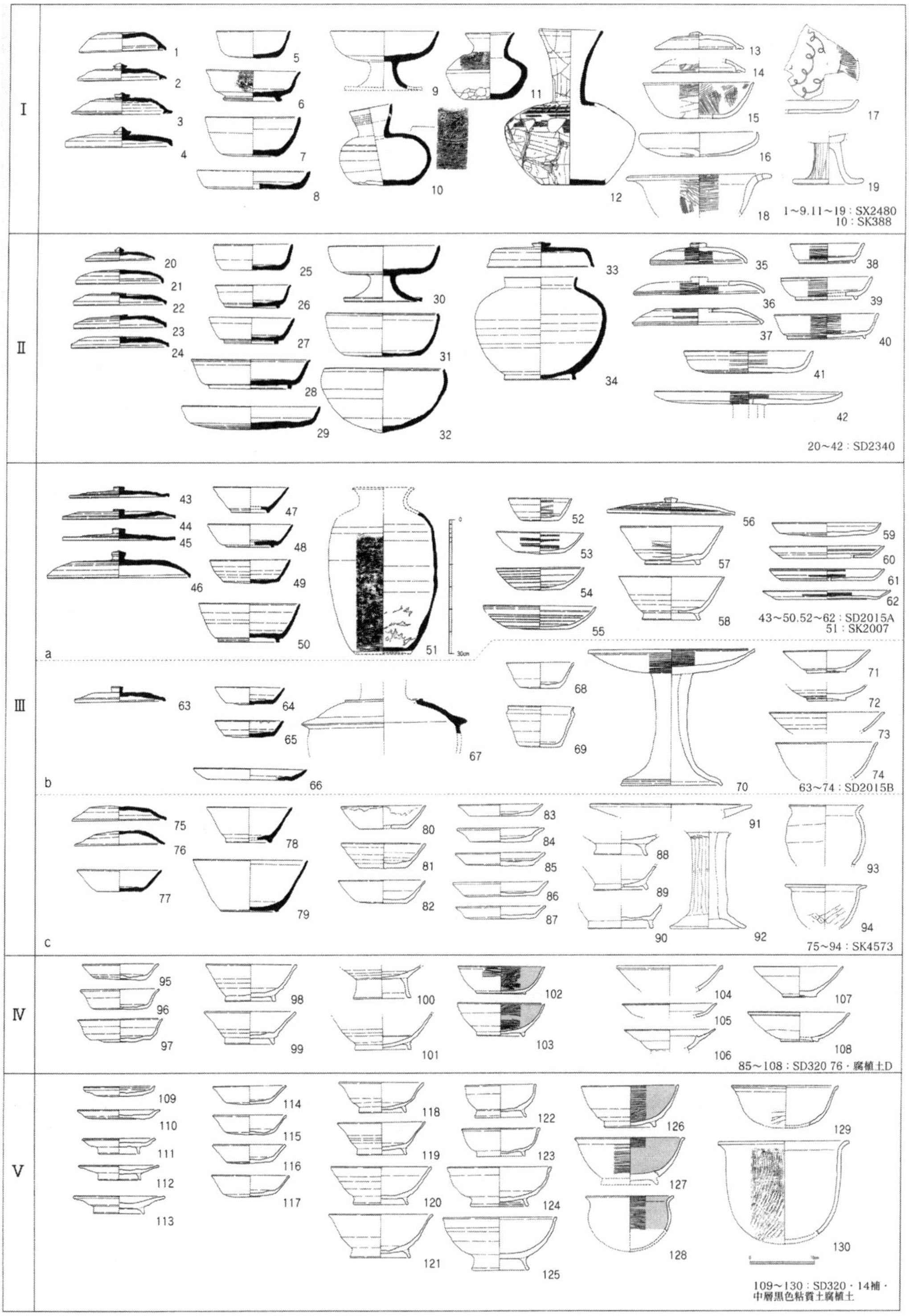

第15図　不丁地区出土土器

し、長棟化した建物群の中に礎石建物（ＳＢ370）などが新たに出現する。[1]つまり令制大宰府発足後、大宰府官衙の大きな転換期にあたる。このような大宰府内の動向も管内諸国の官衙中枢施設整備と連動する可能性は高いと考えられる。

おわりに

律令制成立前夜、大宰府と西海道諸国の統治関係を施設構造からみると多様である。特に中枢施設である政庁域では、長舎建物を主体としながらも空閑地や囲繞施設に独自性がみられる。その後、令制大宰府の発足による大宰府政庁の造営を契機として管内諸国の中枢施設の整備も本格化する。両者の統治関係は多量の木簡類の出土から天平年間頃には十分に機能しているが、この時期前後、西海道の国府では筑後国府に代表されるように移転造営がみられ、肥前国府や日向国府のように施設の整備拡充も開始される。そして、大宰府政庁周辺官衙でも新たな施設の造営が開始される。[2]

天平年間以降の大宰府管内の動向をみると、天平勝宝八年（七五六）に大宰大弐吉備真備が怡土城の築城に着手し、天平神護元年（七六五）には大宰大弐佐伯今毛人が築怡土城専知官に、釆女朝臣浄庭が修理水城専知官にそれぞれ任命された。一方、諸国では天平十三年の詔を受けて国分寺造営を展開したが、天平勝宝八年（七五六）頃には筑後、肥前・肥後、豊前・豊後、大隅の国分寺に仏事荘厳具が下賜され一定の完成をみたようである。しかし、対外情勢は緊迫しており、天平宝字二年（七五八）に唐の安禄山の乱が伝えられ、翌年（七五九）三月には吉備真備が「辺戍の不安四ヵ条」を上申した。船の建造や城の築城、防人の要請や課役負担の免除を掲げられている。この状況において、怡土城の築城や水城の再整備は大宰府が直接関与して進められており、各々各施設の整備も連動している可能性が高い。視点を変えれば、大規模な造営行為の連続が律令国家の継続的意思強化を図るものであったとも言える。そして、大宰府管内諸国においては、国庁を中心とする中枢官衙と関連施設の整備は主要施設が瓦葺の礎石建物となる九世紀頃まで断続的に続いたとみることもできる。

以上、本論では大宰府管内支配体制の確立を考えるため、比較的調査の進んでいる大宰府と西海道諸国の中枢施設の対比を試みた。大宰府の官衙研究については、鏡山猛氏［一九三七］や竹内理三氏［一九五六］の論考を基礎として展開されてきた。さらに大宰府史跡の発掘調査の中で、石松好雄氏は「大宰府庁域考」［一九八三］において新たな官衙研究の指針を示された。本稿ではこれら先覚の研究を基礎とし、筆者が長年携わってきた大宰府史跡や官衙遺跡の調査成果の一端を示すことを目的としたものである。もちろん、先輩諸氏に学び、関係機関の方々との意見交換によって自らの考え方を整理してきた。あらためて学恩に感謝したい。

註

（1）このような政庁周辺官衙の施設構造の画期は、大楠地区官衙でも認められる。八世紀後半のⅠc期には、北区域で片面廂建物（ＳＢ2645Ｂ）を中心に南北棟建物が展開する状況がある。また、現在も調査が継続されている蔵司地区官衙においても、八世紀後半から九世紀にかけて、同様の画期が確認される可能性が高いと考えている。

（2）こうした諸施設の広域的連動性は、出土資料からも窺える。例えば、大宰府路沿いの駅家等の施設が大宰府系瓦を使用して瓦葺きとなる天平年間頃、大宰府の象徴でもある大宰府式鬼瓦もⅡ式を中心に拡がる。大宰府に関わる施設として不丁地区官衙や鴻臚館Ⅱ期に葺かれ、駅家として糟屋郡内橋坪見廃寺、豊前国堂がへり窯跡などにもみられる。各施設数点程度の出土だが、この文物は中央とは異なる大宰府管内としての意志強化を表現したものと言える。

参考文献

青木 敬 二〇一二年「宮都と国府の成立」『古代文化』六三号四 古代学協会

阿部義平 一九八六年「国庁の類型について」『国立歴史民俗博物館研究報告』一〇 国立歴史民俗博物館

井上信正 二〇〇九年「大宰府条坊区画の成立」『考古学ジャーナル』No.五八八 ニューサイエンス社

井上信正 二〇一一年「大宰府条坊の基礎的考察」『年報太宰府学』第五号 太宰府市史資料室

石松好雄 一九七七年「大宰府の府庁域について」『九州歴史資料館研究論集』三 九州歴史資料館

石松好雄 一九八三年「大宰府庁域考」『大宰府古文化論叢』上巻 九州歴史資料館 九州古文化研究会

大橋泰夫 二〇〇九年「国郡制と地方官衙の成立—国府成立を中心に—」『古代地方行政単位の成立と在地社会』奈良文化財研究所

大橋泰夫 二〇一一年「古代国府の成立をめぐる研究」『古代文化』六三号三 古代学協会

大橋泰夫 二〇一四年「長舎と官衙研究の現状と課題」『長舎と官衙の建物配置』奈良文化財研究所研究報告第一四冊 奈良文化財研究所

小田富士雄 一九七七年『九州考古学研究—歴史時代編—』学生社

小田富士雄 一九八九年「西海道国府の考古学的調査」『国立歴史民俗博物館研究報告』二〇 国立歴史民俗博物館

小田富士雄 二〇一三年「大宰府都城制研究の現段階」『古文化談叢』七〇 九州古文化研究会

小田裕樹 二〇一四年「饗宴施設の構造と長舎」『長舎と官衙の建物配置』奈良文化財研究所研究報告第一四冊 奈良文化財研究所

鏡山 猛 一九三七年「大宰府の遺跡と条坊」『史淵』三 九州史学会

鏡山 猛 一九六八年『大宰府都城の研究』風間書房

金田一精・岩谷史記 二〇〇七年「二本木遺跡群Ⅱ—二本木遺跡群第一三次調査区発掘調査報告書—」熊本市教育委員会

亀田修一 二〇一七年「豊前国府の成立」『豊前国府誕生 福原長者原遺跡とその時代』行橋市教育委員会

岸 俊男 一九八三年「大宰府と都城制」『大宰府古文化論叢』上巻 九州歴史資料館

九州歴史資料館編 一九八六年『大宰府史跡 昭和六〇年度概報』

九州歴史資料館編 二〇〇二年『大宰府政庁跡』

九州歴史資料館編 二〇一〇年『大宰府政庁周辺官衙跡Ⅰ』

九州歴史資料館編 二〇一一年『大宰府政庁周辺官衙跡Ⅱ』

九州歴史資料館編 二〇一二年『大宰府政庁周辺官衙跡Ⅲ』

九州歴史資料館編 二〇一三年『大宰府政庁周辺官衙跡Ⅳ』

九州歴史資料館編 二〇一四年『大宰府政庁周辺官衙跡Ⅴ』

九州歴史資料館編 二〇一五年『大宰府政庁周辺官衙跡Ⅵ』

九州歴史資料館編 二〇一五年『大宰府政庁周辺官衙跡Ⅶ』

九州歴史資料館編 二〇一六年『大宰府政庁周辺官衙跡Ⅷ』

九州歴史資料館編 二〇一七年『大宰府政庁周辺官衙跡Ⅸ』

木本雅康 二〇一二年「古代駅路と国府の成立」『古代文化』六三号四 古代学協会

倉住靖彦編 一九七六年『大宰府史跡出土木簡概報』(一)九州歴史資料館

狭川真一 一九九三年「大宰府の造営」『古文化談叢』三一 九州古文化研究会

佐賀市教育委員会 二〇〇六年『国指定史跡 肥前国庁跡保存整備事業報告書—遺物・整備編—』

沢村 仁 一九八三年「諸京と大宰府」『大宰府古文化論叢』上巻 九州歴史資料館

西都市教育委員会 二〇一五年『日向国府跡 平成二六年度発掘調査概要報告』西都市文化財調査報告書第六八集 宮崎県西都市教育委員会

神保公久 二〇一二年「筑後国府の成立」『古代文化』六三号四 古代学協会

神保公久編 二〇一七年『筑後国府跡—Ⅰ期政庁地区—』久留米市文化財調査報告書 第三八三集 久留米市教育委員会

菅波正人 二〇一六年「鴻臚館跡調査の概要」『条里制・古代都市研究』第三一号 条里制・古代都市研究会

菅波正人 二〇一七年「筑紫館(鴻臚館)の成立」『発見一〇〇周年記念特別展図録 よみがえれ!鴻臚館—行き交う人々と唐物—』福岡市博物館

杉原敏之 二〇〇七年「大宰府政庁のⅠ期について」『九州歴史資料館研究論集』三二 九州歴史資料館

杉原敏之 二〇一一年「大宰府と西海道国府成立の諸問題」『古文化談叢』第六五集(4) 九州古文化研究会

杉原敏之 二〇一二年「大宰府と西海道国府の成立」『古代文化』六三号四 古代学協会

杉原敏之 二〇一六年「大宰府の造営と西海道諸国」須田勉編『古代考古学論集』同成社

杉原敏之 二〇一七年「福原長者原遺跡の発掘調査」『豊前国府誕生 福原長者原遺跡とその時代』行橋市教育委員会

竹内理三 一九五六年「大宰府政所考」『史淵』七一 九州史学会

田中稿二編 二〇〇〇年『肥前国庁跡—遺構編—』大和町教育委員会

田中正日子 一九八九年「成立期の筑後国府と大宰府」『筑後国府跡・国分寺跡』久留米市文化財調査報告書第五九集 久留米市教育委員会

津曲大祐 二〇一四年「日向国府跡の調査—平成二三・二四年度調査の概要—」『条里制・古代都市研究』第二九号 条里制・古代都市研究会

津曲大祐　二〇一七年「日向国府跡の調査成果」『一般財団法人日本考古学協会二〇一七年度宮崎大会研究発表資料集』日本考古学協会宮崎大会
西垣彰博　二〇一六年「九州の郡庁の空間構成について」『郡庁域の空間構成』第二〇回　古代官衙・集落研究会　奈良文化財研究所
林部　均　二〇一七年「福原長者原遺跡と藤原宮・仙台郡山官衙遺跡」『豊前国府誕生　福原長者原遺跡とその時代』行橋市教育委員会
日野尚志　一九八一年「西海道国府考」『大宰府古文化論叢』上巻　九州歴史資料館
藤井功・亀井明徳　一九七七年『西都大宰府』ＮＨＫブックス二七七、日本放送協会
松村一良編　二〇〇八年『筑後国府跡（一）』久留米市文化財調査報告書第二七一集　久留米市教育委員会
松村一良編　二〇〇九年『筑後国府跡（二）』久留米市文化財調査報告書第二八四集　久留米市教育委員会
八木　充　一九八五年「国府の成立と構造」『国立歴史民俗博物館研究報告』第一〇集　国立歴史民俗博物館
八木　充　二〇〇二年「筑紫における大宰府の成立」『大宰府政庁跡』九州歴史資料館
山村信榮　二〇〇七年「大宰府における八・九世紀の変容」『国立歴史民俗博物館研究報告』第一三四集　国立歴史民俗博物館
山中敏史　一九九四年『古代地方官衙遺跡の研究』塙書房
山中敏史　一九九五年「国府・郡衙跡調査研究の成果と課題」『文化財論叢　Ⅱ』奈良国立文化財研究所創立四〇周年記念論文集刊行会　同朋舎出版
行橋市教育委員会　二〇一六年『福原長者原遺跡』行橋市文化財調査報告書第五八集
横田賢次郎　一九八三年「大宰府政庁の変遷について」『大宰府古文化論叢』上巻　九州歴史資料館
横田賢次郎　二〇〇二年「大宰府研究の現状と課題」『七隈史学』第４号　七隈史学会
吉本正典編　二〇〇一年『寺崎遺跡―日向国庁を含む官衙遺跡―』宮崎県教育委員会

筑後国成立への道程

神保 公久

はじめに

「筑後国者、本与筑前国、合為一国」。この『筑後国風土記』逸文の記載などから、筑後国は筑前国と共に元来は筑紫国であり、全国に令制国が成立するに伴い成立したと考えられる。律令国家成立に伴う地域支配の行政単位として全国に令制国が成立したのは、先学の研究により七世紀末頃の天武十二～十四年（六八三～六八五）頃のいわゆる国境確定事業においてとする説が有力である［大町 一九八六、鐘江 一九九三など］。筑後国の成立年代を直接記した文献史料は知られていないが、『日本書紀』持統四年九月条・十月条の大伴部博麻帰国の記事や、『続日本紀』大宝二年四月条の「筑紫七国」の記載などから、遅くとも持統朝頃には成立したと考えられており［田中 一九八九、鐘江 一九九三など］、筑後国の成立に伴って地方行政の拠点ともいうべき国府も設置されたと思われる。令制国の成立後、大宝律令の制定により国司制が成立した。それ以前の筑紫国には、孝徳朝期の全国立評［鎌田 一九七七］により、前代の地方豪族の支配領域を基礎として成立した評が存在し、筑紫大宰、そして筑紫総領の影響下にあったとされる［酒井 二〇一六］。大化二年（六四六）の部民制の廃止に始まる地方支配制度の改変は、屯倉の廃止や「国・評・五十戸」制による人民支配、戸籍の作成による個人の直接支配の確立などを経て、領域支配としては天武朝に令制国の成立をみる。このように、乙巳の変後の孝徳朝から天武・持統朝にかけて、地方支配構造には大きな変質が伴ったことが想定される。

一方、考古学を用いた実証的な研究では、令制国が成立した頃、すなわち七世紀後半～末頃の実態が明らかにされてきたとは言い難い。特に、六世紀後半～七世紀後半に至る東アジアを取り巻く国際的な緊張関係下において、筑紫国を含む北部九州は国防の最前線にあった。この時期の考古学的な事象では、群集墳など古墳群の展開と終焉、古代山城など防衛施設の築造や地方官衙の出現などが認められるが、これらは古代国家成立に向けた社会情勢の中で、地方支配構造が整備されていく過程で生じた現象とも捉えることができる。

令制国の行政拠点である国府の成立に関しては、従来八世紀前半頃とされてきた［山中 一九九四］。しかし近年、全国の国府跡での発掘調査において、令制国の成立頃、またはそれ以前に遡る官衙遺構が検出される例が増加してきており、七世紀末頃の令制国の成立に伴い、国府が成立した可能性も想定されている［大橋 二〇〇九・二〇一六］。また、令制国成立前の評制段階の官衙遺構に関しては、検出例はさほど多くはないものの、地方における律令国家成立へ向けた社会情勢の実態を示すものとし

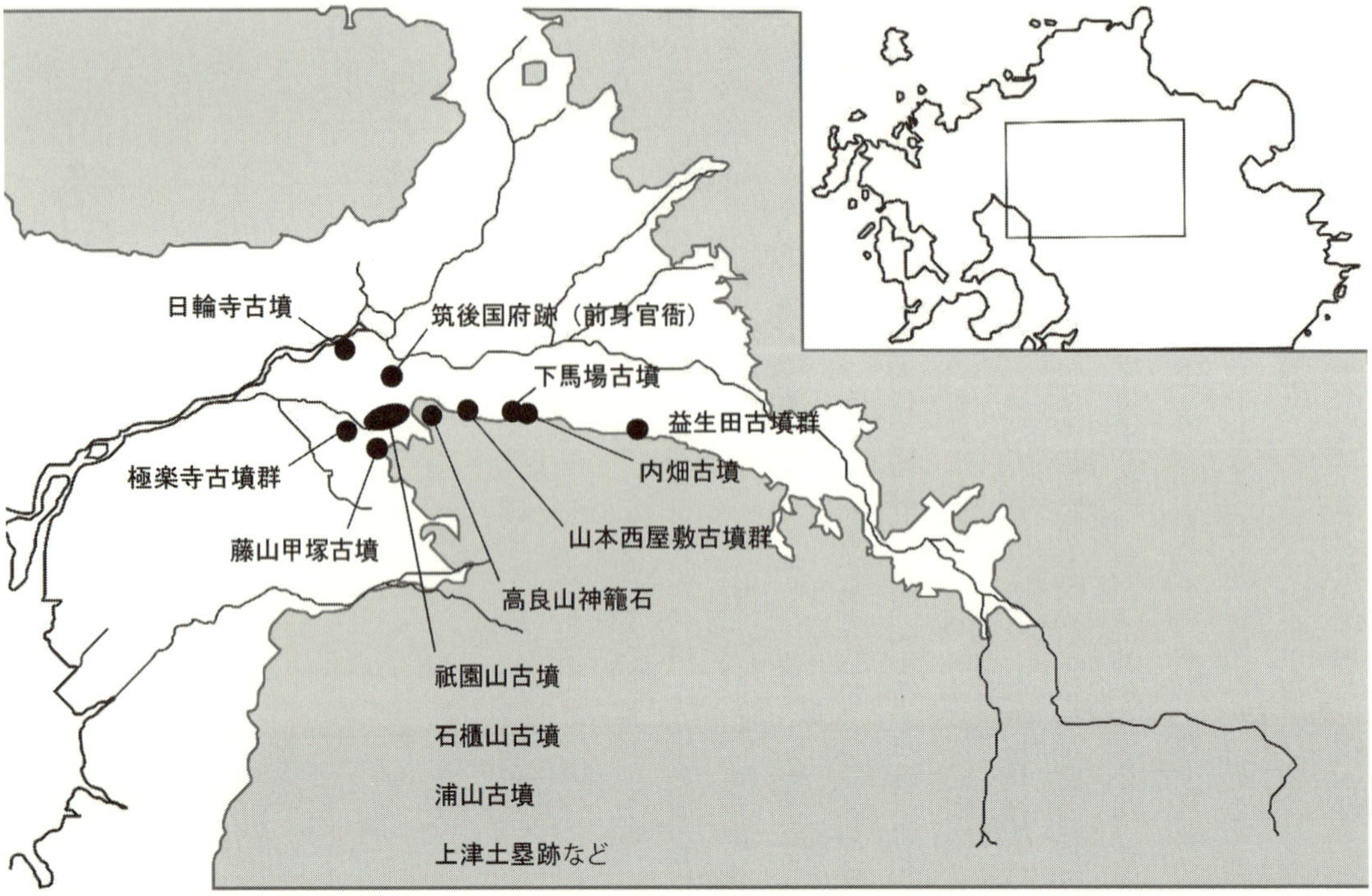

第１図　対象地域の位置

て注目される。今回、対象とする筑後国においても、令制国が成立した七世紀末頃を大きく遡る、七世紀中頃に出現したともされる筑後国府跡「前身官衙」（以下、前身官衙）が確認されている［松村 一九九一］。令制国の成立に伴って、この前身官衙を踏襲する形で筑後国府が成立するが、国府の成立や国庁の祖型などは、各地の歴史的背景に起因することが指摘されている［山中 一九九四、青木 二〇一二］。つまり筑後国府の成立を考える時、国府に遡る前身官衙が問題となる。この前身官衙が何故、御井郡に設置されたのかは、前代の古墳時代以来の歴史的背景を検討することで解明することができ、筑後国府の成立にも繋がる要因とも言える。さらには筑紫国から筑前・筑後国が分国された要因にも関わる可能性がある。本稿ではこのような観点から、前身官衙が造営され、その後に国府が設置された筑後国御井郡における古墳時代後期の古墳群を検討することによって、孝徳朝以降の地方支配構造の変質の中で行われた筑紫国の分国と、筑後国府の成立の要因について検討してみたいと思う。

1　研究史と問題点の所在

(1) 地方支配制度の改変と令制国の成立について

六世紀後半の推古朝に始まる律令国家成立への動きは、前代の地方支配制度である国造制、部民制、ミヤケ制などを介した間接的な地方支配体制から、直接的領域的な地方支配の確立への動きと見ることができる。七世紀中頃の乙巳の変後、孝徳朝における全国的に行われたと考えられている評の成立［鎌田 一九七七］もその一環であり、前代の国造など地方豪族は評造など官僚に組み込まれることとなった。その後、地方支配制度の改変の中で評の新設や統廃合などが行われ、天武十二～十四年

(六八三〜六八五)頃のいわゆる国境確定事業において、令制国が成立していったと考えられている[大町 一九八六、鐘江 一九九三]。筑後国が成立する領域では、古代豪族として、『日本書紀』継体紀二十一年(五二七)・二十二年(五二八)や『釈日本紀』引用の『筑後国風土記』逸文などに記載のある筑紫君や、『日本書紀』景行紀や雄略紀に見える水沼県主と水間君、さらには浮羽の地名から関連が想定されている的臣などが知られている。しかし考古学的には、これら古代豪族の具体的な支配領域は判然とせず、その後の評の領域についても、その数や個々の領域も含めて解明されたとは言い難い。各古墳群を対象とした石室の築造方法や出土遺物などの詳細な検討、そして集落遺跡の分布や消長などから検討していく必要がある。

評制については、古墳時代後期以来の地方支配制度が、七世紀代に進められた律令国家の成立過程において如何に変質していったか、という問題と関わるため、古代史を含め多くの研究蓄積がある。評は大宝律令以前の郡の前身で、全国に設置された地方行政単位であることは共通の理解がある。しかし、その成立時期や国造制、部民制、ミヤケ制との関係、官制の問題、領域設定や成立時期、その編成原理など多くの議論が存在する[米田 一九七六、鎌田 一九七七・一九九三・二〇〇一、森 一九八六・一九九七、山尾 一九九一、門井 一九九八、熊谷 二〇〇八、荒井 二〇〇九など]。評制の成立時期をめぐっては鎌田元一氏の説が有力となっており、『常陸国風土記』の建評記事から、孝徳朝全面立評が提起されている[鎌田 一九七七]。近年では七世紀木簡の検討から、「国・評・五十戸」制が少なくとも天智九年(六七〇)の庚午年籍の時点でほぼ認められるとした市大樹氏[市 二〇〇九]の研究が注目される。吉田晶氏は、評衙の設置について文献史学・考古学両面から検討を加え、国家主導型の設置、有力首長層の本居または本拠地を主体とした設置、既存の中央権力の管理的機関の発展型の三類型に区分し、国造制による地域支配の矛盾とその解決をめざして評制が成立したと考えた[吉田 一九七三]。山中敏史氏は、評(郡)衙は端緒的評衙(孝徳立評以前)、前期評衙(孝徳朝から天武朝まで)、後期評衙(天武朝後半頃から文武朝まで)を経て成立し、前期評衙とした七世紀第3四半期の官衙が後期評衙とした七世紀第4四半期には連続せず、支配単位の性格の変化にその要因を想定した。すなわち人間集団とそれに付随した日常生活圏を掌握する前期評から、領域区分を前提とした人民区分単位である後期評への転換であり、八世紀前葉には国府の成立とともに領域による人民区分の単位として郡が設置され、国郡制が確立したと考えた[山中 二〇〇一]。評の性格が変化したとする指摘は、孝徳朝期の評については「一定の人間集団を把握することを目指し」たもので、天武朝期の国境確定時に再編された評とは区別すべきであると主張した大町健氏と共通している[大町 一九八六]。『倭名類聚抄』によると、筑後国には一〇郡が認められる。しかし、孝徳朝の立評時にいくつの評が成立し、評の性格の変化に合わせて如何に再編され、一〇郡となったのかは不明であり、今後の検討課題でもある。

一方、令制国の成立に伴う国府の成立について、山中敏史氏は二つの画期を経て成立したと推定している。第一の画期は、七世紀第4四半期頃から八世紀初め頃にかけてのもので、この時期の国衙を初期国衙と呼んでいる[山中 一九九四]。初期国衙は、その後の国衙とは構造上大きな違いがあること、同一場所で継続しないこと、曹司など諸施設が整っていないことなどから、この時期の国衙は独立した官衙としては一般的な成立を見ていないと考えている。そして、この時期の「国司は独立した庁舎をもたず、拠点的な評衙・郡衙を仮の庁舎として駐在したり、諸評衙・郡衙を巡回したりする形」で、任務を遂行していたと考えた。また、八世紀前半（第２四半期が中心）を第二の画期とし、この時期に地方行政組織の拡充・整備が図られる中で、曹司の創設など国府の基本構造が成立し、この時期をもって独立した官衙としての国府の成立と考えた。これに対し大橋泰夫氏は、常陸や下野、三河・美濃・美作・伯耆・出雲・日向国などにおいて、前身官衙や国府遺構の下層から、長舎型や大型の掘立柱建物が検出されていることから、国府の成立時期を七世紀末〜八世紀初頭頃と考え、これらの遺構が七世紀末〜八世紀初頭頃に藤原宮の影響のもとに成立した初期的な国庁の成立と考えている［大橋 二〇〇九］。青木敬氏は、初期国庁と定型化国庁の問題に触れ、それぞれの特徴をまとめている。その中で、各地の国庁の「祖形は地域により異なり、その歴史的背景には、各地域の事情や地域に応じた律令国家の施策などを勘案する必要がある」と指摘し、その祖形の機能的側面が、国府の地域性の解明につながると指摘している［青木 二〇一二］。この指摘は、山中氏も前稿の中で、地方官衙の成立には「前代の歴史的前提に制約されていることも確かであり」と述べており、国府設置に関わる問題は、前代からの歴史的背景の検討が必要であることを既に指摘している。筑後国でも大橋氏が注目した国府成立以前の遺構群である前身官衙が検出されているが、前身官衙は白村江の戦いに関わる国防政策の中で成立し、その後、南九州の対隼人の拠点として機能したと説明されている［田中 一九八九］。筑後国では朝鮮半島をめぐる国際的な社会情勢の中で前身官衙が出現し、その後の地方支配構造の変化の中で、前身官衙が国府へと発展していったものと想定されている。

⑵ 問題点の所在

前述したように、古墳時代から律令国家の成立期にかけては、地方支配構造に大きな変化が想定されているが、筑後国の成立には如何なる経過をたどり、如何なる歴史的背景があって筑紫国が分国され、その領域をもって成立したのか、考古学的に解明されたとは言い難い。また、乙巳の変後に成立した評の領域として、国造など古代豪族の支配領域が想定されているが、筑後国が成立する領域に元来はいくつの評があったのか、またそれがどのように再編され、郡へと引き継がれたのか、そして令制国の成立に伴い設けられた国府が、如何なる歴史的背景をもって成立したのか、解明すべき問題は山積していると言えよう。

さらに、筑後国府の成立には、前代の前身官衙が踏襲されたことが指摘されている［松村 一九九一］。前身官衙は白村江の戦い前後の国防政策の中で成立したことが指摘されているが、新羅による朝鮮半島統一に収束する高句麗・百済・新羅による政治的・軍事的な活発な動きは、六世紀代には既に認めることができる。倭も任那割譲後の朝鮮半島での権益を守るために介入しており、その渦中にあったと思われる。七世紀初頭には久米皇子が「撃新羅将軍」として北部九州まで派兵され、二万五千の大軍が集められたが、北部九州の豪族達もその軍勢の中に動員されたものと考えられる。白村江の戦いに至る朝鮮半島をめぐる軍事的動きは、北部九州の豪族達にとっては既に六世紀代には始まっていた。白村江の戦い前後の国防政策の中で前身官衙が造営されたことは認めることはできようが、前身官衙の出現に至る経緯はその前後だけでは説明できず、ここまで述べてきたような六世紀代からの歴史的背景の検討がさらに必要と思われる。

そこで本稿では、前身官衙、さらには筑後国成立後に国府が設置された筑後国御井郡域の古墳時代後期の古墳群を中心に検討を加え、評の成

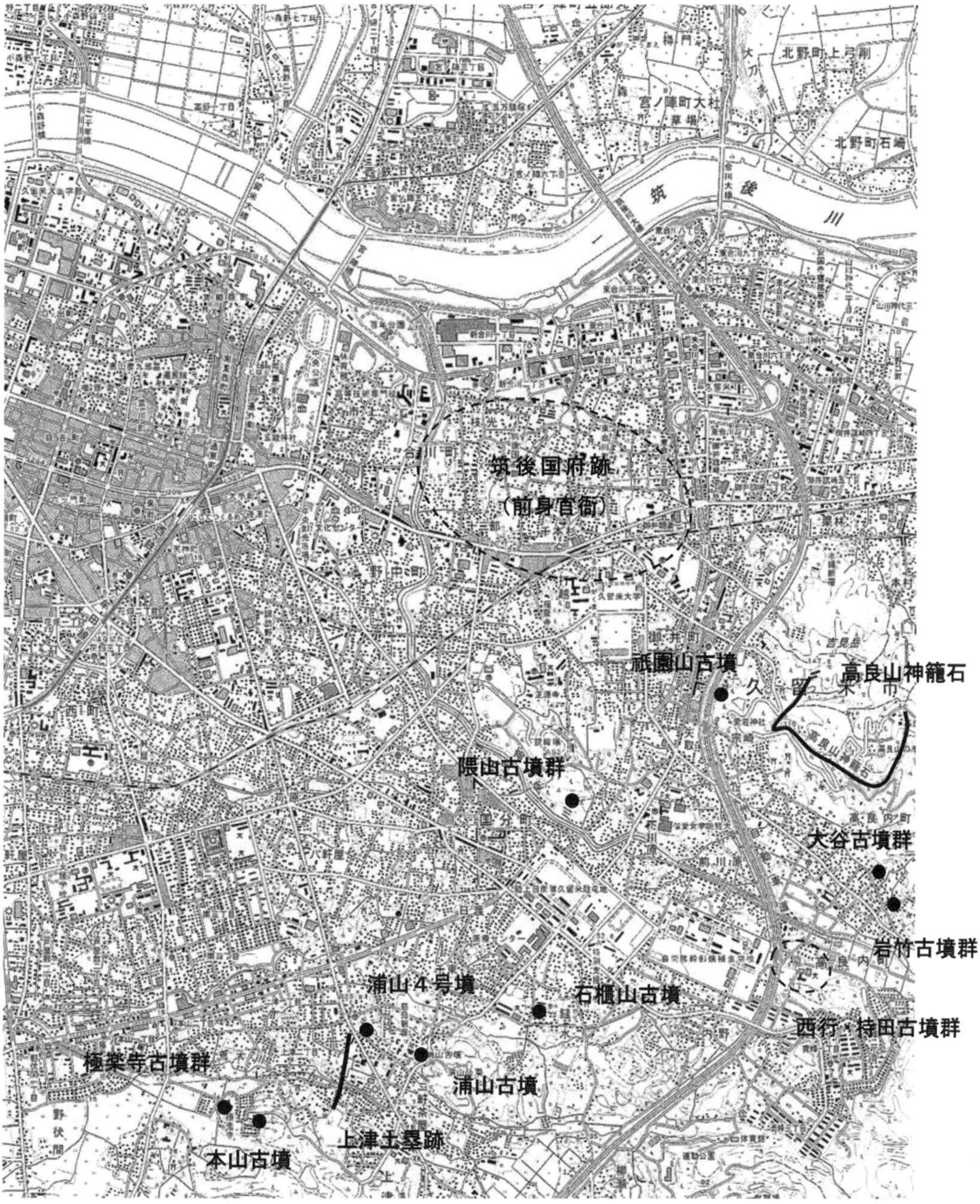

第２図　筑後国御井郡主要遺跡の位置

立や前身官衙の造営など、令制国としての筑後国の成立に関わる歴史的背景を検討することによって、筑後国が筑紫国から分国して成立した背景の一端を考えてみたいと思う。

2　資料と方法

七世紀中頃に遡ると考えられている前身官衙が造営され、七世紀末頃の令制国の成立に際し筑後国府が設置された、筑後国御井郡を中心とした古墳時代後期の古墳群について検討を加える。同地域においては、古墳時代を通して主要な古墳が築造されていることから、その動向を整理し、その後、古墳時代後期の注目される古墳群について検討を加える。主に石室構造と出土遺物について分析を加え、評の成立や前身官衙の造営、そして筑後国の成立と国府設置への歴史的背景を考察してみたい。

なお、各遺構の年代は基本的に報告書によるが、記載のないものは出土遺物（主に須恵器。牛頸編年ⅢB～Ⅷ期まで）を参考とした。また、御井郡とは大宝律令施行後の名称であるが、今回は大宝律令施行前の時期に関しても、その領域を指す名称として御井郡の名称を用いることとしたい。

3　分　析

(1)　古墳群の検討

①御井郡周辺における古墳時代の様相

当該地は、筑紫平野の中央付近、耳納山地の西端に位置する。北辺付近を筑後川が流れ、延喜式内社・筑後一の宮である高良大社が鎮座する高良山を西側から取り囲むように広がる。筑後川を下れば有明海に至り、朝鮮半島へも繋がる水陸両面における交通の要衝である。高良山の西麓には三世紀末頃の築造とされる一辺約24㍍の方墳、祇園山古墳が築造され、高良大社に伝わる三角縁神獣鏡が出土したとされる。四世紀代の主要古墳は知られていないが、五世紀前半から前方後円墳（藤山甲塚古墳・石櫃山古墳・浦山古墳・本山古墳・浦山4号墳・日輪寺古墳）が築造され続けており、約一世紀にわたる首長墓系列が確認できる〔久留米市教委 二〇〇四〕。藤山甲塚古墳は、五世紀前半に築造された全長約70㍍の帆立貝式前方後円墳で、内部主体は天草砂岩製の石障を配した初期横穴式石室である。続く石櫃山古墳は全長約110㍍の前方後円墳で、浦山古墳（全長約60㍍）と共に横口式家形石棺を内部主体とする。六世紀前半に築造された日輪寺古墳は全長約50㍍の前方後円墳で、内部主体は阿蘇溶結凝灰岩製の石障を配した横穴式石室である。このように、この地域の累代の首長墓には環有明海地域の首長墓と共通した属性が色濃く反映されており、筑後川と有明海を介した交易など、当地域は政治的にも戦略上重要な地点であったことが看取される。日輪寺古墳以降は大型墳の存在は知られていないが、高良山南麓や周囲の扇状地、低丘陵上には多くの群集墳が認められ、当地域は周囲の地域よりも多くの古墳群が築造された地域である。近年はこれらの群集墳のうち、扇状地上の西行古墳群や持田古墳群、丘陵上に築造された隈山古墳群や山の神古墳群、内野古墳、高良山南麓の大谷古墳群や岩竹古墳群、竹の子古墳群などが調査され、多くの知見を得ることができている。

②内部主体と出土遺物の検討

ここでは内部主体である横穴式石室と出土遺物について、若干の検討を加えたい（第3・8図）。筑後地域の横穴式石室は、石室の側壁が弧を

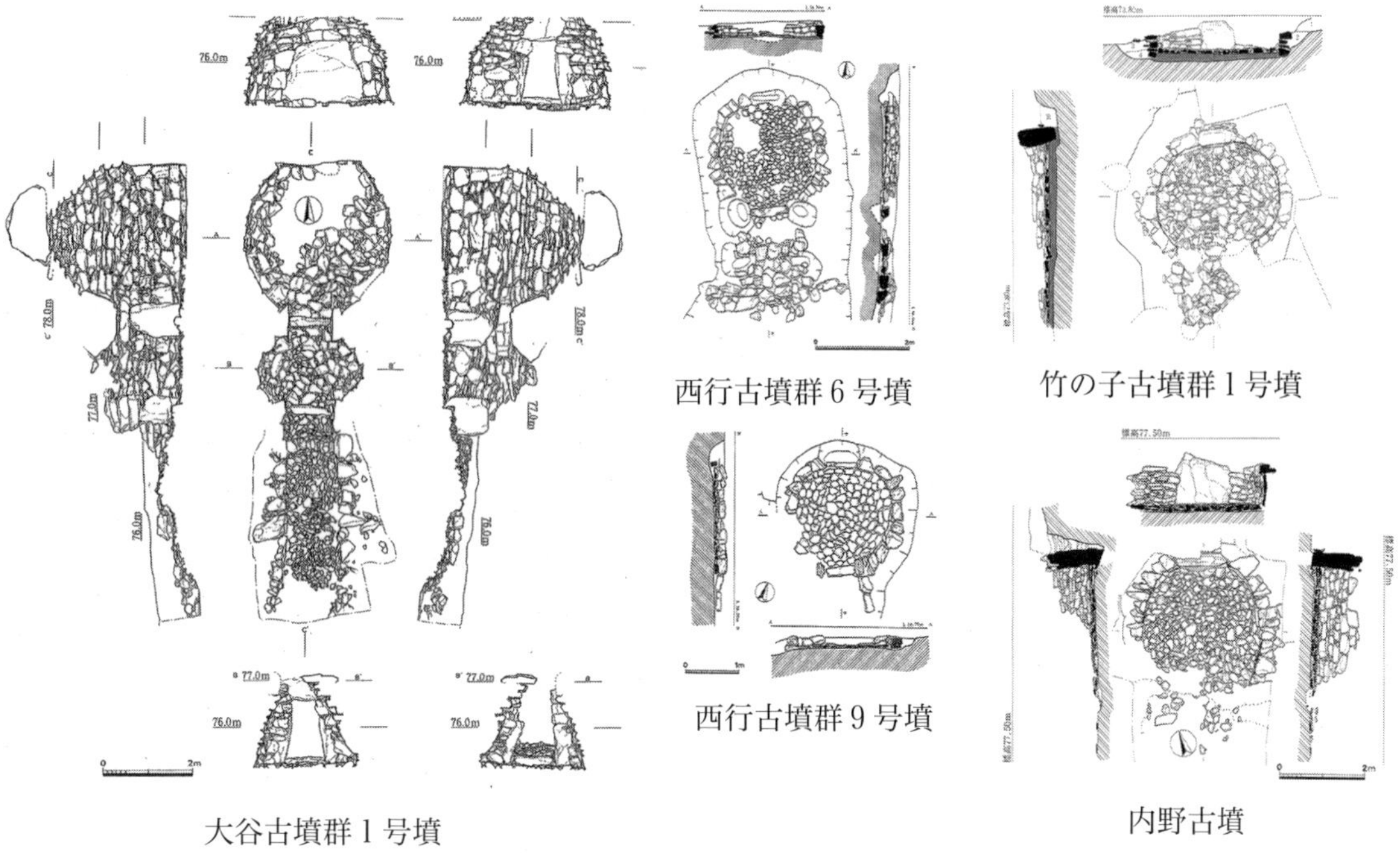
大谷古墳群1号墳　西行古墳群6号墳　西行古墳群9号墳　竹の子古墳群1号墳　内野古墳

第3図　耳納山地南麓地域の横穴式石室（1/200）

第1表　耳納山地北麓と南麓の横穴式石室法量比較

耳納山地北麓

古墳名	所在郡	玄室長	玄室幅	玄室比
山本西屋敷1号	山本郡	4.4	3	1.47
内畑古墳	山本郡	3.8	2.9	1.31
前畑古墳	山本郡	3.5	2	1.75
下馬場古墳	山本郡	3.7	2.3	1.6
益永1号	竹野郡	4.66	2.87	1.62
益生田83号	竹野郡	1.7	2.17	0.78
益生田85号	竹野郡	2.62	2.44	1.07
益生田87号	竹野郡	2.4	2.63	0.91
益生田88号	竹野郡	2.32	2.1	1.1
益生田1号	竹野郡	3.65	2.82	1.29
益生田2号	竹野郡	3.92	2.24	1.75
益生田5号	竹野郡	2.7	2.52	1.07
益生田6号	竹野郡	3.95	2.95	1.33
益生田8号	竹野郡	2.4	2.37	1.01
益生田9号	竹野郡	2.73	2.17	1.25
益生田10号	竹野郡	2.24	2.42	0.92
益生田11号	竹野郡	2.41	2.31	1.04
益生田12号	竹野郡	3.75	3.14	1.19
益生田13号	竹野郡	4.02	2.27	1.77
益生田14号	竹野郡	2.95	2.06	1.43
益生田15号	竹野郡	2.72	2.87	0.94
益生田16号	竹野郡	1.9	1.91	0.99
大塚2号	竹野郡	3.5	2.44	1.43
隈3号	竹野郡	3.48	2.8	1.24
寺徳古墳	竹野郡	3.14	2.6	1.2

耳納山地南麓

古墳名	所在郡	玄室長	玄室幅	玄室比
大谷1号	御井郡	3.3	3.2	1.03
岩竹1号	御井郡	3.2	3.1	1.03
竹の子古墳	御井郡	2	2.5	0.8
内野古墳	御井郡	3	2.8	1.07
隈山2号	御井郡	3.4	3.5	0.97
隈山3号	御井郡	3.4	3.1	1.09
鰐口古墳	御井郡	2.8	3	0.93
中隈山2号	御井郡	4	3.4	1.17
中隈山3号	御井郡	3.2	2.6	1.23
中隈山4号	御井郡	3.5	3	1.16
極楽寺1号	御井郡	4	3.75	1.06
極楽寺2号	御井郡	3	2.5	1.2
極楽寺3号	御井郡	3.1	2.8	1.1
西行6号	御井郡	2.2	2.1	1.04
西行7号	御井郡	2.15	1.9	1.13
西行9号	御井郡	1.9	1.8	1.05
西行14号	御井郡	3.2	3	1.06
西行16号	御井郡	3.3	2.9	1.13
西行18号	御井郡	1.7	1.7	1
西行29号	御井郡	1.8	1.9	0.94

描くように張り出す「胴張り」プランを呈することが知られている。しかし詳細に検討すると、のちに竹野郡、山本郡などが設置される耳納山地の北麓地域と、御井郡を含む南麓地域では形態が異なっていることが指摘できる［神保 一九九九］。調査が実施された古墳が少ないため資料数に限りがあるが、第1表に六世紀中頃～七世紀初頭頃に築造された各

古墳の玄室法量と主軸長を横軸長で割った玄室比を示した。傾向としては、耳納山地北麓地域では玄室比1．3前後を示し、玄室平面形は主軸方向に長い長方形プランを基調としているのに対し、耳納山地南麓地域では円形を示す1．0程度、または横軸長の方が長い1．0を下回るものが主体を占め、「円形」プランを呈するものが多い。この「円形」プランを呈する横穴式石室は、耳納山地南麓から広川町や八女市域にも認められ、耳納山地を境に石室の形態が異なることが看取される。石室形態の差は、築造技術と共に生産活動や消費活動など、生活単位とした共同体の差が反映されているものと考えられる。さらに石室の構造を比較すると、耳納山地北麓地域では石室の基礎部に片岩もしくは花崗岩の腰石を用いる傾向が強いのに対し、耳納山地南麓地域では片岩の板石を基底部から天井部付近まで積み上げ、腰石は用いてない。このように耳納山地北麓と南麓では石室形態に大きな違いが認められることは、共同体としての造営主体が異なっていたことが想定される。一方で、詳細に検討すると、耳納山地北麓と耳納山地南麓の中でも各古墳群を単位としての違いも認められる。例えば、耳納山地北麓地域の益生田古墳群では玄室比1．0以下の横長の玄室も存在することや、耳納山地南麓地域の西行古墳群と中隈山古墳では玄室比の示す傾向は異なり、石室形態を比較しても中隈山古墳群は三潴郡域に近接する極楽寺古墳群に近いことが看取される。このように、耳納山地北麓と耳納山地南麓の各地域の中でも差異が認められるが、これらは築造時期の違いや地域内の小集団によって選択された造営技術に起因するものと想定される。

次に出土遺物について検討を加えたい。高良山南側の扇状地上に形成された西行古墳群は、総数二七基の円墳と石棺墓が検出されており、西側に隣接する持田古墳群と合わせると、元来は相当数の古墳が築造されていたものと思われる。内部主体は竪穴系横口式石室と横穴式石室が認められ、五世紀中頃～後半の一群と六世紀中頃～七世紀前半に築造された一群に二分される。前者から出土した須恵器には、陶邑産や朝倉古窯址群産の古式須恵器も含まれており、その流通経路など社会的背景も注目される。高良山南麓に築造された大谷古墳群1号墳は、直径約15㍍程度の円墳で、出土遺物は盗掘を受けていたものの、貝輪や装飾性の高い青銅製の飾り金具を含む馬具(残片)が多数出土している(第4図)。青銅製の飾り金具は近隣では類似品がなく、東北地方に多く認められる毛彫り馬具との類似が指摘されている[冨永 二〇〇二]。岩竹古墳群1号墳は直径約14㍍の円墳で、主体部は前述した大谷古墳群1号墳と極似した複室構造の横穴式石室である。青銅製の飾り鋲や装飾性の高い飾り金具、青銅製の権などが出土している(第5図)。これらの古墳群は前述した主

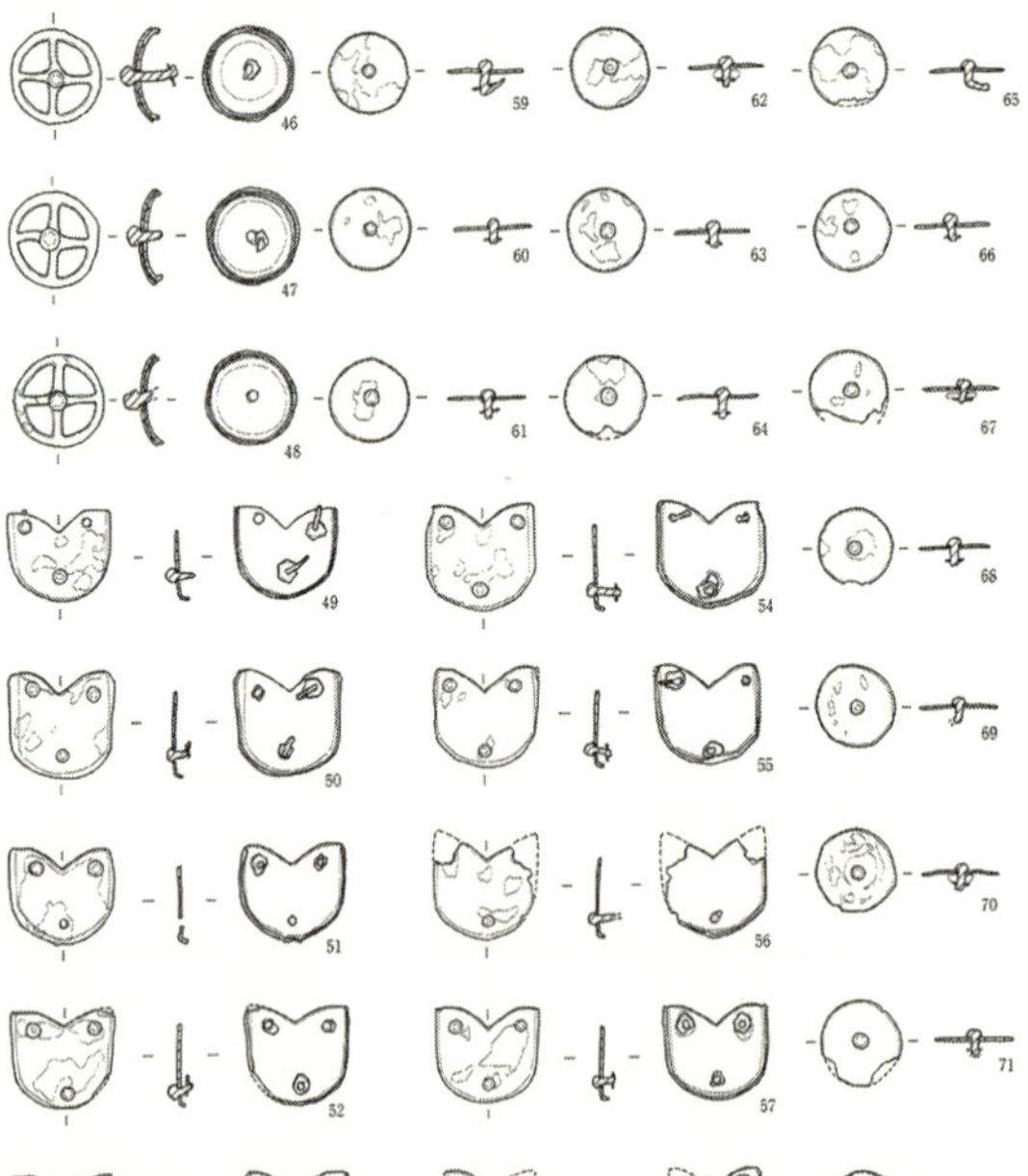

第４図　大谷１号墳出土の飾り金具（1/4）

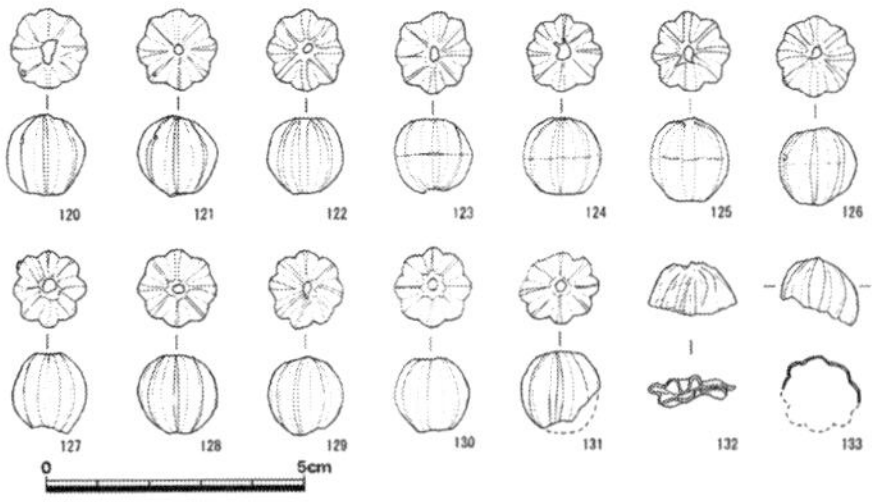

第６図　隈山２号墳出土のくちなし玉（1/4）

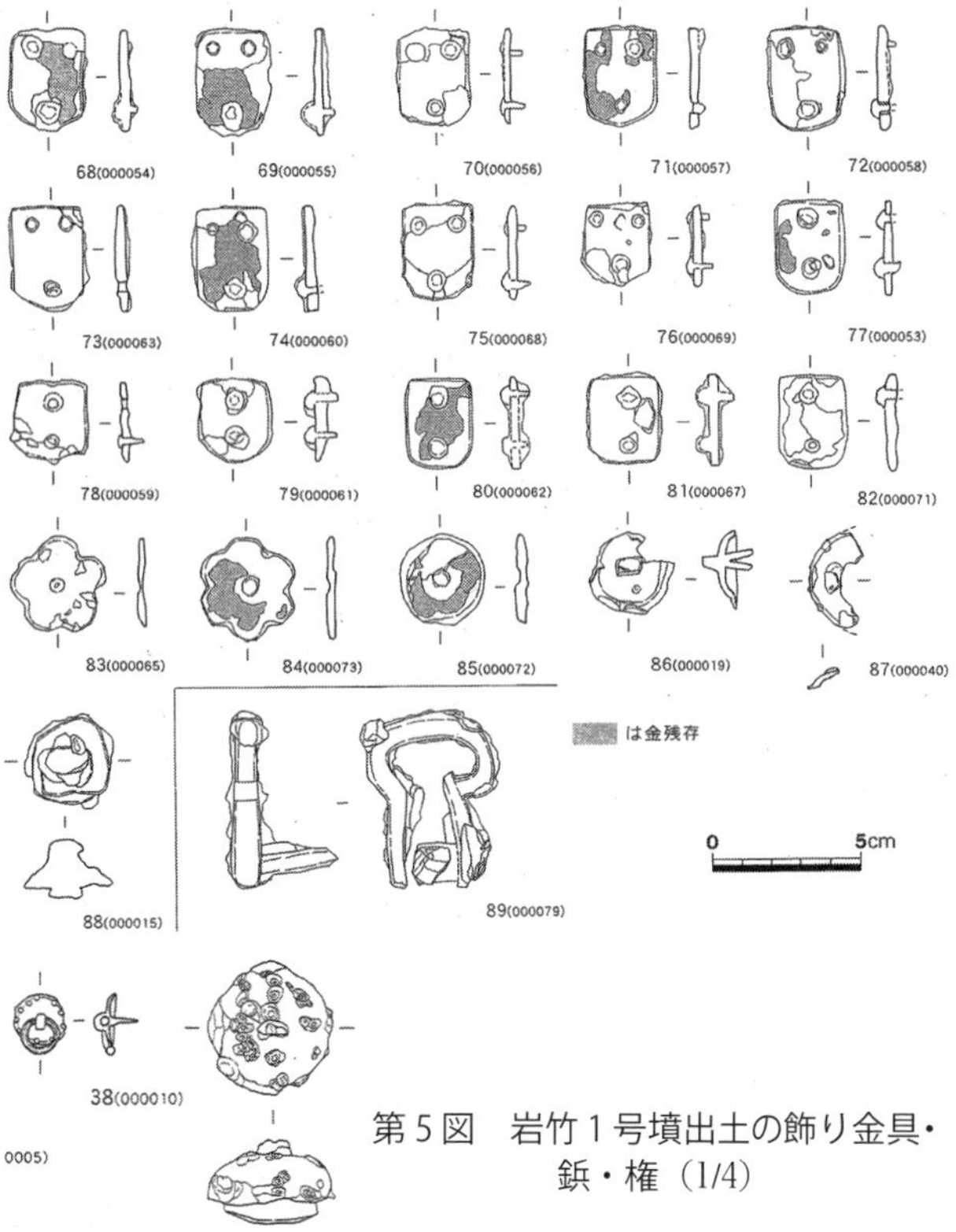

第５図　岩竹１号墳出土の飾り金具・鋲・権（1/4）

体部の類似性や副葬品などから、大谷古墳群と共通した被葬者集団が想定され、権などからは律令制下の官人層に繋がる被葬者像も想起される。

一方、耳納山地西側の丘陵上に築かれた隈山古墳群は、元来六基程度の古墳群と想定されているが、2号墳と3号墳が調査された。2号墳は直径約20㍍の円墳で、銀製くちなし玉一四点をはじめとする豊富な玉類など多数の遺物が出土している（第6図）。くちなし玉は全国でも二五基程度の古墳しか出土例がなく（第2表）、前方後円墳や大型円墳など主要古墳からの出土が指摘できる。中でも奈良県生駒郡斑鳩町の藤ノ木古墳や同県北葛城郡広陵町の牧野古墳の被葬者は皇族に連なる人物が想定されている。また、隈山古墳群と同様の群集墳から出土している例として、奈良県桜井市風呂坊古墳群があげられるが、その被葬者は鉄器生産に関わる渡来系集団が想定されており、ヤマト政権との関連も指摘されている［福辻・奥田 二〇一二］。隈山古墳群3号墳は直径約10㍍の小型の円墳と思われるが、前庭部付近からは

第２表　くちなし玉出土古墳一覧

No.	古 墳 名	地 名	墳形	時 期
1	隈山古墳群２号墳	福岡県久留米市	円墳	６世紀後半
2	風返稲荷山古墳	茨城県かすみがうら市	前方後円墳	７世紀前半
3	玉里舟塚古墳	茨城県小美玉市	前方後円墳	６世紀中頃
4	九条塚古墳	千葉県富津市	前方後円墳	６世紀中頃
5	小丸山古墳	長野県諏訪市	円墳	７世紀初頭
6	雲彩寺古墳	長野県飯田市	前方後円墳	６世紀前半
7	賎機山古墳	静岡県静岡市	円墳	６世紀後半
8	磯辺大塚古墳	愛知県豊橋市	円墳	６世紀後半
9	天保１号墳	三重県松坂市	円墳	６世紀中頃
10	甲山古墳	滋賀県野洲市	円墳	６世紀前半
11	藤ノ木古墳	奈良県生駒郡斑鳩町	円墳	６世紀後半
12	牧野古墳	奈良県北葛城郡広陵町	円墳	６世紀後半
13	風呂坊古墳群	奈良県桜井市	円墳	６世紀？
14	海北塚古墳	大阪府茨木市	円墳？	６世紀後半
15	大日山 35 号墳	和歌山県和歌山市	前方後円墳	６世紀中頃
16	鳴滝１号墳	和歌山県和歌山市	円墳	６世紀中頃
17	勝福寺古墳	兵庫県川西市	前方後円墳	６世紀中頃
18	袋尻浅谷１号墳	兵庫県たつの市	不明	６世紀末
19	上山５号墳	兵庫県朝来市	円墳	６世紀後半
20	東山 10 号墳	兵庫県多可郡中町	円墳	７世紀前半
21	唐櫃古墳	広島県庄原市	前方後円墳	６世紀後半
22	土壇原 14 号墳	愛媛県松山市	円墳？	６世紀後半
23	河内奥ナルタキ１号墳	愛媛県西予市	円墳	６世紀後半
24	双六古墳	長崎県壱岐市	前方後円墳	６世紀後半
25	笹塚古墳	長崎県壱岐市	円墳	６世紀後半

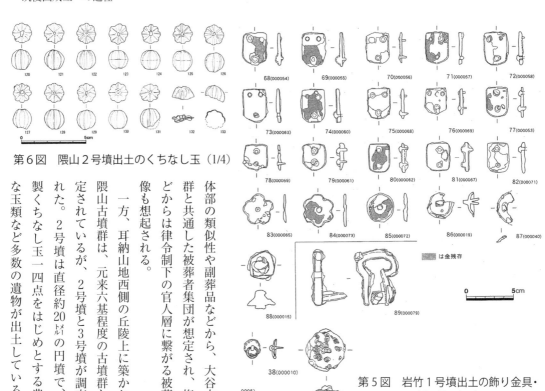

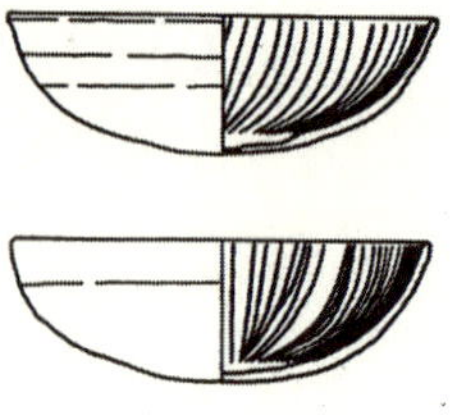

第7図　極楽寺3号墳出土の畿内系土師器（1/4）

大量の祭祀に用いられた土器が出土している。これらは八世紀前半までの遺物を含み、筑後国が成立し律令体制が及んだ時期まで古墳での祭祀を継続していることが確認できる。

耳納山地から西に派生した丘陵の先端部に築造された極楽寺古墳群では、三基の円墳が調査されている。いずれも「胴張り」の横穴式石室を主体部としており、馬具を中心に豊富な副葬品が出土している。この中で、直径約18㍍の円墳である3号墳からは、内面に放射状暗文を施した畿内系土師器が二個体出土していることが注目される（第7図）。

以上のように、御井郡域に造営された群集墳には、全国的に類例が少なく、ヤマト政権との繋がりが想定されるくちなし玉や、被葬者に律令官人層が想定される遺物、律令的土器様式〔西 一九八六〕の広がりの中で作成されたと想定される畿内系土師器が副葬されるなど、全国的な社会情勢の変化の中で理解される特異な様相を呈している。現在のところ隣接する郡域ではこのような傾向は確認できず、立地条件や政策上の重要度などから、御井郡域においては特異な傾向を呈していることが指摘できよう。

4　考　察

前節では、令制下に筑後国御井郡となる地域を中心とした古墳時代後期の古墳群について検討を加えた。前方後円墳は六世紀前半に位置付けられる日輪寺古墳を最後に断絶し、首長墓とされる大型墳は認められなくなるが、その後、当地域には多くの群集墳が造営されるようになる。

耳納山地周辺には「胴張り」と称される横穴式石室が分布するが、北麓地域と南麓地域では平面プランや構造が基本的に異なることを指摘した。耳納山地西端の高良山周辺、のちに筑後国御井郡となる地域には平面プランや構造が類似した石室を内部主体とした多くの群集墳が造営され、そこには希少性や広域的な要素が認められる出土遺物が多く確認される。ここではこれらの点を考慮して、当地域の古墳群を築造した造営主体について検討を加え、前身官衙や国府の設置に繋がる歴史的背景について考察してみたい。

これまで検討してきた古墳時代後期の筑後における出来事として、『日本書紀』や『筑後国風土記』逸文に記載されている継体二十一年（五二七）に起きた筑紫君磐井の乱があげられる。磐井の乱は、百済による新羅討伐のための軍事要請に対し、近江毛野臣を将軍とする六万の軍勢を、筑紫君磐井が筑紫において妨害したとされるものである。先行研究では、この乱を契機として部民の設置や国造制が進行し、全国の重要拠点にミヤケが設置されるなど、それまでの人制と呼ばれる〔直木 一九五八〕豪族を官人としてヤマト政権内において奉仕させる支配形態から、地方豪族の支配領域に直接踏み込んだ地方支配体制へと強化された重要な画期と考えられている〔舘野 一九七八〕。この時期を前後して、九州には四つのミヤケが設置されたことが知られているが、のちに大化二年（六四六）に中大兄皇子が朝廷に返上したミヤケが一八一カ所に及ぶことから、文献史料で知られている以上に、相当数のミヤケが全国に存在していた可能性が考えられる。また、筑後地域を中心とする北部九州には、筑後国生葉郡物部郷、肥前国三根郡物部郷、肥前国小城郡大伴郷など、物部氏や大伴氏に関する地名が多く認められることが指摘され、前

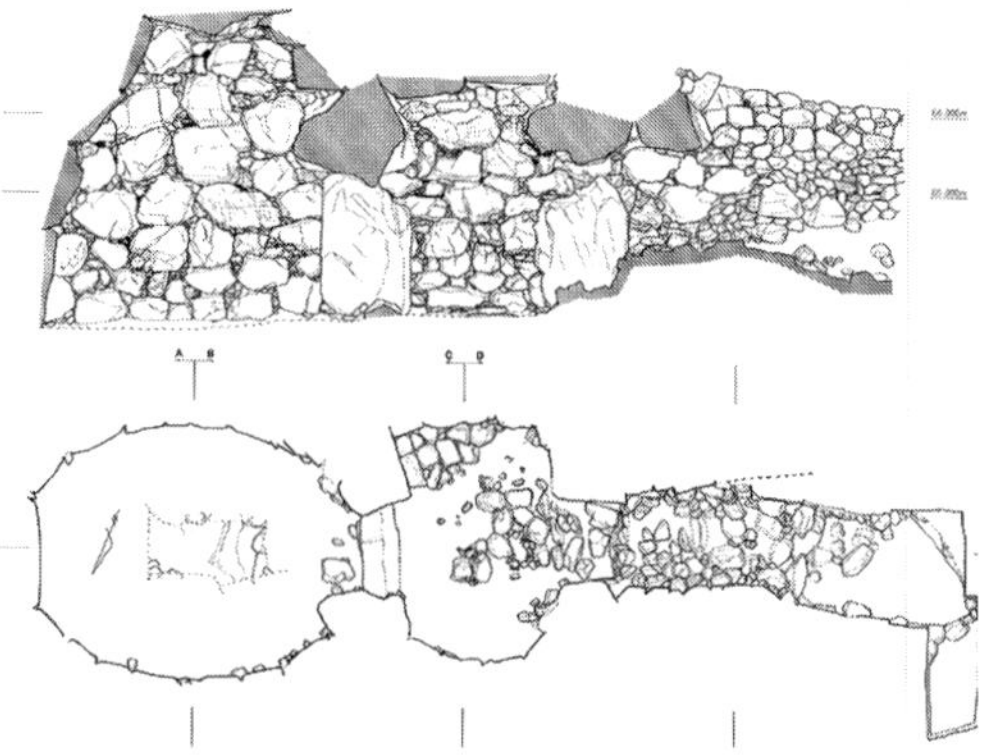

▲内畑古墳実測図

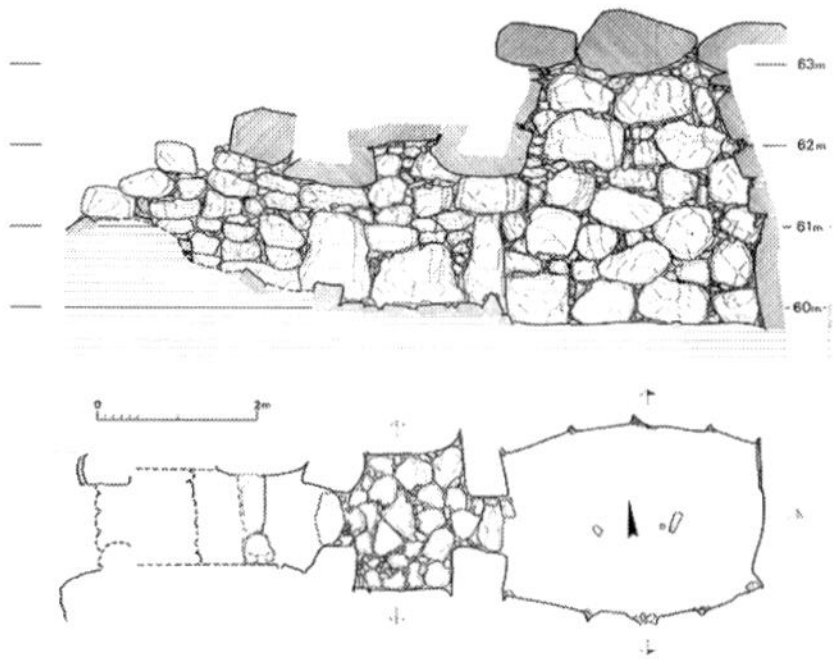

▲大塚古墳群２号墳実測図

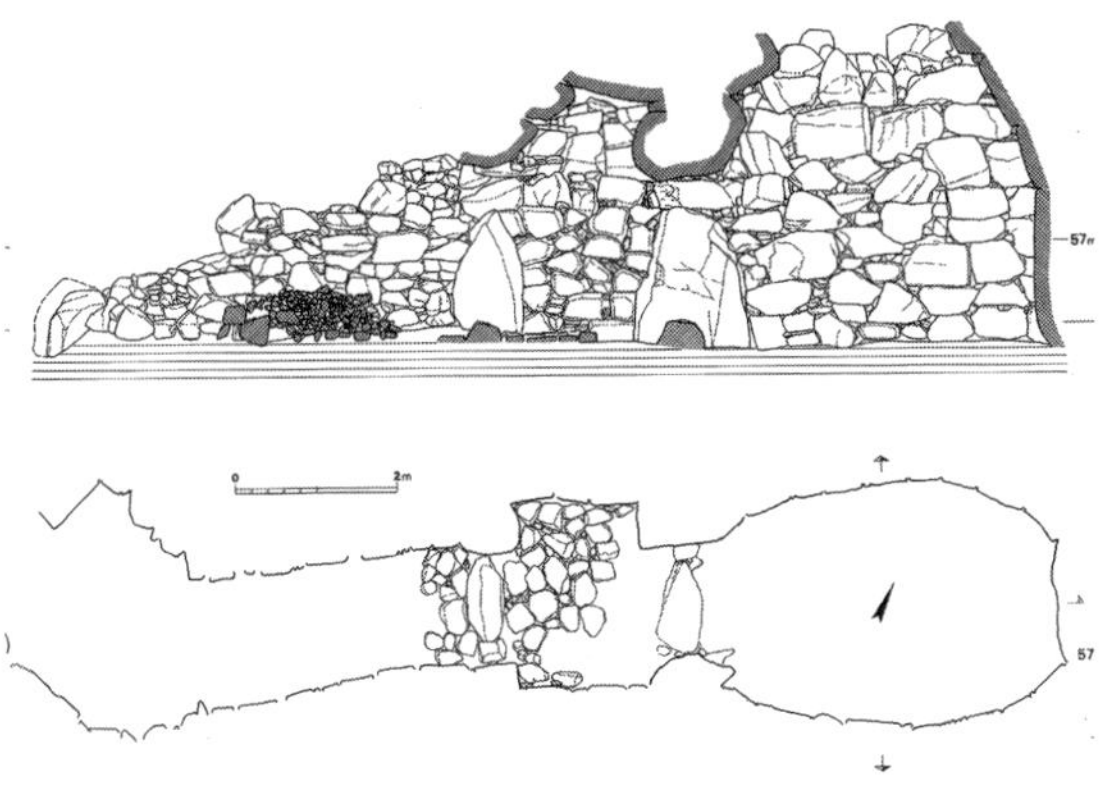

▲益永古墳群１号墳実測図

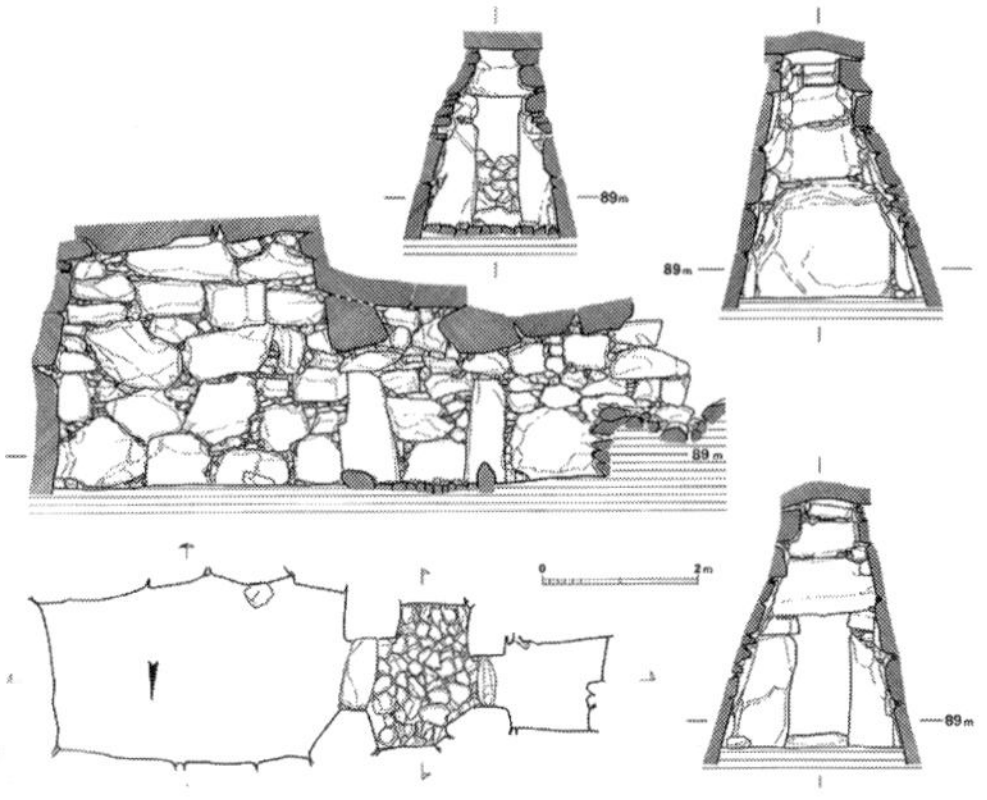

▲益生田古墳群２号墳実測図

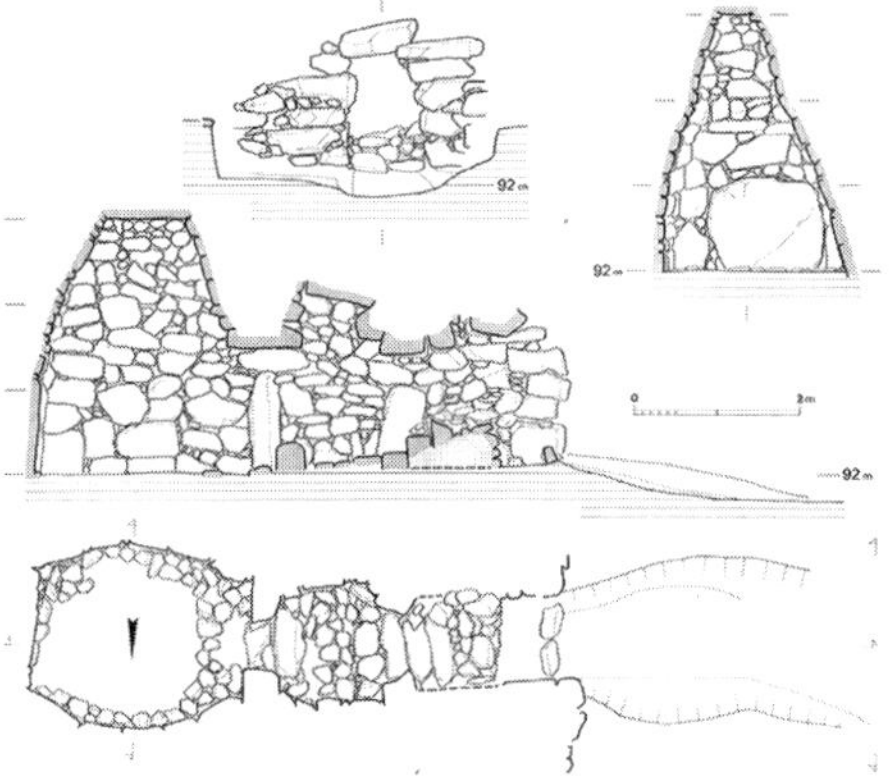

▲益生田古墳群９号墳実測図

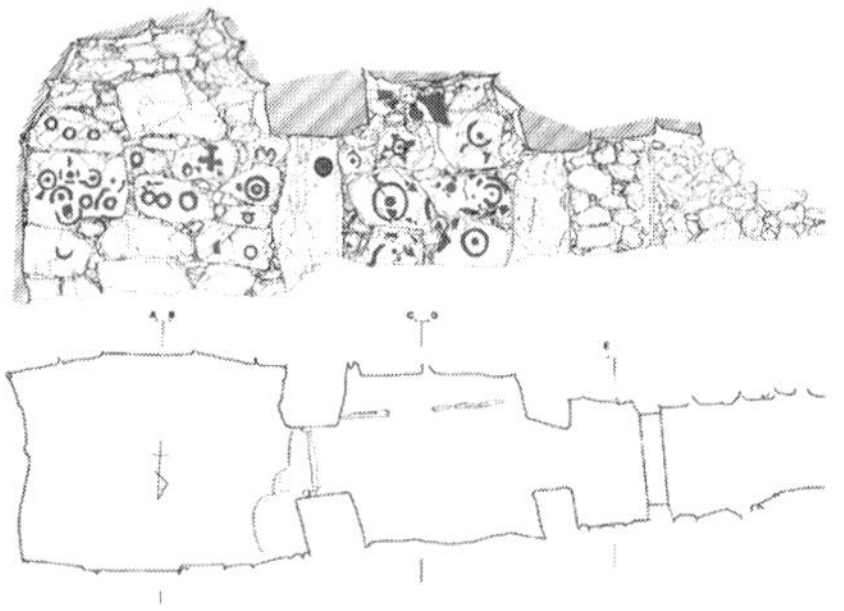

▲寺徳古墳実測図

第８図　耳納山地北麓地域の横穴式石室（1/200）

述した大伴部博麻など物部氏・大伴氏の人名なども多く見られることから、乱後に物部氏や大伴氏の関係部民が設置されたと考えられている［井上 一九八三、板楠 一九九一、田中 一九九五、酒井 二〇〇九など］。このことから、磐井の乱後に筑後地域にはヤマト政権による影響が強く及んだことが想定されるが、特に軍事的性格の強い物部氏・大伴氏等の畿内系氏族による影響が強かったと考えられる。その際には、文献には見えないミヤケの設置や、当地の人々が部民として組み込まれるなど、地方社会に大きな変化が生じたものと想定される。

一方、御井郡における古代氏族の資料としては、『高良山高隆寺縁起』に「御井郡弓削郷戸主草部公」が見え、弘仁元年（八一〇）には「大領草部公吉継、少領草部公名在」とあることから、草部氏は九世紀前半には御井郡の郡司であったことが窺える。草部氏は筑後国三池郡司としてもその名が見え、御井郡を含む筑後国において有力な氏族であったことが窺われる。草部（日下部・草壁）氏は全国的に認められる軍事的部民とされ、豊後国日田郡司の日下部氏は肥後葦北国造などと共に靫部であった。弓削郷戸主、御井郡司であった草部氏も、軍事的部民として筑後地域に広く勢力を有したものと指摘されている［古賀 一九七七］。このことから、磐井の乱後、軍事的部民である草部氏が御井郡内に組織され、御井郡の郡領氏族として成長していったことが想定される。特に御井郡域は、前述したように、五世紀前半～六世紀前半にかけて前方後円墳が築造され続けるなど筑紫平野における政策上要衝の地であった。その重要さゆえに磐井の乱後、ミヤケの設置や畿内系氏族の部民が組織されるなど、ヤマト政権による地方支配が強く及んだのではないかと想定される。その後、乙巳の変後の地方支配体制が強化される上で重要な画期である評の設置時には、御井郡の前身となる評（便宜的に以下、御井評と記す）が成立した可能性が高い。そして、朝鮮半島情勢をめぐる社会情勢の中で、御井評内の豪族達も朝鮮半島へ動員されたものと想定される。

先述したように、九州におけるくちなし玉の出土状況は隈山古墳群以外に壱岐市双六古墳、笹塚古墳が上げられる。双六古墳・笹塚古墳ともに隈山古墳群と同時期の六世紀後半の築造であることから、共通した社会背景を想定することができる。すなわち、当時は朝鮮半島をめぐる争乱や、中国における隋の建国（五八一年）など東アジア的な争乱期にあり、国防の前線基地としての役割を壱岐が果たしたと考えられている。特に新羅への出兵には国造達が動員されており、北・中部九州の豪族達がその兵站的役割を果たしたとされる［広瀬 二〇一三］。

これらの状況を踏まえると、朝鮮半島への出兵に際し、兵や武器、資材などの提供の見返りに、くちなし玉などの威信財が北部九州の豪族達に下賜された可能性も想定されるのではないだろうか。壱岐島での六世紀後半～七世紀前半頃に相次いで築造された大型石室を主体部とする前方後円墳や大型円墳の出現背景と共に、同時期における関東平野での前方後円墳の盛行、装飾大刀や朝鮮系遺物などの大量副葬なども半島出兵と関連付けて考えられている［太田 二〇一三］。隈山古墳群2号墳から出土した銀製くちなし玉や、大谷古墳群1号墳や岩竹古墳群1号墳から出土した装飾性の高い青銅製飾り金具などは、朝鮮半島への出兵に尽力した軍事的部民とされる草部氏への見返りとして下賜されたものと考えることもできよう。その後、乙巳の変後の七世紀中頃、全国に評が設定される。吉田晶氏は郡（評）成立の諸類型を設定したが［吉田 一九八〇］、「評制以前からその地域の有力首長であって、中央権力と何らかの結合関係もったものの政治的支配領域が評（郡）となったもの」を第一類型とした。そして、そのb類型は、「伝統的首長ではないが、中央権力と密接な関係をもつ」ことにより「政治的な優位を占め、郡領氏族としての地位を得ることになった」とした。前述したように、御井郡域には六世紀前半以降、首長墓と想定される大型古墳が認められず、その後は伝統的な有力氏族が存在しなかった可能性がある。しかし、磐井の乱後にヤマト政権と関係の深い畿内系氏族の部民が配されていた可能性が高く、御井評は吉田氏の指摘する第一類型のb類型に当てはまる形で成立した可能性も考えられる。御井評は文献に記載のない評ではあるが、以上のような歴史的前提の中で成立していたことも想定される。

以上、磐井の乱後の地方支配体制の再編の中で、立地条件の良さから地方政策上、要衝ともいえる筑後国御井郡となる地域にミヤケが設置され、さらに草部氏などの畿内系氏族の部民が配された可能性が高いことを指摘した。そのことが孝徳朝における立評時に評が成立し、さらには白村江の戦い前後には高良山神籠石や小水木である上津土塁、軍事的施設と想定されている前身官衙が設置された要因と考えられる。前身官衙は大溝や土塁状の施設で囲繞されるなど軍事的色彩が強く認められるが、建物群は柱筋を揃えるなど長舎型の大型建物等から構成されており〔久留米市教委 二〇〇六、小澤 二〇一二〕、軍事施設として機能するとともに、行政拠点としての官衙機能も有していたものと想定される。

大宰府政庁における発掘調査では、白村江の戦いの敗戦前後に比定されるⅠ期から官衙施設の造営が始まり、ほぼ同時期の天智三年（六六四）に水城、その翌年に大野城・基肄城の防衛網が整備されたが、官衙と土塁、山城の三施設は筑後国御井郡にも認められる。すなわち前身官衙、上津土塁、高良山神籠石である。この官衙と土塁、山城の三施設がセットとして普遍的なものとして意図的に造営されたかは不明であるが、前身官衙が南北約０．６キロ、東西約０．７キロの広範囲に広がり、その正殿と想定される建物跡（210ＳＢ２）が当時としては国内でも最大級（身舎三×五間、８．１メートル×13．５メートル）の大型四面廂建物であることなどから、当地が大宰府南方の防衛拠点でもあるとともに、政治的な支配拠点としても意識されたことは認めてよいと考える。その後、天武・持統朝頃とされる令制国の成立時には、筑紫国南半の領域が筑後国として成立した。その際には大宰府南方の拠点であった前身官衙を基礎として筑後国府が成立した。筑紫国の分国による筑後国の成立と国府の設置には、以上のような古墳時代後期以来の歴史的背景が認められるのではないかと考えられる。

おわりに

七世紀は、古墳時代の族制的社会から律令国家による領域的・個別的な人身支配が確立していく極めて重要な時期であり、地域社会においても大きな影響が及んだものと想定される。本稿では、古墳時代から律令国家の成立期にかけての地方支配構造の変化の中で、筑後国が筑紫国から分国成立し、さらに御井郡に国府が設置された背景について、古墳時代後期の古墳群を検討することによって考察してきた。紙数の都合上、詳細な検討は示すことができなかったが、要点を示すと以下のようである。

筑後国は元来、筑紫国と称され、筑紫大宰や筑紫総領による支配が及んでいた。七世紀の律令国家建設に向けた社会動向の中で、七世紀後半に筑紫国は筑前国と筑後国に分国されたが、筑後国を統括する国府はのちの御井郡に置かれた。御井郡域には五世紀代を中心に前方後円墳が造営され続けており、当地域が重要な地域であったことが伺える。古墳時代後期の筑紫君磐井の乱後には、北部九州において畿内系氏族の影響力が強まったことが指摘されていることから、当地域にもミヤケの設置や部民の編成も積極的に行われたものと想定される。御井郡域の群集墳には、くちなし玉や装飾性の高い飾り金具、畿内系土師器などが副葬される傾向があり、特にくちなし玉が出土した隈山古墳の被葬者は、軍事的部民である草部氏の可能性が考えられる。これは地方支配上、当地が要衝の地であったことに起因すると思われ、白村江の戦い前後には、前身官衙や上津土塁、高良山神籠石が造営されたことから、国防上でも重要視されていたものと想定される。その後、天武・持統朝における、いわゆる国境確定事業の際には筑紫国が分国され筑後国が成立するが、その行政拠点として前身官衙が踏襲され、筑後国府が設置された。このように筑後国の成立や国府の設置には、前代からの歴史的背景が色濃く反映されている。

国際的にも激動の七世紀において、地方支配構造もそれまでの地方豪族による族制的な支配から、評の設置に始まる領域的支配、そして里の編成と戸籍の作成による個別的な人身支配が確立していくなど多様化・複雑化していった。小田富士雄氏は白村江の戦い後、水城や大野城・基肄城などの防衛網が、白村江の敗戦後、唐や新羅との関係が急速に改善したにも関わらず、強力に進められていることに注目し、これら国防施設の建設事業を利用して、律令に基づく中央集権国家の建設を強力に推し進める契機としたのではないかと指摘している［小田 二〇一六］。このように公共事業を利用し、急速に律令国家成立が目指された。そのような社会情勢の中で、基本的に筑紫君の支配領域をベースとしていた筑紫国を分国したのは、旧来の支配構造からの脱却と、新たな支配機構による地方支配をスムーズに行うために不可欠であったためと考えられる。

筑前・筑後国の国境や郡境は直線的な個所が多く認められ、従来から自然発生的な境界ではなく、人為的な意図が働いていることが指摘されてきた［片岡 二〇〇〇など］が、地方豪族の支配領域の分断は、その権威の低下を意図したものと捉えることができる。そして旧来の地方豪族は評や里の一役人として位置付けられ、伝統的に保ち続けてきた権威や勢力を放棄していかざるを得なかったものと想定される。

以上、筑後国が筑紫国から分国成立し、さらに御井郡に国府が設置された背景について、古墳時代後期の古墳群を検討することによって考察してきた。そこには古墳群の展開と終焉、古代山城など防衛施設の築造や地方官衙の出現などの事象が、律令国家の成立にいたる過程において、地方社会の変質と連動していたことが指摘できたと思う。今回検討を加えた地域は限定的であり分析も不十分ではあるものの、他の地域においても各地の実情に合わせた歴史的背景を前提としながら、律令国家の成立過程を辿ったものと考えられる。

参考文献

青木　敬　二〇一二年「宮都と国府の成立」『古代文化』六三―四　古代学協会
荒井秀規　二〇〇九年「領域区画としての国・評(郡)・里(郷)の成立」『古代地方行政単位の成立と在地社会』奈良文化財研究所
壱岐市教育委員会　二〇一二年『巨石古墳の時代』壱岐市教育委員会
井上辰雄　一九八三年「大和政権と九州の大豪族―その統治政策を中心として―」『九州歴史資料館開館十周年記念　大宰府古文化論叢』上巻　吉川弘文館
池邊　彌　一九八一年『和名類聚抄郡郷里驛名考証』吉川弘文館
板楠和子　一九九一年「乱後の九州と大和政権」『古代を考える　磐井の乱』吉川弘文館
市　大樹　二〇〇九年「荷札木簡からみた「国―評―五十戸」制」『古代地方行政単位の成立と在地社会』奈良文化財研究所
岩永省三　二〇一二年「ミヤケ制・国造制の成立―磐井の乱と六世紀代の諸変革―」『二〇一二年度福岡大会研究発表資料集』日本考古学協会二〇一二年度福岡大会実行委員会
岩永省三　二〇一四年「ミヤケの考古学的研究のための予備的検討」『東アジア古文化論攷』2　高倉洋彰先生退職記念論集刊行会
瓜生秀文　二〇〇九年「筑紫君磐井の乱後の北部九州―火(肥)諸勢力の北上―」『日本古代の

思想と筑紫』櫂歌書房
太田博之　二〇一三年「東日本における古墳時代後期の朝鮮半島系遺物と首長層の動向」『国立歴史民俗博物館研究報告』第一七九集
大津　透　一九九二年「大化の改新と東国国司」『古代の日本⑧　関東』角川書店
大橋泰夫　二〇〇九年「国郡制と地方官衙の成立―国府成立を中心に―」『古代地方行政単位の成立と在地社会』奈良文化財研究所
大橋泰夫　二〇一一年「古代国府の成立をめぐる研究」『古代文化』六三―三　古代学協会
大橋泰夫　二〇一六年『国郡制と国府成立の研究』平成24年度～平成27年度科学研究費補助金基盤研究(C)研究成果報告書
大町　健　一九八六年『日本古代の国家と在地首長制』校倉書房
岡野慶隆・寺前直人・福永伸哉編　二〇〇六年『川西市勝福寺古墳発掘調査報告』川西市教育委員会
小澤太郎　二〇一二年「西海道における四面廂建物の様相」『四面廂建物を考える』クバプロ
小田富士雄　二〇一六年「「天智紀」山城の出現とその背景」『月刊文化財　古代山城の世界』平成28年4　第一法規
片岡宏二　二〇〇〇年「続・古代の点と線―筑紫平野の国・郡境を決める法則―」『古文化談叢45』九州古文化研究会
門井直哉　一九九八年「評領域の成立基盤と編成過程」『人文地理』五〇―一　人文地理学会
門井直哉　二〇〇九年「歴史地理学からみた郡域編成の成立―評の「領域」をめぐって―」『古代地方行政単位の成立と在地社会』奈良文化財研究所
鐘江宏之　一九九三年「「国」制の成立―令制国・七道の形成過程―」『日本律令制論集』上　吉川弘文館
狩野　久　一九八四年「律令国家の形成」『講座日本歴史』1原始古代1　東京大学出版会
鎌田元一　一九七七年「評の成立と国造」『日本史研究』一七六
鎌田元一　一九九三年「部・屯倉・評」『新版古代の日本①　古代史総論』角川書店
鎌田元一　一九九四年「七世紀の日本列島―古代国家の形成」『岩波講座　日本通史3　古代2』岩波書店
鎌田元一　二〇〇一年『律令公民制の研究』塙書房
久留米市史編さん委員会　一九九四年「筑後国府跡」『久留米市史』第12巻　資料編考古
久留米市教委　二〇〇四年「浦山古墳群」『平成16年度久留米市内遺跡群』
久留米市教委　二〇〇六年『筑後国府跡　第210次調査報告書』
熊谷公男　二〇〇八年『日本の歴史03　大王から天皇へ』講談社(講談社学術文庫)
古賀　壽　一九七七年「Ⅳ正福寺の沿革」『正福寺遺跡』久留米市文化財調査報告書第16集　久留米市教育委員会
酒井芳司　二〇〇九年「倭王権の九州支配と筑紫大宰の派遣」『九州歴史資料館研究論集』34　九州歴史資料館
酒井芳司　二〇一六年「筑紫における総領について」『九州歴史資料館研究論集』41　九州歴史資料館
篠川　賢　一九八五年『国造制の成立と展開』吉川弘文館
神保公久　一九九九年「筑後地域の横穴式石室」『九州における横穴式石室の導入と展開』九州前方後円墳研究会
神保公久　二〇一二年「筑後国府の成立」『古代文化』六三―四　古代学協会
杉原敏之　二〇〇七年「大宰府政庁のⅠ期について」『九州歴史資料館研究論集』32　九州歴史資料館
杉原敏之　二〇一二年「大宰府と西海道国府の成立」『古代文化』六三―四　古代学協会
鈴木靖民　一九九二年「七世紀東アジアの争乱と変革」『古代の日本②アジアからみた古代日本』角川書店
舘野和己　一九七八年「屯倉制の成立―その本質と時期―」『日本史研究』一九〇
舘野和己　二〇一二年「ミヤケ制研究の現在」『二〇一二年度福岡大会研究発表資料集』日本考古学協会二〇一二年度福岡大会実行委員会
田中聡一　二〇〇八年『壱岐の古墳―壱岐島を代表する大型古墳―』壱岐市教育委員会
田中正日子　一九八九年「成立期の筑後国と大宰府」『筑後国府・国分寺跡』久留米市文化財調査報告書第59集
田中正日子　一九九五年「筑後に見る磐井の乱前後」『日本古代国家の展開』上巻　思文閣
冨永里奈　二〇〇一年「7東山古墳群の馬具再論」『東山古墳群Ⅱ』兵庫県多可郡中町教育委員会　京都府立大学考古学研究室
直木孝次郎　一九五八年『日本古代国家の構造』青木書店
中村順昭　二〇一二年「国司制と国府の成立」『古代文化』六三―四　古代学協会
中村順昭　二〇一四年『地方官人たちの古代史』吉川弘文館
西　弘海　一九八六年『土器様式の成立とその背景』真陽社
早川庄八　一九七五年「律令制の形成」『岩波講座日本歴史2　古代2』岩波書店
原秀三郎　一九八〇年『日本古代国家史研究』東京大学出版会
原島礼二　一九七九年『古代の王者と国造』教育社
広瀬和雄　二〇一〇年「壱岐島の後・終末期古墳の歴史的意義」『国立歴史民俗博物館研究報告』第一五八集
広瀬和雄　二〇一三年「終末期古墳の歴史的意義」『国立歴史民俗博物館研究報告』第一七九集
福辻淳・奥田尚　二〇一二年「風呂坊古墳群―第4次調査報告書―」桜井市内埋蔵文化財二〇〇八年度発掘調査報告書　桜井市文化財協会
舟山良一　二〇〇八年『牛頸窯跡群：総括報告書』大野城市教育委員会
北条秀樹　二〇〇〇年『日本古代国家の地方支配』吉川弘文館
松原弘宣　一九九八年「孝徳立評について」『日本古代の国家と村落』塙書房
松村一良　一九九一年「西海道の官衙と集落」『新版　古代の日本③　九州・沖縄』角川書店
森　公章　一九八六年「評制下の国造に関する一考察」『日本歴史』四六〇
森　公章　一九八七年「評の成立と評造」『日本史研究』二九九
森　公章　二〇一三年『古代豪族と武士の誕生』吉川弘文館
森貞次郎　一九八三年『九州の古代文化』六興出版
八木　充　一九六八年『律令国家成立過程の研究』塙書房

八木　充　一九七五年「国造制の構造」『岩波講座　日本歴史』２ 古代２　岩波書店
八木　充　二〇〇二年「筑紫における大宰府の成立」『大宰府政庁跡』九州歴史資料館
山尾幸久　一九九一年「評の研究史と問題点」『日本史研究』三四一
山中敏史　一九九四年『古代地方官衙遺跡の研究』塙書房
山中敏史　二〇〇一年「評制の成立過程と領域区分―評衙の構造と評支配域に関する試論―」『考古学の学際的研究』岸和田市・岸和田市教育委員会
吉川真司　二〇一一年『飛鳥の都』岩波書店
吉田　晶　一九七三年『日本古代国家成立史論―国造制を中心として―』東京大学出版会
吉田　晶　一九八〇年『日本古代村落史序説』塙書房
吉田　晶　二〇〇五年『古代国家の国家形成』新日本出版社
吉田　孝　一九八三年『律令国家と古代の社会』岩波書店
米田雄介　一九七六年「評の成立と構造」大阪歴史学会編『古代国家の形成と展開』吉川弘文館
米田雄介　一九七九年『古代国家と地方豪族』教育社

第3部　大宰府の防衛と古代山城

大宰府の防衛体制をめぐって　――羅城と関、防と烽――

西谷　正

はじめに

天智天皇二年（六六三）の白村江の戦いにおける敗戦を契機として、唐・新羅の連合軍による侵攻から大宰府を守るために、一連の防衛体制が整備された。すなわち、天智天皇三年の対馬島・壱岐島・筑紫国等に防と烽の設置、ならびに、筑紫に水城を築造、天智天皇四年の長門国や筑紫国の大野・椽の諸城の築造、そして、天智天皇六年の倭国・高安城、讃吉国・屋嶋城、対馬国・金田城の築城へと続いた。さらには、文武天皇二年（六九八）における大野・基肄・鞠智の三城の修治のように、防衛体制が維持された。

　これらの防衛施設のうち、所在が判明している水城と山城群については、遺跡の発掘調査と整備が進んでいるのに対して、調査・研究が遅れている遺跡に、防と烽があり、また羅城と関の問題がある。そこで、後者の遺跡・問題について現状を整理し、今後の調査・研究の進展を期待したい。

　さらに、大宰府の防衛体制が確立した後も、新たな国際的緊張を背景に築造された怡土城についても、周辺の遺跡において検出された遺物（瓦・木簡）を改めて紹介しておきたい。

1　羅城と関

(1) 羅　城

　羅城とは、条坊からなる計画都市で、その内部に宮城・官衙・寺院・市・住居などを整然と配置した古代都城を取り囲む外郭の城壁をいう。そのような羅城の大宰府における存否について、鏡山猛氏が水城に大宰府を囲む羅城的性格を与えたのが、肯定的な見解の嚆矢であろう［鏡山 一九六八］。筆者も鏡山説を継承し、支持する立場から、水城本体とそれに連なる山稜を自然の要害とすれば、そこには羅城の概念が導入され、水城はその省略形式であると考えた［西谷 一九八七］。大宰府における羅城説を大きく前進させたのは、阿部義平氏であった［阿部 一九九一］。阿部氏は博多湾側の水城に対し、有明海側の関屋やとうれぎの土塁を対置させ、さらに大野城と椽城とを結んだラインをもって羅城を想定した（第1図）。阿部説をめぐって賛否両論はあったものの、平成十年（一九九八）に、九州歴史資料館において開催された大宰府史跡発掘調査30周年記念特別展では阿部説が採用されている［九州歴史資料館 一九九八］。その翌年の平成十一年には、筑紫野市の宮地岳において古代山城が新たに発見された［筑紫野市教委 二〇〇八・二〇一一］。この山城をめぐっては、阿部

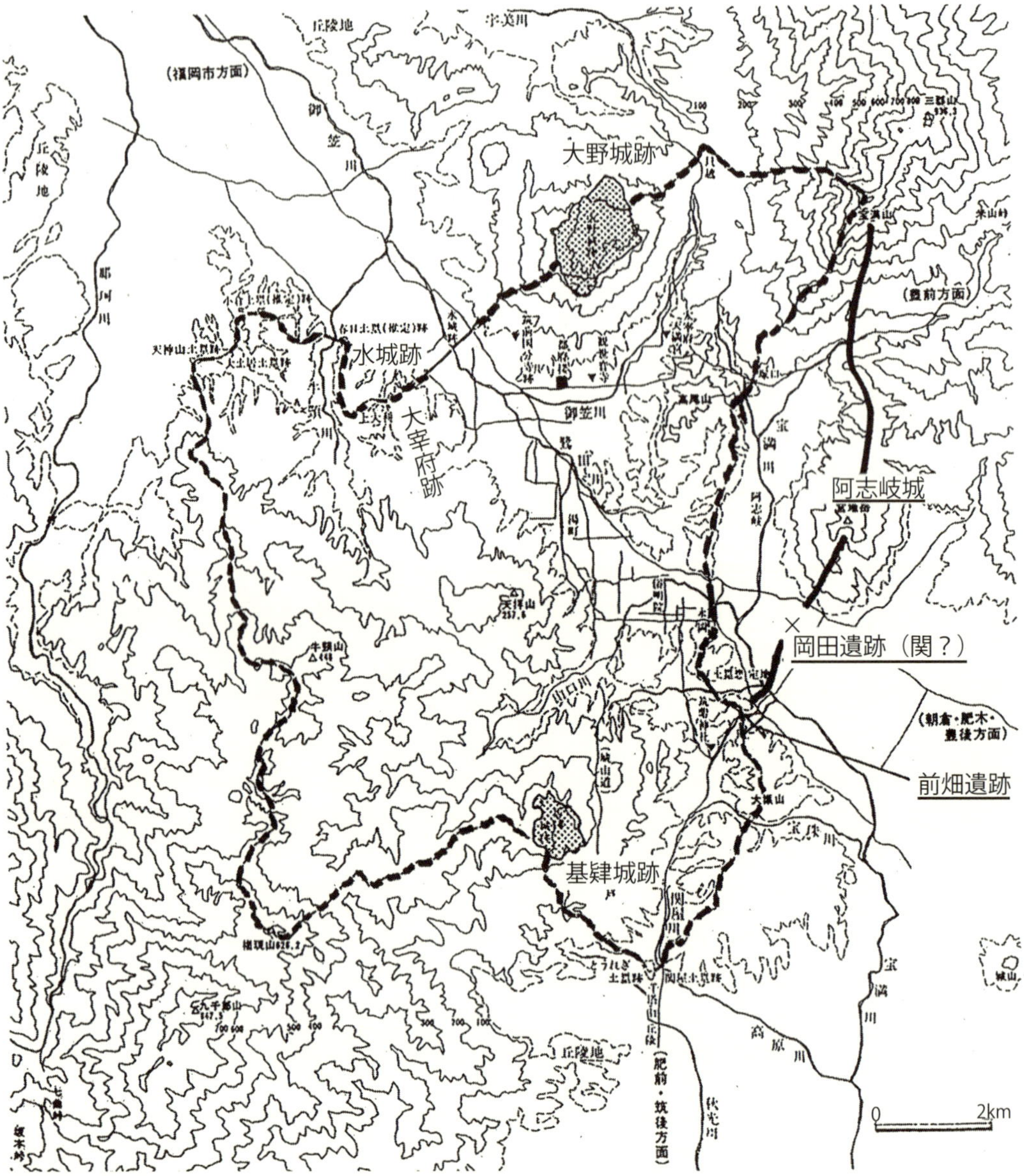

第１図　阿部義平氏の提示した大宰府羅城（一部改変）（破線）と筆者の想定ライン（太線）（阿部 1991 より）

氏の羅城説との関連で研究集会が開催されて検討されたが、全体的な論調としては否定的であった［古代山城研究会 二〇〇七］。しかし、筆者はその時点で、阿部氏が想定した東側のラインを、宮地岳（阿志岐城）とその南北に連なる稜線に移動させて考えてきた［西日本新聞一九九九年六月二五日付夕刊］。そこへ平成二十七年になって、筑紫野市の前畑遺跡において丘陵部ではじめて土塁が発見され、翌平成二十八年十二月三日・四日に現地が公開された（第2図）［小鹿野・海出・柳 二〇一七、筑紫野市教委 二〇一八］。

前畑遺跡の土塁は、版築工法の様子から見て古代の築造と考えられ、また、阿部氏の羅城説のライン上に位置することから、筆者は土塁の発見当初から羅城説を補強する遺構と考えてきた。前畑遺跡で土塁が発見されて以来、周辺自治体の文化財担当者は、羅城想定ラインを踏査した結果、数カ所において土塁痕跡の確認もしくは可能性が指摘されるに至っている［山村二〇一七］。九州歴史資料館では、平成三十年以降に羅城想定ラインの確認調査を実施するという。筆者は、早くから鏡山・阿部両氏の羅城説を支持し、確信している立場からも、羅城の調査・研究の深化を期待したい。

ところで、これまで考えてきた大宰府羅城は、中国古代の漢魏洛陽城や唐長安・洛陽城などに見られるように完璧な羅城ではない。平城京の羅城門とその両側約1キロの城壁とか、平安京に至っては羅城門だけといったように、概念の一部のみ導入されたきわめて日本的なものといえよう。その点で、大宰府と共通性が高いのは、百済後期の泗沘羅城である［シム二〇一四］。大宰府の大野と椽の二城が、百済から派遣された技術者によって築造されたと記す『日本書紀』天智天皇四年紀の文献史料と、大野・椽二城と百済・扶蘇山城の構造比較に基づく共通性という考古資料からも、百済と大宰府の密接な交流関係がうかがえる。水城についても、一説によると、白村江に比定される東津江流域の周留城周辺には、水城の遺構や地名が認められる［全榮来二〇〇四］。このように、羅城の一部を構成する山城や水城の共通点からも、泗沘城の羅城概念が大宰府のそれに導入されているといえよう。

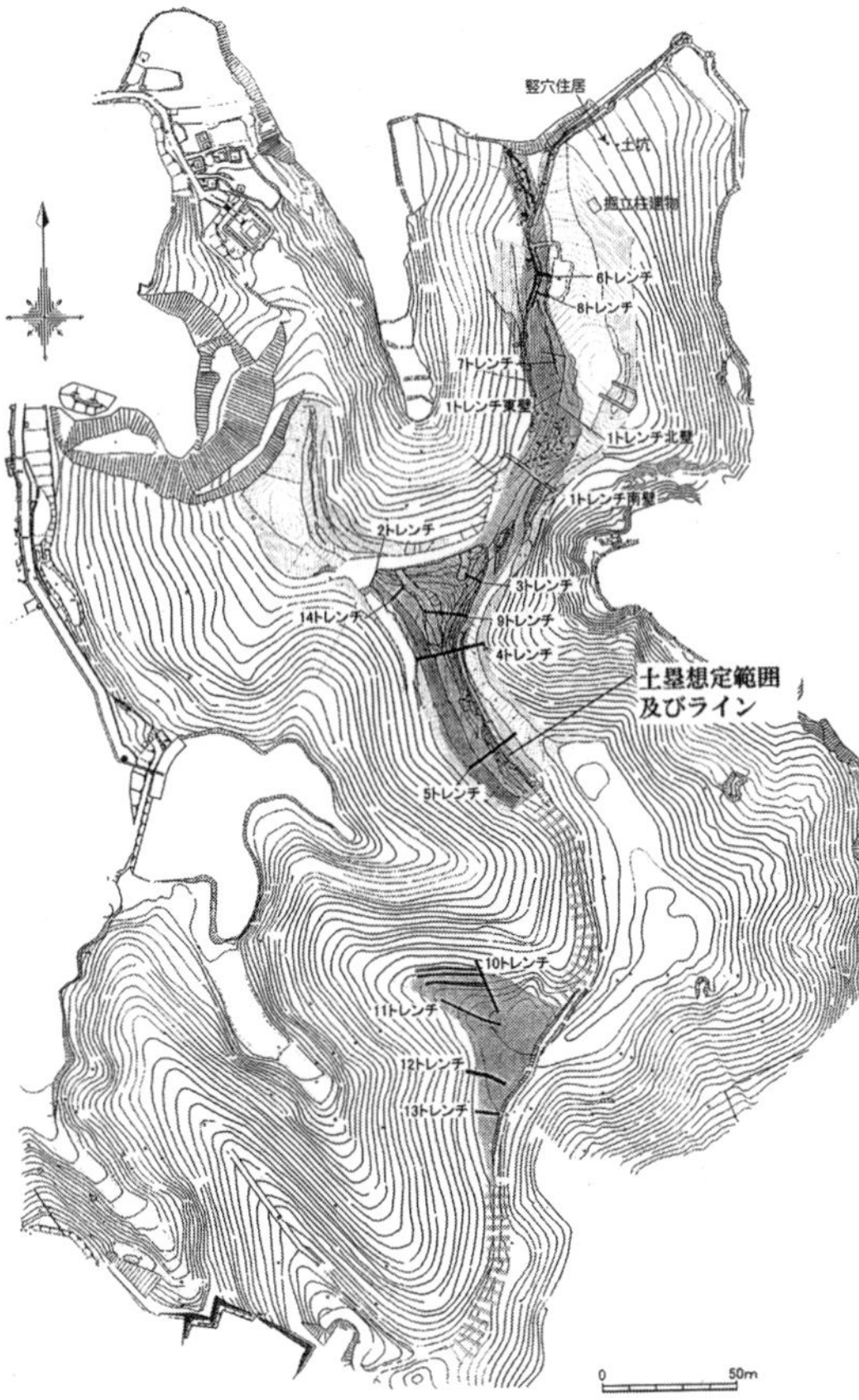

第2図　前畑遺跡 土塁想定ライン及びトレンチ配置図
（小鹿野・海出・柳 2017 より）

以上のように大宰府に羅城を想定した場合、城門の問題が浮かび上がる。まず、水城の東・西の城門は遺構の存在から確認できる。その場合、二つの門はともに大宰府都城の正門として、西門は博多津筑紫館（のちの鴻臚館）と直線道路で結ばれている点で、新羅・唐などとの対外的な性格が強い。それに対して東門は、平城京をはじめ国内諸地域との通交の性格を帯びていたのではないかと推測される。一方、南側のとうれぎ・関屋土塁付近の地形的に丘陵地裾部の狭隘な平地にも南門が想定できよう。ただ、この付近には国道3号線が通っていて、遺構の確認は望めない。ここは、肥前・筑後に通じ、さらには有明海に出る交通の要衝である。東側に関しては、宝満山と宮地岳、宮地岳と前畑遺跡との間にそれぞれ一カ所ずつ門の想定が可能であろう。東の北側は蘆城駅が想定される付近で、米山峠を越えて豊前に通じる道路に伴う門である。そして、東の南側は岡田遺跡付近である。ここでは、官道と公的な施設群を思わせる柵列や掘立柱建物群の遺構が検出されている［筑紫野市教委一九九八］。これらの遺構に対して、関剗的な性格が考えられているが、むしろ羅城の東南門の可能性を考えたい。

羅城に関して、大宰府以外では難波京の場合を想定する。すなわち、『日本書紀』天武天皇八年(六七九)の条に見える「初めて関を龍田山・大坂山に置く。仍りて難波に羅城を築く」というよく知られた記事である。文献史料に登場する難波京羅城に関しては、早く唐・新羅の来襲に備えたとする説が知られる[瀧川 一九六七]。近年では、難波京における条坊制の施行と、条坊の南辺に羅城が築かれたことが推定されている[澤村 一九九八]。難波京羅城の遺跡としては、現在の四天王寺の西南約500㍍付近に位置する茶臼山を当てる説がある。ちなみに、茶臼山は、推古天皇元年(五九三)紀に見える「始めて四天王寺を難波荒陵に造る」の荒陵に当てられ、全長約200㍍の東向きの中期の前方後円墳と考えられてきた。しかし、昭和六十一年(一九八六)の大阪市文化財協会による発掘調査の結果、疑問視されるようになっている。ちなみに、茶臼山は大坂冬の陣と夏の陣に際し、徳川家康の本陣になったところとしても知られる[中尾 二〇〇六]。もともとあった茶臼山古墳は、四天王寺境内造成に伴う開発を受け、その後、羅城の築造や家康本陣の設営などを経て、大きく改変を受けたのであろうか。

それはともかくとして、難波京羅城に関連する遺跡が二〇〇五～〇六年の調査で注目されている。それは細工谷遺跡で、七世紀後半のⅠ期には掘立柱建物と柵列で、また八世紀初頭～前葉の版築土塁と木樋暗渠でそれぞれ構成される遺構群が羅城の城門のそれと推測されている[黒田 二〇一四]。さらに加えて、細工谷遺跡付近には、延喜式内社の比売古曽神社文書「伝後醍醐天皇綸旨」(建武二年：一三三五)において社領の南限とされた「羅城土塁」が存在したことが知られる[黒田 二〇一四]。つまり、中世の時点まで羅城の土塁が認識されていたことになる。ただ、一方でたとえば難波京Ⅱ期復原案[積山 二〇一四]によると、細工谷遺跡の南方1.3㌔余りのところに羅城門が想定されるので、さらなる検討が必要ではある。

(2) 関

難波京の羅城に関してもう一つ重要なことは、前出の天武天皇八年紀に見えるように、羅城が関と一連の施設として位置づけられている点である。関は、交通の要衝に外敵もしくは国内の反抗勢力から守るために設置された遮断城に当たる。中国大陸や朝鮮半島では、漢魏時代に長安城と洛陽城の間に設けられた函谷関や、三国時代高句麗の国内城に通じる北路・南路上にそれぞれ設けられた関馬墻・望波嶺関隘などがよく知られる。

日本古代に関しては、文献史学の分野で一定の研究蓄積を持っている。早くは、岸俊男氏が八世紀の政治史の一齣として、養老五年(七二一)の元明太上天皇の崩御に際し起こった三つの事象に注意した。その中の一つに、使を遣わして三関すなわち東海道・鈴鹿関、東山道・不破関と北陸道・愛発関を固めること、言い換えれば固関を行っている。この場合は、元明太上天皇の崩御という中央における大事に際し、関門を閉塞して通行を杜絶させたわけである。このことから、その後の固関について考察している[岸 一九六五]。

そのような朝廷内の異変を契機とする固関に対して、律令体制下における徴税から逃れるために、しばしば逃亡が見られた。その際に、関において通行許可書に当たる過所という文書が点検された。六国史における関の初見は、その信憑性はともかくとして、大化二年(六四六)に出された改新の詔に記される関塞の設置である。ついで、壬申の乱の際の天武天皇元年(六七二)の条に見える鈴鹿関司が知られる[舘野 二〇一六]。その後、前出の天武天皇八年十一月の条に「初めて関を龍田山・大坂山に置く。仍りて難波に羅城を築く」と伝える場合の関は、羅城との関係も合わせて難波京の整備に関わるものであろう［舘野二〇一六］。

いずれにしても、日本古代の関は、鈴鹿・不破・愛発の三関や摂津関に象徴的に見られるように、宮都の周辺に重点的に配置されていた［市二〇一七］。そのうち、摂津関は長門関とセットの関係で瀬戸内海の交通検察に当たる点に主眼があったといわれる。しかし、八世紀末以降になると、交易活動の活発化への対処や、九世紀末以降における治安維持の比重の高まりなど［市二〇一七］、関の機能の変遷がうかがえるのである。

ところで、関に対する考古学的調査は、不破関と鈴鹿関で一部の成果は見られるとはいえ、全容の解明にはほど遠い実情である。不破関については、岐阜県関ヶ原町の遺跡が発掘調査された結果、東山道を含んだ土塁で囲まれた外郭と、同じく東山道に面して築地塀で囲まれた内郭、瓦葺き・掘立柱建物、竪穴住居などの遺構群のほか、土塁築造時の地鎮具と考えられる和同開珎包蔵の土師器甕などの遺物が検出されている［岐阜県教委・不破関跡調査委員会一九七八］。

鈴鹿関は、三重県亀山市にあって、西城壁に当たる築地塀の一部の遺構が検出されている［亀山市教委二〇〇七］。

ところで、さきに大宰府羅城を想定したが、難波京の羅城と関との関係に照らして、大宰府の関の問題を考えてみたい。大宰府に係わる関について、文献史料はもちろん何もない。それに対して、考古資料からは可能性が指摘できよう。すなわち、大宰府羅城の南辺の一角を構成する、とうれぎ土塁の西南方約25キロ地点に立地する久留米市の上津土塁（第3図）［久留米市教委一九八六］を関の遺構と考える。ここは、『延喜式』時代の駅路の東方約2.4キロ付近を通る、それ以前の藤山道を遮断するかのように、浦山丘陵と本山丘陵の狭隘部

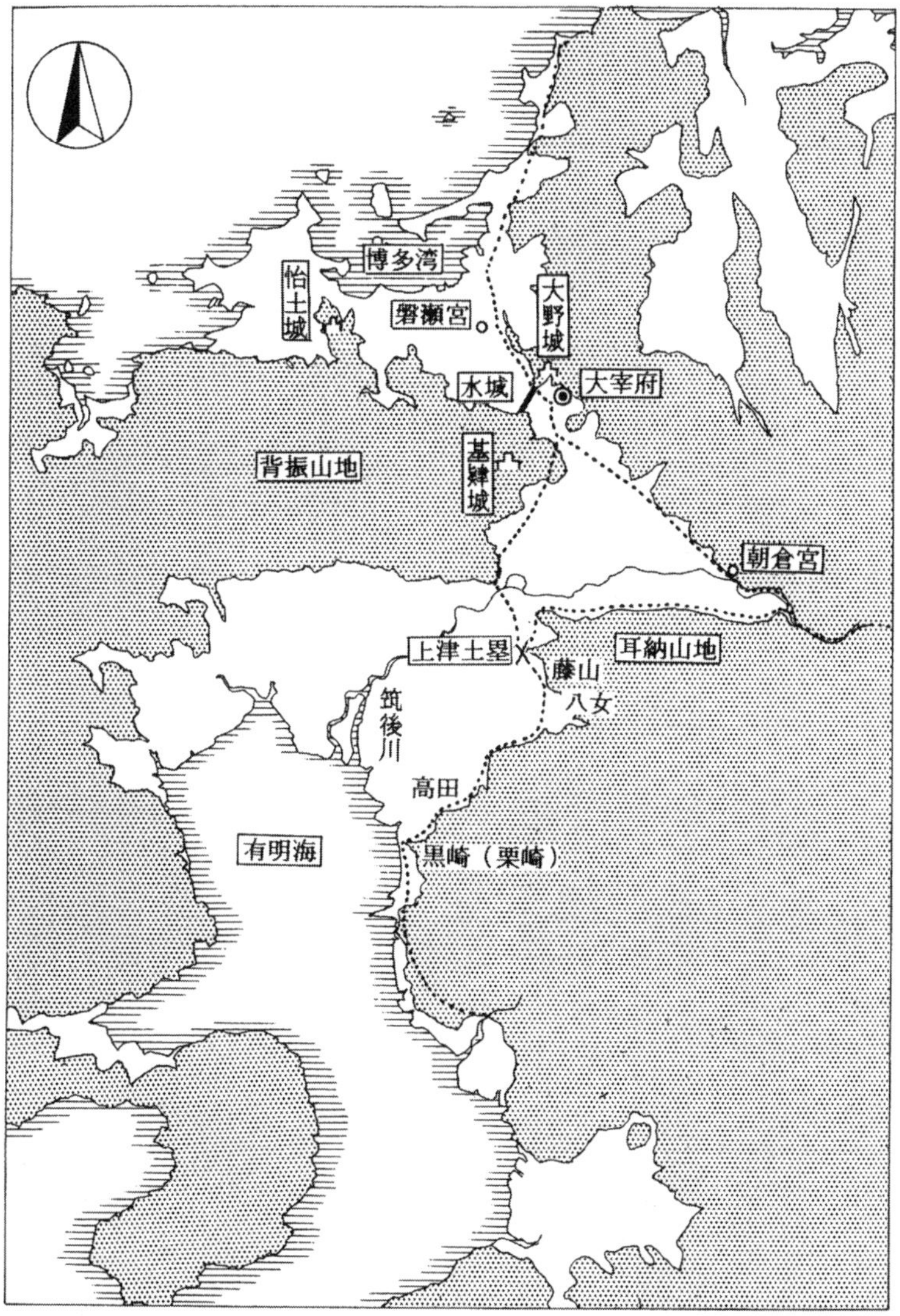

第3図　7世紀後半頃の北部九州（久留米市教委 1986 より）

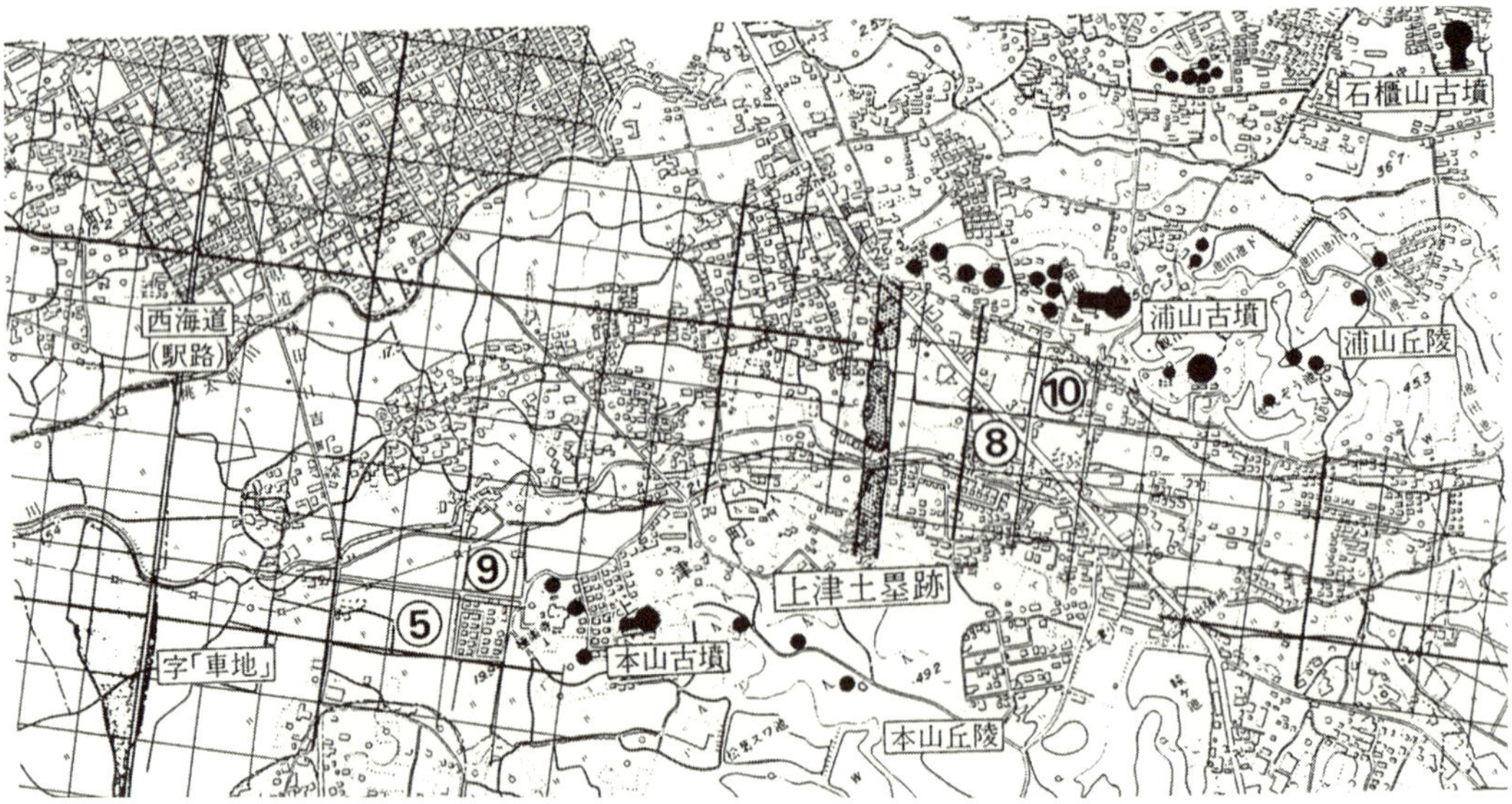

第4図　上津土塁跡と周辺の条里（久留米市教委 1986 より）

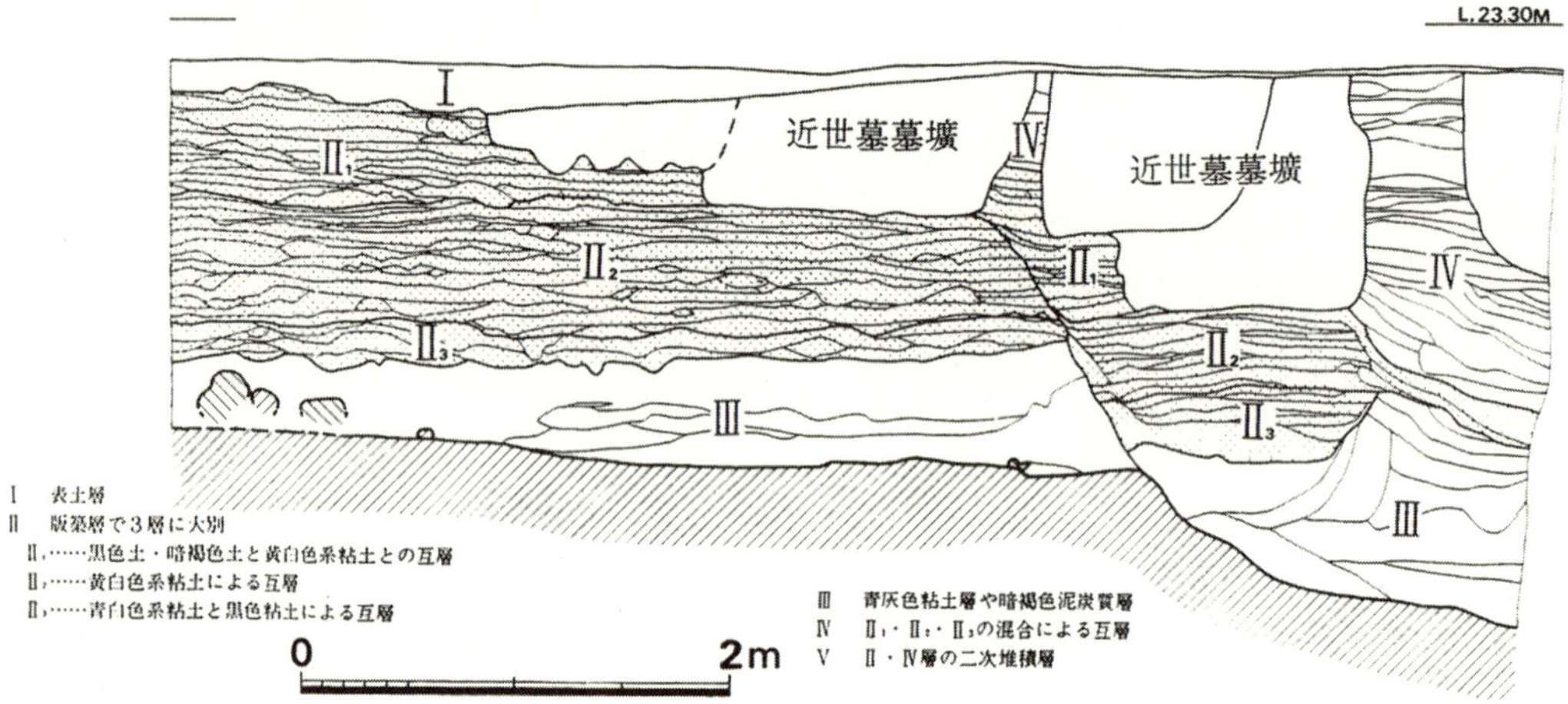

第5図　上津土塁跡第1トレンチ断面実測図（久留米市教委 1986 より）

に当たる(第4図)。土塁の高さは不明であるが、長さ約450㍍、幅約20〜30㍍の規模であったと推測され、版築工法によって構築されている。第1トレンチの断面観察によると、50㌢ほどの滑落痕跡が認められる(第5図)。これは、『日本書紀』天武天皇七年(六七八)十二月の条に「筑紫国《つくしのくに》、大《おほ》きに地動《なゐふ》る。地裂《つちさ》くること廣《ひろ》さ二丈《ふたつゑ》、長《みち》さ三千餘丈《つゑあまり》。百姓《おほみたから》の舎屋《やかず》、村《むら》毎《ごと》に多《おほ》く仆《たふ》れ壊《やぶ》れたり。」[坂本ほか一九六五]と記す、いわゆる筑紫大地震に伴う現象である。それはともかくとして、「上津関」を想定するとき、その防御対象は藤山道を南下すると有明海沿岸部に出るので、有明海からの外敵の侵入に備えるものであったろう。有明海方面といえば、熊本県山鹿市の鞠智城が白村江の敗戦後の緊迫状況下で築かれた山城であることはよく知られる。『続日本紀』文武天皇二年(六九八)の条によると、大宰府に大野、基肄、鞠智の三城を修治させたと見える。また、それらの三城では七世紀後半の軒丸瓦が出土している。このような文献記録と考古資料から見て、三城は同時期に築かれたと考えたい。そして、大宰府防衛の山城として、博多湾側の大野・基肄城と有明海側の鞠智城を対置させて考えたいと思う。

2 防と烽

(1) 防

『日本書紀』はまた、天智天皇二年(六六三)の白村江の敗戦後の国防とりわけ大宰府防衛体制の第一弾として、まず天智天皇三年に対馬島・壱岐島・筑紫国等に、防《さきもり》と烽《とぶひ》とを置いている。防つまり防人は、その後、天武天皇末期から持統天皇初期にかけて、律令制的な防人派遣と三年ごとの交替という制度が整備されていった。防人は国司が難波津まで引率した後は大宰府の管轄下に入り、大宰府の防人司のもとで、教習と訓練を受け、任地に配属されたといわれる[酒井二〇一六]。

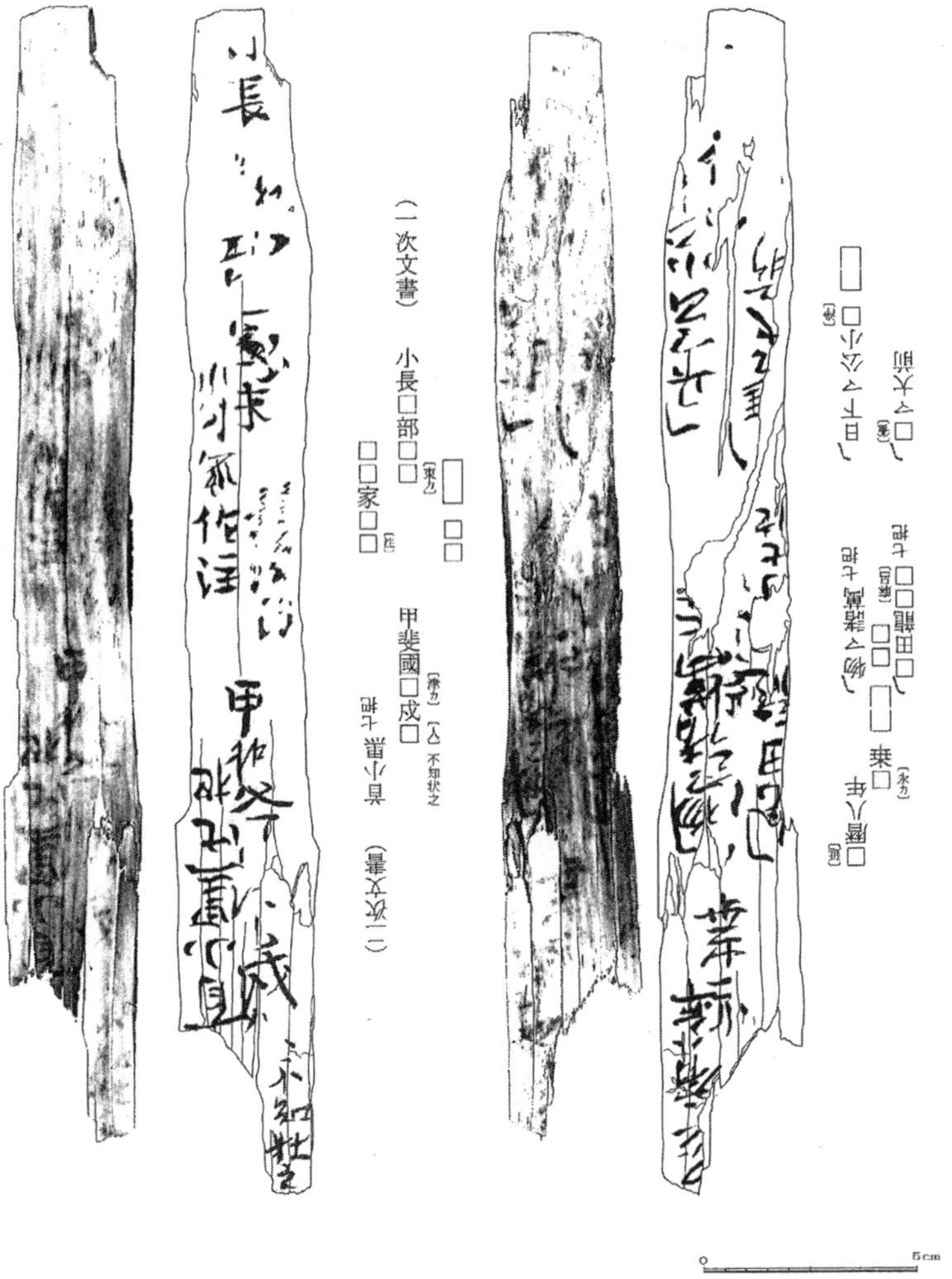

第6図　中原遺跡出土8号木簡(佐賀県教委2009より)

その任地の一つを示す木簡が、佐賀県唐津市の中原遺跡ではじめて出土して注目されている。ここでは、奈良〜平安時代の掘立柱建物跡・井戸跡・溝跡や水田跡などの遺構が検出され、奈良三彩・緑釉陶器・銙帯金具などとともに、木簡など多種多様な遺物を出土した[佐賀県教委二〇〇七〜〇九、小松二〇〇〇・二〇〇二・二〇〇六]。その中に、溝跡から出土した防人に係わる8号木簡が含まれる(第6図)。小松譲氏によると、木簡には上下を異にした二つの文書が重ね書きされている。便宜上、一次文書と呼ばれる木簡には「甲斐国□(津ヵ)戍□(人)」の墨書が認められる。同じく二次文書は、一次文書を粗く削り取ってから上下を逆さにして作成されている。書き出し部分は欠損や傷のため不鮮明であるが、「□(延)暦八年」と判読できる。

ここで、まず年代を考えると、二次文書の延暦八年(七八九)が参考になる。小松氏によれば、天平宝字三年(七五九)に「君」から「公」に姓が改められた「日下部公」の表記が二次文書に記されていることと矛盾しない。そして、一次文書に書かれた甲斐国戌人すなわち東国防人は、天平宝字元年(七五七)に停止され、天平神護二年(七六六)に筑紫に留まっていた旧東国防人の徴発という形で復活したが、その後、延暦十四年(七九五)に廃止されているといわれる。木簡の一次・二次文書の間には時期差を考えにくいことから、小松氏によると、一次文書は東国防人が復活してから廃止されるまでの天平神護二年から延暦十四年までの間のものと見るのが穏当で、延暦八年をそれほど遡らない時期のものとされる。

つぎに、中原遺跡の木簡とは別の溝跡から出土した土師器相模型模倣坏も重要である。同じく小松氏らによれば、土師器は八世紀中～後半のもので、製作技法が相模型坏と同一である。しかし、ヘラ削りが若干粗く、胎土は在地系土師器と同じであることから、相模地方の人が現地の坏製作に精通しないで製作したと考えられた。このことと関連して、小松氏は天平十年(七三八)度駿河国正税帳の記事を想起する。すなわち、甲斐国三九人と相模国二三〇人のほか一〇八二人の帰還途中の防人に食料を支給している。つまり、甲斐国と相模国から防人徴発があったことがわかる。中原遺跡出土の相模型模倣坏の年代は、東国防人が停止される天平宝字元年(七五七)の年代とも一致することから、小松氏は中原遺跡の地に配属された相模国出身の防人の製作になる土師器と考える。このように、土師器と木簡の出土によって、その内容から肥前国松浦郡に八世紀中頃から後半にかけての頃、相模国や甲斐国からの防人が配属されていたことがわかったことは、きわめて重要である。

(2) 烽

前述したように、『日本書紀』天智天皇二年の条において、防と烽の設置を記している。ここにおいて、今見た防人と烽は不可分の関係にあったと考える。戌人(防人)木簡が出土した中原遺跡では、奈良時代八世紀の掘立柱建物の遺構も検出されているので、ここが防人の駐屯地であった可能性を考えたい。その場合、ここと密接な関係にあった烽については、中原遺跡から北東に約3㌔の標高283.7㍍の鏡(領巾振)山が視野に入る。『肥前国風土記』の松浦郡のところを見ると、烽は八所とある。そして、褶振の峯について、「郡の東にあり。烽の處の名を褶振の峯といふ。」と注を付けている[秋本校注 一九七一]。烽火台八カ所のうち、言及があるのは褶振峯つまり現在の鏡山だけである。ここは、遡って弥生時代の土器や石包丁が出土するところから、いわゆる高地性集落があったところで、倭国の乱との係わりでも議論される。それはともかくとしても、古代の交通路に面し、眺望がきわめて良い立地にある。鏡山において、古代の烽火台に関する考古学的な知見は、これまでにまったくわかっていない。

ところで、古代の烽に関する調査・研究では、豊元国教諭らが指導した広島県立府中高等学校生徒会地歴部の活動報告は、先駆的業績として評価すべきである[広島県立府中高等学校生徒会地歴部 一九六八]。この研究は一九六二(昭和三十七)年十月、広島大学で開催された広島史学研究大会の考古・民俗部会で研究発表されたものである。ここでは、古代の山城や国府・軍団などの所在地とも関連づけて地理考古学的な立場から考察されている。

最近では、神野晋作教諭が顧問の福岡県立糸島高等学校地歴部が雷山神籠石系山城や怡土城のある糸島市において、火山の烽火台推定地を調査して注目された[福岡県立糸島高等学校地歴部 二〇一七]。調査の結果、鑿痕や叩打痕を持つ石材を複数発見し、土木工事との関連性を指摘する。

また、こぶし大の石英が集積する地点を一カ所発見したが、それらの石英に火打石としての用途を考える。さらに、石英の集積地点から2㍍ほどの範囲で、七世紀以降と考えられる須恵器の甕を採集している。なお、ちなみに火山からは壱岐島と大城山(大野城)を目視できるといわれる。この上は、文化財の専門機関による確認調査が期待されるところである。

烽に関する考古学的調査のもっとも顕著な事例は、栃木県宇都宮市の飛山城跡における竪穴住居跡出土の「烽家」墨書銘のある九世紀中葉頃の須恵器の坏の検出である。飛山城跡は、古代の東山道沿いに立地し、駅家などとともに、一定の官衙施設に相当すると考えられる。『類聚三代格』延暦十八年(七九九)四月十三日付太政官符では、全国的な社会状況の平穏化から大宰府管内以外の烽は停廃するとされるが、下野国内では九世紀中葉頃でも烽施設が機能していたことを思わせるなど、重要な成果といえる[平川 一九九六]。それとともに、古代の国防体制にとって、もっとも重要な位置にあった大宰府管内における烽の本格的な調査・研究の必要性を痛感するのである。

おわりに

大宰府の防衛体制を考えるとき、天智天皇紀に登場する水城と大野城・椽城は象徴的かつ代表的な遺跡として、早くから調査と研究の成果が蓄積されてきた。それに対して、水城との関連で大宰府都城における羅城説が問題提起されながら、十分な展開を見なかった。そのような現状に対して、最近になって羅城の概念の導入を思わせるような丘陵地における土塁が、筑紫野市の前畑遺跡において検出されたのである。一方、天武天皇紀に記載される難波京の羅城と関との比較において、大宰府都城における関の問題が浮上する。

そして、怡土城の東南数キロ地点に当たり、律令時代の早良郡内に立地する福岡市の金武青木A遺跡では、掘立柱建物四棟以上や、旧河道を利用した池状の水場遺構などが検出された。後者の水場遺構からは、怡土城に係わる木簡が出土して注目される。すなわち、「怡土城擬大領」「専当其事」「別六」などの墨書木簡である。内容的には怡土城長官クラスの指揮下にあって、特定の事柄を担当する案主に対して、命令を下して仕事をさせるべく伝達したものと考えられている[福岡市史編集委員会 二〇一八]。怡土城からは、日向峠を越えて、金武青木A遺跡の地点を経て、大宰府に通じるルートを想定すると、怡土城と金武青木A遺跡の関連性が浮かび上がってくる。

以上のように見てくると、大宰府の防衛体制をめぐって、多様な施設群、言い換えると遺跡群をトータルに見ていく必要性を改めて痛感するのである。

参考文献

秋本吉郎校注　一九七一年『風土記』日本古典文学大系2　岩波書店

阿部義平　一九九一年「日本列島における都城形成—大宰府羅城の復元を中心に—」『国立歴史民俗博物館研究報告』第36集

市　大樹　二〇一七年「日本古代関制の特質と展開」『日本古代都鄙間交通の研究』塙書房

小鹿野亮・海出淳平・柳智子　二〇一七年「筑紫野市前畑遺跡の土塁遺構について」『第9回西海道古代官衙研究会資料集』西海道古代官衙研究会

鏡山　猛　一九六八年「大宰府の防衛体制—いわゆる羅城について」『大宰府都城の研究』風間書房

亀山市教育委員会　二〇〇七年『鈴鹿関跡　第一次発掘調査概報』

岸　俊男　一九六五年「元明太上天皇の崩御—八世紀における皇権の所在—」『日本古代史講座』第11巻　学生社(のち同著『日本古代政治史研究』塙書房、一九六六年所収)

岐阜県教育委員会・不破関跡調査委員会　一九七八年『美濃不破関』

九州歴史資料館　一九九八年『大宰府復元』大宰府史跡発掘調査30周年記念特別展図録

久留米市教育委員会　一九八六年『上津土塁跡　久留米市文化財調査報告書』第48集

黒田慶一　二〇一四年「難波京の防衛システム―細工谷・宰相山遺跡から考えた難波羅城と難波烽―」『大阪上町台地の総合的研究』大阪市博物館協会・大阪文化財研究所・大阪歴史博物館

古代山城研究会　二〇〇七年「特集　大宰府羅城と宮地岳山城―羅城シンポジウム―」『溝漊』第13号

小松　譲　二〇〇〇・二〇〇二・二〇〇六年「佐賀・中原遺跡」『木簡研究』第22・24・28号　木簡学会

佐賀県教育委員会　二〇〇七～〇九年『中原遺跡Ⅰ・Ⅱ・Ⅲ　佐賀県文化財調査報告書』第168・175・179集

酒井芳司　二〇一六年「九州地方の軍事と交通」『日本古代の交通・交流・情報1制度と実態』吉川弘文館

坂本太郎ほか　一九六五年『日本書紀』下　日本古典文学大系68　岩波書店

澤村　仁　一九九八年「難波京と羅城と後期難波京の外京、他二三の問題について」『条里制研究』第14号　条里制研究会

シム サンユク　二〇一四年「二〇一三年扶余羅城発掘調査成果報告」『季刊　韓国の考古学』Vol. 25　周留城出版社

全榮来　二〇〇四年『百済滅亡と古代日本―白村江から大野城へ―』雄山閣

積山　洋　二〇一四年「難波京の復原と難波大道」『難波宮と都城制』吉川弘文館

瀧川政次郎　一九六七年『京制並びに都城制の研究』角川書店

舘野和己　二〇一六年「関と交通検察」『日本古代の交通・交流・情報1制度と実態』吉川弘文館

筑紫野市教育委員会　一九九八年『岡田地区遺跡群Ⅱ～Ⅰ区の調査～　筑紫野市文化財調査報告書』第56集

筑紫野市教育委員会　二〇〇八年『阿志岐城跡　筑紫野市文化財調査報告書』第92集

筑紫野市教育委員会　二〇一一年『阿志岐城跡Ⅱ　筑紫野市文化財調査報告書』第104集

筑紫野市教育委員会　二〇一八年『前畑遺跡第13次発掘調査土塁状遺構調査概報　筑紫野市文化財調査報告書』第116集

中尾芳治　二〇〇六年「私の歴史散歩　上町台地を歩く③―四天王寺から住吉大社へ―」『本郷』№66　吉川弘文館

西谷　正　一九八七年「水城の系譜」『都府楼』第四号　㈶古都大宰府保存協会

西谷　正　二〇〇九年「大宰府都城制―とくに水城と条坊制の系譜―」『水城跡―下巻―』九州歴史資料館

平川　南　一九九六年「烽(とぶひ)遺跡発見の意義」『シンポジウム　古代国家とのろし―宇都宮市飛山城跡発見の烽跡をめぐって―』宇都宮市教育委員会・同シンポジウム実行委員会

広島県立府中高等学校生徒会地歴部　一九六八年「烽の研究」『奈良時代山城の研究』府高学報Ⅴ

福岡県立糸島高等学校地歴部　二〇一七年「火山の烽火台調査」『日本考古学協会第83回総会研究発表要旨』207頁

福岡市史編集委員会　二〇一八年『新修　福岡市史』資料編考古1(遺跡からみた福岡の歴史―西部編―)596～603頁　福岡市

山村信榮　二〇一七年「大宰府羅城と通行施設としての古代土塁について」『第9回西海道古代官衙研究会資料集』西海道古代官衙研究会

〔付記〕脱稿後、大高広和「古代の烽想定地に関する試論」(佐藤信編『史料・史跡と古代社会』吉川弘文館、二〇一八年)に接した。また、第五七回古代山城研究会は、二〇一八年に九月一・二日に、「古代山城とノロシ～高速軍事通信の実態～」を取り上げている。

繕治された大野城・基肄城・鞠智城とその他の古代山城

亀田　修一

はじめに

大野城と基肄城は、『日本書紀』天智天皇四年(六六五)八月条に、百済の達率憶禮福留と達率四比福夫が指導して築かれたとある。そして『続日本紀』文武天皇二年(六九八)五月甲申条に「大宰府に命じて、大野・基肄・鞠智の三城を繕治させた」とあり、築城から三十三年で修理されたことがわかる。

九州から近畿地方にかけて築かれた古代山城は、このような記録が残されているいわゆる朝鮮式山城(一一ヵ所)と、記録は残されていないが、その遺跡が確認されているいわゆる神籠石系山城(一六ヵ所)に分類され、前者の中にはその所在地が確認できていないものが五ヵ所ある。

前述の大野城と基肄城はその築城年代、その後の展開が繕治記事などの記録により多少確認でき、さらにその遺跡も発掘調査され、様子が多少わかる。また、築城年代はわからないが、繕治年代が確認でき、その後の記録が多少残る鞠智城も発掘調査によりおおよその姿が確認できる。

また、天智天皇六年(六六七)に築城された高安城は、記録はほかの城に比べると比較的残っているが、遺跡の様子がよくわからない。

一方、記録に記されていない神籠石系山城は、発掘調査によってある程度の様子はわかるが、現在も築城年代などが大きな論争となっている。

このような西日本の古代山城については、その記録・遺跡の状況などから、だいたい七世紀後半に対中国・朝鮮半島用防御施設として築かれ、八世紀初め頃にその機能を停止したことが明らかにされつつあるが、いまだ未解明な部分も多い。

古代山城に関する研究は、古くからなされており、その研究の歴史は小田富士雄氏［一九八三・一九八五］や宮小路賀宏氏・筆者［一九八七］などでその概要を知ることができる。近年では向井一雄氏が精力的に新しい調査・研究成果をまとめ［向井 二〇〇一・二〇〇九・二〇一〇a］、二〇一六年には『よみがえる古代山城』としてまとめている。そして、多くの研究者たちが現在も発掘調査、研究を着実に進めている。

そのようななかで、筆者も、二〇一四・二〇一五年に「古代山城は完成していたのか」、「古代山城を考える―遺構と遺物―」などで、「未完成」という考えをふまえて、古代山城全体をもう一度見直すと、これまでとは少し異なる古代山城論が可能であろうこと、遺構と遺物、そして記録を総合的に検討することによって、「朝鮮式山城と神籠石系山城」がいくつかのグループに分けられ、それを歴史的にどのように整理するのかという方向性を示した。

小稿では、諸先学の成果によりながら、まず、記録にみられる古代山城を整理し、高安城の変遷を簡単にまとめる。次に六九八年の繕治記事が見られる大野城・基肄城・鞠智城の概要を整理し、その繕治、その後の様相などを検討し、そのほかの朝鮮式山城・神籠石系山城と比較検討し、国家や大宰府にとっての古代山城の位置づけなどを検討したい。

1　記録にみられる古代山城

日本列島の古代山城は、天智天皇二年(六六三)の白村江の戦いの敗戦後、唐・新羅が日本列島へ攻めてくるのではないかという危機感などから、西日本各地に築かれたと考えられている。それに関わる七～八世紀の『日本書紀』と『続日本紀』に記された記録としては、以下のものがある。[1]

a.『日本書紀』天智天皇三年(六六四)是歳条、於対馬島・壱岐島・筑紫国等、置防與烽。又於筑紫、築大堤貯水。名曰水城。

b.『日本書紀』天智天皇四年(六六五)秋八月条、遣達率答㶱春初、築城於長門国。遣達率憶禮福留・達率四比福夫於筑紫国、築大野及椽二城。

c.『日本書紀』天智天皇六年(六六七)十一月是月条、築倭国高安城・讃吉国山田郡屋嶋城・対馬国金田城。

d.『日本書紀』天智天皇八年(六六九)八月己酉(三日)条、天皇登高安嶺、議欲修城。仍恤民疲、止而不作。

e.『日本書紀』天智天皇八年(六六九)是冬条、修高安城、収畿内之田税。

f.『日本書紀』天智天皇九年(六七〇)二月条、又修高安城積穀與塩。又築長門城一・筑紫城二。

g.『日本書紀』天武天皇元年(六七二)七月壬子(二十三日)条、是日、坂本臣財等、次于平石野。時聞近江軍在高安城、而登之。乃近江軍、知財等来、以悉焚税倉、皆散亡。

h.『日本書紀』天武天皇四年(六七五)二月丁酉(二十三日)条、天皇幸於高安城。

i.『日本書紀』持統天皇三年(六八九)九月己丑(十日)条、遣直広参石上朝臣麻呂・直広肆石川朝臣虫名等於筑紫、給送位記、且監新城。

j.『日本書紀』持統天皇三年(六八九)十月庚申(十一日)条、天皇幸高安城。

k.『続日本紀』文武天皇二年(六九八)五月甲申(二十五日)条、令大宰府繕治大野・基肄・鞠智三城。

l.『続日本紀』文武天皇二年(六九八)八月丁未(二十日)条、修理高安城。(天智天皇五年築城也。)

m.『続日本紀』文武天皇三年(六九九)九月丙寅(十五日)条、修理高安城。

n.『続日本紀』文武天皇三年(六九九)十二月甲申(四日)条、令大宰府修三野・稲積二城。

o.『続日本紀』大宝元年(七〇一)八月丙寅(二十六日)条、廃高安城。其舎屋、雑儲物、移貯于大倭・河内二国。

p.『続日本紀』和銅五年(七一二)正月壬辰(二十三日)条、廃河内国高安烽、始置高見烽、及大倭国春日烽、以通平城也。

q.『続日本紀』和銅五年(七一二)八月庚申(二十三日)条、行幸高安城。

r.『続日本紀』養老三年(七一九)十二月戊戌(十五日)条、停備後国安那郡茨城・葦田郡常城。

(ゴチック体太字は筆者)

これらの記録によれば、筑紫(筑前)水城、長門城、筑紫(筑前)大野城、筑紫(肥前)基肄(椽)城、倭(大和・河内)高安城、讃吉山田郡屋嶋城、対馬金田城、肥後鞠智城、三野城、稲積城、備後安那郡茨城、備後葦田郡常城などの城の名前がわかる。ただ、長門城、三野城、稲積城、茨城、常城の五つの城はその所在地・遺跡がわかっていない。

また、大野城、基肄城、高安城、屋嶋城、金田城はその築城年代がわかるが、残りの城は、築城年代はわからず、鞠智城は繕治年代、三野城と稲積城は修理、または築城年代(2)、茨城と常城は廃城年代である。

大和・河内高安城の変遷　これらの城の中で七、八世紀の記録が最も多いものが大和・河内高安城である。天智天皇六年(六六七)の築城後、同八年(六六九)八月の天皇の高安嶺への登頂、修城を議論しようとしたが止めたこと、同年冬に高安城を修して、畿内の田税を収めたこと、同九年(六七〇)二月に高安城を修して穀物と塩を積んだこと、そして天武天皇元年(六七二)の有名な壬申の乱のときに、近江軍が高安城に登り、天武天皇側の坂本臣財たちが山に登ると、近江軍は税倉に火を放って逃げたこと、同四年(六七五)、天武天皇が高安城に幸し、さらに持統天皇三年(六八九)十月に、天皇が幸したこと、文武天皇二年(六九八)八月・三年(六九九)九月に高安城を修理させたこと、そして大宝元年(七〇一)八月に高安城を廃して、その舎屋や雑儲物などを大倭・河内二国に移し貯えたことなどが記されている。さらに、和銅五年(七一二)正月に河内国高安烽を廃して、高見烽と倭国春日烽を置き、同年八月に、高安城に元明天皇が行幸しているなど、ほかの山城に比べて多くの記録が残っている。このような記録の残り具合はやはり王都のすぐ横にあることが大きな意味を持っていると思われる。

上記の記録を中心に高安城の変遷を推測すると、「築城(作業小屋などを含めて、城壁・門などの外郭施設造営)→一部並行して、舎屋・倉庫などの建物、貯水施設などの造営→物資搬入→維持管理しながら修理など→廃城により建物移築・物資移動→その後の使用・放置」となる。この高安城変遷モデルは、他の古代山城の変遷を考える上で重要なモデルとなる。以下、このモデルを意識しながらみていきたい。

2　大野城・基肄城・鞠智城

(1) 筑前大野城跡(第1図)

筑前大野城跡は福岡県大野城市・太宰府市・宇美町に位置する［鏡山一九六八、福岡県教委一九七六・一九七七・一九七九・一九八〇・一九八二・一九八三・一九九一・二〇一〇、九州歴史資料館二〇〇〇・二〇一四b・二〇一六など］。最高所標高410㍍の四王寺山の峰々に土塁をめぐらせ、南北で部分的に二重になる。城周約6．0～6．8㌔の土城である。

大野城に関しては、『日本書紀』天智天皇四年(六六五)八月条に百済の達率憶禮福留と達率四比福夫が指導して基肄城とともに築かれたことが記されている。そして『続日本紀』文武天皇二年(六九八)五月甲申条に「大宰府に命じて、大野・基肄・鞠智の三城を繕治させた」とあり、築城から三十三年で修理させていることがわかる。

八世紀以降の大野城に関しては、記録の上では『扶桑略記』宝亀五年(七七四)是歳条に大宰府に「四王院」を建立させる記事があり、『類聚国史』延暦二十年(八〇一)と大同二年(八〇七)条にこの四王院が大野山(四王寺山)にあったことが記されている。

その後『類聚三代格』巻十八、天長三年(八二六)十一月三日太政官符に大宰府の兵士を廃し、衛卒二〇〇人を置いたこと、この衛卒の多様な

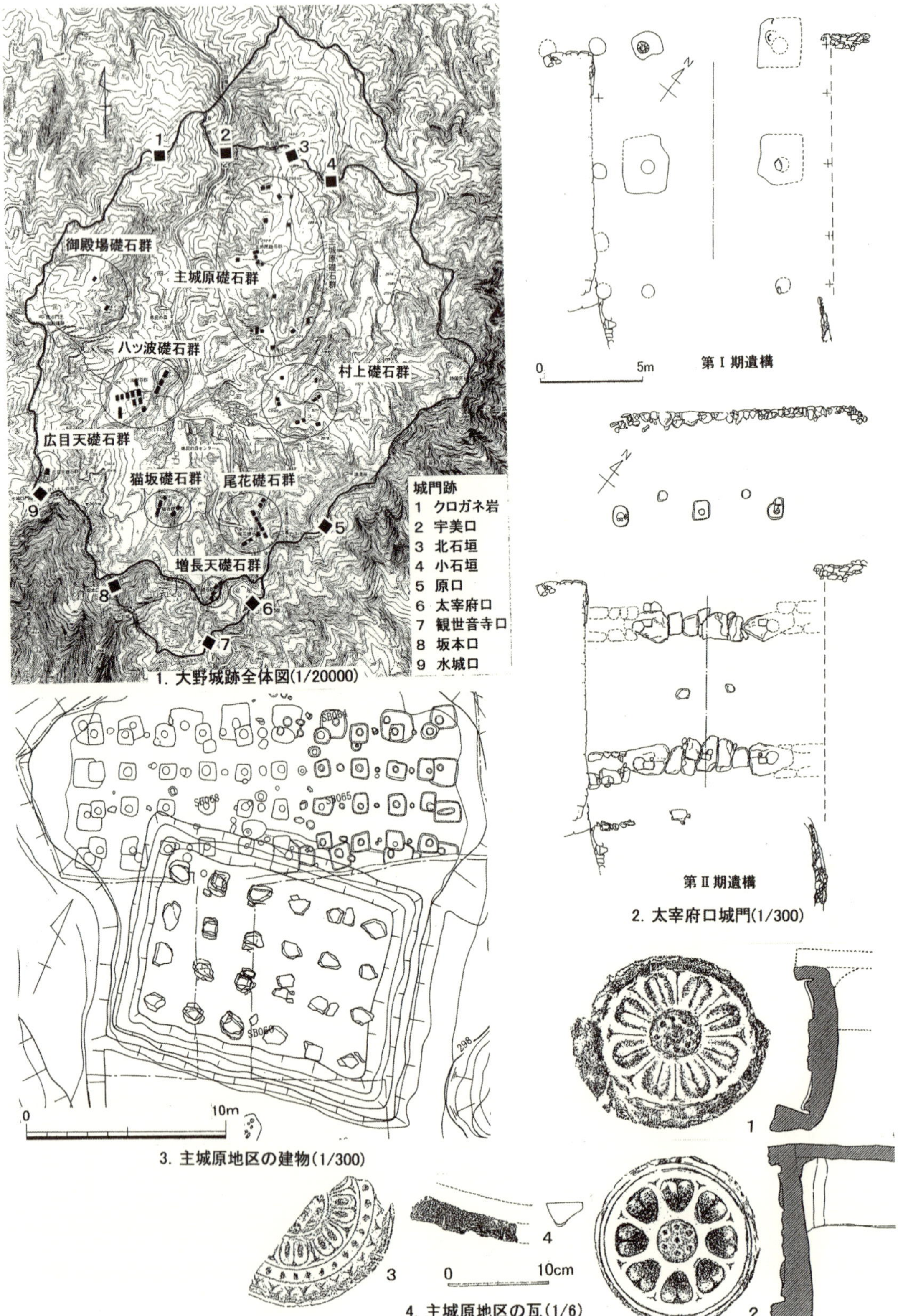

第1図　筑前大野城跡の遺構と遺物

雑役の一つに「大野城修理」が記されている。また『類聚三代格』『続日本後紀』承和七年(八四〇)条に大野城の管理者である大主城一員を廃したことが記され、『類聚三代格』巻十八、貞観十二年(八七〇)五月二日太政官符に大野城の器仗を大宰府の府庫の器仗に準じて検定させたことが記され、『類聚三代格』巻十八、貞観十八年(八七六)三月十三日の太政官符に大野城の衛卒四〇人の粮米を城庫に納めさせたことが記されている。これ以後大野城に関わる記録はよくわかっておらず、九世紀後半にはその機能が徐々に弱体化していたことが推測されている。

しかし、一方で四王院に関する記録は見られ、戦国時代には大野城跡の南側に中世山城である岩屋城が築かれる。

考古学的な成果としては、城壁は基本的に土塁で構築され、一部百間石垣や大石垣などの石塁が谷部に存在することがわかっている。城壁は全周しているようである。また尾花土塁地区A区や小石垣地区大谷東方土塁B地区などで版築土塁の崩落・修復工事痕跡が確認されている〔福岡県教委二〇一〇下巻:四五八頁〕。

城門跡は、二〇一二年にクロガネ岩門跡が新たに確認され、九ヵ所となっている。太宰府口城門では掘立柱建物の門から礎石建物の門への変遷が確認されている(第1図2)。城内の建物遺構としては、赤司善彦氏が最近建物跡を再確認し、掘立柱建物跡五棟、礎石建物跡五四棟とされている(第1図3)〔赤司二〇一四〕。また貯水施設として、発掘調査はなされていないが、鏡池は現在も水が涸れずに残っており、水に関わる施設と考えて問題ないであろう。

遺物は、土器類では七世紀後半、八世紀、九世紀以降の須恵器や土師器、十三~十四世紀頃の青磁・白磁など、瓦では七世紀後半~八世紀のものと、数はあまり多くないようであるが、平安時代の瓦も出土している。土器類には土師質の甕や甑などの煮炊き具も含まれている。このほか北石垣城門跡の軸摺金具や扉の鋲止金具、太宰府口城門の第Ⅲ期築造地鎮用ミニチュア鉄製品、釘、斧などの鉄製品、鍛冶関係遺物、尾花地区礎石建物跡付近の炭化米などが出土している。ただ、武器武具類は確認されていないようである。

赤司氏〔二〇一四・二〇一六〕は、これらの遺構と遺物を組み合わせ、以下のように分類した(第4図)。

Ⅰ期:七世紀後半~、大野城創建期で太宰府口城門が掘立柱建物、倉庫群は、Ⅰ期A:掘立柱式側柱建物、Ⅰ期B:掘立柱式総柱建物、Ⅰ期C:礎石式大型総柱建物三×八間以上(長倉、百済系単弁瓦使用)、六九八年の繕治記事に対応

Ⅱ期:八世紀前半~、太宰府口城門が礎石建物(鴻臚館式軒瓦使用)、倉庫群は、Ⅱ期A:礎石式総柱建物三×五間(基壇もしくは周囲に掘立柱付)・南北棟、Ⅱ期B:礎石式総柱建物三×五間・南北棟、Ⅱ期C:礎石式総柱建物三×五間・東西棟

Ⅲ期:九世紀、太宰府口城門でⅡ期の規模を小さくした礎石建物、倉庫群は、礎石式総柱建物三×四間

以上のように考古学的資料と記録から、大野城は六六五年に築城され、六九八年に繕治され、八世紀代は門の改築もはじめ、きちんと維持管理されるが、九世紀中葉頃にはやや城の機能が弱体化したようである。

(2) 肥前基肄城跡(第2図)

肥前基肄城跡は佐賀県基山町と福岡県筑紫野市に位置する〔鏡山一九六八、基山町教委一九七七、田平一九八三、小田二〇〇九・二〇一一、田中二〇一

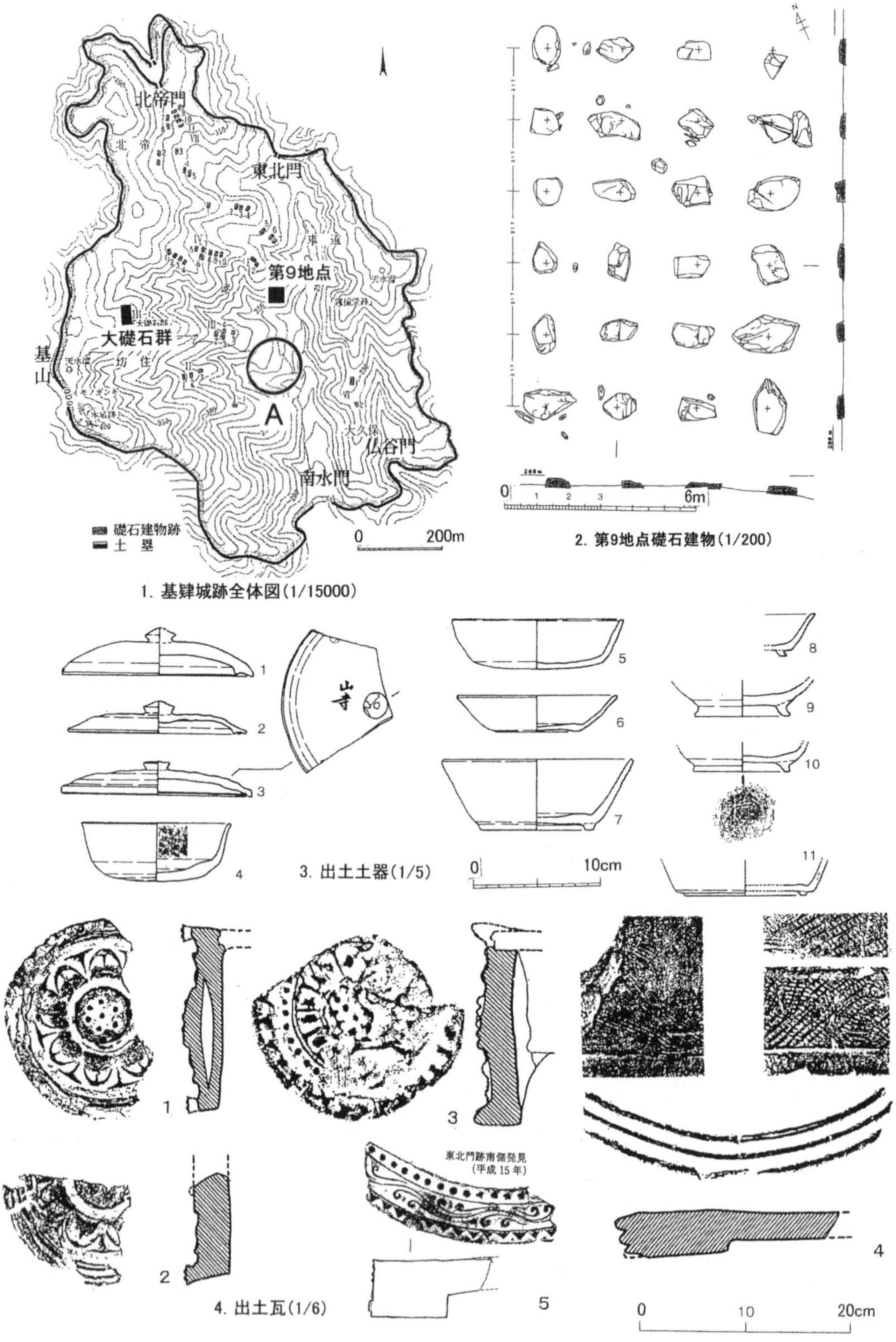

第2図　肥前基肄城跡の遺構と遺物

六など」。標高404㍍の基山から東に傾斜する地形を利用して土塁がめぐらされており、城周約4㌔の土城である。城内最高所標高は414㍍である。

基肄城に関しても、『日本書紀』天智天皇四年（六六五）八月条に百済の達率憶禮福留と達率四比福夫の指導のもと大野城とともに築かれたことが記されている。そしてこれも同じく『続日本紀』文武天皇二年（六九八）五月甲申条に「大宰府に命じて、大野・基肄・鞠智の三城を繕治させた」とあり、築城から三十三年で修理していることがわかる。

また、築城・修理関係ではないが、『万葉集』巻八―一四七二に基肄城のことが記されている。式部大輔石上堅魚朝臣の歌であるが、その左注に、神亀五年（七二八）、石上堅魚が大宰師大伴卿の妻大伴郎女の死に際して大宰府に行き、役目が終わった後に駅使や府の諸卿大夫たちと「記夷城」に登って望遊して詠んだ歌であると記されている。

そして、大宰府政庁跡南側の不丁地区官衙遺跡において天平年間（七二九～七四八年）頃と推測される木簡が出土している。木簡には「為班給筑前筑後肥等国遣基肄城稲穀随大監正六位上田中朝□□」とあり、基肄城に貯蔵されていた稲穀が筑前・筑後・肥の国に運ばれたことがわかる［九州歴史資料館 二〇一四a］。また『日本紀略』弘仁四年（八一三）条に「基肄団」（基肄軍団）の記録が見られる。

考古学的な成果としては、城壁は基本的に土塁で構築され、門跡は四ヵ所推測されており、南門跡部分に石塁が使用されているほか、東南門（仏谷門）跡推定地も一部石を使用している。このほか、北帝門跡では土塁が二重に築かれている。南門跡の石塁部分に関しては、最近解体工事が進められ、これまで知られていた大きな通水口のほか、小型（他の山城では一般的な大きさ）の排水口が三ヵ所確認された［田中 二〇一六］。城壁は基本的に全周しているものと考えられている。

城内の遺構に関しては、掘立柱建物跡は未確認で、礎石建物跡が約四〇棟確認されており、三×一〇間、三×六間、三×五間（三×四間も?）などのものがある。三×五間のものが最も多く、大野城跡の礎石建物倉庫群と対応しているようである。

一九七六年に全面調査された第9地点建物（現在のⅧ群1号建物跡）は三×五間の礎石建物跡で、北隅で百済系単弁蓮華文軒丸瓦と三重弧文軒平瓦が一緒に出土し、七世紀後半と考えられる内面にかえりを持つ杯蓋もこの建物周辺で出土している（第2図2、3-1・2、4-2）。このほか三×一〇間のいわゆる大礎石群周辺では古く百済系単弁蓮華文軒丸瓦と三重弧文軒平瓦が採集され、近年同類の重弧文軒平瓦が3点採集されている。このほか谷を挟んで東側の大久保地区通称米倉礎石建物群周辺でも百済系単弁蓮華文軒丸瓦が出土し、老司Ⅱ式軒平瓦が採集されている。さらに東北門跡南側で老司Ⅱ式軒平瓦が調査で出土している（第2図4-5）。また正確な出土場所はわからないが、八世紀前半のやや簡略化した老司式軒丸瓦（第2図4-3）も採集されており、これらに伴うと推測される縄目叩きの平瓦が採集されている。

基肄城に掘立柱建物があったのか、なかったのかは現時点ではわからないが、これまでのデータから百済系単弁蓮華文軒丸瓦と重弧文軒平瓦のセットが大礎石群を含む礎石建物群の一部に使用されていたことは間違いないようであり、少なくとも六九八年の繕治段階までは礎石建物造営・瓦の使用は遡ると考えて良いものと思われる。

以上のように礎石建物群の周辺で七世紀後半～八世紀の瓦や土器（甕や甑などの煮炊き具を含む）が出土し、土器は九世紀に入るものも一部確認されている。一九七六年度調査第4地点（第2図1-A）では八世紀後半頃と推測される須恵器杯蓋の上面に「山寺」と墨書されたもの（第2

図3-3）が出土している。炭化米もいくつかの礎石建物跡で出土している。ただ武器武具類は確認されていないようである。

基肄城の城機能の停止時期に関してはよくわからないが、考古学的には九世紀頃のようである。

(3) 肥後鞠智城跡（第3図）

肥後鞠智城跡は熊本県北部の山鹿市と菊池市またがって位置している［熊本県教委 二〇一二など］。海岸線からはやや離れており、菊池平野を南に望む標高145㍍の米原台地を中心に築かれている。城周約3．5㌔の土城である。

築城に関しては、記事が見られないので正確な年代はわかっていない。鞠智城が文献に初めてみられるのは、前述の大野城・基肄城とともに繕治させるという『続日本紀』文武天皇二年（六九八）の記事である。その後奈良時代の記録はなく、『日本文徳天皇実録』天安二年（八五八）閏二月丙辰（二十四日）条に、菊池城院の兵庫の鼓が自ら鳴り、同丁巳（二十五日）条に、また鳴ったとあり、同六月己酉条に菊池城院の兵庫の鼓が自ら鳴り、その不動倉十一宇が火事になったと記されている。そして『日本三代実録』元慶三年（八七九）三月十六日条にも肥後国菊池郡城院の兵庫の戸が自ら鳴ったと記されている。これ以後の記録は見られない。

そして年号は記されていないが、城内北部の貯水池跡で「秦人忍□（米ヵ）五斗」と記された木簡が出土している。共伴土器は八世紀第1四半期のものである。

考古学的な成果としては、外郭線は土塁と崖線によって城壁が築かれている。門跡は三ヵ所あり、地形からみて北側に少なくとももう一ヵ所はあったと推測されている。

城内では八角形建物をはじめとする七二棟の建物が確認されており、建て直し分を含めて、掘立柱建物跡四七棟と礎石建物跡二五棟があり、管理棟や倉庫、兵舎などが想定されている。また城内北部に貯水池跡が検出されており、そこで前述の木簡や百済から持ち込んだのではないかと推測されている銅造菩薩立像などが出土している。

遺物は、上記の珍しいもののほかに土師質の甕や甑などの煮炊き具を含む土器類、瓦、鉄鏃（1点）・刀子・小型斧・鎌・釘などの鉄製品、農工具類・祭祀具などの木製品、網代、円面硯、転用硯、漆壺（須恵器）、製塩土器、フイゴ羽口・鉄滓などの鍛冶関係遺物、砥石、炭化米、炭化アワなど、多様なものが出土している。

土器は、細かな検討を行った木村龍生氏の成果［木村 二〇一二］によれば、築城以前の六世紀後半〜七世紀前半の須恵器が31点、土師器が9点あり、築城時と想定される七世紀第3四半期の須恵器が23点ある。そして七世紀第4四半期〜八世紀第1四半期の須恵器が165点、土師器が16点、合計181点ある。八世紀第2四半期〜第3四半期のものは確認できておらず、八世紀第4四半期に須恵器36点、土師器4点と再び増加し、九世紀前半代は土師器が9点と少なく、九世紀第3四半期に土師器が88点と増加し、第4四半期に土師器が30点と九世紀中葉から後半に再び増加し、十世紀前半は須恵器・土師器ともに未確認で、十世紀第3四半期に土師器が8点、第4四半期以降に土師器が9点と、わずかにみられる状況である（第3図5）。このような土器の量的な変化から七世紀後半に築城され、文武天皇二年（六九八）の繕治記事に該当する七世紀末〜八世紀初に本格的な整備がなされ、その後八世紀中葉前後の空白、八世紀末の再利用、九世紀中葉〜後半の再利用が推測されている。

また、瓦も同じように七世紀後半〜八世紀初頭のものがまとまってあ

1. 鞠智城跡全体図(1/15000)

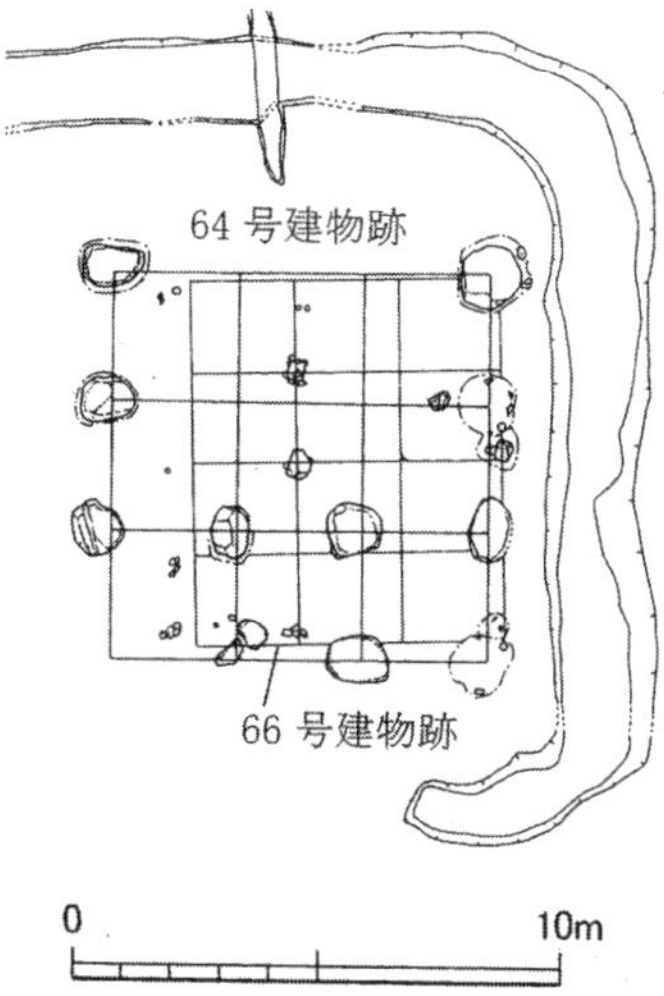

2. 64･66 号礎石建物(1/300)

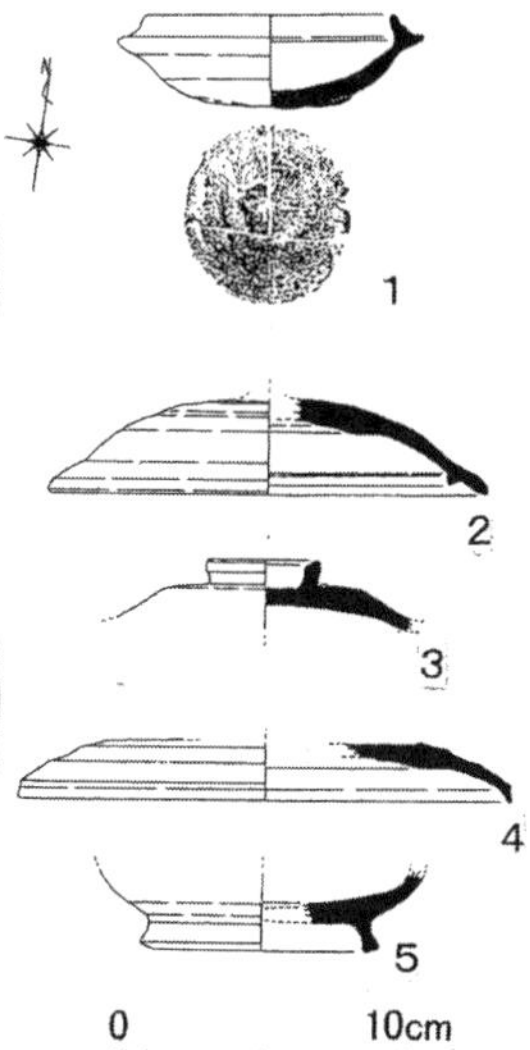

3. 出土土器(1/5)

(1:16 号建物 、2～5:64 号建物)

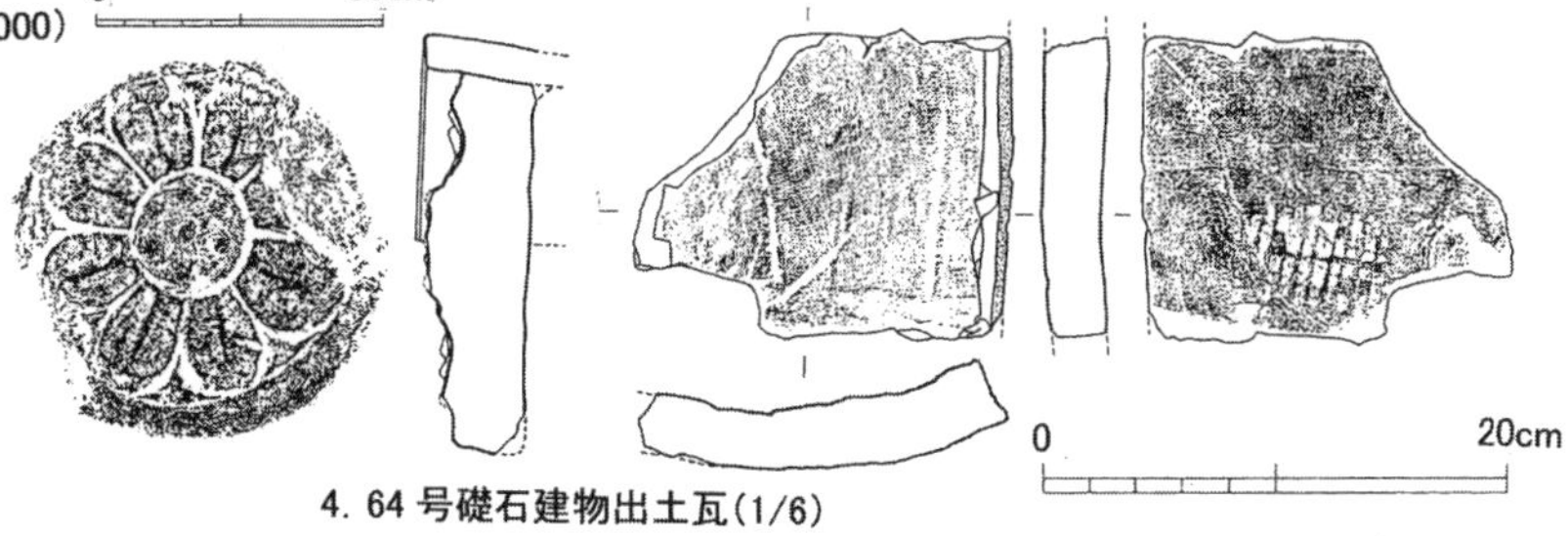

4. 64 号礎石建物出土瓦(1/6)

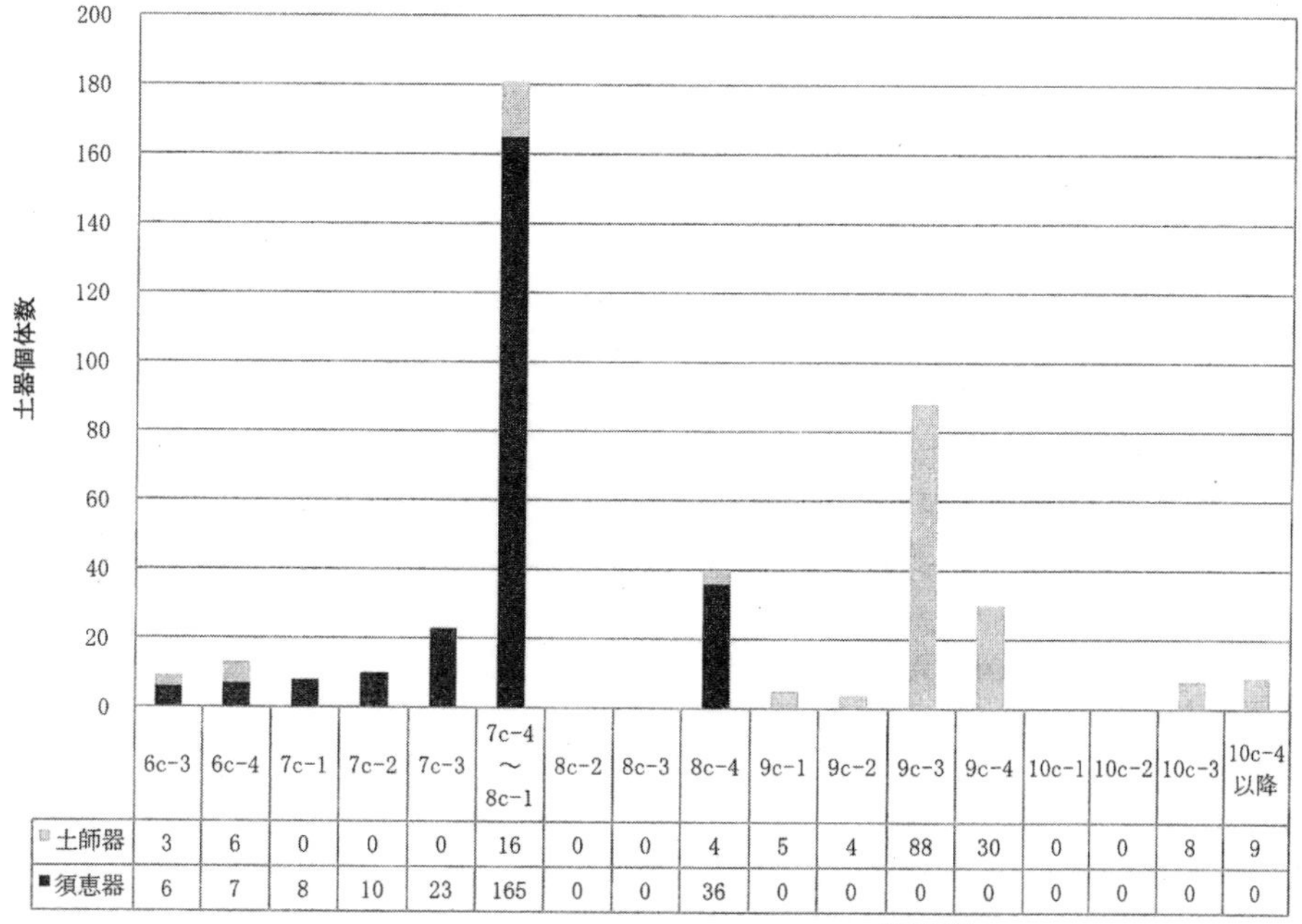

	6c-3	6c-4	7c-1	7c-2	7c-3	7c-4～8c-1	8c-2	8c-3	8c-4	9c-1	9c-2	9c-3	9c-4	10c-1	10c-2	10c-3	10c-4以降
■土師器	3	6	0	0	0	16	0	0	4	5	4	88	30	0	0	8	9
■須恵器	6	7	8	10	23	165	0	0	36	0	0	0	0	0	0	0	0

5. 鞠智城跡出土土器の時期別数量比較図

第 3 図　肥後鞠智城跡の遺構と遺物

り（第3図4）、一部の礎石建物にこれらの瓦が使用され、別の一群の縄目瓦が八世紀末頃以降の長者山地区などの建物に使用されたものと推測されている。

このような土器や瓦のあり方は記録の内容ともおおよそ合致しており、鞠智城が七世紀後半に築城され、八世紀中葉前後に一時空白、九世紀後半に一時使用されたようではあるが、十世紀にはほとんど使用されなくなった様子を示しているようである。

以上のように、鞠智城に関しては、築城記事はないが、大野城や基肄城段階、または金田城段階に造営されたものと推測され、十世紀にはほとんど使用されなくなったものと推測されている。

3　文武天皇二年条の繕治記事が語るもの

(1) 文武天皇二年条の繕治

「繕治」は、諸橋轍次『大漢和辞典』巻八〔諸橋 一九八九〕によれば、「つくろいなほす。修繕。」とあり、その例として「繕治兵甲」「繕治河上塞」「繕治道橋」などがあげられている。

第1節で七、八世紀の古代山城関係の文献史料を挙げたが、この「繕治」という表現は文武天皇二年の記事にしかなく、「修理」ということばが高安城関係で二ヵ所、「修」が高安城関係で三ヵ所、三野城・稲積城関係で一ヵ所見られる。高安城の「修理」は六九八年と六九九年で、大野城・基肄城・鞠智城の「繕治」が六九八年であるので、六六五年、六六七年に築かれた城が傷んできたので、三十年ほどして修理・修繕されたと一般的に考えられている。

ただ、この「修理・繕治」が傷んだ建物や城壁などを対象として行われたのか、それとも新たに建物などを建てたことを意味しているのか、よくわかっていない。

高安城は、記録はほかの城よりも多いが、考古学的なデータがほとんどない。大野城・基肄城に関しては、築城記事と繕治記事を考古学的なデータと比較検討し、七、八世紀の姿を基本的に考えている。鞠智城は築城記事がなく、「繕治」しかないが、発掘調査の成果、土器や建物との関係で検討されている。

筑前大野城　大野城跡は、前述のようにかなりの次数、発掘調査がなされ、全貌はわからないまでも、日本列島の古代山城のなかではその様子が比較的よくわかる山城である。遺構面では、城壁、門、建物群が発掘調査され、六六五年の築城時に城壁がめぐらされ、門が建てられ、掘立柱建物の管理棟や倉庫が建てられたと考えられている。そして七世紀末頃、つまり六九八年の繕治記事の頃、建物群が掘立柱建物から礎石建物にかわりはじめ、八世紀前半には大宰府政庁の本格的造営と連動して門も含め礎石建物の倉庫群が展開するようになると考えられている。

大野城跡出土の瓦に関して、小田富士雄氏は最近の論文〔小田 二〇一六a・b〕でこれまでの研究を整理している。七、八世紀の大野城などで使用された瓦を鎬弁型式とかえり弁型式に分け、大野城の中心施設があったと考えられている主城原地区出土の鎬弁型式033（第1図4−1）が六六五年の創建瓦で、その後032と、かえり弁型式のいわゆる百済系単弁瓦と呼ばれているもののうち主城原地区やクロガネ岩地区で出土した020A（第1図4−2）が六七〇年から使用されたと考えている。[3] さらに八世紀前半の大宰府政庁の本格的造営段階（政庁Ⅱ期）にあわせて鴻臚館Ⅰ式（223a）、簡略化した老司系（290B）などの軒丸瓦を使って太宰府口城門が礎石建物に建てかえられたと考えられている。なお、この城門付近では、八世紀前半の鴻臚館式軒瓦と組むと考えられる丸・平瓦のほか、それらよりも古式のものと推測される平瓦も出土しており、唐居敷使用の掘立柱城門にも一部瓦が葺かれた可能性は考えられる。

一方、近年積極的に大野城跡などの建物群を検討している赤司善彦氏[二〇一四・二〇一六]は、創建時の掘立柱建物段階に小田氏の鎬弁033型式、繕治段階の初期礎石建物に小田氏のかえり弁020A型式をあて、礎石建物のうち主城原地区の三×八間以上の長倉が繕治段階に該当すると考えている。

肥前基肄城　次に、基肄城跡は多少の発掘調査はなされているが、その一部の様相しかわかっていない。建物群に関しては、掘立柱建物跡は未確認で、礎石建物跡が約四〇棟確認されている。全面調査された第9地点の三×五間の礎石建物跡では、前述の大野城跡かえり弁型式020Aに類似する百済系単弁軒丸瓦(第2図4-2)と三重弧文軒平瓦が一緒に出土し、七世紀後半と考えられる内面にかえりを持つ杯蓋(第2図3-1・2)も出土している。このほか三×一〇間のいわゆる大礎石群周辺でも百済系単弁軒丸瓦と三重弧文軒平瓦が採集されている。大久保地区米倉礎石建物群周辺でも百済系単弁軒丸瓦が出土し、老司Ⅱ式軒平瓦(560B)が採集されている。さらに東北門跡南側で老司Ⅱ式軒平瓦(第2図4-5)、正確な出土場所はわからないが、八世紀前半のやや簡略化した老司式軒丸瓦(290A?、第2図4-3)も採集されており、これらに伴うと推測される縄目叩きの平瓦が採集されている。

基肄城に掘立柱建物があったのか、なかったのか、今後の調査に期待したいが、少なくとも百済系単弁軒丸瓦と重弧文軒平瓦のセットが大礎石群を含む礎石建物群の一部に使用されていたことは間違いないようである。小田富士雄氏は前述の論文でも述べているようにこのセットをなす軒先瓦を六六五年の築城段階のものと考えているが、赤司氏は六九八年の繕治段階のものと考えているようである。

肥後鞠智城　鞠智城跡に関しては、遺構を中心に整理した矢野裕介氏[二〇一二]は、七、八世紀の様相を四期に分け、Ⅰ期：七世紀第3四半期〜第4四半期：創建期、Ⅱ期：七世紀末〜八世紀第1四半期前半：隆盛期・繕治段階、Ⅲ期：八世紀第1四半期後半〜第3四半期：転換期、小型礎石建物出現、Ⅳ期：八世紀第4四半期〜九世紀第3四半期：変革期、礎石建物の大型化、城機能の変容、と区分している。

一方、土器を細かく検討した木村龍生氏[二〇一二]は、前述のように七世紀第3四半期の少量の須恵器、七世紀第4四半期〜八世紀第1四半期の大量の土器、八世紀第2・3四半期の空白、八世紀第4四半期の比較的多くの出土を、それぞれ六六七年頃の築城段階、六九八年の「繕治」段階、八世紀第2・3四半期の城としての空白期、そして八世紀第4四半期の大宰府から肥後国への管轄変更などと関連づけて考えている。

このように、遺構を検討した矢野氏と土器を検討した木村氏の考えに多少ズレがあるようであるが、赤司氏[二〇一六]は倉庫群の検討を行う中で両者のデータを合体させ(第4図)、大野城のⅠ期Cと鞠智城のⅡ期を並べ、これを六九八年の繕治段階とし、礎石式大型総柱建物(長倉)の時期としている。さらに大野城のⅡ期A(三×五間礎石式総柱建物、基壇・掘立柱併用)と時間幅を縮めた鞠智城のⅢ期(礎石式総柱建物、三×四間、掘立柱併用・周溝)を並べ、八世紀前半段階に置いている。そして大野城ではⅡ期B、Ⅱ期C、Ⅲ期と続け、鞠智城では大野城のⅡ期BとC段階を空白とし、大野城のⅢ期に鞠智城のⅣ期を並べ、八世紀末以降にあてている。細部の検討は必要であろうが、矢野氏の区分と木村氏の土

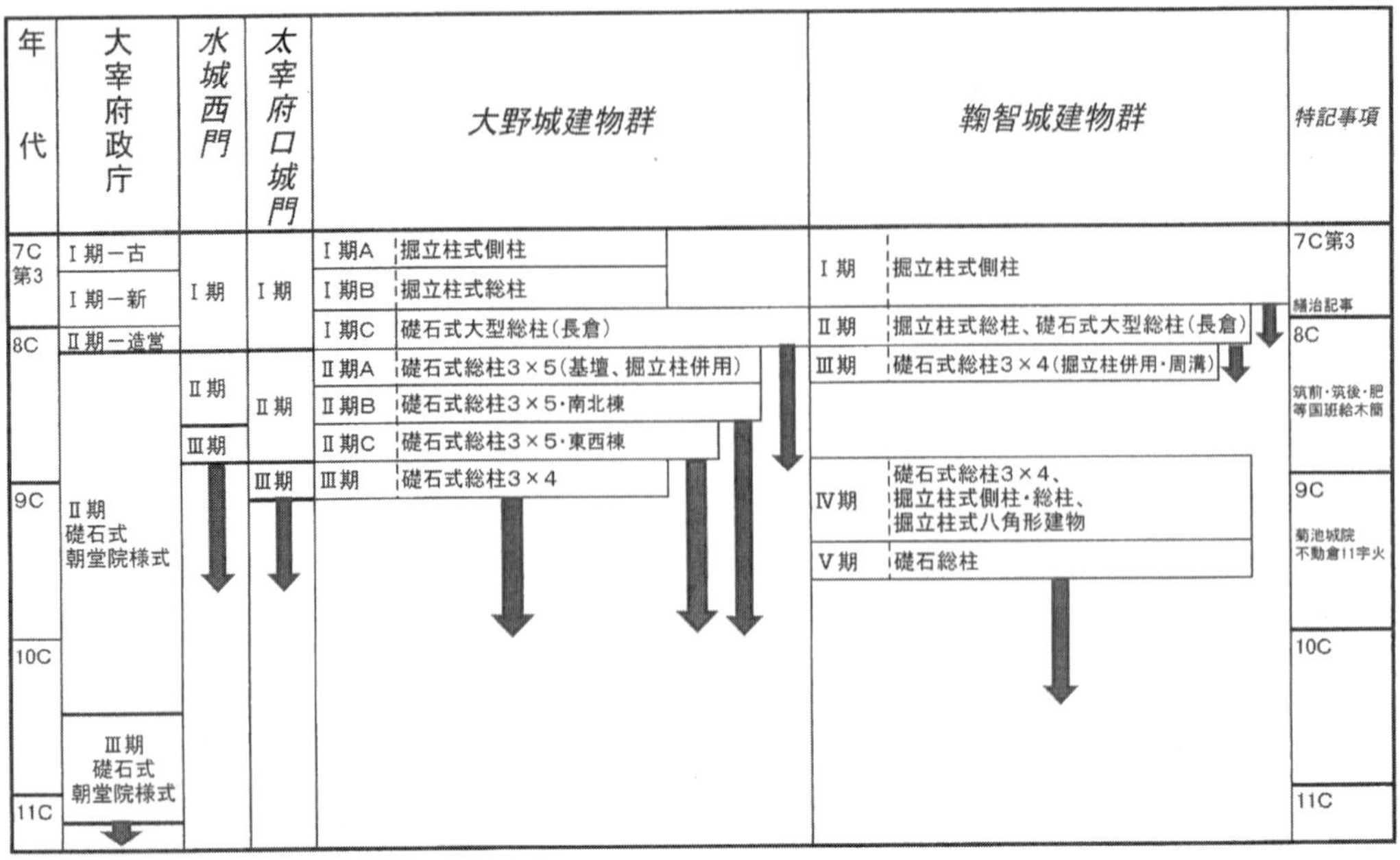

第4図　大宰府政庁・大野城・鞠智城の変遷図

器による変遷はおおよそ整理できそうである。

　そしてこのように理解した上で気になるものが鞠智城跡の瓦（第3図4）である。小田富士雄氏［二〇一二］は鞠智城の築城段階を整理する中で、島津義昭氏［一九八三］の考えを受け入れ、鎬弁型式の軒丸瓦を六六七～六七〇年頃に考えている。また木村龍生氏［二〇一五］は丸瓦・平瓦をあわせ再整理し、「最も古いものが七世紀第3四半期で、続く七世紀第4四半期～八世紀第1四半期のものが最も多くなる。有段式（玉縁式）丸瓦と平瓦Ⅱ類［亀田註記：一枚作りの可能性があるもの］については、八世紀第4四半期から九世紀のものと考えられる。」と述べ、繕治段階での瓦の使用を考えている。この繕治段階に使用された瓦については小型礎石建物を意識しているようである。

⑵　繕治後の大野城・基肄城・鞠智城

　次に六九八年の繕治以降の大野城・基肄城・鞠智城を見てみたい。

筑前大野城　大野城に関しては、八世紀以降の記録によれば、宝亀五年（七七四）、「四王院」を建立させ、その後天長三年（八二六）、大宰府の兵士を廃し、衛卒二〇〇人を置き、この衛卒に「大野城修理」をさせている。また承和七年（八四〇）、大野城の管理者である大主城一員を廃し、貞観十二年（八七〇）、大野城の器仗を大宰府の府庫の器仗に準じて検定させ、貞観十八年（八七六）、大野城の衛卒四〇人の粮米を城庫に納めさせたことなどがわかる。これ以後大野城に関わる記録はよくわかっておらず、九世紀後半にはその機能が徐々に弱体化していたことが推測されている。

　考古資料では、土器類では七世紀後半の資料のあと、八世紀のもの、そして九世紀以降の須恵器や土師器、十三～十四世紀頃の青磁・白磁などが出土しており、瓦では七世紀後半～八世紀初め頃のもののあと、鴻臚館式や老司式の八世紀代のものが出土し、数はあまり多くないようであるが、平安時代の瓦も出土している。

これに赤司氏の建物の時期区分をあわせると、Ⅱ期が八世紀前半～九世紀前半で、太宰府口城門の礎石建物の時期であり、大宰府政庁が本格的に整備された時期に対応すると考えている。次のⅢ期は平安時代の格子タタキ平瓦によって九世紀代中心と考えている。太宰府口城門でⅡ期の礎石建物の時期である。倉庫群では三×五間の礎石式総柱建物の時期である。倉庫群は三×四間の礎石式総柱建物の規模を小さくしたものの時期で、猫坂地区の瓦に縄目タタキのものが多いことから、Ⅲ期の開始時期については、八世紀末まで遡ると考えている。

このように八世紀以降の大野城は、記録、遺構、遺物をあわせても大きなズレはなく、九世紀半ば頃まで礎石建物(倉庫)群が建てられ、維持されていたことがわかる

肥前基肄城　基肄城の八世紀以降の様相であるが、記録では神亀五年(七二八)、式部大輔石上堅魚たちが「記夷城」に登って望遊し、天平年間(七二九～七四八年)に基肄城に貯蔵されていた稲穀が筑前・筑後・肥の国に運ばれたことがわかる。また弘仁四年(八一三)に「基肄団」(基肄軍団)の記録が見られる。

考古資料では、遺構に明確に伴うものは八世紀前半の老司Ⅱ式軒平瓦が東北門跡南側で出土し(第2図4-5)、大久保地区米倉礎石建物群周辺でも採集されている。また正確な出土場所はわからないが、八世紀前半のやや簡略化した老司式軒丸瓦(第2図4-3)も採集され、これに伴うと推測される縄目叩きの平瓦も採集されている。

土器では、第9地点の谷を挟んで南約150㍍のやや平坦な場所(第4地点ほか、第2図1-A)が一九七六年に発掘調査され[基山町教委一九七七]、第2図3の3～11の土器が出土している。一部七世紀後半頃のものもあるが、八世紀前半・後半、そして九世紀に入りそうなものがある。3は「山寺」の墨書がある。八世紀後半頃のものと推測され、この時期に大野城と同じように寺が存在した可能性もあり、極めて興味深い。10の「持」ヘラ書き須恵器杯も第4地点のすぐ下で出土している。また、土師器は図示していないが、第4地点のすぐ北側の同一平坦面で6、7の須恵器とともに甕、杯、皿などがまとまって出土しており、焼土面も検出されている。第4地点の「山寺」関連の八世紀後半～九世紀の何らかの建物が存在した可能性もありそうである。基肄城のほぼ中央部であり、一般の管理棟なども当然想定できる。

このように基肄城では、八世紀に入っても、瓦、土器、特に煮炊きに使用する土師器甕などが使用されており、倉庫と考えられている礎石建物群、管理棟、「山寺」関連の施設などが存在した可能性が推測される。土器の年代にしたがえば、少なくとも九世紀代までは何らかの施設があり、人々が暮らしていたものと推測される。ただ、基肄城の城機能の停止時期に関してはよくわからない。

肥後鞠智城　次に鞠智城の八世紀以降の様相であるが、木村龍生氏の鞠智城跡出土遺物に関する検討にしたがえば、築城時の七世紀第3四半期頃は比較的少なかった土器類が繕治段階の七世紀末～八世紀初に急増し、そのあとの八世紀第2四半期と第3四半期の土器が空白になり、そして八世紀第4四半期に土器が再登場すると考えられている。

ただ、遺構との関係は前述のように少しズレが見られ、遺構を検討した矢野氏によれば、六九八年前後の繕治段階後(木村氏の土器空白期)に礎石建物が出現することになっている。

このズレに関して、土器・遺構ともにそれぞれを一部修正することである程度整合できるのではないかと考えている。例えば、土器に関しては、木村氏が提示した案は基本的に土器が作られた時期を示すもので、実際に使用する年代幅を加えると、木村氏の七世紀第4四半期〜八世紀第1四半期の下限の幅はもう少し広がるものと思われる。そして矢野氏が提示しているⅢ期の八世紀第1四半期後半〜八世紀第3四半期の少なくとも前半は木村氏の想定する繕治段階の後半の使用年代に含めることは可能なのではないであろうか。このように理解できれば、前述の赤司善彦氏が提示した第4図案に、基本的に同意できるのではないかと考えている。

つまり、少なくとも礎石建物の一部の造営時期は七世紀末〜八世紀初にあげることができ、八世紀前半のある時期まで作られていた可能性が考えられるのではないであろうか。

ただ、やはり八世紀中葉前後の土器の空白は無視できない。空白後の八世紀末からの遺構・遺物の再登場は、天安二年(八五八)の「菊池城院の兵庫の鼓」「不動倉十一宇の火災」、元慶三年(八七九)の「肥後国菊池郡城院の兵庫」という記録に繋がるもので、木村氏などが指摘するように「鞠智城」の性格が変化して再使用されたことを示している可能性は十分ありそうである。つまり、古代山城としての「鞠智城」は一度八世紀前半に途切れ、八世紀末の遺物の出土は別の機能を持って鞠智城の場所が再び使用された可能性は考えられる。

(3) 天智天皇六年築城の高安城・屋嶋城・金田城のその後

倭高安城　高安城跡は奈良県平群町・三郷町、大阪府八尾市にまたがる標高488㍍の高安山周辺に位置すると考えられているが、城壁線は未確認で、詳細はわかっていない〔山田 二〇一六など〕。『日本書紀』『続日本紀』によれば、六六七年の築城後、六六九年には田税を収める場所(倉?)があり、六七〇年には穀物と塩を納める場所(倉?)があることになる。そしてこれらの税倉(?)が六七二年の壬申の乱で焼かれる。これらの記事によれば、築城後すぐに田税や穀物や塩などを納める倉が建てられ、築城から五年後の壬申の乱で税倉が焼かれる。そしてその二六、二七年後の六九八年と六九九年に城が修理され、七〇一年の廃城時に城内にあった舎屋や雑儲物が大倭・河内に移される。壬申の乱で焼かれたのちに再び倉などが建てられたようである。

高安城はこのように築城後すぐに倉庫が造られ、壬申の乱で焼かれても再び倉庫は建てられ(?)、七〇一年の廃城後に舎屋とともに雑儲物が大倭・河内に移されている。壬申の乱後の倉庫の再建が六九八・六九九年の修理でなされたのか、それともそれ以前に再建されており、修理は城壁やそのほかの別の施設がなされたのかわからないが、廃城されても烽関係の施設は残っていたようで、七一二年五月にその烽が廃されている。そして、同年八月に、元明天皇が高安城に行幸している。

ただ、高安城に関する考古学的な資料〔奈良県立橿原考古学研究所編 一九八三a・b、山田 二〇一六など〕は、現時点では城壁線を含めて遺構・遺物ともによくわかっておらず、廃城後の八世紀前半に建てられたと考えられている礎石建物の倉庫跡が確認されている程度である。

記録が比較的多く残る高安城を一つのモデルとすると、大野城・基肄城・鞠智城なども築城後すぐに穀物や塩などを保管する倉や舎屋などが造営され、何らかの理由で焼失しても再建されるようになっていたものと推測される。さらに烽などの施設は廃城後も十年ほど維持されており、それぞれの城の性格によって廃城後の姿が多少異なることを教えてくれているようである。

讃吉屋嶋城　屋嶋城に関しては、『日本書紀』天智天皇六年（六六七）十一月条に、倭国高安城、対馬国金田城とともに築かれたことが記されているが、その後関連する記事は見られず、記録からその後のことはわからない。香川県高松市の屋島（最高所標高292㍍）に位置する。城壁は屋島山上近くの断崖を利用しつつ、土塁や石垣を築いているようである。南嶺と北嶺に分かれ、城周は北嶺まで含めると約7㌔、南嶺のみで約4㌔である［高松市教委二〇〇三・二〇〇八・二〇一六・二〇一一～二〇一七］。

考古学的には、城壁関連で城門跡が確認されているが、礎石建物跡などはわかっていない。また浦生石塁と呼ばれている地区で石塁、城門跡、雉城の可能性がある遺構が確認され、一部七世紀後半と推測される平瓶が出土しているが、未完成のようである［高松市教委二〇一一～二〇一七］。

遺物は七世紀中葉頃のものがわずかに出土し、八世紀前半・後半のものも少々出土している（第6図1～6）。この時期の土師質の煮炊き具に関しては、存在する可能性はあるが、よくわからない。またこの時期の瓦は未確認である。そしてそれ以降の屋島寺関連のものと考えられる資料がまとまって出土しており、平安時代の瓦もある。

このように屋嶋城の廃城がいつで、その後建てられたと考えられている屋島寺を繋ぐ資料はよくわかっていない。少なくとも大野城・基肄城・鞠智城などのような礎石建物群は未確認である。

対馬金田城　金田城に関しても、『日本書紀』天智天皇六年（六六七）十一月条に、倭国高安城、讃吉国山田郡屋嶋城とともに築かれたことが記されているが、その後の記録はなく、築城後の城の様子などはわからない。長崎県対馬市美津島町に位置する。標高276・2㍍の城山を最高所として東に下がる斜面部に城壁がめぐらされている。城周は約2．8㌔である［美津島町教委二〇〇〇・二〇〇三、対馬市教委二〇〇八・二〇一一、亀田二〇一二など］。

城壁は基本的に石で築かれ、全周している。城内に一部土塁も確認されている。門跡は内側の土塁で一ヵ所、外側の石塁で三ヵ所、合計四ヵ所確認されている。城内には小型の掘立柱建物跡が五棟確認されているが、大野城跡などのような大型の礎石建物跡は確認されていない。小型掘立柱建物跡は兵舎などと推測され、近くで鍛冶遺構も確認されている。

遺物は、瓦は出土しておらず、七世紀前半から末頃の土器が出土している。八世紀代の土器は現時点で確認されていない。そのほか玄界灘式製塩土器、鍛冶関係遺物、温石などが出土しているが、土師質の煮炊き具に関しては不明である。武器武具類も確認されていないようである。

このように七世紀代の土器などしかなく、八世紀代の土器が確認できない遺物のあり方と、六六七年の築城後の六九八年の繕治記事がないこと、大野城・基肄城・鞠智城などのような瓦を使用する礎石建物が確認できないことから、八世紀初め頃にその機能を停止し、その後使用されなかったようである。

ただ、城内の土塁に関しては、作り直しが確認されており、その門の新しい土塁に伴う門礎石は外郭線の石塁の門に伴う礎石と同じ形態のものであることから、もし下層土塁が六六七年の築城当初のものであるならば、そのときは掘立柱式の門を建て、七世紀末頃の建て直しのときに礎石立ちの建物に変え、そのときに外郭城壁線が完成し、その門に城内土塁の門礎石と同じものを使用して門を建てたのか、それとも石塁の外郭城壁線はすでに初築時から存在するが、門のみは掘立柱式で、七世紀末頃の建て直しのときに門の床面を石敷きにし、礎石を置き、礎石建物の門にした可能性も考えられる。しかし、下層土塁が六六七年よりも古い可能性も無視はできない。

いずれにせよ、金田城に関しては、大野城・基肄城・鞠智城のような六九八年の繕治記事がなく、八世紀代の遺物も確認できていないことから礎石建物の造営などの大規模な改修はなく、八世紀初め頃には「城」としての維持管理はなされておらず、少なくとも大野城・基肄城などのような性格とは異なっていたものと思われる。

八世紀以降の高安城・屋嶋城・金田城　以上のように六六七年に築城された三つの城のうち、高安城は少なくとも七世紀代はしっかりと維持管理されていたが、七〇一年の廃城、七一二年の烽の廃止により、城としての機能はそれ以降続かなかったようである。

屋嶋城に関しては、記録がなく、わからないが、少なくとも外郭線に関わる浦生石塁などは未完成で止まっているようであり、八世紀以降はどのように維持管理されたかは現時点ではわからない。

金田城に関しても記録がなく、遺物で見る限りは八世紀代のものがないことから、現時点では大野城・基肄城などのような維持管理はなされなかったと考えざるを得ない。

このようにこれらの三つの城に関しては、八世紀初めまでくらいは城としての機能は残っていたものと考えられるが、それ以降は基本的に城として維持管理されなかったようである。

以上のようにみると、八世紀以降も維持管理された大野城・基肄城、一時空白があり、八世紀末頃に再度使用された鞠智城、そして城としては維持管理されなかった高安城と金田城などに区分できそうである。

(4) 記録されなかった城の八世紀の姿—繕治・修理された城とされなかった城

これまで、『日本書紀』『続日本紀』などに記されたいわゆる朝鮮式山城を見てきたが、西日本には記録にその名前が見えない、いわゆる神籠石系山城が一六ヵ所ある。これらの城は列石や土塁・石塁などによってその存在が確認され、一部発掘調査されているが、城内の様子も含めて全貌がわかっているものはほとんどない。

そのようななかで比較的内容がわかるものが備中鬼ノ城、豊前御所ヶ谷神籠石などである。八世紀以降の様子を意識しながら見ていきたい。

備中鬼ノ城　鬼ノ城は、岡山県総社市に位置する城周2970㍍の土城である(第5図)[鬼ノ城学術調査委員会 一九八〇、総社市教委 二〇〇五・二〇〇六、岡山県教委 二〇〇六・二〇一三]。城壁は基本的に土塁であるが、一部石垣の部分もあり、城壁が全周していることが確認されている数少ない神籠石系山城である。この山城に関する古代の記録はない。

城門跡が四ヵ所、通水口をもつ水門跡が五ヵ所確認されている。四ヵ所の城門跡には方形(三ヵ所)と円形(一ヵ所)の刳り込みをもつ唐居敷が使用されており、いずれも軸摺穴、方立用の穴があけられている。西門跡南東部第3塁状区間には、いわゆる高石垣と呼ばれている石垣があるが、筆者はこの石垣の正面観における上部の石の積み具合の不揃い、石垣背後の掘方、裏込めの状況などから少なくとも一度、そして一部は修築されたのではないかと考えている(第5図2)。

城内の施設としては、礎石建物跡が七棟、土手を持つ貯水施設跡が二ヵ所、溜井跡、烽火台跡(?)、鍛冶場跡三ヵ所などが確認されている。礎石建物跡は二×六間の側柱建物跡(第5図3)が二棟、三×四間の総柱建物跡が二棟、三×三間の総柱建物跡が三棟である。側柱建物跡5の周

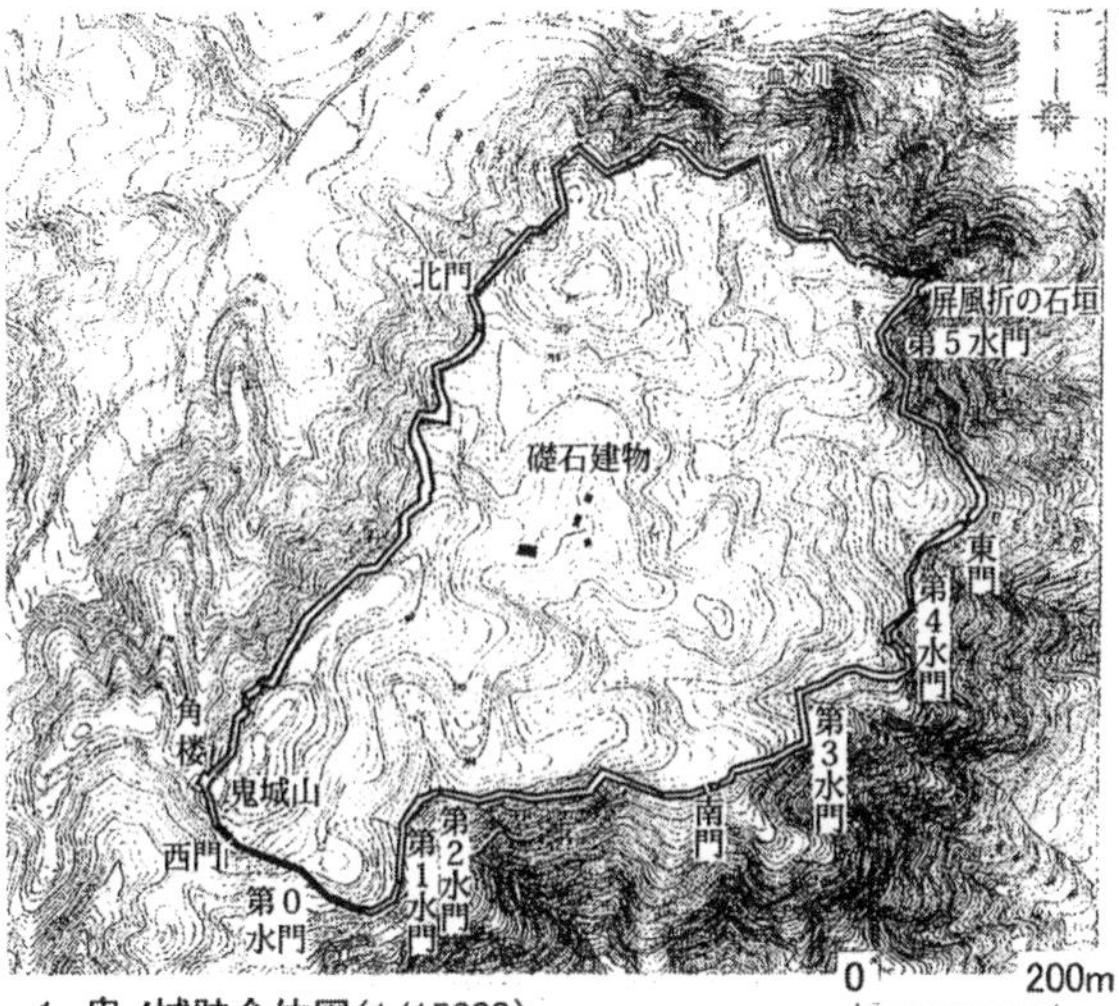

1. 鬼ノ城跡全体図(1/15000)

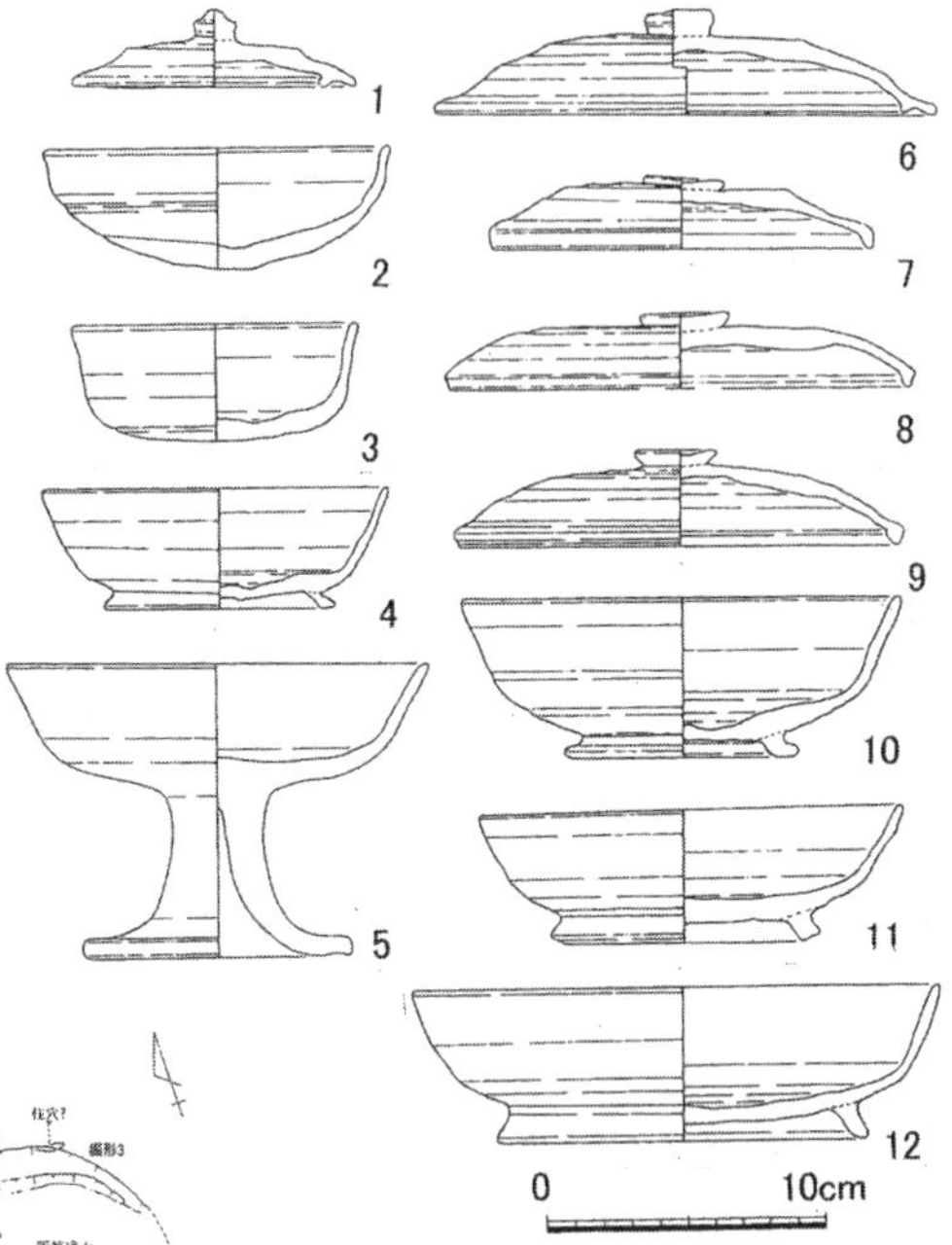

4. 出土土器(1/5)

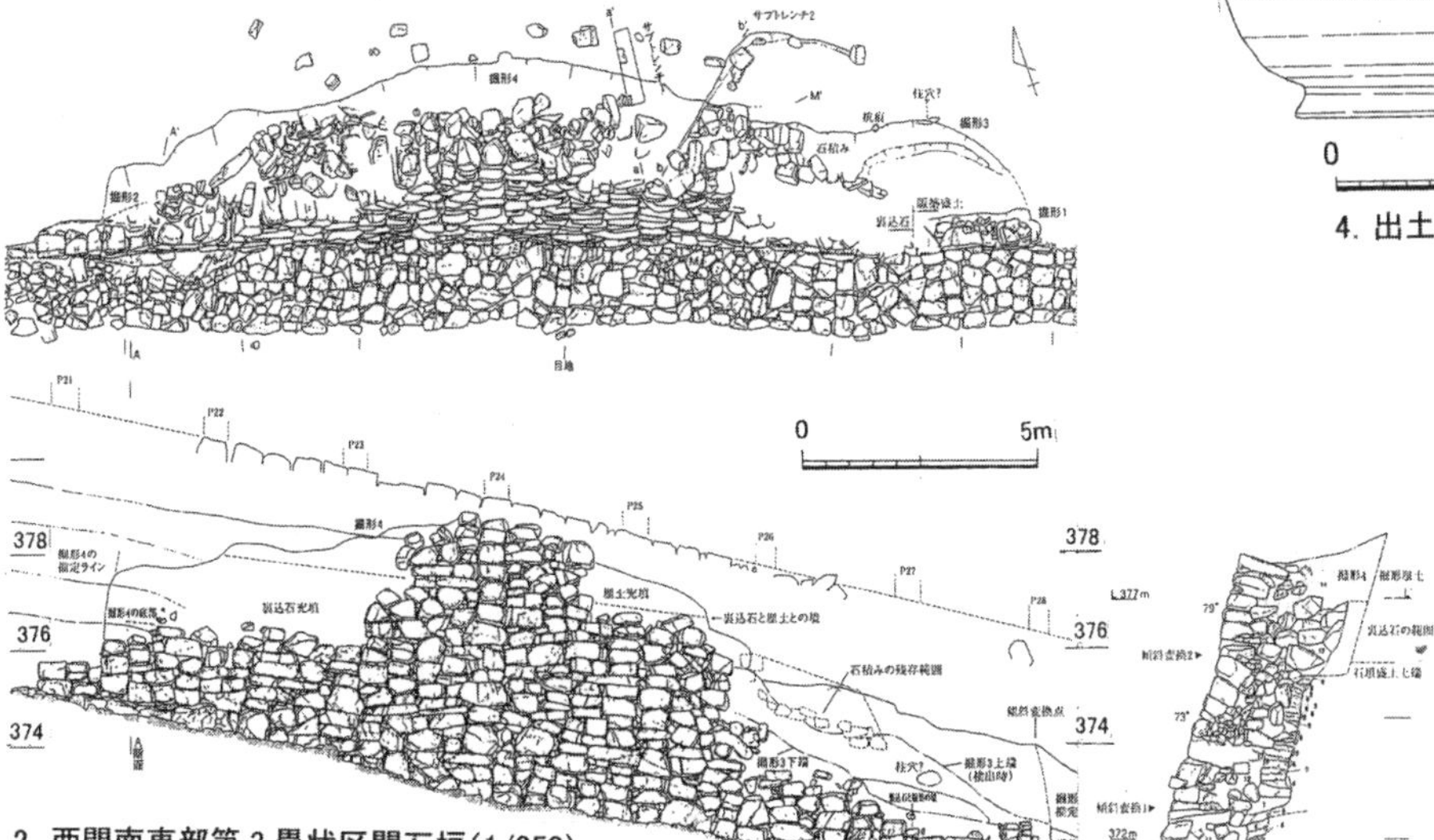

2. 西門南東部第3塁状区間石垣(1/250)

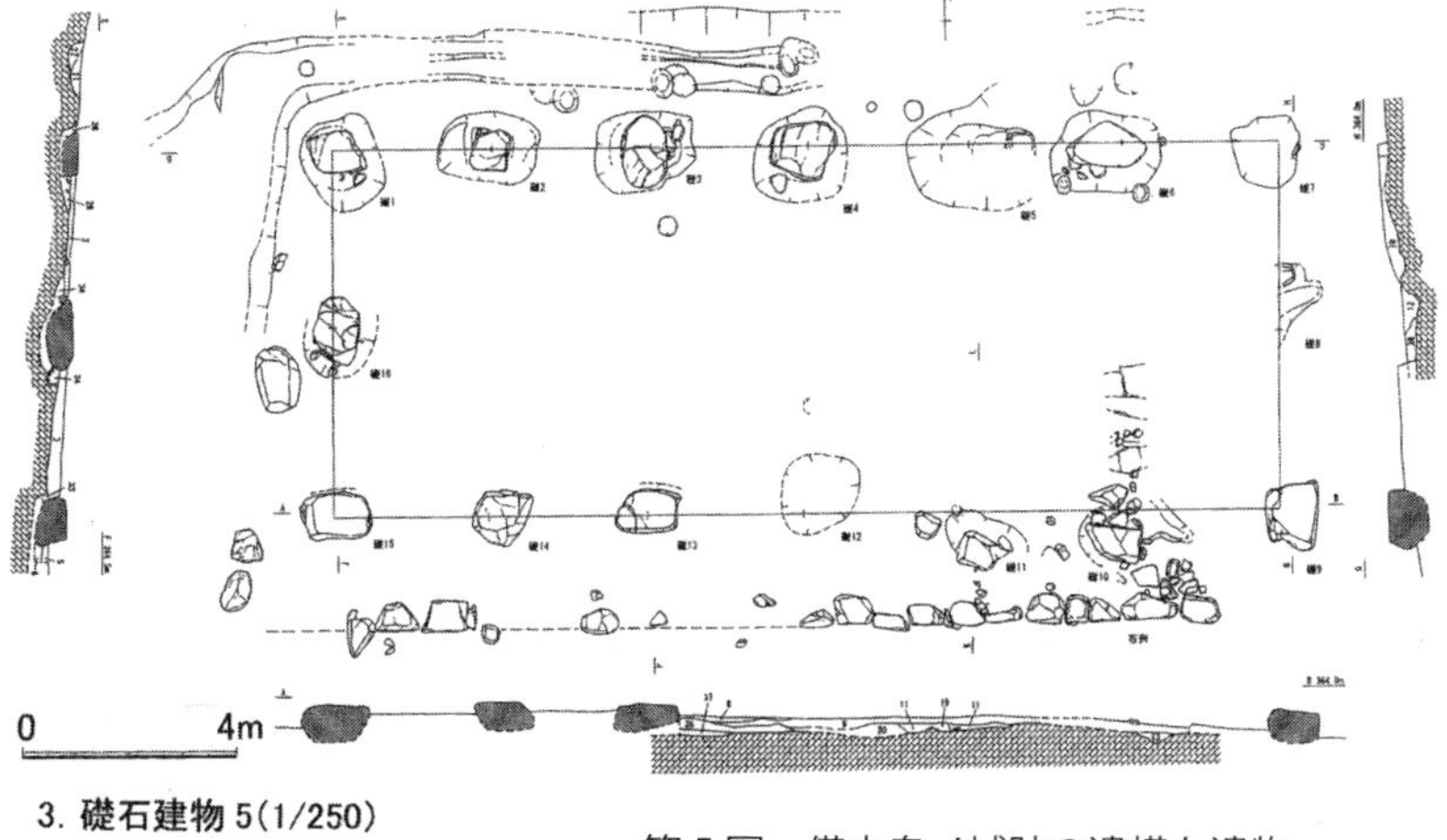

3. 礎石建物5(1/250)

第5図　備中鬼ノ城跡の遺構と遺物

辺では転用硯が出土しており、管理棟の可能性が考えられている。また鍛冶場の一ヵ所では段状遺構のなかに九基の鍛冶炉跡が並び、上屋の存在も推測されている。そして七世紀後半の土器が出土している。また側柱礎石建物5の東に近接する三×二間の掘立柱建物跡1は須弥壇と思われる高まりを持ち、周辺の遺物から九～十世紀の仏堂と考えられている。このほか明確な建物は確認できていないが、基壇状遺構と呼んでいる場所では基壇の一部である可能性がある石列が確認され、その付近で七世紀後半から八世紀前半の須恵器・土師器などがまとまって出土している。

出土遺物は、土器は一般的な杯類がほとんどである（第5図4）が、須恵器甕や土師質の甕・鍋・甑などの煮炊き具を含み、そのほか円面硯、転用硯、鍛冶関係遺物、瓦塔、水瓶、隆平永寶（初鋳七九六年）などが出土している。時期的には七世紀後半から八世紀代、そして九世紀から十一世紀のものに区分されており、前者の遺物のうち八世紀初め頃までが山城関係、そして礎石建物群が倉庫・備蓄施設として八世紀後半頃まで使用され、九世紀からは宗教施設して使用され、これが後の新山寺へつながった可能性が考えられている。

このように鬼ノ城は、七世紀後半に築造され、城壁は完周し、四ヵ所の門も構築され、城内に礎石建物などの施設があり、さらに城が機能している間に城壁の修繕が行われた、完成した城といって良いと思われる。その「城」としての機能がいつまで続いたのかはよくわからないが、八世紀前半までは続いていた可能性を考えておきたい。

豊前御所ヶ谷神籠石　御所ヶ谷神籠石は、福岡県行橋市とみやこ町にまたがって位置する城周約３０３０㍍の土城である。文献に関連記事は確認されていない〔行橋市教委二〇〇六・二〇一四など〕。

基本的に基部に切石列石を配した土塁で囲まれているが、中門跡から見張と呼ばれている間の北西部約600㍍は土塁のみで列石がない。また第二東門跡付近から第二南門跡付近までは地形の急峻さをそのまま利用しているのか、土塁が確認されていない。そして中門跡から西側で現在確認されている土塁線の内側で未完成の土塁線が確認されている。これは工事途中で設計変更がなされ、現在確認されている北西部の土塁線に変わったものと考えられている。

門跡は七ヵ所確認されており、北側の西門跡と中門跡は大きく、切石加工の石材を積み上げた石塁に挟まれている。第二東門跡は発掘調査されたが、門の建物は確認できておらず、外から中に入ると土の壁が正面に見える状況で、このような門であるのか、それとも未完成なのか気になる。またそのほかの門跡でも現時点では明確な門の建物痕跡は確認できていない。

以上のように南東部の土塁未確認区間を急峻な自然地形利用による不施工区間とみるのか、未完成とみるのかで意見は分かれるが、自然地形を利用した不施工区間と考えれば、城壁は基本的に全周していることになる。ただ、この土塁未確認区間を未完成の場所だと考えると、城全体としては未完成となる。また北西部の列石を持たない土塁区間は調査者の小川秀樹氏が推測するように、工事途中での設計変更によると考えることは可能である。

城内の施設としては、切石列石の一部などを転用した礎石建物跡（三×四間）が一棟あり、古代の建物である可能性が考えられている。そのほか発掘調査はなされていないが、土手状遺構を備えた貯水施設跡、石切場跡などが確認されている。

遺物は、全般的に少なく、瓦は出土しておらず、土器は七世紀後半

(第3四半期?)頃の須恵器長頸壺や七~九世紀頃の土師器(甕を含む)などが出土している(第6図12・13)。遺物によって御所ヶ谷神籠石の変遷を考えると、現時点では七世紀後半に築造されたものと推測されるが、八世紀以降は不明である。

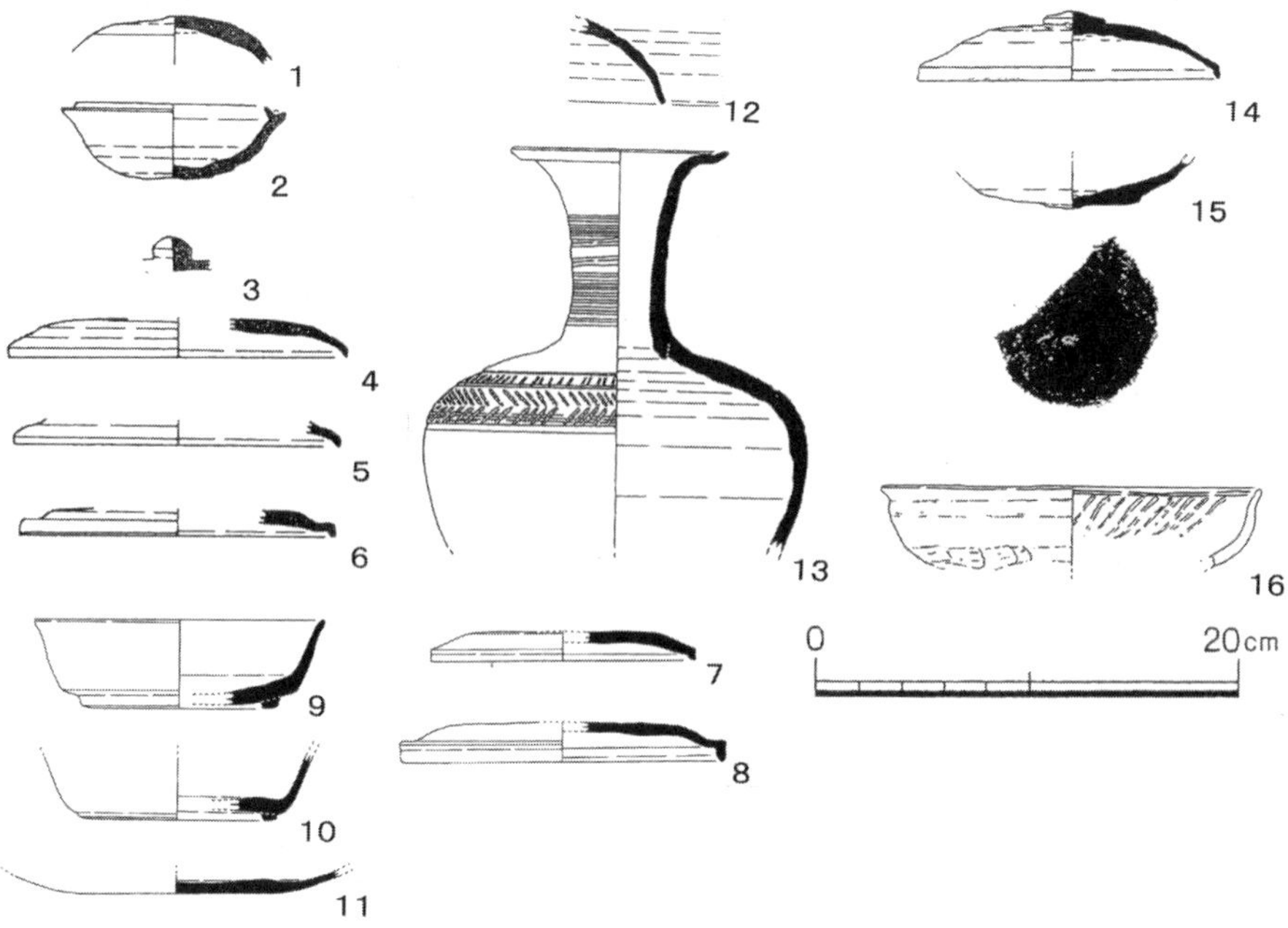

第6図　讃岐屋嶋城跡（1~6）・筑前阿志岐山城跡（7~11）・
豊前御所ヶ谷神籠石（12・13）・伊予永納山城跡（14~16）出土遺物（1/5）

その他の神籠石系山城　神籠石系山城に関しては、その城郭線を構成する土塁基礎部の列石が注目され、その調査がまず進められ、その後城内の調査も進められているが、基本的に城内で建物などが検出される例は極めて少ない。そして遺物も極めて少ない。

　そのようななかで、筆者は、二〇一四年に「古代山城は完成していたのか」という一文で、城壁や門などができあがっていないと思われる山城の例をあげ、未完成の山城の再検討を提起した［亀田 二〇一四］。未完成説はすでに筑後女山神籠石や讃岐城山城跡などに関して指摘されていた［石松 一九七六、松本 一九七六、佐田 一九八二など］が、未完成という考えをふまえて、古代山城全体をもう一度見直すと、これまでとは少し異なる古代山城論が可能なように思われた。

　城壁が全周しない未完成の可能性がある山城としては、肥前おつぼ山神籠石［佐賀県教委 一九六五、武雄市教委 一九七九・二〇一二］、筑前阿志岐城跡［筑紫野市教委 二〇〇八・二〇一二］、筑前鹿毛馬神籠石［頴田町教委 一九八四・一九九八］、筑前杷木神籠石［杷木町教委 一九七〇］、筑前雷山神籠石［瓜生 一九九八］、筑後高良山神籠石［松村 一九九〇・一九九四］、筑後女山神籠石［瀬高町教委 一九八二、みやま市教委二〇一三］、豊前唐原山城跡［大平村教委 二〇〇三・二〇〇五］、周防石城山神籠石［小野 一九八三、光市教委 二〇一二］、讃岐城山城跡［松本 一九七六、古代山城研究会 一九九六］、播磨城山城跡［新宮町教委 一九八八、加藤 一九九五］など一一ヵ所ある。列石は一部並べられているが、土塁が基本的に盛られていない豊前唐原山城跡や全体の三分の一ほどしか城壁が築かれていない筑前阿志岐城跡、全体の三分の二ほどしか城壁が築かれていない筑後女山神籠石、そして城壁はほぼ全周しているようであるが、部分的に完成していない可能性がある肥前おつぼ山神籠石や筑前鹿毛馬神籠石など、いろいろな段階の未完成があることが推測できた。

　これらのなかで門の唐居敷が確認できるものが播磨城山城跡、讃岐城山城跡、周防石城山神籠石などで、門を建てる準備が進められていたことがわかる。ただ、讃岐城山城跡ではその唐居敷のなかに柱を添える穴が完成していないものもあり、まさに途中で止まっていることが確認できる。

　これらの未完成と推測される山城においても数は少ないが、遺物は出土している。少ない遺物で築造状況を推測することは難しいが、例えば、筑前阿志岐城跡では八世紀代の須恵器杯類（第6図7～11）、筑前鹿毛馬神籠石では七世紀代のものと推測される甕片、筑後女山神籠石では古墳に関わる可能性もあるが、七世紀後半の須恵器蓋、備前大廻小廻山城跡では七世紀後半～八世紀前半頃の須恵器が出土している［岡山市教委一九八九］。

　伊予永納山城跡［西条市教委二〇〇五・二〇〇九・二〇一二］では、城内の鍛冶遺構付近で七世紀中葉～八世紀前半の須恵器や丹塗土師器などとともに鏨、針または錐、フイゴ羽口や鉄滓、金床石などの鍛冶関係の遺物が出土している（第6図14～16）。讃岐城山城跡［古代山城研究会一九九六］では、採集資料であるが、七世紀後半頃と推測される須恵器杯身が11点、平瓶、手づくね状の土師器椀などがある。播磨城山城跡［新宮町教委一九八八、加藤一九九五］では、七世紀末～八世紀代の須恵器や土師器（甕を含む?）などが採集されている。この城はその後、平安時代に寺院または城として使用され、南北朝時代・室町時代には赤松氏の拠点的な城として使用されている。

　このように神籠石系山城に関しては、城壁が未完成のものがあり、城内施設がはっきりせず、遺物も少ない。これらの数少ない資料で多くを語ることはできないが、時期は七世紀後半頃から八世紀前半頃の土器が見られ、七世紀後半代に築城されはじめたものと推測される。ただ、八世紀代にどれだけ維持されていたかはよくわからない。

　「神籠石系山城の多くは未完成であった」、それゆえ「城内施設が基本的に作られなかった。そして山城はほとんど維持管理されず、土器などもほとんど使用されず、遺物がほとんど検出されない」のかもしれない。

　そのようななかで、備中鬼ノ城は特異である。遺構も礎石建物跡、貯水施設跡、烽火場跡と推測されるもの、鍛冶遺構などが確認され、遺物も比較的まとまっている。さらに城壁・石垣に関しては、修理した可能性も推測され［亀田二〇一四］、まさに維持管理されていたものと考えられる。このような遺構・遺物のあり方は、鬼ノ城がいわゆる神籠石系山城のなかでは、特異な存在であることを示している。つまり鬼ノ城は懸門構造、門床面の敷石、角楼（雉城）の存在などの諸特徴も含め、六六五～六六七年に築造された朝鮮式山城に近い存在であると言うことができる。たまたま『日本書紀』に記録されなかった山城かもしれない(4)。

おわりに

　以上、文武天皇二年五月甲申条に繕治記事が見られる大野城・基肄城・鞠智城を中心として、高安城の変遷モデルを意識しながら古代山城が築城後、どのような変遷をたどったのかみてきた。

　大和・河内高安城は王都の近くにあるからかもしれないが、比較的多くの記事があり、六六七年の築城後まもなく倉庫などが建てられ、穀物や塩が納められ、六七二年の壬申の乱における焼失後も再建され、維持管理されていたことがわかる。そして七〇一年に廃城になり、七一二年に残っていた烽も停止される。しかしその後天皇の行幸もあり、礎石建物も新たに建てられている。

　この高安城の変遷モデルが、繕治記事がみられる大野城・基肄城・鞠智城などとともに、記録のほとんどない、または全くないほかの古代山城（朝鮮式山城・神籠石系山城）の変遷にも適応できるのか、これが小稿の課題の一つであった。

　六九八年の繕治記事が見られる大野城・基肄城・鞠智城に関しては、前二者は大宰府に関連して存在するという特殊性からか、七世紀後半から軒先瓦を使用する瓦葺建物が建てられ、少なくとも八世紀前半までは新たに軒先瓦使用瓦葺建物が建てられ、大野城は九世紀後半まで、基肄城は九世紀前半頃までは維持されたことがわかる。

　ただ、鞠智城は、軒先瓦を使用する瓦葺建物は七世紀代で基本的になくなり、土器も含めて八世紀中葉前後には空白期があり、八世紀末に再び瓦葺建物は建てられるが、軒先瓦は使用されなかったようである。その後九世紀後半頃までは性格を変えて使用されたようである。

　そして六六七年の築城記事が見られる金田城・屋嶋城については、繕治記事がなく、前者は八世紀代の土器がなく、大型礎石建物もない。後者は土器に関しては八世紀代のものも少々出土しているが、大型礎石建物は未確認で、浦生石塁は未完成である可能性が高く、その後古代山城として維持管理されたかはよくわからない。

　記録がないいわゆる神籠石系山城においては、鬼ノ城は遺構・遺物をあわせ検討すると、少なくとも城として七世紀後半に完成し、八世紀前半頃まで礎石建物が維持管理され、城壁なども修理され、維持管理されていたことがわかる。御所ヶ谷神籠石もほぼ完成していたものと推測されるが、八世紀代はよくわからない。そのほかの神籠石系山城は未完成のものが多く、一部の城では八世紀代の遺物も見られることから、その頃築城途中であった可能性も推測されるが、七〇一年の高安城、七一九年の備後茨城・常城の「廃・停」記事を参考にすれば、この頃には築城・維持管理はなされなくなっていたものと思われる。

　つまり、大和高安城のように管理棟・倉庫などを建て維持管理された山城は筑前大野城・肥前基肄城・肥後鞠智城、それに準ずるものが備中鬼ノ城、次いで倉庫はわからないが、対馬金田城、讃岐屋嶋城などである。そしてそれに準ずる可能性があるものが未完成である可能性も含めて豊前御所ヶ谷神籠石、讃岐城山城などであり、そのほかの多くの神籠石系山城は未完成のまま、一部機能を果たしつつ、その役割を終えた可能性を考えざるを得ない。

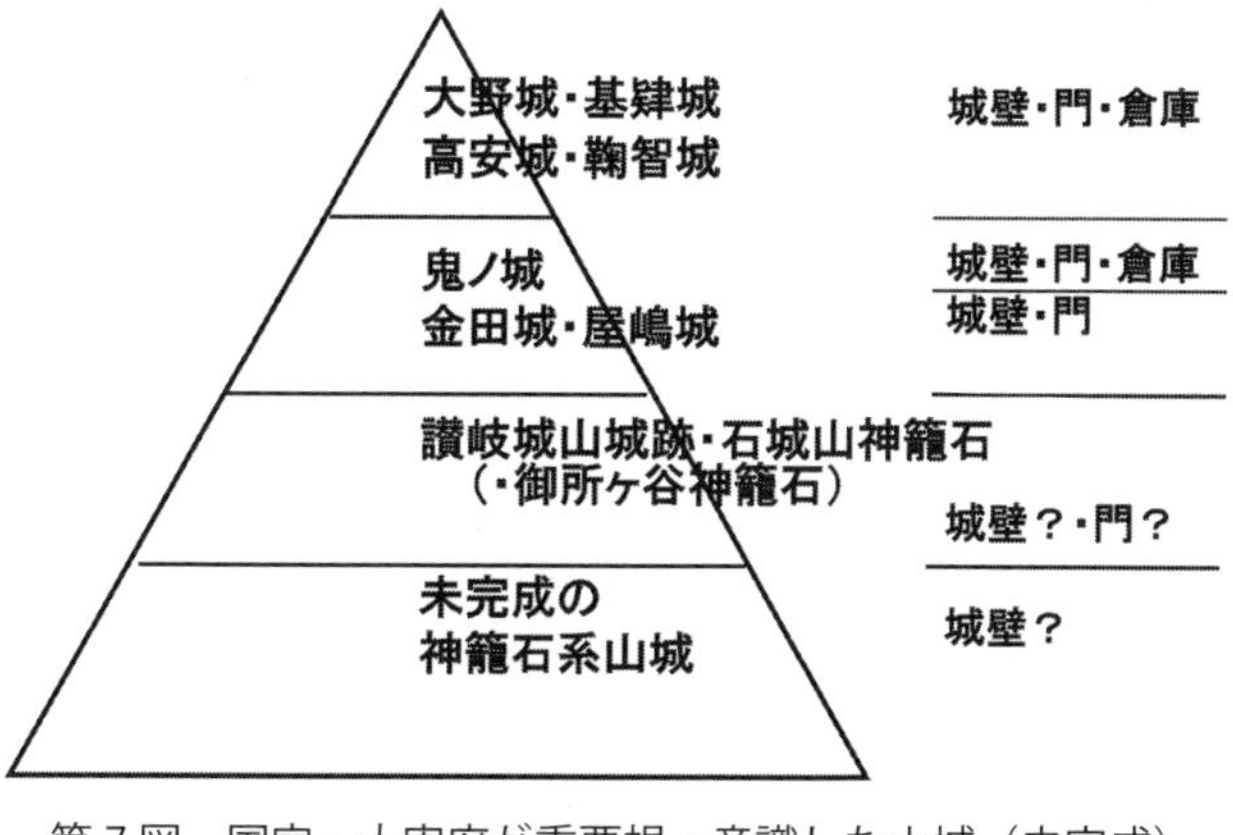

第７図　国家・大宰府が重要視・意識した山城（未完成）

　以上のように、城壁・城門など外郭施設の完成度、城内施設の存在、それらの維持管理状況をあわせ考えてみると、国家、大宰府が重要視・意識した城は、高安城、大野城、基肄城、鞠智城などが最上位にあり、記録の有無も含めて、鬼ノ城、金田城、屋嶋城などがそれらに準じていたと推測される。記録にみられないいわゆる神籠石系山城の多くはほとんど未完成の状態で停止したようである。

註

（1）古代山城に関わる文献史料については、鈴木拓也［二〇一一］などを参照した。

（2）三野城・稲積城はその所在地がわかっておらず、「修三野・稲積二城」に関しても、この「修」を修理したとみるのか、それとも新たに築いたとみるのかで意見が分かれている。たとえば鈴木拓也氏［二〇一一］や森公章氏［二〇一五］などは「修理」と理解しているようであるが、直木孝次郎氏ら［一九八六］は「大宰府に命じて、三野（日向国児湯郡三納郷の地か）・稲積（大隅国桑原郡稲積郷の地か）に二城を築かせた。」と述べている。岡田茂弘氏も熊本県教委［二〇一六］のパネルディスカッション部分（九六頁）の発言で、「修」と「修理」を区別した上で、これらの二城を日向・大隅に築いたと考えている。

　また、青木和夫氏ら［一九八九］は三野城については「地名辞書は、筑前国那珂郡海部郷にあったとみられる美野駅（現在の福岡県福岡市博多区住吉付近）周辺とするが、未詳」、稲積城については「地名辞書は、筑前国志麻郡志麻郷（現在の糸島郡志摩町）の稲留とし、青木和夫はその地にある火山（中略）をこれにあてる。」とある。また考古学の立場から向井一雄氏は三野城を筑後高良山神籠石に比定している［向井　一九九一：註112］。

　この「修」を「新たに作る」と考えるのか「修理」と考えるのかについてであるが、高安城に関する記録の場合、d、e、fでは「修」、l、mでは「修理」を使っている。特にe、fの「修高安城」の場合、岡田氏も指摘するように、そのあとに「収畿内之田税」や「積穀與塩」とある。偶然このようになっているのか、それとも意味があるのか気になるところである。少なくともこの「修」を「修理」と理解すれば、築城後、まもなく倉が建てられ、痛んだので修理し、田税や穀物や塩を納めたものと考えられ、「修」を新たに作ると理解すると、築城後、二、三年で新たに倉を作り、田税などを収めたと考えられる。

（3）瓦の型式名称のうち三桁の数字を使用したものは、九州歴史資料館［二〇〇〇］による。

（4）神籠石系山城が記録に残されなかった理由として、いろいろな考えがあるが、狩野久氏は二〇一一年の論文の中で、「『書紀』の編者は大宝令制で廃止になったものを取り上げなかった」と述べている。

引用・参考文献

青木和夫ほか　一九八九年『新日本古典文学大系一二　続日本紀一』岩波書店
赤司善彦　二〇一四年「古代山城の倉庫群の形成について―大野城を中心に―」高倉洋彰編『東アジア古文化論攷』二　中国書店
赤司善彦　二〇一六年「鞠智城の建物景観の推移」『海と山と里の考古学』山崎純男博士古稀記念論集編集委員会
赤司善彦・光谷拓実　二〇一二年「大野城の築城年代再考―太宰府口城門出土木柱の年輪年代の測定から―」『紀要東風西声』七　九州国立博物館
石松好雄　一九七六年「女山神籠石」『考古学ジャーナル』一一七　ニューサイエンス社
石松好雄　一九八三年「西の守り」坂詰秀一・森郁夫編『日本歴史考古学を学ぶ（上）』有斐閣
石松好雄　一九九二年「第二編　第五章　第三節　大野城」『太宰府市史考古資料編』太宰府市史編集委員会
稲田孝司　二〇一二年「古代山城の技術・軍事・政治」『日本考古学』三四　一般社団法人日本考古学協会
瓜生秀文　一九九八年「雷山神籠石―現在までの調査から―」『溝漊』七　古代山城研究会
大野城市教育委員会　二〇一〇年『古代山城サミット』
岡山県教育委員会　二〇〇六年『国指定史跡鬼城山』
岡山県教育委員会　二〇一三年『史跡鬼城山二』
岡山市教育委員会　一九八九年『大廻小廻山城跡発掘調査報告』
小川秀樹　二〇一〇年「豊前・御所ヶ谷山城」『古代文化』六二―II　古代学協会
小澤佳憲　二〇一四年「古代山城出土唐居敷から見た鞠智城跡の位置づけ」『平成二十五年度鞠智城跡「特別研究」論文集　鞠智城と古代社会』二　熊本県教育委員会
小澤佳憲　二〇一六年「日韓の古代山城出土軸摺金具」『季刊考古学』一三六　雄山閣
小田富士雄編　一九八三年『北九州瀬戸内の古代山城』日本城郭史研究叢書一〇　名著出版
小田富士雄編　一九八五年『西日本古代山城の研究』日本城郭史研究叢書一三　名著出版
小田富士雄　一九九七年「西日本古代山城に関する最近の調査成果―特に朝鮮式山城について―」『古文化談叢』三七　九州古文化研究会
小田富士雄　二〇〇九年「第三編　第二章　第三節　基肄城の築城」『基山町史』上巻　基山町史編さん委員会
小田富士雄　二〇一一年「第一編　第一章　一二　基肄城跡（古代・中世）」『基山町史』資料

編　基山町史編さん委員会
小田富士雄　二〇一二年「鞠智城の創建をめぐる検討」『鞠智城跡Ⅱ』熊本県教育委員会
小田富士雄　二〇一六年ａ「大宰府都城Ⅰ期軒丸瓦考」『古文化談叢』七五　九州古文化研究会
小田富士雄　二〇一六年ｂ「山城出土のⅠ期古瓦」『季刊考古学』一三六　雄山閣
小野忠凞　一九八三年「石城山神籠石」小田富士雄編『北九州瀬戸内の古代山城』名著出版
潁田町教育委員会　一九八四年『鹿毛馬神籠石』
潁田町教育委員会　一九九八年『国指定史跡鹿毛馬神籠石』
鏡山　猛　一九六四年「朝鮮式山城の倉庫群について」『九州大学文学部創立四十周年記念論文集』
鏡山　猛　一九六八年『大宰府都城の研究』風間書房
加藤史郎　一九九五年「播磨・城山」『古代文化』四七―一一　古代学協会
金田善敬　二〇一三年「第四章　第五節　鬼城山から出土した土器について」『史跡鬼城山二』岡山県教育委員会
狩野　久　二〇一一年「鬼ノ城はなぜ『日本書紀』に登場しないのか―その編集方針から推理する―」『鬼城山　国指定史跡鬼城山環境整備事業報告』総社市教育委員会
亀田修一　二〇〇九年「四　鬼ノ城と朝鮮半島」岡山理科大学『岡山学』研究会『鬼ノ城と吉備津神社―「桃太郎の舞台」を科学する』吉備人出版
亀田修一　二〇一二年「対馬金田城小考」『百済と周辺世界』成周鐸教授追慕論叢刊行委員会
亀田修一　二〇一四年「古代山城は完成していたのか」『鞠智城跡Ⅱ―論考編―』熊本県教育委員会
亀田修一　二〇一五年「古代山城を考える―遺構と遺物―」岡山県古代吉備文化財センター編『平成27年度全国公立埋蔵文化財センター連絡協議会第28回研修会発表要旨集　古代山城と城柵調査の現状』
鬼ノ城学術調査委員会　一九八〇年『鬼ノ城』
木村龍生　二〇一二年「第Ⅵ章　第1節(1)鞠智城跡出土の土器について」『鞠智城跡Ⅱ』熊本県教育委員会
木村龍生編　二〇一五年『鞠智城跡出土土器・瓦の生産地推定に関する基礎的研究』熊本県立装飾古墳館分館歴史公園鞠智城・温故創生館
基山町教育委員会　一九七七年『特別史跡基肄城跡―林道建設計画に伴う確認発掘調査報告書―』
九州歴史資料館　二〇〇〇年『大宰府史跡出土軒瓦・叩打痕文字瓦型式一覧』
九州歴史資料館　二〇一四年ａ『大宰府政庁周辺官衙跡Ⅴ―不丁地区遺物編２―』
九州歴史資料館　二〇一四年ｂ『大宰府史跡発掘調査報告書Ⅷ―平成24・25年度―』
九州歴史資料館　二〇一六年『大宰府史跡発掘調査報告書Ⅸ―平成26・27年度―』
熊本県教育委員会　一九八三年『鞠智城跡』
熊本県教育委員会　二〇一二年『鞠智城跡Ⅱ―鞠智城跡第八～三二次調査報告―』
熊本県教育委員会　二〇一六年『鞠智城東京シンポジウム二〇一五成果報告書　律令国家と西の護り、鞠智城』
古代山城研究会　一九九六年「讃岐城山城跡の研究」『溝漊』六
古代山城サミット実行委員会　二〇一〇年『古代山城サミット展示会　あつまれ!!古代山城』
西条市教育委員会　二〇〇五年『永納山城跡』
西条市教育委員会　二〇〇九年『史跡永納山城跡Ⅰ』
西条市教育委員会　二〇一二年『史跡永納山城跡Ⅱ』
佐賀県教育委員会　一九六五年『おつぼ山神籠石』
佐賀県教育委員会　一九六七年『帯隈山神籠石とその周辺』
佐賀市教育委員会　一九六九年『帯隈山神籠石東北部調査概報』
佐田　茂　一九八二年「神籠石系山城の再検討」森貞次郎博士古稀記念論文集刊行会編『森貞次郎博士古稀記念古文化論集』
島津義昭　一九八三年「鞠智城についての一考察」九州歴史資料館編『九州歴史資料館開館十周年記念　大宰府古文化論叢』上巻　吉川弘文館
車勇杰(亀田修一訳)　二〇一六年「韓国山城の懸門構造」『季刊考古学』一三六　雄山閣
新宮町教育委員会　一九八八年『城山城』
鈴木拓也　二〇一〇年「軍制史からみた古代山城」『古代文化』六一―四　古代学協会
鈴木拓也　二〇一一年「文献史料からみた古代山城」『条里制・古代都市研究』二六　条里制・古代都市研究会
瀬高町教育委員会　一九八二年『女山・山内古墳群』
総社市教育委員会　二〇〇五年『古代山城鬼ノ城』
総社市教育委員会　二〇〇六年『古代山城鬼ノ城２』
大平村教育委員会　二〇〇三年『唐原神籠石Ⅰ』
大平村教育委員会　二〇〇五年『唐原山城跡Ⅱ』
高松市教育委員会　二〇〇三年『史跡天然記念物屋島』
高松市教育委員会　二〇〇八年『屋嶋城跡Ⅱ』高松市教育委員会
高松市教育委員会　二〇一〇年『古代山城日韓シンポジウム～瀬戸内・日本・東アジアからの視点で屋嶋城の実像にせまる～』
高松市教育委員会　二〇一一～二〇一七年『高松市内遺跡発掘調査概報―平成二二年度～平成二八年度国庫補助事業―』
高松市教育委員会　二〇一六年『屋嶋城跡―城門遺構整備事業報告書―』
武雄市教育委員会　一九七九年『史跡おつぼ山神籠石』
武雄市教育委員会　二〇一一年『史跡おつぼ山神籠石保存管理計画書』
田中淳也　二〇一〇年「金田城跡―二ノ城戸・南門について―」『古代文化』六二―Ⅱ　古代学協会
田中正弘　二〇一六年「基肄城(佐賀県)」『季刊考古学』一三六　雄山閣
田平徳栄　一九八三年「基肄城考」九州歴史資料館編『九州歴史資料館開館十周年記念大宰府古文化論叢』上　吉川弘文館
筑紫野市教育委員会　二〇〇八年『阿志岐城跡―阿志岐城跡確認調査報告書(旧称　宮地岳古代山城跡)』
筑紫野市教育委員会　二〇一一年『阿志岐城跡Ⅱ―阿志岐城跡確認調査報告書総括編』

対馬市教育委員会　二〇〇八年『古代山城特別史跡金田城跡Ⅲ』
対馬市教育委員会　二〇一一年『古代山城特別史跡金田城跡Ⅳ』
出宮徳尚　一九八四年「古代山城の機能性の検討」小野忠凞博士退官記念出版事業会編『高地性集落と倭国大乱』雄山閣出版
直木孝次郎ほか　一九八六年『続日本紀1』東洋文庫457　平凡社
奈良県立橿原考古学研究所編　一九八三年a「高安城跡調査概報一―一九八一年度―」『奈良県遺跡調査概報一九八一年度』第二分冊
奈良県立橿原考古学研究所編　一九八三年b「高安城跡調査概報二―一九八二年度―」『奈良県遺跡調査概報一九八二年度』第二分冊
杷木町教育委員会　一九七〇年『杷木神籠石』
光市教育委員会　二〇一一年『史跡石城山神籠石保存管理計画策定報告書』
福岡県教育委員会　一九七六・一九七七・一九七九・一九八〇・一九八二・一九八三・一九九一年『特別史跡大野城跡Ⅰ～Ⅶ』
福岡県教育委員会　二〇一〇年『特別史跡大野城跡整備事業Ⅴ』
正木茂樹編　二〇一〇年『鬼ノ城～謎の古代山城～』岡山県立博物館
松村一良　一九九〇年「『日本書紀』天武七年条にみえる地震と上津土塁跡について」『九州史学』九八　九州史学会
松村一良　一九九四年「第五章　四　高良山神籠石」『久留米市史　第一二巻資料編(考古)』久留米市史編さん委員会
松本豊胤　一九七六年「城山」『考古学ジャーナル』一一七　ニューサイエンス社
美津島町教育委員会　二〇〇〇年『金田城跡』
美津島町教育委員会　二〇〇三年『古代朝鮮式山城金田城跡Ⅱ』
宮小路賀宏・亀田修一　一九八七年「神籠石論争」『論争・学説日本の考古学　六　歴史時代』雄山閣
みやま市教育委員会　二〇一三年『女山神籠石』
向井一雄　一九九一年「西日本の古代山城遺跡」『古代学研究』一二五　古代学研究会
向井一雄　二〇〇一年「古代山城研究の動向と課題」『溝漊』九・一〇合併号　古代山城研究会
向井一雄　二〇〇九年「日本の古代山城研究の成果と課題」『溝漊』一四　古代山城研究会
向井一雄　二〇一〇年a「古代山城研究の最前線―近年の調査成果からみた新古代山城像―」『季刊邪馬台国』一〇五　梓書院
向井一雄　二〇一〇年b「駅路からみた山城―見せる山城論序説―」『月刊地図中心』四五三　日本地図センター
向井一雄　二〇一四年「鞠智城の変遷」『鞠智城跡Ⅱ―論考編2―』熊本県教育委員会
向井一雄　二〇一六年『よみがえる古代山城―国際戦争と防衛ライン―』歴史文化ライブラリー440　吉川弘文館
森　公章　二〇一五年「講演二　鞠智城「繕治」の歴史的背景」『鞠智城東京シンポジウム二〇一四成果報告書　律令国家の確立と鞠智城～六九八年「繕治」の実像を探る～』熊本県教育委員会
諸橋轍次　一九八九年『大漢和辞典　巻八　修訂第二版』大修館書店
矢野裕介　二〇一二年「第Ⅵ章　第三節　遺跡の時期区分と変遷」『鞠智城跡Ⅱ』熊本県教育委員会
山田隆文　二〇一六年「高安城(奈良県)」『季刊考古学』一三六　雄山閣
行橋市教育委員会　二〇〇六年『史跡御所ヶ谷神籠石Ⅰ』
行橋市教育委員会　二〇一四年『史跡御所ヶ谷神籠石Ⅱ』
横田義章　一九八三年「大野城の建物」九州歴史資料館編『九州歴史資料館開館十周年記念大宰府古文化論叢』上　吉川弘文館

〈挿図出典〉(いずれも一部改変引用)

第1図1：九州歴史資料館二〇一六、2：福岡県教委一九九一、3：福岡県教委二〇一〇、4：福岡県教委一九七九
第2図1：古代山城サミット実行委員会二〇一〇、2～4：小田二〇一一
第3図1～5：熊本県教委二〇一二
第4図：赤司二〇一六
第5図1：古代山城サミット実行委員会二〇一〇、2：総社市教委二〇〇五、3・4：岡山県教委二〇一三
第6図1～6：高松市教委二〇一〇、7～11：筑紫野市教委二〇〇八、12・13：行橋市教委二〇〇六、14～16：西条市教委二〇一二

水城に関する土木計画・技術・構造論的考察

林　重徳

1　水城の築城技術

水城は、軟弱地盤上に短期間(一年間?)で造られた「防衛施設」であるとともに、大規模な「土木構造物」あるいは「河川構造物」である。

まず、水文・水理学的視点から出水時に城内・大宰府を水没させることなく洪水流を流下させると同時に、防衛施設としての機能を保つための河川構造を考察する。さらに、旧地形図や航空写真等から水城欠堤部と御笠川の構造を推定する。

また、平成二十五年・平成二十六年度の断面開削調査によって築堤材料がほぼ特定されたことを受け、『日本書紀』の記述のとおり、約一年間で築造されたものとして、全体の土工量と作業人員を概算する。なお、土工量の変化率ならびに作業能率等は、大林組による『王陵　現代技術と古代技術による「仁徳天皇陵の建設」』を参考にした。

最後に、現代の土木技術者・地盤工学者の視点から、軟弱地盤上に短期間で大規模な土構造物を築造する際に、駆使されている様々な工夫と技術に込められた目的と意図を推察する。

2　構造に関する土木工学的考察

(1)　流域・流出特性と御笠川の洪水流量

太宰府市における確率N年の日雨量：R_{N24}ミリを、一九四三年〜一九六七年の観測記録に基づいて作成した。一〇〇年、五〇〇年のR_{N24}ミリは外挿法による推定値であり、それぞれ300ミリ、380ミリである。

河川構造物を考える場合、その地点における洪水流量を推定しなければならない。水城の分(集)水域と面積を第1図に示す。

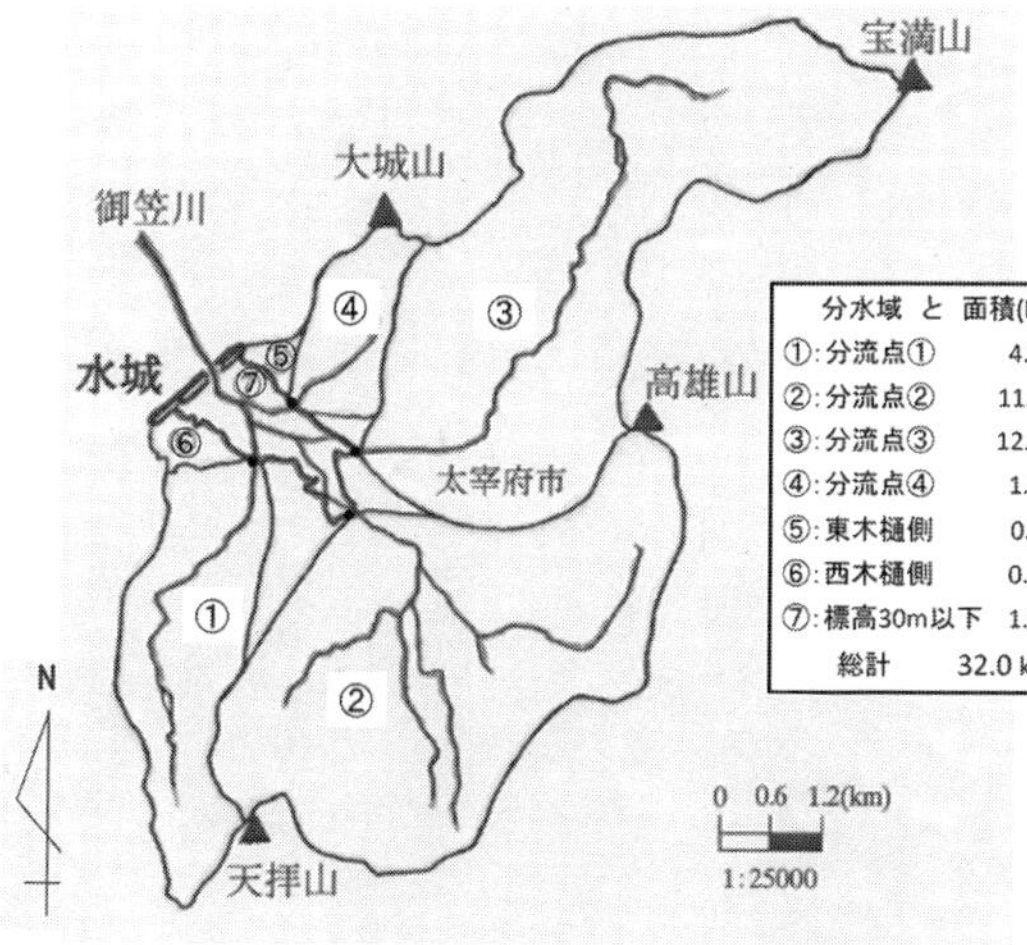

分水域	面積(km²)
①：分流点①	4.20
②：分流点②	11.91
③：分流点③	12.72
④：分流点④	1.62
⑤：東木樋側	0.22
⑥：西木樋側	0.43
⑦：標高30m以下	1.81
総計	32.0 km²

第１図　流域区分図

洪水流量は、考える地点より上流域の面積（集水面積）および土地の利用状況等に支配される流出係数等に大きく左右される。

大宰府政庁跡の標高（約30㍍）以下を区分して、流域面積を求めた。流出係数は、山林地０．７、畑・原野を０．６とし、各流域の土地利用状況を仮定して、その面積で加重平均した。地形や標高等の流域特性を考慮し、有効雨量R_0＝1.0における各分流域の流出単位図を求め、確率Ｎ年降雨による「水城」地点における第２図の時間～流出流量曲線を求めた。

確率N年	2	5	10	50	100	500
最大流出流量：Q(m³/s)	300	395	482	607	647	834

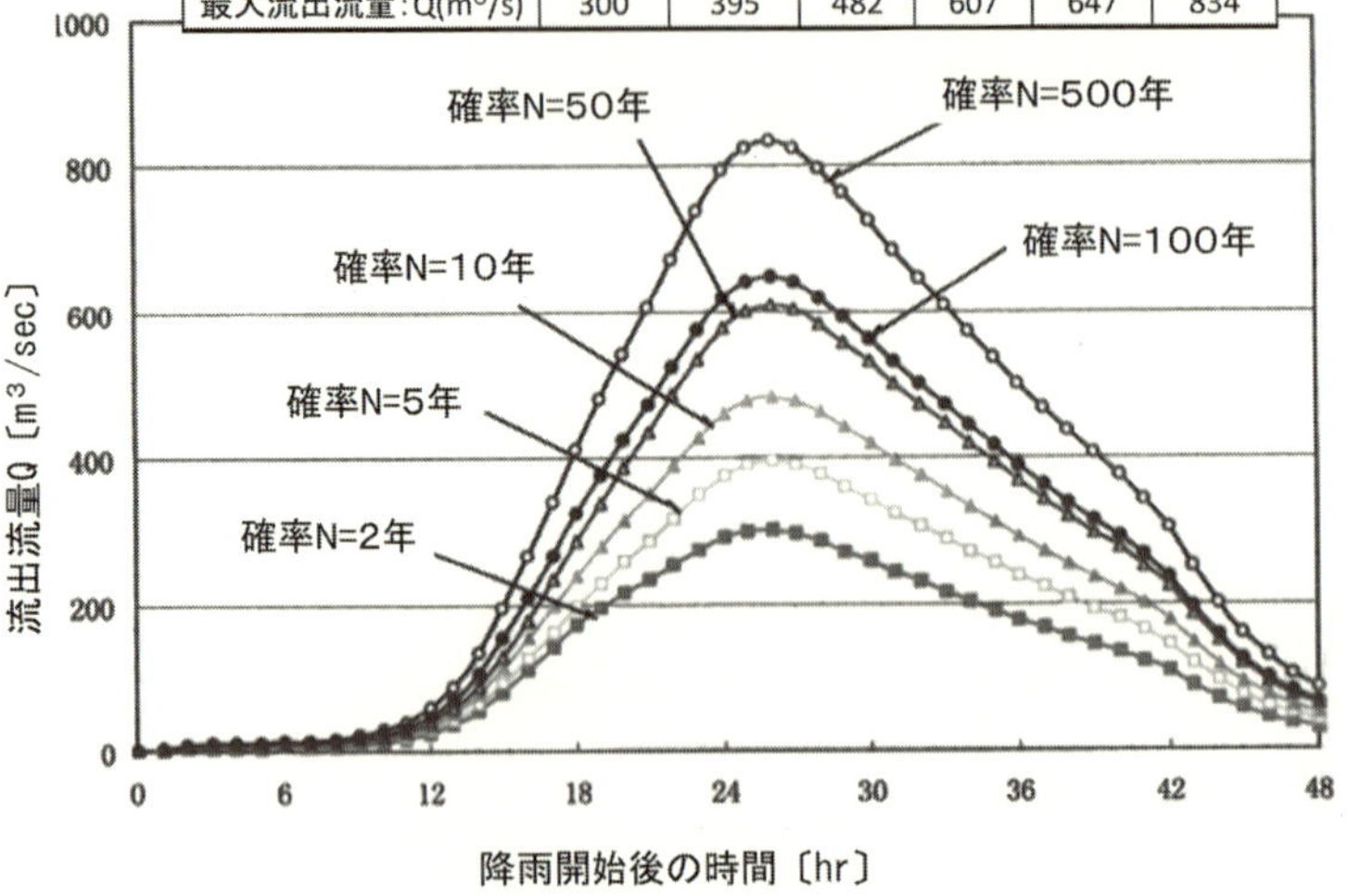

第２図　確率Ｎ年の時間～流出流量曲線

(2) 越流堰幅（Ｂ）と上流高水位（Ｈ．Ｗ．Ｌ．）の関係

御笠川の洪水流量は、開水路でなければ流すことは不可能である。一九七三年に検出された「石敷遺構」は、越流洗堰（EL.＋20．8㍍）の一部であるとして、四角堰越流量計算式により越流堰幅（Ｂ）と上流高水位（Ｈ．Ｗ．Ｌ．）の関係を求めた。五〇〇年確率の洪水流量を流下するために必要な越流堰幅と上流高水位の関係は、以下のとおりである。

・大宰府側の高水位（Ｈ．Ｗ．Ｌ．）：25㍍で、堰幅（Ｂ）≒50㍍
・大宰府側の高水位（Ｈ．Ｗ．Ｌ．）：24㍍で、堰幅（Ｂ）≒80㍍
・大宰府側の高水位（Ｈ．Ｗ．Ｌ．）：23㍍で、堰幅（Ｂ）≒150㍍

(3) 旧地形図および航空写真の欠堤部と御笠川

「水城大堤」の欠堤部と御笠川の構造を、旧地形図（第３図）〔福岡市教委一九八七〕および第４図（航空写真）〔鏡山一九六八〕から解読する。旧地形図には、「石敷遺構の検出トレンチ」の位置とともに、西鉄大牟田線建設時と思われる御笠川の「護岸工」と「落差工」および「特異な畦道と標高」が示されている。航空写真には、「落差工と流路状況」および「特異な畦道地形」が撮られている。

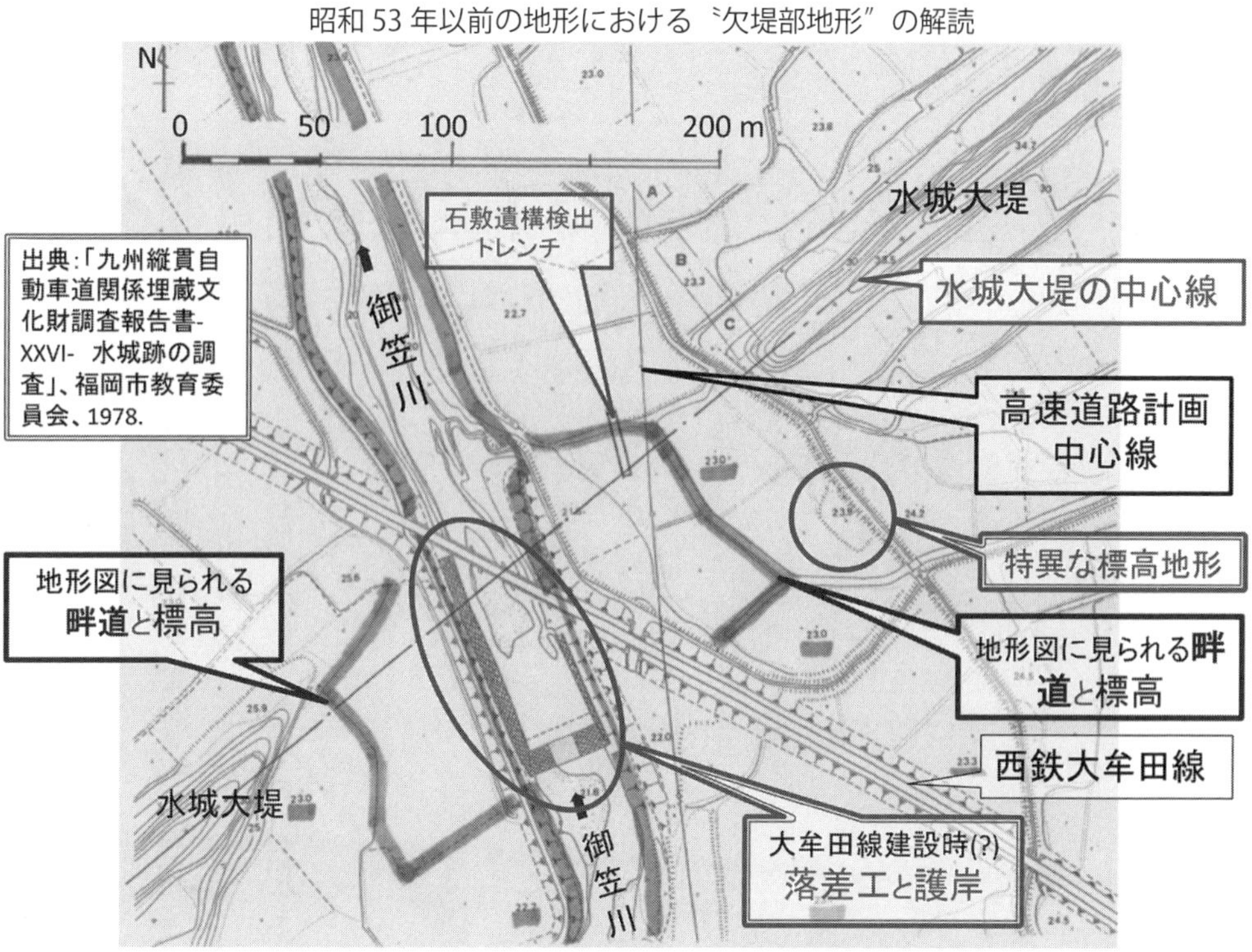

第 3 図　旧地形図に見られる落差工と特異形状の畦道

第 4 図　（航空写真）　落差工と畦道地形（九州縦貫道計画時）

(4) 欠堤部の推定構造

検出された「石敷遺構」が越流石堰の一部であり、旧地形図と航空写真における「落差工」が「内濠」の大宰府側掘削面と考えると、欠堤部の推定構造が明らかになる。すなわち、越流幅約150㍍と標高：EL.＋20．8㍍の「越流石堰」および幅約60㍍の「内濠」である。洪水時の大宰府側高水位（瀦留池）はEl.＋23．0㍍となり、特異な標高地形（EL.＋23．9㍍）も確認される。推定される「越流石堰と内濠」等の平面位置を第５図に、断面構造を第６図に示す。

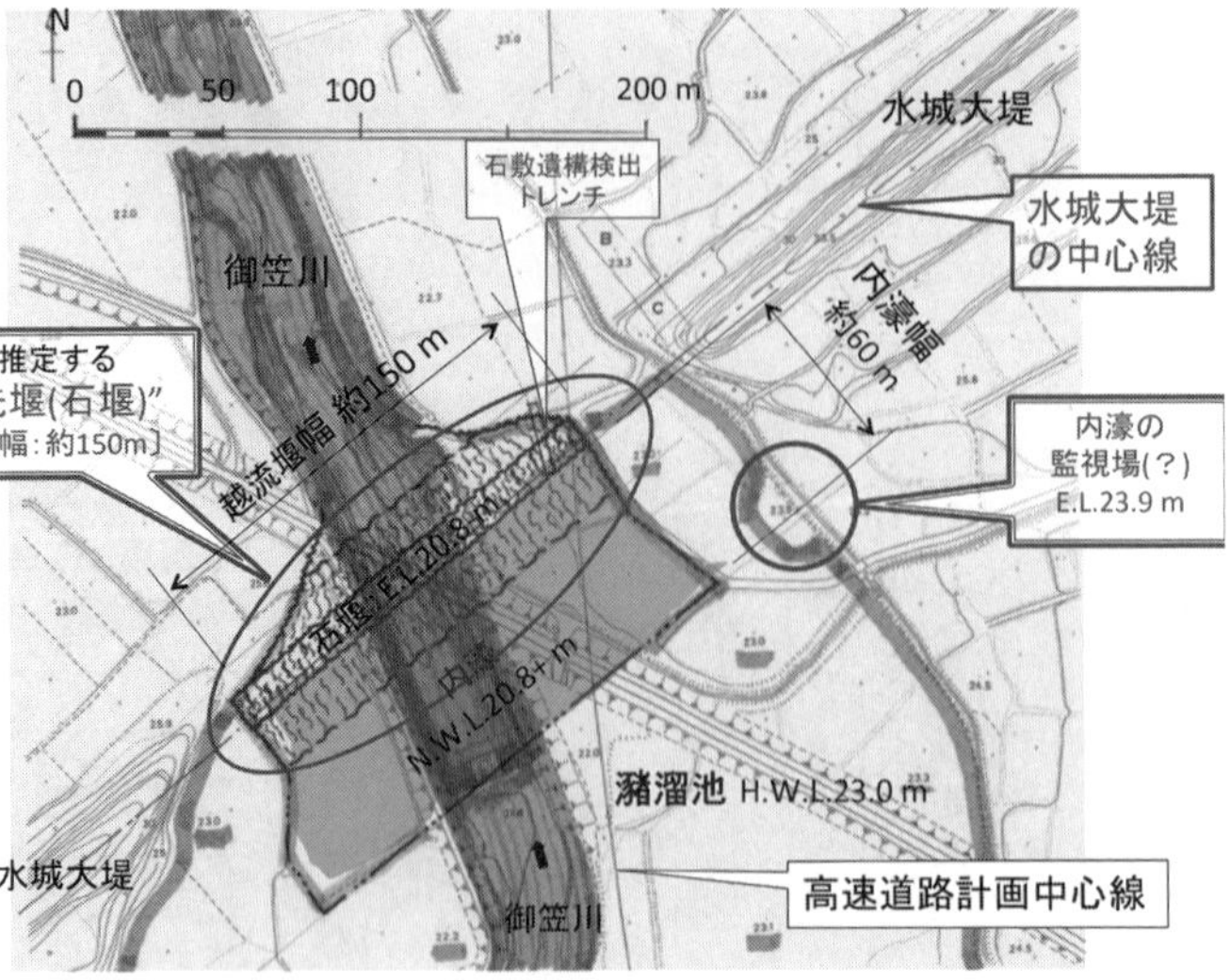

第５図　石堰遺構と推定される内濠平面

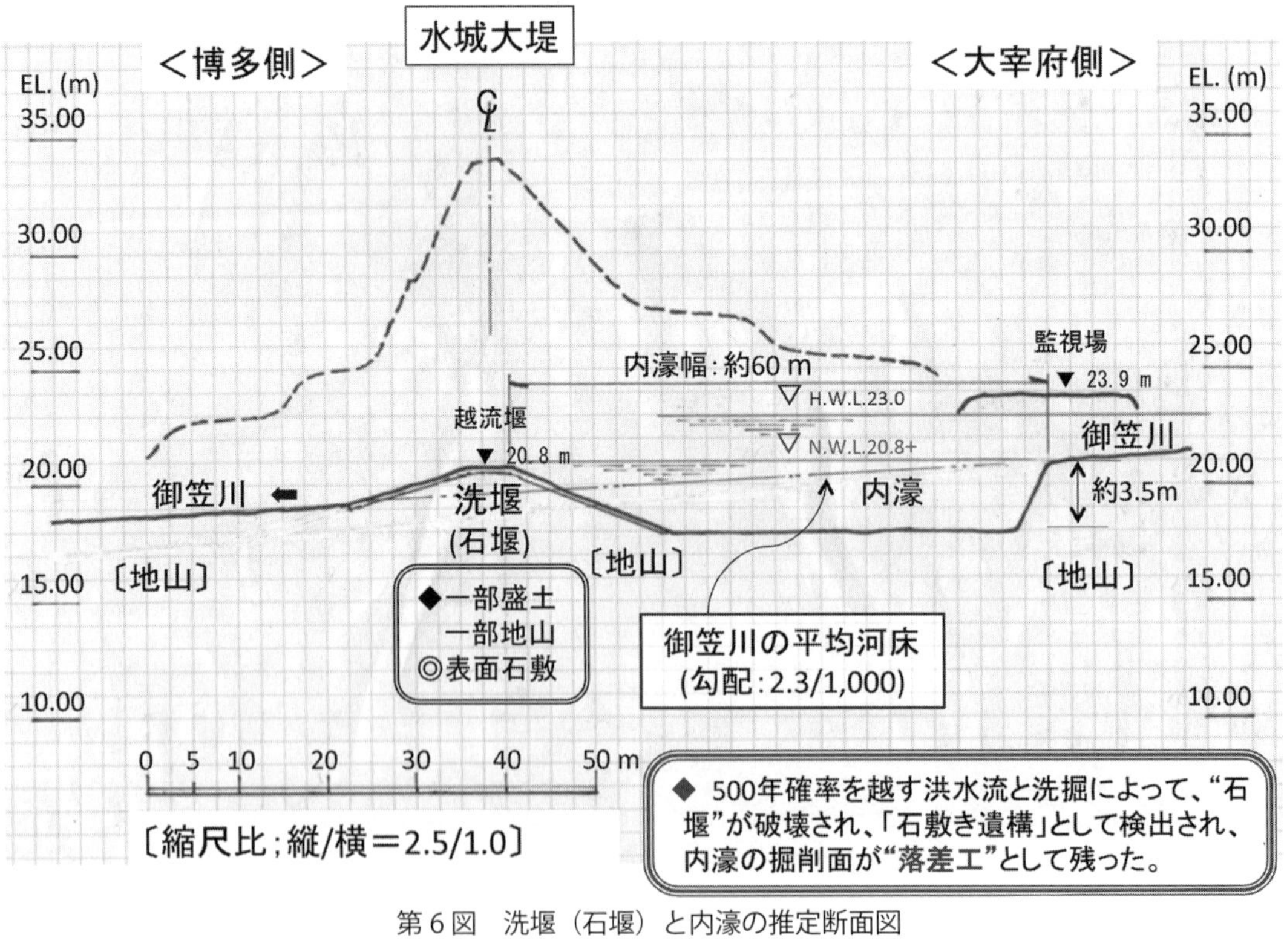

第６図　洗堰（石堰）と内濠の推定断面図

(5) 土木技術・計画論的推察

更に、土木技術的に博多湾からの狭窄部の構造を推察する。そもそも、大野城・基肄城・大宰府の「大宰府都城」の内部には、十数棟の倉庫群である「蔵ノ司」があり、大野城・基肄城の山上には三〇棟を越す「兵站蔵」や食料備蓄倉庫等があったといわれている。博多に集められた、兵士・兵站物資等を迅速かつ大量に、搬入・搬出するための、運搬路が確保されなければならない。

約20㌔離れた博多から比高20㍍の都府楼まで、人員・物資を大量かつ迅速に運ぶ手段として、当該地で最も可能性の高いのは運河である。大宰府までの運河を想定すると、『万葉集』等に多く詠まれているといわれる「水辺の別れ」の詩も得心される。

運河は、「学校院」跡から始まり、国分二丁目で左折し、「水城」に至るコースで、角落し式の「多段型閘門式運河《ただんがたこうもんしきうんが》」があったと推定される。

多段型閘門式運河：水路に閘門を設け、その操作によって水位を調整し、船舶の通過を可能にした運河のこと。先行研究［中川 一九二八］によれば、日本最古の閘門式運河は、埼玉県さいたま市にある享保十六年（一七三一）築造の見沼通船堀《みぬまつうせんぼり》とされる。現存する世界的に有名なものはパナマ運河がある。

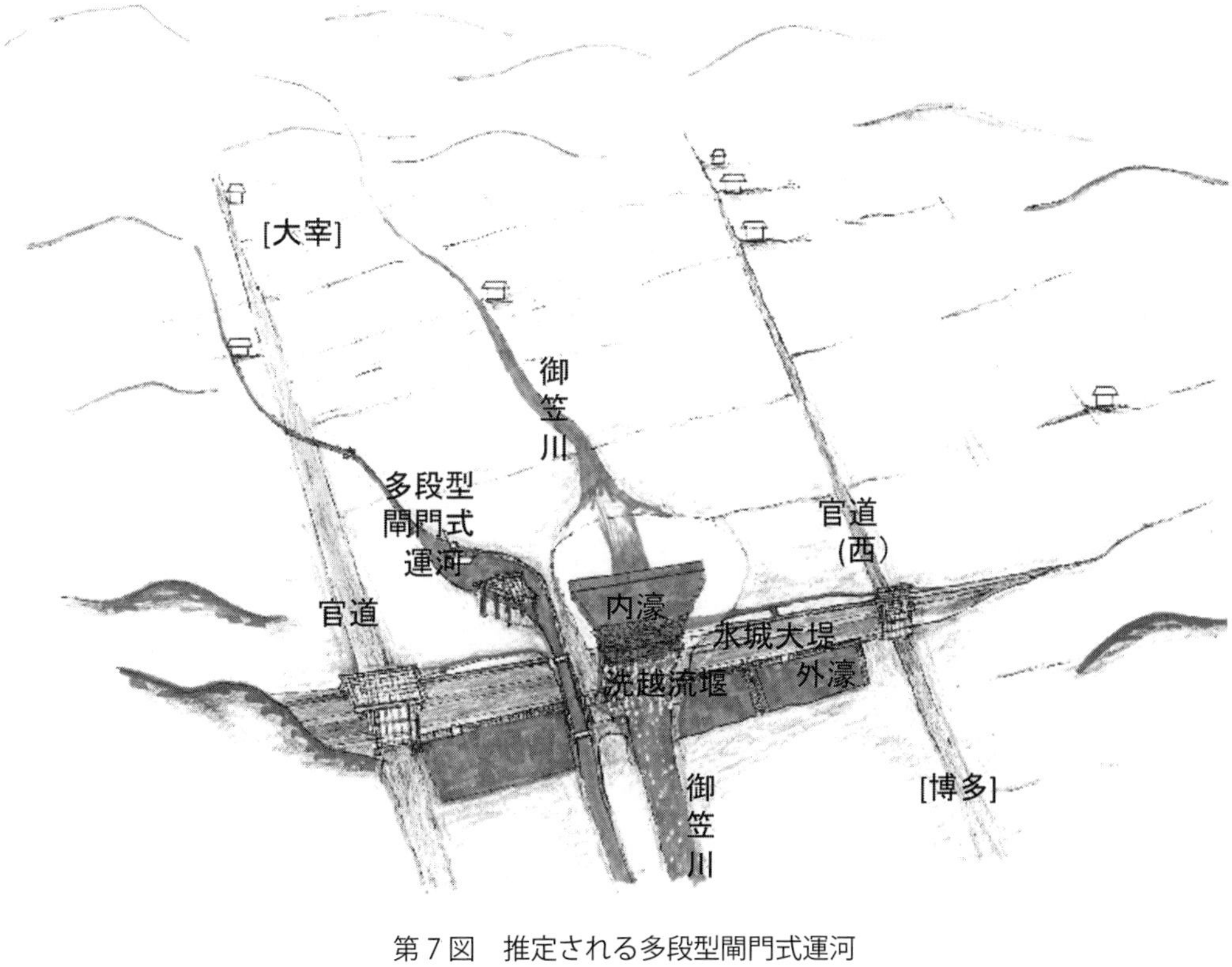

第７図　推定される多段型閘門式運河

３　水城の「土工」に関する検討

(1) 土工作業可能日数の推定

太宰府気象観測所の過去一〇年間の観測データをもとに、日降雨量に関する左記の土工作業基準によって、土工作業の可能日数を推定する。

① 日降雨量10㍉以下の日：土工作業は可能
② 日降雨量10㍉以上～50㍉未満の日：その日の土工作業は不可能
③ 日降雨量50㍉以上～100㍉未満の日：その日＋一日の土工作業は不可能
④ 日降雨量100㍉以上の日：その日＋二日の土工作業は不可能

その結果、太宰府地方においては、61．9日が降雨により土工作業が不可能となり、一年間に施工（土工）可能な日数は三〇三日である。

(2) 堤体の復元標準断面形状と盛土量

堤体の盛土量を求めた「復元標準断面形状」を第８図に示す。下部堤体（下成土塁）と上部堤体（上成土塁）の延長を１０４０㍍および１０３０㍍として求められる堤体盛土量は、24万８５６０立方㍍および８万３４０立方㍍で、合計32万８９００立方㍍となる。

(3) 土工量と推定作業人員

土工は掘削・運搬・盛土に区分され、その土工量は、堤体盛土量に対する土量変化率（ＬとＣ）により、計算される。ここでは、大山陵古墳建設に関する資料〔大林組 一九八五〕を参考に、土量変化率等を設定した。

土工盛土量は「濠〔内濠・外濠〕」の掘削量の転用を優先し、不足分を附近の土取場からの掘削量とした。盛土材料であるマサ土および粘性土の土取場は両岸の丘陵地にあり、運搬距離を１３００㍍とした。

堤体盛土量、濠掘削量と土取場掘削量および「土工」に関わる作業を一年間での施工とすると、第９図に示すように約三二〇〇人／日となる。

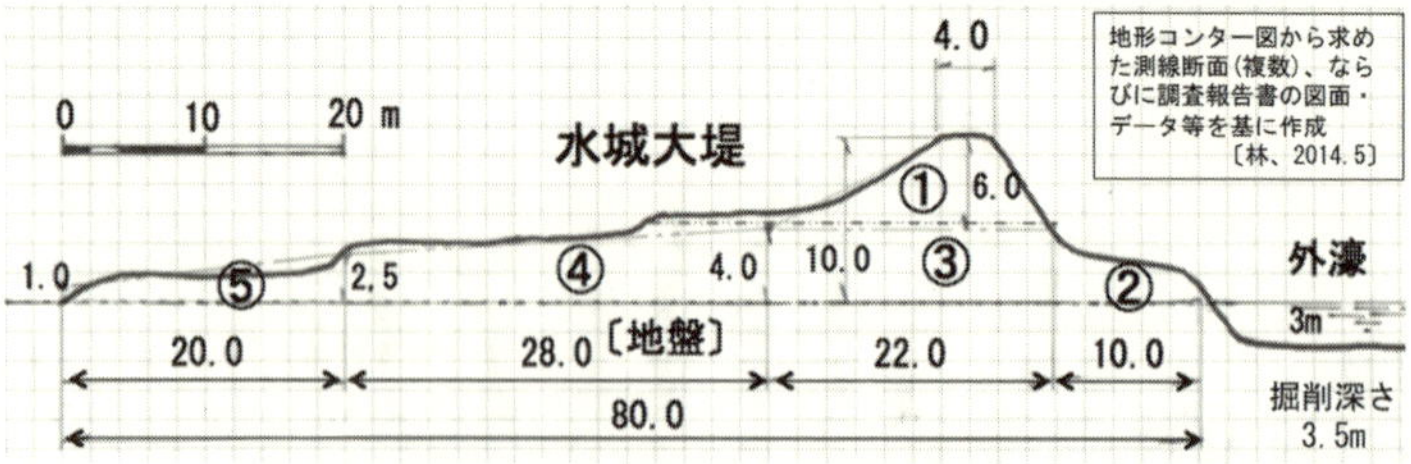

第８図　堤体の復元標準断面形状

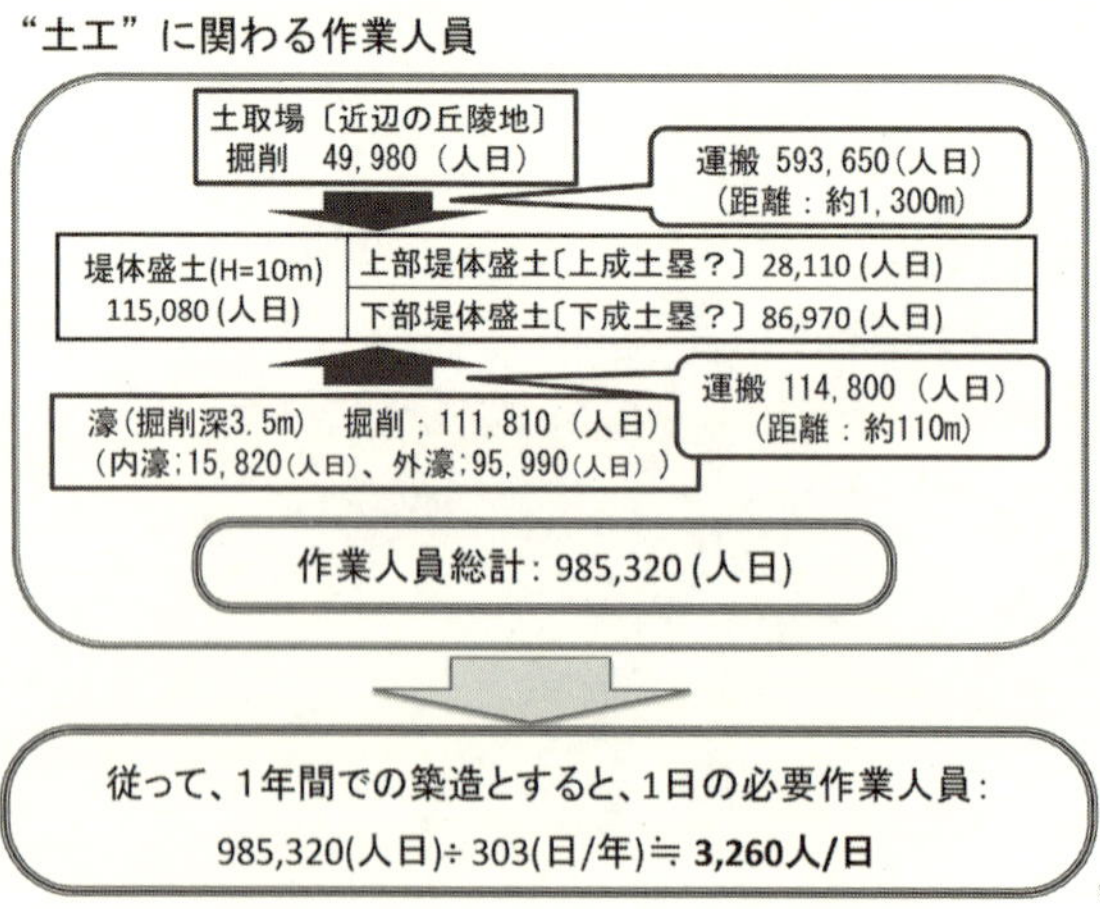

第９図　１日あたりの作業人員の概算

4　築造技術に関する考察

水城の築造には、様々な工夫と技術が駆使されているが、ここでは特徴的な四つの技術について考察する。

(1) 敷粗朶工

敷粗朶工の一層目は、施工域のほぼ全面に敷設してあり、施工基面と低湿地におけるトラフィカビリティー（モッコを担いだ徒歩歩行、ソリや修羅などの施工性）の確保を意図したものと考察される。二層目以上の敷粗朶工は、地盤の状態と最終の盛土高さを考え、層数を適宜変化させており「補強」が主目的と考えられる。

敷粗朶は、硬質粘土（暗褐色・黄白色の須玖火山灰：Aso-4）で被覆し、かつ地下水位以下に敷設している。さらに、上位の堤体の築造に鉄分の多い「マサ土」を用いているため、浸透水の酸素が奪われ、結果として敷粗朶の「耐久性」が確保されていた。

第10図　敷粗朶の出土状況
（九州歴史資料館提供）

敷粗朶工は、堤体下部の引張り補強材として作用し、基礎地盤の圧密沈下対策とともに砂～砂質地盤の液状化に対して（地震対策として）も有効である。事実、「筑紫の地震（六七九年：M＝6.7）」による大きな被害を被った記録や痕跡は確認されていない。基礎地盤の液状化による堤体へのダメージを軽減できたためと考察する。

(2) 傾斜版築

上部堤体（上成土塁）に見られる「傾斜版築」の調査断面を第11図に示す。

博多側の急勾配のりの安定化のために、逆し目（受盤）構造となる。傾斜版築層および博多側と太宰府側の締固め状態等の差違は、第12図に示すように雨水・浸透流に対する堤体の侵食対策として、極めて有効と考察され、土中の「水」の流れを熟知した実に「巧妙な技術」であるといえよう。

上部で確認された傾斜版築（福岡県教育委員会提供）

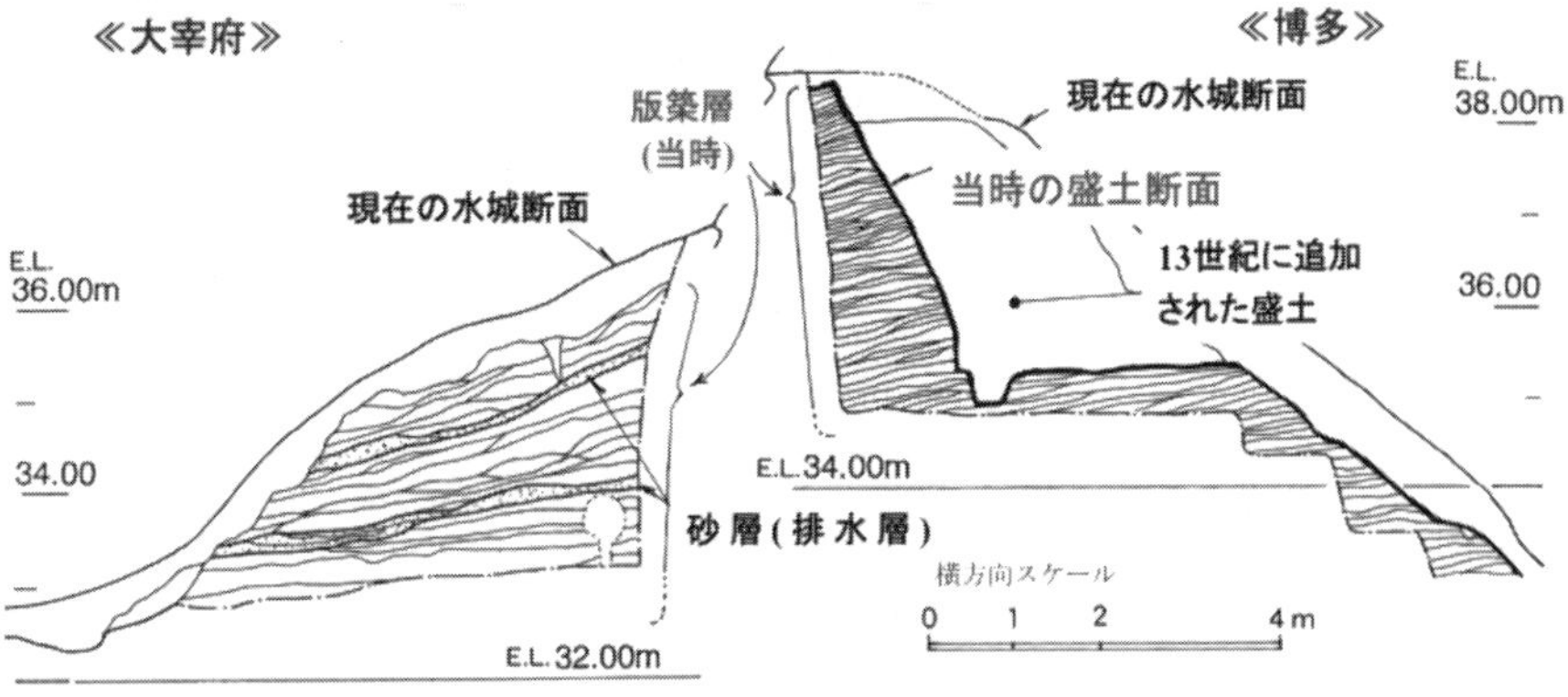

第11図　傾斜版築の調査断面図

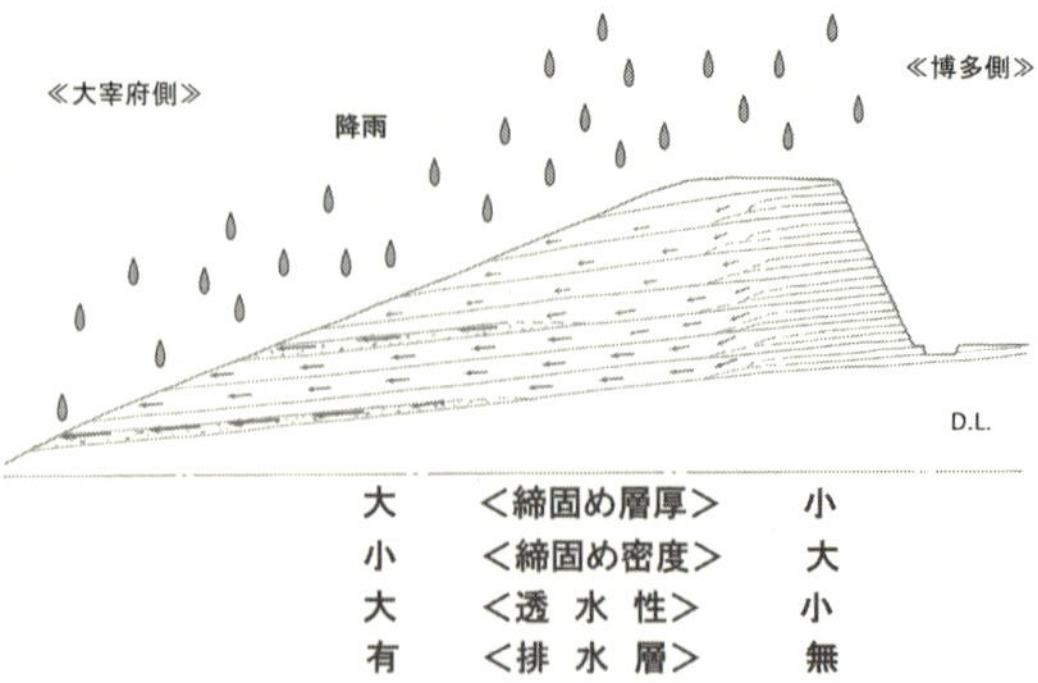

第12図　傾斜版築の概念図と堤体内の浸透流

第13図　門柱基礎の構造
（九州歴史資料館提供）

(3) 西門門柱基礎の構造

西門門柱は、硬い風化基盤岩を大きく穿って門柱基礎孔を造っている。孔の径と門柱径の比が、通常の「掘立柱」に較べ大きく、柱が硬質粘土中に浮いた状態にあること、柱の周囲を入念に締め固め、さらに重石を載せていることなど、極めて「特異な基礎構造」である。西門門柱基礎の硬質粘土（須玖火山灰質粘土：八女粘土）は、想定される門柱荷重の三倍以上の過圧密状態の低塑性粘土であった。

硬質粘土は、柱の耐久性確保とともに門柱荷重の再配分および地震対策を意図して、用いられていると考察できる。数値解析の結果、現代技術（積層ゴム）の免震効果の六～七割の効果が得られ、現代技術の積層ゴム等は数十年で交換が必要であるが、天然素材である硬質粘土の効果は半永久的である。

(4) 堤体の断面構造と材料の使用位置

堤体の底部には敷粗朶の上に、高さ約1㍍の位置まで粘性土を使用し、地下水位は粘性土層の中にある。濠の掘削土を築堤材料に利用することは、土工量（特に運搬量）を削減し、短期間で施工するために不可欠である。しかし、砂～砂質土に分類される濠の掘削土は、地震時に液状化しやすい材料のため、粘性土の上に配置し、地下水位より高い位置となるよう留意している。

第14図　巧みに使い分けられた土材
（上から山土、濠掘削土、粘性土）
（福岡県教育委員会　提供）

このように、敷粗朶や濠の掘削土の使用位置には、門柱の基礎構造と同様、「地震対策を意図した技術」が込められているものと考察される。用いられた「技術」は「天然の材料」で目的を達し、かつ「耐久性」を確保したもので、その「工夫」は驚くべきものである。

参考文献

土岐篤史　一九九九年「水城欠堤部の復元に関する水文学的検討」佐賀大学建設工学科平成十年度卒業論文
福岡市教育委員会　一九八七年『九州縦貫自動車道関連埋蔵文化財調査報告書』
鏡山　猛　一九六八年『大宰府都城の研究』
片岡真人　一九九七年「特別史跡『水城』における土工量計算と濠の湛水能力に関する検討」佐賀大学都市工学科平成八年度卒業論文
中川吉造　一九二八年「日本最古の閘門に就て」『雑誌水利と土木』
㈱大林組　一九八五年「王陵 現代技術と古代技術の比較による「仁徳天皇陵の建設」」季刊大林№20

〔追　記〕

林重徳先生は、約二年にわたる闘病生活の末、平成二九年一〇月一八日、本書の刊行を見ぬまま、七二歳という若さでこの世を去られました。

生前から、文化財、特に史跡に内包される古代土木技術に関心を持たれ、現代のような緻密な計算や重機などを持たない、遥か昔の人々が駆使した技術の数々を発掘調査の成果から読み解き、その水準の高さを我々に御教示いただきました。

佐賀大学低平地研究センターを退官された後には、有明海の水質問題について御研究を進められるとともに、三〇を超える史跡の指導委員会の委員に御就任いただき、北部九州の史跡整備における土木分野の第一人者として、多くの難問の解決に御尽力いただきました。技術や経験だけでなく、文化財に対する理解や愛情も持ち合わされていました。

そんな林先生も、平成二九年八月、残された時間の短さと気力・体力の限界を理由に、以後の原稿編集等を手紙と電話で私に託されました。死の淵にあって、この原稿執筆を了承したのは、これまで研究された水城に用いられた技術や構造を整理するとともに「多段型閘門式運河」の推定を記録に残す必要を考えたためと記されていました。文中の多段式閘門式運河に関する追記は、御子息の林博徳氏（九州大学大学院工学研究院流域システム工学研究室）に御執筆いただきました。また、文中の説明を補備する写真の選択等は私の方で行わせていただきました。

最後に、林先生のこれまでの数えきれない御功績と文化財への深い愛情に対して、先生に御世話になった県・市町村の担当者を代表して、深く謝意を表するとともに、心より御冥福をお祈り申し上げます。

記　入佐友一郎（福岡県文化財保護課）

佐賀大学理工学部　林研究室の学生とともに実施した版築盛土の試験施工
（平成 19 年 12 月　特別史跡大野城跡北石垣地区にて撮影、左から 6 番目が林重徳先生）

大野城の繕治——城門からみた大野城の機能とその変化——

小澤 佳憲

はじめに

(1) 白村江の敗戦と大野城築城

大野城は長門城・基肄城とともに天智四年(六六五)に亡命百済人貴族の指導のもと築かれたことは、『日本書紀』同年八月条の「遣達率答㶱春初、築城於長門國。遣達率憶禮福留・達率四比福夫、於筑紫國築大野及椽二城」の記事によりよく知られているところである。通説的な理解では、白村江の敗戦をうけて唐・新羅の列島への侵攻を恐れた朝廷が、列島防衛の軍事拠点として大宰府を整備し、その防衛施設のひとつとして整備したものとされてきた。

最近これに一石を投じたのが小田富士雄氏である。氏は、列島防衛のための築城であれば水際である対馬金田城の築城が第一になされるべきにもかかわらず、大野城などが先行することに対して疑問を呈した。そして、水城築造の六六四年には百済の鎮将である劉仁願が郭務悰らを列島に遣わしており、さらに大野城などの築城年にあたる六六五年には劉徳高らが唐の正使として派遣され入朝していることをあげて、「白村江の敗戦翌年から防衛体制が発足した同年に、はやくも唐側からの平和外交をのぞむ遺使が大宰府に至り(中略)唐・新羅からの我が国進攻という当面の危機は回避され」たとし[小田二〇一二:二二九頁]、この結果六六四年の水城築堤着手時点における防衛設計、ひいては「西日本全体の国防体制を基本的に見直す必要性」が生じ、唐や新羅にも負けない景観として、また「律令国家の確立をめざした大宰府都城の成立」[小田二〇一五:二一七頁]を目標とすることとなったと理解した。そして、これに沿って、大野城の築城はすでに危機が去った中で行われたもので、「かたち」としての都城制の整備の一環と位置づけられたのである。すなわち、大野城跡の築城は列島進攻に備えることを第一義とするのではなく、唐・新羅などの使節の目を意識し、これらの王都と比較されることをその主目的として築城されたと考えることになろう。

(2) 災害復旧事業の新知見と大野城の評価

小田氏がこうした考えにいたった背景のひとつとして、豪雨災害の復旧工事の過程で新たに城の北側に三箇所の城門が発見されたことがあるのではなかろうか。

平成十五年七月に福岡県を襲った集中豪雨により、大野城跡では各所で山崩れが発生した。土塁や石塁、建物群が広がる造成平坦面など、直接大野城を構成する遺構群にも多くの被害があり、福岡県など関連市町村は協力して平成二十一年まで災害復旧事業を行った。事業においては原則、まず発掘調査を行って遺構の遺存状況や構造をしらべ、その成果を復旧工事の設計に反映させるという方法をとった。その結果、大野城跡では多くの場所で発掘調査が行われ、新しい知見を多く得ることになった［福岡県教委 二〇一〇］。

なかでも、城門跡の新発見は大きな成果であった。災害前まで、大野城の城門は南に三箇所、北に一箇所の四箇所とされ、南に多いのは大宰府危急の際に城の南麓に点在する公的施設群から城に逃げ込むため、北に少ないのは大野城が大宰府の北側の守りを担当するためと理解されてきた。しかし災害復旧に先立つ発掘調査では、新たに北側で三箇所、南側で二箇所の城門が発見され、城門の数は北に四箇所、南に五箇所の計九箇所となり、城門の数は城の南北でほぼ同数となった。

南側だけでなく、北側にも城門が多く作られていたとなれば、南側からの逃げ城であり、北の守りを固めていたという大野城に対するこれまでの評価は根拠を失いかねない。実際、北石垣城門発見の新聞報道の中には、たとえば北の城門群から敵に打って出る攻撃的な拠点と評価する可能性を示唆するものも見られるなど、従来の見解に疑問を呈するものが散見された。小田氏の考えも、こうした成果を下敷きにしている可能性はあろう。

このように、最近の新知見をどう評価するかは、大野城跡の機能にかかわる理解に直結するだけではなく、白村江後の列島防衛思想、また天智朝期、そしてその後の政策の評価にもかかわる大きな問題につながる。本稿では、大野城跡の災害復旧にかかる調査での新知見、特に新発見城門の評価を中心課題に据えて検討を進めたい。

1　大野城跡の城門

(1) 大野城跡南側の城門

上述のように大野城跡では災害以前に四箇所の城門が知られていた。北の宇美口城門、南の太宰府口城門・坂本口城門・水城口城門である。これらのうち、太宰府口城門では発掘調査が行われている。また、災害復旧に伴う調査などにより新たに城の南に観世音寺口城門・原口城門が、北に小石垣城門、北石垣城門、クロガネ岩城門が発見された。以下、大きく南北にわけて城門群を概観したい（第8図参照）。

太宰府口城門　太宰府口城門は大野城の南側で土塁線が二重にめぐらされる部分の外側土塁線上に築かれた城門である。南に流れる谷の東側斜面を埋め立てて築造しており、東側は土塁に、西側は水ノ手石垣に接する。九州歴史資料館が行った発掘調査により、Ⅰ～Ⅲ期の変遷が知られている［九州歴史資料館 一九九一］。

Ⅰ期は築城期に位置付けられる。門道の開口部幅は8.2㍍をはかり、門道西は水ノ手石垣より続く石塁、東は土塁の外面に施された貼石垣で区画される。門建物は一六本の柱からなる掘立柱建物で、中央の二本の柱に扉がとりつく構造と推定される。改築されたⅡ期城門の蹴放しにⅠ期城門の石製唐居敷とみられる部材が転用されている。また柱穴より柱根が出土しているが、調査後にこの柱根より刻書が発見され話題を呼んだ［杉原 二〇〇六］。

Ⅱ期は四本主柱の礎石建物を持つ城門である。主柱の位置がⅠ期より内側に移動し、Ⅰ期の石垣からⅡ期の主柱まで取り付くように袖状の石垣が伸びる。門道部幅は5.2㍍をはかる。二基一対の唐居敷は浅く円形に掘りくぼめた主柱用柱座を持つ礎石兼用のタイプで、軸摺穴と方立穴を合わせて持つ。城内側には軸摺穴のみ省略された同様の礎石を一対置く。Ⅲ期は基本的に二期城門の構造を踏襲しつつ、袖石垣の間を石垣で埋めたものである。

時期であるが、Ⅰ期は出土した柱根の年輪年代測定により築城期である六六五年と考えて大過ない[1]。Ⅱ期は鴻臚館式・老司式系の軒丸瓦が出土すること、大宰府史跡で一般的に掘立柱建物から礎石建物へと建て替えられるのが八世紀初頭~前半代とされることから、この時期に比定されている。Ⅲ期城門は時期比定の根拠がない。

坂本口城門・水城口城門　坂本口城門・水城口城門も大野城の南側に作られた城門である。ともに古くより知られているがこれまで発掘調査は行われていない。坂本口城門では一基の、水城口城門では二基一対の、いずれも円形の主柱刳り込み・円形の軸摺穴、長方形の方立穴を持つ太宰府口城門推定Ⅰ期と同タイプの石製唐居敷が露出している[2]。またいずれの城門でも、付近より瓦が表採されることから、城門建物は瓦葺きであった可能性がある[3]。

観世音寺口城門　災害復旧に伴う調査で南側外周土塁線上より新たに発見された。馬責め場と呼ばれる平坦地の外周をめぐる土塁線上に位置し、太宰府市教育委員会により発掘調査が行われた〔太宰府市教委 二〇一五〕。外壁面崩落部の精査及び門道部中央のトレンチ調査が行われ、門建物は掘立柱建物である可能性が高いこと、門道部内側に石敷きの階段状遺構を伴うことなどが報告されている。

原口城門　災害復旧に伴う調査で、太宰府口城門の東より新たに発見され、太宰府市教育委員会により発掘調査が行われた〔太宰府市教委 二〇一五〕。調査では、両側面の石垣と一対の石製唐居敷のほか柱穴が出土し、門建物は二本柱の掘立柱建物であり一度の建て替えが行われた可能性が指摘されている。唐居敷の軸摺穴はやや浅い円形で、調査時の観察では内面に回転擦痕が観察され[4]、門建物とともにほかに例を見ない特殊なものとみたい。門道部幅もほかの大野城跡の城門と比べてかなり狭く、築造時期も含め慎重な検討が必要であろう[5]。

(2) 城域北側の城門

宇美口城門　北側二重土塁部の内周に位置する大野城跡で最も規模の大きな石垣である百間石垣の東側に接する谷部に作られたと推定される。谷川より三基の石製唐居敷が採集され〔福岡県教委 一九八〇〕、城門が存在したことが推定されるが、城門本体にかかる遺構は調査されていない。三基の唐居敷はそれぞれ異なる形状を持つ。一つは円形の軸摺穴とみられる穴のみを持つもの(宇美町歴史資料館例①)、一つは円形の主柱刳り込み・方形の軸摺穴・長方形の方立穴を持つもの(宇美町歴史資料館例②)、もう一つは方形に掘りくぼめた柱座・方形で深い軸摺穴・長方形の方立穴を持つ、国内でもほかに例を見ないタイプ(県民の森センター例)である。これらがそれぞれ異なる時期の城門に用いられたとすれば少なくとも門は二回の改築が行われていることになる。

小石垣城門　北側二重土塁部の内周土塁線上に知られる「小石垣」と呼ばれる石塁の西に接して作られたと想定される城門である。文化年間に成立したとされる「太宰府旧蹟全図(北図)」にはこの箇所に「門ノ石スエ」の記載がみられた〔太宰府市文化ふれあい館 二〇〇二〕が、その後ながらく詳細不明となっていた。豪雨災害復旧に伴う調査で、小石垣を横断する河川中より石製唐居敷一個を表採し、城門の存在が明らかとなった〔福岡県教委 二〇一〇〕。唐居敷は城内に向かって左側のもので、円形の主

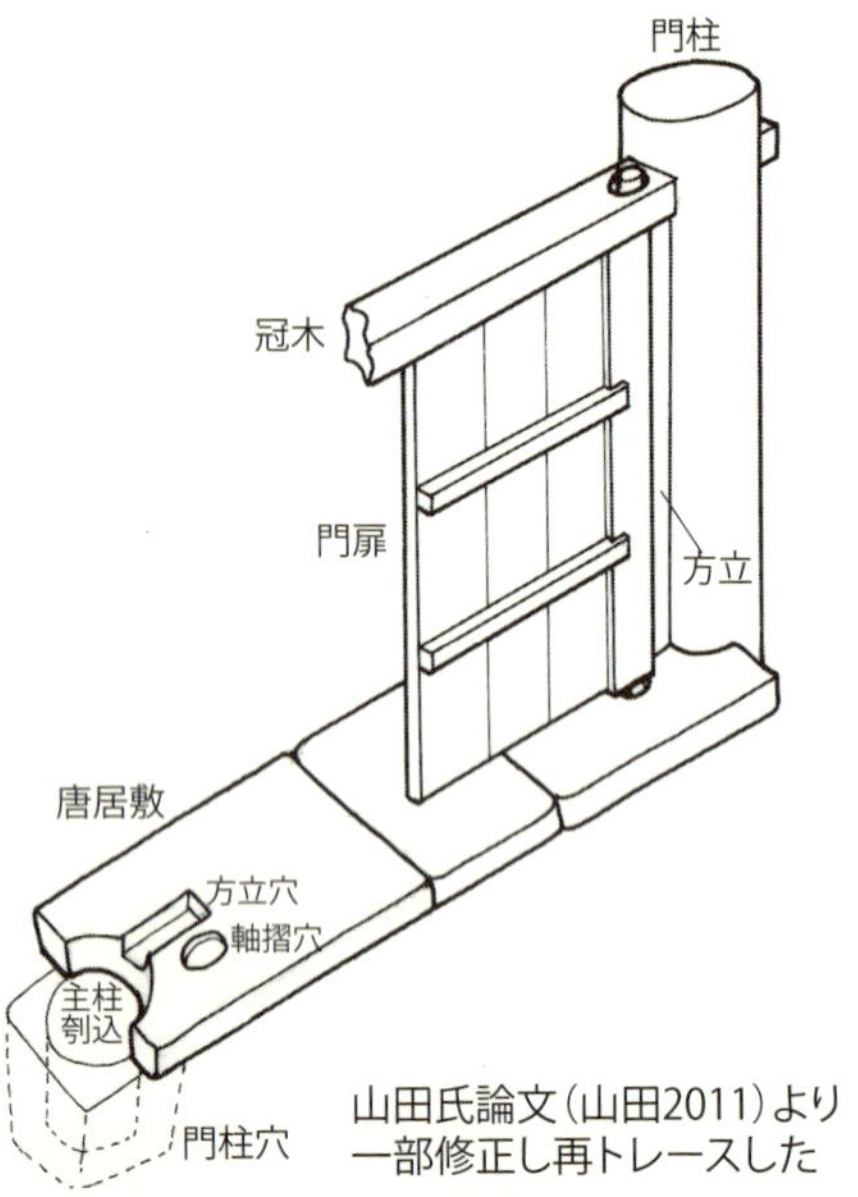

第１図　唐居敷の位置と機能

柱刳り抜き、方形で深い軸摺穴、長方形の方立穴をもつ。付近の遺構などの遺存状況から、城門遺構は流水により破壊されほとんど残されていないものと考えられる。

北石垣城門　小石垣城門の西に接する尾根状丘陵の上を横切る土塁を切って作られた城門である。やはり災害復旧事業に伴い福岡県教育委員会により調査が行われた［福岡県教委 二〇一〇］。城門は前面に高さ1．5㍍ほどの貼石垣の崖を持つ懸門構造で、門道部の両側にも貼石垣を施す。小石垣城門で発見されたものと同タイプの一対の石製唐居敷が出土しており、片方の唐居敷軸摺穴からは鉄製の軸摺金具が本来の位置を保ったまま出土した。門建物はややいびつに配された四本の掘立柱を主柱とするもので、瓦はほとんど出土しない。

クロガネ岩城門　災害復旧に伴う発掘調査の報告書において、「太宰府旧蹟全図」に「門ノ石スエ」の記載があるにもかかわらず現在城門が把握されていない箇所が城の北西側に一箇所存在することを指摘し、ここに城門が存在する可能性を示唆していた［福岡県教委 二〇一〇］。その後、古代山城研究会のメンバーにより付近が踏査され、新たに城門が発見された。九州歴史資料館により発掘調査が行われている［九州歴史資料館 二〇一四・二〇一六］。城門は城外側が大きく崩落していて門建物の痕跡などは全く残っていないが、門道部と両側の石垣が部分的に残存しているほか、門外側の斜面に石製唐居敷が一個転落した状態で発見された。唐居敷は軸摺穴の部分で破壊されて完存していないが、残存部分より小石垣城門や北石垣城門と同タイプの可能性が高いとみられる。瓦が数点出土しており百済系単弁軒丸瓦もみられるが、出土量が極めて少なく全面瓦葺きの城門建物は想定しがたい。

2　石製唐居敷より見た城門の比較

(1) 大野城跡出土石製唐居敷の分類

大野城跡では、城門の多くから石製唐居敷が出土し、または採集されている。唐居敷は本来扉の回転軸を固定するための建築部材であるが（第1図）、古代山城出土唐居敷の多くは、扉回転軸を固定するための軸摺穴のほか、これに隣接して城門建物の柱を添えたり載せたりするための加工（掘立柱建物の場合は石材に柱を添えるための刳り抜き加工が、礎石建物の場合はしばしば唐居敷が礎石を兼用し、柱座が掘り込まれる。）や、扉を閉めたときに城門建物主柱との間に構造上どうしても出来る空隙をふさぐための部材である「方立」を固定するための「方立穴」などが掘り込まれる。大野城跡出土例（第2図・第1表）のほとんどは、軸摺穴・方立穴・主柱加工の三つがそろって施されているが、それらの形状によっていくつかの類型に分類できる［小澤 二〇一四b］。大野城跡出土石製唐居

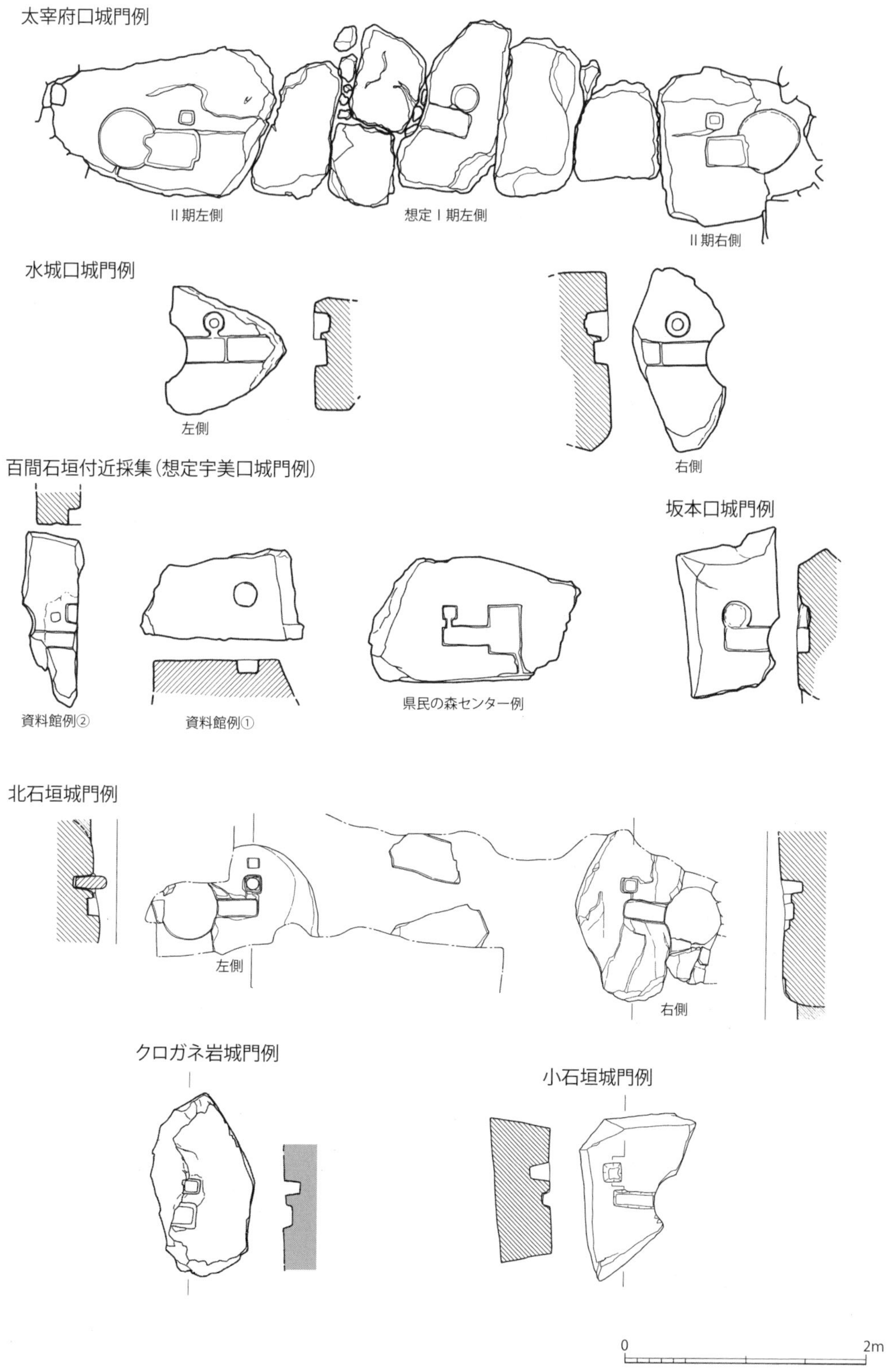

第２図　大野城跡出土の石製唐居敷諸例（福岡県教育委員会 2010・小澤 2014 b より抜粋、一部改変）

第1表　大野城跡出土の石製唐居敷一覧

地点名	位置	主柱用加工				方立穴				軸摺穴				備考
		平面形態	断面形態	サイズ（cm） 幅（直径）	長さ	平面形態	サイズ（cm） 幅	長さ	深さ	平面形態	サイズ（cm） 幅（直径）	長さ	深さ	
太宰府口城門Ⅰ期（推定）	左側	円形	刳り抜き	60	−	長方形	19	37	8	円形	20	−	8	中央の扉止めに転用
太宰府口城門Ⅱ期	左側	円形	掘り込み	50	−	長方形	32	38	3	方形	12	11	17.5	
太宰府口城門Ⅱ期	右側	円形	掘り込み	50	−	長方形	24	26	4.5	方形	12	11.5	15	
坂本口城門	左側	円形	刳り抜き	48	−	長方形	19	35	10	円形	21	−	8	
水城口城門	左側	円形	刳り抜き	50	−	長方形	20	32	10	円形	18	−	13	蹴放し用加工（掘り込み）有り
水城口城門	右側	円形	刳り抜き	50	−	長方形	20	33	10	円形	18.5	−	14	蹴放し用加工（掘り込み）有り
宇美口城門（資料館①）	不明	？	？	−	−	なし	−	−	−	円形	19	−	10	
宇美口城門（資料館②）	左側	円形	刳り抜き	45	−	長方形	13	不明	6	方形	14	不明	14	
宇美口城門（センター）	右側	方形	掘り込み	40	28	長方形	15	38	5.5	方形	12	11.5	16	軸摺穴に鉄錆付着
原口城門	左側	無し	無し	−	−	無し	−	−	−	円形	不明	不明	不明	軸摺穴はお椀形に窪む
原口城門	右側	無し	無し	−	−	無し	−	−	−	円形	不明	不明	不明	軸摺穴はお椀形に窪む
北石垣城門	左側	円形	刳り抜き	45	−	長方形	15	33	7	方形	15	15	19	軸摺金具が原位置で残る
北石垣城門	右側	円形	刳り抜き	50	−	長方形	16	34	7	方形	12	12	18	
小石垣城門	右側	円形	刳り抜き	45	−	長方形	13	35	7	方形	15	15	17	
クロガネ岩城門	左側	不明	不明	−	−	長方形	20	不明	7	方形	14	13	16	軸摺穴に鉄錆付着

敷の主要構成要素である上記三要素の形状より整理しよう。

①軸摺穴の形状

軸摺穴は唐居敷がその機能を果たすための最も重要な構成要素である。大野城跡の唐居敷の場合、軸摺穴は円形で深さが直径より浅いものと、方形で深さが一辺の長さよりかなり深いものの二種類に分けられる。平面円形の軸摺穴は、扉の下端部から下に突出した回転軸がはまって回転軸受け部を構成することが基肄城跡東北門の唐居敷軸摺穴内に遺存していた鉄製軸摺金具の断片より判明している[小澤二〇一四a]。一方、平面方形の軸摺穴には頭部が唐居敷より上に突出するタイプの軸摺金具が用いられることが北石垣城門の調査で明らかになっている[福岡県教委二〇一〇]。この場合、扉の下端部に穴が穿たれ、突出した軸摺金具の頭部がこの穴に嵌まる形で回転軸受け部が構成される。

②主柱用加工の形状

古代山城の城門では一般的に、扉回転軸部と城門建物の主柱が近接した位置に配される。このため、石製唐居敷には主柱用の何らかの加工が施されることが多い。この主柱用加工には、大きく掘立柱用の刳り込みと、礎石柱用の柱座加工がみられる。さらに、柱の断面形態に応じて加工の形態は大きく(半)円形か(半)方形かに分かれる。大野城跡出土唐居敷の場合、半円形の主柱刳り込みを持つタイプ、円形の掘り込み柱座を持つタイプ、方形の掘り込み柱座を持つタイプが存在する。

③方立穴の形状

方立穴の平面形状は長方形の一種類であるが、長幅比と深さを用いて細分できる(第3図)。長幅比と深さの分布をみると、右下に大きく離れた二点が特徴的である。幅が広く、掘り込みが浅いもので、太宰府口城門Ⅱ期の唐居敷が該当する。他の例は大きく一群を構成する中で、やや幅が広く深いものと、幅が狭く浅いものに分かれる傾向も看取される。

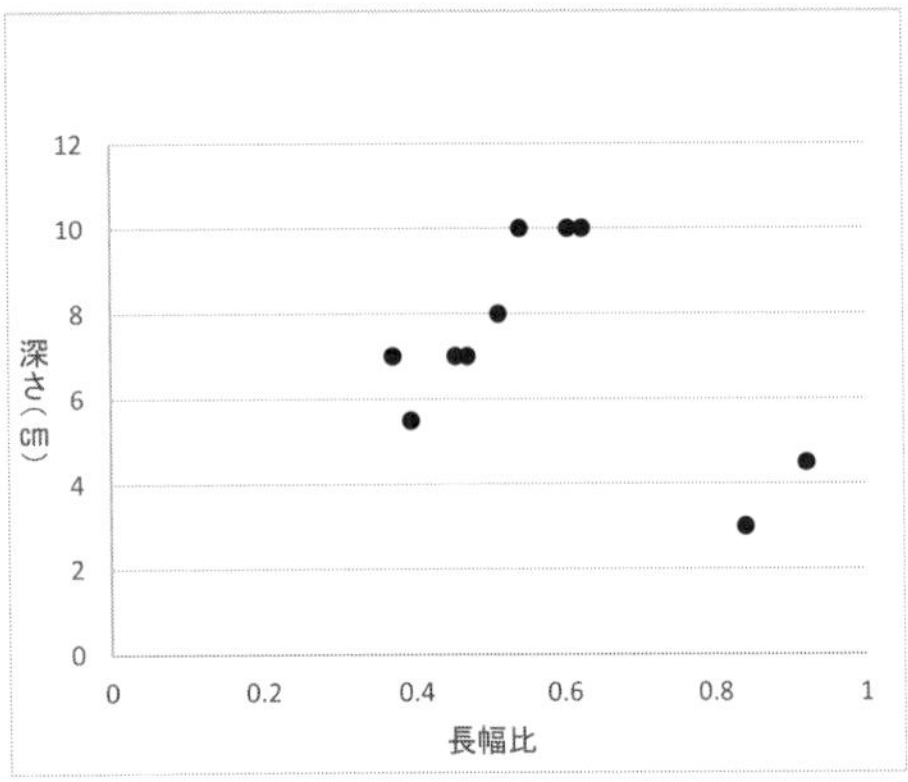

第3図　方立穴の長幅比と深さ

④大野城跡出土唐居敷の型式分類

以上に整理した大野城跡出土唐居敷の属性を組み合わせて型

式を設定できる[小澤二〇一四b]。

大野城Ⅰ型として、円形軸摺穴・半円形主柱刳り込み・やや太めで深い方立穴を持つものを設定する。太宰府口城門Ⅰ期例、坂本口城門例、水城口城門例(一セット二基)の計四つがこの型式に属する。

大野城Ⅱ型として方形軸摺穴・半円形主柱刳り込み・やや細めで浅い方立穴を持つものを設定する。小石垣城門例、北石垣城門例(一セット二基)、おそらくクロガネ岩城門例、宇美口城門付近採集例のうち一つの計五例がこの型式に属する。

このほか、いくつかの唐居敷をこれら二型式からの派生型式と位置付けることが可能である。まず、太宰府口城門Ⅱ・Ⅲ期例であるが、大野城Ⅱ型の主柱用加工を半円形の刳り抜きから浅い掘り込み柱座へと置き換えたものと理解できる。これを大野城Ⅱb型とする。また、宇美口城門付近採集のうち県民の森センター例は、同じく大野城Ⅱ型の主柱用加工を方形の掘り込み柱座に置き換えたものと理解できる。これを大野城Ⅱc型とする。このほか、円形の軸摺穴のみがみられる宇美口城門付近採集例のうち宇美町歴史資料館展示例①と、椀型の浅い軸摺穴を持つ原口城門例二基があるが、大野城跡出土石製唐居敷の中では例外的な形状でありその位置づけは保留しておく。

(2) 大野城跡出土石製唐居敷の編年

①属性の検討による唐居敷各型式の先後関係の検討

次に、各型式の前後関係について検討する。

太宰府口城門では、Ⅱ・Ⅲ期城門の唐居敷として大野城跡Ⅱb型が用いられている。また、一連の遺構の中で蹴放し用石材の中に大野城Ⅰ型の唐居敷があり、既往の研究の中でⅠ期(築城期)城門の唐居敷と位置づけられている。したがって、大野城Ⅰ型と同Ⅱb型は先後関係にあることが明らかである。しかし、そのほかの型式同士の先後関係を遺構の切り合いなど直接的な手がかりより決定することは今のところできない。そこで以下では、唐居敷を構成する属性に着目して、その変化の方向性から各型式間の前後関係を検討したい。

まず主柱用加工について検討しよう。大野城跡を含む大宰府史跡では一般的に七世紀代には掘立柱建物が建てられ、八世紀代になってから礎石建物が出現するとされる。太宰府口城門の発掘調査からも、Ⅰ期城門は掘立柱建物であったこと、また礎石建物であるⅡ・Ⅲ期城門の瓦には鴻臚館式・老司式系の軒丸瓦が使われていて八世紀初頭以降の改築であることが明らかになっている。よって、大野城跡の唐居敷における主柱用加工は、円形の刳り抜き加工から円形の掘り込み柱座へと変化することがわかる。また掘立柱建物から礎石建物への変化という点においては、宇美口城門付近採集唐居敷(県民の森センター例)における方形の掘り込み柱座も円形の刳り抜き加工より新しく位置づけられよう。

軸摺穴についてもやはり太宰府口城門が手掛かりとなる。太宰府口城門Ⅰ期の唐居敷に掘り込まれた軸摺穴は円形で浅いタイプ、同Ⅱ期城門の唐居敷に掘り込まれた軸摺穴は方形で深いタイプであることから、前者が古く、後者が新しいことがわかる。

以上を踏まえ、方立穴の形態変化についても検討しておこう。大野城跡出土唐居敷の方立穴は形態に共通性が高いものの、長幅比と深さの相関にはバリエーションが認められる。これらの相違と上述の主柱用加工・軸摺穴の二属性との比較を行うと、方立穴の形態変化について以下のような傾向を把握できる。まず、最も幅が広く浅いタイプ二例はいずれも太宰府口城門Ⅱ期例のものである。したがって、これらは最も新しく位置づけられる。次に、ほかの例は全体として大きな一群を構成する中で、やや幅が広く深い傾向にあるものはいずれも円形軸摺穴と半円形の主柱用刳り込みを持ち、大野城Ⅰ型唐居敷に伴う。一方、やや幅が狭く浅い傾向にあるものは、方形軸摺穴と半円形の主柱用刳り込みを持ち、大野城Ⅱ型唐居敷に伴う。したがって方立穴の形態は、太宰府口城門Ⅱ期例を除いて、広くて深いものから狭くて浅いものへと変化する傾向があると判断できる。なおこの傾向の最も進んだ位置に宇美口城門例(県民の森センター例)の大野城Ⅱc型唐居敷方立穴があることは、この唐居敷が主柱用加工における新出要素である掘り込み柱座をもつことと整合し、上に示した方向性が正しいものであることを裏付ける。

②唐居敷の形態と時間的位置づけ

以上の検討を踏まえ、大野城跡における唐居敷各類型の時間的な位置づけについて検討したい。まず、大野城Ⅰ型唐居敷について押さえておく。

大野城Ⅰ型の定点のひとつとして、太宰府口城門Ⅰ期例を挙げることができる。すでに述べたように、本例は大野城築城期に位置づけられる可能性が極めて高い。なお参考までに、大野城跡と同時期に築造されたことが知られる朝鮮式山城の石製唐居敷軸摺穴を見ると、金田城跡出土六例、基肄城跡出土二例、鞠智城跡出土三例(軸摺穴四個)はいずれも平面が円形であり、平面形態が円形の軸摺穴は白村江の敗戦直後に相次いで築城された朝鮮式山城において、築城期に広く採用されたタイプであったことが推測される[6]。これらより、平面円形の軸摺穴を採用する大野城Ⅰ型唐居敷は大野城築城時、すなわち六六五年頃に位置づけられ、太宰府口城門Ⅰ期のほかこれを採用する坂本口城門・水城口城門も築城時に設置された城門と理解できる。

大野城Ⅱb型も所属時期が比較的はっきりした唐居敷である。太宰府口城門Ⅱ期で導入されたものであるが、太宰府口城門Ⅱ期への作り替えは、おおよそ八世紀の初頭~前半頃と理解されることはすでに述べたとおりである。したがって、大野城Ⅱb型唐居敷はこのころに大野城跡で採用された唐居敷とすることができる。

問題は、大野城Ⅱ型唐居敷である。太宰府口城門Ⅰ・Ⅱ期の唐居敷において軸摺穴が円形から方形に替わっていること、方立穴が浅く、狭くなることは、この形式の唐居敷が基本的には大野城Ⅰ型唐居敷に後出することを示す。一方、主柱用加工は両者ともに半円形の刳り込みであり、いずれも掘立柱建物に適合する唐居敷であることから、大野城Ⅱb型よりは先行する型式であることも理解される。つまり大野城Ⅱ型は、大野城築城期である七世紀後半から、太宰府口城門Ⅱ期作り替えの八世紀初頭~前半までの時間幅の中で理解できることになる。問題は、この唐居敷がこの時間幅の中のどのあたりに位置づけられるかである。形式としては後出するとしても、大野城築城にある程度時間幅を見積もる立場もあり、採用された段階では両者が併用されていた可能性も排除できないことから、この唐居敷を採用する城門群も初築時の築造と理解することも可能である。一方、八世紀初頭に近い時期であれば、この唐居敷を採用する城門群は修築時の増設と考えることも可能となる。

③軸摺金具より見た大野城Ⅱ型石製唐居敷の位置づけ

ほかの側面からこの問題を考察するために、それぞれの唐居敷に伴う軸摺金具から検討してみよう。円形軸摺穴に伴う軸摺金具については以前より山田寺跡北面回廊(SC080)東端扉口(SX666)に穿たれた軸摺穴内部に遺存していた例が知られていたが[奈良文化財研究所 二〇〇二]、近年基肄城跡東北門に遺存する唐居敷軸摺穴中からも固着した金具断片が発見されている[小澤 二〇一四a]。いずれも、軸摺穴の内面を保護する金具と扉下端部から突出していたであろう回転軸を保護する金具から構成され、後者が前者の内側に収まるようになっていたと考えられる。一方、方形軸摺穴に伴う軸摺金具は国内では大野城跡北石垣城門より出土している。立方形の下半部と頭部が丸い砲弾形の上半部からなり、下半部が方立穴に収まる一方、上半部は唐居敷の上面より上に突出していて、扉下端部に穿たれた穴にこの突出部が嵌って軸受け部を構成していたとみられる。

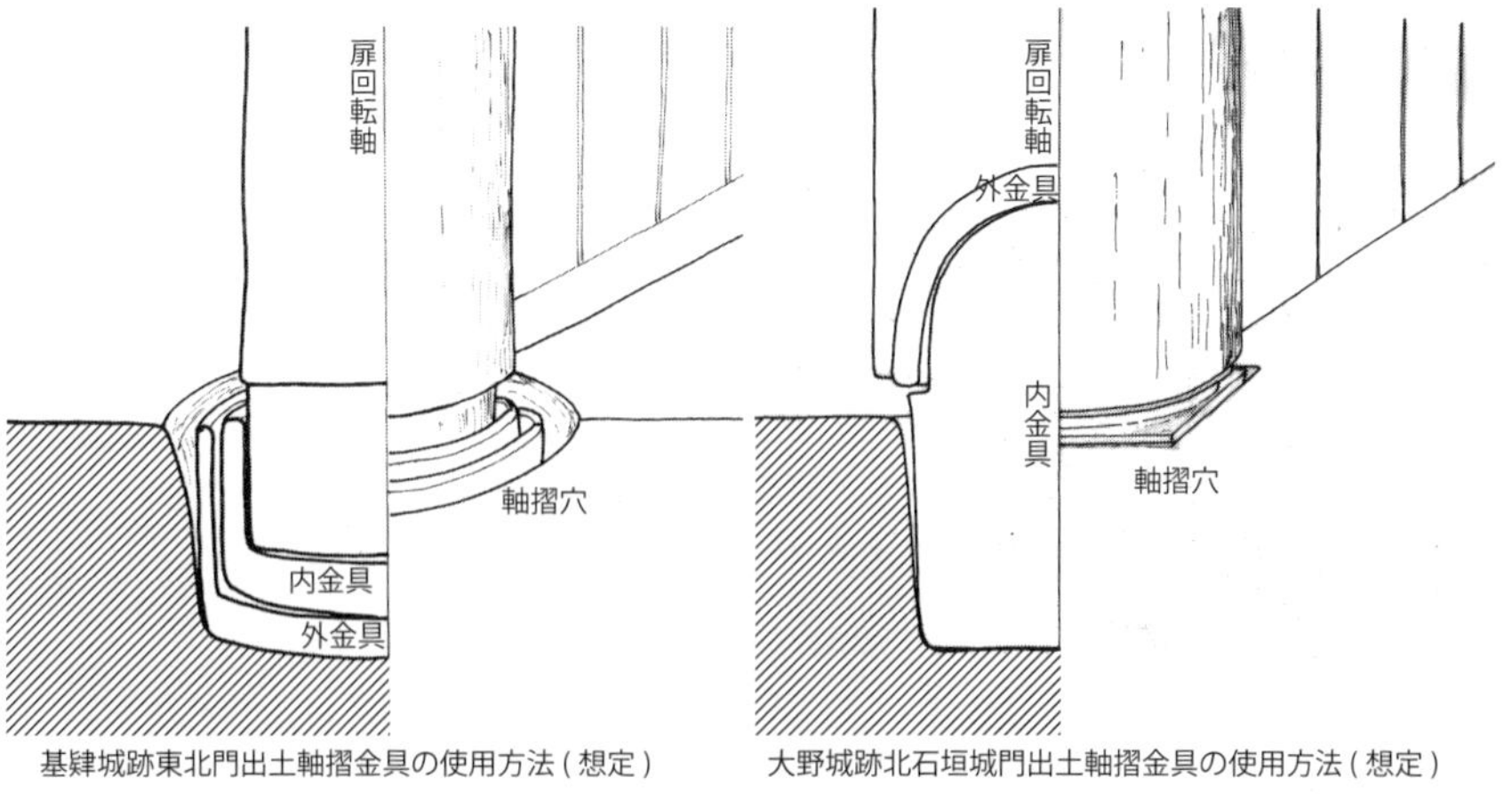

基肄城跡東北門出土軸摺金具の使用方法（想定）

大野城跡北石垣城門出土軸摺金具の使用方法（想定）

第４図　軸摺金具の構成における二つのタイプ（小澤 2014 a より抜粋、一部改変）

注目したいのは、回転軸受け部の構造が前者と後者で全く異なることである。前者は軸摺穴の中に回転軸受け部が収まるのに対し、後者では唐居敷上面よりも上に回転軸受け部が来る（第4図）。このことは、前者と後者が全く異なる技術体系により作られたことを示す。城門扉の回転軸受け部分は城門完成後には視認できない部分にあたり、城門完成後には目視による模倣が不可能であるため、建築に携わる技術者の交流によりもたらされる以外に大野城跡の城門で採用されることはないと考えられる。したがって、異なる技術体系を持つ技術者がそれぞれ大野城跡の城門建築に携わっているということになる。

残念ながら三国時代百済の軸摺金具や唐居敷についてはいまだ不明な部分が多いため、大野城Ⅰ型唐居敷で用いられた技術体系の源流についてはその解明にはやや難がある。しかし、大野城の初築には、亡命百済人貴族が密接にかかわっていることは史書の記録からも明らかである。すでに述べたように、朝鮮式山城において大野城Ⅰ型やこれから方立穴を省略した簡易タイプの唐居敷が広く採用されることから、大野城Ⅰ型やその簡易タイプが百済人工人によりもたらされた技術体系のもとに採用された可能性は非常に高いだろう。

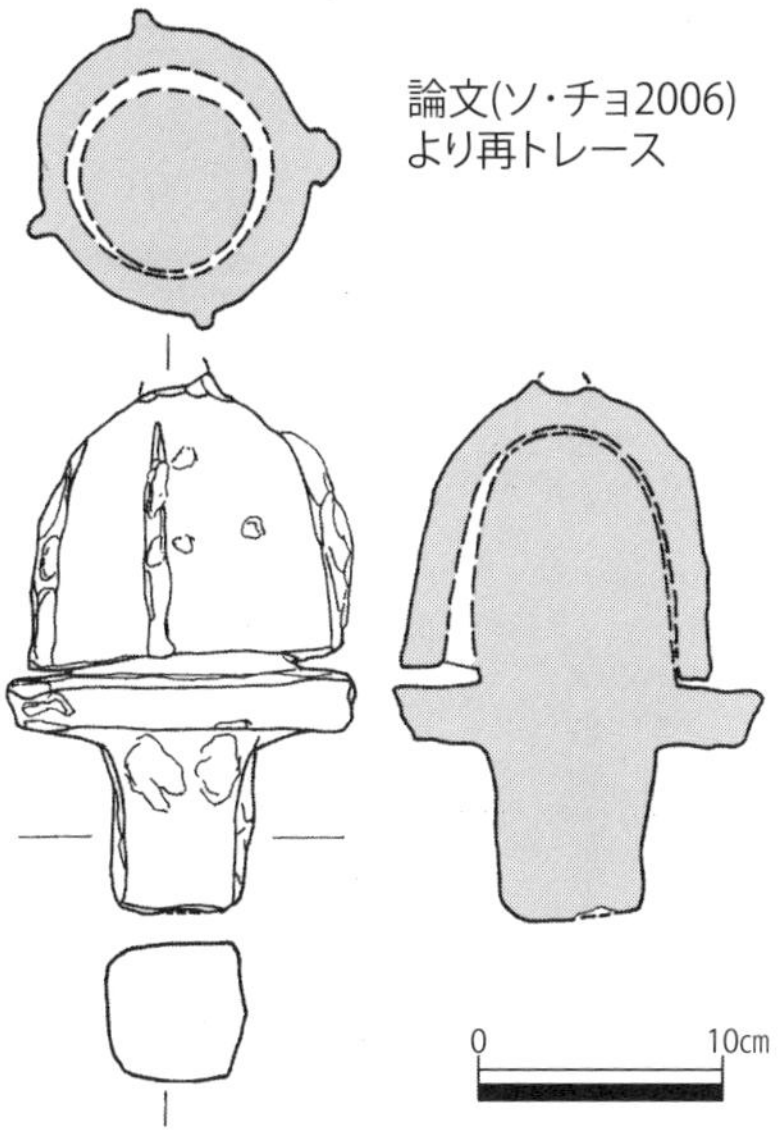

論文(ソ・チョ2006)
より再トレース

第５図　韓国忠州山城出土の軸摺金具

では、大野城Ⅱ型はどうだろうか。大野城Ⅱ型に類似した軸摺部の構成をもつものとして、韓国で最近出土例が増加しているタイプの軸摺金具が知られる（第5図）〔小澤 二〇一六b〕。基部は円柱の周囲に縦の突帯を数条配するもの、または大野城跡出土例より小さな立方形で、前者は木製の唐居敷に、後者は主に石製の唐居敷に嵌装されたとみられる。頭部は大野城跡出土例とよく類似した形状をも

韓国三年山城西門例

平城宮例（筆者実測）

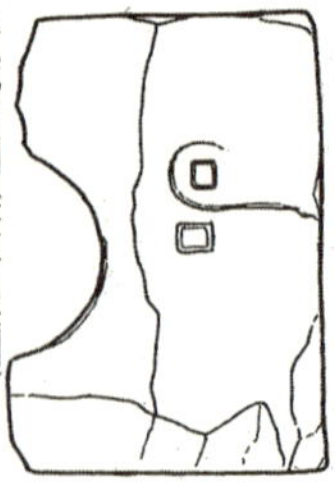

大宰府政庁例（鏡山1968より再トレース）

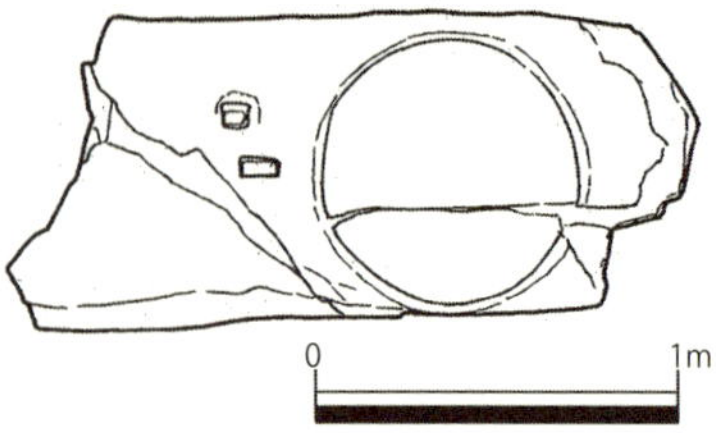

第6図　特徴的な軸摺金具に適合する唐居敷の諸例（小澤2014ｂより抜粋、一部改変）

ち、しばしばこれに一回り大きな帽子状の金具が被さって出土することから、扉下端部に穿たれた穴にも鉄製の（帽子状の）金具が嵌められ、扉側を摩耗から保護していたことがわかる。基部と頭部の間に円盤状の鍔部が形成されるのが大きな特徴であり、これが嵌る軸摺穴にはしばしばこの鍔部を収めるための円形の浅い掘り込みが付加される。

筆者は現在のところ、半島においてはこのタイプの軸摺金具のうち基部が円柱状のものが先行し、五～六世紀頃に基部が方柱のものが現れるとみている。問題はその分布で、今のところ三国時代のものはおおよそ新羅領域のみで出土し、統一新羅期以降になって半島で広くみられるようになる。これが正しければ、回転軸受け部分が唐居敷より上に突出する技術体系は新羅系の技術ということになるだろう。

日本列島でも、金具本体こそ出土していないがこのタイプの金具が嵌装されたとみられる唐居敷が存在する（第6図）。ひとつは大宰府政庁南門に現存する唐居敷である。現在ではすでに確認できないが、一九六〇年代の鏡山氏の調査記録には大野城Ⅱ型の軸摺穴より一回り小さな方形の軸摺穴の周囲に円形の痕跡が記されており［鏡山 一九六八］、円形の鍔部が接触していたものとみられる。また、平城宮東面大垣付近より出土した石製唐居敷［奈良文化財研究所 一九九二］には、やはり方形で小さな軸摺穴の周囲に、これより一回り大きな円形のごく薄い掘り込みがみられ、円形の鍔部を収めた痕跡と考えられる［小澤 二〇一六ａ］。これらはいずれも八世紀初頭頃に比定され、列島におけるこのタイプの軸摺金具の採用時期を示す重要な手がかりとなっている。

大野城Ⅱ型唐居敷の軸摺穴に嵌装される軸摺金具は、鍔部が省略されており韓国出土の軸摺金具より構造が単純な点は注目される。本資料は理化学的分析の結果、一部に国産の鉄素材を使って鋳造され、ひいては国内で鋳造された可能性が高いことが示されている［小澤・大澤 二〇〇八］。これを踏まえたうえで想像をたくましくするならば、次のような考え方も可能であろう。すなわち、韓国出土の軸摺金具における円形の鍔部の機能は軸摺金具を唐居敷に安定させ、がたつきを防止する機能を有していた。しかし、七世紀後半頃の列島には、いまだ複雑な形状の鉄器を鋳造により成形する技術がなかった[7]。このため、大野城跡北石垣城門例の制作にあたっては、鍔部の造形を断念し、かわりに軸摺穴とそこに差し込む金具の基部を大きくかつ深くすることで、金具をしっかりと唐居敷に固定させることを意図したのではないだろうか。

以上のように考えれば、大野城跡北石垣城門出土の軸摺金具は新羅系の技術系譜により制作されたものとみることができるということになる。つまり、大野城跡出土唐居敷のうち、大野城Ⅰ型は百済系の技術であり初築期に亡命百済人技術者により持ち込まれたと考えられる一方、大野城Ⅱ型は新羅系の技術で、初築後から八世紀初頭までの間に、新羅

系の技術者により新たに持ち込まれたものとみることが可能になるのである。(8)

3 大野城における新羅系技術の採用

(1) 新羅系技術流入の列島側の事情

以上のように、一部の唐居敷、また軸摺金具の形態には新羅系の技術の影響が想定されると理解した。このほかに、北石垣城門・クロガネ岩城門では、門に段差のある、いわゆる「懸門」構造が特徴的に認められるが、これも一般的に新羅系の築城技術と位置づけられる。大野城の構成要素に、こうした新羅系の技術が導入されるとすれば、それはどのような背景のもとに、いつ頃可能になったものと考えうるだろうか。

すでに何度も述べたように、六六五年の大野城築城に際しては白村江の敗戦により滅亡した百済より亡命してきた貴族がその任に当たったことが史書に記されており、当然百済より渡来した工人、また彼らが有する百済系の技術が採用されたであろうことに疑問を挟む余地はない。しかし、列島側にしてみれば、百済は戦いに敗北した側であり、ほかに選択の余地はなかったとはいえ、彼らに頼り切りではいずれ百済の二の舞になるのではないかという恐れが生じたとも考えられる。さらに、築城時には半島における最新の情報を携えていた亡命百済人も、故国滅亡によりその後の新たな技術を列島に持ち込むことは不可能になったわけで、政権側も半島における白村江後の技術の進化を取り入れるために百済系以外の技術を取り入れる必要性は認識していたであろう。以上より、築城後の維持管理(改築含む)には新たな知識の導入を積極的にはかったことは十分に考えられよう。

(2) 新羅系技術流入の半島側の事情

一方で、百済系以外の技術導入にあたっては、列島側のこうした事情とは別に、半島側の事情も影響を与えたことは想像に難くない。ここでは特に新羅系の技術の列島への流入の背景に焦点を絞って、『日本書紀』『三国史記』『旧唐書』『唐書』などに記された記録を頼りに半島情勢と倭政権との関係をみていきたい(第2表)。

六六三年の白村江の戦いで勝利した唐は、旧百済領域と朝鮮半島南部の安定化にしばらく力を費やすこととなった。百済鎮将の劉仁願は、百済義慈王の息子扶余隆を熊津都督とし、新羅の文武王との間に和議を結ばせた(六六四年八月、白馬の血盟)。また、列島にも郭務悰らを遣わし文書を進ぜる(六六四年五月)。こちらは正式な唐使ではないとして同年十二月に帰国を余儀なくされるが、翌六六五年ふたたび劉徳高を正式な唐使として列島に向かわせた(六六五年九月)。これらは翌六六六年正月に泰山封禅の儀を控えた停戦の使者とみられ、大和朝廷はこれに応じて守君大石を唐に遣わしている(これを封禅の儀の参加を目的とする見解もある)。こうした努力により、朝鮮半島三国や倭の参列による泰山封禅の儀が実現し、朝鮮半島情勢はここに一度落ち着きを取り戻すことになった。ここまでを、第一段階とする。

ところが、同年五月に高句麗の宰相(大莫離支)にあった淵蓋蘇文が死去すると、もとより高句麗を攻め滅ぼすことを朝鮮出兵の目標としていた唐は高句麗国内の動揺に乗じて再度出兵し、唐と協力関係にあった新羅もこれに派兵することとなり、ここに再び朝鮮半島情勢は緊迫化する。高句麗は激しく唐・新羅に抵抗するが、平壌城を落とされ、六六八年十二月に降伏し、滅亡する。ここまでを第二段階とする。

高句麗が滅亡したのち、今度は唐と新羅が半島の領有をめぐって争う

第2表　白村江戦後の半島情勢と倭政権

西暦	月	半島情勢	月	国内情勢
663年	8月	白村江の戦い。倭・百済の連合軍が新羅・唐の連合軍に大敗。	9月	倭の百済救援軍、半島より撤退。
	—	扶余隆を熊津都督とし、新羅と和を結ばせる。		
664年	3月	百済の残党が反乱、平定される。	5月	唐より使者(郭務悰ら)。朝廷は正使ではないとし、帰国させる(12月)。
	7月	新羅が高句麗に出兵。		
	8月	百済熊津都督の扶余隆と新羅の文武王が白馬の血盟。	是歳	対馬・壱岐・筑紫などに防人・烽火を置く。 水城を築く。
665年			8月	長門城・大野城・基肄城を築く。
			8月	耽羅より使者。
			9月	唐より使者（劉徳高ら）。 朝廷により受け入れ（12月帰国）。
			是歳	守君大石らを唐に遣わす（泰山封禅の儀への使者か）。
666年	1月	泰山封禅の儀。	1月	高句麗より使者（6月帰国）。 耽羅より使者（王子が使者）。
	5月	高句麗の淵蓋蘇文死去。長子男生は出奔し唐へ。		
	12月	唐、高句麗出兵。	10月	高句麗より使者。
667年	7月	新羅、高句麗へ派兵。	7月	耽羅より使者。
			11月	唐より使者（遣唐使境部連石積の送使として）。
			是歳	高安城・屋嶋城・金田城を築く。
668年	6月	新羅、高句麗へ派兵。	4月	百済より使者。
	9月	唐・新羅連合軍が平壌を包囲。	7月	高句麗より使者。
	11月	平壌城陥落。	9月	新羅より使者。
	12月	高句麗滅亡。		
669年			3月	耽羅より使者（王子が使者）。
			9月	新羅より使者。
			是歳	河内直鯨らを唐に遣わす。 唐より使者（郭務悰ら2000余人、重出記事か）。
670年	4月	新羅・高句麗軍と靺鞨が交戦。	2月	高安城を改修、米・塩を備蓄。 長門に1城、筑紫に2城を築く（重出か）。
	7月	百済の内乱に新羅が派兵し、鎮圧。		
	8月	新羅、新たに高句麗王を据える。	9月	安曇連頰垂を新羅に遣わす。
671年	1月	新羅が百済に出兵。 靺鞨が新羅を攻めるが撃退する。 唐が百済に出兵するとの報。新羅が軍を派遣。	1月	高句麗より使者（8月帰国）。 百済（唐）より使者（7月帰国）。
	6月	新羅と唐が旧百済領内で交戦。	2月	百済より使者（7月帰国）。
	7月	唐より新羅に対し問責文書。 新羅も正当性を主張する文書を返信。	6月	百済より使者。 新羅より使者。
	9月	唐が高句麗に出兵。	10月	新羅より使者。（12月帰国）。
	10月	新羅が唐の軍船70余隻を攻撃。	11月	唐より使者（郭務悰ら2000余人）。
			12月	天智天皇死去。
672年	1月	新羅が百済に出兵。		
	7月	唐が高句麗に派兵。	6月	壬申の乱（～7月）。
	8月	唐と新羅・高句麗連合軍が交戦。	11月	新羅より使者か。
673年			2月	天武天皇即位
			6月	耽羅より使者。 新羅より使者。
	9月	唐が靺鞨・契丹とともに高句麗を攻める。	8月	高句麗より使者。※いずれも天武天皇即位慶賀使。
675年	2月	唐と新羅が交戦。	2月	新羅より使者。
			3月	高句麗より使者。
	9月	唐と新羅が交戦。	7月	新羅へ遣使。
	－	唐が靺鞨・契丹とともに高句麗を攻める。	8月	耽羅より使者。
676年	11月	唐と新羅が交戦。	10月	新羅へ遣使。
			11月	新羅より使者。
			11月	高句麗より使者。
677年			8月	耽羅より使者。
678年			是歳	新羅より使者あるも遭難し未着の連絡あり。
679年			2月	高句麗より使者。新羅の送使を伴う。
			10月	新羅より使者。
680年			5月	高句麗より使者。新羅の送使を伴う。
681年	7月	新羅の文武王死去。	7月	新羅・高句麗へ遣使。
			10月	新羅より使者。
682年			6月	高句麗より使者。新羅の送使を伴う。
683年			11月	新羅より使者。
684年			4月	新羅へ遣使。
			5月	高句麗へ遣使。
			10月	耽羅へ遣使。
685年			3月	唐から日本人の学生と百済派兵時の捕虜が帰国。 新羅の送使を伴う。
			5月	遣使が新羅より帰国。学問僧を伴う。
			11月	新羅より使者。
686年			9月	天武天皇死去。

ことになる。新羅は六七〇年に独自に高句麗王を擁立し、唐の旧高句麗領域の支配に抵抗するとともに、唐の支配下にあった旧百済領域にもたびたび反乱鎮圧を名目として派兵し、六七〇年代中頃にかけて朝鮮半島の実質的な支配権を争った。ここまでを第三段階とする。

(3) 新羅系技術流入の背景となる社会情勢

各段階における各国と倭の関係を、『日本書紀』に記された遣使のやり取りより見てみよう。

第一段階、倭に対しては唐よりたびたびの遣使がある。唐は朝鮮半島の最終目標である高句麗征討の実現のために、まずは旧百済領域の支配体制を確立させ、朝鮮半島情勢を安定化させるという目標を持っていたものとみられ、そのひとつの到達目標が高宗による泰山封禅の儀であったのであろう。唐の朝鮮半島政策は(この段階ではまだ高句麗は支配下にはなかったが)都護・都督を置いての直接支配であり、このころは滅ぼされた百済のみならず新羅も対外的には国としての体裁をいっとき失っていたということもあろうが、唐による支配により半島情勢は一時的に安定しており、必要性も低下していたため、朝鮮半島諸国・領域勢力からの倭に対する遣使は行われなかったものとみられる。

ところが第二段階において高句麗をめぐる情勢が不安定化すると、高句麗より盛んに遣使されるようになる。国難に瀕した高句麗からの救援依頼であろう。またこれに対し唐、そして百済からも遣使がみられる。唐はもちろん、百済もこのころは唐の支配下にあって百済からの遣使は実質的に唐の意図によるものとみられるから、高句麗の救援要請に対するけん制とみてよかろう。また、このころ以後耽羅(済州島)より盛んに遣使がみられる。耽羅はもと百済に服属していたが百済滅亡をうけてこのころは新羅に服した体裁をとっており、唐と新羅の関係変化をにらみつつ倭へのアプローチも確保する両にらみの外交政策をとっていたものであろう。一方、新羅からの遣使は平壌包囲が成り対高句麗戦争の情勢がはっきりしてきた六六八年九月までみられず、新羅は対高句麗戦争の最中は外交政策も唐に従っていたものとみられる。

唐・新羅と高句麗との戦いの趨勢がはっきりして以降、六六八年九月の遣使を皮切りに、第三段階に入ると新羅・唐からの遣使が多くなる。両者は旧百済・高句麗の支配権をめぐって対立を深めていく過程にあり、ともに背後の憂いをなくすために倭との和睦が必要であった。書紀では、特に六六八年九月の新羅の遣使に対しての倭の対応を非常に丁寧に記しており、中臣鎌足を遣すなどして文武王に船一隻、絹五〇〇匹、綿五〇〇斤、葦一〇〇枚を、大角干(宰相)の金庾信に船一隻、また使者にもそれぞれ贈り物をしたという。この異例の厚遇は、新羅が唐に対抗するため倭との和睦を希望したのに答えたものとみてよかろう。

一方、唐もまた倭との正式な和議を望んで盛んに遣使した。書紀には百済からの遣使と記載されることが多いが、六七一年一月の遣使には百済鎮将劉仁願による旨が記されている。これを含め、百済からの使者と記されたものは実際には唐の意向を受けた遣使であろう。特に六七一年十一月の遣使は、直木孝次郎氏の指摘[直木 一九九三]に従えば白村江敗戦時の捕虜の送還と戦後補償の交渉を行う遣使と理解でき、新羅との対立が表面化しつつある中、唐としても倭との関係を安定化させる必要があったものと理解できる。ここにおいてようやく、唐の百済出兵に端を発する倭を巻き込んだ朝鮮半島の動乱が決着することとなったのである[小田 二〇一五]。

以上の中で、新羅系の築城技術が列島に導入されるきっかけはどこに求められるだろうか。まず、第一段階においては倭と新羅の関係はほぼ没交渉であり、この中で新羅系の築城技術が(国家主導で)導入される状況にはない。続いて第二段階においても、新羅からの遣使は記録にない。新羅自身も対高句麗戦争のさなかにあって軍事的な情報を旗幟不鮮明な倭にもたらす危険は冒さなかったことは容易に想像できる。

こうした状況が一変するのが六六八年九月の遣使である。新羅は対唐抗争を見据えて背後にある倭との関係修復をはかる強い必要性に迫られており、一方倭としても第二段階の最中において唐の脅威に関する情報は高句麗からの使者を通じて常に鮮度が保たれていたであろう。こうして両者の利害関係は一致し、新羅と倭はここに和議をむすぶこととなったのであり、それを示すのが史書に記された新羅からの多量の贈り物であったのである[10]。すなわち、ここにおいて新羅と倭の和議、そしておそらくは不可侵の協定が成立し、新羅系の軍事関連技術が列島に流入する素地が整ったことになる。七世紀末頃までの天武・持統朝において新羅(・新羅支配下の高句麗)との間に盛んに遣使のやり取りがあり、また新羅・百済・高句麗からの移住者の記事が頻発するのは、まさにこの時期、人間集団の行き来があり、そしてそれをベースにした技術伝来の素地が醸成されていたことを示すものである。

4　大野城の城門

(1) 唐居敷から見た城門の建造時期

以上より、大野城跡の石製唐居敷各類型についておおよその時期を与えることができる。大野城Ⅰ型は築城期、すなわち六六五年頃に採用された類型と考えられる。大野城Ⅱ型は新羅の倭への遣使が再開する六六八年以降、八世紀初頭～前半までの間のいずれかのタイミングで採用された類型と考えられる。大野城Ⅱb型は八世紀初頭～前半であり、なおかつおそらくは大宰府政庁南門や平城宮南面大垣に先行する時期となろう。大野城Ⅱc型は現在のところ時期比定が難しいが、大野城Ⅱ型に後出するものであることはいえよう。

以上より、大野城跡の城門群の築造時期についてみていこう。

まず、従来より知られていた城門群である。太宰府口城門はⅠ期に大野城Ⅰ型唐居敷が採用されている。同じく、大野城Ⅰ型の唐居敷を採用している城門としてほかに坂本口城門・水城口城門があり、これらはいずれも築城期の城門と位置づけられる。宇美口城門付近で採集された唐居敷のうち円形の軸摺穴のみ確認される宇美口城門例①はやや位置づけが難しいが、方立穴が省略されており主柱用加工部は欠損している(あるいは省略された)とすれば、同じく六六五～六六七年に築造された朝鮮式山城である(と考えられる)基肄城・鞠智城・金田城の唐居敷のいずれかと同じ類型に位置づけられ、やはり築城期の城

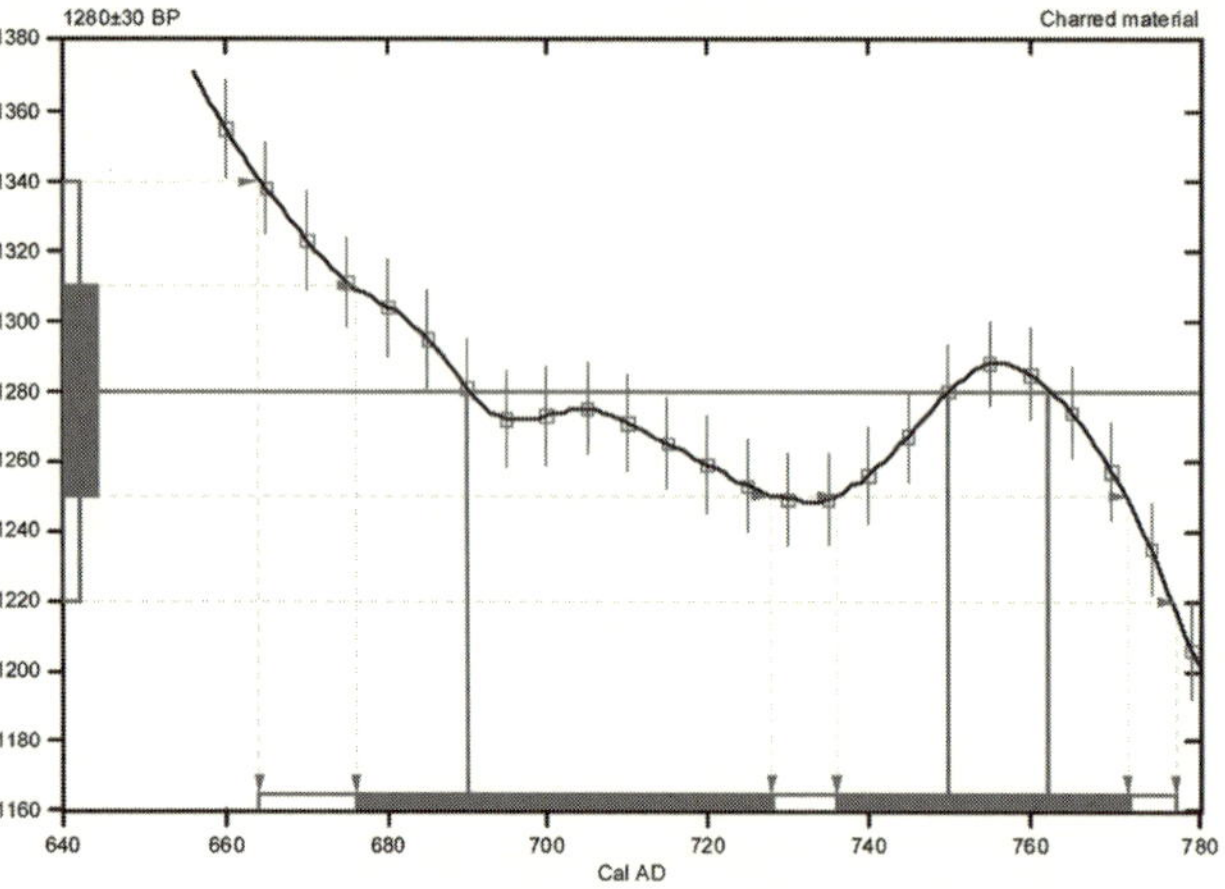

第7図　北石垣城門門道出土炭化物の年代測定結果
(小澤 2014 c より抜粋)

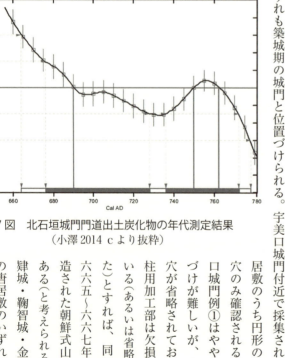

門と評価できよう。これら築城期の城門はその多くが城の南側に配される点が特徴的である。

次に、大野城Ⅱ型唐居敷を採用する城門である小石垣城門・北石垣城門・クロガネ岩城門であるが、六六八年から八世紀初頭～前半までの間に築造された城門と評価できる。これを傍証するのが北石垣城門出土炭化物の炭素年代測定結果である(第7図)〔小澤 二〇一四c〕。門道床面より出土した炭化物の年代測定を行ったところ、二σ(95.4%)の確率で六六二AD～七七八AD、一σ(68.2%)の確率で六七五AD～七二八AD・七三五AD～七七二ADに位置づけられるという結果となった。較正年代曲線がやや不安定な時期にあたり一σの確率では二つの時期に分かれるが、前述の検討の結果からすれば新しい時期は除外してよく、70%近い確率で七世紀第4四半期～八世紀第1四半期に位置づけられることとなる。新羅系技術の流入を想定できる時期との整合性もあり、ここではこの結果に従いこれらの城門を七世紀第4四半期～八世紀第1四半期の新造と評価したい。なお、これらの城門はいずれも城の北側に配される。

(2) 城門新造の目的

さて、城の北側の城門が初築後の増築であるという結論に従えば、大野城築城期においては太宰府口・坂本口・水城口など城の南側に多く城門が築かれる一方、北側においては宇美口城門が築かれたのみということになる。よって、災害復旧に伴う発掘調査を行う以前からの大野城の築城目的である、大宰府の北を守るとともに、危急の際の逃げ城として機能するという従来からの理解を大きく変更する必要はない。では一方、七世紀第4四半期～八世紀第1四半期のある段階において、少なくとも三箇所の城門を城の北側に新造する狙いは何だったのだろうか。

対外情勢については先にこのころまでの流れを見たが、天武・持統期における半島勢力との友好関係の醸成により、仮想敵国としての新羅の脅威はほぼなくなったとみてよい。よって、当初の大野城築城期の設計思想は意味を失ったことになり、北側の守りを固める必要性は低下したこととなる。しかし、これは城門の新造の前提条件とはなるが必要条件ではない。

城門を新造する必要性について考えるために、各城門の機能を想定される登城路・城内通路より検討してみよう(第8図)。まず、城の南側の城門群についてみたい。太宰府口城門への登城路は、大野城の南東側、観世音寺の東側にあたる宰府あるいは横岳集落方面より発し、城内は尾花地区礎石群へと至る。観世音寺口城門へは観世音寺の西、大宰府学校院の北に広がる観世音寺集落より発し、城内は増長天地区礎石群へと至る。坂本口城門は大宰府政庁北の坂本集落より発し、城内は少し下ると猫坂地区礎石群へと至る。水城口城門は国分集落すなわち筑前国分寺跡より発し、城内は広目天地区礎石群へと至る。

城の北側の城門群はどうか。宇美口城門は大野城の中央を北流する内野川沿いにあり、登城路は下流の炭焼集落より内野川沿いに谷をのぼる。城内はそのまま谷筋に沿ってのぼると八ツ波地区礎石群(11)へと至る。クロガネ岩城門は内野川の西側尾根上にあり、北西に派生する尾根筋上に想定される登城路を下ると大きく右に湾曲して内野川筋に至る。城内はやや距離があるが尾根筋をたどると毘沙門天地区礎石群へと至る。小石垣城門は東側より宇美口城門のやや下流で内野川に合流する支流沿いにある。北側には外周土塁がめぐっているが門は今のところ想定できず、登城路は支流沿いに内野川へと至りその後は宇美口城門と同じく内

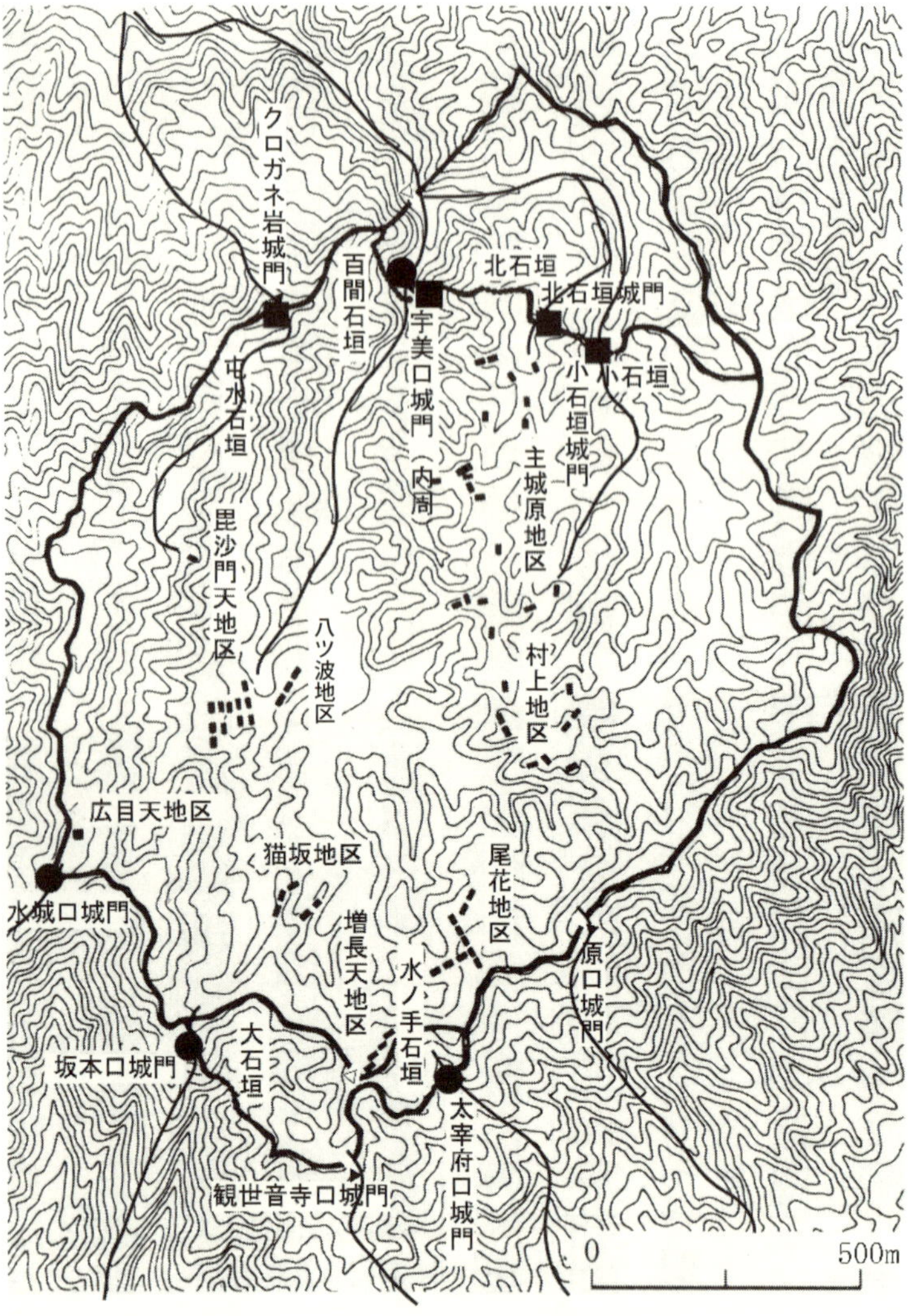

第８図　北大野城跡の門と登城路・城内通路（小澤 2016 a より抜粋）

野川にそって炭焼集落へと至るものと考えられる。城内は谷筋に沿って進むと村上地区礎石群へと至る。北石垣城門は、門より尾根筋を下るとすぐに内野川の支流へと至り、そのまま小石垣城門への登城路と合流する。城内はすぐに主城原地区礎石群へと至る。

以上より、城の北側の城門群と南側の城門群では、登城路のあり方が大きく異なることがわかる。まず城の南側の城門群であるが、従来から指摘されてきたように、大野城の南麓にある大宰府政庁をはじめとした諸施設等から大野城へと至るルートとして登城路と城門が設定されている。築城当初の大野城が、いわゆる「逃げ城」として作られたというこれまでの見解を肯定できるだろう。

一方、城の北側の城門群の登城路は、すべて内野川の谷筋へと収斂する点が非常に特徴的である。いずれの城門から出ても城外の同じところに至ることからすれば、城門の機能としては城外に「対象地」がある南側の城門群とはその設計思想が異なることは明らかである。では北側の城門群はどのような設計思想で作る場所が選ばれているのだろうか。

城外側に城門占地の要因が見当たらないのであれば、城内側にそれを求めざるを得ない。そこで城門と城内施設の位置をみると、建物群地区との位置関係が注目される。北側の城門群はいずれも城内において尾根筋または谷筋をたどっていくと建物群地区に至る場所に置かれている。城の南側の城門群はさらに特徴的で、いずれも城門を入ったすぐの場所に建物群がつくられている。特に増長天地区礎石群や広目天地区礎石群は、土塁のすぐ内側に狭い平坦地を造成して倉庫群を建築している。城壁に近接する倉庫は敵襲時に防御しづらいことを考えると、防御性を犠牲にしても城門の近くに倉庫群を作ろうとする強い意図が読み取れる。

大野城跡における倉庫群の時期比定についてはいくつかの試論があるが、出土遺物に恵まれず確定的な結論は出されていない。ただ、主城原地区をのぞく各地区においては、礎石建物群の建造が建物群地区の成立のきっかけとなっているようである。前述のように大宰府史跡において建物群が礎石立ちになるのが八世紀初頭〜前半とみられていることを踏まえれば、多くの倉庫群地区の成立がこの時期であると理解できることとなる。北側城門群の新設と礎石建物群の建造がおおよそ同じ時期に行われたとなれば、両者が一連の計画のもとに作られたと考えるのが自然であろう。すなわち、大野城築城後のある段階―七世紀第4四半期〜八世紀第1四半期頃―において大規模な改築が行われ、その内容は多量の礎石立ちの倉庫群の新設と倉庫群へのアクセスを改良するための城門群の新設であったと考えることができる。またあわせて、この改築のために城の防衛機能をある程度犠牲にしていることが理解される。

ここで注目されるのが、『続日本紀』文武二年五月条の大野城・基肄城・鞠智城の繕治記事―「令大宰府繕治大野。基肄。鞠智三城。」―である。筆者は、六九八年の繕治記事が大野城における城門の新設や倉庫群の建造のことを示す可能性が極めて高いものと考える。これが妥当であれば、六九八年に大宰府が施策として上記のような改築を行っており、また大野城のみならず基肄城・鞠智城に対しても(おそらくは同じ意図による)改築が行われていると考えることができる。では、この改築の背後にある政治的な意図とは何だったのだろうか。

5　大野城の繕治

最後に、大野・基肄・鞠智三城の繕治の背景について考えたい。このころの大宰府を取り巻く政治的な動向として参考になるのが、西海道の中でも特に南部地域の統治をめぐる記事である。菊池達也氏は、繕治について「七世紀後半〜八世紀初頭ごろには、唐・新羅両国が日本列島に侵攻してくるような緊張した情勢が希薄にな」り、「これらの城の軍事的重要度が相対的に減少していった」ことが、消極的な背景の一つとして挙げられるものの、これだけでは繕治を行う積極的な必要性が説明できないとする。そして、これを前後する頃の列島南北に対する朝廷の施策について史書の記録を抽出し(第3表)、「繕治」の前後でその姿勢が大きく変化していることを指摘する。すなわち、繕治以前には「使節の派遣や仏教施策など、列島南北に対する進出を目指す活動が行われ」るが、「武力行使も辞さない強硬的な手段がとられ」ていないという特徴がみられるという。一方、繕治以後になると「列島南北に対する支配強化のために、武力行使も辞さない強硬的な手段をとることが志向され、その準備が進められ」るように変化したと指摘する。そして、これが「繕治」の積極的な必要性の背景であって、「繕治」は「列島南部に対する強硬的な政策に備えて行われたと考えるべき」であると指摘する〔菊池二〇一四：七三〜七九頁〕。

大野城の繕治は、その防備をある程度犠牲にしたうえで、門の新造、そして倉庫群の増築が行われたと理解した。これを菊池氏が示したような文脈に落とし込むとすれば、どのように考えることができるだろうか。

城の特に北側の防備を犠牲にすることが可能になるような社会的背景については、朝鮮半島情勢の緊迫度の低下ということで、これまで見てきた文脈の中でも十分理解しやすいだろう。一方、倉庫群の増築とそこへのアクセスの改良については次のように理解できるのではないだろうか。菊池氏がまとめたように、八世紀初頭以降朝廷は九州南部に対して武力行使を含むかなり強硬な姿勢のもとに律令支配下に組み込む方針を

第3表1　天武・持統期の列島南部に関する主な事象

年	月	内　容
天武天皇6年（677）	2月	多禰島人らを飛鳥寺の西の槻のもとで饗応する。
天武天皇8年（679）	1月	大乙下倭馬飼部造連を大使、小乙下上村主光欠を小使として多禰嶋に派遣する。
天武天皇10年（681）	8月	遣多禰嶋使人ら、多禰国図を持ち帰り、その様子を伝える。
	9月	多禰嶋人らを飛鳥寺の西の河辺で饗応し、種々楽を演奏する。
天武天皇11年（682）	7月	隼人が方物を貢上する、大隅隼人と阿多隼人が相撲をとる。
		多禰島人・掖玖人・阿麻彌人に対して禄を賜う。
		集人らを飛鳥寺の西で饗応し、種々楽の演奏、賜禄が行われる。
天武天皇12年（683）	3月	遣多禰使人らが帰還する。
持統天皇元年（687）	5月	天武天皇の殯宮で隼人が誄する（7月に賞賜される）。
持統天皇3年（689）	1月	筑紫大宰粟田真人朝臣ら、隼人174人、布50常、牛皮6枚、鹿皮50枚を献上する。
持統天是6年（692）	閏5月	筑紫大宰率河内王らに詔して、沙門（僧侶）を大隅・阿多に派遣し、仏教を伝えさせる。
持統天皇9年(695)	3月	務廣弐文忌寸博勢・進廣参下譯諸田らを多禰に、蛮の居所を求めるために派遣する。
	5月	隼人大隅を饗応する、隼人相撲を観る。

第3表2　文武〜神亀期の列島南部に関する主な事象

年	月	内　容
文武天皇2年（698）	4月	務広弐文忌寸博士ら8人を南島に使わして覓国させる。
文武天皇3年（699）	7月	多禰・夜久・奄美・度感らの人、朝宰に従い来て宝物を貢上する（翌月伊勢大神宮と諸社に奉る）、授位・賜物あり。
	11月	文忌寸博士・刑部真木ら南島から帰還、位階を進める。
	12月	大宰府に三野・稲積の2城を修繕させる。
文武天皇4年（700）	6月	薩末比売ら覓国使刑部真木らを脅迫したため、竺忘惣領に決罰させる。
大宝2年(702)	2月	歌斐国が梓弓500張を、翌月信濃国が梓弓1020張を献上し、大宰府に備える。
	6～7月	この頃薩摩国成立か？（永山2009説）
	8月	薩摩・多禰が王化に服さず命令に背いたため「征討」し、戸を数え官吏を置く（翌月叙勲あり）。
	10月	「唱更」（辺境の）国司、柵を建て夷を置くことを申請し認められる。
慶雲元年(704)	4月	信濃国が弓1400張を献上し、大宰府に備える。
慶雲4年(707)	7月	大宰府に使を遣わし、南島人に対して位・物を賜う。
和銅2年（709年）	10月	薩摩隼人・郡司以下188人が入朝し、翌年の正月儀礼に蝦夷とともに参加する。
和銅3年(710)	1月	日向国が采女を、薩摩国が舎人を貢上する。
		日向集人曽君細麻呂は荒俗を教え諭し、聖化に馴れ服させたため、外従五位下を授ける。
和銅6年(713)	4月	日向国の肝屬・囎唹・大隅・姶羅4郡を割いて始めて大綱国を置く。
	7月	隼賊を討った将軍・士卒など戦陣の有功者1280余人に対し、授勲を行う。
和銅7年(714)	3月	隼人が住む地に対して、豊前国の民200戸を移配し、勧導させる。
	4月	多禰嶋に対し印1図を給う。
	12月	南島の奄美・信覚・球美などから52人が来朝し、翌年の正月儀礼に蝦夷とともに参加する。
霊亀2年(716)	5月	弓5374張を大宰府に備える。
養老3年(719)	1月	大型船2艘・短艇10艘を大宰府に充てる。
養老4年(720)	2月	大宰府、隼人によって大隅国守陽候史麻呂が殺害されたことを奏上し、翌月から武力衝突が起こる（同5年7月征隼人副将軍が帰還、斬首・獲虜合わせて1400余人。同6年4月叙勲が行われる）。
	11月	南島人232人に対して、懐柔させるために授位を行う。
養老5年(721)	12月	薩摩国の人が少ないため、併合が行われる。
神亀4年(727)	11月	南島人132人が来朝し、叙位を行う。

※いずれも菊池2014より抜粋、一部改変。出典は、特に断らない限り日本書紀・続日本紀による。

とるようになる。このような方針に対し、列島南部の勢力はしばしば強く反発し、軍事的な敵対行動をもとることがあった。朝廷は、こうした動きを予察しつつ、列島南部に対する支配強化の拠点としての大宰府の機能強化をあらかじめはかることとし、その一環として大野城の「貯蔵」機能の強化をもくろんだのではなかろうか。

大野城など古代山城における貯蔵機能について、松川博一氏は文献資料や木簡などにおける記述を集成し、武器類(器仗)を収める兵庫のほか、不動穀を収納する不動倉があって、飢饉や疫病などの危急の際に賑給として供出されたこと、また大宰府はその機能の多様性から臨時的な支出が生じる頻度が高かったと想定され、それらの支出の源泉としても古代山城の貯蔵機能が期待されたであろうことを推測している[松川二〇一六]。筑紫大宰への西海道統治機能の付加によるいわゆる「大宰府」の成立については諸論あるが、飛鳥浄御原令・大宝律令へと至る律令制の段階的導入に伴って整備が進んだものと解することが一般的であろう[倉住一九八五]。大野城の「繕治」はまさにその過程における後半段階に相当し、西海道全域を対象とした律令制による統治の徹底へと朝廷の施策が大きく舵を切っていく中で、それを達成するための環境整備、特に大野城の場合は上記のような期待を背景に貯蔵機能の強化による大宰府財源の安定化がもとめられ、繕治の目的となったのではないだろうか。そして、この目的のもとに大野城内に多くの礎石立ち倉庫群が作られ、それら倉庫群へのアクセスを改良するために、それまで城門が一箇所しかなかった城の北側に、城門が増設されたのではなかろうか。

以上、大野城跡で新たに見つかった城門について検討を行い、これらが大野城築城当初のものではなく七世紀第4四半期〜八世紀第1四半期頃に新造されたものであること、また同時に大野城内に礎石立ちの倉庫建物が数多く作られたこと、これらが史書にみられる大野城の「繕治」の正体である可能性が高いことを見てきた。大野城跡における近年の発見を評価し、日本史上に位置づけるという本稿の目的はある程度達成することができたと思う。今後もますます大野城における調査研究は進んでいくことが期待される。本稿がその一助となれば幸いである。

註

(1) 年輪年代測定では辺材部が失われた状態で六四八年との結果が出ており、辺材部に数年を見積もって六五〇年前後の伐採とみなされている[赤司・光谷二〇一二]。大野城の築城記録よりやや早い時期の伐採である点に疑義を呈する向きもあるが、近畿地方のコウヤマキの可能性が高いともされることを踏まえ、ここでは難波長柄豊碕宮使用部材の転用とする酒井氏案を推したい[酒井二〇一七]。

(2) 水城口城門の唐居敷には合わせて蹴放しの木製部材を据えるための掘り込みも施される。蹴放し部材用の加工は大野城跡出土のほかの唐居敷には見られず、水城口城門出土例だけの特徴である。

(3) 水城口城門は広目天地区礎石建物群に近接するが、瓦は建物群の近くよりむしろ城門周囲の土塁線付近より多く採集される。坂本口城門では豪雨災害を受けた付近の踏査で多く瓦が採集されている。城門は猫坂地区礎石建物群から尾根を越えた反対側の斜面に想定され、猫坂地区からの瓦の自然的な流入は考え難い。ともに城門建物に由来するものとみたい。

(4) 発掘調査時に、筆者が自身で観察した結果に基づく。なお、調査担当者の一人である太宰府市教育委員会の井上信正氏も、「穴の中は触るとスベスベしており、門がよく開閉されていたことがうかがえる」とのべており、軸摺穴に直接回転軸が差し込まれていたと想定していることがうかがえる[井上二〇〇八]。

(5) 原口城門に至る登山道は崇福寺や太宰府天満宮方面より発している。積極的な根拠はないが、天満宮(安楽寺)や原八坊などとの関係で考えるべき城門である可能性もあろう。こうしたことから、本稿では検討対象から外しているので留意されたい。

（6）　ただし、少なくとも金田城跡南門は改築の可能性が指摘されており、ここにあげた全てが初築時のものであるという保証はない。

（7）　実際、大野城跡北石垣城門出土の鉄製軸摺金具をX線CTスキャンで分析した結果、鋳造時に上側になったと考えられる基部の下方に、泡状の空隙が多数認められることが判明している。当時の鋳造技術の未熟さを示すひとつの証拠であろう。

（8）　ただし、鉄器鋳造技術を含む新羅系の技術体系全般が導入されたのであれば鋳造技術の差により形態の差が生じることはなかったろう。このころもたらされたのはあくまで城作りに直接的に関係する情報や技術であり、鉄の鋳造技術など周辺技術までを含めた体系的な導入には至らなかったものとみたい。

（9）　新羅が対高句麗戦争の終盤にはすでに、こののち唐と対立関係になることを見越していたものと考えられよう。

（10）　少なくとも、書紀の記録者がこの記事をことさらに詳しく記す背景として、『日本書紀』成立時に以上のような認識が存在したことは想像に難くない。

（11）　この地区の表記についてはこれまで八並・八ツ並・八波・八ツ波の表記が入り乱れていた。ここでは、この地区の概報［九州歴史資料館　一九七七］で採用された表記に従い、「八ツ波」とする。

参考文献

赤司善彦・光谷拓美　二〇一二年「大野城の築城年代再考―太宰府口城門出土木柱の年輪年代の測定から―」『東風西声　九州国立博物館研究紀要』七
井上信正　二〇〇八年「新発見城門（原口城門・観世音寺口城門）について」『大野城と四王寺』九州国立博物館文化交流展示室トピック展示図録
小澤佳憲・大澤正己　二〇〇八年「大野城跡第四六次調査（北石垣地区）C区城門跡出土の鉄製扉軸受金具の理化学的調査」『大宰府史跡発掘調査報告書Ⅴ―平成一八・一九年度―』九州歴史資料館
小澤佳憲　二〇一四年ａ「基肄城跡東北門の唐居敷軸摺穴中に残された軸摺金具について」『九州考古学』第八九号
小澤佳憲　二〇一四年ｂ「古代山城出土唐居敷から見た鞠智城跡の位置づけ」『鞠智城と古代社会』第二号　熊本県教育委員会
小澤佳憲　二〇一四年ｃ「大野城跡第四〇次・四六次・四九次調査出土炭化物の年代測定―土塁中出土炭化材の年代―」『大宰府史跡発掘調査報告書Ⅷ―平成二四・二五年度―』九州歴史資料館
小澤佳憲　二〇一六年ａ「古代山城城門出土の軸摺金具」『築城技術と遺物から見た古代山城』熊本県教育委員会
小澤佳憲　二〇一六年ｂ「日韓の古代山城軸摺金具」『季刊考古学』第一三六号　雄山閣
小田富士雄　二〇一二年「対馬・金田城の築城とその背景」『古文化談叢』第六七集　九州古文化研究会
小田富士雄　二〇一五年「白村江戦の戦後処理と国際関係」『古文化談叢』第七三集　九州古文化研究会
鏡山　猛　一九六八年『大宰府都城の研究』風間書房
菊池達也　二〇一四年「律令国家成立期における鞠智城―「繕治」と列島南部の関係を中心に―」『鞠智城と古代社会』第二号　熊本県教育委員会
九州歴史資料館　一九七七年『特別史跡大野城跡Ⅱ―八ツ波、猫坂地区建物跡―』
九州歴史資料館　一九九一年『特別史跡大野城跡Ⅶ―太宰府口城門跡発掘調査概報―』
九州歴史資料館　二〇一四年『大宰府史跡発掘調査報告書Ⅷ―平成二四・二五年度―』
九州歴史資料館　二〇一六年『大宰府史跡発掘調査報告書Ⅸ―平成二六・二七年度―』
倉住靖彦　一九八五年『古代の大宰府』吉川弘文館
酒井芳司　二〇一七年「大野城跡出土木柱根刻書再考」『九州歴史資料館研究論集四二』九州歴史資料館
杉原敏之　二〇〇六年「大野城出土柱根の刻書」『九州歴史資料館研究論集三一』九州歴史資料館
太宰府市教育委員会　二〇一五年『大野城跡１』太宰府市の文化財第一二五集
太宰府市文化ふれあい館　二〇〇二年『大宰府―人と自然の風景―』
直木孝次郎　一九九三年「百済滅亡後の国際関係―特に郭務悰の来日をめぐって―」『朝鮮学報』第一四七輯
永山修一　二〇〇九年『隼人と古代日本』同成社
奈良文化財研究所　一九九二年「東面大垣西方の調査（第二二三―一六次調査）」『一九九一年度平城宮跡発掘調査部発掘調査概報』
奈良文化財研究所　二〇〇二年『山田寺発掘調査報告』創立五〇周年記念奈良国立文化財研究所学報第六三冊
福岡県教育委員会　一九八〇年『特別史跡大野城跡環境整備事業実施報告書Ⅱ』
福岡県教育委員会　二〇一〇年『特別史跡大野城跡整備事業Ⅴ』福岡県文化財調査報告書第二二五集
松川博一　二〇一六年「文献史料から迫る！」『シンポジウム大城（大野城）の謎に迫る―宇美町からの新たな発信―』資料
山田隆文　二〇一一年「鉄製の門扉軸摺金具について」『勝部明生先生喜寿記念論文集』同刊行会

古代山城とＧＩＳ——大野城・基肄城・阿志岐山城の眺望を中心に——

赤司　善彦

はじめに

考古学の分野でもリモートセンシング技術やＧＰＳ（全地球測位システム）、さらにはＧＩＳ（地理情報システム）が活用されるようになって久しい。基盤になるのがデジタル立体地形図で、ＤＥＭ（*Digital Elevation Model*）と呼ばれる数値標高モデルである。これは地表面に碁盤の目のような一定間隔のマス目をつくり、全てのマス目に一点ずつの標高値を持たせた座標データである。つまり地表面の凹凸を、マス目の高さデータからなる三次元に表示することで、さまざまなコンピュータ処理が可能となる。

こうした新しい技術を用いて、古代山城の地形データを取得しＧＩＳを活用したデジタルアーカイブの構築など、古代山城の新しい研究基盤を確立する試みを行ってきた。二〇〇八年度から九州国立博物館アジア文化交流センターでは、大宰府研究の一環として、毎年度一つの古代山城を選びレーザー計測によるＤＥＭの作成を行ってきた。併せて科学研究費によるＧＩＳと古代山城の研究も実施してきた。ここではこれまで大野城と基肄城を中心に古代山城の土塁線の計測や眺望分析、さらには古地図の重ね合わせの成果をまとめることにしたい。

1　航空レーザー計測による古代山城のＤＥＭ

地形図は等高線によって高低差や傾斜が表示される。その元になるデータは、上空から撮影された航空写真である。例えば山地の地形図を作成する場合には、航空写真に写る繁茂した樹木の表面を立体視することで、地表の尾根や谷が間接的に認識される。そして現地で確認した樹木高を差し引いて地表面の地形を想定するのである。つまり地形図では地表の傾斜はあくまでも樹林の表面をトレースしたデータが用いられるので、実際の地面の凹凸がそのまま反映されてはいないのである。

デジタル立体地形図の基本データが上述したＤＥＭである。国土地理院は5〜10㍍メッシュＤＥＭを一般に提供している。しかし、より細かいメッシュでのデータが得られれば、当然精緻な立体地形図が出来上がることになる。

近年、航空レーザーを用いることで直接地面の標高データを取得してＤＥＭが作成されている。この技術は航空機からレーザー光を地表に発射し、反射して戻ってくる時間差により地上までの距離を測り、航空機の高さを引いて地面の標高を導き出すのである。こうして得られたＤＥＭはデジタル処理を加えることで標高や地形傾斜の度合いを色彩や濃淡で表示することも可能である。例えば樹木に覆われた古墳の場合でも、空中写真では把握できない墳丘や周辺地域の細かな地形変化を色彩と濃淡によって表示することができる。これまで可視化できなかった陵墓古墳の微地形が詳細に把握できた事例はよく知られている。

さらにこれら位置座標にさまざまなデータを重ねて分析するのがGISである。一般的なGISの応用では、例えば降水量や地震あるいは人口などのデータを地図に重ねて表示することで、地図情報として可視化できるようになり、防災や都市計画などに利用されている。

七世紀から八世紀にかけて西日本一帯に築かれた古代山城は規模が大きく、その立地は周辺地形との関わりが強いことからDEMを活用した各種の分析に適している。これまでは、現地に測量杭を設置してトラバース測量後に平板測量を行うなどして、城壁線とその周辺地形が把握され、結果的に一〇〇〇分の一や二五〇〇分の一の地形図に城壁線が表示されてきた。ただし古代山城の城壁線は少なくとも3キロ以上と規模が大きいため、平板測量での地形把握は土塁線付近のみなされて図化されてきた。佐賀県の基肄城は、これまで現地踏査によって土塁線が推定され、その土塁線が二五〇〇分の一の地形図に記載されている。地形図を頼りに現地を踏査してみた。城内は樹木管理のために伐採も行われていることもあって、倒木が行く手をさえぎり現地では土塁を確認することはできず、足を踏み入れることも困難である。草が茂る夏に限らず、樹木の生育状況によっては踏査そのものが困難な場合もある。このように古代山城の土塁線は、測量に手間がかかるだけでなく、その土塁線を探すことすら難しい場合があるのである。

さて、古代山城での航空レーザー計測では、通常の飛行機(固定翼)ではなくヘリコプター(回転翼)に搭載した装置で計測した。ヘリ計測であればスピードを遅くすることができるため、それだけ地表を密度高く捉えることができるのである。一秒間に十万発のレーザーを照射する。この方法では50センチ間隔での計測が可能となっている(50センチ以下でも理論上は可能である)。つまり50センチの高さの構築物であれば、これを計測して表現することが可能となったのである。もちろん、レーザー照射によって得られた点群データから地表面のデータだけを抽出することは、かなりむずかしいが、いくつかの山城を計測してきた経験が蓄積され精度を高くすることができた。これまでに大野城、基肄城、高良山神籠石、阿志岐山城、石城山神籠石の五ヶ所の古代山城について航空レーザー計測を実施した。

2　基肄城のレーザー計測

古代山城での航空レーザー計測について基肄城を例に成果を記したい。基肄城は博多湾からおよそ20キロ内陸に入り込んだ基山に築かれている。『日本書紀』によれば、六六五年に大野城と基肄城を、百済の亡命高官を遣わして築いたと記している。六六三年の白村江海戦で日本が唐と新羅に敗北したことにより、朝鮮半島に最も近い最前線に山城が築かれたのである。こうした山城は、それ以前の歴史には登場しない。山城は山岳地形に富んだ朝鮮半島で誕生し、高句麗・新羅・百済が互いに抗争を繰り返した三国時代になって発達した。最新の城塞施設であった山城は、文献記録で確認される限り、この時初めて導入された。基肄城と大野城は我が国最古の山城ということになろう。

この基肄城も現地踏査によって土塁線が推定され、その土塁線が二五〇〇分の一の地形図に記載されている(第1図)。城内の中央を南に流れる筒川の谷筋に、南水門と呼ばれる石塁と水門が設けられている。基肄城ではこの谷筋を囲むようにして馬蹄形の尾根線に土塁が巡っているのである。その延長は約4キロ以上に及ぶ。西側は広い範囲で斜面をなし天然の防御面となっている。現在、草スキーの場として利用され、家族連れで賑わっているのでご存じの方も多いだろう。このように自然地形をそのまま活かして城壁を築いているのが特徴である。土塁には三箇所の門が想定されている。北の北帝門、東北門、そして南水門と連結した南門である。

先述したように現地踏査でも土塁線付近の樹木が倒木によって、踏み入ることもできない場所があり、土塁の現認ができないところもあった。もちろん航空レーザー計測も万能ではない。樹木の葉や草をレーザーが透過するわけではないからである。一秒間に十万回という数多く当てることで、地面までレーザーが到達する確率が高いということである。そのため、青葉茂る夏ではなく、葉が枯れた冬に計測を行うのが望ましい。

第2図は、基肄城の地形をレーザー計測した図である。50センチメッシュの標高データをもとに立体地形図を作成した。この図の表示では、傾斜が強いほど濃い色で表示した。土塁線が良く捉えられており、頂上西側の土塁にある通称「イモノガンギ」と呼ばれる土塁の切れ目も計測できている。第3図は傾斜図と部分拡大図である。拡大図で分かるように、

第１図　基肄城全体地形図

第２図　基肄城 DEM 傾斜区分図　土塁線がはっきり判断できる

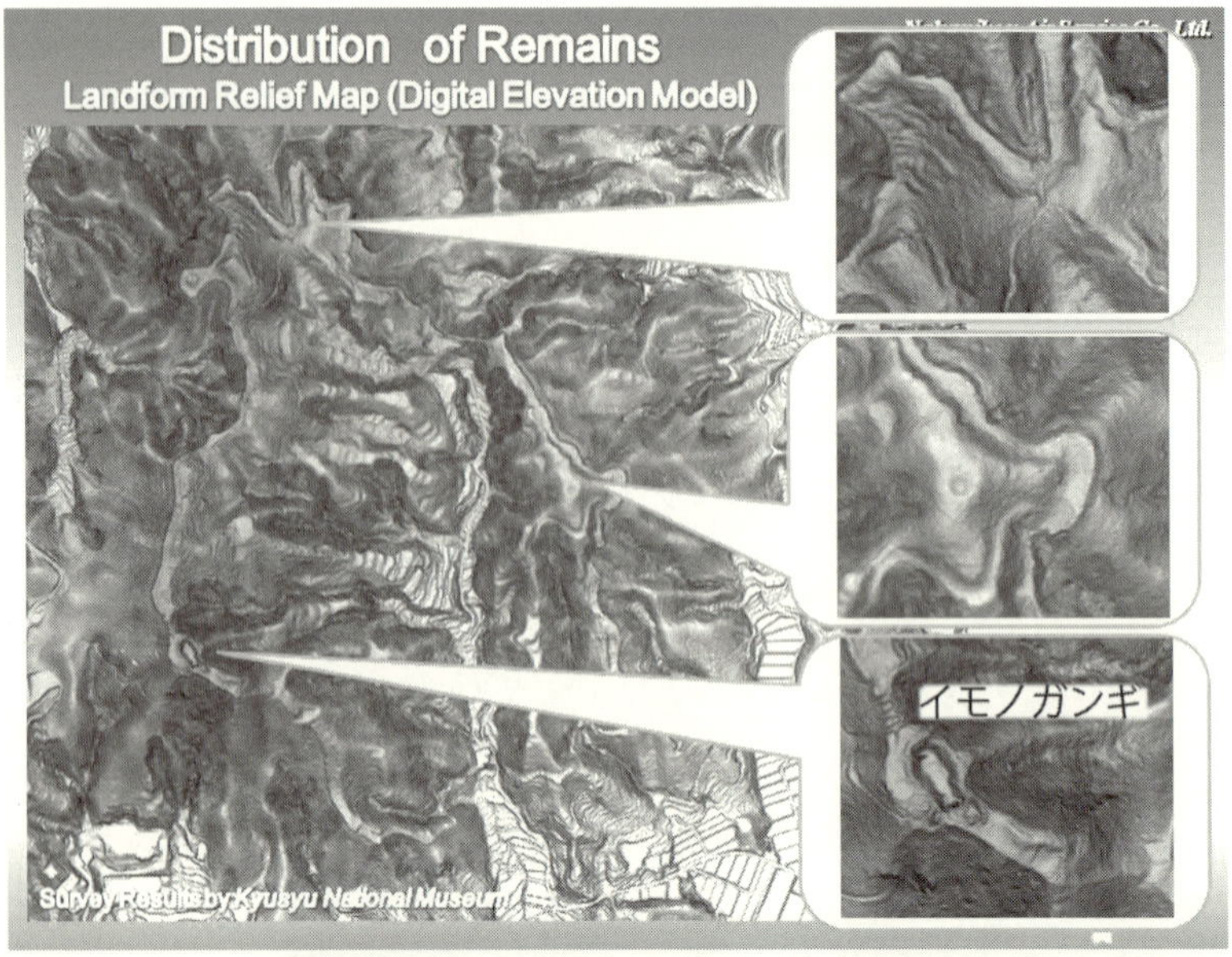

第3図　基肄城DEM傾斜区分図とその拡大図

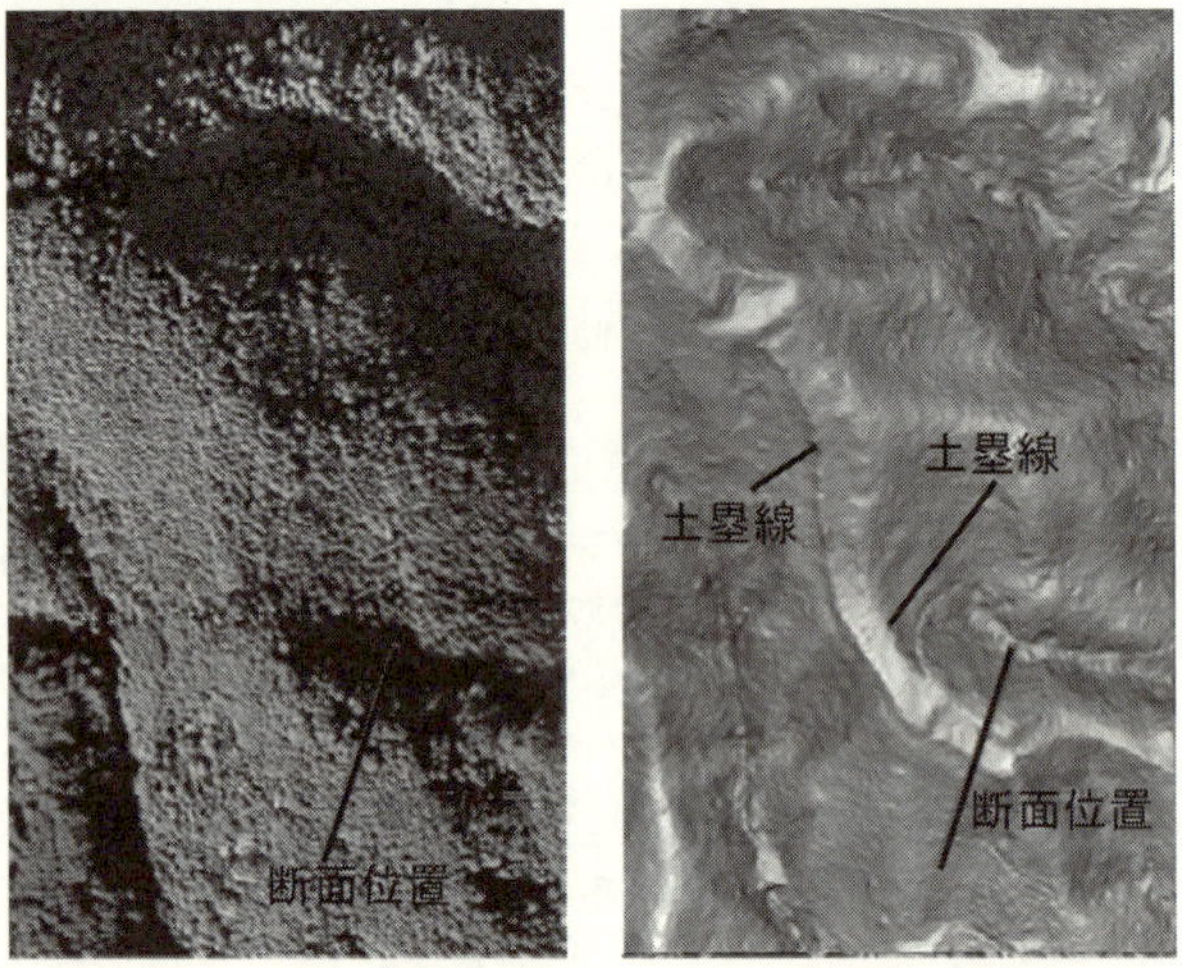

第4図　基肄城航空写真（左）と基肄城DEM　同じ場所

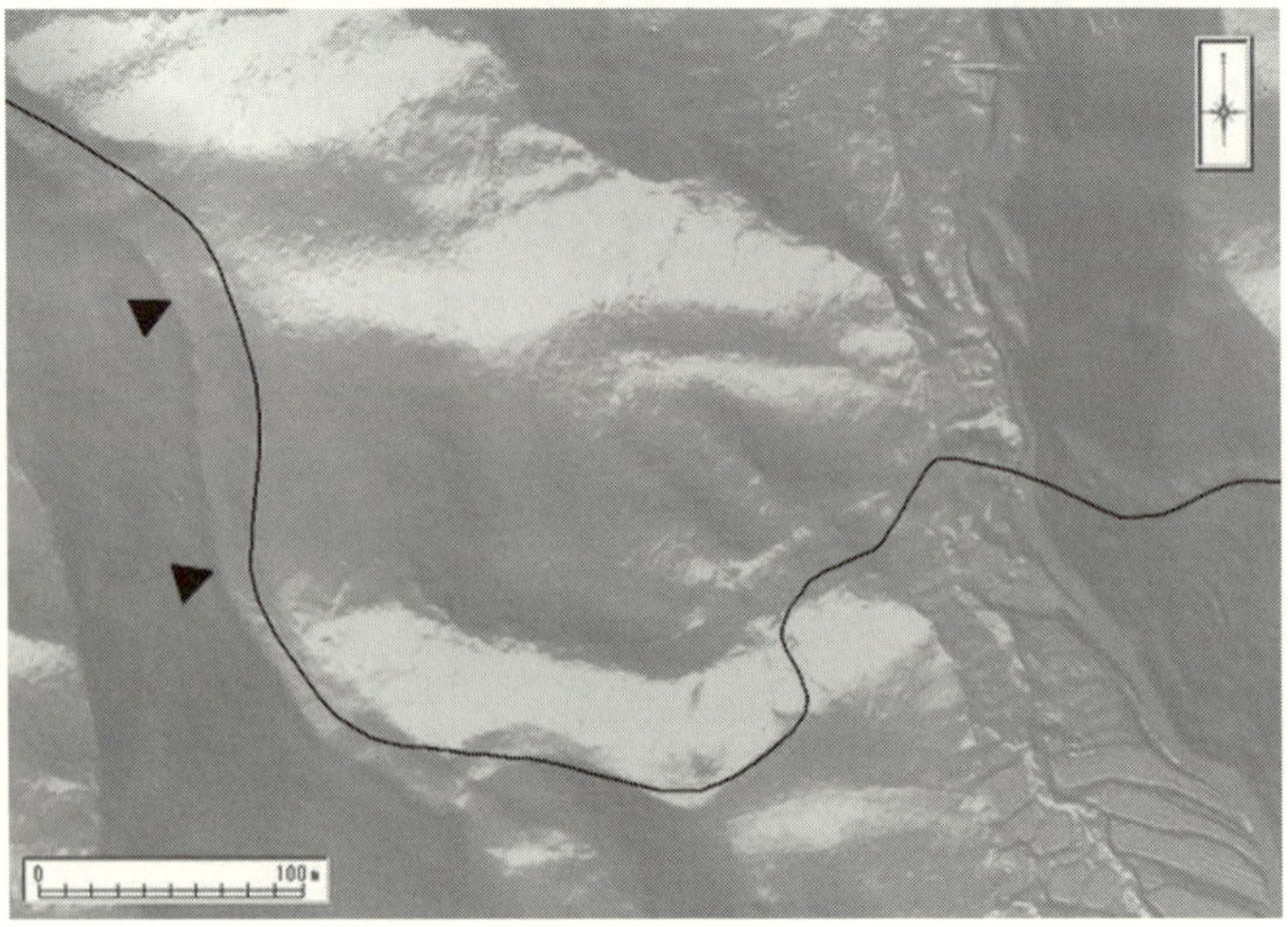

第5図　基肄城南西土塁のDEM地形図の土塁線（実線）をDEMに重ねた

基肄城の土塁は尾根の外側寄りを急傾斜にして、土塁を設け、その内側に一段低く平坦地を設けている。このように土塁の正確な位置や周辺微地形との関係を明らかにすることができたのである。第4図は基肄城の南西部土塁の同じ地点の航空写真画像とレーザー計測図を比較している。樹林の葉や下草の反射もあるが、確実に地表面の反射データも得られている。1㍍ほどの高さの土塁をスキャンできていることがお分かりになると思う。ヘリコプターを用いた密なレーザー計測であれば、樹林に覆われた地点でも、微妙な起伏の違いから土塁線を明瞭に表すことができるのである。

これだけではまだ土塁線は確定しない。あくまでも地表の起伏を捉えてはいるが、やはり現地での再確認が欠かせないのだが、測量機器も近年は進化し、携帯GPSを用いることで、現地踏査で再確認した土塁線の観測データを簡単に得ることができるようになった。第5図も基肄城の南西部土塁のDEMの上に、これまで地形図に示されている土塁線を黒い実線で重ねた図である。▲印で指しているところがＤＥＭの微地形で読み取れる土塁線である。これほどズレがあるのである。ＤＥＭによって土塁線が想定できるので、今後はＧＰＳによる現在地の特定と合わせることで現地踏査が容易となる。

このようにＤＥＭによって土塁の正確な位置情報を得ることができた。これに種々の土塁の属性(外壁式・両壁式・折衷式、列石の有無、石築・土築、土塁の有無等)を反映した土塁線のデータベース化や、ＧＩＳソフトによる地形分析等が実施でき、新しい古代山城の研究につながると思われる。

3 土塁線確定の重要性

一般に古代山城の城壁は、山腹から山頂にかけて全周していると考えられている。それは山城といえば、中世から戦国時代にかけて各地の大名や領主が築いた中世山城の縄張りのイメージがあるからであろう。多彩な城郭施設によって防御を固め、城壁も人工的な構築物として各地でその築城の技術力が大いに競われていた。こうしたことから、古代山城も当然にして土塁や石垣が備わっているのが当たり前のように思われていたのである。しかし西日本一帯での古代山城の調査が進展した結果、神籠石式山城では城壁が全周している例は、実は稀であることが分かってきた。

大野城の土塁も明瞭でない部分が多い。大野城の城壁についての研究史では、戦後に大宰府研究を確立された故鏡山猛(九州大学名誉教授・九州歴史資料館初代館長)氏の業績は避けて通れない。一九六八年に出版された鏡山猛著『大宰府都城の研究』には、踏査によって三〇〇〇分の一の地形図に土塁線が記されている。これによれば、城壁線の北半は土塁が判然としないことから、破線による表示であった(第6図)。ところが大野城跡の正式な発掘調査報告書の第一集が一九七六年に刊行された際には、全ての土塁が実線で表示されている。しかも南北が二重土塁として認知されている。

この間の事情を紐解くと、大野城は一九三二年に礎石群や門礎遺構などの点在する個所が史跡指定され、それが一九五三年にそのまま特別史跡へと昇格した。しかし、一九六〇年代以降に、不動産業者による大野城跡内でのゴルフ場建設計画を契機として、山城全体を保存する必要から城壁の踏査がなされ、一九七六年に標高100～120㍍以上が追加指定され

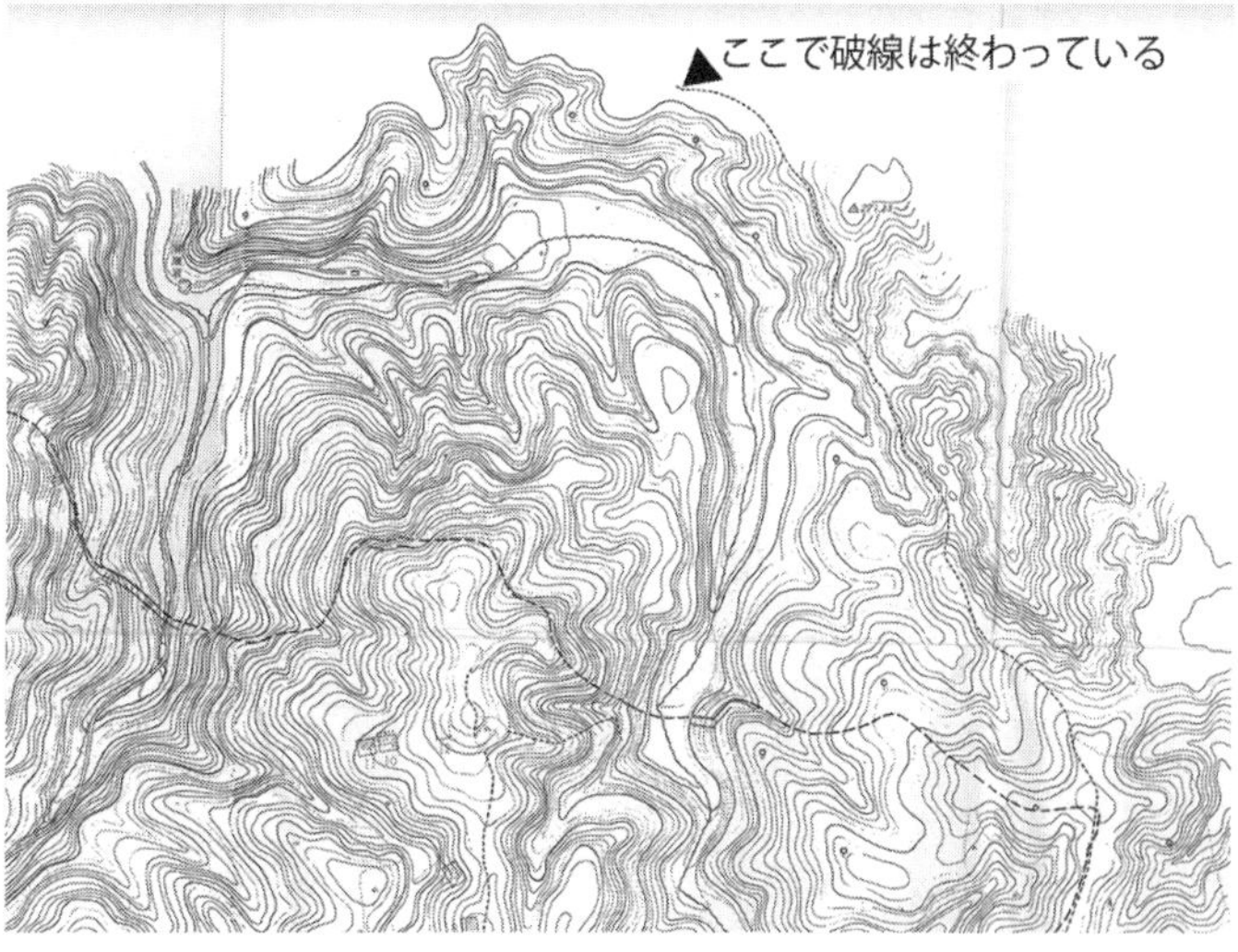

第６図　1968 年の大野城地形図と土塁線
土塁線は破線で記され全周していない

ることになった。保存の観点からは大変歓迎されるべきことであったが、その頃から城壁線は実線で表示されることが定着したようである。そのため、大野城の土塁線はすでに確定しており、しかも全周しているという見方が研究者の間でも流布してきた。

このように、これまでは漠然と地形図に引かれた城壁線の存在が半ば定説化していたが、航空レーザー計測による1メートルメッシュのDEMを作成したことで、土塁線を確実にとらえることが可能となった（第7図）。今後、城壁線とされてきた個所の断面図の再検討や、周辺地形との立地分析が可能である。

任意の地点での断面図作成では増長天地区の倉庫建物と土塁の関係を図化してみた（第8図）。倉庫群が土塁に接して立地し、土塁の内側に平坦な面があることから、土塁内側が物資の搬入や移動のための通路の役割を果たしていることを示すことができる。これまでの地形図では、こうした詳細な断面図の作成は不可能だった。

さて、今後GISによる分析で最も期待されるのが、地形と土塁線の関係である。土塁を構築しようとした場所が、どのような地形に立地しているのか、言い換えるならばどのような地形を利用しようとしたのかを知ることは、山城の戦略を考える上で最も重要である。詳細なDEMを活用すれば、土塁とその場所の地形の傾斜度との相関関係を考察することができ、土塁の構築傾向や土塁構築のコストを明らかにすることができると期待される。

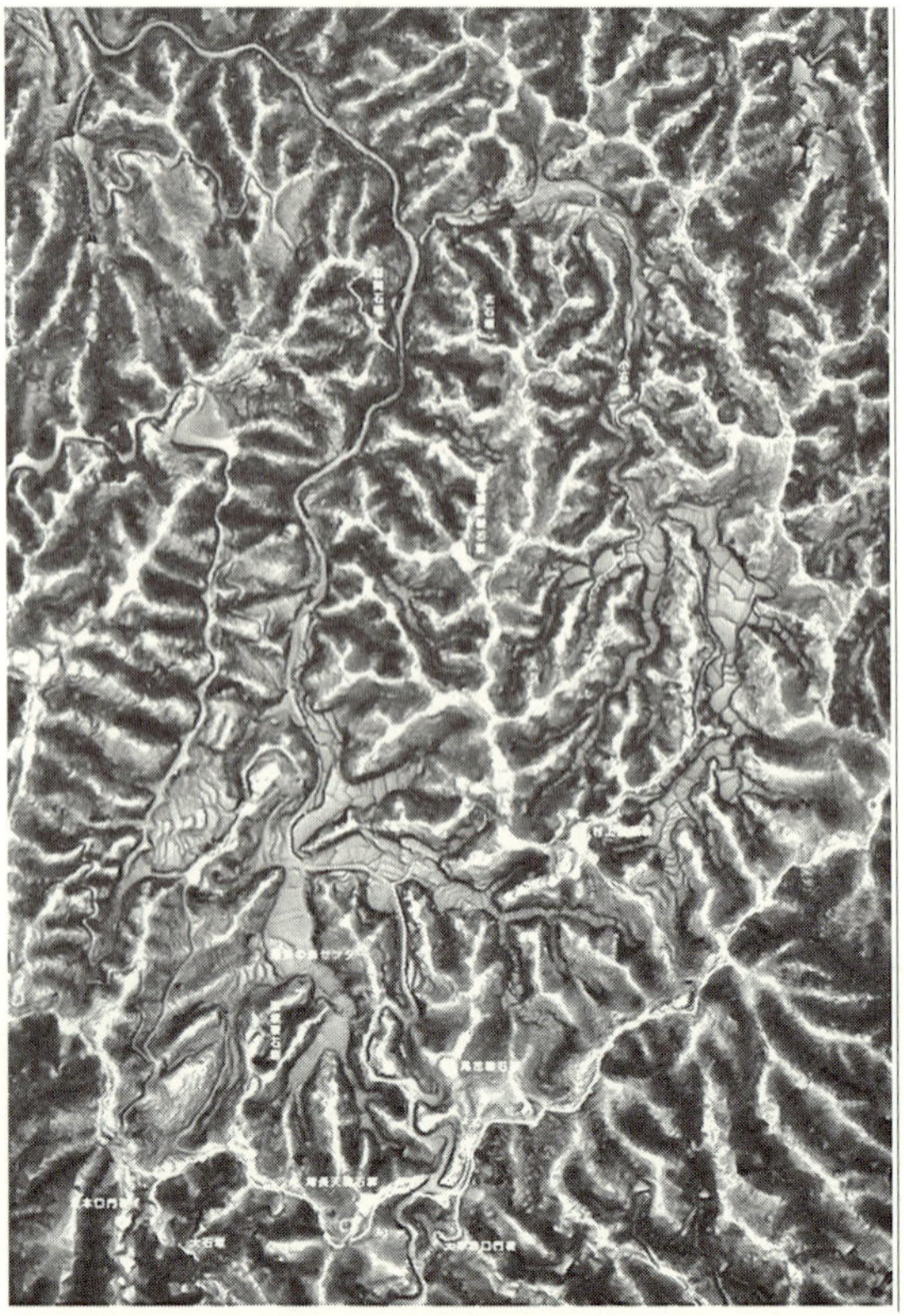

第７図　大野城 DEM

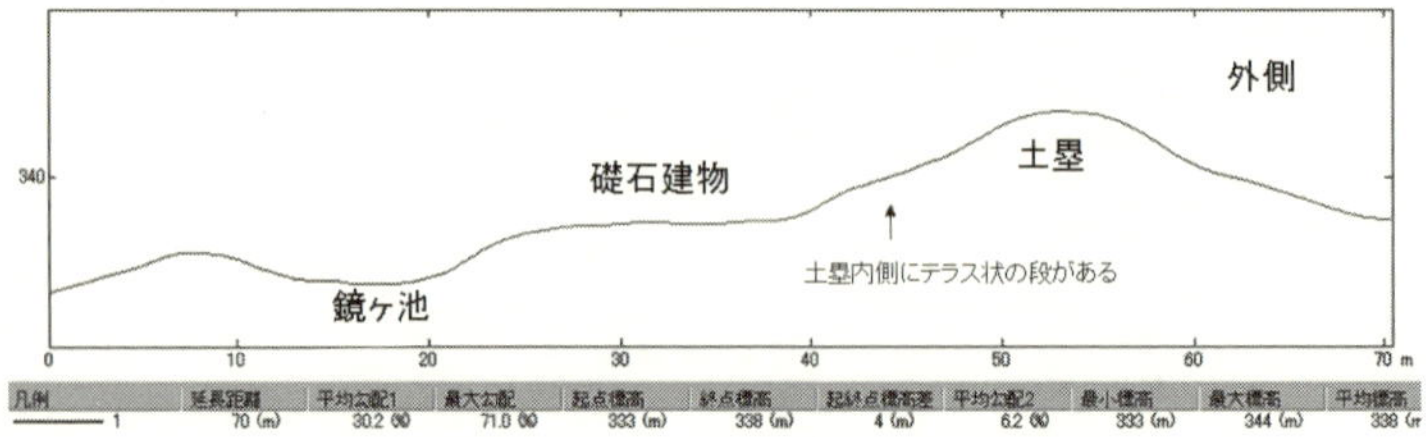

第８図　大野城増長天地区 DEM からの断面図

4　古代山城の眺望分析

古代山城のDEMを用いて、今後はGISによるさまざまな分析を行うことが可能となった。たとえば現地の任意の地点に立っても、樹木に覆われているので眺望は望めない。また古代には樹木は伐採されていた可能性が高い。そこでGISソフトを用いると、各任意の地点からの眺望範囲を地図上に表示することが可能となる。

今回、大宰府の外郭防衛ラインを担う大野城・基肄城そして阿志岐山城の可視領域の分析を行った。どこからどのように見えるのかという観点は、山城の築城のみならず各種建物造営の場所選定を考えるうえで重要だからである。

　最初は大野城内での眺望である。(1) 大野城のある四王寺山は北に開く大小二つの谷を取り込んでいるために、地形は外側が馬蹄形を呈して、中央が小盆地状の平坦な尾根線を形成している。城壁線はすり鉢の縁のように巡る外側の高所に築造され、城内の八つ手状に伸びる尾根線や丘陵斜面に主に倉庫からなる建物群が形成されている。奈良時代から平安時代前期を通じて稲穀を収納した主に礎石式の高床倉庫が六カ所にまとまって確認され、六〇棟近く営まれていた。これらの稲穀は有事に備えた兵糧であり、さらには管内の非常事態に備えた特別財源でもあったと考えられる。そのため郡衙正倉のように国家による長期的な保存管理がなされたとみられる。自然災害のみならず日常的に監視する必要があり、見回りだけでなく全ての倉庫建物が見渡せる場所があれば衛士を常駐させる監視所を設置していた可能性が高い。

　その候補としては、まず城内の中央盆地状の尾根に位置する主城原地区が考えられる。他の八ツ波・村上・尾花・増長天・猫坂地区では倉庫建物のみ造営されているのに対し、主城原地区でのみ掘立柱建物が三棟確認されている。このうちの二棟は規模の大きな建物で、管理棟的な役割が考えられているからである。これまでのところ、大野城内での中枢的な機能を果たしていた場所とみられている。

　さらにもう一つ前田地区も候補地と想定される。前田地区は現在の四王寺山にある集落とその周辺地区である。これまでに発掘調査は行われておらず明確な建物が検出されてはいないが、かつて八世紀後半の「館」銘墨書須恵器皿が採集されている。比較的平坦地が確保しやすく、また城内交通や水の確保という条件に恵まれた拠点的な場所とみられている。

　第9図の1は、大野城の主城原地区から眺望可能な範囲を表示している。主城原地区からは、城内の倉庫群のある地域をすべて見通せること

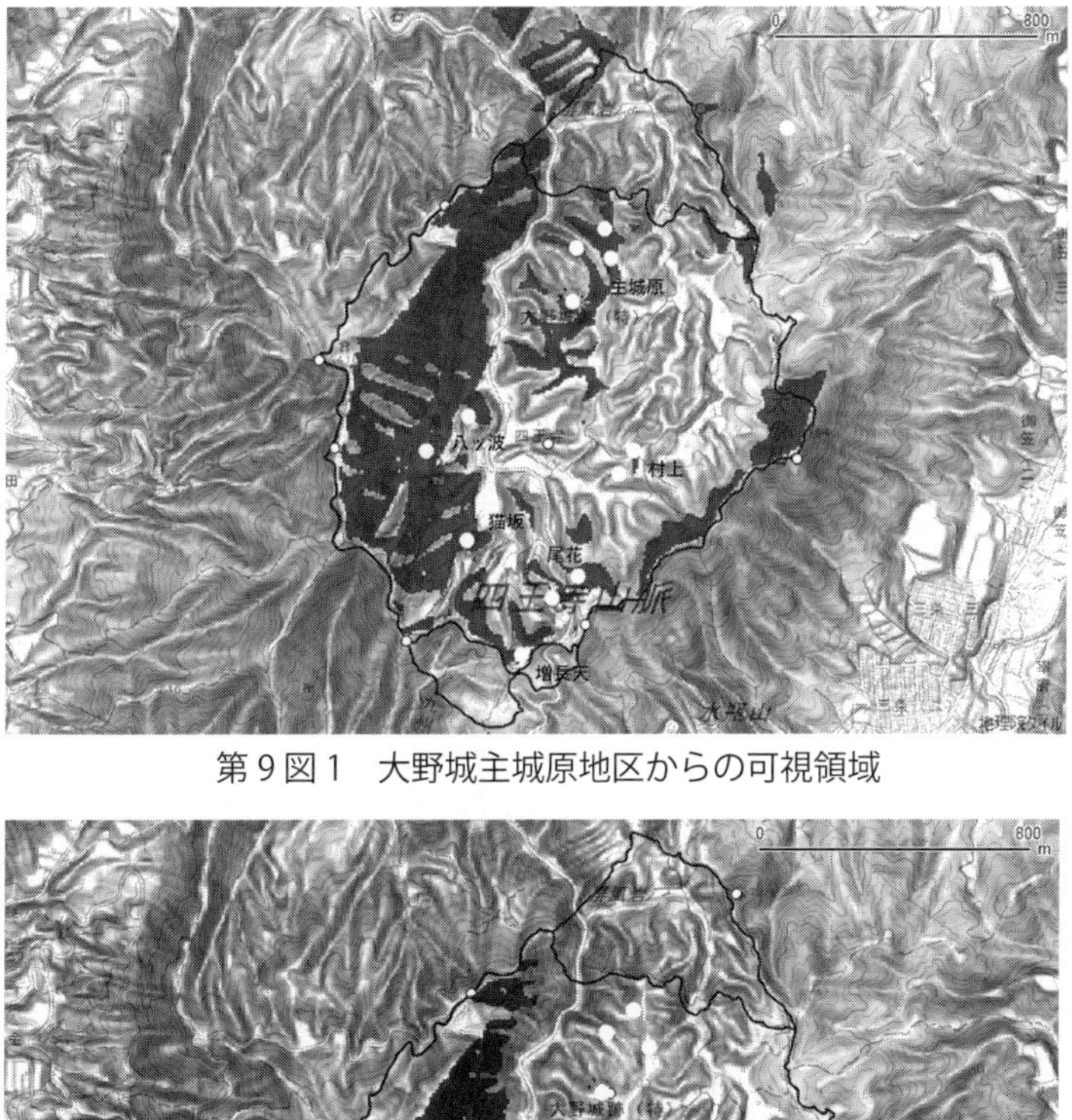

第９図１　大野城主城原地区からの可視領域

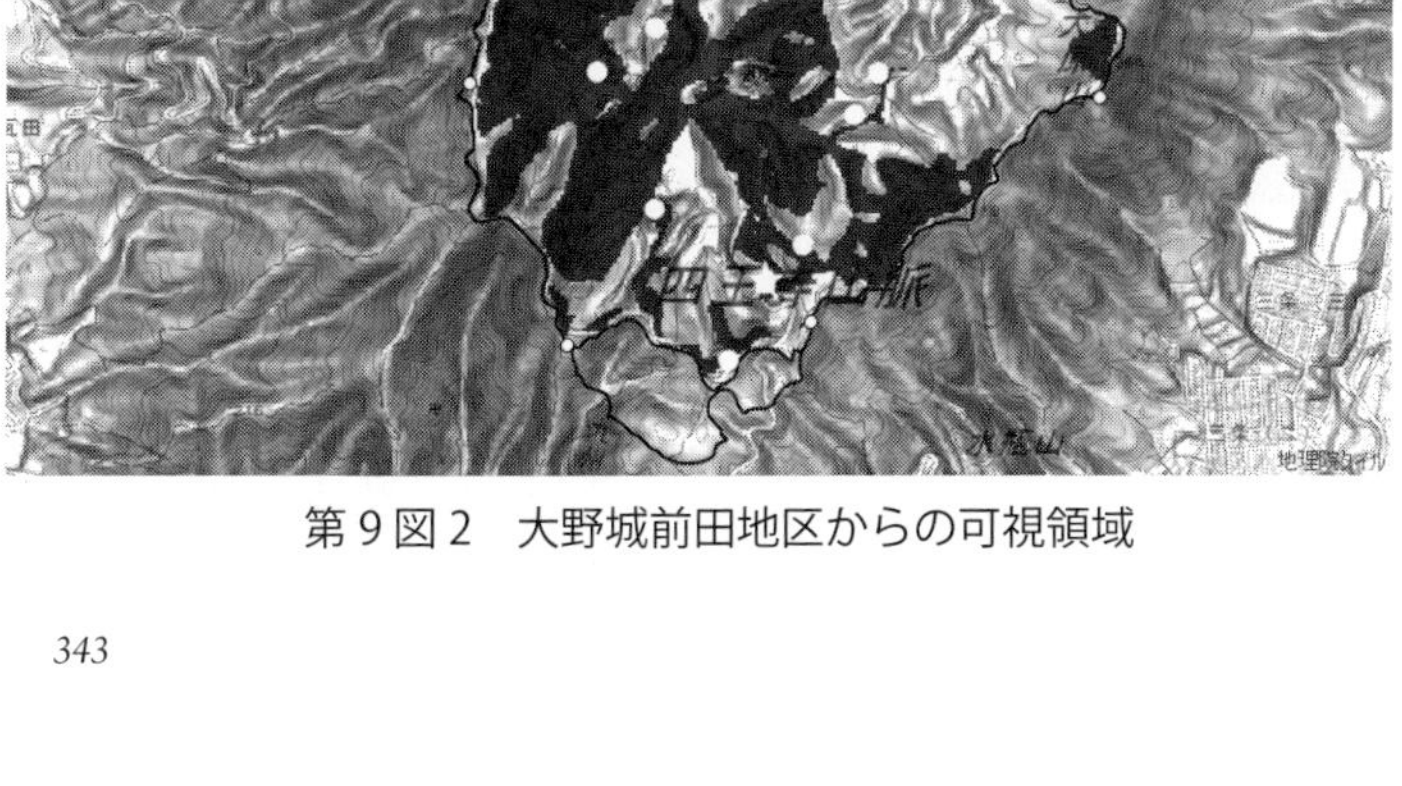
第９図２　大野城前田地区からの可視領域

が分かる。村上地区のみは全域ではないが、点的に可能なので建物は視認できる。これに対して前田地区からは主城原地区が全く視認できない(第9図2)。谷筋に立地しているため、高地にある主城原地区は見通せないのである。こうして比較すると倉庫群の監視という点では、主城原地区の方が倉庫群を眺望する位置としては最適だと想定できる。

次に基肄城内の倉庫群と平地からの眺望について考えたい。基肄城の城壁内の面積は大野城の約半分と狭い。また、深い谷を挟み北で連なった二つの尾根からなり、その尾根の斜面や尾根上を平坦に造成して倉庫群を構築している。基肄城には四〇棟の礎石建物がこれまでに確認されている。発掘調査はほとんど実施されていないので、掘立柱建物については不明である。礎石建物の配置は城内の随所に分散配置されている大野城とは異なる。谷の東側尾根上には三棟のみで、残りの三七棟が西側尾根斜面に偏在し、派生する小丘陵ごとに数棟ずつ計画的に配置されている。このような立地であることから、西側尾根斜面や谷を挟んだ東尾根上との倉庫群相互の視認性は高く、城内であれば管理のための監視はほとんどの場所から可能である。

この礎石建物はそのほとんどが三×五間の高床倉庫で、規模と柱間寸法は大野城と同じである。特徴的なのが大礎石群と呼ばれる三×一〇間の礎石総柱建物の存在である。奈良の正倉院の宝庫も内部が三つの倉に仕切られた板倉造りであり、大礎石群各群も同じような構造だった可能性が考えられる。城内の倉庫群は相互に視認できる関係にあるが、この大礎石群はこれらが集中する西側丘陵の尾根最高部に近い平坦面に単独で立地している。他とは明らかに隔絶した超大型の穀倉は、地方の郡単位で置かれた正倉のなかで、一棟もしくは複数棟建設された長倉形式の倉庫で文献史料の「法倉」と呼ばれる特殊な穀倉に通じる。正倉の多くは「凡倉」と文献史料に記された倉庫で、種籾や食糧として農民に出挙され、その利稲は中央への貢進に充てる費用や、国府の維持のための財源となる。これに対して法倉は飢饉等の災害に際して、民衆救済の目的で天皇から下賜される賑給用の倉とみられている。まさしく地方支配を支えた建物だったといえよう。このように法倉は律令国家の威信を表す象徴的な建物であることから、建物の威容が目立つ場所に立地し、天皇の徳があまねく民衆に認識されることが重要となる。東国では、官道に面して建てられ、柱は朱塗りされていたことが分かっている。

第10図は、基肄城の大礎石群からの眺望範囲を示したものである。先述したように基肄城内の建物が造営可能な地形の中では最も高所に位置している。そのため、城内の各所から見通せる位置にあるのは当然であるが、さらに城外にも眺望できる範囲は及んでいる。筑後平野の遠くま

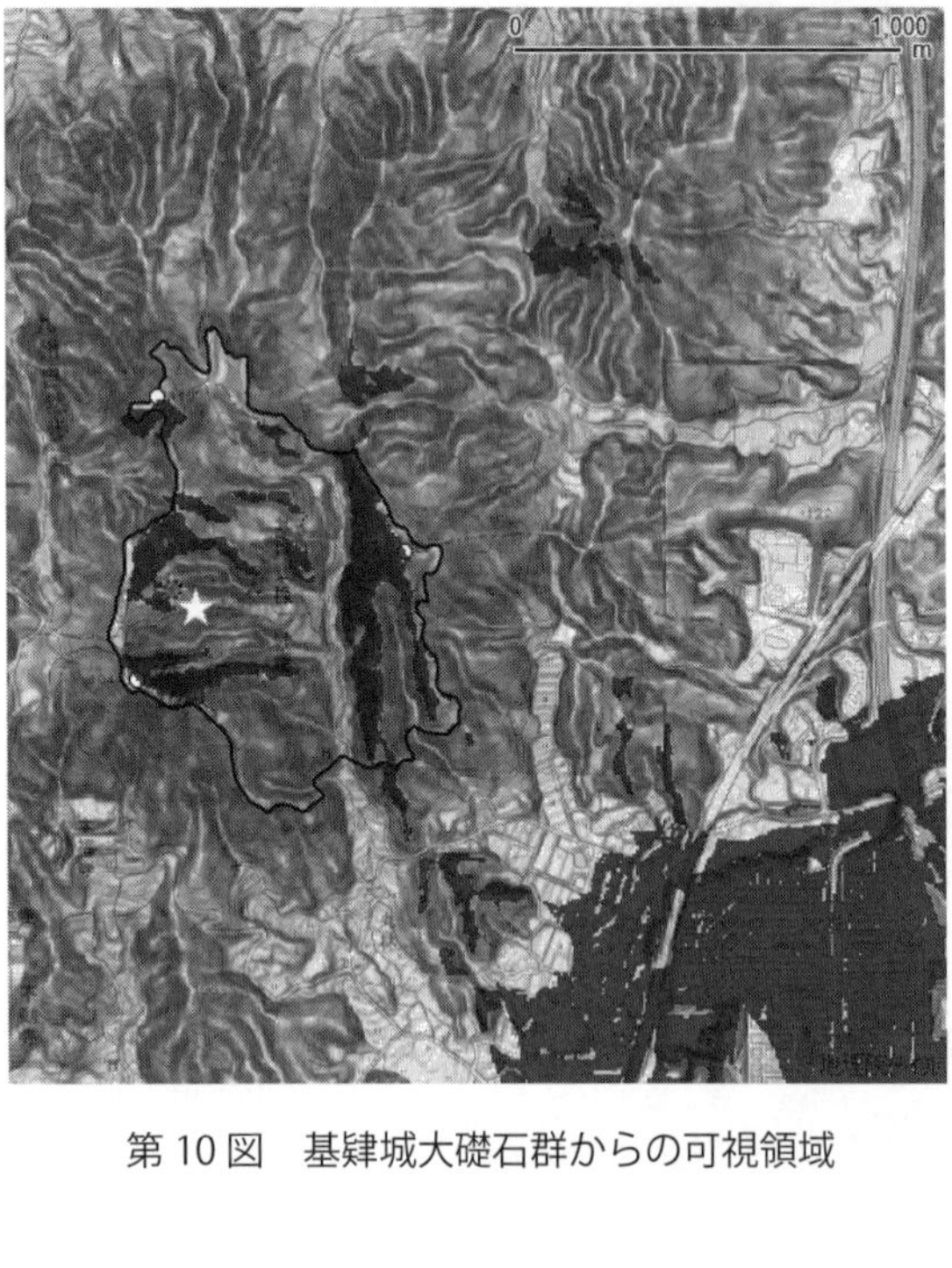

第10図　基肄城大礎石群からの可視領域

第11図　基肄城麓からの眺望（★が大礎石群）

で見通せたと思われる。これが大野城と最も異なる特徴かもしれない。大野城の場合、大きく北に向かって谷があるが、外部に眺望は開かれていない。そのため、大野城内の倉庫群は周辺から視認されることはない。これに対して基肄城の大礎石群は、眺望のきく場所に立地している。なかでも基肄城の中央に位置する筒川の谷が大きく南に開析しているので、周辺の麓部からは特に城内を見通すことが可能である。第11図は麓の平野部から基肄城を眺望した姿である。大礎石群の位置を★印で示している。このように麓の低地からは、大礎石群の倉庫建物のそびえるように立つ姿を望むことができたのである。

　ところで、この基肄城の東山麓にある台地は、大宰府から筑後国・肥前国に南下する駅路が通過していたと考えられている。大礎石群を高所にして居並ぶ倉庫群の景観は、古代の主要幹線道を利用して大宰府と各国を往来する人々に強烈な印象を与えたに違いない。むしろ、官道からの景観を強く意識し、国家の力を誇示した倉庫群の配置だといえるかもしれない。なお、この東麓の推定官道は万葉集にうたわれた「城の山道」として知られるが、近年の研究で基肄城の内部を通過する峠道も想定されている。大宰府に向かう古代の道路が複線だったと考えられ、さらにはこの峠道こそが「城の山道」だった可能性も考えられている［小鹿野二〇一〇］。この城内を通過する道であれば、倉庫群の景観はより際立っていたことと思われる。

5　大野城と基肄城からの景観

　古代の大宰府が設置された二日市地峡帯の低地は、周辺を山地に囲まれているため、盆地状の地形をなす。北側は福岡平野へとつながり、そのくびれ部に水城が築かれる。水城の東には四王寺山がそびえ、この山中に大野城を築く。そして、四王寺山より約10㌔南方の基山に基肄城が築かれている。さらには東側の宮地岳には阿志岐山城が築かれている。これらのうち大野城・基肄城・阿志岐山城の三つの古代山城は標高が340～410㍍の山に築城している共通性がある。また、谷筋の最も低地に設けられる水門が、平地近くではなく高い位置にあることも同じである。ただし大野城と基肄城は山頂部を城内に取り込むが、阿志岐山城は標高約340㍍の宮地岳の北西約五分の二に列石土塁が巡っているのみで、山頂部には城壁が及んでいない。多くの神籠石式山城には城壁が全周していない特色がみられることから、阿志岐山城も背後に控えた山頂も城域の一部と考えてよいと思われる。事実、城壁線は山頂方向を指向していることから、山頂からの眺望を前提にした選地だったと考えたい。ここではこれらの山城の眺望範囲を示し、相互の関係について記すことにする。

　最初に大野城の可視領域を示す（第12図）。これは土塁線上の中で高い位置にある北側二か所・西側二か所、南側二か所、東側一か所からの可視領域を重ねた図である。

　北側の博多湾方面では一部で見通せない方向がある。そこは大野城の山頂である大城山から北に派生する乙金山や井野山、そして月隈丘陵の位置する場所である。標高が高いためその背後の地点は見通せない。標高200㍍以上の山稜が視認を遮っているのが分かる（第13図）。しかしながら、標高は大野城よりも低いので博多湾の沿岸は遠望でき、能古島や志賀島も充分視認可能である。南側は二日市地峡帯で、さらに南には九州最大の筑紫平野が広がっているが、このうち筑紫平野を構成する福岡県側の筑後平野の一部と耳納山脈まで視認可能である（写真1）。ただし、脊振山系があるため、佐賀県側の佐賀平野は眺望できない。なお、基肄城と阿志岐山城も視認できる。

　次に基肄城は、筒川の谷を挟んで西峰と東峰の地形からなる。西峰の北側にある最高所の筑前坊住（414㍍）と、南の最高所坊住山（404㍍）、さら

第12図　大野城の土塁線から可視領域

第13図　大野城から北方の眺望

写真1　大野城尾花地区土塁付近より南を望む

写真２　阿志岐山城より北東を望む
（筑紫野市教委　2008より転載）

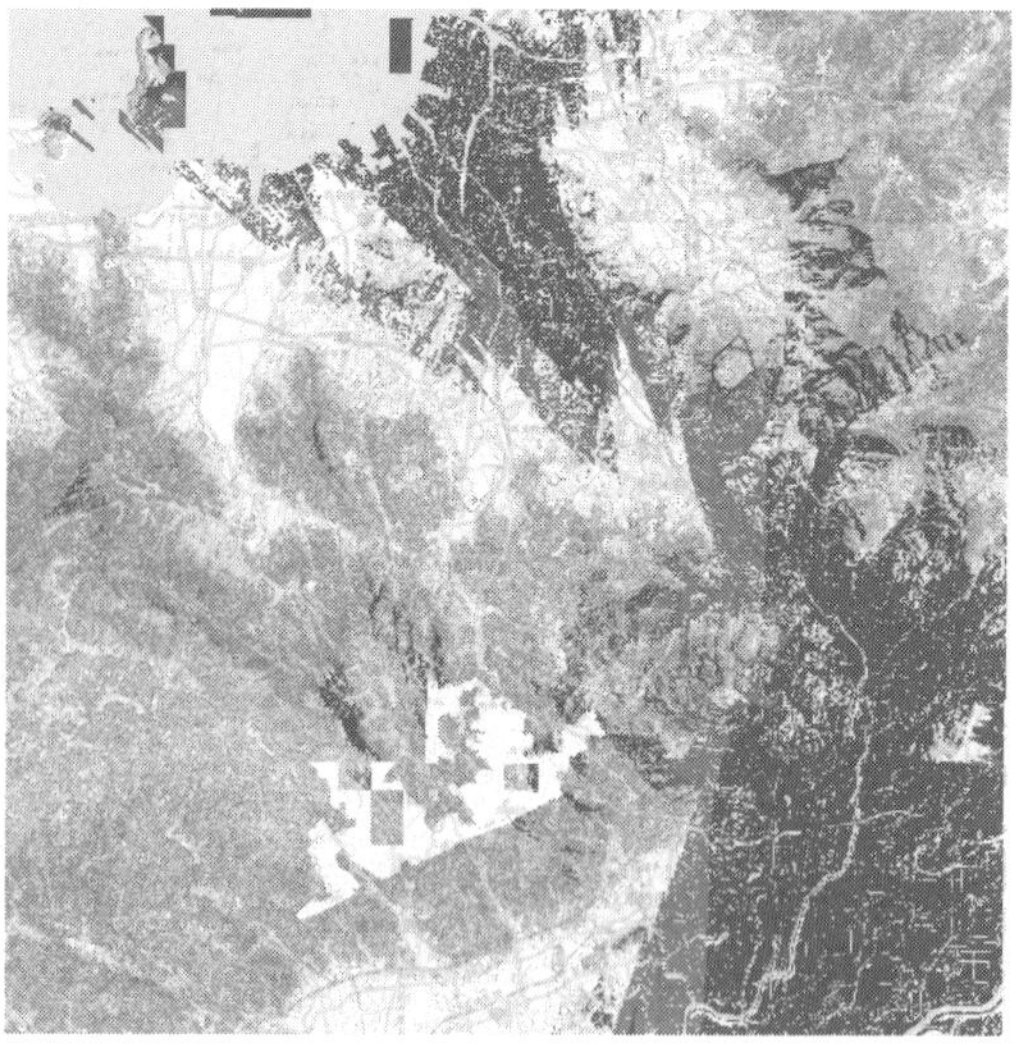

第14図　基肄城土塁線からの可視領域

第15図　阿志岐山城からの可視領域

には、東峰の東にある最高所（327メートル）の三地点からの可視領域を分析した（第14図）。可視できる範囲が意外に広いことに驚く。北側の博多湾側も基肄城から部分的に見えない地域もあるが博多湾に浮かぶ志賀島と能古島も眺望できるのである。基肄城は脊振山系の東端に位置しているので、筑紫平野のうち、佐賀平野との境界である筑後川下流域までの全域を視野に収めることができている。南の耳納山もよく見え高良山神籠石の位置する高良山も眺望できる。

筑後川右岸の佐賀平野側については、基肄城の東南部に鳥栖市城山（498メートル）や石谷山（754メートル）が遠くの平野部の視界を遮っている。筑後川下流は天候に恵まれれば有明海や島原半島の雲仙岳も見ることが可能である。

最後に阿志岐山城の可視範囲である。阿志岐山城の城壁を延長した宮地岳山頂から南へ続く尾根線からの眺望である（第15図）。山頂からはこの尾根先端によって南が視認できないからである。南側は、脊振山系の背後になる佐賀平野を除いて、筑後平野をほぼ見渡すことが可能である。また、北東側は大野城や水城を望むことができる（写真２）。基肄城も視認できる位置にある。

これら大宰府周辺の古代山城は相互視認できる位置に立地している。なにより、北の大野城からは福岡平野と博多湾の視認性が高く、南の基肄城からは東と南の筑紫平野を望む位置にあることを図で示すことができた。あくまでも可視できる範囲であり、天候がすぐれないことが多いので、実際には20㌔を超えると見えなかったと思われる。そのための連絡網が烽火制度であるが、築城に際してはやはり敵をいち早く目視できる目的で山城の立地が選ばれたと考えられる。

6　古地図をデジタル地形図に重ねる

大野城と基肄城の研究に欠かせない古地図に、文化三年（一八〇六）頃に制作された『太宰府旧蹟全図』がある。大野城跡と大宰府政庁や観世音寺の町並みを記した「大野城太宰府旧蹟全図北」（北図）と、基肄城跡を主題にした「椽城太宰府旧跡全図南」（南図）の二図からなる。今日の大宰府跡を中心にして北の大野城跡や南の基肄城跡にフォーカスを定めている。作者も制作の意図も定かではないが、近世の終わり頃に、大宰府政庁跡をはじめとする大宰府周辺の遺跡に対する関心の高まりの中で制作されたものと考えられている。

この旧跡全図については、発見の経緯や再発見の意義が整理されている［高倉 一九九六］。最も注目されるのは、大宰府跡に関連するさまざまな地名や寺院や城などの名所旧跡を書き入れただけでなく、その由来など作者の見解や解説が付けられているところで、単なる古地図ではなく一種の研究書である。

北図の大野城を例にみてみよう。山城の土塁線が明確に線で示されてはいないが、土塁線内側を濃く彩色して周囲とは区別することで、大野城の範囲を示している。城内には礎石の分布も記され、さらには城門遺構を示す注記がある。これまでの発掘調査で確認された所在地とほとんど差はない。もちろん、精度の高い測量図ではないので、位置関係は心許ない。図中の地点によって縮尺は一定ではなく、周辺部ほど縮尺を小さくすることで全体を紙面に収めようとする傾向が伺える。縮尺はおよそ三六〇〇分の一と思われる。また、地名や遺構の注記は、同時代の地誌の記述と合致しないところもある。二〇〇〇年前の情報とはいえ、古代に最も近い史料として貴重である。

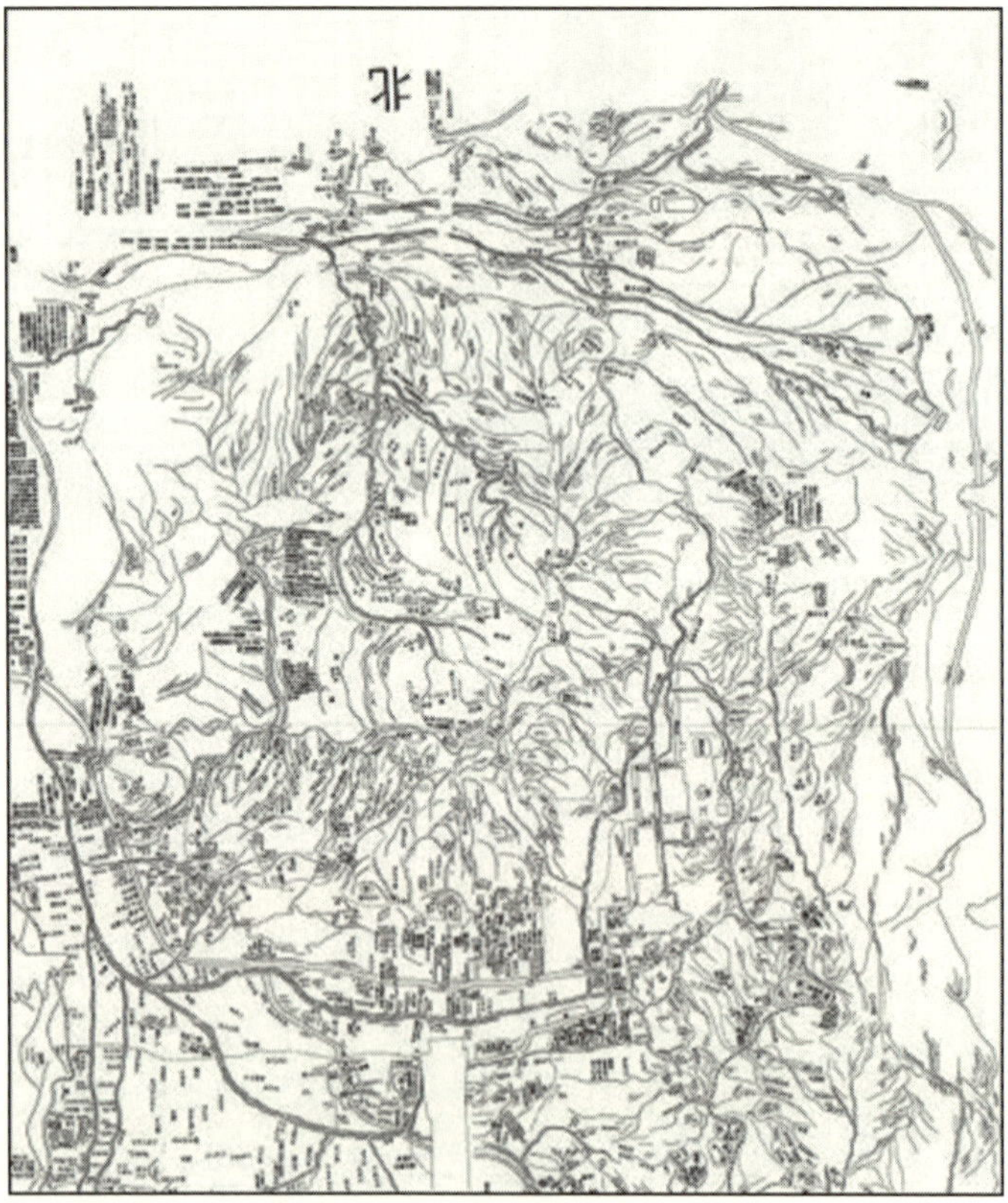

第16図　「大野城太宰府旧蹟全図北」（北図）書き起こし図
（太宰府市 2001 より転載）

近年、この古地図が注目された。二〇〇三年七月の豪雨で大野城一帯が被災し、土塁を中心に各所が崩落した。その復旧工事に先立つ発掘調査がなされたが、大野城南辺に位置する原地区の土塁では、この時の調査で新たに原口城門が発見された［太宰府市教委 二〇一五］。この箇所の土塁に窪みがあり、そこに埋まった石材が発端だったのであるが、北図にはこの地点に「大足」の注記があった。古代交通路の要所に「足」の名称が用いられることから、古代に存在していた城門が埋もれた後も土塁切り通しの通行路として使用されていたのである。大足は早道の意味と思われる。この古地図が大野城の埋もれた遺構を知る上で重要な手がかりであることが再認識されたのである。

　このように、太宰府旧跡全図は大宰府研究の一級資料であるとの認識から、太宰府旧蹟全図の書き起こし図も制作された（第16図）［太宰府市二〇〇二］。これを大野城のDEMに重ね合わせる作業を試みた。古地図を幾何補正してDEMに重ねるためにどのような座標の相対化が望ましいのか課題はあるが、古地図の中の小河川や土塁線と見られる鉄道路線の表示あるいは古道などの特徴的なカーブ点、さらには古道と土塁の交点などを標定点として七五点選んだ。次にDEMに中で標定点とおぼしき地点をマークし、これを重ね合わせたのである（第17図）。DEMに合致させたので図が歪んでいる。

第 17 図　北図書き起こし図と DEM の重ね図

　さて、百間石垣から南へ続く土塁の一部に「クロカ子岩　門ノ石スエ」という注記がある。他の地点で確認された門跡にあたる古地図上に「門ノ石スエ」・「門石スエ」と記すことから、ここも門跡の可能性が高いとみられていた。「クロカ子岩」は「くろがねいわ」つまり「鉄岩」と呼ばれていた場所に門の礎石があったことが伝わっていたのである。

　試しにこの部分の書き起こし図をDEMに重ねたのが第18図である。大野城土塁線の北西部にあって、博多湾側に面した眺望の良い位置がある。果たしてここに門跡があるのかどうかは定かではなかったが、二〇一〇年その内容を簡単に発表したところ［赤司 二〇一〇］、早速古代山城研究会会員が現地を踏査した。すると城門と思われる石積遺構と門礎石

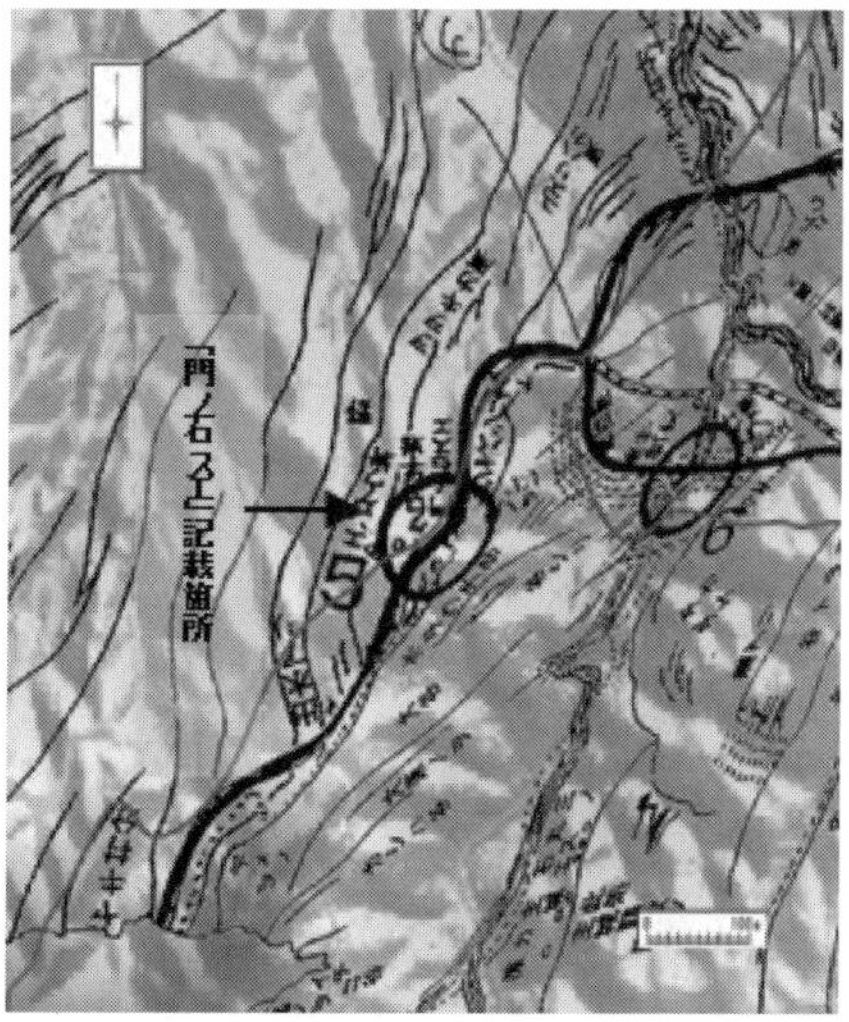

第 18 図　クロガネ石城門付近の書き起こし図と DEM の重ね図（拡大）

写真3　クロガネ石城門の石積

を新しく発見することができたとの連絡を受けた。これまでの推定された土塁線より約10メートル離れた位置であった（写真3）。大野城のDEMを改めてみると土塁らしき高まりを確認することができた。その後、九州歴史資料館によって二〇一二年に確認調査が実施され、城門石積や門道さらには唐居敷の門礎が確認された「九州歴史資料館 二〇一四」。門前半分は崩落していたが、門は前面に段差のある懸門構造とみられている。

南図も同様の方法で重ね合わせを行っており、今後この古地図を利用した研究が進むことを期待したい。

おわりに

自然地形と密接に関わる古代山城の空間立地は、地理情報を解析する手段として発達してきたGISの特質が最も発揮できる研究対象として大いに期待できる。GISの古代山城研究への活用は、従来見えなかった新しい視点での解釈や歴史的役割が切り開かれると予想される。

註

（1）それぞれの分析に用いたDEMは国土地理院の5メートルメッシュ標高データを用いた。50センチや1メートルメッシュの航空レーザーのデータでは、容量が膨大で分析できなかった。GISソフトウェアは「QGISDesktop2.18.15withGRASS7.22」を用いて、プラグインに「r.viewshed」を拡張した。可視領域設定のパラメータは視点位置5メートルとした。視点位置を0メートルとすると、5メートル四方より下方は見通せないことになり、水平より下は可視領域に入らないからである。5メートルとしたのは、メッシュデータが5メートルなので、最小で選択しても5メートルとなるからである。なお、鳥瞰データの作成には「Q-GIS2threejs」を用いた。今回の作業では、中日本航空株式会社に種々のご教示を頂いた。

参考文献

赤司善彦　二〇一〇年「古代山城の景観　数値標高モデルからの眺め」『月間地図中心』四五三　日本地図センター
宇野隆夫　二〇〇六年『実践 考古学GIS 先端技術で歴史空間を読む』NTT出版
宇野隆夫　二〇一〇年『ユーラシア古代都市・集落の歴史空間を読む』勉誠出版
小鹿野亮　二〇一〇年「大宰府へ向かった古代道―平野の道、丘越え、峠越えの道―」『立明寺地区遺跡』筑紫野市文化財報告書100
九州歴史資料館　二〇一四年『大宰府史跡発掘調査報告書』Ⅷ
高倉洋彰　一九九六年『大宰府と観世音寺』海鳥社
筑紫野市教育委員会　二〇〇八年『阿志岐山城跡』筑紫野市文化財報告書第九二集
太宰府市　二〇〇一年『太宰府市史　環境資料編』
太宰府市教育委員会　二〇一五年『大野城跡Ⅰ』太宰府市の文化財一二五

大野城増長天地区の建物

小西龍三郎・入佐友一郎・下原幸裕・大淵博文

はじめに

特別史跡大野城跡は、『日本書紀』に天智四年（六六五）築造と記される古代山城で、大宰府政庁北側の四王寺山脈の地形を巧みに利用して造られた巨大な土木構造物である。総延長約8キロの城壁には、二〇一七年一〇月現在で九箇所の城門が確認され、それらに囲まれた東西約1・5キロ、南北約3キロが城域となっている。また、群をなして点在する倉庫群は時期を異にして棟数約七〇を数え、同時期の古代山城の中では、規模の面において突出した存在である。

大野城跡の環境整備は、『大宰府歴史公園整備計画』（前・後期それぞれ五年の一〇年計画）に基づき開始された。最初の整備は、「増長天礎石群」において建物基壇等を平面表示した昭和四八年度まで遡るので、福岡県は大野城跡の整備を既に四〇年以上も続けていることになる。近年実施した箇所を振り返ると、「太宰府口城門」（平成六～一〇年度）、「尾花地区土塁」（平成一一年度）、「百間石垣」（平成一二～一七年度）、「大石垣・増長天礎石群」（平成一八～現在）と地区を変えながら整備事業を進めている。事業費の縮減や途中から水城跡の整備も併行させたことなどを理由として、増長天礎石群の整備は長期となっているが、この地区が完成すれば、大野城を構成する四つの主要な要素（「土塁」「石垣」「城門」「建物跡」）の整備がひと通り整ったことになる。

北部九州は、近年、異常な豪雨の被害を受けることが多い。大野城跡も例外ではなく、特に平成一五年七月に発生した大規模な豪雨におい

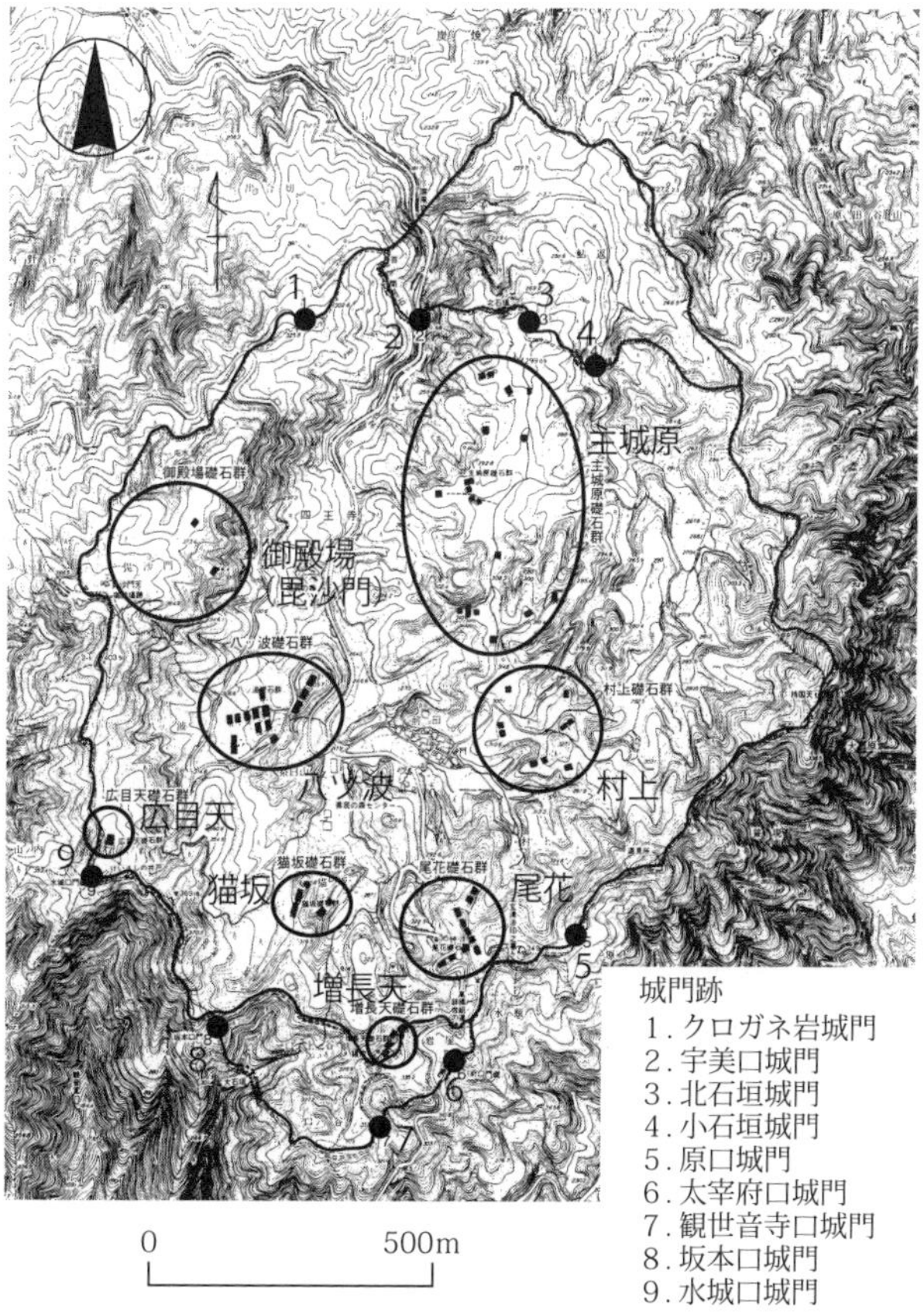

第１図　大野城全体図（1/20,000）

ては、四〇〇箇所にも迫る土砂災害が発生し、太宰府市とともに六年間（平成一六〜二一年度）、遺構に関係するところを中心に約三〇箇所の復旧事業に取り組んできた。

史跡整備が「保存」と「活用」を実現させるための具体的手段であることは周知の事実である。本稿では史跡整備として行われた保存と活用の取り組みとして、「増長天礎石群における建物跡のイラスト復元」について述べる。

増長天地区については、アクセスの良さから日常的な来訪者が多く、実在した建物の大きさや外観を理解しやすい建物復元を希望されることも少なくなかったが、遺構の立地環境と維持管理の面から立体復元は慎重にならざるを得なかった。そこでかつてこの付近にあった建物跡の壮大さを来訪者が体感できることを企図して、建物跡をイラスト復元し、背後の土塁と当時の人々を書き加えることによってスケール感を演出することとした。イラスト復元について、細部まで検討するため、建築史学一名（田上稔）、考古学二名（杉原敏之、岡田諭）の助力を得て、計七名の検討チームを編成した。検討した内容は随時、大宰府史跡調査研究指導委員会・大宰府史跡整備指導委員会（委員長・小田富士雄）に諮りながら、各種検討・修正を重ねた。さらに建築史の観点から、鈴木嘉吉・箱崎和久委員には委員会以外の場においても度重なる詳細な指導を賜った。復元考察のための検討として、増長天地区の発掘調査成果の検討、大野城・基肄城の現地踏査、文献資料による資料調査、奈良時代の正倉建物の事例調査を行った。

1　増長天地区礎石建物群の発掘調査成果

増長天地区は太宰府口城門の北西側の尾根線上に位置する。大野城跡では北側と南側の城壁線が二重になっており、増長天地区の礎石建物群は南側内周土塁の内側に沿うように四棟が造営されている。本格的な発掘調査は、一九七三・七四年の整備事業に伴い実施された第5次調査を嚆矢とし、二〇一三年に建物群北側の平坦地の遺構有無等を把握するための第5—2次調査、そして二〇一四・一五年に礎石建物群の構造把握を目的とする第5—3次調査を実施している。本項で述べるのは第5—3次調査で得られた新知見である。なお、建物群の名称は増長天地区の調査報告時の名称に従う［九州歴史資料館二〇一六］。

最初の第5次調査では、四棟とも五間×三間の総柱礎石建物であることが明らかにされたが、南西端のＳＢ0401以外の三棟には周囲の雨落溝の下層に掘立柱列が四周をめぐっていることも判明した。礎石列とも柱筋が揃うことから一連の構造物であると判断され、周囲に掘立柱列をめぐらせる段階から、それらを廃して雨落溝を巡らせる段階への変遷が明らかになった。

しかし、周囲の柱列の性格については、近年に至るまで定見を得るには至らなかった。そこで、環境整備事業による再整備を機に、第5次調査の調査区の再発掘を含めた確認調査を改めて実施することとなった。

再調査はＳＢ0404を除く三棟を対象に実施している。以下、順次調査成果を概述しよう（第2〜4図）。

ＳＢ0401　建物群の南西端に位置し、五間×三間の総柱礎石建物で、柱間は桁・梁行とも2.1㍍（七尺）である。第5—3次調査では周囲に幅

1㍍前後の雨落溝がめぐることが判明した。雨落溝は低い斜面に面した北西側以外をコ字形にめぐり、雨水は斜面下方へ流されたようである。雨落溝は花崗岩の岩盤を浅く掘り込んでおり、底面に柱穴列が存在しないことは調査状況からも明らかであるため、掘立柱列を伴わない構造、むしろ他の遺跡でも一般的にみられる通有の構造といえる。したがって、この建物は後述する三棟とは築造時期が異なり、四棟のなかでは最も後出する建物の可能性が考えられる。

SB0402　建物群の南から二番目にあり、五間×三間の総柱礎石建物で、柱間は桁・梁行とも2.1㍍（七尺）である。建物の外側には、側石を備えた雨落溝が四周をめぐる。既述のように、雨落溝の下層には掘立柱列がめぐっている。第5次調査の概要報告では特段言及されていないが、遺構配置図をみると雨落溝の外側にも溝状の掘り込みが確認されていた。これが当初の雨落溝の可能性があることから、再調査を実施したところ、この溝は素掘りで、斜面の低い側に面した北西側を除く三方にめぐっていたことが判明した。側石を伴う雨落溝とも一部で重複し、先行する時期のものであることが確実となり、掘立柱列が機能した段階の雨落溝と考えるのが穏当であろうとの結論に至った。

さらに、礎石据付穴の断ち割り調査によって、下層には柱穴がないことも確認した。これにより、礎石建物より先行する建物が重複して存在する可能性については否定できよう。ただし、礎石建物の造営に伴う整地層の途中の面でピット状の掘り込みがみられ、造営過程の途上において何らかの簡易な仮設施設等が存在した可能性もある。

以上から、SB0402は、五間×三間の総柱礎石建物で、周囲に掘立柱列と外側の素掘り雨落溝を伴う段階から、掘立柱列を廃して重複する位置に側石を備える雨落溝を伴う段階へと変遷したことがわかる。

SB0403　南側のSB0402よりも一段高い平坦地に位置し、両者の間には乱石積みの石垣が確認されている。五間×三間の総柱礎石建物で、柱間は桁・梁行とも2.1㍍（七尺）である。建物の周囲には側石を備える雨落溝がめぐる。

その雨落溝の下層には掘立柱列が一周めぐっているが、第5―3次調査において外側にも細い素掘りの溝がめぐることが判明した。後世の削平が著しく遺存状況は極めて悪いが、北東隅でL字状に曲がる状況が確認でき、土塁のある南東側と北東側には少なくともめぐっていたことが分かる。この素掘りの溝と側石を備える雨落溝とは直接的に切り合う関係にないが、土層観察から素掘り溝を埋めた後に雨落溝を設けていることが確認できた。そのため、素掘り溝は掘立柱列を伴う段階の雨落溝で

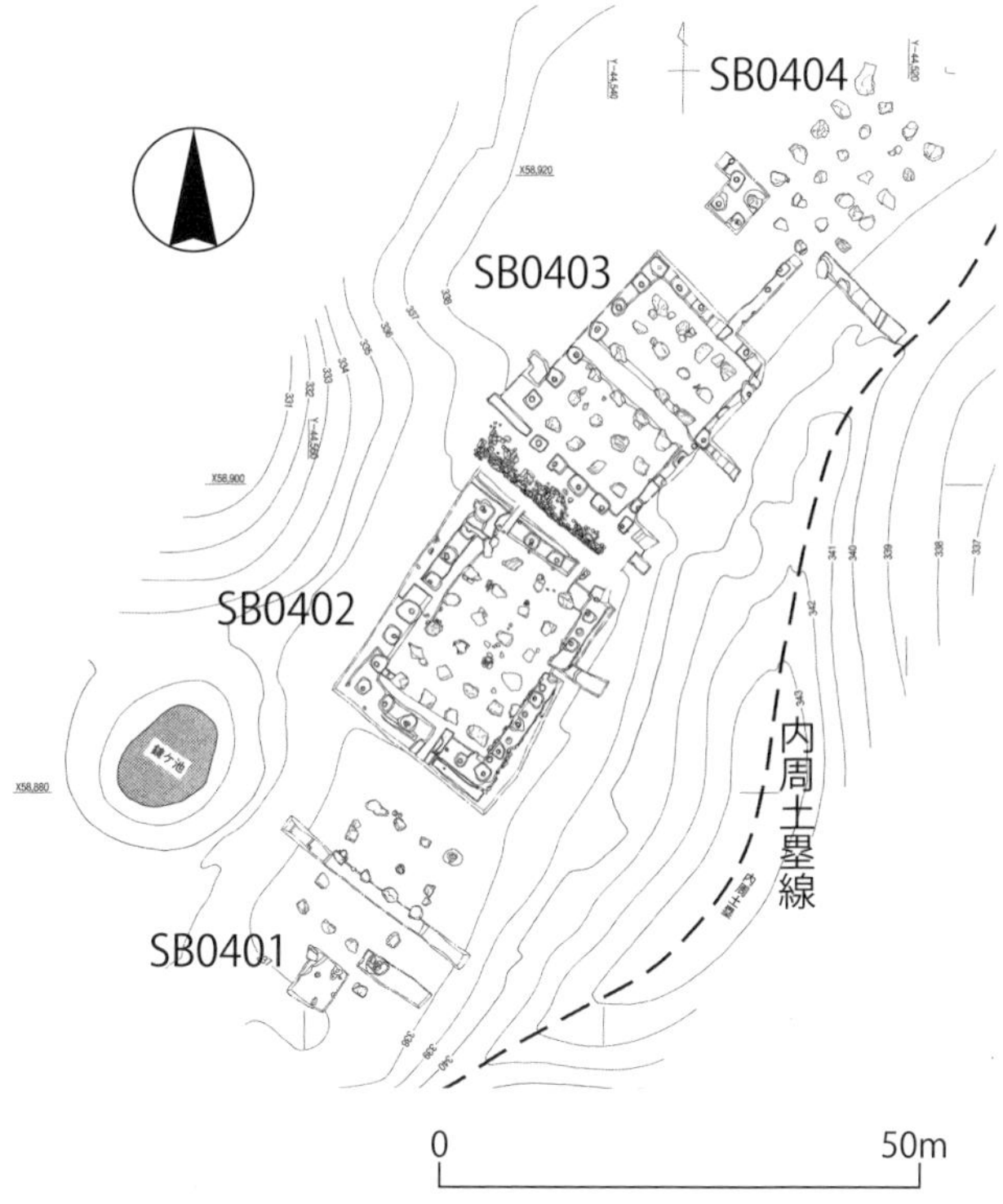

第２図　増長天地区建物配置（1/1,250）

礎石建物 SB0401

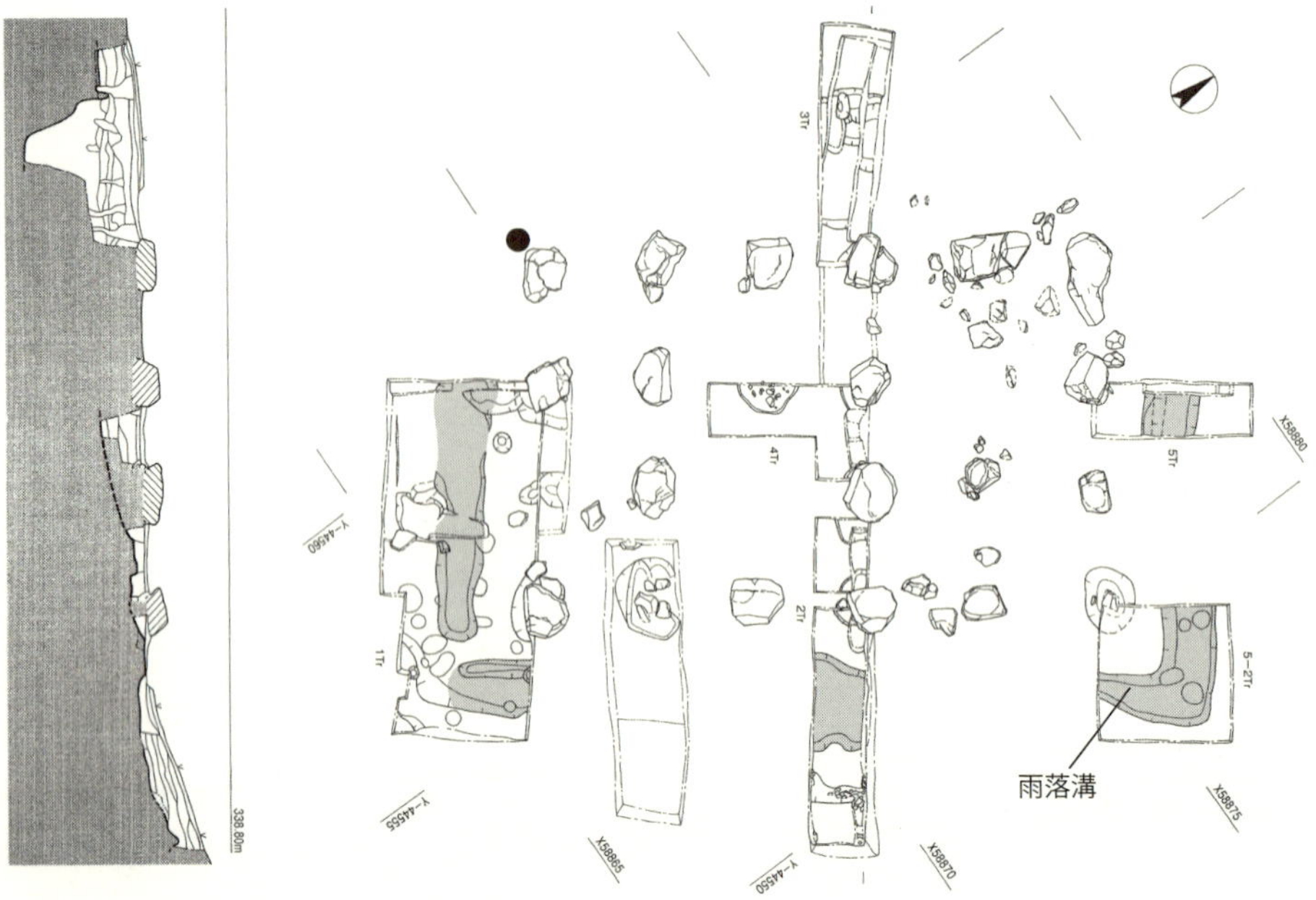

※図中●印を付した礎石は第５次調査時の実測図にはみられず、当初からのものか不明。

礎石建物 SB0402

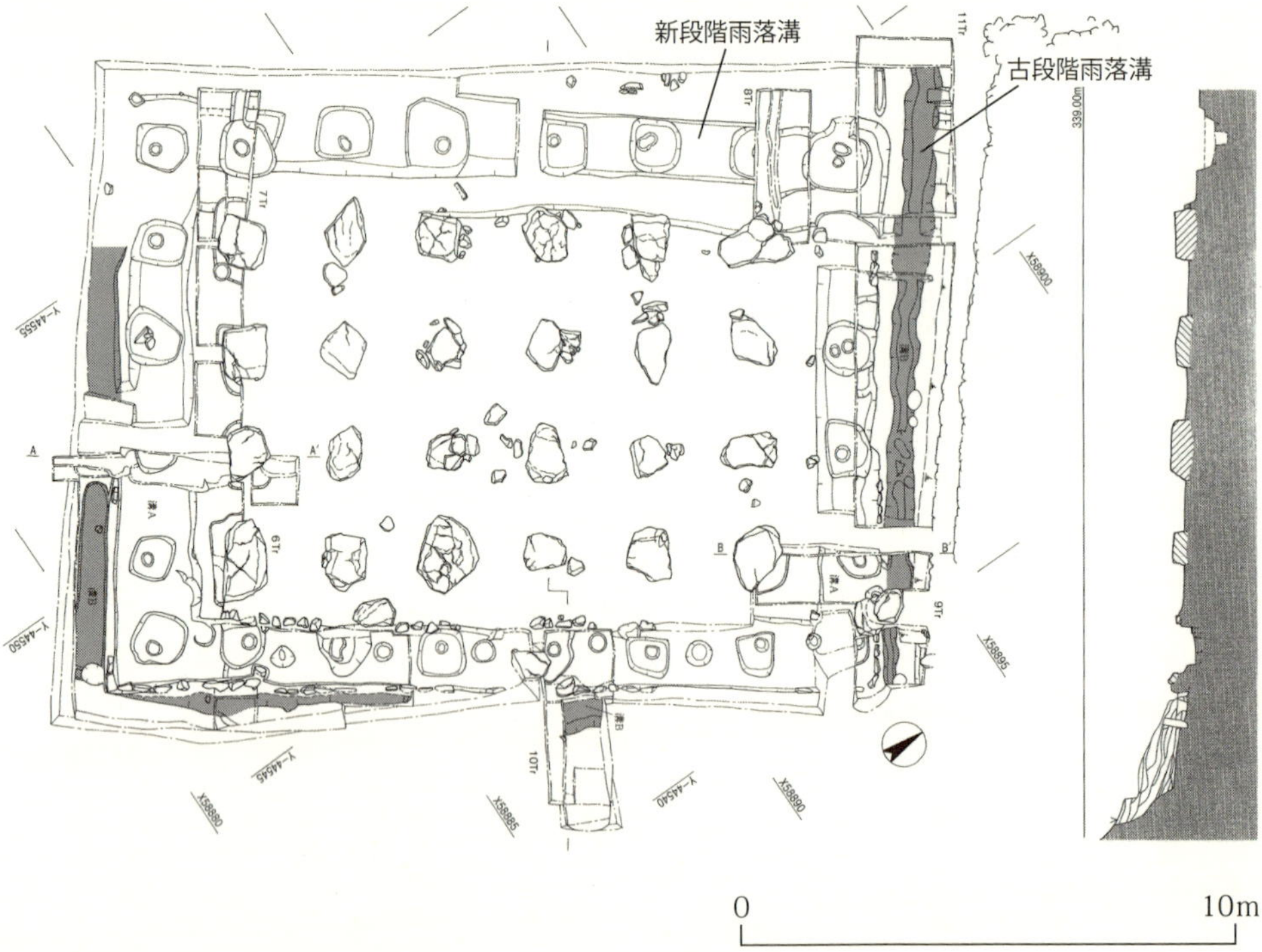

第３図　礎石建物 SB0401・0402 実測図（1/200）

礎石建物 SB0403

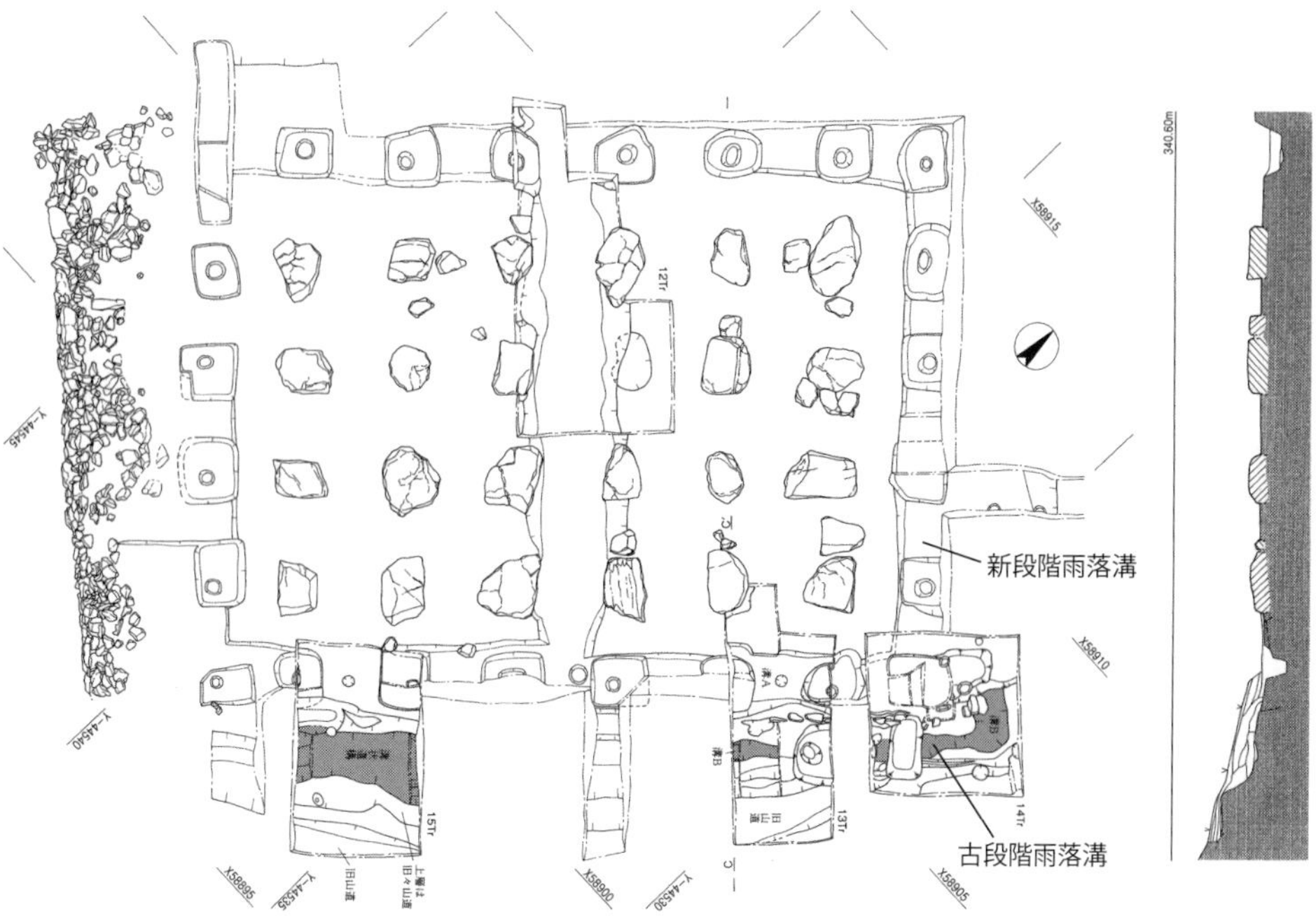

礎石建物 SB0404

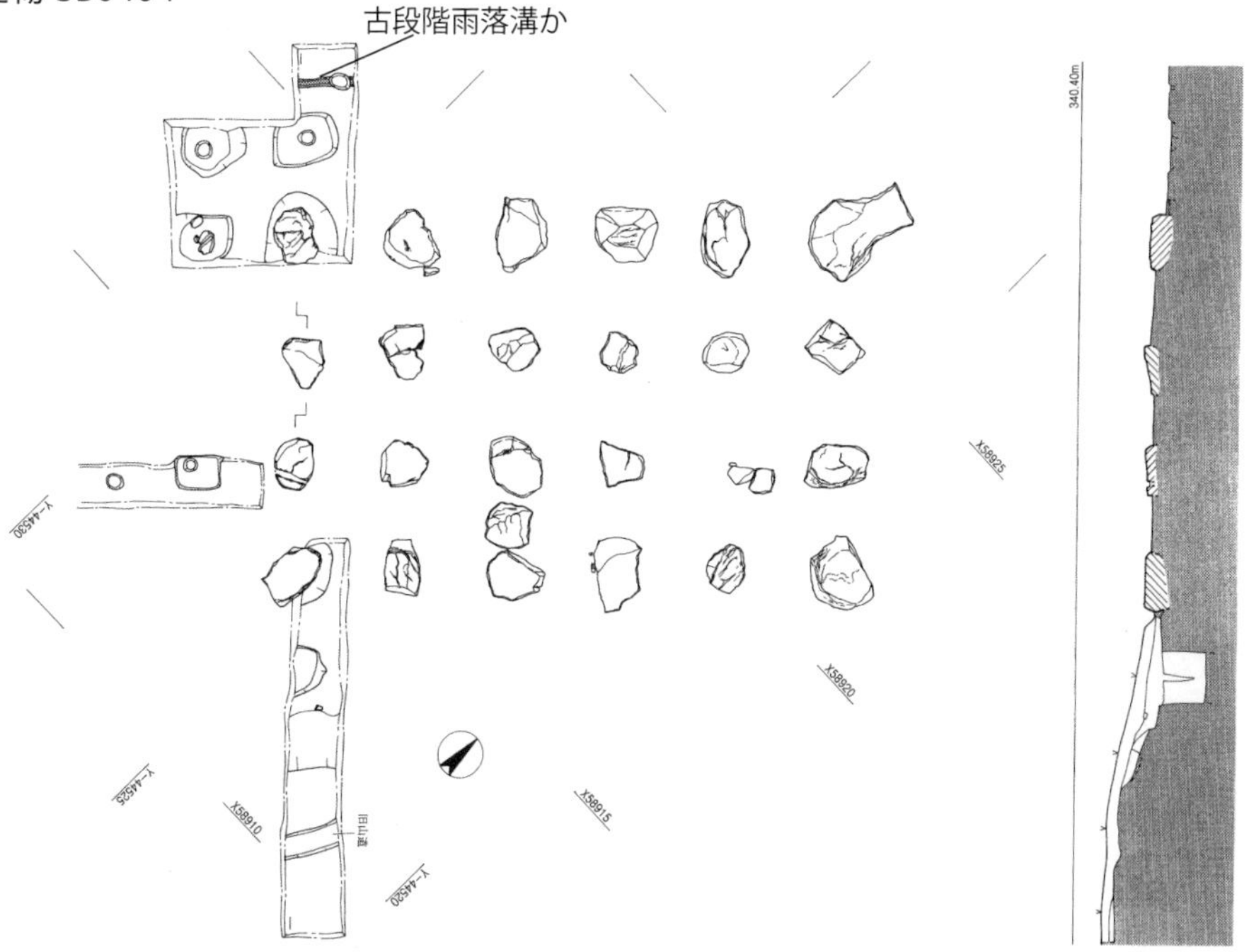

※ＳＢ0404は第５次調査時の実測図による。
新段階雨落溝の表現はないが、調査当時確認されている。

0　10m

第４図　礎石建物 SB0403・0404 実測図（1/200）

あった可能性が高い。

なお、建物の中央部には近代になって掘削された溝状の攪乱があり、風化花崗岩が露出するまで削られているが、礎石下に掘立柱穴などの掘り込みは一切認められなかった。したがって、下層に先行する建物は存在しないようである。

以上より、SB0403は五間×三間の総柱礎石建物に掘立柱列と細い素掘りの雨落溝を伴う段階から、掘立柱列を廃して重複する位置に新たに側石を備える雨落溝を設ける段階へと変遷したことがわかる。

SB0404　第5―3次調査の対象ではないが、参考までに第5次調査時の所見を整理しておこう。SB0404は、SB0403と同じ平坦面に造営され、建物の主軸や柱筋を揃えており、四棟のなかでもこの二棟は規格性が高く、同時期に造営された可能性が考えられる。構造は五間×三間の総柱礎石建物で、柱間は2.1メートル(七尺)である。

SB0402・0403と同様に礎石の周りに掘立柱列がめぐる。雨落溝の状況は判然としないが、掘立柱列と重複する位置にめぐっていたようである。建物の北西側では、掘立柱列の外側に細い溝状の掘り込みが確認されている。調査時の記録類には言及されていないが、その位置関係からするとSB0402・0403のような当初の雨落溝の一部であった可能性がある。

さて、ここまで増長天地区の四棟の礎石建物について概述してきたが、確認された構造等から建物の変遷を整理すると次のようになろう。

古段階　五間×三間の総柱礎石建物で、周囲に掘立柱列、その外側に雨落溝がめぐる段階(SB0402・0403・0404の古段階)。

新段階　五間×三間の総柱礎石建物で、もともと掘立柱列がめぐっていた位置に側石を備える雨落溝がめぐる段階(SB0402・0403・0404の新段階およびSB0401)。

このうち、新段階に含めたSB0401は雨落溝が側石を伴わないなど、他の建物よりも簡略化した様相と判断できる部分もあり、新段階のなかでも新相とするべきかもしれない。いずれにせよ、古段階とした構造の建物は、同一構造の建物が大野城内の主城原・八ツ波・村上地区にも知られ、一つの構造型式として確立されている。それは、造営当時の要請に応じて選択された構造ということでもあり、その構造型式の機能・用途を考察することで建物群の性格の解明に近づくと期待される。

2　大野城跡・基肄城跡の踏査

総数約三〇を数える古代山城のおよそ半分は九州にあり、特に福岡県に集中しているが、踏査対象はあえて大野城跡と基肄城跡に限定し、総棟数約七〇といわれる大野城の建物跡すべてと基肄城の代表的な建物跡を踏査した。

大野城跡八ツ波地区　八ツ波地区では地形を雛段状に造成しており、そこに五間×三間の礎石総柱建物を建てている。建物の周囲には雨落溝、テラス状のスペースを伴う。柱間は2.1メートル(七尺)であった(第5図)〔福岡県教委 一九八二〕。

大野城跡主城原地区　主城原地区では四間×三間の礎石総柱建物(SB079)に着目した(第6・7図)〔福岡県教委 一九七七〕。柱間は桁・梁行とも2.1メートル(七尺)であり、中央二列に礎石間小礎石、建物手前にはテラス状のスペースが確認できる。見解として、中央南側一列目の礎石間小礎石は扉の方立を支える添束用礎石、二列目の礎石間小礎石は「塞」(穀を収蔵する作業場)に起因する添束用礎石とみることができる。扉を中央に配するため、南側中央の束柱上には柱を設けない構造であったと考え

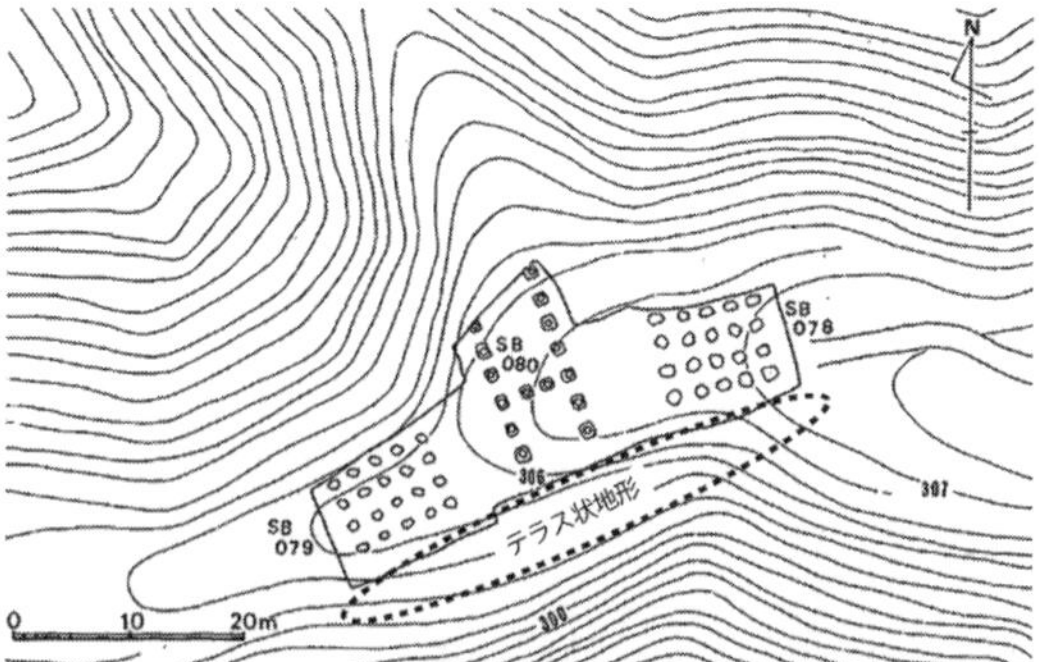

第６図　主城原地区（南端部）遺構図

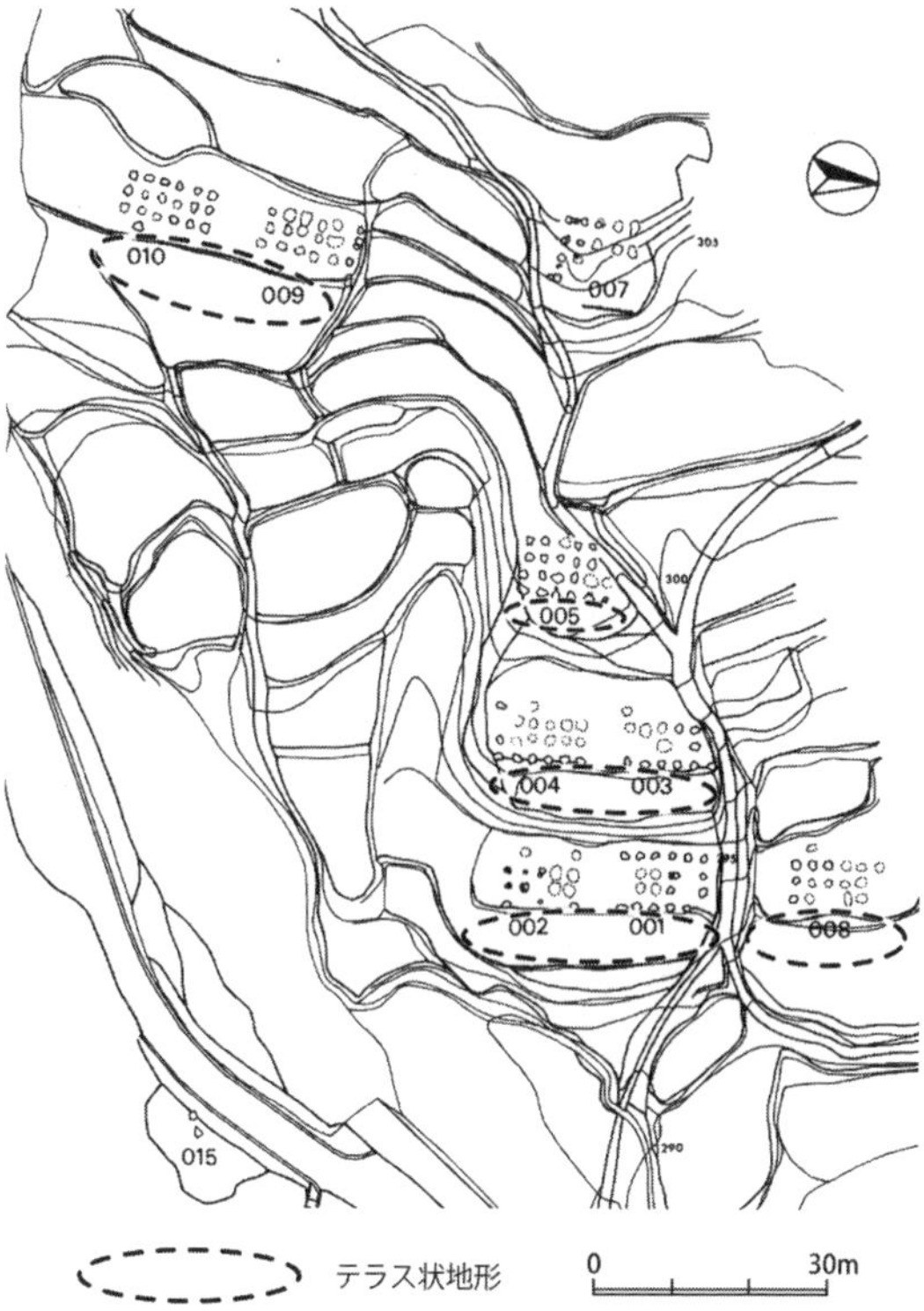

第５図　八ツ波地区遺構配置図

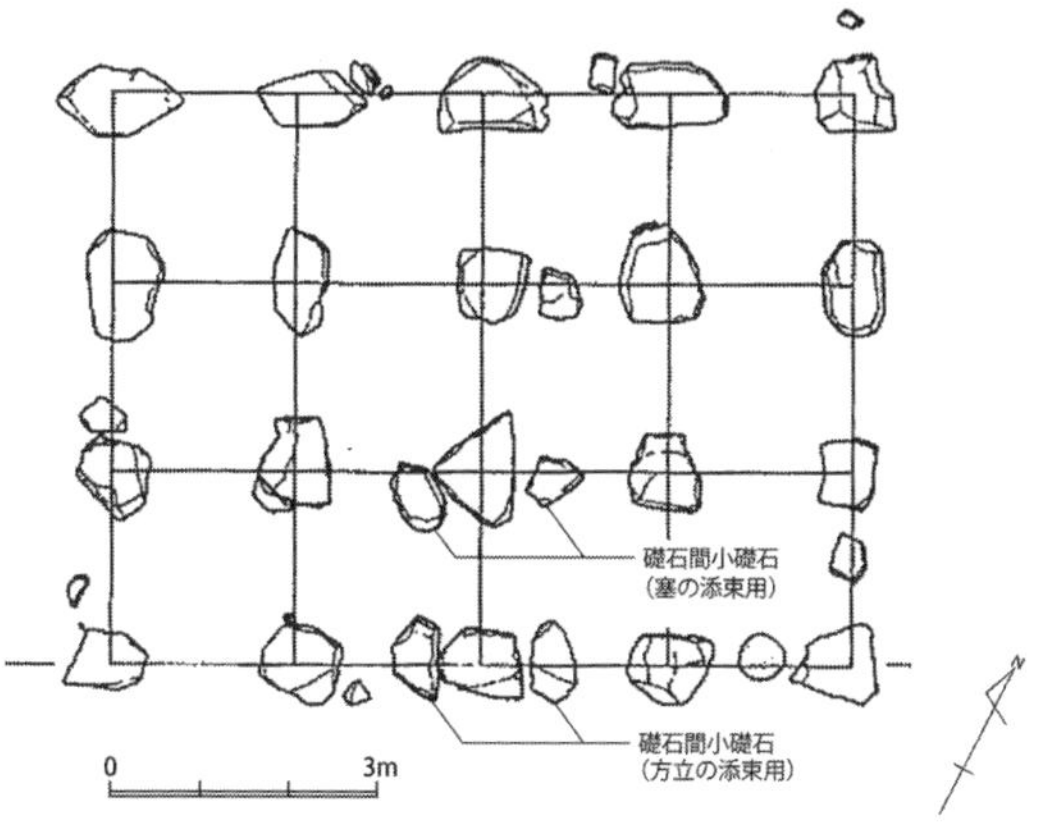

第７図　SB079 遺構図

写真１　基肄城の現地踏査の様子

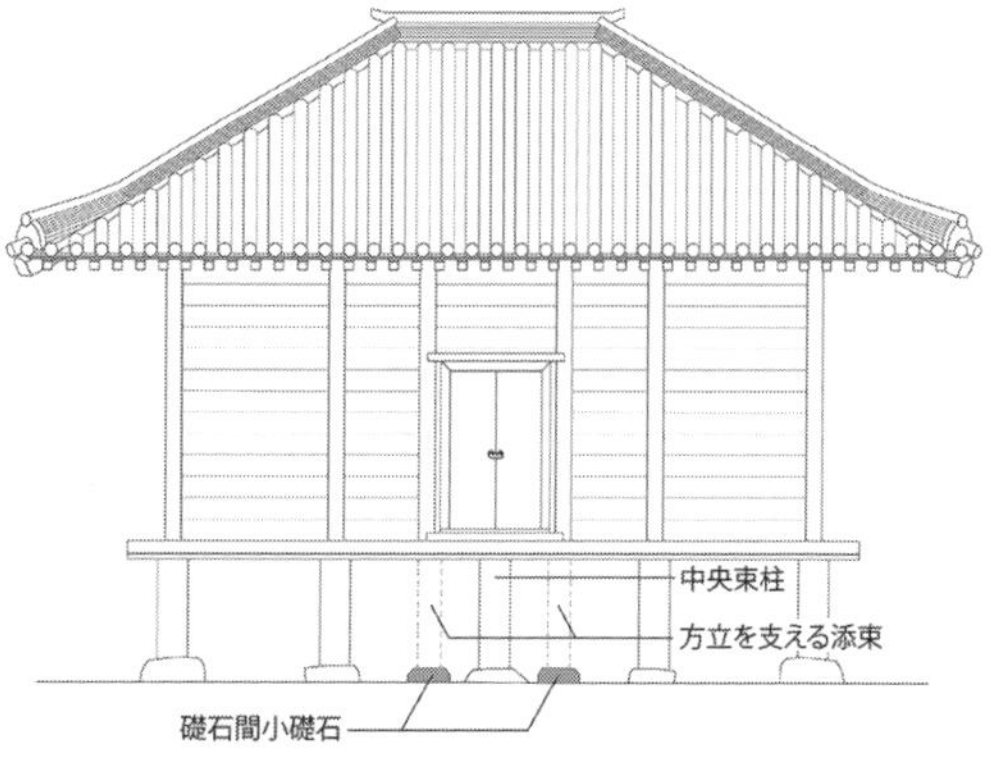

第８図　四間×三間礎石建物予想図

られる（第8図）。

基肄城跡　基肄城には約四〇棟の礎石建物跡が残っている（写真1）。建物跡の多くが五間×三間のものであるが、一部に六間×三間、一〇間×三間の礎石建物がある。尾根を階段状に整地して建てられており、遺構前には大野城同様、テラス状のスペースが確認できる。五間×三間の礎石建物の柱間は2.1㍍（七尺）であり、入り口の方角、時代背景、形式等については不明瞭であるが、大野城の例と同様、荷卸し場としての有用性の面からテラス状のスペースが設けられたと考えられる。

以上、踏査の結果、特に大野城跡主城原地区の考察からこれら礎石建物は倉庫であり、建物の前面に荷卸し場としてテラス状のスペースを設け、そちら側に建物入口や塞を設けたと考える方が自然であると結論づけた。

3　資料調査

増長天地区の建物の特徴(用途・形式・規模など)について、古代の倉に関する資料、『和泉監正税帳』(奈良時代)、『越中国官倉納穀交代帳』(延喜十年・九一〇)〔山中 二〇〇三〕、『信貴山縁起絵巻』(平安時代)〔岩崎美術社 一九七九〕をもとに考察を行う。

『和泉監正税帳』　『和泉監正税帳』(以下、正税帳)は今の大阪府の泉南と呼ばれる和泉監(後の和泉国)の天平九年(七三七)の会計報告である。建物の不動倉・動用倉の別、建物の名称・構造、建物の幅と奥行、穀倉における塞の幅・奥行、建物の軒高・収納高、実質容量、収納量(穀倉は斛、頴倉は束で表示)が記録されている(第1表、第9図)。

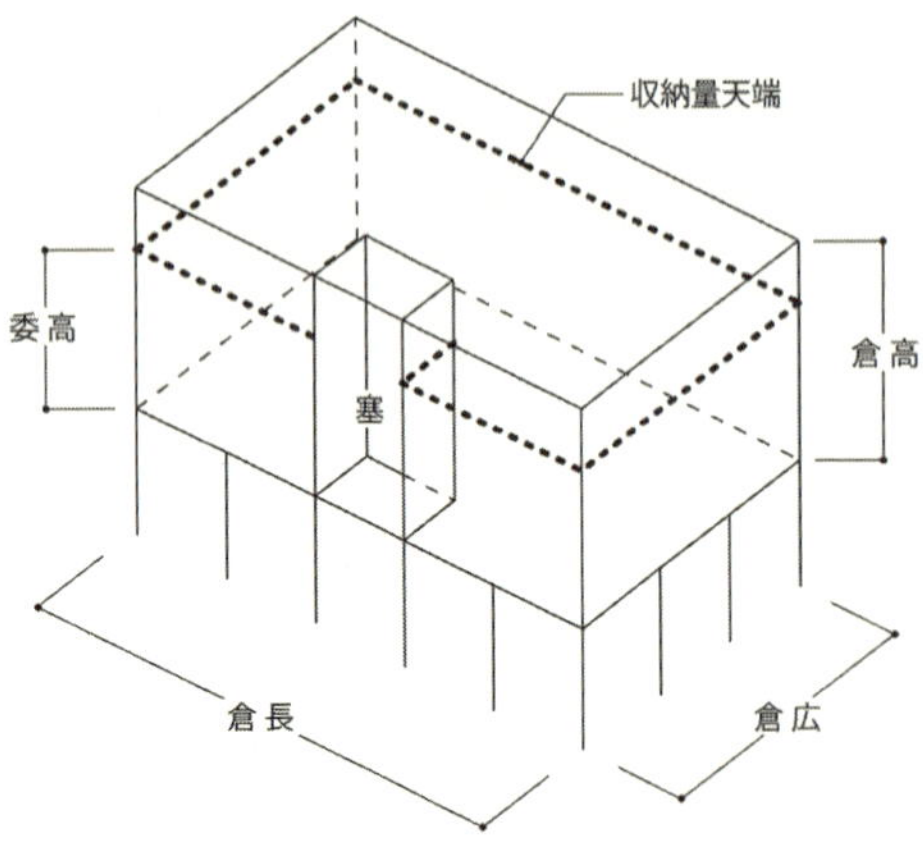

第９図　倉の概念図

建物の用途(不動倉と動用倉)について、稲穀を収納した正倉が満載となった後に、国司・郡司による検封作業を経て封印された倉庫を不動倉と呼ぶ。対して、通常あるいは非常時の正税の稲穀の出納が行われている倉を動用倉(動倉)と

第１表　「和泉監正税帳」に記載された建物

No	国名年代	郡	用途	倉名称	倉長	倉広	塞長	塞広	倉高	委高	収納穀量	収納頴量	底敷	床面積	塞面積
					(m)	(m)	(m)	(m)	(m)	(m)	(斛)	(束)	頴稲	(㎡)	(㎡)
1	和泉737	大鳥	不動	東第壱板倉	5.07	4.77	1.53	1.20	3.15	3.09	810.0		有	24.2	1.8
2			動用	東第弐板倉	5.22	4.35	1.56	1.26	3.15	2.91	728.1		無	22.7	2.0
3			動用	東第参板倉	5.70	4.50	1.71	0.99	3.57	3.12	974.5		無	25.7	1.7
4				東第肆板倉	5.10	3.60			2.79			空		18.4	
5		和泉	動用	南院北第壱法倉	21.60	6.30	2.10	1.56	4.35	2.67	4422.7		無	136.1	3.3
6			不動	西第壱板倉	7.92	5.82	2.01	1.35	3.87	3.15	1670.0		有	46.1	2.7
7				西第弐板倉	5.70	5.10			2.70			2700		29.1	
8			不動	南第壱板倉	8.10	5.85	2.04	1.68	4.05	3.54	2000.0		有	47.4	3.4
9			不動	南第参板倉	6.84	5.31	1.92	1.23	3.66	3.24	1450.0		有	36.3	2.4
10				東第一丸木倉	4.32	3.99			1.80			空		17.2	
11				東第弐丸木倉	4.35	3.42			1.83			空		14.9	
12				東第参丸木倉	4.20	3.60			1.86			空		15.1	
13				東第肆丸木倉	3.75	3.42			1.80			空		12.8	
14				西壱屋	14.10	5.01			3.21			6482		70.6	
15				西第弐屋	13.80	5.10			3.00			1260		70.4	
16				南院北屋	12.60	4.86			3.30			8298		61.2	
17		日根	不動	南第壱甲倉	4.92	3.66	1.17	1.02	3.03	2.85	550.0		有	18.0	1.2
18				南第弐丸木倉	4.05	3.60			2.10			765		14.6	
19				南第参丸木倉	5.70	4.80			2.70			2304		27.4	
20				南第肆板倉	3.99	3.75			2.25			空		15.0	
21				西第壱丸木倉	4.20	3.75			2.10			276		15.8	
22				西第弐甲倉	5.40	4.80			3.30			1738		25.9	
23				北第壱丸木倉	4.20	3.63			2.10			空		15.2	
24				北第二丸木倉	5.40	4.74			2.82			2201		25.6	
25				北第参板倉	5.55	4.83			3.00			1706		26.8	
26			不動	北第肆板倉	5.46	4.83	1.98	1.20	2.82	2.70	816.0		有	26.4	2.4
27			不動	北第伍甲倉	5.40	4.59	1.23	1.20	3.60	3.30	980.0		有	24.8	1.5
28			動用	北第陸法倉	18.00	6.00	2.22	0.72	4.08	2.10	2861.3		無	108.0	1.6
29				東院北第壱丸木倉	3.30	3.00				2.40		空		9.9	
30				東院北第弐丸木倉	3.75	3.12				2.40		822		11.7	
31				東第壱屋	8.40	5.10				3.30		5440		42.8	
32				東第弐屋								空			

第２表　「越中国官倉納穀交替帳」に記載された建物

NO	国名 年代	郡	用途	倉名称	倉長 (m)	倉広 (m)	塞長 (m)	塞広 (m)	倉高 (m)	委高 (m)	収納量 (斛)	収納量 (束)	底敷 頴稲	床面積 (㎡)	塞面積 (㎡)
1	越中	某村		借西外一倉								2000			
2				借北外一倉								3000			
3				東後二屋								3000			
4				借東後三屋								3000			
5				東後四屋								3000			
6				借西外二屋								3201			
7				借南外西一屋								7500			
8		川上村		東中一板倉							456				
9			不動	西第一板倉	8.48	7.84	1.77	1.45	4.14	3.93	3280		有	66.5	2.6
10			不動	西第二板倉	8.74	8.54	2.23	1.55	4.61	3.92	3684		有	74.6	3.5
11			不動	西第三板倉	8.47	7.79	1.91	1.20	4.39	4.48	3900			66.0	2.3
12			不動	北第二板倉	9.14	8.84	1.99	1.46	4.65	4.62	4750		有	80.8	2.9
13		某村	不動	西第五板倉	15.06	7.08	1.78	1.39	3.0	3.0	6260		有	106.6	2.5
14				東後外三板倉							482				
15				東後中二板倉							746				
16				東一校屋							538				
17				東中一校屋							831				
18				東後一校屋							787				
19				東後二校屋							1118				
20				東後三校屋							444				
21				東後四校屋							450				
22				東後外一倉							863				
23				東第五屋	21.30	6.72			5.10		610			143.1	
24				借東後三校倉								4000			
25				南二屋								3000			
26				借東外五少倉								1460			
27				借東四屋								4000			
28				借東後外二屋								3000			
29				借東五屋								3000			
30				西外一屋								4000			
31				西外二税屋								3000			
32				東三屋								5000			
33				南三税屋								1520			
34		意斐村		東後第一板倉	7.94	5.63			3.54		602			44.7	
35			不動	東後外第三板倉	14.55	8.34	2.54	1.70	4.81	4.53	6599		有	121.3	4.3
36			不動	東第一板倉	5.80	4.90	1.86	0.91	3.24	3.12	1114		有	28.4	1.7
37			不動	東第二板倉	5.94	5.38	1.80	1.05	2.94	2.76	1154			32.0	1.9
38			不動	東第三板倉	12.23	8.70	1.80	0.96	4.98	4.95	6940		有	106.4	1.7
39			不動	東第四板倉	12.05	8.31	2.31	1.35	4.53	4.67	6010		有	100.1	3.1
40			不動	南第一板倉	8.43	7.83	2.25	1.44	3.93	3.84	3293			66.0	3.2
41			不動	南第二板倉	9.58	8.30	2.23	0.76	5.98	5.85	6023		有	79.5	1.7
42			不動	西第二板倉	9.06	7.78	2.24	0.90	4.92	4.95	4498		有	70.5	2.0
43			不動	西第五板倉	11.94	7.80	2.52	1.50	5.46		4462			93.1	3.8
44			不動	北第二板倉	8.43	7.80	2.01	1.05	4.23	4.20	3666			65.8	2.1
45			不動	北第二板倉前第二板倉	7.31	7.30	2.00	1.47	4.79	4.38	2950		有	53.4	2.9
46			不動	北外第二板倉	4.95	4.14	1.32	0.66	3.24	3.27	879			20.5	0.9
47			不動	西第三板倉	8.32	7.76	2.18	1.36	4.31	4.03	3578			64.6	3.0
48			不動	西第六板倉	8.83	7.92	2.24	1.01	4.68	4.56	4080		有	69.9	2.3
49			不動	北外後第一板倉	9.36	5.55	2.58	1.44	3.00	3.21	1814		有	51.9	3.7
50			不動	北外第一板倉	5.31	5.19			3.36	3.36	1442			27.6	
51				東後六屋							192				
52				東後四屋								2000			
53				借東後三倉								3000			
54				借東後外一屋								3000			
55				北外後第二板倉	6.57	5.37			3.53			7000		35.3	
56				東第五板倉	4.44	3.60			3.00					16.0	
57				東第六板倉	4.56	4.17			2.64					19.0	
58				北外第三板倉	7.84	5.72			3.11					44.8	
59				東第七屋	12.00	6.90			3.00			11000		82.8	

呼ぶ。正税帳に記された建物（板倉）の不動倉と動倉の床面積を比較すると、不動倉（五棟）の平均床面積が約36．1㎡に対し、動倉（二棟）の床面積は約24．2㎡と不動倉の約三分の二程度である。収納量でも、不動倉が平均一三四九斛に対し、動倉は平均八五一斛と不動倉の約三分の二程度である。不動倉は規模が大きく、動倉は不動倉よりも小ぶりな建物と考えられる。

塞の有無（穀倉と穎倉）について、収納量を斛で記録した穀倉には、「塞」が記載されている。古代の米の収納は穂苅した穎稲をそのまま束で収納する穎倉が中心であったが、対外関係の緊迫化などに伴う大量の備蓄の必要から、穎より容量が小さく貯蔵性もよい穀による貯蔵法が採用された。倉の入口部分には、積込み作業のための空間である「塞」を設け、穀を倉全体でバラ積みできる穀倉が開発され、普及した。塞の大きさは倉の大きさに関係なく、塞長約1．5〜2．1㍍（五尺〜七尺）、塞広約1．0〜1．2㍍（三尺五寸〜四尺）程度と一定である。(1)

建物の種類について、正倉には倉と屋があり、倉は穎穀の湿気防止と長期貯蔵に適した高床倉庫で、屋は床または土間で側柱建物の形状を示す。正税帳に記述された建物（三棟）は、「板倉」（一一棟）、「法倉」（二棟）、「丸木倉」（一一棟）、「甲倉」（三棟）、「屋」（四棟）からなり、倉が全体の87％と多数を占める。

「板倉」は高床の上に縦溝の入った柱を建て、横長の厚板を柱の縦溝に落とし込んで壁を作る横羽目板方式の高床倉である。「板倉」は「甲倉」のような桁行の制限はなく、収納量の大きい倉が可能である。規模に多少バラつきがあり、桁行は約4〜8㍍、梁行は約3．4〜5．8㍍、倉高は約2．7㍍〜4．0㍍である。床面積は約15〜47㎡である。

「甲倉」は総柱の高床の上に多角形断面のあぜ木を組み合わせて壁を作る構法、いわゆる校倉造の倉である。甲倉はあぜ木の長さによって桁行・梁行が制限されると考えられ、甲倉（三棟）の桁行は約4．9〜5．4㍍、梁行は約3．7〜4．8㍍、倉高は約3．0〜3．6㍍、床面積は約18〜26㎡と板倉よりも小ぶりである。

「丸木倉」は高床の上に丸太を組み合わせて壁を作る構造の倉である。壁の隙間が多いためか、穀倉として使用されず、すべて穎倉である。丸木倉は一一棟と棟数は多いが、うち六棟が空であることから、八世紀初めには甲倉や板倉の普及とともに使用されなくなったと考えられる。丸木倉の桁行は約3．3〜5．7㍍、梁行は約3．0〜4．8㍍、倉高は約1．8〜2．8㍍、床面積は約9．9〜25．6㎡である。

「屋」は穎稲を収納した低床または土間床の動倉である。正税帳では、屋の梁行は約4．9〜5．1㍍であるが、桁行は約8．4〜14．1㍍と、桁行長が梁行長の二倍を超えるものが多い。倉高は約3．0〜3．3㍍、床面積は42．8〜70．6㎡と規模が大きい。

「法倉」は規模が大きな動用倉で、飢饉や非常時に使われる穀を収納したと考えられ、律令時代の倉の中でも象徴的な穀倉と考えられる。正税帳では二棟あり、桁行は約20㍍、梁行は約6㍍である。床面積は約120㎡、倉高は約4．2㍍である。

『越中国官倉納穀交替帳』　『越中国官倉納穀交替帳』（以下、交替帳）は現在の富山県小矢部市にあった川上村ほかに収められている稲穀の量を記したものである。実検年は天平勝宝三年（七五一）から延喜十年（九一〇）である。正税帳より時代は下るが、延喜十年に記載された建物六〇棟を示す（第2表）。建物の種類としては、「板倉」（二九棟）、「校屋」（六棟）、「校倉」（一棟）、「屋」（一八棟〔うち借屋は七棟〕）、「倉」（六棟〔うち借倉は四棟〕）がある。不動倉は二・一棟すべて板倉、穀倉で、一棟を除くすべてに塞がみられる。

「板倉」は正税帳と同様、規模にバラつきがあるが、平均床面積は約61・7㎡、平均桁行は約8・6㍍、平均梁行は約6・8㍍、倉高は平均約3・6㍍であり、正税帳の板倉に比べ、およそ倍の大きさである。時代が下るにつれて、板倉の規模が拡大していることがわかる。

「校倉」、「校屋」の桁行、梁行等は不明だが、収納量から板倉より規模は小さいと考えられる。

「屋」はほぼ穎倉で、正税帳と同様、桁行長さは梁行長さの約二倍以上である。(2)

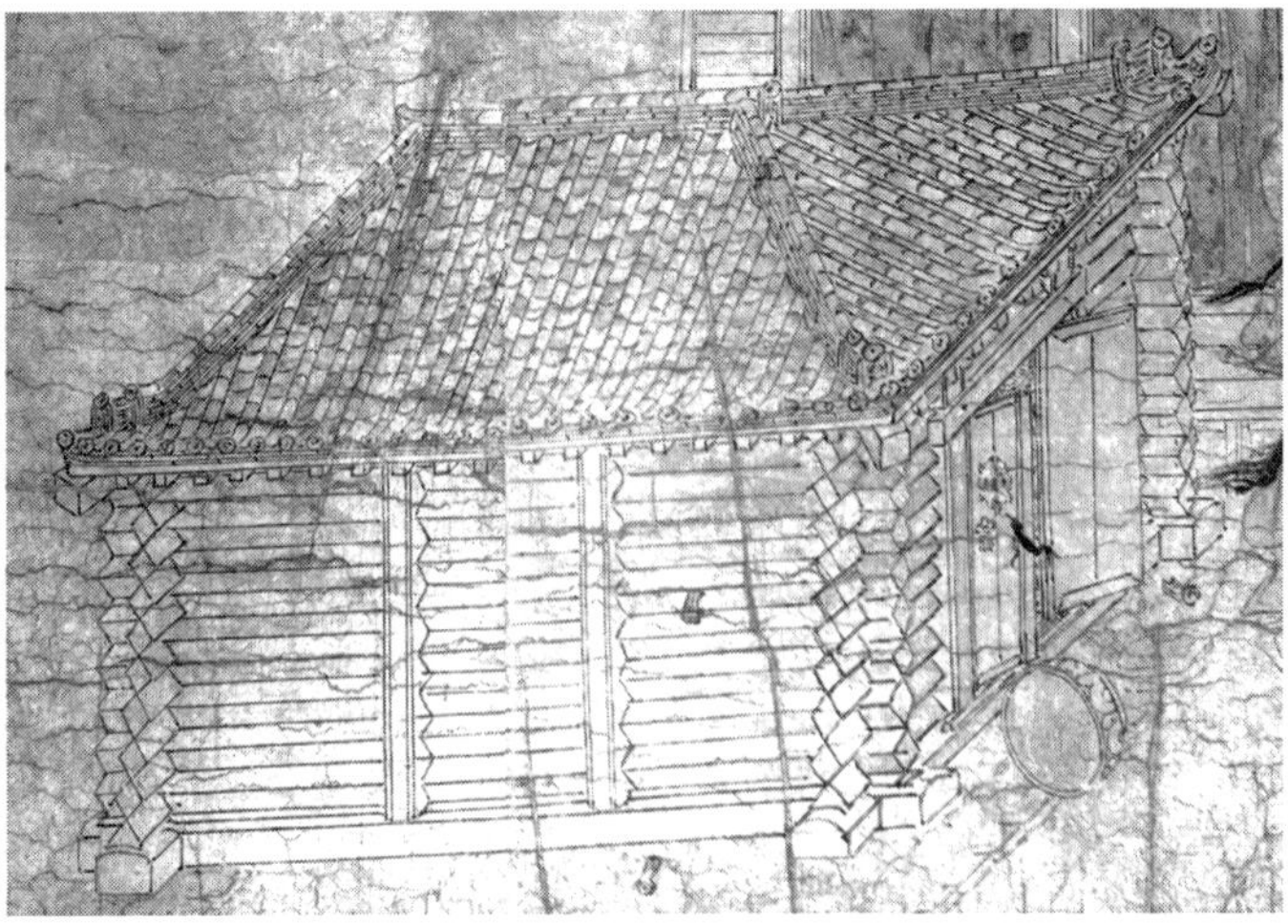

第10図 『信貴山縁起絵巻』に描かれた校倉

『信貴山縁起絵巻』 平安時代（十二世紀）に描かれた絵巻物で作品中に校倉（米倉）が登場する（第10図）〔岩崎美術 一九七九〕。壁は校倉造で桁側の壁面に柱を設けている。垂木の枝割数から桁行5・5〜6㍍程度、梁行3・6〜4㍍程度と想定できる。屋根は寄棟造り、本瓦葺きで棟、隅棟に鬼瓦を葺く。入り口は妻側中央に設け、扉は外開きである。倉内は米俵が扉際まで積まれている。

以上、奈良〜平安時代の資料に記された正倉の特徴を概観したが、増長天地区の建物について、次のように想定した。まず、基礎は礎石立ちであることから高床倉で、桁行が五間（10・5㍍）であることから、倉の種類は小規模向きである校倉よりも板倉がふさわしく、用途は穀倉で、倉庫内には塞が存在したと考えられる。具体的な寸法として、倉高は約3〜4㍍、塞の大きさは倉の大きさに関係なく、ほぼ一定であることから、塞長約2・1㍍、塞広約1・2㍍とした。

4 建物事例の検討

資料調査により想定できる箇所以外の部分について、奈良時代の現存する倉（法隆寺綱封蔵、東大寺本坊経庫）を参考に、建物の構造、寸法比率などを検討した〔奈良県文保 一九六六・一九八三〕。

法隆寺綱封蔵（第11図）〔奈良県文保 一九六六〕 奈良時代末期あるいは平安時代初期に建立された倉で、当初は中倉部分に壁はなく、雙倉である。構造形式としては、桁行九間、梁行三間の高床倉で屋根は寄棟造、本瓦葺きである。基礎は柱礎石立ちで、軸部は束柱、梁行にのみ頭貫を通し、上に梁行台輪を置き、さらに東西両側通りに桁行台輪をのせる。柱は角柱で頭貫を通し、大斗を据え、側廻りに通り肘木を据え、頭貫・通り肘木間は小壁である。各側柱通りに大梁、両側各繋梁二本、隅繋ぎ梁を据える。小屋組は二重梁構造である。軒先は大梁を延ばし、その先に軒舟肘木、軒桁を据えている。規模は桁行23・34㍍、梁行7・418㍍、軒高6・185㍍、棟高9・635㍍である。

東大寺本坊経庫（第12図）〔奈良県文保 一九八三〕 奈良時代に建立された倉

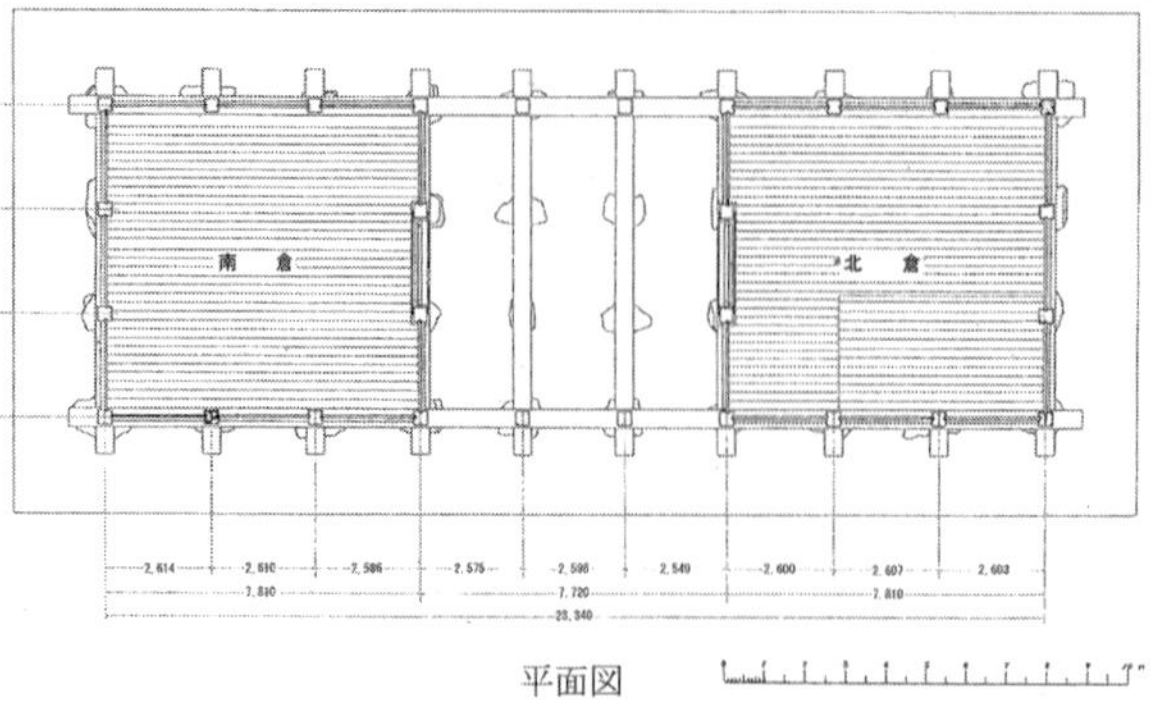

平面図

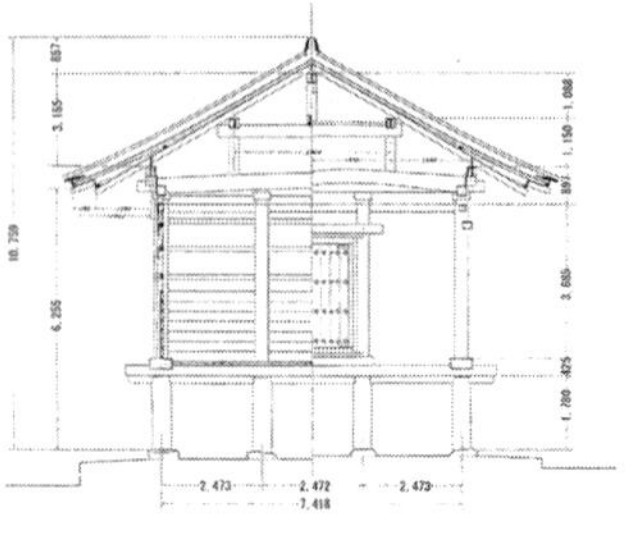

梁行断面図

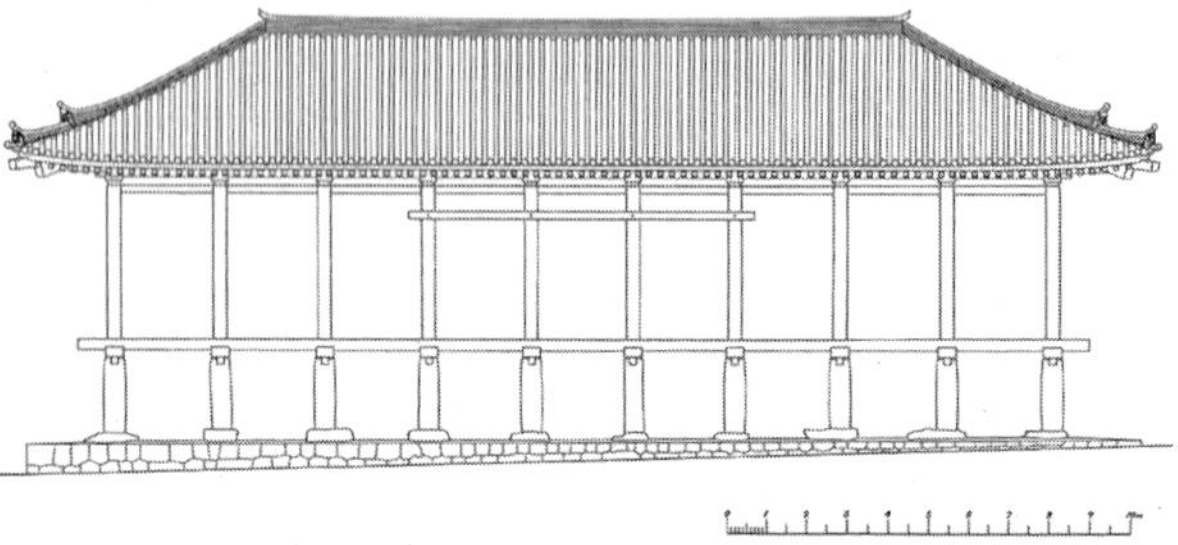

正面立面図

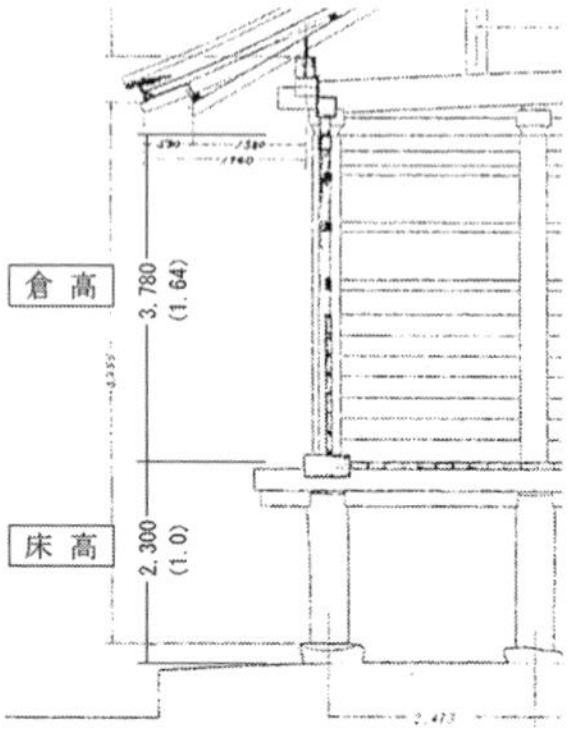

床高と倉高（比率）

第11図　法隆寺綱封蔵

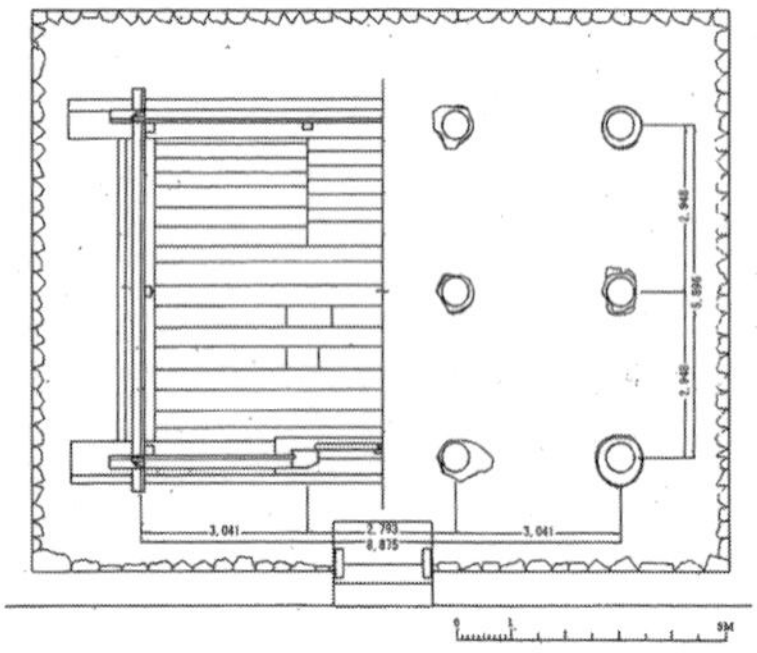

平面図

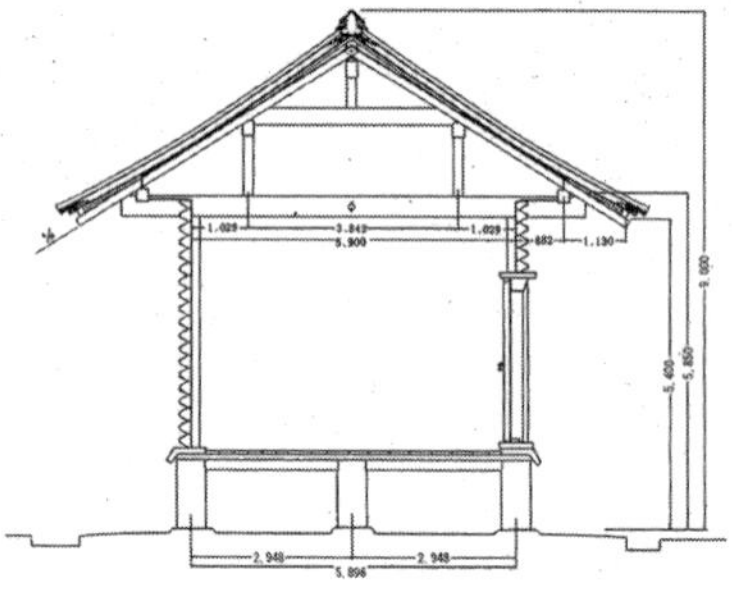

梁行断面図

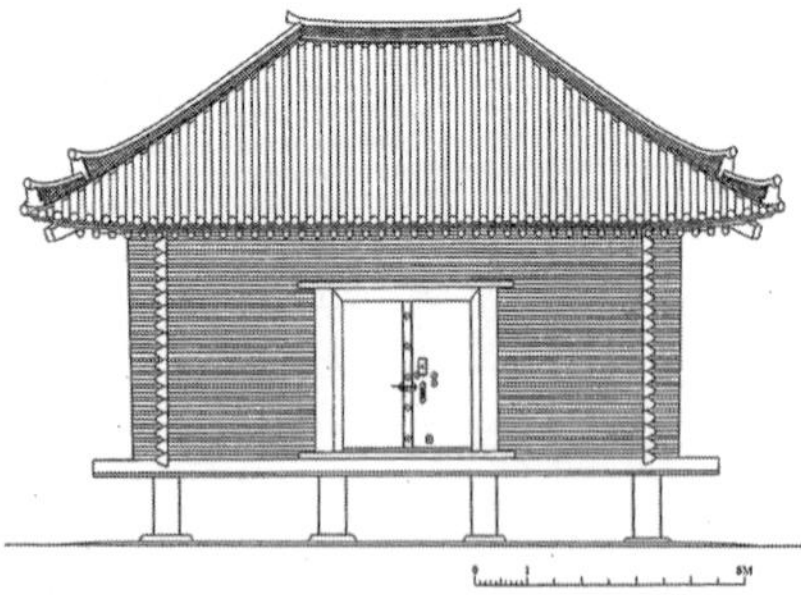

正面立面図

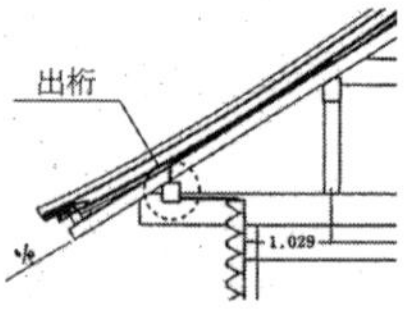

軒廻り部分詳細

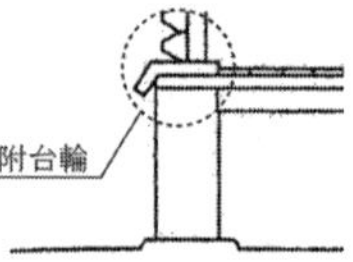

土台部分詳細

第12図　東大寺本坊経庫

で、東大寺境内に現存する六棟の校倉のうちの一つである。構造形式としては、桁行三間、梁行二間の校倉で、屋根は寄棟造の本瓦葺きである。基礎は柱礎石立ちで、軸部は束柱、梁行に頭貫、側廻りに鼠返し附台輪を据え、あぜ木を積み上げる。梁行に二通り大梁を架し、大梁中央から両側面に繋梁を架す。梁木鼻をのばし、出桁をめぐらす。出桁と最上段校木間は軒天井である。小屋組は二重梁構造であり、軒廻りは一軒で丸垂木である。

これらの建物を参考に建物の床高、台輪の形状、小屋組、軒廻り等を次のように想定した。床高は、床下を人が通れるほどの高さとし、また、法隆寺綱封蔵の倉高と床高の比率（1．64対1）から前節で想定した倉高約3～4㍍に対し、床高を約1．8㍍とした。台輪は東大寺本坊経庫に倣い、鼠返し附台輪とし、軒廻りは両建物に倣い、梁木鼻を延ばし、出桁を廻すこととした。軒先は垂木が一軒、小屋組は二重梁構造とした。

5 復元考察

以上の調査・考察をもとに古段階（奈良時代初期）、新段階（奈良～平安時代）各時代の外観二枚、倉の内観一枚、計三枚をイラスト復元した。以下にこれまでの考察をまとめ、復元案とする。

(1) 地 形

計四棟の礎石建物は内周土塁直下の平坦地に建てられている。地形的な特徴として、ＳＢ0402とＳＢ0403の間で段状になっており、法面処理として、石垣が幅約10㍍、高さ約1㍍にわたって築かれている。また、各遺構の標高差は調査報告をもとに、ＳＢ0403、ＳＢ0404はほぼ同じレベル（標高337．2㍍）、ＳＢ0402はＳＢ0403に比べ、約1．8㍍近く低い位置（標高337．0㍍）、ＳＢ0401はＳＢ0402より約0．2㍍高い位置（標高337．2㍍）に設定した［九州歴史資料館 二〇一六］。建物群の北西側は谷側に下っており、西側には鏡ヶ池がある。東側を走る内周土塁の最高高さはＳＢ0404のＧＬを基準とした場合、現状通り、約7㍍の高さとした。

(2) 建物（奈良時代初期）（第13図、第14図）

平 面　遺構・発掘調査に準じ、桁行五間、梁行三間の礎石総柱建物＋掘立柱庇構造物が三棟建つ。一間は2．1㍍（七尺）である。掘立柱穴外側には庇構造物のための雨落溝を設ける。束柱の太さは礎石に残る柱痕から直径約400ミリとした。

床組・壁・軸組　束柱間を頭貫で繋ぎ、梁行方向に四丁の台輪、四周に鼠返し付台輪を配した。壁は板壁とした。梁等は大梁・繋梁を配し、梁木鼻を延ばし、出桁を廻し、出桁と梁木間を軒天井とした。床高約1．8㍍、倉高約3～4㍍程度とした。

小屋組・軒先・屋根　小屋組は二重梁構造、垂木は一軒とし、茅負、布裏甲を配した。屋根は雨落溝が周囲をめぐることから四方に軒を設ける寄棟造とし、振隅、本瓦葺き、五寸勾配とした。

入り口・内部　入り口の向きは荷卸し場としての有用性を考慮し、西側（土塁と反対側）とした。中央に内開きの二枚板戸とする扉を設置した。内部には塞（塞長約2．1㍍、塞広約1．4㍍）を設け、床板を桁行に張り詰めた。

庇構造部　掘立柱の柱穴深さから柱高さを3～4㍍と設定し、柱上に桁を、掘立柱と礎石建物柱間につなぎ梁を架した。礎石建物側に垂木掛けを設け、太鼓落としの垂木を渡した。枝割に合わせて、屋根板、棒目板を葺いた。勾配は本屋根の勾配より緩く、三寸五分勾配とした。

状況設定　倉の入り口の梯子型階段は、使用時のみ設置し、常時は床下に収納することとした。ＳＢ0401は倉が建てられる前の空地であり、南側から運ばれる穀の荷卸し場としての利用を想定した。土塁及び周辺は兵士等により管理されているため、樹木はなく、下草が生えている程度

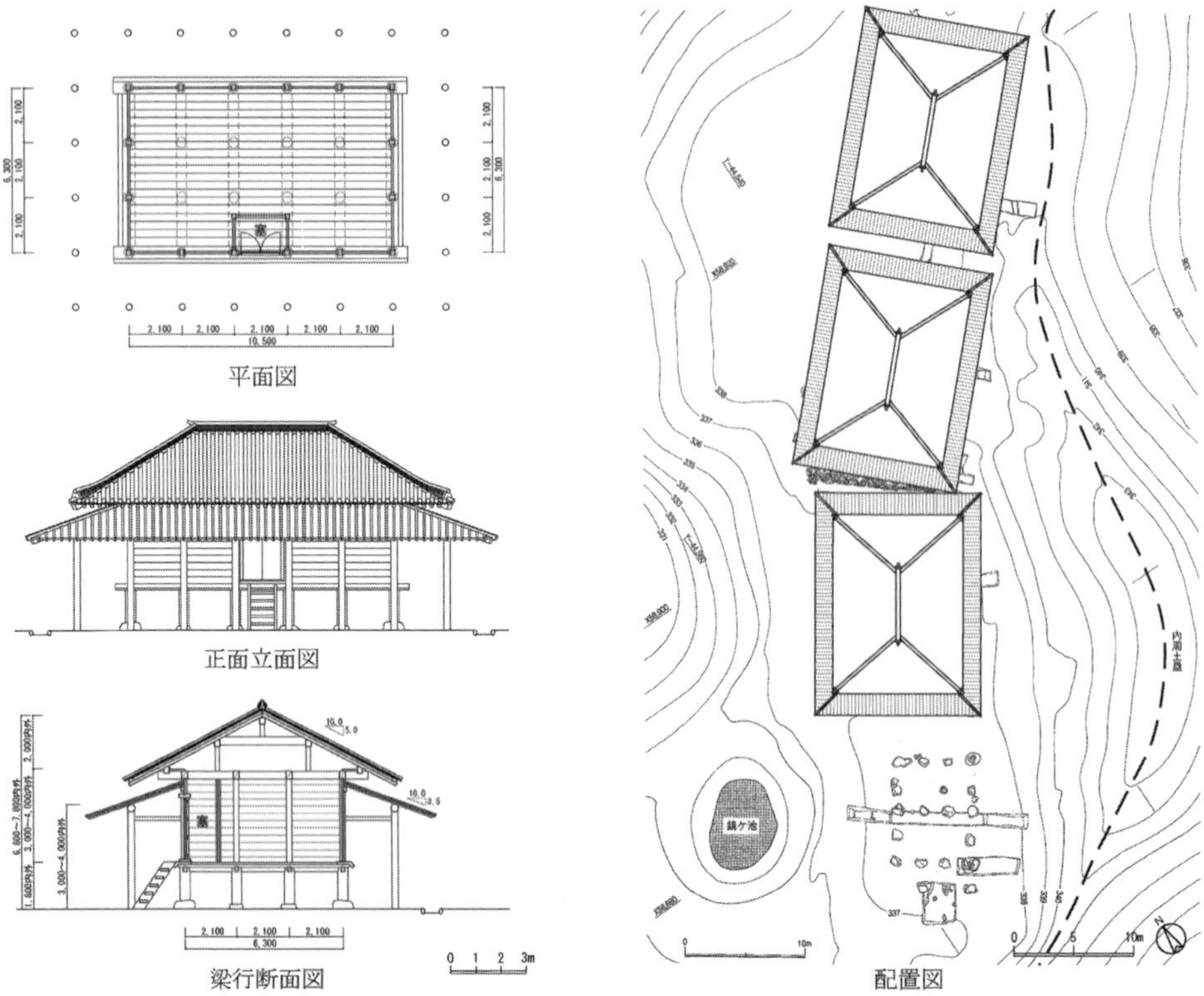

第13図　配置図、平面、立面、断面図（奈良時代初期）

第14図　復元イラスト（奈良時代初期）

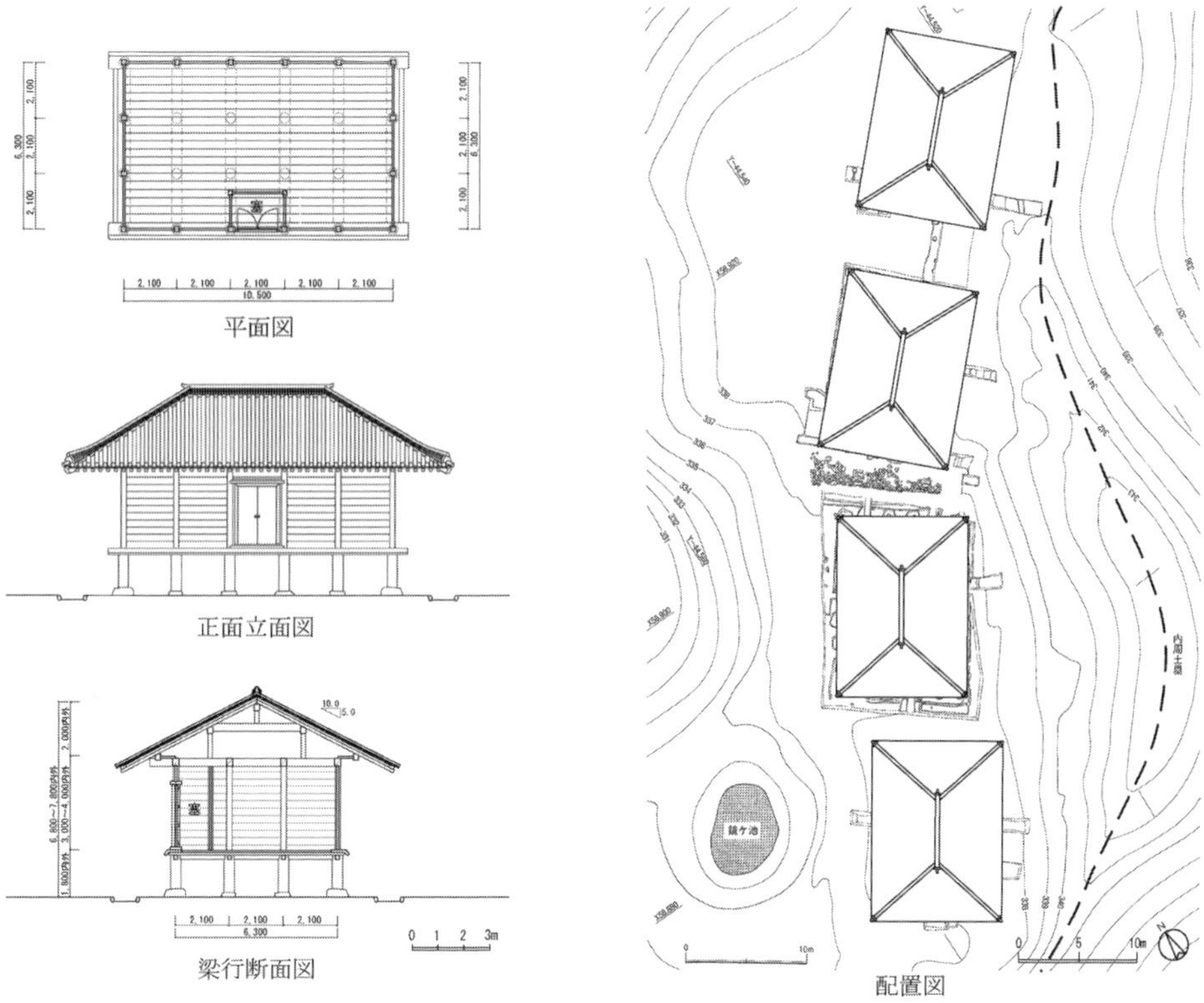

第15図　配置図、平面、立面、断面図（奈良～平安時代）

第16図　復元イラスト（奈良～平安時代）

第17図　復元イラスト（倉内部）

である。倉の前では兵士、官人が納穀前に検閲する様子とした。

(3) **建物**（奈良～平安時代）（第15図、第16図）

建　物　遺構・発掘調査成果に準じ、SB0402～SB0404の建物では庇部分が除かれ、掘立柱穴があった箇所に側石を伴う雨落溝（周囲四方）が新たに設けられた。SB0401には新たに五間×三間の礎石総柱建物と側石を伴わない雨落溝（前面を除く三方）が現れる。

状況設定　倉は穀が満杯に収納された不動倉となり、施錠されている。倉の周囲や土塁上には数人の兵士が巡回している様子とした。

(4) **建物内部**（第17図）

穀を納める様子を倉内部からの視点でイラストにした。内容として、人々は穀の入った袋を倉内部まで運び入れ、倉の外では官人がその様子を検閲している。塞は収納した穀の高さまで堰板で仕切られている。人々は塞より穀を倉内に入れ、倉内部では役夫が穀を敷き均し、官人が収納穀量を計測している様子とした。

おわりに

以上、増長天地区における建物群（倉庫群）をイラスト復元するにあたっての検討内容とその成果について述べてきた。完成したイラストが現地の解説広場にて、近年、展示される予定である。この復元イラストが現時点における一つの成果として、多くの方よりご意見・批判を賜り、今後の大野城の研究や史跡整備に活かされることを期待する。

註

（1）小西龍三郎「山城の建物跡―とくに鞠智城を中心として―」（『季刊考古学』第一三六号、雄山閣、二〇一六年）に加筆・修正を行った。

（2）（1）と同じ。

参考文献

九州歴史資料館　二〇一六年「第5―3次調査（増長天地区礎石群の確認調査）」『大宰府史跡発掘調査報告書Ⅸ　平成二六・二七年度』
福岡県教育委員会　一九八二年「特別史跡大野城跡Ⅴ　主城原地区（第4次）・村上地区（第1次）発掘調査概報」
福岡県教育委員会　一九七七年「特別史跡大野城跡Ⅱ　八ツ波、猫坂地区建物跡　史跡環境整備に伴う発掘調査概報」
山中敏史　二〇〇三年「古代の穎穀収取に関する考古学的研究　平成12年度～平成14年度科学研究費補助金（基盤研究（C）（2））研究成果報告書」
岩崎美術社　一九七九年「信貴山縁起絵巻」
奈良県文化財保存事務所　一九六六年「重要文化財法隆寺綱封蔵修理工事報告書」
奈良県文化財保存事務所　一九八三年「国宝東大寺本坊経修理工事報告書」

鞠智城の築城とその背景

木村 龍生

はじめに

鞠智城がなぜ菊鹿盆地東部のあの場所に築かれたのか。その解明に直接せまった研究はほとんどない。しかし、菊鹿盆地の動静からそれを読み解こうとした研究はいくらかある。

高木正文氏は、古墳時代後期後半の菊鹿盆地東半部勢力の伸長について、広大な平野と台地における生産力の向上という背景を想定し、これが鞠智城築城にも深く関与しているとした「高木 二〇〇七・二〇〇九」。

佐藤信氏は、鞠智城東京シンポジウムにおいて、菊鹿盆地における米の生産能力の高さが、鞠智城が築かれた要因の一つと指摘した「佐藤 二〇〇八」。

筆者は、鞠智城跡の古墳時代集落跡の存在及び菊鹿盆地の米生産量の増加こそが、鞠智城が菊鹿盆地東部に築かれた要因の一つと考えた「木村 二〇〇九」。

高木恭二氏は、古墳の動向などから菊鹿盆地東部が交通の要衝と化したことが、将来的に鞠智城がこの地に築城される要因になったと指摘した「高木 二〇一二」。

このほかにも、熊本県教育委員会が実施している鞠智城跡「特別研究」事業において、何人かの若手研究者が熊本における古墳時代の動向に焦点を当てて鞠智城が築かれた経緯について迫ろうとした研究がある「宮川 二〇一三、須永 二〇一七」。宮川氏、須永氏ともに、菊鹿盆地の豪族の動向に焦点をあて、それぞれ大和朝廷との関係や在地豪族のあり方を検証することから、菊鹿盆地での動静を読み取り、それが鞠智城築城の契機となったことを指摘した。

これらに共通するのは、古墳時代の社会情勢から菊鹿盆地東部に鞠智城がつくられた要因を求めようとする点である。鞠智城は他の古代山城と異なり、大宰府や都を直接的に守る拠点ではなく、朝鮮半島から都に向かうためのルート上にある城でもない。分布の点から見てもやや特異な地点にあるといえる。だからこそ、なぜこの場所に鞠智城が築かれたのか、やはり古代山城が築かれる前時代から続く社会状況を読み解くことが重要だと考えるべきだろう。

上述のことを踏まえ、本論では古墳時代の社会状況を踏まえて、鞠智城がなぜ菊鹿盆地東部に築かれたのか、検討してみたい。

1　古墳時代の菊鹿盆地

菊鹿盆地は熊本県の北部、山鹿市と菊池市をカバーする広大な盆地で

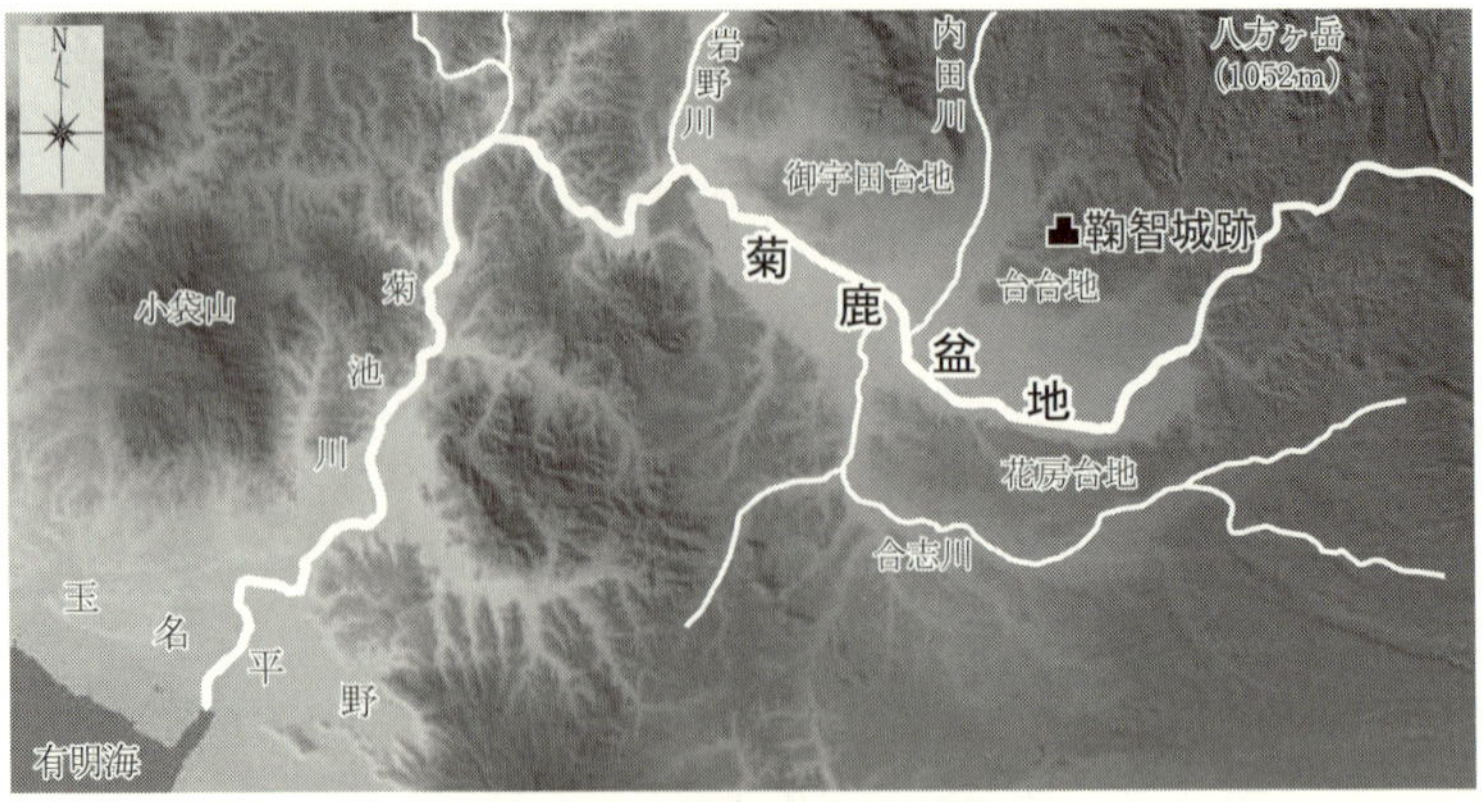

第１図　菊鹿盆地の位置

ある（第1図）。この菊鹿盆地では、弥生時代には方保田東原遺跡、うてな遺跡、小野崎遺跡などの大規模な環濠集落が複数つくられるなどしており、それ以来、人の往来及び活動が活発な重要地域だったといえる。この菊鹿盆地における古墳時代の社会情勢こそが、白村江の戦い以後に鞠智城がこの地につくられた要因を探るための重要なカギになると思われる。そこで、菊鹿盆地における主要遺跡の分布、そしてそこからたどることができる交通ルートがどのように変化したのかについてみてみたい。特に、鞠智城築城の契機となりうる、古墳時代中期から後期の状況をみていくこととする。

(1) 主要遺跡の分布の変化（第2図）

①古墳時代中期

この時期の首長墳は、菊鹿盆地でも西部、現在の山鹿市に集中しており、菊池川を下って玉名平野部に向かう際の出入り口ともいえる位置に築かれている。特に重要なのは岩原双子塚古墳であろう。この古墳は墳長100メートルを超える熊本県北部最大の前方後円墳である。また、菊池川の支流である合志川流域に直径50メートルを超える円墳の慈恩寺経塚古墳、さらに墳長70メートルを超える前方後円墳である高熊古墳が築かれている。岩原双子塚古墳からこの慈恩寺経塚古墳や高熊古墳を通って、さらに南下すると熊本市北区役所あたりに鬼塚古墳がある。この古墳も直径50メートルに近い大型の円墳であるとともに、朝倉窯跡群産の須恵器甕が出土しており、朝倉産須恵器の分布の最南端でもある。

また、合志川流域には八反原遺跡のような朝鮮半島系文物が出土する墳墓群も存在する。さらに、平町遺跡のような朝鮮半島系文物を伴う集落跡も確認されている。

このように、この時期は菊鹿盆地の西部に首長墳等が集中しており、菊鹿盆地西部から合志川流域が古墳文化の中心地といえる状況である。

これに対し、菊鹿盆地東部を見てみると、前方後円墳や大型円墳などの首長墳は存在しない。遺跡の分布でみると、この時期の菊鹿盆地東部はそれほど有力な首長がおらず、強い勢力がいたとは考えにくい。

②古墳時代後期前半

この時期は、基本的に古墳時代中期と状況は変わらない。

菊鹿盆地西部には中村双子塚古墳やチブサン古墳などの前方後円墳が築かれる。ただし、古墳時代中期と異なり菊池川の右岸に集中して首長墳が築かれるようになっている点には注意したい。なお、合志川流域にも石川山古墳群などの古墳が築かれており、菊鹿盆地西部から合志川流域が相変わらず主要遺跡分布の中心といえる。

これに対し、菊鹿盆地東部の状況をみると、有力な首長墳等はまだ認められない。

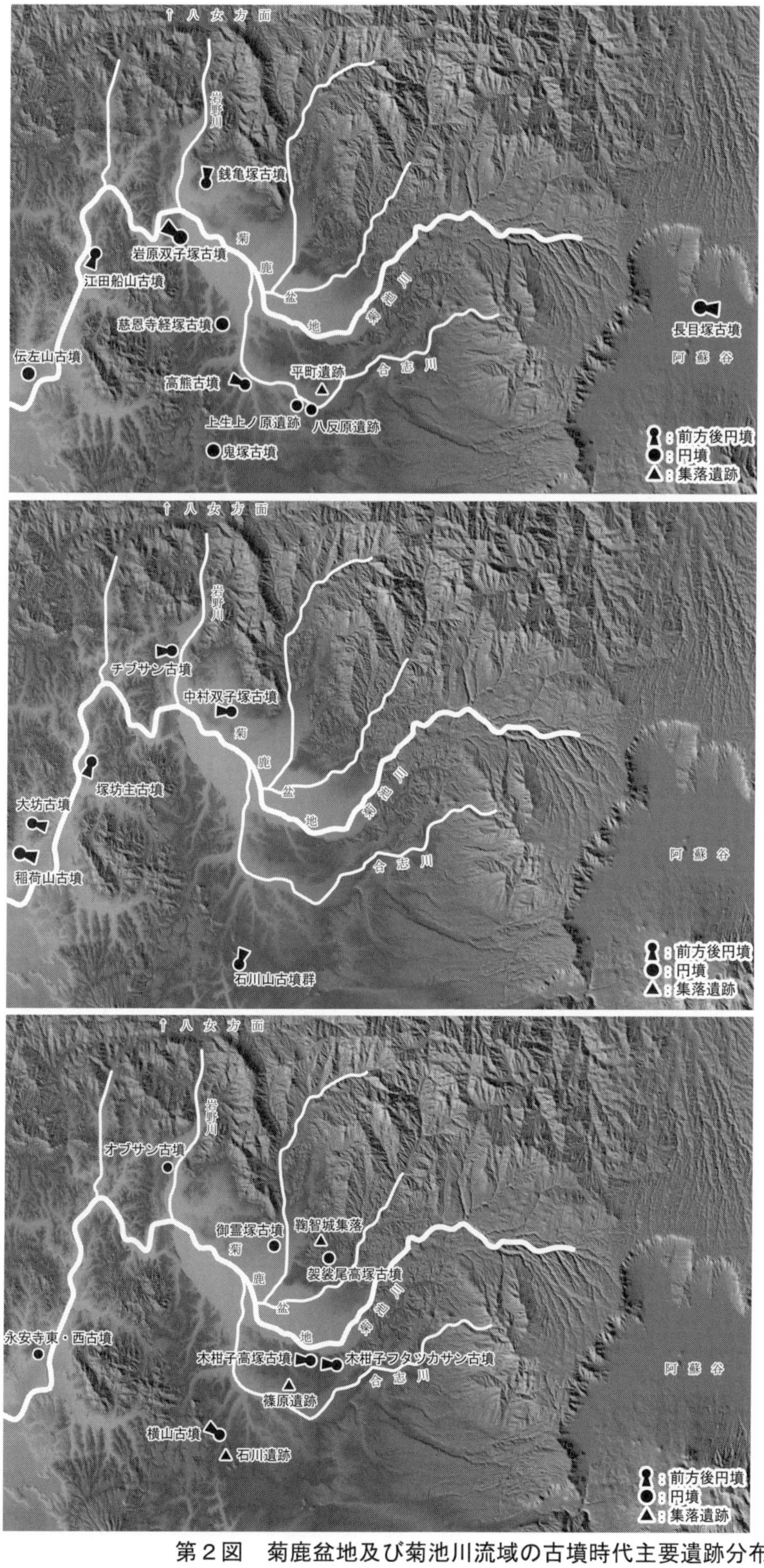

古墳時代中期後半

古墳時代後期前半

古墳時代後期後半

第２図　菊鹿盆地及び菊池川流域の古墳時代主要遺跡分布の変化

③古墳時代後期後半〜鞠智城築城直前

この時期になると、様相がはっきりと違ってくる。それは、菊鹿盆地西部に集中していた前方後円墳や大型円墳等の首長墳が、菊鹿盆地東部に集中するようになることである。

菊鹿盆地西部では、古墳時代後期前半までとは一変して、前方後円墳が築かれなくなる。ただし、小型の円墳や横穴墓などは多く認められる。なお、菊鹿盆地から菊池川を下った玉名平野部でも前方後円墳が認められないという菊鹿盆地西部と同様の状況が確認できる。

一方、菊鹿盆地東部においては、木柑子フタツカサン古墳、木柑子高塚古墳といったこの時期の熊本県内でも大型といえる前方後円墳が突如として出現する。さらに、袈裟尾高塚古墳といった大型円墳も築かれる。この状況を見れば、この時期に菊鹿盆地において西部から東部に中心が移ったように見て取れる。

この変化は、菊鹿盆地の社会情勢になにか大きな変化があったことを示しているのだろう。鞠智城が築かれる菊鹿盆地東部が、この時期に発展、あるいは伸張するきっかけとなった出来事があったに違いない。

(2)　主要遺跡の分布から見た古墳時代の主要ルートの変化

主要遺跡の分布から見ると、古墳時代後期後半に菊鹿盆地西部から菊鹿盆地東部に首長墳の造営が移ったことが読み取れる。これに伴い、菊鹿盆地における人の流れにも大きな変化が生じたものと考えられる。ここでは、それについて考えてみたい。

①古墳時代後期前半まで

菊鹿盆地だけでなく、周辺の玉名平野や阿蘇地域などを含めて検討してみると、この時期の人の流れは大きく次のようなものであったと考えられる。

まず、玉名平野から菊鹿盆地西部までのルートがある。菊鹿盆地西部から玉名平野部まではおそらく菊池川を使用した行き来、あるいは菊池川沿いをたどるルートでの行き来があったものと考えられる。その菊鹿盆地西部と玉名平野、それぞれの関所のような位置に岩原双子塚古墳と江田船山古墳等の首長墳が位置していることはおもしろい。

そして、菊鹿盆地西部から延びる最も主要なルートは、合志川沿いを通るルートであったと思われる。菊鹿盆地西部から合志川へ向かうと慈恩寺経塚古墳があり、さらに高熊古墳あたりから南に向かい鬼塚古墳近くをとおり熊本平野方面へ抜けるルートが一つ考えられる。また、高熊古墳から東に合志川をさかのぼって八反原遺跡、平町遺跡をとおり、そのままさかのぼって阿蘇方面へ抜けるルートもあったと思われる。合志川をさかのぼって阿蘇方面へたどり着いた先が、古代の牧で有名な「二重」近くにあたる。

また、菊鹿盆地西部から岩野川をさかのぼれば、八女方面への移動も容易である。

このように、この時期の菊鹿盆地西部は、玉名方面、熊本市方面、阿蘇方面、八女市方面と様々な方面へ向かうルートの結節点であったと考えられる。そのため交通の要衝として重要な地域となっていたのであろう。それこそが、この地域の首長たちの勢力が大きくなっていった要因の一つであったと思われる。

②古墳時代後期後半以降

それでは、古墳時代後期後半以降になると、この状況はどのように変わったのだろうか。

先述した各ルートは、古墳時代後期後半以降になってもおそらく主要なルートとして利用されていたものと考えられる。しかし、この時期重要なのは、これらのルートに加えて、菊鹿盆地西部から菊池川右岸をとおり、菊鹿盆地東部へ抜けるルートが新設されたということである。この時期は、菊鹿盆地の中でも特に菊池川右岸に多くの古墳や横穴墓が築造されている。それらの古墳や横穴墓付近をとおり、鞠智城のすぐ南側をとおり、袈裟尾高塚古墳近くまで延びたルートは南に向きを変え、菊池川をわたり、木柑子フタツカサン古墳等の東側に到達する。ここで熊本市方面へ向かうルートと、阿蘇方面に向かうルートに分岐する。熊本市方面へ向かうルート沿いには古墳や横穴墓群などが点在している。なお、これらの古墳や横穴墓には、八女窯跡群産の須恵器が大量に出土しており、このルートを通って八女から運ばれてきたものと考えられる。阿蘇へ向かうルートは、それ以前からあった合志川をさかのぼるルートにつながる（第3図）。

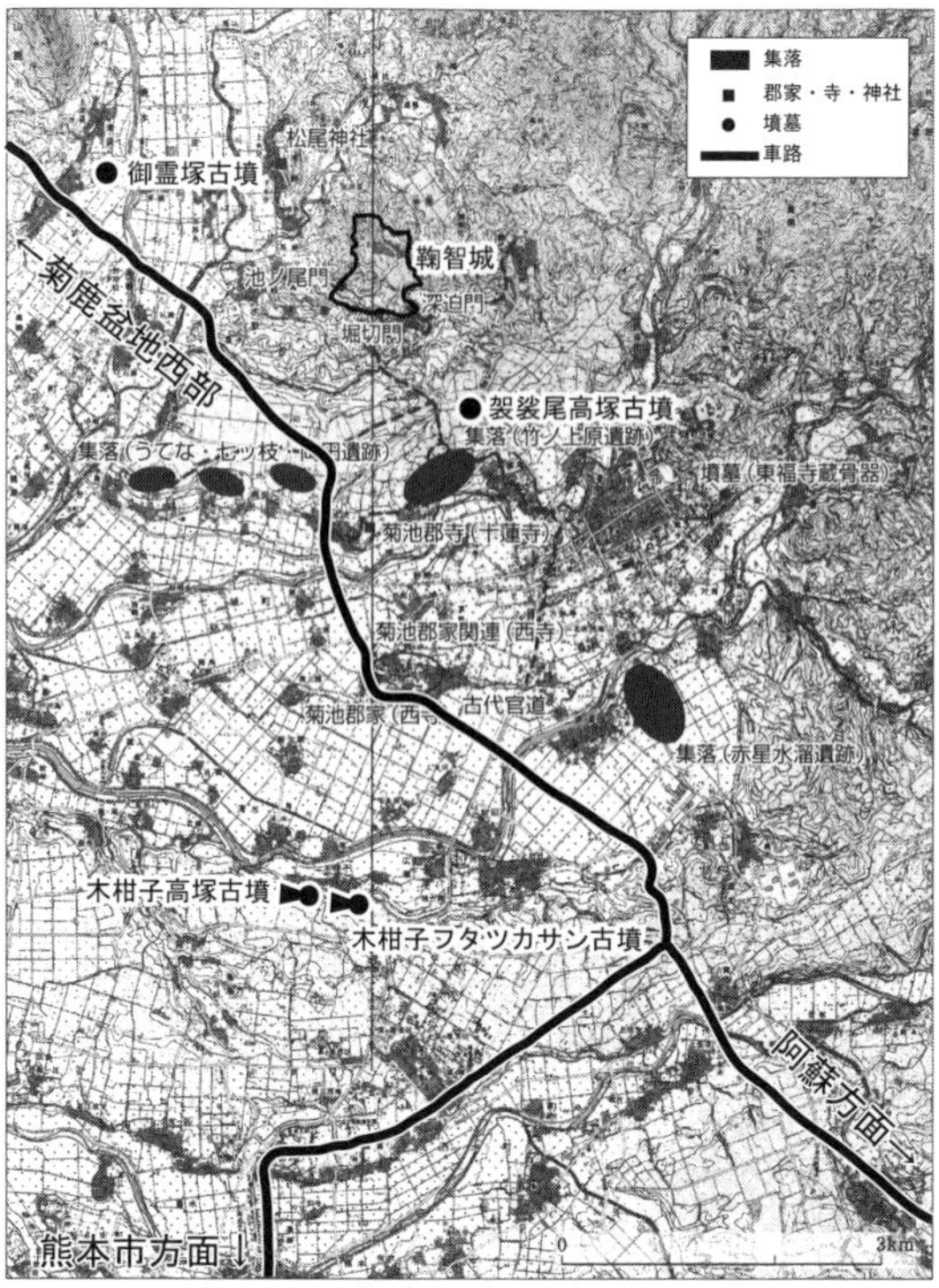

第３図　車路と主要遺跡の分布

この新たにできる菊鹿盆地東部を通るルートは、延喜式の官道以前にこの地域を通っていたと考えられている「車路」とほぼ重なる［鶴島 一九九七］。つまり、車路の前身ともいえるルートが古墳時代後期後半に成立したということであり、それにより、菊鹿盆地東部も交通の要衝となっていったのである。そして、それは鞠智城が築城されるころには、菊鹿盆地を通るルートの中でもっとも重要なものとなっており、筑後方面からの主要交通路は直接熊本市方面へ向かうのではなく、車路をたどり鞠智城の南をとおり、それから熊本市方面へ至るというものであった。八世紀前半ごろまではこのルートが主要な交通ルートであったが、しばらく経ち、延喜式駅路の頃には筑後方面から直接熊本市方面へと向かう

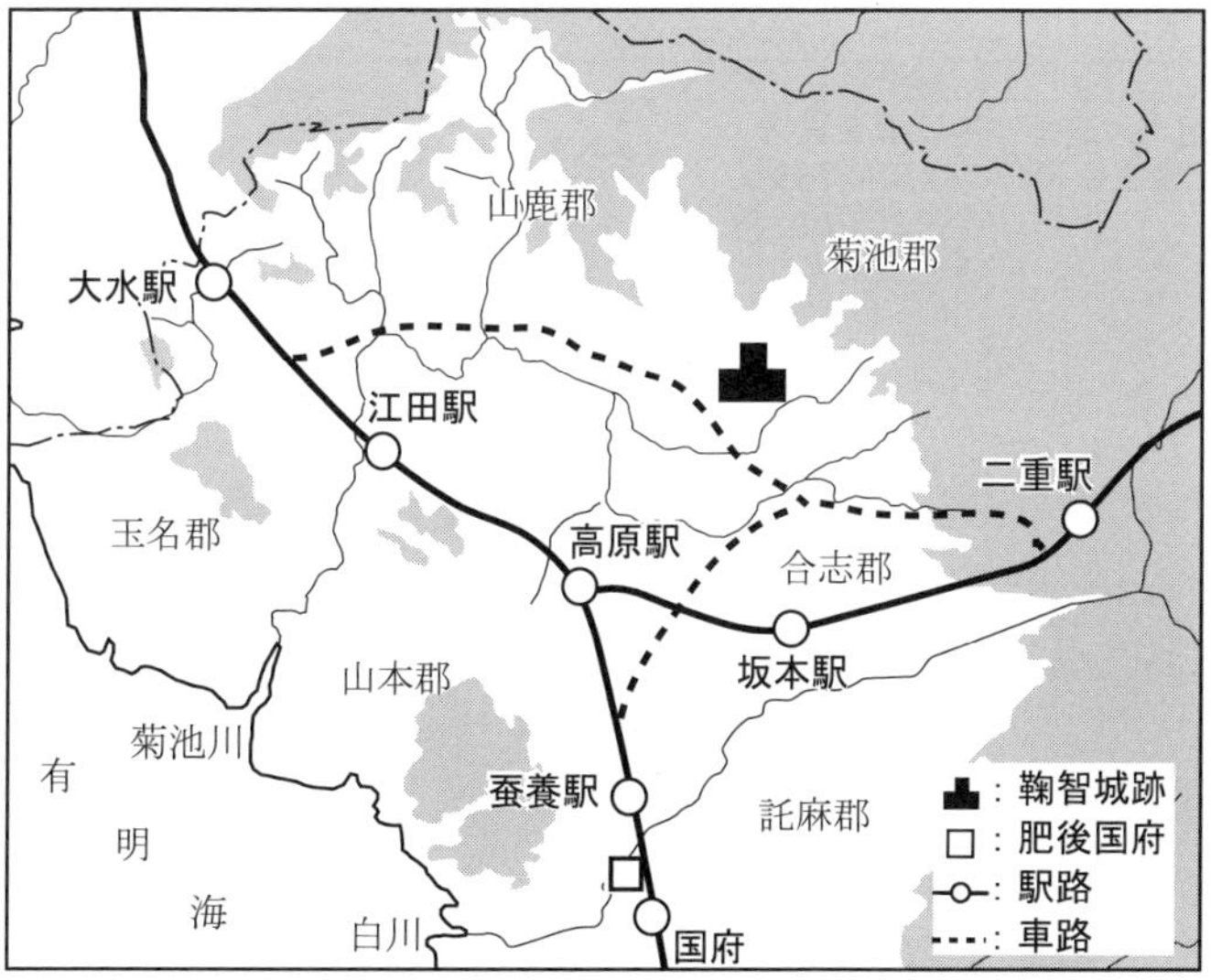

第４図　車路と延喜式駅路

ルートになるという変化が起こったようである（第４図）。それでは、古墳時代後期後半に主要な交通ルートを、菊鹿盆地東部を通らせる必要があった要因とはいったい何だったのだろうか。

(3) 菊鹿盆地における社会情勢の変化

これまで、主要遺跡の分布とルートの変化を見てみた。これから見えることは、菊鹿盆地では古墳時代後期後半に大きな社会情勢の変化があり、菊鹿盆地西部から菊鹿盆地東部へとその中心が移ったということである。

この古墳時代後期前半から後半の変化を考える際に、見落としてはならない古代史上の出来事がある。それが磐井の乱である。

磐井の乱は、筑紫君磐井が大和朝廷へ反旗を翻し戦争を起こしたものである。この乱の際、磐井のもとには筑・豊・肥の首長が力を貸したとの記述がある。肥の勢力でもっとも磐井に協力的だったのは、菊鹿盆地西部、山鹿地域の首長たちだったと考えられる。八女地域と山鹿地域の結束性は、考古資料の検討や文献史学等、様々な研究から述べられているとおり、非常に緊密であったものと考えられる。だからこそ、磐井の乱の際にも、山鹿の首長たちは磐井に積極的に加担したのだろう。しかし、大和朝廷の軍勢に敗北し、磐井の子である葛子は糟屋の屯倉を献上し降伏してしまう。

菊鹿盆地西部で前方後円墳がつくられなくなるのは磐井の乱の直後からであり、それに代わるように菊鹿盆地東部で前方後円墳がつくられるようになるという事象が認められる（第１表）。これからいえることは、菊鹿盆地西部の首長たちは、磐井の乱後に前方後円墳を築造することができなくなってしまったということである。これは、大和朝廷の意向で

第１表　菊鹿盆地における主要古墳の変遷と社会情勢

年代 A.D.	時代	期	鞠智城	菊池川流域の出来事 菊池市周辺（菊鹿盆地東部）	山鹿市周辺（菊鹿盆地西部）	玉名市周辺	日本の出来事
450	古墳時代 中期				**岩原双子塚古墳** **高熊古墳**★ マロ塚古墳★	**江田船山古墳** 伝左山古墳 **稲荷山古墳**	倭王武、宋に遣使(478年)
500					**チブサン古墳** **中村双子塚古墳**	**塚坊主古墳** **大坊古墳**	
	後期						磐井の乱(527年) 仏教伝来(538年)
550			集落の形成 ↓	**木柑子フタツカサン古墳** **木柑子高塚古墳** 袈裟尾高塚古墳 御霊塚古墳	オブサン古墳 弁慶ヶ穴古墳	永安寺東・西古墳 江田穴観音古墳	聖徳太子摂政(593年)
600	飛鳥時代						十七条の憲法(604年)
650							大化の改新(645年) 白村江の戦い(663年) 大野城・基肄城築城(665年) 金田城・屋嶋城等築城(667年)
		Ⅰ期	鞠智城築城 ・外郭線、貯水池 ・兵舎、倉庫				壬申の乱(672年)
700		Ⅱ	鞠智城繕治(698年) ・八角形建物、管理棟的建物				藤原京遷都(694年) 大宝律令(701年)

※ゴシック文字の古墳は前方後円墳
※★は合志川流域の古墳

あったのかもしれないし、菊鹿盆地西部の首長たちの大和朝廷への遠慮であったかもしれない。そして、菊鹿盆地東部の首長たちは、前方後円墳や大型円墳を築くことができるほど勢力が伸長したといえる。これには、例えば大和朝廷が菊鹿盆地東部の勢力と結びつき、菊鹿盆地西部の首長たちを押さえつけるのに利用したということも考えられよう。ただ、菊鹿盆地東部の首長たちの墳墓は、石製表飾などこの地域の古墳文化を代表するものをもっており、外部からやってきたような人物ではなく、もともとこの地にいた首長たちであったと考えられる。

また、磐井の乱後も八女地域の首長は引き続き巨大な前方後円墳を築き、大きな勢力を保っている。この時期、山鹿地域で認められる古墳の石室構造や装飾文様などが、磐井の乱後に八女地域へ伝播し、そこからさらに北部九州に広がっていく事象が認められることから、山鹿の勢力（肥君あるいは肥中君）が北部九州に勢力を伸ばしたという説もある。ただ、菊鹿盆地のみの状況から考えると、菊鹿盆地西部の首長たちは磐井の乱後に勢力が弱くなったとしか考えられない。

このように、磐井の乱は菊鹿盆地西部勢力の弱体化と菊鹿盆地東部勢力の伸長の契機の一つであったということは十分考えられよう。しかし、それだけが要因とは考えられない。ほかに考えられる要因があるとすればそれは、「米」である。

菊鹿盆地では、古墳時代に須恵器生産も鉄生産も行われていた痕跡はない。合志川流域では馬匹生産が行われていた可能性はあるが、それ以外に産業的なものは今のところ認められない。弥生時代には鉄生産を行っていた遺跡がいくつかあるが、古墳時代にはその痕跡も今のところ認められない。そんななか、生産性の高まる可能性があるものが米である。

菊鹿盆地は、古代になると条里制のもと広大な水田があったとされる。そして現在、熊本県下有数の米の生産地となっており、七城米は全国のコンクールで優勝したほどのブランド米である。また、この地には米原長者伝説という伝説が残されている。米原長者は四千町歩（40平方キロ）もの水田を持っており、それを一日で田植えを終わらせることを自慢としていた。それがある年、一日で田植えを終えることができず、金の扇で太陽を呼び戻すという自然の摂理に反してまで終わらせようとしたために、天罰で屋敷や米倉などがすべて燃え尽きてしまったというものである。この米原地区というのが鞠智城の中心地区の名称であり、鞠智城で不動倉（米倉）十一棟が火災に遭うという『日本文徳天皇実録』の記事に関連する伝説と考えられており、それが実際に起こったことを示すように米倉と考えられる倉庫跡の周辺からは大量の炭化米が出土している。さらに、鞠智城に「秦人忍」が米を五斗納めたことを示す荷札木簡も出土している。

このような伝説、伝承、そして出土品から、鞠智城が機能していた時代には、菊鹿盆地はすでに米の生産量が非常に豊かな地域となっており、米の生産基盤が確立していたといえる。その生産基盤が古墳時代後期後半に確立し始めたと考えることは、それほど的外れなものではないだろう。そしてこの生産基盤による食料の安定的確保が、菊鹿盆地東半部を通るルートの構築にもつながり、後世に菊池一族がこの地を根拠地とすることにもつながってくるのではないだろうか。

このように、磐井の乱による菊鹿盆地西部勢力の衰退、それに相対するような菊鹿盆地東部勢力の伸長、菊鹿盆地東部における米生産力の向上、これらの要因があって、菊鹿盆地東部は発展し、さらには交通の要衝となっていったものと思われる。そして、これらの状況は大和朝廷も把握していたのだろう。

2　鞠智城跡の古墳時代集落

このような社会情勢の中で、菊池川右岸の菊鹿盆地東部の台地上に、集落が登場する。それが鞠智城の集落である。

住居跡は十数件が確認されている。これらは平面プランの形状やかまどの有無などから時期差を確認できる。これに加え、土器の年代などから百年近くにわたり造営されていたことがわかっている。

熊本における古墳時代の集落、特に古墳時代後期の集落は、平野部か平坦な台地上に造営されるのが常である。それに比べると、鞠智城集落の立地は異常としかいいようがない。台地上とはいえ、そこまで広くはない平坦面、そして、南側は自然の尾根線で高さ20㍍近い防壁となっており、西側も馬の背状の尾根が強固な防御ラインとなる。東側は急激な崖で近寄れず、北側も谷や尾根で近寄りがたい状態である。つまり、天嶮の要害というべき地点につくられているのである。

さらに、集落西側には高台があり、菊鹿盆地の様子を一望することができるなど、非常に見晴らしの良い地が選定されている。

この集落が形成されたのは、菊鹿盆地東部の首長が勢力を拡大し始めるころとほぼ同時期である。天嶮の要害につくられていることからも、ただの集落ではなく、防御性を重視した特殊な集落、あるいは何らかの拠点であったことも考えられる。このように、鞠智城の集落は、その存在が非常に異質であるため、なにか特別な意図をもってつくられたものではないかと勘繰ってしまう。

なお、この鞠智城からは、直線距離で約500㍍離れたところにある、装飾古墳として有名な袈裟尾高塚古墳がはっきりと視認できる。この古墳は直径約40㍍の円墳で、この時期の熊本県内では最大級の規模を誇る。この古墳を鞠智城の集落の人々は常に目にしていただろう。そういう点からも、袈裟尾高塚古墳と鞠智城の集落とはなにかしらの関係があるのではないかと想定しているが、それについては今後あらためて検討が必要である。

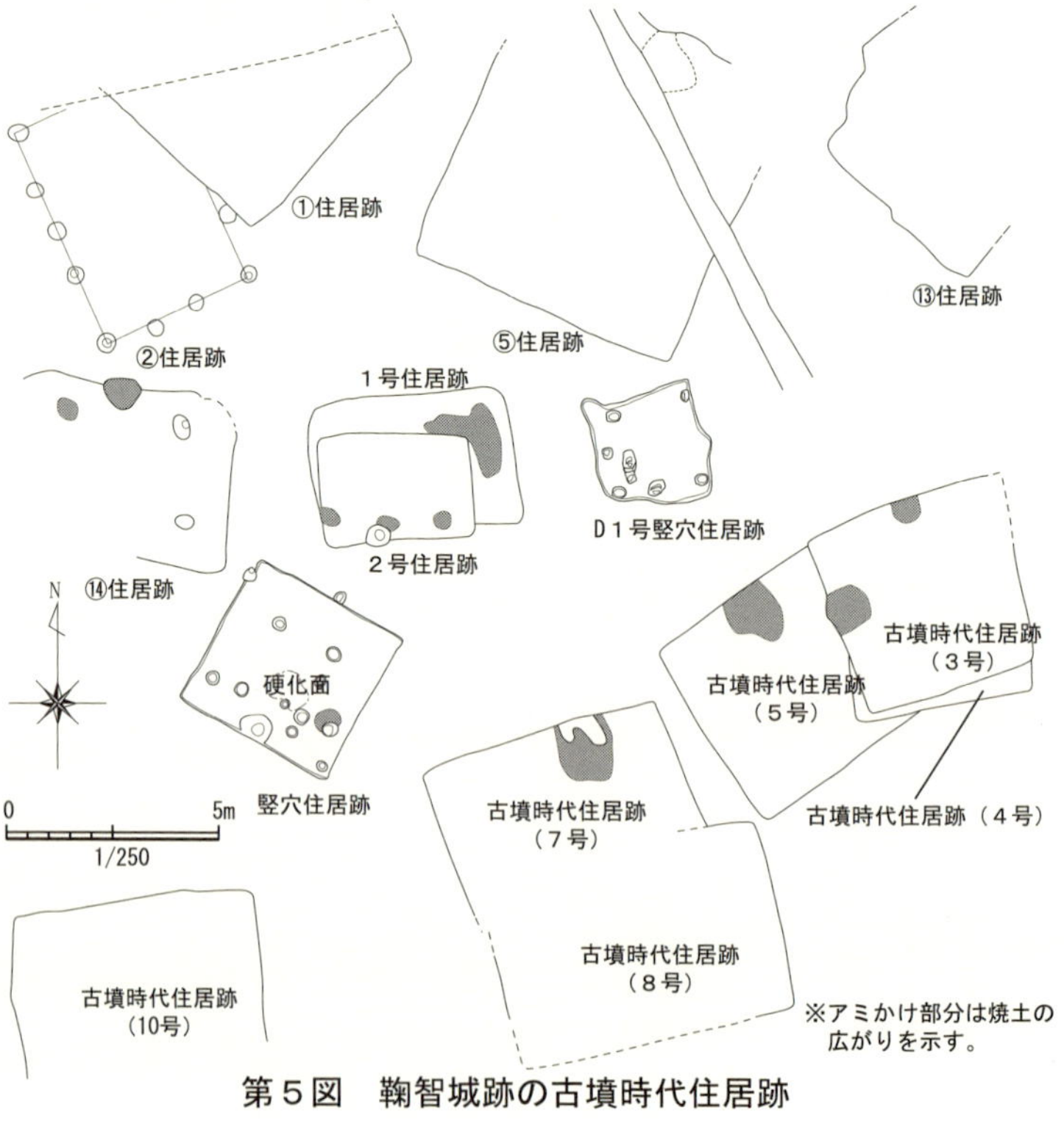

第５図　鞠智城跡の古墳時代住居跡

3　鞠智城の誕生

以上のように、古墳時代後期後半から菊鹿盆地東部の首長が勢力を伸ばし、菊鹿盆地東部は米の生産量も増加していく。また、ほぼ同時期に、鞠智城の集落が防御性の高いところにつくられた。

このような状況はしばらく続き、菊鹿盆地東部は発展を続けていったのだろう。

そして時は過ぎ、白村江の戦いを迎える。倭の軍勢は大敗し、今度は自国の防衛体制を整える必要にせまられた。

その時、多くの防衛拠点を一から築くということが人員的にも物資的にも、時間的余裕という面から見ても可能であっただろうか。それよりも、利用可能な既存施設を整備し使用するという方が現実的であったに違いない。

菊鹿盆地は米の生産・備蓄のため、そして交通の要衝の確保のために重要な地域と判断されただろう。そこで防衛拠点の設置が必要となったと思われるが、確固たる防衛施設、つまりは百済の技術・選地法を導入した古代山城の築城は、最前線となる対馬、福岡平野部等の地域に優先されたに違いない。そこで、前線から離れた菊鹿盆地では、一から城を築くのではなく既存施設を「改修」して利用することにしたのだろう。

すなわち、その候補となったのが鞠智城集落であった。もともと防御性の高い天嶮の要害であり、それに加えて菊鹿盆地全体を見渡せる視認性の良さ、主要交通ルート(車路)へすぐに接続できるなど、様々な条件が上手く当てはまっていたものと考えられる。

ただし、もちろんそのままでは防衛拠点として使用できない。そこで取られたのが防御能力の向上と内部施設の拡充であったろう。つまり、版築土塁による土塁線の構築、城門の設置、兵舎・倉などの内部施設の充実、そして貯水池の造営、これらの工事を緊急的に行うことで、鞠智城集落を改修し、古代山城として使用したものと考えられる。なお、筆者は、鞠智城は新造の城ではなく、既存施設を改修して城としたものであったため、『日本書紀』に築造記事が記載されなかったのではないかと考えている。

おわりに

以上みてきたことを、再度まとめてみる。

菊鹿盆地では、当初菊鹿盆地西部の首長の勢力が強かった。しかし、磐井の乱で磐井に加担したため衰退し、かわりに菊鹿盆地東部の首長の力が強くなった。それに加え、米の生産量の増加等もあり、菊鹿盆地東部をとおる交通ルート(後の車路)が成立した。そのころ、鞠智城の集落もつくられたが、普通の集落とは立地の異なる防御性の高いものであった。

時は経ち、白村江の戦い後、国内の防衛網を整える必要が出た大和朝廷は、鞠智城の集落を改修し拠点とすることを決めた。その結果誕生したのが鞠智城であった。誕生当初の鞠智城の役割は、おそらく交通要衝の抑え、菊鹿盆地の米の確保、そしてそれを備蓄し必要に応じて最前線等に搬出するための後方支援基地であったと考えられる。

このようにして誕生した鞠智城であるが、その後は役割を変えながら約三百年間も存続する。

鞠智城では、鞠智城の時代より下位に存在する遺構については、遺構保護のためにほとんど調査がされていない。そのため鞠智城集落について、その性格や規模など、よく把握できていない点が多い。しかし、立地の特異性などを勘案すると、やはり当初から防御重視の施設として築かれたものであったことは疑いようがない。今後、調査などが行われることがあれば、鞠智城集落の性格が明らかとなり、そこであらためて鞠智城がなぜあの場所につくられたのかについて検討することができるであろう。

なお、鞠智城と同じように、成立時期が文献に出てこない重要施設として大宰府がある。大宰府も政庁が成立する以前には古墳時代の住居跡が多く見つかっており、古墳時代の集落が形成されていたものと考えられる。それがいつの段階かに、大宰府として成立したということになる。大宰府についても、政庁が成立する以前は、既存施設の改修が行われ、何らかの拠点あるいは施設として使用されていたのではないかと、個人的には考えている。そういう点からして、鞠智城と大宰府はその成立過程が似ているように感じているし、成立後の変遷はお互い連動するように変遷していくという特徴がある［小田 二〇一二、西住・矢野・木村 二〇一二］。このような点から、鞠智城の研究は大宰府の研究と連動して行っていく必要がある。今後の大宰府の研究成果からも、鞠智城の新たな研究視点・検討課題も出てくるものと考えられる。

参考文献

小田富士雄　二〇一二年「第1節　鞠智城の創建をめぐる検討」『鞠智城跡Ⅱ―鞠智城跡第8～32次調査報告―』熊本県教育委員会

木村龍生　二〇〇九年「鞠智城跡の古墳時代後期後半の集落について」『熊本古墳研究』第四号　熊本古墳研究会

坂本経堯　一九三七年「鞠智城址に擬せらる米原遺跡に就て」『地歴研究』一〇―五　熊本地歴研究会

佐藤　信　二〇〇八年「古代史からみた鞠智城」『古代山城　鞠智城を考える』東京シンポジウム資料　熊本県教育委員会

杉井　健　二〇一〇年「肥後地域における首長墓系譜変動の画期と古墳時代」『九州における首長墓系譜の再検討』第一三回九州前方後円墳研究会鹿児島大会発表要旨　九州前方後円墳研究会

須永　忍　二〇一七年「古代肥後の氏族と鞠智城―阿蘇君氏とヤマト王権―」『鞠智城と古代社会』第五号　熊本県教育委員会

髙木恭二　二〇一二年「菊池川流域の古墳」『マロ塚古墳出土品を中心にした古墳時代中期武器武具の研究』国立歴史民俗博物館研究報告第一七三集　国立歴史民俗博物館

髙木正文　二〇〇七年「第二編　考古」『菊水町史』通史編　和水町

髙木正文　二〇〇九年「装飾古墳について―菊池川の古墳―」『熊本県北部の古代文化と韓半島』二〇〇九日韓歴史シンポジウムin玉名　発表資料集　熊本日韓文化交流研究会

鶴島俊彦　一九九七年「肥後国北部の古代官道」『古代交通研究』7号　古代交通研究会

西住欣一郎・矢野裕介・木村龍生編　二〇一二年『鞠智城跡Ⅱ―鞠智城跡第8～32次調査報告―』熊本県教育委員会

宮川麻紀　二〇一三年「鞠智城築城の背景―肥君の拠点と交通路の複眼的検討―」『鞠智城と古代社会』第一号　熊本県教育委員会

挿図・表出典

第1～3図　木村二〇〇九より転載、一部改変

第4、5図　筆者作成

第1表　筆者作成

鞠智城の変遷に関する一考察

矢野 裕介

はじめに

文武天皇二年(六九八)五月、大宰府によって大野、基肄の二城とともに繕治された鞠智城は、東アジア情勢が緊迫する七世紀後半、国土防衛のため西日本各地に築かれた城塞の一つに数えられる。その城跡となる鞠智城跡は、熊本県の北部、阿蘇北外輪山から有明海へと西流する菊池川(総延長71㎞、流域面積996㎢)の中流域、山鹿市と菊池市のちょうど市境に位置する。

冒頭の『続日本紀』文武天皇二年五月二十五日条の繕治記事のほか、『日本文徳天皇実録』『日本三代実録』に「菊池城院」あるいは「菊池郡城院」として兵庫鳴動や不動倉焼失の記事が散見する国史記載の城跡で、その本格的な発掘調査は、昭和四十二年(一九六七)度に始まる。これまでに32次を数え、外郭線上に三箇所の城門や土塁、石塁などの城壁、それから城の内部に七二棟の建物や貯水池などの遺構が確認されるなど、城の構造解明が進むとともに、七世紀後半から十世紀中頃までのおよそ三〇〇年にわたる存続期間と、五期に及ぶ時期区分(鞠智城Ⅰ～Ⅴ期)とその変遷が明らかとなっている。

西日本の古代山城の中にあって、このように長きにわたって存続したことが明らかな城跡は、鞠智城跡のほか、同じく繕治された大野城跡(福岡県太宰府市、大野城市、宇美町)、基肄城跡(佐賀県基山町、福岡県筑紫野市)がある。これら三城が、どのような役割・機能を付与されて存続し得たのか、それを解明することが西日本の古代山城研究における重要な課題の一つに挙げられよう。その糸口として、本稿では、古代律令制下における鞠智城の役割・機能の変遷について、発掘調査で得られた成果を軸にあらためて考えてみたい。

1 鞠智城跡の位置と環境

福岡・大分との県境を限る筑肥山地。その主峰、八方ヶ岳(標高1052㍍)の南西麓は小河川や浸食谷が入り組む複雑な丘陵地帯を形成するが、鞠智城跡はその丘陵地帯の南端近く、南に肥沃な菊鹿盆地を望む標高145㍍前後の台地状の丘陵、米原台地に立地する。大宰府からは直線距離で約62㌔南に、肥後国府[1]が比定される熊本市周辺からも約30㌔北に位置する。また菊池川河口からは直線距離で約27㌔内陸に位置する関係で、残念ながら有明海は見通せないものの、低丘陵でありながら、西外郭線上にある標高145㍍程の「灰塚」からは360度見渡すことができ、特に南方面の眺望が開け、遠くに熊本市方面まで望むことができる。

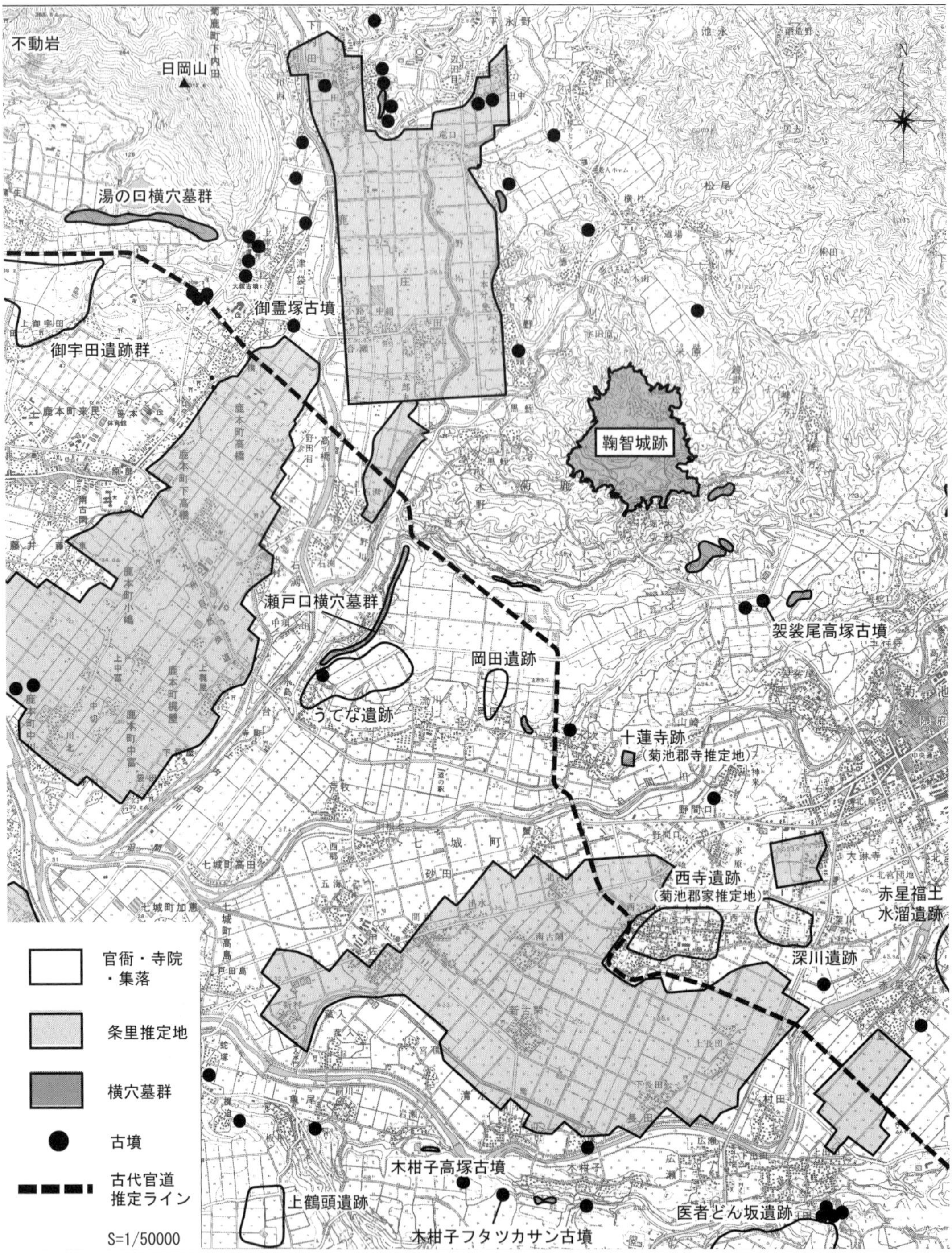

第１図　鞠智城跡周辺遺跡分布図

鞠智城跡が所在する地は、古代律令制下、肥後国菊池郡にあたり、鞠智城跡及びその周辺に残る「木野」という地名から、菊池郡九郷のうちの一つ、城野郷に比定される。鞠智城跡から約1.5キロ北西の丘陵裾部に所在する、大同二年(八〇七)に山城国葛野郡の松尾神を勧請したと由来される城野松尾神社がその名残をとどめ、そこからやや西の盆地内を南流する木野川が西隣の山鹿郡との境とされる。その木野川とさらに西の上内田川までの一帯には、ほぼ正方位を示す条里地割(菊鹿条里区)が推定されている[牧野 一九七七]。

また、鞠智城跡から約2.2キロ南の台《うてな》台地の縁には、菊池郡の郡寺に比定される十蓮寺跡(菊池市水次)があり、さらにそこから約1.3キロ南の菊鹿盆地内には、菊池郡家に比定される西寺遺跡(菊池市西寺)が所在する。同じく南には、熊本県北部に残る「車路」地名から推定された古代官道のルートが北西から南東に向かっており、西寺遺跡を経由して、さらに南の花房台地上で、南西の熊本市方面と南東の阿蘇方面に分岐することが想定されている[鶴嶋 一九九七]。このほか、鞠智城跡の周辺には、御宇田遺跡群(山鹿市鹿本町御宇田)や上鶴頭遺跡(菊池市七城町上鶴頭)などの八世紀後半から九世紀にかけての官衙関連遺跡が知られる(第1図)。

2 鞠智城跡の構造的特徴

鞠智城跡の城域については、古くより広域説、狭域説など諸説(2)あるなか、現在、狭域説のうち土塁線と崖線で囲繞された周長3.5キロ、面積55ヘクタール、標高90〜171メートルの範囲を内城地区とし、それを含む約64.8ヘクタールが国史跡に指定されている(第2図)。その内城地区の発掘調査は、昭和四十二年(一九六七)度の第1次調査から平成二十二年(二〇一〇)度の第32次調査に至るまで32次に及ぶ。

ここでは、これら一連の発掘調査の成果から、鞠智城跡における城門、城壁、そして城の内部施設について、その構造的特徴をみていくこととする。

(1) 城門

まず、城門であるが、門礎石(石製唐居敷)の存在から、南側外郭線上の字深迫、堀切、池ノ尾の三箇所に早くから比定されてきた。門礎石はいずれも原位置を保っていないことが明らかとなっているが、うち堀切においてのみ、門礎石の原位置を特定する門の支柱穴一基と、さらにその前面に高さ1メートル程の段差が確認されており、懸門式に類似する構造であることが指摘されている。堀切ではこのほか、城外から城門に至る道路跡も見つかっている。崖地を掘りきった約20度の傾斜がある道路跡で、粘土で路面整形し、脇に側溝を有したものとなる。また中途で枡形状の屈曲を伴うなど、防御性の高い造りとなっている。

門礎石はいずれも花崗岩製で、上面に径14〜15センチの円形の軸摺穴を穿つが、門扉の軸を穴に差し込むタイプのものと考えられる(第3図)。うち堀切の門礎石は、約3メートルの横長の平石に両扉分の軸摺穴が約2.7メートル間隔で穿たれており、門幅がわかる唯一の資料となる。その両縁に門の支柱を当てるための円形の刳り込みもあり、堀切の城門は掘立柱式の門であったことがうかがえる。このことから、堀切の城門は創建当初のものと考えられている。

一方、深迫、池ノ尾の門礎石のほうは片扉分の軸摺穴しか認められない。うち深迫の門礎石は片側2/3程度破損しているようにも見え、堀切と同様、両扉分の門礎石であった可能性は残るが、縁部に円形の刳り

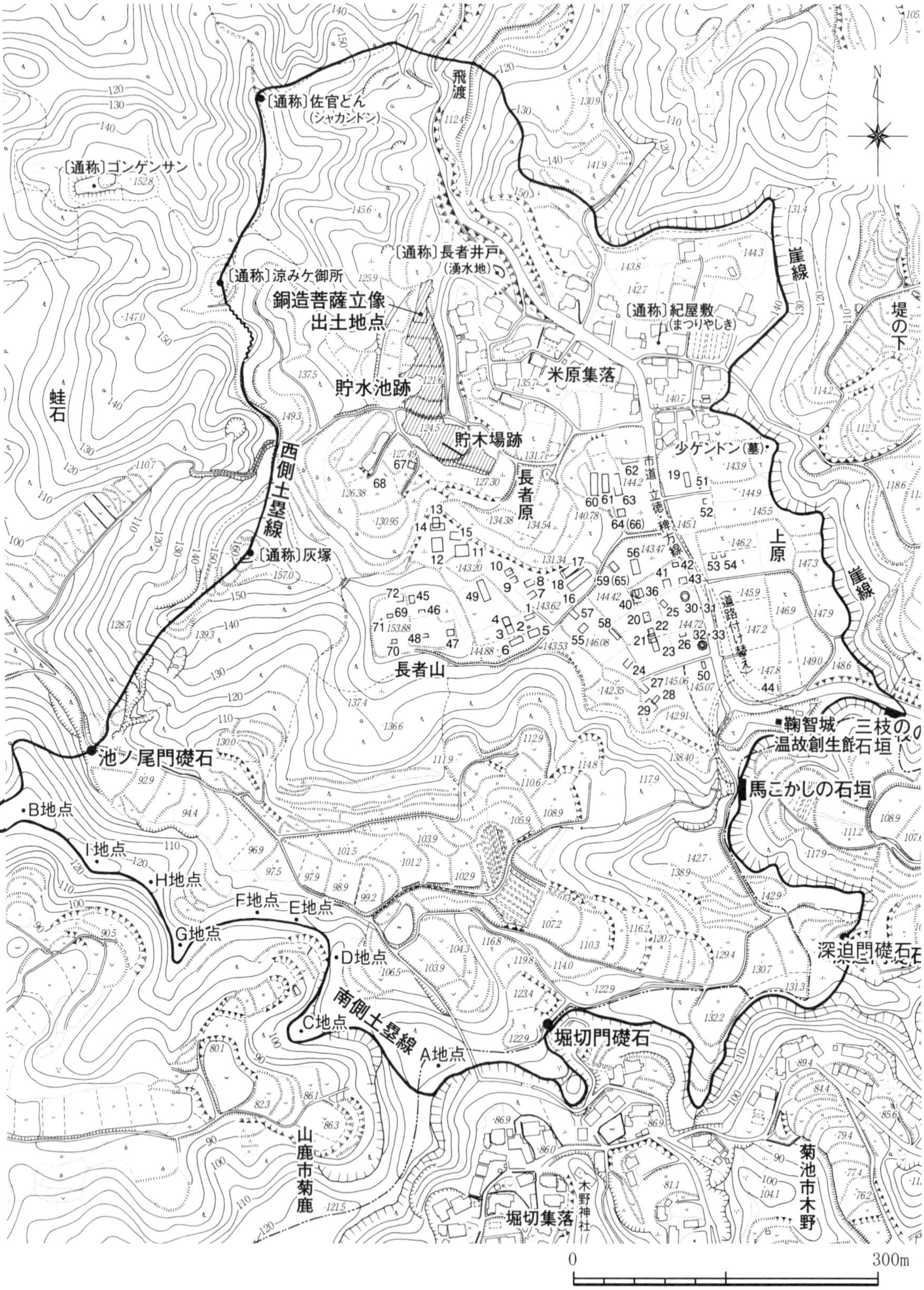
〔通称〕佐官どん
（シャカンドン）
〔通称〕ゴンゲンサン
〔通称〕涼みケ御所
〔通称〕長者井戸
（湧水地）
銅造菩薩立像
出土地点
貯水池跡
貯木場跡
米原集落
〔通称〕紀屋敷
（まつりやしき）
飛渡
崖線
堤の下
蛙石
西側土塁線
〔通称〕灰塚
長者原
市道立徳・稗方線
少ゲンドン（墓）
上原
（道路付け替え）
長者山
鞠智城温故創生館
三枝の石垣
馬こかしの石垣
池ノ尾門礎石
B地点
I地点
H地点
F地点
E地点
G地点
D地点
C地点
南側土塁線
A地点
堀切門礎石
深迫門礎石
山鹿市菊鹿
菊池市木野
木野神社
堀切集落
N
0
300m

第２図　鞠智城跡全体図

込みは認められない。一方、池ノ尾のほうは卵形の石材を使用した片扉分のもので、縁部に円形の刳り込みは認められない。双方とも円形の刳り込みが認められず、掘立柱式かあるいは礎石式かは判断できない状況にある。

⑵　城　壁

次に城壁であるが、土塁については、南側土塁線の西端部と東端部、西側土塁線の北端部（シャカンドン）のほか、深迫、堀切の城門周辺で確認されている（第4図）。一方、石塁については、谷部となる池ノ尾の城門周辺で確認されている。このほか、東側外郭線上に「馬こかしの石垣」「三枝の石垣」が所在するが、中世以降の構築とされており、現在のところその評価ははっきりしていない。

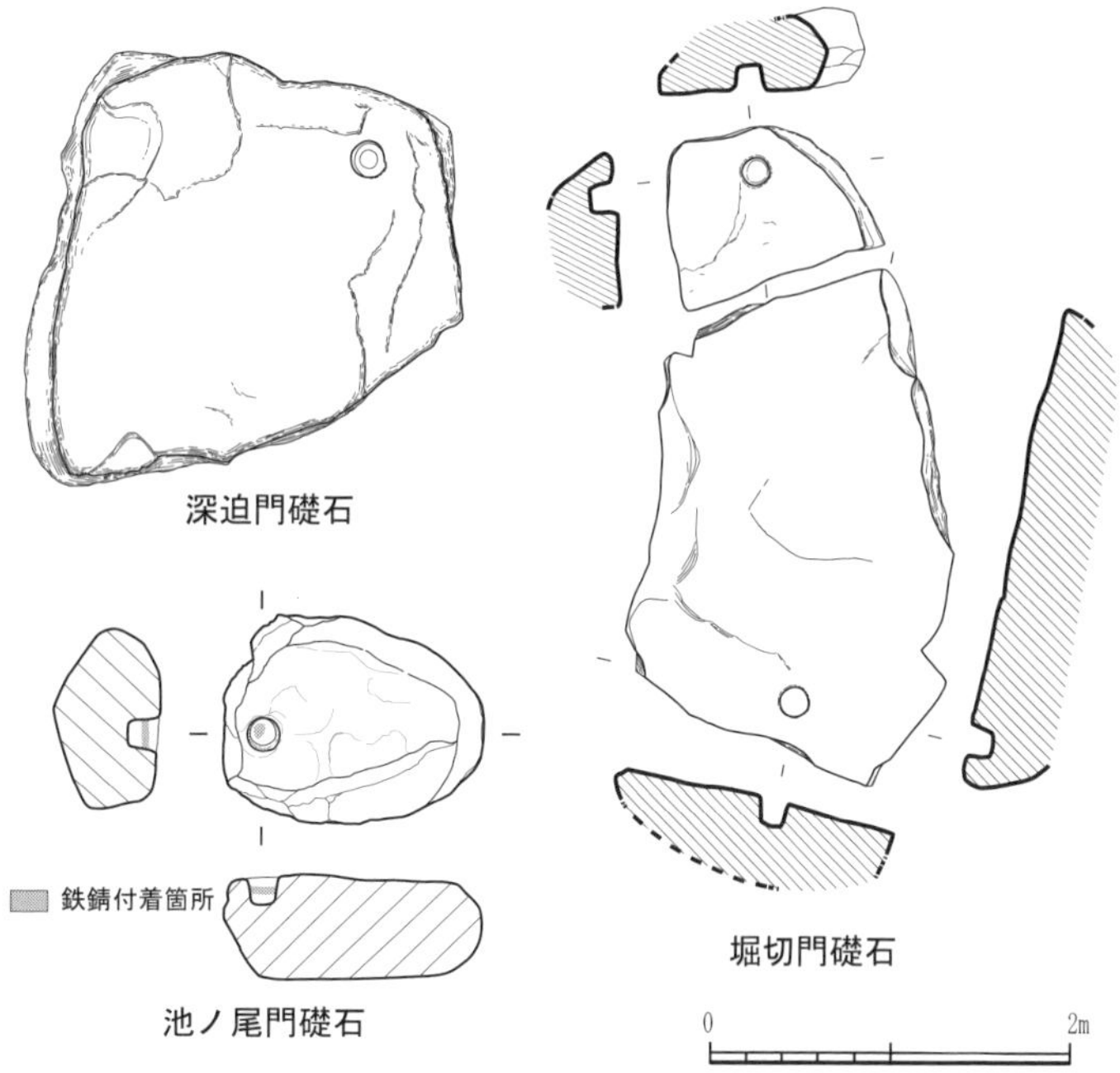

第３図　鞠智城跡・門礎石

まず、土塁を細かく見ていくと、調査した地点毎に構造上の差異が認められる。南側土塁線西端部の南面する土塁については、高さ5．0～8．0㍍で、中位にテラスを持つ二段構造であることを特徴とする。上段を切・盛土、下段を盛土で整形しており、下段裾部に凝灰岩割石による列石を有する。盛土には主に粘質土を用いるが、同じ南側土塁線でも東端部のものは、盛土に灰土（凝灰岩砂）を多用している。一方、西側土塁線北端部（シャカンドン）の土塁は、高さ3．6㍍の無段の土塁で、下段裾部に花崗岩割石による列石を有するが、間隔を空けて並べるなど粗雑な感がある。盛土には花崗岩バイラン土を使用する。

また、城門周辺の土塁であるが、深迫の城門周辺の土塁は、門口を挟んで両側にL字形に配置されており、防御性の高い構造となっている。高さ約4．0㍍程の無段の土塁で、裾部に安山岩系の列石を配し、その裾部外側には、さらに下部に礫・石を敷き込んだ高さ1．0㍍程の盛土で補強する構造が認められる。一方、堀切の城門周辺の土塁は、高さ約13．0㍍と高く、南側土塁線西端部と同様、切土と盛土を併用した二段構造となる。このほか、池ノ尾の石塁から外側20㍍程先にも、礫・石を下部に敷きこんだ盛土状遺構が確認されている。

なお、土塁の構築にあたっては、西側土塁線北端部及び深迫の城門周辺の土塁で検出された前面の柱穴列の存在から、そのほとんどが版築によるものと判断できる。その柱間寸法は西側土塁線北端部のもので2．1㍍程度、深迫門跡のもので1．8㍍等間となり、鞠智城跡における堰

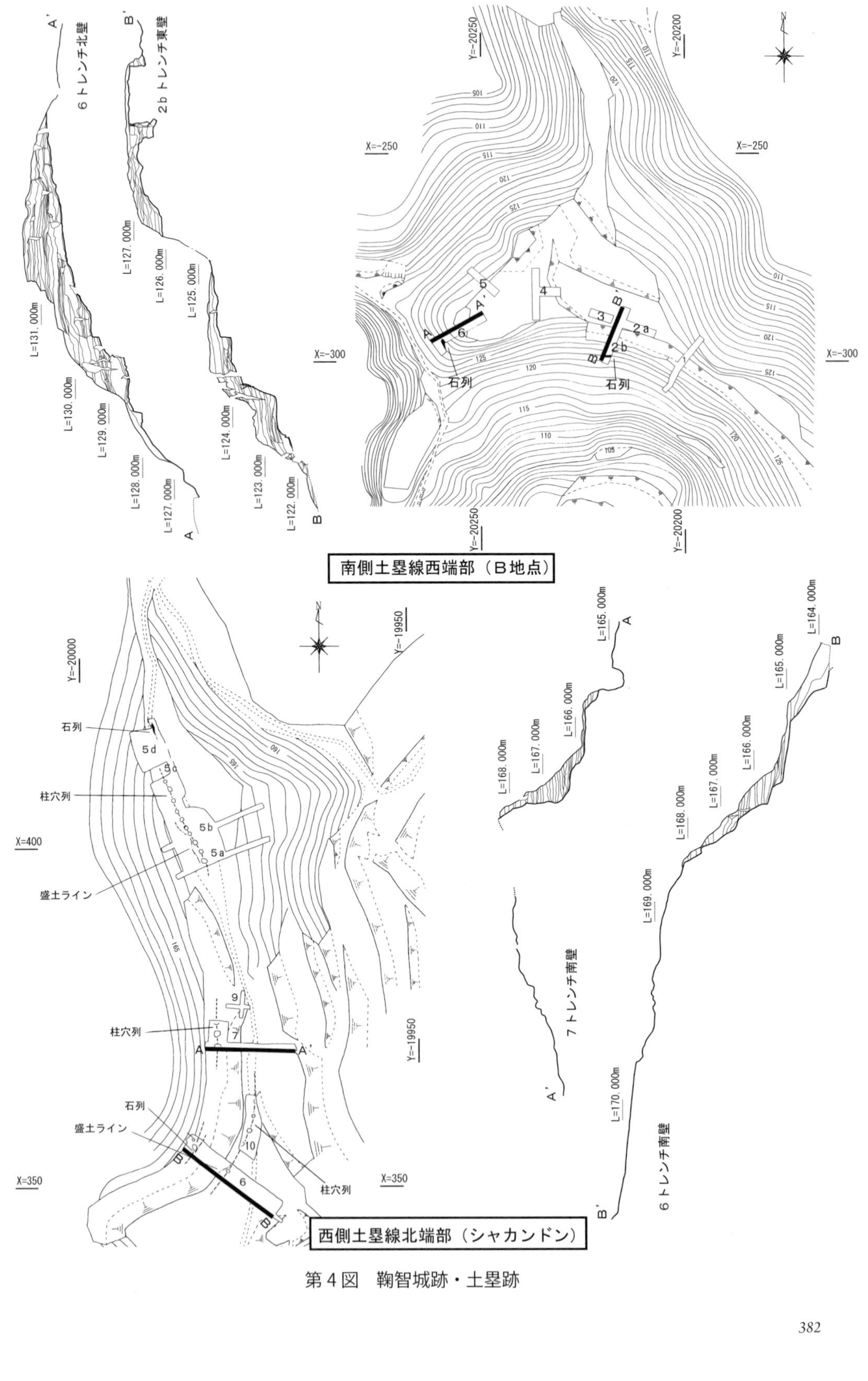
6トレンチ北壁
2bトレンチ東壁
石列
南側土塁線西端部（B地点）
石列
柱穴列
盛土ライン
柱穴列
石列
盛土ライン
柱穴列
7トレンチ南壁
6トレンチ南壁
西側土塁線北端部（シャカンドン）

第４図　鞠智城跡・土塁跡

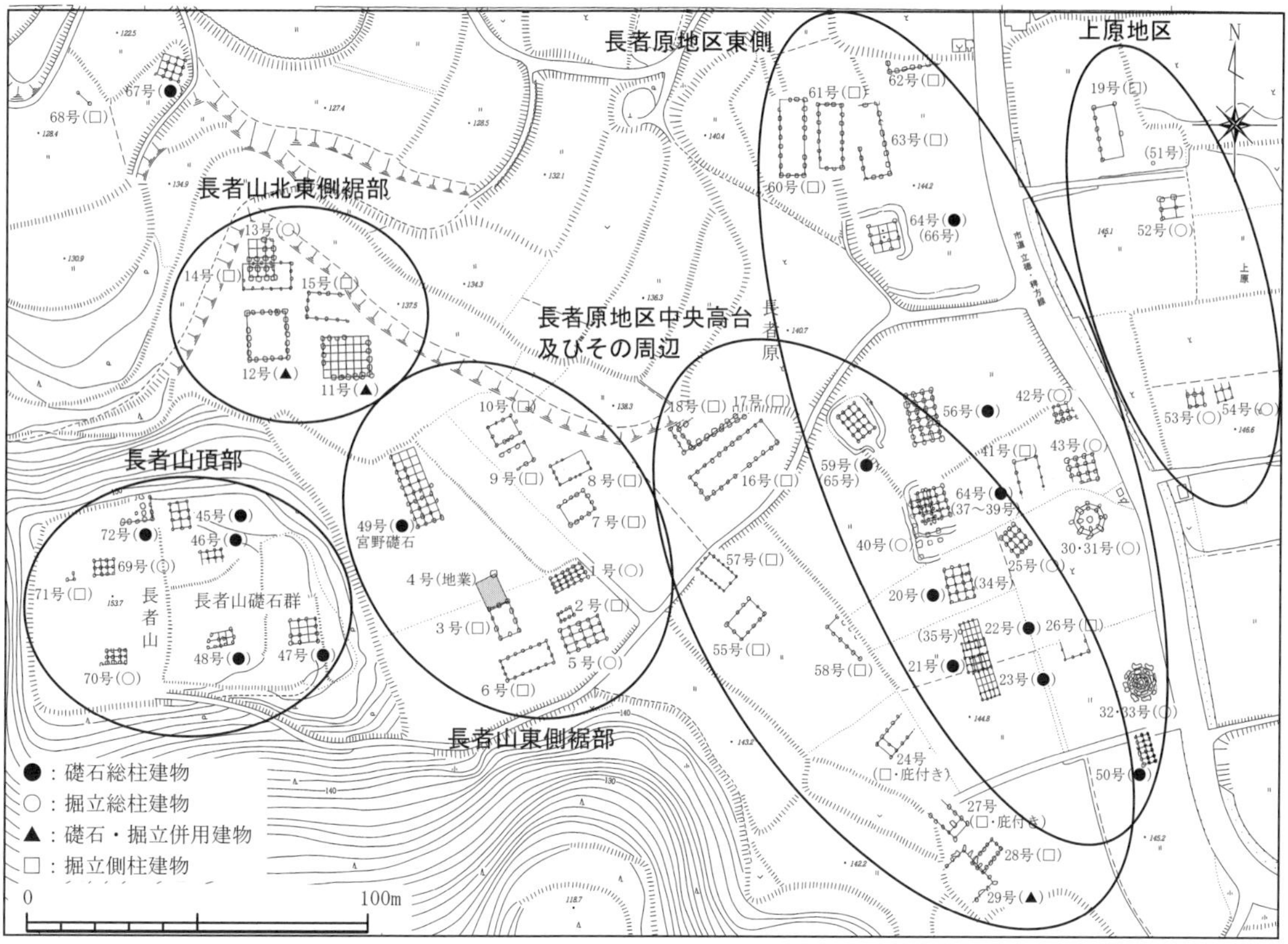

第５図　鞠智城跡・建物遺構

板柱の柱間寸法は、２・０㍍前後と推定される。その一方で、堀切の城門周辺の土塁については、版築様の互層盛土は認められるものの、土にしまりがなく、他の工法を想定してよさそうである。なお、盛土材については、それが構築される地点の地盤と関係があり、切土による発生土など、比較的入手が容易な材料を用いたものと考えられる。

次に、池ノ尾の石塁であるが、通水溝を有する水門構造の石塁で、南側谷部の狭隘部という立地環境から石塁が採用されたものといえる。その大部分はすでに損壊しており、基底部の石列、通水溝、内壁の石積みの一部が残るのみである。石積みは割石積みとなる。石塁は谷部を遮蔽する形で、城門推定地から内湾しながら北西方向に延びており、幅９・６㍍を測る。通水溝の取水口が内壁より約７・５㍍内側に設けられていることが特徴として挙げられ、その取水口に水を導水するための底幅１・０㍍程の導水溝も確認されている。

(3) 城の内部施設

城の内部施設としては、まず、長者原・上原地区を中心に分布する七二棟の建物跡（1～72号建物跡）がある（第5図）。その内訳は、八角形建物跡四棟（掘立柱三棟、礎石一棟）、掘立柱建物跡四四棟、礎石建物跡二一棟、礎石・掘立柱併用建物跡三棟となる。

八角形建物跡は、長者原地区東側の約50㍍離れた南北二箇所に所在する平面八角形となる建物跡である。南北それぞれ二棟の建物跡が重複しており、いずれも外径９・２～９・８㍍とほぼ同一の規模となる。芯柱を中心に側柱が周囲を巡る構造となるが、北側（30・31

号建物跡）が二重に巡るのに対して、南側（32・33号建物跡）は三重に巡る点で相違する。また、北側は柱位置を同一にしながら掘立柱建物（31号建物跡）から礎石建物（30号建物跡）へ、南側は掘立柱建物（32号建物跡）から芯柱を同一にしながらも側柱の柱位置を約23.5度西に振った掘立柱建物（33号建物跡）への変遷が想定されている。

次に、掘立柱建物跡であるが、長者山頂部、長者山北東側裾部、長者山東側裾部、長者原中央部高台及びその周辺、長者原東側、上原地区に分布する。柱配置が判別できるもので、さらに側柱建物一三棟、総柱建物二六棟に細分され、側柱建物のうち一面庇建物が二棟確認できる。側柱建物については、三間一〇間（16号建物跡）、三間七～八間（60・61・63号建物跡）、三間六間（6・8・57号建物跡）、三間五間（14号建物跡）、二間五間（28号建物跡）、二間四間（55号建物跡）、一間四間以上〔庇付〕（24・27号建物跡）、二間三間（3号建物跡）、一間三間（2号建物跡）と、バリエーションに富む。総柱建物においても、桁行五間（1・40・58号建物跡）、三間四間以上（5・13号建物跡）、三間三間（25号建物跡）、梁行二間（53・54号建物跡）などがある。

次に、礎石建物跡であるが、長者山頂部、長者山北東側裾部（貯水池跡脇）、長者山東側裾部、長者原東側に分布する。礎石建物跡はすべて

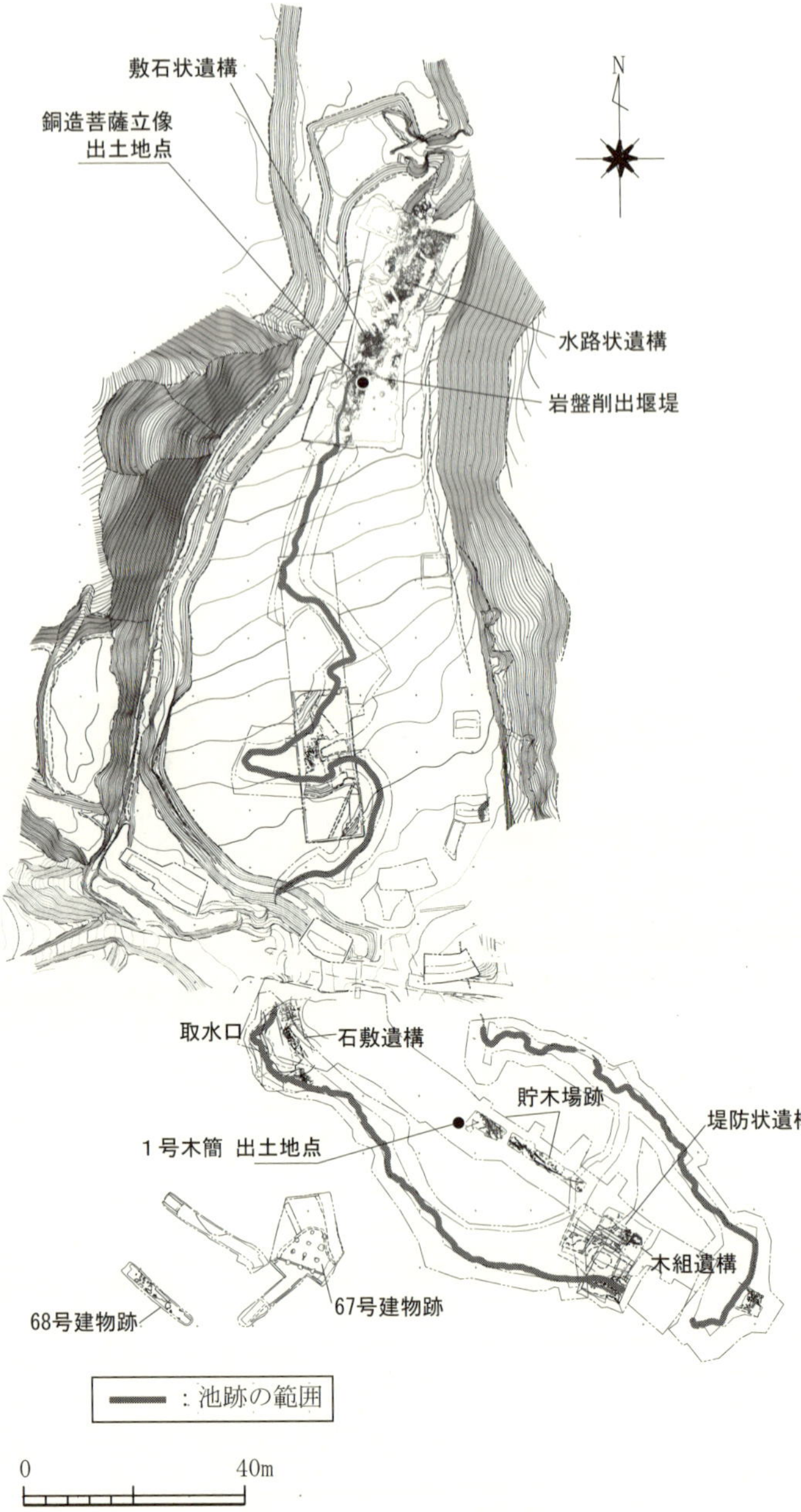

第6図　鞠智城跡・貯水池跡

総柱建物で、三間九間(49号建物跡)、三間六間(56号建物跡)、三間四間(20・21・36・72号建物跡)、三間三間(47・64号建物跡)、二間以上五間以上(50号建物跡)、四間四〜六間(22・23号建物跡)がある。このほか、掘立柱が四周を巡る礎石・掘立柱併用建物跡がある。長者山北東側裾部に位置する梁行五間(11.0〜11.5㍍)、桁行六間(12.6〜13.2㍍)の建物跡(11・12号建物跡)がそれで、長者原地区中央高台の南端に位置する29号建物跡も同様の建物跡となる。

これら建物跡のうち、長者原地区東側に、南側を溝(4号溝)で区画し、L字形に配置された建物群(62・63号建物跡)は、鞠智城の管理棟的建物群に位置づけられている。

このほか、城の内部施設として、長者原地区の北側谷部に位置する貯水池跡がある(第6図)。谷地形に沿った南北に長い形状で、5300㎡の規模を有する。北東の小谷から水を取り込むための取水口跡・石敷遺構や、池の中途で堰き止めるための堤防状遺構(残存高約1.0㍍)、水汲み場となる木組遺構、建築用材・木製品等を水漬けした貯木場跡、池を囲う柵跡、小堰堤・排水溝を有する池尻部などが確認されている。基本的には湧水による貯水で、中途に小堰堤を設けて、貯水量を調整していたことが想定されている。

3　鞠智城跡の時期区分と変遷

鞠智城跡では、検出遺構と出土遺物の検討から、七世紀後半から十世紀中頃までの存続期間のなかで、5期に及ぶ時期区分と変遷(鞠智城Ⅰ〜Ⅴ期)が想定されている。以下に、各期の様相をみていきたい。

【鞠智城Ⅰ期(七世紀第3四半期〜第4四半期)】

城の創建期にあたり、白村江の敗戦で生じた対外的危機に際して、深迫、堀切、池ノ尾の各城門と、土塁・石塁といった城壁などの外部施設が構築され、さらに長者山頂部、長者山北東側裾部、長者山東側裾部、長者原地区中央部高台及びその周辺部に掘立柱建物が建設され、その北側谷部に貯水池が構築されるなど、城としての最低限の機能が急速に整備された時期となる。

【鞠智城Ⅱ期(七世紀末〜八世紀第1四半期前半)】

城の隆盛期にあたり、外郭施設、貯水池に特に変化はないものの、長者原地区東側に管理棟的建物群が出現し、その南に総柱建物群、南北二棟の八角形建物が建築されるなど、城の内部施設の充実が図られた時期となる。土器の出土量が最も多いのもこの時期で、須恵器を主体に、畿内系の暗文土師器も出土している。大宰府の管轄のもと、城の内部施設の充実が図られ、多くの人員が配置されたことが想定される。『続日本紀』文武天皇二年(六九八)条の繕治記事との関連が指摘されている。

【鞠智城Ⅲ期(八世紀第1四半期後半〜八世紀第3四半期)】

城の転換期にあたり、管理棟的建物群はそのまま存続するものの、掘立柱の総柱建物が礎石建物に建て替えられるなど、施設の耐久性向上が図られるのが特徴として挙げられる。その一方で、土器の出土が皆無に等しく、最低限の人員が配置されるなど、城の管理・運営に変化が生じたのもこの時期となる。

【鞠智城Ⅳ期(八世紀第4四半期〜九世紀第3四半期)】

城の変革期にあたり、管理棟的建物群の消失、池機能の低下などが生じる一方、礎石建物が大型化するなど、食糧の備蓄機能が主体となったものと想定される。土器の構成において在地系の土師器が主体となることから、城の管理・運営において、大宰府から肥後国に移管した可能性が指摘されている。また礎石建物の火災痕跡から、この時期の終末は『日本文徳天皇実録』天安二年（八五八）条の不動倉焼失記事との関連が指摘されている。

【鞠智城Ⅴ期（九世紀第4四半期～十世紀第3四半期）**】**

城の終末期にあたり、長者原地区東側、長者山頂部に礎石建物が再建され、一部に大型化が図られるなど、食糧の備蓄機能は一定程度存続し、十世紀中頃をもって廃城を迎える。

以上が、現在想定されている鞠智城跡の時期区分と変遷であるが、鞠智城跡の役割・機能が大きく変容するのは鞠智城Ⅳ期以降で、それまでの軍事的機能から食糧等の貯蔵機能が主体となるものと考えられる。また、鞠智城Ⅰ～Ⅲ期前半までの変遷は、大宰府政庁跡並びに大野城跡、水城跡の変遷ともほぼ連動しており、この時期、城の管理、運営に大宰府が大きく関与したものと考えられている。

4　鞠智城の役割・機能について

古代山城のほとんどが八世紀前半までの間にその役割を終えるなか、鞠智城は、大野城・基肄城とともに、八世紀以降も存続した城であり、このように長きにわたって存続したのは、中央政府の求めに応じて、役割・機能が変化していったからに他ならない。

鞠智城の役割については、「有明海侵入敵の確認と伝達」「大宰府非常に備えるための物資、兵器の蓄え」「九州南部の熊襲族に対する重鎮」と提唱〔坂本 一九三七〕されて以降、それを基に諸説論じられてきた。これは鞠智城の場合、『日本書紀』に築城に関する記述がないこと、大宰府を直接防衛する大野城・基肄城と違い、大宰府から約62㌔離れた遠隔地に位置することに起因するものといえる。

現在、大宰府等への後方支援基地（兵站基地）とする見解が主に示されているが、鞠智城の役割・機能について、鞠智城跡の時期区分と変遷をもとに、あらためて考えてみたい。

(1)　鞠智城Ⅰ・Ⅱ期

まず、鞠智城の創建であるが、『続日本紀』文武天皇二年（六九八）五月二十五日条の繕治記事から、同じく繕治された大野城・基肄城が築城された天智天皇四年（六六五）頃、あるいはそれ以降に想定されている。鞠智城Ⅰ期に構築された城門における門礎石の形態や土塁構造の面からみても、首肯できるものである。白村江の敗戦により生じた対外的危機に際して、大野城・基肄城等とともに、国土防衛の一翼を担う城として構築されたことは間違いなく、こうした防衛網のなかでどのような役割・機能が付与されたかが問題となる。

まず述べておきたいのは、鞠智城からの眺望として、有明海は見通せないという事実である。有明海を北上する敵の監視や大宰府への伝達を意識するのであれば、有明海を直視できる位置にあるほうが都合よく、鞠智城は有明海を意識していたとは言い難い。それよりもむしろ肥後国中～南部に上陸して、陸路で北進してくる敵を迎え撃つ役割を担ったものと考えたほうが良い。

熊本県北部の古代官道については、『延喜式』における「大道」「江田」「高原」「蚕養」などの駅家の記載から、現在の九州縦貫道に沿ったルートが想定されている。その一方で、県北に残る「車路」関連地名から、大道駅（南関町）から、山鹿郡家・菊池郡家を経由し、東の阿蘇地

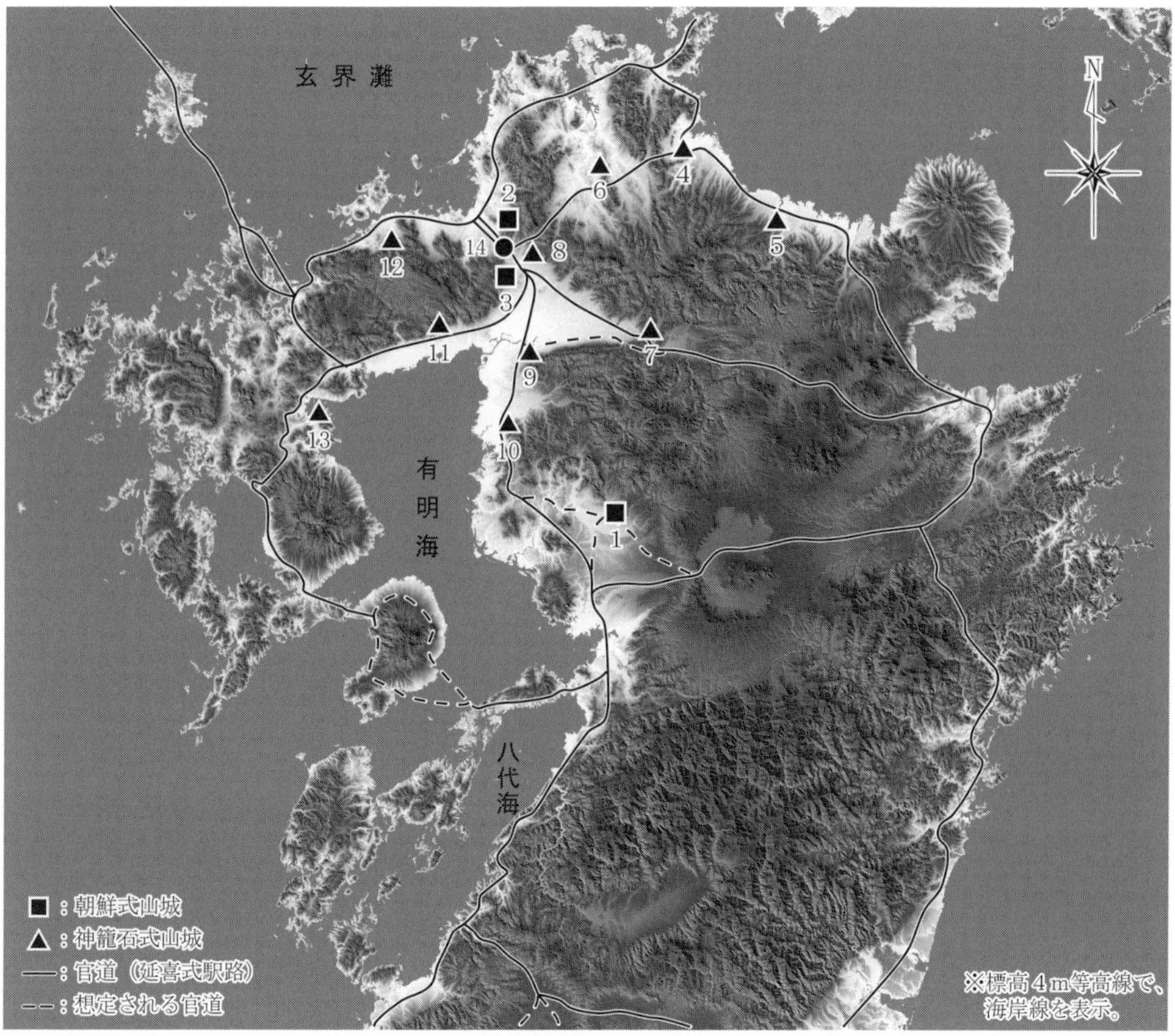

１：鞠智城跡　２：大野城跡　３：基肄城跡　４：御所ヶ谷神籠石　５：唐原山城跡
６：鹿毛馬城　７：杷木神籠石　８：阿志岐山城跡　９：高良山神籠石　10：女山神籠石
11：帯隈山神籠石　12：雷山神籠石　13：おつぼ山神籠石　14：大宰府
※官道は、日野尚志2007『古代の官道』鞠智城・温故創生館館長講座資料を基に作成。

第７図　北部九州における古代山城配置図（金田城跡を除く）

方や南の蚕養駅に抜けるルート（第７図）が復元され、『延喜式』以前の「初期官道」とされている〔鶴嶋 一九九七〕。これによると、鞠智城跡の南を官道が通ることとなり、鞠智城は、北進してくる敵を迎え撃つ格好の場所となる。

さらに言えば、現在も、鞠智城跡の東に位置する菊池市隈府で二つの国道（国道三八七号線、国道三二五号線）が交差するが、古代においても、大宰府、肥後国府方面のみならず、豊後や阿蘇に抜ける交通の要衝であったものと考えられる。鞠智城の創建のため官道を整備したのか、官道を整備しその路線に城を配置したのか、判断は難しいが、少なくとも、官道についてはそれ以前からの古道を踏襲したものと思われる。

いずれにしろ、こうした陸上交通の要衝の地に、鞠智城が築かれたことが指摘でき、創建当初、鞠智城は戦略上、北進してくる敵に対する軍事拠点としての役割も担ったものといえる。

七世紀末になると、『続日本紀』文武天皇二年（六九八）五月二十五日条の繕治記事にみられるように、大宰府が大野・基肄城とともに鞠智城を修理している。翌年の文武天皇三年（六九九）には「修三野、稲積二城」とあり、この三野・稲積城も同じ目的のため修理された城と思われる。唐・新羅からの軍事侵攻の脅威が薄れ、他の古代山城が廃絶していくなかで、城の修理の必要が生じた要因は何だったのであろう。

鞠智城では、この繕治記事に相前後する鞠智城Ⅱ期に城の管理棟的建物群が出現するなど、城の内部施設の再整備が行われ、城の管理・運営に多くの人員が配置されたことが想定されている。この時期、唐・新羅からの直接的な脅威は去ったとはいえ、こうした施設の再整備と動員がなされたのは、他の古代山城が廃城を迎えることからすれば、都までの防衛ではなく、大宰府のみを防衛する必要があったものと考えられる。

もちろん対外的な防衛も念頭に置いていたものと思われるが、新たな役割として、薩摩・大隅などの隼人対策が挙げられよう。八世紀に入り、隼人はたびたび反乱を起こすのであるが、これらは中央政府による律令支配に対する反発であった。律令支配を推進するその前段として、大宰府の防衛を念頭に鞠智城の再整備を行ったと解するのが自然のように思える。さらに言えば、七世紀末以降、軍事的な機能を残しつつも、管理棟的建物群の出現は、大宰府の出先機関として、隼人に対する儀礼、饗応などの行政的な機能を付与された結果といえるのではなかろうか。

(2) 鞠智城Ⅱ期

八世紀に入ると、鞠智城では、鞠智城Ⅲ期にみる礎石建物が出現する。掘立柱建物から礎石建物への建て替えは、建物の耐用性を向上させる意図があったものと解されるが、この時期、大野城・基肄城では定型化した三間五間の礎石建物が多く建設されるのに対して、鞠智城では、建物の規模がわかるもので小型の礎石を使用した四間四～六間の礎石建物など定型化しているとは言い難い状況にある。鞠智城の場合、同じ礎石建物でも、大野城・基肄城とは違う役割・機能があったことが想像される。

大宰府政庁跡の南に位置する不丁地区官衙跡から出土した木簡「為班給筑前筑後肥等国遣基肄城稲穀随　大監正六上田中朝［　］」は、基肄城に収納されていた稲穀を大宰府管内の諸国に分かち与えたことを示す八世紀前半の木簡と考えられている。大野城・基肄城の場合、こうした役割を担っていた関係で、城内に収納量を把握するための定型化した礎石建物が多く設置されたものといえよう。

一方、鞠智城跡では、この時期の特徴的な出土遺物として貯水池跡から出土した「秦人忍□五斗」銘の付札木簡（荷札）がある。国郡名の記載がないことから、大宰府管内諸国あるいは肥後国規模ではなく、菊池郡規模での米の徴収が想定されている［佐藤 二〇一四］。もし鞠智城に備蓄された米が菊池郡規模の徴収のみであるならば、大宰府管内諸国に分かち与えるほどの稲穀の備蓄は難しく、鞠智城の管理・運営上必要な量だけ備蓄していたものといえる。城内に定型化した多くの建物は必要なかったであろう。大宰府の出先機関として、ある程度の権限が鞠智城に付与されていたとも考えられる。

鞠智城Ⅲ期まで管理棟的建物群は存続し、行政的な機能は存続するものの、その一方で、最小限度の人員を配置するなど、城の管理・運営に変化が生じている。八世紀後半から池の中心部の埋没が始まることから、一旦、城は廃絶した可能性も視野に入れておくべきであろう。

(3) 鞠智城Ⅳ・Ⅴ期

鞠智城Ⅳ期には、大型の礎石建物が建築され、土器の出土量も多くなる一方、中枢施設の消失、池中心部の廃絶など、城の機能が大幅に変化する。Ⅲ期の礎石建物跡に重複して大型の礎石建物跡が見つかっており、明らかに前期の建物が建て替えられたものといえる。建物の形状は、三間四間が主体となり、この点は、大野城跡の同時期の建物と共通する。この時期になって、ようやく大野城・基肄城と同じ役割が鞠智城に付与されたものと思われる。

鞠智城周辺の集落跡に眼を転じると、八世紀後半から集落の数が増加することが想定されており、これは米の生産量が増大したことに関係するものと考えられている［能登原 二〇一四］。米の生産量が増大したことを受けて、鞠智城にも大野城と同規模の定型化した倉庫が多く置かれるようになったものと考えられ、『日本文徳天皇実録』天安二年（八五八）六月条「不動倉十一宇焼」の不動倉焼失記事は、それを物語るものといえる。なお、これら倉庫を郡の正倉とする見方もあるが、同時期の郡の正倉と推定されている上鶴頭遺跡の掘立柱倉庫群に対して、礎石建物でかつ規模等が隔絶しており、異なる佇まいである。

このように、この時期の鞠智城は、大野城・基肄城と同様、大宰府管内諸国に対する食糧の備蓄施設としての機能が付加されたものと思われる。ただし、同じく記載のある「兵庫」の存在から、軍事的な機能は継続して持っており、九世紀の新羅海賊に対する備え［濱田 二〇一〇］等の役割をも担っていたのであろう。

鞠智城は、不動倉の焼失後も、新たに五間六間の大型礎石建物が建てられるなど、食糧の備蓄施設としての機能は維持しながら存続し、十世紀中頃をもって廃城を迎えることとなる。

おわりに

鞠智城は、その役割・機能を変えながら、七世紀後半から十世紀中頃までの間、時代でいうと、飛鳥時代から平安時代中期までの約三〇〇年間存続した城であった。その変遷をたどると、創建当初、大宰府あるいはその前身官衙への後方支援とともに、唐・新羅の南方からの侵攻に備えた防衛拠点であった鞠智城は、隼人等に対して律令支配を進めるなかで、七世紀末にその拠点としての機能が付加され、平安時代以降、大宰府管内諸国に対する食糧等の備蓄施設としての機能が主体となるというものである。このように、中央政府の求めに応じて、役割・機能を変化させていったからこそ、鞠智城は長く存続し得たのであろう。

本稿は、鞠智城の役割について、鞠智城跡の発掘調査に長らく携わってきた者として日頃より考えてきたことを述べたものである。論拠に乏しいものであるが、これをもとに、今後も引き続き究明していきたい。大宰府史跡と同様、鞠智城跡も、昭和四十二年（一九六七）度の第1次調査から数えて、平成二十九年（二〇一七）で五〇周年を迎えた。その間、考古学・文献史学・建築史学等の関連諸学からのアプローチにより、多岐にわたる研究がなされ、一定の成果を挙げている。しかしながら、未だ多くの課題が残されているのも現状である。古代律令国家の全容を明らかにするためにも、鞠智城跡のさらなる解明が望まれる。

註

（1） 肥後国の国府の変遷については、益城郡（熊本市南区城南町沈目付近）から託麻郡（熊本市中央区出水付近）に移転し、九世紀中頃の洪水で飽田郡（熊本市中央区二本木付近）に移転し、その後一時的に益城郡に移転したとするものと、当初、託麻郡にあり、先の洪水で、『和名類聚抄』国郡部に記す益城郡に移転し、平安時代末に『伊呂波字類抄』に記す秋田郡に移転したとする二つの見解がある［小野・佐藤・舘野・田辺編 二〇〇七］。

（2） 坂本経堯が提唱した周長10㌔程に及ぶ広域説［坂本 一九三七］に対して、島津義昭は面積120㌶の狭域説を支持しながら、遺構等の所在から周囲3.5㌔の範囲を城域とし、広域説の初田川西の木野丘陵の尾根で確認される土塁状の高まりを鞠智城に伴う外郭施設とした〔島津 一九八三〕。この考えをさらに発展させたのが大田幸博で、島津のいう米原台地の崖線と南・西の丘陵尾根を結んだ範囲を真の城域とする「内城」とし、それを取り巻く台地裾部までの狭域説の範囲を「外城」と位置づけ、それを城の範囲とした〔熊本県教委 一九九二〕。

参考・引用文献

大西修也　二〇一〇年「鞠智城出土の銅造菩薩立像」『鞠智城跡—第30次調査報告—』歴史公園鞠智城・温故創生館
小田富士雄　二〇一二年「鞠智城の創建をめぐる検討」『鞠智城跡Ⅱ—鞠智城跡第8～32次調査報告—』熊本県文化財調査報告第二七六集　熊本県教育委員会
小野正敏・佐藤　信・舘野和巳・田辺征夫編　二〇〇七年『歴史考古学辞典』吉川弘文館
木村龍生　二〇一四年「鞠智城の役割に関する一考察—熊襲・隼人対策説への反論—」『鞠智城跡Ⅱ—論考編Ⅰ—』熊本県教育委員会
木村龍生　二〇一六年「鞠智城の役割について」『季刊考古学』第一三六集　雄山閣
木本雅康　二〇一四年「鞠智城西南部の古代官道について」『鞠智城跡Ⅱ—論考編—』熊本県教育委員会
熊本県教育委員会　一九九一年『鞠智城跡—第10～12次調査報告—』熊本県文化財調査報告一一六集
九州歴史資料館　二〇〇二年『大宰府政庁跡』吉川弘文館
熊本県教育委員会　二〇一二年『鞠智城跡Ⅱ—鞠智城跡第8～32次調査報告—』熊本県文化財調査報告第二七六集
熊本県教育委員会　二〇一五年『史跡鞠智城跡保存管理計画書—増補版—』
甲元眞之　二〇〇六年「鞠智城についての一考察」『肥後考古』第一四号　肥後考古学会
坂本経尭　一九三七年「鞠智城址に擬せらる米原遺跡に就て」『地歴研究』第一〇編第五号　熊本地歴研究会
佐藤　信　二〇一四年「鞠智城の歴史的位置」『鞠智城址Ⅱ—論考編Ⅰ—』熊本県教育委員会
島津義和　一九八三年「鞠智城についての一考察」『大宰府古文化論叢』上巻　吉川弘文館
鶴嶋俊彦　一九九七年「肥後国北部の古代官道」『古代交通研究』第七号　古代交通研究会
西住欣一郎　一九九九年「発掘からみた鞠智城」『先史学・考古学論究』Ⅲ　龍田考古学会
能登原孝道　二〇一四年「菊池川中流域の古代集落と鞠智城」『鞠智城跡Ⅱ—論考編Ⅰ—』熊本県教育委員会
濱田耕策　二〇一〇年「朝鮮古代史からみた鞠智城」『古代山城を考える—二〇〇九年東京シンポジウムの記録—』山川出版社
平川　南　一九九八年「熊本県鞠智城出土木簡」『鞠智城跡—第19次調査報告—』熊本県文化財調査報告第一六九集　熊本県教育委員会
牧野洋一　一九七七年「菊鹿盆地の条里」『熊本県の条里』熊本県文化財調査報告第二五集　熊本県教育委員会
向井一雄　二〇一四年「鞠智城の変遷」『鞠智城跡Ⅱ—論考編Ⅱ—』熊本県教育委員会
矢野裕介　二〇一四年「鞠智城跡・土塁の構築とその特徴」『鞠智城址Ⅱ—論考編Ⅰ—』熊本県教育委員会
矢野裕介　二〇一六年「鞠智城跡とその変遷」『日本古代考古学論集』同成社
矢野裕介　二〇一六年「鞠智城の築造—貯水池・土塁を中心に—」『季刊考古学』第一三六集　雄山閣

挿図出典

第1図　熊本県教育委員会二〇一五　第5図を一部改変
第2図　熊本県教育委員会二〇一二　第1図を一部改変
第3図　熊本県教育委員会二〇一二　第317・325・339図を一部改変
第4図　矢野裕介二〇一四　第2・4・5図を一部改変
第5図　熊本県教育委員会二〇一二　第422図を一部改変
第6図　熊本県教育委員会二〇一二　第432図を一部改変
第7図　熊本県教育委員会二〇一二　第3図を一部改変

怡土城に関する諸問題
——怡土城築城担当者と「肥前守」について——

瓜生 秀文

はじめに

日本と新羅との関係が悪化した八世紀中頃、日本国内では「新羅征討計画」（第二次）が立案され、その一環として現福岡県糸島市に「怡土城」[1]（七五六～七六八年）が築城される。

怡土城の築城を担当した二人（吉備真備と佐伯今毛人）は注目すべきことに共通して「肥前守」[2]になっているが、これは偶然ではなく、その背後に日本と新羅との関係悪化に伴う肥前地方の特別な事情がひそんでいたようだ。この小稿においては、怡土城築城をめぐる肥前地方の動向について、日本と新羅との関係を見据えながら考えることにする。

1　怡土城築城と肥前国の動向

怡土城築城をはさむ前後の肥前地方の動向を知る上で重要な史料が『続日本紀』[3]天平宝字五年十一月丁酉条の東海道・南海道・西海道の節度使設置に関わる記事である。

〔史料1〕『続日本紀』天平宝字五年十一月丁酉条

丁酉、以従四位下藤原恵美朝臣朝狩為東海道節度使、正五位下百済朝臣足人、従五位上田中朝臣多太麻呂副、判官四人、録事四人、其所管遠江、駿河、伊豆、甲斐、相模、安房、上総、下総、常陸、上野、武蔵、下野等十二国、検定船一百五十二隻、兵士一万五千七百人、子弟七十八人、水手七千五百廿人、数内二千四百人肥前国、二百人対馬嶋、従三位百済王敬福為南海道使、従五位上藤原朝臣田麻呂、従五位下小野朝臣石根為副、判官四人、録事四人、紀伊、阿波、讃岐、伊予、土佐、播磨、美作、備前、備中、備後、安芸、周防等十二国、検定船一百廿一隻、兵士一万二千五百人、子弟六十二人、水手四千九百廿人、正四位下吉備朝臣真備為西海道使、従五位上多治比真人土作、佐伯宿祢美麻呂為副、判官四人、録事四人、筑前、筑後、肥後、豊前、豊後、日向、大隅、薩摩等八国、検定船一百廿一隻、兵士一万二千五百人、子弟六十二人、水手四千九百廿人、皆免三年田租、悉赴弓馬、兼調習五行之陳、其所遣兵士者、便役造兵器、

史料1は新羅との緊張関係が高まる天平宝字五年（七六一）十一月、藤原仲麻呂政権が天平四年（七三二）[4]に次いで二度目の節度使設置を記したものだが、そのなかで肥前国の扱いはどのように解釈すればよいのであろうか。

そもそも肥前国は、大宰府管内の国であるので、当然、西海道節度使

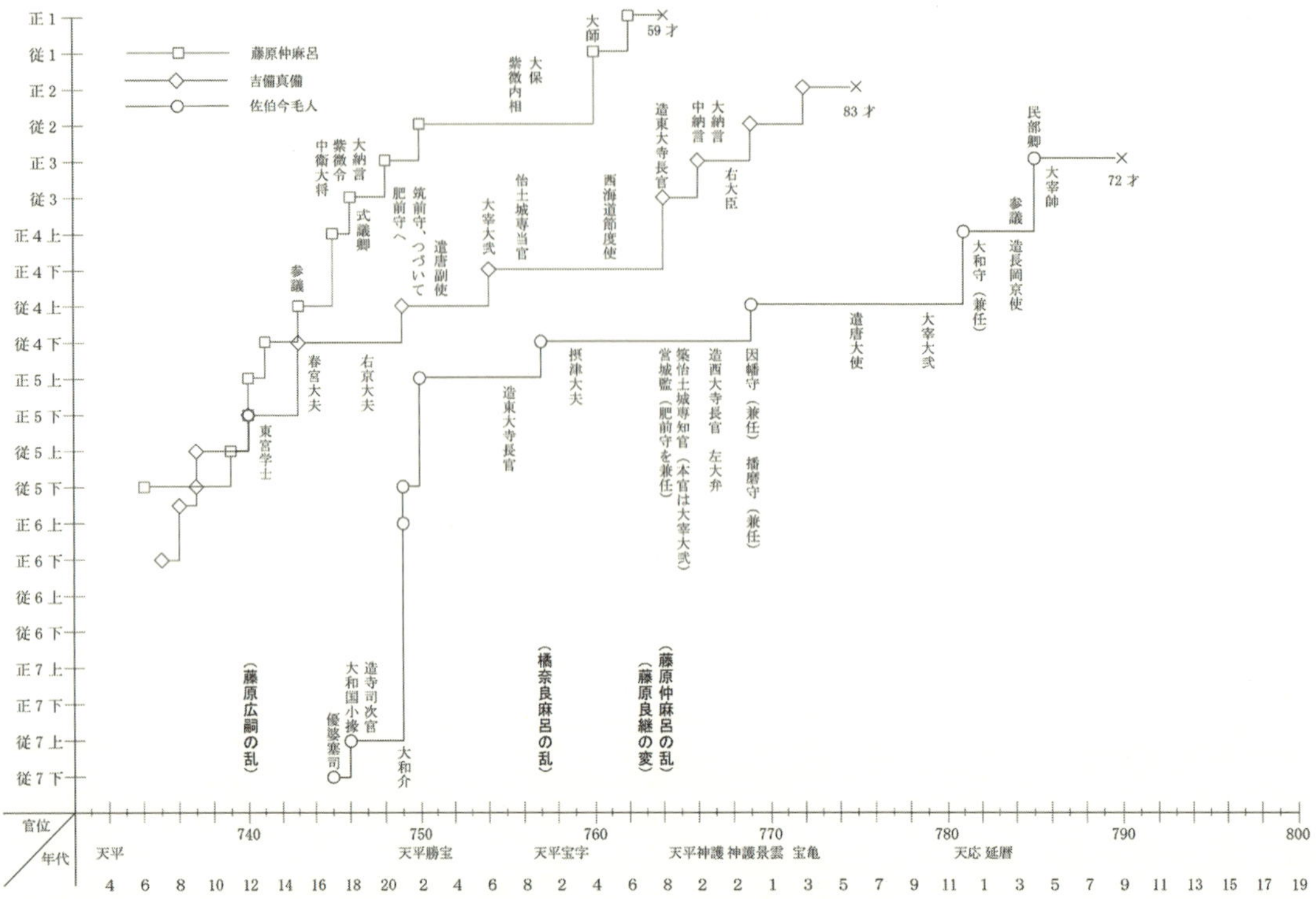

第１図　藤原仲麻呂と吉備真備と佐伯今毛人

のもとに管轄されるはずだが、東海道節度使の管轄下に置かれ、しかも肥前国には「兵士」の負担はなく、「水手」のみの動員だけが課せられているのである。なぜだろうか。

この解釈の難しい肥前国の記事に対して、主に筑紫(九州)から朝鮮半島へ渡海するのに不慣れな東海道節度使の「水先案内人」として、朝鮮半島に渡海することに長けている肥前国の水手をその管轄下においたと解釈されている。

しかし、史料1によると、肥前国は「水手」しか動員されておらず、「兵士」は一兵たりとも動員されていなかった。この点について着目し、肥前国の特質について指摘したのが長洋一氏である。[5] 筆者も怡土城の防衛面が肥前地方を強く意識していること、[6] そして史料1が示すように、肥前国が特別視されていることを考慮すると長洋一氏が指摘する肥前国の特質が現れてくると考える。

果たして史料1の示す肥前国の扱いにはどのような意味が込められていたのだろうか。どうやらその謎を解明する鍵が『肥前国風土記』にあるようだ。次節では『肥前国風土記』に記された肥前国の特質を考察してみたい。

2　『肥前国風土記』における肥前国の動向

肥前国に関して言及している史料はあまり残っていないなかにあって、『肥前国風土記』は幸いにも比較的多くの記録がある。

『肥前国風土記』をひもとくと、土蜘蛛伝承が多いことに気づく。「土蜘蛛」とは『古事記』『日本書紀』『豊後国風土記』『肥前国風土記』ほか、摂津・陸奥・肥後・日向などの国の諸国風土記の逸文にみえる土着

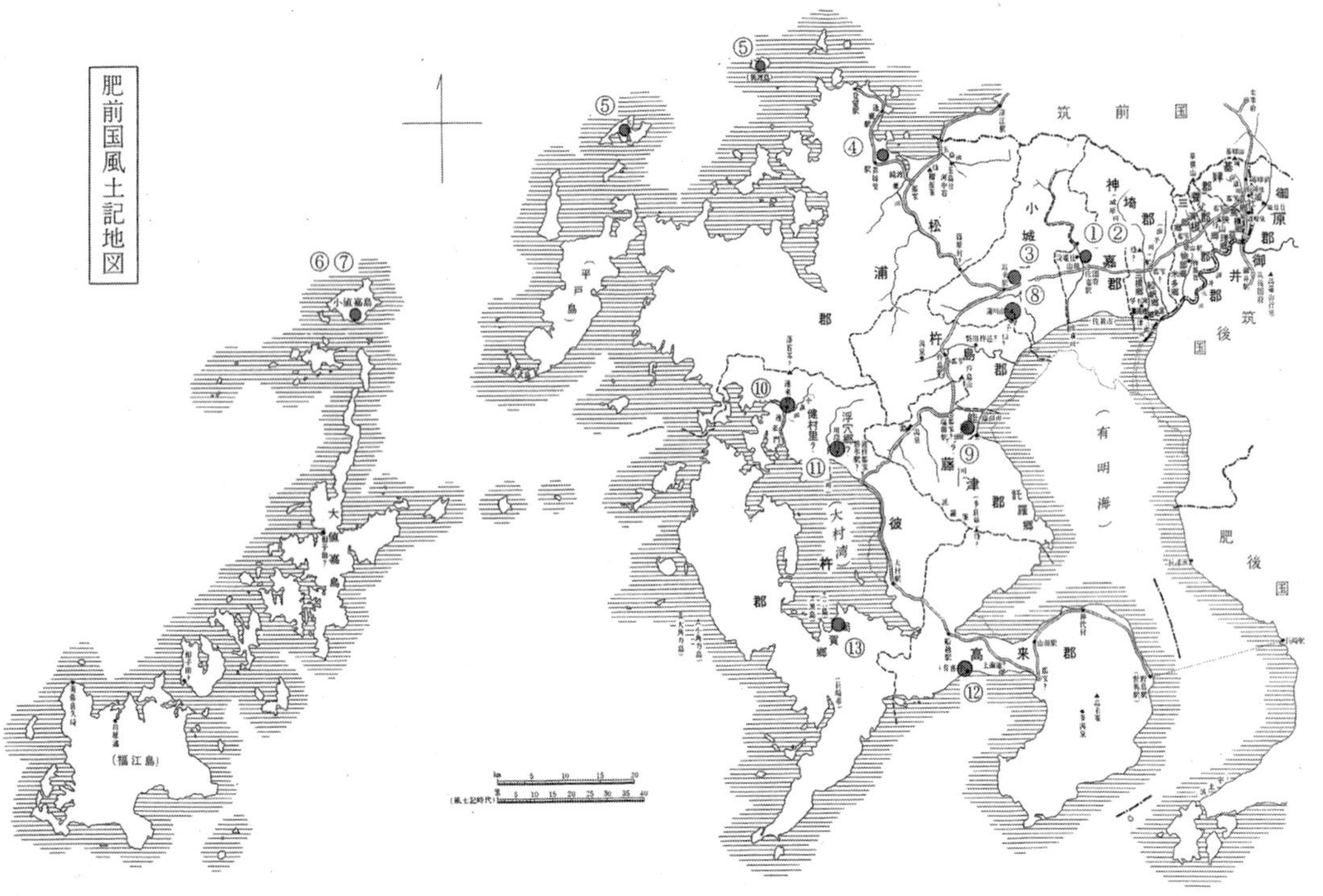

土蜘蛛の名	所在地	比定地等	番号
大山田女	佐嘉郡川上村	嘉瀬川流域に山田の地名がある。その附近の地か。	①
狭山田女	佐嘉郡川上村	嘉瀬川流域に山田の地名がある。その附近の地か。	②
土蜘蛛の堡	小城郡	佐嘉郡に西隣する。佐賀県多久市及び小城郡の地。	③
海松橿媛	松浦郡賀周里	佐賀県唐津市の西部に見借（みるかし）の地名がある。その附近の地か。	④
大身	松浦郡大家嶋	長崎県北松浦郡平戸島の北方の大島もしくは馬渡島に比定されている。	⑤
大耳	松浦郡値嘉里（小近嶋）	長崎県五島列島の総称。北部の小値島が遺称地。	⑥
垂耳	松浦郡値嘉里（大近嶋）	長崎県五島列島の総称。北部の小値島が遺称地。	⑦
八十女	杵嶋郡嬢子山	佐賀県多久市東多久の南隅、両子山（別名女山）に比定されている。杵島郡江北町の北境にあたる。	⑧
大白、中白、少白	藤津郡能美郷	佐賀県鹿島市東南部、旧能古見村に比定されている。	⑨
健津三間	彼杵郡速来村	長崎県東彼杵郡、大村市の地。大村湾をかこむ地。彼杵郡の北部、佐世保市の早岐の瀬戸に臨む地。	⑩
箟簗	彼杵郡川岸村	所在未詳。東彼杵郡川棚町で海に注ぐ川棚川の流域地か。	⑪
浮穴沫媛	彼杵郡浮穴郷	所在未詳。長崎県諫早市の南部海岸、有喜（うき）に比定されている。或いは佐世保市の東南、波佐見町・川棚町附近の地か。	⑫
鬱比表麻呂	彼杵郡周賀郷	所在未詳。大村湾の南西岸地方か。	⑬

第２図　肥前国風土記における土蜘蛛伝承の分布

異族の賤称であり、反政府分子として取り扱われることが多い。諸国風土記の中でも『肥前国風土記』は、土蜘蛛伝承が最も多くみられ(7)、値嘉郷の大家嶋・小近嶋・大近嶋などの島や、彼杵郡の速来村・建村里・川岸村、そして浮穴郷の周賀里のように臨海性に富んでいることも指摘できる。さらに、記述の内容をみると、松浦郡や彼杵郡をはじめ「海人」が土蜘蛛としてとらえられていることも肥前国の特質と考えられる。

この肥前国の土蜘蛛(海人)であるが二面性を持っていたと考えられる。その一つは、松浦郡・大家嶋の土蜘蛛(白水郎)に示される海産物の採集を営む漁労民としての姿である。もう一つは、事例としては肥前国ではないが、吉備海部直赤尾、吉備海部直難波、吉備海部直羽嶋(8)がともに大和政権の命令を受けて渡海し、対外交渉に重要な役割を果たしたことからわかるように航海技術者としての姿である。

この航海技術者としての側面をふまえて、肥前国の土蜘蛛(海人)の記述を見ると、小近島の海人が注目される。小近島の海人(土蜘蛛)の大耳は天皇の命令に逆らったために、天皇はこの大耳を殺そうとするが、御膳を貢上することにより死罪を免れている。御膳を貢上する姿は海産物をとる海人の姿であるが、その一方でこの海人は「容貌隼人に似て、恒に騎射を好み、其言俗人に異なれり」とあるように隼人との関係が指摘されている。

肥前の土蜘蛛と大隅・薩摩の隼人をつなぐ線は風土記にはみえないが、近年発掘された小近島の神ノ崎遺跡で確認された墳墓遺構によって、両者に接点があったことがあきらかになった。その報告書(9)によると地下式板石積石室墓の分布が確認されており、神ノ崎遺跡の地下式板石積石室墓は弥生時代中期前半と古墳時代の五、六世紀に属するものがある。地下式板石積石室墓は北隣の宇久島町所在の松原遺跡や南隣の中通島浜郷遺跡、佐世保市の離島の宮ノ本遺跡でも弥生時代前期末から同中期前半に属するものが確認されている。一

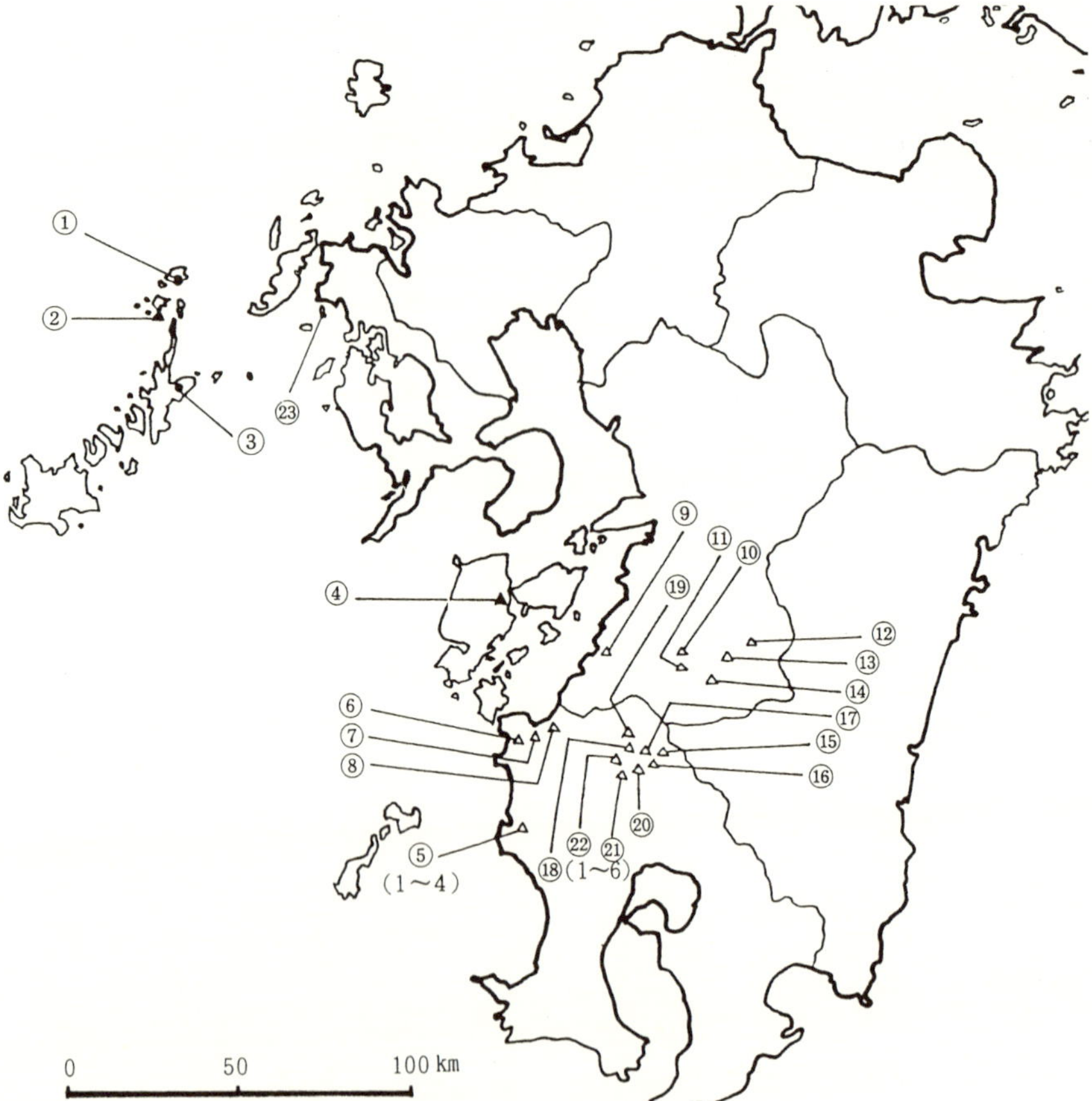

第3図　地下式板石積石室墳および類似構造墳墓分布図

第1表　地下式板石積石室墳および類似構造墳墓一覧表

№.	遺跡名称	地域区分	所在地	時期	基数	備考
①	松原	五島列島	長崎県北松浦郡宇久町平郷	弥生中期		
②	神ノ崎	〃	〃 〃 小値賀町黒島郷	5世紀末～6世紀中葉	31	S58年　8基調査本書 (内第3類類似7基)
③	浜郷	〃	〃 南松浦郡有川町浜郷	弥生中期		
④	妻ノ鼻	天草諸島	熊本県本渡市	5世紀後半～6世紀初頭	35	S42～43年調査 (内第3類石室33基,第4類石室2基)
⑤-1	滑平島	川内川下流域	鹿児島県川内市湯島町滑平島		?	
⑤-2	船間島	〃	〃 〃 〃 船間島		?	
⑤-3	若宮	〃	〃 〃 五代町若宮		?	
⑤-4	横岡	〃	〃 〃 上川内町横岡	5世紀末～7世紀	14	S39年　4基発掘 (第3類4基)
⑥	脇本	薩摩郡西沿岸	〃 阿久根市脇本	5世紀末～6世紀初頭	1以上	S44年　1基発掘 (第3類1基)
⑦	堂前	〃	〃 出水郡高尾野町柴引	弥生後期～5世紀	18	S46年　6基発掘 (内2基は土坑墓，第3類3基)
⑧	溝下	〃	〃 出水市上知識道場園	5世紀末～6世紀初頭	20	S32年　5基発掘 (第3類2基)
⑨	宮ノ浦	球摩郡西沿岸	熊本県芦北郡芦北町宮ノ浦		20以上	S45年　4基発掘
⑩	尾園	人吉盆地	〃 人吉市原田町尾園		1	
⑪	荒尾	〃	〃 〃 〃 荒尾		2以上	
⑫	大久保	〃	〃 球摩郡多良木町大久保		3以上	
⑬	下乙本目	〃	〃 〃 免田町下乙本目		2以上	
⑭	高ン原	〃	〃 〃 錦町高ン原		7以上	
⑮	永山	川内川上流域	鹿児島県始良郡吉松町永山		3	
⑯	北方	〃	〃 〃 栗野町北方		1以上	
⑰	塞ノ神	大口盆地	〃 伊佐郡菱刈町市山	5世紀代	3	
⑱-1	大住	〃	〃 大口市大住	5世紀代	34	S33～34年調査
⑱-2	焼山	〃	〃 〃 焼山	(4号墳)古墳後期	7	S23～24年　7基発掘
⑱-3	下殿	〃	〃 〃 下殿	5世紀代	90	11基発掘
⑱-4	忠元神社	〃	〃 〃 諏訪野	5世紀代	1	
⑱-5	青木	〃	〃 〃 青木	5世紀代	1	
⑱-6	大田	〃	〃 〃 大田	5世紀代	7以上	(第3類3基)
⑲	春村	〃	〃 〃 小木原		1	
⑳	別府原	川内川中流域	〃 薩摩郡薩摩町永野	5世紀～6世紀初頭	6	S46年　6基発掘
㉑	尾原	〃	〃 〃 〃 中津川		10以上	未発掘
㉒	京塚原	〃	〃 〃 鶴田町柏原		1以上	
㉓	宮ノ本	九州西岸	長崎県佐世保市高島町			
備考	※　河口卓徳，上村俊雄「別府原古墳，堂前古墳調査」(考古学雑誌57－1所収，1971年)を中心に作表した。 ※※　本表の№は第61図の№と一致する。 ※※※備考中の「第○類」とは乙益重隆氏の形態分類[5]による。					

方、鹿児島県下と熊本県球磨郡や天草地方でも地下式板石積石室墓が多く確認されており、時期的に差異はあるものの、西北九州沿岸部から鹿児島県北部沿岸部において弥生時代から古墳時代に連続して存続していることがわかっている。

遺物としては、土器、鉄製工具、玉類などが出土している。出土遺物のなかで注目されるものの一つに第20号石棺(弥生時代中期)の板状鉄斧がある。この板状鉄斧は朝鮮半島南部から舶載されたと考えられている。また、第31号墓周辺から発見された縄蓆文壺形土器は対馬からもたらされた可能性があると指摘されている。

以上から、弥生時代から古墳時代にかけて小近島の海人は、南は薩摩地方、北は対馬、朝鮮半島と海路を通じて交流を行ったことになる。

ではなぜこのような航海技術者としての姿がある小近島の海人が土蜘蛛(反政府分子)として認識されたのであろうか。まず、神ノ崎遺跡からの出土遺物から、彼らが活躍する航路が薩摩地方、肥前地方と朝鮮半島を結ぶルートであることが問題になってくる。これは統一国家を形成し外交権を独占しようとする中央政府にとって、地方とアジアの国々との独自の交流は否定されるべきものであり、中央政府の許可なくしてそのようなルートで活躍する海人は好ましくない存在であったからだと考える。なお、『肥前国風土記』の記事だけではこれ以上の考察は困難になるため、視点をかえて、小近島の海人が土蜘蛛として認識される理由について『肥前国風土記』の成立からも考えてみたい。

『肥前国風土記』は天平四年(七三二)、西海道節度使に就任した藤原宇合の編纂によるものと考えられている。[10]その理由として、記述の内容に「兵要地誌的内容」として城や烽の記述があり、西海道節度使に関係があると考えられている。このことから、『肥前国風土記』は西海道節度使が設置された天平四年に作成されたことになる。

天平四年は新羅側から朝貢を三年に一度にしたいと要求してきた年である。[11]すなわち、新羅としては唐との関係が好転したため、今まで日本に対してとってきた朝貢形式の外交を対等な立場のそれへと改革しようとし始めた年であった。[12]それに対して、「蕃国思想」に凝り固まっていた日本は新羅への対応を変えようとしなかった。このようにして日本と新羅との間に摩擦が生じ、日羅関係が悪化しはじめた時であった。

日羅関係が悪化した時期に成立した『肥前国風土記』において小近島の海人は中央政府からその活躍を否定されている。また、『肥前国風土記』によると小近島の海人のほかにも土蜘蛛として認識されるような海人たちが肥前国の海岸部に数多くいることがわかる。これは、当時、小近島の海人をはじめとする肥前国沿岸部の海人たちは新羅と深い関係にあって、中央政府にとって不穏な動き(反政府的行動)をとったからこそ、土蜘蛛(反政府分子)として認識され、『肥前国風土記』に記録されたと推測することができる。次節は視野を変えて、朝鮮半島と肥前地方の関係について考察することにする。

3　朝鮮半島と肥前地方について

朝鮮半島と肥前地方との交流は古く、縄文時代まで遡ることができる。[13]第4図は西九州型結合釣針の分布と朝鮮半島における結合釣針の分布を示している。この分布図を見てもわかるように、肥前地方から出土する結合釣針の分布は朝鮮半島においても確認できる。さらに留意しなければならないのが、この結合釣針が7チセン以上に及ぶ大きな釣針で大型の魚類(鯖、鮫など)を捕獲するためのもの、すなわち遠洋漁業用であ

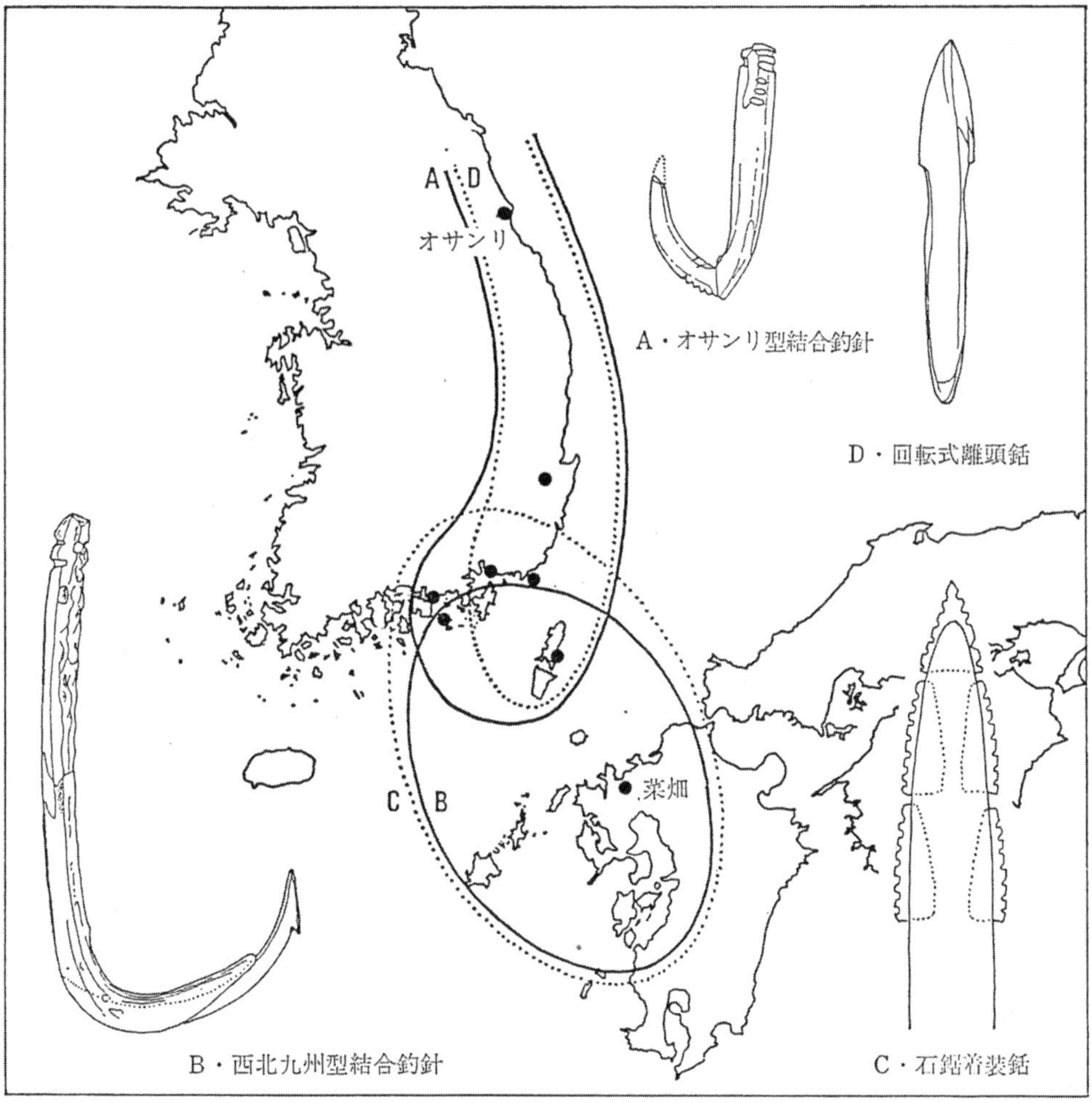

第４図　朝鮮海峡における漁具の分布

ったことが指摘されている。このことから、朝鮮半島と肥前地方とは古くは縄文時代から交流が認められ、小近島をはじめとする肥前地方沿岸部の海人たちは朝鮮半島へ渡海し、交流していたと考える。

さて、次は漂着に着目して朝鮮半島と肥前地方との関係について考察することにする。第2表は『六国史』と『日本紀略』他(西暦六〇〇年〜一〇〇〇年)にある漂着新羅人に関する史料を整理したものである。この表によると、新羅人の漂着地で最も多いのが対馬で、次に肥前国が続く。

対馬は言うまでもなく朝鮮半島を出て一番目にたどり着く所であった。『魏志倭人伝』における対馬の記述「船に乗りて南北に市糴す」というように朝鮮半島と九州との間の仲介的島としてこの対馬があった。そのため漂着地として数多くの文献に対馬の地名が残るのは当然のことであった。

羅針盤などない当時の航法は陸地に沿って航行する沿岸航法であった。よって一度海上に出ると、潮の流れなどを読みとる長年の経験に培われた勘が必要であったと思われるが、気象条件が変化すると狂いが生じ漂着が多くなる。対馬以外で肥前国に漂着の件数が多いのも当時の航法と潮流の関係があるのだろう。時代は少し下るが、肥前地方と漂着新羅人との関係を示す史料があるのでかかげることにする。

第2表　新羅人の漂着地

国　名	件数
大宰管内(不明件数)	13
対馬島	9
肥前国	6
筑前国	3
肥後国	2
壱岐島	1
長門国	3
丹後国	1
因幡国	1
石見国	2
隠岐国	1
但馬国	1

西暦(年)	漂着地	出　典
601	対馬島	『日本書紀』推古9・9・8
678	血鹿島(肥前国)	『日本書紀』天武6・5・7
685	大宰管内	『日本書紀』天武14・3・14
693	大宰管内	『日本書紀』持統7・2・己丑
703	大宰管内	『続日本紀』大宝3・5・癸巳
774	大宰管内	『続日本紀』宝亀5・5・乙卯
811	大宰管内	『日本後紀』弘仁2・8・甲戌
811	対馬島	『日本後紀』弘仁2・12・28
812	大宰管内	『日本後紀』弘仁3・3・己未
812	大宰管内	『日本後紀』弘仁3・9・甲子
813	小近島(肥前国)	『日本紀略』弘仁4
814	長門国	『日本後紀』弘仁5・10・丙辰
814	筑前国(博多津)	『日本後紀』弘仁5・10・27
818	大宰管内	『日本紀略』弘仁9・1・13
834	大宰管内	『続日本後紀』承和1・2・2
842	筑前国(博多大津)	『日本紀略』承和9乙己
845	大宰管内	『続日本後紀』承和12・3・9
856	大宰管内	『日本文徳天皇実録』斉衡3・3・9
863	筑前国(博多津)	『日本三代実録』貞観5・4・21
863	丹後国	『日本三代実録』貞観5・11・17
863	因幡国	『日本三代実録』貞観5・11・17
864	石見国	『日本三代実録』貞観6・2・17
869	値嘉島(肥前国)→博多津(筑前国)	『日本三代実録』貞観11・6・15
870	対馬島	『日本三代実録』貞観12・2・10
873	対馬島	『日本三代実録』貞観15・9・25
873	対馬島	『日本三代実録』貞観15・12・22
874	対馬島	『日本三代実録』貞観16・8・8
876	値嘉島(肥前国)	『日本三代実録』貞観18・3・9
885	肥後国	『日本三代実録』仁和1・6・20
891	隠岐国	『日本三代実録』寛平3・2・26
893	長門国	『日本紀略』寛平5・3・3
893	肥前国(松浦郡)	『日本紀略』寛平5・5・22
893	肥後国(飽田郡)	『日本紀略』寛平5・5・3
893	長門国	『日本紀略』寛平5・10・25
894	大宰管内	『日本紀略』寛平6・2・22
894	肥前国	『日本紀略』寛平6・3・13
894	対馬島	『日本紀略』寛平6・4・14
894	大宰管内	『日本紀略』寛平6・5・7
894	対馬島	『扶桑紀略』寛平6・9・5
895	壱岐嶋	『日本紀略』寛平7・9・27
929	対馬島	『扶桑紀略』延長7・5・17
996	石見国	『小右記』長徳2・5・19
996	但馬国	『小右記』長徳2・5・19

〔史料2〕『日本三代実録』貞観十八年三月九日条

（前略）其二事、請合肥前国松浦郡庇羅・値嘉両郷、更建二郡、号上近下近、置値嘉嶋曰、検案内、元有九国三嶋、至于天長元年、停多褹嶋、隷大隅国、是只貢百領鹿皮、費三万六千餘束稲之故也、今件二郷、地勢曠遠、戸口殷阜、又土産所出、物多奇異、而徒委郡司、恣令聚斂、彼土之民、厭私求之苛、切欲貢輸於公家、惣是国司難巡検、郷長少権勢之地也、加之地居海中、境隣異俗、大唐新羅人来者、本朝入唐使等、莫不経歴此嶋、府頭人民申云、去貞観十一年、新羅人掠奪貢船絹綿等曰、其賊同経件嶋来、以此観之、此地是当国樞轄之地、宜擇令長、以慎防御、又去年或人民等申云、唐人等必先到件嶋、多採香薬、以加貨物、不令此間人民観其物□、又其海浜多奇石、或鍛錬得銀、或琢磨似玉、唐人等好取其石、不暁土人、以此言之、不委以其人之弊、大都皆如此者也、望請、合件二郷、更建二郡、号上近下近、便為値嘉嶋、新置嶋司郡領、任土□貢、但其俸□挙定正税公廨之間、令兼任肥前国権官、於是、公卿奏議曰、臣聞、聖人済世、以便物為先、明王馭民、以制宜為貴、今行平所請上件二条、漸欲省風浪運漕之費、存封疆任土之規、有以詳矣、臣等伏以商量、営水田充年糧事、頗乗仍旧、謀合権宜、請試許二年、先明息耗、合両郷号一嶋事、苟謂利公、豈期膠柱、請随其所陳、将以改置、謹録事状、伏聴天裁、奏可。（後略）

史料2は、平安時代初期をすぎる頃、新羅と日本との関係が悪化し、さかんに新羅海賊が来寇することから肥前国松浦郡庇羅・値嘉両郷をもって二郡を建て、新しく行政区として「値嘉嶋」を設置するという内容のものである。その記述のなかで「唐・新羅人の来着者及び入唐使等はこの嶋を経歴しないものはない」とあることからもかなりの新羅人の漂着者があったことが考えられる。また、表の中で大宰管内としかわからない史料もあるが、史料2をふまえて考えると、この不明な件数のなかでもかなりの数が肥前国のものと考えられる。

以上のように、新羅人が筑前ではなく肥前地方に数多く漂着することは、海流・潮流や風向きの影響もあると思うが、肥前地方と新羅(朝鮮半島)との間には密接な関係があって、小近島を含む肥前地方沿岸部の海人たちは、縄文時代以来、朝鮮半島との交流に携わっていたのではなかろうか。

4　緊張下の日羅関係における肥前地方の動向

第3節までの考察で、朝鮮半島と肥前地方との関係に考察を加えてきたが、もし朝鮮半島(新羅)と中央政府が軍事衝突に及んだ際、肥前地方はどのような動向を示すのかという問題が残る。この節では緊張下の日羅関係における肥前地方の動向と特質について考察することにする。

怡土城築城より時代はやや下るが、日羅関係が激化した情況下における肥前国の動向を示す史料がある。

〔史料3〕『日本三代実録』貞観八年七月十五日条

貞観八年七月十五日丁巳、大宰府馳驛奏言、肥前国基肄郡人川邊豊穂告、同郡擬大領山春永語豊穂云、與新羅人珍賓長、共渡入新羅国、教造兵弩器械之術、還来将撃取対馬嶋、藤津郡領葛津貞津・高来郡擬大領大刀主・彼杵郡人永岡藤津等、是同謀者也、仍副射手卌五人名簿進之。

史料3は貞観八年(八六六)に肥前国基肆郡・藤津郡・高木郡・彼杵郡の郡司、それに四五人もの射手が相計って、新羅人珍宝長とともに新羅国に渡り、兵器と弩(大弓)の製造法を教え、対馬を撃取るという密議が発覚したことを示している。

貞観年間は日羅関係が激化している時期であった。延暦十八年(七九九)五月に遣新羅使を停止してから日羅両国間の摩擦は強まり[14]、それに新羅の国威失墜が重なるなかで九州近辺に新羅海賊が盛んに出没し始めるようになる。貞観八年十一月には山陰諸国・大宰府に新羅海賊に対して備えるように命令が下る程であった[15]。そのような情況下で起こった肥前国の郡司らによる新羅人と手を結び対馬を撃取るという反政府的行動であるが、果たして偶然に起こったのであろうか。

どうやら偶然ではなかったようである。この点について長洋一氏が天平十二年(七四〇)に起きた藤原広嗣の乱に着目して注目すべき推断をしているので紹介することにする[16]。藤原広嗣は板櫃川の敗戦後、肥前国知駕嶋(値嘉嶋)に行き、そこから船に乗り、済州島の近くまで行く。しかし、一日一夜強風にあい結局済州島にはたどり着けず、値嘉嶋にもどりそこで捕えられた。長洋一氏は謀反人である藤原広嗣が値嘉嶋から済州島まで逃走するのに肥前国の人々が加勢した点、さらに、刑死後に藤原広嗣のため肥前国の人々が「弥勒知識寺」を建立しその死を弔った点に着目し、肥前国には謀反人をも支持する反政府的な動向がみられることを指摘している。

貞観十一年(八六九)にも肥前国における反政府的行動が確認できる。貞観十一年、新羅海賊による豊前国の貢綿略奪事件が博多津で起こる。その史料をかかげることにする。

〔史料4〕『日本三代実録』貞観十一年六月十五日条

貞観十一年六月十五日辛丑、大宰府言、去月廿二日夜、新羅海賊乗艦二艘、来博多津、掠奪豊前国貢絹綿、即時逃竄、発兵追之、遂不獲賊。

これは単なる新羅海賊による事件かと思われたが、実はこの事件の裏には重要な意味合いがふくまれていたのである。このことを示している史料が第3節に値嘉島と漂着新羅人との密接な関係を示すものとして引いた『日本三代実録』貞観十八年三月九日条(史料1)中の「府頭人民申云、去貞観十一年、新羅人掠奪貢船絹綿等曰、其賊同経件嶋来」の文言で、貞観十一年に博多津を襲った新羅海賊も件島(値嘉島)を経由していたことが認められる。

値嘉島は第3節で説明したように、肥前地方と朝鮮半島(新羅)との交流の中心的存在であった。このことは史料1における「唐・新羅人の来着者及び入唐使等はこの嶋を経歴しないものはない」という記述があることからも明確である。またこの島の人々は藤原広嗣を済州島の近くまで送っている。すなわち、藤原広嗣が新羅へ国外逃亡するのを加勢しているのである。このことからも値嘉島には朝鮮半島(新羅)とのルートを熟知した人々が数多くいたことがわかる。このことをふまえて貞観十一年の博多津を襲った新羅海賊がこの値嘉島を経由して行ったことを考えると、この新羅海賊は値嘉島の特質を前もって知っていたことになりはしないか。そして、この島において豊前国の貢綿を運ぶ船が博多津に停泊しているという情報を得て行動に移したのではなかろうか。もしそうだとすれば、肥前地方の人々は天平十二年の藤原広嗣の乱の際と同じように、中央政府よりも新羅との縁を大切にした反政府的行動をとったことになる。

長洋一氏の指摘、貞観八年の肥前国郡司らによる新羅への内応計画などを考慮に入れると、日羅関係の悪化が激しくなるほどに、肥前地方の動向は中央政府にとっては見過ごしにできない不安材料になっていたようだ。すなわち、肥前国郡司らによる新羅への内応計画でもわかるように、日羅関係が悪化すると、有明海沿岸部の豪族たちは「有明海ルート」を介し、朝鮮半島側との誼を通じて結託する傾向にあったのだろう。さらに、藤原広嗣の乱における値嘉島の人々の反政府的行動でもわかるように、値嘉島を中心とした松浦地方でも同じように、日羅関係が悪化すると朝鮮半島側に内応することが多かった。これが肥前地方の特質であったと考えられる。

5　吉備真備の「防人」に関する認識とその設置場所

第4節までの考察で、緊張下の日羅関係における肥前地方の動向を指摘したが、中央政府が朝鮮半島(新羅)との軍事衝突に備えて、肥前地方に対していかなる対応をとるのかという問題もある。その対応策の一つに「防人」の設置が考えられ、この節においてはその「防人」に着目し考察することにする。

「怡土城」の築城を開始した三年後の天平宝字三年(七五九)三月、吉備真備は大宰府防衛の不安四ヶ条を中央政府に奏上する(『続日本紀』)[(17)]。そのなかで、第2条と第3条は「防人」に関するものであった。

第2条は天平宝字元年(七五七)八月二十七日の勅に基づく「東国防人」の廃止による防衛上の不安を訴え、さらに「東国防人」の復活を望んでいる。第3条は天平宝字元年に廃止された「東国防人」のかわりに新しく差し遣わされた西海道(九州)出身の兵士で編成された「防人」を

「怡土城」の築城に従事させたいという内容であった。特に、第3条は当時の防人の規定になかったために大宰府の官人達の反対をおしきってまでもあえて奏上している。

そもそも「防人」は大化改新の詔にその記述を確認できるが、実際に制度化され充実していくのは天智三年(六六四)の白村江の敗戦後と考えられている。はじめは諸国から出されたようであるが、天平二年(七三〇)をさかいに東国出身の兵に切り替えている。その後、運営が困難となったため、次第に筑紫(九州)出身の兵に代えられるが、東国出身の兵に固執する傾向にあった。

この理由の一つとして、東国の地は早くから大和政権に掌握され、その軍事的・経済的基盤となっていた。それに対して筑紫(九州)の豪族は筑紫君磐井に代表されるように反公権的エネルギーを強く温存する特徴があって、東国の中央公権力への従属度に比べると大きな差があった。かつて橘諸兄政権で吉備真備とともにブレーンであった「玄昉」は筑紫に左遷され、観世音寺の落成式の際に藤原広嗣の亡霊(支持者)により暗殺される。[18] 次に筑紫へ左遷された吉備真備は暗殺されなかったものの、天平十二年(七四〇)に乱を起こした藤原広嗣を支持し、刑死後も彼のために「弥勒知識寺」を建立する筑紫の豪族の反公権力的な特質を筑前守、特に肥前守のときに体験したのであろう。[19] そのために吉備真備は西海道出身の兵士で編成された「防人」を最前線に配置しないであえて「怡土城」の築城に従事させ、その一方で「東国防人」の復活を熱望したと理解できる。これは西海道出身の兵士で編成された「防人」に武器を持たせないことで、その「防人」を単なる「怡土城」築城のための労働力(源)とし、さらに国防の最前線から切り離す巧みな政策であった。

天平宝字三年三月に吉備真備により奏上された大宰府防衛の不安四ヶ条は、第3条のみその時の返答の勅で吉備真備が支持される形で解決していたが、第2条の「東国防人」の復活はならなかった。しかし、二年後の天平宝字五年に節度使が設置される際に、肥前国からは「水手二千四百人」のみ動員される。[20] 仮に肥前国の「水手二千四百人」が東海道節度使の船の「水手」として筑紫で乗船し、その代わりに東海道の「兵士」二千四百人が筑紫で下船したとすると、肥前国の「水手」たちには武器を持たせず、東海道節度使の「水手」としてその長所を活かす巧みな政策となる。そして筑紫で下船した東海道出身の二千四百人の「兵士」たちはまさに吉備真備が熱望した「東国防人」になったと考えることができる。[21]

天平宝字八年(七六四)、佐伯今毛人と中途交代して吉備真備は造東大寺長官として京に帰る。吉備真備は藤原仲麻呂の乱を鎮圧した功績により即日参議中衛大将となり、二年後の天平神護二年(七六六)に彼は参議から中納言、大納言、さらには右大臣へとめざましく昇進する。この年、大宰府は再び「東国防人」の復活を要請している。これに対して勅が出され、まず東国防人で筑紫(九州)に留まっているものを検括して「戍」に当てて、筑紫防人を減じ、不足する分は東国の防人を派遣し、三千人の防人を確保するとしている。これはまさに「東国防人」の復活であるが、この軍事に関する決定の背後には吉備真備の強い発言があったと考えられている。

このように、吉備真備及び中央政府の官人たちの「防人」に関する認識には筑紫の豪族の反公権力的な特質が影響しているようだ。

では「防人」が守る部所はどのような地点であったか。次はこの点についてふれることにする。

「沖つ鳥鴨とふ船の還り来ば也良の崎守早く告げこそ」

（『万葉集』巻十六・三八六六）

博多湾に浮かぶ残島（能古島）に、玄界灘に向かって突き出た也良の岬があり、ここを守った防人の歌である。その他、対馬島・壱岐島・肥前国（佐嘉郡「防所郷[22]」・松浦郡[23]）、そして豊前国（登美・板櫃・京都の三鎮[24]）の各地に設置されたと考えられている。

対馬島・壱岐島は言うまでもなく国境地帯、豊前国等の周防灘沿岸や関門海峡に面した所、そして一部ではあるものの、有明海周辺にもその分布が認められる。これら一連の設置場所をみると、対馬島・壱岐島は別として、必ずしも対外的要因のみに対応するための設置場所ばかりとはいえず、対国内的要因（対筑紫政策）、そして「有明海ルート」をも意識した設置場所であった。

なお、設置当初については不明であるが、天平四年以降は「警固式」に基づいて「防人」は設置されたと考えられている[25]。この「警固式」も日羅関係が悪化した時期に制定され、さらに西海道節度使であり、『肥前国風土記』等を編集した藤原宇合が関与していたと考えると、「防人」設置場所選定の背景には筑紫に対する特別な認識があったと考えられる。

このように、「防人」の設置場所についても、筑紫の豪族の反公権力的な特質が影響していることがわかる。

おわりに

以上の考察から、日本古代史において日羅関係が悪化し、朝鮮半島（新羅）と軍事衝突が起こる際に、筑紫の中でも特に肥前地方（小近島も含む）では朝鮮半島側に内応する不穏な動きがみられ、中央政府にとっては安心できるものではなかったようだ。そのために、『肥前国風土記』では数多くの「土蜘蛛」（反政府分子）が記載され、「新羅征討計画」の一環として築城された「怡土城」の築城を担当した吉備真備と佐伯今毛人の両者は共に「肥前守」になったと考える。「怡土城」は、大宰府の西側を護る軍事的要衝であり、同時に肥前地方の不穏な動向に対して睨みをきかす絶好の軍事的拠点でもあった[26]。

なお、「怡土城」築城開始の翌年の天平宝字元年（七五七）、筑紫では唯一肥前国に「介」が追加され、肥前国は「中国」から「上国」に昇格する[27]。これは、肥前国の支配強化を意味し、この背後にも肥前地方の不穏な動向が見え隠れする。

註

（1）「新羅征討計画」（第二次）の具体的記述は『続日本紀』天平宝字三年（七五九）六月十三日条が初見となる。一方、怡土城築城開始に関する記述は『続日本紀』天平勝宝八年（七五六）六月十二日条であり、「新羅征討計画」（第二次）の記述より三年遡ることになる。そのため、この二つの史料だけでは新羅征討計画の一環として怡土城が築城されたとは理解し難くなる。しかし、天平勝宝五年（七五三）に遣新羅使が新羅において冷遇され、翌天平勝宝六年（七五四）の唐の朝賀における日羅両国間の席次争いで新羅が敗北し、国際的に面目を失ったことも考慮すると、天平四年（七三二）から悪化していた日羅関係がさらに激化し、新羅征討計画（第二次）へと繋がり、その一環として怡土城が築城されたと考えることができる。なお、天平勝宝六年の唐の朝賀における日羅両国間の席次争いについて、後に怡土城築城を担当する吉備真備が「遣唐副使」としてその場に立ち会っていることは特記される。

（2）吉備真備については『続日本紀』宝亀六年（七七五）十月壬戌条の吉備真備の薨伝、佐伯今毛人については『続日本紀』天平宝字八年（七六四）八月己巳条において各々「肥前守」についての記述がある。

(3)『続日本紀』(新日本古典文学大系、岩波書店、一九八九年)。

(4)『続日本紀』天平四年八月丁亥(十七日)条。

(5)長洋一「天平宝字五年の肥前国」(『西南学院大学 国際文化論集』第一巻第二号、一九八六年)。

(6)『国指定史跡 怡土城跡』(福岡県前原市教育委員会・前原市文化財調査報告書・第九四集、二〇〇六年)。

(7)『出雲国風土記』は首尾完備した唯一の風土記であるが、この中に「土蜘蛛伝承」は一つもない。次に首尾は欠きながらも大部分が残っている『播磨国風土記』にも「土蜘蛛伝承」はない。これに次いで残存状態の良いのは『常陸国風土記』であるが、これには七つある。これに対し『豊後国風土記』には「土蜘蛛伝承」が三つある。以上が残存状態のよい風土記の中の「土蜘蛛伝承」の数であるが、『肥前国風土記』には「土蜘蛛伝承」が一三もある。肥前国にこのように「土蜘蛛伝承」が多いというのは、この国の一つの特色と考えてよい。なお、『豊後国風土記』において「土蜘蛛伝承」は三つ見られるが、『日本書紀』の景行十二年十月の条にも五つの「土蜘蛛」の名称が見られ、豊後国に関しては計八つとなる。しかし、『豊後国風土記』と『日本書紀』の「土蜘蛛」を合わせても肥前国の「土蜘蛛伝承」の数には及ばない。

(8)吉備地方の海部を管理した豪族で、航海に長じていたと考えられる。吉備海部直赤尾は『日本書紀』雄略七年是歳条、吉備海部直難波は『日本書紀』敏達二年五月三日条、吉備海部直羽嶋は『日本書紀』敏達十二年七月丁酉朔条に見える。

(9)『神ノ崎遺跡』(長崎県北松浦郡小値賀町教育委員会・小値賀町文化財調査報告書・第四集、一九八四年)。

(10)秋本吉郎『風土記の研究』(ミネルヴァ書房、一九六三年)における「風土記の成立」のⅡ、「常陸国風土記及び九州諸国風土記の成立」の一、「九州及び常陸国風土記の編述と藤原宇合」を参照。

(11)『続日本紀』天平四年三月廿一日条。

(12)東アジアにおいて、「渤海」が興り、「唐」と「渤海」との間に緊張関係が走る。一方、白村江の戦いの後、「唐」と朝鮮半島支配をめぐって対立関係にあった「新羅」であったが、「渤海」の東アジアの国際関係に参入することによってそのバランスが崩れる。「唐」は「渤海」に対処するため「新羅」にも軍事的動員をかけ、「新羅」による朝鮮半島支配に対して次第に寛容になる。その結果、「唐」と「新羅」との関係は改善されることになる。この「唐」と「新羅」との関係改善は「新羅」にとって対日本外交の比重が低くなることを意味し、天平四年に「新羅使」を通じて朝貢を三年に一度にしたいと要求してきたと考える。酒寄雅志「八世紀における日本の外交と東アジアの情勢」(『渤海と古代の日本』校倉書房、二〇〇一年)、古畑徹「七世紀末から八世紀初頭にかけての新羅・唐関係」(『朝鮮学報』一〇七、一九八三年)。

(13)渡辺誠「縄文・弥生時代の漁業」(『季刊 考古学』第二五号、雄山閣出版、一九八八年)。

(14)『日本後紀』延暦十八年五月廿九日条。

(15)『日本三代実録』貞観八年十一月十七日条。

(16)長洋一「天平宝字五年の肥前国」(『西南学院大学 国際文化論集』第一巻第二号、一九八六年)。

(17)『続日本紀』天平宝字三年三月廿四日条。

(18)『続日本紀』天平十八年六月十八日条。

(19)長洋一「藤原広嗣の怨霊 覚書」(『歴史評論』四一七、校倉書房、一九八五年)。

(20)『続日本紀』天平宝字五年十一月丁酉条。

(21)長洋一「天平宝字五年の肥前国」(『西南学院大学 国際文化論集』第一巻第二号、一九八六年)。

(22)『和名類聚抄』肥前国佐嘉郡の条に「防所郷」とある。ただし、「防所郷」について、伊勢本にその郷名は見えるが、東急本にはない。池邊彌『和名類聚抄郡郷里駅名考證』(吉川弘文館、一九八八年)。

(23)中原遺跡から甲斐国出身の「防人」に関する木簡が出土している。その中原遺跡の所在地は肥前国松浦郡の地に比定される。中原遺跡Ⅲ(5区)(佐賀県教育委員会・佐賀県文化財調査報告書第一七九集、二〇〇九年)。

(24)長洋一「広嗣の乱と鎮の所在地」(『九州史学』第七九号、一九八四年)。

(25)『続日本紀』宝亀十一年七月十五日条によると「天平四年、西辺の非常事態に備えるため、節度使に命じて警固式を定めた」とある。
(26)『国指定史跡　怡土城跡』(福岡県前原市教育委員会・前原市文化財調査報告書第九四集、二〇〇六年)。
(27)『続日本紀』天平宝字元年五月八日条。

【参考文献】
秋本吉郎『風土記の研究』(ミネルヴァ書房、一九六三年)
小田富士雄編『風土記の考古学5―肥前国風土記の巻―』(同成社、一九九五年)

【図版出典】
第1表　『神ノ崎遺跡』(小値賀町文化財調査報告書第4集　一九八四年)より転載
第2図　『風土記』(日本古典文学大系2　岩波書店　一九五八年)の挿図に筆者一部加筆
第3図　『神ノ崎遺跡』(小値賀町文化財調査報告書第4集　一九八四年)より転載
第4図　渡辺誠「縄文・弥生時代の漁業」(『季刊　考古学』第25号　雄山閣　一九八八年)より転載

大宰府の兵器と工房

小嶋　篤

はじめに

日本列島における律令国家形成の歩みは、古墳時代からの予定調和な社会発展として捉えては、実態から剥離した理念的な歴史しか叙述できない。『日本書紀』天武十三年(六八四)閏四月三日詔の「凡政要者軍事也(およそ政の要は軍事なり)」には、律令国家形成期の日本列島の実態が象徴的に示されている。七世紀の東アジアは、大規模な軍事衝突が相次いだ時期であり、その政治状況と国際環境は、時として場当たり的な推移を見せる。日本列島版の律令国家も、百済救援戦争や壬申の乱等の戦禍を経験しながら形づくられており、短期間のうちに劇的に変動している。

本研究が主題とする大宰府も、七世紀の動乱の中で誕生した。大宰府は、古墳時代に成立した「大宰(オオミコトモチ)」を核として、日本初の山城群(古代山城・土塁)に囲まれた都市を形成した。古代山城に囲まれた都市は、古墳時代の列島内で育まれた戦略思考から生み出されたものではなく、中国王朝を源流とする戦略思考を新たに導入して、はじめて作り出されたものである。つまり、七世紀の軍事的変革なくして、大宰府の軍備は成立し得ない。この軍事的変革を実現した物資が「鉄・兵器」であり、大宰府の軍備の根幹をなしている。本研究では、大宰府が保有する兵器に焦点を当てながら、大宰府による軍備の整備過程を追究する。

1　大宰府保有兵器の研究史

(1) 文献史学の成果

大宰府の兵器に関する研究は、文献史学に基づく研究蓄積が厚く、「諸国器杖制」や「西海道節度使」等の法制面からの追究[橋本 一九七六、松本 二〇〇三等]、「藤原広嗣の乱」や「隼人の乱」等の歴史的事件に対する研究が展開している[長 一九八四、北條 一九八八等]。とくに、大宰府の兵器については、『続日本紀』天平宝字五年(七六一)七月甲申条に記される西海道での諸国器仗制実施の記事が注目を集めた。この記事に基づくと、西海道を除く他の六道の諸国器仗制は霊亀元年(七一五)以前より実施されていたのに対し、西海道では約五〇年遅れて実施されたことになる。平野邦雄氏は大宰府下の器仗生産は天平宝字五年まで行われず、それ以後に様器仗を大宰府に送るにいたったと想定した[平野 一九六九]。また、送られた様器仗は大宰府に納められ、器仗そのものは国郡の「兵庫」におさめられたと考えた[平野 一九八三]。井上辰雄氏も同様に、「霊亀元年以前より西海道では年料器仗の造作が全く無かったと結論される」との見解を示した〔井上 一九七六〕。また、橋本裕氏は律令軍団制の成立・崩壊過程での地域差を研究する中で、この問題を取り上げた〔橋本 一九七六〕。橋本氏は、『薩摩国正税帳』などの記事をもとに、八世紀前半の西海道は兵器の生産能力が低かったとみるのではなく、大宰府が兵器の生産能力を独占しようとして、管内諸国に兵器生産を認めなかったとみるのが穏当ではないかとの仮説を提示した。松本正春氏は橋本氏の仮説を大筋で認めた上で、節度使管下の臨時の兵器生産が七六一年以前の西海道諸国でも実施されたと考えた〔松本 一九八三・二〇〇三〕。ただし、節度使管下の兵器生産は調の支給を代価とするのに対し、諸国器杖制では正税を代価とするなど、恒常的制度である諸国器仗制とは性格が異なるとした。現在では、橋本裕氏や松本正春氏が主張した「西海道諸国では諸国器杖制の実施が遅れるものの、それ以前の段階では、大宰府が兵器生産を独占していた」という見解が大勢を占めている。

(2) 考古学の成果

考古学に基づく研究の歴史は古く、大正三年（一九一四）の中山平次郎氏の論文「太宰府蔵司の遺物」が、研究の出発点となっている〔中山 一九一四〕。中山氏は「蔵司」の地名が残る場所で採集した資料（鉄鏃・鉄製小札・瓦）に高熱を受けた痕跡を見出し、兵器工場が焼失した後に、調庸物を納める倉庫が建設されたとの仮説を提示した。いまから百年以上前に大宰府官衙の変遷の解明に先鞭をつけ、蔵司出土被熱遺物の資料的価値を強く認識していた点が高く評価される。その後、昭和八年（一九三三）に蔵司で礎石建物（SB5000）が掘り出された際にも、多くの鉄製品の破片が発見されており、昭和九年（一九三四）二月二日の『九州日報』にその様相が語られている。しかし、これらの資料の重要性は認識されつつも、戦中・戦後の動乱を経て、その発見地の正確な場所は永く不明となり、大宰府の兵器への関心も低調なまま推移することになった。結果、考古資料に見られる大宰府の軍事機能は、大野城をはじめとする古代山城を基点に立論される状況が続いている。

以上を俯瞰すれば、大宰府保有兵器に関する研究は、文献史学と考古学の関心が大きく乖離した状態で推移してきたと評価できる。また、大宰府の軍事機能に関する考古学的研究も、兵器という視点を欠いた状態で立論されてきたのが実情であった。

(3) 近年の動向

このような状況に一石を投じたのが、津野仁氏の研究である。津野氏は考古資料を軸とする武器論から文献史学の成果の再検討を試みている。大宰府に関する研究成果を取り上げれば、「八世紀前半には大宰府により西海道の軍事体が統制されていたという指摘とは反対に、八世紀前半には西海道各国で古墳時代以来の伝統的な武器（鉄鏃）生産を行っていたが、八世紀後半以降は諸国器杖制のもと、管下の武器生産の管理・統制が強化されたと判断せざるを得ない」との見解を示し、文献史学の研究成果を考古学から検証し、批判的統合を図った〔津野 二〇〇七〕。さらに、津野氏は下向井龍彦氏が想定した評造軍の制度化・画一化・均質化と領域的制約の打破による律令軍団制の創出という仮説に対し、日本列島において武器規制の地域差があるとの反論を提示し、「多元的系譜集約型の武装整備」によって兵器が確保されたとの結論を導き出した〔下向井 一九九一、津野 二〇一五〕。

新たな研究の潮流と時を同じくして、平成二十一年（二〇〇九）より九州歴史資料館は、蔵司丘陵の調査・研究に着手した。調査では発掘調査に先立ち、地形測量や礎石実測、遺物分布調査、文献史料調査、GPR探査等の現況把握調査が計画的に実施された〔小田(和)他二〇一二〕。この現況把握調査の過程で、土中に黒光る小札の破片を見出し、中山氏が採集した鉄製品のおおよその出土地を再発見するに至った。この再発見に立ち会った筆者は、大宰府史跡出土兵器の研究に着手し、大宰府政庁跡出土鉄製小札や大宰府政庁周辺官衙跡出土鉄鏃、あるいは小郡官衙遺跡出土鉄鏃等の既知の資料について層位的検出状況等の追検証を行い、研究素材の蓄積を図った〔小嶋二〇一〇b・二〇一一b・二〇一二・二〇一四a・b〕。また、平成二十五年度(二〇一三)には、筆者を研究代表とする平成二十五〜二十七年度科学研究費助成事業若手研究(B)「大宰府の軍備に関する考古学的研究」が採択された〔小嶋二〇一六d〕。本研究では、学史上の課題となっていた律令国家形成期(八世紀前半以前)の大宰府の軍備に焦点を当て、兵器生産能力と備蓄兵器の実態解明を試みた。加えて、平成二十七年度鞠智城跡特別研究「鞠智城築造前後の軍備」にて、古代山城における兵器の運用についても検討を進めた〔小嶋二〇一六a・b〕。これらの研究をふまえ、「大宰府保有兵器は七世紀後半に中央様式に準じて備蓄が開始され、奈良時代以降も長期間、保管・維持されていた」との結論に至った〔小嶋二〇一一b・二〇一六d〕。つまり、律令国家形成期(飛鳥時代)に備蓄された兵器が、長期間にわたって大宰府の軍備の核になったと考えたのである。

文献史学でも、五十嵐基善氏が律令制下における軍隊編成や年料器杖制・正税帳の検討から、年料器杖が武具の刷新ではなく、劣化・破損による数量低下を防ぐ、数的維持に機能していたとの見解を提示した〔五十嵐二〇一三〕。また、大宰府や西海道諸国についても、「(白村江敗戦後の)既存分の武具を基礎として、大宰府の武具生産の上積みが進められていった。大宰府が支援に依存していないことは、武具の保有に深刻な問題はなく、計画通りに進んでいたことをうかがわせる」との同様の結論に至っている〔五十嵐二〇一六〕。

以上のように、二〇〇〇年代後半から考古学・文献史学において、別個の分析対象・分析方法から大宰府保有兵器の研究が進められ、双方を批判検証しながら、『兵器の備蓄』という新たな実態・研究視点が浮かび上がってきた。改めて、古代兵器の備蓄・運用の代表的事例を取り上げると、東大寺正倉院御物(「下毛野奈須評」銘矢)、石上神宮への兵器輸送記事(『日本後紀』延暦二十四年)、長岡宮跡出土小札、徳丹城跡出土木製冑等が挙げられる〔下向井二〇一二、塚本他二〇一二、津野二〇一一・二〇一五等〕。これらに西海道の大宰府政庁跡出土小札、大宰府政庁跡周辺官衙跡出土被熱鉄製品、小郡官衙遺跡出土鉄鏃等が加わる〔小嶋二〇一〇b・二〇一一b・二〇一四b〕。つまり、兵器の備蓄・長期間の運用は理論に加えて、全国各地の発掘調査事例や文献記載記事からも否定し難い状況が、明らかになりつつあると言えよう。

以下では、各分野の動向をふまえつつ、兵器に関する大宰府研究の到達点を『大宰府の軍備に関する考古学的研究』の成果概要をもとに整理する〔小嶋二〇一六d〕。

2　大宰府の兵器生産

(1) 学史上の研究課題

研究史で整理したように、大宰府管内における諸国器仗制実施以後では、文献史学では様器仗の大宰府への輸送、考古学では武器(鉄鏃)の地域性消失が指摘され、双方で大宰府管理下での兵器生産体制は認められている。問題なのは、天平宝字五年(七六一)以前の大宰府や西海道諸国での兵器生産の実態である。考古学では、西海道諸国で地域独自の武器(鉄鏃)生産が古墳時代より継続されている状況が見出されている。文献史学では史料的制約もあり、諸国器仗制外では、節度使管下での臨時的な兵器生産が指摘されるのみである。また、『続日本紀』の記事では、大宝二年(七〇二)～霊亀二年(七一六)にかけて歌斐(甲斐)国・信濃国などから「梓弓・弓」五〇〇～五三七四張が大宰府に輸送されており、西海道諸国での年料器仗の造作がなかったための器仗補充策と評価されている。加えて、天平宝字五年以後の『続日本紀』の記事では、大宰府に対し多量の甲冑製造が命じられており、この時期に大宰府での兵器生産機構の充実が指摘されている。つまり、考古学と文献史学の研究成果を統合すると、天平宝字五年以前の西海道諸国では地域独自の武器生産が確認できるが、「大宰府自体がどの程度の兵器生産能力を有していたのか」は不明な状況にあることが分かる。

　大宰府の兵器生産能力という研究課題を解消するためには、兵器の主要素材となる鉄素材の入手、そして製品への加工状況の解明が必要不可欠となる。以下では、まず大宰府官衙が配された九州北部を中心に鉄生産の動向をまとめ、次に原料鉄を加工する大宰府管轄下の冶金工房を検討することで、この研究課題に取り組む。

(2) 九州北部における鉄生産の動向

①研究動向

　日本列島の製鉄炉は、箱形炉と竪形炉の二系統で展開し、九州北部も同じ様相を呈する[土佐 一九八一、穴澤 一九八四]。九州北部の箱形炉と竪形炉は大局的に見れば、時期差があり、長家伸氏は八世紀と九世紀の鉄生産の変化を『箱形炉から竪形炉の転換』として評価する[長家 二〇〇四]。

　八世紀以前における箱形炉の普及については、穴澤義功氏・土佐雅彦氏の研究を骨子として、七世紀後半から八世紀前半にかけて製鉄技術が列島規模で移動する状況が見出されている。古代の製鉄炉の変遷を地域ごとに整理し、総合的にまとめた村上恭通氏は、七世紀後半に拡散した箱形炉を宮都に近い近江で改良された「国家標準型」と呼称する[村上 二〇〇七・二〇一二]。そして、九州北部に導入された国家標準型製鉄炉は、のちに独自の改良を経て在地特有の炉を作り、八世紀以後の鉄生産を担ったとの見解を示した。この独自改良の過程を把握できるのが、元岡・桑原遺跡群第12次調査である(写真1・2)。九州北部では、八熊製鉄遺跡で製鉄炉の切り合い関係が確認されていたが、他の遺跡で製鉄炉の変遷を遺構の切り合い関係から把握できる発掘調査は皆無であった。菅波正人氏は、製鉄炉の切り合い関係を軸に、元岡・桑原遺跡群における製鉄炉の変遷を整理した[菅波 二〇一一]。菅波氏の研究は、九州北部の製鉄炉を時間軸で把握する上で主軸となる研究と評価できる。筆者は元岡・桑原遺跡群の調査成果をもとに、築炉技術を軸とする分類と遺跡形成過程の把握を併用することで、九州北部における国家標準型製鉄炉の出現と終焉について検討を進めた[小嶋 二〇一六c]。

②鉄生産の変遷

【古墳時代(七世紀前半以前)】

　九州北部では、大宰府官衙建設以前となる古墳時代(七世紀前半以前)に鉄滓出土古墳が特定地域(福岡平野西部等)に偏る分布が確認でき、鉄生産の定着が想定できる[柳沢 一九七七、大澤 一九八八、花田 二〇〇二、長家二〇〇四、小嶋 二〇〇九・二〇一〇a」。ただし、古墳時代の製鉄炉本体の実態は未だ不明で、燃料供給遺構となる製炭遺構（木炭窯・製炭土坑）についても、十分な年代決定資料が得られていない。つまり、現状の九州北部の資料は製鉄炉自体が未確認のまま、製鉄炉で生成された鉄滓（製錬滓）が、群集墳で大量に発見されている状況にある。

【飛鳥時代（七世紀後半）～奈良時代前半（八世紀第1四半期）】

　飛鳥時代には、国家主導による技術移動が積極的に図られ、在来の鉄生産を継続する地域（中国地方）を除く、日本列島各地で「国家標準型の製鉄炉」が確認できる。九州北部でも、周防灘沿岸・今津湾沿岸・二日市地峡帯の各地で製鉄工房（製鉄炉・木炭窯・砂鉄貯蔵穴等）が確認でき、国家標準型の製鉄炉が導入された七世紀後半が重要な画期と位置づけられる「村上 二〇一二」。当該期は宮都・官衙・山城・寺院の建設が列島規模で展開された古代の大開発時代と重なる。九州北部では大宰府がその中心であり、六六四年の水城築造にはじまり、七〇六～七一八年の筑紫之役まで建設・整備事業が頻発する。当然、これらの事業には鉄釘をはじめとした金属の消費が連動する。なお、「大宰府都城の形成」をまとめた小田富士雄氏の論考を参照すると、「かたち」としての大宰府都城の大部分は八世紀第1四半期のうちにほぼ完成する状況にある「小田（富）二〇一三・二〇一五」。

　大宰府に対する列島外からの鉄素材の供給については、『日本書紀』天武十四年（六八五）に筑紫大宰への「鉄一万斤」輸送記事がある。この輸送は「箭竹二千本」と並記されており、兵器素材としての供給であったとみるのが自然である「小嶋 二〇一四a」。律令国家の国家運営は、物資の現地調達と中央集積を基本路線としており、大宰府で消費する鉄においても、西海道外からの輸送よりも現地調達を重要視していたと考え

写真1　元岡・桑原遺跡群の製鉄炉跡（福岡市）

元岡・桑原遺跡群で検出された製鉄炉跡は、生成した鉄を取り出すために、炉上部が破壊されている。遺されているのは、炉下部と送風施設の地下構造と廃滓坑である。写真1の製鉄炉跡の廃滓坑では、写真2のような操業時の鉄滓排出状況がそのまま遺されていた。廃滓坑に流し出された鉄滓は、操業過程で適宜片付けられるため、遺された鉄滓は最終排出時のものと判断できる。

写真2　製鉄炉の操業実験（芦屋釜の里）

られる。その実態を示す遺跡が、大宰府条坊を囲むように立地する池田遺跡・佐野地区遺跡群（七世紀後半～八世紀前半）・宝満山遺跡群（八世紀前半）である。このうち、佐野地区遺跡群は大宰府官衙と御笠川を挟んで向かい合う丘陵上にあって、政庁からの距離も南西約1．7キロと近く、官道（水城西門官道）沿いに位置している。ここでは、鉄生産（製鉄・製炭）が窯業生産と同一の丘陵でなされており、大宰府での消費を念頭に各工房が複合的に操業されていることが分かる。とくに、佐野地区遺跡群内の日焼遺跡では、七世紀後半から八世紀前半にかけて継続的に工房を維持していたことが、製鉄炉に隣接して検出された竪穴建物一三棟の建て替え回数と出土遺物によって確認でき、出土の鉄滓には製錬滓に加えて銅滓も認められる。加えて、製鉄工房の斜面下にある流路からは、七世紀後半の漆付着須恵器や付札木簡も出土した。漆付着須恵器はいずれもパレット状に利用されており、漆工工房の存在が確実視できる。以上の様相を総合すれば、佐野地区遺跡群で操業された工房は、単一業種（鉄生産）に特化した工房ではなく、異業種を組み合わせた「律令的複合冶金工房」であったと結論づけられる［小池 二〇一一、小嶋 二〇一四ａ］。このことは、大宰府条坊の周囲で操業された製鉄工房では、原料鉄の生産に加えて、製品への加工も一部で実施されていたことを意味する。

【奈良時代後半（八世紀第２四半期～八世紀第４四半期）】

大宰府官衙整備後の八世紀第２四半期以降では、糸島半島や室見川流域で、製鉄炉や鍛冶炉、製炭土坑群がそれぞれ特定の地点に集まり、各工房が有機的連携をもって広域に展開する。鉄生産・鉄器生産の各工程がより分業的になされ、木炭の生産地と消費地の距離が前段階よりも離れる状況が確認できる。当該期の福岡平野周辺の特殊な状況として、木炭窯（築窯製炭遺構）が少なく、製炭土坑（非築窯製炭遺構）が多いという現象がある［小嶋 二〇一三］。この現象の直接的な要因は、製鉄燃料となる木炭を生産するために、木材の樹種や大きさ、部位等を峻別していたからで、とりわけ建築部材に利用できる幹材は避けていた傾向が看取できる。加えて、製炭土坑を優先的に用いて枝材の炭化率も上げることで、限られた資源を効率よく燃料利用していたと考えられる。つまり、大宰府条坊や博多大津という日本有数の都市が存在する福岡平野周辺では、燃料消費のみで山林を皆伐するのではなく、多目的な木材利用を前提に伐採されていたと考えられる。「都市と山林の近接」は、九州北部の鉄生産を解明する上で欠かせない視点と言えよう。

都市の外縁域で操業された糸島半島東部の八熊製鉄遺跡、糸島半島西部の大原遺跡群・元岡桑原遺跡群、室見川流域の金武遺跡群では、各工房間で継続的に技術共有が図られていたことが製鉄炉の変遷（技術改良）を同じくしていたことに窺える。また、生産規模の推移においても連動性が認められることから、工房群が「広域連携工房群」として機能していたと考えられる［小嶋 二〇一六ｃ］。この広域連携の実態を示す文字史料の一つに、金武青木遺跡出土木簡がある。金武青木遺跡出土木簡には「怡土城擬大領」の墨書があるだけでなく、「人間の手配・支給物の調達・手配する人間が用意すべきものの量など」が記された上申文書が確認できる［加藤 二〇一二］。これらの文字史料は、広域連携工房群が大宰府管轄下にあった官営工房であったことを裏付けるとともに、怡土城の築造に象徴される対新羅政策の一翼も担っていたことを想起させる。

【平安時代（九世紀～十二世紀）】

対新羅の緊張関係の終息と連動するように、広域連携工房群は九世紀第１四半期には解体へと向かい、福岡平野周辺での鉄生産量は著しく減少する［小嶋 二〇一六ｃ］。元岡・桑原遺跡群に代表される集中的生産体制を維持するには、それを支える山林資源の確保が必要となる。しかし、都市と山林が近接する福岡平野周辺では、山林利用において他の諸産業（建築、造船、塩焼等）や生活林、水源林との競合は避けられず、大量の燃料の安定供給は潜在的に困難である。経済面でも、他国産の鉄素材との価格競争は不利と言わざるを得ない。実際に、福岡平野周辺で鉄生産が盛行する時期は、山林の本格的後退がはじまる古墳時代後期や、国家的需要・政治的強制力が露わになる飛鳥～奈良時代に限られる。

広域連携工房群の解体後は、山林資源の消費に採算性が確保できる限られた地域や規模の範囲で、小規模な製鉄工房が操業される。製鉄炉も飛鳥時代の「国家標準型製鉄炉（箱形炉）」に連なるものではなく、送風施設を後背部にもつ竪形炉が用いられており、生産量だけでなく、技術的系譜でも断絶面が認められる。この竪形炉は、従来、有明海沿岸や国東半島で分布域を形成していたが、香春岳周辺や筑後川流域でも事例が増加しており、九州北部一円に散在する状況が見出されつつある［下原編二〇一四］。

③大宰府による鉄素材の確保

以上の動向をふまえると、九州北部では古墳時代後期（六世紀）より一貫して鉄生産を継続していることが分かる。とくに、天平宝字五年（七六一）以前の大宰府では、七世紀後半～八世紀第1四半期の大宰府都城の建設にあわせて複数の製鉄工房が操業しており、大宰府での消費を念頭においた鉄生産が確認できる。一部の工房は鍛冶や漆工を伴う律令的複合冶金工房としても操業されており、原料鉄の搬入だけでなく、製品としての搬入実態も垣間見える。また、文献史料からは、大宰府管内での現地調達に加えて、西海道外からの鉄素材の入手も認められる。

(3) 大宰府管轄下の冶金工房

①研究動向

天平宝字五年（七六一）以前の大宰府の兵器生産能力を探る上で、大宰府管轄下の冶金工房の実態把握は必要不可欠である。確実に大宰府管轄下で操業された冶金工房は、大宰府政庁跡および大宰府政庁周辺官衙跡で検出されている。この工房が大宰府に集積された鉄素材の主要消費地の一つであったと判断できる。大宰府政庁跡の正式報告書は、二〇〇二年にまとめられ、大宰府政庁周辺官衙跡の正式報告書も、二〇一〇年より計画的に刊行が進められている。これらにより、概要報告書では未報告であった遺物・遺構を含めた総合的検討が可能となった。ただし、冶金工房は大宰府官衙と重層的に存在するため、工房自体の遺構は大半が消失、または未検出の状態にある。つまり、冶金工房の実態を解明するには、発掘調査で検出された炉跡を基点としつつも、層位的検討をふまえた上で周囲の溝や土坑等に埋没した鉱滓や羽口等の廃棄品（遊離資料）を検討しなければならない。

以上のような資料的制約があることから、西海道の鉄器生産に関する研究でも、大宰府政庁跡・大宰府政庁周辺官衙跡（以下、周辺官衙跡とする）の工房については十分な分析を経ないまま、議論が展開してきた経緯がある。先行研究では、九州北部の七世紀後半～八世紀の生産工房は、前段階の六世紀前半～七世紀前半の生産工房を基幹とし、律令期の大宰府の設置により生産が拡大したと評価される［花田二〇〇二］。また、九州北部に連房式竪穴遺構による鉄器生産の痕跡が見られないことを根拠に、「鍛冶の前史が長い地域では、鉄器の大量生産を集中管理的に行う必要がなく、個別の鍛冶工に生産をゆだね、製品を集約し管理する傾向が強かった」とも想定されている［村上二〇一二］。このように、九州北部における飛鳥時代～奈良時代の鉄器生産は、古墳時代後期の鉄器生産との連続性が高く評価されてきた。これらの見解については、大宰府政庁跡・周辺官衙跡といった大宰府中枢の工房の様相をふまえて、再検討する必要がある。

②大宰府史跡の冶金工房の変遷と操業実態

七世紀第3四半期段階の冶金工房は大宰府政庁の西側、蔵司丘陵と来木丘陵に挟まれた谷筋の両岸に展開する。しかも、不丁地区での冶金関連遺物の集中的出土を見ると、後の政庁前面域にも冶金工房が存在する(写真3)。当該期の政庁西側の谷筋は自然地形を多く残した谷川が流れ、冶金工房は島状の小台地や丘陵尾根にとりつくように立地していたと考えられる。

七世紀第4四半期になると不丁地区を区画するＳＤ2340(東限溝)が掘削され、八世紀前半にかけて不丁・蔵司・来木地区で官衙域が整備される。これに伴い、来木・蔵司・不丁地区の冶金工房群は縮小・解体したと見られ、現状で継続的操業の可能性があるのは来木地区の丘陵部のみとなる。ただし、官衙域から冶金工房が排除されたのではない。八世紀以降の大宰府政庁跡や周辺官衙跡で検出される散発的な炉跡の様相をみると、官衙の建設や再整備に伴い、臨時の冶金工房が建設現場に近い場所で操業されていた実情が窺える。なお、東限区画溝ＳＤ2340の北端では政庁側から流れ込む状態で冶金関連遺物が堆積しており、大宰府政庁Ⅱ期建物の建設地点でも冶金工房が操業されたと見る。同様に、政庁Ⅲ期建物の建設にあたっては、炉の設置場所として回廊上を積極的に選んでいる。

次に冶金工房の操業実態について、鉄製品と銅製品に分けて整理する。鉄製品の製作実態を示す資料は、鉱滓と羽口である(写真3)。鉱滓の多くは椀形滓であり、鍛打だけでなく、溶解を含む高温操業(精錬)がなされたことを示す。椀形滓上面の一方向に羽口先端が残るため、窪み状の炉の片側から送風を行う構造だったと分かる。椀形滓底面には粘土付着と木炭付着の二種類があり、操業時の炉床状況を物語る。これらの考古学的所見に加え、金属学的所見からより具体的な操業方法が示されており、七世紀後半段階で「廃鉄器の脱炭下げ精錬(再溶解)」・「高温沸し鍛接」がなされたと想定されている[大澤二〇一四]。

銅製品の製作実態を示す資料は、鉱滓と羽口、炉壁、坩堝・取瓶、鋳型である(写真3)。来木地区で集中的に出土する大型羽口は鉱滓の付着が直線的に途切れており、炉壁に接続していたことが明らかで、自立型溶解炉の存在が想定できる。その一方で小型の坩堝を用いた溶解炉の操業も想定できる。十世紀の事例となるが、大宰府政庁南西回廊上で操業された鋳造炉がその実態をよく示す。直径約24センチの円形窪みに直径約8センチの羽口取付孔が二つ接続しており、二方向からの送風がなされている。また、坩堝・取瓶自体の製作痕跡をみると、口縁部下方に巡る藁紐圧痕が注目できる。

これらの冶金工房に併設する形で、漆工工房も操業された。その実態を示す資料は、漆付着工具(木製箆)、漆付着布(漆濾し布)、漆付着容器(作業・運搬・貯蔵容器)となる(写真4)。漆付着布は強く絞った状態で固まり、漆運搬・貯蔵容器となった瓶類は頸部を打ち欠いた状態で廃棄されている。これらのうち、主体となるのは小田編年Ⅵ期の須恵器類で、七世紀後半の漆消費量が膨大であったことを窺わせる。なお、不丁地区のＳＫ388では、漆運搬・貯蔵容器に使用される頻度の高い須恵器平瓶が集中的に出土し、工房に関わる遺構と判断できる。

③大宰府管内における「律令的複合冶金工房」の出現

周辺官衙跡では七世紀後半の段階で、漆工を伴う「律令的複合冶金工房」が出現した。政庁Ⅰ期建物に伴う工房群で、政庁西隣の谷筋の広域に展開した。規模は異なるが、同時期の律令的複合冶金工房は、大宰府管内では筑後国府先行官衙跡（久留米市）や鞠智城跡（山鹿市）等の主要官衙や古代山城で確認できる他、佐野地区遺跡群のような官営工房の一部でも認められる。とくに、筑後国府先行官衙跡では、筑紫国地震（天武七年〔六七九〕）発生以前の堆積層から漆付着土器が出土することから、大宰府管内における律令的複合冶金工房の出現契機は「六七九年以前」に求められる。水城・大野城・基肄城の築造と関連する政庁Ⅰ期建物の存在も重視すると、六七九年以前の出現契機とは「百済救援戦争」と考える。

ここで改めて、「律令的複合冶金工房」について考える〔小池 二〇一二〕。異業種（玉作工・ガラス工）を複合する冶金工房は古墳時代を通じて散見されるが、継続的な漆の大量集積を伴う律令的複合冶金工房は飛鳥池遺跡を端緒とする。飛鳥池遺跡では天武期の遺構面よりもさらに下層（七世紀中頃）で羽口や漆付着土器が出土しており、その出現時期は百済救援戦争前後に求められる。とくにガラス・金属加工を複合する工房は、王宮里遺跡を代表とする「百済」の工房に源流が求められる。また、技術面で律令的複合冶金工房を捉えると、溶解技術を異業種間で共有する特徴があり、とくに鋳造銅製品の生産量が古墳時代に比べて増加している。加えて、冶金関連遺物に混じって出土する漆付着土器（運搬・貯蔵容器）は、「漆が広く税の一種として登場するのかという、律令国家体制の整備とかかわる重要な問題」と直結する〔四柳 二〇〇六〕。

上記をふまえ、飛鳥池遺跡と大宰府政庁周辺官衙跡・筑後国府先行官衙跡を比較すると、現状でガラス工や玉作工を欠如するものの、遺跡に残された冶金関連遺物や漆付着遺物等の廃棄品組成は類似している（写

写真3
大宰府政庁周辺官衙跡 SX2480 出土炉壁・羽口・坩堝・埦形滓

SX2480 は7世紀第4四半期の SD2340 掘削前に埋没した自然流路である。埋土から出土した坩堝には、底部がドングリ形を呈する個体があり、百済・王宮里遺跡や飛鳥池遺跡の坩堝との技術的連続性がうかがえる。

写真4
大宰府政庁周辺官衙跡出土漆付着土器・布

瓶類は漆の貯蔵・運搬に用いられた器種で、平瓶を中心に漆を取り出すために口縁部が打ちかかれている。坏類は漆を塗るためのの作業パレットとして用いられた。捩った状態で固まった漆布は、漆の不純物を取り除くために用いられた。

真3・4)。また、工具自体の製作方法・形態や運搬容器の器種、破損状況も共通する。以上の痕跡から、大宰府の工房と飛鳥池遺跡の工房とは、ほぼ同一の技術水準であったと判断できる。なお、大宰府政庁周辺官衙跡や筑後国府先行官衙跡、さらには鞠智城跡で、冶金関連遺物や漆付着土器に混じって、客体的な畿内系暗文土師器が出土する。この畿内系暗文土師器に象徴されるように、異業種間を横断する溶解技術は、中央からの工人派遣に伴う「技術移入」によりもたらされた。ただし、これらを技術移入という範疇でのみ捉えては、その本質は見えてこない。周辺官衙跡のような大規模な律令的複合冶金工房の出現は、工人の確保、原料の調達から製品の納品にいたる「組織導入」であり、原材料・燃料の安定的確保を可能とする新たな国家運営体制が西海道に導入されたことと同義である。つまり、天平宝字五年(七六一)以前の大宰府管轄下の工房は、在来の鉄器生産技術・組織の結集のみでは成立し得ない。古墳時代後期の鉄器生産を基盤としつつも、大宰府主導の技術移入・組織導入を経て、西海道の律令的複合冶金工房が出現したと考えられる。

(4) 大宰府の兵器生産能力

七世紀後半は、大宰府都城の建設期間とも重なり、大野城眼下の四王寺山南西麓に政庁Ⅰ期官衙が建設された時期と重複する。政庁Ⅰ期官衙の西側谷筋では、広域に律令的複合冶金工房が展開しており、とくに七世紀後半の漆消費量からみても高い生産力を保持していたことは確かである。また、技術的に見ても、廃棄品組成や工具の使用痕跡は、飛鳥池遺跡に類似しており、近似する技術水準に達していたと判断できる。

次に問題となるのが、「西海道で操業された律令的複合冶金工房で何が生産されたか」である。大宰府政庁周辺官衙跡の工房群が操業された時期は、大宰府政庁Ⅰ・Ⅱ期建物を象徴とする大宰府官衙の整備、古代山城の整備時期と重複しており、その設置の第一義的な目的が官衙・山城の整備にあったことは確かである。また、官衙で使用された各種の装飾品や調度品も生産されていた可能性が高い。筑後国府先行官衙や筑後国府Ⅰ期官衙で操業していた工房群についても、その設置の主要目的は官衙域の整備にあったと見られる。しかし、残念ながら七世紀後半段階の生産物を特定できる木簡や様、未製品、鋳型等の出土品は現状で見つかっていない。

そこで、同時期に操業された飛鳥池遺跡の工房群の操業状況を参考としたい。上述したように、大宰府政庁周辺官衙跡の工房群は工人個人の移動のみで成立したのではなく、国家的要請に応じて組織的に導入・編成されたものであるため、その運営方式も類似したものであったと考えられる。飛鳥池遺跡の工房群は「造飛鳥寺官」とも呼ぶべき組織であり、「寺院付属の工房」というよりも「官司」として組織されていたとの仮説が提示されている[吉川 二〇〇一、堀部 二〇〇五]。また、木簡や様からは、宮廷や皇族からの注文を受けて製品をつくる外注生産も行っていた。とくに鉄鏃形様の存在は、要請に応じて兵器生産も実施していたことを物語っている。

時期差はあるが、蝦夷対策の兵器製造を担った鹿の子C遺跡の様相も参考となる。鹿の子C遺跡の出土品組成を見ると、鉄釘は八世紀第3四半期で三割、八世紀第4四半期以降では半数近くを占めており、武器の主体となる鉄鏃の比率は全期間を通じて一割にも満たない[小杉山・曾根 二〇一二]。回収「古鉄」も含まれると考えられるが、鉄釘流通量の多さは鉄釘生産量とも比例関係にあるだろう[佐々木 二〇一二]。つまり、大規模な公的工房おいては、特定の製品のみを生産するのではなく、要請に応じて、建築部材・調度品・兵器等の複数種類の製品を生産する実態が窺える。

このような状況から、大宰府政庁周辺官衙で操業された工房群では、各種建築部材・調度品を主体としつつも兵器生産がなされた可能性は高く、少なくとも七世紀後半において日本列島でも有数の兵器生産能力を有していたと結論できる。

3 大宰府保有兵器の実態

(1) 学史上の研究課題

天平宝字五年(七六一)以前の大宰府では、とくに創建期となる七世紀後半〜八世紀第1四半期において、潜在的に高い兵器生産能力を有していたと判断できた。次に実際に大宰府が保有していた兵器の実態について、検討を進める。

これまで古代に属する兵器については、東大寺正倉院御物を中心とした伝世品や、竪穴建物の利用が古代でも継続する関東・東北地方での出土品が主要な研究対象となってきた。掘立柱建物の比率が高い西日本では、発掘調査出土品は相対的に少なく、小郡官衙遺跡発見の契機となった「鉄鏃千余本」のみが突出した出土量を誇っていた。これらの資料を研究素材とした津野仁氏の研究によると、八世紀前半の大宰府管内では、古墳時代以来の伝統的な武器(鉄鏃)生産の存在が提起されている[津野二〇〇七]。その論拠となったのは、官衙・集落・墳墓から出土した鉄鏃組成であり、とくに古墳時代以来の伝統的鉄鏃形式である圭頭式鉄鏃が八世紀前半に色濃く残る点にある。また、西日本の鉄鏃組成では、方頭式鉄鏃の数量が多く、片刃箭式鉄鏃の数量が極めて少ない傾向にあり、中央様式とも言うべき正倉院御物の鉄鏃組成とは異なる点が指摘されている。

近年の大宰府史跡の発掘調査により新たに見出された大量の武器・武具片は、これまで不明であった大宰府中枢に保管されていた兵器の実態を把握できる資料群である。大宰府史跡に埋蔵される鉄製品の数量は、全国屈指の規模であり、今後の兵器研究における第三の柱となるのは間違いないだろう。下記では、古代日本の主力兵器とも言える弓矢を中心に整理し、大宰府保有兵器も含めた大宰府管内の兵器相の位置づけを図る。

(2) 大宰府史跡出土兵器の様相

①研究動向

大宰府史跡第6次調査で発見された大宰府政庁跡出土小札甲は、現在でも大宰府管内における小札出土量として最多の事例となる。この小札甲は、二〇〇二年刊行の『大宰府政庁跡』で概要が報告されており、次いで二〇一〇年に筆者が出土状況を中心に検討を進め、鋳着土師器・瓦片の存在等から長期間の伝世を確実なものとした。また、長岡宮跡第2次内裏出土小札の発見により、本資料も改めて脚光を浴びつつある[塚本他二〇一二]。

近年、とくに注目を集めているのが大宰府政庁周辺官衙跡(蔵司地区)の発掘調査出土品である。「蔵司」の名称は、平安時代に編纂された『延喜式』に納められた調庸物を所管する官司として知られているが、その実態は永らく不明であった。「蔵司」の字名が残る場所は、大宰府では政庁跡の西側丘陵にある。これまでの九州歴史資料館の発掘調査により、九州初の木簡出土事例となる「久須評」木簡の出土、蔵司を区画する二本の築地塀が確認され、大宰府の一翼を担う官衙の存在が実証されている。さらに、近年の丘陵上の調査では、大型礎石建物ＳＢ5000に加えて、倉庫と見られる総柱建物等も実際に確認されはじめた。

『日本三代実録』貞観十一年（八六九）の記事に着目した松川博一氏は、大宰府の「庁事」（門楼）とならんで「兵庫」が記述されることから、大宰府政庁の近隣に兵庫が存在したと想定し、蔵司丘陵をその有力な候補地の一つに挙げている［松川二〇一二］。この蔵司丘陵から大量の鉄鏃片・小札片が出土したのである。出土した鉄鏃片・小札片等は、通常の埋没資料と異なり、大半が高熱を受けた「被熱遺物」として遺存していた［小嶋二〇一一b］。

②被熱遺物の種類

「被熱遺物」の呼称は、二次的に高熱を受けた痕跡がある資料に用いている。したがって、製作時に付与された被熱属性は範疇に含まない。蔵司地区でこれまで出土した被熱遺物の種類は、鉄製品・瓦の二種類である。

被熱した鉄製品のうち、確実なものは鉄鏃・弓金具・小札甲・鉸金具・鉄釘の五種類である。なお、本来の形状が判別できない鉄塊も多数あるが、部分的に鉄鏃の形状を残す場合も多い。

被熱した瓦の種類は、現状で丸瓦と平瓦の二種類がある。軒瓦や道具瓦などは確認できていない。これまでの調査で膨大な量の瓦が出土しているが、二次的な被熱痕跡を残す瓦の数量はそれほど多くない。なお、被熱瓦は被熱鉄製品と共伴する場合が多く、表面に鉄塊や鉄製品断片が付着する資料も多い。また、瓦自体は二次的に被熱しないが、胎土自体に被熱鉄製品の破片を含有する一群もある。

③被熱鉄製品

被熱鉄製品の最大の特徴は、地表面に露出していた資料でも錆による腐食が進まず、千年以上前の形状を当時のまま留めている点にあり、被熱鉄製品の残存状況は極めて良い。ただし、被熱による溶解・膨張のため、資料の大半は「製品」としての形状を厳密には残していない。これらの鉄製品については、『大宰府史跡発掘調査報告書Ⅷ』・『大宰府政庁周辺官衙跡Ⅳ』・『大宰府政庁周辺官衙跡Ⅶ』・『大宰府史跡発掘調査報告書Ⅷ』・『大宰府政庁周辺官衙跡Ⅴ』でその一部を報告しており、本稿では弓矢に絞って詳述する。

【弓（弓金具）】

弓金具は、弓の弭に近い部分に取り付けられる「両頭金具」が複数確認できる（写真5）。出土した両頭金具は全長2．4～2．8㌢で総じて小型品が多い［小嶋二〇一二］。花弁状に開く皮金具の折り返し部分は切り込みが密で、現状では古墳時代に多い四枚花弁の資料はなく、六～一二枚花弁の資料が確認できる。

出土した両頭金具は、基本的に被熱時の状態で遺存しており、本来の形状をほぼ保っている。被熱により弓本体は焼失し、両頭金具自体にも若干の変形があるものの、皮金具の折り返し部分を細かく観察できる資料も複数見られる。折り返し部分がほぼ直角に開く状況からも、弓本体に装着したままの状態で、両頭金具が被熱しているのが分かる。また、両頭金具では他個体や他資料と溶着する資料が見られないことも、弓への装着を傍証する。

【矢（鉄鏃）】

鉄鏃は尖根系長頸鏃が主体であり、平根系鉄鏃はごく少量が確認できる。刃部形式を列挙すると、尖根系長頸鏃は柳葉式・三角形式・鑿箭式・鑿根式・片刃箭式・端刃箭式の六種類がある。平根系鉄鏃は断片的に見られるのみで、圭頭式や飛燕式等は現状で確認できていない。

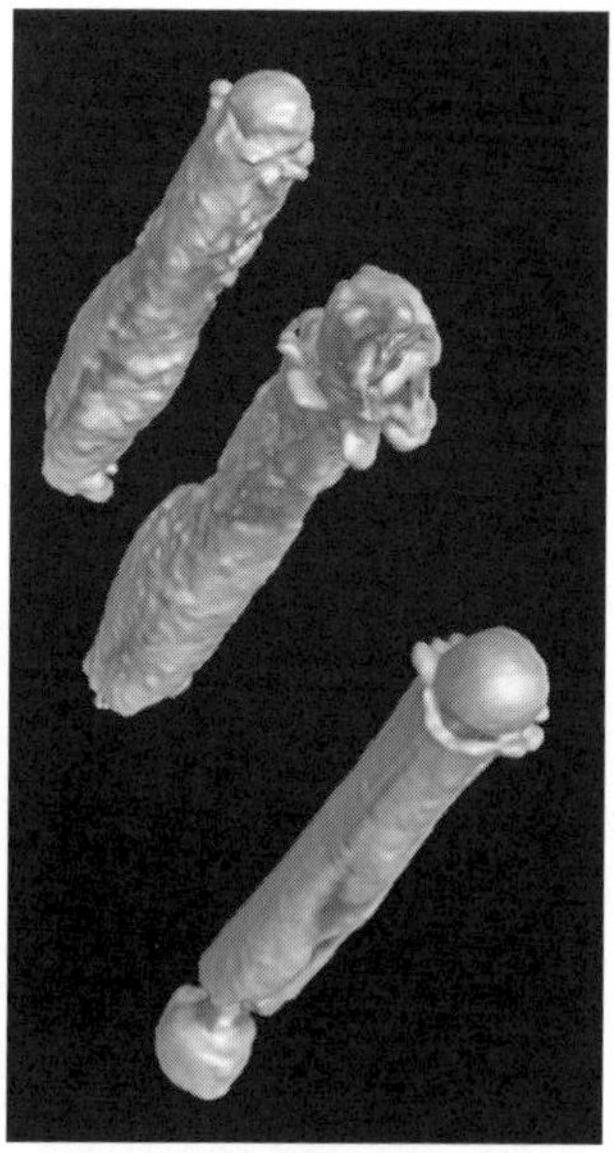

写真５
大宰府政庁周辺官衙跡出土弓金具（両頭金具）のＣＴ画像

写真６　大宰府政庁周辺官衙跡出土被熱鉄鏃束

鉄鏃組成の主体となるのは鑿箭式長頸鏃であるが、片刃箭式・端刃箭式長頸鏃の数量も多い。片刃箭式長頸鏃は刃部にわずかに刃関を有する。完形品の出土事例はなく、現状で最も残りの良い資料は溝ＳＤ320中層（大宰府史跡第14次調査）出土の被熱鉄鏃束である。本資料は約三〇個体の鉄鏃が溶着した資料であるが、一個体の鑿箭式長頸鏃が刃部先端から箆被（棘箆被）まで残る。これを見ると、刃部先端から箆被までの長さは９．４㌢で、茎部も含めた鉄鏃全長はおおよそ12．5㌢に復元できる。箆被形態は大半が棘箆被で構成されており、わずかに関箆被を含む。

鉄鏃の被熱の程度には個体差があり、鉄鏃本来の形状を残すものや、溶解によりほぼ鉄塊（鉄滓に近い）となったものまで千差万別である（写真６）。数量が最も多いのは、鉄鏃の基本的な形状を残しつつ、砥がれた刃部や各部の稜が溶解により消失した半溶解の資料である。刃部形式による被熱の程度の違いは認められない。また、鉄鏃は細片となるが、複数の別個体と溶着する資料が多い。単体の場合も、別個体と接していた痕跡を残す場合が大半である。そして、別個体と溶着する場合は、基本的に軸を揃えて同じ部位付近で溶着する比率が高く、鉄鏃は束ねられた状態のまま被熱したと考えられる。現在確認している資料で最も他個体との溶着が認められるのは井戸ＳＥ2503（大宰府史跡第14次調査）出土の被熱鉄鏃束である。本資料では約九〇個体の鉄鏃が溶着していた。また、大宰府史跡第65次調査出土品には、矢柄状の有機質が燃えきらずに冷えて固まった鉄滓が確認できる（写真７）。この矢柄状の有機質も、やはり軸を揃えた状態で鉄滓に取り込まれており、束ねられていたことを窺わせる。

④被熱瓦

瓦自体が二次的に強く被熱する事例では、ほぼすべてに鉄塊・鉄滓が

写真８　大宰府政庁周辺官衙跡
出土被熱瓦

写真７　大宰府政庁周辺官衙跡出土矢柄状有機質含有滓

大宰府政庁周辺官衙跡のうち、蔵司丘陵周辺の鉄滓状物質では、有機質が燃えきらずに遺存、あるいは表面に鉄鏃が遺存するなど、一般的な製鉄・鍛冶操業に伴う廃滓とは異なる状態が観察できる。

写真９　大宰府政庁周辺官衙跡出土被熱鉄鏃片含有瓦

表面に付着する(写真８)。つまり、被熱瓦の実態は、鉄塊・鉄滓付着瓦で大半が構成される。被熱瓦には丸瓦と平瓦の二種があるが、平瓦の数量が圧倒的に多い。瓦の外面調整は大半が縄目叩きで、わずかに斜格子目叩きの資料が確認できる。瓦付着鉄塊の一部には鉄鏃の形状を残す資料が確認できる。

⑤被熱鉄製品含有瓦

瓦は二次的に被熱しないが、瓦の胎土自体に被熱鉄製品を含有する資料も出土した(写真９)。被熱鉄製品含有瓦にも、丸瓦と平瓦の二種がある。瓦の多くは摩滅するが、外面調整で確認できるのは、斜格子目叩きやナデ消しで、縄目叩きはみられない。

含有する被熱鉄製品はすべて鉄鏃の破片で、他の被熱鉄鏃と同様に膨張し、断面が円形状となる。また、一点のみだが棘篦被を確認した。被熱鉄鏃片の含有状況に規則性はなく、意図的な埋め込みとは考え難い。被熱鉄鏃片は基本的に胎土に埋没するため、粘土採掘や工房内で偶発的に混ざり込んだとするのが妥当である。また、瓦の表面に被熱鉄鏃片が露出する状態で付着した資料もあり、成形後の段階など複数工程で付着するような状況であった可能性もある。また、周辺官衙跡日吉地区出土品でも一点の被熱鉄製品含有瓦を確認している。瓦の輸送に伴って、被熱鉄製品含有瓦は大宰府関連施設の広域に分布している可能性があり、注意が必要である。

⑥被熱遺物の層位的検討

現在確認している被熱遺物の大半は遊離資料であり、本来の帰属遺構は確認できていない。出土層位は表土や中世以後の堆積層が中心で、とくに近世以後の耕作土や造成土中からの出土が目立つ。

このような状況下で、わずかに古代の遺構に伴う被熱遺物が確認できる。蔵司丘陵南端の大宰府史跡第209次調査地で検出された土坑SX4692埋土からは、被熱鉄鏃束三点が出土した。SX4692は官衙廃絶後の堆積層に被覆される状態で埋没する。また、蔵司地区の南側に位置する不丁地区でも、西側境界溝SD320中層(大宰府史跡第14次調査)で被熱鉄鏃束が五点、井戸SE2503(大宰府史跡第14次調査)で被熱鉄鏃束二点が出土した。これらの遺構の中で最も埋没時期が早いのは、西側境界溝SD320中層で十世紀以前の埋没が層位的に確認できる。近世以後の耕作による散乱も多いが、SD320中層・SE2503・SX4692埋土出土品や被熱鉄製品含有瓦の存在をふまえると、平安時代後期以前(十世紀以前)にすでに被熱した武器・武具片が散乱していたと判断できる。

⑦被熱による溶着状況

他個体との溶着数が多いのは鉄鏃・小札である。鉄鏃は軸を揃えた状態、鉄製小札は綴孔を重ねた状態で溶着しており、保管(製品)形態で溶着する。これに対し、弓金具・鉄釘は他個体との溶着資料が見られない。弓金具・鉄釘は、それぞれ有機質素材を主体とした製品(弓・木箱等)の一部材であるため、被熱した際に基本的には他個体と接していなかったと考えられる。他種類の鉄製品との溶着事例は、わずかに鉄鏃と鉄製小札に見られる。この点は重要で、被熱した際に鉄鏃と鉄製小札が同一種類でまとまりつつも、近接した位置に置かれていたと分かる。

これまでの検討結果を整理すると、出土鉄製品の多くが「製品」としての属性を残しつつ、「保管形態」を保ったまま半溶解していることが分かる。遺物観察に基づくと、鉄製品の被熱原因は『兵庫火災』説が有力と見られる。

⑧被熱鉄製品の製作・被熱・埋没時期

鉄製品の製作時期を探るには、それぞれの鉄製品で型式学的検討を試みる必要がある。現資料で型式学的検討が有効なのは鉄鏃と鉄製小札で、水野敏典氏や津野仁氏の研究が大いに参考となる。また、両頭金具も時期決定に有効な資料である。

鉄鏃の主体となる鑿箭式長頸鏃は、鏃身の側縁がわずかに孤状を呈する状態で、あまり張り出さない。片刃箭式長頸鏃の刃部は有関と無関のものが見られる。箆被形態の主体となるのは、棘箆被でわずかに新型式の関箆被を含む状況にある。このような特徴をもつ鉄鏃は、広域編年では水野編年の後期3以後、津野編年のI期以前の様相を呈する[水野 二〇一三、津野 二〇一一]。大宰府管内の鉄鏃組成の変遷から見ても、小田編年V期～VI期の須恵器と共伴する鉄鏃群に最も近い[小嶋 二〇一四b・二〇一五・二〇一六b]。

一部の小札の札幅(1.0～1.3㌢)は、年代決定の基準資料となる「奈良東大寺金堂須弥壇内埋納品(七四九～七六〇年)」の小札の札幅と近く、札幅が最小化した八世紀中頃に製作されたと考える[津野 二〇一一]。また、主体となる中型小札は綴孔が札端に寄る資料や第三緘孔をもつ資料も含む。つまり、七～八世紀の新旧型式の小札が混在する。このような新旧型式の小札が混在する様相は、「内兵庫」に収納されていたと考えられる長岡宮内裏跡出土小札でも見られる[下向井 二〇一二、塚本他 二〇一二]。また、大宰府政庁跡出土小札も「藤原純友の兵火(九四一年)」にいたるまで長期間伝世していた[小嶋 二〇一〇b、塚本他 二〇一二]。小札甲の長期間の保管・修理は、律令期には普遍的な使用方法であったことを示す。

なお、両頭金具は古墳時代後期に出土量(群集墳・横穴墓の副葬品)が急激に増加した後、古墳墓制の衰退とともに短期間で出土量が減少する。大宰府管内では、干潟城山遺跡42号土坑墓副葬品(小田編年VI期・七世紀後半）が最新相となる。

以上の状況から、鉄製品の製作時期は七世紀〜八世紀中頃を主体とすると考えられ、天平宝字五年（七六一）以前の製品が主体と判断できる。とくに、出土数の多い鉄鏃の製作時期については、七世紀後半の製作量が最も多いと結論できる。

次に鉄製品の被熱時期と埋没時期を整理する。被熱時期を示す有力な資料は被熱瓦や被熱鉄製品含有瓦である。被熱瓦に付着する鉄塊には鉄鏃の形状が確認できるため、鉄製品と同時に被熱したと判断できる。また、被熱鉄製品を含有する瓦は、鉄製品が被熱した後に製作されたことが確実である。被熱瓦と被熱鉄製品含有瓦の製作技法にそれぞれ注目すると、被熱瓦は縄目瓦が中心で、斜格子目瓦が僅かに含まれる状況にある。これに対し、被熱鉄製品を含有する瓦は、斜格子目瓦やナデ消し調整の瓦のみで構成される。つまり、鉄製品が被熱した時期は「斜格子目瓦が出現した以後」であり、「斜格子目瓦のみが生産される以前」には、すでに被熱鉄製品が周囲に散乱した状況にあったと分かる。補修や再利用の問題もあるが、現状では縄目瓦から斜格子目瓦に生産が移行する「八世紀後半〜九世紀前半」という時期が被熱時期の上限年代となる。また、西側境界溝ＳＤ320中層での埋没事例から、被熱時期の下限年代は十世紀とおさえられる。この十世紀は大宰府政庁Ⅱ期建物を焼失させた「藤原純友の兵火」も含んでおり、今後の検討でさらなる年代の絞り込みが必要である。

(3) 大宰府保有兵器と西海道の鉄鏃組成

大宰府政庁周辺官衙跡出土被熱鉄鏃は、尖根系鉄鏃を主体として、わずかに平根系鉄鏃が加わる。尖根系鉄鏃の主要刃部形式は「鑿箭式：片刃箭式：三角形式＝六：二：一」で、片刃箭式長頸鏃が主要組成の一翼を担う。箆被形態は「棘箆被：関箆被＝九：一」で、棘箆被が圧倒的に多い。同様の鉄鏃組成は、大宰府南方に位置する小郡官衙遺跡出土鉄鏃がある。従来、小郡官衙遺跡出土鉄鏃は「鉄鏃千余本」と記されてきたが、個体同定可能な刃部を中心に数えると、おおよそ三〇〇点ほどの個体が確認できる［小嶋 二〇一四b］。約三〇〇点の鉄鏃は数点の平根系鉄鏃を除くと、すべて尖根系長頸鏃で構成される。長頸鏃の比率は「鑿箭式：片刃箭式：三角形式＝六：二：一」、箆被形態の比率は「棘箆被：関箆被＝九：一」で、大宰府政庁周辺官衙跡出土被熱鉄鏃と類似した鉄鏃組成であったと判断できる。

このような鉄鏃組成は、圭頭式鏃を多く含む西海道内の在来の鉄鏃組成と一線を画しており、むしろ類似した鉄鏃組成は正倉院御物で認められる［小嶋 二〇一一b］。奈良東大寺正倉院の鉄鏃は尖根系長頸鏃（鑿箭式二四七二点、片刃箭式七五九点、三角形式二六点、三角形式九六点）を主体とし、平根系鉄鏃（方頭式一八七点、飛燕式二点）が加わる［津野 二〇一五］。また、これらの鉄鏃群には棘箆被形態のものや「下毛野奈須評」銘が認められ、七世紀後半に製作されたものが含まれている。大宰府政庁周辺官衙跡出土被熱鉄鏃と小郡官衙遺跡出土鉄鏃も、奈良東大寺正倉院と同様に飛鳥時代（七世紀後半、小田編年Ⅴ〜Ⅵ期）の製品を多量に含むと考えられ、両頭金具の存在もこれを傍証する。

以上を鑑みると、天平宝字五年（七六一）以前の大宰府保有兵器は、在地様式ではなく、中央様式に準じていたと判断できる。つまり、天平宝字五年以前の段階では、津野氏が指摘した「古墳時代以来の伝統的な武器生産」が西海道各地に存在する一方で、大宰府官衙を中心に「大宰府創建とともに導入された新来の武器生産」も併存していたと考えられる。

4 大宰府の軍備

考古資料に基づく検討から、大宰府保有兵器の主力となる弓矢に飛鳥時代(七世紀後半)の製品が多く含まれている状況を明らかにした。つまり、大宰府保有兵器の蓄積を考える上で、七世紀後半は重要な画期となる。大宰府保有兵器の蓄積が開始された時期は、大宰府の創建期にあたり、西海道に律令的複合冶金工房が導入された時期とも重なる。また、この律令的複合冶金工房の存在は、鉄鏃組成の検討から導き出された「大宰府創建とともに導入された新来の武器生産」という仮説とも整合しており、工房と製品の双方の検討から、大宰府の軍備が在地組織・技術・製品の結集だけでなく、中央方式・様式を組織的に導入することで実現されたと結論できる。

ここで改めて、大宰府での兵器生産について検討する。西海道における律令的複合冶金工房は、大宰府政庁周辺官衙跡が核となり、奈良・飛鳥池遺跡とほぼ同等の技術水準と高い生産量を保持していた。つまり、大宰府は潜在的に高水準の兵器生産能力を有していたと判断できる。飛鳥池遺跡では建築具や工具類を生産する一方で、要請に応じて兵器生産も担っていた。律令的複合冶金工房の運営方式や工房組織が類似する点も重視すれば、大宰府においても要請さえあれば、兵器生産を実施したと考えられる。この点をふまえ、注目できるのが文献史料に残された「西海道諸国外からの兵器素材の入手」という記事である。『日本書紀』天武十四年(六八五)十一月甲辰条に記された「筑紫大宰への『鉄一万斤、箭竹二千本』の輸送」記事は、筑紫大宰体制下で兵器生産の存在を前提としている。つまり、兵器素材の具体的な輸送先として、筑紫大宰の管理下にあった大宰府の工房群があり、飛鳥池遺跡と類似した構図で、筑紫大宰の要請に応じて兵器への加工を実施したと考える。

これまでの検討結果を統合すると、大宰府の軍備は、白村江の戦い(六六三年)を経た「大宰府の造営事業(七世紀後半〜八世紀第1四半期)」の過程で整えられ、兵器生産は主に筑紫大宰管理下の律令的複合冶金工房が担ったと考えられる。つまり、当該期の大宰府の兵器生産は、「大宰府の造営事業」の一翼として実施された。造営事業には物資の大量消費が伴っており、兵器素材は大宰府管内だけでなく、朝廷を介した大宰府管外からの輸送でも補充された。

大宰府に備蓄された兵器は、弓矢を主体とし、兵器素材と同様に大宰府管外から輸送された兵器と大宰府管内で確保された兵器の二者を内包する。備蓄兵器は七世紀後半に生産されたものを多量に含み、八世紀以降の兵器も含まれる状況にあった。つまり、大宰府保有兵器は、「大宰府の造営事業」の過程で確保された兵器を核として、奈良時代(八世紀)を通じて補修と補充により、長期間維持されたと結論できる。七六一年以降に実施された諸国器杖制も、大宰府管内に備蓄された兵器の数量的維持として機能したと見られる。そして、このような過程を経て、大宰府に備蓄された兵器は、平時においては大宰府常備軍により守衛され、戦時下では朝廷からの勅により戦時編成された軍団による運用を想定していたと考えられる。

おわりに

日本列島の律令国家の形成過程を語る上で、白村江の戦い(六六三年)は重要な画期と捉えられる。その理由は、倭国軍(評造軍)の脆弱性が唐・新羅軍との戦闘で露呈し、後の軍団制へと繋がる軍事組織の再編、ひいては日本列島での律令国家形成を加速させたという点にある。また、唐・新羅軍に備えるために敷かれた防衛体制は、結果的に後の律令国家の形成に影響を与え、西海道では「大宰」組織の維持へと繋がった。とくに、考古資料や文献史料で確認できる古代山城の分布のあり方は、九州北部が唐・新羅軍の襲来に備えるための軍事的境界に位置づけられたことを端的に示す。しかし、古代山城による防衛網の整備や軍事組織の再編のみで、唐・新羅軍をはじめとした外敵に対抗できるわけではない。本研究では、防衛網の整備・軍事組織の再編と併行して、その効果的運用を可能とする兵器の拡充も図られたと結論づけた。

兵器の拡充を考える上で、その契機となった白村江の戦いに帰結する「百済救援戦争」の存在は、重要な前提条件となる。百済救援戦争に動員されたのは、西日本を主力とした評造軍であり、朝倉橘広庭宮がおかれた前線拠点の九州北部はその重責を直接的に担った。無論、この重責には兵器の確保も内包される。そして、戦局を決定づけた白村江の戦いでの船団の壊滅に象徴されるように、敗戦後の倭国軍は主力兵器の多くを消耗した状況にあったと考えられる。この状況を改善する上でも、兵器の拡充は必要であったと見る。

歴史的動向と並行して、兵器の消費形態が変化する点も注目できる。古墳墓制では、列島の広域で膨大な量の兵器が副葬品として消費されてきたが、薄葬化の進展とともに墓域での兵器の出土数が急激に減少する。古墳・横穴墓への追葬や土坑墓副葬品に古墳墓制の名残があるが、兵器の消費形態の変化と連動して、保有期間の長期化や備蓄数の増加が列島規模で展開する。

以上を総括すると、大宰府の軍備は、日本列島における律令国家形成に伴う九州北部の「国境化」の過程で国家により整備されたと結論できる。

参考文献

穴澤義功　一九八四年「製鉄遺跡からみた鉄生産の展開」『季刊考古学』第八号　雄山閣

井上辰雄　一九七六年「筑後国正税帳をめぐる諸問題」『正税帳の研究』塙書房

五十嵐基善　二〇一三年「律令制下における軍隊編成に関する基礎的考察」『日本古代学』第五号 明治大学日本古代学・教育研究センター

五十嵐基善　二〇一六年「西海道における武具の生産・運用体制と鞠智城」『鞠智城と古代社会』第四号 熊本県教育委員会

大澤正巳　一九八八年「古墳出土鉄滓からみた古代製鉄」『日本製鉄史論集』たたら研究会

大澤正巳　二〇一四年「大宰府史跡不丁地区出土鍛冶・銅鋳造関連遺物の金属学的調査」『大宰府政庁周辺官衙跡Ⅴ』九州歴史資料館

小田和利・杉原敏之・岡寺良・一瀬智・金田明大・遠藤茜・小嶋篤　二〇一二年『大宰府史跡発掘調査報告書Ⅶ』九州歴史資料館

小田富士雄　二〇一三年「大宰府都城制研究の現在」『古文化談叢』第七〇集 九州古文化研究会

小田富士雄　二〇一五年「大宰府都城の形成と律令体制」『古文化談叢』第七四集　九州古文化研究会

加藤隆也　二〇一二年「元岡・桑原遺跡と金武青木遺跡―怡土城をめぐる新資料とその意義―」『一般社団法人日本考古学協会二〇一二年度福岡大会研究発表資料集』日本考古学協会二〇一二年度福岡大会実行委員会

小池伸彦　二〇一一年「古代冶金工房と鉄・鉄器生産」『官衙・集落と鉄』奈良文化財研究報告六　奈良文化財研究所

小嶋　篤　二〇〇九年「鉄滓出土古墳の研究―九州地域―」『古文化談叢』第六一集　九州古文化研究会

小嶋　篤　二〇一〇年a「鉄滓出土古墳の研究―中国・畿内地域―」『還暦、還暦?、還暦!』武末純一先生還暦記念事業会

小嶋　篤　二〇一〇年b「大宰府政庁跡出土小札の研究」『九州歴史資料館研究論集』三五　九州歴史資料館

小嶋　篤　二〇一一年a「筑前の鉄釘出土古墳」『古文化談叢』第六五号(三)　九州古文化研究会

小嶋　篤　二〇一一年b「大宰府の兵器―大宰府史跡蔵司地区出土の被熱遺物―」『九州歴史資料館研究論集』三六　九州歴史資料館

小嶋　篤　二〇一二年「大宰府の弓金具―大宰府史跡・蔵司地区出土の両頭金具―」『都府楼』四四号 古都大宰府保存協会

小嶋　篤　二〇一三年「九州北部の木炭生産―製炭土坑の研究―」『福岡大学考古学論集二』福岡大学考古学研究室

小嶋　篤　二〇一四年ａ「大宰府保有兵器の蓄積過程」『古代武器研究』vol 一〇　古代武器研究会
小嶋　篤　二〇一四年ｂ「小郡官衙遺跡出土鉄鏃の研究」『九州歴史資料館研究論集』三九　九州歴史資料館
小嶋　篤　二〇一五年「砦見大塚古墳出土鉄鏃の検討」『砦見大塚古墳　カワラケ田遺跡2次調査』東九州自動車道関係埋蔵文化財調査報告一七　九州歴史資料館
小嶋　篤　二〇一六年ａ「兵器の様相から見た古代山城」『築城技術と遺物から見た古代山城』熊本県教育委員会
小嶋　篤　二〇一六年ｂ「鞠智城築造前後の軍備」『鞠智城と古代社会』第四号　熊本県教育委員会
小嶋　篤　二〇一六年ｃ「九州北部の鉄生産」『田中良之教授追悼論文集』田中良之教授追悼論文集編集委員会
小嶋　篤　二〇一六年ｄ「大宰府の軍備に関する考古学的研究」平成二五～二七年度科学研究費助成事業若手研究（B）研究成果報告書　九州国立博物館・福岡県立アジア文化交流センター
小杉山大輔・曾根俊雄　二〇一一年「鹿の子遺跡について」『官衙・集落と鉄』奈良文化財研究所研究報告六　奈良文化財研究所
佐々木義則　二〇一二年「関東における寺院・官衙の造作と鉄生産」『たたら研究』第五一号　たたら研究会
下原幸裕編　二〇一四年『宮原金山遺跡二』福岡県文化財調査報告書第二四五集　九州歴史資料館
下向井龍彦　一九九一年「日本律令軍制の形成過程」『史学雑誌』一〇〇巻六号　史学会
下向井龍彦　二〇一二年「長岡京内裏跡出土甲冑小札から広がる世界」『史人』第四号　広島大学大学院教育学研究科下向井教室
菅波正人　二〇一一年「福岡市元岡・桑原遺跡群の概要—奈良時代の大規模製鉄遺跡—」『官衙・集落と鉄』奈良文化財研究報告六　奈良文化財研究所
玉田芳英　一九九五年「漆付着土器の研究」『文化財論叢Ⅱ』同朋舎出版
塚本敏夫・山田卓司・初村武寛　二〇一二年「長岡京出土小札の再検討」『年報　都城』二三　㈶向日市埋蔵文化財センター
津野　仁　二〇〇七年「古代西日本の鉄鏃—地域性と古墳時代との関連—」『古墳文化』Ⅱ　國學院大學古墳時代研究会
津野　仁　二〇一一年『日本古代の武器・武具と軍事』吉川弘文館
津野　仁　二〇一五年『日本古代の軍事武装と系譜』吉川弘文館
土佐雅彦　一九八一年「日本古代製鉄遺跡に関する研究序説」『たたら研究』二四　たたら研究会
長家　伸　二〇〇四年「八～九世紀の鉄生産についての概要」『第七回西海道古代官衙研究会資料集』西海道古代官衙研究会
中山平次郎　一九一四年「太宰府蔵司の遺物」『考古学雑誌』第五巻四号
橋本　裕　一九七六年「大宰府管内の軍団制に関する一考察」『関西学院史学』第一七号　関西学院大学史学会
花田勝広　二〇〇二年『古代の鉄生産と渡来人—倭政権の形成と生産組織—』雄山閣
平野邦雄　一九六九年「大宰府の徴税機構」『律令国家と貴族社会』吉川弘文館
平野邦雄　一九八三年「クラ（倉・庫・蔵）の研究—大宰府、郡家の発掘調査によせて—」『九州歴史資料館開館十周年記念　大宰府古文化論叢』上巻　吉川弘文館
北條秀樹　一九八八年「藤原広嗣の乱の基礎的考察—栄原・長両氏説に接して—」『九州工業大学研究報告』第三六号　九州工業大学研究報告
堀部　猛　二〇〇五年「工房の運営—飛鳥池遺跡を中心に—」『文字と古代日本』三　吉川弘文館
松本正晴　一九八三年「西海道に於ける諸国器杖制の成立」『続日本紀研究』第二三七号　続日本紀研究会
松本正晴　二〇〇三年『奈良時代軍事制度の研究』塙書房
松川博一　一九九八年「大宰府の軍制—大宰府の守衛体制を中心に—」『都府楼』二五号　古都大宰府保存協会
松川博一　二〇一二年「大宰府軍制の特質と展開—大宰府常備軍を中心に—」『九州歴史資料館研究論集』三七　九州歴史資料館
水野敏典　二〇一三年「鉄鏃」『古墳時代の考古学四　副葬品の型式と編年』同成社
村上恭通　二〇〇七年『古代国家成立過程と鉄器生産』青木書店
村上恭通　二〇一二年「北部九州における古代の鉄器生産」『一般社団法人日本考古学協会二〇一二年度福岡大会研究発表資料集』日本考古学協会二〇一二年度福岡大会実行委員会
柳沢一男　一九七七年「福岡平野を中心とした古代製鉄遺跡について」『広石古墳群』福岡市埋蔵文化財調査報告書第四一集　福岡市教育委員会
吉川真司　二〇〇一年「飛鳥池木簡の再検討」『木簡研究』二三　木簡研究会
四柳嘉章　二〇〇六年『漆Ⅰ』ものと人間の文化史一三一—Ⅰ　法政大学出版局

大宰府成立前後の大宰府・豊前間の交通路

大高広和

はじめに

古代の交通路を考えるにあたって基本となるのは『延喜式』（兵部省式85西海道駅伝馬条。以後単に延喜式とする）によって想定復元される官道[1]のルートであるが、周知の通りそれは八世紀後半以降の整理を経た姿であり、それ以前・以外の交通路の様相については史料的制約から明らかでない部分も多い。白村江での敗戦を受けて古代山城や烽等によって防衛体制の整備が行われた七世紀後半から、駅路再編以前の八世紀にかけての、言わば成立前後の大宰府に連なる交通体系は、大宰府の性格や諸地域との関係を明らかにする上でも重要な問題である。そこで本稿では、西海道（筑紫）と畿内（ヤマト）との間の交通の様相、および古代国家の対外防衛政策という観点から、主に大宰府・豊前間の官道を中心とした交通路について、近年の知見も踏まえつつ検討を行う[2]。

1　西海道の交通路と藤原広嗣の乱

(1) 西海道の古代交通路

西海道の延喜式駅路について、木本雅康氏による名称・区分に基づいて整理すると［木本 二〇〇三］、山陽道に接続し、都と大宰府を結ぶ大路である①大宰府路に加え、大宰府から豊前国府に向かう②豊前路、同じく豊後国府を経て日向国府に向かう③日向路、筑後国府・肥後国府を経て薩摩国府・大隅国府へ至る④大隅路、肥前国府へ向かう⑤肥前路、玄界灘沿いに壱岐へ渡り、対馬へ至る⑥対馬路の五つの駅路が各国府へ放射状に伸びている。このほかにも、①大宰府路から豊前国企救郡で国府方面に分かれ京都郡内で②豊前路に接続する⑦大宰府路・豊前路連絡路、豊前国府から豊後国府へ向かう⑧豊前・豊後連絡路等の支線があり、西海道では延喜式駅路においても他地域に比して複雑な路線形態を呈していて、軍事的な事情からあまり路線の整理が行われていないとされる（第1図）［木下 二〇〇三］。

この複線的性格は、路線が整理される以前にはより強かったものと想定される。すなわち、七世紀後半には古代山城と大宰府等の地方拠点、もしくは山城相互間を連絡する軍用道路の存在が「車路（車地）」の地名等から明らかにされており、それは延喜式駅路まで概ね継承される場合もあるが、肥後国の鞠智城の周辺のように、かなり異なった路線の形態を示す場合もある[3]［木下 一九七八、鶴嶋 一九七九、木本 二〇一一］。

筆者も、七世紀後半に古代山城や防人とともに西海道に設置され、交通路との関係も深い烽が存在したことを示す可能性をもつ地名（「トビ」

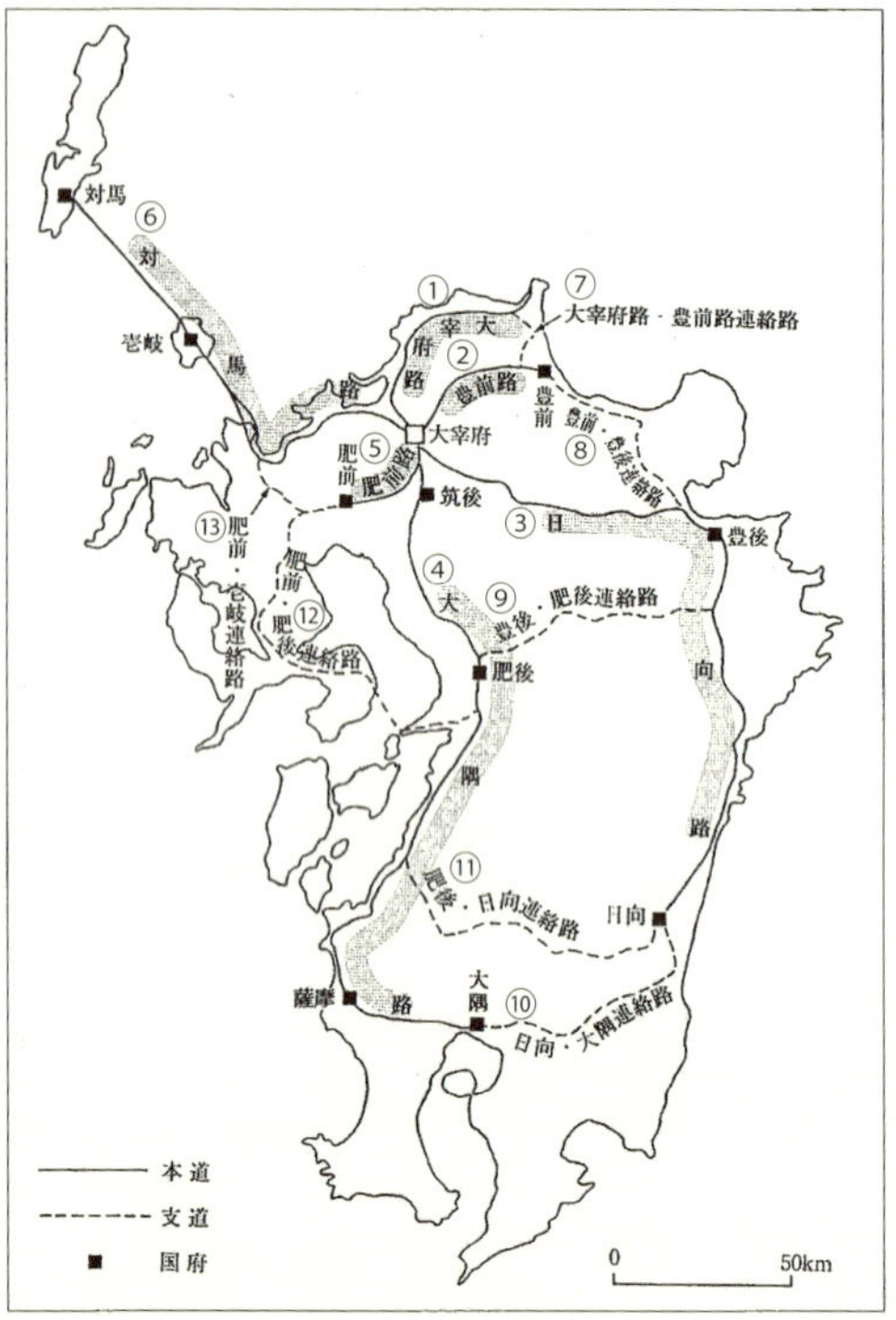

第１図　西海道駅路概略図（木本 2018a に加筆）

の付く地名）等に注目する中で、いくつかの延喜式駅路以外の官道の存在を推定・補強することができた〔大高 二〇一八〕。一例を挙げれば、文化三年（一八〇六）作成の「太宰府旧蹟全図」（北図）〔太宰府市 二〇〇二〕で大野城の北方に記される「トビダケ」（現糟屋郡宇美町とびたけ周辺）は、水城から北西へ向かう①大宰府路とは別に、大宰府・大野城の北側に七世紀後半に遡る官道の存在を想定させるものである。糟屋評家跡の可能性があり、夷守駅推定地にも近い粕屋町阿恵遺跡から検出された、①大宰府路のルートから分かれて南東の宇美方面へ向かう道路痕跡〔西垣 二〇一五〕がこの道に関わると考えられる。

特に西海道においては、七世紀後半から八世紀にかけてより多くの官道およびそれ以外の交通路が存在していたとみられる。そのような実態を示す文献史料としては天平十二年（七四〇）の藤原広嗣の乱に関わる記事が著名で、これにみえる広嗣側の三軍が通った（目指した）道、すなわち「鞍手道」「田河道」および豊後国を通る経路は、政府軍が侵攻してくる豊前地域（周防灘沿岸地域）と大宰府とを結ぶものであったことは疑いないが、乱の経過に関する史料解釈の問題も相まって、未だ明確でないことも多い。そこであらためて乱の経過と広嗣軍の行動と進路について検討を行い、八世紀前半の当該地域の交通路について考えていくこととしたい。

(2) 藤原広嗣の乱の経過

藤原広嗣の乱に関する『続日本紀』の記事については、その係けられている日付が必ずしも現地での乱の経過にそのまま対応するものではないため、それが中央への報告の作成・発信された日付もしくは報告が中央へ届いて対応がとられた日付であるか（非合叙説）、または次々と届いた報告を『続日本紀』編纂者がまとめたものであるか（合叙説）という議論がある〔坂本（太）一九八九、栄原 一九八三〕。これによって乱の経過、基本的な事実の認定に大きな理解の相違が生じてしまうが、基本的には報告書作成の日時かその到着の日時であるという新日本古典文学大系『続日本紀』（二、岩波書店、一九九〇年。以下岩波本続紀と記す）の理解で矛盾は生じず〔青木 一九九二〕、これを基づきながら広嗣軍の行動に注目して戦況の前後関係を確認していきたい。なお、以下では全て『続日本紀』の同年の記事に基づくため、記事の日付（干支）および実際の日付のみを示す。

まず、乱の発端となったのは広嗣が八月二十九日（癸未）付で行った政権を批判する内容の上表で、これを政権側は九月三日（丁亥）に反乱と認定し、大将軍大野東人以下、東海・東山・山陰・山陽・南海五道の軍一万七千人の任命と徴発が行われた。四日（戊子）には畿内の隼人二四名が発遣され、翌五日には佐伯常人・阿倍虫麻呂二名が勅を受けて発遣された。その後は十一日(乙未)の伊勢神宮奉幣、十五日(己亥)の諸国への造仏・写経命令があり、二十一日(乙巳)には官軍からそれ以前に行われた上奏に対する勅として、長門国に来泊している遣新羅使船の物資と人員を活用すべき旨が伝えられている。これによれば、九月中旬には官軍は長門に至っていたことになる。

具体的戦闘の開始については、九月戊申(二十四日)条に

大将軍東人等言、㋐殺獲賊徒豊前国京都郡鎮長大宰史生従八位上小長谷常人・企救郡板櫃鎮小長凡河内田道。但大長三田塩籠者、着二箭二隻一、逃二竄野裏一。生虜登美・板櫃・京都三処営兵一千七百六十七人。器仗十七事。㋑仍差二長門国豊浦郡少領外正八位上額田部広麻呂一、将二精兵卌人一、以二今月廿一日一発渡。㋒又差二勅使従五位上佐伯宿禰常人・従五位下安倍朝臣虫麻呂等一、将二隼人廿四人并軍士四千人一、以二今月廿二日一発渡、令レ鎮二板櫃営一。東人等将二後到兵一、尋応二発渡一。㋓又間諜申云、広嗣於二遠珂郡家一造二軍営一、儲二兵弩一。而挙二烽火一、徴二発国内兵一矣。

と大野東人の報告が載せられている。右の㋐の部分については東人の報告書の帳簿的記載を元にしているとする北啓太氏の指摘を支持したい。すると二十一日・二十二日の経過も含めた最新情報を伝える㋑〜㋓まで全て二十四日付の東人による報告の内容とみて差し支えなく、額田部広麻呂以下の精兵四十名が二十一日に渡海して説得工作を行い、二十二日には佐伯常人ら約四千の兵が渡海し、板櫃鎮までを制圧していったとみられる[北 二〇〇三]。三鎮については後述するが、この段階までに広嗣は遠珂郡家に入ってそこを軍営としていることが注意される。

翌己酉(二十五日)条には、豊前国京都郡大領の楉田勢麻呂が兵五百騎、仲津郡擬少領の膳東人が兵八十人、下毛郡擬少領の勇山伎美麻呂および築城郡擬領の佐伯豊石が兵七十人を率いて官軍に来帰したこと、また豊前国百姓の豊国秋山らが「逆賊」三田塩籠を殺害したこと、そして上毛郡擬大領の紀乎麻呂ら三人が共に賊徒の首四級を斬ったことをやはり大野東人が報告している。この日までに豊前国の周防灘沿岸部はほぼ政府側に掌握されたと言ってよいだろう。生虜一七六七人という㋐の記載からも、元々広嗣に従って政府に弓を引こうとまで考えていた在地の人々は少なかったものと考えられる。

その後は癸丑(二十九日)条に筑紫府管内諸国の官人百姓等に対して広嗣を非難し、また広嗣側に付いている人々に離反を呼びかける勅符を発し、それを大量にばらまくことがみえるが、やや間を置いて十月壬戌(九日)条に次の報告が載せられている。

詔二大将軍東人一令レ祈二請八幡神一焉。大将軍東人等言、㋔逆賊藤原広嗣率二衆一万許騎一、到二板櫃河一。広嗣親自率二隼人軍一為二前鋒一。即編レ木為レ船、将レ渡レ河。于レ時、佐伯宿禰常人・安倍朝臣虫麻呂、発レ弩射之。広嗣衆却、列二於河西一。㋕常人等率二軍士六千餘人一陳二于河東一。即令二隼人等呼一云、随二逆人広嗣一、拒二捍官軍一者、非三直滅二其身一、罪及二妻子親族一者。則広嗣所レ率隼人并兵等、不二敢発レ箭。于レ時、常人等呼二広嗣一十度、而猶不レ答。㋖良久、広嗣乗レ馬出来云、承二勅使到来一。其勅使者為レ誰。常人等答云、勅使、衛門督佐伯大夫・式部少輔安倍大夫。今在二此間一者。広嗣云、而今知二勅使一。即下レ馬、両段再拝申云、広嗣不三敢捍二朝命一。但請二朝庭乱人二人一耳。広嗣敢捍二朝庭一者、天神地祇罰殺。常人等云、為レ賜二勅符一、喚二大宰典已上一、何故発レ兵押来。㋗広嗣不レ能二弁答一。乗レ馬却還。時、隼人三人、直従二河中一泳来降服。則朝庭所レ遣隼人等扶救、

遂得レ着レ岸。㋘仍降服隼人二十人、広嗣之衆十許騎、来二帰官軍一。獲虜器械如レ別。㋙又降服隼人贈唹君多理志佐申云、逆賊広嗣謀云、従二三道一往。即広嗣自率二大隅・薩摩・筑前・豊後等国軍合五千人一、従二鞍手道一往。綱手率二筑後・肥前等国軍合五千許人一、従二豊後国一往。多胡古麻呂〈不レ知二所レ率軍数一。〉従二田河道一往。但広嗣之衆到二来鎮所一、綱手・多胡古麻呂未レ到。

右の㋔以下が十月九日に作成された大野東人の報告であるとすると、その日までに広嗣軍は遠珂郡家の軍営から板櫃川まで進軍し、渡河できないまま川を挟んで勅使に論破され、その動揺によって投降者を出した。この後は大規模な戦闘があったのか否かも含めて記録はなく、十月二十三日に広嗣を肥前国松浦郡値嘉島長野村で捕獲したという同月二十九日付けの報告が十一月丙戌（三日）条にようやく現われる。以降の経過については割愛するが、三軍のうち豊後国経由で進軍した一軍を任された弟の綱手は広嗣とともに松浦郡で斬られており、十月九日の板櫃川での両軍対峙以降のどこかの段階で広嗣と合流したらしい。

以上を踏まえ、広嗣軍全体の行動と当時の交通路について節を改めて検討していく。

2　大宰府路と鞍手道

(1) 広嗣軍の行動と鞍手道

まず広嗣軍がいつ進軍を始めたかという点については、上表文が政府に届いた直後の九月三日（丁亥条）の段階で既に「広嗣遂起レ兵反。」と記されていることから、この段階で広嗣が進軍を始めたとも考えられるが［栄原 一九八三］、この一節は『続日本紀』編者が加えたものともみることができ（岩波本続紀脚注）、広嗣がどの段階で軍事行動に移ったのかは定かではない。玄昉と吉備真備の排斥を訴える上表を行った段階で即軍事行動に出る必然性はないからである。九月二十九日の勅の中で、広嗣が反逆したことについてはこれ以前に勅符を遣わして筑紫府管内諸国に伝えようとしたが、これを妨害する「逆人」（広嗣方の勢力）があったとしているから、上表が反逆とみなされたことと政府側の討伐の動きを知ったため軍を編成したという流れも十分考えられる。そうだとすれば、管内諸国から動員を行うための時間も必要で、後述するように豊前地域への進軍が官軍より遅れたとしても不思議ではないだろう。

その後については、十月九日条の㋙、九月二十四日条の㋓、十月九日条の㋔以下、の順で経緯が知られ、広嗣は軍を三つに分け、自らは「鞍手道」を、多胡古麻呂の軍は「田河道」を行き、弟の綱手の軍は豊後国を経由して進むこととされた。しかしながら多胡古麻呂・綱手軍のその後の行方は不明で、広嗣は九月二十四日までに遠珂郡家で軍営を営み烽を利用してさらに兵を徴発し、十月九日までに板櫃川に到来する。

問題は三軍がどのような経路で、いつ、どこに向かったかということであるが、それと関連するのが登美・板櫃・京都の三鎮である。[4] 鎮は東北の鎮守府もしくはそれが管轄した鎮兵、そして天平四年（七三二）から六年にかけて設置された節度使（山陰道・西海道）との関連においてのみ史料に見出される、律令制定当初においては置かれることのなかった軍事施設ないし機関で［大高 二〇一二］、これら三鎮も広嗣の父である西海道節度使藤原宇合が設置したものとみられる［北條 二〇〇〇b］。広嗣側の三軍に含まれていない豊前国の兵の多くは三鎮に配されていたと考えられ、[5] 九月戊申条㋐～㋒により、三鎮は九月二十二日頃までは大宰府の統制下、すなわち広嗣側の勢力だったことが分かる。

このうち板櫃鎮は、旧企救郡の板櫃川の旧河口付近、現在の北九州市小倉北区板櫃町および上到津《いとうづ》・下到津の一帯が遺称地である。関門海峡の喉元を押さえるような位置にあたり、延喜式には①大宰府路の到津駅があって、鎮は水陸の交通の要所に設けられていたのだろう。遺称地はほぼ現在の板櫃川の左岸(西岸)にあたるが、板櫃鎮(営)の官軍制圧後に西からやってきた広嗣軍と官軍とが川を挟んで東西に対峙しているから(十月壬戌条㋔・㋕)、鎮自体はその右岸(東)側に想定すべきだろう。なお、古代の瓦が出土し板櫃鎮の存在も想定される小倉城や、同じく瓦の出土から到津駅家跡に推定される金鶏町の屏賀坂遺跡は、川の右岸側に位置している[日野 一九八七・二〇〇一]。

十月壬戌条㋙の降伏隼人贈唹君多理志佐の言によれば、広嗣は「鎮所」に到来したが他の二軍は到着しなかった。ここから広嗣の軍勢は官軍が関門海峡を渡る九月二十二日以前に一旦板櫃鎮に到着していたともされるが[北條 二〇〇〇a]、官軍と広嗣の軍勢との大きな戦闘や広嗣軍の撤退があったことは史料から窺われず、九月戊申条㋓で広嗣は二十四日前後に遠珂郡家に軍営を設けていることからすると、広嗣の軍勢が入る前に板櫃鎮は官軍によって掌握され、それを知った広嗣は遠珂郡家に入って陣容を整えようとしたとみるべきではないだろうか。あるいは板櫃鎮が川の西側にあり、官軍は一旦川の東側に引き揚げたという解釈もありうるが、これも史料に見えない経過等を補う必要があり、「到来鎮所」という表現については、十月に広嗣軍が板櫃鎮のある板櫃川周辺に進んできたことを指すと理解したい。なお、岩波本続紀の註釈は「鎮所」を遠珂郡家とみているが、すると他の二軍も元々そこを目的地としていたことになり、後述するように綱手が豊後国経由で進軍した意図等が理解しがたい。

遠珂郡家の位置については、『類聚三代格』(巻一八)貞観十八年(八七六)三月十三日官符によれば「遠賀郡東」、すなわち遠珂郡家の東に島門駅が位置するとされる。大宰府から二日の距離にあるという島門駅は遠賀川左岸の遠賀町島津を遺称地とし、これと遠賀川別流の西川で隔てられる芦屋町の浜口廃寺がその比定地である[渡辺 一九八七]。また、『万葉集註釈』巻五所引『筑紫風土記』逸文に塢舸《おか》県の東側近くに「塢舸水門」という大江口があるとするのも、郡家が遠賀川河口の西の台地上に位置することを示していよう。[6]

また、『日本三代実録』貞観十五年(八七三)五月十五日条には「島門渡船二艘」が老朽化し、渡河に不都合をきたしていることがみえており、島門駅が遠賀川下流における渡河点であったことが分かる。十月壬戌条㋔には広嗣軍が板櫃川を船で渡ろうとして官軍に弩によって撃退されたとあるが、これも参考にすると兵弩を設け烽によって国内兵を徴発していると言う㋓は、広嗣が遠賀川の西岸で官軍を迎撃するための態勢を固めていたことを伝えていると理解すべきではなかろうか。先述の『筑紫風土記』逸文も伝える通り、遠賀川河口は大型船の停泊が可能で、また小型船によって「島・鳥旗」(北九州市若松区および戸畑区)の方面、すなわち洞海湾に出ることも可能な海上交通の重要拠点であった。[7] 官軍への守りを固めるには最適な位置であり、にもかかわらず後に広嗣軍が板櫃川まで進んでいったのは、㋖で勅使の二人が述べているように勅符を受け取る名目で官軍によって誘き出されたものだろう。なお、板櫃川に現れた広嗣軍の兵力が一万とされていることから、これ以前に綱手軍が合流したとみる説もあるが[山内 一九六八、栄原 一九八三]、綱手と古麻呂は到着しなかったとする贈唹君多理志佐の言と齟齬するため、一万の兵力は遠珂郡家で「国内兵」を徴発した結果と理解される。

ただし、広嗣は当初から遠珂郡家を目指したのかと言えば、そうではないだろう。後述するように豊後国経由とされた綱手軍は明らかに遠珂郡家を目的地とはしておらず、多胡古麻呂軍は京都平野、綱手軍は山国川下流付近、すなわち官軍の到来が想定される周防灘沿岸地域に出ようとした蓋然性が高い。広嗣軍も同様に官軍が渡海してくるであろう関門海峡方面、その拠点であった板櫃鎮をまず目指したのではなかろうか。

すると広嗣軍の進軍ルート「鞍手道」については、遠珂郡家、すなわち遠賀川の下流を通るルートは渡河に船が必要で五千の兵を率いて急いで通過するには適さず、また地理的にそれが大宰府と板櫃方面を結ぶ最短経路であるとも言い難い。先行研究においては、大宰府から東へ出て米ノ山峠を越えて穂波郡に至り、北上して鞍手郡に入っていく経路が通説で[8]、これに対し木下良氏は、広嗣が軍を三つに分けたのは大軍の移動の便を考えたもので、大宰府出発直後から多胡古麻呂軍の「田河道」と重なるルートは不都合であるとし、大宰府から北の糟屋郡に出て、犬鳴峠を越え鞍手郡に入っていくルートを想定している［木下 一九九九］。鞍手郡からは遠賀川沿いを下って遠珂郡家に向かったとみてもよいだろうし、木下氏は鞍手郡から遠珂郡家への最短ルートとして、宮若市倉久付近から宗像市吉留を通って岡垣町に入っていくルートを提示している。しかし、実際に広嗣が遠珂郡家に向かったルートは右のようなものだったにせよ、当初広嗣が目指した関門海峡方面へのルート、すなわち「鞍手道」を遠珂郡家を通るルートとして復元する必要はない。

木下氏は一方で、「鞍手道」が奈良時代前半の駅路（①大宰府路の前身）であった可能性についても言及し、現在山陽道新幹線と九州自動車道の橋が架かっている直方市植木付近で遠賀川を渡り、そこからほぼ国道二〇〇号線に沿って北東の洞海湾南岸に出、板櫃鎮（到津駅）へ至るルート

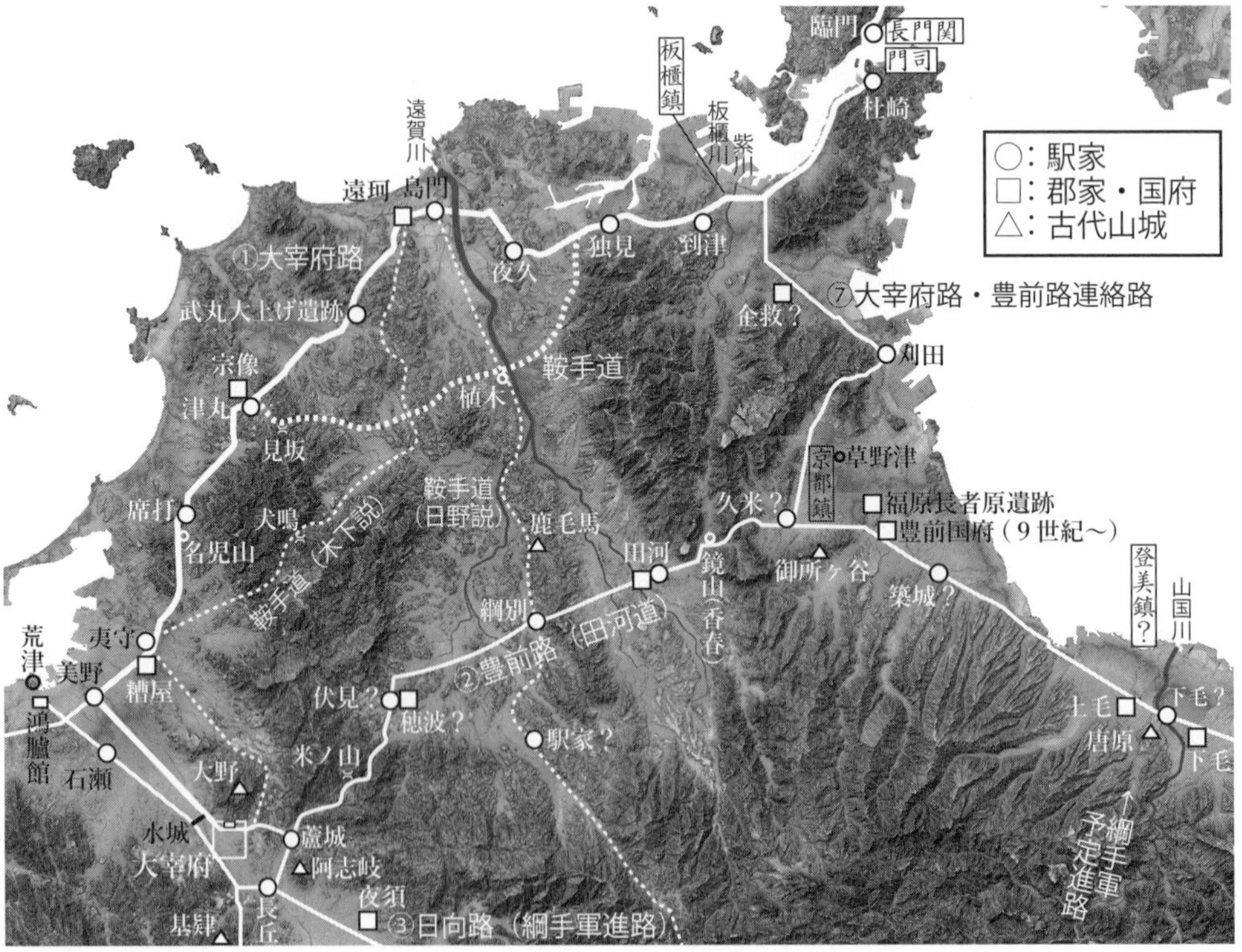

第2図　大宰府・豊前間の交通路

を提示している。また、このルートに近い北九州市八幡西区と中間市との直線的境界線を道路痕跡とみる見解もある［木本 二〇一八b］。これが大宰府から関門海峡方面へのほぼ最短のルートであり、大軍が遠賀川を渡る上でも下流より都合がよい。ただ急峻な犬鳴峠（標高367㍍）を越えるという難点があり、木下氏が宗像郡家と鞍手郡家とを結ぶ道として提示した見坂峠（標高170㍍）越えのルートが最もふさわしいのではないか。見坂峠は津丸駅[9]想定地の福津市畦町付近で①大宰府路から南東に分かれて鞍手郡（現宮若市）に入る峠で、板櫃までの距離はほぼ変わらず、現在は九州自動車道が通っている。いずれにせよ「鞍手道」と呼ばれた交通路は、遠賀川中流域で渡河するルートを想定すべきであろう（第2図）。

右のように考えることが許されるならば、広嗣軍は当初最速のルートである「鞍手道」によって板櫃鎮を目指したが間に合わず、進路を変えて（あるいは引き返して）遠珂郡家に入り、体勢の立て直しを図ったという流れが想定できる。この方が乱の経過の解釈としては合理的かと思うが、「鞍手道」がどのようなルートで、それは延喜式駅路に先行する駅路（大路）であったか、あるいは①大宰府路と並行して存在していたかといった交通路についての問題は残る。そこで七世紀後半から八世紀前半にかけての①大宰府路と「鞍手道」についてより詳しく考えてみたい。

(2) 大路大宰府路と鞍手道

既にみたように、広嗣軍がとった「鞍手道」は鞍手郡を通過するもので、隣の宗像郡・遠賀郡を通過する延喜式の①大宰府路とは異なっている。なぜ広嗣軍が最も広く立派なはずの①大宰府路を通らなかったのかについて木下氏は、当時の駅路は延喜式とは異なる路線であったか、西海道唯一の神郡とされた宗像郡の郡領氏族であり、王権とも特別な関係を有していた宗像氏[10]の存在を考慮してあえて通らなかったかという二案を示している［木下 一九九九］。

確かに木下氏が指摘するように、宗像氏が積極的に広嗣側に荷担した事実はないだろう。しかし、先述のように「鞍手道」は大宰府から関門海峡方面への最速ルートと言え、道路規模の大小はともかく「鞍手道」選択の理由としては単純にこの戦略的理由のみで事足りるのではなかろうか。「鞍手道」を見坂峠越えと想定する場合、宗像郡を通らなかったことにもならない。そこで①大宰府路と「鞍手道」との関係が問題となるが、玄界灘もしくは響灘に面し①大宰府路が通る宗像郡・遠賀郡・企救郡などでは、これまでのところ七世紀後半に遡るとみられる大規模な道路遺構や「車路」地名、そして古代山城も発見されておらず、①大宰府路が古く遡るという明確な証拠は特にない。

延喜式では、大路である①大宰府路では各駅家に原則一五疋の駅馬が置かれている。同じく大路とされる山陽道では二〇疋の駅馬が置かれており、厩牧令16置駅馬条の規定通りであるようにみえるが、これは『続日本紀』神護景雲二年（七六八）三月乙巳朔条で伝馬五疋が山陽道の駅に付され、さらに大同二年（八〇七）に山陽道および西海道の大路で駅馬が五疋削減されたためである[11]（『類聚三代格』巻一八、同年十月二十五日官符）［森 一九九四a］。大路・中路・小路の区分自体は大宝厩牧令に遡り、八世紀初めから駅路にはそれらの区分があったとみてよいが[12]、右の大同二年官符に筑前国九駅、豊前国二駅が大宰府から京へ向かう「大路」にあたると見えているのが、①大宰府路が大路であることについての確実な初見である。

大路とされた山陽道の駅家が外交使節への応対のため瓦葺きの丹塗り白壁の建物であった事実は近年では広く知られているが[13]、①大宰府路の想定ルート上においても、大宰府式鬼瓦を含む瓦の出土した遺跡がほぼ等間隔に存在しており、既に全ての駅家跡の想定地がほぼ出揃っている［日野 一九八七、西垣 二〇一四］。大路以外の駅家でも一部で瓦が用いられた可能性はあるものの［木本 二〇〇八］、これら瓦葺きの駅家の存在から①大宰府路が大路であったことは考古学的に裏づけられると言えるが、山陽道の駅家が瓦葺きとなる年代には議論もあり、八世紀後半、特に広嗣の乱の後のことである国分寺の創建を遡るかは微妙な情勢である。(14)

①大宰府路の駅家推定地で実際に本格的な発掘調査が行われた事例は少ないが、夷守駅跡と推定される粕屋町内橋坪見遺跡からは、筑前国分寺・国分尼寺の建立と同時期の軒瓦が出土しているという［西垣 二〇一四］。正方位をとる八世紀後半代の築地塀の基壇のほかに、駅路と同方位をとる八世紀前半の大型の掘立柱建物も検出されていることは注目されるが、夷守駅は木下氏が想定する大宰府から北に出ていく「鞍手道」のルートとも重なるから、①大宰府路が古く遡る根拠とはならない。(15)

一方、宗像市の武丸大上げ遺跡は、発掘調査によって規格性をもった掘立柱建物群が発見されており、先述の大同二年官符以降に廃止された名称不明の駅家跡とみられている。(16)出土した瓦は隣の島門駅に推定される浜口廃寺のものと共通するが、八世紀後半から九世紀前半にかけての一時期のものにとどまる［宗像市教委 一九八四、日野 一九八七］。(17)

以上のように考古学的な知見によっても、現在明らかにできるのは八世紀中頃から後半には①大宰府路が大路であったらしいことまでであり、それ以前には「鞍手道」が駅路であった可能性も残されている。ところで筆者は、天平二年（七三〇）十一月に大宰帥大伴旅人の妹である大伴坂上郎女が大宰府から京に「上道」して帰る際に越えた、宗像郡の「名児山」（『万葉集』巻六、九六三番）について、現糟屋郡新宮町の三本松山とみるべきことを明らかにした(18)［大高 二〇一七］。すると少なくとも天平年間、広嗣の乱以前に犬鳴峠越えではなく糟屋郡から北の宗像郡に(19)入っていく官道が存在していたと考えることができる。このことについてもう少し掘り下げてみたい。

大伴坂上郎女は次の九六四番歌からその後海路によって帰京したことが知られるが、さらに次の九六五・九六六番歌の題詞および左註からは、兄大伴旅人が翌十二月に大宰府政庁の西に位置する水城を出発して帰京したことが分かる。(20)旅人は赴任の際と同様に瀬戸内海を海路によって帰京したことが窺われ（同巻三、四四六〜四五〇番歌）、また巻一七の三八九〇〜三八九九番歌の題詞とその中の三八九一番歌（現在の福岡市中央区荒戸付近である「荒津」が詠まれている）によれば、彼の傔従は旅人とは別に博多湾から海路で帰京しているから、旅人は大宰府から豊前辺りまでは陸路を往き、その後海路をとるという帰京ルートであったと推定される［大高 二〇一七］。

大宰府官人の交通手段については、『続日本紀』神亀三年（七二六）八月乙亥条の太政官処分で五位以上の者は赴任時に伝符を支給され、それ以外は海路により縁路で供給を受けるとされた。『延喜式』（太政官17新任国司食伝条および同民部省下44国司赴任条）では大宰帥と大弐だけが伝符を支給され陸路をとるという規定となっている。また直接大宰府についてではないが、天平五年（七三三）には遷代する国司が帰京する際に乗用する馬を支給する措置（『続日本紀』同年二月乙亥条）がとられる一方、和銅五年（七一二）五月十六日格（『令集解』賦役令37雑徭条古記所引）によれば、遷代国司には長官で馬二〇疋、夫三〇人の夫馬の支給が定められ、この夫馬は「妻子及随身資具等」を送るためのものと言う（『政事要略』巻五九遷替送丁事、天平八年四月七日官符〔貞観交替式〕への私記）［森 一九九四b］。なお、海路の場合は夫馬の代わりに水手が支給されることとなっており、『延喜式』（雑47国司遷代条）には大宰帥以下に与える水手の人数についての規定がある。大伴旅人の場合も夫馬や水手の支給があったとみられ、妻の死後に大宰府へ下った妹である坂上郎女は、それらを利用して帰京しただろう。

旅人や坂上郎女は、道すがら駅家や郡家で供給を受けたと考えられる(21)が、①大宰府路では、糟屋郡において夷守駅想定地の内橋坪見遺跡と七世紀後半から八世紀前半頃にかけての糟屋郡家とみられる阿恵遺跡は近接し、次の宗像郡では郡家の存在が推定される福津市八並と津丸駅想定地の畦町遺跡がやはり近接する［木下 一九九九］。遠賀郡家については先述した通りで、いつまで遡るかは不明とせざるを得ないが、企救郡に入るまでの全ての郡家がほぼ駅路上で駅家に隣接して立地していたとみられる(22)。一方「鞍手道」は、犬鳴峠越えとすれば糟屋郡家、見坂峠越えとすれば宗像郡家までは共通するが、鞍手郡家の位置は未詳で、三カ所ほど存在が想定される駅家跡についても全く不明である。

また、①大宰府路には宗像郡から遠賀郡へ抜ける城山峠（標高80㍍程度）ぐらいしか大変な峠はなく、一方三郡山地を越える「鞍手道」は、従来説の米ノ山峠、木下良説の犬鳴峠では標高300㍍を越え、標高170㍍の見坂峠でも城山峠よりは険しい。広嗣軍とは違い、少人数で急ぐ旅ではないとみられる坂上郎女や大伴旅人、そして外交使節が往来した大路(23)としては、①大宰府路のルートの方が適しているだろう。見坂峠の「ミサカ」の名は七世紀以前に遡る地域間の主要交通路であった可能性を示唆しており［鈴木 一九九八］、この峠を含む「鞍手道」が①大宰府路の前身として駅路であった可能性はなお残るが、現状ではそのことを積極的に支持する根拠は特にないとせざるを得ない。

以上から、広嗣軍は大軍での移動だったため渡河の便を考えて①大宰府路を通らなかったとみなし、八世紀前半の段階で①大宰府路は駅路（大路）として存在し、「鞍手道」も駅路ではないものの軍事的利用が可能な道として存在していたと考えておきたい。

なお、津丸駅家の存在が確実視される福津市畦町遺跡に関しては、十九世紀に編纂された地誌である『筑前国続風土記拾遺』（巻三七、宗像郡中、畦町村）が、礎石と古瓦が残された「古へ大廈のありし址」を「里民は天智天皇の行宮址也と云ふ。」と伝えている。口碑ではあるが、これは天智朝に軍事道路が作られた可能性を示唆している(24)。また時期が分かるわけではないが、古賀市薬王寺には立石の小字とともに切通し痕跡が存在し［木下 一九九九］、「トビ」地名から近隣に烽が存在したことも想定できる(25)［大高 二〇一八］。これらが①大宰府路として行われたものか、「鞍手道」としてのものかは判断し難いが、七世紀後半に当地で交通路の整備が行われた蓋然性は高い(26)。

一方で、①大宰府路では古代山城の存在が現在まで知られておらず、七世紀後半に実行に移された国家の防衛構想の中で、宗像郡を始めとする玄界灘・響灘沿岸地域がどのように位置づけられていたのかという疑問がある。最後にこの問題を考えるため、広嗣側の三軍のうち他の二軍の動きも踏まえ、大宰府成立前後の大宰府・豊前間の交通路についてみていきたい。

3　大宰府・豊前間の交通路と古代山城

(1) 藤原綱手軍の目的地と経路

先述のように、十月壬戌条㋙の贈唹君多理志佐の言から、広嗣本隊以外の二軍も板櫃鎮を目的地として出発したという見解もあるが、豊後国経由の綱手軍が板櫃鎮を当初からの目的地としていたとは考えがたく［長 一九八四］、三鎮が制圧される前に官軍の上陸が予想される関門海峡から周防灘沿岸にかけてを押さえるために進軍したとみるべきだろう。[27]三軍の合流が予定されていたとしたら、それは同地域を押さえてから行われるべきもので、官軍の三鎮掌握、周防灘沿岸地域の郡司層の官軍への帰順によって、そうした計画は破綻したものとみたい。

　先に豊後国経由での進軍を命じられた綱手軍の進路について述べると、当初は大宰府から阿志岐山城のある宮地岳の南麓を通って東南へ延びていく③日向路を進んだと考えられる。[28]朝倉宮跡の想定地や杷木山城の付近を経て豊後国に入り、日田からは③日向路から分かれて北へ進路を変え、山国川沿いを下って豊前・豊後の国境付近に出ようとしたのだろう［長 一九八四］。山国川下流の丘陵上には唐原山城があり、その約3キロ北西には⑧豊前・豊後連絡路に接して上毛郡家跡とみられる大ノ瀬官衙遺跡もある。『筑後国風土記』逸文（『釈日本紀』巻一三所引）には筑紫君磐井が上妻県（郡）から豊前国上膳県（上毛郡）に逃れたとの記述があり、古くからこのような交通路が存在していたことが窺われる。

　これと関連して、三鎮の一つである登美鎮を山国川下流の現在の大分県中津市から福岡県築上郡吉富町付近に想定する説がある［横田 一九七三、長 一九八四］。長洋一氏は、登美鎮を北九州市小倉北区富野にあてる古くからの説に対して、それでは紫川を挟んで対岸付近に所在するとみられる板櫃鎮との距離が近すぎ、広嗣が軍を三つに分けたことからも吉富の地が適切であるとする。吉富の地名を登美の遺称地とみることができるかどうかはなお問題として残るが、[29]この地が水陸の交通の要所であることは間違いない。綱手軍の進軍ルートが、周防灘沿岸の拠点として重要であった山国川河口付近から宇佐にかけての一帯を押さえるためのものであった蓋然性は高い。

　ただ、「鞍手道」「田河道」とは異なって綱手軍の経路は「豊後道」とは記されていないため、当時の道としての扱いには差があった可能性があり、また大宰府から山国川下流へは「田河道」（②豊前路）を経由した方が距離は近い。[30]しかし、作戦上あえて綱手軍は南から回り込むことにしたのであり、そうした軍事利用可能な複線的な交通路の存在が前提となっている。もっとも、大宰府と中央政府との間で軍事的衝突が起こることを想定していた訳ではないだろうから、その位置づけは対外防衛や筑紫・ヤマト間の交通といった異なる視角から捉え直す必要がある。斉明朝の百済救援に際して置かれた朝倉宮について、関門海峡を経ずに畿内へ至ることのできる交通路が確保されていたとの指摘があるが[31]［亀井 二〇〇九］、それは大宰府成立後も変わらず、大宰府もしくは有明海から筑紫平野を経て、豊前国の沿岸に至って瀬戸内海へ出るルートが維持されていたのであろう。

(2)「田河道」と豊前路

　多胡古麻呂軍が進んだ「田河道」については、大宰府から東へ出て、延喜式不載の蘆城駅が存在した筑紫野市阿志岐・吉木辺り[32]から北東の米ノ山峠を越えて穂波郡に入り、嘉麻郡を経て豊前国田川郡の田河駅に至るところまでは、②豊前路の推定路と同じとみることで諸説ほぼ一致している。その後は、古麻呂が板櫃鎮を目指したという前提に立って、田河駅の先の香春付近で駅路から北に分かれ、金辺峠を越えて企救郡に入り紫川沿いを下って板櫃の辺りに出るルートも提示されているが［木下 一九九九］、やはり京都鎮があったと考えられる京都郡に向かったとみるべきで、②豊前路とほぼ同様に香春から峠を越えて豊前国府のある京都平野(33)に向かうルートであったろう。これは大宰府から瀬戸内海への最短ルートである。

京都平野にはかつては海が入り込んでいたとみられ、後述する『類聚三代格』(巻一六)延暦十五年(七九六)十一月二十一日官符所引天平十八年(七四六)七月二十一日官符にみえる草野津については、遺称地である行橋市草野に近い延永ヤヨミ園遺跡から、近年「津」の墨書をもつ須恵器等が発見されていることが注意される〔九州歴史資料館 二〇一五〕。この一帯の水陸の交通における重要性からすれば、草野津と京都鎮との間には強い関連があったと推測できる(34)。

八世紀前半にかけては、大宰府に海路赴任する官人等によって②豊前路が積極的に利用されたとの理解がある〔足利 一九七五、木下 二〇〇一〕。ただし、右の天平十八年官符からは豊前国の草野、豊後国の国埼・坂門等の津を通る海上の往来が活発であったことが知られる一方、これらの津を利用して往来し物資を外に持ち出すことは天平十八年の段階では違法だった。西海道からは物資の持ち出しが制限されており、制度上は長門関・豊前門司(および摂津)で勘過を行うのが原則だったのである〔森 二〇〇八〕。長門関は養老衛禁律(25私度関条・26不応度関条)に規定があるから、こうした原則は恐らく大宝律令制定時には成立しており、少なくとも赴任等の公的な(合法的な)往来は陸海ともに関門海峡を通る必要があった。そのような条件のもとでは、大宰府—関門海峡間のルートとしては距離の上では大差はない①大宰府路(大路)ではなく②豊前路を積極的に利用する理由はないように思われる(35)。

実際、②豊前路が積極的に利用されたとする説がその論拠の一つとしている、大伴旅人が帰任時に蘆城駅から②豊前路を通って京都郡辺りから船出したという理解は、先述のように成り立たない。②豊前路を利用していると考えられる事例には、『万葉集』巻三の四一七〜四一九番歌の題詞「河内王葬二豊前国鏡山一之時手持女王作歌三首」がある。河内王は『日本書紀』持統天皇三年(六八九)閏八月丁丑条で「筑紫大宰帥」となっており、同八年四月戊午条で贈位と賻物を受けている。葬られた経緯は定かではないが、鏡山は田川郡香春の地で②豊前路が通り、現在も国道二〇一号線沿いに河内王の墓とされる古墳がある(36)。また、抜気大首という人物が筑紫に任官した際に豊前国の娘子紐児を娶って作った歌(『万葉集』巻九、一七六七番)には「豊国の香春は我家」とあって、大宰府への赴任に②豊前路が用いられた事例と考えられる。この歌から香春に延喜式以前の駅家の存在を想定する説もあるが(37)〔日野 一九七七、木下 二〇〇二〕、歌の詠まれた時期は明確ではない。八世紀に②豊前路を利用した確実な事例がないことに注意したい。

田川郡や京都郡においては、②豊前路や⑦大宰府路・豊前路連絡路の想定ルート上に「車路」地名や道路痕跡も複数存在し〔木下 一九七八・二〇〇二〕、これらの道が古く遡ることを示唆している(38)。また七世紀以前のヤマト王権から筑紫へ向かう交通においては、豊前地域の重要性が大きかったことが指摘されている〔松原 一九八八、亀井 二〇〇九〕。

例えば、『日本書紀』景行天皇十二年九月戊申条では、周防の娑麼(佐波)から菟狭(宇佐)や御木(上毛郡・下毛郡)、高羽(田川)等の賊を誅した後、豊前国長峡県(行橋市長尾か)に渡って行宮を建て、そこを「京」と称したとされているし、同安閑天皇二年五月甲寅条に設置が記される北部九州の屯倉のうち、筑紫の穂波と鎌(嘉麻)の屯倉は「田河道」に沿い、豊国の我鹿屯倉(現田川郡赤村)も概ねこれに近接している。豊国の他の各屯倉(滕碕〔門司か〕・桑原〔現築上郡築上町か〕(39)・肝等〔現京都郡苅田町〕・大抜〔現北九州市小倉南区貫か〕も概ね周防灘沿岸と考えられ、これらはヤマトから海路で豊前に到着し、陸路で大宰府・福岡平野方面に直進する方角に位置している。行橋市の福原長者原遺跡で近年明らかとなった、一辺150㍍の外郭施設をもち七世紀末に遡る壮大な政庁跡も、このような歴史的・地理的特性から理解されるべきものである。

以上のような理解によれば、七世紀代までは畿内から瀬戸内海を通って周防灘沿岸地域に到着し、豊前・筑前地域の内陸部〔筑豊地域〕を通って大宰府方面に向かう陸上交通が重要な意味をもっていた。これが駅路としては豊前国府と大宰府とを結ぶ②豊前路となった。しかし、律令編纂とともに導入された長門関での勘過の制は、公的には陸路のみならず海路においても関門海峡の通過を義務づける。このことも一因となって、①大宰府路は大路として位置づけられたのである。

(3) 大宰府・豊前間の古代山城と玄界灘沿岸地域

これまでに確認されている大宰府から豊前に至る地域の古代山城は、大宰府の東南で②豊前路および③日向路を見下ろす宮地岳にある阿志岐山城や、京都平野と②豊前路を見下ろす山上に位置する御所ヶ谷山城が②豊前路に沿って存在し、鹿毛馬山城は穂波郡・嘉麻郡から遠賀川を下って鞍手郡に至る道、すなわち犬鳴峠もしくは見坂峠越えの「鞍手道」と②豊前路とをつなぐ道〔もしくは米ノ山峠越えの「鞍手道」そのもの〕との関係が想定される(40)。また、筑紫平野から豊後国に至る③日向道を扼した杷木山城および山国川に沿う唐原山城についても、綱手軍の進路に関して先述した。

七世紀にかけての当該地域の重要性がここからも窺われるが、その一方で現段階では①大宰府路沿い、すなわち玄界灘・響灘沿岸地域には古代山城は確認されていない。その理由を山城が一義的に対国内装置であったことに求める見解〔亀井 二〇〇九〕などもあるが、筆者は古代山城全体で実現しようとした国家の防衛構想の中で理解できるように思う。

古代山城の配置は、大きくは大宰府防衛を意識した構造と、瀬戸内海を通る畿内への侵攻の防衛を意識した構造との二重構造であるとみられる。狩野久氏は、九州管内の城は大宰府防衛を、瀬戸内海沿岸の城は瀬戸内海から大和に至る防衛シフトを形成するとしているが〔狩野 二〇一五〕、厳密には九州でも大宰府—豊前間の山城などは畿内防衛を視野に入れたものだろう。

注目すべきは『日本書紀』天智紀に載る六つの城、すなわち名称不明の長門国の城、筑紫の大野城・基肄城、対馬の金田城、讃岐の屋島城、そして畿内の高安城である。従来行われてきた正史あるいは文献に載る城と載らない城という機械的な分類にはあまり意味がないが、これら天智紀六城には当時の防衛構想上の一定の意味があると考えたい(41)。既に狩野氏は瀬戸内で屋島城と長門国城のみが『日本書紀』に載せられていることを、両城の内海における防衛拠点としての重要性から理解している〔狩野 二〇一五〕。これらに金田城を加えると対馬、関門海峡、瀬戸内海という海上交通上の要地を押さえる海に臨む山城と、大野城・基肄城・高安城という直接大宰府や宮都の防衛に関わる山城の二種に分けられる。あくまで『日本書紀』編纂時の歴史認識で、築城時の意図とは既に異なっている可能性はあるが、渡海して大宰府・宮都に攻め入ってくる敵軍に対しての防衛上の意義が特に大きい城が、天智紀に特に記されていると言えよう。

長門国の城は依然未確認ながら、関門海峡を押さえるための城として下関市の四王司山などに比定され〔円井 一九九六、八木 二〇〇八〕、陸海の交通を勘過する目的の長門関もその付近と考えられる［森 二〇〇八］。とするとこの城で畿内へ向かう上で陸海ともに最も重要な関門海峡は押さえられるから、あとは広嗣配下の古麻呂軍と綱手軍の経路のように、周防灘沿岸地域の交通を御所ヶ谷山城と唐原山城等で押さえればよいのである。

今後新たに山城が発見される可能性も残されているが(42)、右のように考えると、玄界灘沿岸地域に古代山城がないことを奇異に受け止める必要はないようである。これは博多湾の沿岸についても同様であり、そもそも水城の立地からも窺われるように、古代には水際で侵攻を防ぐという中世の元寇防塁のような発想はなかったらしい。

おわりに

藤原広嗣の乱を伝える記事は、大宰少弐の広嗣と中央政府との衝突という乱の性格上、八世紀前半に存在していた軍事利用可能な道路のうち、特に大宰府と畿内との間に位置する豊前国への交通路を伝えている。それは奇しくも、万一大宰府が陥落した場合には敵味方両方が利用する可能性がある道でもあった。

本稿ではそれらの道のあり方や位置づけ、および古代山城との関連をなるべく明らかにしようと努めたが、紙幅や筆者の能力の問題もあり、なお盛り込めなかった部分や理解が不十分な部分も多いのではと恐れている。七世紀後半以降の防衛体制や諸地域間の交流の様相を考える上でも、今後も大宰府に連なる交通路の状況は可能な限り明らかにしていく必要があり、これに最も寄与するであろう今後の考古学および歴史地理学的成果の登場に期待しつつ、擱筆することとしたい。

註

(1) 駅家を置いて都と各国府をつなぐ駅路と、諸郡家間を伝馬で結ぶ、もしくは伝使が通る道である伝路等をあわせて官道と称することが一般的だったが、「伝路」の呼称および概念については批判があり［門井 二〇〇二］、駅路およびそのほかの国家権力により維持管理されていた道を官道と称することとする。必然的に官道はある程度の規模をもつ道ということになるだろう。

(2) 以下の近年における古代交通路全般を扱った書籍については、基本的に註記を省いた［古代交通研究会 二〇〇四、武部 二〇〇五、島方 二〇〇九、木下 二〇〇九など］。なお、大宰府周辺における交通路については多くの発掘成果によってかなり詳細な部分まで判明してきているが［小鹿野 二〇一二・二〇一五］、本稿ではそれらについては必要に応じて参照するにとどめる。

(3) 七世紀後半、天智朝には「車路」として直線的道路が開かれたとする木下良氏・木本雅康氏らの見解に対して、近江俊秀氏はこれを八世紀初めに入るものとしている［近江 二〇〇八］。ただし、近江氏の説も西海道ではむしろ八世紀初め以前から既に大規模な道路が敷設されていたとするもので、本稿においてはその点を確認するにとどめる。

(4) 登美鎮は史料上明確に鎮とは記されていないが、「三処営兵」とあるので板櫃鎮・京都鎮とともに登美鎮も存在したとみる。

(5) 当時の豊前国の軍団兵士が二千人であるのに対して、九月戊申条㋐で一七六七人の兵が生虜とされている。

(6) 遠賀川の西の台地上には、郡の正倉跡と推定される遠賀町金丸遺跡があるほか、台地の下の遠賀町尾崎には「郡田」という小字がある。

(7) 『日本書紀』仲哀天皇八年正月壬午条には岡県主の祖熊鰐が仲哀天皇らを周防の沙麼まで出迎え、岡浦(水門)まで海路で導く記事があり、神功皇后は別の船で満潮時に洞海湾から岡津に至ったという。

(8) 岩波本続紀脚注参照。なお、十四世紀の文書にみえる「駅家」の地名から②豊前路とは別に嘉麻郡内に延喜式不載の駅家(現国道二一一号線沿いの嘉麻市牛隈付近)の存在を見出し、①大宰府路から分かれ遠賀川に沿って鞍手・穂波・嘉麻郡を南下し、豊後国日田郡へ達する駅路の存在を想定した日野尚志氏は、この道を「鞍手道」とする［日野 一九七六・一九九六］。ただし、この道が駅路として実在したかは、慎重な検討が必要である。

(9)　延喜式の「津日」駅および高山寺本『和名類聚抄』における「津田」駅は元々「津丸」駅であったとみるべきである［大高 二〇一六］。

(10)　宗像郡は、『和名類聚抄』郷里部では筑前国で最多の一四郷を有している。また、藤原四子によって死に追いやられた長屋王は、胸形君徳善の娘、尼子娘と天武天皇との間に生まれた高市皇子（『日本書紀』天武天皇二年二月癸未条）の子である。

(11)　駅馬削減の理由は京への「貢上雑物」が半分以下となって逓送の労が以前に比べ少なくなったからと同官符には記されているが、実際の雑物の貢進が半減したというよりは、陸路による貢進が減少したためであるらしい［森 一九九二］。延喜式では筑前・豊前両国の伝馬は筑前国御笠郡に一五疋が置かれているだけで、結局山陽道に比して大路の駅馬が五疋少ないことについて、②豊前路と⑦大宰府路・豊前路連絡路とが①大宰府路の交通量の一部を分担しているためという見方もあるが［足利 一九七五］、この見方が成り立つかは難しい問題であり［木本 二〇一八b］、今後の課題としたい。

(12)　『令集解』厩牧令16置駅馬条において、令文の「大路」に対しての義解「謂、山陽道。其大宰以去、即為二小路一也。」、「中路」に対しての「謂、東海東山道。其自外皆為二小路一也。」がともに令釈（延暦年間成立）および古記（天平年間成立の大宝令註釈書）も同様の内容であるとされていることから、少なくとも大路～小路の区分は大宝令にもあったことが分かる。

(13)　『日本後紀』大同元年（八〇六）五月丁丑条に備後・安芸・周防・長門等の駅館が「本備蕃客、瓦葺粉壁」であることがみえ、布勢駅家跡とされる小犬丸遺跡（兵庫県たつの市）から朱の付いた軒瓦や白土等が出土した［高橋 一九九五］。

(14)　瓦の年代についての研究が近年進展を見せており、山陽道の駅家では備後国以西の四カ国が国分寺創建以前の八世紀前半、備中国以東の三カ国は八世紀後半に瓦葺きに整備された可能性が指摘されている［妹尾 二〇一五］。なお、山陽道諸国の駅家を造るために駅起稲五万束を充てるとする『続日本紀』天平元年（七二九。改元は八月で実際は神亀六年）四月癸亥条の記事や、『家伝』下（武智麻呂伝）の神亀年間（七二四～七二九）のこととされる「営二餝京邑及諸駅家一、許二人瓦屋赭堊渥餝一。」という記述から、瓦葺の駅家建物の整備が八世紀前半に遡るとする見方があり［高橋 一九九五］、八世紀前半にその命令が下され実行が八世紀後半に下ったとみる折衷案もある［岸本 二〇〇六］。ただし、『家伝』の後半の記述は『続日本紀』神亀元年十一月甲子条に対応する記事があり、前半部分、特に駅家に関しては山陽道の駅起稲の記事を考慮するにせよ「瓦屋」とは直接結びつけられないのではないか（「京邑」に関しては発掘調査によって神亀元年の聖武天皇即位を目指して平城宮内の改作が行われたらしいことが指摘されている［沖森ほか 一九九九］）。

(15)　なお『万葉集』（巻四、五六六・五六七番）には、天平二年（七三〇）六月に旅人の庶弟と姪（甥）が、大病を患った旅人に会うため勅によって駅路で大宰府へ下向した帰路、夷守駅にて送別の宴を行った際に詠まれた歌がある。

(16)　延喜式で島門駅に二三疋、津日（津丸）駅に二二疋の駅馬が配されていることは、この間にあった廃止駅の駅馬を振り分けたものと解され、駅推定地の間隔からもここに駅家を想定できる［日野 一九八七、高橋 一九九五］。

(17)　調査区は農地整備が行われた一部にとどまっており、八世紀前半の駅家遺構がこの周辺に存在している可能性はある。山陽道野磨駅家跡である兵庫県上郡町の落地遺跡では、七世紀後半～八世紀前半の掘立柱建物跡が発見された八反坪地区から約300㍍離れた地区で瓦葺の建物跡群が発見されていて、駅家が移動したことが知られている。

(18)　ただし別稿においては無批判に①大宰府路が駅路として存在したことを前提として検討を行ったので、ここで改めて検討を深めたい。

(19)　古代の宗像郡は現在の古賀市・新宮町からなる近世の裏糟屋郡を含む範囲とみなされる［大高 二〇一七］。

(20)　旅人が水城を出発していることから、送別の宴を行った蘆城駅（『万葉集』巻四、五六八～五七一番歌）から②豊前路を採ったという解釈は成り立たない［森 一九九四a、松川 二〇一五］。

(21) 厩牧令22乗伝馬条では伝馬に乗る官人の使が至った所で官物による供給を受けるとされ（駅使は三駅毎に支給）、雑令25私行人条では五位以上の私用の旅行者は駅に止宿することが認められている。

(22) 企救郡家は⑦大宰府路・豊前路連絡路沿いの北九州市小倉南区長野付近の可能性が指摘されている［亀井二〇〇八］。長野角屋敷遺跡からは「郡召」木簡が発見されている。

(23) 大路の意義については外交・軍事に関わる緊急時の情報伝達を重視する見解もあるが［森一九九四ａ］、外交使節への対応という側面も否定されるものではない。外交使節と大路との関係については、註(13)前掲の『日本後紀』の記事や、蕃客の来朝があれば国威を損なうとして破損した駅路の修理を国司に命じた『延暦交替式』延暦十九年（八〇〇）九月二日官符のほか、雑令蕃使往還条で「大路」を蕃使が往還することが想定されており、令文にも表れている。使節の多くが海路をとり、実際に駅家を用いた事例は知られないにせよ［平野一九八八］、『続日本紀』和銅二年（七〇九）三月辛未条では海陸両道をとって新羅使を召しており、八世紀初めには①大宰府路を利用することもあり得たと考えられる。博多から関門海峡までの海路、すなわち玄界灘及び響灘は外洋で、宗像市の鐘崎は航海の難所として知られていた（『万葉集』巻七、一二三〇番など）。大量の物資や人員を運ぶ用途でなければ、関門海峡を抜けるまでは陸路の方が楽で安全だったのではないだろうか。

(24) 二〇一四年二月八日に福岡教育大学で行われた特別公開講座における、木本雅康氏の講演「筑前国宗像郡の古代官道について」の中で、このことが指摘されていた。

(25) 切通し痕跡から約1キロ離れた古賀市米多比の小字「飛山」は、尾根の突端付近にあたり、官道沿いの烽の適地である。ほかにも、津丸駅家から約1キロの福津市久末の「飛塚」や、遠賀郡岡垣町山田の「飛熊」は、烽の存在を示す可能性があるが、七世紀～八世紀前半の①大宰府路の存在の証拠とするには不十分である。

(26) 防人および古代山城と同時に設置された烽は、陸上交通とも連携して都まで達するものであり、①大宰府路のような関門海峡を渡っていく交通路に伴っていたと考えられる。

(27) 『続日本紀』合叙説の立場からは、官軍に制圧された三鎮を奪回するために三道から進軍したと理解されている。

(28) 延喜式に筑前国では長丘・隈埼・広瀬・把伎の駅家が載り、筑紫野市の岡田地区遺跡では八世紀中頃から後半を中心とすると考えられる道路遺構が見つかっているが、この道の北約1キロを並走する路線の存在も想定されている［小鹿野二〇一五］。後者の道に沿っては「車路」地名（朝倉郡筑前町中牟田の小字車地）も存在する。

(29) 吉富は名の名称として鎌倉期までは遡る（日本歴史地名大系四一『福岡県の地名』平凡社、二〇〇四年）。なお、登美鎮が富野であっても綱手軍がそこに向かったと考える必要はなく、本稿の論旨には影響ない。また富野も関門海峡の入口にあたり、駅路はこの付近で①大宰府路から⑦大宰府路・豊前路連絡路が南に分かれるとみられるように、いずれにせよ三鎮は豊前国の周防灘および響灘沿岸地域の水陸交通の要所に比定される。

(30) 概算だが、豊前路ではおよそ80キロ、豊後経由ではおよそ100キロである。

(31) 『豊後国風土記』日田郡条には、景行天皇がクマソを平定後、筑後国の生葉の行宮から日田郡に来たという記述がある。生葉（浮羽）は筑後川を挟んで朝倉宮の対岸にあたる［清原二〇〇九］。

(32) 蘆城駅は『万葉集』（巻四、五四九～五五一・五六八～五七一番など）にみえ、大宰府政庁の東南約4キロ、阿志岐山城の麓の御笠地区遺跡Ａ地点がその駅家跡と推定されている［小鹿野二〇一二、松川二〇一五］。

(33) 豊前国府は『和名類聚抄』国郡部等では京都郡にあるとされているが、現在確認されている豊前国府跡（みやこ町）もその前身と考えられる福原長者原遺跡（行橋市）も旧仲津郡で、他の国府推定地との間で問題を残しているが、ここでは割愛する。

(34) 延永ヤヨミ園遺跡（Ⅳ—Ｃ区）出土の木簡に「符　郡首□□少長□」と判読されているものがあり、京都鎮との関係、さらに京都鎮の指揮官が大長・小長（少長）に分かれていた時期があったことを示すものと理解されている［九州歴史資料館二〇一五］。筆者は西海道の鎮は節度使によって設置され広嗣の乱以降には廃止されたと考えているが［大高二〇一二］、同遺跡からはまさに節度使設置期間にあたる天平六年の年紀を有する木簡も出土しており、同遺跡と京都鎮とが深い関係にあった可能性は十分あるとは考えられる。ただし、「小」と「少」は通用される場合もあるため、他ならぬ京都郡鎮長のウジ名としてみえる「小(少)長谷」等の可能性もあると考え、評価については保留したい。正倉院文書続々修一九帙一三に収められる奉写願文并校経継文のうちには、宝亀三年(七七二)四月七日の「少長谷嶋主解」が含まれている(『大日本古文書』(編年文書)第一九巻、五五九頁)。

(35) 前稿[大高二〇一七]においては大伴旅人らの船出した場所を豊前辺りとしたが、関門海峡(長門関もしくは豊前門司)辺りと改めたい。なお、神亀五年(七二八)十一月に大宰官人等が香椎廟を参拝した帰りに馬を香椎浦に駐めて詠まれたという『万葉集』九五九番歌(巻六)は、豊前守宇努首男人の手になるもので、「行き帰り常に我が見し香椎潟明日ゆ後には見むよしもなし(往還　常尓我見之　香椎滷　従明日後尓波　見縁母奈思)」とある。男人は大宰府と豊前国府とを行き来する際に普段から香椎付近を通っていて、この後帰任するために詠まれた歌という解釈に従えば、②豊前路ではなく①大宰府路をよく利用していたこととなるが、参拝の行き帰りを言っているだけとも解釈でき、延喜式までは②豊前路は駅路として維持されているので、この歌のみから遠回りな①大宰府路を通って豊前国府へ往来していたとすることは慎むべきだろう。ただし、豊前路には二度の大きな峠越え(穂波郡に入る際の米ノ山峠と京都郡に入る際の石鍋越[木下二〇〇一]もしくは七曲峠)があることは、①大宰府路を利用する理由になるかもしれない。

(36) ただし、これも部内巡行の際の移動で、赴任・帰任ではない可能性がある[木下二〇〇一]。また、按作村主益人が豊前国から上京する際に作った歌(『万葉集』巻三、三一一番)の中にも「豊国の鏡山」が歌い込まれているが、詠まれた時期・状況を絞り込むことは難しい。按作村主益人は一〇〇四番歌(巻六)の左註によれば天平六〜七年(七三四〜七三五)頃に内匠大属であることが知られるのみであるが、鏡山付近の出身者とも考えられている[木本二〇一八b]。

(37) 延喜式にみえる田河駅は、田川郡家の存在が想定される田川市伊田(下伊田遺跡から二間×一二間の南北棟掘立柱建物を検出している)の付近に想定され、②豊前路では大きな駅家の改編があった可能性が指摘されている[木下二〇〇一]。

(38) 行橋市の大谷車堀遺跡からは幅10.4㍍の高まりが検出されていて、周辺には切通しの痕跡もあり、側溝から検出された遺物から七世紀後半または八世紀に設けられた道路とみられている[坂本(真)二〇一三]。

(39) 現田川郡大任町今任原桑原にあてる説もあるが、我鹿毛倉と接近しすぎている[亀井二〇〇九]。

(40) 木本雅康氏は、註(8)で述べた遠賀川に沿って南北に存在した可能性のある駅路を、鹿毛山山城に沿うものとしてルートを推定している[木本二〇一八b]。

(41) 考古学的には熊本県の鞠智城や岡山県の鬼ノ城等が天智朝に築造された(可能性がある)が、鞠智城は『続日本紀』以降にしか登場せず、鬼ノ城は古代文献に現れないなど、ここでは除かれる。

(42) 『続日本紀』文武天皇三年(六九九)十二月甲申条に記される三野・稲積の二城の比定地を、南九州に求める説と博多湾周辺に求める説があるが、未だ確証はないものの二城を無理に博多湾周辺もしくは玄界灘沿岸地域に求める必要はない、というのが本稿の立場である。

参考文献

青木和夫　一九六五年『奈良の都』日本の歴史三　中央公論社
青木和夫　一九九二年「駅制雑考」『日本律令国家論攷』岩波書店(初出一九七二年)
足利健亮　一九七五年「五.西海道(九)交通」藤岡謙二郎編『日本歴史地理総説』古代編　吉川弘文館
近江俊秀　二〇〇八年『道路誕生』青木書店
大高広和　二〇一二年「八世紀西海道における対外防衛政策のあり方と朝鮮式山城」『鞠智城と古代社会』一
大高広和　二〇一六年「古代宗像郡郷名駅名考証(一)」『沖ノ島研究』二
大高広和　二〇一七年「古代宗像郡郷名駅名考証(二)」『沖ノ島研究』三
大高広和　二〇一八年「古代の烽想定地に関する試論」佐藤信編『古代の史料・史跡と社会』吉川弘文館
小鹿野亮　二〇一二年「大宰府の内なる道と外なる道」『交通史研究』七九
小鹿野亮　二〇一五年「古代大宰府への道」『海路』一二
沖森卓也・佐藤信・矢嶋泉　一九九九年『藤氏家伝　鎌足・貞慧・武智麻呂伝　注釈と研究』吉川弘文館

門井直哉　一九九六年「長門国府周辺施設の歴史地理学的考察」『史林』七九―二
門井直哉　二〇〇二年「律令期の伝馬制と交通路体系について」『史林』八五―六
狩野　久　二〇一五年「西日本の古代山城が語るもの」『岩波講座日本歴史月報』二一
亀井輝一郎　二〇〇八年「物部公と物部臣」『福岡教育大学紀要』第二分冊五七
亀井輝一郎　二〇〇九年「ヤマト王権の九州支配と豊国」『福岡教育大学紀要』第二分冊五八
岸本道昭　二〇〇六年『山陽道駅家跡』日本の遺跡一一　同成社
北　啓太　二〇〇三年「律令国家における征討軍報告書について」笹山晴生編『日本律令制の構造』吉川弘文館
木下　良　一九七八年「「車路」考」藤岡謙二郎先生退官記念事業会編『歴史地理研究と都市研究』上　大明堂
木下　良　一九九九年「律令制下における宗像郡と交通」『宗像市史』通史編第二巻
木下　良　二〇〇一年「律令時代の香春」『香春町史』上
木下　良　二〇〇三年「西海道の古代交通」『古代交通研究』一二
木下　良　二〇〇九年『事典　日本古代の道と駅』吉川弘文館
木下　良　二〇一三年『日本古代道路の復原的研究』吉川弘文館
木本雅康　二〇〇三年「西海道における古代官道研究史」『古代交通研究』一二
木本雅康　二〇〇八年『遺跡からみた古代の駅家』山川出版社
木本雅康　二〇一一年「大野城・基肄城と車路について」鈴木靖民・荒井秀規編『古代東アジアの道路と交通』勉誠出版
木本雅康　二〇一八年ａ「西海道の古代官道」『日本古代の駅路と伝路』同成社（初出二〇一五年）
木本雅康　二〇一八年ｂ「筑前国穂波・嘉麻両郡の古代官道」同右書（初出二〇一六年）
九州歴史資料館　二〇一五年『延永ヤヨミ園遺跡Ⅳ区Ⅱ』一般国道二〇一号行橋インター関連関係埋蔵文化財調査報告第四集
清原倫子　二〇〇九年「朝倉橘広庭宮と浮羽の歴史的位置」長洋一監修・柴田博子編『日本古代の思想と筑紫』櫂歌書房
古代交通研究会編　二〇〇四年『日本古代道路事典』八木書店
栄原永遠男　一九八三年「藤原広嗣の乱の展開過程」『大宰府古文化論叢』上　吉川弘文館
坂本真一　二〇一三年「京築地域の古代道路」『九州歴史資料館研究論集』三八
坂本太郎　一九八九年「藤原広嗣の乱とその史料」『六国史』坂本太郎著作集第三巻　吉川弘文館（初出一九六八年）
島方洸一（企画・編集統括）　二〇〇九年『地図でみる西日本の古代』平凡社
鈴木景二　一九九八年「地方交通の諸相」『古代交通研究』八
妹尾周三　二〇一五年「瓦から見た古代山陽道の駅家」『月刊考古学ジャーナル』六六五
高橋美久二　一九九五年『古代交通の考古地理』大明堂
武部健一　二〇〇五年『完全踏査　続古代の道』吉川弘文館
太宰府市　二〇〇一年『太宰府市史』環境資料編
長　洋一　一九八〇年「朝倉橘広庭宮をめぐる諸問題」『神戸女学院大学論集』二六―三
長　洋一　一九八四年「広嗣の乱と鎮の所在地」『九州史学』七九
鶴嶋俊彦　一九七九年「古代肥後国の交通路についての考察」『駒沢大学大学院地理学研究』九
西垣彰博　二〇一四年「福岡県糟屋郡粕屋町内橋坪見遺跡について」『国士舘考古学』六
西垣彰博　二〇一五年「官道にみる夷守駅と糟屋郡家」『海路』一二
日野尚志　一九七六年「日田周辺における古代の歴史地理学的研究」杉本勲編『九州天領の研究』吉川弘文館
日野尚志　一九七七年「豊後国田河・企救・下毛・宇佐四郡における条里について」『研究論文集』（佐賀大学教育学部）二五―一
日野尚志　一九八七年「西海道における大路（山陽道）について」『九州文化史研究所紀要』三二
日野尚志　一九九六年「西海道」木下良編『古代を考える　古代道路』吉川弘文館
日野尚志　二〇〇一年「豊前国企救郡の駅路について」『研究論文集』（佐賀大学文化教育学部）五―二
平野卓治　一九八八年「山陽道と蕃客」『国史学』一三五
北條秀樹　二〇〇〇年ａ「藤原広嗣の乱の基礎的考察」『日本古代国家の地方支配』吉川弘文館（初出一九八八年）
北條秀樹　二〇〇〇年ｂ「初期大宰府軍制と防人」同右書（初出一九九一年）
松川博一　二〇一五年「駅家と餞宴」『九州歴史資料館研究論集』四〇
松原弘宣　一九八八年「豊前国の地方豪族について」『愛媛大学教養部紀要』二一―一
宗像市教育委員会　一九八四年『埋蔵文化財発掘調査概報―一九八三年度―』宗像市文化財調査報告書第七集
森　哲也　一九九二年「大宰府九箇使の研究」『古代交通研究』一
森　哲也　一九九四年ａ「古代における大路の意義について」『続日本紀研究』二九二
森　哲也　一九九四年ｂ「律令国家と海上交通」『九州史学』一一〇
森　哲也　二〇〇八年「下関の成立」『下関市史・原始―中世』
八木　充　二〇〇八年「穴門国から長門国へ」『下関市史・原始―中世』
山内幸子　一九六八年「九州の軍制」竹内理三編『九州史研究』御茶の水書房
横田健一　一九七三年「天平十二年藤原広嗣の乱の一考察」『白鳳天平の世界』創元社（初出一九六〇年）
渡辺正気　一九八七年『日本の古代遺跡34福岡県』保育社

平安後期の大宰府軍制

野木 雄大

はじめに

西海道の九国二島を統括する大宰府では、その地理的環境から辺境防備を担うための防人の設置、軍団制の長期的存続、統領・選士制の成立といった特殊な軍事制度が展開した。防人制、軍団制についての研究は枚挙にいとまがないが、既往の研究は九世紀以前に分析が集中しており、十世紀以降の大宰府を論じた研究はごくわずかである。大宰府研究を深化する上で、十世紀以降の大宰府について特に軍制の面から検討を加える作業が必要であると思われる。

発掘調査の成果では、大宰府政庁はⅠ～Ⅲ期の変遷を辿ることが明らかになっている。Ⅰ期は掘立柱式建物で七世紀後半以降の造営である。Ⅱ期は八世紀第Ⅰ四半期の造営で、朝堂院形式を採用した礎石式建物となる。Ⅲ期はⅡ期政庁が藤原純友の乱により焼失した直後の十世紀後半に再建された。Ⅲ期政庁の建て替えは行われず、Ⅲ期政庁の廃絶で大宰府政庁は終焉する[九州歴史資料館 二〇〇二]。終焉時期については、杉原敏之氏によって、十一世紀中葉に儀礼空間としてのⅢ期政庁が衰退し、十二世紀前半には建物施設としても完全に廃絶したことが指摘されている[杉原 二〇〇八・二〇一一]。換言すれば、政庁は十二世紀前半まで形骸化しながらも存続していたのである。

文献史料からは、石井進氏によって大宰府発給文書の画期が十二世紀初頭にあることが明らかにされている。十二世紀初頭に在京する権帥・大弐・少弐と在府する大少監典との分離が促進し、大宰府の政務処理を目代と在庁官人が掌握するようになった。そのため、大宰府符、解、牒といった公式様文書が使用されなくなり、その替わりとして大宰府政所下文・庁下文、政所牒、大宰府庁宣・大府宣、大宰権帥・大弐解、宰府在庁解が発給されるようになる[石井 一九五九]。

このように、政庁の廃絶と大宰府発給文書の変化がともに十二世紀初頭～前半頃に画期を有するのである。それでは、この画期は大宰府軍制とどのような関係があるのだろうか。

十世紀以降の西海道では、藤原純友の乱や刀伊の入寇などの大規模な反乱や戦闘行為が発生した。これらの著名な事件については、個別研究が数多く蓄積されているものの、大宰府軍制という視点から全体を見通した議論はなされていない。そこで、本稿では、政庁と発給文書における十二世紀前半という画期に留意しながら、平安後期の大宰府軍制の特質と転換について検討を加えることにする。

1　九世紀の大宰府軍制

まず、九世紀の大宰府軍制についてみてゆきたい。延暦十一年(七九二)六月七日、軍団制は廃止されたが、大宰府管内では、陸奥・出羽・佐渡国の辺要の地とともに軍団制が存続した(『類聚三代格』巻十八「軍毅兵士鎮兵事」延暦十一年六月七日勅)。大宰府では、弘仁四年(八一三)の六国(筑前・筑後・肥前・肥後・豊前・豊後国)における軍団兵士の減定(同弘仁四年八月九日太政官符)、軍毅の増員(同弘仁四年十二月二十九日太政官符)を経て、天長三年(八二六)に軍団制が廃止され、「統領・選士・衛卒」が設置されることになった。

〔史料1〕『類聚三代格』巻十八「統領選士衛卒衛士仕丁事」天長三年(八二六)十一月三日太政官符

太政官符

応下廃二兵士一置中選士衛卒上事

選士一千七百廿人〈分為二四番一々別役二卅日一、年役惣九十日〉

府四百人〈先依二官符置一〉

九国二島一千三百廿人

右得二大宰府奏状一偁、兵士名備二防御一、実是役夫。其窮困之体令二人憂煩一、屢下二厳勅一禁二制他役一、時代既久曾无二遵行一。(中略)臣等商量、(ア)鮮二却兵士一、停二廃軍毅一、更択二富饒遊手之児一、名曰二選士一、免レ庸賜二中男三人一、在レ番時給二日粮一升五合塩二夕□一。(イ)護レ府之兵往還経□、供承之労劇二於在国一、調庸並免賜二傜丁二人一。此間民俗甚遠二弓馬一。(ウ)但豊後国大野直入両郡、出二騎猟之児一、於レ兵為レ要。向レ府之程単行五日。別須下給二傜丁四人一均中平労逸上。仮令気体強壮、衣冠整鮮、雖二暴悪之吏一、不レ能レ関二負但之役一。然則田園帰二耒耜之夫一、城府来二弓馬之士一。

選士統領卌二人

府八人番別二人

六国各四人番別一人

三国二島各二人番別更上

右同前奏状偁、隊伍之整、必資二領帥一。今商量依レ件置レ之、(エ)号曰二統領一、准二陸奥国軍毅一、各賜二職田二町并傜丁三人一、在レ戍之時給二日粮二升一。(オ)護レ府之兵往還多レ苦、用レ傜之数一倍給レ之、選叙把笏一同二軍毅一。

衛卒二百人

右同前奏状偁、此府者九国二島之所二輻湊一、夷民往来、盗賊無レ時、追捕拷掠可レ有二其備一。加以兵馬廿疋、飼丁草丁、貢上染物所、作紙所、大野城修理等、旧例皆以二兵士一充。今商量、置二此二百人一、充二件雑役一、以レ年相替、免二調庸一及給二粮塩資丁一一同二仕丁一。

以前正二位行中納言兼右近衛大将春宮大夫良岑朝臣安世宣、奉レ勅、依レ奏廃置、唯統領者准二軍毅一府銓二擬其人一言上、即令二兵部省補任一。

天長三年十一月三日

大宰府には選士四〇〇人、統領八人、衛卒二〇〇人が配備された。選士四〇〇人は四番に分けられ、番別一〇〇人が三〇日ずつ、一年で計九〇日上番した。統領八人は番別二人が一〇〇人の選士の統率にあたった。一方、九国二島の選士は合計で一三二〇人に過ぎず、選士全体の約四分の一が大宰府上番であったことが窺える。選士は「富饒遊手之児」の中から選ばれ、庸を免除、中男三人を賜り、在番時には日毎に粮米一升五合と塩二夕を支給された(傍線部ア)。統領は陸奥国軍毅に準じて職田二町と傔丁三人を賜り、在番時は日毎に粮米二升が支給された(傍線部エ)。

松川博一氏は、かかる統領・選士の供給源は筑前・筑後・肥前・肥後・豊前・豊後国の六国で、それ以前の軍毅・軍団兵士の大宰府上番もまたこの六国からなされたとする。統領・選士制以前、大宰府配属の軍毅の下で郡司子弟からなる選士と一般農民からなる軍団兵士が大宰府常備軍として配置されており、大宰府を守るだけでなく、対外防衛や隼人支配など西海道における中央の軍事力としての役割を担っていた[松川二〇一二]。すなわち、統領・選士制は全く新しい軍制として成立したのではなく、軍団制の軍事的基盤に基づき、それを再編成したものであった。

統領・選士制が軍団兵士の大宰府上番を前提とした軍事制度であることは重要な指摘である。「護レ府之兵」の「往還」の負担を軽減するため、選士は調庸の免除と傔丁二人の支給、統領は必要な傔丁の倍が支給され(傍線部イ・オ)、大宰府まで「単行五日」かかる豊後国大野・直入両郡は、別に傔丁四人が支給された(傍線部ウ)。統領・選士には軍役に対する恩給と在番時の粮米の支給以外に、大宰府へ上番する負担に対しても手厚い手当がなされており、大宰府が独自の軍事力を形成する上で、上番させることがいかに重要な事項であったかが窺える。つまり、九州北部の「六国」から軍事力を動員することではじめて大宰府は独自の軍事力を構成できたのである。本稿では、九世紀における大宰府軍制の本質はこの大宰府に上番する軍事力にあったと考える。

次に、統領・選士制がどの時期まで機能していたのか、その実態について検討する。

〔史料2〕『類聚三代格』巻十八「夷俘幷外蕃人事」貞観十一年(八六九)十二月五日官符

太政官符

応下配二置夷俘一備中警急上事

右大宰府解偁、検二案内一、警固官符先後重畳。因レ茲簡二練士馬一、慎備二非常一、(カ)爰新羅海賊侵掠之日、差二遣統領選士等一、擬レ令二追討一之時、其性懦弱、皆有二憚気一。仍調二発俘囚一。以二征略一、意気激怒、一以当レ千。今大鳥示二怪異一、亀筮告二兵気一。加以鴻臚中島館幷津厨等、離二居別処一、無レ備二禦侮一。若有二非常一、誰以応レ響。彼夷俘等分二居諸国一、常事二遊獦一、徒免二課役一、多費二官粮一。望請、配二置要所一、以備二不慮一、分為二二番一、々別百人、毎月相替、(中略)俘夷之性、本異二平民一、制禦之方、何用二恒典一。若忽離二旧居一、新移二他土一、衣食無レ続、心事反レ常。則必野心易レ驚、遂致二猜変一。(キ)宜丙簡下監典有二謀略一者上、為二其勾当一、幷統領選士堪能者以為二其長一、勉加二綏誘一、能練乙武衛甲。設有二諸国運粮闕乏一。即須二府司廻揆支済一。(ク)又以二百人一為二一番一、居業難レ給、転餉多レ煩。宜下五十人為二一番一、且宛中機急之備上。若不レ慎二符旨一、有レ致二後悔一。必加二厳責一、不レ用二寛科一。

貞観十一年十二月五日

貞観の新羅海賊に際して統領・選士を派遣して追討しようとしたが、「其性懦弱、皆有二憚気一」であるため、俘囚を動員することになった(傍線部カ)。大宰府は俘囚を一〇〇人ごとに二番に分け、毎月交替で要所に配置し不慮の事態に備えようとしたが、粮米の支給が難しいことから一番五〇人となった(傍線部ク)。しかし、「監典有二謀略一者」を俘囚軍の「勾当」とするとともに、「統領選士堪能者」はその「長」とされており(傍線部キ)、統領・選士が全く機能していなかったわけではなかった。

統領・選士が一定程度機能していたことは、統領一人・選士四〇人・甲冑四〇具が大宰府から鴻臚館に移され、さらに、通常の番に加えて統領二人・選士一〇〇人を増員して鴻臚館に配備されたことからも窺える(『類聚三代格』巻十八「統領選士衛卒衛士仕丁事」貞観十一年十二月二十八日太政官符、『日本三代実録』貞観十一年十二月二十八日条)。翌年正月には、追加で甲冑一一〇具が鴻臚館に移され(『日本三代実録』貞観十二年〔八七〇〕正月十五日条)、また、壱岐島にも大宰府から冑と手纏二〇〇具ずつが配置されている(『類聚三代格』巻十八「器仗事」貞観十二年正月十五日太政官符、『日本三代実録』貞観十二年正月十三日条)。鴻臚館の施設の区画や機能は博多警固所と重複しており、両者は一体的に存在していたことから〔佐藤　一九九四〕、右の対処は、新羅海賊に対する前線への軍事配備であり、鴻臚館・警固所を中心に博多津全体を防禦するためであった。統領・選士や武具は、常備軍として一度大宰府へ集まり、必要に応じて前線へ配置されたのである。

このように、九世紀における軍事力は統領・選士制が一定程度は機能しており(1)、新羅海賊に対しては、通常の統領・選士制の増員に加えて俘囚を動員することで対応したものと考えられる。

2　十世紀の大宰府軍制

十世紀の西海道は藤原純友の乱という空前の大反乱に襲われることになった。大宰府は純友の乱にどのように対応したのだろうか。

天慶三年(九四〇)十月二十二日に到来した安芸・周防国の飛駅が「大宰府追捕使左衛門尉(在原)相安等兵、為レ賊被二打破一由」を伝えている(『日本紀略』天慶三年十月二十二日条)。ここに見える「大宰府追捕使」がどのような組織かは不詳だが、同年二月に備後国などに国単位で設置された「警固使」(『貞信公記抄』天慶三年二月二十三日、同二十六日条)と同様の組織ではないかと推測される。純友の乱に際して、「大宰府追捕使」を設置はしたが、大宰府軍は無力であり、純友の攻撃によって大宰府は焼失してしまう。その経緯を「純友追討記(2)」は次のように記している。

〔史料3〕『扶桑略記』天慶三年(九四〇)十一月二十一日条所収「純友追討記」

(前略)而純友野心未レ改、猾賊弥倍。讃岐国与二彼賊軍一合戦、大破。中レ矢死者数百人。介藤原国風軍破、招二警固使坂上敏基一、窃逃向二阿波国一也。純友入二国府一放レ火焼亡、取二公私財物一也。(ケ)介国風更向二淡路国一、注二於具状一、飛駅言上。経二二箇月一招二集武勇人一、帰二讃岐国一、相二待官軍之到来一。于レ時公家遣二追捕使一、以二右近衛少将小野好古一為二長官一、以二源経基一為二次官一、以二右衛門尉藤原慶幸一為二判官一、以二右衛門志大蔵春実一為二主典一。即向二播磨讃岐等二国一、作二二百余艘船一、指二賊地伊予国一艤向。於レ是、純友所レ儲船号二千五百艘一。官使未レ到以前、(コ)純友次将藤原恒利脱二賊陣一窃逃来、着二国風処一。件恒利能知二賊徒宿所隠家并海陸両道通塞案内一者也。仍国風置為二指南一、副二勇悍者一、令レ撃レ賊。大敗、散如レ葉、浮二海上一。且防二陸路一、絶二其便道一、且追二海上一、認二其泊処一。遭二風波難一、共失二賊所レ向。相求之間、(サ)賊徒到二大宰府一。更所レ儲軍士出レ壁防戦、為レ賊被レ敗。于レ時賊奪二取大宰府累代財物一、放レ火焼レ府畢。寇二賊部内一之間、(シ)官使好古引二率武勇一、自二陸路一行向、慶幸春実等鼓レ棹、自二海上一赴、向二筑前国博多津一。賊即待戦。一挙欲レ決二死生一、春実戦酣、裸袒乱髪、取二短兵一、振呼入二賊中一。(ス)恒利遠保等亦相随、遂入截二得数多賊一。々陣更乗レ船戦之時、官軍入二賊船一、着レ火焼レ船。凶党遂破、悉就二擒殺一。所二取得一賊船八百余艘、中レ箭死傷者数百人、恐二官軍威一入レ海男女不レ可二勝計一。賊徒主伴相共各離散、或亡或降、分散如レ雲。（後略）

「純友追討記」に記された乱の経過を略述すると、純友軍に敗れた讃岐介藤原国風は阿波国から淡路国へと逃れ、二箇月かけて「武勇人」を招き集め、讃岐国で「官軍」の到着を待った（傍線部ケ）。中央から派遣された「追捕使（山陽道追捕使）」は、長官小野好古、次官源経基、判官藤原慶幸、主典大蔵春実らであったが、官軍の到着前に純友の次将で「知二賊徒宿所隠家并海陸両道通塞案内一者」であった藤原恒利が国風に投降する。国風は恒利を「指南」として「勇悍者」とともに純友軍と戦い、純友軍は大敗する（傍線部コ）。陸路、海路とも退路を断たれた純友軍は大宰府へと至り、大宰府の「所レ儲軍士」が防戦するものの、純友軍は「大宰府累代財物」を奪取し、大宰府を焼き払う（傍線部サ）。追捕使の好古は「武勇」を引率して陸路より、慶幸と春実は海上より純友軍を攻め（傍線部シ）、また、恒利や伊予国警固使橘遠保らも戦闘に加わり（傍線部ス）、純友軍は離散する。

注目すべきは、正規の兵力以外に、純友を裏切った恒利や警固使遠保だけではなく、讃岐介藤原国風が「武勇人」や「勇悍者」、追捕使小野好古が「武勇」を動員している点である。天慶三年正月十一日、平将門の乱鎮圧のため東海東山道諸国司に対して「官軍黠虜」の中の「憂レ国之士」や「田夫野叟」の中の「忘レ身之民」を組織することが命じられたが（『本朝文粋』巻第二　天慶三年正月十一日太政官符）、純友の乱で国司軍・追捕使軍が動員した「勇悍者」「武勇」も同官符を根拠に動員された軍事力であったものと思われる。そして、これらの武力は九〜十世紀に「群盗」として史料に現れる人々に他ならない〔野木 二〇一七〕。すなわち、純友の乱の鎮圧は、中央から派遣された追捕使軍が新たに「勇悍者」「武勇」を組織することで可能となったのである。(3)

その一方で、純友軍に敗れ政庁の焼失を招いてしまった「所レ儲軍士」の存在は看過できない。彼らは大宰府が独自に組織した軍事力であり、西海道各国より大宰府に上番していた兵士であったと思われる。九世紀には一定程度機能していた大宰府上番軍は純友の乱段階では全く機能していなかったのである。

さて、大宰府政庁は純友の乱直後の十世紀後半には再建される。再建後の大宰府軍制はどのようなものであったのだろうか。十世紀後半に大宰府管内で起きた大きな戦闘行為として長徳三年（九九七）の奄美島人が襲来した事件が挙げられる。

奄美島人の襲来は、「太宰飛駅使参入云、南蛮乱二入管内諸国一、奪二取人物一」（『日本紀略』長徳三年十月一日条）、「太宰府飛駅到来、申下高麗国人虜二掠鎮西一之由上」（『百錬抄』長徳三年十月一日条）とみえるように、第一報では「南蛮」あるいは「高麗国人」とされたが、その正体は奄美島人であった。

〔史料4〕『小右記』長徳三年（九九七）十月一日条

（前略）自二太宰一飛駅到来云、高麗国人虜二掠対馬・壱岐島一、又著二肥前国一欲二虜掠一云々。（中略）美島者乗レ船帯二兵具一、掠二奪国島海夫等一、筑前・筑後・薩摩・壱岐・対馬、或殺害或放火、奪二取人物一多浮二海上一。又為二当国人一、於二処々一合戦之間、奄美人中レ矢、亦有二其数一。但当国人多被二奪取一、已及二三百人一。府解文云、先年奄美島人来、奪二取大隅国人民四百人一、同以将去、其時不二言上一。令レ慣二彼例一、自致二斯犯一歟。仍徴二発人兵一、警二固要害一、令二追捕一也。若有二其勤一者、可レ被レ加二勧賞一者。（後略）

た。大宰府は、先年奄美島人が大隅国の人民四〇〇人を奪取していった際に中央へ言上しなかったため、再び同じような襲撃が起きたと考え、「人兵」を徴発して、要害を警固し、追捕するという。そして、勲功があれば勧賞を与えるように朝廷に依頼している。勧賞を要求しているのは、純友の乱を鎮圧した人々に対して勧賞がなされたことを前提としていると思われる。

しかし、純友の乱の追捕使軍のように「勇悍者」「武勇」を動員することはなかったようである。「人兵」を徴発する軍事動員の方法は、九世紀における選士の動員、すなわち大宰府上番軍を想起させるものであり、大宰府軍制の本質は十世紀後半においても大きな変化がなかったことが窺える。九世紀後半から十世紀前半において公的軍事力はほとんど機能していなかったという指摘があるが〔坂上 二〇〇六〕、少なくとも十世紀において大宰府上番軍は有名無実化しつつも存続していたのである。従来の軍制の存続は、純友の乱後にⅡ期政庁を踏襲しながらⅢ期政庁が再建されたという事実と符合するものであろう。

そして、十一世紀に刀伊の入寇という事件が勃発する。これまで刀伊の入寇については多くの研究によって分析が加えられてきたが、次節において大宰府軍制という視点から再度検討してみたい。

3　十一世紀初頭の大宰府軍制

刀伊の入寇における大宰府軍制について、刀伊を撃退後に朝廷へ状況を報告した大宰府解が〔史料5〕である。

〔史料5〕『朝野群載』巻第二十「異国」寛仁三年（一〇一九）四月十六日「大宰府言上撃取刀伊国賊徒状解」

大宰府解　申請　官裁事

言二上刀伊国賊徒或撃取或逃却一状

右件賊船、五十余艘、来着二対馬島一劫略之由、彼島去月廿八日解状、今月七日到来、即載二在状一言上先了。且整二舟船一、且興二軍兵一、警二固要害所々一、然間壱岐島講師常覚、同七日申時参来申云、合戦之間、島司及島内人民、皆被二殺略一、常覚独逃脱者、(セ)同日襲二来筑前国怡土郡一、経二志摩早良等郡一、奪二人物一、焼二民宅一、其賊徒之船、或長十二箇尋、或八九尋、一船之檝、三四十許、所レ乗五六十人、二三十人、耀レ刃奔騰。次帯二弓矢一、負レ楯者七八十人許、相従如レ此、一二十隊、登レ山絶レ野、斬二食馬牛一、又屠二犬肉一、叟嫗児童、皆悉斬殺、男女怯者、追取載二船、四五百人一、又所々運二取穀米之類一、不レ知二其数一、云々。(ソ)事出二慮外一、要害地広、雖レ召二人兵一、来未レ多。雖レ整二舟船一、勢未□。雖レ然与下所二差遣一兵士、并彼郡住人文屋忠光等上、合戦之場、賊徒中レ矢者数十人、或扶以載レ船、其中追所レ斬レ首数輩、兵士等中レ矢十余人。同八日、移二来同国那珂郡能古島一、重録二在状一言上又了。但彼郡人民、或迷二闘戦一、或為二賊虜一、飛駅言上之前、不レ申二子細一也。(タ)以前少監大蔵朝臣種材、藤原朝臣明範、散位平朝臣為賢、平朝臣為忠、前監藤原助高、傔仗大蔵光弘、藤原友近等、遣二警固所一、令二相禦一。同九日朝、賊船襲来、欲レ焼二警固所一、距却之間、奮呼合戦、其間中レ矢者十余人、賊徒遂不レ能二前戦一、還着二能古島一。其後二箇日風猛波高、不レ能二相攻一。十一日未明、同国早良郡至二志摩郡船越津一、先レ是分二遣精兵一、予令二相待一。同十二日酉時上陸、与二大神守官(宮)権検非違使弘(財部)延等一合戦、中レ矢之賊徒卌余人、生得二人、其中一人被レ疵、一人女。少弐平朝臣致行、前監種材、大監藤原朝臣致孝、散位為賢、同為忠等差二加兵士一、以二船卅余艘一、令二攻追一。同十三日、賊徒至二肥前国松浦郡一、攻二劫村閭一。爰彼国前介源知、率二郡内兵士一合戦、中レ矢者数十人、生得者一人、賊船不レ能二進攻一遂以帰、劫二藤白兵船等一攻戦云々。又差二遣救兵四十余艘一了。但生虜者等、皆高麗人者、以二通事一令二尋問一之処、申云、高麗国為レ禦二刀伊賊一、遣二彼辺州一、而還為二刀伊一被レ獲也者、其疑難レ決、追レ賊之船還之後、捜二実誠一追可二言上一。又所二撃獲一首虜幷戎具等、追将二進上一、且録二在状一、謹解。

寛仁三年四月十六日

（後略）

四月七日、刀伊の筑前国怡土郡・志摩郡・早良郡への襲来に対して、大宰府は「人兵」を「召」したが、多くは集まらなかった。しかし、「所二差遣一兵士」が「彼（志摩）郡住人文屋忠光等」とともに合戦し、賊徒数十人が矢に当たるという戦功を挙げている（傍線部セ・ソ）。「所二差遣一兵士」とは、大宰府が臨時的に徴発した「人兵」の一部であろう。四月九日の博多の警固所をめぐる戦いの際には「府兵忽然不レ能二徴発一、先平為忠・同為方等為二帥首一、馳向合戦」（『小右記』寛仁三年〔一〇一九〕四月二十五日条）とあり、「府兵」の徴発が困難であったことが分かる。大宰府が徴発・招集を企図した「人兵」「府兵」は大宰府上番軍の系譜を引く軍事力であると思われる。大宰府軍の基本的武力を「府兵」とする見方もあるが〔森 二〇〇八〕、より厳密にいえば、大宰府は刀伊の入寇を従来の大宰府上番軍によって防衛しようとしたのである。

しかしながら、四月七日の戦功は文屋忠光の加勢によるものであり、また九日の警固所防衛は、前少監大蔵朝臣種材、藤原朝臣明範、散位平朝臣為賢、平朝臣為忠、前監藤原助高、傔仗大蔵光弘、藤原友近らの活躍によるものである（傍線部タ）。大宰府が期待したのは、徴発した上番軍である「人兵」「府兵」であったが、これらは迅速な軍事動員に対応できなかった。そもそも上番軍は平時における大宰府常備軍として動員する制度であり、かかる緊急事態を想定したものではなかったのである。

このように、徴発した軍事力、すなわち、九世紀以来の大宰府上番軍は、純友の乱や刀伊の入寇など十世紀から十一世紀における突発的で大規模な戦闘においては機能せず、その鎮圧には全く異質の軍事力が必要となったのである。そして、その新たな軍事力こそ大蔵種材以下の人々であった。

関幸彦氏は、大宰府軍制は一般より徴発された「臨時的兵士軍」と大蔵種材以下の「府無レ止武者」から構成されるとする。後者は中核となる「府官系武士」とその周辺に位置付けられる「住人系武士」から構成され、「府無レ止武者」（4）は、その広域的活動のなかで「住人」（在地）化を志向する一方、中央との関係を保っていた〔関 一九八九〕。

「府無レ止武者」は大宰府が注進した勲功者の一覧に具体的に現れる。

〔史料6〕『小右記』寛仁三年（一〇一九）六月二十九日条

（前略）太宰《（ママ）》府言上解文中、注二進勲功者一、可レ賞哉否。又流来者幷刼刀伊人等勘問等事、可二定申一。（中略）（チ）抑勲功賞之有無如何。大納言公任・中納言行成、申二不レ可レ行之由一。其故者、有レ勤之者可二賞進一由、雖レ載二勅符一、々々未レ到之前事也。余《（藤原実資）》云、不レ可レ謂二勅符到不一。仮令雖二不募賞事一、至レ有二勲功一者、賜レ賞有二何事一。寛平六年新羅凶賊到二対馬島一、々司善友《（文屋）》打返、即給レ賞、雖レ無レ被レ募、前跡如レ此、他事相同。就レ中刀伊人近二来警固所一、又追二取国嶋人民千余人一幷殺二害数百人牛馬等一、亦殺二壱岐守理忠一。而大宰府発二兵士一忽然追返、幷射二取刀人一、猶可レ有レ賞。若無二賞進一、向後事可レ無二進士一歟。（中略）

太宰（ママ）注進成二勲功一者、
散位平朝臣為賢・前大監藤━助高・儀仗大蔵光弘・藤━友近・友近
随兵紀重方、
以上五人、警固所合戦之場、相戦者雖二数多一、賊徒正中二件為賢
等矢一。但重方不レ載二先日府解一、事操二子細一依レ不二注申一也。令（今カ）尋二
実誠一、追所二言上一也。
筑前国志麻郡住人文屋忠光
賊徒初来二志麻郡一之日、与下所二差遣一兵士上合戦之間、中二忠光矢一
者多。又斬二賊徒之首一進上、幷進二彼戎具等一。
同国怡土郡住人多治久明
賊徒到来之間、於二当郡青木村南山辺一相戦、賊徒合戦、射二取賊
一人一、斬二其首一進府者、先日解文難レ注二子細一。仍件久明自漏矣。
大神守宮・擬検非違使財部弘延
賊徒撃却之間、計二要害所々一、件守宮等差二加兵士一、予所レ遣也。
而於二筑前国志摩（郡脱カ）船越津辺一合戦之間、中二件守宮等之矢一者多、
就レ中生捕者二人、但一人被レ疵死了。
前肥前介源知
賊徒還却之間、於二肥前国松浦郡一合戦之間、多射二賊徒一、又生捕
進二一人一。
前少監大蔵朝臣種材
賊徒逃却之日、依レ有二兵船遅出之告一、以二少弐兼筑前守源朝臣道
済一、遣二博多津一、且令二解纜一、且問二遣其案内一之処、奉二使者等一
各申云、賊船数多、猶造二兵船一、一度可二罷向一者、其中種材独申云、
種材齢過二七旬一、身為二功臣之後一、待レ造二了兵船一之間、恐二賊徒
早逃一、棄レ命忘レ身、一人先欲二進向一者、道済以二種材所言一而為レ善、
怒出二衆軍一了者。依二賊船之早去一、誠雖レ無レ遂レ戦、種材之所言、
忠節不レ浅。
壱岐講師常覚
賊徒三襲、毎度撃退、後不レ堪二数百之衆一、一身逃脱、身雖レ非二
在俗一、其忠不レ可レ隠。
右、去四月十八日給二当府一勅符云、箇裏若有二攻戦忘身勲功超輩一者、
随二其状跡一、加以褒賞者、言上如レ件。（後略）

権帥藤原隆家が指揮する大宰府軍の主力となったのは、前少監大蔵朝臣種材以下のいわゆる「府官系武士」と文屋忠光・大宮守宮・財部弘延・源知といった「住人系武士」とから構成される「府無レ止武者」と呼ばれた人々であった。彼らが大宰府を核として常時結集していたことで、緊急の軍事動員が可能な体制が成立していたのである。

中央では「有レ勤之者可二賞進一由」を載せた勅符が到着する以前であったため「勲功賞之有無」が議論になる。しかし、「寛平六年新羅凶賊」の際の対馬守文屋善友の先例により、恩賞が授与されることになった（傍線部チ）。天慶の乱で恩賞を得た藤原秀郷、平貞盛、源経基などは、（前任）国司や朝臣などの官位を有していたが、刀伊の入寇の恩賞が、藤原友近や友近の「随兵」紀重方、志麻郡住人文屋忠光、怡土郡住人多治久明など無位無官の人物にも授与されたことは重要である。これは大宰府の正規の軍事力である上番軍ではない、大宰府周辺の「非公式」の軍事力が中央によって承認されたことを意味する。刀伊の入寇の恩賞により大宰府が組織する軍事力の範囲が広がってゆくのである。

4　追討使と大宰府軍制

ここまで三節にわたって九世紀から十一世紀初頭にかけての大宰府軍制について概観してきた。十一世紀の刀伊の入寇においても徴発による軍事動員が行われていたことは、大宰府軍制の本質が九世紀以来の上番軍にあることを示している。しかしながら、純友の乱では「勇悍者」「武勇」、刀伊の入寇では「府無レ止武者」という新たな軍事力が登場し、彼らの活躍がなければ突発的な大規模反乱を鎮圧することはできなかった。純友の乱以降、大宰府はかかる軍事力を非公式に組織し始め、刀伊の入寇を契機に軍事体制の転換がなされたものと思われる。これを裏付けるように、大宰府の徴発による軍事動員は、史料上は刀伊の入寇の事例が最後となるのである。

さて、軍制の転換は大宰府に限定される動向なのであろうか。十一世紀中葉に新たな国家的軍事体制が成立するが、本節では、この新たな国家軍制の中に大宰府軍制の転換を位置付けてみたい。

刀伊の入寇から九年後、今度は東国において大規模な反乱が勃発する。長元元～四年（一〇二八～一〇三一）の平忠常の乱である。初め平直方が追討にあたったが、追討がはかばかしくないため、長元三年に甲斐守源頼信が追討使となる。頼信は、「甲斐守頼信、殊給二官符一国々、相倶可レ追二討忠常一事」（『小右記』長元三年〔一〇三〇〕九月六日条）とあるように、官符を給わった諸国衙とともに忠常の追討にあたる。さらに、頼信に対する「追討官符」が清書され、追討が成功した翌年、「追討賞」として頼信は美濃守に補任される。ここに「追討官符（宣旨）発給↓追討使派遣↓勧賞」からなる新たな国家的反乱鎮圧体制＝「追討使体制」が成立した。「追討使体制」は、これ以降、平氏政権に至るまで国家的軍事制度として機能するが、その軍事力は国衙軍制（諸国の「武勇輩」）を基盤とするものであった〔野木二〇一〇〕。

注目したいのは、「追討使体制」の成立後、大宰府が「追討官符」を受け、追討の主体となっている事例である。

〔史料7〕『小右記』長元四年（一〇三一）七月十八日条

元高等事、可レ給二追討符一、同意者太宰府《ママ》慥捜二実否一事。又有レ実同加二追討一之由、可レ載二官符一者、

〔史料8〕『為房卿記』承暦三年（一〇七九）五月十七日条

豊後守国経《三善》朝臣越了《ママ》上洛、依レ擬二散位貞基幷源光綱等殺害一也。件両人可二召進一由、被レ下二宣旨於府一云々。

〔史料7〕では、元高を追討する「追討符」（追討官符）が発給されているが、元高に同意する者についても大宰府が実否を捜査して、事実であれば追討を加える旨が同官符に載せられている。従って、この追討官符は大宰府に対して追討を命じたものであることが分かる。また、〔史料8〕は豊後守三善国経を殺害しようとした貞基・源光綱を「召進」することを命じた宣旨を大宰府に発給した事例である。

純友の乱では中央から追捕使が派遣されて乱を鎮圧したが、十一世紀中葉の「追討官符（宣旨）発給↓追討使派遣↓勧賞」という反乱鎮圧体制成立以降も、西海道では大宰府に対して追討官符が発給されており、大宰府が追討使の役割を担ったのである。

ここで、康和三年（一一〇一）、対馬守源義親が濫行した事例を取り上げてみたい。

〔史料9〕『殿暦』康和三年（一一〇一）七月三日・五日条

康和三年七月三日壬戌、（中略）対馬守義親監《濫》行、至二於九国一不レ随二

宰府於《ママ》命一、件事何様ニ可レ行哉。（後略）

五日甲子、（中略）公卿定申云、仰二九国一、被二追討一有二何難一乎。其中内府《源雅実》申云、若事大事ニ罷成後、遂自レ京可レ遣二追討使一者、今度可レ遣也。事為二未発一之先、此義能候歟。余答云、公卿定申旨、謹承候畢。大概不レ可レ過レ此。但彼内府定申旨、頗有二其謂一歟。且令レ申レ院給、可二左右一候也。頭乃退出、戌刻許頭弁還来云、自レ京可レ遣二追討使一。

〔史料10〕『中右記』天仁元年（一一〇八）正月十九日・二十三日条

天仁元年正月十九日、（中略）(ツ)因幡守平正盛従レ国申上云、為二追討使一今月六日罷二向出雲一、切二悪人源義親首幷従類五人首一了。来月上旬可二上洛一。且言上者、(テ)院《白河上皇》御気色云、此間事何様可レ被レ行哉。又可レ有二勧賞一哉。如レ此事内々可二議申一者、新源中納言被申云、首入洛事、任二先例一以二検非違使一可レ被二請取一。是貞任師《妙》丹等例也。於二勧賞一者尤可レ被レ行也。有二非常事一有二非常功一、如レ此事也。下官申云、勧賞之条、同申二源中納言《基綱》一、(ト)蒙二追討宣旨一、必可レ有二勧賞一也。（後略）

廿三日、（中略）(ナ)件義親先年於二鎮西一成二種々悪事一、仍被レ流二隠岐国一、而棄二配所一、越二渡出雲国一殺二害目代一、推二取調庸一之条、罪過不レ軽。正盛已切二其首一了。早々依二康平之間俘囚貞任例一、可レ有二勧賞一者、（中略）依二軍功之勤一、随可二勧賞之軽重一也。

〔史料9〕では、対馬守義親が濫行をし、大宰府の命に従わないことへの対応として、「九国」に対し追討を命じるかどうかが議論となっている。源雅実はもし大事になった後で追討使を派遣するのであれば、今の段階で派遣したほうが良いと答え、中央から「追討使」が派遣されることが決定された。ところが、結果として大宰府に追討使は派遣されなかった。一方で、義親の父である源義家が郎従の対馬権守輔通（佐通）を派遣し、義親を召し取ろうとしたが、輔通は義親とともに官使を殺害するにいたった（『殿暦』康和四年〔一一〇二〕二月二十日条、『中右記』同日条）。義親は隠岐国に流罪となったが（『中右記』康和四年十二月二十八日条）、事はそれで終わらず、天仁元年、義親は出雲国へ行き、目代を殺害し調庸を奪った（傍線部ナ）。そこで、因幡守平正盛が追討使として出雲国に派遣され、義親と従類五人の首を切った（傍線部ツ）。白河上皇は正盛への勧賞を渋ったが（傍線部テ）、正盛は追討宣旨を蒙っているため勧賞を授けられることになった（傍線部ト）。

乱が起きた地域に名声のある軍事貴族をその地域の国守に任じて追討させることは当時の原則であり、同時にその武力はあくまで国家権力による動員を主としていた〔元木 一九九四〕。正盛が追討使に任じられたのは、当時因幡守であったためであるが、正盛は追討官符を蒙り、国家的軍事動員を行い、追討後に勧賞を授けられている。これはまさに「追討使体制」による反乱鎮圧がなされたことを物語る。

この事例からは、追討の対象が大宰府管内に所在するか否かで、追討の方法が異なることが読み取れる。反乱が拡大することを予期して初めから追討使を派遣した方がよいという雅実の意見は、裏を返せば追討の対象が大宰府管内に所在する場合は大宰府に（〔史料9〕の場合は直接九国に）追討が命じられるのが通例であることを示している。一方、追討の対象が大宰府管内にいない場合は追討使が派遣されるのである。

大宰府が西海道における追討使の役割を担うように位置付けられた十一世紀中葉以降は、大宰府軍制も追討使と同等の軍事力を備える必要が生じたことは想像に難くない。ここに大宰府軍制が上番軍を徴発する動員方式から脱却し、「府無レ止武者」に代表される在地の軍事力の組織化へ転換した要因があると考えられる。

ところで、追討使の軍事的基盤は「武勇輩」を組織した国衙軍の臨時動員にあるが、大宰府軍制と西海道諸国の国衙軍制との関係はどのようなものであったのだろうか。

国衙軍制一般についての分析は石井進氏と戸田芳実氏の研究がある。石井氏は、国衙軍を国司軍と地方豪族軍とに分類し、そのうち国司軍は、国司の私的従者及び在庁官人・書生からなる「館ノ者共」（国司直属軍）と小規模な地方豪族である「国ノ兵共」からなるとした［石井 一九八七］。戸田氏は、諸国の富豪層が諸家（五位以上）と臣従関係を結ぶことで成立した諸家の兵士組織を「諸家兵士」、国司によって傭兵的条件で募兵・選抜された在地の武勇に優れた者を「諸国兵士」と概念化した。石井氏の「国ノ兵共」は「諸国兵士」に、「館ノ者共」は「諸家兵士」の国司版に相当するという［戸田 一九七〇］。

［史料9］では「九国」に対して追討を命じるかが議論になっており、また、前壱岐守平兼基に対する追討宣旨が九国に発給されたという事例もあるが（『水左記』承暦四年（一〇八〇）八月二日条）、西海道における国衙軍制の具体的な活動については不明な部分が多い。

全国的な視点からみれば、十世紀中葉の天慶の乱以降、「武勇輩」と称されるような「国ノ兵共」あるいは「諸国兵士」が国衙に組織され、国衙軍制が成立する。かかる全国的な国衙軍制の動向に大宰府軍制の転換、すなわち「府無レ止武者」の組織化も位置付けられよう。ただし、大宰府の場合は、上番制を長く存続させつつ、十一世紀後半以降に「府官」として在地の軍事力を直接組織してゆくことに特徴がある。すなわち、一般的に追討使は国衙軍の軍事力を基盤としたが、大宰府は国衙軍の臨時動員ではなく、その機構内に「府官」を組織することで、恒常的な軍事力を確保し、自身が追討使の役割を果たすことができたのである。大宰府軍制は軍事力の大きさで西海道諸国の国衙軍制とは一線を画していたと考えられる。

次節では、十一世紀後半以降の大宰府軍制を支えた軍事力である「府官」についてみてゆくことにする。

5 府官の軍事力

保安年間（一一二〇～二四）に赴任した権帥源重資を最後に、権帥、大弐、少弐は全く大宰府に赴任しなくなり、現地では監典以下の府官（在庁官人）層が形成される［石井 一九五九］。監典は管内の有力者から任命され、「府官」としてその職を世襲していく［志方 一九六〇・一九六七］。十一世紀後半から十二世紀にかけて、大宰府機構を掌握するようになった府官層は、自らが武力の行使者として現れるようになる。

八幡宇佐宮の三所大菩薩の御装束を換えるため、料物を西海道諸国に賦課したところ、「府使」が「国宰」を引率し、宮司神部らを宛凌して「非例絹布種種色」を強奪した。また、「府使」の「権検非違使豊国公職」は「随兵」を引率して「忌諱地」に責め入り、宮司邦利が召に従わないとして、国司に官米を奪取させた（「宮寺縁事抄」宇佐四 長保五年（一〇〇三）八月十九日「八幡大菩薩宇佐宮司解案」『平安遺文』四五九九号）。ここでは、「府使」は「随兵」を率い、さらに国司の動員も可能であったことが分かる。また、「府使」として、少監大蔵朝臣、大監藤原朝臣、権少監日下部、少監御春、大典広山、大典紀、権少典上毛野、庁頭伴がみえる事例からは（「根岸文書」寛弘八年（一〇一一）十二月八日「観世音寺三綱等勘申案」『大宰府・太宰府天満宮史料』巻四）、「府使」が複数の府官によって構成されることもあったことが窺える。

これらの府官の供給源はどこにあったのか。次に掲げる史料は大宰府と肥後国との関連を示している。

〔史料11〕『春記』長暦四年（一〇四〇）四月十一日条〜三十日条

長暦四年四月十一日乙未、天晴、今朝令（奏脱カ）肥後前司（藤原）定任去夜為レ敵被レ殺。実否如何。（後略）

十三日丁酉、（中略）定任後家有二嫌疑一両人一、肥後前後司間有二由緒一。(ニ)而皆殆及二合戦一。依二此事一新司為弘、語二付彼国人平正高一令二京上一、即殺二定任一歟。已有二其疑一、件正高是平則高五位子也。件父子隆家之郎頭也。此度為二運上物之押領使一京上云々。（後略）

廿一日己巳、（中略）肥後守定任事、為二天下大憂一也。若無二其誡一者、於二後代一如何。検非違使等可レ遣二河尻一之由云々。彼等未二帰来一歟。若無レ所レ得者、為二之如何一。但彼家所レ申、是新司為弘所レ為云々。其事猶難二一定一、然而不レ可二黙止一。至二于今一可レ捕二進彼下手人一〈藤正高、件人是則高之息也。帥隆家卿之郎頭也〉之由、可レ賜二官符一歟。又可レ給二諸国募官符一歟。（後略）

廿七日辛亥、（中略）予申二官符事一、被レ命云、(ヌ)藤原蔵（正）隆〈則隆男〉慥可二召進一之由、可レ給二官符於太宰（ママ）府一也。必不レ可レ注二載由緒一歟。件男父子隆家第一之者也。若有二隠忍一者、為二彼帥一尤不便歟。又給二五畿七道一官符事、具可レ注二其由一、定任被レ殺由也。其嫌疑之者有二捕進之輩一、随二品秩一幷随二申請一、殊可レ抽レ賞之由可レ候也。（後略）

廿八日壬子、（中略）予申二関白殿（藤原経輔）一云、右府被レ申云、給二太宰（ママ）府一官符事、多以二大弁一被二仰下一。而左大弁与レ帥父子間也。若給二責官符一、尤可レ無二便宜一也。（後略）

卅日甲寅、（中略）一日関白被レ命云、(ネ)定任（任カ）殺人嫌疑人、先日捕レ之。是成章（高階）之郎等也。是男筑紫人也。件男依レ無二指事一免除云々。知レ事也。但定任殺二府老某丸一已了。其兄法師又被レ殺了。是定任所レ為也。(ノ)其府老之弟男又法師之子等、是武勇者也。共成レ悪脱去、不レ知二其在所一。是若彼等所レ為歟。更不レ可レ疑二他人一事也。又後家告言、蔵隆是府老之近親也。定内々有レ通レ事歟者。件出家男於二獄中一自害了云々。（後略）

〔史料11〕は肥後前司藤原定任の殺害をめぐる経緯を伝えている。前司の定任と新司の為弘との間に合戦に及ぶような事態が生じたため、為弘は肥後国人である平正高（蔵隆）に言いつけて京上させ、定任を殺害したという。平蔵隆は則高（則隆）の子であり、「件父子隆家之郎頭」「件男父子隆家第一之者」と言われるように、則隆・蔵隆父子は刀伊の入寇で功績のあった大宰権帥藤原隆家の郎等であった(5)（傍線部ニ）。蔵隆の捕縛を命じる官符が大宰府に下されたが、定任を殺害したという内容は隆家の「不便」になるため、大宰府への官符には記載されなかった。一方、五畿七道に対する官符には定任殺害の旨と「嫌疑之者」を捕えた者に恩賞が授与されることが記載された（傍線部ヌ）。

ところが、高階成章の郎等の「筑紫人」が犯人として捕らえられた(6)。この男は「免除」となったが、定任殺害の事情を知っており、定任が「府老」(7)とその兄の法師を殺害した。「府老」の弟と法師の子は「武勇者」で、共に悪事をなし、行方をくらませており、彼らが定任を殺害したのではないかという（傍線部ネ）。さらに、定任の後家によれば、蔵隆は府老の近親であるという（傍線部ノ）。

大宰府公文所の「府老」の一族は「武勇者」を輩出するような家であるが、肥後守の定任と対立していることから彼らは肥後国に出自を持つと思われる。肥後国出身の「府老」と肥後国における対立の事情を知っている「筑紫人」との関係性は不明だが、両者の交流の場を想定すれば、それは大宰府以外に考えられない。おそらく西海道諸国から人々が大宰府に結集し、時には権帥や大弐の郎等として、時には在庁官人として大宰府機構に組織されていたのであろう。かかる組織がそのまま大宰府の保有する軍事力ともなったのである。

十二世紀の史料としては〔史料12〕がある。刀伊の入寇時の前少監大蔵朝臣種材や前監藤原助高は前任の監の肩書を名乗っていたが〔史料5・6〕、十二世紀以降の府官は現任であることに特徴がある。

〔史料12〕『宮寺縁事抄　筥崎』文治二年(一一八六)八月十五日「中原師尚勘文案」(『鎌倉遺文』一五七号)

(前略)仁平元年九月廿三日庚申、於二官庭一対二問大宰府目代宗頼・大監種平・季実・筥崎宮権大宮司経友・兼仲等一。(ハ)是彼宗頼以二検非違所別当安清・同執行大監種平・季実等一為二使張本一、引二率五百余騎軍兵一、押二混筥崎・博多一、行二大追補(捕)一。始自二宗人王昇後家一、運二取千六百家資財雑物一、乱二入当宮一、打二開大神殿若宮殿宝蔵等一、令レ押二取新造御正体神宝物一之間、死穢出来。六月晦祓、七月七日御節供、次第神事闕怠。八月御放生会、汚穢神殿不二造改一者、於二何所一可二勤仕一哉。(ヒ)且被レ下二宣旨於宰府一、令レ造二替汚穢神殿等一、勤二行恒例神事一、且召二上濫行人并与力輩一、任レ法可レ被レ行二罪科一之由、筥崎宮神官言上、仍被レ対二問両方一也。(後略)

仁平元年(一一五一)、大宰府目代宗頼が、検非違所別当安清・同執行大監種平・季実らを「使張本」として「五百余騎軍兵」を率い、筥崎・博多に押し入り、「大追補(捕)」を行ったという(傍線部ハ)。なお、季実は、康治三年(一一四四)に観世音寺領に対して肥前前司薦野資綱が行った濫行の「与力人」として名を挙げられた八名の「大将軍」の中の「大監三毛大夫季実朝臣」と同一人物であろう(「筒井英俊氏所蔵観世音寺古文書」康治三年正月日「観世音寺所司等解」『大宰府・太宰府天満宮史料』巻六)。十二世紀段階では、現任の目代や府官が「五百余騎」もの軍兵を保有しており、さらに「大追捕」や濫行といった独自の武力行使を行うようになる。

さらに、軍兵は筥崎宮に乱入し、御正体や神宝を強奪するうちに死穢が生じた。そのため、神殿の造替及び「濫行人并与力輩」の召し取りを命じる官符が大宰府に下された(傍線部ヒ)。ここでいう「与力輩」は検非違所別所安清・同執行大監種平・季実を指していると思われるが、彼らは「使張本」ともされているので、他に与力した者がいたのかもしれない。康治三年の観世音寺領への濫行の際には大監三毛大夫季実朝臣が肥前前司薦野資綱への「与力人」とされている。これらのことから、大宰府周辺では、武力行使に対して即座にそれに「与力」しうるような軍事力が多数存在し、それらが常時連携・結合していたことが窺える。大宰府に結集する軍事力の一部を府官として直接組織することで、大宰府軍制の軍事力は担保されていたのである。

このように、十一世紀後半〜十二世紀にかけて「府官」が組織され、彼らの軍事力が大宰府軍制を担うことになる。本節の最後に、当該期の「府官」の組織化の一事例として惟宗氏を取り上げたい。惟宗氏は鎌倉期における有力府官であり、鎌倉初期の守護武藤氏は、惟宗氏の協力があってはじめて大宰府を掌握できた〔本多　一九九〇、釈迦堂　一九九二〕。十三世紀末の史料であるが、惟宗氏の裔である大宰大監惟宗為満は惟宗氏が曩祖大監惟宗為良より「大宰府執事・執行職」を九代相伝してきたことを主張している(「熊野神社文書」永仁二年(一二九四)七月日「大宰大監惟宗為満解」『福井県史』史料編9中・近世七所収)。執行職は大宰府機構の権限の及ぶ範囲内において裁許権を持つ職掌の長であると推測され〔釈

迦堂 一九九二〕、鎌倉期の大宰府執行職は、大宰府官の首位であり三前二島守護である武藤氏が世襲していた。十三世紀末に「大宰府執事・執行職」の九代相伝を主張した為満は、執事職を取り戻す方便として、今は所持していないが、本来は惟宗氏が執事職だけでなく執行職も相伝していたことを強調したという(8)〔釈迦堂 一九九二〕。為満の主張に事実が含まれているとすれば、一代を二五年～三〇年と仮定すると、為満の九代前の為良は十一世紀中葉頃の人物となり、「大宰府執事・執行職」を世襲する惟宗氏の府官としての地位の確立を十一世紀中葉に置くことができる。

鎌倉期の有力府官である惟宗氏が、その家の起源を十一世紀の曩祖為良としていることは興味深い。このことは、十一世紀以降に、惟宗氏をはじめとする新たな府官層が形成されたことを示していよう。彼らは、独自の武力行使を可能とする軍事力を保有しており、大宰府軍制の転換の中で大宰府機構に府官として組織されていったのである。

以上のように、十一世紀後半から十二世紀前半にかけての大宰府軍制は、府官が独自の軍事力を保有する体制、換言すれば、軍事力を持つ有力者を府官として組織する体制へと転換していった。大宰府軍制は府官の軍事力の総体として存在していたのである。

むすびにかえて

既往の研究に屋上屋を架したに過ぎないが、本稿の結論は以下の通りである。

大宰府軍制の本質は、九世紀の統領・選士制以来、徴発による上番軍にあった。大宰府上番軍は十一世紀初頭の刀伊の入寇まで存続してはいたが、純友の乱では「勇悍者」「武勇」、刀伊の入寇では「府無ㇾ止武者」という新たな軍事力によって乱は鎮圧された。反乱鎮圧のための国家軍制である「追討使体制」が成立すると、大宰府が西海道における追討使の役割を担うように位置付けられる。追討使と同等の軍事力を備える必要が生じた大宰府では、上番軍を徴発する動員方式から脱却し、十一世紀後半から十二世紀前半にかけて、軍事力を持つ有力者を府官として組織する新たな軍制への転換がなされたのである。ここに九世紀以来の上番軍を基盤とする「古代」的な軍制は完全に終焉を迎え、在地の武力が大宰府を核として結集する「中世」的な軍制への転換が実現したといえる。十二世紀前半におけるⅢ期政庁の終焉と大宰府発給文書の変化は、当該期の大宰府軍制の転換を背景とした現象であった。

以上が本稿の結論であるが、最後に大宰府軍制の終焉時期についての予察を行い稿を終えたいと思う。仁安元年〔一一六六〕、平頼盛が大弐として実際に赴任した。これは、平氏の大宰府に対する積極的態度と評価されており、養和元年〔一一八一〕、平氏家人原田種直の権少弐補任によって平氏による大宰府把握は一応の完成をみるという〔石井 一九五九〕。

しかしながら、軍制の視点でみれば、治承・寿永の内乱中の養和元年、肥後国住人菊池高直を追討する宣旨が発給され、追討使として平貞能が西海道へ下向したことは看過できない。大宰府は「府官幷国々軍兵等」を動員して防禦にあたったが鎮圧ができず、追討使が派遣されるに至ったのである〔『吉記』治承五年〔一一八一〕四月十四日条〕。これが大宰府管内に派遣された最初の追討使であり、本来は大宰府が担うはずであった「管内諸国軍兵」の動員が追討使に対して命じられている。十一世紀後半から十二世紀前半にかけて成立した新たな大宰府軍制であるが、十二世紀末の治承・寿永の内乱においては、大宰府単独での乱の鎮圧が困難な状況に陥っていた。

鎌倉幕府の成立後、関東から派遣された武藤氏が「執行」として大宰府機構の首位に立ち、同時に守護所に府官を取り込んでいく。平安期の府官は、惟宗氏のように鎌倉期まで存続した者もいるが、治承・寿永の内乱の中で淘汰されつつ、再び新たな府官層が形成されたようである。鎌倉期の大宰府機構が軍事的な行動を起こした事例は確認できず、守護管国内については武藤氏が軍事面を担っていた。すなわち、国家軍制の中に位置付けられていた大宰府軍制は、治承・寿永の内乱で機能せず、武藤氏の守護所成立によって実態としては終焉を迎えたものと思われる。

ただし、大宰府の機能自体は縮小・限定化されつつも、守護所との二元的な支配権を維持しながら鎌倉期を通して継続していることもまた事実である[藤田 一九八三]。鎌倉期の大宰府の評価は軍制以外の視点からも検討する必要があろう。残された課題はあまりに大きいが、具体的な検証は後日を期し、ひとまずここで擱筆することとする。

註

(1) 貞観年間までは大野城に衛卒が上番していたことも(『類聚三代格』巻十八「統領選士衛卒衛士仕丁事」貞観十八年[八七六]三月十八日太政官符)統領・選士制が機能していたことの証左となろう。また、寺内浩氏も人数面では統領・選士が鴻臚館警備の中心であり、兵力として十分に機能していたとする[寺内 二〇一〇]。

(2) 『純友追討記』は、『扶桑略記』に収録されていることから十一世紀末以前に成立したとされる。その記述の真偽について、完全に否定する見解もあるが[小林 一九七七]、他の史料との対照の上で採用できる部分もあると考えられる[福田 一九八七、松原 一九九九]。

(3) 九世紀後半から十世紀にかけて、集団で掠奪をする反体制勢力である「群盗」の蜂起を伝える史料が散見する。「群盗」は「党類」「海賊」「賊徒」「凶賊」など史料上の表現は様々だが、「勇悍者」「武勇」の実態はこれらの「群盗」に他ならない。中央に組織された「群盗」が「勇悍者」「武勇」と呼称されたのである。中央は「群盗」の軍事力を組織することで将門の乱及び純友の乱を鎮圧することができた[野木 二〇一七]。

(4) 「府無レ止武者」という著名な表現は権帥藤原隆家の書状(『小右記』寛仁三年[一〇一九]五月二十四日条)にみえる。

(5) 政則―則隆―蔵隆は三代にわたり権帥藤原隆家の郎等となり、中世菊池氏の礎を築いた[杉本 一九六六]。

(6) 高階成章は、定任殺害事件後の天喜二年(一〇五四)に大宰大弐として赴任し、康平元年(一〇五八)大宰府で死去している(『公卿補任』)。成章は「欲大弐」と号されたが(『尊卑分脈』)、赴任以前より大宰府と何らかの関係性を持っていたため「筑紫人」を郎等としたのかは不明である。

(7) 府老は、監・典など府官とともに大宰府機構を支えた雑任層の上位に位置し、府官層と同族の者が多く、在地の有力者から選任された[門田見 一九八五・一九八六]。門田見氏は[史料11]の「府老」を大宰府の府老と断定できないとするが、肥後守との対立に精通する「筑紫人」の存在と権帥隆家の郎等の近親であることは、大宰府との関係性を示唆するものであろう。

(8) 釈迦堂光浩氏は、惟宗氏が相伝していた執行職が武藤資頼の大宰府赴任後に分割または移譲され、それ以降武藤氏が独占したと指摘する[釈迦堂 一九九二]。

参考文献

石井　進　一九五九年「大宰府機構の変質と鎮西奉行の成立」『石井進著作集』第一巻　岩波書店　二〇〇四年

石井　進　一九八七年「中世成立期の軍制」『石井進著作集』第五巻　岩波書店　二〇〇五年

門田見啓子　一九八五・一九八六年「大宰府の府老について―在庁官人制における―」長洋一監修・柴田博子編『日本古代の思想と筑紫』櫂歌書房　二〇〇九年

九州歴史資料館編　二〇〇二年『大宰府政庁跡』九州歴史資料館

小林昌二　一九七七年「藤原純友の乱」八木充編『古代の地方史2』朝倉書店

坂上康俊　二〇〇六年「平安時代の西海道」上原真人・白石太一郎・吉川真司・吉村武彦編『古代史の舞台　列島の古代史　ひと・もの・こと1』岩波書店

佐藤鉄太郎　一九九四年「博多警固所考」『中村学園研究紀要』二六

志方正和　一九六〇年「刀伊の入寇と九州武士団」『九州古代中世史論集』志方正和遺稿集刊行会　一九六七年
志方正和　一九六七年「大宰府府官の武士化について」『九州古代中世史論集』志方正和遺稿集刊行会
釈迦堂光浩　一九九二年「鎌倉初期大宰府府官について―惟宗為賢を通して―」地方史研究協議会編『異国と九州―歴史における国際交流と地域形成―』雄山閣出版
杉原敏之　二〇〇八年「大宰府政庁の終焉」『九州歴史資料館研究論集』三三
杉原敏之　二〇一一年『遠の朝廷　大宰府』新泉社
杉本尚雄　一九六六年『菊池氏三代』吉川弘文館
関　幸彦　一九八九年「「寛仁夷賊之禍」と府衙の軍制」安田元久先生退任記念論集刊行委員会編『中世日本の諸相』上巻　吉川弘文館
寺内　浩　二〇一〇年「九世紀の地方軍制と健児」『平安時代の地方軍制と天慶の乱』塙書房　二〇一七年
戸田芳実　一九七〇年「国衙軍制の形成過程」『初期中世社会史の研究』東京大学出版会　一九九一年
野木雄大　二〇一〇年「平安期国家軍制と追討使」『古代文化』六二―三
野木雄大　二〇一七年「十世紀における国家軍制と鞠智城」『鞠智城と古代社会』五
福田豊彦　一九八七年「藤原純友とその乱」『日本歴史』四七一
藤田俊雄　一九八三年「鎌倉中期文永年間の大宰府機構―大隅国正八幡宮大神宝用途をめぐって―」九州歴史資料館編『大宰府古文化論叢』上巻　吉川弘文館
本多美穂　一九九〇年「鎌倉時代の大宰府と武藤氏」九州大学国史学研究室編『古代中世史論集』吉川弘文館
松川博一　二〇一二年「大宰府軍制の特質と展開―大宰府常備軍を中心に―」『九州歴史資料館研究論集』三七
松原弘宣　一九九九年『藤原純友』吉川弘文館
元木泰雄　一九九四年『武士の成立』吉川弘文館
森　公章　二〇〇八年「刀伊の入寇と西国武者の展開」『東洋大学文学部紀要　史学科編』三四

第4部　古代都市大宰府の諸相

大宰府条坊論

井上信正

はじめに

大宰府を記す文献史料は少なくはないものの、必ずしも当時のことを直接伝える一次史料が多いわけではない。埋蔵文化財は一次資料としての役割を担っており、昭和四十三年にはじまった大宰府関連の発掘調査は数々の埋もれた歴史を明らかにしてきた。政庁跡は、七世紀後半の掘立柱建物群（Ⅰ期）、朝堂院形式という宮殿配置の八世紀初頭創建の礎石建ち政庁（Ⅱ期）、九四一年の藤原純友の乱後の政庁再建（Ⅲ期）と三期の遺構画期があり、政庁跡周辺で見つかる木簡は大宰府が管轄した西海道との関わりを証明した。水城西門を通り博多湾岸の鴻臚館（筑紫館）とを結ぶ官道の発見で、外国との往来ルートも具体的に明らかとなり、水城や大野城の調査成果は東アジアの古代山城との比較を可能にした。近年も筑紫野市前畑遺跡で見つかった古代土塁によって、かねてより指摘されていた百済王都との関わりが再び俎上に上がるなど、新知見はいまも増え続けている。埋蔵文化財が忘れ去られていた歴史事象に光を当てたことは、古代都市・大宰府条坊も同様である。

筆者もこの大宰府条坊の調査に携わり、その実態解明にあたってきた。その成果は折々に提示してきたが、大宰府史跡発掘五十周年にあたり、今回あらためてその現状を紹介するよう依頼があった。紙数の関係上その全てを納めることはできないが、基礎的な事項について既稿の不備を補いつつ再掲し、新情報やいくつかの課題等を取り上げることで責を果たしたい。なお論の前提や使用する用語等は既稿を参照いただきたい。

1　研究史

ここでは、前稿［井上二〇一四］で詳述した研究史を少しまとめ紹介する。

宮都ではない大宰府に条坊制が採用されたことを示す手がかりが、観世音寺や豊前の宇佐八幡宮の土地所有を示す平安時代の文献史料に残されている。これに注目したのが鏡山猛氏である。氏は、『観世音寺文書』（『大日本古文書』所収）・『八幡宇佐宮御神領大鏡』（『神道大系』神社編四十七宇佐所収。以下『宇佐大鏡』）等の土地争論史料に「〇条〇坊」「左右郭司」等の用語がみられることから、大宰府に条坊区画が存在したことを指摘し、周辺に遺存する条里地割と大宰府政庁・観世音寺の位置関係を検討の上、条坊復元案を提示した。それは条里の一町を条坊一区画とし、東西は左郭にみられる文献記載最大坊数を敷衍して左右郭とも十二坊、南北は文献記載の最大条数から二十二条とするものであった。また周囲を天智朝に築かれた水城・大野城・基肄城などが「羅城」として取り囲んでいるため、府庁・条坊ともに奈良期には下らない天智朝あるいは白鳳期成立とし、これを「大宰府都城」と呼んだ〔鏡山 一九六八〕。

古代において都城制・条坊制が採用されたのは、支配者である皇帝や王が住まう東アジアの宮都であり、日本では天皇が住まう京がそうであった。地方官司である大宰府にこれが採用されたということは本来想定しにくいことであり、「大宰府条坊」「大宰府都城」の解明は、大宰府官司の設置意義や役割を紐解く上で重要な意味をもつことにつながる。まずはこれらが実際に存在したことを証明し、その実態、導入時期、変遷について詳らかにすることが必要であり、その一歩となる実在の証明に、埋蔵文化財の調査成果に大きな期待が寄せられていた。しかしそれは難航し、長い時間を要することになったのである。

鏡山案、つまり条里と同様の条坊プランの存在は、発掘調査では証明できなかった。しかも条坊域では平安後期（十一世紀後半から十二世紀）から鎌倉期の遺構は多く検出されるも、それ以前の状況はほとんどわからない状況にあったのである。このため岸俊男氏は大宰府条坊の存在に懐疑的な意見を提示し、鏡山案とは別案を提示した金田章裕氏や倉住靖彦氏は、九四一年の藤原純友の乱による大宰府焼亡後の大宰府政庁再建とともに、京にあこがれた大宰府の府官らが観念的に条坊を創出したとした。

考古学はそもそも、存在が明らかにされたモノを扱う学問であり、存在しないものは対象とならない。よって古い区画が確認されない大宰府条坊については、文献史料と当時の遺跡調査という状況証拠をもって、平安中期に条坊が設けられ、それ以前は存在しなかったという認識が、この時点では一つの到達点として受け入れられたのであった。

ただ遺跡というものは、おおむね最終時・廃絶時の情報量が最も多いものである。このためまだ調査の件数・面積が少ない場合、それが条坊の実態なのか見かけ上の事象か判断できないことがある。また、考古資料が生成される過程・遺構認識・調査手法に関わる問題もあり、調査者の見落としや誤認があっても、それが考古情報として提示され、資料批判がなされぬまま「事実」として独り歩きしてしまうこともあっただろう。この時点ではそうした問題をまだ多く含んでおり、遺構解釈は困難を極めたとみられる。このブレイクスルー、つまり事例の蓄積と調査手法の確立にはもう少し時間が必要だった。太宰府市教育委員会では、一九九〇年前後に調査と記録の方針を確立し、(1) 検出される区画遺構等をもとに、鏡山案に替わる新たな復元案提示の試みが始まった。

太宰府市教育委員会に所属していた狭川真一氏は、国土座標（日本測地系第Ⅱ系。以下、座標に関してはこれによる）を使用して各遺構の位置関係を割り出す手法で条坊遺構の分析を進めた〔狭川 一九九〇〕。氏は当時調査が進んでいた右郭中央部（通古賀地区）の大宰府条坊跡第16・34・44・81・89次調査成果を用い（以下、大宰府条坊跡は「条」と略し、調査次数とともに「条〇次」のように略称する）、道路側溝等の出土遺物の時期検討を踏まえた上で、政庁Ⅲ期の条坊区画の一区画を東西84㍍、南北111㍍とする条坊一区画の復原モデル案を提示し、アミダくじ状の変則的な区画が並んだものと推定した。また、文献史料に現れる条坊一区画面積の最大値から一区画の面積は八反（原文は八段）だったとする見解があり〔鏡山 一九六八、金田 一九八九〕、狭川氏もまた、この復元モデルは条里一町の80％程度の面積になるとして、文献史料との整合性にも言及した。さらに、坊路（南北道路）と想定した場所で八世紀の溝が重なって検出されることがあることから、条坊区画が八世紀まで遡ることを指摘した。

氏はこのほか、都と同様、朱雀大路（郭心南北大路。側溝芯々間37～38㍍）が存在したこと、墳墓が条坊内に侵出しないことから喪葬令の規定が大宰府条坊にも適用されていたこと、また条坊内の最古期の整地層に飛鳥土器編年Ⅲ期末～Ⅳ期の畿内産土師器を伴う七世紀末の遺物が確認されることから、その造営は七世紀末（天武期）に遡ることなど、重要な指摘を数多く行っている。

　こうしたなか筆者は、調査例が増えてきた左郭において条坊一区画内の区割り（宅地割り）の事例を示すとともに、左郭にも政庁Ⅱ期単体ないし政庁Ⅱ～Ⅲ期にわたって機能した南北に走行する区画溝が存在し条坊道路と認められること、大宰府条坊は政庁中軸線を基準とする東西対称ではないことを示した［井上 一九九七］。その後、当時実態がわかっていなかった条路（東西道路）の良好な例を得たため（条178次、右郭十八条二坊）、改めて条坊域の遺構を検討し、右郭の九地点、左郭の八地点の調査例から、坊路関係一三ヶ所、条路関係六ヶ所を抽出し、一区画90㍍四方とする推定プラン（90㍍条坊プラン）を提示した。そして、その遺構確認範囲が文献記載の範囲と同じであることや、条坊の位置が当初から変わっておらず、政庁Ⅰ期に造営された可能性を指摘した［井上二〇〇一］。この推定プランの確からしさはその後の発掘調査で検証され、政庁Ⅰ期条坊道路・区画溝の発見も続いている。

　狭川・井上の案は、ある程度検証を可能とする調査記録手法のもとで得られた遺跡情報を用いており、前述の考古資料生成上の問題点は一定程度克服できていると考える。その中で狭川氏の分析は、考古学ではオーソドックスな、出土する最新遺物で遺構の時期を決め、かつ時期が同じ遺構を並べ検討するものであった。これは短期間に形成された後に変化がない遺構の分析には有効だが、長期間継続しかつその在り方も変化するような遺構を扱う場合、ある一瞬に残された「見かけ上の事象」のみが対象となる恐れを内包している。道路や区画のような施設は、長期間のうちに消耗・毀損・補修管理を繰り返す動的なものであり、その一瞬を刻む遺構が全てを物語るわけではない。対象とすべきは、長期間継続使用で刻まれる遺跡上の現象である。筆者はそれを捉え説明するための仮説を立てて予察とし［井上二〇〇一］、それがその後実証されていったのである。

　考古学的な裏付けが揃ってきたところで、筆者は文献史料との対比から、条坊の範囲、呼称、面積単位、設計型、設計基点について考察した。また政庁Ⅱ期主要施設と条坊の配置上の齟齬、設計尺度の相違、政庁Ⅰ期条坊遺構の検出状況から、条坊造営は第Ⅱ期政庁造営を遡る藤原京造営期にあるとし、さらには宮都都城の造営経緯や立地比較を通じ、都城制・条坊制の一例とみて、大宰府都城の成立過程を考察している［井上二〇〇九a・二〇一一・二〇一四］。

2　大宰府条坊の概要

ここでは明らかとなった大宰府条坊の実態と現状の課題を述べる。

（1）90㍍条坊プラン

　大宰府条坊跡では正方位を向く区画遺構がほぼ90㍍毎に検出される。これを90㍍条坊プランと呼ぶが、このプラン上で見つかる遺構の特徴は、古くは七世紀末から新しいものは十三～十四世紀まで、時期の異なる区画遺構が連綿と継続していることである。さらには、区画遺構に沿って帯状に空間がのびることが観察される場合もあるように、通常検出される小穴・土坑等がこの上では極端に少ない傾向も窺える。また場所によっては、90㍍条坊プランが整地の境となっていることもある。七世紀末に遡る可能性のある古い整地には広域に広がるものがあるが、それ以降のもので90㍍条坊プランを跨ぐ整地例は管見の範囲にはない。こうした状況から、基本的な位置が変わらなかった方格地割が窺え、これを条坊区画と推測した。条坊の痕跡は小字境や現代の街並みにも残っている。

なお区画内を1／2、1／3、1／4分割するような区画溝や柵列も検出されるが、これらは異なる時期の遺構と切りあって検出されることが多い。宅地割り等の小規模で臨時的な区画と判断される［井上一九九七］。

(2) 条坊道路・大溝

条坊一区画は90㍍四方の方格地割を単位とする。これは小尺三〇〇尺四方、大尺二五〇尺四方であり、大尺・小尺ともに整数値となる。

条坊を区画する施設としては、幅数十㌢から1㍍ほどの溝が最も多く、その多くは道路側溝とみられる。狭川［一九九〇］で条坊道路モデルとして示された幅3㍍の路面とその両側に幅1㍍前後の溝がとりつく道路例もあるが、もっと狭い事例から側溝をふくめて7～8㍍ほどの幅を占有する事例、また時期によって道路幅が変わることが確認された事例もある（条267・277次など）。なお以前は溝の有無だけで道路認定をしていたが、道路の路面・路床、通行痕跡に伴う帯状に連続する堆積層、波板状の通行痕跡が確認されることもあり、道路認定の要素も増えている。

このほか幅5㍍を超える大溝として検出される場合もある（条194次（二十一条の右郭五坊路上）他）。これらは、見かけから運河と想定される場合や周囲より一段掘り窪んだ形のいわば「オープンカット状道路」と想定されることがある。ただこうした事例は全体的に少なく、奈良時代以前の道路事例にはほとんどないため、当初からの施工のものがどの程度あるかは慎重に判断すべきだろう。左郭十四・十五条一・二坊の推定客館跡（以下、客館跡）でも、客館廃止後の十四条路（条267・275次）や東端の左郭二坊路（条275次）がそうした大溝の姿となっていたが、湿気が多く腐植土が堆積しており、そこに排水の石組みが設けられている状況は、雨水等の滞水・排水そして踏圧が繰り返される中で、路面が削れ、それを補修したことが想起される。つまり使用・消耗による結果、大溝の姿となった一瞬が遺構として残る場合もあり、検出の姿が必ずしも恒常的な姿ではないことは考えておくべきだろう。[2]

なお道路が占有する範囲について、宮都では宅地と道路との境界が築地であるように、道路側溝が必ずしもその境界ではなかった可能性がある。大宰府条坊内でも、朱雀大路側溝外側に空閑地や地山の高まりが確認された事例（条64次（左郭十三条一坊）・条212次（右郭十三条一坊））や、不連続の溝が道路の外側に沿って設けられる事例があり、道路の空間・範囲は側溝位置より広い可能性もある。これに関して、平安中期（十世紀以降）の『観世音寺文書』の記載から条坊一区画（一坪）の最大面積は「八段」と想定され［金田一九八九］、後述のように一区画（一坪）の面積「一町」から宅地部分の面積「八段」を引いた「二段」が道路の面積とみると、道路としての占有幅は約9.5㍍と導かれる。これは、鷺田川南の右郭四坊路上（十八～二十条付近）に位置する一連の大溝（条280次ほか。未報告）や、政庁前面官衙域の西側を区切るとされる右郭二坊路上の大溝ＳＤ320（大宰府史跡第76次調査ほか。五～七条。なお以下、大宰府史跡は「史」と略し、調査次数とともに「史76次」のように略称する）の幅約9～10㍍にも近似するため、[3] 道路最大幅で利用された事例と見ることが

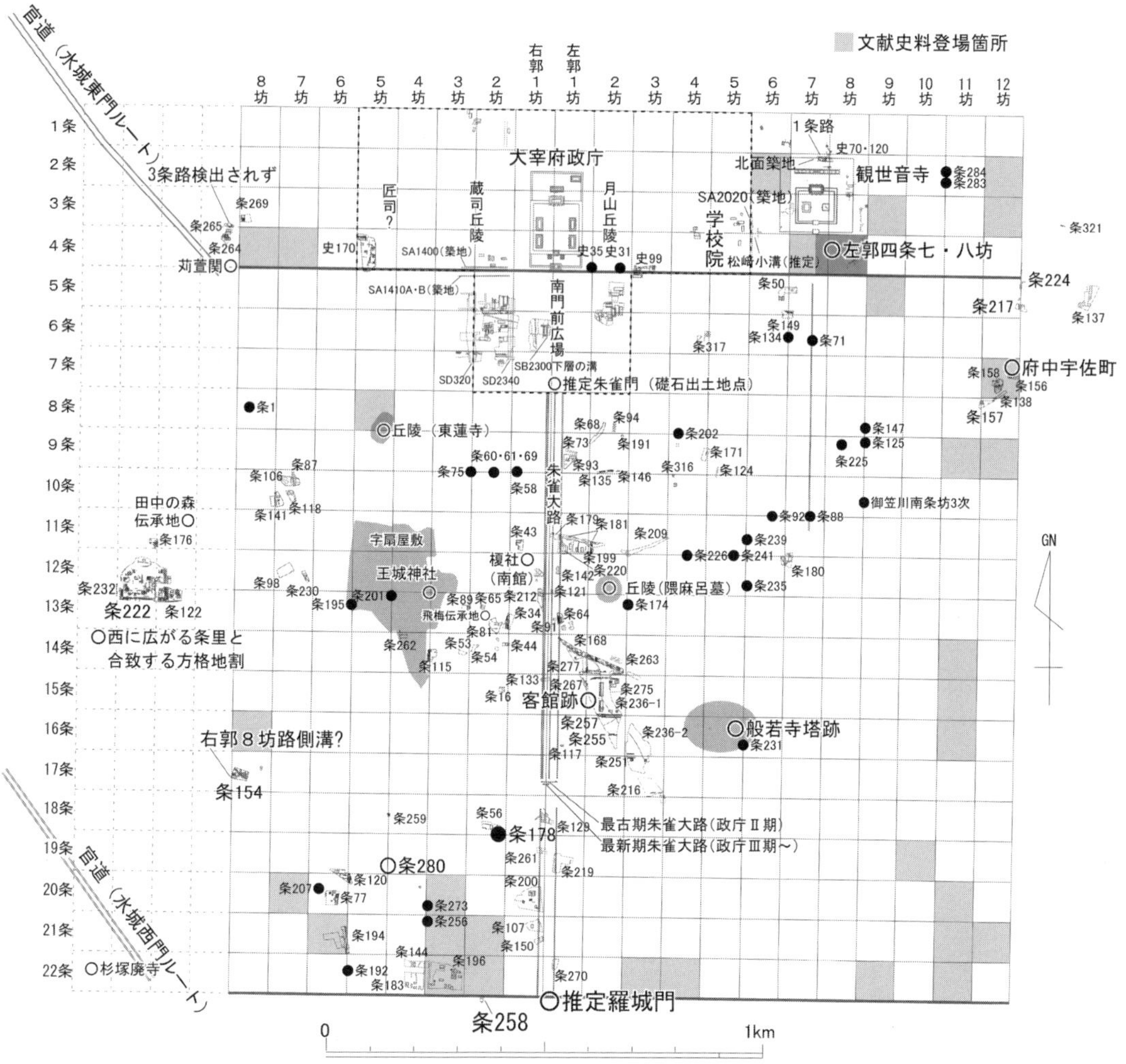

第１図　条坊調査状況

できる。今後こうした視点からも、道路と宅地の境界に関する遺構知見が得られることを期待したい。

(3) 遺構からみる条坊区画（方格地割）の成立時期

道路側溝は埋まった状態で検出されるため、出土遺物から廃絶時期が推測されるが、一方で、現在も地上にその痕跡を見ることができることもある。おそらく遺構の廃絶は、側溝浚渫・路面修理など管理の終焉であって、その位置の境界や道路としての役割が引き続き残った場合もあるだろう。裏を返せば、管理されている条坊の区画溝は、浚渫のため古い埋没土を残すことはほとんどなく、このため施工上限を知るのは容易ではないといえる。ただ、土地利用のあり方、道路位置の変化、浚渫の具合から、古い側溝や古い埋没土が見つかることがある。

90㍍条坊プランに沿った溝では、これまで政庁Ⅰ期新段階のものが最古期で、その事例は増えつつある。左郭側では、条157次（左郭十一坊路・七条路交差点、ＳＤ205）、右郭側では、条122・222次（右郭十・十一坊における十二条路推定ライン上の東西溝、条122次ＳＤ045（未報告）・条222次ＳＤ680）、条232次（右郭十一坊路推定ライン上の南北溝、ＳＸ001）などの例があり、政庁Ⅱ・Ⅲ期条坊より広い範囲に及ぶ。大宰府における土器編年から政庁Ⅰ期新段階は藤原京併行期とみられるが、藤原京同様、広域施工がうかがわれる。

条坊中心部でも、左郭十五条二坊の南を限る十五条路北側溝において、七世紀末～八世紀初頭の埋土を残す溝(条236―1次ＳＤ015)を検出した。この南の左郭十六条二坊でも、区画を南北に二分割する位置で東西溝を検出し、埋土中から范押圧タイプの重弧文軒平瓦をはじめ七世紀末の遺物がまとまって出土している(条255次ＳＤ035)。

条坊内の七世紀末の整地の存在に加え[狭川 一九九三]、道路側溝・区画溝が見つかることで、条坊の成立は七世紀末、すなわち政庁Ⅰ期新段階にあり、藤原京とほぼ同時期の成立とみてよいだろう[井上二〇〇二]。

(4) 条坊設計の精度・基点

坊路は推定する90㍍条坊ラインから±0.02～0.05区画(約1.8～4.5㍍)と、最大でも道路幅一つ分ほどの誤差で施工されている。井上[二〇〇二]の検討では坊路に比べると条路の施工精度は低いとみていたが、事例の増加に従い、坊路同様の精度を確保していたことが窺えるようになった。

なお井上[二〇〇九ａ]では、政庁Ⅰ期の条坊の設計基点(三角測量の基点の一つ)は、条坊内から南を見たときの最高所、すなわち基肄城の北西にある北帝山頂(4)(標高414㍍)付近と想定している。

(5) 条坊設計の単位尺の長さ

井上[二〇〇二]の検討で、条坊の座標上の振れを政庁中軸線の振れ(座標北0度34分24秒東)と仮定した上で条坊区画を構成する各遺構間の距離を計測し、さらに尺度の長さを変えつつ完数値の出やすくなる傾向を調べることで推定した結果、一小尺に換算して29.9～30.0㌢付近に集中してピークが現れることがわかった。大尺なら35.8～36.0㌢となる。

(6) 条坊の範囲・条坊呼称

井上[二〇〇二]では、90㍍条坊プラン上で検出される遺構は、『観世音寺文書』『宇佐大鏡』にみられる条坊の範囲と一致するとした。ただ、範囲は時代とともに変化した可能性も見えてきた。以下では、大きく政庁Ⅰ期新段階と政庁Ⅱ～Ⅲ期とに分けて述べ、また政庁Ⅱ～Ⅲ期についてはさらに細分化される可能性を述べてみたい。

ⅰ．政庁Ⅰ期新段階(七世紀末～八世紀第1四半期)の条坊

前述のように条坊施工例がようやく知られるようになったところであり、範囲や呼称を十分考察できる状況には至っていないが、政庁Ⅱ・Ⅲ期条坊範囲より西側に広く施工されたことが確認される。

条坊東側では、七条路と左郭十一坊路交差点で南と東にのびるＬ字溝検出例(条157ＳＤ205)がある。埋土中の最新期の遺物から、溝は八世紀初頭には埋まったようだが、溝の使用時期は出土遺物の主体をなす七世紀末とみることができよう。この北には対になる東西溝があり、この間が路面とみられる。この周辺調査で七世紀末の遺構は見つかっていないが、出土遺物に七世紀末のものがある(条158次)。

条坊西側では、右郭十～十一坊における十二条路推定ライン上での東西溝検出例(条122ＳＤ045(未報告)・条222ＳＤ680)と、右郭十一坊路推定ライン上での南北溝検出例(条232ＳＸ001)がある。この一帯の調査では、西側に広がる条里遺存地割に整合する条里区画が確認されており、これに伴う十一世紀末～十二世紀前半の遺構・遺物は、量的におそらく99％以上を占めている。こうした状況の中、90㍍条坊プランに合致する古い溝は

検出されているのである。溝のほかに条222次で竪穴住居が一棟検出されているが、それ以外では当該時期の情報は乏しい。ただ条坊区画と条里区画の設計線は異なっているため、今後も古い条坊区画が検出される可能性はある。施工範囲や当時の状況についての所見が増えることを期待したい。

なお、この時期の南北範囲については後述する。

ⅱ．政庁Ⅱ～Ⅲ期（奈良～平安時代）の条坊呼称・道路呼称

政庁Ⅲ期の条坊呼称については、観世音寺大門の位置と条坊の位置関係を伝える『観世音寺文書』長徳二年（九九六）閏七月二十五日の府の下文と各条坊案との比較から、これまでも解釈が試みられてきた(5)。

〔史料1〕『観世音寺文書』長徳二年（九九六）閏七月二十五日（『太宰府市史古代資料編』八二一頁）

府牒　観世音寺
　施入郭地壱町参段事
　　左郭四条七坊八坊内
　　　四至　東限大野河　南限同河
　　　　　　西限寺大門　北限大路
牒、得彼寺牒状偁、件地相交寺家領地之中、無人居住、依事功徳、
被□□（判加カ）、□□□□□□（件地永為仏地続盡カ）未来際者、依請施入如件、寺察之状、永寺
領、故牒。
　　　長徳二年□□□□□□（閏七月廿五日カ）
　少弐兼筑前守藤原朝臣

史料1は、観世音寺「寺家門前」にある郭地「壱町参段」を施入（寄進）することを大宰府が認めたものである。それは「左郭四条七坊八坊内」と条坊の二区画（二坪）にまたがる「壱町三段」の土地で、四至を「東限大野河、南限同河、西限寺大門、北限大路」と記す。

これは、保安元年（一一二〇）に観世音寺が東大寺の末寺となるにあたり、文書の案文を作って本寺に進上した際の「観世音寺注進　本寺進上公験等案文目録事」に入っている「郭内畠地例文一通　南大門」と書かれた中に収められた三枚のうちの一つである。この表記により、この下文に記された「寺大門」は南大門を指したことが窺えるが、90㍍条坊プランでも、南大門は政庁前面から七区画目に位置しており、史料との一致をみる。つまり、観世音寺南大門を含む区画を左郭四条七坊とみることで、各区画の呼称や条坊の全体範囲が復元される。

なお、政庁Ⅱ期条坊区画の呼称については、史料が存在しないため、政庁Ⅲ期同様だったかは明らかではない。ただ条217次例から遅くとも政庁Ⅱ期末にはⅢ期と同じ範囲となったと想定できるため、政庁Ⅱ期のとある時期にⅢ期と同じように呼称した可能性はある。

条坊道路の呼称については、史料上には「大路」「小路」の呼称が見られ、中には「学処東小路」「馬出子午小路」等地名を冠するものもある。これらは条坊道路を指しているとみられるが、条坊数を用いた道路表記はなされていない。史料が平安中～後期のものであり、当時の都、平安京の呼称法に倣っていたことがうかがえる(6)。

ⅲ．政庁Ⅱ～Ⅲ期の条坊北辺

条坊北端、つまり北京極にかかわる北一条路の確認例はないが、史料にはその可能性のある道路が記されている。

〔史料2〕『延喜五年観世音寺資財帳』山章（『太宰府市史古代資料編』七三八頁）

　山章
（中略）
　御笠郡　大野城山壱処

四至　従寺以北限大野南膈辺遠賀門下道、東限大野川、南限路、西限松岳并学処東小路。南限大野

(後略)

史料2は、観世音寺の北の、大野城が置かれた四王寺山南麓にあった観世音寺所有の山の範囲を記したものである。北限に記される「遠賀門」は、大野城跡で平成十五年に発見された観世音寺口城門とみられる［井上二〇一五b］。東西限も固有名称が記されるが、南限は「路」とだけ記す。これは至極当たり前に知られ、しかも南限となりうる道を示すものであったが故だろう。

次に一条路について、観世音寺北側を調査した史70次(左郭一条七坊付近)では、築地に関わる瓦組暗渠(SX1831〜1835)や、築地版築の北側に沿った位置で道路側溝と想定される東西溝(SD3594・SD1850・SD1830)による帯状の空間が確認されている。ちょうど推定ライン上に位置しているため、一条路とみてよい。築地は当初の観世音寺北面築地とみられ、つまり観世音寺は当初、南北を一条路と三条路に挟まれ、一条路の寺側に築地が設けられていたことがわかる。南北間は史料3にみえる寺域東西幅とほぼ同じとなるため、当初の観世音寺域は約170㍍四方の正方形と復元される(条坊区画四坪分。ただし東西は条坊プランとはズレている)。

この北面築地とこれに沿った位置の一条路は九世紀末に廃され、このとき寺域は北に拡張された。そのことは次の史料でも追認される。

〔史料3〕『延喜五年観世音寺資財帳』築垣記載箇所(『太宰府市史古代資料編』七〇七頁)

□□(築垣四ヵ)面

□□陸拾伍丈板葺(中略)

南長伍拾柒丈瓦葺(中略)

西長陸拾伍丈　瓦葺(中略)

北方五十七丈无実

右、无実之由、載前司不与解由状、仁和二年七月廿二日言上已了。(後略)

史料3は、寺域を囲う四面築垣の長さを記したもので、南北の築垣長は五十七丈(すなわち東西寺域幅は約170㍍)、東西の築垣長は六十五丈(すなわち南北寺域幅は約193㍍)とあり、延喜五年時点では寺域は南北に長くなったことが窺える。しかも北面築地は「无実」となっており、仁和二年(八八六)の「不与解由状」にその理由が言上されたことが見えることから、仁和二年をあまり遡らない時期に廃されたとみられる。それを示すように、前述した当初の北面築地遺構上には九世紀中〜後葉の遺物が大量廃棄された土坑(SK1800)が穿たれており、文献史料と考古資料の時期的な合致をみる［井上二〇一一］。

以上の検討から、九世紀末以前から一条路および北一条路が敷設されていたことが窺える。しかも当初の観世音寺域が一条路・三条路と整合していることから、観世音寺の伽藍完成とみられる天平十八年(七四六)には、四条以北の条坊が存在していたことが推測される。ただ政庁域を含む北辺全体では条坊検出例が少ないのが気になるところである。

ⅳ．政庁Ⅱ〜Ⅲ期の条坊南辺と条坊南側条里

条坊南辺については、史料記載最大条数となる二十二条路推定ラインにほぼ沿った位置で東西に走行する二条の溝が検出されている(条258次、右郭二十二条二坊)。これより北側一帯(条坊内)では遺構が検出されるものの、南からは同時期の遺構はほとんど検出されないという［小鹿野二〇〇八ほか］。この南には鏡山猛氏が「郭南条里」と呼んだ方格遺存地割があり、史料記載どおり二十二条が条坊南限だった可能性は高い。

小鹿野亮氏は、条258次検出の東西両溝を二十二条路両側溝と想定した

上で、路面幅約8㍍（側溝芯々間約10㍍）という官道と同規模であることを鑑みて、筑紫館（大宰鴻臚館）に繋がる官道・水城西門ルートが条坊南西端で二十二条路となり、推定羅城門の位置で朱雀大路南端と接続したと推測する。その可能性は認めるが、二十二条推定ラインは北溝芯より北へ約4.6〜5.5㍍、両溝の中央からだと北へ9㍍の位置にあり、他の条坊設計精度と比べると随分開きがある。二十二条路かどうかはもう少し検討が必要だろう。宮都の縮小版の姿をし、外国使節も迎える礼制都市だった大宰府条坊だからこそ、その南端に羅城・羅城門が設けられた可能性はあり、二十二条路の南に沿って羅城が設けられ、その外側を官道が通っていたことも想定可能である。つまりこの両溝の位置は、羅城に関わる溝、もしくは羅城の外側に並行する官道[7]と考える余地を残している。調査例の追加を待ちたい。

「郭南条里」と条坊との関係については、朱雀大路の南延長上には条里地割を割くように細長い南北地割（条里の余剰帯）が伸びており、南の二日市温泉へ至っている。おそらく朱雀大路からさらに南進する南北道の名残とみられる［小鹿野二〇〇八、井上二〇一一］。この南北道の東西にみられる条里遺存地割は、昭和二十三年の地図（二千五百分の一）との対照から、この南北道幅を考慮して東西に割り振られたことを窺うことができそうである。つまり「郭南条里」は朱雀大路の位置に配慮して施工されているため、政庁Ⅱ期条坊より後出することが推察される。

v.政庁Ⅱ〜Ⅲ期の条坊西辺（右郭辺）と条坊西側条里

『観世音寺文書』記載西限と同様、奈良時代以降は右郭八坊が西辺となるようである。八世紀の遺構が展開する状況を条1次（右郭八条八坊付近）、条154次（右郭十七条八坊）で確認しており、後者では右郭八坊路推定ライン上で南北溝も確認している（条154ＳＤ075）。

これにより西、すなわち右郭九坊以西については、平安後期の遺跡は多く確認されるが、それ以前のものは水城の東西両門からそれぞれ伸びる官道沿いを除くと遺構・遺物ともほとんど確認されていない。官道水城東門ルートの北に隣接する条264・265次（右郭三〜四条九坊）でも、三条路推定ライン上には奈良時代の建物群があり、道路は検出されていない。また鷺田川西岸では、条122・222次（右郭十二〜十三条十〜十一坊付近）で9000㎡を超える調査を行ったが、90㍍推定プラン上で政庁Ⅱ〜Ⅲ期の条坊遺構は検出されず、かえってその西側に広がる条里遺存地割と整合する区画遺構が検出されている。遅くとも政庁Ⅲ期には条里区画が施工されていたことは明らかだが、奈良時代の遺物が出土することから、その施工は政庁Ⅱ期に遡ると想定される。

右郭が政庁Ⅱ期当初から八坊だったことは、水城の東西両門からそれぞれ伸びる官道が、いずれも右郭八坊付近を目指して直進していることからも窺われる。水城東門ルートと右郭八坊との接続が推定される地点は「苅萱関」[8]と伝えられる場所で、政庁南門の前に至る四条路（平城京二条大路に相当する東西路[9]）と接続していたとみられる。水城西門ルートも、条坊南辺の二十二条路、あるいはその隣接路と接続する可能性があることは前述のとおりである。

次に条里との関係について、水城東門ルートと接する御笠川以北の国分地区に広がる条里遺存地割を見てみる[10]。この地区に所在する国分松本遺跡では近年、七世紀末の戸籍計帳関連木簡や天平十一年銘木簡が出土し、付近に国府機能があったと想定している。大宰府政庁や大野城とも接するこの地区の東側には軍団駐屯も推定されており、筑前国の機能が国分地区に集中している。ここに所在する筑前国分寺跡や筑前国分尼寺跡の配置と遺存条里の関係については以前から注目されていたが［鏡山

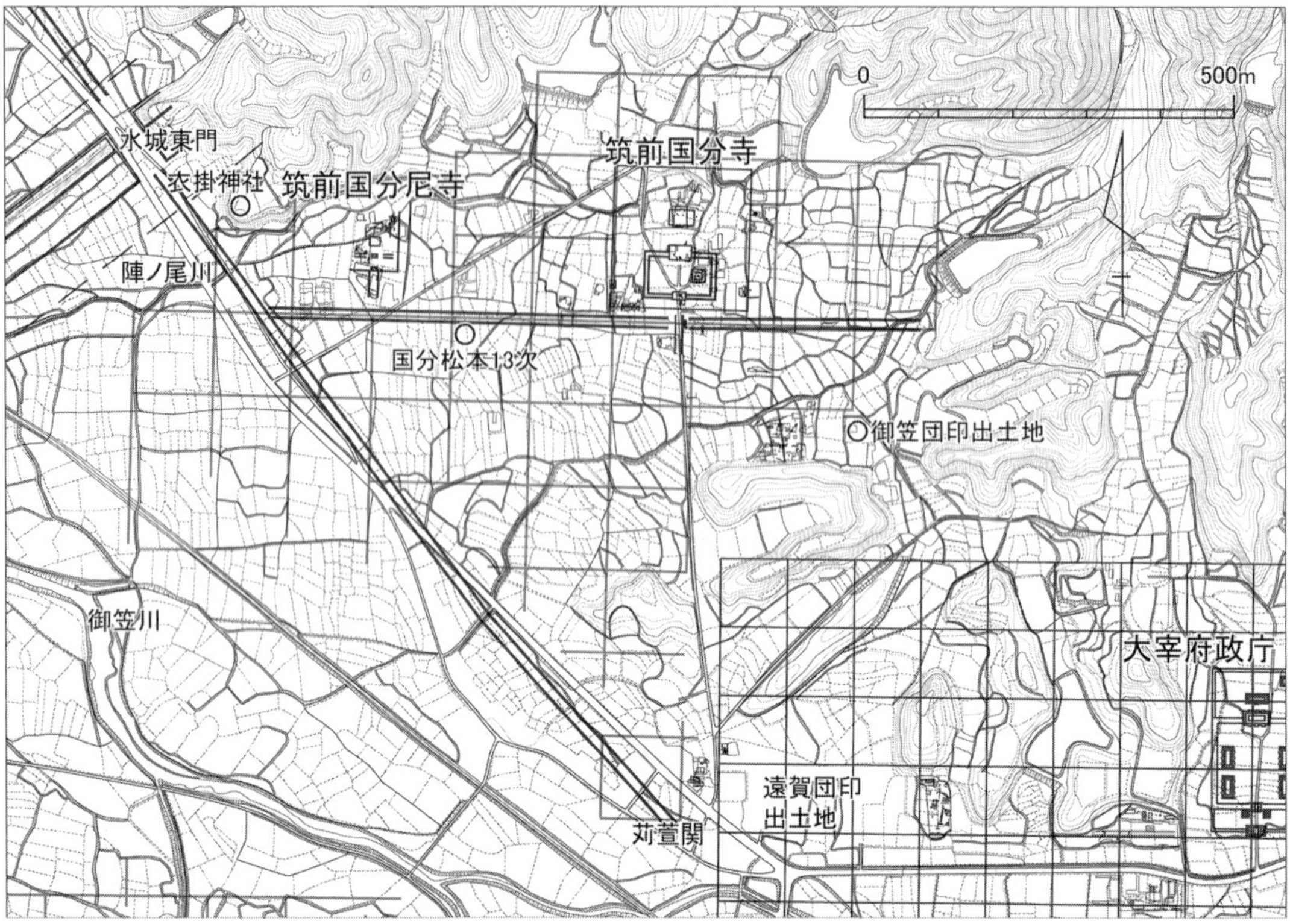

第 2 図　大宰府条坊北西辺図

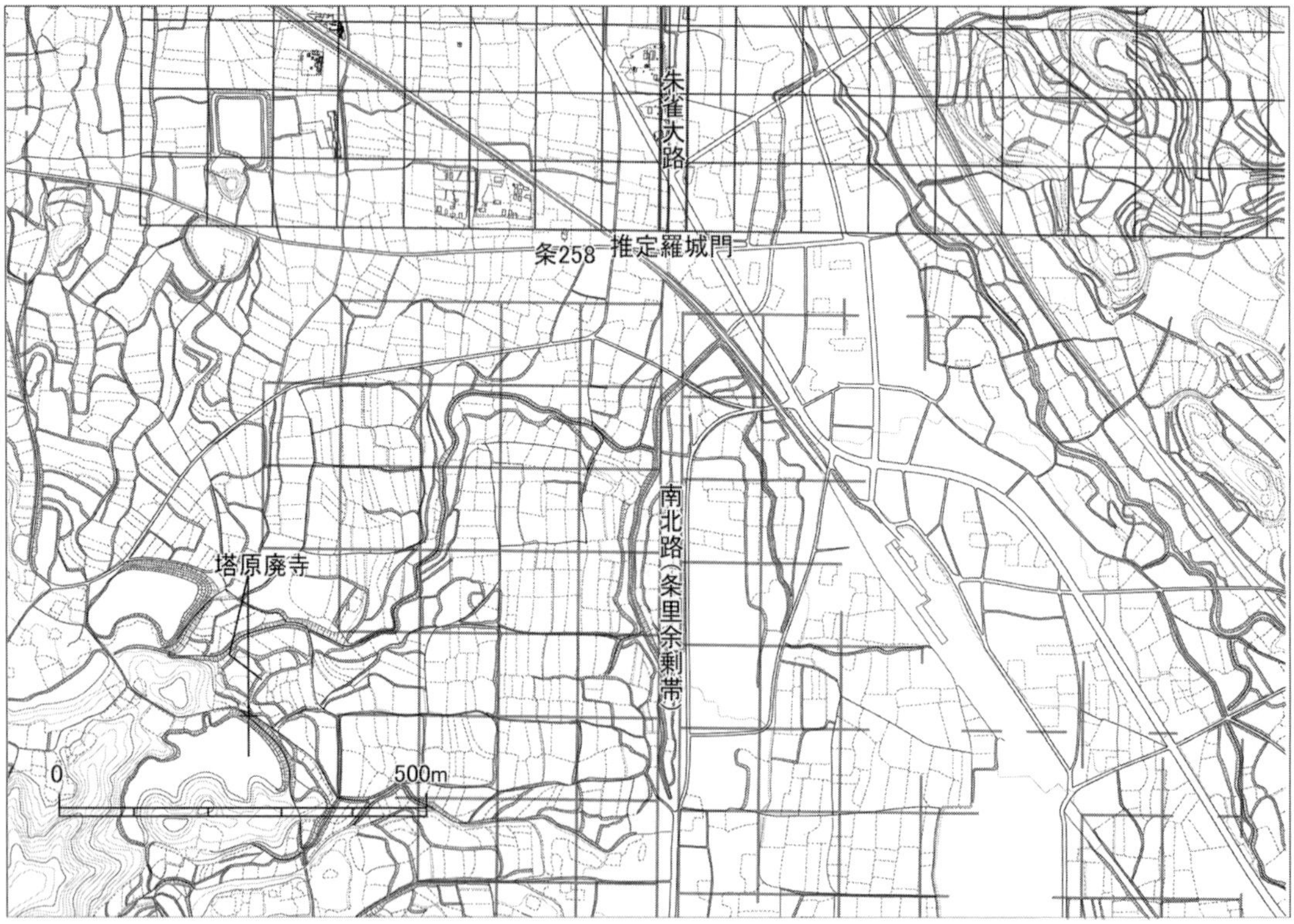

第 3 図　大宰府条坊南辺図

一九六八]、あらためて見てみると、筑前国分尼寺の南門とその前面南北道路(筑前国分尼寺跡第4次調査)は条里プラン上に位置しており、筑前国分寺の伽藍も、多少地形を優先した選地となっているものの、南面築地の外側を平行する東西路(辻遺跡第1次調査、筑前国分寺跡第17次調査)は条里プラン上に位置している。この東西路は国分寺・国分尼寺を結ぶだけでなく、東は水城口城門登城路を通じて大野城に至る道だったことも想定され[井上二〇一五c]、西は現在の衣掛神社の近隣で水城東門に至る官道と接続することが想定される。

注目すべきはこの東西路の位置で、四条路から北へ条里六町分の距離に設けられている。条里は一辺六町四方を一里として施工されることから、両道がともにこの条里にとって重要路であったことを示している。おそらく、四条路との接続を想定して施工されたとみてよいだろう。(11)

なお国分地区条里の北西辺は、水城東門からの官道、条里北辺から水城南辺へと西流する陣ノ尾川、都から下ってきた菅原道真の伝説を伝える衣掛天神などが集中する。この北西側は水城内濠となるが条里由来の地割もみられないため条里端はこの付近とみられる。陣ノ尾川はこの先水城内濠の南辺を下流し水を供給したとも想定され、官道と陣ノ尾川が交差するこの辺りまでが水城と認識されていた可能性はあろう。(12)

ⅵ．政庁Ⅱ～Ⅲ期の条坊東辺(左郭辺)と条坊東側条里

『観世音寺文書』記載の左郭最大坊数は十二坊である。また『宇佐大鏡』所収の久安四年(一一四八)十二月十七日の府下文には左郭の京極大路のことを記しており(史料4)、そこに見える地名と江戸時代の『大宰府旧蹟全図北』との対比からも、左郭十二坊が条坊東辺と理解される。このことは遺跡でも確認され、左郭十二坊路推定ライン上の条217次では(左郭五条十二坊)、政庁Ⅲ期(十一～十二世紀)の道路と、政庁Ⅱ期末～政庁Ⅲ期初頭(十世紀中葉～十一世紀初頭)に埋没した道路側溝と目される南北溝(条217ＳＤ048)を検出している。政庁Ⅱ期末～Ⅲ期には、左郭十二坊が東限だったことは疑いない[井上二〇〇九b]。

左郭南半に広がる丘陵地も条坊施工が確認される。『観世音寺文書』には条坊呼称がみえ、条235次(左郭十二条五坊)でも、左郭五坊路推定ライン上に道路側溝とみられる南北溝2条が検出されている(溝埋没時期は十～十二世紀)。これは北に向かって傾斜地を下り、条239次(左郭十一条五坊)検出の南北溝群(道路)と繋がるとみられる。また、丘陵頂部に位置する古代寺院の般若寺(左郭十五・十六条四・五坊付近)に向かう現在の坂道にも、条坊推定ラインと重なるものがある。

なお、条坊の北東外側にも条里遺存地割が広がっている。この起点も条坊西側同様、四条路のようである。四条路と左郭十二坊路の交差点南東部を調査した条224次では(左郭五条十二坊)、このことを示すように、左郭十二坊路東側溝が交差点付近で東へ曲がる状況を確認している。前述の条217次でも、四条路から条里半町南の位置で、政庁Ⅲ期の左郭十二坊路東側溝(条217ＳＤ015)から東に延びる東西溝(条217ＳＤ020)を検出しており、この東延長上の条137次(未報告)でも東西溝が確認されている。本稿執筆中にも、四条路から条里一町分北の位置で平安後期以来利用された東西溝が検出されている(条321次、未報告)。また四条路から条里三町北の条260次でも東西道路が検出されており(未報告。現地に解説板あり)、この東延長上は現在、筑紫野市阿志岐地区へ通じる県道として使用されている。

四条路から北へ三町までの条里遺存地割は方格だが、これより北側、すなわち太宰府天満宮周辺については、南北方向の地割が北に対して東へ大きく振れている。これらも条里地割とみられ、天満宮門前の参道

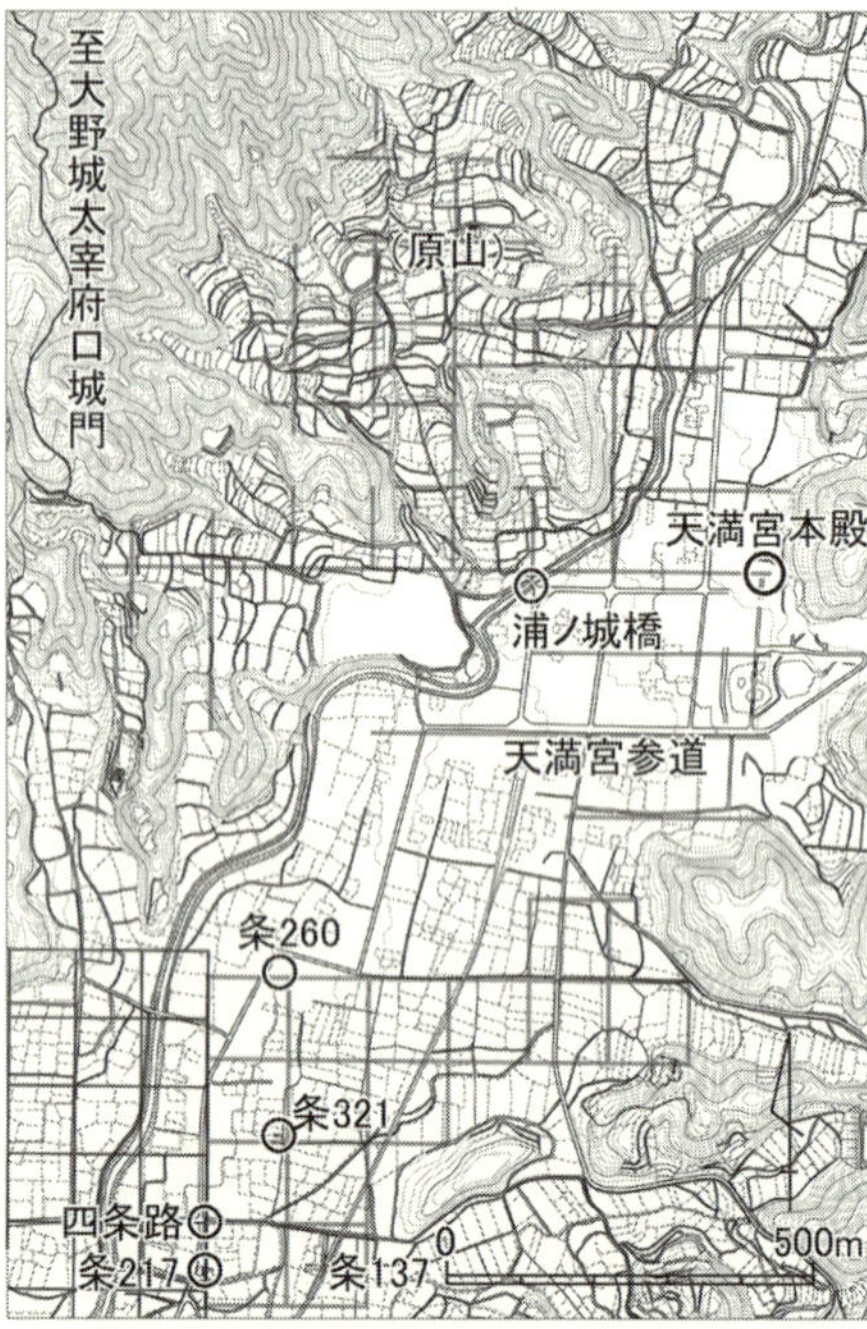

第4図　大宰府条坊東辺図

（東西道路）をはじめ、東西にのびる地割が四条路を起点として北へ条里一町間隔で確認される。おそらく平行四辺形型の条里地割だったのだろう。ここで注目すべきは、天満宮参道が四条路から北へ条里六町の位置にあることである。国分地区条里と同様に条里一里の北端に主要東西路が設けられ、これが参道・門前町形成の下敷きとなったのだろう。また、さらに条里二町分北の位置に天満宮本殿があることも興味深い。菅原道真の亡骸を運ぶ牛が道の途中で突然動かなくなり、その場に道真を埋葬したという伝承が想起される。ここにあった東西路は、おそらく天満宮境内西入口との関係で南へ移設され、現在の東西道路になったのではないか。現在、この道の西端に浦ノ城橋が架かっているが、この橋が元の東西路の西端にあったと仮定すると、これを起点に御笠川西側（四王寺山南東麓）の条里地割の存在もうかがうことができそうである（第4図）。そしてこの地割に大野城への登城路が接続していたと推察する［井上二〇一五c］。

ⅶ・文献史料と条坊範囲の一致

以上、政庁Ⅱ～Ⅲ期において、条は一条～二十二条、左郭は十二坊、右郭は八坊の範囲で条坊遺構が確認され、周辺条里とも整合することも確認できた。大宰府条坊の条坊呼称を記す史料は、『観世音寺文書』の天延三年（九七五）の大宰府兵馬所解を最古とし、『宇佐大鏡』の久安四年（一一四八）の記事を最新とする一一例が知られるが、これら政庁Ⅲ期の文献史料に記載された条坊の範囲は、検出された条坊遺構の範囲と完全に一致している。

3　朱雀大路の概要

大宰府政庁前面から南に延びる郭心南北大路、すなわち朱雀大路は、一六ヶ所ほど調査例があり、主に側溝を素材に復元研究がなされている。狭川真一氏は当時知られていた四件の調査をもとに朱雀大路について分析を行い、両側溝をもつ幅広の大路の存在を具体的に示した［狭川一九九四］。また一九九八年には氏が執筆・編集した朱雀大路関連の発掘調査報告書『大宰府条坊跡Ⅹ』でそれまでの成果をまとめている。このほか、条133次（右郭十五条一坊、西側溝）、条168次（左郭十四条一～三坊、東側溝）、条200次（右郭二十条一坊、西側溝、筑紫野市教育委員会）、などの朱雀大路関連の発掘調査報告書が刊行されている。

(1)　朱雀大路施工時期

朱雀大路の施工時期については、それを窺う直接的な証拠は今のところない。狭川［一九九八］では、第Ⅱ期政庁の成立（八世紀第1四半期、和銅～養老前半）と同時施工と考える。第Ⅱ期政庁造営が平城京成立直後と考えられる中、両者の一体性は認めるべき視点である。両者の中軸線がほぼ同じと見做される点からも、朱雀大路は第Ⅱ期政庁とほぼ同時施工と見て差し支えないだろう。

(2) 朱雀大路の規模

当初の朱雀大路の規模について、狭川［一九九八］では、両側溝芯々距離が36.201～37.899㍍とみられることから平均値37.803㍍（大尺一〇五尺）を提示した。側溝上端幅も条142次（左郭十二条一坊）の東側溝例を挙げて約2㍍と仮定し、路面幅を35.8㍍（大尺一〇〇尺、小尺一二〇尺）とした。ただ、側溝幅については、溝肩の埋没時までの毀損や浚渫を考慮する必要があり、当初から2㍍もの幅をもっていたかどうかはやや疑問ではある。検出された側溝には、概ね溝底幅が0.5～1㍍程度、溝壁は直立しているものが見受けられる。また深さは周辺地形からみて1㍍を超える可能性のものもある（条220次［左郭十一条一坊・未報告］）。なお、朱雀大路の規模は、側溝芯々間が74.5㍍（大尺二一〇尺）とされる平城京朱雀大路の半分である。これは平城京朱雀大路の1／2幅という規模を意識したものと理解される。

(3) 朱雀大路の座標上の振れ

朱雀大路の設計を窺うため、検出した側溝の座標上の振れの検討も行われている。狭川［一九九八］では、政庁中軸線の振れが座標北0度34分24秒東（日本測地系第Ⅱ系。座標系は以下同じ）であるのに対し、朱雀大路の振れは座標北0度29分05秒東と示している。政庁中軸線と朱雀大路中軸線それぞれの振れに若干違いがある理由については、御笠川河川改修工事の際朱雀大路ライン上で巨大礎石が出土していることから、ここに朱雀門があったことを推定した上で、朱雀大路設計基点が朱雀門にあった可能性を指摘する［狭川 一九九四］。この他、小鹿野亮氏が鷺田川以南検出の朱雀大路について検討を行っており、その振れを座標北1度6分43秒東と算出した［小鹿野 二〇〇三］。筆者は、第Ⅱ期政庁・朱雀大路設計の南の基点を基肄城東北門と推定し、[13] 政庁南門中点とを結んだラインの振れがおよそ座標北0度16分東となることから、この座標上の振れをもとに設計が行われたと推測する［井上 二〇〇九a・二〇一一］。

このように検討がなされているが、巨視的にみると政庁中軸線と朱雀大路中軸線は概ね一致していることには違いない。多少の空間的誤差・施工時期差があったにせよ、第Ⅱ期政庁・朱雀大路の両者が一体のものとして同時計画・施工されたとみて良いだろう。

(4) 朱雀大路道路幅の変遷

朱雀大路は、時代とともに路面幅が縮小していった。

条64次（左郭十三条一坊）では、当初の東側溝（条64ＳＤ140）が八世紀後半に埋没し、その西側に順次溝が掘削されたことが確認された。このうち最も西側（条64ＳＤ140の約3㍍西側）にある条64ＳＤ110は最終埋没が九世紀中～後葉である。東側溝は平安後期までにさらに西側に移動し、ほぼ政庁中軸線の位置に至る。条179次（左郭十一条一坊）では、政庁中軸線付近で平安後期に埋没した南北溝（条179ＳＤ010）を検出しており、それまで路面だった位置に十一世紀後半～十二世紀頃の遺構が展開する。条179ＳＤ010の南延長上でも、条91次（左郭十三条一坊）や条121次（左郭十二条一坊）で当時の東側溝が確認されている。[14]

西側溝も東に移っている。条133次（右郭十五条一坊）では、当初の西側溝（条133ＳＤ010）は八世紀後半以降に埋没し、その東約4.5㍍には十一世紀末～十二世紀初頭に埋没する南北溝（条133ＳＤ015）が掘削される。この両溝の間には九世紀代の井戸（条133ＳＥ035・040）があり、西側溝が条133ＳＤ015の位置まで移動した時期が九世紀代に遡ることが想定される。

　これらをまとめると、当初幅一二〇小尺程度だった朱雀大路は、八世紀後半以降（九世紀代の可能性もある）には政庁中軸線に沿って両側溝とも同様に縮小し、幅約一〇〇小尺程度になった。このときの東側溝は条64ＳＤ110（九世紀中～後期頃埋没）で、西側溝についてははっきりしないものの条133ＳＤ015の位置にあった可能性がある。この後しばらく、路面に遺構がまとまって侵出した形跡は今のところ確認できないため、この状態で路面が継続したとみられる。さらに路面が狭くなるのは政庁Ⅲ期以降（おそらく十一世紀後半以降）である。この頃の道幅は約五〇小尺（約15㍍）であるが、路面縮小の際は東側溝が大きく西側へ移動した。

　このように縮小した理由は、条坊一区画の面積が全て等しい、いわゆる平安京型条坊（面積集積型）の実現が背景にあったと考えられる［井上二〇〇八・二〇〇九ａ］。このことで政庁と条坊区画との設計上のズレが顕現することになっただろうが、これはすなわち、政庁と一体的に設置された朱雀大路の意味が変容したことを示すもので、大宰府官司の変容をも物語っていると理解されよう。

　その後の朱雀大路は、榎社周辺から南の鷺田川付近の調査例では、周囲と比べて路面は下がり、そこに流水の痕跡も認められる。おそらく道路管理がなされなくなり、消耗等で路面が下がってもそのままにされた結果だろう。現在も周辺より土地が低く、水路の敷設もみられる。

４　大宰府条坊の設計と変遷

　ここでは、条坊の設計と変遷についてこれまで明らかにしてきたことを述べるとともに、新たな予察を試みたい。

(1)　条坊の面積単位・設計型

　文献史料にみえる条坊一区画（一坪）の最大面積は「八段（反）」である。これを宅地面積とする金田［一九八九］の指摘以来、その実態解明が条坊研究の重要な要素となってきた。現在のところ史料と遺構とを比較できるのは、史料１の『観世音寺文書』長徳二年（九九六）閏七月二十五日の府の下文が唯一であるが、この史料は、条坊一区画の面積単位、ひいては条坊設計型を窺う上でも重要な示唆を与えている。

　ここで注目するのは史料が記す「左郭四条七坊八坊内」の「壱町三段」の面積が具体的にどこを指すか、ということである。[15] そこで90㍍条坊プランと観世音寺大門（南大門）の位置を重ねてみると、南大門は七坊区画東端からおよそ１／３区画の位置にあることがわかる。90㍍条坊プランは条坊遺構が検出されやすいラインを帰納的に求めたものなので、これは条坊設計線に近似すると想定され、これを敷衍すると、「壱町三段」は左郭八坊区画全体（一坪）一町分と左郭七坊の東端から南大門までの三反分の土地の合計を記したもの、と考えることができる。これをもとに、条坊地割検出例が多い榎社周辺において90㍍四方の八割の面積（6480㎡）の方形プラン（一辺約80.5㍍四方）を重ねてみると、それは上手く道路部をよけ、宅地部分に整合することがわかる。つまり条坊の面積表示は、条坊設計線に基づく一区画（一坪）面積を「一町」とし、道路部二反を除いた宅地部分が「八段」だったと導かれる。

この結果は、条坊の設計型についても示唆している。

宮都の研究では、条坊は設計線をもとに道路・宅地を割く分割地割型（設計線重視型）から宅地が同じ面積となる面積集積型へと移行したと考えられている［稲田 一九七三］。平城京は、条坊設計線を基準として両側へ等距離の位置に道路側溝を設けたため、設計線から割かれる道路幅によって隣接する宅地面積は差が生じていた。それが平安京では、道路幅の広狭はあるものの、宅地が一定面積となるよう設計される。もし大宰府条坊の造営が政庁Ⅲ期にあって平安京の街区設計に倣ったものなら、道路を差し引いた宅地部分の面積を「一町」と表示したであろう。ところが一町が条坊設計線に基づくということは、すでに設計線重視型の街区が存在したことを示すものである。そして政庁Ⅲ期にいたっても基本的な街区が変わらなかったため、古い面積表示はそのまま使われ続けた、と考えることができる。分割地割型の施工が確認できたことは、大宰府条坊施工が平城京以前に遡るとする想定の傍証となる(16)。

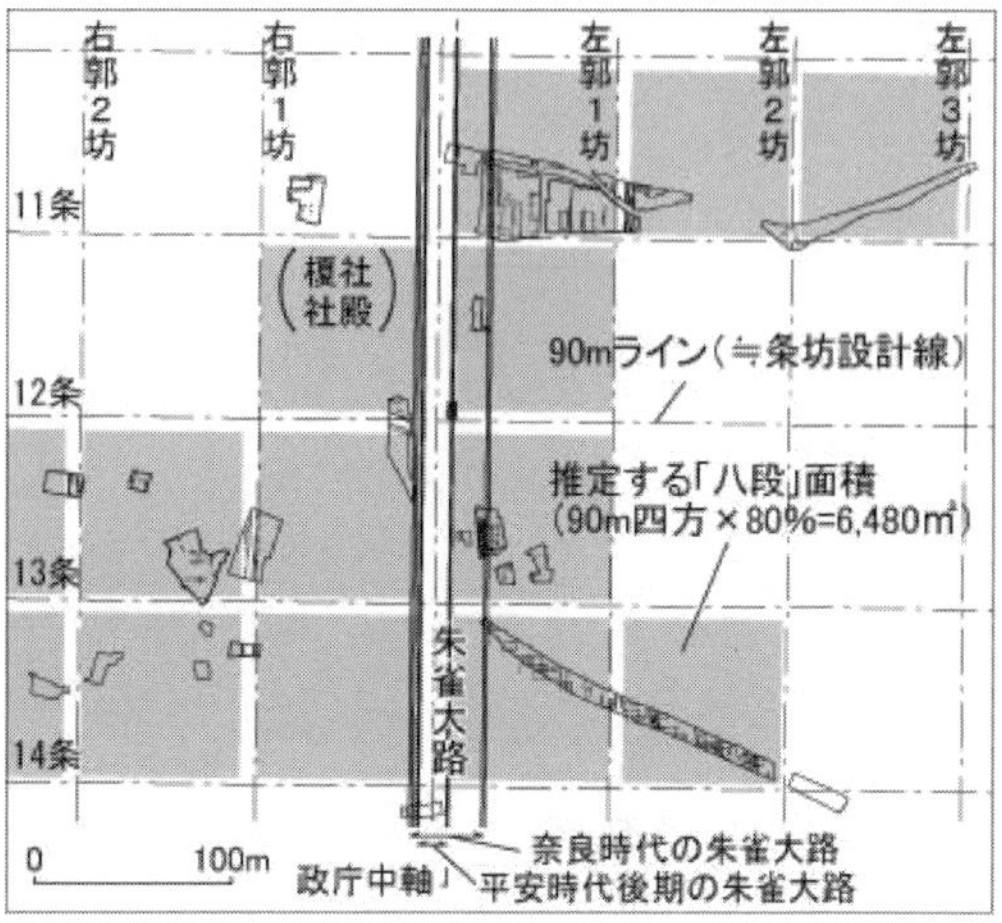

第５図　条坊区画と面積８段の実態

なお、大宰府条坊はその後、面積集積型へと移行した。ほとんどの場所は宅地と道路の関係が維持されておりその変化がわからないが、左郭一坊は朱雀大路敷設で本来の3／4程度の東西幅となっていたため、朱雀大路を縮小することで、平安後期にようやく他区画（坪）と同じ面積となったようである。土地所有が重視された時代背景が窺える。

(2) 政庁Ⅱ期主要施設と条坊との配置上の不整合

政庁Ⅰ期に施工された条坊と、政庁Ⅱ期に施工された政庁・朱雀大路・観世音寺との間には、配置上の不整合が認められる。政庁中軸線と90㍍条坊ラインとの差は、中軸線から西へ5.91㍍ほどだが、これが左右郭各一坊の東西幅の違いを生み出している。観世音寺の寺域とのズレが遺構上・史料上から確認できることは、前述のとおりである。

大宰府政庁・朱雀大路・観世音寺は、小尺を基準尺として配置設計されている。これは、度地尺が小尺で統一された和銅六年（七一三）以降に設計・施工されたことに起因するとみられる（『続日本紀』和銅六年二月壬子条ほか）。

大宰府政庁については、その成立は大宰府造営に伴うとされる「筑紫之役」終了の七一八年頃とみられ［鎌田 二〇〇二］、施設配置は一〇〇小尺を基準としていることが知られる［横田 一九八三、鬼塚 一九九二］。

朱雀大路は政庁中軸線を基準として設計されたことは概ね間違いなく、このことからⅡ期政庁と同時成立したと考えられる。前述のように路面幅は大尺一〇〇尺・小尺一二〇尺と、ともに完数となるが、政庁同様に小尺設計とみられる。

観世音寺の伽藍や堂宇の配置寸法は、大尺・小尺ともに完数値を示すものがあり判然とはしないが、小尺による設計が多く認められること、また政庁中軸と観世音寺講堂中点間の距離がちょうど二〇〇〇小尺［狭川 一九九六］という点は注意を払うべきである。観世音寺は、和銅二年

(七〇九)の元明天皇の造営督促の詔により、天智天皇が筑紫で崩じた母斉明天皇供養のために発願したことが知られ、他の史料からも大宝前後に寺が機能していたことを窺うことができるが、それを示す時期根拠となる考古資料は、創建瓦として知られ大量に出土する老司系瓦を除くとほとんどないことが指摘されている〔九歴『観世音寺―考察編』〕。こうした点からも、伽藍造営は元明天皇の詔が端緒となり、数度の造営の試みを経て、天平十八年(七四六)に完成したとみるのが妥当だろう。

一方、条坊については、施工が和銅六年を遡るため、大尺設計(一区画二五〇大尺四方)の可能性が高いと推測する。ただこれは小尺でも三〇〇尺と完数となるため、後から小尺設計の施設を設けたとしても政庁等の施設との配置上の親和性は確保されそうだがそうはなっていない。何故、政庁等の施設は条坊の配置と合致していないのだろうか。

まず考えられるのは、北闕型にこだわったII期政庁の配置があろう。政庁・朱雀大路造営は、大宝度遣唐使がもたらした情報により平城京造営と一体的に行われたと考えられ、政庁を北の中央に置くことが第一義とされたと想定される。つまり、南山を定めて設計中軸線を設定し、四王寺山から派生する丘陵の間に政庁を収めようとしたところ、既存の条坊区画とはズレが生じた、しかし設計線型の考え方を背景に、ズレを無視して政庁位置を優先した、ということではないだろうか(17)。

もう一つは、四条路以北にI期条坊は及んでおらず、II期当初は条坊がなかったことが考えられる。四条路以北は福岡県教育委員会・九州歴史資料館によって調査が数多く行われているが、90㍍条坊プラン上で条坊遺構を確認した例が少ないのはこのためかもしれない。地形的にも、政庁、周辺官衙、学校院、観世音寺などの施設が所在する場所以外はほとんどが丘陵地であり、当初から条坊が敷設されていなかったからこそ新たな設計が可能だったとも考えられよう。なお観世音寺は、東西位置は政庁中軸から二〇〇〇小尺の距離、南北位置は条坊区画と、異なる設計に拠っている。これは造営督促から完成までの四十年弱の間に拠るべき基点が変わったことを示すもので、当初はなかった北辺四条が追加されたことで、条坊と整合する部分も一部あるということではなかろうか。このことはすなわち、政庁II期の間にも条坊範囲に変化があったことを意味している。

(3) 当初の条坊区画、範囲、そして変遷に関する予察

政庁II期のある時点から政庁III期にかけて、条数は二十二条、右郭は八坊、左郭は十二坊だったことがわかってきたが、条坊に変遷があることや、条坊の坊数が左右同じでない理由、二十二条、八坊、十二坊という宮都条坊に比して条坊数が多い理由については、検討が必要だろう。

まず東西の坊数について、右郭が八坊を範囲とするのは、前述のように証拠となる材料は多いが、左郭については、当初から十二坊まで施工されていたかどうかは疑問の余地がある。そこで左郭の範囲を再検証すべく、左郭八坊以西と左郭九坊以東と分けて見てみる。

左郭八坊の条坊施工については、国道3号線(旧称、南バイパス)敷設に際して福岡県が行った調査で、左郭八坊路推定ライン上で政庁II期道路側溝とみられる九世紀末〜十世紀初頭埋没の南北溝(御笠川南条坊遺跡第3次調査のSD304、左郭十条八坊)が確認されている。また左郭八坊には観世音寺が所在する。これは斉明天皇供養のため建立された寺であり、孝徳天皇に関わる伝承を持つ般若寺(18)(左郭十五・十六条四・五坊付近)とともに天皇に関わる伝承を持つ寺院のため、条坊内に設けられたと理解される(19)。こうした状況から、左郭八坊までは政庁II期当初から機能し

ていたとみてよいだろう。ただ八坊付近の遺構検出事例は少ない。御笠川南条坊の調査では九世紀末~十世紀の土坑は確認されているが、以前の遺構はほとんど見られないようである。この北側の御笠川南岸近くを調査した条225次(左郭九条八坊)でも同様で、遺構の上限は平安前期頃であり、このころ自然流路(条225SD060)を埋めて整地(条225SX050・055)を行っている。条225次付近の本格的な土地利用は九世紀以降だったことも想定される。

次に、左郭九坊以東については、平安後期~中世の遺構が密度高く展開するものの、それ以前の遺構についてはほとんど知られていない。遺構が消失した可能性もないわけではないが、奈良~平安中期頃の遺構・遺物はともに僅少という状況である[20]。政庁I期の条坊遺構とみている条157次の左郭七条路と十一坊路交差点のL字溝(条157SD205)も、溝が八世紀初頭に埋まった後は、多少窪んだところに奈良~平安後期の遺物を含むたまり状の堆積が検出される程度であり、しばらくは区画遺構が再掘削されたような痕跡がみられない。

以上をまとめると、政庁II期造営期の左郭においては、観世音寺が所在した左郭八坊までは条坊区画があった可能性があるが、左郭九坊以東については、II期末までに十二坊に拡大したことは窺えるものの当初からあったかどうかわからない。まだ拠るべき資料が少ないことは否めないが、現状では、政庁II期当初の条坊区画は左右郭ともに八坊だった可能性が指摘できる状況にある[21]。

そうであれば、宮都が概ね四坊とするのに対し、大宰府はその二倍の坊数だったことになる。八坊となった理由を次のように予察する。

大宰府条坊を記す文献史料には、少ないながらも道路呼称が記されている。まず左郭範囲の史料根拠となっている『宇佐大鏡』を見てみよう。

〔史料4〕『八幡宇佐宮御神領大鏡(宇佐大鏡)』(久安四年(一一四八))

府中宇佐町

四至　東限京極路　南限田　西限馬出子午路　北限馬場

在家二十八家　久安四年十二月　日依沙汰、高陽院御使郡司

図使等宮使相共実検定

件町子細、見于久安四年十二月十七日府下文也。

下、筑前国雑掌、可任高陽院庁御下文旨。停止　八幡宇佐宮司訴申平野社押妨、神領宇佐町南薗事。召使成安。府使庁頭近成。右去八月廿四日庁御下文到来偁、彼宮奏状云、件平野社押妨当宮領、在郭七条二防[22]　四至　東限京極大路　南限田　西限馬出子午小路　北限馬場　(中略)　久安四年十二月十七日在府官連署例定。

史料4は、左郭七条十二坊[23]に所在した宇佐八幡宮所領の「府中宇佐町」について記しており、四至を、東は「京極大路」、西は「馬出子午小路」とする。これらはそれぞれ左郭十二坊路、左郭十一坊路を指すとみられ、坊路の偶数路を「大路」、奇数路を「小路」と呼んだと仮定される。

奇数の坊路を「小路」とする事例は、観世音寺と大宰府学校院の境界にもある。

〔史料5〕康平二年七月廿七日大宰府政所下文案(『平安遺文』三―九三二)

政所下　左郭司

応令任流記帳公験理、観世音寺領掌学校院東小路東地弐段事、

右、権中納言兼中宮権大夫都督藤原卿宣、件地弐段、観世音寺與学校院互成相論、仍令比校両方公験之處、『学校院公験』以天禄四年四月十日立焼亡日記状註載云、四至東限松埼小溝者、『観世音寺公験』以寛平五年十一月一日付朝集使進官資財帳、為流記帳尚以置之、其状注載四至、西限松岳并学校東小道者、(中略)

康平二年七月廿七日

史料5の「学校院東小路」「学校東小道」は、史料2にも「学処東小道」とみえ、90㍍条坊プランよりこれは左郭五坊路とみられる。ここを調査した史77次等でも、道路となる連続空間や築地遺構が検出されている。

このように、坊路は、偶数が大路、奇数が小路と呼称されたことが推測される。[24]このことから、もともと大路が坊路、小路が坊間路だったとの想定もできなくはない。つまり政庁Ⅱ期当初の条坊は、実は左右郭とも四坊で、宮都と同じ坊数が設定されたのではなかろうか。

では、二十二条という条数についてはどうか。

四条路と二十二条路は、水城の東西各門を通る官道との接続が想定される政庁Ⅱ期当初からの重要道である。この間は政庁Ⅱ期当初から条坊範囲と認識されていたことは間違いない。ここには十八区画(坪)あるが、これを坊と同様、二区画(坪)をもって一条とみると、範囲は九条となる。これも宮都と同じ条数となる。[25]なお、四条路以北に政庁Ⅰ期条坊が及んでいない可能性や一条路・三条路の観世音寺伽藍完成前の敷設について前述したが、おそらく北辺四条分は、「筑紫之役」終了の七一八年から観世音寺伽藍完成の七四六年までの間に追加されたのだろう。

このように、条坊が四坪一区画だったとの推測と[26]遺構の状況や官道接続の状況から、政庁Ⅱ期当初の条坊は南北九条、左右郭四坊という宮都に相似する規格の想定も可能となる。そうなるとⅡ期政庁は当初、条坊域に含まれなかったことになる。宮殿・政庁を条坊域に含まない事例には、唐長安城大明宮や南面に方格地割を持つ宮城県の壇ノ越遺跡(陸奥国加美郡家。八世紀)などあり、その可能性もなくはない。

ただその場合、不可解な状況が垣間見える。一つは宮都相似の条坊北端に政庁ではなく広場と朱雀門を設けたこと、もう一つは、そうしたにもかかわらず、平城京二条大路に擬えられる東西大路(のちの四条路。蔵司前面地区の並行する築地間から朱雀大路の約1／2幅に推定される大道である)が朱雀門ではなく政庁南門に接続することである。[27]

これは、Ⅰ期条坊を踏襲したが故の事象ではないか。思うにこの東西路は、政庁跡地区のⅠ期官衙の所在を踏まえるとⅠ期の時点から官道と接続しており、それがⅡ期整備時の前提の一つとなった。その上で北闕型とするには政庁を道の南に設けることは避けねばならず、地形、排水の状況、施設配置時の丘・川の役割を考慮して、政庁・広場・朱雀門を配したのだろう。そうであれば南北九条(十八坪)はⅡ期の構想ではなく、Ⅰ期条坊の南北範囲だった可能性がある。[28]

さいごに

以上、大宰府条坊について、研究史を踏まえつつ現状を紹介するとともに、周辺条里・条坊区画・範囲変遷等について新たに検討を加えた。

太宰府発掘の歴史の中で、期待されながらも解明が遅れていたのが条坊だったと思うが、その実態が明らかとなったことで、これと接続する官道、条里、また山城への登城路など、大宰府都城全体を面的に理解ができるようになってきている。さらには東アジア都城制の一例と捉えることで、迎賓施設の比定も進みつつある[井上二〇一〇・二〇一四・二〇一五b・二〇一七]。ただ、まだほとんどの区画で利用目的は明らかとなっておらず、宮都同様、宅地班給があったかどうかさえわかっていない。羅城・羅城門・後苑など都城要素の有無や、政庁・官衙域を囲む築地や門の存在なども含め、実態解明に迫るさらなる調査研究が望まれる。

註

（1） 太宰府市教育委員会では、埋蔵文化財調査・整理に関する問題に積極的に取り組み、のちに「埋蔵文化財発掘調査指針二〇〇一年」としてまとめている。

（2） 御笠川以北や鷺田川以南にみられる運河や濠と見なされている遺構についても、こうした視点から、当初は道路として使用されていないか、検証は必要と考える。

（3） これらの大溝は10㍍を超える幅を有すると報告されるものもあるが、溝肩はゆるやかで中心部のみ窪んでいる形態も多い。溝脇には足跡など通行痕跡がみられるものもあり、溝肩が消耗したことで見かけ上広くなっている、ということはあろう。

（4） 井上［二〇〇九a］では、この山頂を「基山」としたが、現在は「北帝」と呼ばれていると指摘を受け修正している。その振れは概ね座標北0度15～33分東となる。

（5） ここに記される「寺大門」については、鏡山氏は西大門（東大門の誤記か？）［鏡山 一九六八］、金田・宮本両氏は南大門とし［金田 一九八九、宮本 一九九八］、それぞれ条坊案の根拠としている。

（6） なお筆者は便宜上、条坊数を冠した宮都での表記例を踏まえ、左郭においては区画呼称を東・南の道路呼称に使用し、右郭においては区画呼称を西・南の道路呼称に使用する。条坊北端の東西道路については、北一条路ないしは条坊北辺道路と表記する。

（7） 平城京で指摘があるように条坊南辺全面に羅城を設けていなかった場合、羅城無しに二十二条路と官道が並行したのかという疑問もある。条坊南西端から朱雀大路の南延長上まで進み、そこから北上し羅城門に至るルートの可能性も残っている。

（8） 「苅萱関」と伝えられてきた場所は、現在「苅萱関」石碑が建つ付近ではなく、関屋鳥居の西側にある恵比須祠辺りだったことが判明した。ここはまさに右郭八坊路と四条路が交わる場所である［井上 二〇一二］。

（9） 蔵司丘陵の南で東西築地が二条検出されているが、この間に四条路の推定ラインが通る。両築地間は12～13㍍ほどあり、条坊内では朱雀大路に次ぐ道路幅をもつ主要路である。四条路は、月山東官衙地区で検出した東西柵列（これは築地芯の柱列の可能性がある）の南辺を通っており、道路とみられる空間が確認される（史31・35・99次等）。

（10） 御笠川以南では、鷺田川西側に条222次をはじめとする条里遺存地割が広がっているが、国分地区の遺存条里を延長しても一致しないため、別の基点で施工されたものとみている。鷺田川東側は、条坊との間に御笠川と鷺田川が合流する狭小な土地があるが、氾濫原で地割も見られず、条里施工の可能性は低いと考える。

（11） 第2図は国分寺南辺東西道路を基準に条里を推測作図したものだが、これを見ると、四条路と右郭八坊路との接続点より若干西で国分地区の条里遺存地割と接続するようである。条里の方位も座標北に対して2度ほど東に振れており条坊と異なるため、四条路との接続を意識しつつも地形を考慮して条里が施工されたと考えた方がよいだろう。なお条264次検出の東西溝はこの推定条里を二分する位置にあり、国分地区条里がここまで及んでいたことを示している。

（12） ここから政庁へは、国分を経由すると近道となる。大伴旅人の帰京時「馬を水城に駐め」たのがこの場所であれば、条里で開けた南東側の先にあるであろう「府家を顧み望」んだという表現も適切と思われる（『万葉集』巻六―九六六）。

（13） 基肄城東北門を一基点とするのは、『史記』秦始皇本紀三九にみえる中国の都城構想、すなわち南山の頂を闕に見立てるような地形の考慮があったと推測する。同様の地形は、漢魏洛陽城と万安山、隋唐洛陽城と伊闕でみられ、平城京では下ツ道沿いの耳成山・畝傍山に比定されるか［井上二〇一四・二〇一五a］。

（14） 条303次（未報告）では、この延長上において中世以降の石積みを確認した。境界としての意識が後世まで残っていたのだろう。なお石積みは地表からは見えなくなっていたが、その位置は現在も小字境となっているようである。

（15） 左郭四条八坊のほぼ中央を調査した史117次では、北東―南西に走行する大溝が検出されている。ただこうした遺構をもとにした面積解釈の手がかりはなかなか得られない。

（16） 狭川氏も朱雀大路の施工状況から、奈良時代の大宰府条坊における道路設計は平城京建設時の思想が持ち込まれたと推測している[狭川 二〇〇五]。

(17) このことは、Ⅱ期政庁の前身となるようなⅠ期政庁は、この場所にはなかったことを意味している。北闕型都城の本格導入の契機は大宝度遣唐使とみられており、その遣唐執節使・粟田真人は、政庁Ⅰ期の条坊造営期とⅡ期政庁造営期それぞれで筑紫大宰・大宰帥を歴任した人物である。彼が果たした役割からも、Ⅱ期政庁の前身として北闕型配置のⅠ期政庁があったとは考えにくい[井上 二〇一四・二〇一五a]。

(18) 『上宮聖徳法王帝説』裏書に、筑紫大宰帥蘇我日向が孝徳天皇の病気平癒を祈願してたてた寺ということ、後に定額寺となったことを記す。これを奈良の般若寺とする説もあるが、小田富士雄氏は『塔原廃寺』の報告書の中で、元の般若寺は大宰府条坊南の塔原廃寺と想定、条坊造営とともに左郭に移されたこと、その後再び旧地近くへ移建し、武蔵寺となったとする。

(19) 出土瓦等から、観世音寺・般若寺とも奈良時代に所在していたことが知られる。なお、杉塚廃寺(条坊南西部)も条坊内寺院と想定されてきたが、左郭範囲が八坊となると条坊外となる[井上 二〇一二註13]。

(20) これまで報告書が刊行されたものに、条51・55・156・157・158・217・224・233・234・244・248・252次等があるが、遺構から奈良〜平安中期の状況を推察することは難しい。遺物も奈良時代後期〜末以降のものが散見される程度である。

(21) 狭川氏は、奈良時代の都市の広がりを紹介した上で、『続日本紀』神護景雲三年(七六九)十月甲辰条にみえる「天下之一都会」の実態は「意外と御笠川周辺と朱雀大路周辺だけだったかも知れない」と述べる[狭川 二〇〇五]。確かに左右郭各十二坊だと狭く見えるが、氏が示す都市の広がりは左右郭各八坊の範囲によく合致している。

(22) 神道体系本は「七條」とするが、平成二十二年二月に『宇佐大鏡』原本を実見する機会を得て、この部分が「在郭七条二防」と記すことを確認した。

(23) 原文は「在郭七条二防」と記すが、左郭七条十二坊の誤植とみられる。

(24) このほか史料1より、観世音寺南大門前の三条路が「大路」だったことが窺えるが、これは観世音寺門前ゆえの大路だった可能性がある。

(25) 平城京でも南辺に関わる諸問題があり、大宰府においてはまだ羅城遺構の有無さえわかっていない中ではあるが、ここでは九条の範囲を予察として提示しておく。

(26) 太宰府市内の小字と条坊復元案を重ねてみると、プランがよく一致する上、東西・南北とも条坊二区画(二坪)ずつでまとまりをもって字界が走行することが観察される。四坪を一単位とした認識の名残かもしれない。

(27) 宮城構造と対比すると政庁南門は応天門に相当すると考えるが、政庁と四条路の関係は、二条大路あるいはその延長が応天門に近接する長岡京などに似ており、平城京とは異なっている。政庁に直接アクセスすることを可能にするこの東西大路には、礼制的な意味をもつ朱雀大路と異なり、朝廷や諸官司とつながる大路としてより実務的な意味があったのだろう。

(28) 条坊の東西軸の設計について考察する中で、官道が接続する南北十八坪(九条)の規格と政庁・広場・朱雀門の配置関係に注目し、Ⅰ期条坊を利用したが故の特徴がⅡ期整備に表出していると考えるものである。これに右郭四坊路ラインをⅠ期条坊の南北基準線とする想定[井上 二〇〇九a]を加味すると、Ⅰ期条坊は通古賀地区を中心とした九条九坊(十八坪×十八坪)だった可能性もでてくるが、後考を待ちたい。

参考文献

稲田孝司　一九七三年「古代宮都における地割の性格」『考古学研究』第19巻第44号
井上信正　一九九七年「大宰府条坊の区割りについて—発掘調査からの試案」『条里制研究』第13号
井上信正　二〇〇一年「大宰府の街区割りと街区成立についての予察」『条里制・古代都市研究』通巻17号
井上信正　二〇〇八年「大宰府条坊について」『都府楼』第40号
井上信正　二〇〇九年a「大宰府条坊区画の成立」『考古学ジャーナル』No.588
井上信正　二〇〇九年b「小結(条217次)」『大宰府条坊跡40』太宰府市教委
井上信正　二〇一〇年「大宰府朱雀大路沿いの大型建物群と出土品」『都府楼』第42号
井上信正　二〇一一年「大宰府条坊の基礎的考察」『年報太宰府学』第5号
井上信正　二〇一四年「特論　大宰府条坊研究の現状」『大宰府条坊跡44—推定客館跡の調査

概要報告書』太宰府市教委
井上信正　二〇一五年ａ「大宰府」『古代の都市と条里』吉川弘文館
井上信正　二〇一五年ｂ「第48次調査小結(2)城門の名称」『大野城跡1』太宰府市教委
井上信正　二〇一五年ｃ「大野城の道」『都府楼』第47号
井上信正　二〇一五年ｄ「「西の都」大宰府と外交施設」『新羅王子がみた大宰府』九州国立博物館
井上信正　二〇一七年「大宰府の外交施設」『シンポジウム鴻臚館を行き交った人々と唐物』(発表資料集)　福岡市博物館
小鹿野亮　二〇〇三年「朱雀大路関連遺構の位置関係と政庁中軸線の振れ」『大宰府条坊跡―第200次発掘調査』筑紫野市教委
小鹿野亮　二〇〇八年「大宰府羅城門とその周辺」『都府楼』第40号
小鹿野亮　二〇一〇年「筑紫野市立明寺を中心とした古地形図の作成と検討」『立明寺地区遺跡―C地点第1次発掘調査』筑紫野市教委
小鹿野亮　二〇一三年「筑紫野市峠山遺跡を中心とした古地形図の作成と古代道の検討」『峠山遺跡第3次発掘調査』筑紫野市教委
小鹿野亮　二〇一五年「古代大宰府への道」『海路』第12号
鬼塚久美子　一九九二年「八世紀大宰府の計画地割について」『人文地理』44―2
鏡山　猛　一九六八年『大宰府都城の研究』風間書房
鎌田元一　二〇〇一年「平城遷都と慶雲三年格」『律令公民制の研究』塙書房
岸　俊男　一九八三年「大宰府と都城制」『大宰府古文化談叢』上巻　九州歴史資料館開館十周年記念論文集　吉川弘文館
金田章裕　一九八九年「大宰府条坊プランについて」『人文地理』41―5
倉住靖彦　一九九〇年「都市大宰府をめぐる若干の考察」『九州歴史資料館研究論集15』
狭川真一　一九九〇年「大宰府条坊の復原」『条里制研究』第6号
狭川真一　一九九一年「古代都市大宰府の検討―墳墓からのアプローチ」『古文化談叢』23号
狭川真一　一九九三年「大宰府の造営」『古文化談叢』第31集別冊
狭川真一　一九九四年「大宰府の朱雀大路」『文化財学論集』奈良大学文化財学論集刊行会
狭川真一　一九九六年「条坊関連遺構の検討」『大宰府条坊跡IX』太宰府市教委
狭川真一　一九九八年「VI．総括」『大宰府条坊跡X―推定大宰府朱雀大路周辺の調査』太宰府市教委
狭川真一　二〇〇五年「第三節 大宰府の条坊」『太宰府市史 通史編I』
宮本雅明　一九九八年「大宰府の都市」『太宰府市史 建築美術工芸編』太宰府市
横田賢次郎　一九八三年「大宰府政庁の変遷について」『大宰府古文化談叢』吉川弘文館

大宰府の東
――御笠の平野と宝満川、大宰府東境界考――

小鹿野 亮

はじめに

『続日本紀』神護景雲三年(七六九)の条に「此府人物殷繁、天下一都会也」と称された大宰府は、最大の地方官庁であり、その中心である北端の大宰府政庁から、南の朱雀門を経て中央大路(朱雀大路)がのび、その南端には羅城門(推定)があり、都にならった街区(条坊)が整備されたとされる。条坊の存在については、半世紀前の鏡山猛氏による研究を端緒に、九州歴史資料館・福岡県・太宰府市・筑紫野市の各機関によって数百ヶ所もの調査が行われてきた。近年の調査では、約2キロ四方に広がる大宰府条坊跡のみならず、その周縁域にも関連遺跡が展開し、特に南辺にその状況が顕著であると同時に、古代道も複数の路線がその南限推定地を指向していることが分かってきた[鏡山 一九六八、井上 二〇一五、小鹿野 二〇一二]。

　また、大宰府の外郭、周囲を羅城が取り巻くという阿部義平氏の説[阿部 一九九一・二〇〇三]は、羅城の存否そのものの結論は未だ出ていないものの、これを大宰府と外界とを画する境界と考えるならば、広義の大宰府を示すエリアと捉えることができよう。したがって、大宰府を理解するにはその中心のみならず周縁にも目を向けなければならないが、本稿ではとくに東方の境界域に注目して、古代の関連遺構について交通史の観点を加味して検討を加えてみたい。

1　大宰府の内と外

大宰府の周縁を考えるには、大宰府政庁周辺の官衙施設や条坊、そしてその郊外、そこをつなぐ古代道がどこを走っているのかが重要な論点になる。第1図の大宰府周辺図をみると、大宰府政庁域を中心に北西に向かって水城西門ルート・東門ルートがのび、東に田河道につながる米ノ山越ルート(豊前方面)、南には基肄城から筑後国府にのびるルート(途中で西に折れて肥前国府へ)、さらに南東方向に豊後道が想定されている。

　これらのルート近くには、水城・基肄城・阿志岐山城をはじめ、官衙や寺院が展開し、駅家が置かれていたと考えられている。本稿で対象とするのは、主に豊後道にかかわる大宰府東方の世界だが、古代道が駅家や山城の諸施設とどのように関わってくるのかを考えてみたい。

　まず大宰府政庁(第2図A)を起点に考えると、南に向かう朱雀大路は、正方位で真南に向かっており、周囲の条坊も同じく正方位の地割で、一辺約90メートル方格の条坊案が井上信正氏によって示されている[井上 二〇一五]。朱雀大路の羅城門(推定、第2図B)を越えた先は二日市地狭

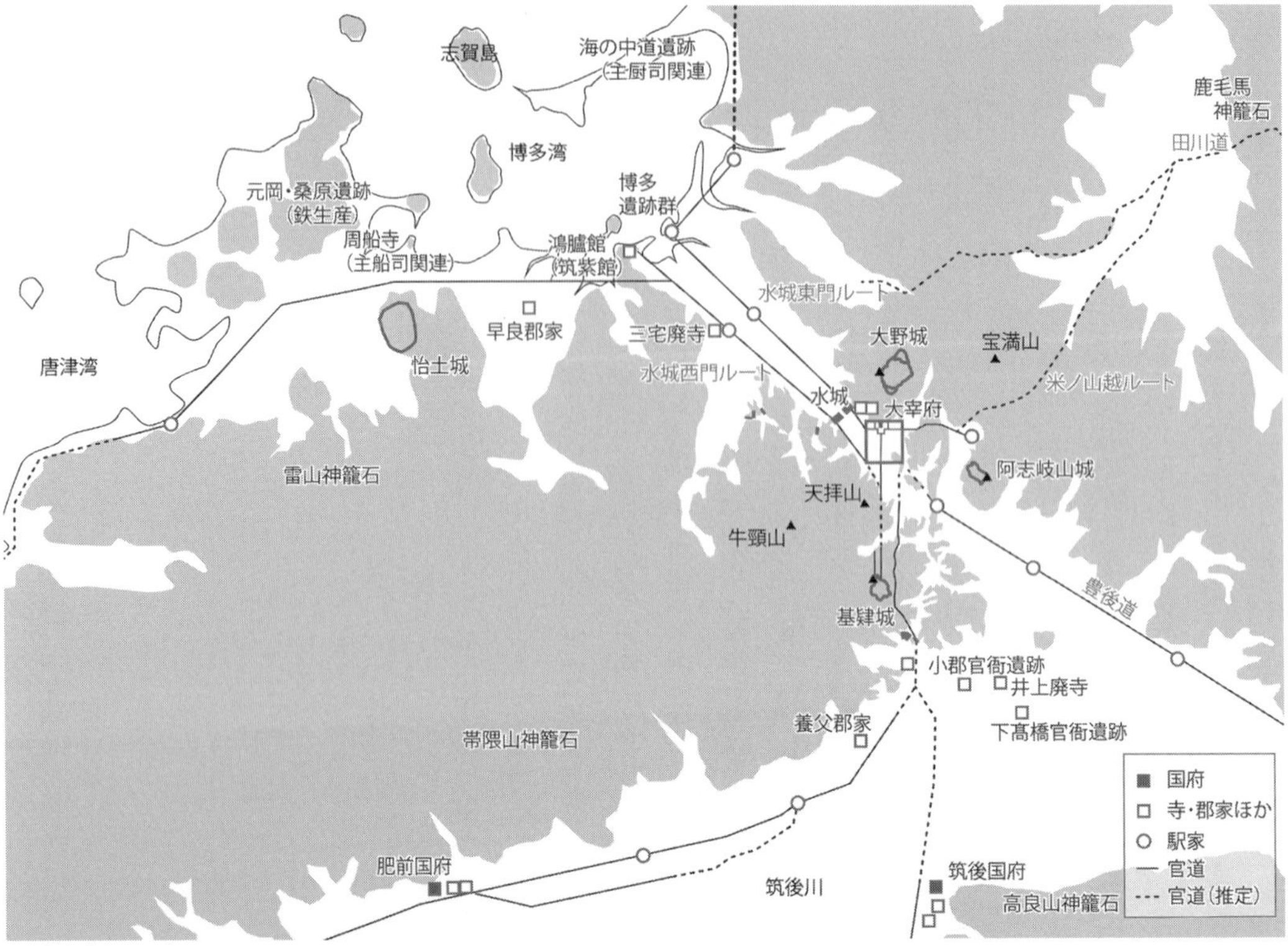

第１図　古代の大宰府周辺図と大宰府遠景写真（南から）

帯をぬける湯大道に連なり、南東に向きをかえて東西の豊後道につながっている。さらに井上氏は、朱雀大路から南に伸びる道は「基肄城東北門」を指向していると指摘しており、政庁南門中点とを結んだ線は真北から0度16分しか振れがなく、その設置経緯から考えて古代山城が大宰府の外界を示す境界になるのであれば、官道と山城の設計が連動していたと考えても不自然さはない。このことは、漢の長安城と南山子午道、隋唐長安城と終南山入口の谷地形、漢魏洛陽城と万安山、隋唐洛陽城と伊闕（龍門）、平城京と下ツ道なども同様の考え方に基づくものであり、大宰府においても朱雀大路を南進し基肄城方面へ縦断する南北道に類する中軸ラインが想定される。大宰府にも、筑紫野市二日市西に「湯大道」という小字が遺存し、また条里余剰帯が認められる点から、朱雀大路からの南進道が想定される。

今日までの大宰府をとりまく古代道についての成果は、次のようにまとめられる。

①大宰府から六方に派生する。
②大宰府の南正面への動線が想定できる。
③古代山城などを含んだ広域計画線となっている。
④路線によっては複線構造をなしている。
⑤時代を経て道路網が細かく変遷している。
⑥条里遺存地割とは異なった路線をとる道があり、条里施行以前の道が存在する可能性がある。
⑦朱雀大路の路面砕石から「和銅八年」銘ヘラ描き須恵器が出土しており、和銅八年（七一五年・霊亀元年）をそう遡らない時期に大路の施工上限が推測できる。
⑧水城西門道に代表されるように、路面としての公的管理が八世紀後半には緩み、連続した通行帯としての機能は九世紀にはなくなっている。

これらの特徴を踏まえながら、豊後道に向かう東方の境界を考えていくことにしたい。

2　岡田地区遺跡と阿志岐山城

豊後（大分）方面への古代道は、第2図のように大宰府から南東方向に約1キロ離れて併走している「南路」と「北路」（いずれも仮称）が想定される。

木下良氏は、古代官道が複線制を採用するのはその軍用的性格によるものと解釈されており［木下 一九九六］、豊後道の複線化も水城の東門・西門両ルートと同じく大宰府を防御するために設定されたものと考えられる。もちろん、複数の道がレイアウトされても、めざす目的地が大宰府政庁であれば、そこに向かうための結節点・交差点が生まれてくる。

大宰府周辺の古代道の場合、考古学と歴史地理学における今日までの所見から検討してみると、広域交通路の結節点を枝分かれさせながら分散してつないでいくサテライト方式が想定されるが［小鹿野 二〇一二］、この結節点・分岐点・交差点が重要な拠点になることは容易に想像がつく。本稿でとりあげる長丘駅家推定地の西方にも、第2図のように大宰府政庁と筑後国府を結ぶ「城の山道」と豊後道（南路）が交叉する場所がある（第2図F）。この周辺が大宰府にとって重要であったことは古代道の想定復元図からも容易に推測できるであろう。

豊後道（南路）は、大宰府南東の平野を突き抜ける官道である。『延喜式』兵部省によれば、長丘・隈埼・広瀬・杷伎・石井・荒田・由布・長湯・高坂の各駅名が記されており、大宰府と豊後国府を官道が結んでいた。道路遺構の発見が期待されていたが、平成六年（一九九四）に筑紫野市の岡田地区遺跡における発掘調査によって、大宰府から南東方面に走る官道が初めて検出された［筑紫野市教委 一九九八］。日野尚志氏が西海道に推定していた豊後方面へのルートを証明する遺跡でもあり［日野 一九七

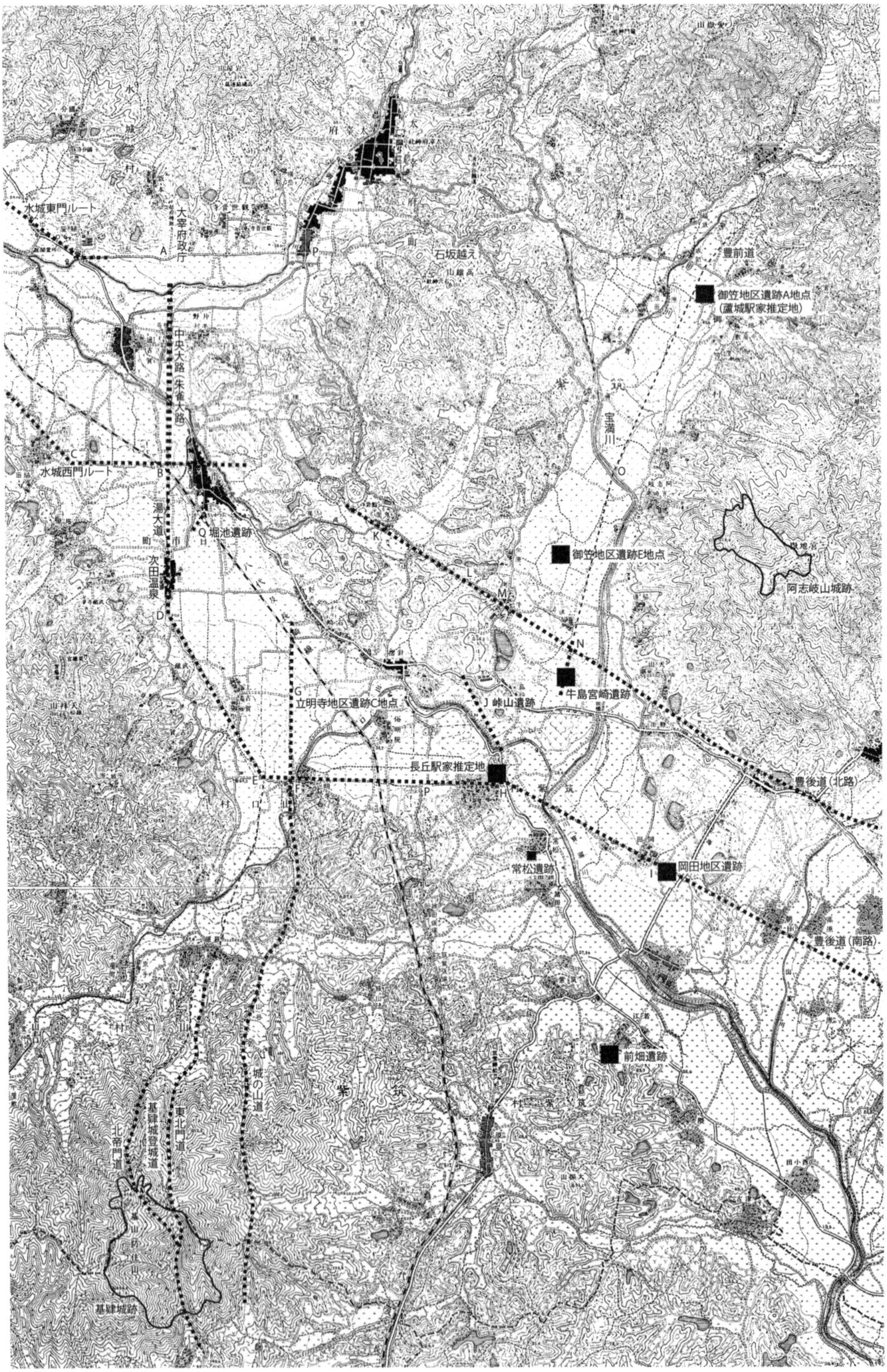

第２図　遺跡の位置関係と古代道推定ライン（背景図は明治 33 年陸測図）

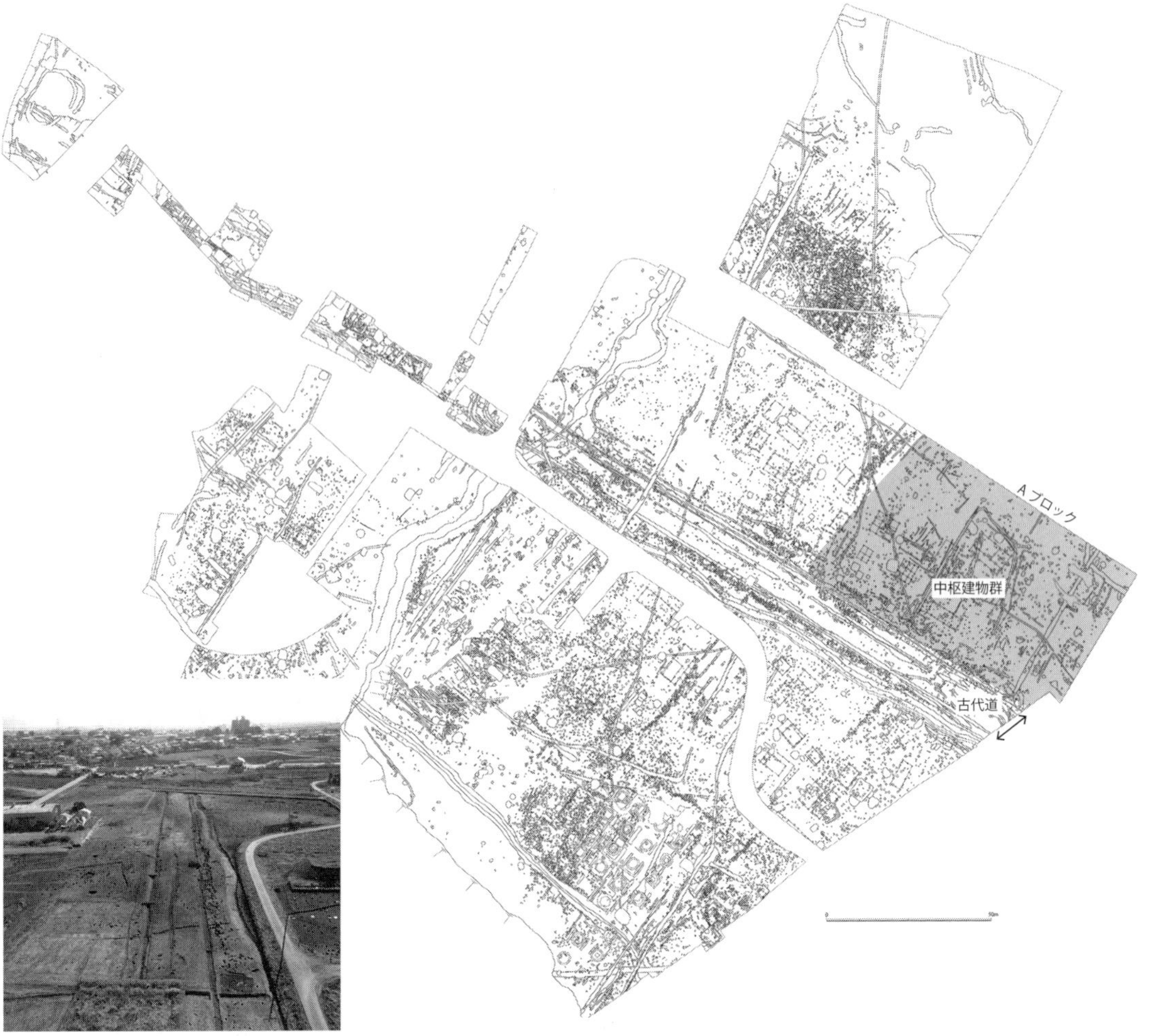

第３図　岡田地区遺跡主要地区遺構配置図と検出された古代道

六〕、大宰府と豊後国府間を連絡する駅路の発見となった。

　道路遺構は側溝敷設型で、側溝芯心距離９．０±０．２㍍の幅を約360㍍にわたって維持している高規格道路である。第３図に示したように、官道は方二町に展開する官衙的な施設の中心を抜け、柱穴が群集する柵状遺構に仕切られた六つのブロック内には大小の掘立柱建物四八棟が配置されていた。北東の建物群は中枢となるロの字型の建物配置をもつ一群であり、「傔」の銘がある墨書土器が多数出土していることから、武官的な性格を持ち国司のサポートに当たった「傔仗」が駐在したとの解釈がなされている。

　遺構の年代については、上限は不明であるものの、基本的に大宰府編年Ⅳ～Ⅴ期（八世紀後半～九世紀初頭）が主体である。大宰府土器編年Ⅱ～Ⅲ期（八世紀初頭～中頃）の遺物も微量ではあるが含み、また大宰府土器編年Ⅵ～Ⅶ期（九世紀中頃～末）に埋没する遺構もあるが、官衙の中枢となる建物群（第３図Ａブロック）の出入口に想定される場所などに廃棄土坑があって、遺構の時期を評価する基準になった。廃棄土坑の出土遺物には、土師器や須恵器があり、器種は供膳具が多い。その年代観を埋没年代の下限とみて、建物群の機能停止の時期を大宰府土器編年Ⅳ～Ⅴ期とし、この建物群は八世紀代を通じて機能していたものと考えられる。

また、特に重要なのは、官道の際に形成される土壙墓の年代が、副葬された瓦器皿や華南産白磁（Ⅳ類・Ⅴ類）から大宰府土器編年Ⅹ～Ⅺ期（十世紀末～十一世紀中頃）まで時期が下がるのに対し、官衙に関わる建物遺構はⅦ期以降のものが確認できないことである。つまり、官衙が機能を停止した後も、古代道だけは使用され続け、Ⅹ～Ⅺ期には廃道になって、墓が作られたと考えられるのである。

この岡田地区遺跡の北西1.4キロの付近には、長丘駅家の遺称地とされる筑紫野市大字永岡（の丘陵）がある。先に述べた阿部義平氏が羅城の存在を推定した場所でもある［阿部 一九九一・二〇〇三］。ただし、長丘駅家の考古学的な所在は未だ確定しておらず、岡田地区遺跡についても駅家であるかどうかを考古学の手法だけで認定することは難しい。しかしながら、岡田地区遺跡の最大の特徴は、八世紀代の古代道（西海道）とそれに接する官衙の遺構が同時期に併存していることにある。古代交通に深く関わる施設であることに異論はないであろう。駅家でなければ、可能性があるのは「関剗」である。

「関剗」は、国境に置かれるのが基本である。岡田地区遺跡の場合、御笠郡と夜須郡の郡境にあることから「関剗」と考えるのに若干の躊躇があったが、大宰府から東南の方向に向けて、古代道が宝満川を渡河する付近に遺跡はあり、陸路・水路ともに兼ね備えた交通の拠点であり、三関の一つである不破関などの地形とも符合すると考える。

『令義解』軍防令置関条には「境界之上、臨時置関応守固皆是也。」とあって、主要な境界上に関が設置されていた。八世紀後半代の大宰府は、天平十二年（七四〇）の藤原広嗣の乱以降、一時的に大宰府が廃止され、西海道（とくに大宰府周辺域）の秩序の回復が急務であったと考えられること（『続日本紀』天平十三年記事）なども、岡田地区遺跡が「関剗」の一つであった傍証として挙げられるのではないかと考える。

『令義解』軍防令置関条によれば、三関の場合は、武器庫があり国司の目以上が守固に当たっていたとされる。三関以外の関では、国司の常駐は定められていないが、時には巡回をしたものと想定される。岡田地区遺跡では、「傔」銘の墨書土器が一〇点出土しており、これが「傔仗」の略記ならば、府の官人のなかでも位階の低い武官的な性格を持つ傔仗が、関剗に駐在した可能性も考えられる。他にも出土した墨書土器のなかには「掾」「目」と見られるものもあり、なかでも「傔」は掘立柱建物が口の字型に配置される官衙中枢地区（Aブロック）の廃棄土坑から多く出土しており、国家が関与した官衙に関連する遺跡であることを墨書土器が明白に語っている［小鹿野 二〇〇一］。なお、墨書土器のなかには、「堺」銘の墨書土器も一点出土しており、本稿において「境界」を論じるために重要であるので注記しておく。

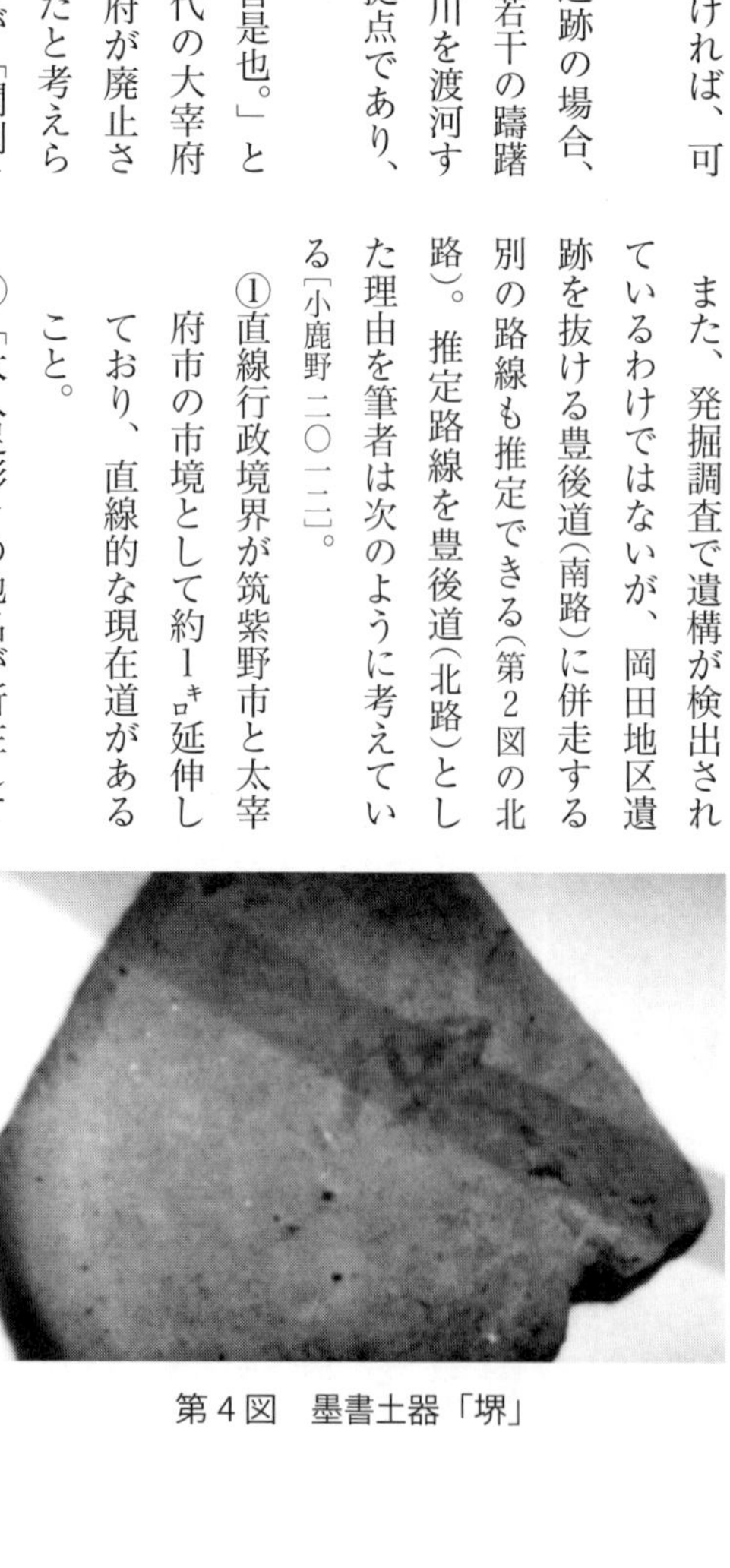
第４図　墨書土器「堺」

また、発掘調査で遺構が検出されているわけではないが、岡田地区遺跡を抜ける豊後道（南路）に併走する別の路線も推定できる（第２図の北路）。推定路線を豊後道（北路）とした理由を筆者は次のように考えている［小鹿野 二〇一二］。

①直線行政境界が筑紫野市と太宰府市の市境として約1キロ延伸しており、直線的な現在道があること。

②「大人足形」の地名が所在して

いること。

③東方の延長に夜須郡家推定地である八並遺跡（筑前町）が所在すること。

④道の西方延長が大宰府条坊の南東隅を指向していると推測されること。

官道の想定線が近世の日田街道の一部と一致する点も興味深いが、とくに注目したいのは「大人足形」の地名である。文化年間の『太宰府旧蹟全図』に記載され、現在地名との相対的な位置関係から筑紫野市大字針摺～牛島間が「大人足形」の推定地と推測される（第2図K～M）。この「大人足形」地名について、寛政十年（一七九八）の『筑前国続風土記附録』は「〇此村の境地に元村といふ所あり。昔の村跡也。延寶年中今の地に移すといふ。元村の地に地蔵の石仏あり。正中二年八月十日と彫れり。昔民居ありし時造立せし物なるへし。」、また、「此村（※元村）の乾二町許に大人の足形とて丸く窪き所水溜り二反余あり。山城国乙訓郡大谷新田村にも、大人の足形の井といふあり。かかる類ひなるへし。」と記す。

文中にある正中二年銘の地蔵の石仏とは、現在筑紫野市指定文化財となっている牛島地蔵石仏（図像板碑）で、その原位置は牛島字元村（県立

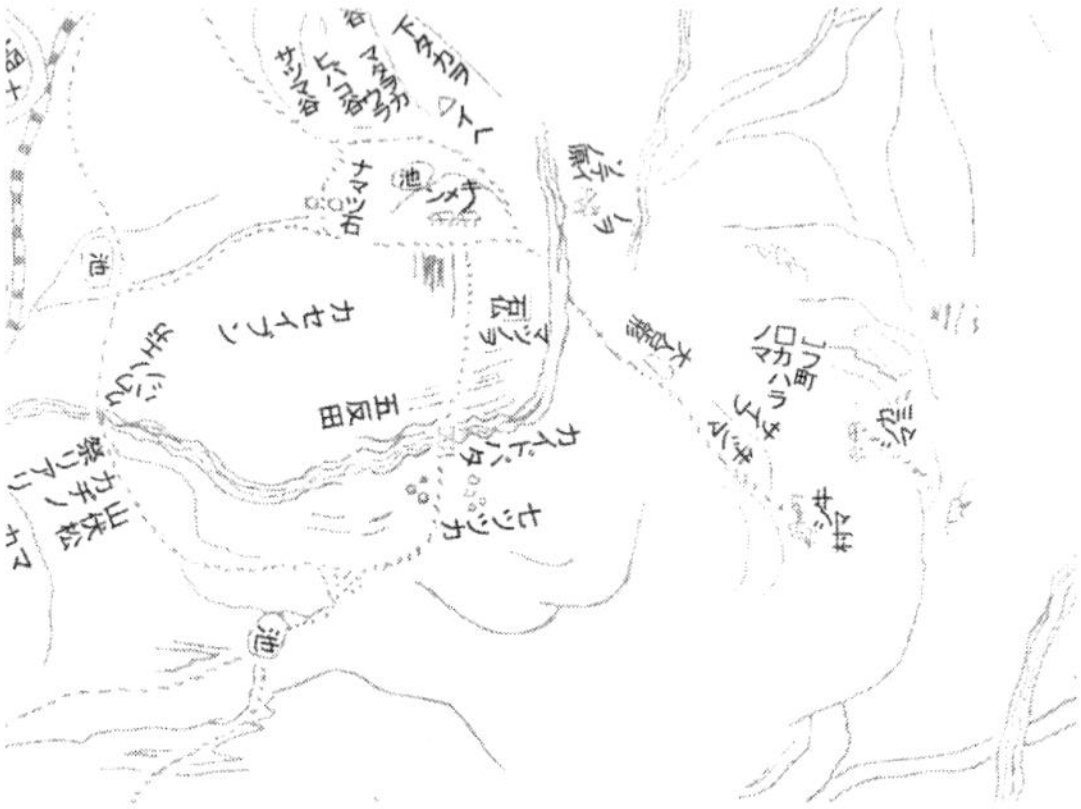

第５図　太宰府旧蹟全図（北図書き起こし）大人足形

福岡視覚特別支援学校の北側）であり、ここから「乾二町の丸く窪きところ」を考えると、太宰府市との市境にある片谷池（第2図L）がこれに相当する可能性が高い。

この豊後道（北路）については、夜須郡家推定地（筑前町の八並遺跡）方面へ延伸するものとみられ、この点について木本雅康氏は伝路であると解釈している〔木本 二〇一七〕。この場合、岡田地区遺跡を抜ける古代道が国府をつなぐ駅路と想定されることから〔日野 一九七六〕、豊後道については、駅路と伝路が併走していることになる。また、北路は、その走向から御笠地区の平野南方（牛島付近、第2図N）で後に述べる豊前道と合流するものとみられる。この動線が重要である。いずれにしても、従来は南路一道のみが駅路として想定されていたが、古代を通じて南北の二道が同時に併存し、南路と北路のそれぞれの道の結節点が集まる現象は、大宰府の東方の境界を考えるうえで考慮しておくべきであろう。

さらに、東方の境界を考える上で見落とせないのが豊前道と豊後道（北路）の合流点を見通すかのように、その東側に阿志岐山城が選地されていることである。阿志岐山城は、一九九九年に発見された全国で二三城目の古代山城跡である〔筑紫野市教委 二〇〇八〕。いわゆる神籠石系山城で、瀬戸内海へ通ずる豊前道が米ノ山峠から下ってくる谷筋の大宰府側開口部に立地しており、蘆城駅家などにみられる「蘆城」の遺称地と考えられる大字「阿志岐」の地名が残されていることは重要である。城が所在する宮地岳（標高338・9㍍）は、筑紫野市の南東部の大根地山（標高652㍍）から派生する独立峰で、宮地岳の南東には広大な甘木・朝倉平野が広がっている。

山中において現地踏査で発見された列石や土塁などの遺構は、宮地岳の北西側山腹に断続的に二二ヶ所が確認されている。土塁の総延長は約

1．3キロに及び、推定部分も入れると総延長約3．6キロ、面積では16．3ヘクタールの規模を推測している（第6図）。

列石線は、宮地岳の西側約五分の二をめぐるのみで全周はしていないが、平野部から宮地岳を臨むと、その中腹に列石がめぐるように見え、山全体を防御施設として見立てていたことが分かる。その城域正面は、御笠の平野部北方を指向しているようで、土塁が谷筋を横断する部分三箇所に、それぞれ水門と考えられる石塁が発見されている。水門跡としているが、水口等の排水構造は確認されていない。なかでも城の東端にある第三水門の石塁は、幅約23．1メートル、高さ約3．7メートルを測り、東側の列石線からさらに谷を横断する最大規模の石塁で、切石は八段前後積み上げられている。

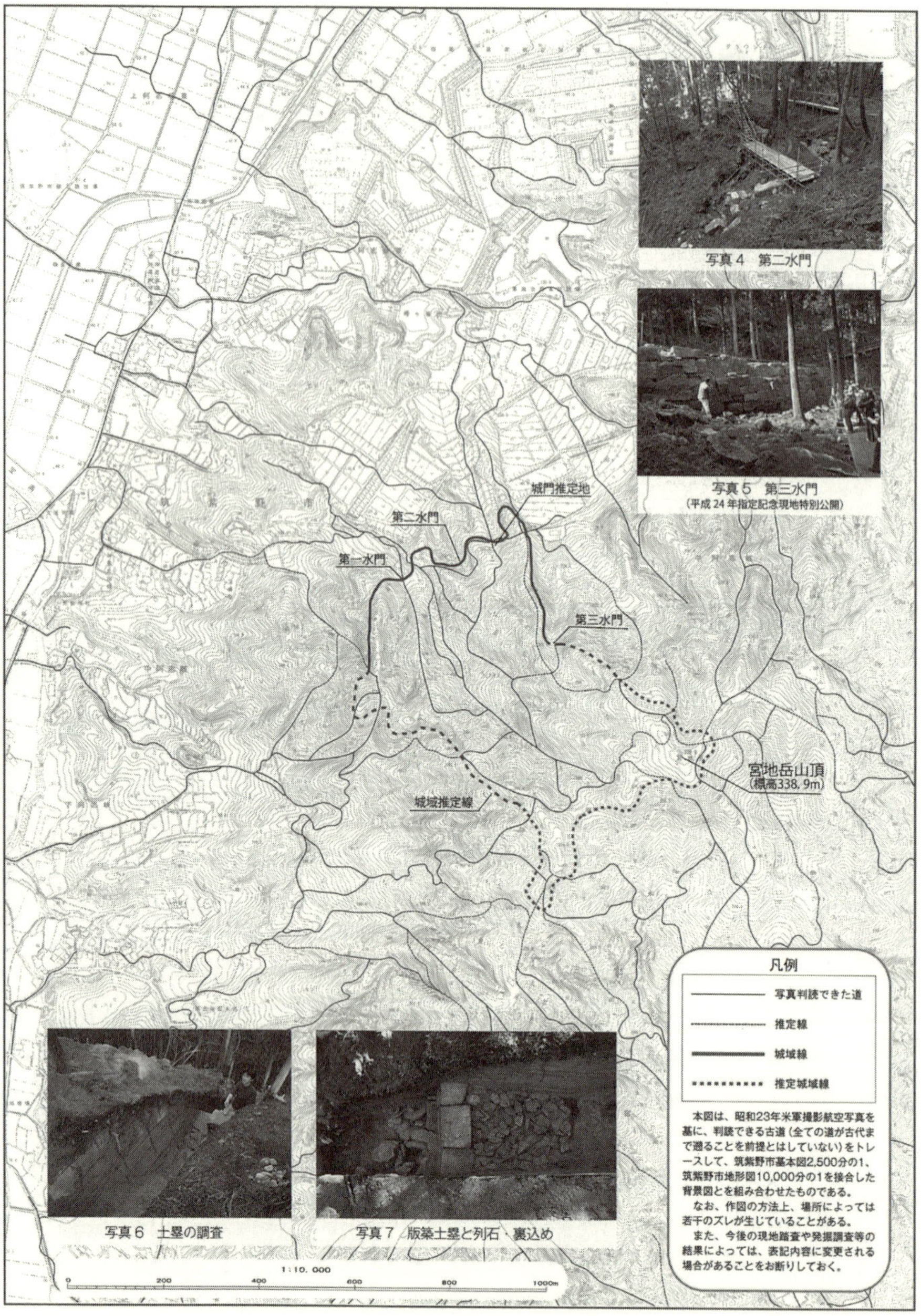

第６図　阿志岐山城周辺の山道抽出図

阿志岐山城跡は、築城技術のあり方や他の古代山城と比較するなかで、ほぼ同時代の所産であると考えられるが、大野城や基肄城などに先行するのか、後出するのか、築城年代は不詳とせざるを得ない。これまでの調査では、第三水門で須恵器・土師器・青磁などの微量の遺物が出土しているが、いずれも八世紀後半を遡らない。

また、現段階においては、城内に倉庫群のような建物跡は確認されていない。今後、建物跡（踏査成果から礎石建物ではなく、掘立柱建物）が確認される可能性も残るが、城内の平坦面は非常に限定的であり、地形からみて小規模な建物以外に確認される可能性は低い。このことは、基肄城などと異なり、阿志岐山城が広域交通路を城内に取り込んでいないこととも連動している可能性があり、その性格を考えるうえで重要であり、今後の調査によってその検証を深めていく必要がある。

3　牛島宮崎遺跡と古代道

阿志岐山城跡の西側には宝満川が流れ込む御笠の細長い平野があり（第2・7図）、その南端に牛島宮崎遺跡がある。豊後道北路の想定線に近いこの遺跡では、幅約11.5㍍の二条の溝が平行して走っていた。遺構の上限は不明であるが、埋没年代は九世紀前半である。この溝跡を道路遺構と認定できるか否かは慎重に考える必要もあるが、北に進めば宝満川の渡河点に「ヒワタシ」（第2図O）という地名があり、ここからやや東にふれるものの、さらに進むと蘆城駅家推定地の御笠地区遺跡A地点（後述）に至る。その途中には同遺跡B地点の調査区境（道路部分）に切り通し状の地形変化が認められた。今のところ、この場所を古代道（豊前道）が通っていた可能性が高いと考えておきたい。この付近は阿志岐山城を東に控える要地である。

牛島宮崎遺跡で検出した溝跡は、木棺墓と二間×五間の掘立柱建物二棟に切られていた（第8図）。墓坑内からは土師器と龍泉窯系青磁Ⅱ類（蓮弁文碗）が出土しているので、この溝が道路跡ならば、廃道になったあとに、墓と建物が建ったと考えられる。同じような現象は先の岡田地区遺跡の豊後道（南路）にも見られる。

豊前道に関わる史料は、『続日本紀』天平十二年（七四〇）十月五日条の藤原広嗣の乱を記した記事にある。投降者の報告によると、広嗣は三つのルートによる進軍作戦を練っていたといい「広嗣は自ら大隅・薩摩・筑前・豊後らの国軍あわせて五千人ばかりを率いて鞍手道より往き、綱手は筑後・肥後らの国軍あわせて五千人ばかりを率いて豊後国より往き、多胡古麻呂（率いるところの軍数知らず）は田河道より往かんとす」とある。

第７図　南方から御笠地区を望む

第8図　牛島宮崎遺跡の溝状遺構

古代道の名称がわかる僅少な史料であるが、広嗣配下の多胡古麻呂が進んだ田河道に接続するのが豊前道ではないかと想定される。また『万葉集』には蘆城駅家で詠まれた神亀・天平年間の歌九首が残されており、蘆城駅家と併せて豊前道は大宰府東方の古代における重要路線であったことがわかる。

豊前道は、蘆城駅家推定地の御笠地区遺跡Ａ地点がある筑紫野市大字吉木から、大字柚須原に至るとされるルートで、米ノ山峠を通過して現在の飯塚市方面へ抜けることができる。山間部をぬう宝満川沿いの道と推測され、急峻な周辺地形を考えると、通過地点はある程度、地形図からも看取できそうである。しかし蘆城駅家と米ノ山峠間のルートは、山が深く、現存古道として把握することは難しいことから、図上復元により、宝満川上流部の左岸に峠越えの細々とした直線ルートを想定している。

なお、現在の県道筑紫野・筑穂線が敷設される以前の旧道は、宝満川右岸の筑紫野市大字大石・本道寺側を通過していたが、古代道を右岸に想定した場合、道中で宝満川を二度も渡河せねばならず、極めて不合理である。そのうえ地形の急な落差が大きく、古代道の敷設には不適であること、蘆城駅家推定地との位置関係から見ても、右岸ではなく左岸のルートが適していると考えたい。

4　御笠地区遺跡Ａ地点とＥ地点の古代遺構

蘆城駅家の推定地である御笠地区遺跡Ａ地点では、大型建物（7.5㍍×10.0㍍）が検出されている（第9・10図）。桁五間（8.25㍍）・梁二間（3.6㍍）で、南側を除く三面に廂を設け、さらに西面には孫廂がつく。これほどの大型建物は御笠の平野部にはなく、『万葉集』に詠まれた蘆城駅家の一部ではないかと推測されている〔筑紫野市教委 一九八五〕。ただし、官衙施設の全体構造が解明されておらず、建物の性格を示す遺物もなく、古代道そのものが確認できない現状では、推定の域を出ない。

第9図　御笠地区遺跡Ａ地点の大型掘立柱建物

蘆城駅家は、現在の研究では、阿志岐かその周辺地に比定地を求めるのが定説である。元禄元年（一六八八）～宝永六年（一七〇九）に編纂された貝原益軒の『筑前国続風土記』にも「宰府の南にあり。蘆城の駅とて、むかし宰府より都へ行馬次の宿なり。蘆城より米の山と云所を通りしなん。」とあるが、所在地の特定には至っていない。しかし、蘆城駅家は奈良時代前

第10図　御笠地区遺跡A地点遺構配置図

半に設置され、『延喜式』に記載がないことから、遅くとも平安時代前半には廃止されていたと考えられており、出土遺物から御笠地区遺跡A地点で確認された建物群の時期とも符合している。

A地点を蘆城駅家と推定する根拠の一つは、付近に同時期の遺跡が確認できないことがあったが、近年の発掘調査では、阿志岐山城の西方にある御笠の平野部に、A地点以外にも古代の遺跡が展開していることが判明しつつある。A地点の南方約2.2キロ付近にある宝満川右岸の御笠地区遺跡E地点では、県道筑紫野古賀線建設による調査で、桁行き三間以上(8.5メートル)、梁行き二間(3.55メートル)の東西に長い大型建物の一部と考えられる柱穴が発見された。建物の規模は不明であるものの、柱穴の掘形が約1メートル四方とA地点の大型建物と同等の大きさであり、A地点以外にも大型建物をもつ官衙施設が展開していた可能性がある。今後は、平野全体の古代遺跡の分布も考慮していく必要があろう。

5　峠山遺跡の古代道

大宰府周辺には、条坊と連動した正方位の条里のほかに、約25度東にふれる御笠・永岡条里がその東方に展開している(第17図)。従来の歴史地理学的な古代道の評価では、道路は条里敷設のための測量計画線になっていた側面もあると解釈されており、大宰府周辺も基本的にその傾向が看取されていた。ところが、近年、これらと方位を異にする古代道が峠山遺跡と堀池遺跡で相次いで検出されている[筑紫野市教委 二〇一三・二〇一七]。

筑紫野市針摺東にある峠山遺跡の3次調査で見つかった古代道は、幅7.6～9.7メートルの大規模なものである(第2図J・第11図)。その走向からみて、遺跡の東方において岡田地区遺跡で検出された豊後道(南路)に接続する可能性は高いものの、調査地点から南へ約500メートル延ばすと、筑紫野市永岡の台地が最も狭まった狭隘部を通過する。その南東には長丘駅家推定地があり、さらに東方には岡田地区遺跡があることから、古代道がこの付近に集中しているのがわかる。この地はいわば広域交通の結節点であり、大宰府の境界域として重視されていたと考えられる。また、この台地の狭隘部を東流する山口川は、宝満川、筑後川に合流して有明

第 11 図　峠山遺跡遺構配置図

第 12 図　峠山遺跡周辺に残る古代道の直線地割り
（昭和 23 年米軍撮影航空写真）

海に注いでおり、この地が河川交通の要衝でもある点は看過できない（第12・13図）。

しかし、峠山遺跡の道路跡は、11～27度ほど西に振れ、周辺に展開する正方位の大宰府条里とは全く関係がない走向をとっている点が課題となっている。そもそも大宰府周辺における条里の施行年代の上限がわかっていないのでその先後について述べ難いが、側溝覆土中の出土遺物にも小田編年V期（七世紀後半）の須恵器が微量に含まれていることから、道路遺構が一般的にいわれる条里施行以前の所産である可能性がある。

しかし、上限の問題だけではない。出土遺物と遺構の切り合いからみて、道は継続的に利用されている可能性が高い。途中の断絶があった可能性はあるものの、最終段階の道路遺構の埋没は十一世紀後半から十二世紀中頃である。したがって、斜方位の直線道路から正方位の条里地割に準拠した直線道路へと道路網が変化していくといった単純な変遷では説明できない道路遺構なのである。すなわち、大宰府周辺においては、条里の軸に合致しない道路も含めて、同時期に複雑な道路網が形成されていたことを念頭においておく必要がある。

また、永岡の台地上は、『延喜式』に記載のある長丘駅家の推定地とされてきたが、この台地を東西に横断して豊後道（南路）に至る古代道が走っていることが以前から予測されていた。台地の西縁には、野々口栄二郎氏が『筑紫史談』上で早くから指摘していた「仮塚越え」といわれる古道（博多道）が延びていることも看過できない（第2図Pから南に延びる古道）［野々口 一九三四］。仮塚越え古道の走向は、永岡から立明寺にかけての条里地割とはズレがあって一致しておらず、条里施行前からの古道である可能性もある。なお、その古道の一部は、明治二十二年（一八八九）に敷設された九州鉄道の路線とも一致している。平坦で直線を指向する鉄道路線と古代道の路線が一致するのは偶然ではない。

第13図　峠山遺跡の古代道と長丘駅家推定地

また、条里施工よりも古いと考えられる道は、他にもＪＲ二日市駅周辺の堀池遺跡５次調査でも見つかっている（第14図）。幅約９㍍の道路遺構で、九世紀代に形成される大規模な墳墓群に先行していた。主軸方位が35度東に振れているため、ほぼ同時期にこの付近に拡がっている正方位を指向する大宰府条坊や周辺条里の方位とは全く異なっている。なお、水城の主軸は51度東に振れ、福岡平野の明治三十三年の陸測図に認められる条里地割は46～47度西に振れるもので、それらとの関連性は確認できないものの、条里制による方格地割の施行以前に敷設された道の可能性がある。どこへ向かう道なのか、引き続きその検証を行っていく必要がある［筑紫野市教委 二〇一七］。

第14図　堀池遺跡の古代道

6　前畑遺跡の土塁

大宰府の東境界を考える上で重要な遺構が、平成二十八年に前畑遺跡で確認された古代のものと考えられる土塁である。13次調査で確認された南北にのびる土塁は、筑紫野市大字若江及び筑紫地内に所在し、三国丘陵の北端に位置している（第15図）。標高は約57～62㍍で、平地との比高差は約22㍍である。土地区画整理事業に伴って発掘調

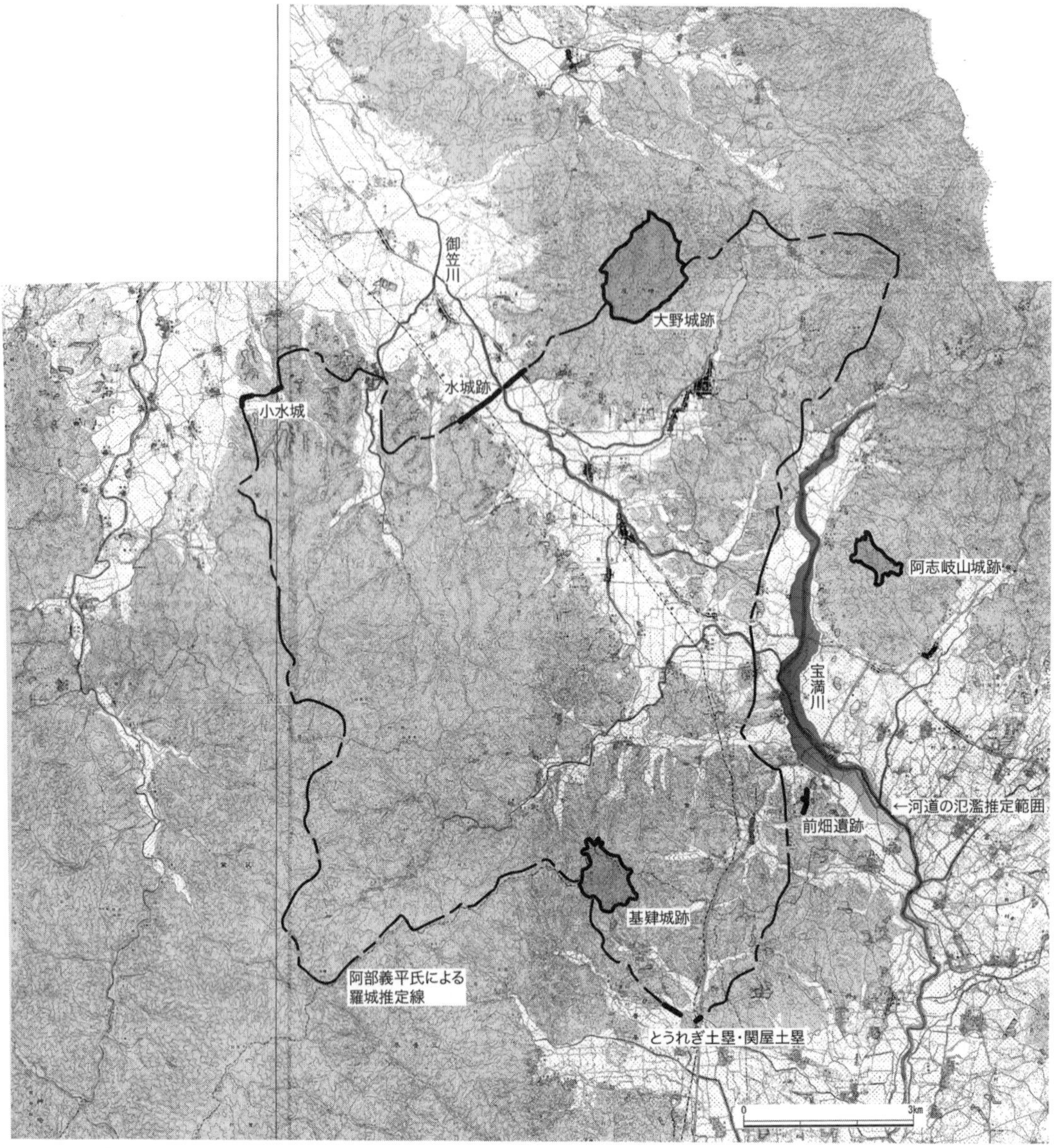

第15図　遺跡の位置関係と羅城推定ライン

第16図　前畑遺跡13次D区土塁横断部

査が行われ、地表面観察とトレンチ調査により、層状積み土(いわゆる版築)による土塁が断続的に約390㍍(推定長約492㍍)確認された。土塁の分布状況をみると、丘陵尾根のピークを避け、稜線の左右に振れながら構築されている状況から、極端な高低差を生まない施工法が採られたことが想定される(第16図)。

土塁の総合的な評価については、現在は整理中であることから本報告書に委ねるが、この土塁の推定線上には里道が重なっており、また土塁が遺存する丘陵部はおよそ南北にのびる「筑紫」と「若江」の大字界となっていることから、この地が境界としての命脈を保っていたことが推測される。

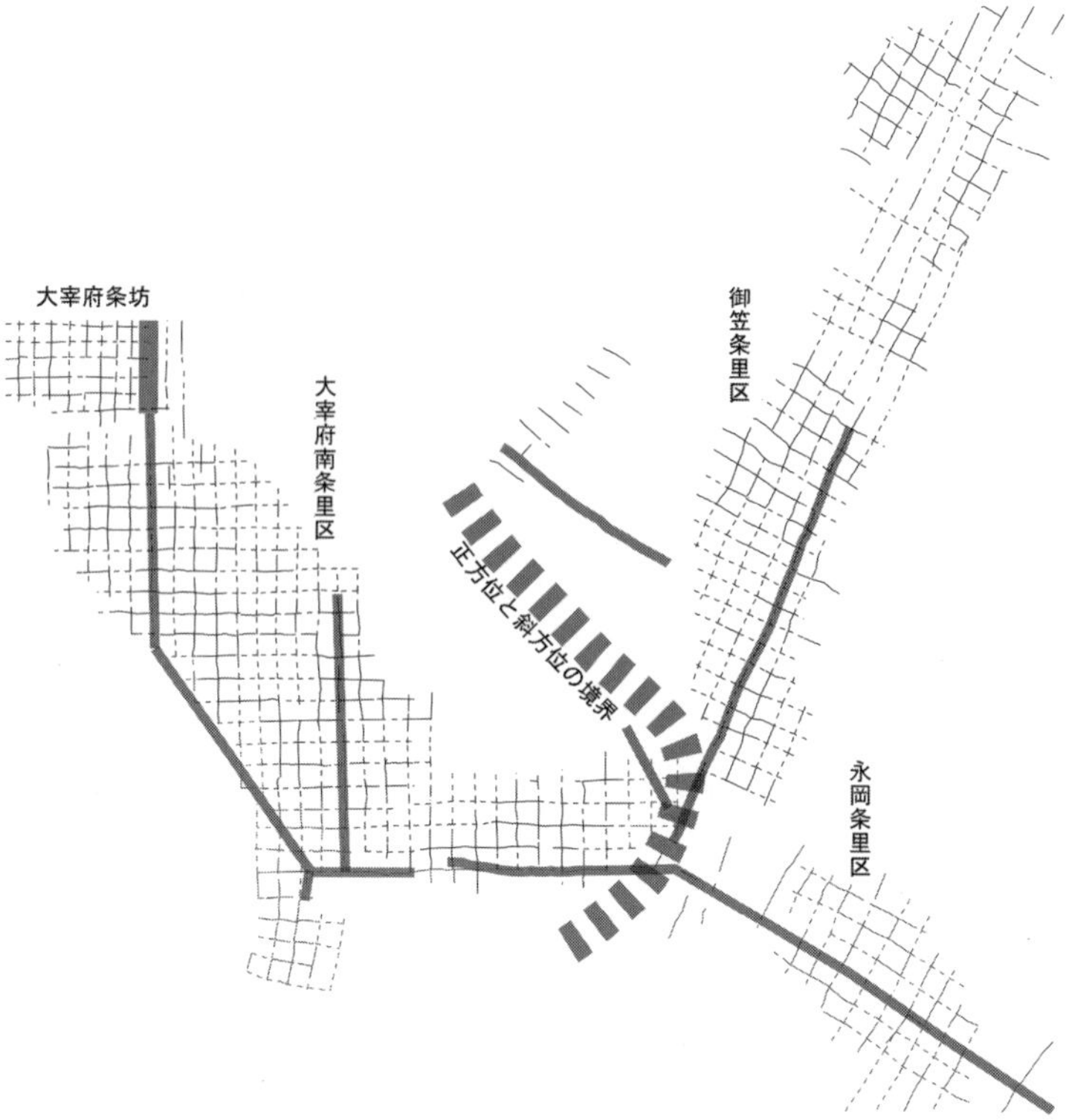

第17図　大宰府周辺の条里地割りとその境界

また、土塁が所在する低丘陵は北辺の低地に至っているが、東流する宝満川の氾濫による洪水堆積範囲を航空写真及び過去の試掘調査成果などから検討すると、土塁が遺存している丘陵の現状北辺裾から約250㍍の位置に氾濫推定範囲が最も接近していることがわかる。氾濫原と丘陵の間には湿地状の水成堆積の空間が広がっていること、丘陵の本来の裾が現況よりも約300㍍北方へ延びることからみて、宝満川を取り込んだ外界との遮蔽空間と見立てることも可能であると考えている(第18図)。

遺構の帰属年代は、土塁中からの出土遺物が確認されていないため、詳らかにはし難いが、その基盤堆積土から小田編年Ⅲb期～Ⅳ期(六世紀末～七世紀前半)頃の須恵器片が見つかっており、土塁はそれ以降の構造物で、土塁の規模ならびに層状積み土を多用する構造からみても、古代の所産であると想定される。

おわりに——三つの条里区の境界　大宰府と御笠と永岡

古代大宰府の南から東方にかけては、正方位の大宰府条里と、約25度東に振れる御笠・永岡条里が展開しているが、この二つの軸が重なるゾーン、言い換えれば土地の主軸方位が切り替わるゾーンの付近に古代道の動線が集まってくる箇所が認められる。いわば広域交通の結節点である(第2・17図)。

大宰府から九州内陸部に向かう東方のエリアには、二本の豊後道(南路と北路、言い換えれば駅路と伝路)が併走し、狭隘な御笠の平野部の北辺に蘆城駅家、南辺に長丘駅家(いずれも推定地)があって、さらに八世

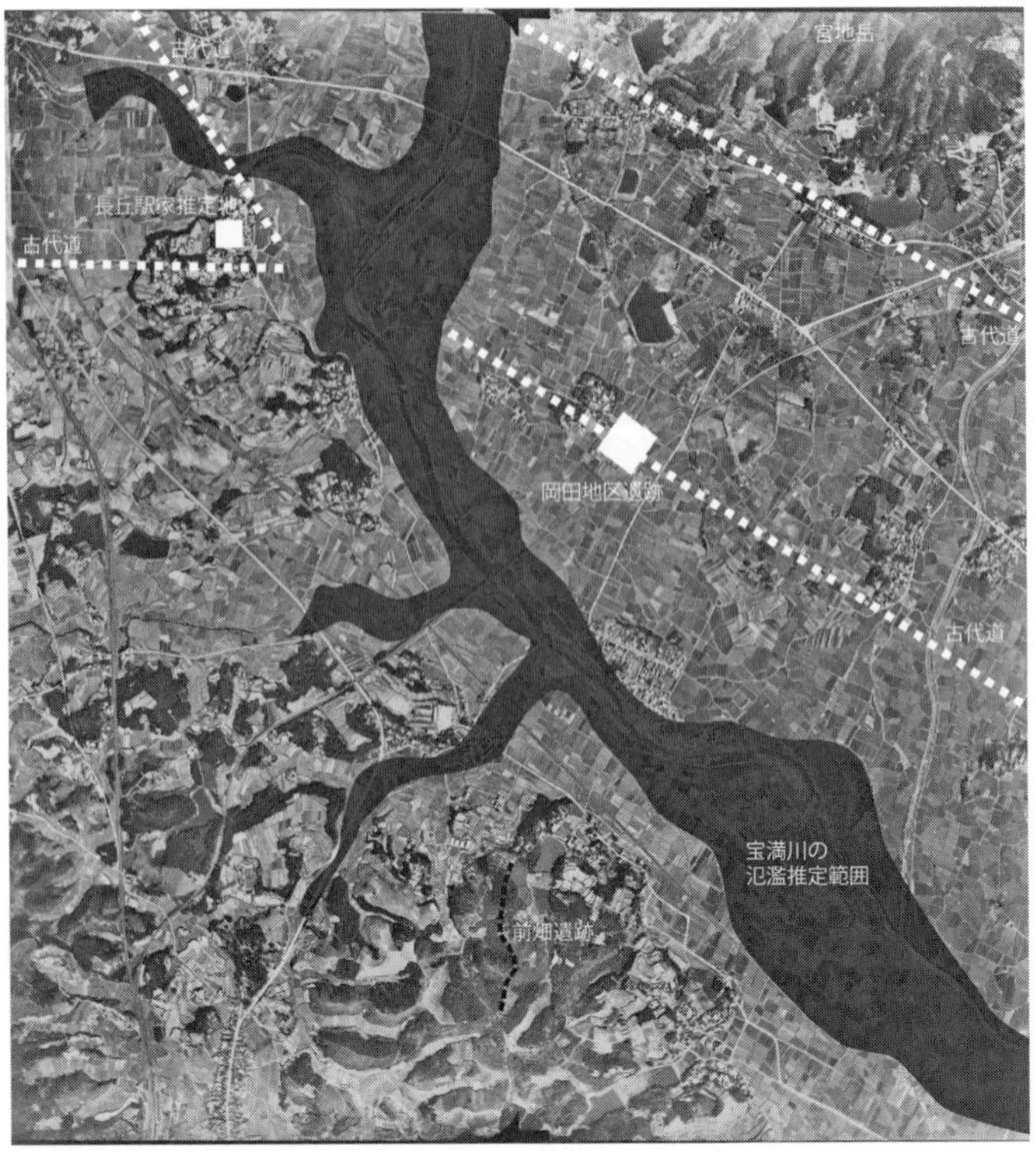

第18図　前畑遺跡と宝満川の氾濫原推定範囲

紀代にやや下るが狭い平野が開口する付近に「関剗」を想起させる官衙（岡田地区遺跡）が豊後道南路に置かれていた。さらに丘陵が最も狭まった筑紫野市永岡付近を東流する山口川は宝満川、筑後川に合流して有明海に注いでおり、河川交通にも適した空間であった。つまり、宝満川を中心とした狭長な平野部には、古代の遺跡が集中して展開しており、しかも一本の線ではなく、一定の幅を持った（時代による変化を含む）ゾーンとしての広義の大宰府東境界域として、地勢的な意味があると考える。

　また、大宰府の東境界域に築かれた阿志岐山城の性格についても、大野城や基肄城などの大宰府を構成する山城とは異なって、想定される境界からやや東に離れた位置にある外城としての役割を考えるべきであろう。このことは、阿志岐山城の城域（石塁及び土塁）が全周せずに山の西から北を正面としていること、また基肄城などとは異なって、城の西麓眼下を通過する豊前道の動線を城内に取り込んでいないこと、御笠地区の平野部の西側にある高雄から永岡の南北に延びる丘陵付近は、条里地割が正方位から斜方位に切り替わる境界意識が認められることなどからも、看過できない視点であると考える。

参考文献

阿部義平　一九九一年「日本列島における都城形成―大宰府羅城の復元を中心に―」『国立歴史民俗博物館研究報告』第36集
阿部義平　二〇〇三年「日本列島古代の城郭と都市」『国立歴史民俗博物館研究報告』第108集
井上信正　二〇一五年「大宰府」『古代の都市と条里』吉川弘文館
小鹿野亮　二〇〇一年「大宰府周辺の古代道と官衙」『古代交通研究』第12号　古代交通研究会
小鹿野亮　二〇一二年「大宰府の内なる道と外なる道」『交通史研究』第79号　吉川弘文館
鏡山　猛　一九六八年『大宰府都城の研究』風間書房
木下　良　一九九六年「古代道路の複線的性格について」『古代交通研究』第5号　古代交通研究会
木本雅康　二〇一七年「古代官道と九州の巨人伝説」『海路』第13号　海鳥社
筑紫野市教育委員会　一九八五年「御笠地区遺跡」『筑紫野市文化財調査報告書』第15集
筑紫野市教育委員会　一九八八年「岡田地区遺跡群Ⅱ」『筑紫野市文化財調査報告書』第56集
筑紫野市教育委員会　二〇〇八年「阿志岐城跡」『筑紫野市文化財調査報告書』第92集
筑紫野市教育委員会　二〇一三年「峠山遺跡第3次発掘調査」『筑紫野市文化財調査報告書』第107集
筑紫野市教育委員会　二〇一七年「堀池遺跡第3・5・6次発掘調査」『筑紫野市文化財調査報告書』第112集
筑紫野市教育委員会　二〇一八年「前畑遺跡第13次発掘調査概報」『筑紫野市文化財調査報告書』第116集
野々口栄二郎　一九三四年「王朝時代西海道駅路の一部及び其二三駅に就て」『筑紫史談』第62・63集
日野尚志　一九七六年「筑前国那珂・席田・粕屋・御笠四郡における条里について」『佐賀大学教育学部研究論文集』第24号　佐賀大学教育学部

観世音寺伽藍朱鳥元年完成説の提唱

―元明天皇詔の検討―

高倉 洋彰

はじめに

古代の九州を統轄した大宰府を文化面、宗教面で支えたのが府大寺観世音寺で、ほとんどの論説は天平十八年(七四六)の創建とする。その論拠の一つに和銅二年(七〇九)の元明天皇の詔がある。

和銅二年二月二日に、元明天皇から大宰府に対し観世音寺の営作の進捗を促す次の詔が下される。

> 和銅二年二月戊子、詔曰、筑紫観世音寺、淡海大津宮御宇天皇奉為後岡本宮御宇天皇誓願所基也、雖累年代、迄今未了、宜大宰、商量充駈使丁五十許人、及遂閑月、差発人夫、専加検校、早令営作(『続日本紀』元明天皇条)

淡海大津宮御宇天皇(天智天皇)が後岡本宮御宇天皇(斉明天皇)のために誓願して筑紫観世音寺の創建を発願したところであるが、年代を重ねても未だに完成していない。そこで大宰はいろいろと方策を検討し、駈使丁(仕丁)を五〇人ばかり、農閑期にはさらに人夫を徴発して厳しく監督し、速やかに営作させることと詔[1]はいう。したがって営作の進捗が指示されていることは明らかだが、営作の具体的な内容は明示されていない。伽藍の造営が遅れているとは明言されていないから、遅れているとされる営作が何を意味するのかを明らかにする必要がある。にもかかわらず、この詔は観世音寺伽藍の造営の遅れを意味するとされ、七〇九年以降に創建を考えさせる論拠になっている。仕丁五〇人余、農閑期にさらに人夫を増員して造営を急がせたと解するのであるが、この人数で伽藍造営の進捗にどの程度効果があるのであろうか。この点を検討した論説は無い。

実は、伽藍造営にあたってこの程度の人数の増加は焼け石に水で、まったく無意味である。引用されることはないが、観世音寺に関して、建設工事に必要な材料、人夫の種類と食米、一日当たりの人数を具体的に記録した長暦元年(一〇三七)の「年中修理米用途帳」(以下「用途帳」とする)がある[2]。後に詳しく検討するが、「用途帳」と比較すると、五〇人程度の仕丁の増員では半日の仕事にも不足する。したがってこの詔は伽藍の造営を急がせているとは考え難い。

以下、発掘調査の成果や「用途帳」の分析、天平十八年にいたる観世音寺の動向などを通じて、観世音寺伽藍の完成時期を考察することにする。

1　天平十八年落慶供養説の根拠

観世音寺伽藍の創建年については、ほとんどの論文や研究書・著書が「天平十七年(七四五)には僧玄昉を造寺完成のため筑紫に下向せしめ、翌年じつに天智朝より八十余年を経てようやく完成をみたのである」〔小田 一九六七〕「この日は観世音寺の落慶供養の日と言い、これによって観世音寺はこの年に完成したとみなされている」〔長編 二〇〇三〕「八〇余年の歳月を費やして天平十八年(七四六)に落慶法要が行われた」〔小田編 二〇〇五〕のように、天平十八年(七四六)に完成・落慶供養したとし[3]、六月十八日と具体的な月日を記すこともある。しかし、周知の事実として、いずれの論説もその根拠を示していないが、次の史料によったことは明らかである[4]。

僧玄昉が筑紫観世音寺を造るために天平十六年十一月乙卯(二日)に派遣されたこと、その玄昉が天平十八年六月己亥(十八日)に大宰府において死去したことが『続日本紀』に記録されている。「天平十八年六月己亥、僧玄昉死、玄昉俗姓阿刀氏、霊亀二年入唐学問、唐天子尊昉、准三品令著紫袈裟、天平七年随大使多治比真人広成還帰、齎経論五千余巻及諸仏像」云々と玄昉の功績を讃えている。しかし僧としての行いに欠けるところがあったらしく、それが反感を買って「時人悪之」いい、「至之死於徒所、世相伝云、為藤原広嗣霊所害」と、玄昉の死去が藤原広嗣に祟られたからと世間で伝えられたことを付記している。しかし落慶供養に関しての記述はない。

玄昉の死に関していくつかの史料に記載がある。もっとも古いのは『今昔物語集』(十一世紀末〜十二世紀前半成立)で、藤原広嗣の悪霊が玄昉の首を欠きとったというが、観世音寺の名前は出てこない。観世音寺と関連してくるのは同じ時期に成立した『扶桑略記』からになる。

関係個所を抜き出すと、

「玄昉法師大宰府観世音寺供養之日、為其導師、乗於腰輿供養之間、俄自大虚捉捕其身、忽然失亡、後日、其首落置于興福寺唐院」(『扶桑略記』十一世紀末〜十二世紀前半成立)

「玄昉法師、大宰府観世音寺供養之日為其導師、乗於腰輿供養間、俄自大虚捉捕其身忽然失亡、後日其首落置于興福寺唐院」(『七大寺年表』十二世紀後半成立)

「二十有二夏六月、玄昉夭」「天平十八年六月、観世音寺成、昉師慶之、忽空中捉昉、不見其形、後昉頭落興福寺唐院」(『元亨釈書』一三二二年成立)

「同十八年六月、大宰府観世音寺造立供養アリ、玄昉僧正導師タリ、高座ニ上テ啓白シ給ケルニ、俄ニ空掻曇雷電シテ雲高座ニ巻下シ、導師ヲ取テ天ニ騰ル、次年六月彼僧正ノ生シキ首ヲ、興福寺南大門ニ落シテ、空ニ咄ト笑声シケリ」(『源平盛衰記』南北朝成立)

「広嗣事、天平十八年丙戌大宰府観音寺供養之日、玄昉僧正其導師、乗腰輿之時、自大虚有声、采其身忽然失亡云云、後日其首落興福寺唐院」(『尊卑分脈』一三九五年までに成立)

となる。『七大寺年表』・『尊卑分脈』が『扶桑略記』の引用であることは、文面を比較すれば明らかである。「天平十八年六月、観世音寺成、昉師慶之」と、天平十八年六月に観世音寺が成り、その慶事の導師を玄昉が務めたことをうかがわせる『元亨釈書』の記事も、『扶桑略記』の引用であることと、他の諸書が「供養」「造立供養」とあり落慶供養とする例はないことから、伽藍の完成を証する記事とは言えない。『太宰府市史』古代資料編は、『扶桑略記』や『元亨釈書』などによれば、この日は観世音寺の落慶供養の日と言い、これによって観世音寺はこの年に完成したとみなされている。」としている〔長編 二〇〇三〕が、史料を提示したように供養の日とはあるものの、『扶桑略記』・『元亨釈書』のどこにも落慶供養の日という文言はない。

　落慶供養でなく供養であれば、意味は大きく異なる。奈良大仏の開眼供養や初めて梵鐘を撞くときの鐘供養、今でも二月八日あるいは十二月八日に針仕事で折れた針を供養する針供養のように、供養は法会のことである。たとえば康平七年(一〇六四)の講堂焼亡で被災した本尊の不空羂索観世音菩薩像は猛火の中を運び出されるが、一部に破損があったらしく、補修の後に再建された講堂に安置される。これを『扶桑略記』は、瓦葺五間四面講堂が造立され、そこに火災で破損し修復された金色丈六観世音像・丈六埝像・不空羂索像を再び安置したから、延百余人の僧で供養したと記録する。供養の主体は仏像にある。このように「落慶」が付かない限り供養だけでは建物の完成を意味しない。強いて述べれば、『源平盛衰記』に「造立供養」とあるのが伽藍の造立を意味するかのようであり、その意味で使われることもあるが、ふつう仏像の完成を意味している。

　仮に「落慶供養」とあったとしても、落慶は寺の創建をただちに意味しない。観世音寺は火災や大風で伽藍建物が何度も焼亡・倒壊しているが、その伽藍や堂宇の一棟を再建・重建した場合にも、落慶供養は行われる。したがって天平十八年の供養は寺院の行事としての法会であって、たまたま玄昉の死という奇禍があったために記録された可能性も否定できない。このような脆弱な根拠から観世音寺伽藍の天平十八年完成説が論じられているのが現状である。

2　発掘調査の成果

観世音寺造営の時期区分　完成の記録を欠く大宰府政庁は発掘調査によって、大野城・基肄城・水城が構築された六六〇年代に現在地に設置され(第Ⅰ期、六六五年前後)、大宝律令のもとで朝堂院様式での整備(第Ⅱ期、七〇〇年ごろ)、天慶の乱による藤原純友の焼き打ち後の再建(第Ⅲ期、九四一年より後)が明らかになっている。同様に観世音寺も、一九七六年度に実施された僧房(大房)を対象とする第四三次調査から本格的な発掘が始まり、二〇〇二年度の金堂を対象にした第一二六次調査まで発掘調査を積み重ね多くの成果を得て一段落している。その成果は九州歴史資料館から発掘調査報告書五分冊[5]、それをまとめて吉川弘文館から大部の『観世音寺』として刊行されている〔九州歴史 二〇〇七〕。

その結果、観世音寺の伽藍造営は講堂基壇の構築時期を分期の基準として

Ⅰ期　八世紀前半代(天平十八年頃に比定)……………瓦積基壇
Ⅱ期　十世紀後半代(講堂正面を南に2㍍程拡幅し、孫廂を付けた時期、治暦二年〔一〇六六〕の再建時期に比定)……………乱石積基壇
Ⅲ期　十五世紀代(Ⅱ期の基壇正面を0.7㍍南へ拡張)……乱石積基壇
Ⅳ期　十七世紀代(正面と背面に孫廂が付き、基壇規模が最も大きくなる。また寛永八年〔一六三一〕の仮堂建設記事と「寛永」紀年銘を有する鬼瓦が符合することを指摘)……………石垣積基壇
Ⅴ期　元禄元年(一六八八)の黒田忠之による再建…………切石基壇

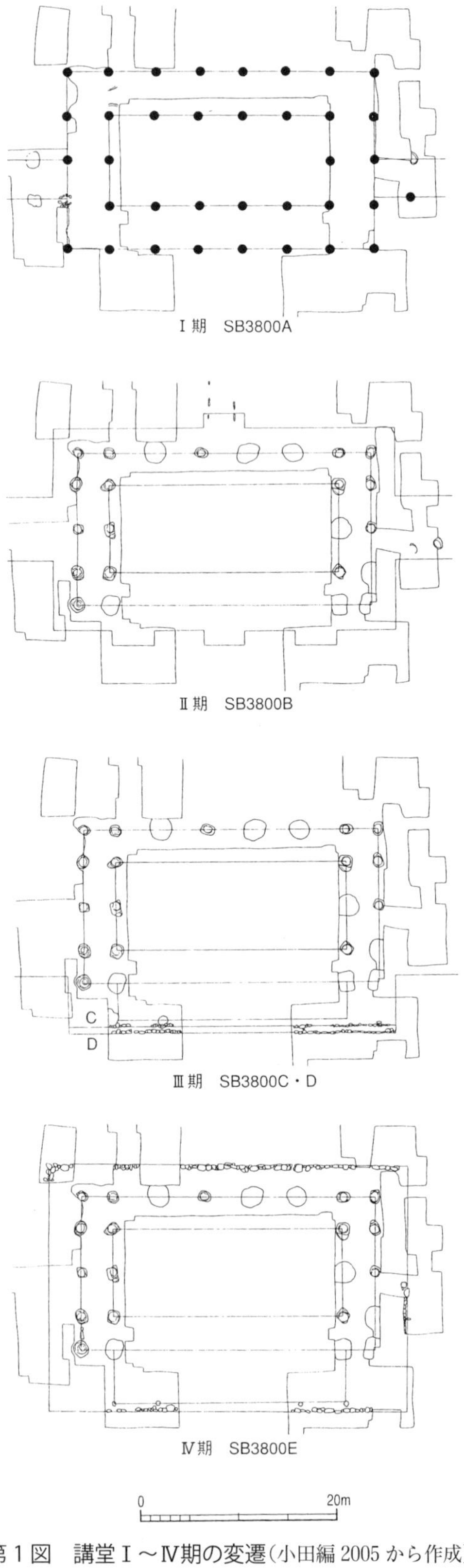

第１図　講堂Ⅰ～Ⅳ期の変遷（小田編2005から作成）

の五期に分けられ、[6]創建伽藍の造営はⅠ期（天平十八年頃）に特定されている［小田編二〇〇五］。したがって考古学の成果からも天平十八年伽藍完成説が裏付けられた観がある。

金堂・講堂の遺構　「延喜五年資財帳」（以下「資財帳」とする）に長五丈四寸、広三丈四尺五寸とある瓦葺金堂ＳＢ４６００は東西18．0㍍、南北24．0㍍に推定できる瓦積基壇の上に南北棟で建っていた。基壇は基盤に砂岩製切石を据え、その上に創建瓦の老司Ⅰ式瓦を積んでいる。建立の時期を示す土器などの遺物は出土していない。基壇に積まれた瓦からみて、老司Ⅰ式瓦よりも遅れて金堂基壇、そして金堂が造営されたことになる。

現在の講堂は元禄元年に福岡藩主黒田忠之によって再建されたものだが、周囲に一六個の礎石が残っている。創建講堂の礎石と考えられていたが、礎石の下から別の礎石据付穴が検出され、再建期（Ⅱ期）のものであることが明らかとなった（第1図）。Ⅱ期礎石は身舎に対して庇が幅狭になっている。発掘調査で確認された創建講堂ＳＢ３８００Ａは桁行七間31．5㍍（一〇丈五尺）等間、梁行四間18．0㍍（六丈）等間、柱間一五尺であった。「資財帳」には講堂は長一〇丈、広五丈一寸、七間々長各一丈四尺とあるから、梁行・桁行・柱間ともに遺構と異なる。だが、一丈五尺とする柱間の間隔に違いはあるが、等間であることはⅠ期礎石と一致している。なお、Ⅰ期講堂の基壇は砂岩製切石に瓦を積んでいて、金堂基壇に通じている。土器などの建立時期を示す遺物は出土していない。

僧房（大房）の遺構　大房の遺構は講堂の北側で検出されている。第四三次調査で、動いていたが礎石二個、根石を残すものを含め礎石据付穴二九個が検出され、梁行四間、桁行一九間以上の長大な東西棟の二面庇建物であった。講堂後背にあるこのような長大な建物は「資財帳」から

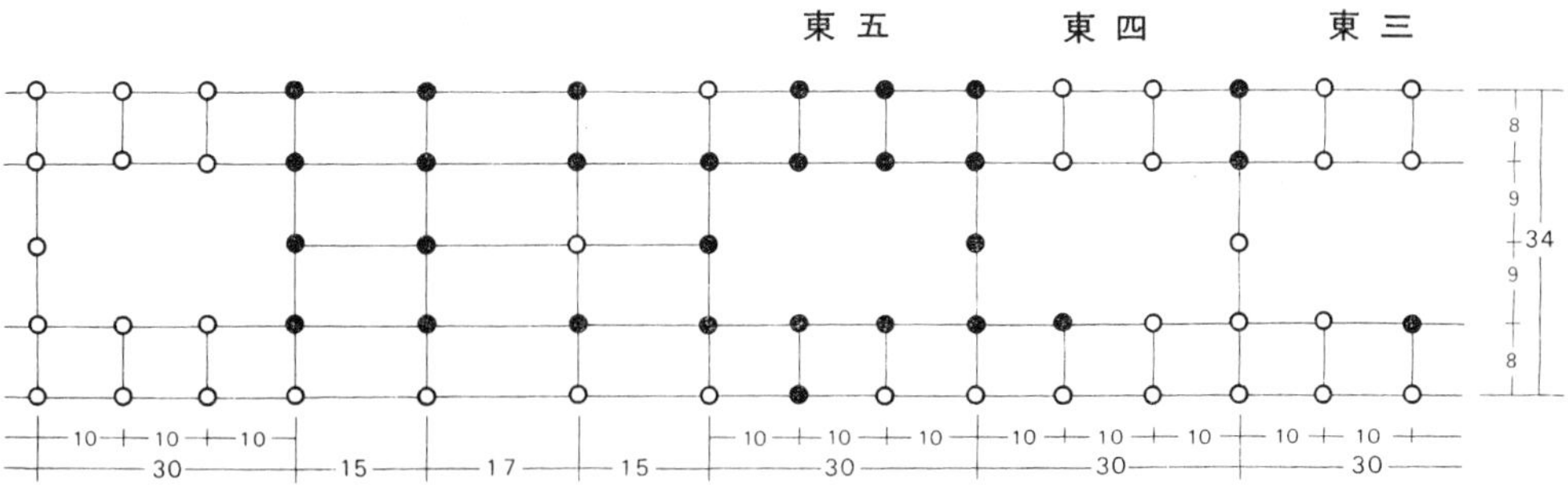

第２図　大房間取り復原図（石松ほか 1997 から）

みて大房しかない。

史料からみると、「資財帳」に記録され康平七年（一〇六四）に塔・金堂・講堂・回廊などとともに焼亡した僧房がもっとも古い。すぐに再建されたらしいが、康和四年（一一〇二）に金堂・戒壇院・回廊・大門などとともに大風によって顚倒している。それは四年後に修造されているが以後の記録は無い。そこでそれぞれをⅠ期・Ⅱ期・Ⅲ期とすると、大房ＳＢ１０８０は礎石面を残さないまで削平されていて、時期を示す出土遺物は無いが、「資財帳」や「用途帳」の記述と一致する部分が多いことや梁行の方位の振れなどから、Ⅰ期大房とみられる。

発掘調査で検出された大房は、遺構の配置、長卅四丈二尺、広三丈五尺五寸、卅三間壁とする「資財帳」、東に五室あったとする「用途帳」から、間取りを復原できる。桁行は「資財帳」に卅三間壁とあり、間口三三間になる。発掘調査で検出された礎石（根石）据付穴の配置（第２図）から、観世音寺中軸線上に一七尺の中央間、その両側に一五尺の脇間がある。さらにその東西に三間ごとに柱をもつ礎石が配置されていて、東に五室があったことを示す「用途帳」と、西でも一室検出されている遺構から、間口三間三〇尺で一室になる部屋が東西に五室あったと復原できる。これから桁行三四七間（104・1メートル）の長大な東西棟になり、[7] 大房の北側に想定できる小子房や客僧房などと講堂などの中枢堂宇とを遮ることになるから、中央間は通路としての馬道であろう。

つまり大房は中央の馬道、その東西両側に柱間一間の脇間二室、間口三間で一室となる東西各五室からなり、合わせると「資財帳」記載の長さ三三間になる。

こうして検出された遺構はⅠ期大房と判断できる。

時期設定への疑問　調査報告書は伽藍Ⅰ期の完成、正しくはⅠ期基壇の完成を「天平十八年」とするが、基壇の無い大房は措いて、金堂・講堂の基壇築成期の設定は天平十八年落慶供養説に惑わされたのではないかとする疑問が生じる。仮に天平十八年元旦に基壇が完成したとしても、後述するように、如何に事前に用材の入手や製材、加工をしていても、延べで数万人あるいは数十万人の人夫を動員しても、半年後の六月十七日までに金堂・講堂を同時に着工して完成させるなど不可能だからである。時期をうかがわせる遺物も出土していない。

「資財帳」には回廊・築地を除いて、

仏殿章　一九宇　瓦葺大門一宇、瓦葺中門一宇、瓦葺五重塔一基、瓦葺金堂一宇、瓦葺講堂一宇、瓦葺鐘楼一宇、瓦葺経蔵一宇、菩薩院二宇（板葺門屋・桧皮葺堂）、戒壇院四宇（桧皮葺堂・板葺礼堂・東門屋・西門屋）、客僧房六宇（瓦葺大房・瓦葺小子房・板葺小子房・瓦葺馬道屋・桧皮葺客僧房・草葺客僧房各一）

温室物章　一宇　芋葺屋一宇

大衆物章　九宇　菩薩院に築地を隔てて東接する大衆院の建物（桧皮葺北厨・桧皮葺西厨・瓦葺竈屋・草葺水屋・板葺備屋・草葺碓屋・芋葺東方板倉・草葺南方板倉・草葺造瓦屋各一）

五宇　戒壇院西築地外の政所院の建物（芋葺屋・桧皮葺東板倉・桧皮葺第二板倉・草葺西第二板倉・芋葺第五亀甲倉各一）

三宇　不明（草葺厠・茅葺？西第北板屋・桧皮葺西方問屋各一）

が記載されている。これら三七の堂宇建物の全てが創建時に揃っていなかったであろうことは、遅れて設置された戒壇院にうかがえるが、(8) 観世音寺の堂宇は数多い。金堂や講堂に先行して造営された堂宇も多くあろう。(9) それにしても中枢の金堂や講堂を築地や回廊の後に造営することは、建築用木材や足場の木材、多量の瓦類などの搬入を考えただけでも、工程に大きな無駄が生じる。天平十八年前半という短期間で基壇・金堂・講堂を完成させ、それを囲繞する回廊・築地を整えることはできない。

さらに堂宇を荘厳し、本尊を安置して威儀を整える必要があるから、落慶供養の日を迎えることは不可能である。基壇Ⅰ期設定を裏付ける出土遺物も無い。発掘調査では観世音寺の創建期（Ⅰ期）伽藍の完成の時期を明らかにできなかったことが実情としてみえてくる。

３　長暦元年「年中修理米用途帳」の検討

「年中修理米用途帳」について　既知の史料に記載されず発掘調査でも解明できなかった観世音寺伽藍の完成時期は、実は、見過ごされてきた史料に手掛かりがある。

観世音寺修理所の別当大法師覚命、勾当大法師観恵らは、長元九年（一〇三六）八月から翌年四月の間の、大僧房・回廊・金堂の修理造作に要した材料代と工夫の食米を合わせた修理米を事細かく記載し、長暦元年（一〇三七）に観世音寺公文所に対し請求している。

たとえば大僧房（大房）の場合、「東第三三間第四三間第五三造作工夫食米二百七石七斗五升」を請求している。

修理の個所は、東室のうち東から数えて第三番目の「東第三三間」部屋、四番目の「東第四三間」部屋、同様に脇間と第四三間に挟まれた五番目の「東第五三間」部屋になる。各部屋が三間とあり、各部屋の間口は三間だから、東西に各五部屋ある大房の東室のうち東から三・四・五番目の三室が補修の対象になっている。(10) 最大で柱間が九間であるから、三室の全てを補修したとしても大房全体の30％を下回る規模の修理であった。

その修理に要した材木が内柱二本・外柱九本・大斗六果・小斗十八果などの形状別に、長さや口径などの尺寸を注記しながら詳細に記載されている。記述からみて、大房の東二室と東三室、東五室と東脇間の室境の柱は修理に影響しないだろうから、修理個所の礎石に立つ柱の総数は三二本になる。このうち外壁に使われる柱が一六本、室境を含めた部屋の内部の柱が一六本になる。「用途帳」の内柱二本、外柱九本はそれを指すのであろう。取り替えた柱の数は少ないが、瓦を六〇〇〇枚葺き替えていることから、大房の一部の補修であったが、相当に大掛かりな修理であったともいえる。

工夫食米二百七石七斗五升の内容を、大房の「釘」の部分を検討のために引用すると

釘七百六十隻　一尺二寸十隻　七寸六寸五寸

料錬八十廷　直絹八匹
疋別十疋　直米十八石
鍛冶二人　単卌人廿ヶ日
食米二石　日別五升
体二人　単卌人廿ヶ日
　食米八斗　日別四升　人別二升
裏板千三百枚　採出夫食米
葺瓦六千枚
　工夫駈仕
　　食米十八石　已上卅八石八斗

とある。釘の場合、鍛冶の一日当たり食米は五升(日別五升)で、二〇日かかったので鍛冶二人の延人数が四〇人分(単卌人廿ヶ日)になる。これに対し鍛冶を介助する向こう鎚(体)の食米は二升(人別二升)で少ない。

鍛冶と体の次に裏板採出夫と葺瓦工夫が記載されているのは、瓦葺きが鍛冶の担当であったためであろう。採出夫・工夫については「食米十八石」とのみあるが、釘から葺瓦にいたる工程の食米総計三八石八斗(已上卅八石八斗)から、料錬八〇廷の費用に絹八匹とともにかかった米一八石と鍛冶食米二石、体食米八斗を引くと、採出夫と工夫の食米は一八石になる。彼らの人数や作業日数、日当(日別)については記載されていないが、採造伐夫と庭作伐夫の日当(日別食米)に合わせて二升と考えると延九〇〇人が従事している。

「用途帳」からわかる工程と人夫動員数　「用途帳」には、釘、採造、山出、庭作に分けて、作業工夫の人数や日数、その日当が細かく記録される。煩雑になるので「用途帳」の工人数、必要日数、延人数を第1表にまとめた。

第１表　長暦元年（1037）「観世音寺年中修理米用途帳」にみる堂宇修理作業工人表

作業の種類		大僧房（大房）			東回廊			金堂		
		人数	日数	延人数	人数	日数	延人数	人数	日数	延人数
釘	鍛冶	2	20	40	1	7	7	1	6	6
	体	2	20	40	1	7	7	1	6	6
	採出夫			900						
採造	大工	1	35	35	1	5	5			
	長	3	35	105	2	5	10			
	連工	15	35	450*1	7	5	35			
	伐夫	20	35	700	5	5*2	25			
	採出夫			900*3						
山出	夫			3220			107			
庭作	大工	1	80	80	1	5	5			
	長	3	80	240	2	5	10			
	連工	15	80	840*4	9	5	45			
	伐夫	10	80	80*5	5	5	25			
	採出夫			60			225*6			

＊1　15 人が 35 日働けば延人数は 525 人になる。ただ、採造連工の日当食米は 5 升で、総計 22 石 5 斗を 5 升で除すれば 450 人になるから、定数ではなく実働の人数である。
＊2　日数を欠くが、採造伐夫の日当食米 2 升と総数から日数は 5 日であることがわかり、5 日としている。
＊3　採造採出夫は食米総計 18 石とあるが、人数が記されていない。伐夫と同じ食米と考えれば日当 2 升だから、動員した採出夫の人数は 900 人になる。
＊4　＊1 と同様に人数 × 日数が総計と合わないが、庭作連工の日当食米が 5 升であること、840 人 ×5 升が総計と一致することから、実働の人数である。
＊5　庭作伐夫 10 人が 80 日働いて延 80 人というのは理解しがたい。そこで 800 人の間違いではないかと考えられるが、総食米が 1 石 6 斗であるから、伐夫の日当 2 升で除すると 80 人になり、正しい。
＊6　庭作工夫については食米総計 4 石 5 斗としか記されていない。採出夫の日当は食米 2 升だから 225 人になる。

「用途帳」は補修作業を釘、採造、山出、庭作に分けるが、工程に合わせると、山出、庭作・釘、採造の順になる。

「山出」は、現代のように材木屋があるわけではないので、寺領の山などから木材を伐り出しそれを寺まで運搬してくる作業になる。それに従事する「山出夫」が大房の場合延べながら三二二〇人、軽微な回廊でも一〇七人もいるのに驚かされる。観世音寺伽藍全体の造営というのであれば、天文学的な人数が必要になる。

「庭作」は、庭作りというから大房など建築現場の近くで、山から伐り出してきた木材を手斧や鑓鉋を駆使して柱材や板材に加工する製材作業と考えられる。大房の場合、棟梁に当たる「大工」一人、それを補佐する「長」三人、「連工」一五人と「伐夫」一〇人がこの作業に八〇日間従事している。

これに前後して「釘」の作業が行われる。釘や鍛治の用語で理解できるように釘などの金属製品の製作作業である。真っ赤に焼けた鉄素材を鍛え釘などに形を整えるのが「鍛治」、それを補助する向こう鎚が「体」で、大房では二人一組の四人で二〇日間作業に当たっている。瓦葺きも担当していたというと違和感もあろうが、大宰府で平井瓦屋として長く続いた平井氏の屋号が金屋であり、中世の大宰府六座のうちの鋳物屋座であったことが参考になろう。瓦葺きには延べ九〇〇人の工夫を要している。

「採造」は、庭作で製材された材木を大房の補修に必要な形状や尺寸に加工し、それを用いて直接修繕する作業に当たる。「大工」一人のもとに「長」三人、「連工」一五人、「伐夫」二〇人が三五日間従事している。

つまり、山から木材を伐り出し（山出、工事日数不明）、工事現場の大房付近で柱材や板材に製材した材木（庭作）を使って補修個所を修理する（採造）。その間に釘作りや瓦葺きをする（釘）。これら一連の補修の過程がここに記録されている。これを順次行えば大房では木材を工事現場に運び込んだ後に、鍛治二〇日、庭作八〇日、採造三五日、合計一三五日、並行して行えば最短八〇日で修理は完成する。新調した瓦が六〇〇〇枚に及ぶことから大房三部屋の全面的な修理とみられるこの工事に、山出夫三二二〇人、鍛治・庭作・採造一日当り七二人、採出夫・工夫九〇〇人、延七六九〇人を要している。実働日数と同時性がわからないから一概にはいえないが一日当たり一〇〇人前後を必要としていることになる。東面回廊南端と金堂の補修が同時に行われていれば、作業員数はさらに増加する。

回廊は「東廊辰巳角東面五間修理造作食米十八石八斗三升」とあるから、東面回廊の南端の五間分になる。東面回廊は「資財帳」に長二六丈四尺とある。柱間間隔がわからないが、仮に一二尺とすると整数で二二間になる。そのうちの五間だから、四面回廊の全体からすればごく一部になる。軽微な補修だったらしく、一〇日前後で補修を終えている。

金堂は「金堂盖層南面木綱打工夫食米二石九斗二升」で、二層金堂の上層を木綱打するために料錬一二挺から釘一二隻を作っただけで、六日で仕事を終えている。料錬の材料費と考えられる食米二石五斗と鍛治三斗、体一斗二升の総計が二石九斗二升になることから、工夫を雇う必要もない軽微な補修であった。

以上のように、長暦元年の修理は、大げさに再建として捉える必要のない伽藍堂宇のごく一部の修理であったにもかかわらず膨大な数の人夫が動員されている。

修理作業には採造や庭作に棟梁に当たる「大工」、その補佐の「長」がいる。元明天皇の詔にいう駈使丁五〇人余がこれらの棟梁クラスを指すとすれば動員された作業従事者は膨大になるが、そうでないことは、農閑期に農民を徴発する程度の平易な作業内容であることから理解できる。五〇人余の人夫の増員では延べでも一年約二万人に過ぎず、前に指摘したように大房一宇を建立することもできない。これらから、元明天皇の営作進捗の詔が伽藍堂宇の造営を促すものでなかったことは明らかである。

4　伽藍の完成は朱鳥元年

造筑紫観世音寺司の設置　天平十八年(七四六)までの観世音寺の動向を第2表にまとめた。

すでに検討した和銅二年(七〇九)の元明天皇の営作進捗の詔からしばらくして、養老七年(七二三)に勅によって僧満誓に観世音寺を造らせている。『万葉集』は満誓を造筑紫観世音寺別当とする。

当時、官寺の造営には造大安寺司や造薬師寺司・造東大寺司・造興福寺仏殿司のように、造寺のために令外官である造寺司が設けられた。推古二十九年(六二一)の聖徳太子の発願に始まる大安寺は、舒明十一年(六三九)に百済川の側に百済大寺として移建されるが、書直縣を大匠とする造営機構が設けられて、四～五ヵ月後には九重塔と金堂などが建っている。しかしすぐに焼亡したため再建にかかる。皇極天皇のとき(六四二～六四四年)に寺司に阿部倉橋麻呂と穂積百足、天武二年(六七三)に造寺司(造高市大寺司)として小紫冠御野王と小錦下紀臣訶多麻呂、大宝二年(七〇二)には高橋朝臣笠間が造大安寺司に任じられている。

皇極天皇の寺司(造寺司)任命は造寺や造仏などに際しての造寺司設置の初例になり[森(郁)一九九八]、書直縣を大匠とする造営機構はその先駆けになる。もっとも、現業作業を行う造営機構に明白な指揮系統がなければ、寺院の建設は進まない。

東大寺・観世音寺とともに三戒壇に数えられる下野国薬師寺についても、造下野国薬師寺司が設けられている。東大寺の場合、後に東大寺

第2表　創建期観世音寺年表

670 ころ	天智天皇、筑紫観世音寺を発願する（続日本紀）
682　天武 10	筑紫大宰丹比嶋等、大鐘を貢する（日本書紀）
686　朱鳥元	新羅国使を饗するため、川原寺の伎楽を筑紫に運ぶ（日本書紀） 筑紫観世音寺に封二百戸を施入する（新抄格勅符抄）
701　大宝元	筑紫観世音寺の封は本年より5年を限って停止する（続日本紀）
702　大宝 2	筑前国上座郡の薗地 49 町を筑紫観世音寺に施入する（延喜五年資財帳）
703　大宝 3	筑前国上座郡杷伎野・志麻郡加夜郷縄野林・遠賀郡山鹿林東山・筑後国御井郡加駄野等を筑紫観世音寺に施入する（延喜五年資財帳）
704　慶雲元	大宰府、筑前国杷伎野・筑後国加駄野地の施入を筑紫観世音寺三綱等に移牒する（大東急記念文庫所蔵文書）
709　和銅 2	大宰府、観世音寺の営作を速やかにすべきという詔を受ける（続日本紀） 筑前国志摩郡、熬塩鉄釜を筑紫観世音寺に施入する（延喜五年資財帳） 筑後国三原・生葉・竹野三郡の墾田 16 町を筑紫観世音寺に施入する（延喜五年資財帳） 観世音寺水陸田目録成る（大東急記念文庫所蔵文書）
711　和銅 4	筑前国那珂・嘉麻・穂波三郡の水田 12 町を観世音寺に施入する（延喜五年資財帳）
720　養老 4	観世音寺領田園山林図成る（大東急記念文庫所蔵文書）
723　養老 7	僧満誓、勅により、観世音寺を造る（続日本紀）
731　天平 3	大宰府、勅により、観世音寺三綱に牒して伎楽具一具を施入する（国立公文書館所蔵文書）
735　天平 7	大宰府管内に疫死するものが多く、部内の神祇に奉幣し、府の大寺及び別国の諸寺をして金剛般若経を読経させる（続日本紀）
738　天平 10	観世音寺に封一百戸を施入する（続日本紀）
740　天平 12	大宰少貳藤原広嗣反する。これに関連して観世音寺読師能鑒の名が残る（松浦廟宮先祖次第并本縁起）
745　天平 17	僧玄昉に筑紫観世音寺を造らせる（続日本紀）
746　天平 18	僧玄昉、大宰府において死す（続日本紀）

造寺所、さらに東大寺修理所と機能を縮小するが、継続して設置されている。先に紹介した「用途帳」の請求元は観世音寺修理所だった。康平七年（一〇六四）に焼亡した塔・金堂・講堂などの仏具を造るための銅を造観世音寺行事所が請うた記録などにある行事所も修理所のことであろう。これらからみて、天智天皇発願で、大宰府が造営を担った観世音寺にも造筑紫観世音寺司が設置されていたことは疑いない。僧満誓が任ぜられた造筑紫観世音寺別当は造筑紫観世音寺司の専門分野別に置かれた現業部門の長を別当とする「所」に関係する可能性がある。

　大安寺の場合、寺司阿部倉橋麻呂・穂積百足、造寺司（造高市大寺司）小紫冠御野王・小錦下紀臣訶多麻呂、造大安寺司高橋朝臣笠間の名前がみえるが、いずれも官僚である。ところが観世音寺では満誓も玄昉も僧である。これは造寺司には四等官制にもとづく官僚組織があるとともに寺側にも担当者がいることを意味している。たとえば、観世音寺の伎楽は修正会・安居会・蓮華会などの法会で演ぜられた滑稽な仮面行列劇で、劇団員は観世音寺呉楽所に所属し、寺以外にも蕃客所、具体的には鴻臚館で外国からの使節を饗応する「蕃客饗讌」などに使われた。時代の降る長和元年（一〇一二）の例であるが、観世音寺が、呉楽頭伴師高の死亡によって生じた欠員補充のため、僧勝観とともに蕃客所勾当調公武を観世音寺呉楽頭に任じている。観世音寺呉楽所の長である頭に、寺側（勝観）と大宰府側（蕃客所勾当調公武）がいて、それが先例により任じられている。これを参考にすれば、満誓と玄昉は造筑紫観世音寺司の寺側の責任者としての造筑紫観世音寺別当であろう。造東大寺司では造仏所・造物所・写経所・木工所など下部機構（現業部門）の責任者を別当とよんでいる。これに対応させれば、観世音寺統轄の頂点にいる講師・読師・三綱（上座・寺主・都維那）に次ぐ別当として満誓も玄昉も観世音寺側の責任者であった可能性と、造寺司の所（たとえば造仏所）の責任者である別当の可能性もある。

　なお、東回廊に設けられた東大門に取りつく道と推定できる個所の北側にある土壙ＳＫ１２８５から、八世紀中ごろあるいはそれをやや降る時期に属すると考えられる土師器皿が出土していて、外底に「造寺」と墨書されていた（第3図1）。この土師器皿は天平十七年（七四五）に「造筑紫観世音寺」のために派遣された玄昉の時期に相当するから、「造寺」は造筑紫観世音寺司を指すと理解できる。

経済基盤四封四荘の成立　観世音寺には四封四荘とよばれる経済基盤がある。具体的には筑前国嘉麻郡碓井封・穂波郡金生封・筑後国浮羽郡

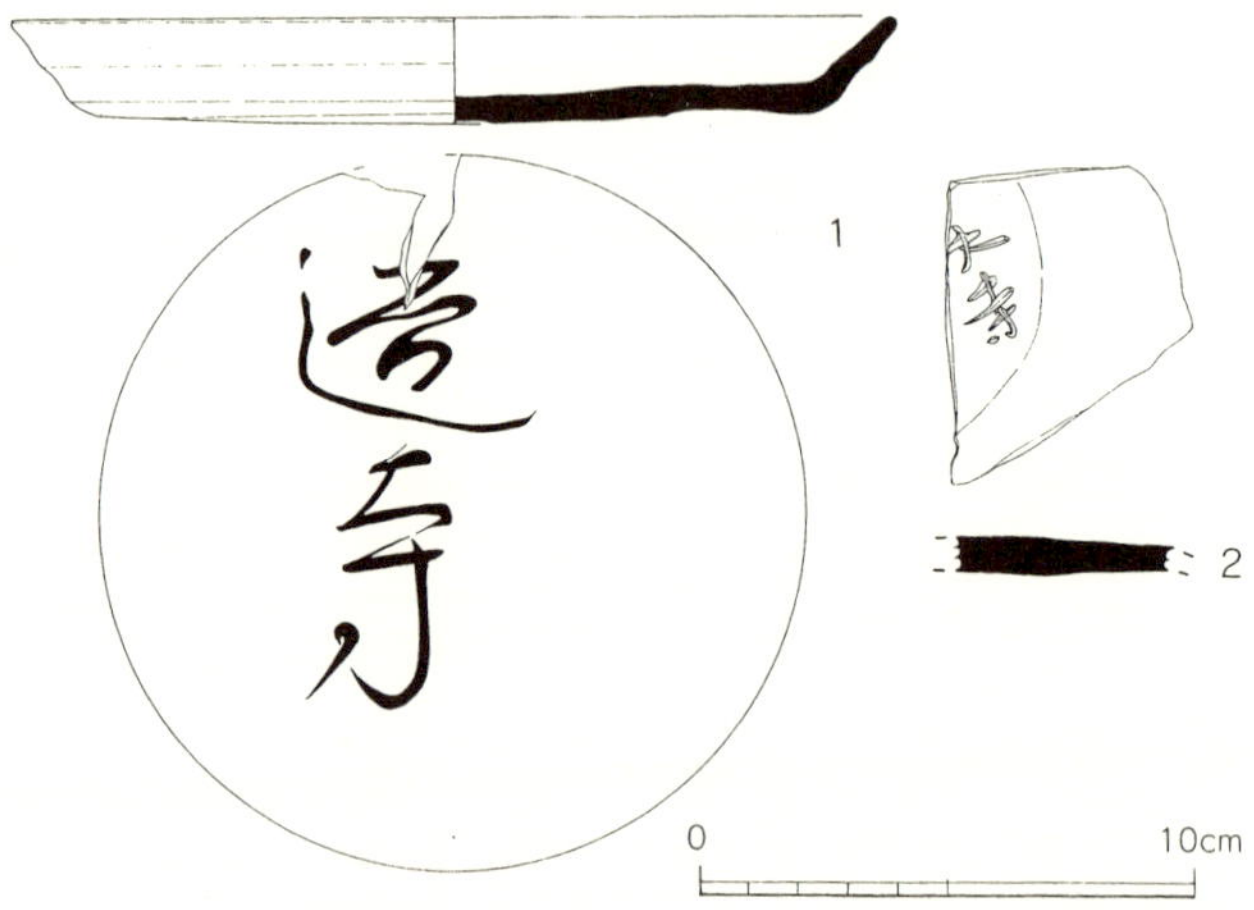

第３図　「造寺」「大寺」銘土器（岡寺編 2007 から作成）

大石封・山北封の四封、筑前国上座郡杷伎荘・志摩郡船越荘・遠賀郡山鹿荘・下座郡黒島荘の四荘がそれに相当する。黒島荘の初出は治安二年(一〇二二)と遅れるが、第2表にみえるように、朱鳥元年(六八六)に四封、大宝二年(七〇二)に杷伎荘の前身である筑前国上座郡薗地(杷伎野)四九町、翌年にも船越荘・山鹿荘の前身である筑前国志摩郡加夜郷緋野林・遠賀郡山鹿林東山の四封三荘が施入されている。ほかにも大宝三年に筑後国御井郡加駄野、和銅二年(七〇九)に筑後国三原・生葉・竹野三郡の墾田一六町、和銅四年には筑前国那珂・嘉麻・穂波三郡の水田一二町が施入されている。これらの封荘は古代の観世音寺を支える経済基盤になるが、それが朱鳥元年から元明天皇の詔の前後にかけて成立しているのである。

衆僧・三綱の存在　天平七年(七三五)に大宰府管内に蔓延した天然痘の退散のために府大寺で金剛般若経を読経している。この府大寺が観世音寺であるという史料は無いし、「大寺」銘墨書土器が福岡県朝倉市の長安寺廃寺から出土しているのも気になる。ただ、『日本書紀』にいう天武九年(六八〇)の詔で定められた大寺制にもとづく大寺であれば、「先後限三十年」の食封二百戸を有するという条件が必要になる。この条件を六年後に満たし天智天皇の勅願寺院である観世音寺は大寺制のもとで府大寺とよばれていたと解される。観世音寺大房の北側の、小子房や客僧房などの所在が推定される地区から、「大寺」と刻書された須恵器片(第3図2)が出土しているし、観世音寺の寺格は府大寺の名に相応しい[貞清二〇一四]。第2表には、府大寺で読経した前後の慶雲元年(七〇四)と天平三年(七三一)に観世音寺三綱、天平十二年には観世音寺読師がみえ、天平十八年以前に観世音寺の寺院活動を可能とする衆僧組織があったことが理解できる。ただしこれは観世音寺に僧が居住していたことを意味しない。

大安寺(百済大寺)は飛鳥板葺宮と同時に舒明十一年(六三九)に造営が始まり、九重塔や金堂が完成するが、焼亡してしまう。その再建が皇極元年(六四二)に始まる。ところが再建開始の二ヵ月前に、蘇我入鹿は百済大寺の南庭に仏菩薩や四天王像を安置し、衆僧に大雲経などを読経させている。寺そのものは焼亡したが、焼亡以前の活動期からすでに仏像とともに衆僧は居り、百済大寺の周辺に居住し、あるいは記録には無いが焼亡を免れた僧房などに住まい再建を進めたのであろう。ともあれ主要伽藍は無くとも、仏菩薩や四天王像を安置し、衆僧が居住できる何らかの堂宇が焼け残っていたと推測できる。

薬師寺(本薬師寺)の場合、皇后(後の持統天皇)の病気平癒のために天武九年(六八〇)に天武天皇が創建を発願され、持統二年(六八八)の無遮大会あるいは文武元年(六九七)の仏像開眼供養で完成したと考えられている。しかし衆僧の居住できる堂宇は完成していなかったらしく、文武二年に僧の居住がはじまっている。以後も大宝元年(七〇一)に波多朝臣牟胡閉と許曽部朝臣陽麻呂が造薬師寺司に任じられるなど造営は続行されている。ともあれ住僧は不在でも何らかの形で近在に衆僧が住まい、天武天皇三回忌法要と思われる無遮大会や仏像開眼供養のような重要な行事の挙行が可能だったことがうかがわれる。開眼供養した仏像が露座であったとは考えにくく、仏殿などの主要伽藍の造営がかなり進んでいたことを示している。

観世音寺の衆僧組織や蓄積された封荘は誰が管理するのであろうか。それをうかがわせるのが、慶雲元年(七〇四)の杷伎野・加駄野の施入で、大宰府から観世音寺三綱に移牒されている。移は統属関係にない官司相互の文書のやりとり、牒には官司と寺院の相互に伝達される文書の意味がある。上座・寺主・都維那で構成される三綱は寺院を管理運営し、僧を統轄する機構・役職である。三綱の存在は天平三年(七三一)にもみえるが、勅による牒の伝達であるから実態のない機構・役職ではない。観世音寺の場合、三綱の上位に講師・読師という役職があるが、読師能鑒の名前も天平十二年(七四〇)にみえている。

天平七年(七三五)の天然痘の蔓延に際して、府大寺(観世音寺)で金剛般若経を読経するなど僧も存在する。天平三年の勅の伝達先であることや、僧の統轄や経済基盤としての封荘の管理運営が三綱のもとで行われていたことから、衆僧機構の存在は明らかであろう。しかし、例示した大安寺や薬師寺にみるように、それらが伽藍完成を意味するとは断定しがたい。

新伎楽の施入　経済基盤の確立や寺院活動の実践、そして三綱制が示す衆僧組織の存在などがあっても、元明天皇詔、僧満誓の造筑紫観世音寺別当任命、同じく僧玄昉の造筑紫観世音寺別当任命の一連の流れは天平十八年創建説の確固とした論拠となっている。

観世音寺には他の寺院に無い貴重な記録がある。天平三年の大宰府による伎楽具一具の施入である。このことは国立公文書館所蔵文書からわかるが、延喜五年(九〇五)の「資財帳」にもある。

「資財帳」によれば、観世音寺には新伎楽具一具と旧伎楽具二具がある。天平三年施入の伎楽具は一具で新伎楽具に相当する。

旧伎楽具は大破して使用不能だが、新伎楽に対する旧伎楽の表現から、新伎楽の施入以前に観世音寺に伎楽具があり、それを旧伎楽と称していることが理解できる。伎楽は寺院に置かれるし、西海道で伎楽の置かれた寺院は観世音寺のみである。したがって、朱鳥元年(六八六)に新羅国使を饗するために大和の川原寺から筑紫に運ばれた伎楽が旧伎楽であり、実際の移送先が観世音寺であったことがわかる[高倉 一九八三、新川 一九九九]。

以来、観世音寺には伎楽が置かれ、寺の法会ばかりでなく、大宰府鴻臚館での外国使節の饗応などに使用される。観世音寺の伎楽は四二人で構成される。僧でない伎楽団員四二人を僧の住む施設のない寺院が常置し、わずか四五年で大破するまで活用するものであろうか。そうではなく、天平三年には講師・読師・三綱のもとで多数の衆僧が寺院活動を行い、さらには伎楽団をも抱える府大寺観世音寺があったのであり、衆僧の居住開始は遅くとも朱鳥元年にまでさかのぼるといえる。

斉明天皇の系譜　営作進捗の詔をだした元明天皇は斉明天皇の孫にあたる(第4図)。斉明天皇から元明天皇までの歴代天皇は

天智天皇　斉明天皇子
天武天皇　斉明天皇子
持統天皇　斉明天皇孫(天智天皇子)
文武天皇　斉明天皇曾孫(元明天皇子)
元明天皇　斉明天皇孫(天智天皇子)

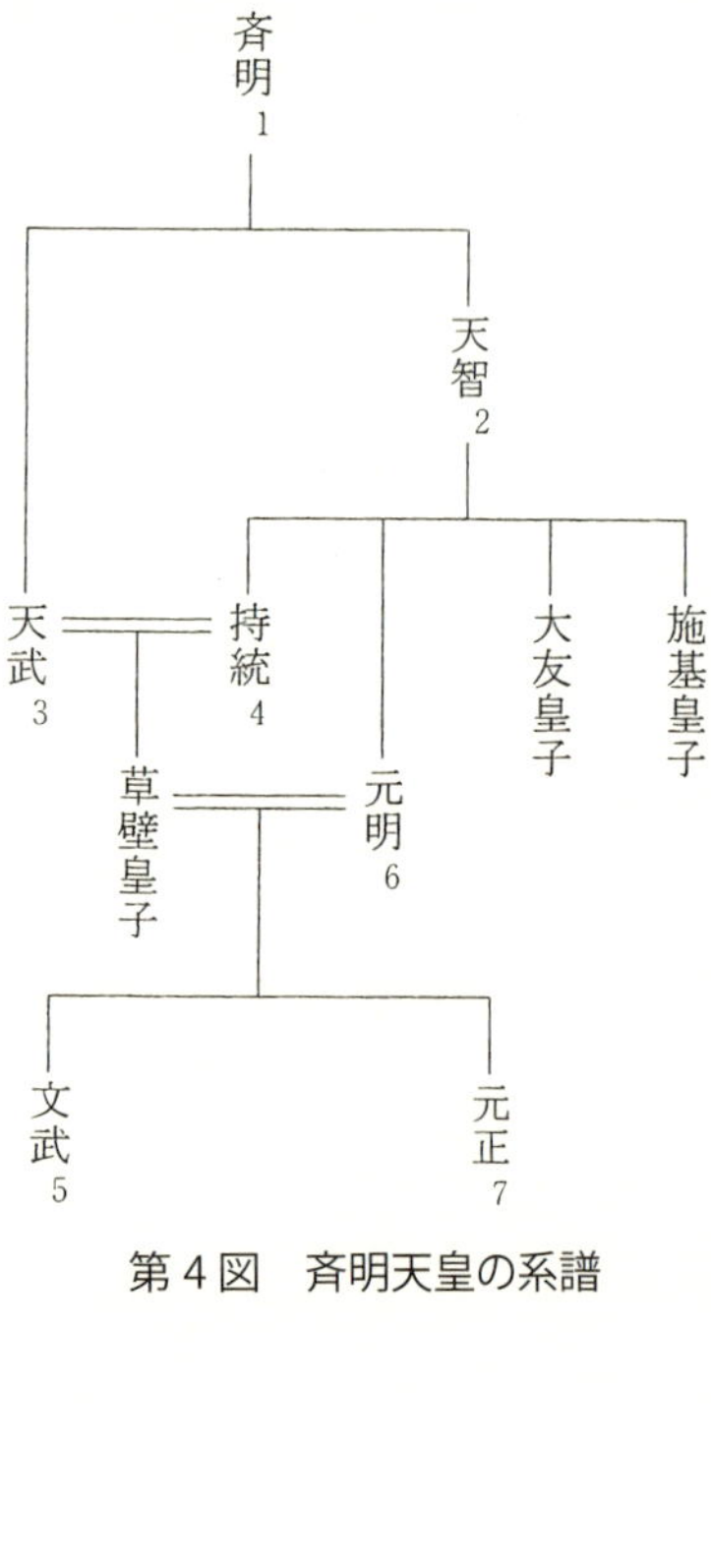

第4図　斉明天皇の系譜

であり、すべて斉明天皇の子および孫・曾孫が系譜を伝えている。以後も曾孫の元正天皇（天智天皇孫）、玄孫の聖武天皇（文武天皇子）、さらに孝謙天皇（聖武天皇子）と斉明天皇系の天皇が続く。これらの天皇は飾りでなく実力を発揮している例が多い。母帝斉明天皇の追福のために子である天智天皇が発願し、実力派の子孫が連綿と系譜をつないだ斉明系天皇であるにもかかわらず、大宰府に命じた筑紫観世音寺の伽藍造営が進まないとはどういうことであろうか。造寺事業を積極的に進めた天武天皇に職務怠慢を問われる失態であるが、帥以下の大宰府官人が責を問われた形跡はない。

寺院の造営期間　大規模な寺院を造営するにはどのくらいの期間が必要なのであろうか。それを知る手掛かりがある。

法興寺（飛鳥寺）は五八六年の用明天皇の発願とも五八八年の蘇我馬子の発願とも伝えるが、五九二年に仏堂・歩廊を建て始めて造営が本格化し、発願から八〜一〇年を経た五九六年に完成している。発願から造営の本格化までの四〜六年は無為の期間ではない。

長暦元年（一〇三七）の観世音寺「用途帳」を参考にすれば、建築用材の伐り出しから工事現場の寺までの運搬（山出）、柱材や板材などの材木への加工（庭作）、釘などの金属材や瓦の製作（釘）など、造営本格化（採造）の前の下準備がある。それには観世音寺大房の桁行三三間三四二尺（実際は三四七尺）のうちの九間九〇尺分の修理作業に、山出夫三二二〇人、庭作（材木製作）に大工一名、長三名、連工一五名、伐夫一〇名を八〇日間延一二四〇人、鍛冶八〇人、造営が本格化すると採造三五日間延一二九〇人、採出夫・工夫一八六〇人、計七六九〇人を動員しなければならなかった。単純に「用途帳」の数値で築造すれば、大房だけでも延三万人以上の人夫を必要とする大仕事になる。元明天皇詔にいう駈使丁五〇人余の追加では年間でも延二万人程度でしかない。塔・金堂・講堂などの伽藍中枢の造営に必要な建築着工の下準備だけでも数年かかるのである。これを参考にすると、法興寺で造営が本格化するまでの四〜六年は下準備の期間とみられる。

天武九年（六八〇）に天武天皇によって発願された薬師寺（本薬師寺）では、持統二年（六八八）に無遮大会、文武元年（六九七）に公卿百寮所願の本尊薬師三尊の開眼供養が行われている。これらの法会は伽藍造営の進捗や完成に関係しないが、翌二年に構作がほぼ終わったとして衆僧を住まわせているから、このときまでに主要な堂宇の造営が完成したと考えられる。発願から下準備、居住可能なまでの堂宇の造営に一七年を要したことになる。

百済川の側から高市に移った大安寺（大官大寺）は、大宝元年（七〇一）に大安・薬師の二寺を造るとあり、翌年高橋朝臣笠間が造大安寺司に任じられていて、発掘調査によって実際に造営工事が進められていたことが確認されている［上野 一九八〇］。ところが、和銅四年（七一一）に建設途中の塔・中門・回廊などが焼亡しているから、一〇年経っても造営が続いている。

六七〇年ごろに天智天皇によって発願された観世音寺の造営事業が、山出・庭作・鍛冶などの下準備期間を含めて一〇〜一五年ほどかかったとすると、六八〇〜六八五年ごろに完成する。そのころに現存国宝銅鐘が鋳造され、朱鳥元年（六八六）に経済基盤である四封が施入されている。大宰府は順調に観世音寺を造営しているのであり、直系子孫である斉明系実力派天皇から遅滞を糾弾され罰せられることも無い。

本尊不空羂索観世音菩薩像の造立　観世音寺は観世音寺式とよばれる伽藍配置をとっている。この伽藍配置をとる寺院は近江大津京に造営さ

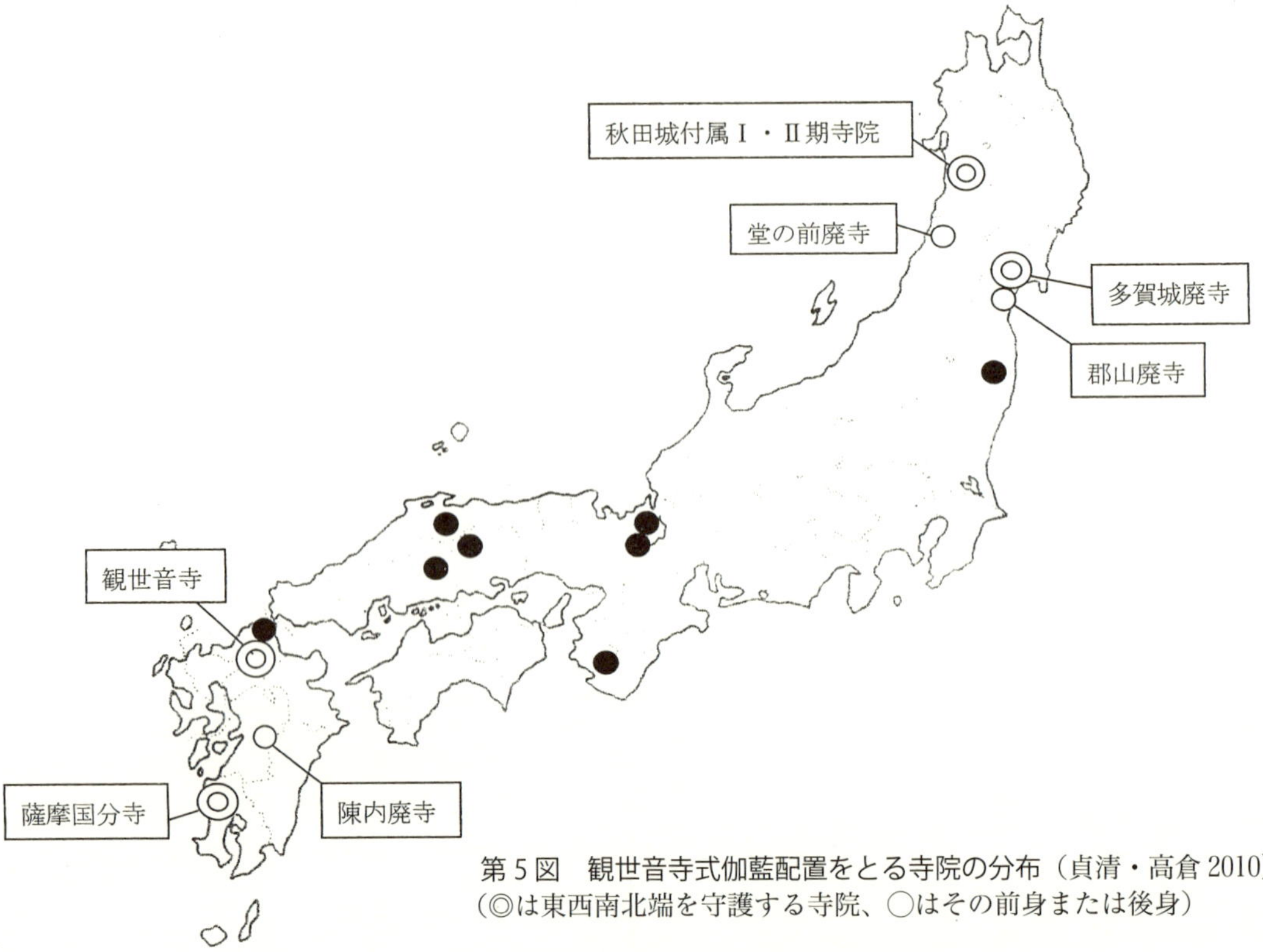

第5図　観世音寺式伽藍配置をとる寺院の分布（貞清・高倉 2010）
（◎は東西南北端を守護する寺院、○はその前身または後身）

れた崇福寺に始まり、全国に一五寺認められる。首都および要衝に配されるが、帥や国守の職掌を定めた養老律令職員令から多くが鎮護国家のための寺院であったと解される〔貞清・高倉 二〇一〇〕。ことに東西南北端の要衝には、対蝦夷のための東端の多賀城廃寺（陸奥観世音寺）と北端の秋田城付属Ⅰ・Ⅱ期寺院、対新羅用に西端の筑紫観世音寺、隼人に対する薩摩国分寺が南端に配されている（第5図）。

もっとも警戒すべきは新羅で、朝鮮式山城とよばれる軍事施設である大野城・基肄城・水城で大宰府を直接囲繞するなど、朝鮮式山城や神籠石式山城などを幾重にも配して大宰府の国防拠点化をはかっている。その国防は軍事とともに仏法による必要があった。宝亀五年（七七四）に、仏法によって新羅を呪詛する目的で大野山（大野城）に置かれた四王寺はその例になる。鎮護国家に直面した七世紀後半に、府大寺観世音寺にこの役割が求められたであろうことは想像に難くない。緊張した軍事情勢のなか、斉明系実力派天皇の元で、仏法的防御拠点として観世音寺の造営は急がれたであろう。

しかし天智天皇が母帝斉明天皇の追福のために発願した寺院の名称は観世音寺であった。だから本尊には観世音菩薩が相応しいが、時代が下るにつれて女性的に表現されていくように、たおやかな尊顔をされている。当時の造像からしておそらく十一面観世音菩薩が予定されていたであろうから、仏法による呪詛や鎮護国家などとは対極にある慈悲の菩薩になる。(11)

「資財帳」は講堂本尊を観世音菩薩とするが、現存木造不空羂索観世音菩薩像（第6図）の体内銘や体内に収められていた心木銘、塑像断片などから、「資財帳」の観世音菩薩は塑造不空羂索観世音菩薩であったことがわかる。たおやかな尊顔や容姿は観世音菩薩像に通有であるが、左

第６図　再興された木造不空羂索観世音菩薩像

手の一臂から迷いの海に溺れている人を救うための輪縄（羂索）を垂れ下げられ、右手の一臂には人びとを救済するために諸悪を断ち切る宝剣を持たれている姿が悪を捕らえ国を救う（鎮護国家）と解釈できる。この不空羂索観世音菩薩以外に、斉明天皇の追福と鎮護国家を両立させる観世音菩薩は無い(12)。

鎌倉時代に再興された木造不空羂索観世音菩薩像の体内に、紙本墨書の「不空羂索神呪経」が創建像の顔面塑造片や頭部心木とともに収められていた。これは不空羂索観世音菩薩が「不空羂索呪経」に基づいて造像されたことを示している。その「不空羂索呪経」は天平七年（七三五）に学問僧玄昉によってもたらされている。発願の斉明天皇追福と追加して求められた鎮護国家を両立させる不空羂索観世音菩薩像は七三五年以降にしか造像が不可能なのである(13)［錦織一九七六］。

阿弥陀如来像は銅鋳だが、それ以外の不空羂索観世音菩薩像、阿弥陀如来像両側の脇士菩薩像、四天王像などは塑像とみられ、露座であったとは考えられない。さらに、完成した尊像の運搬や像を立てる際の破損の危険性(14)を考えれば、不空羂索観世音菩薩像は講堂、脇士菩薩像と四天王像は金堂の内部で造像されたのであろう。

天平十七年（七四五）に呪経を請来した玄昉が造筑紫観世音寺（造筑紫観世音寺別当、おそらくは造筑紫観世音寺司造仏所別当）として派遣される。『源平盛衰記』は翌天平十八年六月に「大宰府観世音寺造立供養アリ」とするから、「不空羂索呪経」の請来者である玄昉によって本尊不空羂索観世音菩薩像が完成したのであろう。このように天平十八年に玄昉を導師として行われた慶事は本尊不空羂索観世音菩薩像の開眼供養である可能性が高い(15)。

朱鳥元年の意義　七世紀ごろの寺院の造営期間は、元興寺八～一〇年、薬師寺（本薬師寺）一七年、大安寺一〇年プラスのように一〇年前後を要している。観世音寺の建立は六七〇年ごろに発願されているから、一〇年後の六八〇年前後には伽藍が完成している可能性が強い。

そこで六八〇年前後の観世音寺の動向を探ると、第2表にあるように、経済基盤としての四封二〇〇戸が施入された朱鳥元年（六八六）に着目できる。同年には、天智天皇が母帝斉明天皇の追福のために発願された大和川原寺の伎楽が筑紫に運ばれている。その伎楽具は同じ発願の由来をもつ観世音寺に旧伎楽として伝えられている。それは観世音寺が伎楽団員四二人を扶養できるほどに整備されていたことを意味し、本体の衆僧の居住を裏書きする。

天武十年（六八二）に筑紫大宰丹比嶋らが大宰府に大鐘を貢じている。観世音寺には日本最古の国宝銅鐘が現存するが、形態的な特徴や上帯・下帯を飾る忍冬唐草文などの特徴から、兄弟鐘で宝相華唐草文をめぐらす六九八年鋳造の妙心寺鐘よりもさかのぼっての製作と考えられる。森貞次郎は、忍冬唐草文から宝相華唐草文への転換を、韓国慶州市雁鴨池遺跡で出土した「調露二年」（六八〇）銘宝相華文塼などを資料として、新羅で忍冬唐草文から宝相華唐草文へ転換するのは「六八〇年よりもあまり以前ではな」く、忍冬唐草文の上限は雁鴨池の造園期間の六七七年ごろであると指摘している〔森（貞）一九八三〕。これには「六九一年から六九八年（妙心寺鐘が鋳造された六九八年）の間である」とする栗原和彦の異論もある〔栗原 一九九一〕。森はさらに「観世音寺鐘は筑紫大宰多治比真人嶋が鋳造奉納した公算が大きい」、「筑紫大宰多治比真人嶋が天武十一年（六八二）に官に貢じたのが観世音寺鐘であろうとする可能性はまことに強いといわねばならない」とする。九州歴史資料館と九州国立博物館で両鐘を並べて展示されたことがあるが、比較検討された学識者の意見の多くは二〇年ほどの時期差とするものだった。そうすると、丹比嶋らが貢上した大鐘ではなくとも、国宝観世音寺鐘は六八〇年前後に鋳造された可能性が強くなる。

寺院において銅鐘（梵鐘）は神聖清浄な仏事に用いられる。学校のチャイムと同じように主要な仏事の時を知らせる役割もある。六八〇年前後あるいは六八二年に銅鐘が準備されているのは伽藍の完成を見越してのことであろう。

したがって仏法によって国家を護持する役割を追加された観世音寺は実力をもつ斉明系天皇のもとで順調に造営が進められ、朱鳥元年に衆僧が居住を開始し寺院活動を展開できるように、伽藍の多くは完成していたとみられる。

にもかかわらず、和銅二年（七〇九）に営作進捗の詔が元明天皇から出される。これが堂宇の造営促進を意味しないことは、「用途帳」との比較から、歴然としている。堂宇の造営には焼け石に水の増員に過ぎないが、本尊をはじめとする塑造諸尊像の造像に適切な増員であったことが理解できるからである。

このように第2表は、観世音寺が三綱制のもとに衆僧が斉明天皇追福や鎮護国家のためなどの仏事、四封などの経営基盤の運営、伎楽の活用・管理を含めた諸活動を開始したことを示している。発願から一六年経っているが、当時の寺院造営事業として、三七の堂宇を擁する大規模寺院である府大寺観世音寺の造営に相応しい歳月である。このように朱鳥元年（六八六）に五重塔・金堂・講堂・僧房などの主要伽藍の落慶供養を果たした可能性を強く指摘できる。

述べてきたように、伽藍の完成は朱鳥元年であり、天平十八年には本尊不空羂索観世音菩薩像の開眼供養が行われたのである。本尊の完成（開眼供養）をもって寺の完成とする例は多く、観世音寺の創建あるいは完成を天平十八年というのは正しいが、伽藍の完成とみるのは誤りである。[16]

おわりに

中国陝西省西安市に弘法大師空海が学んだ青龍寺がある。最初に現地を訪れた際には荒涼とした荒れ地の遺跡だったが、日本の真言宗諸団体の基金もあって、現在では数多くの伽藍を備えた大寺院として復興している。

その復興の途中に青龍寺を見学したことがある。完成した堂宇の中で、数人の仏師が本尊を彫刻していた。まず堂宇を建て、その内部で造像を進める。すべてがそうするわけでもないだろうが、完成した伽藍に外部で造った仏像を運び込むよりも安全である。

創建期観世音寺の仏像は、先にも述べたように、「資財帳」などの記録から、金堂に銅鋳阿弥陀如来像とその左右に脇士菩薩二体、四天王像四体、講堂に観世音菩薩像と聖僧像各一体があるのみで、銅鋳と記録された阿弥陀如来像を除いて素材がわからない。ただ、現存する木造不空羂索観世音菩薩像の原像は、再使用されたと考えられる頂仏や再興像の体内に収められた顔面の塑像片、頭部心木などの大きさからみて、再興像とほぼ同じ5メートル前後の巨大な塑像であったと推測できる。

不空羂索観世音菩薩像は巨像であるにもかかわらず顔面破片の断面の厚さ1センチほどの薄さで造られている。心木などの木材で組み合わせた骨格、それに粘土を貼り付けて造形した塑像の原体、その表面を薄く仕上げた化粧土(現存する顔面破片)からなるこの塑像を、別の場所で造り完成後に講堂に運び込んだとみるより、講堂の内部で造像したと考えるべきだろう。金堂の本尊阿弥陀如来像は銅鋳だが、それを守護する脇士菩薩像や四天王像は塑造であったと考えられ、実際に四天王像が塑造であったことが出土した破片からわかっている。こうしたこともあって創建期観世音寺の諸尊像は、金堂の銅鋳阿弥陀如来像を除いて塑像であったと考えられている。

これらからみて、創建期の観世音寺では、ほぼ完成した伽藍の内部で塑像の営作が進んでいたと考えられる。そこには一体につき数名の仏師と、仏師の作業を進捗させる足場組み工、心木などの木材を組み合わせて骨格を整える仏師、仏師に粘土を届ける作業員、素材としての粘土の調達員などが必要になる。しかし総数としてはそれほど多くを要しない。「用途帳」の小規模な伽藍修理に要する作業員数と造像に必要な作業員数を比較すれば、元明天皇詔にある五〇人余の増員は後者の可能性が高い。

したがって、衆僧の居住と寺院活動を可能にするまでの観世音寺伽藍の完成は朱鳥元年(六八六)であり、天平十八年(七四六)の供養は、本尊不空羂索観世音菩薩の造像時期と、推測される造像の現場からみて、『源平盛衰記』にあるように本尊の開眼供養・造立供養であったと指摘できる。[17]

註

(1) 元明天皇の詔については『太宰府市史』古代資料編に詳しい解説がある[長編 二〇〇三]

(2) 以下の引用史料の典拠は竹内理三編纂『大宰府・太宰府天満宮史料』太宰府天満宮刊行、『太宰府市史』古代資料編[長編 二〇〇三]に詳しいから、略する。

(3) 筆者は早くから朱鳥元年(六八六)には堂宇の多くが一応完成していたと考えていた。しかし元明天皇の詔によって堂宇造営に拍車がかけられ、「翌天平十八年にようやく供養の日を迎えている」として、天平十八年を伽藍の完成としていた[高倉 一九八三]。

(4) 天平十八年と玄昉に関する史料は、竹内理三編纂『大宰府・太宰府天満宮史料』一の天平十八年「僧玄昉、大宰府に於て死す」にまとめられている。

(5) 発掘調査の成果をまとめた正報告書は次の五冊である。

小田和利編　二〇〇五『観世音寺』伽藍編　九州歴史資料館

小田和利編　二〇〇六『観世音寺』寺域編　九州歴史資料館

岡寺　良編　二〇〇七『観世音寺』遺物編1　九州歴史資料館

岡寺　良編　二〇〇七『観世音寺』遺物編2　九州歴史資料館
岡寺　良編　二〇〇七『観世音寺』考察編　九州歴史資料館

(6) 講堂の建物は、基壇Ⅴ期のうちの寛永八年（一六三一）の講堂仮堂の建立をⅤ期とし、基壇Ⅴ期にともなう元禄元年（一六八八）再建の講堂をⅥ期として、六期に区分している。

(7) 発掘調査で検出された遺構は、中央間とその両側の脇間の礎石据付穴がよく残っており、柱間間隔を中央間一七尺、脇間一五尺とした。したがって大房の桁行は三四七尺に復原でき、「資財帳」より五尺長い［石松ほか 一九七七］。ところが正報告書は桁行三三間（103・8メートル）すなわち三四六尺とし、脇間を一五尺とするから、中央間は一六尺になる。しかし遺構配置図では中央間を一七尺、間取り図では一八尺とする［小田編 二〇〇五］乱れがある。桁行は三四六尺、三四七尺、三四八尺に復原されたことになるが、中央間を一六尺や一八尺とすると、西脇間・西室の据付穴ははっきりしているから、東脇間と東室を動かすしかない。しかしそれは遺構に合わない。正報告書の中央間には柱間間隔に乱れがあるが、中央間一七尺、脇間一五尺、桁行（長）三四七尺は動かない。

(8) 戒壇院は菩薩院と対称の位置にあるから、戒壇設置以前に性格が異なる別の院があった可能性がある［高倉 二〇一三］。

(9) 発掘調査で明らかにされている最古の遺構は、大房の北側（小子房や客僧房などの小子房地区）を東西に走る七世紀後半と考えられている柵ＳＡ１８４０［石松ほか 一九八二］である。

(10) 「資財帳」に、大房の卅三間壁のうち「六間顚倒」、貞観十六年（八七四）に中破しているとある。「用途帳」には始めの部分では「大僧房東第三三間第四三間第五三間造作修理」とあるが、修理個所別の見出しは「大僧房東第三三間第四三間造作工夫食米二百七石七斗五升」と第五三間が落ちている。後者が正しければ第三・四間の六間が修理の対象になり、貞観の破損と間数が一緒になる。だが、両者には一六〇年以上の開きがあり、別であろう。ともあれ本稿では作業日程の数値を抑えるために間口九間三室の修理としておく。

(11) 甲斐弓子は「鎮護国家を標榜した寺」として、大官大寺・薬師寺・川原寺、そして観世音寺式伽藍配置をとる寺を挙げている［甲斐 二〇一〇］。観世音寺式伽藍配置が鎮護国家のための寺院に共通することは論をまとめており［貞清・高倉 二〇一〇］、異論ないが、「標榜」した記録は無い。

(12) 忿怒相の観世音菩薩としては馬頭観世音は七七〇年造の中国陝西省博物館蔵白大理石製馬頭観世音坐像が古期の例になるが、国内では平安時代後半の石川県豊財院の立像、島根県金剛寺の坐像、福岡県観世音寺の立像などが古期の例になる。したがって、奈良時代の造像は不可能で、忿怒相ではないものの、不空羂索観世音が唯一の造像対象になる。

(13) 錦織亮介は、不空羂索観世音菩薩は「天平年間にいたって初めて造像が可能となった仏像」であり、「発願後に生じた観音信仰の性格変化の結果、金堂・講堂などに安置する仏像の選択が困難となり、造像が遅延していたことを物語る」としている［錦織 一九七六］。

(14) 塑造不空羂索観世音菩薩像は頑丈で、康平七年（一〇六四）の講堂火災のとき、猛火の中から運び出されたことが不空羂索観世音菩薩の体内銘からわかる。多少の破損があったらしく、補修が終わった二年後の治暦二年に再建講堂に安置されている。

(15) この慶事の導師を観世音寺の主座である講師あるいは読師や三綱ではなくおそらくは造筑紫観世音寺司造仏所別当であった玄昉が務めたことになるが、本尊不空羂索観世音寺菩薩の造像を可能にする不空羂索呪経の請来者としての地位と名声からであろう。

(16) 九州国立博物館を例に挙げ、発願・伽藍完成・開眼供養の関係を述べておく。

①一九九四年六月　新構想博物館の整備に関する調査研究委員会発足
②二〇〇〇年三月　同委員会が九州国立博物館（仮称）基本計画を策定
　この間に九州国立博物館（仮称）建設予定地の土地造成などを行う
③二〇〇二年四月　九州国立博物館（仮称）建物の建設に着工
④二〇〇四年三月　九州国立博物館（仮称）建物が完成
⑤二〇〇五年四月　九州国立博物館が発足し、展示準備始まる
⑥二〇〇五年十月　九州国立博物館開館

②または①が観世音寺の発願、④が伽藍完成、⑥が本尊の開眼供養に相当する。

（17）観世音寺伽藍の完成を朱鳥元年としたとき、創建瓦の老司Ⅰ式の年代が課題となる。近年の老司Ⅰ式に関する諸説を検討した岩永省三は、本薬師寺式の系譜に有り、藤原宮式の中段階に併行するとする［岩永 二〇〇九］。藤原宮中段階の瓦は藤原宮大極殿に葺かれている。大極殿の初見が文武二年（六九八）だから、中段階の瓦も六九八年以前に造られていたことになる。ただ、岩永が指摘するように藤原宮式瓦とは文様の細部に違いがあり、造りや文様の仕上げが粗く、精緻流麗に造る老司Ⅰ式と同列に論じるのには疑問がある。堂宇の建設に際して、まず骨格となる柱を建て、未完成の堂宇の内部や板材などの建築素材を雨の害から守るために瓦を葺くから、造瓦は大極殿造営事業の初めに行われる。それは六八〇年代前半であり、朱鳥元年に観世音寺伽藍の完成を考えたとき、老司Ⅰ式は藤原宮の瓦より数年早くなることになるが、国宝銅鐘の上帯・下帯を飾る偏行唐草文がその可能性を強める。それぞれの造宮司・造寺司に造営事業の中枢組織から同じあるいは似かよった瓦当文様のモデル図を渡され、それを基本にそれぞれが独自性をもって文様を案出した可能性、観世音寺の瓦製作が先行した可能性を検討すべきだろう。

参考文献

石松好雄ほか　一九七七年『大宰府史跡』昭和五一年度発掘調査概報　九州歴史資料館
石松好雄ほか　一九七八年『大宰府史跡』昭和五二年度発掘調査概報　九州歴史資料館
石松好雄ほか　一九八二年『大宰府史跡』昭和五六年度発掘調査概報　九州歴史資料館
岩永省三　二〇〇九年「老司式・鴻臚館式軒瓦出現の背景」『九州大学総合研究博物館研究報告』七　九州大学総合研究博物館
上野邦一　一九八〇年「大官大寺における最近の発掘調査」『仏教芸術』一二九　毎日新聞社
小田富士雄　一九六七年「筑紫観世音寺古代史」『史学論叢』二　別府大学
甲斐弓子　二〇一〇年『わが国古代寺院にみられる軍事的要素の研究』雄山閣
九州歴史資料館編　二〇〇七年『観世音寺』吉川弘文館
栗原和彦　一九九一年「観世音寺出土の偏行唐草文軒平瓦」『九州歴史資料館研究論集』一六　九州歴史資料館
貞清世里　二〇一四年「観世音寺式伽藍配置と大寺」『東アジア古文化論攷』二　中国書店
貞清世里・高倉洋彰　二〇一〇年「鎮護国家の伽藍配置」『日本考古学』三〇　日本考古学協会
新川登亀夫　一九九九年『日本古代の儀礼と表現』吉川弘文館
高倉洋彰　一九七七年「筑紫観世音寺の僧房について」『九州公論』三　九州公論社
高倉洋彰　一九八三年「筑紫観世音寺史考」『大宰府古文化論叢』下　吉川弘文館
高倉洋彰　二〇一三年「『続日本紀』の筑紫尼寺」『年報太宰府学』七　太宰府市総務部
竹内理三編　一九六四年『大宰府・太宰府天満宮史料』一ほか　太宰府天満宮
長洋一編　二〇〇三年『太宰府市史』古代資料編　太宰府市
錦織亮介　一九七六年「観世音寺と不空羂索観音像」『仏教芸術』一〇八　毎日新聞社
森　郁夫　一九九八年「百済大寺造営とその移建」『帝塚山大学考古学研究所研究報告』一　帝塚山大学考古学研究所
森貞次郎　一九八三年「筑紫観世音寺鐘考」『大宰府古文化論叢』下　吉川弘文館

四王院跡と四王寺山経塚群

岡寺　良

はじめに

大宰府政庁跡の背後に聳える四王寺山(大城山)にあったとされる古代寺院・四王院は、宝亀五年(七七四)に四天王四軀が造られた記載をもとに、その時期に四王院(四天王寺)が建立されたとみられている。しかしながら、同じ山内にある古代大野城とは異なり、本格的な発掘調査がなされていないこともあって、四王寺山経塚群が知られている他は、四王院の実態についてはあまりよく分かっていない。ただ、古代四王院に関連する遺構や遺物については、断片的ながらも過去にも言及されてきたし、今回改めて現地調査を含めた再検討によっても、古代四王院に関わる知見を得ることができた。

本稿では、これまで言及されてきた四王院跡及び四王寺山経塚群についての現段階でわかる情報を整理するとともに、さらにそれらをもとに若干の考察を加え、大宰府史跡発掘五十年を迎えたこの機会に、今後の四王院跡の解明に向けての一助としたい。

1　四王院跡の文献記載について

四王院に関する文献の初見は[1]『類聚三代格』巻二の宝亀五年(七七四)三月三日付の「太宰官符」とされ、明記はされていないもののその時点が四王院(四王寺)建立の年と考えられている。新羅による宗教的呪詛に対する攘却のため、眺望のきく清浄の地を選んで寺を建立し、四天王像四軀を造ることを指示、その仏前において浄行の僧四人が金光明最勝王経を読誦するようにしたとする。その後、延暦二十年(八〇一)には四王寺での仏事が停止され、四天王像などは国分寺に移されたものの、大同二年(八〇七)には疫病が流行したために再び四王寺に戻されている。詳細な記事は割愛するが、その他には、貞観八年(八六六)の阿蘇神異変、寛仁三年(一〇一九)の刀伊の入寇、万寿三年(一〇二六)の宇佐八幡宮の怪異に対しても修法や祈禱が命じられている。また、有名なところでは天台宗の円珍が唐にわたる前後に滞在したことなどが知られる。

一方で、延長八年(九三〇)八月十五日付の「太宰官牒」によると僧四名が、徐々に怠け者や大宰府の役人の縁者、淫蕩の者などに任じられるようになったため、醍醐天皇が僧四名を真言宗と天台宗の僧で適切な人から任命することとし、その権限を東寺に与える勅命を下したことがわ

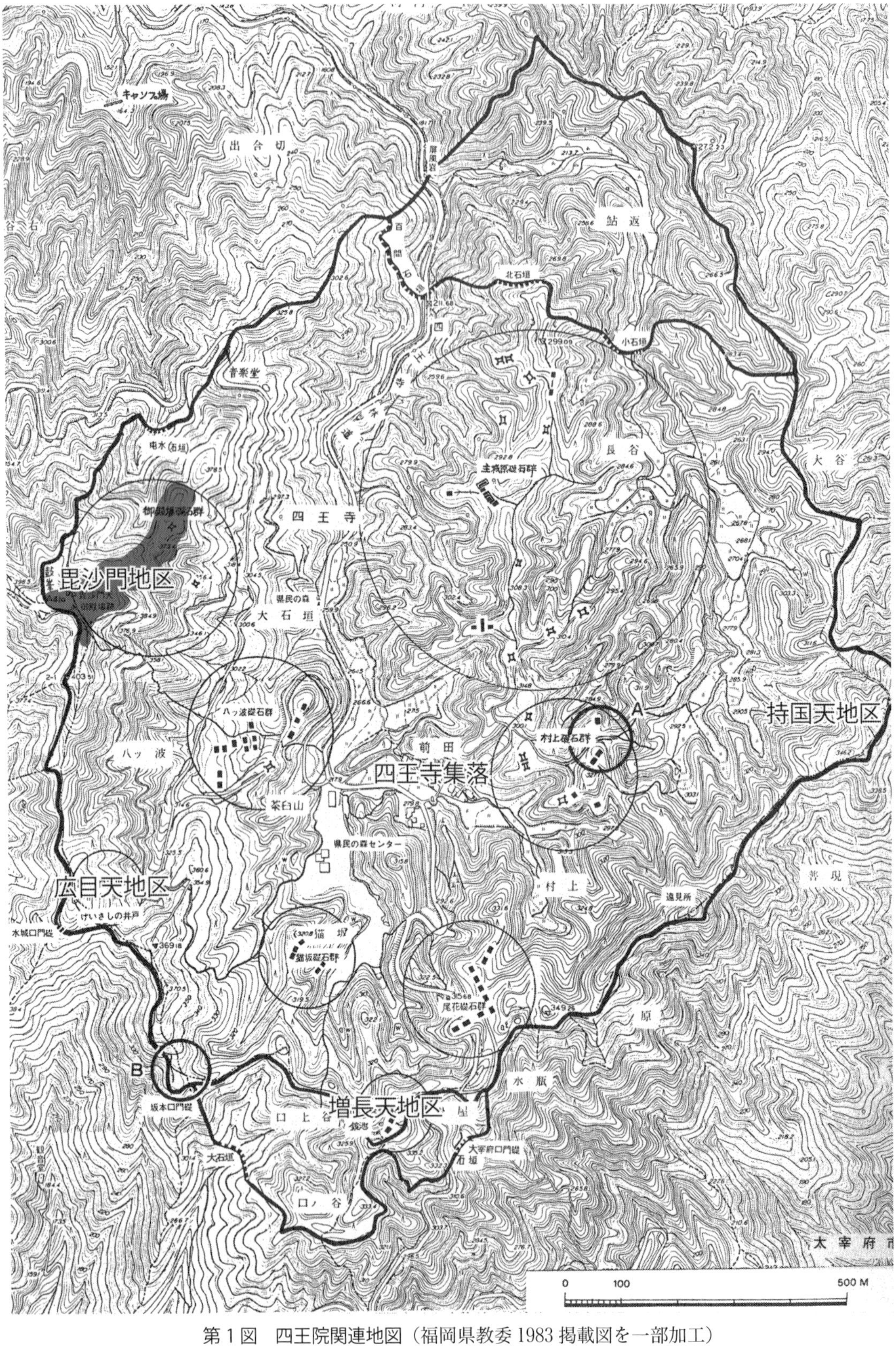

第１図　四王院関連地図（福岡県教委 1983 掲載図を一部加工）

かる。康和二年(一一〇〇)には大法師覚寿を四王寺四禅師に重任した東寺牒が現存している。縁起等では天正十四年(一五八六)の岩屋城落城の際に、法忍坊、増長坊などが兵火にかかったとあり、中世末まで存続した可能性があるものの、『本朝世紀』における康和四年(一一〇二)の項の大宰府四王寺に黒蛇が出現したという怪異の記載を最後に、その後の文献記載は見られなくなる。

なお、江戸時代初期に著された『筑前国続風土記』の「四王寺趾」の項には、「四王寺山の上に寺跡有。寺の山号圓満山と云。又此山を鼓峯と云。(中略)創立の時代詳ならず。(中略)四王院は僧坊千区有しと云伝たり。古は甚大寺にして、朝廷よりもたうとひ玉ひし寺なりけらし。今猶礎所々に残り、四王院とて絶頂にわずかなる草庵を立置ぬ。井も猶三所に残れり」とある。

2　四王院跡に関する遺跡の記載

四王院の遺跡の概要については、すでに島田寅次郎氏が次のように述べており[島田 一九二六]、それが現在の四王院跡の認識として引き継がれていると言っても過言ではない。概要は次のとおりである。

「四天王の内北方毘沙門天のみ御殿山に残れり、一山の最高頂にて茂林の内に堂宇あり。寺院明細帳に、本尊毘沙門境内八十一坪応永十一年建立とあり。石祠内に其木像二尺八寸あり、往古の像は烏有となり、中世以降の石像一尺八寸ありしを、寛保の頃村民別に今の像を作り石像と共に祭りしと、されど今は石像なし西方数丁を距てて屯水あり。

古記に四天王は此の毘沙門堂の在りし地方に祭りしものの如し、されど山中四ヶ所に各其阯あり、左に其阯を記す。

四王寺山の東方大原山の頂に持国天の阯と称する所あり、凹地あり、昔屯水ありしと云ふ。山の南方に増長天の阯と伝ふる所あり、武具ツケ池又鏡池と称する窪地に水を貯ふ。此附近礎石最多し。(四間に六間位の地積に一間毎に礎石を置く所三ヶ所あり)

山の西南に廣目天の井と称するものあり小形にて石を畳めり、直径約二尺深さ六尺常に三四尺の水を貯ふ獨鈷水と呼ぶ。井の北方に礎石あり。或は云ふ。鏡池・獨鈷水・毘沙門屯水は山上三ヶの無垢水なり。四天王開眼の節、導師此三所の霊水を和して四天王の頂に灌ぎ、五眼具足の妙祈を修せしが、其後雩の神水となれりと云ふ」と記し、さらに附として玄清法印の塔や三十三所石佛などを記している。

また、島田氏は「今圓満山四王寺(天字を略す又四王院とも云)の跡と称するものは御殿場と云ひ、鼓ヶ峯毘沙門堂の東北に続きて其墟あり。造林の為め其跡を見る能はざるも、土地を均したる場所六ヶ所ありて、総坪三反以上に及ぶべし附近古瓦の出土多く、又此地より四王寺区に行く坂路にも屋敷跡と呼ぶ地あり」とも記している[島田 一九二六]。

以上をまとめると、四王院の内、毘沙門天のみが御殿山(大城山〔四王寺山〕山頂)に残るが、その地の周辺が四王院の中心伽藍であり、周辺には寺院跡の平坦地が残されている。その一方で、山内には、毘沙門天を含めた四ヶ所に四天王にまつわる地名が付された場所が伝わり、それぞれには池や井戸の霊水の存在が確認できる、ということが記載されている。この認識については、後の小田富士雄[小田 一九六八]、鏡山猛[鏡山 一九六八]、吉村靖徳[吉村 一九九二]の各氏の研究・報告にほぼそのまま引き継がれているといってよいだろう。

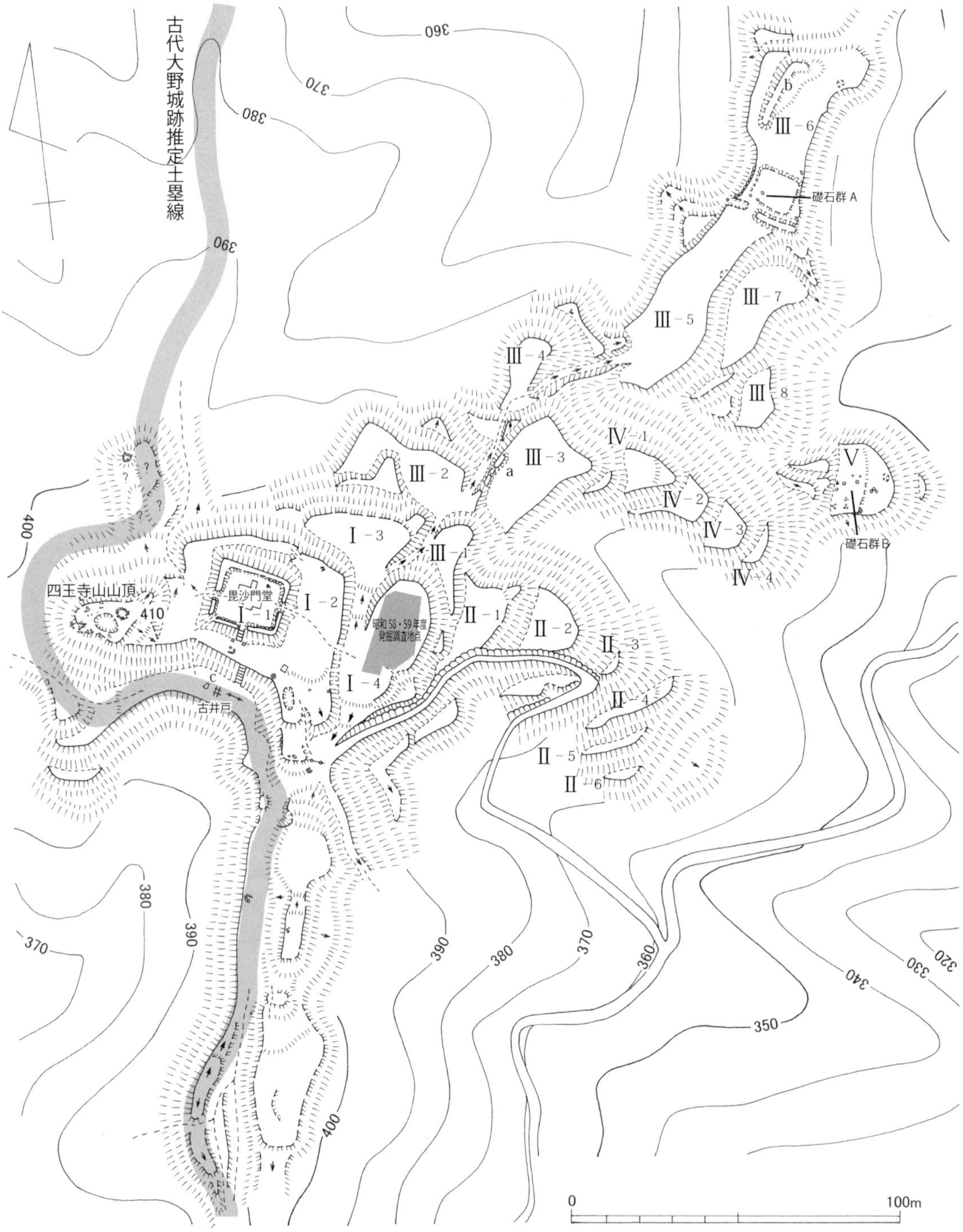

第２図　四王寺毘沙門地区平面図（岡寺作成）

3　四王院跡に関する検討

(1) 毘沙門地区の現況調査

上記の四王院に関する認識に基づき、筆者は、二〇一七年に山頂の毘沙門(御殿場)地区一帯の踏査を行ったところ、島田氏の記載のとおり数多くの人工的に造成された平坦面や礎石群を確認、明らかに古代大野城跡に関わるものではなく、四王院に関連したものと想定されたため、五月から六月にかけ現地において第2図の平面図を作成した。この図に基づき、毘沙門地区の様相について述べていきたい。

大城山の山頂部の東約30㍍地点に現在の毘沙門堂(Ⅰ-1)が建っており、その周囲は土塁状の高まりが巡っている。近世以降にかなり整備されているため、この様相が中世以前の状況を反映しているか否かはよくわからない。この毘沙門堂のある平坦面からの南北方向には、残存地形から古代大野城跡の土塁線が走っていると推測され(図中網掛け部)、四王院に関わる平坦面は、土塁線の内側、東側の尾根上に広く展開している。毘沙門堂のあるⅠ-1の平坦面には、Ⅰ-2が取り巻き、東側にⅠ-3・4の平坦面が取り付く。Ⅰ-4については、昭和五十八・五十九年度に九州歴史資料館が発掘調査を行っている[九州歴史資料館 一九八四・八五]。調査区からは多数の柱穴や土坑が検出されており、掘立柱建物等が建てられていたことが想定されるが(第3図)、建物プランは明確ではない。未報告であるため、詳細は本報告時に明らかになろうが、調査区からは多数の糸切りの土師皿の他、水晶製軸端や巴文軒平瓦、鬼瓦などが出土している。主だった遺物については後述する。

Ⅰからは東側と北東側に尾根は分岐しており、それぞれに平坦面群が展開している。東側の尾根上には、Ⅱ-1~6の平坦面群が階段状に展開する一方で、北東側の尾根上にも参道とみられる登山道を介しながらⅢ-1~6までの平坦面群が確認できる。特にⅢ-2~6の平坦面は面積も広く、Ⅲ-3には参道に面して土盛り(a)の造作がなされている。

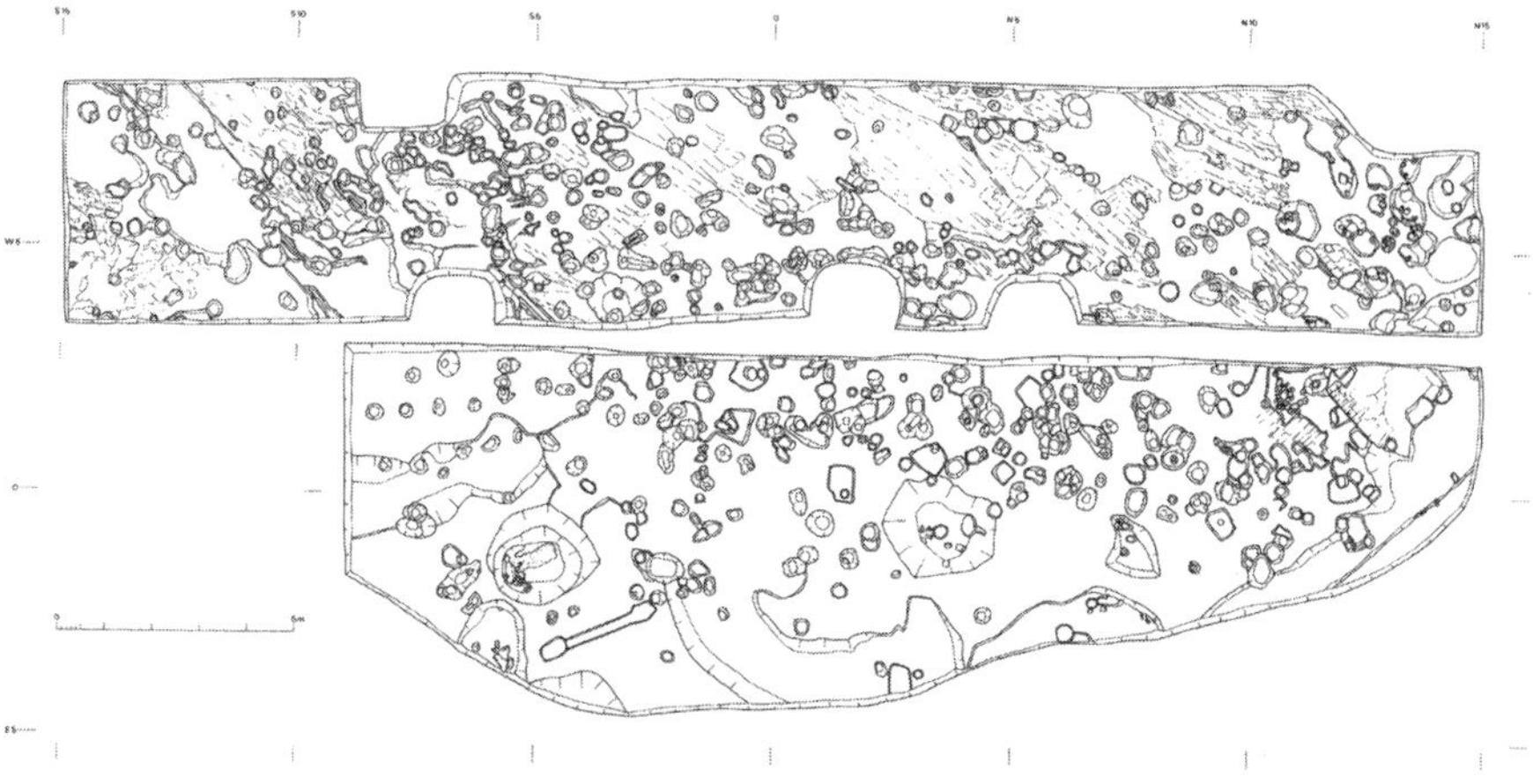

第3図　昭和58・59年度発掘調査調査区平面図（九州歴史資料館1985）

Ⅲ-5は一見、自然の尾根状地形にも見受けられるが、南東隅は明らかに谷部を埋めて造成しているのが見受けられ、人為的に平坦面を広げるような造成がなされていることが推察される。さらに注目すべきはⅢ-6には一辺約10㍍の基壇状の高まりがあり、礎石が散布する(図中礎石群A)。「御殿場礎石群」である。過去にボーリング調査が行われており[九州歴史資料館 一九八五]、「(発掘)調査地点北方で、四王寺の一院と考えられる、建物(外陣四間×五間、内陣一間×一間)の礎石をボーリング調査で認めた」とあり、さらに「桁行約9.1㍍、梁行約8.1㍍」という記載もある〔吉村 一九九二〕。建物が立地する平坦部は「造成によるものと考えられる」と記載される礎石建物で、「御殿場礎石群」と呼ばれ、昭和八年の文献〔川上 一九三三〕の地図に礎石表記が掲載されており、その時期には既に知られていたものである。現状では、基壇上には斜格子の瓦が大量に散布することから、九世紀代のものと考えられ、基壇の西側には石列、南側には溝と土塁状の高まりが確認でき、この礎石建物に付随する施設とみられる。さらに建物の北側Ⅲ-6にも削り残しとみられるL字形の土塁状の高まり(b)があり、関連する施設とみられる。

またⅢ-3から東側の尾根上にも、Ⅳ-1~4の平坦面群が確認できるが、このⅣ-4とⅢ-8との間に挟まれた谷下にもⅤの平坦面が存在する。Ⅴは約20㍍四方の平坦面の南西側を中心に礎石列が確認でき、一部には基壇状の高まりと石列も認められる(図中礎石群B)。礎石建物の痕跡であり、昭和初期に既に知られていたもので、もう一つの「御殿場礎石群」であるが、近年はほぼ忘れ去られていた状態であり、今回再発見することができた。

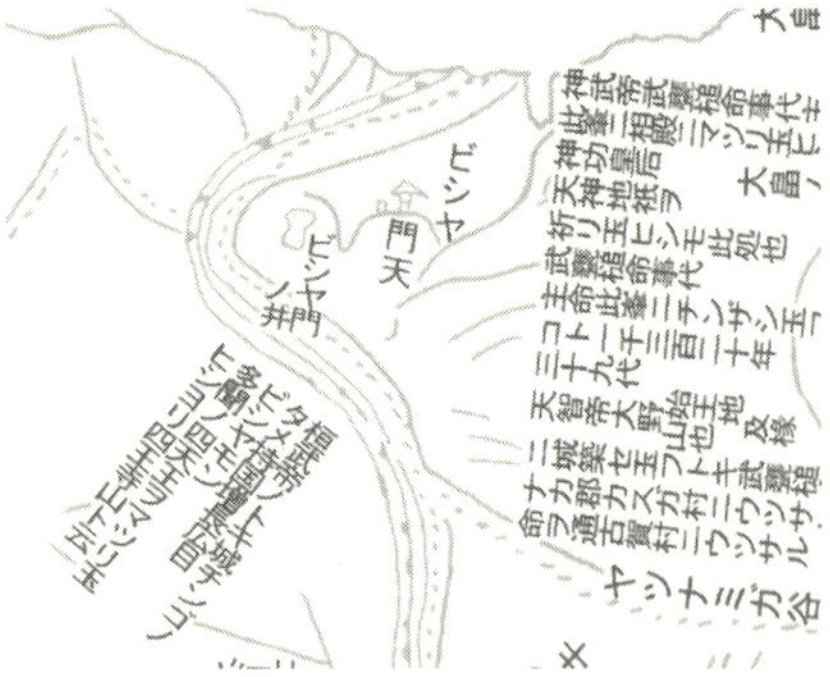

第4図　『太宰府旧蹟全図（北）』に記された毘沙門天と毘沙門の井
（太宰府市 2001）

以上のように、毘沙門地区の四王院に関わる平坦面群は一辺約200㍍の範囲内に、二〇面を越える平坦面群を擁し、さらには明確な礎石建物が二棟存在することがわかる。

その他、この地区における注目すべき遺構としては、「毘沙門ノ井」が挙げられる。先の島田寅次郎氏の記述〔島田 一九二六〕には「毘沙門屯水」という記載がみられるが、明確な場所は示していない。ただ、文化年間に描かれた『太宰府旧蹟全図(北)』には毘沙門天の西側の丘陵上に「ビシヤ門ノ井」が記されており(第4図)、現在の山頂部分にあたる。山頂部分は礫石が多く散乱すると共に、直径約3㍍以上もの凹地が認められる。後述する他の地点の井水よりははるかに浅いものの、これが井戸である可能性は指摘でき、将来的な発掘調査により確実に判明するだろう。一方で、毘沙門堂の南側の鳥居の傍に、現在は蓋石がかぶせられた古井戸が残存する(図中c)。この井戸は近年、四王寺山勉強会により調査がなされ、深さが15㍍もあることが判明したものの、地元民の聞き取りでは、明治時代以降に掘られたものであり〔四王寺山勉強会二〇一五〕、古くまで遡るものではないようである。

(2) 毘沙門(御殿場)地区からの出土遺物の検討

①発掘調査出土遺物など

毘沙門(御殿場)地区では、現状でも多くの遺物が散布している。その多くは古代の瓦の他、底部糸切りの土師器であり、古代~中世(八~十三世紀)頃までが推測される。特に中世土師器の散布が多く、後述する経塚群の造営とも併せ、平坦面群上の活動時期を示している可能性が高い。

昭和五十八・五十九年度には、Ⅰ-4の平坦面を対象に九州歴史資料館により発掘調査が行われた。未報告であるため、詳細を知ることは、まだできていないが、既に確認されていて四王院に関わるようなものについて以下に挙げる。

a．文様塼(写真1-1)

大宰府史跡においては、長方形、正方形、三角形の三種類の文様塼

1

2

3

4

5

6

7

写真１　四王院関連出土遺物

が、学校院跡をはじめとする各所で出土している。毘沙門地区から出土したのは、長方形のものであり、上面に宝相華文を施し、周縁部に珠文を巡らせたものである。四王寺山山内では、本例の他、大野城跡前田地区においても文様塼三点が採集されており、かならずしも本例が四王院に関するものと断定することはできないが、出土地点や稀少性からその可能性は高いと考えられる。

b．鬼瓦（写真1－2）

右頬・右顎部と、鼻と歯の一部が残存する。頬全体から鼻と唇の間にも毛髪の線刻表現が施されている。形状から見て、いわゆる「大宰府式鬼瓦」の範疇になるものと考えられるものの、斉一感のある八世紀代の類例とは異なり、形状にバリエーションが見られるようになる九世紀代以降

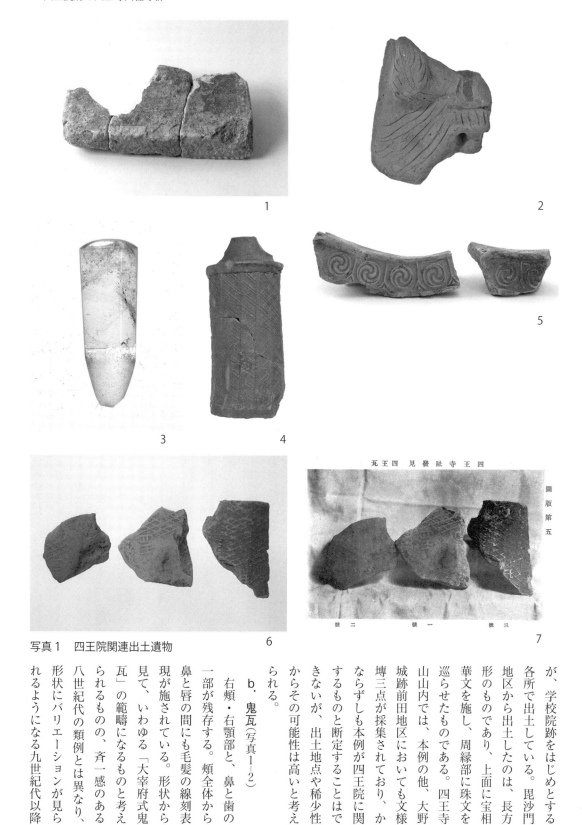

のものと考えられることから、古代大野城跡のものというよりは四王院に関連するものと見られよう。

c．水晶製軸端（写真1―3）

長さ3．4センチの透明な水晶で造られた軸端で、巻物の軸の両端に取り付けられた軸端である。経典などの寺院に関わる巻物に装着されたものとみられ、四王院に関わる遺物と言えよう。詳細な時期については不明ながら、古代に遡る可能性もある。

d．巴文軒平瓦・二重斜格子丸瓦（写真1―4・5）

折り曲げ式により作られた瓦当面に、逆Y字形の区画の中に左回りの三巴文を入れた文様を並べた軒平瓦で、同様の文様は、安楽寺（太宰府天満宮）や、同じ四王寺山山内の原山の浦ノ城などの近隣寺院、さらには首羅山遺跡（白山頭光寺跡・福岡県久山町）などの中世寺院での出土事例がある。また、凸面に二重斜格子文の叩打痕が見られる丸瓦も出土しており、巴文の軒平瓦と同時期に使用されたものと考えられる。共に十三世紀代と考えられ、その時期の四王院の堂舎に葺かれたものではないかと考えられる。

e．「四王」銘文字瓦（写真1―6）

昭和五十九年度の発掘調査では「四王」銘の文字瓦が出土したとの記載がみられるが［九州歴史資料館 一九八五］、今回の遺物調査においては確認することができなかった。ただ過去には、毘沙門堂の東側において採集された「四王」銘文字瓦三点が報告されている［川上 一九三三・写真1―7］。この瓦については長年行方不明となっていた。しかし近年、筆者が偶然にも福岡県立筑紫丘高等学校に保管されているのを確認し、現物を見る機会を得た（現在は九州歴史資料館に保管）。いずれも丸瓦と平瓦の凸面に斜格子と共に「四王」の銘の叩打痕が認められる。古くから言われているように、四王院の所用瓦の一つと考えられよう。叩打痕の斜格子の形態から九～十世紀頃に当たるものであろうか。

f．その他

上記以外にも発掘調査では、経筒片、陶器、宋銭が出土したとあるが［九州歴史資料館 一九八五］、今回確認することができなかった。本報告の際には明らかになろう。また、前述したが、御殿場礎石群Aの周辺には、斜格子の叩打痕を持つ瓦が大量に散布している。これは礎石群の年代が九世紀代頃に求められる大きな物証と言えよう。

②銅製独鈷杵

発掘調査での出土品ではないが、平成二十七年（二〇一五）に、四王寺山の山頂付近において銅製独鈷杵一点が採集され、宇美町教育委員会の所蔵となっている。全長19．6センチの本例については、速報的にではあるが既に報告がなされており、形状等の概要は報告されている［井形 二〇一六］。その報告の中で、井形進氏は、本例を十二世紀代の作例との共通性を認めつつも、平安時代中期に遡る愛知県赤岩寺例との共通性も指摘、本例を平安時代後期、十一世紀末～十二世紀初め頃と考察している。このように概要および年代については既に報告されているため、その詳細はそちらを参照いただくとして、今回、観察と実測を行ったことから分かる所見を以下に示したい（第5図・写真2）。

本例は非常に精巧に造られている反面、片方の鈷は先端が若干折損し、鎬も人為的に擦れて摩耗しているような印象を受ける。経塚や山岳寺院から出土するこの時期の独鈷杵については、時枝務氏が富山県上市町円念寺山経塚出土の独鈷杵（第6図）を事例に出しつつ、「よくある変なものといえば、山寺や経塚から出てくる独鈷杵で、だいたい先端が割れているのです。まともな形では出土していなくて、よくみると大きな衝撃を与えたために、めくれているようなものもあります。これも何をやったのだろうと、よくわからないものです」と述べている〔久保 二〇一六：五九頁〕。本例が採集された地点は、まさしく山寺あるいは経塚に関わる場所であり、他の事例と共通する痕跡が残っていることは、詳細な理由は不明ではあるものの、非常に興味深い。

また、本例の観察から読み取れることとして、折損した鈷とは反対側の表面に風化が見られることである。これは風化した部分が一定期間、外表にさらされていた可能性が考えられる。半分は地表に埋まり、もう半分は地表から突き出た状態にあった可能性である。これを考える上で非常に示唆的な出土事例がある。京都府八幡市の石清水八幡宮の宮寺であった護国寺跡の発掘調査において、江戸時代後期に造営された本堂とその前段階において修された天台宗の密教大法である安鎮家国法の跡である〔八幡市教委 二〇一二〕。これは、安鎮場所の中心と八方の計九箇所に小壙を掘り、密教法具の輪宝を置いて中心に橛を立てる修法で、護国寺跡では六方の壙が確認され、橛の代わりに独鈷杵を用いていた（第7図）〔久保 二〇一六：一七六頁〕。江戸時代後期の整地層上面から壙は掘り込まれており、江戸時代後期に再建された本堂の建設に伴ってなされたものである。本例では輪宝などは見出されておらず、時

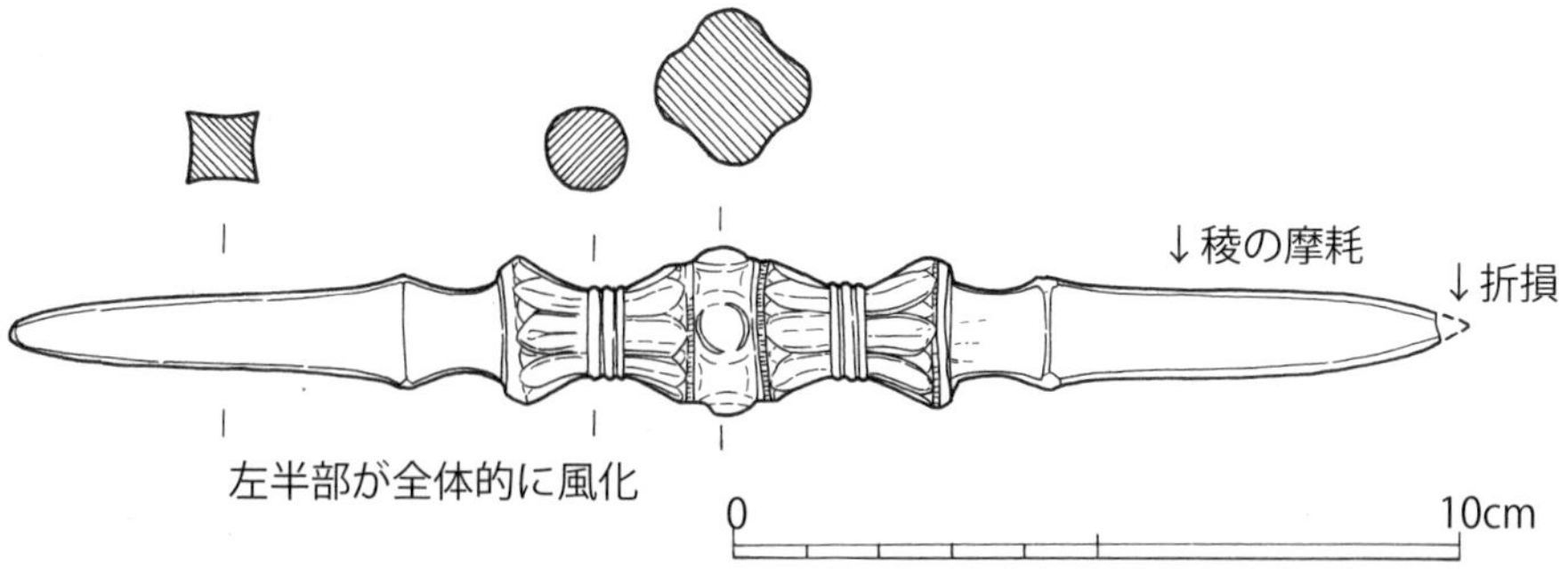

第５図　毘沙門（御殿場）地区採集独鈷杵実測図

写真２　毘沙門（御殿場）地区採集独鈷杵

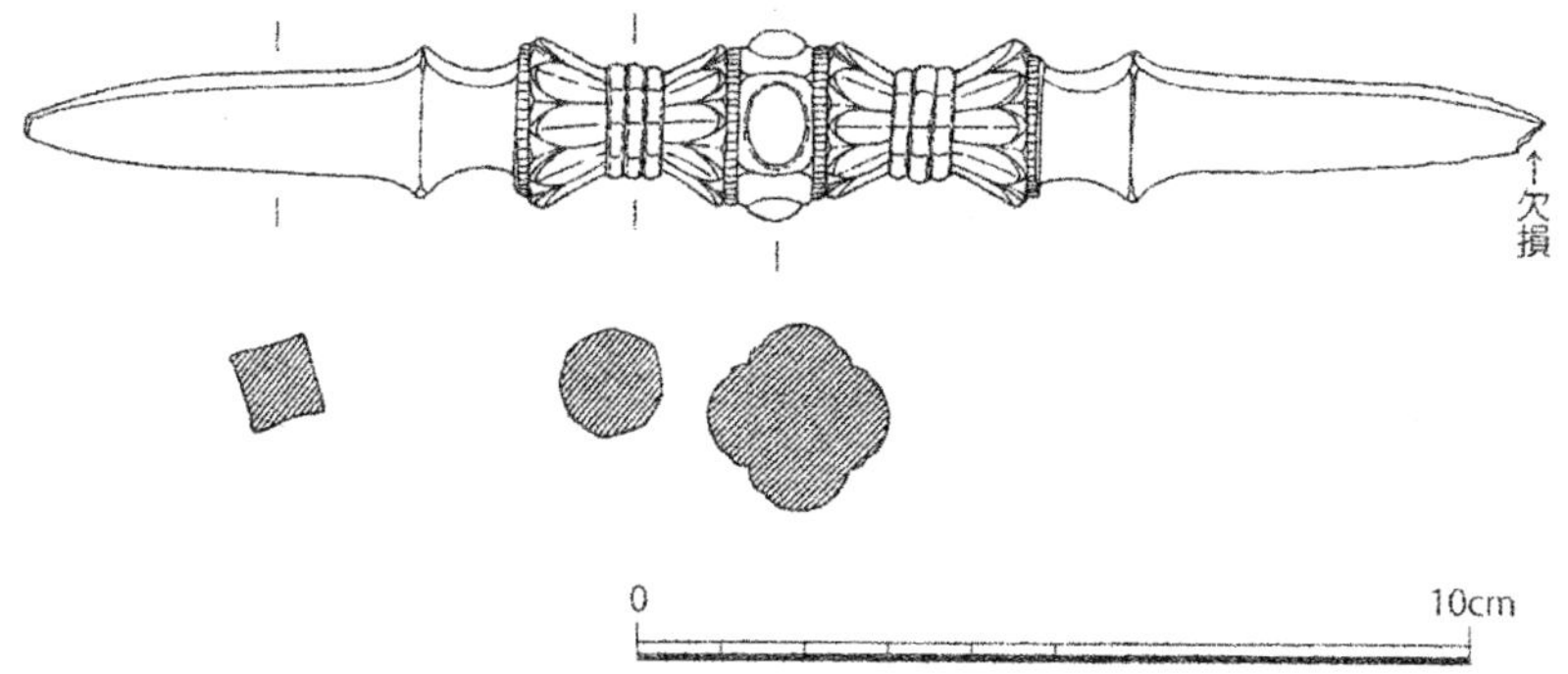

第６図　富山県上市町円念寺山経塚出土独鈷杵（上市町教委 2002）

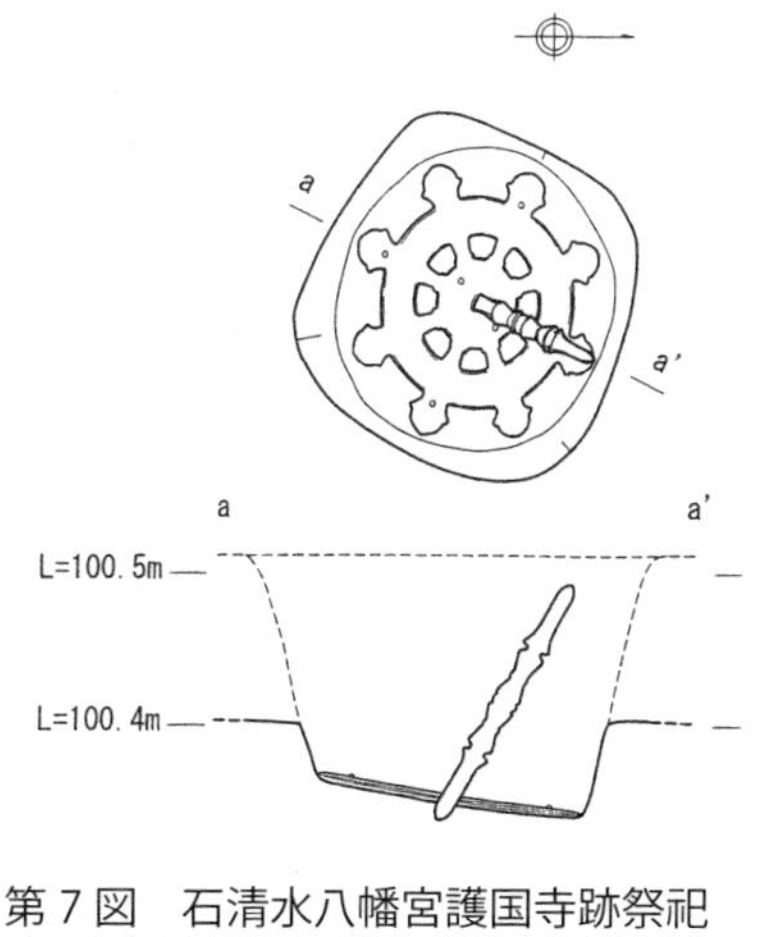

第７図　石清水八幡宮護国寺跡祭祀小坑（安鎮家国法跡）
（八幡市教委 2011）

代もかなりかけ離れているものの、参考となる事例と言えよう。安鎮家国法は鎮護国家を祈念して行われるもので、平安時代中期後半の平安宮内裏跡など、ごく少数の大寺院や宮城でのみ修せられた修法であった。創建の背景を踏まえれば、四王院においてもその可能性は考えられようが、最終的な結論は今後の調査成果に委ねられよう。

⑶ その他四王院跡に関連する遺構の検討

毘沙門(御殿場)地区以外にも、山内には広目天、増長天、持国天と呼ばれる三つの地区があり、それぞれ四王院に関連する遺構が認められる。以下地区ごとに見ていくこととする。

①広目天地区

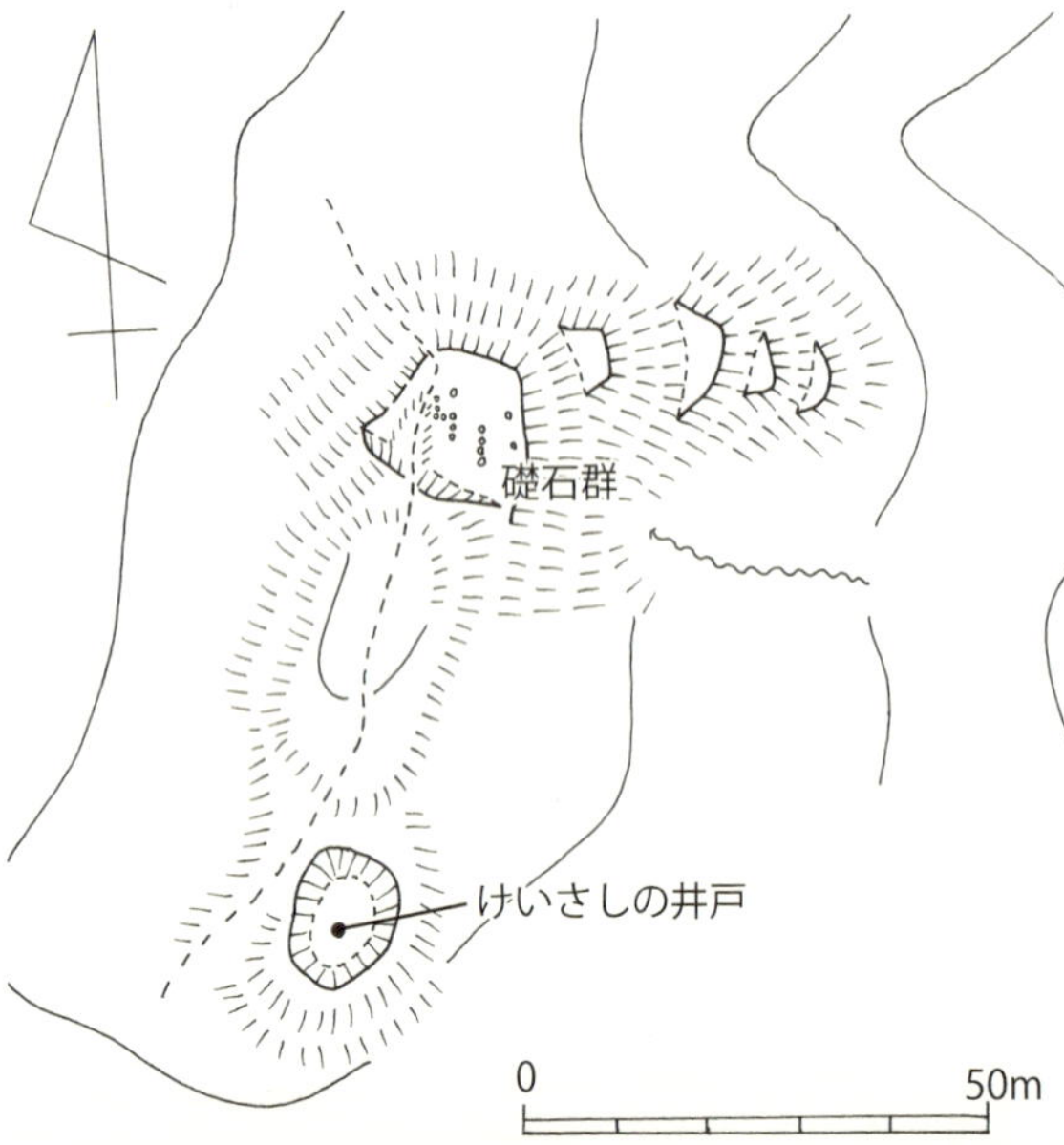

第８図　広目天地区遺構平面図（岡寺作成）

写真 3-1　広目天地区けいさしの井戸遠景

写真 3-2　ケイサシの井戸

山頂の毘沙門天から大野城の土塁線を南へ辿りながら約300㍍進んだ場所には、広目天地区があり、頂部には礎石群と井戸が確認されている(第８図・写真３)。既に島田寅次郎氏が「山の西南に廣目天の井と称するものあり小形にて石を畳めり、直径約二尺深さ六尺常に三四尺の水を貯ふ獨鈷水と呼ぶ。井の北方に礎石あり」と指摘しており〔島田 一九二六〕、古くから知られたものである。

現況をみると、尾根線の頂部の北側に約20㍍四方の平坦面を造成し、そのほぼ中央に礎石群が見られ、更に東側に小規模な平坦面群が連なる。一方、頂部を挟んで南側に直径10㍍を越える巨大なすり鉢状の窪みがあり、その底部に井戸が確認される。広目天の井戸、『太宰府旧蹟全図』に「ケイサシノ井」と記す井戸である。礎石群については、測量調査を行った鏡山猛氏は、「南北に長い七間三面(間か?)の配置で、礎石

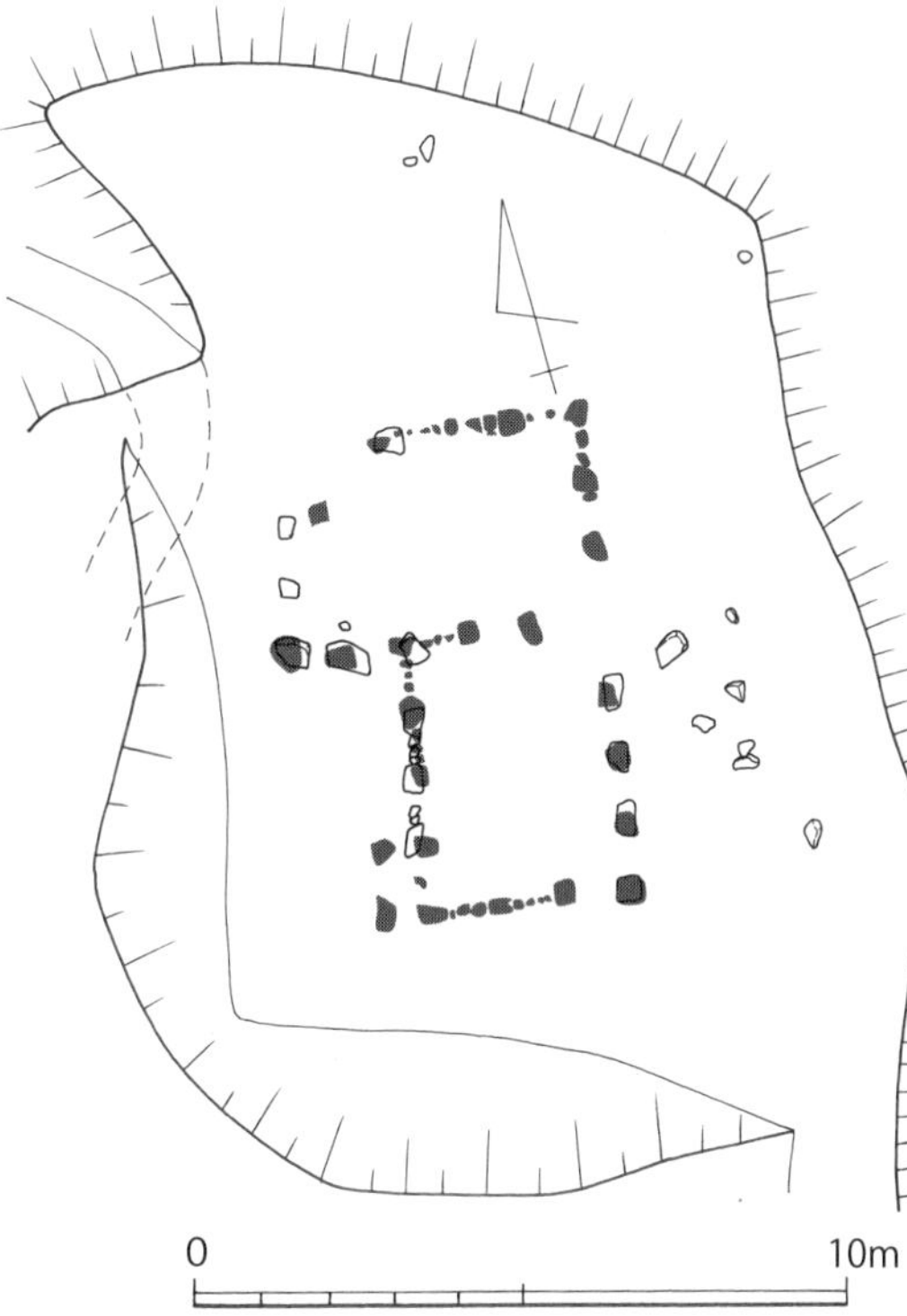

第９図　広目天地区礎石群平面図
（網掛は鏡山 1968 に掲載された礎石列）

は小形で二三・一尺（桁行）×九・九尺と柱間狭く、地覆石を置く所があり、種々の観点から小規模の仏殿として差支ないであろう」と述べている〔鏡山 一九六八：一五〇頁〕。ただ、現況を見ると、礎石配置がかつての平面図と若干異なるところもあり（第９図）、柱間や間数の確定には、今後詳細な調査が必要となろう。

②増長天地区

古代大野城の土塁線の南側内郭土塁にあたる増長天地区では、古代大野城の礎石群の傍らに「鏡ヶ池」と呼ばれる天水溜まりがある（写真４）。『太宰府旧蹟全図』にも「今フクツケノ井（武具漬けの井）ト云」、とあり、『筑前国続風土記附録』にも「ぶくつきの井」と記す。鏡山氏は「この池はやはり雨乞いの民間行事を伴い干魃のひどいときに水を干して池中の鏡を取出せば雨が降るといわれている。往年の行事参加者に聞くと和鏡らしいとのことで鏡の数も次第に少くなるといっているが、未だ実見の機会に恵れない」と記しており〔鏡山 一九六八：一四九頁〕、鏡ヶ池の宗教的側面を垣間見ることができる。また、池の周辺には古代大野城跡の礎石建物の倉庫群が確認されているが、四王院関連と考えられる建物は確認できない。

写真４　増長天地区鏡ヶ池

③持国天地区

大野城跡の土塁線の東側、大原山の頂部は持国天と呼ばれ、直径10～13㍍、深さ約４㍍の大きな窪みがある。島田氏や鏡山氏も指摘しており、『太宰府旧蹟全図』に記された「ヂコク天ノ井」であるとみられる。現状では湧水は確認できないが、井戸あるいは溜水があったものと考えられる。

④その他

その他、四王院に関連する場所としては、島田氏が「又此地（毘沙門）より四王寺区に行く坂路にも屋敷跡と呼ぶ地あり」と記す〔島田 一九二六〕。『太宰府旧蹟全図』にも毘沙門天の南東、「ヤツナミガ谷」と「八ツナミカ原」との間に「ヤシキアト」の記載がみられ、この場所のことを指しているものと考えられる。現在、大野城跡の「八ツ波礎石群」のある平坦面群に当たるものと思われる。しかしながら、これらは古代大野城跡の遺構群であり、四王院跡に関わるものではないため除外しておきたい。

4　四王寺山経塚群に関する検討

　四王寺山山中からは非常に数多くの平安時代後期の経筒が出土、あるいは出土したと伝えられるものがある。それらの多くは詳細な出土地や状況を知ることは難しい。しかしながら、四王院の中枢が置かれたとみられる毘沙門地区付近において昭和二年（一九二七）に発見された「毘沙門堂経塚」と、昭和七年に発見された「村上経塚」については、古い発見ながら、発見当時の状況が詳細に記録されており、また発見された場所についても四王院に関わる場所にあることからも、これらの経塚群が四王院に少なからぬ関係にあると想定ができるため、それらの検討を行うこととしたい。

(1) 毘沙門堂経塚の検討

　毘沙門堂経塚は、昭和二年に福岡県嘱託職員であった島田寅次郎氏が地元民と共に大野城跡の土塁確認調査を行っていた際に発見したものである。発見した時の状況やその経緯については、島田氏本人が詳細に報告している［島田 一九二七］。その後、宇美八幡宮所蔵となったものについては国の重要文化財に指定された。その際、出土品は第一から第六までの番号を振られているが、これは杉山洋氏も指摘しているように［杉山 一九八五］、島田氏が報告した経塚番号と齟齬を来してしまっている。また、指定となった経筒以外にも、福岡県立筑紫丘高等学校所蔵資料もあり、指定の際に振られた番号では、毘沙門堂経塚出土品全体を包括することが困難である。そのため、本稿では島田氏が振った経塚の番号（Eについては杉山洋氏が命名）を用いて説明する。

　毘沙門堂経塚において発見された経塚はA～Eの五箇所八基、経筒は十一合にも及ぶ。それぞれの経塚の概要については第1表・写真5のとおりであり、また島田氏が記載した見取り図（第11図）や昭和八年に掲載された位置図（第10図）から復元すると、経塚群は毘沙門堂の東側から、南北一列にE、D、A、Bの順番で築かれており、A、B、Dについては塚状のマウンドを形成していたことがわかる。現状では詳細な位置を知ることはできないが、およその場所を知ることができよう。また、詳細な場所は不明ながらA経塚から西方防火線に沿って約十余間の地点に二個の火葬骨壺が見つかっており、付近に火葬墓があったものと考えられる。

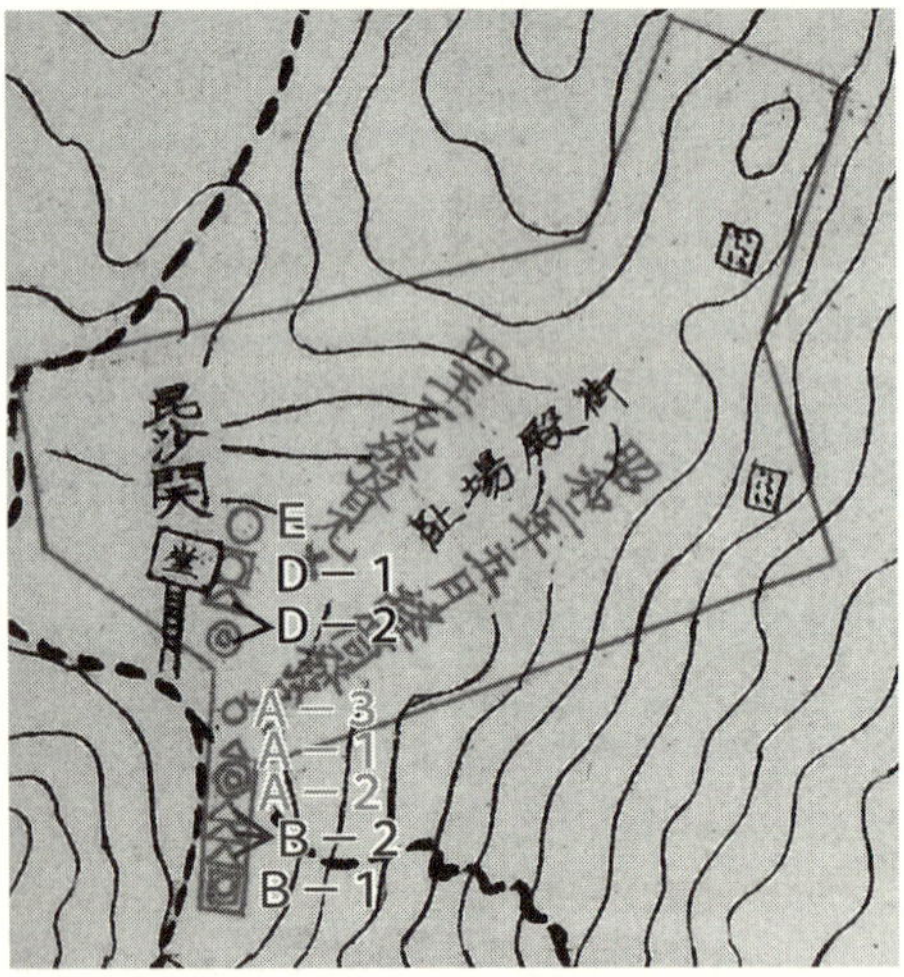

第10図　毘沙門堂経塚の経筒の位置・配列図
（川上 1933 掲載図を一部加工）

　これらの経塚及び経筒の構成からあげられる点としては、まず一経塚内の経筒の構成である。A・B・D経塚を見ると、銅製経筒と陶製経筒が複数個混在しており、特にA・D経塚は、陶製経筒一合、積上式銅製経筒一合、いわゆる「四王寺型」の銅製経筒一合の三合のセットとなってい

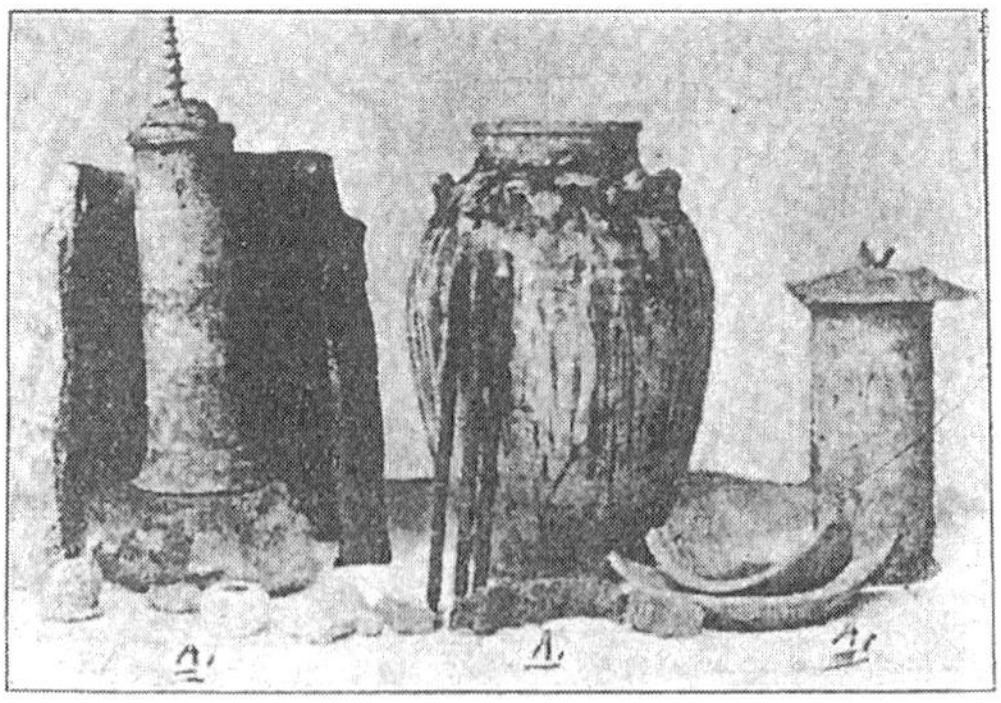

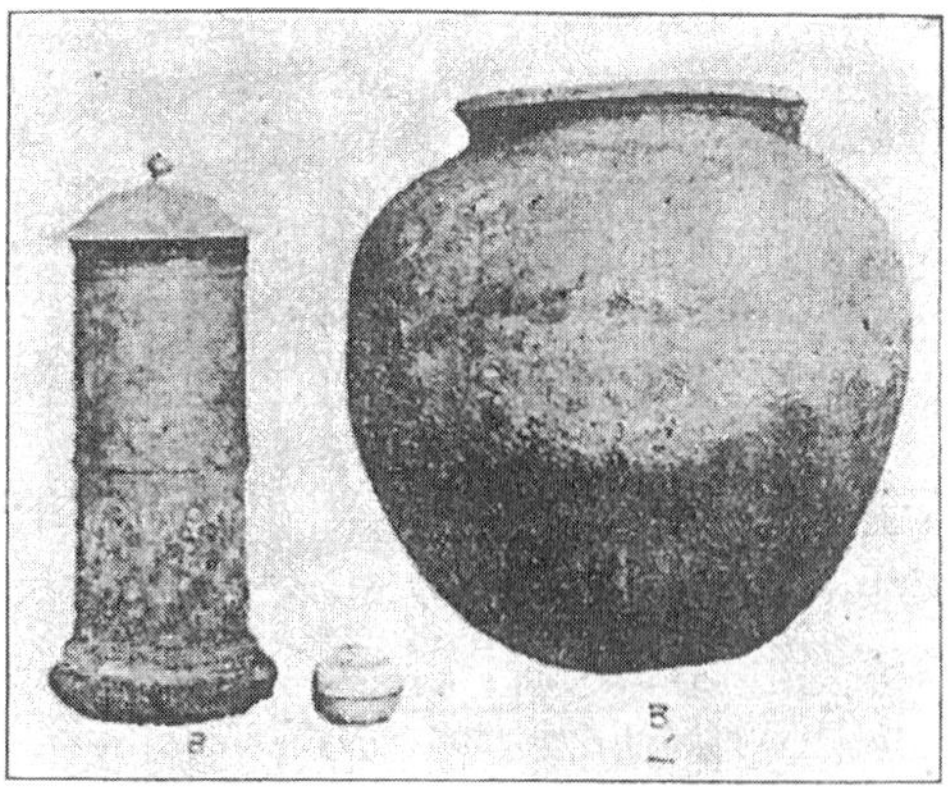

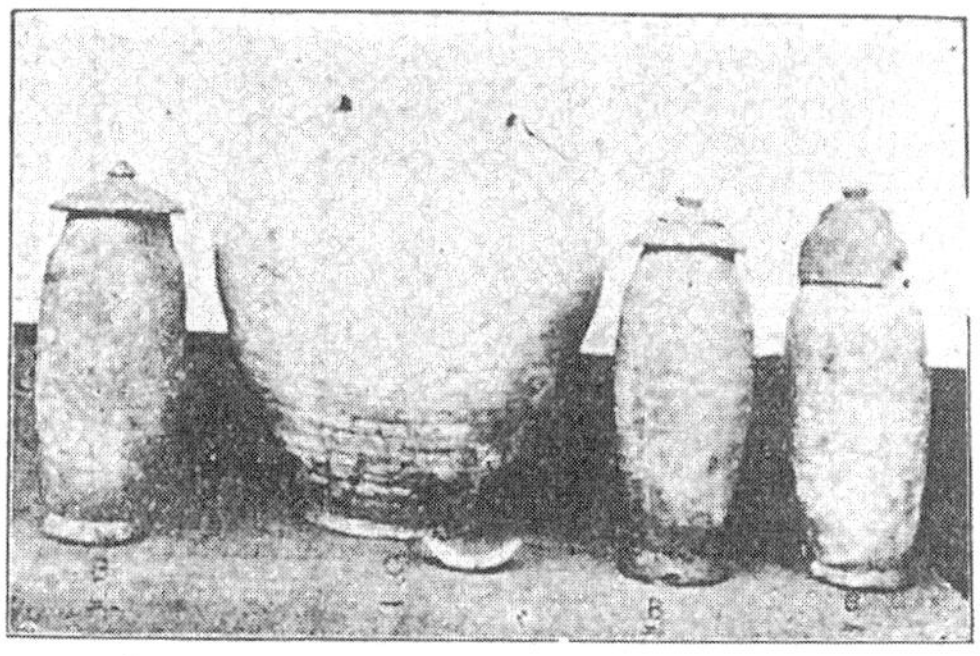

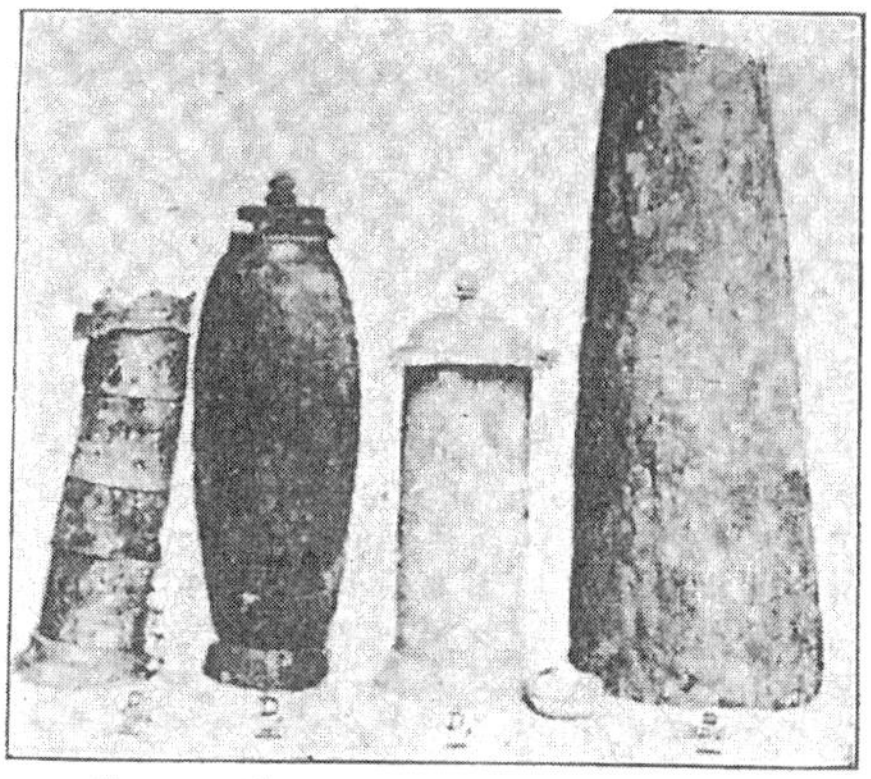

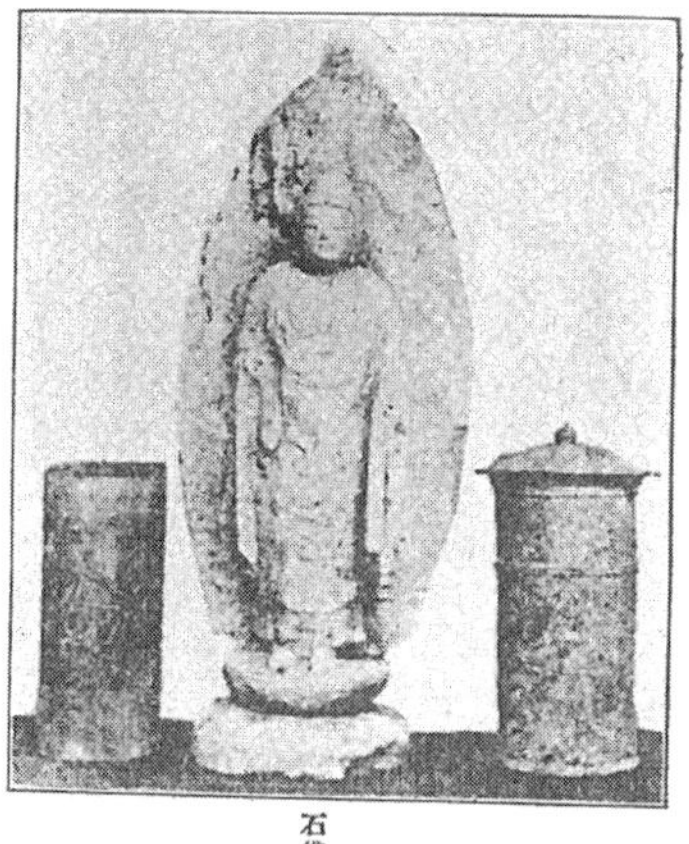

写真5　発掘当時の毘沙門堂経塚出土遺物（島田 1927）

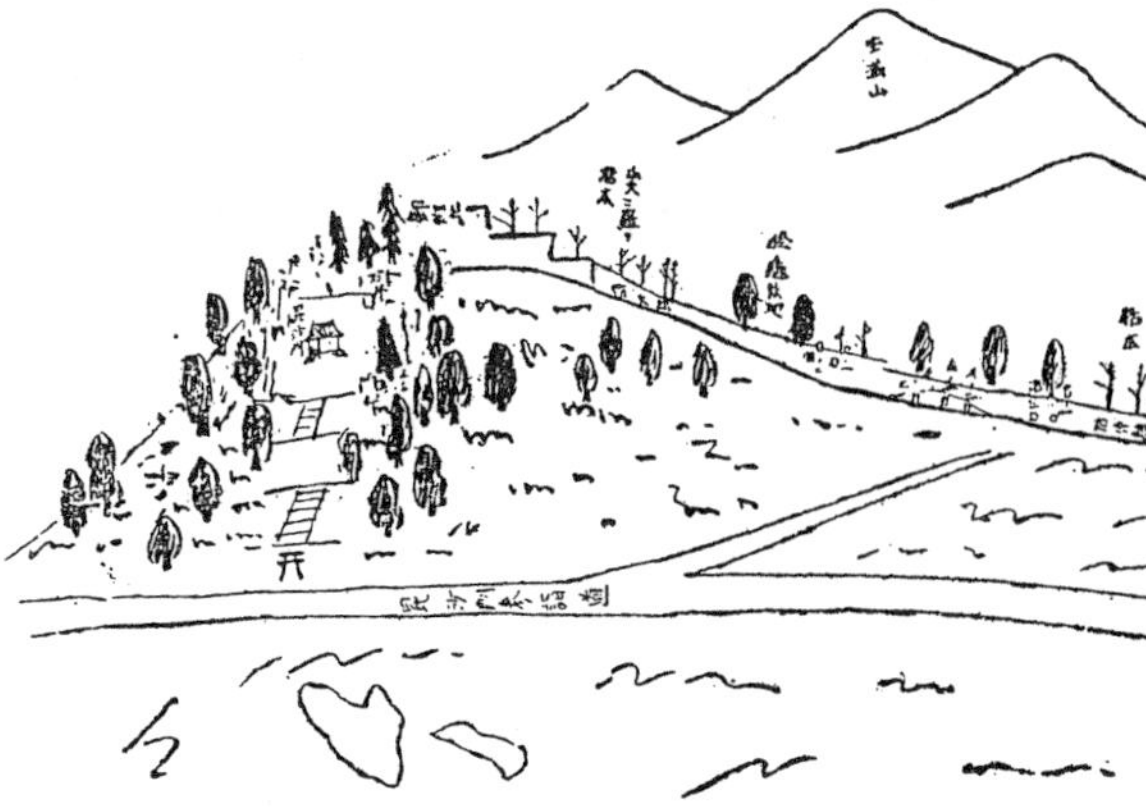

第11図　毘沙門堂経塚発見位置図（島田 1927）

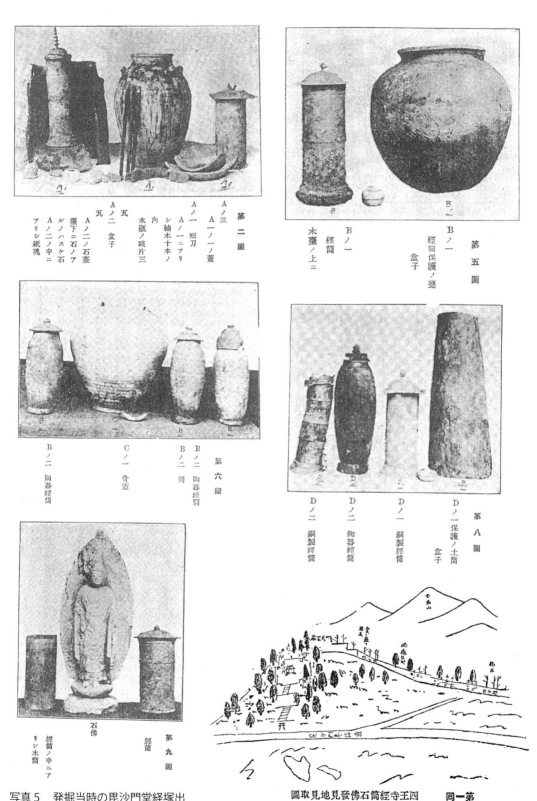

第１表　毘沙門堂経塚・村上経塚出土遺物等概要一覧

経塚名称		出土遺物							備考
		経筒			外槨構造	埋納品	付属品	残存物	
		陶製	銅製						
			積上式	四王寺型					
毘沙門堂経塚	A-1	1			石室	短刀１※ 水瓶片３※ 合子１※		木製 経軸 10 ※ 紐糸※ 灰※	毘沙門堂の東方一丁、東西四間、南北二間半、高さ三尺五寸の塚を持ち、中央にA-1、東にA-2、西にA-3が置かれる。A-1の木製経軸は９本現存。A-2・A-3の周囲には木炭が見られた。A-1の合子は報告のみで、写真には掲載されておらず現存せず。A-2の瓦は丸瓦２点のみ現存
	A-2		1		瓦４※	青白磁 小壺１	経筒 石台※	軸木片※	
	A-3			1	なし			灰※	
	B-1			1 （元永二年銘）	須恵質甕 1	和鏡２※ 青白磁合子１	経筒 木台	経巻片 10 （報告では泥塊と記載）	A経塚から東一間にあり、縦三間、横二間半、高さ四尺の塚を持つ。B-1は地下に合子、さらにその下に外容器が納められる。和鏡は甕の内部にあった（現在指定品として銅鏡に面があるが、うち一面は報告時のものと異なるもの）。B-2は一つの石の上に３つの陶製経筒が置かれ、周囲には木炭が見られた。現在経筒の蓋１点は現存せず。蓋１点と身２点は福岡県立筑紫丘高等学校所蔵品。
	B-2	3			なし			軸木片※ 灰※	
	D-1			1	筒状 瓦製品	青白磁合子１		灰※	毘沙門堂東方、十間余にあり、長さ一間、幅一間、高さ二尺の塚の下から、合子が見つかり、その下部からD-1の筒状瓦製品が見つかり、内部に銅製経筒が納められていた。D-1の銅製経筒のみ福岡県立筑紫丘高等学校所蔵。D-1から二尺離れた場所からD-2経塚として陶製経筒１、銅製経筒１が見つかった。
	D-2	1	1		なし			灰※	
	E			1	なし	滑石製 如来立像		木製内筒	毘沙門堂境内東北隅にあった割石の下、二尺余から石仏と経筒が出土。周囲に野石五、六が置かれていた。
村上経塚		1			石室 瓦※			炭化物※	二尺の盛土の下部に内径一尺八寸、深さ二尺二寸の石室を築き、その内部に木炭と共に経筒３合が納められていた。木炭の間には「平井」銘瓦を初めとする瓦が入れてあった。宇美八幡宮所蔵品には、「目録外附属品」として２枚の完形の斜格子平瓦が現存するのみである。四王寺型の大型銅製経筒のみ、福岡市美術館所蔵品（松永コレクション）。
			1					紙本経 一巻※	
				1 （元永元年銘）				泥土・ 木皮※	

※は、現存しないものあるいは数量が減少しているものを指す。

る。これは次に述べる村上経塚で見つかった三合の経筒の構成と全く同じであり、意図的な経筒の組み合わせである可能性が高い。

また、E経塚については、毘沙門堂境内の東北隅から見つかっており、滑石製の如来形立像と共伴して一合の大きな四王寺型銅製経筒が出土している。経筒内の木筒には、現在ではもう読めなくなってしまっているが「…僧朝…則…泰暹」などの墨痕が見られたという〔島田 一九二七〕。もはや推測となってしまうが、四王院の最も中枢ともいえる場所から出土し、なおかつ滑石製の石仏と共伴する大型の経筒であることから、E経塚の経筒は、毘沙門堂経塚の中でも中心的な存在であったと考えられるのではなかろうか。

(2) 村上経塚

写真６　村上経塚出土遺物（川上 1933）

村上経塚は、昭和七年に四王寺集落の南方、字村上の尾根上にて、地元民の庭石採取時に不時発見されたものである。小山の頂部に半分露出していた石を採取しようとしたところ、経塚の蓋石で、その下の石室内から銅製経筒二合（四王寺型経筒・積上式経筒）・中国製褐釉陶器の陶製経筒一合の計三合の経筒が見つかった(写真6)。四王寺型の経筒には、「妙法蓮華経一部　元永元年十月廿七日　勧進教尊」という刻銘が入れられている。積上式経筒の内部には、紙本の経巻が残存している。現在、積上式経筒と陶製経筒は、紙本経巻と共に重要文化財に指定されて宇美八幡宮所蔵である一方、四王寺型の銅製経筒は、福岡市美術館に所蔵されている。

4　結　論

前節まで四王院に関わる遺跡・遺物等について検討してきた。現状の資料のみでは四王院の全貌を明らかにすることは到底困難ではあるが、可能な範囲で指摘を行い、結論としたい。

(1) 四王院の寺院跡について

四王院に関わる場所については、山頂の毘沙門天(御殿場・鼓峯)の他、広目天、増長天、持国天の併せて四箇所が山内にはあり、それぞれに関連する遺構が残されている。この内、広目天、増長天、持国天については、井戸跡(もしくは井戸跡と想定される窪み)か、小規模な礎石建物跡があるのみで、大規模な伽藍が建ち並ぶ様子を垣間見ることはできない。おそらく井戸と小規模な仏堂がわずかにあったことが想定される。

その一方で、毘沙門天については、山頂近くに現在の毘沙門堂があり、北東側の斜面にかけて平坦面群が連なり、尾根の先端部には古代大野城とは無関係、つまりは四王院との関連が想定される礎石建物跡二棟が確認できる。特に礎石建物Aに集中して散布する瓦は九世紀代のものであることからも、これらの遺構群が、四王院の創建期まで遡る可能性が考えられる。いずれにしても、毘沙門地区周辺の平坦面群と礎石群こそが四王院の中枢地区であったことが想定されよう。それはこの地区において、独鈷杵や水晶製軸端など、明らかに宗教色の濃い遺物が見つかっていることにも反映していると思われる。

(2) 経塚と中世四王院との関係

毘沙門地区では、十二世紀初頭に築かれた経塚がある。経塚は毘沙門地区の平坦面の西端を画するように規則的に築かれているようであり、また毘沙門地区の発掘調査で出土した中世遺物は、経塚の造営時期(経筒の紀年銘から、元永二年〔一一一九〕前後)以降の十二～十三世紀代の遺物がとても多い。これは経塚造営が中世四王院の再隆盛の契機となったことを示しているようにも受け取ることができる。一次史料の記載からは、十二世紀以降にはほぼ記載がないことから、四王院が衰退していった可能性が考えられているが、考古遺物的に見れば決してそのようなことはなく、むしろこの時期に再興され、隆盛した感すらある。東寺百合文書にも、四王寺の四僧(四禅師)に任命を求めるために、銀や唐綾などの様々な品を進上した文書が残されている。なかには久安二年(一一四六)まで下るものもあり、十二世紀の半ばに至ってもなお、四王寺の重要性は薄れていなかったことを示す〔九州歴史資料館 二〇一五〕。これらのことから、毘沙門堂経塚の造営を契機として毘沙門地区周辺の堂舎群が、中世寺院として大々的に再整備されたのではなかろうか。鎌倉時代まで下るが、巴文軒平瓦の出土などは、中世における四王寺の活動、繁栄を示しているものであろう。

また、同じ山内で見つかった村上経塚については、現在詳細な場所は不明であるが、報告書の地図等を参照すれば、四王寺集落の南東側の尾根上にあったものと思われる。四王寺の集落は、『筑前国続風土記』などには正保四年(一六四八)に新たに作られた村であるとするが、『太宰府旧蹟全図』には四王寺村の北隣に「善正寺ヤシキ」とあり、四王院の有力坊があったことを示唆している。推測にはなるが、村上経塚は麓の四王寺集落付近にあった四王院関連の施設(坊院群など)との関係の中で造営されたものではなかろうか。

おわりに

上記の他、四王寺山の南麓、四王院の天台宗由来と考えられる地名を残す「坂本」集落にも、字「善正寺」という地があり、付近から出土したと伝わる長治三年(一一〇六)の紀年銘のある銅製経筒が知られている。「四王寺飯森」と銘があって、やはり四王院に関わるものと想定される。『筑前国続風土記』の「坂本村」の項には「善正寺とて四王寺の座主居たりし寺址あり。坂本坊と号す。座主は大僧正を以て極官とせしと云」とあり、四王寺山の南麓にも座主坊など四王院関連の施設があったものとみられる。

その他、四王寺山から出土したと伝える膨大な数の経筒や、四王院の別院とも伝える中世寺院・原山無量寺の跡地の原遺跡や経塚についてはは詳しく検討することはできなかった。いずれにせよ、中世四王寺山の世界はまだ研究の途についたばかりである。大宰府史跡発掘五十年を迎えるにあたり、本稿が今後の大宰府史跡研究を考える上で資することができれば幸いである。

註

(1)　四王院に関する文献記載については、島田寅次郎[島田 一九二六]、小田富士雄[小田 一九六八]の論考に詳しく、本稿も基本的にはこれらの文献に加え、[九州歴史資料館 二〇一五]などを参考に記載した。

参考文献

井形　進　二〇一六年「四王寺山の独鈷杵」『九州歴史資料館研究論集』四一　九州歴史資料館
小田富士雄　一九六八年「古代の太宰府四王院」『九州史研究』(のち小田『九州考古学研究 歴史時代編』学生社、一九七七に「筑前・四王寺」として再録)
鏡山　猛　一九六八年『大宰府都城の研究』風間書房
上市町教育委員会　二〇〇二年『富山県上市町黒川上山古墓群発掘調査第七次調査概報　円念寺山遺跡』
久保智康編　二〇一六年『日本の古代山寺』高志書院
川上市太郎　一九三三年「昭和七年発見四王寺経筒写経と四王瓦」『福岡縣史蹟名勝天然紀念物調査報告書』第八輯
九州歴史資料館　一九八四年『九州歴史資料館年報　昭和五十八年度』
九州歴史資料館　一九八五年『九州歴史資料館年報　昭和五十九年度』
九州歴史資料館　二〇一五年『特別展　四王寺山の一三五〇年—大野城から祈りの山へ—』
四王寺山勉強会　二〇一五年『太宰府旧蹟全図に描かれた四王寺山』
杉山　洋　一九八五年「四王寺型経筒—村上経塚出土遺物の紹介—」『MUSEUM』№四一三　東京国立博物館
島田寅次郎　一九二六年「大野城址」『史蹟名勝天然紀念物調査報告書』第一輯　福岡縣
島田寅次郎　一九二七年「四王寺の来歴と遺物の発見」『史蹟名勝天然紀念物』第二集一一号　史蹟名勝天然紀念物協会
太宰府市史編集委員会　二〇〇一年『太宰府市史　環境資料編』太宰府市
福岡県教育委員会　一九八三年『特別史跡大野城跡Ⅳ』
八幡市教育委員会　二〇一一年『石清水八幡宮境内調査報告書』
吉村靖徳　一九九二年「四王院」『太宰府市史　考古資料編』太宰府市

〔付記〕本稿を作成するにあたり、宇美町役場町誌編さん係・松尾尚哉氏には四王院跡に関する多くの情報を提供いただいた。また、広目天礎石群を測量するにあたっては、若杉善満氏に協力いただいた。文末ながら感謝申し上げる。

筑紫万葉の風土――宝満山は何故万葉集に詠われなかったのか――

森　弘子

はじめに

をみなへし秋萩まじる蘆城野は今日を始めて萬代に見む

作者不詳(『万葉集』巻八―一五三〇)

珠匣蘆城の川を今日見ては萬代までに忘らえめやも

作者不詳(『万葉集』巻八―一五三一)

『万葉集』にその風景を称賛し、萬代まで見ていたいとまで言わしめた蘆城野は、現在の筑紫野市大字阿志岐と吉木一帯と考えられている。現在は縦横に道路が通り、斯く詠われるような風景ではないが、一昔前までは、高尾山と宮地岳に挟まれた地峡に田圃が広がり、そのまん中を葦の生い茂る宝満川がゆったりと流れ、万葉人も見たに違いない風景はその面影を留めていた。昭和三十六年十一月、はじめて蘆城野を訪れた万葉学者犬養孝氏は取材ノートに「今日の蘆城野　全くすばらしい　都会的なもの何もなし　昔の農村のまま」とその感動を特筆した。前記二首の歌には、正面に、秀麗な姿で聳える「宝満山」は詠み込まれていないが、蘆城野の風景の核が宝満山であることは、万葉の昔も、二十一世紀の今日も変わりない。

蘆城野には万葉の時代、「蘆城駅家」があり、大宰府の官人がたびたび宴を催していた。ことに大宰府での任あけて都に帰る人の送別の宴では、惜別の想いも相俟って一層歌心をかき立てるものであった。

大和へに君が立つ日の近づけば野に立つ鹿も響みてそ鳴く

(巻四―五七〇)

大納言として都へ帰る大宰帥大伴旅人の送別の宴で、大典麻田連陽春が詠った歌など、鹿の鳴く声に麻田陽春の気持ちが重ねられる詠であり、まさに蘆城野の風光がそうさせるものであった。

蘆城駅家の跡は、九棟の掘立柱建物跡が検出された筑紫野市大字吉木の御笠地区遺跡A地点と考えられている。この地は現在の宮地岳にあった古代山城「阿志岐城」の正面直下にあたり、宝満山の東山麓を通り、米ノ山峠を越え、大宰府官道田河道から都に至る最初の駅であった〔筑紫野市教委二〇〇八〕。蘆城駅家で詠われた歌九首が『万葉集』に収められている。宝満山はこれら九首の歌には見えないが、宝満川は五七一番歌と一五三一番歌に詠まれている。「蘆城の川」がそれである。この川は宝満山に水源を発し、現在の小郡市など流域に肥沃な土地を形成し、弥生時代以来の豊かな文化を育み、やがて久留米市宮ノ陣付近で筑後川と合流して有明海にそそいでいる。宝満山はその水分の神の坐す山である。

宝満山は古くは「竈門山」とも「御笠山」とも称し、江戸期のものではあるが『竈門山宝満宮伝記』『竈門山旧記』など「縁起」によると大宰府政庁の鬼門除けのために、山頂に八百萬の神を祭ったのがこの山の神祭の始めとされている。太古から神の山であり、大宰府政庁の祭祀とも深い関わりを持つと語られる山は、平成二十五年、国の史跡に指定された。その歴史的背景と価値について「出土遺物からも古代の官衙である大宰府と密接な関係をもって成立した信仰の山である」と述べられている。

九首もの万葉歌の舞台となった蘆城野の風景の核であり、蘆城川の水分の神の坐す山であり、しかも筑紫万葉の歌の大部分の作者である官人が日々出仕する大宰府とも密接な関係にあるとされる宝満山であるが、蘆城駅家で詠まれた九首の歌にないばかりか、大宰府が統括する九国三島で詠まれたと認定できる三二〇首、いわゆる筑紫歌群［林田 一九九四］にも一つも登場しないのである。山名の変遷については後述するが、「竈門山」は平安期以降「歌枕」となり、都の貴族にその存在をよく知られるところとなった。カマドは、「燃える」「焦がれる」「嘆き（投げ木）」の縁語として、烈しい恋心を引き出す格好の素材となり、数多くの歌に詠まれたのである［赤塚 一九九七］。

『万葉集』では、さまざまな筑紫の地名が詠われ、福岡県だけで、歌・題詞・左註に出る地名は一三〇に及び、それに「筑紫」「西海」のような総名を加えれば一六五ほどにもなる［犬養 二〇〇四］。山に関しては、福岡県では大野山（四王寺山）・蘆城の山（宮地岳）・志賀の山（志賀島の山）・名児山（宗像市）・鏡山（田川郡）・可也山（糸島市）、佐賀県では城山（基山）・領巾振山（鏡山）・吉志美の嶽（杵島岳）、大分県の朽網山（九重山）・名欲山（木原山）・木綿の山（由布岳）、対馬の浅茅山・結石山、そして高千穂峰などの山が詠まれている。宝満山は、たまたま偶然に採録されなかっただけのことかも知れないが、本論では「風土」という概念から大宰府で詠まれた歌を検証し、また宝満山の近年の研究成果なども勘案しながら、宝満山の歌が一首も万葉集にない理由を考察するものである。

1　筑紫万葉の風土

万葉集には全国至る所の数多くの地名が詠われている。そうした土地、万葉の故地を訪ねることは、今日多くの人々が楽しむところであり、万葉の歌に詠まれている地名によって「まちおこし」をしようという自治体も数多い。万葉集の地理的研究は昭和に入って深化したが、ともすれば詠出された土地の詮索に始終するものであった。土地とそこに生きる人間との関わりに注目し、「風土」ということばで万葉集を研究したのは久松潜一氏に始まり、櫻井満氏、犬養孝氏、清原和義氏らに引き継がれている。

「風土」という言葉でまず思いつくのは、八世紀、元明天皇の命により国別に編纂された『風土記』であろう。そこには自然環境だけでなく、人間の営みもあわせて描いている。折口信夫・高崎正秀に師事した国文学者であり民俗学者でもある櫻井満氏は、「文学的な問題として扱われる「風土」は、その土地を形成する自然地理的なありさまより、自然と人間の相互作用である、いわば人文地理的な風土がより重要である。地理的なものに、精神的な、歴史的な、あるいは文化的な風土が一切総合されなければならないはずだ。〈万葉の風土〉というのは、万葉びとの生活と歌に直接関連をもつ生きた自然であり、そこに歌が形成される必然の基盤である。〈『万葉集』の風土〉は、さらに『万葉集』が内包する世界であり、環境であるといえよう」と述べている［櫻井 一九七七］。

「風土」という言葉と本格的に向き合った最初の哲学書は、和辻哲郎氏の名著『風土』である。和辻氏は、本文冒頭に「ここに風土と呼ぶのはある土地の気候、気象、地質、地味、地形、景観などの総称である。それは古くは水土とも言われている。人間の環境としての自然を地水火風として把握した古代の自然観がこれらの概念の背後に潜んでいるのであろう。しかしそれを「自然」として問題とせず「風土」として考察しようとすることには相当の理由がある」と述べている［和辻 一九七九］。和辻哲郎氏のいう「相当の理由」について、桑子敏雄氏は、和辻氏が『風土』の序言に述べるところを要約して「環境世界に関わる人間の主体性の表現としての風土を捉えることが人間存在の風土性を明らかにすることだというのである」と述べている［桑子 二〇〇八］。

犬養孝氏は清原和義氏の『万葉集の風土的研究』によせた序文に「風土は、意識化されにくいものである。それだけに、その研究も稀である。万葉集の風土は自覚され、よみがえらせてみる要の、極めて大きいものであることを痛感する」と述べている。

筆者もかかる立場に立ち、大宰府を中心とした筑紫万葉の風土を考察していきたい。

(1) 天ざかる鄙

敢えて述べる私懐

天ざかる鄙に五年住ひつつ都のてぶり忘らえにけり

山上憶良（巻五—八八〇）

天平二年（七三〇）暮れ、大宰府での任あけて大納言として都に帰る大伴旅人の送別の宴が書殿で開かれた時、「敢へて私の懐をのぶる歌三首」として筑前守山上憶良が大宰帥大伴旅人に贈った歌のひとつである。九州を統括する大宰府の長官と、その管轄下にある一国の国司という身分の差こそあれ、旅人と憶良は同じ時、同じ大宰府にあって、歌を贈答し合い、お互いに刺激を授受し歌風を高めあい、心通わせた仲であった。山上憶良は社会派、庶民派などと評される。それは有名な「貧窮問答歌」（巻五—八九二・八九三）や、相撲の節会で都に向かう途中安芸国で病を得て亡くなった十八歳の熊凝を悼む歌や（巻五—八八六〜八九一）、宗形部津麿に代わって対馬に物資を運ぶ途中、五島列島三井楽の沖で遭難した志賀の白水郎荒雄の妻子の悲しみに心を寄せた歌（巻十六—三八六〇〜三八六九）[1]などによるのであろう。

大宰府は律令制下、地方最大の官衙であり、「遠の朝廷」ともうたわれた重要な場所であった。しかし『延喜式』に「上廿七日、下十四日、海路卅日」とその所要日数が規定されるように、都から遠く離れた地であり、「天ざかる鄙」にいるという感覚は、都から赴任してくる官人の心に常に棲んでいた。「庶民の苦しみや悲しみに心寄せている人」と評される憶良にしてさえ、旅人との別れに、取り残されるという想いを抑えることはできなかったのである。同じ書殿の送別の宴で憶良は次のような歌も詠じている。

天飛ぶや鳥にもがもや都まで送り申して飛び帰るもの

（巻五—八七六）

望郷

あをによし寧楽の京師は咲く花のにほふがごとく今盛りなり

（巻三—三二八）

教科書にも載る小野老の有名な歌。都にあってその繁栄を謳歌しているように感じられるこの歌は、実は小野老が大宰少弐として大宰府にいた時、奈良の都の繁栄を偲んだ望郷の歌なのである。また防人司佑大伴四綱は次のように詠う。

やすみしわご大君の敷きませる国の中には京師し思ほゆ　（巻三―三二九）

四綱はまた、大宰帥大伴旅人に向かって「藤の花が美しく咲く（藤原氏が栄える）奈良の都をあなたは思っているのでしょうか」と問う。

藤波の花は盛りになりにけり平城の京を思ほすや君　（巻三―三三〇）

四綱の歌に続き、旅人の歌五首がおさめられている。

わが盛りまたをちめやもほとほとに寧楽の京を見ずかなりなむ　（巻三―三三一）

わが命も常にあらぬか昔見し象の小河を行きて見むため　（巻三―三三二）

淺茅原つばらつばらにもの思へば故りにし郷し思ほゆるかも　（巻三―三三三）

わすれ草わが紐に付く香具山の故りにし里を忘れむがため　（巻三―三三四）

わが行きは久にはあらじ夢のわだ瀬にはならずて淵にあらぬかも　（巻三―三三五）

旅人が大宰府に赴任した時、すでに齢六三であった。故郷を忘れないために忘れ草（カンゾウ）を紐に付けてはいるものの、老齢故、もう二度と都に帰ることはできないのではないかという心細さがいっそう望郷の念をかき立てている。初夏の頃、大宰府政庁跡には白く柔らかな穂を出した浅茅（チガヤ・ツバナ）が一面に生え、吹く風にそよぐ様は清々しくも美しい。そんな風景も旅人の眼には荒涼とした原野にしか映らない。ほどろに雪の降り積む冬の日には、一層奈良の都が偲ばれる。

沫雪のほどろほどろに降り敷けば平城の京し思ほゆるかも　（巻八―一六三九）

抒情は故郷を遠く離れて不遇の時にこそ、つよく湧くものであろうか。官命を帯びてはるばる赴任した、その気概はあるものの、折にふれ、また鄙の風光にふれるにつけ、望郷の想いはもだしがたく歌として表象されるのである。

(2)　大宰府の梅

梅花の宴

それでは大宰府は、単なる天ざかる鄙であり、文化的にも不毛の地なのであろうか。否、そうではない。大宰府は当時、海外に開かれた日本で唯一の窓口であり、大陸・半島の進んだ文物が最初にもたらされる地であった。大宰府の官人にも大伴氏・小野氏・粟田氏・多治比氏など外交に長けた氏族、麻田陽春・張福子など渡来系の人々が任命され［前田二〇〇七］、中国文化を受け容れて独特の文化を花開かせることも可能であった。

天平二年（七三〇）正月十三日、大宰帥大伴旅人が自邸に大宰府の官人と大宰府管内諸国の役人を招いて催した「梅花の宴」は、そうしたことを象徴する出来事だった。

『万葉集』に梅の花を詠んだ歌は一一九首あり、萩の一四一首について多い。秋、身近な山野で小さな花をはらはらと散らせる萩は、日本人の感性にあっているといわれる。しかし梅の花が詠まれた場所は、ほとんど奈良の都と大宰府に限られる。梅は当時中国からもたらされたばかりの珍しい花であり、梅を愛でることができたのは、ごく限られた人だけであった。

梅花の宴に参宴した大判事丹氏麿も次のように詠う。

人毎に折り挿頭しつつ遊べども　いやめづらしき梅の花かも

（巻五―八二八）

当時としてはめずらしい花ながら、春に魁け寒中に凛と咲く姿は日本人にとって好ましいものであったし、その上、唐で学問・文化のシンボルの花とされたということであれば、競って詩歌の題材にされるのも当然であった。

「梅花の宴」は『万葉集』のなかでも際だった歌群として、古来多くの研究がなされている。すでに江戸初期、国学者・契沖は『万葉代匠記』に、四六駢儷体で書かれた流麗な序文が、王羲之の「蘭亭集序」を真似たものであることを指摘している。しかし梅花の宴では、曲水宴につきものの桃ではなく、梅をテーマにしている。それは何故か。中西進氏は中国の楽府詩の中にある辺境の望郷詩「梅花落」を真似、散る梅に辺境にある我が身を重ね、その哀しみを大宰府にいる心通わせる友と分かち合おうとしたのだと指摘している［中西 一九九二］。

梅花の宴の歌は、それ以前の宴の歌とは趣を異にしている。古来の宴歌は、宴の興がのってきたところで自然に発したものであったが、梅花の宴は、初めから歌を詠むための宴として催され、記録されたのである。平安朝以降、歌詠みのための宴が年中行事化し、宮中をはじめ民間でも盛んに行われたが、梅花の宴こそはその嚆矢ともいうべきものだった。

萬代に年は来経とも梅の花絶ゆることなく咲き渡るべし

（巻五―八三〇）

梅花の宴で筑前介佐氏子首が詠んだように、現在の太宰府には、梅を愛した菅原道真公ゆかりの太宰府天満宮や政庁跡ばかりでなく、民家の庭にも梅の花が多く、そのことは太宰府の風土の一つの特徴となっている。太宰府市における歴史的風致維持向上計画の一項にも、「梅に関する歴史的風致」があげられている。

中国文化の影響

『万葉集』巻五に収められた梅花の宴の序文が王羲之の「蘭亭集序」の影響をうけたものであることは、前項で述べた通りであるが、旅人は単に王羲之の序文を真似たのではない。この宴を催したこと自体、三五三年に杭州紹興県の蘭亭において四一人の文人が集った曲水宴の風雅を、日本において実現させようとしたのである。序文＋三十二首の和歌＋追和歌。こうした構成は中国文学の影響を受けている。序文と追詩を備えた詩宴のスタイルは初唐詩に発するが、この形式をまねて日本で行い、しかもそれを漢詩ではなく和歌で行ってみせたのである。これを可能にしたのは海外文化摂取の窓口である大宰府に、彼の地の文化に精通し、また優れた歌詠みでもあった大宰帥大伴旅人、筑前守山上憶良、大宰少弐小野老、造観世音寺別当沙弥満誓、大監大伴百代、筑後守葛井連大成等、この時、この場に居合わせた人々があったからこそである。近代になって、彼らは「万葉集筑紫歌壇」と称されるようになった。中西進氏は旅人と憶良の文学が中国の六朝風であるといい、「長屋王を中心とする中央詩界の形成の後に現れたこの文学圏は、歌そのものの構成・用語・用字そして着想・思想に、あるいは情趣のあり方そのものに、爛熟した新文学の様相を示していた」と評している［中西 一九六三］。

旅人は老荘思想に傾倒し、「松浦川仙媛の歌」や「酒を讃むる歌十三首」などに見られるように、憂き世を離れた境地、神仙境や竹林の七賢人に憧れていた。王羲之の曲水宴もまた世俗の塵を離れ、ひと時の遊興に浸る隠逸の境地なのであった。

万葉集の歌といえば、ひたぶるに「自然の情景や自己の心情を素直に詠ったもので、平安時代の技巧的な歌とは異なる」と考えられがちであるが、大宰府で詠まれた歌には、創作的な歌も多々みられる。その多くは中国文学の影響をうけたものである。松浦川、現在の玉島川上流の幽邃の地を舞台に繰り広げられる「松浦川仙媛の歌」(巻五―八五三～八六三)は、神功皇后がその上にたち鮎釣りをして、戦いの勝敗を占ったという、その地に伝わる「垂綸石伝説」と唐の張文成の小説『遊仙窟』が渾然一体となって作られた創作文芸であり[前田 二〇〇七]、大伴淡等が藤原房前に梧桐の琴を贈った時に添えた歌(巻五―八一〇・八一一)も、その琴が娘子の姿になって夢に現れ、「対馬の結石山の梧桐の木であったが、こうして琴に作られてあなたの許に行くことを嬉しく思う」と言ったという夢幻的な歌物語が添えられている。「淡等」は旅人。梅花宴で最後の歌を詠った小野氏淡理は後に渤海大使を務めた小野田守と考えられている。「淡等」「淡理」、ともに自分の名を唐風の詩的表記にしている。

(3) 遙かなる旅
遣新羅使の悲愁

天平八年(七三六)、阿倍継麻呂を大使とする遣新羅使が派遣された。この遣新羅使人等が、出発にあたって別れを悲しみ贈答した歌や、海路にて旅の想いを詠った歌一四五首が『万葉集』巻十五に収められ、「壮大な紀行文学」とも称されている。

天平六年(七三四)十二月、新羅の貢調使金相貞等は大宰府に至り、しばらく大宰府に留め置かれた後、翌七年二月入京した。彼らは新羅の国号を「王城国」と改め、朝貢ではなく対等の外交を主張したが、受け容れられず追い返されるという事件があり(『続日本紀』)、両国の関係は緊張状態に陥っていた。天平八年次の遣新羅使はその関係修復という勅命を帯びていたと考えられる。

二月二十八日、従五位下阿倍朝臣継麻呂は遣新羅大使に任じられ、四月十七日、朝を拝し、瀬戸内海のいくつもの泊を経て、ようやく佐婆の海(周防灘)に入った時、逆風に遭い漂流し、豊前国下毛郡分間の浦(大分県中津市)に到着、博多湾の「筑紫の館」に入った頃には、もう秋になっていた。

今よりは秋づきぬらしあしひきの山松かげにひぐらし鳴きぬ
(巻十五―三六五五)

「筑紫の館に至りて遙かに本郷を望みて、悽愴みて作る歌四首」(三六五二―三六五五)のうちのひとつである。さらに「七夕に天漢を仰ぎ観て、各々所思を陳べて作る歌三首」(三六五六―三六五八)「海辺にして月を望みて作る歌九首」(三六五九―三六六七)など、筑紫の館では、秋の風情に故郷に遺してきた人に寄せる想いを吐露する歌が数多く作られている。

神さぶる荒津の崎に寄する波間無くや妹に恋ひ渡りなむ
(巻十五―三六六〇)

土師稲足は、神々しい荒津の崎に絶え間なく打ち寄せる波に、絶えず恋人を思う気持ちを重ねて詠んだ。この歌と三六五五番歌、志賀の浦を詠んだ三六五三番歌・三六六四番歌(次項)など一連の歌にある「山松かげ」「志賀の浦」「荒津の崎」などのキーワードは、それまで博多部にあったと考えられていた「筑紫の館」の設置場所を、福岡城内であるとする中山平次郎氏の画期的な説のひとつの根拠となった［中山 一九二六］。筑紫の館は後に「鴻臚館」といわれた。

　秋風は日にけに吹きぬ吾妹子は何時とかわれを齋ひ待つらむ
　（巻十五―三六五九）

大使阿倍継麻呂の二男の歌は、都に遺した愛しい人への想いを詠っている。秋には都に帰還するはずだったのに、まだ往路にいる。都ではその日を今日か明日かと物忌みしつつ待っていることだろうと。

　わが旅は久しくあらしこの吾が着る妹が衣の垢づく見れば
　（巻十五―三六六七）

この時代、長旅に出る時は夫婦、恋人はお互いの下着を交換し、旅の無事を祈ったという。その着物が垢にまみれ汚れてしまうほど、この旅は長くなってしまった。

　壱岐の島では、雪宅麿が鬼病にかかり亡くなり石田野に葬られた。「大君の　遠の朝廷と　韓国に　渡るわが背は…」に始まる挽歌は、「秋になったら帰ると母に告げて家を出た。帰るべき日はとっくに過ぎてしまい、家人は今日か明日かと待っているだろうに、まだ新羅にも着かないというのに、こんな荒涼たる島を永遠の宿りと定めてしまった」と、悲しみを詠いあげている。挽歌は葛井連子老、また六鯖等も同様につくっている。あまりに長くつらい旅。遠く離れた人を想う歌ばかりが続く中に、壱岐で亡くなった雪宅麿が遺した歌は、いっそうの哀切を誘う。

　大君の命かしこみ大船の行きのまにまにやどりするかも
　（巻十五―三六四四）

　この旅で亡くなったのは、雪宅麿ばかりではない。無事都に帰還したのは八十五人。出帆時のほぼ半数であるともいわれている［東 一九九七］。『続日本紀』天平七年（七三五）八月乙未（十二日）条には、「比日。大宰府疫死者多。思欲救療疫気、以済民命。是以。奉幣彼部神祇。為民禱祈焉。又府大寺及別国諸寺。読金剛般若経。」とある。大宰府に疫病が流行り多くの死者が出ているため神祇に奉幣し祈禱をさせたり、観世音寺や諸国の寺に命じて、金剛般若経を読誦させているのである。同二十三日には、大宰府から「管内諸国、疫瘡大発。百姓悉臥」と言上し、九年（七三七）四月癸亥（十九日）条にも「大宰管内諸国。疫瘡時行。百姓多死。」とある。天平九年（七三七）には政権の中枢にあった藤原四兄弟が相次いでこの病にかかり亡くなっている。疫病は「疫瘡」、つまり天然痘だった。遣新羅使は、まさに天然痘の蔓延する大宰府に長の逗留を強いられたのである。

　天平九年正月二十七日、遣新羅使大判官壬生使主宇太麻呂・少判官上大蔵忌寸麻呂らは入京し、大使阿倍朝臣継麻呂の対馬での死亡と、副使大伴宿祢三中が病に感染して入京することができないと報告した。大使阿倍継麻呂も天然痘で亡くなったと解されるが、失敗の引責による自殺説［土屋 一九七七］もある。「新羅国、失常礼、不受使旨」という報告を受け、五位以上ならびに六位以下の官人四十五人を内裏に召して、意見を陳べさせ、さらに二十二日には諸司が意見の表を奏した。ある者は「使を遣して其の由を問うべき」と言い、あるいは「兵を発して征伐すべきだ」との強硬意見もあった。三月二十八日、病で入京の遅れていた遣新羅使の副使正六位上大伴三中ら四十人がようやく拝朝し、四月一日、使を伊勢神宮、大神社、筑紫の住吉・八幡の二社および香椎宮に遣し、幣を奉りもって新羅無礼の状が告げられた。

遣新羅使がみた西辺の地「筑紫」の風土

　大使まで亡くなるという大変長く苦しい旅の果てに、新羅において成[2]

果を得られるどころか非礼を受け、外交問題にまでなった天平八年の遣新羅使であったが、万葉集には歴史に遺る歌群を遺し、その中に筑紫の地名も数多く登場する。

筑紫館を発った一行は糸島半島の東北端にある韓亭（唐泊）に停泊した。筑紫館と唐泊は目と鼻の先である。荒津の港を出たものの順風を得られず急遽の泊となったものか、東氏がいうように、使人らが筑紫館に逗留中、船は韓亭あたりに繫留されていたもの［東 一九九七］かもしれない。三日を経た月夜、海に映る月の光の美しさに旅情あふれ、各々が心緒を陳べ六首が詠まれた。しかし月の光の美しさを詠った歌はない。二首の歌に韓亭・能許の地名によせ、己が心情が詠み込まれている。

韓亭能許の浦波立たぬ日はあれども家に恋ひぬ日は無し

（巻十五—三六七〇）

風吹けば沖つ白波恐みと能許の亭に数多夜そ寝る

（巻十五—三六七三）

三六七〇番歌の歌碑がある福岡市西区宮の浦泊（唐泊）の東林寺からは、直ぐ目の前に博多湾のまん中に浮かぶ能古の島を望むことができる。「韓亭」は官設の船着き場であり、「能許の浦」は能古の島と韓亭の間の海をいう。三六七三番歌では「能許の亭に数多夜そ寝る」とある。韓亭を能許の亭ともいうのであろう［犬養 二〇〇四］。

この時、大使阿倍継麻呂は次のような歌を詠っている。

大君の遠の朝廷と思へれど日長くしあれば恋ひにけるかも

（巻—三六六八）

大切な任務に当たっているのだとは思っていても、予定以上にあまりに長く時を経、大使といえども都が恋しいと吐露するのであった。

なかなか順風を得ることができず、韓亭での停泊は数多の夜に及び、ようやく韓亭を出たものの、すぐに糸島半島を西に回り込み、引津の亭に仮泊しなければならなかった。引津亭の所在地については、引津湾内の岐志とする貝原益軒説、その南側の船越湾内とする青柳種信説、加布里湾とする伊藤常足説などがある。糸島市志摩船越の竜王岬にある綿積神社の境内には引津湾を背に二基の万葉歌碑が建っている。

草枕旅を苦しみ恋ひ居れば可也の山辺にさ男鹿鳴くも

大判官壬生宇太麻呂（巻十五—三六七四）

梓弓引津辺なる莫告藻の花採むまでに逢はざらめやも莫告藻の花

作者不詳（巻七—一二七九）

湾の東には、標高365㍍の可也山が富士山を思わせる美しい姿で聳えている。可也山は山容から小富士、筑紫富士、糸島富士などとよばれるが、「可也山」の名は、韓国大邱広域市約50㌔にある伽耶山（標高1430㍍）に由来するという説もあり［末房 二〇一二］、金達寿氏は「可也山の可也は伽耶ということからきたものであることはいうまでもない」とし、さらに糸島地方の地名にみられる芥屋、加布里、韓泊、早良なども渡来人によって呼称された地名であることに言及している［金 一九八五］。東茂美氏は「遣新羅使たちの歌に数々の浦や島の名はうたい込まれていても、固有の地名として山の名がうたわれるのは、可也山がはじめてである。秀麗な山のかたちが、奈良東部の春日山や高円山に似たところがあり、望郷の思いを強くしたともいわれている。しかし、作者壬生宇太麻呂が山の名にこころ動かされたのは、その異国的な響きにあるのではないか」と述べ、また「異国的な響きの名を負う山、可也山の麓で鳴く妻恋の鹿の声は、いうまでもなく、すでに都にとどかぬ彼ら自身の、妻恋の声でもあろう」と述べている［東 一九九七］。

いずれにしても、この地は遣新羅使にとっては、これから向かう朝鮮半島に最も近い本土最後の泊であり、一行はここから、唐津沖に浮かぶ狛島亭（神集島）から、壱岐・対馬を経て、新羅へと向かわなければならないのである。そのような西辺の地にあり、彼の地の名を負うた山で鳴く嬬恋の鹿の声は、一層胸に響くものがあったに違いない。犬養孝氏は「船越の漁村の先端綿積神社の突角に立つと、可也山を中心としたようにも静寂な湾内の好風をひと目におさめることができる。都からはるばるの古代船旅の苦難の抒情は、ここでは美しい風土のなかに定着しつづけているように見える」と述べている［犬養 二〇〇四］。

⑷ 志賀の海人

遣新羅使が詠んだ志賀島

前節ではあえて触れなかったが、遣新羅使人は数多くの志賀島と志賀の海人の歌を詠んでいる。

現在、鴻臚館跡として整備されている場所にあった「筑紫の館」に入った一行がここで多くの歌を遺していることはすでに述べた通りである。筑紫の館の場所は、現在は埋め立てが進み海からかなり離れた場所になっているが、当時は海際の高台に位置し、ここからの眺めは都人の目を捕らえて放さぬものがあったであろう。近代詩人持田勝穂は「青い博多湾をいだいて　渺茫たる湖につづく砂濱　海の中道よ　松籟はこころを洗い　潮騒は旅人の夢をそだてる（以下略）」と謳う。この風景に接すれば、湧き起こる旅愁は万葉の昔も現在も変わらぬものがある。

「筑紫の館に至りて遙かに本郷を望みて、悽愴みて作る歌四首」のうちの一首、

かしふ江に鶴鳴き渡る志賀の浦に沖つ白波立ちし來らしも　（巻十五―三六五四）

かしふ江は海の中道の付け根にある香椎付近の海、志賀島は海の中道の先端にある。広々とした風景の中に飛ぶ鳥の様、青い海にたつ白波。一幅の絵を見るようである。

海の中道にある海の中道遺跡は、大宰府の官衙のひとつ主厨司に属する厨戸あるいは津厨跡と考えられている。主厨司は蕃客饗応から朝廷への御贄貢上、官人交替料、大宰府での会食および常食に至るまで、大宰府において必要とされる食糧品の調達・調理・加工・保存にあたった役所と考えられており［山崎 一九九一］、海の中道遺跡では、志賀の海人が実際に海産物の調理・加工に当たっていたと考えられる。

志賀の海人の一日もおちず焼く塩の辛き恋をも吾はするかも　（巻十五―三六五二）

同類の歌は巻十一にも見える。

志賀の海人の火気焼きたて燒く塩の辛き恋をも吾はするかも　（巻十一―二七四二）

右の二首ともに上三句は「辛き」を引き出すための序詞となっているが、志賀の海人は都にも名を知られた存在で、もともとの本歌があり、その替え歌として歌われているものであろう。

「筑紫の館に至りて遙かに本郷を望みて、悽愴みて作る歌四首」のもうひとつは次の歌である。

志賀の浦に漁する海人家人の待ち恋ふらむに明し釣る魚　（巻十五―三六五三）

他に「海辺にして月を望みて作る歌九首」に

志賀の浦に漁する海人明け来れば浦廻漕ぐらし楫の音聞ゆ　（巻十五―三六六四）

遣新羅使人の歌の中で、以上は「志賀」の名の見えるものであるが、

「志賀」となくとも、志賀の海人の姿を見る歌がある。

風のむた寄せ来る波に漁りする海人娘子らが裳の裾濡れぬ
（巻十五―三六六一）

ひさかたの月は照りたりいとまなく海人の漁火はともし合へり見ゆ
（巻十五―三六七二）

特出した志賀の海人

「志賀の海人」を詠った歌は、遣新羅使人の巻十五の歌ばかりでなく巻三に一首、巻七に二首、巻十一に二首、巻十二に二首、そして荒雄の遭難事件を取り扱った巻十六の筑前国の志賀の白水郎の歌十首、合計二〇首ある。『万葉集』に海人を詠む歌は一〇二首ある。単に「海人」というのが四二首、「海人娘子」が一九首。具体的に地名を冠した海人は志賀が二〇首、次は奈呉海人三首、伊勢・須磨・野島の海人がそれぞれ二首［政所一九九二］。志賀の海人はとびぬけて多いのである。

志賀の海人は藻刈り塩焼きいとまなみ髪梳の小櫛取りも見なくに
（巻三―二七八）

志賀の白水郎の塩焼く煙風をいたみ立ちは上らず山にたなびく
（巻七―一二四六）

志賀の白水郎の釣船の綱堪へなくに情に思ひて出でて来にけり
（巻七―一二四五）

これらの歌には、漁撈に、製塩に、海藻採取にと忙しく働く志賀の海人の姿が実景として詠まれているが、志賀の海人はそればかりでなく「志賀の白水郎の歌十首」にみられるような海運や交易、また遣唐使や遣新羅使の船、軍船などの船頭・水手としても活躍していた。「白水郎」という表記が多いように、志賀のアマは男アマが主流であった。潜水漁においても然りである。

これらの歌の作者としては、前述のように巻十五の遣新羅使のほかに巻十六の山上憶良、そして巻三―二七八番歌は石川君子、巻十一―二七四二番歌には左註に「或いは云はく石川君子朝臣の作なりといへり」とある。石川君子は、神亀年間大宰少弐に任官されたと考えられている。作者の判明しない五首についても、その作風から都の官人たちによるものと考えられる。

『万葉集』に、官人が志賀の海人を詠んだ歌が特出して多い理由は何であろうか。それは前述の官営の食品加工所「海の中道遺跡」で働く志賀の海人が、官人たちにとって自分たちの食糧を供給してくれるという近しい者でありながら、自分たちとは相当違う風貌であることに興味を持たれたということもあろう。それ以上に、志賀の海人が阿曇族であるということが、官人たちを惹きつけているのではなかろうか。阿曇族の本拠地は信仰的な意味合いも含めて「志賀島」であるといえる。志賀島は、波高い玄界灘から大宰府に向かう船が波穏やかな博多湾に入る入口に位置している。綿津見三神を祭る志賀海神社は阿曇連等が祭る神とされる（『日本書紀』）。宗像が神郡を定められ、後に土着化し武士化していったのに対し、阿曇は、早くから本郷を離れ筑前・壱岐・対馬はもとより本土の津々浦々に蕃衍し、中央政府で活躍した一族もあった。『日本書紀』応神天皇三年条には「阿曇連の祖大浜宿祢を海人の宰にした」という記事があり、白村江の戦いの折には、阿曇比羅夫が大将軍として百済の王子余豊璋を一七〇艘の船団で故国に送り届け、新羅と戦っている。その他、西海使となった阿曇連頰垂、唐使郭務宗に天智天皇の喪を告げる役目を務めた阿曇連稲敷など『日本書紀』にその活躍が記されている［森二〇〇〇］。つまり、志賀島を拠点にする海人阿曇族は、中央官人にもよく知られた存在だったのである。おそらく遣新羅使の船を動かしたのも志賀の白水郎であったと考えられる。

ちはやぶる金の岬を過ぎぬともわれは忘れじ志賀の皇神　（巻七―一二三〇）

この歌は、後世『源氏物語』にも採り入れられるほど、都まで広く知られた歌であった。

⑸　筑紫の山河

大野山・大城の山・城の山・基山

大野山は現在「四王寺山」とよばれる標高410㍍の山である。大宰府政庁の背後（すぐ北）にあり、大宰府都城はこの山を基点に設計されたと考えられる。天智天皇四年（六六五）、大野城が築かれたことは周知のことであり、大宰府官人にとってはもっとも親しい山であった。大野城がある山故、「大城の山」とも「城の山」ともいわれた。宝満山のように聳える山ではなく台形の山の山頂部をめぐって土塁が築かれている。低山ではあるがいくつもの尾根が張り出し、雨模様の日にはその山襞より幾条もの霧が立ち上る。

大野山霧立ち渡るわが嘆く息嘯の風に霧立ちわたる　（巻五―七九九）

神亀五年（七二八）七月二十一日、筑前守山上憶良は、大宰帥大伴旅人の妻大伴郎女の死に際し「日本挽歌」一首を旅人に上った。「大君の遠の朝廷としらぬひ筑紫の国に泣く子なす慕い来まして息だにもいまだ休めず」に始まる長歌に五首の反歌が添えられており、その五首目の歌である。

旅人の妻大伴郎女は、旅人の大宰府赴任に際して、旅人を慕い共に下った。しかし、一息もつかないうちに身罷った。弔問に際して詠まれた歌に「橘の花散る」「ほととぎす来鳴き」や挽歌の反歌「棟の花散る」などの表現があることから神亀五年三月中旬頃に亡くなったと考えられている。朝廷からは式部大輔石上堅魚が弔問のため勅使として大宰府に遣わされた。その事が終わって駅使と大宰府の諸卿は共に記夷城（基肄城）に登り望遊した。

ほととぎす来鳴き響もす卯の花の共にや来しと問はましものを　（巻八―一四七二）

石上堅魚の歌に対して大伴旅人は

橘の花散る里のほととぎす片恋しつつ鳴く日しぞ多き　（巻八―一四七三）

と、妻を失った身を嘆いた。六月二十三日に行われた亡妻を供養する席上で、旅人は「凶問に報ふる歌一首」と仏教思想で綴られた詞文を披露した。

世の中は空しきものと知る時しいよよますます悲しかりけり　（巻五―七九三）

前述の挽歌はこの歌と、旅人の深い思想・教養に感動した山上憶良が上ったものである。同じ七月二十一日、山上憶良は嘉麻郡において「惑へる情を反さしむる歌一首」「子等を思ふ歌一首」「世間の住り難きを哀しぶる歌一首」のいわゆる「嘉麻三部作」を作っている。これらは、旅人の「凶問に報ふる歌」に触発されてつくった憶良の最高傑作ともいわれるもので、「世の中は空しきものと」と詠う旅人の深い味わいの歌も、旅人の最高傑作と評されている。

妻を亡くすという悲劇は、故郷を遠く離れた地だからこそ、ますます身に迫り来るものがあるのであろう。その想いに大野山に立ち渡る霧は見事に重なり合うのである。「霧」と人の嘆息を同一視する歌は遣新羅使人の歌にも見られる。

　君が行く海辺の宿に霧立たば吾が立ち嘆く息と知りませ　（巻十五―三五八〇）

大野山は、今の言葉で言えば「里山」。日常生活に深く関わる身近な山であり、それは万葉人にとってもそうであったにちがいない。

　いちしろくしぐれの雨は降らなくに大城の山は色づきにけり　（巻十―二一九七）

作者不詳であるが、日々大野山を眺めている人の作であり、次の大伴坂上郎女の歌は、都に帰ってからも懐かしむほど身近な山であったことを示している。

　いまもかも大城の山にほととぎす鳴き響むらむわれなけれども　（巻八―一四七四）

梅花の宴に参宴した大監大伴百代の歌、

　梅の花散らくは何処しかすがにこの城の山に雪は降りつつ　（巻五―八二三）

「大城の山」は大野山のこと、「城の山」は、もう一つの山城のあった基山だとする説もある。しかしこの歌では「この城の山」といっている。梅花の宴が行われた旅人邸からみて、基山は「この」というには遠すぎるし、雪が降る様を望むこともできない。やはり大野山の情景を詠ったものであろう。

　基山は一四七二番歌の左註に「記夷の城（基肄城）に登り望遊した」時に作った歌だとある。その時山上ではほととぎすが鳴いていたのであろうか、その声に亡き妻を想う問答歌となっている。実際に山の名が登場するのは、大伴旅人が京に帰った後、筑後守葛井連大成が作った歌である。

　今よりは城の山道はさぶしけむわが通はむと思ひしものを　（巻四―五七六）

基肄城の周辺には直線的な広域道路と考えられる南北道四道が見られる。このうち政庁中軸ラインは次田の湯（二日市温泉）の中央道（湯の大道）から基肄城の東北門に至り、さらに基肄城内を南流する筒川の谷筋を通過して推定南門に至っている。城（基）の山道と推定される道は、その東側の道ではないかと想定されている。この山道は現在の佐賀県基山町城戸から福岡県筑紫野市萩原山ノ谷へぬけるもので標高約200㍍の峠を越えており、尾根に近い斜面をカットして路面が作り出されている。筑後国府（久留米市）から大宰府へ通うには、基肄城東麓の平地を通るのが好都合のように思われるが、あえて山道を越えたのは軍事的意味合いから城との連絡を重視した結果だと考えられている［小鹿野二〇一七］。

　旅人の妻の弔問に訪れた勅使が、駅使や府の諸卿大夫等とともに記夷城に登り「望遊」したと左註には記すが、単に山頂からの眺めを楽しんだのではなく、基肄城視察の意味もあったであろう。景色を望むだけなら大野山で十分であろう。府から7～8キロも離れた基肄城にわざわざ行くにはそうした意味があったと考える。大宰府の南の守りである基肄城は、折に触れて登り、あるいは官人が通過して目を光らせている城でもあった。同様の目的で大野城に登ることもしばしばあったと考えられるが、万葉集に載る大野山は、いずれも麓から眺めた大野山の情景である。

あしき山

　悪木山木末ことごと明日よりは靡きてありこそ妹があたり見む　（巻十二―三一五五）

右の歌は巻十二の「羈旅発思」の項に収められている歌である。『万葉集』巻十一・巻十二は「古今相聞往来歌」の上・下であり、作者未詳の相聞歌八七〇首を集め、分類収録した巻である。「羈旅発思」は男が旅の途次で属目の景から妹への想いを吐露する歌が大半を占めており［佐竹 二〇一四］、この歌もそうした歌だが、『万葉集』で「悪木山」と表記された山が、「阿志岐城」のあった「蘆城山」、現在の宮地岳であるという確証はない。しかし多くの『万葉集』の解説書では、蘆城駅家の近くにある標高339㍍のこの山であろうとしている。作者については大宰府に赴任した官人が家の妻を思った歌［佐竹 二〇一四］と言う説、「蘆城の駅家あたりで歌われていた民謡が、官人たちの往来によって奈良の人々の元へ伝わり、それが幸運にも羈旅の歌として一群の中にまとめられたものと思われる」［末長 二〇一二］という説などがある。

ちなみに志賀の海人の項で紹介した、二七四二番歌の「辛き恋」を導き出す歌も巻十一に収められた作者未詳の相聞歌の一つであり、歌の性格として「あしき山」の歌と同じような解釈ができよう。

蘆城の川

月夜よし河音清けしいざここに行くも去かぬも遊びて帰かむ

防人佑大伴四綱（巻四―五七一）

右の歌の題詞には、「大宰帥大伴卿大納言に任けらえて京に臨入むとする時に、府の官人等、卿を筑前国の蘆城の駅家に餞する歌四首」とあり、旅人の離任に際し、蘆城の駅家で開かれた送別の宴で詠まれたことが知られる。河音は、冒頭にも上げた「珠匣蘆城の川を今日見ては萬代までに忘らえめやも」と詠まれた「蘆城の川」、現在の宝満川の河音である。

この川は宝満山に水源を発し、現在の小郡市など流域に肥沃な土地を形成し、弥生時代以来の豊かな文化を育んだことは、既に述べたところであるが、近年、筑紫野市の前畑遺跡の発見によって、この川の軍事的な側面が注目されている。『西海道古代官衙研究会資料集』［西海道古代官衙研究会 二〇一七］にある筑紫野市教育委員会による「歴史地理的な周辺環境」の考察によると③北辺低地と宝満川として「東流する宝満川の氾濫による洪水堆積範囲を航空写真及び過去の試掘調査成果から検討すると、当該土塁が遺存している丘陵の現状北辺裾から約250㍍と最も接近していることが分かる。また、氾濫原と丘陵の間には湿地状堆積の空間が広がっていること、土塁が所在する丘陵の本来の裾が現況よりも約300㍍北方へ延びることからみて、宝満川を取り込んだ遮蔽空間と見立てることができる」とし、「総論」のなかで扶余泗沘城が西および南を白馬江（錦江）によって囲われていることと比較して、「当初の大宰府の範囲が、東は宝満川を境域としたことも想定されてくる」としている。

また同資料集において井上信正氏は『日本書紀』天武八年（六七九）十一月是月条にある、都城の「羅城」とその外側の「関」との関係に注目し、「水城・前畑土塁は羅城と捉えるよりむしろ「関」に連なる遮断城とみた方がよいのではないか」とし、山村信榮氏は付近の地形や遺跡の検討から「宝満川そのものが羅城ラインとして位置づけられていた蓋然性が高いものと言える」としている。宝満川東岸の岡田遺跡では、150㍍にわたり路面幅9㍍の八世紀以降の道路状遺構が発掘されており、豊後方面に通じる官道と考えられているが、この駅路に沿って八世紀中頃から九世紀初頭の五〇棟近くの掘立柱建物・井戸の遺構、墨書土器・石帯・硯などが出土し、「関」あるいは「駅家」の跡ではないかと考えられている。

いずれにしてもこの地域の検討ははじまったばかりで今後の成果が期待されるが、美しい風光を詠ったものとのみ感じられる蘆城の歌も、こうしたことを念頭に味わえばまた異なる趣があるものである。

領巾振山(鏡山)

松浦縣佐用比売の子が領巾振りし山の名のみや聞きつつ居らむ　（巻五―八六八）

天平二年七月、大伴旅人が大宰府官人等を伴い松浦の縣を巡行し、玉島の潭を遊覧した時に作った松浦川仙媛の歌は第二項で述べたが、この巡行に同行できなかった山上憶良は三首の歌を旅人に上っている。その第一に領巾振山、唐津の鏡山が詠まれている。

さらに八七一から八七五番歌までの作者不詳の連作と「三島王の後に追ひて松浦佐用比売の歌に和ふる一首」(巻五―八八三)の一連の歌がある。

遠つ人松浦佐用比売夫恋に領巾振りしより負へる山の名　（巻五―八七一）

唐津湾を望む標高284㍍の鏡山は、山頂からの眺めのすばらしさにもまして、この歌にあるように、松浦佐用姫の悲恋の伝説で名高く、それ故に万葉歌人の歌心をかき立てた山である。佐用姫伝説は浦島伝説、羽衣伝説とともに日本三代伝説のひとつとされる。『肥前国風土記』には「鏡の渡」と「褶振の峯」の項に朝鮮半島に出兵する大伴狭手彦と篠原村の娘弟日姫の悲恋の物語として語られているが、『万葉集』では娘の名前がすでに佐用姫となっている。領巾振山にまつわる歌が七首もあるのは、有名な伝説というだけではなく、物語の主人公が大伴旅人の先祖であるということも関係しているのであろう。

香椎潟

神亀五年(七二八)冬十一月、大宰帥大伴旅人以下大宰府の官人等は、香椎廟を拝し、終わって帰る時に馬を香椎の浦に駐めて、各々想いをのべる歌を作った。

帥大伴卿の歌一首

いざ子ども香椎の潟に白妙の袖さへぬれて朝菜摘みてむ　（巻六―九五七）

大弐[3]小野老朝臣の歌一首

時つ風吹くべくなりぬ香椎潟潮干の浦に玉藻刈りてな　（巻六―九五八）

豊前守宇努首男人の歌一首

行き帰り常にわが見し香椎潟明日ゆ後には見む縁も無し　（巻六―九五九）

これらの歌は、大宰府官人による香椎廟宮参拝の後の磯遊びと考えられてきた。たしかに広々とした気風の感じられる歌群である。しかし題詞によると、詠われた時は旧暦冬十一月の早朝、大変寒い時である。単なる磯遊びとは考えにくい。

『香椎宮編年記』によると、香椎宮は神亀元年(七二四)神功皇后が「新羅討つべし」との託宣を受けた仲哀天皇の香椎の宮跡に、皇后の廟として建てられたという。その翌年の神亀二年、宇佐宮が現在地小倉山に遷されており、このことは香椎廟宮の創建と密接な関係があると考えられている。『万葉集』の歌は、神亀五年には香椎廟宮が存在したことを証明する貴重な歌群である。ここに登場する三人のうち、帥大伴卿、大伴旅人は養老四年(七二〇)の隼人の乱に際し、征隼人持節大将軍に任じられ(『続日本紀』)、『宇佐託宣集』によると、豊前守宇努首男人もまた八幡神を奉じて参戦したという。香椎廟宮は新羅に対し、宇佐宮は隼人に対する国家神として創建されたもので、両宮の創建は「奈良朝宗教政策の総仕上げ」と位置づけられる［広渡 一九九七］。大伴旅人、宇努首男人は共に両宮の造営に関わったと考えられる。森田隆明氏は「行き帰り常にわが見し香椎潟」と詠う男人のことを、「男人はかつて香椎に目的を持って足を運んだ。その時のことを回想して詠っていると考えたほうが良い」「男人の歌には香椎潟を一定の思いで見つめ、奔走してきた人間の満足感と寂寥感が漂う」と評している。この直後に男人は八年以上勤めた豊前守を辞している［森田 二〇一二］。

『筑前国風土記逸文』には「到筑紫国、例先参謁哥襲宮。哥襲ハ可紫比也」とある。大宰府官人や国司は、着任早々に香椎廟宮に参拝することが慣例であった。『香椎宮編年記』によれば、香椎廟宮において大宰帥以下、国司・郡司も参詣する重要な祭は、二月六日と十一月六日の正忌祭である[4]［広渡 一九九七］。神亀五年段階で「正忌祭」という名称であったかどうかは不明であるが、中央で行われる二月の「祈年祭」、十一月の「新嘗祭」に対応する祭事が当初から行われていたものと考えられる。この歌が詠まれたのは、夜を徹して行われた恒例の祭儀の早朝で、玉藻、白妙などの言葉が見えることから、神事の一環であると考えられる。森田氏は刈り取った海藻は「香椎潟の沖に浮かぶ御島神社の神前に供えるためであろう」という。御島は、神功皇后が戦いの勝利を占って髪を海水に濮いだところ、自然に二つに分かれたので、勝利を確信し美豆良に結ったという場所で、雨乞いの聖地でもある。

神功皇后伝説は、『古事記』『日本書紀』『風土記』などにも見られ、新羅に対する戦いの女神として尊崇され、またその伝説の内容もよく知られ『万葉集』にもいくつかの話が詠われている。巻五―八一三・八一四の「鎮懐石の歌」は神功皇后が新羅出兵の折、出産を引き延ばすために用いたという、筑前国怡土郡深江村子負の原にある二つの石にまつわる伝説を詠ったものであり、松浦川仙媛の歌は中国文学の素養を遺憾なく発揮しながらも、その物語のモチーフは神功皇后の鮎釣りの話である「垂綸石伝説」。これについては山上憶良も次のように詠っている。

帯日売神の命の魚釣らすと御立たしせりし石を誰見き

（巻五―八六九）

2 都城をめぐる山々

「はじめに」において、宝満山の祭祀が律令制下地方最大の官衙である大宰府と密接な関係にある、あるいは大宰府の鬼門除けに神を祀ったと伝えられていることを述べた。そこで、本節では当時の都城と山という観点から考察を進める。

(1) 大和三山

藤原宮の造営

藤原宮の御井の歌

やすみしし　わご大王　高照らす　日の皇子　荒栲の藤井が原に
大御門　始め給ひて　埴安の　堤の上に　あり立たし　見し給へば
大和の　青香具山は　日の経の　大御門に　春山と　繁さび立てり
畝火の　この瑞山は　日の緯の　大御門に　瑞山と　山さびいます
耳成の　青菅山は　背面の　大御門に　宜しなへ　神さび立てり
名くはし　吉野の山は　影面の　大御門ゆ　雲居にそ　遠くありけ

る　高知るや　天の御蔭　天知るや　日の御蔭　水こそば　常にあ
らめ　御井の清水　（巻一―五二）

『万葉集』巻一―五〇の「藤原宮之役民作歌」と五二番歌「藤原宮御井歌」は藤原宮の造営に当たって、風水思想による相地がなされ、いわゆる大和三山と吉野山に護られた地に藤原宮が造営されたことを示す歌である。山と言うよりは丘といってもよいほどの香具山・耳成山・畝傍山の大和三山は、藤原京に遷都する以前からよく知られた山であった。

香具山は　畝火雄男しと　耳梨と　相あらそひき　神代より　斯く
にあるらし　古昔も　然にあれこそ　うつせみも　嬬を　あらそふ
らしき　（巻一―一三）

中大兄皇子が詠んだこの歌は、三山の妻争いの伝説によせてみずからの感懐を詠ったものといわれるが、この話は『播磨国風土記』にも出ており、犬養孝氏は「おそらく、斉明天皇七年（六六一）一月、新羅征討の折、播磨でよんだものであろう。作者みずからの恋の苦悩なしには考えられない歌だ」という［犬養二〇〇三］。どの山が男でどの山が女なのかについても古来諸説あるが、それはさておき、こうした伝説に触れれば直ぐに山の姿が脳裏に浮かび、我が身に投影することができるほどに親しまれた山であり、神々しくも感じる山であったということであろう。

「藤原宮御井歌」によると、宮の東には香具山、西には畝傍山、背面（北）には耳成山が「大御門」として神さびて立ち、はるか南には吉野山がある。この麗しい山々に囲まれた宮の御井の清水は永久に絶えないで湧いてほしいと讃美している。

この藤原宮を中心に、まわりに藤原京が広がっている。その研究が大きく進展するのは昭和四十一年に始まった藤原京の発掘調査と、その成果をもとに新たな京城復元を行った岸俊男氏による。その後の発掘調査の成果を受け、これまでの研究を踏まえての再検討から、藤原京は平城京と同じ一辺約530㍍を基準とした条坊地割による十条十坊からなる正方形の京とその中央に宮を配置した、『周礼』が記す理想の都の姿として造営されたとみられるようになった［竹田二〇一三］。これによると大和三山はすべて藤原京内に取り込まれることになる。したがって大和三山は天皇をはじめ、藤原京に住む人々にとって大変身近な山であり、持統天皇の有名な歌

春過ぎて夏来るらし白栲の衣乾したり天の香具山　（巻一―二八）

また巻一の二番歌、「舒明天皇の国見歌」をはじめ、多くの歌に詠われている。ひるがえって宝満山を考えた時、大宰府政庁あるいは大宰府条坊域からの距離はあまりに違いすぎる。これら三山、とくに耳成山と同位置をしめるのは大野山といえるのではなかろうか。

(2) 三輪山

藤原宮跡に立ってまわりを見渡すと、東北方向に三輪山を遠望する。標高467㍍、山並みの中の一峰ではあるが、その秀麗な姿はひときわ際立っている。

三輪山をしかも隠すか雲だにも情あらなも隠さふべしや　（巻一―一八）

天智天皇六年（六六七）、都は近江へ遷都された。住み慣れた大和を去り近江へ向かう途中の奈良山で額田王は「味酒　三輪の山　あをによし　奈良の山の　山の際に　い隠るまで……」という長歌を作った。その反歌である。振り返り振り返り眺めていたい三輪山であるが、無情にも雲がかかって隠してしまう。せめて雲だけでも情があってほしいと、詠うのである。

三輪山北西麓一帯に広がる纒向遺跡は初期ヤマト政権発祥の地として、また近年の発掘調査からは邪馬台国の時代と一致する竪穴住居や掘立柱建物、方形周溝墓、灌漑用水路などの集落を構成する遺構が多数確認され全国的に著名な遺跡となった。この遺跡は、九州から関東に至るまでの様々な地域の土器が出土する一方、農耕具はほとんど出土せず、土木工事用の工具が圧倒的に多いことなど、他の一般的な集落とは異なる特徴を持っている。また箸墓古墳をはじめとする発生期の前方後円墳が集中して存在し、三輪山を少し登った所には、景行天皇の纒向日代宮跡、垂仁天皇の纒向珠城宮跡の伝承地もある。これらのことから纒向遺跡は、わが国最初の「都市」、あるいは初期ヤマト政権の「宮都」とも目されている。

ヤマト政権の都は天智天皇が近江宮を営んだほかは、藤原京に至るまで、この三輪山の見える位置に営まれた。三輪山はその神性も含んで万葉人の心の拠り所であった。三輪山の麓にある大神神社は現在も拝殿のみで本殿はなく、三輪山を「神体山」として拝する神社としてよく知られている。山は禁足地となっていて、山頂付近に大物主神を祀る奥津磐座、中腹に大己貴神を祀る中津磐座、山麓近くに少彦名神を祀る辺津磐座など三〇ヶ所を超える磐座が山内にある。「神体山」という語句及び概念は新しいものであり、三輪山をご神体とする大神神社において造語された歴史的語句であり、戦前までは三輪山を指す固有名詞として使用されていた[山田 二〇一四]。

いわば神の山の代表格の三輪山であるが、その祭祀のはじまりは纒向遺跡の祭祀とは一世紀の時間差があり、その方法も異なる。三輪山周辺に祭祀遺跡が出現するのは四世紀中期以降、大神神社に隣接する狭井神社北東の山ノ神遺跡や奥垣内遺跡など三輪山西麓に現れる[米川 二〇一七]。三輪山の祭祀遺跡については大場磐雄氏以来研究が積み重ねられている。近年それらを整理し、三輪山の祭祀空間について論じた時枝務氏は「山を禁足地として神と人の領域を区分し、その境界域において山の神を祀る山麓祭祀をおこなうものであった。神は禁足地に常住したが去来する事が可能であると考えられたため、山麓の磐座などに招いて祀られた」と述べている[時枝 二〇一六]。

味酒三輪の祝がいはふ杉手触れし罪か君に逢ひかたき
(巻四―七一二)

恋しい人に会えないのは三輪の祝(神主)が祀るご神木の杉に触れてしまったためだと畏れる丹波大郎女子の歌、また十市皇女の死を悼んで武市皇子が詠んだ

三輪山の山辺まそ木綿短木綿かくのみ故に長しと思ひき
(巻二―一五七)

作者不詳ではあるが

木綿懸けて祭る三諸の神さびて齋むにはあらず人目多みこそ
(巻七―一三七七)

など、三輪山で神祭が行われたことを示す歌が『万葉集』に多く見えている。三輪山は神霊が籠もる山・森という意味で「三諸」とも言われた。

(3) 平城の山々

さす竹の大宮人の家と住む佐保の山をば思ふやも君 (巻六―九五五)

神亀四年[5](七二七)赴任したばかりの大宰帥大伴旅人に向かって少弐石川足人は、このような挨拶の歌を贈った。佐保山は一条南大路(佐保路)の北方に起伏している低山で、この丘陵地の南麓一帯は当時の大宮人の

住宅地。大伴氏もここに住んでいた。犬養孝氏は「長官をなぐさめるはずの作者自身の佐保の邸宅地を思いえがく気持ちが見えていておもしろい」と評する。これに対して大伴旅人は次のように返している。

やすみししわご大君の食す国は大和もここも同じとそ思ふ
（巻六―九五六）

「あれほど九州で望郷の歌を詠んだ旅人が、赴任早々ではあり、公人としての面目を見せるところもおもしろく、両人の間に、かえって辺境から見ての都の魅力や佐保の居宅への慕情の大きさがしのばれている。」ともいう［犬養 二〇〇三］。

佐保丘陵は墳墓地でもあり、大伴家持の妾もここに葬られた

佐保山にたなびく霞見るごとに妹を思ひ出で泣かぬ日はなし
（巻三―四七三）

昔こそ外にも見しか我妹子が奥津城と思へば愛しき佐保山
（巻三―四七四）

住み慣れた生活の場としての佐保の山辺は、いつも心にあるといえよう。

佐保の山の東には、若草山（341㍍）、春日山（498㍍）・御蓋山（三笠山：297㍍）、高円山（461㍍）へと、比較的低い山並みが続く。奈良の都人たちは、春の桜や秋の黄葉とともに、あるいは月や雨とともに、概ね美の対象という意識を持って詠っていた［清原 一九九六］。

天の原ふりさけ見れば春日なる三笠の山に出でし月かも
（『古今集』四〇六）

右の歌は霊亀三年（七一七）遣唐留学生として唐に渡り、唐で高官に登ったが、ついに日本への帰国かなわず彼の地で亡くなった阿倍仲麻呂が詠んだ望郷の歌である。この歌の題詞には「もろこしにて月を見て詠みける」とあり、唐土においても月を見れば、ふるさとの春日山から三笠山の情景が目に浮かんでくるという、強い望郷の歌である。

その春日山・三笠山の麓では遣唐使の無事を祈る祭祀が行われた。『続日本紀』養老元年（七一七）二月朔日条に「遣唐使祠神祇於蓋山（三笠山）之南」とあり、宝亀八年（七七七）二月戊子、「遣唐使拝天神地祇於春日山下、昨年風波不調、不得渡海、使人亦復頻以相替、至是副使小野朝臣石根重修祭祀也」とあり、『万葉集』にも遣唐使派遣に関わる歌が見られる。

春日祭神之日、藤原太后（光明皇后）御作歌一首、
即賜入唐大使藤原朝臣清河

大船に真楫繁貫きこの吾子を　韓国へ遣る齋へ神たち
（巻十九―四二四〇）

大使藤原朝臣清河歌一首

春日野に齋く三諸の梅の花　栄えてあり得て還り来るまで
（巻十九―四二四一）

とある。

『春日大社古代祭祀遺跡調査報告書』［春日顕彰会 一九八〇］によると、これらは遣唐使の航海安全を水神に祈願したものといい、また春日大社の鹿苑および飛火野に六〇ヶ所の祭祀遺跡が観察されているという。宝満山においても、遣唐使派遣に際して祈願がなされたことを、上宮一帯や山中の祭祀遺跡から採取された四五枚の皇朝銭の種類の分析から、小田富士雄氏が指摘している［小田 一九八三］。

（4）大宰府と竈門山（宝満山）出土遺物の再検討

小田富士雄氏は昭和三十五年(一九六〇)の宝満山文化綜合調査会に参加し、上宮、法城窟、下宮礎石群を調査し、一九八〇年、中野幡能編『筑前国宝満山信仰史の研究』に宝満山遺跡発掘調査概報、さらにその後の小西信二氏等の踏査の成果を加えて、一九八二年『宝満山の地宝』を著し、その中で上宮(山頂)遺跡が「国家的祭祀」によるものであると表明した。宝満山頂は花崗岩の巨岩に覆われており、その東側断崖の裾部から大量の土師器などの祭祀遺物が出土し、また岩壁を10㍍ほど下った所にある岩棚状のテラスでは、沖ノ島第Ⅲ期と同様の祭祀が行われたと考えられている。出土遺物には土師器、須恵器の他に皇朝銭、三彩小壺、二彩蓋、滑石製模造品などがあり、これらが国家的祭祀、律令祭祀と性格づけられる所以である。

八世紀に遡る山頂での祭祀遺跡があるのは、大峯山と日光男体山、宝満山だけである。その中でも宝満山の祭祀は、七世紀後半に大宰府側山腹、標高390㍍の尾根に立地する辛野遺跡に始まり、八世紀初頭には標高830㍍の山頂に上宮祭祀遺跡が形成された。八世紀初頭に遡る山頂祭祀遺跡はこれまでのところ宝満山以外には確認されておらず[時枝 二〇一六]、宝満山が内包する歴史的意義の大きさが注目されている。(6)

中央の神体山である三輪山や春日山の祭祀遺跡は山麓部に存在するが、宝満山の山麓部の八世紀祭祀遺跡としては、現在のところA経塚がある標高200㍍弱の「経ヶ峰」にわずかに存在する他にはない。また律令祭祀とされる山頂の出土遺物も三輪山・春日山とは異なるものが多々あり、宝満山の祭祀が中央の律令祭祀をそのまま移入したものかは疑問が持たれるところである。時枝務氏は、これまでの宝満山の調査成果を詳細に分析し、四つの特色にまとめている。(7)第一にすべての遺跡から土師器・須恵器が出土し、主体となった祭祀具と判断できること。杯・皿は灯明皿として用いられた可能性があること。第二に須恵器鉄鉢形鉢が出土していること、鉄鉢は仏への供用具であるとともに、僧侶が托鉢や食事に際して用いた僧具であるが、それを模して焼き物で製作したものであり、担い手は山林仏教の徒であったと考えられること。第三にすべての遺跡から製塩土器が出土し、煎熬土器と焼塩土器が見られること。その存在が、初期の山岳宗教のあり方を考える際に、さまざまな問題を提起するはずであること。第四に墨書土器に「寺」など寺院となんらかの関係を持った人物が祭祀に関与していたことが推測できる。以上のことから祭祀の担い手として、従来考えられてきた国家から派遣された神祇官僚ではなく、山麓の竈門山寺などに属する僧侶であろうと考える。と結論づけている。

時枝氏の説は、従来漠然と祭祀の担い手は神祇官僚であろうと考え、詳しい検討がなされてこなかった地元の研究に、一石を投じるものである。養老職員令には、大宰府には「主神」一人がおり、正七位下の官であった。職掌としては「掌諸祭祠事」とあり、その具体的な内容については、『令集解』の記述によるも判然としない。平野博之氏は大宰主神の「諸祭祠事」と共通する神祇官の「神祇祭祀」を大宰主神にあてはめ

(ア) 大宰管内の官社の総祭
(イ) 特定大社を中心とした四時祭
(ウ) 大宰府四方で行う鎮火・道饗祭

と整理しておられる[平野 一九六六]。宝満山の竈門神社は『延喜式』神名帳に名神大社として記載されているが、竈門神が史料に登場するのは、平安時代に入ってからであり、万葉の時代の祭祀を主神が担っていたかどうかは、不明と言わざるを得ない。

上宮祭祀遺跡とともに注目されるのが辛野遺跡である。辛野遺跡の出

土物には、銭貨（神功開宝・富寿神宝）、銅製金具、鉄製品（刀子・鋤）、土師器（甕・短頸壺・鉢・杯・椀・皿・高坏・托・竃）、須恵器（甕・瓶・長頸壺・鉢・鉄鉢形鉢・盤・皿・杯・杯蓋）、灰釉陶器（多嘴壺）、製塩土器（煎熬土器・焼塩土器）、墨書土器、平瓦、石製品など宝満山の祭祀のはじまりを考える上で重要で多彩な遺物が出土している。時枝氏は、大宰府政庁第Ⅰ期に編年される七世紀に遡る土師器杯・須恵器杯・須恵器壺が出土していることから七世紀末に小規模な祭祀がはじまり、それを土台に八世紀前半の隆盛がもたらされたと指摘している［時枝二〇一六］。

出土遺物のうちで注目されるのは、第一に時枝氏が指摘する鉄鉢形など僧具である鉢、ことに口縁部が外反する変わった形態の鉢は観世音寺や筑前国分尼寺でも出土していること。第二に製塩土器は、山中すべての遺跡から出土しており、辛野遺跡では海水を煮詰める煎熬土器、煮詰めた海水を焼き固める焼塩土器には円筒形のものと円錐形のもの、すべての種類が揃って出土している。塩は現在でも神道祭祀で、浄め・祓いに用いられることから、宝満山での祭祀がその原初的なものであると捉えられもするが、製塩土器は蘆城駅家の跡と考えられている御笠地区遺跡A地点や不丁地区・大楠地区・坂本地区などの官衙域、また観世音寺や筑前国分尼寺跡でも出土している［小西一九九二］。第三に墨書土器の文字に祭祀対象を記した「神」がある一方「寺」や「論」「□識」「知孝」など仏教を想起させる文字があることなど、山中の他の遺跡に比しても明確に仏教徒の関わりを思わせる遺物が多いのである。さらに「蕃」の字の墨書土器が二点出土していることは大いに注目される。

山頂祭祀が行われた理由

辛野遺跡で発見された須恵器の椀と土師器の坏に書かれた「蕃」の字の墨書は識者の間で非常に注目されている。「蕃」は中華思想による西の異民族を言い、この場合は新羅をさすと考えられる。また記号のようなものが書かれた土器も出土しているが、何かの「呪」であろう。この遺跡でもっとも盛んに祭祀が行われた八世紀後半のできごととして、宝亀五年（七七四）大野城の一角に四天王を祀る四天王寺が建立された事が想起される。宝亀五年三月三日の「太政官符」では、新羅に真向かった高所にある清浄な場所を選んで、四天王をまつる寺を建て、僧四人をおいて、昼は『最勝王経四天王護国品』を読ませ、夜は「神呪」を誦して新羅の呪詛に対抗するよう命じている。この寺は現在の四王寺山毘沙門天の近くにあったと考えられる。毘沙門の社のある所は、大城山とも鼓峰ともいわれ、この山の最高所、標高410㍍の地点で、ここからは福岡平野も博多湾も一望できる。まさに命令どおりの場所に四天王の寺は建てられたのである。八世紀後半から九世紀にかけては、わが国とりわけ「大宰府」が新羅の脅威にさらされた時代でもあった。

新羅の呪詛に対抗させたのは、僧侶による『最勝王経四天王護国品』の読誦と「神呪」であり、しかもそれは新羅を望む山頂部においてであった。辛野遺跡の性格について、時枝氏は辛野遺跡が中腹にあることから「山頂が神の領域に属し、人間が立ち入ることのできない聖地であるため、そこに可能な限り近い場所を祭祀の場としたためと考えられる」「神は山頂周辺の聖地から来臨するものと考えられていた可能性が指摘できる」とし、辛野遺跡が神と人の領域の接する地点いわば境界にあると述べている。そういう意味では、三輪山や春日山と共通するとも言える。しかし、辛野遺跡は宝満山西側山腹から玄界灘に向かって張り出した尾根の先端にある。ここでの祭祀は海彼を強く意識したものと考えられる。そしてこの場所よりも「さらに眺望がきき、験力の発揮できる場所」と考えた時に山頂が視野に入ってきたのではなかろうか。ただし上宮で多くの遺物が存在するのは東側断崖の下で、玄界灘が望める方向ではない。上宮域の全体的な調査がなされたわけではないので、確たることはいえないが、あるいは山頂での祭祀の後に投棄したものとも考えられる。

縁起類にこの山の開山を「法相の僧心蓮」とし、山頂近くの馬蹄岩で心蓮の前に示現した祭神玉依姫が「国を守り民を安からしめんか為、爰に止る事年久し。方に今。異賊国を傾けんとする事甚多し、吾上宮の峯より海上をふさき、或時は山の形水に移り岩のことく浪を起し、有時は神風を吹せて異国舩をくつかえし、神光を飛せて舩中を迷動す」と宣ったという(『竈門山宝満宮縁起』)。このことに感嘆した心蓮はこの旨を奏上し、天皇の命によって上宮を建てたという。後世の著作ではあるが、出土遺物に関する時枝氏の分析と照らして興味深い。

おわりに

「風土」という語に関して、近年、地元学などで「風の人」「土の人」という言葉をよく耳にする。筑紫万葉の歌は、そのほとんどが当地に赴任してきた中央官人、つまり「風の人」によって詠まれている。実名のわかる土の人といえば、大伴旅人の離任に際して、水城で別れの歌を交わした娘子児島くらいであろうか。その他作者不詳の歌もほとんど大宰府官人によるものと考えられている。かれらの眼にはいる風景、意識される筑紫の風土は果たしてどのようなものであったのか。

第一節において筑紫の地でどのような時、どのような状況で、どのような歌が詠まれたかについて概観した。まず筑紫は都から遠く離れた「天ざかる鄙」であること、そこから湧き起こる望郷の歌について、とはいえ大宰府は対外交渉の窓口であり、それ故花開いた筑紫万葉の特徴とも言える歌群について、第三項では筑紫の地名が数多く詠まれている遣新羅使の歌と困難な旅路について、第四項では遣新羅使も詠っている志賀の海人について、固有名詞を冠した海人としては、集中とびぬけて歌数が多い理由について考察し、第五項ではどのような山や川が詠まれたのかを概観した。

多くの歌の作者である大宰府官人や九州諸国の役人は、それぞれ官命を帯びて赴任してきた。その任務の第一は海外に対する辺境防備である。大野山、基山、あしき山はいずれも古代山城があり、ことに大野山は「大城の山」「城の山」とも詠まれ、基山も左註に「記夷の城(基肄城)に登り」とあるように単なる山ではなく「城」が強く意識されている。山城ではないが、水城、蘆城川も防衛的な意味のある遮蔽施設あるいは自然地形である。また香椎宮は新羅に対する宗教的防御として創建された神功皇后の廟宮であり、赴任してくる人たちは、都にある時すでにそうした防衛施設の存在を知り、強く認識して赴任したと考えられる。したがって、望郷、惜別などの己の心情を詠う場合でも自然の風景を詠う場合でも、あらかじめ知っている山や川の情景が詠み込まれるのである。志賀の海人も既に述べたように中央でもよく知られた存在であったからであろう。いわば、教科書で習った絵画などを実際に見た時、「ああ、これが」と心動かされるのと同じ心理といえよう。

可也山については、官命を帯びて行く先の地名と同じ名の山に特別の感情が湧いたのであろう。名児山は旧宗像郡津屋崎町と玄海町の境にある標高165㍍の山である。大伴旅人に先立ち帰京する異母妹大伴坂上郎女がここを通った時、「名児」という山名に興味を持ち、自分の苦しい恋心を重ねて長歌を詠んだ(巻六―九六三)。可也山と同様、たまたま出逢った山の名に惹かれたものであろうか。

第二節では、宝満山の祭祀が大宰府政庁の祭祀とも深い関わりを持つと語られることから、都城において『万葉集』に詠われた山について概観した。中央の都城をめぐる山々にはさほど高い山はない。いわば里山ばかりである。山は生活の中にあり親しい存在である。清原和義氏が述べるように自然とともに美の対象としても身近な山を捉えている。大宰府の大野山は大宰府官人にとってそうした山であった。大伴坂上郎女が都に帰っても懐かしむ山であり、山に立ち昇る霧や色づく木々をすぐ間近に見ることができる山である。そういう観点からいうと宝満山は大宰府政庁からやや距離があり、そうした風情を感じることは少ないのであろうか。

大場磐雄氏は祭祀が行われた山を浅間型と神奈備型に分類している。三輪山にしても春日山にしても神奈備型の山である。宝満山は高い山に思えるが、近年「日本一〇〇低山」に選定されたくらいだから、やはり神奈備型の山である。その点では共通しているが祭祀のあり方は大いに異なっている。またその担い手について、三輪山では祝、つまり神職の存在が歌から確認でき、春日山での遣唐使の派遣に関わる祭祀には、皇后をはじめ官人が参加して「天神地祇」を祀った神道祭祀であることが史料から明らかである。一方、宝満山においては、祭祀の担い手が僧侶である可能性を指摘した時枝務氏の研究を紹介した。そのように考えれば、腑に落ちる点も多々あるのである。大宰府には「主神」という中央の神祇官に当たる職掌がある。もし大宰府官人が宝満山での祭祀を行っていたのであれば、万葉人にも意識されたであろうが、関わっていないとなれば、「意識されない山」という可能性が高くなってくる。

最後に山名の問題である。宝満山は古く御笠山とも竈門山とも呼ばれた。山名の変遷について、鎌倉時代の縁起『竈門山宝満大菩薩記』には「皇后誕生於応神天皇　妣娣大宝満命登高山龍図峯于時名仏頭山又号御笠山立竈門以茲改仏頭山名更号竈門山始自此時矣」とある。「神功皇后が応神天皇を産んだ時、姉である比娣宝満命は高い山に登って竈門を立てた。それによって御笠山とも仏頭山とも称していた山を竈門山というようになった」という。御笠については『日本書紀』「神功皇后摂政前期」に「飄風に吹き飛ばされた神功皇后の笠が落ちた所を御笠の森といい、郡名を御笠郡という」のだという地名起源説話が載せられており、中野幡能氏は「御笠山の神のうしはく地ということで起こってきた地名であろう」という[中野 一九八〇]。「笠」は神の依り代であり、御笠という名を持つこと自体「神の山」ということができ、同じ山名の山は奈良の三笠山はじめ各地に存在する。蘆城駅家から見る宝満山は「御笠山」の名にふさわしい秀麗な姿をしており、この名は大宰府政庁のある西側からではなく、宝満川の流れる東側あるいは南側から見て起こった名だと考えられる。豊穣な田畑を形成する水分の山としての庶民信仰は相当古くからあったと考えられ、『竈門山宝満大菩薩記』にいう山名が御笠山から竈門山へ変遷していったという順番は間違いないものと考えられる。その時期について中野幡能氏は「御笠山が竈門山に変化する時にこの山の神の新しい個性化がおこってきたのではなかろうか」としたうえで、大宰府の鬼門除けのために神を祀ったという伝承と、奈良の三笠山の祭神との比較考証から、都城の守護神として、道教で一家の守り神として信仰された竈神が、ひいては国家の安全と繁栄を守る神として祀られたのではないかとし、その竈神を祀る故によって竈門山の名がおこったという[中野 一九八〇]。また小田富士雄氏は律令時代竈形ミニチュアが神の祭料となっており、竈神が国家的な神として定着していた事などを考察している［小田 一九八二］。

「竈門山」の初見は『叡山大師伝』(8)にある延暦二十二年（八〇三）最澄が入唐求法の際、遣唐四船の無事を祈って「竈門山寺」で薬師仏四軀を彫ったという記事、「竈門神」の初見は承和七年（八四〇）竈門神に従五位上を授けたという『続日本後紀』の記事である。遅くとも奈良時代のうちには「竈門山」と呼ばれるようになっていたと考えられるが、筑紫万葉が花開いた時代に何と呼ばれる山であったかは不確実なのである。

宝満山の歌が一首も万葉集にないのは、たまたまのことかも知れない。しかしやはりこの山が、歌い手である都から赴任した官人たちにとって、任務と関わるような山でもなく、伝説等によって都まで名が知られていた山でもなかったということであろう。

竈門山が歌に現れるのは平安時代中期以降、寛和二年（九八六）肥後守として下ってきた清原元輔が竈門山の麓の道端の木に古く書きつけてあった歌に下の句を付けたという『拾遺和歌集』の

春はもえ秋はこがるるかまと山霞も霧も煙とぞ見る

また天喜三年（一〇五五）、夫の高階成章と共に下って来た紫式部の娘大弐三位の

竈門山ふりつむ雪もむら消えて今さわらびももえやしぬらむ

（『大弐三位集』）

などが古い例である。

「風土」という言葉は、万葉集の最終的な編者とされる大伴家持によって、万葉集の中でも用いられている。家持はみやびの目を通して越中の風土を見つめ、ひなにいて倭の風土を顧みるのである［櫻井 一九七七］。大宰府官人もまさにそういう気分で筑紫の風土に接していたのであろう。

註

（1）左註の最後に「これに因りて妻子等、犢の慕に勝へずして此の歌を裁作りき。或ひとの云はく、筑前国守山上憶良臣、妻子の傷を悲感しび、志を述べて此の歌を作れりといふ」とあり、一連の歌の成立・構成について多くの論考・論争があったが、大勢は憶良作に傾いている。また伝承された民謡の存在も考えられ、それに共感した憶良が妻子の気持ちになって連作したものとも考えられている。

（2）土屋光知氏は、阿倍継麻呂の死因を「対馬に滞在中、新羅に使いを遣わし入国の了解を求めたが拒否され、副使以下を無事帰国させるため、責任を取って自殺した」という［土屋 一九七七］。これに随えば、新羅へは渡らず、対馬から引き返したことになる。

（3）小野老は天平二年（七三〇）の梅花の宴の際には少弐であり、天平九年（七三七）六月十一日に「大宰大弐従四位下小野老」が亡くなったことが『続日本紀』に見える。神亀五年時の小野老の官職は不明であるが、おそらく少弐に任官されたばかりの最初の香椎廟宮参拝であったのではなかろうか。『万葉集』編纂の時に、最高位の官職名を冠したと考えられる。

（4）香椎廟の年中行事は天平宝字四年（七六〇）に定められた。『万葉集』にみえる旅人参拝の折には、六日ではなかったかもしれないが、重要な祭儀が二月と十一月に執り行われたのは、中央の「祈年祭」「新嘗祭」に対応するものであろう。

（5）神亀五年という説もある。

（6）菅谷文則氏は「山岳信仰遺跡としての宝満山（国内山岳信仰遺跡における位置付け）」［太宰府市教委 二〇一三］において、「山頂に於ける三彩の出土は大峯山頂、栃木県日光男体山頂と宝満山のみである。大峯山頂と宝満山頂のものは奈良時代の三彩で、男体山のものは平安時代初期の猿投窯系のものである。このため奈良時代の確実な祭祀を示す山は、二山のみとなる」と述べ、時枝務氏は出土する本朝銭の分析を行い、「奈良時代前期に遡る宝満山の事例を除けば、大部分の遺跡は奈良時代末期から平安時代前期に属する」［時枝 二〇一五］と述べている。

（7）『太宰府市史』編纂段階で、上宮・辛野遺跡の他に、竈門嶽・妙見原・一の鳥居・本谷1号・愛嶽山南1号・愛嶽山南2号・大南窟・水上大谷尾根・後田・仏頂山東など山中一二の遺跡が報告されている。

（8）最澄の直弟子一乗忠（真忠か）が最澄没後一年半以内にまとめたものであり、史伝として極めてすぐれた伝記とされている。

参考文献

赤塚睦男　一九九七年「かまど山」『筑紫国文』第二〇号
犬養　孝　二〇〇三年『改訂新版　万葉の旅　上』平凡社
犬養　孝　二〇〇四年『改訂新版　万葉の旅　下』平凡社
小鹿野亮　二〇一七年『西都大宰府への道―見えてきた大宰府南郊の風景』筑紫野市歴史博物館
小田富士雄　一九八二年『宝満山の地宝』太宰府天満宮文化研究所
小田富士雄　一九八三年『太宰府宝満山の初期祭祀―宝満山の地宝拾遺』太宰府顕彰会
春日顕彰会　一九八〇年『春日大社古代祭祀遺跡調査報告書』春日顕彰会
清原和義　一九九六年『万葉集の風土的研究』塙書房
金　達寿　一九八五年『日本古代史と朝鮮』講談社学術文庫
桑子敏雄　二〇〇八年『日本文化の空間学』未来を拓く人文・社会科学シリーズ12　東信堂
小西信二　一九九二年「六　宝満山祭祀遺跡群」『太宰府市史・考古資料編』第2編第7章古代の祭祀と信仰
西海道古代官衙研究会　二〇一七年『西海道古代官衙研究会資料集・古代山城研究会合同研究会―新発見の古代土塁を考察する（筑紫野市前畑遺跡の検討）』
櫻井　満　一九七七年『万葉集の風土』講談社現代新書四九三
佐竹昭広他校注　二〇一四年『万葉集㈢』岩波文庫
末房長明　二〇一二年『万葉に詠まれた九州の山岳』末房長明
竹田正則　二〇一三年「発掘調査が紐解く藤原京」『第三二回奈良県立橿原考古学研究所公開講演会「日本最初の都城・藤原京」』
太宰府市教委　二〇一三年『宝満山総合報告書』
時枝　務　二〇一五年「山頂祭祀と本朝十二銭」『山岳修験』第五五号
時枝　務　二〇一六年『山岳宗教遺跡の研究』岩田書院
土屋光知　一九七七年「遣新羅使人の歌」『古代伝説と文学』岩波書店
筑紫　豊　一九八一年『筑紫萬葉抄』文献出版
筑紫野市教委　二〇〇八年『阿志岐城跡―阿志岐城跡確認調査報告書』
中野幡能　一九八〇年『筑前国宝満山信仰史の研究』太宰府天満宮文化研究所
中西　進　一九六三年『万葉集の比較文学的研究』南雲堂桜楓社
中西　進　一九九二年「万葉　梅花の宴」『都府楼』十三号　古都大宰府を守る会
中山平次郎　一九二六年「古代の博多⑵」『考古学雑誌』第十六巻第六号　日本考古学会
林田正男　一九九二年「万葉集筑紫歌壇」『都府楼』十三号　古都大宰府を守る会
林田正男　一九九四年『筑紫万葉の世界』雄山閣出版
東　茂美　一九九七年「遣新羅使人たちの歌」『筑紫古典文学の世界　上代・中古』おうふう
平野博之　一九六六年「大宰主神考―8世紀を中心として―」『和歌山工業高等専門学校「研究紀要」創刊号』
広渡正利　一九九七年『香椎宮史』文献出版
前田　淑　二〇〇七年『大宰府万葉の世界』弦書房
政所賢二　一九九二年「万葉集の現実性―志賀・香椎の歌を中心に―」『都府楼』十三号　古都大宰府を守る会
森　弘子　一九九一年「再現　梅花の宴」『史窓』第四八号　京都女子大学史学会
森　弘子　二〇〇〇年「神功皇后伝説をめぐって」『アイデンティティ・周縁・媒介―〈日本社会〉日仏共同研究プロジェクト―』吉川弘文館
森田隆明他　二〇一二年『古代・中世の香椎』櫂歌書房
山崎純男　一九九一年「13.鴻臚館再発見　⑴鴻臚館と志賀の海人」『新版［古代の日本］③九州・沖縄』角川書店
山田浩之　二〇一四年「岡田米夫と神体山―普通名詞「神体山」の成立」『神道宗教』第二三六号
米川仁一　二〇一七年「発掘からわかった三輪山信仰と古代王朝」平成二九年度社叢学会シンポジウム「三輪山と古代文化」レジメ　社叢学会
和辻哲郎　一九七九年『風土』岩波文庫・青一四四―一

第5部　大宰府の瓦と土器

大宰府式鬼瓦考

——I式Aを中心に——

井形　進

はじめに

大宰府式鬼瓦は、大宰府政庁跡を中心とする、いわゆる大宰府史跡をはじめとして、筑前・筑後・肥前・肥後北部・豊前など、九州北部の官衙や寺院跡から出土する遺物である。[1] その系譜をひく、大宰府系などと称されるような鬼瓦は、九州南部からも出土しており、それらの存在も併せ考えると、九州全域、つまり大宰府管内全域に影響を及ぼしたことになる。大宰府式鬼瓦という呼称は、まさに的を射たものだと言うことができる。

そのような大宰府式鬼瓦は現在、I式（第1・2図）、II式（第3図）、III式（第4図）の大きく三型式に分けられている。[2] この三者については、製作時期が異なると考えられているが、全てが奈良時代のものだと見るのが妥当である。中でも最も古いとされるI式は、第II期大宰府政庁の造営にともなって創り出されたものだ、と考えられている根源的な存在である。そしてさらに、大きさによってA、Bの二種に分けられているうちの、大きな方であるI式Aが、洗練された迫真的な造形から最も目をひく存在であり、主たる存在だと考えることができる。ちなみに、共に使用される場合は、I式Aは大棟に、I式Bは降棟や隅棟に使用されていたと推定されている。[3]

I式Aについては、一点を除いて大宰府史跡からのみ出土していて、とくにその出土は大宰府政庁跡に集中している。大宰府の中枢でのみ限定的に使用され、造形の水準も一際高いI式Aは、大宰府式鬼瓦の代表として、さらには大宰府を象徴する遺物として、あたかも大宰府の顔のようにあつかわれている。しかしこれまで、この重要な遺物についての考察は多くはなかった。ここではあらためて、大宰府式鬼瓦I式Aに注目して考察を行う。[4] そしてそれを通して、大宰府式鬼瓦、また大宰府のあり方の一端にも、ふれることができればと思う。

1　大宰府式鬼瓦I式A

大きさは概ね、高さが48.5㌢、底部の幅が43.5㌢、上部の幅が34.5㌢で、厚さは16㌢を測る。[5] 一点が福岡県糸島市の怡土城跡から出土している他は、大宰府政庁跡を中心としつつ、水城跡、大野城跡、筑前国分尼寺跡から出土している。最もよく知られているのは、大正末年に大宰府政庁跡北方の畠の中から見出されたという、重要文化財に指定されている資料（第5図）である。なお、怡土城跡から出土しているものは、表面が大変荒れていて、これは製作の後、使用を経て現代に至るまでの

第5図　大宰府式鬼瓦Ⅰ式A

第1図　大宰府式鬼瓦Ⅰ式A

第2図　大宰府式鬼瓦Ⅰ式B

第3図　大宰府式鬼瓦Ⅱ式

第4図　大宰府式鬼瓦Ⅲ式

間の劣化によるものだけではなく、笵そのものが劣化していたことにもよるのではないかと考えている。天平勝宝八年(七五六)に着工し、神護景雲二年(七六八)に竣工した、中国式山城だとされる怡土城築城の頃には、I式Aは既に基本的には製作されていなかったのだと思う。やはりその製作は、第II期大宰府政庁造営の頃に集中していたのであり、その使用も他の型式とは異なって、そもそもは大宰府史跡の中枢のみが想定されていたのだと考えている。具体的な成立と製作の時期としては、第II期大宰府政庁の造営にかかる議論を参照すると、八世紀第1四半期末頃の、七二〇年代を中心に考えるのが妥当だと思われ、製作については長く見ても、八世紀半ばが下限だろうと考えている。

色については、表面は灰色ないしは灰白色を呈しており、内部は白色に近いが、中には表面も真っ白なものが見受けられる。胎土は、きめが細かい粘土の中に、若干の砂粒が混じったもの。立体的で各部位の厚みが極端に異なる造形をしていることから、幾層かに分けて土を笵に込めていることが看取される。(6)なお、鬼瓦の側面は平滑で、裏面は、大宰府史跡の第6次調査で出土した一例に縄目が認められるものの(7)、総じて平らな面に成形されている。笵に土を込めた後は間をおくことなく抜き、表面を整え眉間に穴を開けるなどしてから、乾燥を経て焼成に至っているようである。焼成はやや軟質である。

なお笵については、立体的な原型から土で型取りし、細部に手を入れるなどした後に焼成したものだと考えている。笵を木製とする説もあるが(8)、一般的な瓦当文様のように相当に図案化されているものや、同時代の日本の鬼瓦の多くがそうであるような、平面的な造形であるのならばともかく、このように柔軟性と抑揚に富んだ迫真的な造形を、凹凸を反転させたかたちで木材に彫り込むことは困難である。そしてそもそも造営に必要となる鬼瓦の数など、とくにI式Aの場合は、軒瓦に比べれば知れたものであって、木型により獲得される強度や耐久性の向上を、他に優先して不可欠な要件とする理由も認めがたい。近い時期で参考になる資料としては、塼仏の笵がある。奈良の橘寺や山田寺などから出土している塼仏の笵は(9)、小像でさして複雑ではない像容のものも、土製である。また日本が瓦製作で影響を受け、九州北部ではとくに影響が顕著である、朝鮮半島でも、統一新羅時代の鬼瓦の、土製の笵(第6図)が見出されている(10)。大宰府式鬼瓦I式Aの笵については、土製だと見て間違いないだろう。

第6図　統一新羅時代の鬼瓦の笵

I式Aの姿については、台形の上辺を弧状にふくらませ、下辺の真ん中を半円形に切り取った輪郭の中に、細い凸線、連なる薄い半球状の珠文、細い凸線からなる縁にふち取られながら、鬼面を肉厚にあらわしているものである。珠文は左右それぞれ二四粒で、合計で四八粒。鬼瓦の上部は、鬼面の額の上を半円形に刳り込んで、平滑な無地の面をつくり、鳥衾のかかりとしている。眉間に空いた表裏を貫通する穴も、固定に関わるものであろう。鬼面は目をいからせ、歯牙を見せて大きく開口し、忿怒の相を示している。飛び出さんばかりにむき出した目には、同心円状に、下方を睨む瞳と瞳孔があらわされている。瞳と瞳孔の輪郭は、陰刻線であるように見えるが、実際にはわずかに段をつけながら、眼球の面より瞳の面を、瞳の面より瞳孔の面を、下げてあらわしているものである。鼻は大ぶりで高さもあり、小鼻が丸くふくらみ、すこし鼻頭が上方に吊るようである。鼻孔は穿たれないものの、鼻孔にあたる所は、わずかにくぼませている。頬は高く盛りあがり、斜めに一条、浅く陰刻線が入れられている。大きく開く口を見ると、上顎には、やや外反し中央に縦に一条の陰刻線を入れた大きな牙が、左右にそれぞれ一本あり、それらに挟まれる形で、六本の四角い歯が並んでいる。下顎は半円形に切り取られながら、やや外反する小さな牙が、左右にそれぞれ一本のぞいている。波打つ口唇の脇には、二本の太い皺があらわされている。鬼面をふち取るように、髪、太い眉の先、髭が、束ねた細い凸線であらわされている。口の横に上下に三つ、珠文が連なるように見えるのは、髭の先端が渦巻いているものである。

そして鬼面についていては、そこにあらわされているものの、それぞれが有機的に連動することで、ひとつの忿怒の相を形成しており、面部の様子は、この忿怒によって統一的に説明することができる。大宰府式鬼瓦Ⅰ式Aを考えるにあたり、このことは極めて重要である。怒りのために眉と目を吊り上げ、そして口を大きく開くことから、頬骨のあたりが高く盛りあがり、押し上げられた頬骨の動きを受けて、目尻から頬骨の上へと皺が入っている。眉根の寄った眉間には、縦に皺が入り、鼻では小鼻が広がり鼻頭がもち上がるとともに、眼の間に横に深く皺が入っている。吊り上がった眉で押し上げられた肉厚な額には、同心円状にくくりが入っている。鎬のついた厳しい眉や瞼の輪郭が、表情を引き締めている。そしてまた忿怒については、上部の半円形の刳り込みや、下向きに弧を描くような眉や瞼などの輪郭によって、基本的に下方へと波紋が広がってゆくような構成を見せる上半分と、下辺の半円形の切り取りや、下向きのコの字形になっている怒りにゆがむ口などによって、基本的に上方へと波紋が広がってゆくような構成を見せる下半分とが衝突する鼻先に、巧みに集中されている。目線や体毛の様子も、鼻先を中心とする求心的な構成の完成に一役かっている。このような、自然で統一感のある表現や、巧みな構成を見るにつけ、大宰府式鬼瓦Ⅰ式Aの造形は、日本の鬼瓦の一つの頂を示すものだと感じられる。

2　Ⅰ式Aの造形の成立

大宰府式鬼瓦Ⅰ式Aの迫真的で立体的、各部位が有機的に連動した造形は、奈良時代の鬼瓦の中にあっては異質なものである。奈良時代の鬼瓦の要である平城宮式鬼瓦(第7・8図)については、(11) Ⅰ式からⅥ式の六型式に大きく分けられているうちの、鬼面を一杯にあらわすⅡ式以降のものは、成立が大宰府式鬼瓦に遅れる八世紀第2四半期以降であるとされながら、鬼形像の全身をあらわしたⅠ式は、平城宮の造営にともなって八世紀第1四半期に成立したとされている。いずれにせよこれらは、要であり、時期的に並行する存在として、大宰府式鬼瓦の鬼面について考察する際に、重要な存在だと言える。とはいえ平城宮式鬼瓦の鬼面については、中には巧みな構成を見せるものこそあれ、造形は総じて平板で図案化されており、造形の志向は、大宰府式鬼瓦とは全く異なっている。それは、八世紀中頃になって、東大寺を嚆矢として都の官寺において用いられ始め、やはりI式からVI式の六型式に大きく分けられている、南都七大寺式と称される鬼面文鬼瓦の鬼面についても、同様に言うことができる。これら平城宮式と南都七大寺式の鬼瓦はその他、概形が半円形に近い形であることも、大宰府式鬼瓦との相違点として挙げられる。造形的には、これら都の鬼瓦と大宰府式鬼瓦の、直接密な関係は想定しがたい。

このような大宰府式鬼瓦について、かつては、統一新羅時代の鬼瓦（第9図）の影響のもとに成立した、とするのが一般的であった。確かに概形台形を呈した大宰府式鬼瓦の輪郭は、統一新羅時代の鬼瓦とよく似ている。周縁に珠文を連ねることも共通しており、そしてその構成や趣こそ異なるとはいえ、一杯に鬼面をあらわすことなども、一応は通ずるものだと言える。統一新羅時代の鬼瓦は比較的小型であるなど(12)、他にも注意される相違点がないわけではないが、ここに影響関係を考えるのは自然なことで、重要な源流の一つと見なすことに異存はない。九州においては、福岡県田川市の天台寺跡を代表としながら、とくに北東部の七世紀末の寺院址において、やはり瓦の大きさ自体は彼の地のものよりも大型で、その点で相違を見せているとはいえ、華やかで繊細で鋭さも感じさせる、統一新羅時代ならではの文様をもった、軒瓦の出土が散見されることも参考になる(13)。

とはいえ、大宰府式鬼瓦と統一新羅時代の鬼瓦について、一対一の影響関係を印象づけるような記述が、かつてはまま見受けられたことに対しては、折にふれ異を唱えてきた。概形が台形という輪郭、周縁に珠文を連ねること、鬼面を一杯に配することなどの要素を共有し、そこに関係が想定し得るからと言って、直ちに両者を一対一で結びつけることに

第7図　平城宮式鬼瓦ⅠＡ式

第8図　平城宮式鬼瓦ⅡＡ式

第9図　統一新羅時代の鬼瓦（皇龍寺址出土）

第10図　平城宮式鬼瓦ⅤA式

第11図　神埼1号墳出土獅噛環柄頭

は問題がある。そこには、奈良時代の他地域の鬼瓦とも、統一新羅時代の鬼瓦とも異質な造形を見せる、鬼面への視点が欠落している。大宰府式鬼瓦の第一の特徴として指摘されるのは、鬼面の立体性、そして彫塑作品としての水準の高さである。このような、大宰府式鬼瓦において最も重要な鬼面の源を、統一新羅に求めることはできない。

　そこで鬼面の造形の源を考えるために改めて見渡すと、日本の鬼瓦の中に、図案の構成については通ずる作例を見出すことができる。それは平城宮式鬼瓦ⅤA式(第10図)である。空豆形で吊り上がった目と丸い瞳、小鼻をふくらませて付け根に横皺がよった鼻、下向きのコの字形をした口の形や、二本の長い牙の間に四角い歯を連ねること、吹き上がるような体毛が縁取ることなど、例えば正面からの平面図で鬼面部分を比較するならば、両者には共通点がある。第Ⅱ期大宰府政庁の造営にともなって、八世紀第1四半期のうちに成立したと考えられている大宰府式鬼瓦に対し、平城宮で鬼面文鬼瓦があらわれ、専ら使用されるようになるのは、八世紀第2四半期以降だとされていること、また平板でより図案化が進んだ平城宮式鬼瓦ⅤA式を見るにつけ、両者を単純に結びつけるわけにはいかないと思う。しかし、これらの鬼瓦の共通点からは、両者の鬼面の図案の源は、日本にあると考えることはできる。

　そして一旦鬼瓦を離れると、そのような考えを支える造形遺品は他にも存在している。その好例の一つが、福岡県福智町の神崎1号墳から出土した獅噛環柄頭大刀の、柄頭(第11図)にあしらわれた獣面である。大きさには随分開きがあるし、やはりかなり図案化されているものの、燃え上がるような眉、吊り上がった目と丸い瞳、小鼻をふくらませて付け根に横皺がよった鼻、二本の長い牙の間に四角い歯を連ねることなど、こちらも大宰府式鬼瓦との共通点がある。六世紀のものだとされているが、むしろその忿怒の趣は、平城宮式鬼瓦ⅤA式よりも近いものがあるように見える。そうして考えると、大宰府式鬼瓦の鬼面は、日本の、あるいはさらに九州の、先行する鬼面ないし獣面との関係を想定することができる。九州について言えば、この柄頭の後、例えば七世紀末の観世音寺梵鐘(第12図)の龍頭などもあり[14]、高い水準で獣形の図案や造形の持続が、連綿と奈良時代に至っている様子を窺うこともできる。

　大宰府式鬼瓦の造形は、統一新羅時代の鬼瓦と、日本における鬼面ないしは獣面の造形の流れの、交点に位置していると考えることができ

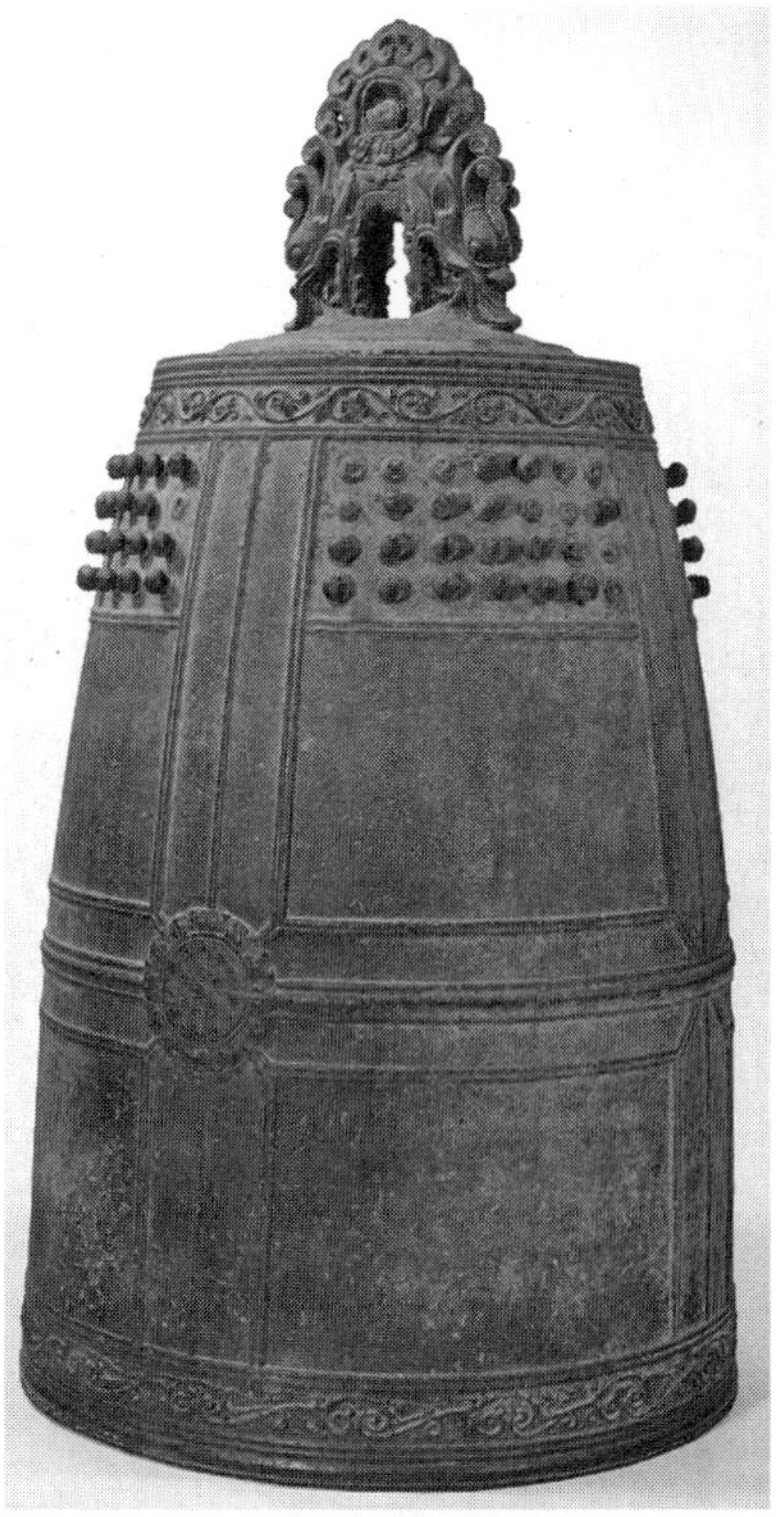

第12図　観世音寺梵鐘

第13図　東大寺法華堂執金剛神立像（面部）

る。ただしかし、統一新羅時代の鬼瓦の輪郭に、日本の鬼面文を載せただけでは、大宰府式鬼瓦にはならない。交点には他にもさまざまなものが採り込まれた上で、新たな創造がなされているのだと思う。大宰府式鬼瓦の大きな特徴は、枠の中から、まるで鬼面が飛び出そうとしているかのようであること、そしてその鬼面が、骨格と筋肉の動きが有機的に連動した、自然な表情を見せていることにある。これは、高度な図案の構成力をもち、そしてそれを、緩急深浅自在な造形力で立体に仕上げることができる工人の参加があって初めて、実現可能なものである。笵をとるための、おそらくは塑土によると思われる原型を制作した工人は、捻塑的技法による、複雑な立体の制作を専らとしていた、仏工であろうと考えている[15]。奈良時代の彫塑作品（第13図）の特色は、より自然な姿態や表情を、捻塑的技法を中心として、より自然な質感表現と共に造形化しているところにある。それらの面部を見ると、骨格や筋肉の動きが確かに意識されながら、それらが有機的に連動することで、ひとつの感情の表出に結実していることが理解される。このような、自然で統一感のある面部の造形は、奈良時代の、平面的であるのみならず、図案化の度合いの強い鬼瓦には見ることができない。しかしそれが、大宰府式鬼瓦には見ることができるのである。大宰府式鬼瓦の構想から造形化に至るまでは、技術的な側面においては、仏工が主導的な役割を果たしたと考えている。当時大宰府管下では、観世音寺をはじめとして、多くの寺院で塑像が造像されていた。史料にもその存在は見えているが[16]、それよりなにより、観世音寺に断片となりながらも伝わっている塑像たち（第14・15図）が、そのことを確かに証している[17]。造形から導かれた先の考えを成り立たせる環境は、充分に整っていると言ってよい。大宰府式鬼瓦は、奈良時代の大宰府で、先行するさまざまな造形を参照しつつも、それらとは一線を画する新しい造形として創造されたのである。

　この時、着想にあたっては、統一新羅だけではなく、唐の鬼瓦のあり方が意識された可能性もあるかと思っている。八世紀における大宰府の

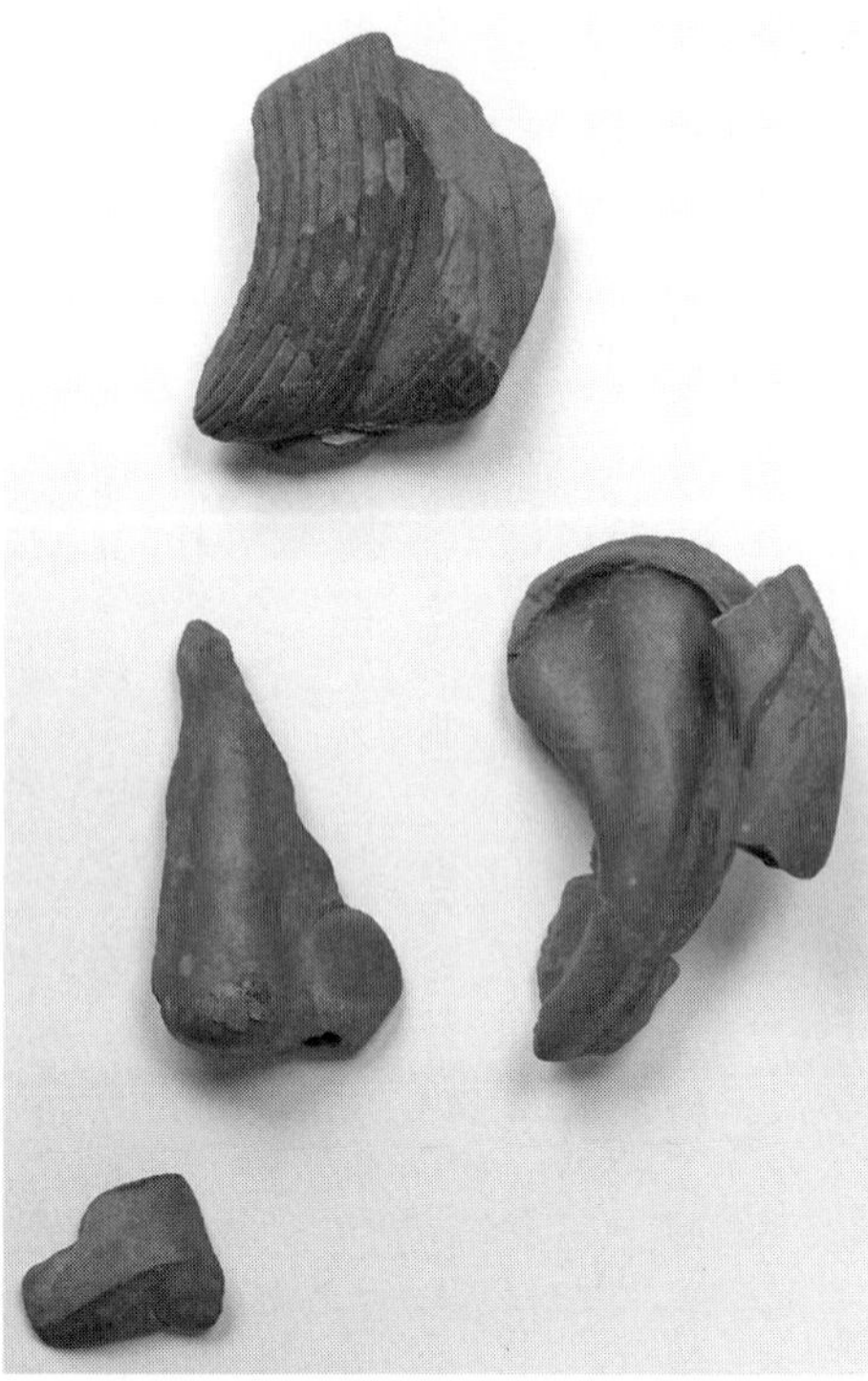

第14図　観世音寺塑造不空羂索観音像面部

第15図　観世音寺塑造神将形像腕部断片

飛躍的な整備充実は、七世紀における朝鮮半島を規範とした体制から、八世紀に入る頃に唐を規範とする体制へと、国家が大きく転換する動き(18)と連動するものであった。唐への志向は、大宝律令や平城京を筆頭とする、有形無形の文物のあり方と強く結びついていた。そのような中にあって、大宰府において、棟端に鬼面文鬼瓦を用いるという制について、あるいは立体感が豊かであるという鬼面の特徴について、唐が意識されていた可能性は、捨てきれないと考えているのである(19)。

既に述べている通り、概形については大宰府式鬼瓦は、統一新羅時代の鬼瓦に通じている。しかし、それとは異なる造形を志向していることも明らかで、その視線はもしかすると、唐を向いているのではないか、ということである。今、確認されている唐の鬼瓦の中には、鬼面文鬼瓦こそ見られ、立体感ゆたかなものも見受けられながら、大宰府式鬼瓦の直接的な祖形と見えるものは知られていない。しかし、唐の鬼瓦のあり方を意識し、それに倣おうとしても、実際に造形化するにあたっては、倣おうとする造形への明確な認識を工人が持っていなければ、もとより忠実な模倣などはままならない。そのような時には、統一新羅時代の鬼瓦やその他の参考資料をもとに、擬似模倣ないしは仮想模倣が行われることも想定しうる(20)。制度としての鬼面導入の背景と、具体的な造形成立の背景が、一致して重なるものとは限らない。このことには注意しておきたい。

とはいえいずれにせよ、実際の大宰府式鬼瓦の造形はやはり比類のないものである。そもそも、鬼瓦は風雨の侵入を防ぐ瓦本来の役割を果たしつつ、むしろ、目立つ棟の端を装飾する役割を担う存在であった。そして鬼面文鬼瓦については、一般に辟邪の機能が指摘されるところでもある。大宰府式鬼瓦についても、これらは重視するべきだと考えているが、そのような機能のみを満たす、道具や装飾や呪具の類であるのならば、技術上の困難を数々おかしてまで、このような立体的で迫真的な造形を、あえて新たに創造する必要はない。このような新しい造形が創り出される時には、必ずそこには必然がある。そしてそれは、その造形を必要とした、場の性格と密接に関わるものだと考えられる。大宰府式鬼瓦の場合、その場は、八世紀第1四半期に整備が進められていた、第Ⅱ期大宰府政庁を中心とする、大宰府の中枢だと押さえられている。そこでここで、場の問題と絡めながら、機能についても、そのもう一つの側面を考えておきたい(21)。

八世紀、大宰府は、軍事拠点としての性格を、変わらずあらわに示しつつも、外交と地方支配の要として整備充実が進められていた。施設の面から言うならば、大宰府式鬼瓦Ⅰ式Aが主に用いられた政庁域について見ると、背後に大野城が構え、前方には条坊域を越えて基肄城を望むここには、平城宮を縮小したかのような感がある、朝堂院様式と称されるかたちで、荘重な建築が整然と立ち並んで偉容を見せていた。このような建築は、単純な実用のみを満たすものではない。それは、組織だった業務の遂行、格式をもった儀礼の執行を可能にすると同時に、大宰府の力や性格を象徴する機能を担わされていたと考えることができる。そして後者の機能は、建築を荘厳する甍の要である、鬼瓦についても言えることであろう。大宰府を訪れた者が、荘重な建築を仰ぎ見た時、陽射しを受けて陰影を強調された、洗練された迫力をもった鬼面は、強い印象を与えたことだろう。そこには、大宰府が示そうとした、あるいは示すべく求められたものが、集約して映し出されていたのである。直観させるための造形化ではあるが、ここであえて言葉であらわすならば、それはおそらく、例えば『続日本紀』宝亀十一年(七八〇)七月二十六日条の、大宰府に准じて北陸道縁海の諸国に警固六条を示した勅の冒頭に(22)「筑紫大宰僻居西海、諸蕃朝貢舟檝相望、由是簡練士馬、精鋭甲兵、以示威武、以備非常」などとあるうちの、「威武」あたりが、最も相応しいのではないかと思っている。大宰府式鬼瓦は邪悪な存在のみならず、眼下に睨みをきかせながら、実際に見上げる人間の心に働きかけることをも、強く意図しながらつくり出されたのだと考えている。

3　鬼面について

大宰府式鬼瓦の鬼面については、鬼面、と呼びならわしているけれど、実際のところそれが何であるのかについては、これまで充分に検討がなされているとは言えない。意味にまで踏み込んだまとまった言及としては、「直接的には新羅統一期の獣面文鬼板瓦に発しているが、その起源はとおく中国隋唐代の鎮墓獣である魌頭にまでたどられる。魌頭本来の意味が辟邪思想に発しているところからしてわが国の鬼面文にも同じ意味が考えられるが、新羅においてみられた獣脚の表現が捨象され、人面的要素を多分にとり入れた怒髪天を衝くすさまじいまでの忿怒の形相に完成されたところに大宰府文化の創造性を見るべきであろう。」というものがあるくらいだと思う(23)。なおこの言及は、半世紀以上前のものであるのだが、大宰府式鬼瓦を考える際には未だに参照が必須な卓見であり、ここでの検討に資するいくつかの鍵が含まれている。そこでこの言及に示唆されつつ、大宰府式鬼瓦にあらわされる鬼面についても、考えておきたいと思う。

その鬼面は、人のようで人ではなく、獣のようで獣でもない。眼の形、鼻の形などを見ると、忿怒形の仏像に通ずるところがありながら、大きな口、牙、体毛のあり方などは、それらとも異なっている。常ならざる鬼形のものである。そしてその様子は、かつて大宰府式鬼瓦の直接の源とされ、確かに鬼瓦の概形には影響関係が考えられる、統一新羅時代の鬼瓦とも異なっている。統一新羅時代の鬼瓦も、単純に一括りにはできないものの、その鬼面は概ね、目を怒らせ歯牙を見せ、体毛をなびかせるようにしていて、そして多くが頭上左右に各一本、鹿のような角をもっている。その様子には、人や仏像を思わせるようなところはなく、ある種の聖獣の類であると見ることができる。鬼面の下に前脚をあらわしているものもあるが、これも四足の動物のものに近い。大宰府式鬼瓦の鬼面は、造形だけではなく、あらわされているものについても、統一新羅時代の鬼瓦とは異なっていることが分かる。なお、統一新羅時代の鬼瓦については、鬼面文と称しており、あるいは獣面文などとも称しているが、これは、正しくは龍面であり、あらわされているのは龍なのだ、という説が出されているが[24]、鬼瓦の形状から首肯できるものだと思う。屋根の上に横たわる棟は、龍の胴体だということになる。辟邪はもちろんなのであろうが、火難除けが創作の大きな動機であるとも指摘されている。こうして見ると、大宰府式鬼瓦と統一新羅時代の鬼瓦は、鬼面の図案のみならず機能も異なることになり、やはり先述の通り、一対一で直結するものとは見なしがたいと考えるのが妥当であろう。

日本で鬼面文を棟端瓦に採用したことについては、一般に大宰府式鬼瓦が最初だとされている[25]。しかしそうであれ、それは必ずしも、大宰府の先進性を示すものだと考えることはできないと思う。具体的な造形の成立についてはともかく、鬼面の採用を決定したのは中央だと考えている。そもそも大宰府は出先機関であるし、それに資料的に見ても、大宰府式鬼瓦ときびすを接するようにして全国に鬼面文鬼瓦が展開してゆくわけであるが、それにあたって大宰府から都へという流れや、その後の全国への展開を考えるのは、不自然な上に迅速に過ぎるように感じるからである。大宰府式鬼瓦成立の頃に、官衙の棟端の瓦に、辟邪のための鬼面を採用することは決定され、それが初めて実行に移されたのが、造営が始まった第Ⅱ期大宰府政庁だったのだと考えている。そう考えると、鬼面が何であるのかを考えるにあたり参照すべきは、統一新羅時代の鬼瓦よりもむしろ、平城宮式鬼瓦ということになるだろう。それらとは、「鬼」を共有していると考えることができる。そこでここで、改めて平城宮式鬼瓦を見てみると、確かに鬼面を大きくあらわしたⅡ式以降の鬼瓦は、大宰府式鬼瓦よりも成立が遅れるかもしれないが、Ⅰ式は先行していることが注意されるところである。この平城宮式鬼瓦Ⅰ式、より限定して言うならⅠA式こそが、鬼面ではなくとも鬼形を採用した、日本最初の鬼瓦だと言える。それまで寺院を中心に多く使用されていた、蓮華のような吉祥的な文様から、鬼形への転換がここに起きて、鬼面を一杯にあらわした鬼瓦は、さらにそこからの展開だと、とらえるべきだと考えている。例えば面部のみをとり上げるならば、平城宮式鬼瓦のⅠA式とⅡA式の鬼面についての記述は、字面上では近いものとなり、両者が連続する存在であると考えることが可能だからである。してみると、とくに注目するべきは、平城宮式鬼瓦ⅠA式ということになるだろう。

これまで鬼面文鬼瓦の鬼面について、その起源としては中国の、饕餮、神像、魌頭、あるいは獅子であるなどとの指摘がある[26]。その議論を参照しつつ、ここであらためて、平城宮式鬼瓦ⅠA式にあらわされた鬼形を見てみると、それは下半身に膝上までの短い衣を着けるのみの半裸で、膝を曲げて腰を下ろして蹲踞する姿勢をとり、両手は大腿の上に握拳するようにして置いている。大きな目を吊り上げ、口角を上げ、上の歯列とその両脇の牙をあらわとしつつ舌を出していて、先端が巻いた長くのびた髭が顔を縁どっている。体の周りは涌きあがる霊気、または雲気のようなもので満たしている。筋骨隆々という程ではなくとも、比較的筋肉質な体と見え、面貌も忿怒の相を示していて迫力はあるものの、

第16図　北響堂山石窟北堂鬼形像

舌先を出している様子や、頭部過大でどこか童子を思わせる体形からか、大らかさや剽軽さも感じさせるようである。東アジアを見渡すと、辟邪の機能をもち、このような像容と趣をそのまま持つものとして、ただちに思い浮かぶ存在が一つある。それは、漢代に造形化が始まり、はじめ墓にともなってあらわされながら、やがて仏教関係の造形にも盛んに出現するようになっていった、畏獣と一般に総称されている各種の鬼神たちである。[27] 比較的時期が近い頃のもので言うならば、河北省邯鄲市の北響堂山石窟北洞の東壁にあらわされた、北斉時代のもの（第16図）などは、これまでも先学が例示している通り、その例として好適であると思う。この作例は、時代や地域が離れているために造形には開きがあり、また、像容としても肩に翼をもっている点が異なるとはいえ、その他は概ね、平城宮式鬼瓦ⅠA式の鬼形の像容と通ずるものを見せている。このことに鑑みて、日本の鬼瓦の鬼面はやはり、辟邪の機能をもつ畏獣を、その源としているのだと考えてよいと見る。この時、畏獣が中国において、そもそもは墓にともなってあらわれながら、やがて思想的な源を異にする、仏教にかかる施設にも流れ込んで展開していることは興味深く、これはあたかも、日本において鬼面文鬼瓦が、はじめは宮にあらわれながら、寺にも受け入れられていった様子とも、一脈通ずるものであるように見える。畏獣と一口に言ってもその内実は多種多様で、そのいずれであるのかを特定するようなことは、今はできないし、かつてもあるいは辟邪の鬼神として大枠でとらえていたかもしれず、峻別していたとしてもすぐに、その記憶は失われていったのかもしれない。しかし、鬼面文鬼瓦が出現した場においては少なくとも、畏獣という存在に対する認識は、日本においても確かなものであったに違いない。

そして大宰府式鬼瓦に戻ると、黎明期の鬼面文鬼瓦の一例として、また、人のようで人ではなく、獣のようで獣でもなく、忿怒形の仏像のようでそれとも異なる鬼形であることに鑑み、やはりこの鬼面も、辟邪の機能をもった畏獣のものであり、鬼瓦を構成するにあたり面部のみを、大きく強調してとり上げたものだと考えることができる。とはいえここで注意されるのは、大宰府式鬼瓦Ⅰ式Aの面相には、下辺の真ん中を半円形に切り取っていることもあって、舌の表現が見られず、さらに畏獣の造形から感じられ、平城宮式鬼瓦ⅠA式、さらには続くⅡA式にも、つまりは並行する都の鬼瓦からも感じられるような、どこか剽軽な趣が感じ難いことである。堂々たる趣こそ、彼の作例等のおおらかさに通ずる点があると言えなくはないが、しかしこれは像種の問題ではなく、造形分野や時代性の問題だと見るべきだろう。

仏像をはじめとする奈良時代の彫塑作品は、古典的に整った美しさの中に、悠々と気宇の大きなものを感じさせる。仏工が原型を制作しているがゆえに、そのような彫塑作品との共通を、大宰府式鬼瓦はもっているのであろう。してみると大宰府式鬼瓦は、平城宮式鬼瓦と連動して出現しながら、また辟邪の畏獣の造形に連なりながら、それらとは一線を画する、洗練と迫力に満ちた造形として創造されたことになる。それを必要とした背景として想定されるのは、先にも指摘した通り、やはり大宰府の性格ということになるだろう。七世紀に成立した当初の大宰府は、東アジア社会の中で、九州の中で、希有の軍事的意義をもった場であったし、八世紀にあっても大宰府は、そのような性格を継承し続けながら偉容を見せていた。大宰府と大宰府式鬼瓦はあくまでも、東アジアと九州に、威武を示すべき存在であったのだと思う。

むすび

大宰府式鬼瓦Ⅰ式Aは、第Ⅱ期大宰府政庁の造営に際して、日本における鬼瓦への鬼形ないし鬼面の導入を背景に、統一新羅時代の鬼瓦、日本における獣面の造形、中国における畏獣の流れを集めるかたちで新たに創造された。その特質は何より、捻塑的技法に習熟した仏工の関与によって、各部位が有機的に連動しつつ堂々たる忿怒の相に結実した、立体的で洗練された造形を見せることにある。仰ぎ見る者に畏怖の念を抱かせるような、このように立体的な鬼瓦は、八世紀においては、東西に孤立した存在であった。それは、承和五年(八三八)六月二十一日付太政官符に見える、「非京非国、中間孤居」のような語がよく当てはまる、大宰府らしいあり方だったと言えるかもしれない。立体化ということについては、後世には次第に一般的なものとなっていって、鬼瓦の機能はむしろ、強く自らの存在を誇示しながら、建築の威厳を劇的に演出することに、主眼が置かれるようになる傾向が見受けられる。ただし時間的にも空間的にも空白がある以上は、大宰府式鬼瓦がそのまま、後世の鬼瓦の祖形になったと考えることは難しい。大宰府式鬼瓦は先んじてそれを予言しながら、古今東西に孤絶した存在になったのだ、ということになる。

大宰府式鬼瓦は大宰府に生まれ、大宰府が律令国家の強大な力を背景に、九州を覆う存在となっていた、奈良時代を中心とした期間にだけ、九州全域に影響を及ぼしつつ姿を見せていた。平安時代に入ると、その造形を正しく受け継ぐものは、九州にも他所にもあらわれずに、まさしく孤絶した存在となった感があるのであるが、この孤絶ということに関しては、それは鬼瓦の中でのみのことにとどまらない。しばしば、自明な枠組であるかのように、九州と一口に言うことがあるが、造形に関しては、実際にその中で、他所にはない新たなかたちが創造されて、それが九州という単位をもって展開した例は、意外なことになかなか思い当らない。この事実は、安易にかくの如き枠組をもって語ることの、妥当性に対する疑問を投げかけている。

とはいえ大宰府式鬼瓦こそは、そのような中にあって、確かに九州を一つと見なしうる場合もあることを、雄弁に物語る希有の存在なのである。そしてその孤高の造形には、九州の歴史や文化を語る際に、色で言うならば三原色にも例え得る、都からの影響、大陸からの影響、在地の伝統の三つの要素が、洗練と共に結晶していることも、まことに重要であると思う。大宰府ありし日には、大宰府の威武を象徴する存在として雄々しく楼上に君臨し、いま大宰府史跡の象徴として扱われている大宰府式鬼瓦は、九州の歴史や文化を考え語る上でも、他をもって代え難い意義をもった大切な文化財として、ひときわ大きな存在感を見せているのである。

註

(1) 大宰府史跡と大宰府式鬼瓦についての報告は、『大宰府政庁跡』(九州歴史資料館・二〇〇二年)にまとめられている。

(2) このような名称と型式設定は、毛利光俊彦「日本古代の鬼面文鬼瓦—8世紀を中心として—」(『奈良国立文化財研究所学報(第三八冊)研究論集Ⅵ』・一九八〇年)で提示され、以後踏襲されているものである。この論文に加え、『大宰府政庁跡』には、大宰府式鬼瓦を報告するに際して、小田富士雄「九州に於ける大宰府系古瓦の展開(4)」(『九州考古学』十三・一九六一年)、栗原和彦「大宰府式鬼瓦・老司式軒瓦・鴻臚館式軒瓦」(『王朝の考古学』・雄山閣・一九九五年)が挙げられていて、これら三本を主要な先行研究と見なしているようである。ここでは亀田修一「古瓦塼より見た大宰府と朝鮮」(九州歴史資料館開館十周年記念『大宰府古文化論叢』下巻・吉川弘文館・一九八三年)も加え、これら四本の先行研究に多くのことをよっている。

(3) 註2毛利光氏論考。ただし大宰府史跡以外においては、Ⅰ式Bは単独で使用されているわけであるが、その場合は、大棟には鴟尾を用いていたか、あるいはⅠ式Bを用いていたものでもあろうか。

(4) これまで筆者が大宰府式鬼瓦について論じた主なものに、「大宰府式鬼瓦小考」(『九州歴史資料館研究論集』二八・二〇〇三年)、「大宰府式鬼瓦小考補記」(『九州歴史資料館研究論集』二九・二〇〇四年)、「大宰府式鬼瓦—Ⅰ式Aの造形とその成立の様相を中心に—」(『考古学ジャーナル』五八八・二〇〇九年)があり、本稿はこれらを下敷きとしつつ、一歩議論を進めてみたものである。

(5) 註2栗原氏論考による。なお、同論考よりその他の型式の法量も掲げておくと以下の通りである(括弧内は復元値)。Ⅰ式Bは、高34・0㌢、基底部幅(33・5㌢)、厚10・0㌢。Ⅱ式は、高(44・5㌢)、肩幅27・5㌢、基底部幅(34・0㌢)、厚9・5㌢。Ⅲ式は、高38・2㌢、肩幅(30・2㌢)、基底部幅36・1㌢、厚(11・3㌢)。ちなみに筆者計測の一点として、右下方を欠きながら重要文化財に指定されている、Ⅰ式Aの法量も参考までに挙げておく。高48・7㌢、高(肩まで)44・4㌢、肩幅35・0㌢、厚(最大)13・4㌢、厚(縁)4・0〜4・8㌢。縁については、上部がやや薄く、下方がやや厚い傾向がある。

(6) 製作技法については、大宰府政庁跡から多く見出されている断片の、目視による確認の他に、九州歴史資料館のX線CTスキャナを用いて大宰府式鬼瓦を調査した、加藤和歳氏の御教示による。X線CTスキャナによる調査については、加藤氏担当の企画展図録『大宰府を探るサイエンス』(九州歴史資料館・二〇一七年)を参照されたい。

(7) 註1『大宰府政庁跡』の鬼瓦の箇所による。当該箇所の執筆は栗原氏。

(8) 註2栗原氏論考。ただし同氏は、一九九六年十月十二日の西日本新聞夕刊掲載の、「自慢の逸品」という、博物館等施設の名物を紹介する欄においては、九州歴史資料館の名物として大宰府式鬼瓦を紹介し、その中で「新羅の鬼瓦では砂の雌型が見つかっているので、大宰府式鬼瓦の場合も、彫刻された元型から砂の雌型を作って鬼瓦を製作したものかもしれない。」ともしていて、こちらの笵についての見解は、筆者のそれと軌を一にするものである。

(9) 今回執筆に際しては東京国立博物館平成館の考古展示室にて実見した。また久野健『日本の美術 一一八 押出仏と塼仏』(至文堂・一九七六年)を参照。

(10) 『新羅瓦塼』(国立慶州博物館・二〇〇〇年)四〇三頁・四〇四頁に統一新羅時代の六点の鬼瓦の笵が紹介されており、これらは全て、原型から砂粒の混じった粘土で雌型をとり、それを焼成して作られたもので、陶製という説明がなされている。

(11) 平城宮式鬼瓦、また南都七大寺式鬼瓦については、主として註2毛利光氏論考に説く所に拠り、岩戸晶子「奈良時代の鬼面文鬼瓦—瓦葺技術から見た平城宮式鬼瓦と南都七大寺式鬼瓦の変遷—」(『史林』八四巻三号・二〇〇一年)を参照した。

(12) 統一新羅時代の鬼瓦は、概ね高さが25㌢程度以下に収まるものである。註10『新羅瓦塼』参照。また軒丸瓦、軒平瓦も同様で、統一新羅時代の軒瓦は、七世紀末の九州で使用され、文様に明らかに統一新羅の影響を見せる新羅系軒瓦よりも、かなり小ぶりである。これらのことは、両国における瓦製作や使用のあり方の相違、甍の風景の相違を反映していると見ることができる。

(13) 九州のいわゆる新羅系軒先瓦については、小田富士雄「豊前に於ける新羅系瓦とその意義―九州発見朝鮮系古瓦の研究(一)―」(『史淵』八五・一九六一年)、亀田修一「北部九州の朝鮮系瓦―豊前地域を中心に―」(『日韓古代瓦の研究』吉川弘文館・二〇〇六年)が詳細をつくしている。

(14) 観世音寺の梵鐘は、和鐘の様式を見せながら、上帯の文様や撞座の蓮華文には、新羅の影響を看取することができる。このことについては、井形進「観世音寺の梵鐘」(『観世音寺―考察編―』九州歴史資料館・二〇〇七年)に、先学の研究を参照しながらまとめているので参照されたい。獣形の造形の先例としてのみならず、大陸文物採り込みの一つのあり方をみせる先行作例としても、重要な作例だと考える。

(15) このような見解は、八尋和泉氏が常々語っていることで、筆者の見解は八尋氏に多くの示唆を受けながらなっているものである。

(16) 代表的なものでは、『類聚三代格』巻二に収められた太政官符に見える、新羅の呪詛に対抗するために、宝亀五年(七七四)に四天王寺(四王寺・四王院)のために造像された六尺の塑造四天王像がある。東京芸術大学所蔵の『延喜五年観世音寺資財帳』に見える尊像も、主たるものは塑像であると看取される。これらについては、『太宰府市史 建築美術工芸資料編』(太宰府市・一九九八年)に八尋氏によってまとめられている他、大宰府式鬼瓦ともからめて、井形進「四王寺と四天王像を訪ねて」(『西日本文化』四五三・二〇一一年)、同「聖地太宰府の仏たち」(『海路』一〇・二〇一二年)等で少しく考察を行っている。

(17) 観世音寺の塑像断片については、『太宰府市史 建築美術工芸 資料編』(太宰府市・一九九八年)、『観世音寺―遺物編2―』(九州歴史資料館・二〇〇七年)、『福岡の神仏の世界―九州北部に華開いた信仰と造形―』(九州歴史資料館・二〇一四年)を参照されたい。

(18) 鐘江宏之『全集日本の歴史 3 律令国家と万葉びと』(小学館・二〇〇八年)、同氏「「日本の七世紀史」再考―遣隋使から大宝律令まで―」(『学習院史学』四九・二〇一一年)。

(19) 鬼面文の採用について、それが律令制確立の手本となった唐の影響であることは、註2毛利光氏論考に指摘があり、本稿においては氏の見解に導かれつつ、大宰府式鬼瓦の鬼面のみならず造形についても、同様のことが指摘できる可能性があると考えているものである。

(20) 時間も空間も異なる例ではあるが、明治のいわゆる洋風建築のあり方などは参考になると思う。明治に入り規範たる欧米の建築を志向しながら、それに対する明確な認識を持ち合わせていなかった日本の大工たちは、知り得る限りの情報と自らの体得していた技術をもとに、洋風建築を創造していった。志向するところは欧米であったが、結果として建ち上がったのは、明治の日本にしかない建築であった。大宰府式鬼瓦についても、このようなあり方を意識しておく必要があると考えている。

(21) 現時点における学界の認識を踏まえ、大宰府について概説したものとして、杉原敏之『遠の朝廷 大宰府』(シリーズ「遺跡を学ぶ」七六・新泉社・二〇一一年)があり、大宰府の概要については多くをこれによった。

(22) 竹内理三編『大宰府・太宰府天満宮史料』巻一(太宰府天満宮・一九六四年)による。

(23) 『新羅の古瓦塼』(北九州市歴史博物館・一九七五年)の解説篇。執筆は小田富士雄氏。

(24) 姜友邦「韓国瓦当芸術論序説」(『新羅瓦塼』国立慶州博物館・二〇〇〇年)

(25) 註2毛利光氏論考にふれられる通り、滋賀の小八木廃寺や兵庫の千本遺跡から出土した資料などのように、七世紀に遡る可能性がある鬼面文鬼瓦は存在している。しかしこれらについては位置づけが必ずしも明確になっているわけではなく、またそれぞれが孤立した存在であって、これらをもって嚆矢とするのは馴染まないのではないかと感じている。

(26) 山本忠尚「舌出し獣面考」(『奈良国立文化財研究所学報(第三五冊)研究論集V』一九七九年)に、殷周青銅器の饕餮文、六朝時代の神像起源、隋・唐時代の魌頭起源の各説を主張する先行研究が紹介され、その後、新たに獅子起源を提唱されている。これに対し、毛利光氏は註2論考において、小林一雄氏の「鬼瓦考」(『夢殿』一八・一九三八年)において示された神像起源説を承け、鬼面文は中国古来の辟邪・招福の神々であるとされている。本稿は造形の分析から毛利光氏の説を是として承け、それを改めて進めて、大宰府式鬼瓦についても語ろうとするものである。

(27) 畏獣については、林巳奈夫「漢代鬼神の世界」(『東方学報』四六・一九七四年)、東潮「北朝・隋唐と高句麗壁画 四神図像と畏獣図像を中心として」(『国立歴史民俗博物館研究報告』八〇・一九九九年)、田村啓「畏獣像小考—六世紀前半作例の性質と機能を中心に—」(『美術史論集』一〇・二〇一〇年)に主として拠った。

図版出典

図版番号/作品名/作品所蔵先/写真所蔵先
第1図/大宰府式鬼瓦Ⅰ式A/九州歴史資料館/九州歴史資料館
第2図/大宰府式鬼瓦Ⅰ式B/日菅寺/九州歴史資料館
第3図/大宰府式鬼瓦Ⅱ式/九州歴史資料館/九州歴史資料館
第4図/大宰府式鬼瓦Ⅲ式/九州歴史資料館/九州歴史資料館
第5図/大宰府式鬼瓦Ⅰ式A/九州歴史資料館/九州国立博物館
第6図/統一新羅時代の鬼瓦の笵/国立慶州博物館/国立慶州博物館
第7図/平城宮式鬼瓦ⅠA式/奈良文化財研究所/奈良文化財研究所
第8図/平城宮式鬼瓦ⅡA式/奈良文化財研究所/奈良文化財研究所
第9図/統一新羅時代の鬼瓦/国立慶州博物館/国立慶州博物館
第10図/平城宮式鬼瓦ⅤA式/奈良文化財研究所/奈良文化財研究所
第11図/神埼Ⅰ号墳出土獅嚙環柄頭/福岡県教育委員会/九州歴史 資料館
第12図/観世音寺梵鐘/観世音寺/九州歴史資料館
第13図/東大寺塑造執金剛神立像面部/東大寺/奈良国立博物館
第14図/観世音寺塑造不空羂索観音像面部/観世音寺/九州歴史資料館
第15図/観世音寺塑造神将形像腕部断片/観世音寺/九州歴史資料館
第16図/北響堂山石窟北堂鬼形像/『世界美術全集 東洋編 第三巻 三国・南北朝』(小学館・二〇〇〇年)

軒瓦からみた八世紀前半の大宰府関連施設の整備

下原 幸裕

はじめに

半世紀に及ぶ大宰府史跡の調査では多くの知見が得られ、大宰府やその関連遺跡の様相が徐々に明らかにされてきた。とくに大宰府政庁跡の調査で、七世紀後半に遡るⅠ期から、八世紀前半に朝堂院形式の建物配置で瓦葺きへと一新されるⅡ期、そして天慶四年（九四一）に藤原純友の乱によって焼き討ちに遭い、Ⅱ期の建物配置をほぼ踏襲して再建されたⅢ期、という変遷が明らかになったことは、その後の大宰府研究に与えた影響は非常に大きいものがある［藤井・亀井 一九七七］。

その後、政庁周辺の官衙跡の調査が継続して行われるようになると、地区によって多少の時期差はあるにせよ、概ね八世紀前半以降に官衙としての様相をみせることが分かってきた［横田 二〇〇五］。また、大野城跡や水城跡の城門・建物の発掘調査においても、八世紀前半に掘立柱建物から、瓦葺きの礎石建物へと建て替わる大きな画期が明らかとなった。

さらに福岡市教育委員会によって進められる鴻臚館跡の発掘調査においても、近年変遷の年代観の修正が行われつつあるが［菅波 二〇一七］、八世紀前半にそれまでの掘立柱建物から瓦葺き礎石建物へと建て替わるとされている。

このように、八世紀前半は律令制下の大宰府が成立する時期であり、その中核となる大宰府政庁をはじめ、政治・軍事・外交など多方面において大宰府の様々な機能を担った諸官衙・施設が整備される時期であった［横田 二〇〇五］。それは国家的な一大事業でもあった。

それら諸施設の屋根に葺かれた瓦は、鴻臚館Ⅰ式・老司Ⅱ式といった

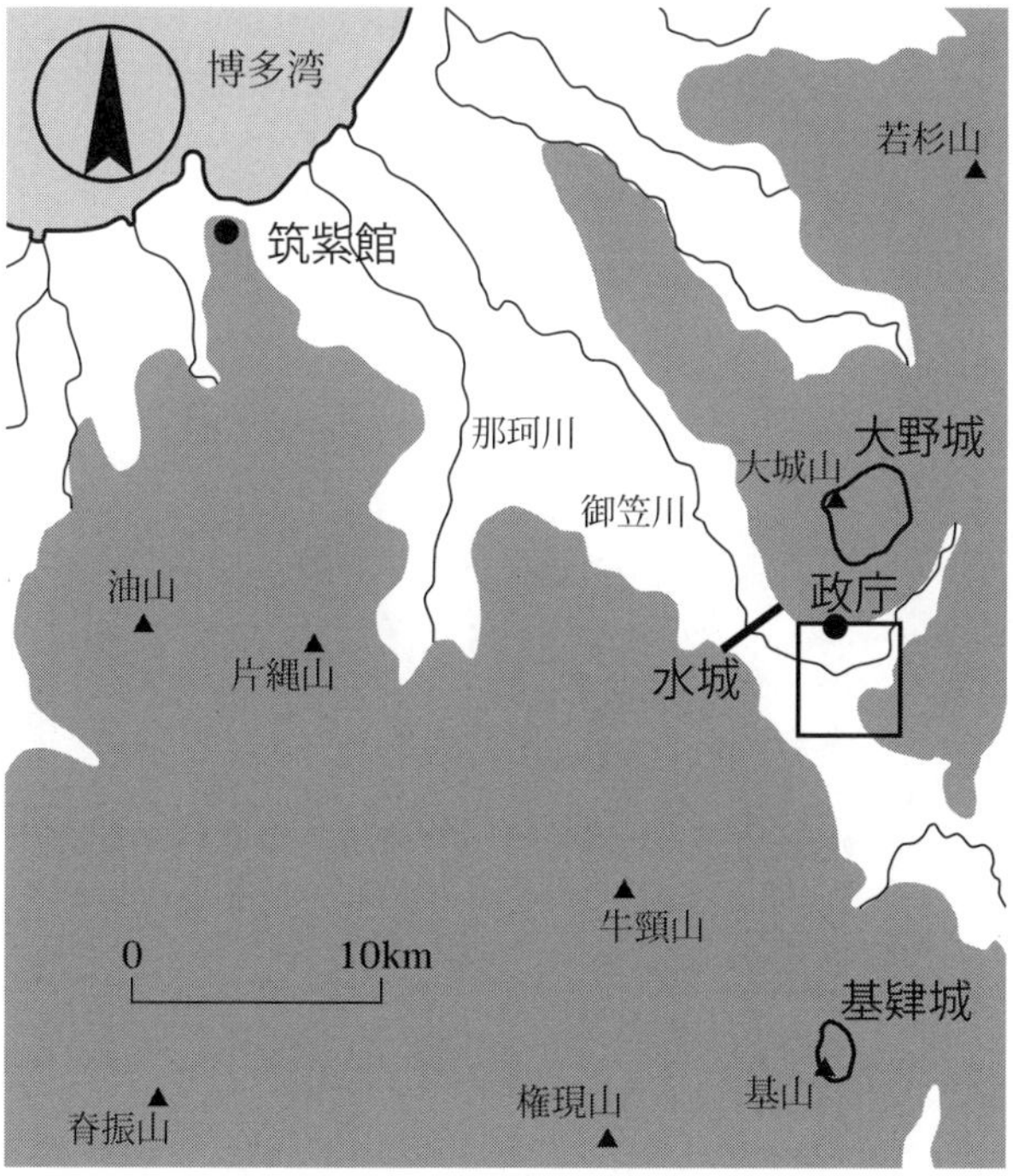

第１図　本稿で扱う諸遺跡の位置（1/250,000）

大宰府造営を目的に創出された軒瓦を主体とする一群で構成され、一連の造営事業に大宰府が関与していたことを示すと同時に、多くが共通する軒瓦型式である点からそれほど長くない期間で多様な施設が整備されていったことも読み取れる。

しかし、政庁をはじめ、政庁周辺の諸官衙、大野城・基肄城・水城などの軍事施設、あるいは外交拠点である筑紫館（のち鴻臚館）など、その土木事業の対象は多岐にわたる。他にも、駅家をはじめとする交通拠点・施設や遺跡としては不明確な部分も多い港湾施設の整備なども何らかの形で進められたと考えられる。また、徴発し得る労働力、投入できる財力（財源）にも限りがあることから、全てを全く同時に造営するのではなく、流動的ではあったかもしれないが、予め定めた造営の順序・工程に準拠しながら、事業が進められたと考える。したがって、各施設の造営年代には僅かながらも時期差が存在していた可能性がある。

そこで、本稿では諸施設に葺かれた瓦、なかでも軒瓦に着目し、その組合せや型式の存否、量比などの検討を通じて、八世紀前半における大宰府関連諸施設の造営過程について考えてみたい。なお、紙幅の都合により研究史を示すことができないが、検討を進めるなかで適宜提示することとしたい。

1　八世紀前半の軒瓦

本稿で対象となる軒瓦は、八世紀前半代に用いられた諸型式である（第2図）。大宰府史跡で出土した軒瓦については、栗原和彦氏によって整理が行われ、おおよそ半世紀から一世紀を単位とする5段階の変遷が示されている［栗原 二〇〇二b］。今回対象となる八世紀前半代を中心に用いられた軒瓦は栗原氏の設定する第二段階に相当することから、それ以前に用いられた第一段階や、それ以後の第三段階の軒瓦については検討から除外することとしたい。

なお、大宰府史跡出土の軒瓦は九州歴史資料館刊行の『大宰府史跡出土軒瓦及び叩打痕文字瓦型式一覧』（以下『型式一覧』）で型式が設定されており［九州歴史資料館 二〇〇〇］、本稿でもそれに従いたい。

軒丸瓦は複弁八葉蓮華文を基本とし、外区外縁が素文となる一群と、外区外縁に陽起鋸歯文を巡らせる一群がある。

前者は「鴻臚館Ⅰ式」と呼ばれる223型式とその大型品である223L型式、派生型式である224・225型式がある。223型式については、早くから複数の瓦笵の存在が指摘されていたが、改めて検討したところ二種の瓦笵の存在することが判明したことから、従来223型式（笵傷の進行からa・bに区別されていた）とされていた標識瓦を223A型式、別笵のものを223B型式とする［下原 二〇一七］。

後者は「老司Ⅱ式」と呼ばれる275B型式とその派生型式である276型式、及び老司式軒平瓦との組合せが確認されている290A・290B・291・292型式がある［小田 二〇一一b］。この290・291・292型式は複弁八葉でありながら単弁化を志向する点に特徴がある。老司式の系統で論じる場合［石松 一九八二］と畿内系で処理する場合［栗原 二〇〇二b］と異なる意見があり、現在も結論は得られていない。ちなみに、290A型式は山城の普賢寺に同笵資料が存在し、九州からの搬入とする意見もある［星野 一九八一］。この他、外区が内区よりも一段高い平坦縁である285A・285B型式もあるが、どの軒平瓦と組むのかは定かではない。しかし、消去法的に考えると老司Ⅱ式やその派生型式との組合せ以外の選択肢がない。このように、外区外縁鋸歯文の一群は一様に老司式・系の軒平瓦との組合せが考

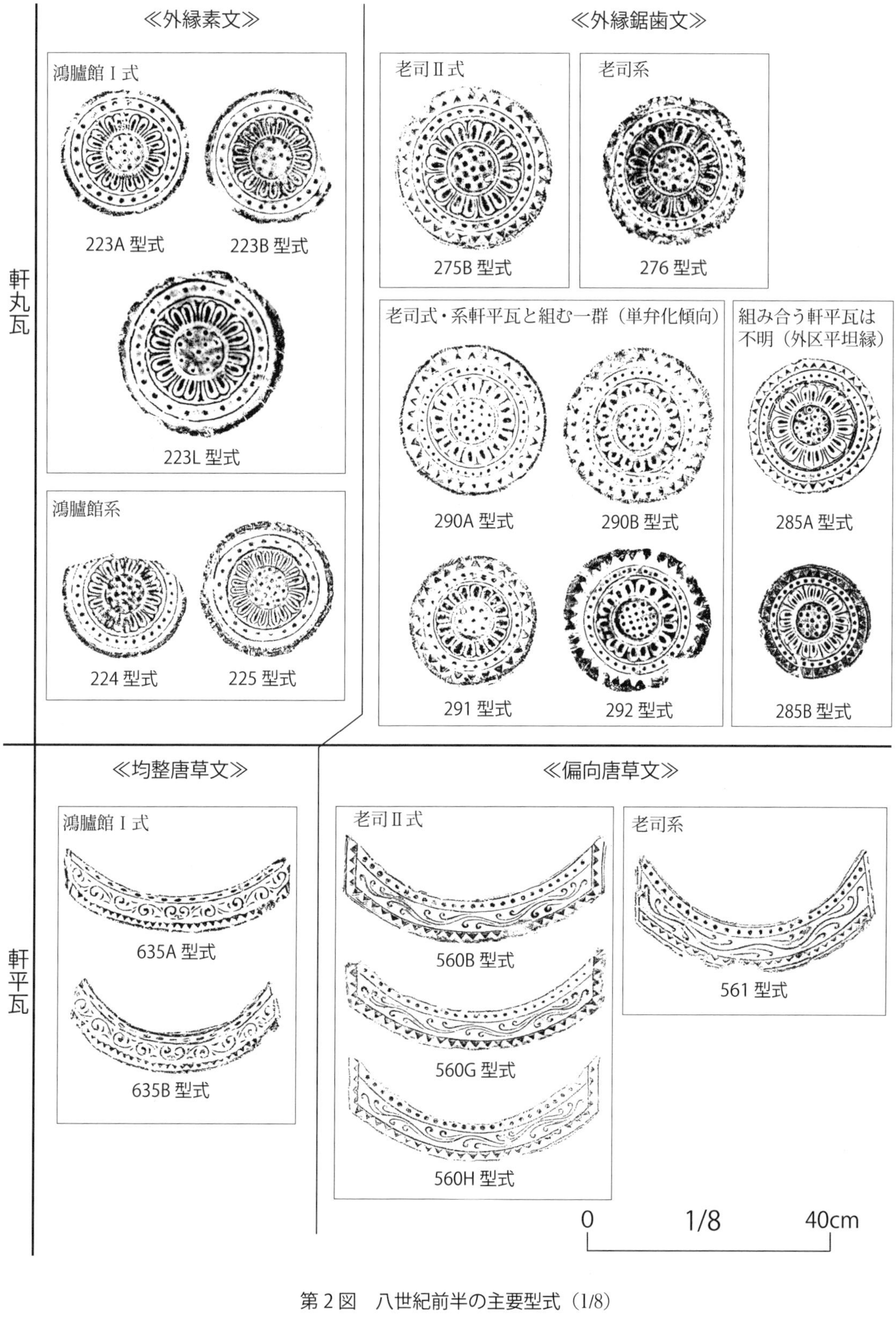

第２図　八世紀前半の主要型式（1/8）

第１表　大宰府政庁出土の軒瓦（地区毎）

型　式			２次外湟	１次南門	１次中門	180次正殿	30次脇殿	15次北東回廊	６次南東築地	26次北東築地	41次北面築地	参考49次後殿
軒丸瓦	鴻臚館Ⅰ式	223A	21	52	28	21	45	81	180	62	14	1
		223B	4	1	2		8	41	27	8	3	
	鴻臚館系	224	4	7	2	1	4	9	22	18	2	
	老司Ⅱ式	275B	1	1	3		2		13	4		
	老司関連	290A	2					1		2		
		290B	3	12	3		1		20			
軒平瓦	老司Ⅱ式	560B	15	10	3	2	1		18	3	1	
		560G	2	2					1	1	1	
		560H	9	5	3		1	1	26	2	1	
	鴻臚館Ⅰ式	635A	2		3	2	5	9	4	14	15	
		635B	18	42	46	10	39	91	125	28	8	

えられることから、鴻臚館式・系との対比呼称として便宜的に「老司式関連」と呼ぶことができるだろう[1]。

軒平瓦は、偏行唐草文の一群と均整唐草文の一群に大別することができ、軒丸瓦に比べると文様系統はより単純である。

前者は「老司Ⅱ式」とも称される560Ｂ型式を基本とし、その派生型式である560Ｆ・561型式がある。このうち560Ｂ型式は再検討により別笵二種の存在が明らかとなり、従来の標識瓦を560Ｂ型式、別笵を560Ｇ・560Ｈ型式とした［下原 二〇一四］。ただし、いずれも「老司Ⅱ式」の範疇に収まると考える[2]。

後者は「鴻臚館Ⅰ式」と称される635型式である。635型式は早くに異笵の存在が指摘されており［中山 一九一五］、『型式一覧』でも635Ａ・Ｂ・Ｃの三種が設定されていた。しかし、大宰府政庁や周辺官衙跡、鴻臚館跡から出土した資料を再検討した結果、ＢとＣは同笵であることが判明したため、635Ａと635Ｂ（従来のＢ・Ｃ）の二型式に改める［下原 二〇一七］。

なお、各遺跡から出土した資料は破片資料も多く全体像の把握が困難な場合が多いことから、以下の挿図に用いる軒瓦の拓影は全て『型式一覧』及び筆者手拓による基準資料の拓影で代用している。

２　大宰府関連遺跡における軒瓦の様相

(1) 大宰府政庁跡

八世紀前半に成立した第Ⅱ期大宰府政庁の造営に、鴻臚館Ⅰ式軒瓦が主体的に用いられたことは既に先学の指摘するところで、そのことは八世紀前半の軒瓦に限った場合に鴻臚館Ⅰ式の軒丸・軒平瓦が全体の八～九割を占めることからも疑いない（第１表）。ただし、前項で述べたように鴻臚館Ⅰ式は軒丸・軒平瓦とも複数の瓦笵が存在するが、従来の研究では一括して扱われ、複数の瓦笵による製品がどういった施設にどのように葺かれていたのかまで議論が及ばなかった。

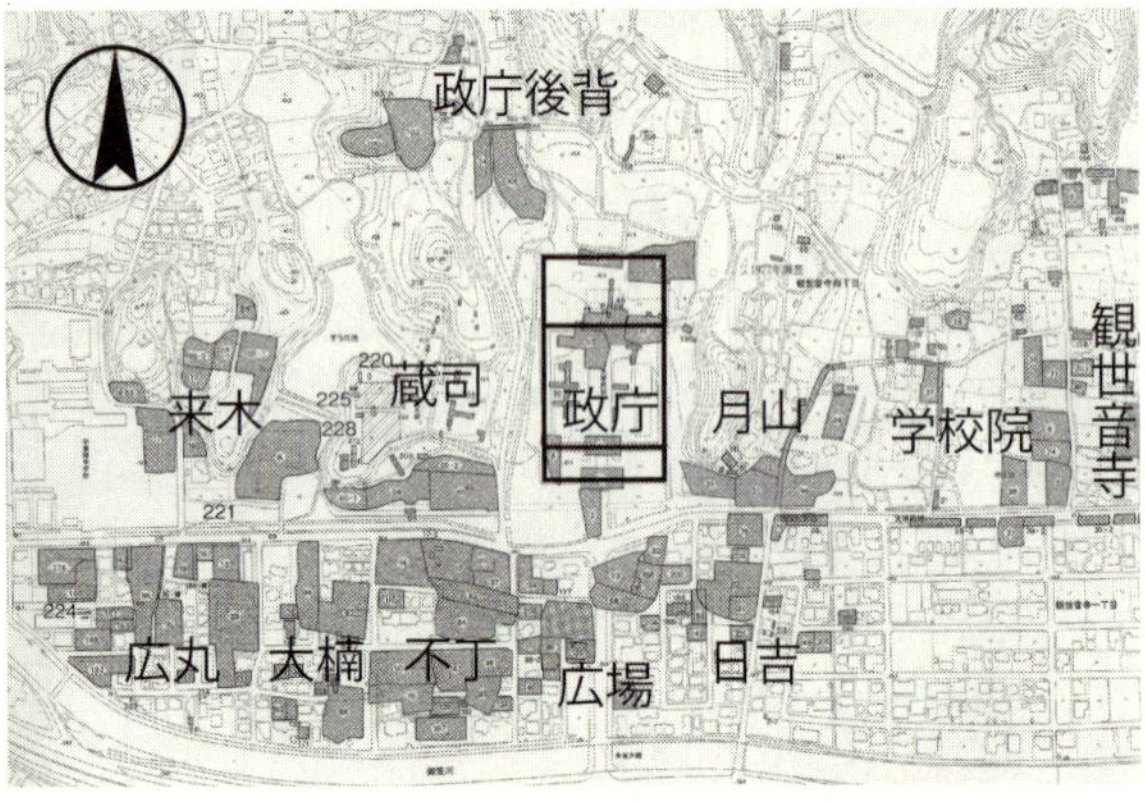

第３図　大宰府政庁と周辺官衙地区（縮尺任意）

筆者は先に鴻臚館Ⅰ式軒丸・軒平瓦の細分及び老司Ⅱ式軒平瓦の細分を型式認定に反映させた上で、大宰府政庁の造営過程の復元を試みた［下原 二〇一六］。そこでは鴻臚館Ⅰ式軒丸瓦の笵傷の

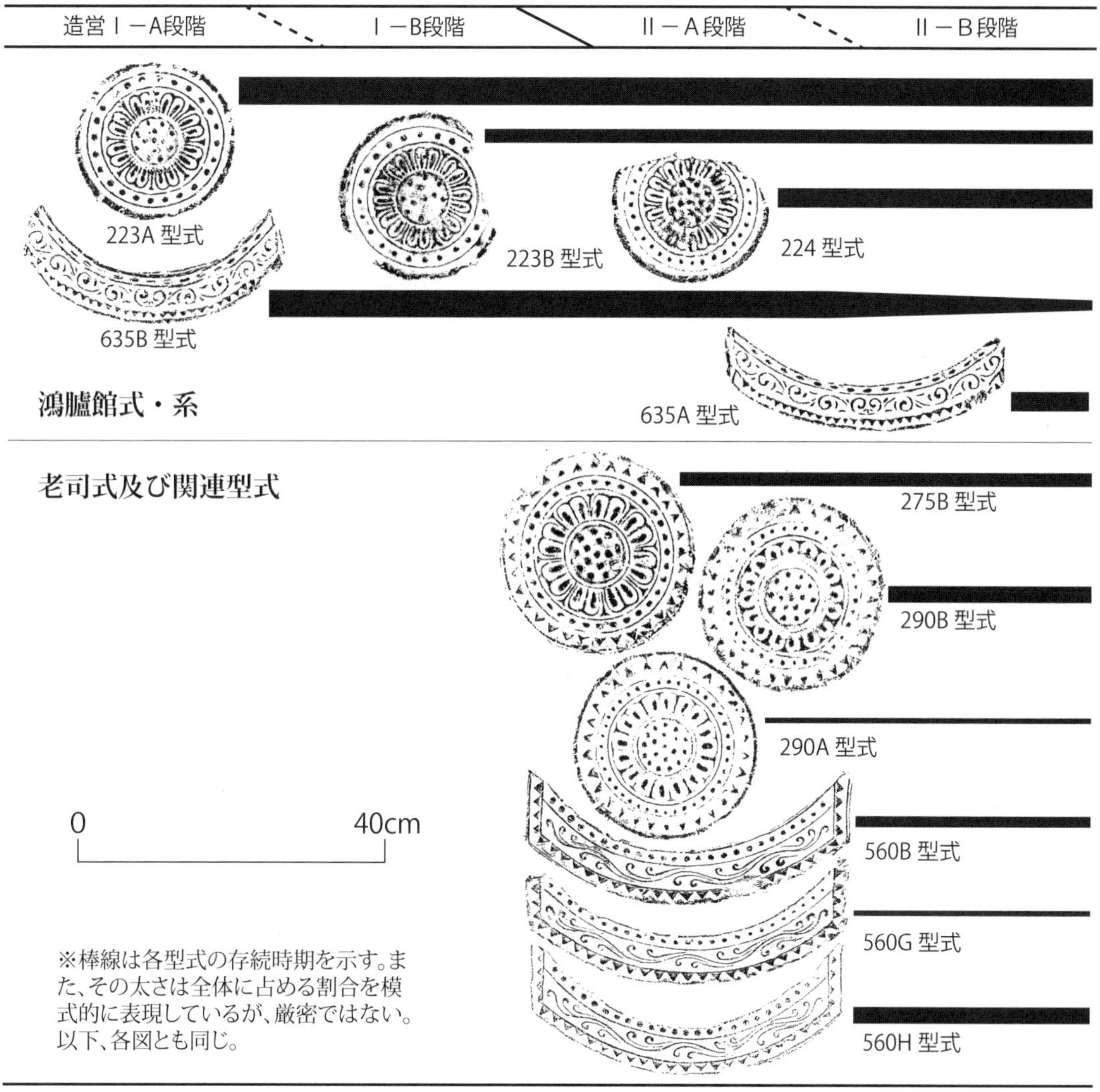

第４図　大宰府政庁の造営過程と軒瓦の位置付け（1/8）

進行も参考にしながら大きく三段階の造営過程を想定したが、笵傷については他の遺跡から出土した資料の検討も必要であることから、現在も引き続き検討を進めており次なる課題としたい。そこで、詳細は別稿にて論じるが、以前の検討結果を下敷きにしながら、型式の存否や比率に基づき、造営過程を大きくⅠ段階とⅡ段階に分け、それぞれを前半のAと後半のBに小区分する案を提示したい(3)。

政庁造営Ⅰ段階は、223A・635B型式の組合せを主体とし、Ⅰ-A段階には正殿や脇殿・中門といった中核施設に供給される。Ⅰ-B期には、新たに223B型式も追加され、正殿と中門をつなぐ回廊が設けられる。ただし、南面回廊のあたりは造営Ⅱ-A段階まで継続するとみられる。

政庁造営Ⅱ段階には、224型式軒丸瓦や635A型式軒平瓦など鴻臚館式・系の新たな型式が登場するとともに、275B・290A・290B型式軒丸瓦や、560B・G・H型式軒平瓦など老司Ⅱ式やその関連瓦も併用される。275B型式からの派生型式である276型式も若干あるが、後述する周辺官衙跡の様相を踏まえると、後からの補修瓦と考えられる。Ⅱ-A期に南門や前面築地、Ⅱ-B期に後殿や後面築地などの造営へと至ったとみられるが、南門はⅠ-B段階まで遡る可能性もある。

以上の造営過程は、軒瓦の様相をもとに各施設の主体となる造営段階を便宜的に区分して示したものであり、上限や下限が前後の段階に及ぶことを全く否定するものではない。実際の造営事業は順次地点を変えながら併行して進められたと考える。

ここで説明した様相を模式図にしたのが第4図である。政庁の造営過程に連動した軒瓦諸型式の動態は一つの時間軸でもあり、他の大宰府関連諸施設の造営時期を推定する手掛かりにもなると考える。

(2) 大宰府政庁周辺官衙跡

大宰府政庁の周辺には大宰府の多様な機能を担う諸官衙が取り巻いていたと考えられており、九州歴史資料館により「政庁周辺官衙跡」（以下、「周辺官衙跡」）として調査・研究が進められている（第3図）。とくに政庁前面を東西に走る県道より南側の一帯は「前面官衙域」とも称されている。近年、各地区の正式発掘調査報告書の刊行も順次進み、これまで政庁前面広場地区、日吉地区、不丁地区、大楠地区、広丸地区までが刊行されている。まだなお、蔵司地区、来木地区、月山地区、政庁後背地区などの刊行が待っているが、主要な地区の報告が済んでいることから、現状で分かる範囲で検討を行いたい。

周辺官衙跡から出土した軒瓦は第2表に示したとおりで、基本的には政庁で出土した諸型式と大きく変わるところはない。そのことは、第Ⅱ期政庁の造営と周辺官衙の整備がさほど大きな時期差（年代差）にはないことを示していよう。ただし、出土量等を仔細にみると相違点も見えてくる。

軒丸瓦では、鴻臚館系の224型式が政庁跡で六九点と一定量を占めるのに対して、前面官衙域では僅か数点の出土に過ぎず、蔵司丘陵前面の調査でようやく二二点を数える程度である。一方、225型式は政庁で二点しか出土していないのに対して、不丁地区で六〇点、蔵司丘陵前面では二九点が出土している。225型式は224型式に比べ退化傾向にあることから後出型式と考えられ、出土状況を併せ考えると、周辺官衙造営期に新たに作笵された型式と考えられる。ただし、蔵司丘陵前面では224・225両型式

第2表　政庁周辺官衙跡出土の軒瓦

型式名				政庁	日吉	前面広場	不丁	大楠	広丸	蔵司丘陵前面	来木	政庁後背	月山
軒丸瓦	鴻臚館式・系	223	223				10	1		2		6	5
			A	505	7	34	83	12	2	52	1		37
			B	94			29	2		22			4
			L	15		1	5	1		3			1
		224		69	3		4	1		22		3	6
		225		2		2	60	1		29			
	老司式関連	275 B		24	8	15	66	13	5	35		2	17
		276		7	1		14	1		21			2
		285	A			2	6		1				2
			B	1	2	19	19	8		2			
		290	290		1	35	23	1		23	2		7
			A	5	4	48	33	3	1	61		1	11
			B	39	7	28	43	5		21			12
		291					10	4		11			
		292					3						1
軒平瓦	老司式・系	560	560			4	9	2	1	12			4
			B	53	9	77	149	30	4	66	1		28
			G・G'	7	1	22	4			13	1		2
			H	48	7	36	51	14		28			16
		561					17			1			
	鴻臚館式	635	635			1	42	4		2		1	17
			A	54		10	176	22		11			9
			B	407		8	54	4		57			39

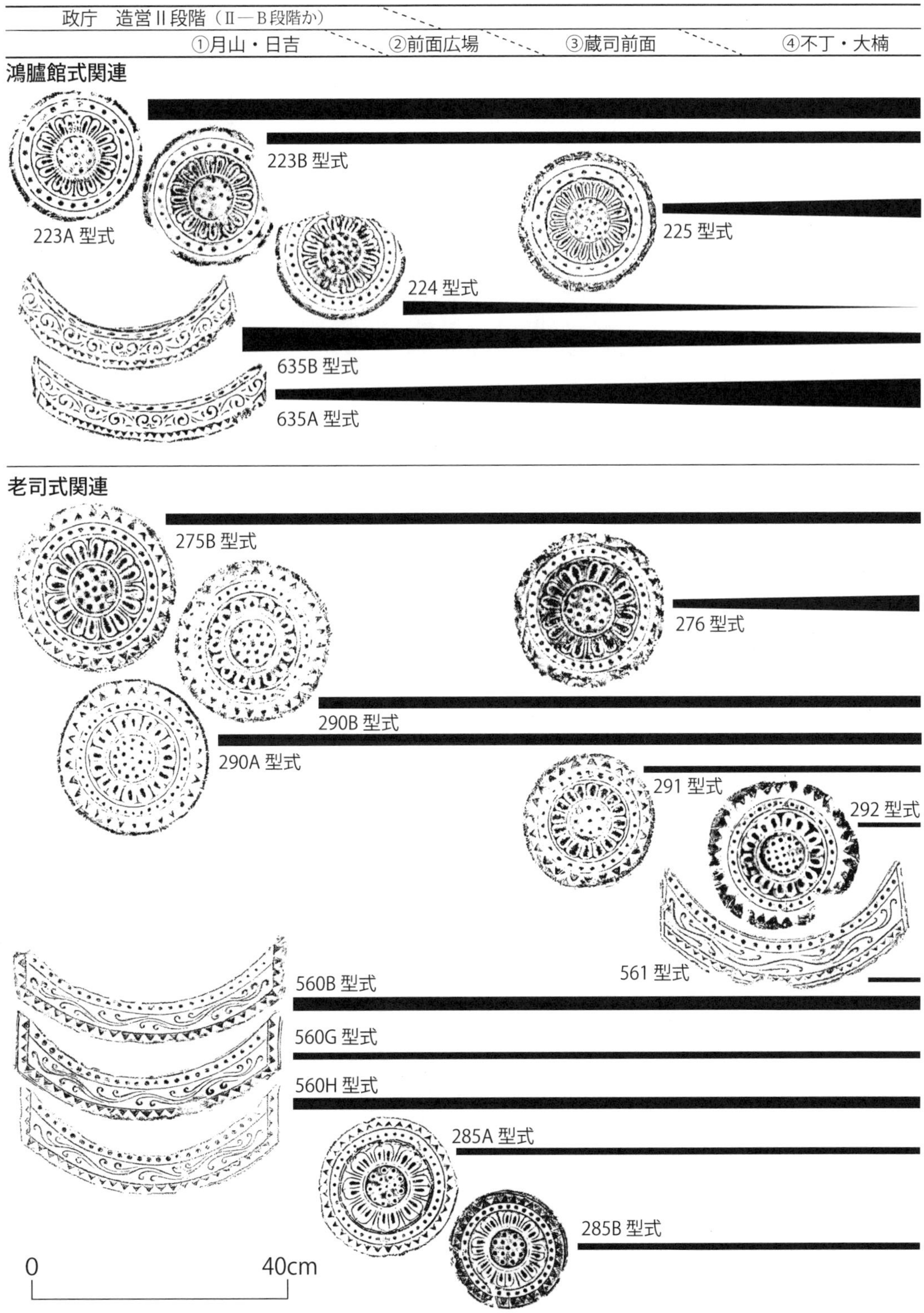

第５図　政庁周辺官衙の造営過程と軒瓦の位置づけ（1/8）

が同程度出土しており、これを新型式出現の過渡的様相とすれば、「政庁→蔵司丘陵前面→不丁」という流れを想定することが可能である。この理解に基づけば、225型式が出土していない月山地区は、他の周辺官衙よりも造営期が早い可能性がある。

鴻臚館Ⅰ式の223型式は、どの地区も223B型式よりも223A型式の方が優勢である点で政庁と共通している。ただ、223型式のなかでB型式の占める割合をみた場合、政庁が15％であるのに対し、不丁地区が24％、蔵司丘陵前面が29％と周辺官衙の方が少し増加傾向にある。ところが、月山地区では10％と低割合で、224・225型式のあり方も含め、他の周辺官衙よりも古相を示す。

老司式では、老司Ⅱ式の275B型式より派生した276型式が、政庁に比べて不丁・蔵司丘陵前面などで一定量を占めており、やや新しい様相といえようか。

また、老司Ⅱ式軒平瓦と組む290A・B型式は不丁・蔵司丘陵前面以外にも、政庁前面広場地区でも多数出土しており、その量は鴻臚館Ⅰ式の223A・B型式の合計に匹敵もしくは凌駕するほどである。

さらに、290型式からの派生型式とみられる291型式もそれほど多くないが不丁・蔵司丘陵前面などで出土しており、292型式も僅かながら不丁地区で出土している。この他、285型式は政庁で一点のみの出土であるが、周辺官衙跡ではとくに政庁前面広場・不丁地区などでまとまった量が出土しており、補助瓦として定着している。

軒平瓦は、老司Ⅱ式に相当する560B・G・H型式の増加傾向が顕著で、とくに560B型式は不丁地区の一四九点を筆頭に非常に多く出土しており、政庁での五三点に比べると存在感が増している。

一方、鴻臚館Ⅰ式の635型式は、政庁では635B型式が圧倒的に多いが、そうした傾向は月山地区と蔵司丘陵前面でしかみられず、前面官衙域の不丁・大楠地区などでは653A型式の方が優位である。635A型式が顕著となる傾向は、政庁造営Ⅱ段階の中でも後半期の様相に似る。こうした鴻臚館Ⅰ式軒平瓦の様相からは、「月山・蔵司丘陵前面→不丁・大楠」といった順序が窺える。

なお、軒丸・軒平瓦について、鴻臚館式・系と老司式関連という視点でみると、政庁では鴻臚館式が約八～九割を占めるほど圧倒的な比率であったのに対し、周辺官衙跡では月山・不丁地区や蔵司丘陵前面で四～六割程度、その他の地区は二～三割程度と明らかに差異が存在する。この意味については後述することとしたい。

ここまで、政庁と対比しながら様相を眺めてきたが、政庁に比べると新たな派生型式の出現や既存型式の量比の変化などに違いが認められた。とくに新型式の出現は政庁に比べて周辺官衙域の方が造営時期が下る可能性を示している。ただ、唯一、月山地区では各型式の様相が政庁と非常に類似しており、政庁造営Ⅱ段階(Ⅱ-B段階か)まで遡る可能性が高いと考えられる。また、日吉地区も全体の数は少ないが、鴻臚館Ⅰ式軒平瓦が皆無である点を除けば、基本的には月山地区と類似しており、近い時期に造営されたと考える。なお、政庁前面広場地区は、291・292・561型式がなく、225型式も僅か二点で混入の可能性があり除外できるが、285B型式が一九点と目立つ点、635型式がA・Bとも同程度出土している点から、月山・日吉地区よりは新しいが、蔵司丘陵前面よりは先行する段階が考えられる。

これらの様相に近いのは蔵司丘陵前面であるが、225・276型式などの派生型式の割合が増加しており、新たに291型式も出現するなど、新たな段階に入っているのは明らかである。

さらに新しい段階と考えられるのが不丁地区で、派生型式をみると224型式が少なく、後出型式の225型式が圧倒的に多くなり、285B型式も増加する。また新たに292型式や561型式が出現する。既存型式でも635A型式が優勢になるなど、もはや政庁の様相とは随分異なる段階に至っている。大楠地区は出土量が少ないので厳密な対比は難しいが、概ね不丁地区の様相に近いだろう。

この他、広丸・来木・政庁後背地区に関しては出土量が乏しく、検討が困難である。

以上を整理すると、「①月山・日吉→②政庁前面広場→③蔵司丘陵前面→④不丁・大楠」の造営順序が想定できる。このうち①は政庁造営Ⅱ段階まで遡り、③・④は政庁造営期よりも明らかに後出し、②はその過渡的段階である。こうしてみると、周辺官衙の整備・改修は東側の地区から順に西側へと進んだようにみえる。はからずも月山・日吉地区は政庁Ⅰ期段階まで遡るとされる単弁軒丸瓦（030・032・033型式）が散見される地区であり、早くから官衙としての機能を果す建物が存在した可能性がある。そのことが八世紀になってからの整備事業をいち早く実施することになった一因であったのかもしれない。

(3) 筑紫館（鴻臚館）

大宰府が掌る主要な機能の一つである外交機能については、博多湾に面した平和台に造営された筑紫館（のちの鴻臚館）が重要な役割を担っていた。これまで四〇年間にわたり発掘調査が実施され、近年地区ごとの正式報告書が刊行されてきている。

従来の報告書では八世紀前半を第Ⅱ期、八世紀後半から九世紀前半を第Ⅲ期としていたが［福岡市教委 二〇〇四］、近年では第Ⅱ期を八世紀代にあて、第Ⅲ期の開始を九世紀初めに落とす修正案も出されている［菅波 二〇一七、比嘉 二〇一七］。また、調査所見では八世紀前半に南館が成立し、これより遅れて八世紀中頃以降に北館が成立するとされている［福岡市教委 二〇〇四］。この所見が正しければ北館と南館とでは葺かれた瓦の型式に差異が存在する可能性があり、八世紀中頃・後半の諸型式も含めた検討が必要である。しかし、現在北館の報告書は刊行途上にあり、各型式の出土量は不明であり、鴻臚館Ⅰ式も細分型式の認定作業を行う必要がある。そこで、さしあたっては正式報告書の刊行が済んでいる南館と谷部を検討対象とする。

第3表　鴻臚館跡出土の軒瓦（既刊正式報告書に限る）

型式名				【報告書】南館出土総点数	報告書掲載図に基づく型式認定 南館	谷部	北館	北館北斜面・低地
軒丸瓦	鴻臚館式・系	223	223	214	18		8	
			A		39	7	25	6
			B		7	3	2	1
			L			2		
		224		11	6		2	1
	老司式関連	291		1	1	4	1	
軒平瓦	老司式	560	A			1		
			G			2		
			G'	1	1	5		
	鴻臚館式	635	635	270	16		7	
			A	9	43	6	16	5
			B	2	20	1	6	

最も出土量が多いのは鴻臚館Ⅰ式（223－635型式）の組合せで、軒丸・軒平瓦とも八割を超える量を誇る。その細分型式の内訳をみると、軒丸瓦では223A型式が主体的で、223Bが少量である点は大宰府政庁とも共通する様相である［瀧本 二〇一四］。一方、軒平瓦は635A型式が多く、大宰府政庁や周辺官衙跡の様相と比較すれば、政庁造営Ⅱ段階でも新しいⅡ-B段階以降の様

相といえる。周辺官衙跡でみれば政庁前面広場・不丁・大楠地区などと対比できる。224型式が少量ながら補完的に用いられているという点もまた、政庁造営Ⅱ段階の様相といえる。

この他、老司Ⅱ式に関わる軒丸・軒平瓦も出土している。軒平瓦は従来老司Ⅱ式に相当する560Ｂ型式とされていたが、実見の結果、実際には560Ｇ型式もしくは周縁をもつ560Ｇ'型式であることが判明した。これと組むのは291型式軒丸瓦で、291-560Ｇ型式の組合せは三宅廃寺にもみられる組合せの一つである。この組合せは、南館出土の一点を除けば北館・南館の間の谷部からの出土に集中し、葺かれた建物や箇所がある程度限定されていた可能性もある。報告書では北館の瓦である可能性も示唆されるが〔福岡市教委 二〇〇九〕、既刊の報告書からはそうした様相は読み取れず、詳細な報告が待たれる。

なお、291型式は大宰府政庁では出土しておらず、不丁・大楠・蔵司丘陵前面など周辺官衙跡から出土し、不丁地区では量的にも老司Ⅱ式軒平瓦からの派生型式である561型式軒平瓦と組む可能性がある。

以上の様相を踏まえると、八世紀前半における筑紫館の造営は、大宰府政庁造営Ⅱ-Ｂ期以降とみられ、主体となる時期は周辺官衙跡の整備が進む段階までの幅を考えるのが適当であろう。

(4) 水　城

『日本書紀』に天智三年（六六四）の造営と記される水城大堤は、これまで60次を越える発掘調査が実施されている。平野を遮る全長1.2キロの土塁には東門と西門があり、それぞれ古代官道が通り抜ける。西門の発掘調査では、七世紀後半の築造期は掘立柱構造であったが、八世紀前半に礎石建ちの八脚門へと建て替わることが確認されている。

第４表　水城跡出土の軒瓦

型式名				3次	5次	6次	10次	16次	18次	24次	26次	29次	33次	38次	45次	瓦窯立会	点数
軒丸瓦	鴻臚館式・系	223	223								1		1				2
			A	1	2					2	22	2					29
			B								1						1
			L		1						1						2
		224			2	1	1	1		1	10	1					17
	老司系	276					1				7		1	1		1	11
軒平瓦	老司式	560G					1										1
	鴻臚館式	635	635								6			2			8
			A								1						1
			B		1					1	12			1			15

既往の調査で出土した八世紀前半代の軒瓦は第４表のとおりである。調査地点の多くが土塁部であるため瓦の出土はそれほど多くないが、西門跡を対象とした26次調査では比較的まとまった量が出土している。

軒丸・軒平瓦の型式は比較的単純である。軒丸瓦は鴻臚館Ⅰ式の223Ａ型式が最も多く、223Ｂ型式は僅か一点である。鴻臚館系の224型式も合計一七点と多い。これに対応する軒平瓦は635Ｂ型式で、635Ａ型式は一点しかない。

以上から、水城では223Ａ・635Ｂ型式の組合せが基本で、223Ｂ・635Ａ型式が補助的に用いられたと考えられる。僅かであっても635Ａ型式を伴うことから、大宰府政庁造営のⅡ段階を上限とする様相といえよう。

一方、量的には少ないものの、老司系の軒丸瓦276型式と老司Ⅱ式軒平瓦の560Ｇ型式の組合せも補助的に用いられたとみられる。560Ｇ型式の採用は政庁造営Ⅱ-Ａ期まで遡るが、276型式は蔵司丘陵前面や不丁地区などの周辺官衙域で出土が目立つ型式であることから、遡っても政庁造営Ⅱ-Ｂ段階で、この組合せは政庁造営後の周辺官衙造営期までの幅をみておくのが穏当であろう。

以上を踏まえると、水城、とくに水城西門で見た場合、八世紀前半の瓦葺き礎石構造への建替えは、大宰府政庁造営のII-A期に遡る可能性もあるが、基本的にはII-B段階から次の政庁周辺官衙造営期の半ばぐらいまでを主たる造営期間としておきたい。

(5) 大野城

水城が築造された翌年の天智四年(六六五)に築かれた古代では最大級の山城で、北部九州の防衛体制の要といえる。これまで環境整備や災害復旧などを機に発掘調査が実施されており、冒頭でも紹介したが、城門や倉庫などが八世紀前半になって一斉に掘立柱建物から礎石建物へと建て替わることが判明している。

瓦も城門や建物の調査に伴って数多く出土しているが、概要報告に留まっているものもあり、出土した軒瓦の正確な点数の把握は難しい。そこで、ひとまずは現在把握できる資料からどの型式が存在するのかを整理しておきたい(第5表)。

第5表　大野城跡出土の軒瓦

型式		城門跡		建物跡		
		太宰府口	原口	主城原	村上	増長天
鴻臚館式・系	223	●				
	224	●			●	●
老司式関連	275A		●	●		
	290B	●				

発掘調査で出土した軒瓦はほとんどが軒丸瓦で、軒平瓦は初期の単弁蓮華文軒丸瓦に伴うとみられる重弧文軒平瓦や無文軒平瓦などで、一部平安期に下る軒平瓦が含まれる程度である。そのため、本稿の検討対象となる軒平瓦は存在せず、軒丸瓦の様相から検討するしかない。

軒丸瓦は鴻臚館I式の223型式(確認した資料では223A型式が多いか)と派生型式の224型式がみられ、とくに224型式は太宰府口城門・村上礎石群・増長天礎石群など複数地点で出土している。この他、老司I式の275A型式が主城原地区で出土しており、近年原口城門からも一点であるが出土が報告されている。また、大宰府政庁や周辺官衙跡などでは老司II式軒平瓦と組むことが指摘されている290B型式が太宰府口城門から出土している。

このように、型式の種類を見る限りでは政庁の様相と同じであり、224型式が目立つ状況や290B型式を伴う状況は政庁造営II段階まで下る様相といえよう。

問題となるのは275A型式の位置づけである。275A型式は本来、観世音寺創建瓦として創出された型式で、その作笵時期は藤原宮期まで遡ると考えられる。ただ、筑前国分寺創建の段階まで供給されていて、瓦笵の使用は半世紀にも及ぶ。また、これが仮に「老司I亜式」の軒平瓦と組むのであれば、年代の上限は老司I式より少し新しく見る必要もあるが、先述のように当該期の軒平瓦は全く出土していないので不明である。現状では、基本的に他の軒瓦と同時期に葺かれていたものと理解しておきたい。

以上から、大野城における各施設の瓦葺き礎石建ちへの建替えは、政庁造営II段階に併行する段階に行われたと考える。

(6) 基肄城

『日本書紀』によれば基肄城は大野城と同じく天智四年(六六五)に築造されたと記されており、福岡・佐賀両県の境、基山に位置する立地から大宰府南方の防衛拠点と考えられている(第1図)。七世紀後半に遡る建物は未確認であるが、大野城跡と同じく百済系の単弁蓮華文軒丸瓦が出土していることから、何らかの施設が存在したと考えられる。その

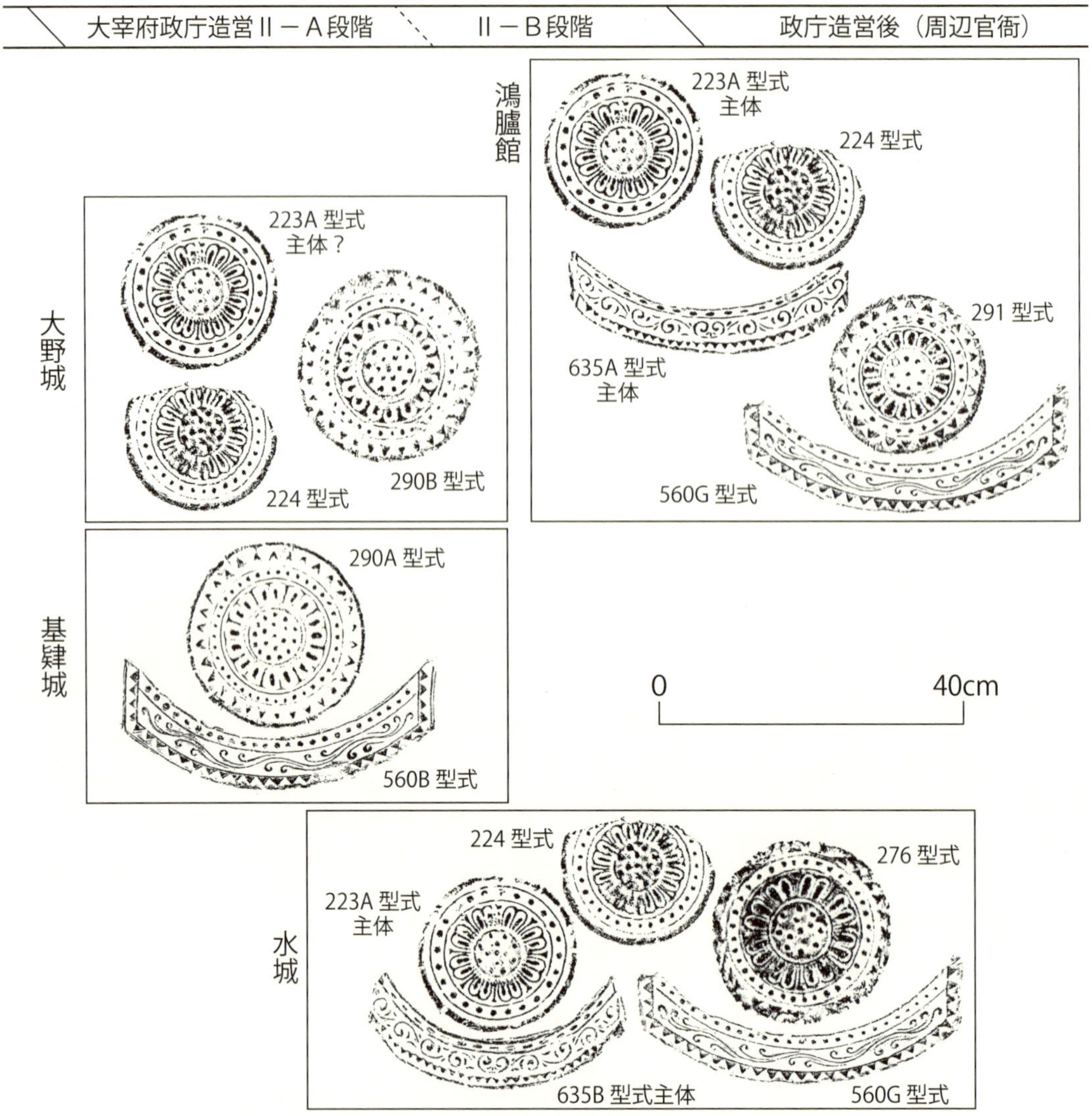

第６図　外交・軍事施設の軒瓦の位置づけ（1/8）

後、第Ⅱ期大宰府政庁造営期の軒瓦が存在することから、八世紀前半に城内の整備が行われたと推定されている。残念ながら、これまで一部の資料が公表されたに過ぎないため、把握できた資料をもとに検討したい［小田二〇一一a］。

八世紀代に位置づけられる軒瓦は、軒丸瓦が290A型式、軒平瓦が老司Ⅱ式の560B型式である。290A・560B型式の組合せは大宰府政庁や周辺官衙跡などでも組むことが指摘されており［石松二〇一〇、小田二〇一一b］、政庁造営のⅡ段階を上限とする組合せといえる。なお、他の大宰府関連遺跡では何らかの形で鴻臚館式や鴻臚館系の軒瓦が出土しているが、基肄城ではこれまで確認されておらず、他の大宰府関連遺跡と比べるとやや異質である。

ところで、図示していないが、一点のみ外縁に線鋸歯文をめぐらせ、中房蓮子が「１＋７」である単弁二十葉蓮華文軒丸瓦が知られている。大宰府に類似した文様を探せば291型式が最も近いが、291型式は線鋸歯文ではなく、中房も「１＋８」で、蓮弁も単弁化しているが一応複弁の範疇にあり、弁数を単弁として数えても一六弁しかない。したがって、大宰府関連瓦からの派生型式ではなく、畿内など大宰府以外に系譜を求めるのが良いとみられ、文様の精緻さからすると290A・560B型式より年代的に下る段階の資料と考えたい。

以上から、基肄城における八世紀前半の建物整備は、基本的に大宰府政庁造営のII段階と併行する段階が想定できるだろう。

3 軒瓦の様相からみた「大宰府」の整備

(1) 諸施設の造営

これまで、大宰府やその関連諸施設では、鴻臚館式や老司式などの系譜にある軒瓦や関連型式が一定の共有関係を有することから、八世紀前半に諸施設の整備がなされたことは周知となっていた。しかし、前項で通覧したように遺跡ごとに少しずつ様相が異なり、それが実際の造営にあたった時期、年代の差であった可能性があると考えた。そこで、次に前項で整理した様相に基づき広義の「大宰府」の造営過程について、現状での見通しをまとめておきたい。

前項までの様相を整理すると、第7図のようになろう。造営II-B段階までは大宰府政庁の造営過程に基づく区分であるが、政庁以外の施設ではこれ以降の段階の軒瓦もみられた。そこで、便宜的に政庁造営以後を後I段階とし、周辺官衙跡にみられた様相の差異から後I-A段階と後I-B段階に細分した。(4)

さて、まず政庁造営期まで遡る施設としては大野城・基肄城・水城などの軍事施設を挙げることができる。基肄城ではこれまで290A-560B型式の組合せのみが知られ、政庁造営II段階まで遡る。大野城では223・224型式など鴻臚館式・系が目立つが、老司I式の275A型式や老司式と関わ

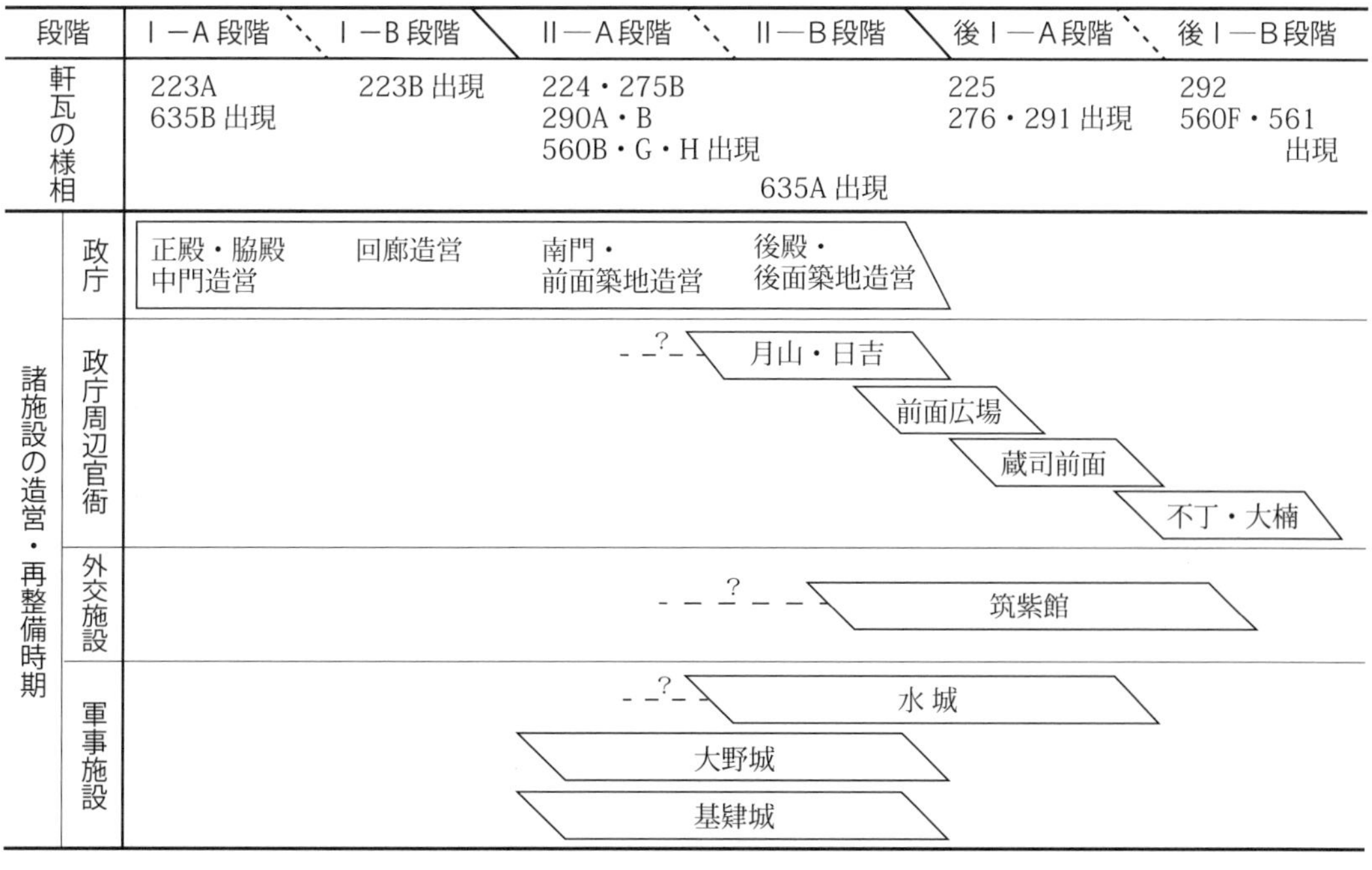

第7図　八世紀前半における大宰府関連施設の造営過程

る290B型式も出土していて、やはり政庁造営Ⅱ段階に位置づけられる。水城跡は老司式・系の276-560G型式の組合せの存在から後Ⅰ-A段階を下限とするようであるが、上限は鴻臚館Ⅰ式の635B型式が主体である点から政庁造営Ⅱ段階まで遡ると考えられる。このように、大宰府を取り巻く軍事施設はいずれも政庁造営Ⅱ段階を上限とし、その次段階ぐらいまでの造営期を想定するのが穏当とみられる。

次に政庁造営期の様相に近いのは筑紫館（鴻臚館Ⅱ期）であるが、鴻臚館Ⅰ式の635A型式が主体である点は政庁造営Ⅱ-B段階以降の様相である。また、谷部で出土する291-560G（G'）型式の組合せが後Ⅰ-A段階に下るため、後Ⅰ-A段階を中心にその前後までの幅と捉えておきたい。

この頃には、政庁周辺官衙の造営も進み始めているが、なかでも月山・日吉地区は政庁造営Ⅱ期の様相と近似しており、早くから造営が始まっていたとみられる。また、蔵司丘陵前面地区は月山地区と同様に635B型式を主体とする点で政庁の様相に近く、やや早くから造営されはじめた可能性があるが、224型式よりも後出する225型式や291型式も一定量存在するため後Ⅰ-A段階とした。

周辺官衙跡のうち不丁・大楠地区は、635A型式が主体となる鴻臚館Ⅰ式で、政庁や蔵司丘陵前面より後出するとみられる。また、225・276・285B・561型式などの後出型式を複数伴っている点も、時期的に下ることを示していよう。

こうしてみると、八世紀前半における「大宰府」の整備は、政庁の造営を皮切りに、軍事施設、そして政治・外交施設と順次進められたことが窺える。ただ、軒瓦の様相をみる限り、着手時期に多少のずれが存在するものの、いくつかの施設・地点で同時併行的に造営事業が進められたというのが実状であろう。

(2) 一連の造営事業と年代観

八世紀前半代の軒瓦の年代を推定する資料は極めて限られる。

大宰府政庁前面に広がる官衙地区の一つ不丁地区では、東隣の政庁前面広場地区との境界をなす南北大溝（SD2340）が調査され、天平六年（七三四）や同八年（七三六）の紀年銘をもつ木簡が出土している。これは大宰府における土器編年の指標として位置づけられるとともに、瓦研究においても重要な年代推定根拠となっている。

SD2340の調査は複数次にわたって実施されているが、紀年銘木簡は85次調査の下層のほか、87次調査の中層から出土しており、90次調査の中層や98次の中層は層位的にみて木簡出土層に対応するとされる。

出土した軒瓦は第6表に整理したが、大宰府政庁造営期の諸型式以外に、561型式や582型式など政庁ではみられない派生型式や新型式も出土している。561型式は蔵司丘陵前面の一点を除けば不丁地区でまとまった出土がみられ、後Ⅰ-B段階の型式といえる。582型式は出土量が少ないため本稿の検討からは除外したが、前面広場・不丁地区で数点出土していて、やはり周辺官衙造営期（後Ⅰ-A段階か）になって出現する型式といえる。

各層から出土した軒瓦は、紀年銘木簡との関わりから遅くとも七三〇年代前半までに出現していることが確実であり、前項の検討結果を踏まえると、後Ⅰ-B段階は木簡の示す七三〇年代まで下るだろう。

一方、政庁の造営開始期は鴻臚館Ⅰ式軒平瓦の出現が七二〇年前後と考えられていること、大宰府造営事業のために労働力が投入された「筑紫役」が養老二年（七一八）に終わることが参考となる。おそらく造営自体は七一〇年代には本格化すると考えられるが、瓦の成立時期からすると屋根に瓦が葺かれはじめるのは七二〇年ごろからであろう。そうする

第６表　境界大溝 SD2340 出土の軒瓦

			紀年銘木簡対応層				木簡層より下層		
			85次下層	87次中層	90次中層	98次中層	87次下層	90次下層	98次下層
軒丸瓦	223	223		1					
		A		3	1				
	275	B	1			3			1
	285	A	2						
	290	A				2			4
		B				1			
軒平瓦	560	560							1
		B	4		1	3	1	1	
		H							3
	561		1						
	582		1						
	635	635			1				
		A	8	8	16	4			
		B	2	1	1				
	688	C	1		1				

と、政庁造営から周辺官衙を含めた諸施設の整備は、主に七二〇～七三〇年代に実施されたと推定され、造成工事などの土木事業は事前に「筑紫役」として実施されたと考える。

また、年代の傍証資料としては筑前国分寺創建瓦である235－637型式の組合せの存在も参考となる。235－637型式の組合せは、鴻臚館Ⅰ式を下敷きに創出された新型式であるが、235型式の複弁の一つが単弁になっていたり、637型式の唐草表現が稚拙になったりと簡略化傾向が顕著で、政庁や周辺官衙跡などの諸型式よりも明らかに後出する。筑前国分寺の創建年代については明確ではないが、天平十三年（七四一）の詔以後の造営で、天平勝宝八年（七五六）までに概ね完成したとされる筑後・肥前・肥後・豊前・豊後・日向国分寺よりは先行するとされる［小田 一九九九］。この考えに従えば、早くて七四〇年代後半、遅くとも七五〇年代前半ごろには完成していた可能性が高い。そうすると、筑前国分寺創建瓦よりも先行する政庁や周辺官衙跡などの諸型式の下限は、新しくみても七四〇年代初頭と考えられる。

以上を踏まえると、大宰府関連の諸施設で出土する諸型式は概ね七二〇～七三〇年代ごろに位置づけることができ、仮に七四〇年代に入るころまでの時期幅を見込んだとしても、非常に短期間のうちに造営が進められたことになる。そのことは諸施設から出土する軒瓦の型式が大局的にみれば共通した様相を示しながら、それでいて新型式の存否の違いや既存型式の量比の差といった細かな違いにおいて時期差が表出する状況からも窺えよう。

(3) 黒色を呈する鴻臚館式軒瓦

藤原宮や平城宮では、黒色を基調とする瓦が存在し、生産段階において意図的に黒色に仕上げたものと理解されている。山崎信二氏は藤原宮の大極殿の瓦は隋唐洛陽城で出土する二種の瓦のうちミガキをかけて黒色処理したものを「日本流に模倣した」と指摘され、平城宮第Ⅰ次大極殿院所用瓦にも同様の見解を示している［山崎 二〇一一］。中川あや氏も中国王宮所用瓦との関連を想定しているが、その淵源は洛陽城ではなく長安城との見解を示されている[5]［中川 二〇一三］。都城制の導入を考えると長安城からの流れを想定する方が当を得ているように思うが、いずれにせよ律令国家の象徴でもある中心施設に中国風の視覚的演出を実践したものと考えられる。

大宰府においても多数の関連遺跡に供給される鴻臚館式軒瓦（223－635型式）が黒色を呈するものが目立つことが早くに指摘されている［石松・高橋 一九七六］。老司Ⅱ式をはじめとする軒瓦は灰色や灰褐色などを呈するものが多く、これに対し鴻臚館Ⅰ式は王宮の瓦と同じく意図的に黒色仕上げされていると考えられる。

改めて本稿で扱った諸遺跡において鴻臚館Ⅰ式が占める割合をみてみ

ると、遺跡ごとに差異があり、大宰府政庁跡では軒丸・軒平瓦とも八〜九割を占めるのに対し、政庁周辺官衙跡では六割に満たない地区が多く、二〜三割程度にとどまる地区も目立つ。この状況は、黒色瓦を用いた視覚的な荘厳化を大宰府においても実践した可能性を示している。他の遺跡に眼を転じれば、筑紫館や水城西門などで大宰府政庁同様に八〜九割を占める状況がみられるが、大野城では五割前後、基肄城に至っては鴻臚館式は一点も出土していないなど、明らかに様相が異なる。

これらを通覧すると、政庁や筑紫館など政治・外交の拠点となる施設において鴻臚館式が卓越しており、通常人々が目にすることが想定されていない軍事施設では鴻臚館式の占める割合が低い傾向にある。ただし、軍事施設の鴻臚館式の比率が高い水城西門は、筑紫館から大宰府へのびる古代官道(西門ルート)が通過し、外交使節が大宰府に入る際の玄関としての役割を担っており、視覚的な効果が期待される場の一つである。このように、鴻臚館式が卓越する遺跡の性格を踏まえると、当時の国家による意図的な軒瓦の選択が行われた可能性が考えられる。

国内統治の面からすれば、「遠の朝廷」とも呼ばれた大宰府の中枢施設である政庁は、西海道諸国やその人民に対する律令支配の表徴としての意義も有し、中央に代わって西海道支配を行う政務・儀礼空間を平城宮の様式に則り「黒」で飾ったと考えることができる。

一方、対外的側面からみれば、外国使節の逗留・饗応の場であった筑紫館、そこから官道を進んだ先の関門たる水城の城門、そして大陸の都城制に倣った街区の北辺に南面する大宰府政庁といった要所の施設を荘厳化することで、東アジア世界に通用する律令国家としての権威の誇示が企図されたと考えられる。さらにいえば、白壁朱塗りの瓦葺礎石建物を基調とする駅家で結ばれた山陽道を抜けて都に至れば、そこもまた中国王宮を模して黒色瓦で荘厳化された空間(宮)が待っているのであり、西日本を舞台とする唐風文化に由来する「景観演出」の一環として整備が行われたのではないだろうか。

おわりに

本稿では、大宰府関連遺跡から出土した軒瓦に焦点を当て、八世紀前半における広義の「大宰府整備」について論じてきた。その結果、大宰府政庁の造営にはじまり、官衙や山城、外交施設など多様な施設が二〇〜三〇年の間に相次いで整備された状況がみえてきた。既に存在していた施設を配置を含めて大々的に建替える場合、この時期になって新設される場合など様々であるが、短期間のうちに多様な性格の施設が整えられるのには、律令国家の並々ならぬ意気込みがあったと推察される。

なお、本稿では諸型式の存否・量比に基づき分析を進めたが、軒瓦の製作技法や笵傷などの検討も重要かつ不可欠である。また、実際の出土状況の検討や文献史学の成果も勘案した検討も必要で、今回対象としなかった遺跡の状況についても吟味する必要がある。まだまだ議論すべき課題も少なくないが、まずは今後の研究への基礎作業として、一つの側面・視点からの検討結果を提示し、先学諸氏によるご批判・ご叱正を請うものである。

註

(1)　ここで「老司式関連」とした一群は、老司式軒瓦とその系譜にある派生型式、そして組合せ上それらと組むことが指摘されている型式を一括した表現であり、全てが「老司式」の系譜・系統下に創出された型式であるという意味ではない。

（2）560B・G・H型式は、瓦当文様の近縁性からB→G→H型式の順に作笵されたと推定するが、三者の文様は極めて近似しており、老司Ⅲ式、Ⅳ式といった呼称で分離する必要はないだろう［下原 二〇一四］。現状では老司Ⅱ式を細分し、ⅡA式・ⅡB式・ⅡC式とするのが一案と考える。この問題に関しては稿を改めて論じることとしたい。

（3）第Ⅱ期政庁の造営過程については、別稿で詳しく論じているが、遺構に伴って出土する軒瓦がそれほど多くない点で課題を残す［下原 二〇一八］。

（4）ここで「後Ⅰ段階」としたのは、今後「後Ⅱ段階」など後続する段階に属する施設が明らかになる可能性も考慮したためである。

（5）中川氏の見解は佐川正敏氏の説［佐川 一九九二］に基づくが、脱稿までに入手・確認できなかった。御諒承願いたい。

参考文献※発掘調査報告書については紙幅の都合により主要なものを除き割愛した

石松好雄 一九八二年「老司式軒先瓦」『九州歴史資料館研究論集』八 九州歴史資料館
石松好雄 一九八七年「大宰府出土の軒瓦—八世紀前半を中心に—」『東アジアの考古と歴史』下 岡崎敬先生退官記念論集
石松好雄 二〇一〇年「大宰府史跡出土の老司式軒瓦—老司Ⅱ式を中心に—」『坪井清足先生卒寿記念論文集—埋文行政と研究のはざまで—』
石松好雄・高橋章 一九七六年「大宰府出土の瓦について」『九州歴史資料館研究論集』二 九州歴史資料館
小田富士雄 一九九九年「西海道国分寺の建立と屋瓦」『特別展図録 瓦歴「かわらのれきし」』姶良町歴史民俗博物館
小田富士雄 二〇一一年a「十二 基肄城跡」『基山町史 資料編』基山町
小田富士雄 二〇一一年b「老司Ⅱ式軒瓦の再検討」『古文化談叢』第六六集
九州歴史資料館 二〇〇〇年『大宰府史跡出土軒瓦・叩打痕文字瓦型式一覧』
九州歴史資料館 二〇一六年『大宰府史跡発掘調査報告書Ⅸ 平成二六・二七年度』
栗原和彦 二〇〇二年a「第Ⅵ章(一)瓦塼類」『大宰府政庁跡』九州歴史資料館
栗原和彦 二〇〇二年b「第Ⅷ章(二)一 瓦塼類」『大宰府政庁跡』九州歴史資料館
佐川正敏 一九九二年「中国の軒平瓦の成形・施文技法を考える—東アジアの造瓦技術の比較研究Ⅰ—」『日本中国考古学会会報』第2号
下原幸裕 二〇一四年「附『大宰府史跡出土軒瓦・叩打痕文字瓦型式一覧』の追加修正」『大宰府史跡発掘調査報告書Ⅷ 平成二四・二五年度』九州歴史資料館
下原幸裕 二〇一六年「第Ⅱ期大宰府政庁の造営過程—主に鴻臚館式軒瓦の検討から—」『平成二八年度九州考古学会総会 発表要旨集』九州考古学会
下原幸裕 二〇一七年「鴻臚館Ⅰ式軒瓦の再検討」『九州歴史資料館研究論集』四二 九州歴史資料館
下原幸裕 二〇一八年「第Ⅱ期大宰府政庁の造営過程—軒瓦の検討から—」『九州歴史資料館研究論集』四三 九州歴史資料館
菅波正人 二〇一七年「筑紫館(鴻臚館)の成立」『よみがえれ！鴻臚館—行き交う人々と唐物—』福岡市博物館
瀧本正志 二〇一四年「鴻臚館周辺の鴻臚館式」『古代瓦研究』Ⅵ 奈良文化財研究所
中川あや 二〇一三年「平城遷瓦」『文化財学の新地平』吉川弘文館
中山平次郎 一九一五年「古瓦類雑考(一)」『考古学雑誌』第六巻第四号
比嘉えりか 二〇一七年「鴻臚館の瓦と建物」『よみがえれ！鴻臚館—行き交う人々と唐物—』福岡市博物館
福岡市教育委員会 二〇〇四年『鴻臚館跡一四』福岡市埋蔵文化財調査報告書第七八三集
福岡市教育委員会 二〇〇九年『鴻臚館跡一八—谷(堀)部分の調査—』福岡市埋蔵文化財調査報告書第一〇二二集
藤井功・亀井明徳 一九七七年『西都大宰府』NHKブックス二七七
星野猷二 一九八一年「鐙瓦製作と分割型」『考古学雑誌』第六七巻第二号
山崎信二 二〇一一年『古代造瓦史—東アジアと日本—』雄山閣
横田賢次郎 二〇〇五年「第Ⅱ期大宰府政庁と府庁域」『太宰府市史 通史編Ⅰ』太宰府市

挿図出典

第1・7図 筆者作成。第2・4〜6図 九州歴史資料館二〇〇〇年掲載図及び筆者採拓の拓影により構成。560H型式は拓本の合成による。第3図 九州歴史資料館二〇一六年を改変・加筆。

筑前国分寺出土軒平瓦についての一考察
——奈良時代の製作技法から——

齋部 麻矢

はじめに

奈良時代、大宰府の役所・寺院の屋根は荘厳な瓦で飾られていた。九州の代表的な軒瓦「老司式」・「鴻臚館式」などの畿内系、百済系・新羅系などの半島系、地元独特の瓦など、アジアの玄関口ならではの多様な文様の瓦が採用されていたことが、これまでの発掘調査で確認されている。これらは、小田富士雄氏や石松好雄氏、栗原和彦氏をはじめとする研究者によって多角的に研究が進められ、編年については出土状況や瓦当文様の型式変化、製作技法の検討から、第Ⅰ段階～Ⅴ段階の五時期の変遷が想定されている。また、老司Ⅰ式が観世音寺に、老司Ⅱ式・鴻臚館Ⅰ式が第Ⅱ期大宰府政庁にといったように、作笵時の主たる供給先が解明されているものも少なくない。反面、一遺跡・一施設で複数種類の軒瓦が出土すること、瓦当文様の同笵・同系を問わず製作技法に共通点・相違点が認められることも理解されている。今回、これまでの各氏の研究成果や大宰府編年Ⅰ～Ⅴ段階の分類を基礎に、筑前国分寺出土の軒平瓦について出土傾向や製作技法の詳細な観察を行うことにより、型式のみならず製作技法や形状の違いによって製作時期や造瓦組織の違いを認めることができるか、試考してみた。その結果、若干の傾向をつかむと共に、新たな文様型式や軒平瓦の特徴的な製作技法も確認した。その結果を紹介し、筑前国分寺創建期の瓦生産体制についても若干の考察を加えてみたい。

1　筑前国分寺出土軒平瓦

(1) 文様型式と出土状況

筑前国分寺は大宰府政庁西北の低丘陵上に位置し、その東方には専用瓦窯である「国分瓦窯跡」が確認されている。これまでの調査により、中門・金堂・講堂が直線上に配され、中門左右から出た回廊が金堂に取りつき、塔は回廊内部に配されるという伽藍配置が明らかになり、塔・金堂の一部・講堂・回廊の一部・中門の一部などの構造が解明されている。筑前国分寺の創建年代についての明確な文献史料はないが、大宰府のお膝元という環境から、筑後・肥前等の国分寺に荘厳具が下賜された七五六年（天平勝宝八）までには完成したと考えられており、出土瓦から終焉は十四世紀とされる。主要伽藍の出土瓦については多数の分析・研究があるが、特に石松好雄氏によって具体的な分析がなされ［石松 一九九三］「出土瓦は軒丸瓦総数二九〇点で一三型式一六種類、軒平瓦が総数三四二点で一三型式一八種類」とされている。今回もこの成果を踏まえ

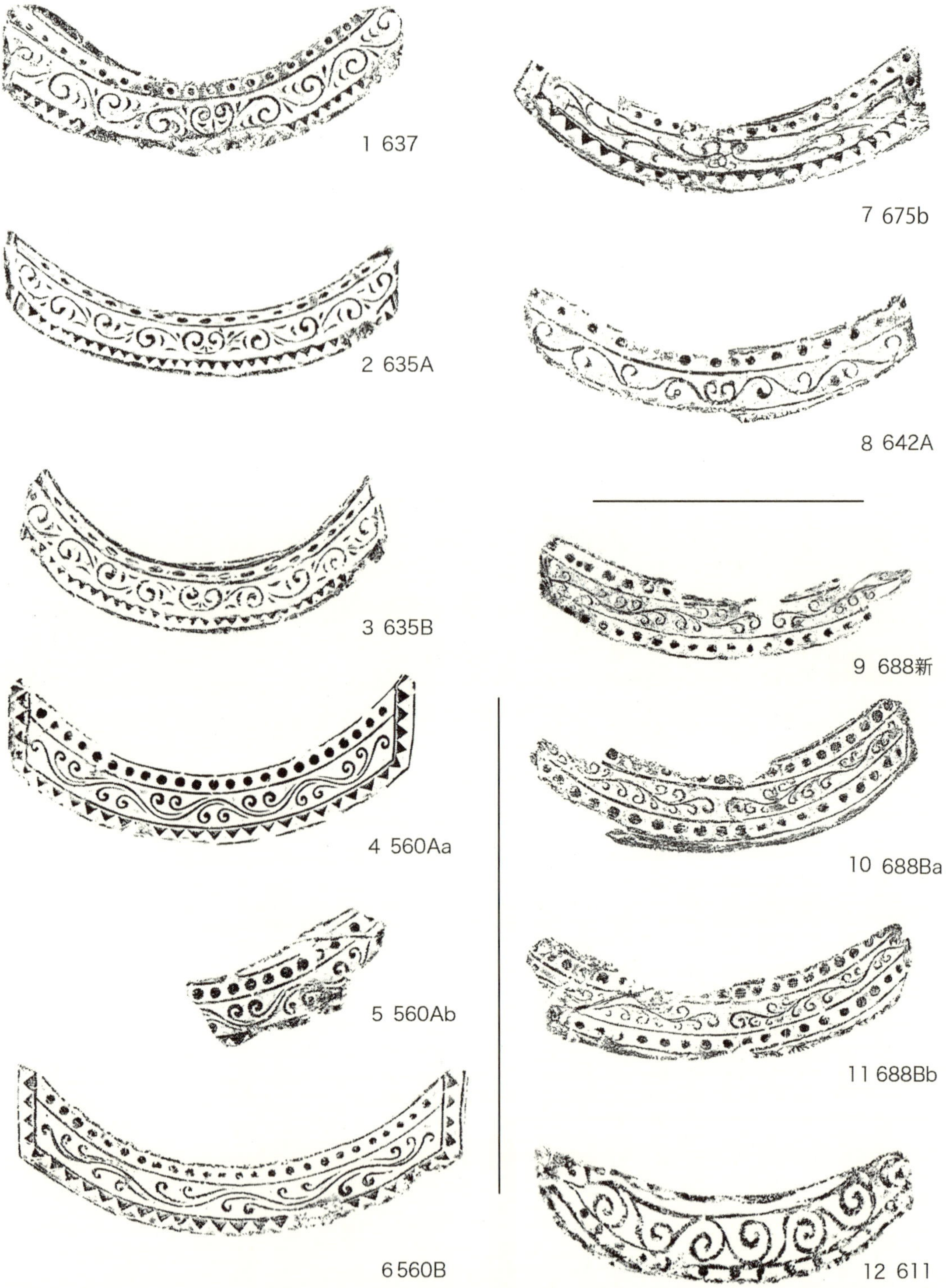

第１図　筑前国分寺跡出土瓦（1）　粘土板桶巻き作り・成形台一枚作り

13 515B

14 551

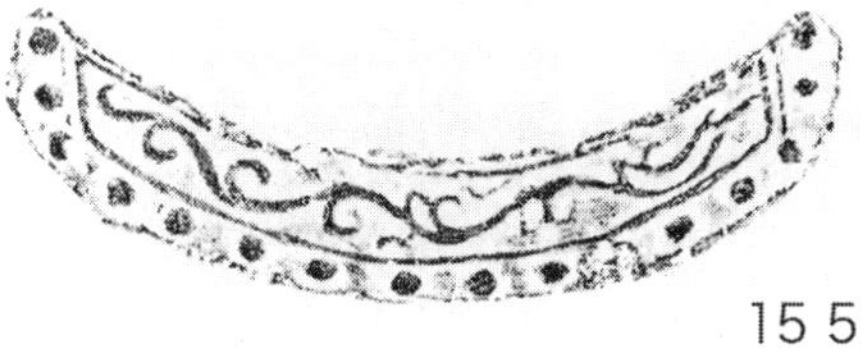

15 554

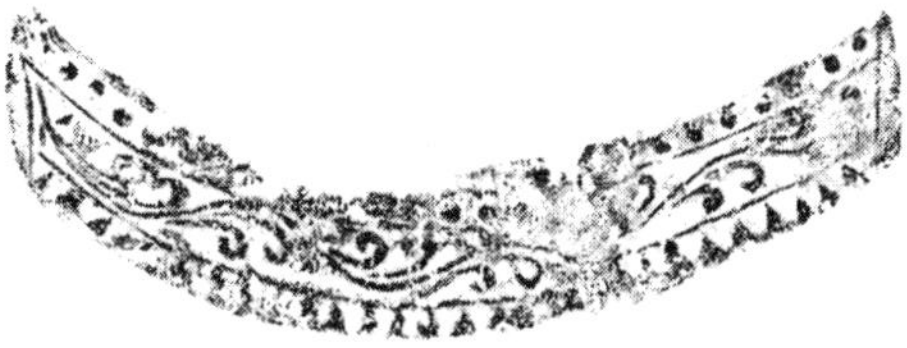

16 600A

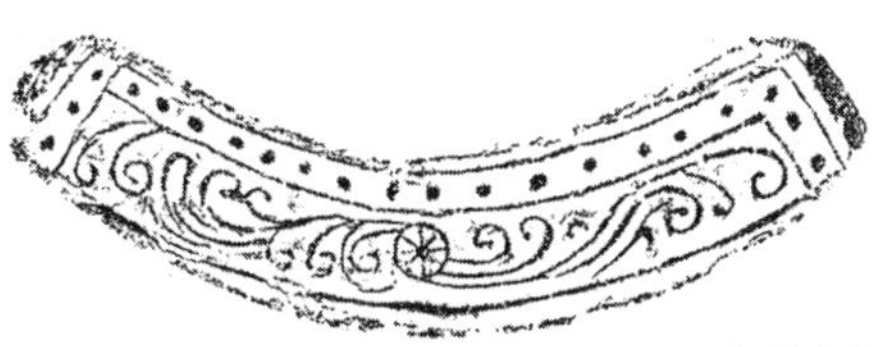

17 666B

18 685B

19 686A

20 686B

21 691Aa

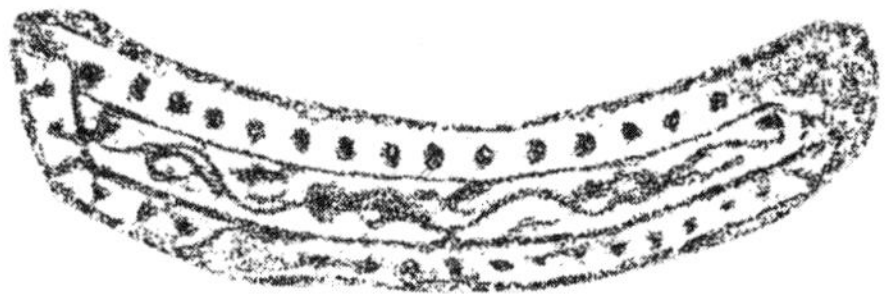

22 691Ab

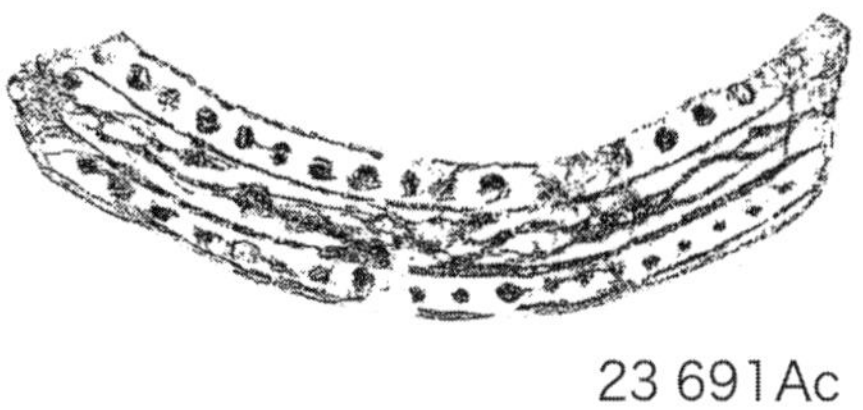

23 691Ac

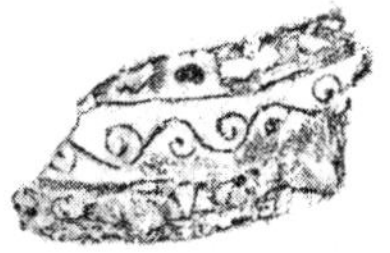

24 581逆

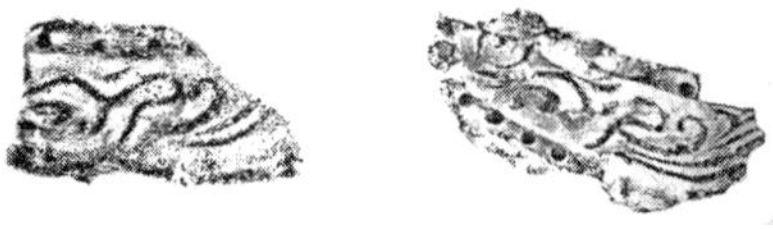

不 明

第 2 図　筑前国分寺跡出土瓦（2）　包み込み技法

第1表　出土軒平瓦

型式	出土率
637	31.3
635	23.2
560A	10.4
560B	0.9
657b	8.0
642A	3.0
688新	3.0
688Ba・Bb	1.5
611	1.5
551	5.7
686A	2.4
666B	2.1
691Aa	0.3
691Ab	0.3
691Ac	3.9
515B	1.5
新規？	1.2

ながら、主要堂塔の出土軒平瓦資料を対象とした。

資料は軒平瓦約三四〇点、大宰府編年の第Ⅱ段階～第Ⅳ段階、概ね八世紀～十世紀初頭までの型式にあたる（第1・2図）。まず瓦当文様から型式を認定することからはじめ、新たに確認した型式を合わせて一七型式二〇種類を確認した（第1表）。なお、型式番号は「大宰府史跡出土軒瓦・叩打痕文字瓦型式一覧」に準じる。また、笵傷の有無により型式名が異なるものや、近似する文様でどちらか確定できない型式は一括でカウントしている。太線より上が奈良時代、下が概ね奈良時代末～平安時代に製作された瓦で、各型式の出土比率に示したとおり前者が約84％と圧倒的に多く、創建期の瓦の多くが廃絶に至るまで屋根を飾っていたようである。今回は、資料の大半を占める奈良時代の資料について紹介する。

各型式の出土比率は第3図である。最多出土は「鴻臚館Ⅱ式」と呼ばれる637（第1図1）で全体の約三分の一を占め、圧倒的多数の出土量から国分寺専用の創建瓦とされる。次の鴻臚館Ⅰ式の後継型式である。次いで多いのが「鴻臚館Ⅰ式」の635（第1図2）で、第Ⅱ期大宰府や鴻臚館の主要瓦として八世紀前半に作笵され、大和興福寺所用瓦の影響を受ける。635にはA・Bの二笵があり[1]、小片では区別がつきにくいが、国分寺資料は大半が635Aである。この他の型式は出土率が圧倒的に少ない。

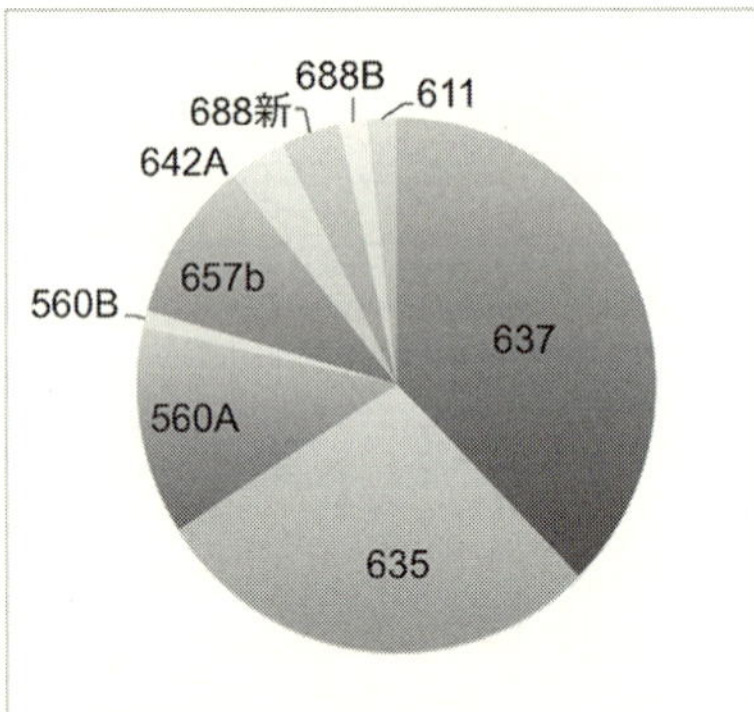

第3図　創建期の軒平瓦出土比率

「老司Ⅰ式」の560A（第1図4・5）は、観世音寺の創建瓦として七世紀後半～八世紀初頭に作笵され、藤原宮使用瓦の影響を受ける。笵傷の有無でAa・Abに分けられるが、判別不能資料が多くAa・Abの比率は不明である。560Bは政庁創建瓦として、八世紀第1四半期に作笵される。688は文様の違いからA～C型式が設定され、国分寺ではこれまで688B（第1図10・11）のみの出土とされていたが、今回多数の資料に文様の違いを確認し（ここでは688新と仮に呼称する）[2]、結果、ほとんどが688新（第1図9）であり、出土資料は688が二型式三種となった。657b（第1図7）は657aの下外区を線鋸歯文から凸鋸歯文に改笵したもので、大宰府政庁でも出土する。642A（第1図8）は大宰府では筑前国分寺のみから、他では福岡市の多々良込田遺跡から出土し、ハート形の中心飾と外区の珠文・凸鋸歯文が小型であることが637と共通する。611（第1図12）は線の太い独特な文様で地元考案の文様と考えられ、少量ながら政庁周辺でも出土している。

次に施設周辺の出土傾向を示したのが第4図である。創建瓦637は各遺構で一定量出土しているが、その他の型式には若干偏りがみられる。特に塔・回廊付近では637が主体で560A・657b・635が補足、講堂付近では635が主体で637・657bが補足と、主となる瓦や構成が異なる。また688は講堂と回廊で一定程度出土するが塔では少ない。出土率第一位と第二位の瓦が寺域の北部と南部の主たる瓦として分かれる結果となり、これについ

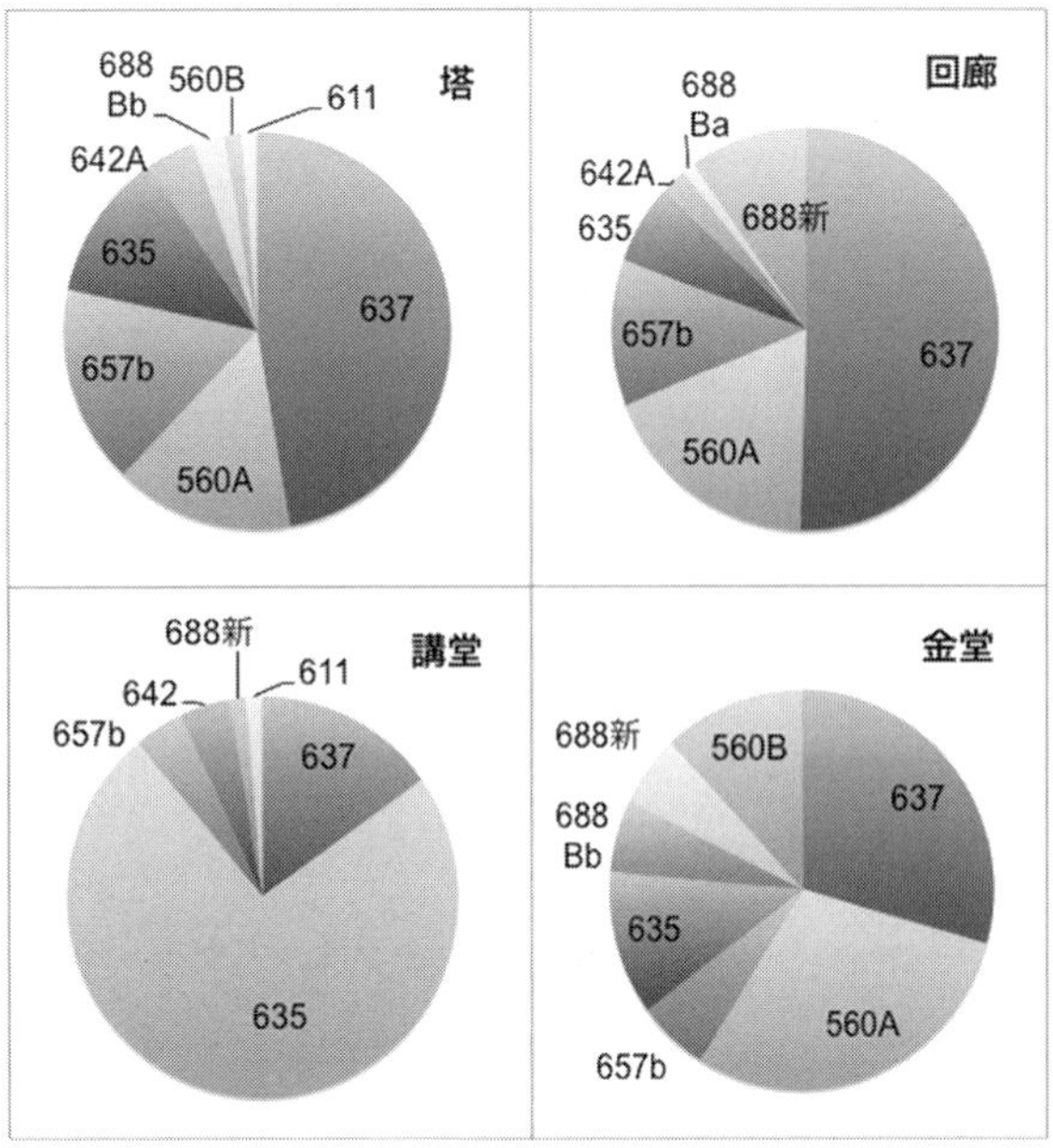

第４図　堂塔ごとの出土状況

てはすでに森田勉氏や石松好雄氏が指摘されており、各氏は堂塔での使用瓦型式の違い、建物の各面での型式の違いなどの可能性が挙げられている。

(2) 製作技法の検討

今回、製作技法を観察できたのは約二三〇点、(Ⅰ)粘土板桶巻き造り・(Ⅱ)成形台一枚づくり・(Ⅲ)包み込み技法の三種に分類し、叩きの種類、模骨の有無と幅、顎の長さと形状、凹凸面の調整と痕跡、他部位の調整、瓦当の成形方法、色調などを観察した。(Ⅲ)は大宰府第Ⅲ段階の概ね奈良時代末~平安時代製作の瓦で、後の修復瓦として使用されたものと考えられ、今回は(Ⅰ)・(Ⅱ)の軒平瓦一〇型式一二種についての観察結果をまとめる。

(Ⅰ)粘土板桶巻き作りの資料

七型式八種類、第1図1~8の637、635Ａ・Ｂ、560Ａａ・Ａｂ・Ｂ、657ｂ・642Ａがこれにあたる。なお、635ＡとＢ、560ＡａとＡｂは技法の違いが認められないため、以後「635」「560Ａ」と一括する。

叩きの種類：叩きの残る資料はすべて縦縄叩きである。国分寺所蔵資料に637に正格子叩きのものがあるが、少数派と見て良い。

顎の長さ：顎の長さを確認できる資料を計測し、数値分布の状況と奈良文化財研究所の分類〔奈良文化財研究所 一九八五〕を参照し、５㌢未満をSS顎、５~７㌢未満をＳ顎、７㌢以上をＬ顎として分類した。結果、SS顎は635に一点のみ、Ｓ顎とＬ顎は３：７の比率で、637ではＳ顎とＬ顎がほぼ同数、635・560Ａ・ＢではＳ寄りのＬ顎数点を除いてＳ顎、642Ａ・657ｂはＬ顎のみとなり、637以外は顎の長さと文様型式に規則性が認められた。

額面の調整：いずれもナデやケズリで調整され、叩きは残らないが、一部資料の顎部凹面が強く模骨桶に押しつけられており、顎面叩きの痕跡と捉えられる。

凹面の調整：模骨痕や布目、糸切り痕が残るものと、瓦当付近がナデやケズリで調整されるものが認められた。模骨痕が残る資料では、板の凹凸が激しく板幅が一定でない桶を使うもの(写真1-1)が、637・642Ａ・657ｂに一定量認められた。一部資料は模骨痕を削って平滑にしている。また凹面瓦当付近を横方向に大きく削り、瓦当から５㌢前後に大きな稜をもつ資料が637・657ｂに数点認められた。

瓦当面の調整：637・560Ａに瓦当文様の上下外区や脇区、または主文様帯そのものを大きく削る資料が認められた。637は素文の両脇区が「〈〉」

型を呈し、ほとんどの資料は脇区を切り取る形で面取りされ、主文の唐草や、下外区・主文帯下半をもカットする資料がある。560Aは下外区をカットする資料が「560Aa'」として型式認定されているが、国分寺資料では主文帯までカットするものもあり、A'aの認定が困難なことから、今回は一律560Aでカウントしている。その他、瓦当面叩きや凸型・凹型成形台の当たりなどの痕跡は認められない。

瓦当部の製作方法：大きく四種の製作方法を確認した(第5図)。

(A)平瓦に顎部粘土を貼り付ける

(B)平瓦凸面に粘土板を重ね、顎部を削り出す

(C)平瓦凸面に粘土板を重ね、さらに顎部粘土を貼り付けて、段部の余分な粘土を切り取る

(D)平瓦と粘土板の間に、断面三角の粘土板(以下「三角粘土」)を挟んで、段部の余分な粘土を切り取る

(A)は通常の顎部粘土貼り付け技法で、(B)～(D)は瓦当部を肥厚させるために、平瓦凸面に粘土板を複数枚重ねる、特徴的な技法である。「粘土板を重ねる資料」の特徴は、①顎段部付近の平瓦部の厚さが3センチ前後で通常の平瓦の1.5～2倍と厚く、瓦当面から平瓦部にかけての断面に横方向の接合面がある(写真1-2)。②凹面には布目痕や模骨痕があることから凹面最上位は平瓦で、凸面側に粘土板を貼り足しているとわかる。③特に637・560Aの資料では瓦当面にも複数の接合痕が沈線として明瞭に現れ、接合面で剥離する資料では剥離面に糸切り痕が残る。④凸面の叩きが成形後の顎面に及ぶ資料もあり、粘土板を重ねた部分の叩きは平瓦の叩きとは別に、製作の最終段階で行われたと考えられる。ただし①の断面の接合痕については四枚に一枚は桶巻き作りの粘土板合わせ目の可能性も視野に入れる必要がある。

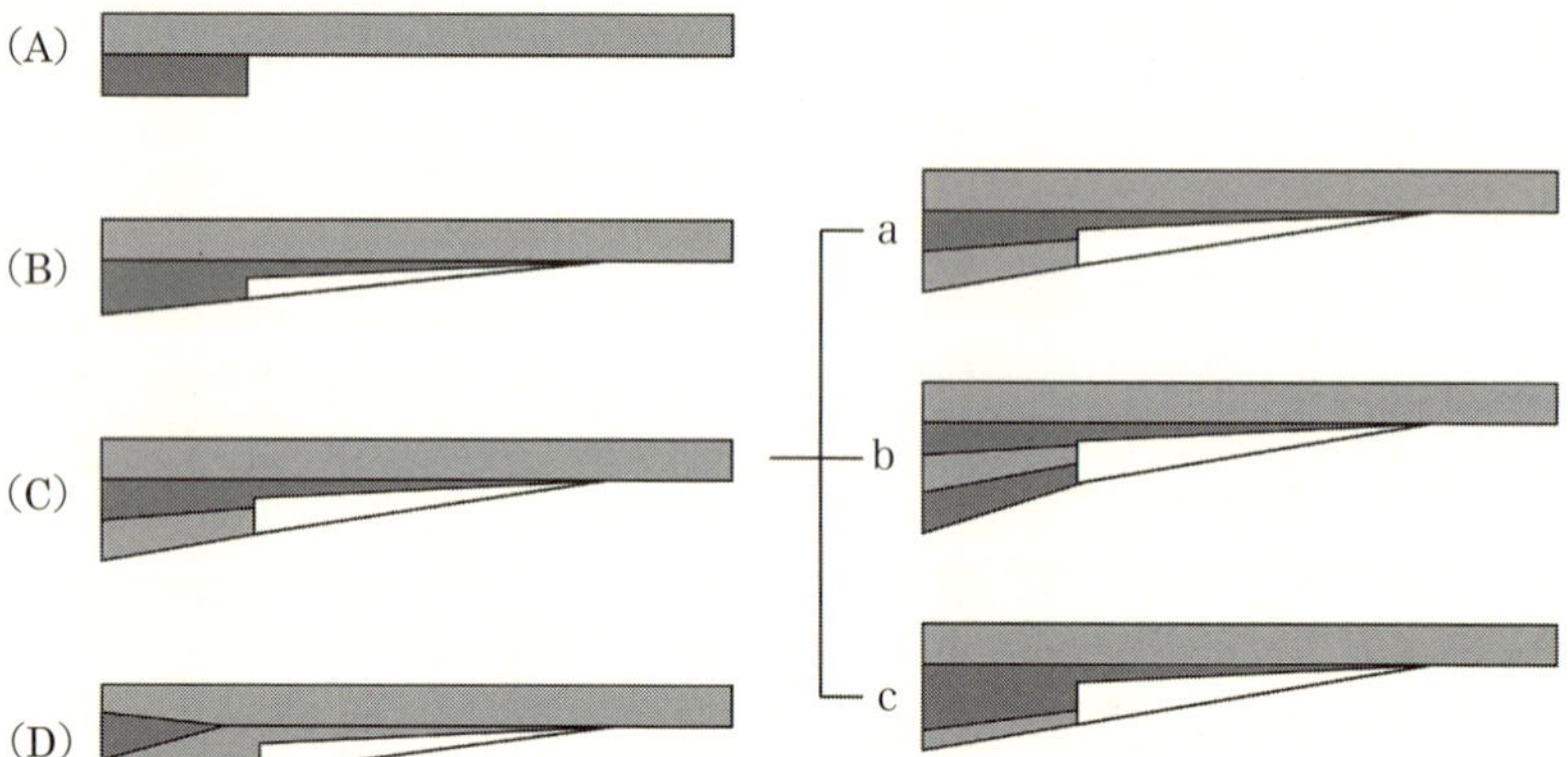

第5図　(Ⅰ)の瓦当部の製作方法

比率的には(A)・(B)・(D)は少数派で、(C)が多数の資料に使用され、各々に次の傾向がある。

(A)は642A・657bとL顎の資料にみられる。平瓦は1.5～2センチと通常の厚さで、段は浅く、段際の切り込み痕はない。

(B)は顎部の付加粘土がなく、637のL顎・642A・657bに少数みられる。

(C)はS顎・L顎の双方にあり、主流の技法である。顎部粘土の厚さには、a.顎の深さに近い厚い粘土を貼り付けるもの、b.粘土を複数枚重ねるもの、c.凸面粘土の広端部を極端に厚くし、その外側に5ミリ程度の薄い粘土を貼り付けるものの三種がある(写真1-3・4)。笵の厚さに合わせるための工夫であろうか。特にcはS顎である635・560Aに多い。いずれも顎部成形時の深い切込みが残るものが多い。

(D)は(C)と同じく粘土を重ねるが、瓦当付近のみに粘土を楔状に挟む(写真5)珍しい技法である。極めて少数派で痕跡も顕著ではないが、

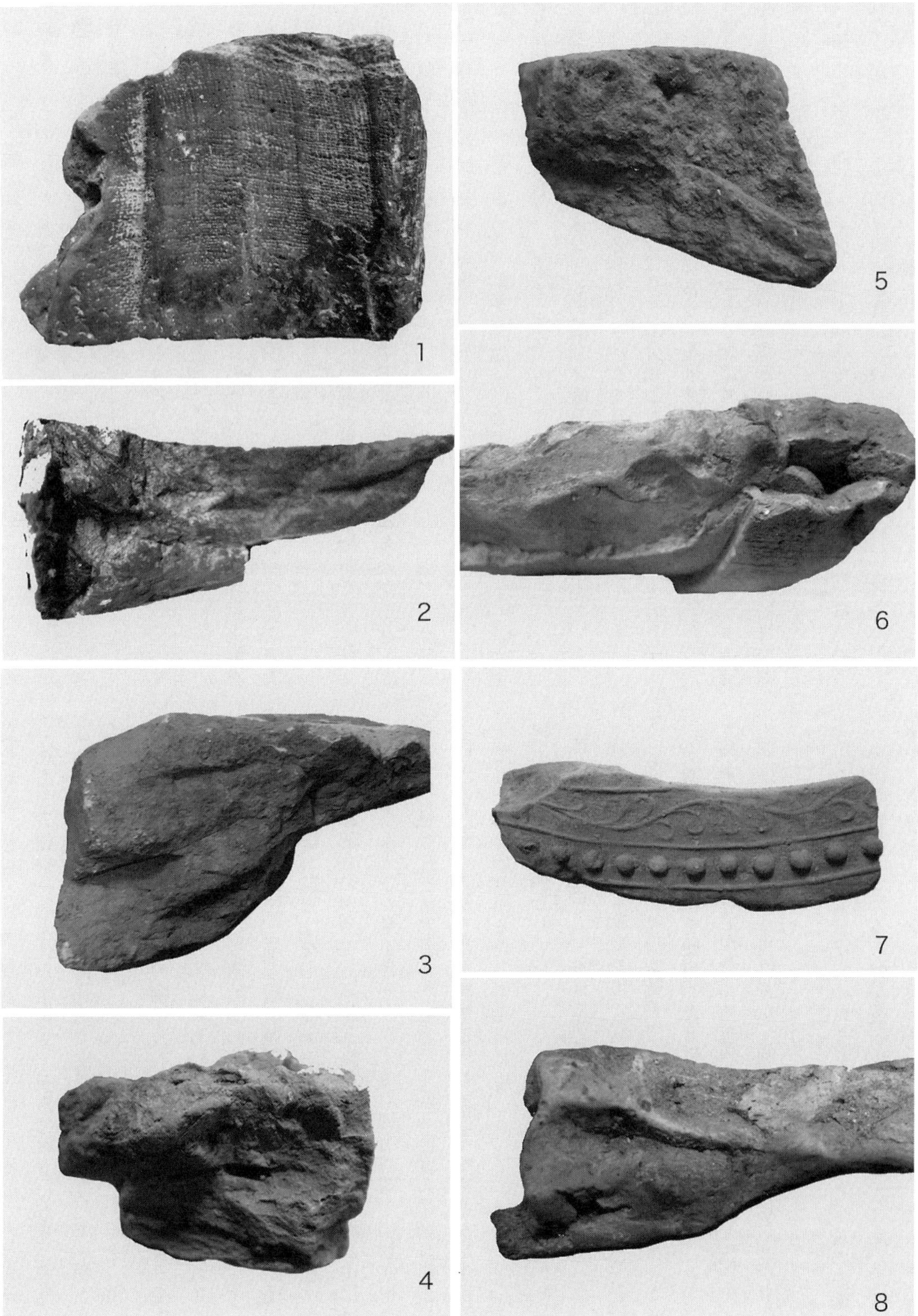

写真　製作技法の特徴

635・560Ａ・637に認められる。

以上、（Ⅰ）の特徴としてまとめると、

・縄叩きが主流。
・顎の長さをSS・S・Lに分けるとSSは一点、S：L＝3：7となり、637以外は型式ごとに規則性が認められる。
・模骨桶の特徴が637・642Ａ・657ｂに共通するものがある。
・瓦当部の成形に四種が見られる。このうち三種は平瓦凸面に粘土板を重ねる、瓦当付近に三角粘土を付加する、といった特徴的な技法である。
・粘土板を重ねる技法では顎成形後に粘土を重ねた部分を叩きしめる。
・瓦当文様の外区・脇区・文様帯を大きくカットするものがあり、560Ａ・637に共通している。

などを確認した。

（Ⅱ）成形台一枚づくり

二型式四種で、第1図9～12の688新・688Ｂａ・Ｂｂ、611である。

叩きの種類：叩きの残る資料はすべてタテ縄叩きである。

顎面の長さ：（Ⅰ）と同様に長さで分類したところ、688Ｂａ・Ｂｂ・611がS顎、688新がL顎と型式によって規則性があった。

顎面の調整：ナデ・ケズリなどで調整されず、縄叩きが残る。タテ縄叩きが基本だが、688新にヨコ縄のみ残るものや、タテ縄叩き後にヨコ縄叩きを行うものがある。

凹面の調整：布目・糸切り痕が顕著で、成形台の当たりなどは認められないが、布目・糸切り痕の潰れが多い。また粘土の合わせ目や、粗い接合による小さな空隙が顕著（写真6）で、凹面の糸切り痕がこれらの痕跡を切る。

瓦当面の調整：笵入れが粗雑で、斜めに施文したり（写真7）、大きくはみ出すものが多い。また瓦笵と平瓦の曲率が合わず、瓦当文様の上下が平瓦に合わせて大きくカットされているものが多い。左右も文様が切り取られ、必要な軒瓦の幅に合わせてカットされたようでもある。なお、凹面調整と同様、瓦当面にも粘土の接合痕が認められる。布目や当たりなど成形台の痕跡は認められない。

瓦当部の製作方法：基本的に顎部粘土貼り付けだが、断面に見える接合痕の方向は一定ではなく、細かい接合面が多い。また破片資料は鱗状に薄く割れるものが多く、剥離と見られるものも多い。中には色調や乾燥度の異なる大きな粘土片が混在するものもある。当初成形台上で複数枚の薄い粘土片を重ねたものと考えたが、凹面の糸切り痕が粘土接合痕を切ることから、粘土片を粗雑に重ねて捏ねた粗悪な粘土塊から、糸切りで粘土板を切り出したと考えられる。

以上、（Ⅱ）の特徴として、

・叩きはすべて縄叩き、顎面も縄叩きで調整される。
・顎の長さにS・L顎があり、型式ごとに規則性が認められる。
・凹面に布目・糸切り痕が顕著で、成形台の当たりはないが布・模骨痕が潰れるため、台を使用したと思われる。
・粘土が粗悪で接合痕が多く、糸切りがこれらの痕跡を切る。
・顎部は粘土板を貼り付けるが、剥離面や破面・接合面がランダムな方向に走る。
・笵入れが粗雑で文様が斜めになるもの、瓦当と平瓦の曲率が合わず、文様がカットされるものが多い。

などが認められた。総じてつくりが粗雑で焼成が甘く、特に688新は胎土の粗いものが多い。型式によって顎の長さの違いが顕著だが、その他の技法に大差は認められない。

(3) 出土状況と観察結果の整理

筑前国分寺出土軒平瓦のうち、奈良時代に製作された資料について、型式ごとの出土状況と製作技法の観察から分類を行い、いくつかの特徴をつかんだ。

型式ごとの出土状況では、塔・回廊周辺と講堂で出土傾向が異なり、前者では創建主要瓦の637が多用されるが、後者では政庁創建瓦の635Ａ・Ｂが主要瓦に多用され、637が補する。またその他の構成型式も異なる。

製作技法では、瓦当文様型式一〇型式一四種が(Ⅰ)(Ⅱ)で大きく二分できた。出土量から主として創建期に関わるのは(Ⅰ)と考えられる。(Ⅰ)では、「平瓦凸面に粘土板を重ねて瓦当付近を肥厚させる」特徴的な技法を使用していることを確認し、大多数の資料がこの技法を使用することから、国分寺創建にかかる造瓦において常用された技法と考える。また、最多出土の637で画一的な傾向は認められなかったものの、他型式には、

Ｓ顎
・635・560Ａ・637の一部
・635・560Ａ・637＝断面三角粘土を付加する(Ｄ)技法がある
・635・560Ａ＝顎部貼り付け粘土の薄いものが多い
・637・560Ａ＝瓦当下外区・主文帯下半部をカットするものがある

Ｌ顎
・637(一部)・642・657ｂ
・637・642Ａ・657ｂに凹凸の多い模骨痕がある
・637のＬ顎・642Ａ・657ｂ＝(Ａ)「顎部削りだし」がある
・637・657ｂ＝凹面の削りに特徴のあるものがある

のように、Ｓ顎の635・560Ａ、Ｌ顎の642Ａ・657ｂで二分できる傾向があり、637にも双方の傾向があることを確認した。

Ｓ顎の560・635Ａ・Ｂは、国分寺創建以前に中枢施設専用に作笵され、大規模な造瓦体制で製作されていたという共通点がある。560Ａは七世紀後半〜八世紀初頭に観世音寺創建用に作笵され、当初は粘土紐桶巻き造り、格子叩きで製作される。この後福岡市三宅廃寺に同笵瓦が供給され、その大半は粘土紐桶巻き作りだが、一部粘土板桶巻き作り、縄叩きの資料があり、同一遺跡内での技法の変化が認められる。国分寺資料では粘土板桶巻き作り、縄叩きのみで、笵傷のあるＡｂ型式も出土していることから、三宅廃寺使用以後の製作と捉えられる。635は八世紀前半に作笵され、主に政庁や周辺官衙域、鴻臚館に使用される。作笵時から粘土板桶巻き作りで、叩きの種類が格子・斜格子・平行叩き・縄・縄＋他の二種使用(平瓦部と粘土板接合部の叩きが異なる)と多様なことが特徴であるが、不丁官衙域には一部縄叩きのみの資料があり、施設整備のどこかの段階で叩きが縄のみに変化する。国分寺資料では縄叩きが多数を占めることから、周辺官衙整備終盤か以降の製作と捉えられる。

Ｌ顎の資料では、642Ａが現段階で国分寺と福岡市多々良込田遺跡でしか出土せず、国分寺への供給時に作笵されたことが考えられる。特に(Ａ)の技法が多いことも特徴の一つで、(Ｃ)を多用する他型式とは一線を画する。657ｂは657ａの改笵型式で、改笵前の657ａは主に不丁地区官衙域で多数出土し、国分寺資料は657ｂのみであることから、不丁官衙域整備後の製作と考えられる。また657ａはＳ顎、657ｂはＬ顎と改笵前後でＳ顎→Ｌ顎の変遷が認められる。なお蔵司地区官衙には顎面縄叩きの一枚

作りの657ｂがあり、ここでも笵の移動か工房内の製作技法の大きな転換があったようである。国分寺資料にも模骨痕が明確でない資料があり、顎面に縄叩きはなく一枚づくりの決定要素が他にないが、可能性として指摘しておく。

（Ⅱ）では、688Ｂａ・Ｂｂ・611＝Ｓ顎、688新＝Ｌ顎と顕著な違いが認められた。688Ｂａ・Ｂｂは同系文様・技法・Ｓ顎の688Ａ・688Ｃと共に政庁域を中心に出土し、政庁南門修復瓦として作笵されたと考えられている。しかし国分寺資料の688Ｂａ・Ｂｂはこれらと技法が共通するが、今回文様を確認した688新はＬ顎と異なり、政庁域から出土しない点でも他の688とは違いが見られる。また出土量が一割未満と少量で各堂塔から出土すること、先述の657ｂにＳ顎→Ｌ顎の変遷があることを考え合わせると、688Ｂａ・Ｂｂは製品の転用で、688新は政庁南門補修よりさらに下った時期に、国分寺の補修瓦として作笵・製作された可能性が高い。

2　筑前国分寺の軒平瓦造瓦体制について

以上、筑前国分寺跡出土軒平瓦各型式の出土状況と、製作技法の特徴、周辺遺跡出土の同笵瓦からの技法変化・関係性の一端を明らかにした。本来軒丸瓦と併せて考察すべきではあるが、今回はここまで見てきた軒平瓦の様相から、筑前国分寺創建期の造瓦体制について考えてみたい。

大宰府では第Ⅱ期大宰府政庁の建設が八世紀第１四半期には完成を見るが、その後鴻臚館や周辺官衙の整備、観世音寺建設の督促への対応、落慶法要の準備と、政治組織の組み立てに加え、建設物の組み立てにも追われていた。大宰府政庁・周辺官衙、鴻臚館等の造瓦には「造大宰府造瓦組織」、観世音寺の造瓦には「造観世音寺造瓦組織」的な体制のもとに大規模な造瓦が行われていたことが窺える。そうした中、七四一年に国分寺建立の詔が発布される。筑前国分寺の創建時期は不明だが、発布が藤原広嗣の挙兵の翌年でもあり、七四二年に一旦廃止されるなど大宰府内の更なる政治的混乱もあったことから、「造国分寺造瓦組織」を組織するに当たっても多数の工人の確保が困難であったことが考えられる。では「造国分寺造瓦組織」はどのように編成されたのか。

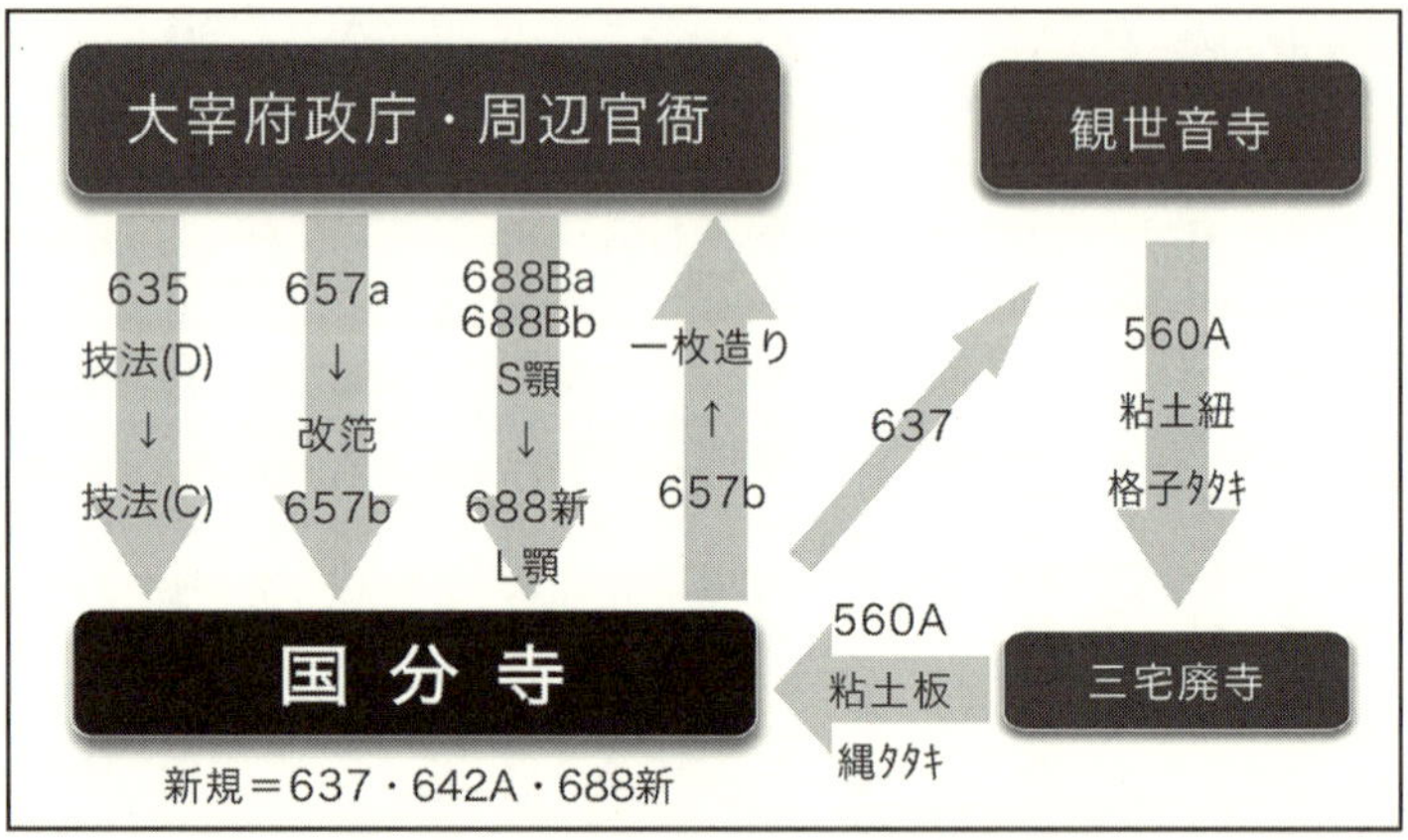

第６図　各施設間の同笵瓦の移動関係

まず、製作技法で分類した（Ⅰ）（Ⅱ）は技法の大きな違いから別組織による製作が考えられ、これまでの調査により（Ⅰ）が先行することから、主要瓦637を生産する組織がまず構成されたと考える。ここで注目したいのが、平瓦凸面に粘土を重ねる技法（Ｂ）（Ｃ）と三角粘土使用の技法（Ｄ）である。「顎を肥厚させる」手法として、粘土を間に挟むか顎に貼り付けるかの違いはあるものの、いずれかが他方から派生した可能性は高い。今回、比較のために観察した第Ⅱ期大宰府政庁域（以下「政庁」）や周辺官衙出土の635Ａで、（Ｃ）（Ｄ）の技法が多用され、特に政庁資料635Ｂには（Ｃ）が顕著で（写真

1–6)、周辺官衙資料635Aには(D)が顕著であることを確認した。これらの技法は、奈良の興福寺系軒平瓦の6671に特徴的な技法である［奈良文化財研究所 二〇一二］。6671の詳細は参考文献を参照されたいが、複数型式にこれらの技法が認められ、特に先行する興福寺の出土瓦では(D)が多く、平城宮・京では(C)が複数枚の粘土の使用と共に多用されるようである。先述の通り鴻臚館Ⅰ式635は興福寺系として認知されており、その製作年代は大宰府政庁造営期の八世紀前半と考えられている。興福寺や平城宮・京での使用年代も同時期で、また寺院と官衙に使用される状況も共通する。文様型式のみならず、製作技法の共通性は、635が興福寺系軒平瓦の影響を強く受けることを再確認できる。635は興福寺での使用段階で、衙では(D)が多用されることを考えると、ともに政庁・周辺官興福寺系造瓦集団から瓦当文様と合わせて製作技法(D)も伝播し、「造大宰府造瓦組織」で通用的に使用されていたと捉えられる。

では翻って国分寺資料を見ると、637に僅かながら三角粘土(D)が使用されることから「造大宰府造瓦組織」の関与が想定でき、637の瓦当文様が635の後継型式と考えられることとも合致する。ただし、政庁・周辺官衙出土の635の製作技法や顎の形状に隔たりがあること、周辺官衙に顕著な(D)が国分寺では少数派で、その痕跡は明確ではなく(写真1–5)、代わりに(C)の複数枚粘土使用が主流であることから、後出する平城宮・京の6671との関係が考えられる。国分寺の創建が八世紀中頃であることからも(D)→(C)への変化と捉えられ、6671の興福寺→平城宮・京への変化とも合致する。ただし、637にはその他の調整方法も多種あり、統率のとれた造瓦組織の製作とも考えがたい。同時期に大宰府周辺や鴻臚館の整備も必要であること、別途、国分寺専用瓦窯も作られたこと、さらに瓦当部の製作技法が(D)から(C)に変化することを考え合わせ、「造大宰府造瓦組織」の直接的な関与ではなく、その中の一部の工人や技術指導により新たに「造国分寺造瓦組織」が編成されて新しい技法を取り入れ、周辺地域や他組織からも工人が集められたことを想定したい。637の製作技法が多岐にわたることも、大宰府以外の工人の技術も使用された結果と考えると首肯しやすい。

こうして創建当初は「造国分寺造瓦組織」が編成され637の造瓦が進められるが、工事は大きく進展せず、七五一年の国分寺建立の督促令に見られるように急ピッチでの建立が求められる。瓦の生産も急ぐ必要から当初創建瓦としていた637の笵のみでは追いつかず、「造大宰府造瓦組織」も参加することになる。637の製作技法が多岐にわたるにもかかわらず635はS顎のみで製作され、「講堂」に偏って多用されることから異なる組織の導入が考えられるからである。背面に大野山を抱く標高の高い位置に作られた筑前国分寺では、南側から見える塔・金堂・回廊は大衆に荘厳性を示すにあたり早急に必要な正面堂塔であり、寺院の性格からまず着手されたであろう。そして別途講堂の建築も急ぎ進める必要性から、別組織を導入して635を生産し、講堂の主たる瓦としたと考える。また635と同様に作笵の古い560Aも、同じくS顎で製作され、塔・回廊の補足的な瓦として使用されている。560Aは前述のように観世音寺から三宅廃寺に笵が移動して使用され、主に寺院に供給されること、後世の「観世音寺資材帳」に造瓦道具の記載があることなどから道具の保管が想定でき、観世音寺専用、または寺院専用瓦として笵が保管されていた可能性が高い。ただし、作笵時とは製作技法に大きな隔たりがあり、「造観世音寺造瓦組織」の製作とは考えがたい(3)。635との技法の共通点が多いことからも「造大宰府造瓦組織」での製作が考えられ、保管されていた560Aの笵も635と同じく創建途中で導入されたと考えたい。

一方周辺官衙で使用された657ａの笵も改笵して657ｂとして使用され、新たに642Ａも作笵される。この二型式は国分寺が最多出土であることから、この国分寺専用に作笵・改笵された可能性が高い。ただし642Ａ・657ｂは「Ｌ顎のみ」で共通し、「瓦当付近に稜のできる削り」「粗い模骨痕」で637製作の工人の癖や造瓦道具の特徴で共通することから、637側の「造国分寺造瓦組織」での製作と考える。657ｂ・642Ａが後に政庁域に供給されることも、国分寺創建後に「造国分寺造瓦組織」が「造大宰府造瓦組織」に再度合流し、持ち帰った笵を再利用したとすれば理解できる。

以上のことから、国分寺の(Ⅰ)の技法で製作された軒平瓦は、まず637が「造大宰府造瓦組織」から分割、もしくは技術指導により編成された「造国分寺造瓦組織」で製作され、塔や回廊、おそらく金堂にも使用される。造営が急がれる中、新たに「造大宰府造瓦組織」が635・560などの製作によって応援し、635は講堂の主要瓦に、560は塔・回廊の補足瓦として使用される。この時、「造国分寺造瓦組織」でも642Ａが作笵、政庁から持ち込んだ657ａを改笵して657ｂを造り、補足瓦として使用する、という流れが考えられる。ただし、642Ａ・657ｂの製作時期については、637と製作技法が近似するものの、出土量や657ｂの一部一枚づくりの可能性、642Ａ・657ｂに(Ａ)が多く見られることなどから、若干の時間差の可能性も考えておきたい。

(Ⅱ)の688・611の製作については、技法の違いや寺域の広い範囲に使用されることから別組織の製作と考える。さらに、一枚づくりで文様構成に畿内の影響が認められないことや、質や捏ね方が粗い粗悪な粘土塊を使用する、笵と軒平瓦の曲率が合っていない、文様が粗雑にカットされる、笵入れが粗く文様が歪んで施文されるなど、製作全般に未熟さが見えることから、造瓦に不慣れな組織の製作と考える。大宰府では八世紀前半から一枚作りという新しい技術が導入されると共に新たな造瓦組織が編成され、後半には最盛期を迎える。ただし軒瓦の型式は少なく、平瓦に多く見られることから、平瓦専門造瓦集団が政庁・周辺官衙・国分寺等の補修に際し、不慣れな軒平瓦製作を行ったと考えるとわかりやすい。さらに国分寺出土の688新にはＬ顎という新しい要素が見られ、688型式の中でも整った文様を持つなど新しい要素が見えることから、政庁・周辺官衙の補修よりは一段階遅い時期が考えられる。

おわりに

今回の検討では、筑前国国分寺出土軒平瓦の出土傾向や製作技法から製作時期・造瓦組織の違いを検証した。明確な製作時期を確定することはできなかったが、型式ごとの傾向と技法の変遷をつかみ、造瓦体制と瓦供給状況を考察した。造瓦組織の編成や各文様型式の導入時期については推定の域を出ないが、多様な製作技法と偏った出土状況から、造瓦組織が一元的でなかったことは指摘できる。また国分寺資料と政庁・周辺官衙・鴻臚館資料の比較検討によって(Ｃ)(Ｄ)の特徴的な技法を見出し、鴻臚館Ⅰ式635の畿内からの技術伝播の時期やその変化も追うことができた。この技法的特徴は、大宰府周辺出土軒平瓦の変遷や(4)、八世紀の西海道各地出土軒平瓦の製作時期検討の一要素としても提示できたのではないかと思う。

今回は軒平瓦のみの検討であり、今後軒丸瓦の傾向を同様に精査する必要があることはもちろんである。また筑前国分寺出土資料と大宰府政庁及び周辺遺跡の一部の資料について言及したのみで、他の型式や他遺跡出土資料の検討まで行えていない。さらに平安期に盛行する包み込み式技法（D）、国分寺資料以外の一枚づくりの製作技法についても、ここでは言及できなかった様々な特徴を見出しており、それらについてはいずれ改めて紹介したい。

註

（1）現段階で二型式（近年三型式が同笵関係から二型式に修正された）が確認されているが、出土量が多大なこともあり、さらに複数笵が存在する可能性が指摘されている。

（2）観世音寺の正報告書で新たに「688Ba'」が設定された。新型式認定の理由は「左第2子葉が二個ではなく三個」のものとされるが、今回他遺跡出土の688を合わせて観察し、Ba・Bbも子葉は元々三個であり、Ba'とされた新型式は文様構成そのものがBa・Bbと異なっていることを確認した（備考図）。詳細は図を参照頂きたいが、子葉の数や珠文との位置関係、唐草の形の違いから、大宰府出土瓦型式設定の法則に則ればBa'（'は笵傷の有無）ではなく新たな「688D」などの型式名になるはずである。このため、ここでは「新」とする。

（3）大宰府政庁の報告書では、560Aは造観世音寺造瓦工房が継続して製作したとされているが、今回の観察では観世音寺資料とは技法が異なり、逆に635Aや637と大きな技法の違いが認められなかった。このことから、造観世音寺工房は観世音寺造営終了をもって解散し、造大宰府造瓦工房に集約されたと考えたい。

（4）その一端として、筑後国分寺創建平瓦にも僅かに（D）の使用を確認し、三宅廃寺出土の560Aにも（C）を確認している。

参考文献

石松好雄　一九九三年「筑前国分寺軒瓦考」『論苑考古学』坪井清足さんの古稀を祝う会編　天山舎
九州歴史資料館　二〇〇〇年『大宰府史跡出土軒平・叩打痕文字瓦型式一覧』
下原幸裕　二〇一八年「軒瓦からみた第Ⅱ期大宰府政庁の造営過程」『九州歴史資料館研究論集43』九州歴史資料館
奈良国立文化財研究所　一九八五年『奈良国立文化財研究所学報12』
奈良文化財研究所　二〇一一年『古代瓦研究Ⅵ　八世紀の瓦づくり―大官大寺式・興福寺式・鴻臚館式軒瓦の展開―』

備考図　688Ba・688 新の比較

造瓦具・造瓦法

栗原 和彦

はじめに

私が九州歴史資料館に勤務替えになったのは、昭和五十八年(一九八三)のことである。着任早々、田川市天台寺出土瓦[田川市教委 一九九〇]を手にとって見ることができた。翌年、学芸二課から調査課へ配置替えとなって、大宰府跡出土瓦を整理してみたいという望みが叶うこととなった。昭和四十七年(一九七二)佐原真氏が「平瓦桶巻作り」を発表されたおり、大宰府周辺で見られる古代瓦の製法について尋ねられたことがあった。そのときには、大宰府跡の平安時代の瓦や遠賀郡芦屋町の推定金台寺跡出土瓦[芦屋町教委 一九九六]の記憶を根拠に「九州では室町時代でも桶巻作りしています」と返事申し上げたことがある。のち、小田富士雄氏から「九州にも一枚作りの平瓦はあるよ」と教示されたようなことがあった。

以後、福岡県教委を退職する平成十三年(二〇〇一)まで大宰府跡および大宰府に関連ある遺跡出土瓦の仕事を続けられたのは幸せなことであった。

瓦は、中国西周時代(前十一世紀)[大脇 二〇〇二]に発明されたという。『日本書紀』によれば、わが国には六世紀末朝鮮半島百済からその製法が伝えられ、飛鳥寺の建立「崇峻天皇元年(五八八)是歳条」に用いられたのを嚆矢とするが、大陸への窓口であった那ノ津(福岡市)に近い春日市[春日市教委 一九八五]・大野城市[大野城市教委 一九九三]・太宰府町[太宰府町教委 一九七九]などで発掘調査された窯跡・竪穴式住居跡の中から六〇〇年頃の土器を伴った瓦が出土している。これは『日本書紀』の記事とは別の伝播経路でわが国に伝えられたことになる。畿内と西海道の違いはあるが、律令制施行以前の大宰府管内のできごとである。大陸文化の窓口という地理的条件がある故のことであろう。

奈良文化財研究所が平成二十一年(二〇〇九)に刊行した『古代東アジアにおける造瓦技術の変遷と伝播』は、古代東アジア(中国・朝鮮半島・日本)での造瓦技術の進展と伝播の様相を解明しようとの試みであったと思う。同書によれば、古代東アジアで見られる造瓦法[佐川 二〇〇九]は、桶状器具(模骨桶・円筒桶)に板状にした粘土(粘土板)ないしは紐状にした粘土(粘土紐)を巻きつけて円筒を作り、乾燥・分割・焼成して瓦を作る方法であった。この造瓦法のうち、百済からわが国にもたらされた造瓦法は模骨桶を用いた製法であった。この時の造瓦具・造瓦法は七世紀末には藤原宮の官衙や諸国豪族の寺院建立などにより東山道から西海道までの広がりを見せた。八世紀、平城宮の造営では藤原宮から移送された瓦のほかは、大多数の瓦は一枚作りらしい[佐原 一九七二]という。この造瓦法は、西海道で見る限り諸国国分寺の造営・修造事業とのかかわりで諸国へ広がったものと思う［亀田 一九八三a、栗原 一九九〇］。さらに大宰府では、八世紀末頃から円筒桶四枚作りの造瓦法が朝鮮半島統一新羅から伝えられた［栗原 一九九九b］。この瓦は、九州一円および本州の一部に広がりをみせた［栗原 二〇〇〇］。

古代、瓦葺建物は、大陸文化の影響力を背景に建立者の権力を誇示するためであったろう。しかし、建物（宮殿・寺院・諸種の官衙など）を建てるにあたって、何千枚・何万枚という大量の瓦が必要とされた。

これを満足するためには、造瓦技術の改良と造瓦工人の確保が必要であった。技術改良のねらいは、瓦の量産のためであり、省力化であったろう。

各地の遺跡から出土する瓦に須恵器作りの工人が、瓦作りに動員された痕跡がのこされている。このことは、須恵器作りと瓦作りの仕事の工程が、似通っていることと、瓦作りのような一過性の事業であっても多くの人員を必要としたからであろう。須恵器作りと瓦作りの仕事の類似点とは朝鮮半島伝来の技術であり、工人集団を作り・粘土をえらび・回転台（ロクロ）を使い・登り窯をつくり・高温の還元炎で焼成して成果品を作るなどの点があげえよう。

須恵器作りでは、壺や甕を作るにあたっては、当て具と叩き板が用いられる。瓦の製作にも桶状ないし台状器具と叩き板が用いられる。どちらの場合も粘土を叩き締める必要性があったためである[1]。

大宰府出土瓦の研究では、中山平次郎氏・小田富士雄氏等の業績にくわえて、発掘調査で得た知見をもとに藤井功氏・石松好雄氏・高橋章氏の研究成果がすでにあった。これらの研究成果を一応消化したうえで『大宰府政庁跡』［九歴 二〇〇二］の発掘調査報告書に取り組んだつもりであるが、その概要は、

(1)律令政府が出先としての大宰府（観世音寺・政庁・官衙など）を西海道の総監府として整備するため大宰府に造瓦組織を作り、律令政府が保有する造瓦具・造瓦法を導入させた。軒瓦は畿内系の瓦笵を用いて、軒平瓦・平瓦は模骨桶製で粘土円筒を四分割して作る方法であった。〈八世紀初頭〉

(2)軒瓦の瓦当紋様は地元産に代わり、軒平瓦・平瓦は凸型成形台で一枚作りした。一枚作りの造瓦法は天平期、大宰府に導入された。〈八世紀第2四半期から九世紀初頭〉

(3)朝鮮半島統一新羅から円筒桶を用いた桶巻作りの造瓦法が導入され、瓦当紋様にも新羅系の紋様がふえる。〈八世紀末から十二世紀〉（第1図）

このうち、(1)については、小田富士雄氏をはじめ、森郁夫氏・石松好雄氏等によって論じられてきたものと思う。ここでは、論議されることの少なかった(2)・(3)項について退職後の知見を含め記述してみたい。なお、丸瓦については有段式・無段式の相違はあっても造瓦器具に粘土を巻きつけて二枚取りする方法が原則的に各時代を通じて行われている。このため、以下では必要範囲での記述となる。

1　軒平瓦・平瓦一枚作り

平瓦一枚作りの最初の発表者は、浦林亮次氏［浦林 一九六〇］であろう。浦林氏は、法隆寺の瓦整理から瓦群の製作法を考察し、丸瓦を五期に、平瓦を三期に分けて軒瓦当の年代観や瓦に記された銘文を資料に各時期の年代を読み取ろうとした。このうち凸型成形台で一枚ずつ作られた瓦

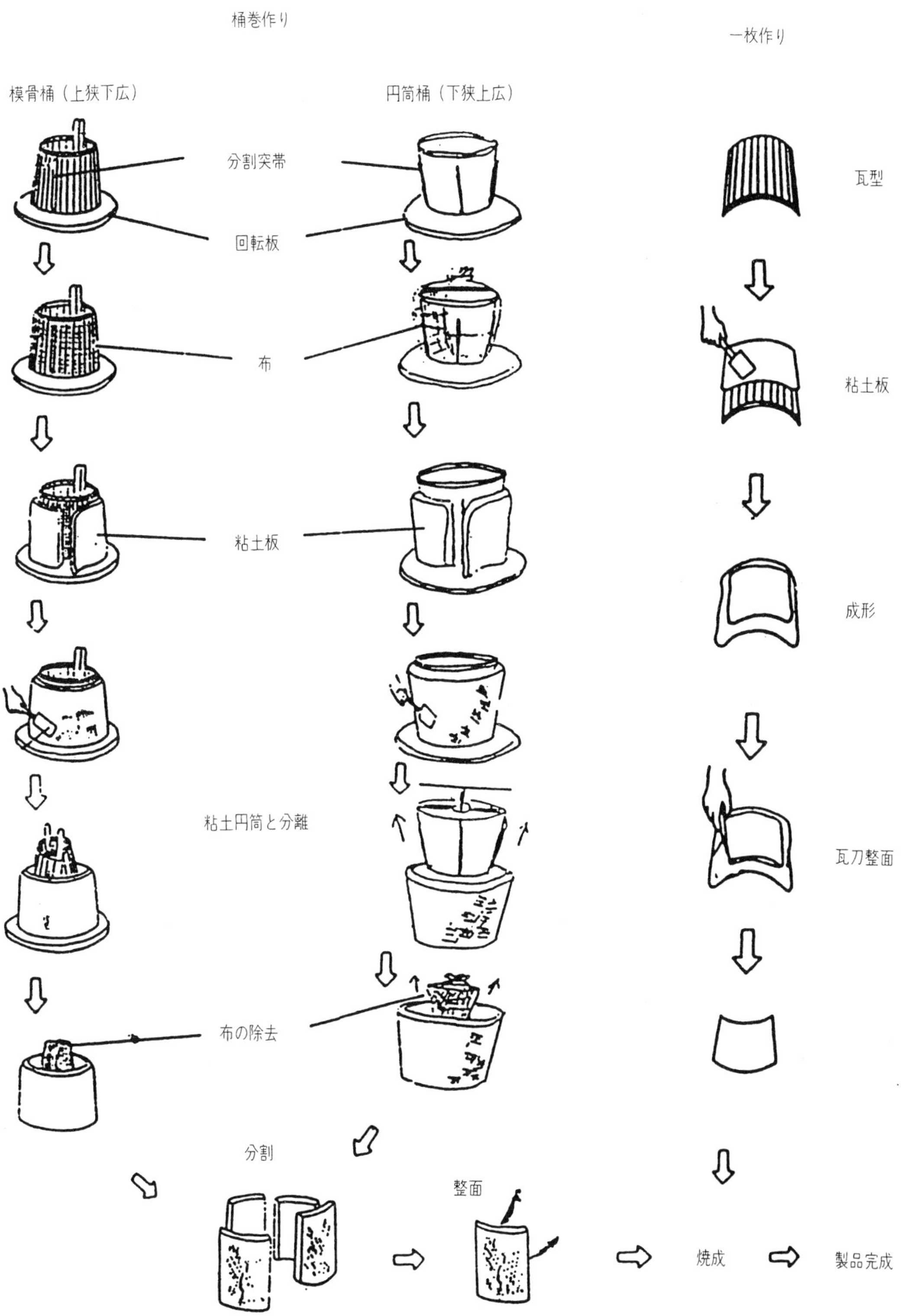

第１図　平瓦の製作過程（清水 1998、原図は崔兌先 1993）

群を平瓦第二期式と呼んだ。平瓦第二期式は、東院伽藍の瓦が論証資料となった。その論拠は、模骨桶製平瓦の種々の特徴と比較してのことである。平瓦凹面の粘土板の継ぎ目や布の縫い合わせ目がない。模骨桶製瓦のような枠板の痕がない。凸面の縄目のタタキが上端から下端まで行きとどいていてロクロ台上で叩かれた痕とは考えにくい。他にもいくつかの根拠を示すが最後に『延喜式木工寮』の「作瓦」の項にある、「作瓪瓦料　商布一尺四寸。宇瓦一尺五寸、鐙瓦筒瓦二尺二寸、並充二千枚」の記事を説明する。

これは、成形台に被せる麻布の寸法を示したもので、瓪瓦、すなわち平瓦では布の長さ一尺四寸が必要であり、宇瓦、軒平瓦で一尺五寸の布が成形台に被せるのに必要となるのに対し、鐙瓦、筒瓦、すなわち軒丸瓦、丸瓦には布二尺二寸と記されている。成形台上で作られる平瓦・軒平瓦に必要な布の長さより軒丸瓦・丸瓦用の布のほうがより長い。これは、丸瓦の模骨に巻くのに必要な布の長さであるからと理解される。平瓦用の模骨桶に被せる布袋であれば四～五尺の長さが必要とされたはずである。平安時代の記録であるが、法隆寺東院伽藍の平瓦から平瓦一枚作りの造瓦法は、奈良時代からと位置づけられよう。

大宰府跡では、蔵司地区第65―1次調査〔九歴 一九八〇〕で、築地SA1410の北側下層からの縄目瓦が一枚作りである可能性が報告されている。昭和五十四年（一九七九）の調査である。私は実見できていない。

太宰府市教委〔一九九八〕『大宰府条坊跡X』の報告書の中で狭川真一氏が瓦積井戸の瓦七〇点を資料として、大宰府跡でも平瓦が一枚作りされた証拠を示された。すなわち、成形台に被せる布の端部が瓦の側面に残るものは一点であったが、凹面で桶巻作り瓦に見られる分割突帯痕・枠板痕・粘土板の継ぎ目・被せ布の縫い合わせ目などがなく、糸切り痕と布目だけであること。凸面の縄目が整っている点などをあげている。

私は、この報告に触発されて大宰府にこの造瓦法が導入された時期を知るため、大宰府政庁の南にある不丁官衙地区で紀年銘（天平六・八年）と記された木簡が出土した溝SD2340出土の瓦の分析を行った。第98次調査区である〔栗原 一九九九a〕。溝は、不丁官衙地区東限の南北溝で長さ22㍍が発掘されていた。溝幅は5.5㍍、深さ1㍍ほどで地形にあわせて南流していた。溝の土層は、横断面が記録されていて、上・中・下の三層に分けて瓦も取り上げられていた。瓦は、コンテナケース三六箱あった。土層ごとに丸・平瓦を分け、凸面については、ナデケシ・縄目・格子目の三分類、凹面については、糸切り痕・模骨痕（枠板痕）・粘土板の合わせ目痕・粘土紐・被せ布の継ぎ目・二次調整の項目をたて、それぞれの点数をかぞえた。軒瓦では、老司式・鴻臚館式などの出土があったが、木簡出土層との関係ではとくに問題はない。老司式・鴻臚館式軒瓦に伴う丸・平瓦（模骨桶製）はあるが、土層での区別はつかない。凸面の結果では、平瓦一一四七片中一〇二七片が縄目瓦であった。凹面では、二二五片に枠板痕を、一二片に被せ布の継ぎ目を認めた。およそ約八〇〇片の瓦の凹面が平滑であった。この瓦群を一枚作りされた瓦と考えてよいだろう。円筒桶製瓦に伴う叩き痕のある瓦は、どの土層からも出土していない。木簡の紀年と溝出土瓦から天平年間の初期に一枚作り法は大宰府に伝えられたと考えた。私は、以前に一枚作り平瓦を論じたことがある〔栗原 一九九〇〕。この時には、亀田修一氏が指摘した一〇遺跡と私が知る四遺跡で合計一四遺跡であった。鶴峯瓦窯（薩摩国分寺瓦窯）・肥後国分寺・肥前国分寺・寺浦廃寺（肥前）・筑後国分寺・大宰府政庁跡65―1次調査・天台寺（豊前）・北浦廃寺（筑前）・菩提廃寺（豊前）・豊後国分寺・法鏡寺（豊前）・弥勒寺（豊前）・塔ノ熊廃寺と窯跡（豊後）・波多江遺跡（筑前）である。薩摩・肥前・筑後・肥後・豊後の国分寺及び瓦窯名がみえて、八世紀後半の共伴遺物の出土が報告されている事例が多いこと、豊前地区が四ケ所で最も多いことなどから、天平十五年（七四三）の宇佐弥勒寺東塔建立の頃［真野 一九八九］、九州に一枚作りの造瓦法が伝えられたと考えていた。しかし、大宰府政庁跡南の不丁官衙の溝ＳＤ2340出土瓦で見られた一枚作りの造瓦法はそれより十年ほど古く考える必要があることになる。大宰府で一枚作りされた軒平瓦について一言つけくわえたい。それは、模骨桶製軒平瓦と同様に、顎部に粘土を足し貼り付け段顎とした軒平瓦がある一方、段顎を作るため瓦当面に平行にナイフをいれて顎を削り出している軒平瓦がある［栗原 二〇〇〇］。段顎を貼り付けて作るか、削り出して作るかは、造瓦技術のうえでは大きな違いとは言い難いかもしれないが造瓦集団の違いを考える根拠ともなりうるように思える。

同じ一枚作り法の瓦であるが、前橋市所在放光寺（山王廃寺）の範囲確認調査で見出した瓦片はちょっと変わった成形台で作られている。山王廃寺は、石田茂作氏［石田 一九四一］によって素弁単弁八弁の軒丸瓦が出土することが紹介されてから、東国では最古級の廃寺の一つとされてきた。これまでは、二種の石製鴟尾や立派な塔心礎などで知られていた。昭和五十四年（一九七九）の発掘調査で「放光寺」銘の箆書き瓦がみつかり山ノ上碑文中の「放光寺僧」(2)の寺が山王廃寺ではないかと言われるようになった。平成九～十一年（一九九七～九九）の寺域周辺での下水道工事にともなって三〇〇〇点余の塔本塑像片や大量の瓦片が出土した［前原 一九九八］。その中に箆書「天長八」銘の瓦片が存在した。「天長八」（八三一）は紀年銘であると私は考えている。「放光寺」・「天長八」銘文字瓦は、碓氷郡秋間郷の須恵器生産窯で焼かれた縄目瓦であった［栗原 二〇一二］。

この瓦は以下のような特徴がある。凸凹両面に糸切りの痕跡が残る。凸面の縄叩き目は瓦の長軸方向に八～一〇回ほど打たれているが、最後に必ず狭端縁に沿って横方向に叩いている。なお、凸面には最終的に凹型の受け具痕と思われる当たりが端縁から側縁に続いていて縄叩き目の頂部を潰している。凹面には布目が残る。その中に側面から凸面まで布目が続く瓦片や、布目が狭端面をこえて凸面まで続く瓦片がみつかっている。側面は刃物で切った瓦もあるが丸みをもって布目を残すものもある。このことから、瓦作りの成形台を想定すると第２図のような三方に壁のある成形台が考えられる。また、このような成形台を作ったため、受け具が必要になったのではないかと思う。おそらく、生瓦より一回り小さい凹型の受け具であっただろう［前橋市教委 二〇一〇］。

放光寺の一枚作り平瓦では、羽子板型の叩き具と思われる叩き痕の残る平瓦片がある。上野国分寺用に焼かれた瓦であるが、放光寺でも極少数みられる。みどり市鹿に所在する笠懸窯産瓦である。小破片ではある

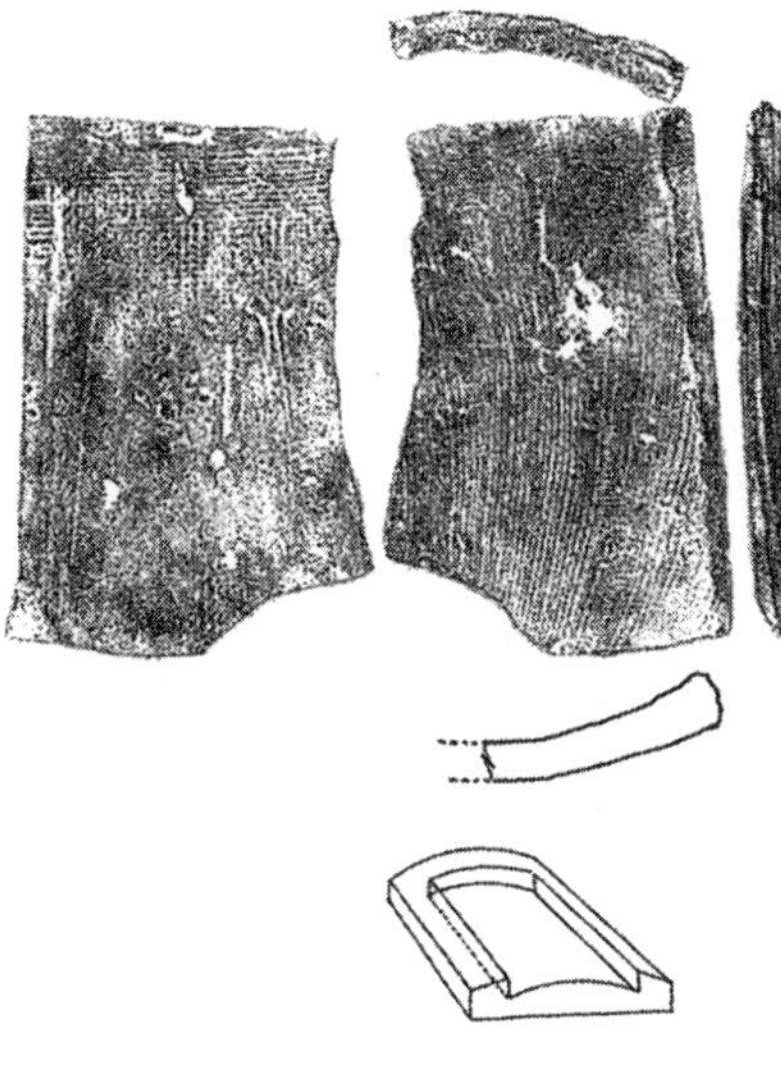

第２図　放光寺一枚作り平瓦の１例
同瓦の成形台のイメージ

が、凸面の叩き具の打面は、最大で幅10．5㌢・長さ9．0㌢ほどの斜格子紋が木目傷に対してほぼ45度にきざまれている。打痕は六ケ所残る。打痕の木目傷の残りかたから叩打板は一種類である。羽子板形の叩き具を想定すれば、柄は木目の走行方向であろう。従って木目傷は、平瓦凸面に工人が叩いた方向を記録していることになる。木目傷が叩き板の方向を示すと考えられる。第3図がそれである。打痕に規則性はない。一枚作りの成形台だからこそのことと思う［前橋市教委 二〇一〇］。

2　円筒桶製平瓦と軒瓦

問題とする瓦群は、大宰府跡ではごく普通に見られる瓦片で発掘調査での出土量も最も多い。その特徴を並べて見よう。

① 丸・平瓦共に小形である。

② 丸・平瓦の凸面には瓦の長軸方向に長さ25㌢以上、幅5㌢以上が測れる木製叩打具による連続打捺痕がある。

③ 丸瓦は一木模骨に布筒を被せ粘土板を巻いて円筒を作り、回転台上で玉縁を作り出し、円筒の内側から瓦刀を入れ乾燥後二分する。

④ 平瓦の凹面には、糸切痕と布目が残る。模骨桶製瓦にみられる枠板の痕跡はない。粘土板の継ぎ目がある。被せ布の繋ぎ目もある。分割突帯らしい溝がある。側面は多くの例では一方が截面で片方が截面と破面となっている。半円筒状態で窯詰めしたものであろう。

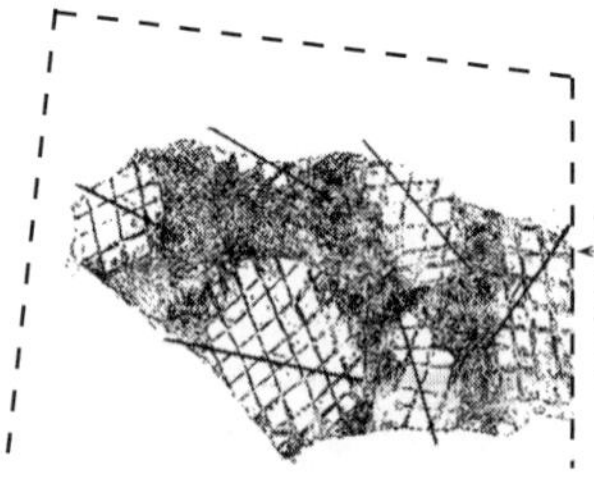

第3図　放光寺一枚作り平瓦の１例

⑤ この特徴のある丸・平瓦を、軒丸瓦・軒平瓦の瓦当裏に接合した例が多い。いわゆる、包み込み式接合法［木村 一九八〇］らしい。

⑥ 生産窯は、政庁跡・観世音寺周辺に三〇ケ所に近い数が見つかっているが、いずれも5㍍ほどの小規模な窯跡［高橋 一九九五］である。

当時（一九九七年頃）は、瓦の作り方は、模骨桶で作るか一枚作りの成形台で作るものと思い込んでいた。この時、清水信行氏［清水 一九九八］の論考に出会った。氏は韓国研修中に「論山郡開泰寺」出土の銘文瓦について検討され、論文を発表された。なかで慶北大学の崔兌先氏の学位論文［崔兌先 一九九三］をひかれて円筒桶の存在を示された。これは、佐原氏［佐原 一九七二］が、「桶の形態―桶は截頭円錐形をなすものが多い（略）なかには朝鮮忠北例のように円筒形をなすものもある。日本古代の瓦は大多数が前者によっている。」さらに「桶の構造―二つの種類がある。第一種は「有柄開閉式桶（状造瓦器具）」とも呼べるものであって（略）、一端（上端）が幅狭く、他端（下端）が幅広い細板、すなわち「枠板」多数から成り立っており、（略）第二種は「無柄非開閉式桶（状造瓦器具）」ともよべる物で有って」と説明され朝鮮忠北例とは、藤島亥治郎氏［藤島 一九三九］が朝鮮半島忠清北道・全羅南道の瓦職人が用いていた伝統的な造瓦工具と職人による造瓦工程がスケッチと写真で記録されたものをさす。第4図のスケッチに造瓦桶がある。藤島氏報告の造瓦桶を用いての風景は、「（略）斯くて切り取った四枚分又は二枚分の瓦土を布巻した円筒の上に巻きつける。（略）円筒の両側にたった職人は円筒を緩く廻しつつ瓦土をべたべたと叩き成らす。之には、断面がやや楔形をした板（叩き板の寸法―略）に柄のついたものを以ってし、之に水をつけては盛に叩きつけ、次いでその先を軽く表面に当てて回転して最後の仕上げをする。」とある。さらに、「斯くて仕上がったならば円筒の上方についた横木又は環を鈎で引っ掛け、鈎を縄に結びつけて回転板から外して乾燥場に運ぶ。平瓦の場合は重いから縄のさきに横棒をとうして二人して肩を入れて擔いで行く。」とあるから造瓦桶に粘土円筒が巻かれた状態で乾燥場へ運んだのであろう。藤島氏の見た朝鮮での瓦製作の特徴を考えると、桶に枠板は使われていない。しかし、粘土円筒は作られ粘土板の繋ぎ目や被せ布の縫い合わせ目があることになる。崔兌先氏の示す円筒桶製瓦の特徴と同じである。しかも、問題としている大宰府出土瓦の特徴でもある。大宰府出土瓦も、この製法・工具で作られた瓦に違いない。円筒桶製瓦と認めて良いだろう。

清水氏は、崔兌先氏の論考から朝鮮半島三国時代の瓦作りについて以下の引用をされている。

① 三国時代の高句麗・百済地域では、模骨桶を用いていた。
② 新羅地域では平瓦製作の開始期から円筒桶を用いていたと思われる。
③ 統一新羅時代以降、両地域とも円筒桶を用いるようになり、模骨桶は用いられなくなる。
④ 模骨桶と円筒桶は、回転台の上に桶を載せる際に上下が逆に設置される。つまり模骨桶は直径が小さい方が上に、大きい方が下にくるように設置されているが、円筒桶は直径が大きい方が上に、小さい方が下にくるように設置される(第1図)。
⑤ 模骨桶は粘土円筒成形後に分解して粘土円筒からはずされるが、円筒桶は分解することなく、桶の上部内側に渡してある横木を持って上に引き上げることによって粘土円筒と桶を分離する(第1図)。
⑥ 分離された粘土円筒は、その広端内面を二次調整する。この調整範囲は時代が下がるにつれて広くなる。

この引用文によって、②円筒桶は三国時代新羅から使われ始めた造瓦具らしいこと。④・⑤項によって、模骨桶と円筒桶の構造と使用法の違いが具体的に理解される。

大宰府跡出土瓦のうち、凸面に長手木製叩打具の打捺痕が残り、平瓦凹面では枠板痕のない滑らかな曲面の瓦群は、円筒桶製平瓦とそれに伴う丸瓦・軒瓦と言えよう。以下では、造瓦具のなかで円筒桶製平瓦四枚作りの主要な道具である桶と叩打具について記す。なお、大宰府の瓦の叩き板は木製である。その打面には、文字銘・記号・絵画風のものなどが刻まれていて、瓦工房名・紀年・瓦需要者名(発注者)などを表しているものと思われる。これにも若干触れてみたい。

円筒桶　藤島氏の示されたスケッチに見る桶と崔兌先氏論文にある写

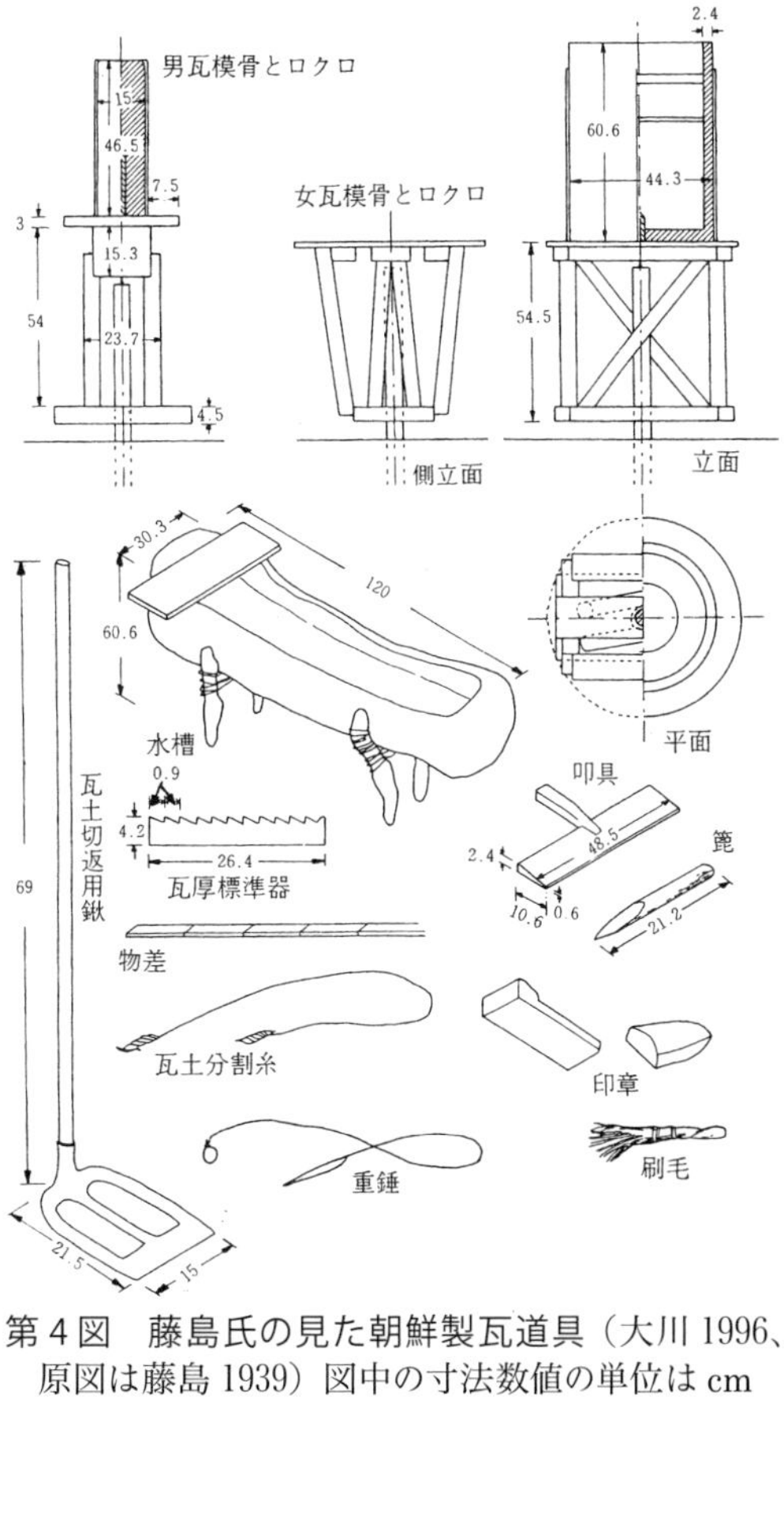

第4図　藤島氏の見た朝鮮製瓦道具(大川 1996、原図は藤島 1939)図中の寸法数値の単位は cm

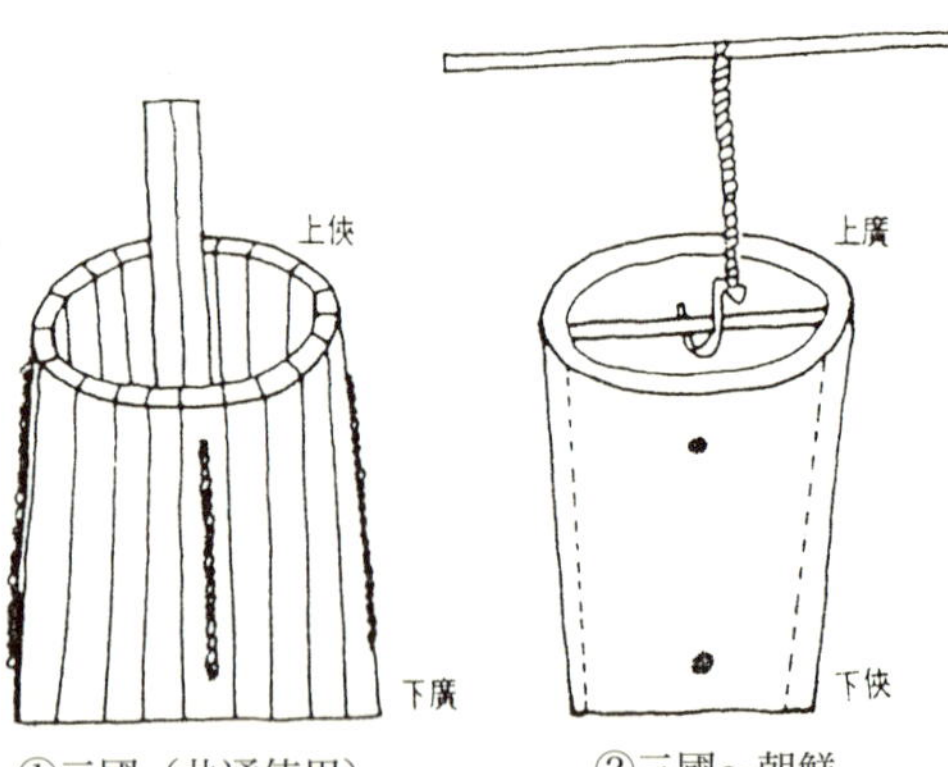

①三國（共通使用）　②三國～朝鮮

第5図　①模骨桶　②円筒桶（崔孟植 2001）

真、および崔孟植氏〔崔孟植二〇〇一〕の論文中の挿図（第5図）が手元にある。

藤島氏の示す円筒桶は「平瓦を四枚連ねて成す圓の内径即ち普通約一尺四寸乃至一尺五寸（42．4～45．5㌢）の太さと平瓦の長さよりやや長い程度、即ち約二尺（60．6㌢）の長さを持った木を合わせたので壊れるといけないから中に隔壁や添え木をして之を補強している。又、その圓周を四分した位置に同じく薄い板を貼り付けて之で平瓦四枚取りの目安としている。（第4図）」とある。大宰府出土の平瓦は、長さで35㌢以下であるから、ややこれより小さい円筒桶が想定されようか。

崔兌先氏論考は、製作道具と痕跡という項のなかで模骨桶と円筒桶の記述がある。氏は桶の構造の問題よりも造瓦具そのものが時間性を反映するとしている。円筒桶そのものについては、「比較的広い板を利用して桶を作り、上下に鉄輪を回して桶を固定させたもので、（略）」とある。また、佐原氏の言う分割突帯は、多くの例があるようだ。藤島氏の忠北例では薄い板が用いられている。

崔孟植氏論考の造瓦具は、模骨桶では桶枠の上下に「上狭・下広」と説明され、枠板・分割突帯まで示されている。円筒桶の図では、桶の上下に「上広・下狭」と説明されていて枠板は、描かれていない。桶の正面上下に黒丸が二つみられるが、円筒桶の分割突帯の位置を示すものか、中空となった桶の補強材の位置を示すものかと思う。さらに、上端に渡した横木に鈎をかけて上方の棹で釣り上げて乾燥場へ二人で担いでゆく仕組みは藤島氏の説明とも同じである。円筒桶の模骨桶に対する構造と使い方の違いは、三氏の説明によって形態（構造）・大きさ・使用法などは理解できる。円筒桶に粘土円筒を巻きつけた状態で、桶上部の横木に鈎状のものを懸けて二人で担いで乾燥場へ運ぶ。乾燥場では桶を引き上げ、粘土円筒を離脱させる。しかし、三者が示す円筒桶には、若干の相違がある。崔兌先氏と崔孟植氏の二人の挿図にある円筒桶は「上広、下狭」であるのに対して、藤島氏の挿図にあるそれは「上下同一の直径」の桶のようである。佐原氏〔佐原 一九七二〕も「桶の形態─朝鮮忠北例のように円筒形をなす」とあるから私一人の理解ではない。大宰府出土瓦では、「上広、下狭」の桶も「上下同一の直径」の桶もあるようだ。

叩打具・叩打痕　藤島氏は叩き板を「断面がやや楔形した板（長さ一尺六寸（48．5㌢）、幅三寸五分（10．6㌢）、厚み前方二分（0．6㌢）後方八分（2．4㌢）に柄の付いたもの（第4図叩具）」と説明する。図には、板の横中央に柄が付いている。この図から受ける印象は、叩き板には粘土板を叩き締める効果が期待されているであろうということである。したがって、木質は硬く重いほうがより強い叩き締めの効果があるものと思う。

崔兌先氏は、打捺板の長さ・方向・単位文様を分類の基準とする。叩き板を短板（瓦長の四分の一程）・中板・長板（ほぼ瓦長）の三種にわけている。長さの異なる三種の叩き板には縦方向と横方向に柄が付く例が図示される。回転台の回転では「弧状の連続打捺（第6図2）」と記されたものと「横方向の連続打捺（第6図4）」とがある。「弧状の連続打捺」とは、佐原氏〔佐原 一九七二〕のいう「叩き締めの円弧（第6図1）」であろう。

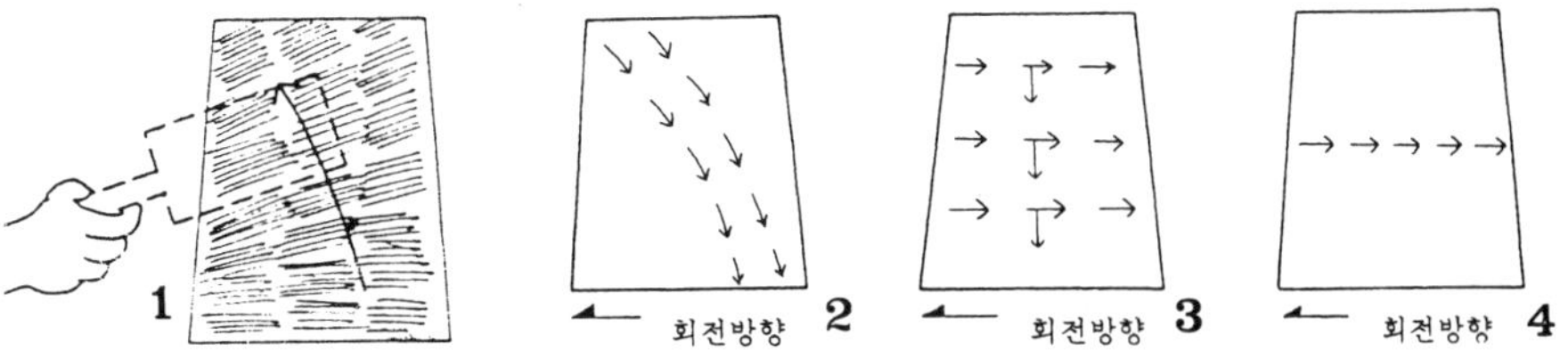

第6図　轆轤回転方向に対する叩き板の軌跡（1. 佐原 1972、2~4. 崔兌先 1993）

大宰府の円筒桶製瓦に見られる打捺痕は、叩き板の長さが25㌢以上あるから瓦長に近い。崔兌先氏分類の長板である。回転台の回転によって生じる打痕は「横方向の連続打捺」の一種類である。

当然のことながら、報告書では円筒桶製平瓦であるから拓図を「上広、下狭」に並べた結果、叩き板の一端が上辺(広端縁)では切れたものが多く、下辺(狭端縁)側では叩き板の一方の端を写し取っている。回転台上にある粘土円筒を叩き板で叩く時、回転台の円盤状の板を叩かないように配慮した結果であろう。

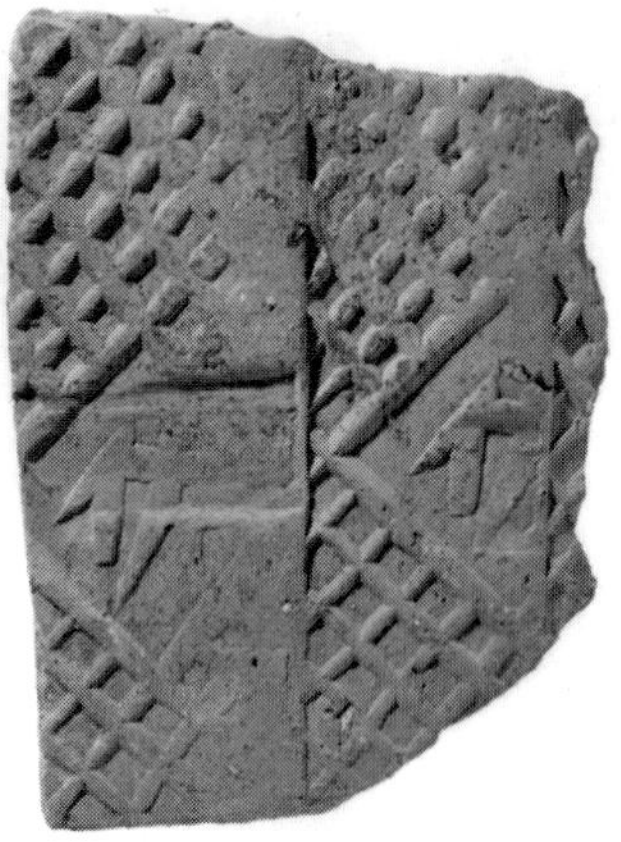

第7図　叩き板　柄の痕跡
（石丸洋氏撮影）

第7図の写真は、報告書で叩打痕文字瓦一覧として提示した文字銘「佐」(902C型式)の小破片である。連続打捺痕のうち左側「佐」字を潰しているのが、叩き板の横につけられた柄の痕跡と思われる。大宰府出土の円筒桶製平瓦・丸瓦の凸面の叩き板の柄は、横に着くものであったと考えたい。さらに須恵器や初期の瓦凸面にみられる叩き板の痕跡から考えて羽子板のように縦に柄が付く叩き板より、横に柄が付く道具のほうが新しいのではと思われる。従って短板が長板よりも古い形式の道具であるだろう。長板で横に柄の付く大宰府出土の叩打痕文字の叩き板は、叩き板としては比較的新しいものと考えるべきだろう。

叩打痕文字瓦・文字銘　大宰府跡出土瓦には、木製叩き具の打面に彫り込まれた文字・記号・模様などがある。その種類は一〇〇を超すものと思われる。中山平次郎氏[中山 一九一四～二六]は、都府楼周辺で採集された叩打痕文字瓦の比較研究をされた最初の人であろう。数々の叩き板の斜格子紋に追刻があることを発見された。なかでも文字銘「安楽之寺」(904Aa)と(904Ab)の出土状況の違いに気付かれた。「安楽之寺」は、安楽寺(天満宮)をさすものである。Aa・Abは、一つの叩き板であるが、Aaの「安楽之寺」の文字面に棒線を追刻し文字を消して安楽寺以外の建物用の瓦の叩き板として用いたものがAbである。Aaは、安楽寺境内地でみつかる瓦であるが文字面を棒線で消しさった瓦は、都府楼や学校院、条坊跡など天満宮以外の各地で見つかる瓦である。Aaは「安楽寺」専用の瓦に打捺された文字であるが、Abは、「安楽寺」以外の建物に供給されている事実をつきとめられていた。この文字瓦の研究を石松好雄・高橋章氏[石松・高橋 一九七六・七八]がひきつがれた。両氏の研究成果が根幹となって、報告書[九歴 二〇〇二]の「叩打痕文字瓦型式一覧」は、成り立っている。

同書では、901～924型式までを設定したものの、これで総てが型式登録できたわけではないし型式設定したうちでも多くの疑問や問題が残っている。今日の時点での整理にすぎない。報告書に重複する感があるので簡単に文字銘の意とするであろうことを記す。「平井瓦屋(陰刻、左字)」

以下一四種の叩き板(901型式)・「佐瓦」以下九種の叩き板(902型式)・「賀茂瓦」以下九種の叩き板(903型式)の叩打痕文字を叩打面に残す瓦の出土状況は、政庁跡・官衙地区からの出土が多い。「平井瓦屋」で代表されるように政庁にかかわる造瓦工房を意としたものと思う。「安楽之寺Ａａ」・「安楽寺」・「安」の五種の叩き板(904型式)は安楽寺(天満宮)直属の造瓦工房ないしは、安楽寺からの注文を受けた造瓦工房が瓦製品の納入先を記した文字銘とも考えられようか。安楽寺天満宮からの出土が多いこと、観世音寺資材帳の記載から考えられる直属の造瓦工房が安楽寺にもあったと考えるべきだろう。「安楽之寺Ａｂ」の叩き板からは、後者の可能性を考えたいが……。

「観世音寺」(905型式)二種の叩き板の場合、延喜五年(九〇五)の『観世音寺資材帳』に承和から貞観年中(九世紀中頃)にかけて造瓦屋の存在や瓦形があった〔栗原 二〇〇二〕ことが記されているから、観世音寺直属の造瓦工房にあった叩き板であろう。

次に、紀年銘が刻まれた叩き板が三種ある。「安楽寺」(904Ｃ型式)で「安楽寺天承二歳次壬子」と記されたもの。天承二年(一一三二)である。安楽寺天満宮境内からの出土。「八年」(917型式・左字)は和暦が記されていない。銘は斜格子紋に重ねて記銘している。この叩き板の斜格子紋は、細かく整った文様であるが、紋様の時間的変化の流れとして細かく整ったものからしだいに大きく粗い紋様へと変わると思われること、遠賀郡芦屋町浜口廃寺〔九歴 一九八一〕、久留米市西行寺山〔栗原 一九九九ｂ〕出土の「延喜十九年」銘の瓦の斜格子紋に近いことから「延喜八年」(九〇八)ではないかと思う。三番目は「天延三年七月七日」(921型式)である。天延三年(九七五)銘の出土例は少ない。なお、江谷寛氏の教示によれば平安京にも出土例があるという。坂本瓦窯・国分尼寺からの出土という。

瓦の絶対年代を示す資料だけに他の瓦と比較するうえで貴重なものといえよう。これ以外の文字銘瓦の銘文について私的に解釈することのできる部分もあるが解らない銘文のほうが多い。これからの課題としておきたい。

清水氏が朝鮮半島で調査された円筒桶製の紀年銘瓦との比較をしてみよう〔清水 一九九八〕。

「太平興国五年…」益山弥勒寺出土。太平興国五年は、中国宋の年号で西暦九八〇年。

「會昌七年」扶余扶蘇山城出土。會昌七年は、中国唐の年号で西暦八四七年。

「大中祥符十年」弘慶寺出土。大中祥符十年は、中国宋の年号で西暦一〇一七年などが絶対年代の記された古い紀年銘のようだ。朝鮮考古学での最近の研究成果について解らない部分も多いが、大宰府跡出土の紀年銘瓦の持つ年代と似かよっている感じがする。叩き板の紀年銘は新羅の帰化工人の手で作られたのではないかという気がする。

かつて、『大宰府・太宰府天満宮史料』〔太宰府天満宮 一九六四〜六七〕をたよりに七〜十世紀にかけての朝鮮半島統一新羅とわが国との交渉について調べたことがある〔栗原 二〇〇二〕。「白村江の敗戦」、「壬申の乱」以後、天武朝〜聖武朝ころまでは、ともに警戒しあいながらも新羅国使の来訪・遣新羅使の派遣もあって両国の交渉は平穏であったようだ。八世紀なかば、中国でおきた「安史の乱(七五五)」あたりからなぜか「新羅討つべし」という対外政策を中央政権がうちだす。大宰府は、帰化新羅人のうち本国帰還希望者の放却。兵船の建造なども実施し戦支度が進行する。新羅は、宝亀十年(七七九)を最後に外交使節のわが国への派遣を停止した。しかし、この騒ぎも藤原仲麻呂の失脚によって頓挫する。

八世紀末の日本外交は、唐・渤海が相手となったが、一方で新羅商人の来訪がふえた。九世紀、弘仁五年(八一四)新羅人二十六人博多津に漂着。同七年(八一六)百八十人が帰化。同八年(八一七)二月新羅人四十三人、四月百四十四人の帰化。承和七年(八四〇)新羅海商張宝高との交渉。斉衡三年(八五六)漂着新羅人三十人を放帰。貞観五年(八六三)新羅沙門等の来訪。などの記事が残る。二国間に国交はなくとも人の交流は続いている。

貞観十一年(八六九)、「新羅海賊が船二艘で博多津に侵入して、豊前が貢納した絹綿を略奪して逃走。」という記事がある。このことで大宰府は、勅譴される。犯人捜しの結果、新羅人潤清等三十人に嫌疑をかけた。一度は潤清等三十人を本国へ放還する太政官処分が出たが順風を得られず帰国できなかった。貞観十二年九月十五日逃亡等によっていなくなった十人を除いて、二十人に下された太政官処分が『日本三代実録』に残る[栗原 二〇〇三]。

「十五日甲子、遣新羅人廿人。配置諸国。清倍(以下四人の名前)五人於武蔵国。僧香崇(以下四人)五人於上総国。潤清(以下九人)十人於陸奥国。勅。潤清等処於彼国人掠取貢絹之嫌疑。(中略) 潤清。長焉。眞平等。才長於造瓦。預陸奥国修理府料造瓦事。令長其道者相従傳習。」とある。

「陸奥国修理府」とは、二艘の海賊船が博多津に入り絹綿を略奪した貞観十一年五月二十二日の四日後に起きた「陸奥国大地震」によって陸奥国国衙であった「多賀城」にも大きな被害があった。その復旧のために設置された臨時の役所である。潤清等に国衙用の瓦を製作させようとの処分であろう。

「潤清。長焉。真平等。才長於造瓦。」この記事に基づくのであろう藤沢一夫氏[藤沢 一九六七]は「大宰府近傍に新羅系屋瓦の分布濃密であるという事実をも勘案して筑前国の住人であったかとも推察する。」とされた。私流に言い換えれば(やや、我田引水ではあるが)、府庁は新羅出身の瓦職人に博多津に侵入して絹綿を略奪した嫌疑をかけたのであろう。このことは、府内に新羅出身の造瓦職人がいて、府の必要とする造瓦に従事していた。私は彼等が用いた造瓦具・造瓦法は、新羅本国で用いられていた造瓦具・造瓦法であったろうと思う。大宰府は、西海道諸国の国衙や諸官衙の建設、国分寺や寺の建立や修復にも新羅伝来の造瓦具・造瓦法を広めたものと思う。『九州古瓦図録』[九歴 一九八一]によって、円筒桶製瓦を拾えば、筑前で19遺跡、筑後2、豊前4、豊後2、肥前7、肥後10、日向・大隅各1、薩摩2の遺跡例が拾える。さらに、平安京まで運ばれた瓦[近藤 一九七七]もあれば、周防国府の発掘調査で出土した瓦[森江 一九九二]もある。

こう見ると、西海道が円筒桶を用いた造瓦法の中心的な場所であったことにはちがいないが新羅系の瓦当紋様の軒瓦を出土する遺跡は数多く[石田 一九四一]あるし、『続日本紀』には武蔵国に新羅郡[3]、上野国多胡郡[4]の建郡の記事があることなどを考え合わせれば、今後東国でもこの造瓦具・造瓦法で製作された瓦が見つかったとしても不思議ではない。

おわりに

古代、建物が為政者の権威の象徴となった時、瓦葺建物は特別な存在であったろう。西海道の総監府としての大宰府・府の大寺としての観世音寺・菅公の廟である安楽寺天満宮も特別な存在である。ために建物の建造にあたって多くの資材を必要としたが、なかでも屋根を瓦葺きにするとなると大量の瓦を必要とした。瓦を造り焼く技術力・技術をもつ集団を動員する力等々がなくてはならなかった。

大宰府跡出土瓦の製作方法の変遷をかえりみれば、①模骨桶を用いての平瓦四枚作り、②凸型成形台を用いての平瓦一枚作り、③円筒桶を用いての平瓦四枚作りへと変わる。この造瓦方法の変革は、製作技法の簡略化(省力化)による生産量の向上にあったのだろう。①から②への技術革新は、①では回転台の操作や20キロ前後の粘土円筒の製作など、どうしても複数の工人が必要であったのに対して、②では生瓦の作製工程だけは一人の仕事で賄えるわけである。②から③への変革は、平瓦では小型化(軽量化)であるが、なによりも軒瓦製作方法の包込式という簡略な方法にあったにちがいない。同じ桶巻作りではあるが、①と③とでは、大きな違いがある。丸・平瓦では、①にくらべて③ではかなり小形になっていること(第8・9図)。さらに①で軒平瓦を製作する場合、粘土円筒の状態で瓦当紋様を施文する[山崎 一九九二]のに対して、③では軒丸・軒平瓦を問わず包込式という簡単な方法で製作されるという違いがある(この場合、時間の経過とともに精巧な良品から粗悪品へとしだいに品質は劣化するが……)。このように大宰府の瓦製作方法は、変革していった。

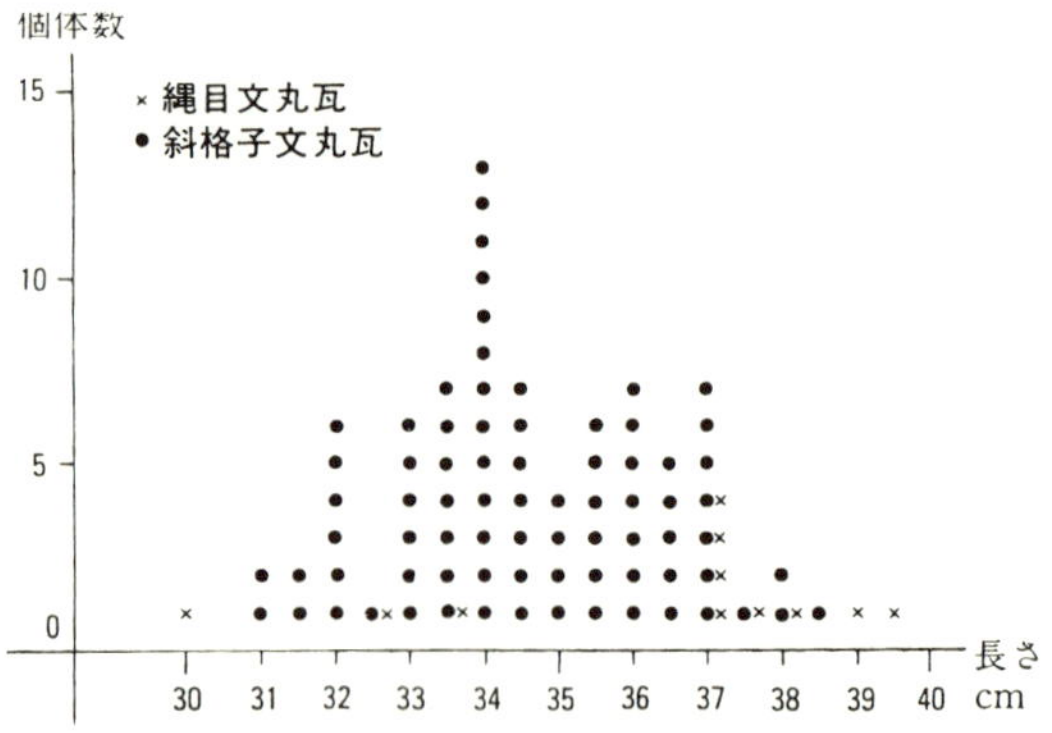

第８図　丸瓦の長さによる度数分布

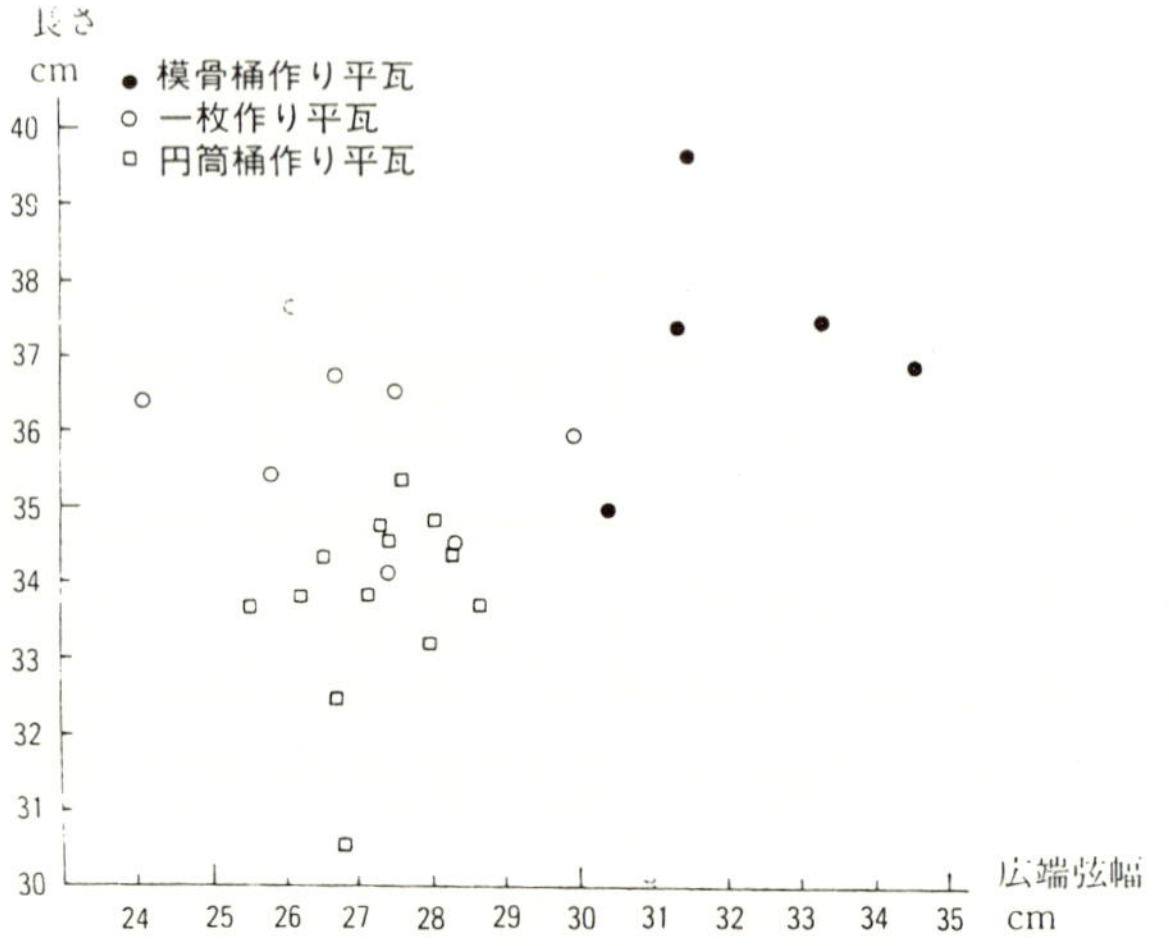

第９図　平瓦の長さと幅による比較

管見ではあるが、これまで国内の「発掘調査報告書」・「瓦の研究書」では「円筒桶製平瓦・軒瓦」をあつかった報告・研究に出会えていない。古代、わが国で行われた平瓦の製作方法は、模骨桶か、成形台を用いての一枚作りする方法が圧倒的に多い。朝鮮半島とは、「一衣帯水」の関係にある西海道大宰府であるからこそ新羅の造瓦技術がもたらされたのかも知れない。そこで韓国での丸・平瓦の研究動向を崔孟植氏の論考[崔孟植 二〇〇二]によって円筒桶製瓦がどのように研究されてきたのか探ってみたい。

崔孟植氏は、韓国の瓦研究者が第二次大戦後たどった「丸・平瓦の研究史」を一九七〇年代まで・八〇年代・九〇年代・二〇〇〇年以後の四段階に分けてたどられた後、問題点とこれからの課題について論じている。ここでは、小論に直接関係あると私考する部分だけをとりだして見る。

七〇年代までは、伝統的な造瓦法(円筒桶を用いての造瓦と思われる)が残っていたが、手作業で行われていた状況からしだいに機械製作にと変わっていった。

丸・平瓦の本格的な研究は、八〇年代に始まるとされる。瓦に対する最初の研究は、紋様だけを第一としてきたが、丸・平瓦に対しても目が向けられてきたという。なかで「叩き板の長さは、三国時代には長い長條式紋様が観察されていない」「この時期には、すべて短い叩き板を使用していた」という一文があった。叩き板は、須恵器のような土器の器壁を叩き締める効果には器の大きさにあった打面が必要であり、瓦のような打面の広さは、不必要であったろう。さらに「模骨桶の存在は、統一新羅にはいってから次第に消滅していった」という。新羅で用いられ始めた円筒桶を用いての瓦作り法の普及が高句麗・百済故地にと拡散したものであろう。

九〇年代では、崔兌先氏論考にみられるように増加した瓦資料をもとに三国それぞれでの瓦製作法の比較も行われているようだ。この時期、百済漢城都邑期の主城と考えられている風納土城の発掘調査での出土瓦から①叩打具痕から土器と瓦の作り方に密接な関係があること、②模骨桶の使用が明らかになったこと、③円筒桶の存在が推測されるなどの結果であったという。

崔孟植氏は、模骨桶の使用は百済滅亡(六六〇年)後、十数年続いたと考えられる遺跡もあるが三国時代で消滅し、円筒桶での瓦製作となっていくという。また、百済では円筒桶の存在について熊津遷都後持続的に採用され高句麗・新羅でも存在したとされる。また、一枚作り瓦の可能性がある論考にも接しておられる。

日本では、亀田氏[亀田二〇〇九]が「円筒桶を使用した平瓦は、高句麗や百済では知られていない。ほかのどこから入ってきたのか、それとも新羅で独自に生み出されたのであろうか。現時点では、少なくとも古新羅時代には存在するようである。」とする。崔孟植氏と亀田氏とでは三国時代に円筒桶がどこで使われたかで微妙に意見が違っているようにも見える。ともかくも、円筒桶の使用は古新羅時代に始まったとしてよいだろう。さらに、亀田氏は叩き板について「古新羅時代は短板と中板があり、長板は統一新羅にはいってからみられるようである。」としている。

東アジアではどうか。中国ではどの時代にも円筒桶は使われていない[佐川二〇〇九]。韓国では、一九七〇年頃まで円筒桶は使われていた[崔孟植二〇〇一]。わが国では、大宰府出土紀年銘瓦から十二世紀頃までは円筒桶を使っていた。なお、沖縄県浦添城出土瓦に干支「癸酉」があり、高麗瓦工の関与と伝えられるが、わが国瓦工が作った可能性も考えられよう。とすれば、十三〜十四世紀まで使われていた造瓦法となる[清水一九九八、大川一九九六]。

註

(1) 須恵器は粘土紐巻き上げで作られる。土器研究者の立場から横山浩一氏は、土器の叩き締めについて「器壁の叩き締めには、二つの効果がある。第一は器壁の調整である。叩き締めによって粘土と粘土のつなぎ目の接着がよくなり、粘土中の気泡が追い出され、器壁の厚みが平均化される。(以下略)」[横山二〇〇三]とされ、使う道具に当て具と叩き具が必要と説かれている。瓦作りの場合、桶状器具(または成形台)と叩き具は、瓦としての曲面を作ることと同時に土器つくりの時の当て具と叩き具に当たる役割があるだろう。

(2) 高崎市山名町に所在する古代の石碑。碑の隣接地に截石積横穴式石室の山ノ上古墳があり、碑文から石碑は古墳に葬られた「黒目刀自」の墓誌と考えられる。碑文冒頭の「辛巳歳」は、六八一年にあたると考えられ、末尾に「放光寺僧」の文字がある。

(3) 新羅郡の建郡記事は、天平宝字二年(七五八)八月癸亥の条にある。なお、天平宝字四年三月戊午には「置帰化新羅一百三十一人武蔵国」の記事や天平宝字五年正月乙未には「令美濃。武蔵二国少年。毎国廿人習新羅語(略)」の記事があり、多くの新羅帰化人が集められていたと考えられる。

(4) 多胡郡の建郡記事は、和銅三年(七一〇)三月辛丑の条にある。なお、天平神護二年(七六六)四月壬戌の条には「在上野国新羅人子午足等一百九十三人賜姓吉井連」の記事があり多くの新羅人が居住していたと思われる。

参考文献

芦屋町教委　一九九六年『旧芦屋小校庭遺跡』
石田茂作　一九四一年「古瓦より見たる日鮮文化の交渉」『考古学評論』3
石松好雄・高橋章　一九七六年「大宰府出土の瓦について（一）」『九州歴史資料館研究論集』2（以後、『九歴論集』と略す）
石松好雄・高橋章　一九七八年「大宰府出土の瓦について（二）」『九歴論集』4
石松好雄　一九八二年「老司式軒先瓦について」『九歴論集』8
石松好雄　一九八七年「大宰府出土の軒先瓦—八世紀を中心として—」『東アジアの考古と歴史』下
石松好雄　一九九三年「筑前国分寺軒瓦考」『論苑考古学』天山舎
浦林亮次　一九六〇年「瓦の歴史—法隆寺遺瓦群における技術史的一試論—」『建築史研究』28
大分県立宇佐風土記の丘資料館　一九八九年『弥勒寺』
大野城市教委　一九九三年『牛頸月ノ浦窯跡』
大川　清　一九九六年『古代のかわら』窯業史博物館
大脇　潔　一九九一年「研究ノート　丸瓦の製作技術」『研究論集Ⅸ』奈良国立文化財研究所
大脇　潔　二〇〇二年「西周と春秋の瓦」『藤沢一夫先生卒寿記念論集』
小田富士雄　一九七五〜七六年「大宰府系古瓦の展開」『九州考古学』1〜6・13
小田富士雄　一九七〇年「観世音寺と国分寺」『古代の日本』九州　角川書店
小田富士雄　一九八三年「九州の古代寺院—特に七・八世紀を中心として—」『大宰府古文化論叢』下　吉川弘文館
春日市教委　一九八五年『春日地区遺跡群Ⅲ』
亀田修一　一九八三年ａ「九州地方の瓦窯」『仏教芸術』148　毎日新聞社
亀田修一　一九八三年ｂ「古瓦・塼より見た大宰府と朝鮮」『大宰府古文化論叢』下　吉川弘文館
亀田修一　二〇〇九年「朝鮮半島における造瓦技術の変遷」『古代東アジアにおける造瓦技術の変遷と伝播』奈良文化財研究所
木村捷三郎　一九八〇年『坂東善平収蔵品目録』京都市埋蔵文化財研究所
九州歴史資料館　一九八〇年『昭和五十四年度発掘調査概報』
九州歴史資料館　一九八一年『九州古瓦図録』柏書房
九州歴史資料館　一九八七年『昭和六十一年度発掘調査概報』
九州歴史資料館　二〇〇二年『大宰府政庁跡』
栗原和彦　一九九〇年「九州における平瓦一枚作り」『九歴論集』15
栗原和彦　一九九八年「大宰府史跡出土の軒丸瓦」『九歴論集』23
栗原和彦　一九九九年ａ「奈良時代　大宰府の瓦は縄目瓦であった」『九歴論集』24
栗原和彦　一九九九年ｂ「大宰府出土の九・十世紀の平瓦」『瓦衣千年』森郁夫先生還暦記念論集
栗原和彦　二〇〇〇年「大宰府出土の軒平瓦」『九歴論集』25
栗原和彦　二〇〇一年「大宰府出土瓦に見られる朝鮮半島統一新羅文化の影響」『九歴論集』26
栗原和彦　二〇〇二年「大宰府の造瓦工房と観世音寺の造瓦工房」『藤沢一夫先生卒寿記念論集』
栗原和彦　二〇〇三年「多野郡吉井町に大宰府の軒丸瓦があった—大宰府軒丸瓦186をめぐって—」『群馬文化』276
栗原和彦　二〇〇六年「山王廃寺出土（放光寺）銘文字瓦をめぐって」『群馬文化』288
栗原和彦　二〇一二年「放光寺（山王廃寺）と秋間窯跡」『群馬文化』312
栗原和彦　二〇一四年「放光寺と車評（群馬郡）」『群馬文化』318
近藤喬一　一九七七年「解説」『平安京古瓦図録』平安博物館
佐川正敏　二〇〇九年「中国における造瓦技術の変遷」『古代東アジアにおける造瓦技術の変遷と伝播』奈良文化財研究所
佐原　真　一九七二年「平瓦桶巻作り」『考古学雑誌』58—2
清水信行　一九九八年「韓国論山郡開泰寺出土銘文瓦についての一試論」『日本考古学』5
高橋　章　一九九五年「都府楼瓦考」『王朝の考古学』大川清博士古希記念論集
田川市教委　一九九〇年『天台寺』
太宰府町教委　一九七九年『神ノ前窯跡』
太宰府市教委　一九九八年『大宰府条坊跡Ⅹ』
太宰府天満宮　一九六四〜六七年『大宰府・太宰府天満宮史料』1〜3
太宰府天満宮　一九八八年『大宰府天満宮』
中山平次郎　一九一四〜一六年「古瓦類雑考1〜9」『考古学雑誌』6—4から7—4
奈良文化財研究所　二〇〇九年『古代東アジアにおける造瓦技術の変遷と伝播』
福岡市教委　一九九一年『鴻臚館1』
藤井　功・亀井明徳　一九七七年『西都大宰府』日本放送出版協会
藤沢一夫　一九六七年「造瓦技術の進展」『日本の考古学』歴史時代上　角川書店
藤島亥治郎　一九三九年「朝鮮瓦の製法に就いて」（綜合古瓦研究）第二分冊『夢殿』19冊
前原　豊　一九九八年「よみがえる白鳳の寺山王廃寺」『群馬文化』254
前橋市教委　二〇〇八年『山王廃寺—平成二十年度調査報告』
前橋市教委　二〇一〇年『山王廃寺—平成二十一年度調査報告・別冊』
真野和夫　一九八九年「瓦」『弥勒寺　宇佐宮弥勒寺旧境内発掘調査報告書』大分県立宇佐風土記の丘歴史民俗資料館
森　郁夫　一九八三年「老司式軒瓦」『大宰府古文化論叢』下　吉川弘文館
森江直紹　一九九一年「周防—国府—」『新修国分寺の研究』山陽道　吉川弘文館
山崎信二　一九九二年「桶巻作り軒平瓦の製作工程」『考古論集』潮見浩先生退官記念事業会
横山浩一　二〇〇三年「Ⅱ、叩き目の研究—技術史の細部—」『古代技術史攷』岩波書店
崔　兌先　一九九三年『平瓦製作法の変遷に対する研究』慶北大学校学位論文
崔　孟植　二〇〇一年「丸・平瓦研究の最近の動向—三国時代を中心として—」『百済研究』34
忠南大学・論山郡　一九九三年『開泰寺Ⅰ』
右、大韓民国三書の内、前二書の日本語翻訳は、仲間研志氏による翻訳文をもちいた。

大宰府出土の陶硯について

小田和利

はじめに

大宰府は、西海道諸国を統括した最大の地方官衙で、一八の所司（政所・公文所・貢物所・貢上染物所・作紙所・修理器仗所・兵馬所・警固所・蕃客所、大帳司・税司・蔵司・匠司・薬司・主厨司・大野城司・防人司・主船司）と府学校（学校院）が設置されていた［竹内 一九七三］。しかし、その所在地が特定されているのは、蔵司・貢上染物所・匠司及び学校院と僅かである。大宰府には帥、大少の弐・監・典の四等官以下、大判事・少判事、大令史・少令史、大工・少工、博士、陰陽師、医師、算師、防人正・防人佑、令史、主船、主厨、史生に至る五〇人の正規職員が配属されていた（『職員令』）。これに各種仕丁・書生等を加えると、大宰府に関わる人員は二〇〇〇人に及ぶものとみられる[1]。

大宰府史跡の発掘調査は、昭和四十三年（一九六八）十月十九日の鍬入れ式を嚆矢とし、福岡県教育委員会によって大宰府政庁跡中門・南門地区から開始された。昭和四十七年（一九七二）には、大宰府史跡の調査研究を行う機関として九州歴史資料館が旧太宰府町に設置され、それ以降は同館が大宰府史跡の発掘調査を担い現在に至っているが、五〇年に及ぶ発掘調査・研究により様々な成果が得られている。

大宰府の中心施設となる政庁は、七世紀後半から十二世紀頃にかけての約四世紀にわたって存続するが、政庁両脇の月山・蔵司地区、蔵司地区西側の来木地区、政庁の背面にあたる後背地区及び南面域の日吉・不丁・大楠・広丸地区には、大宰府に関連する役所が存在したことが発掘調査の成果から明らかになっており、先の蔵司地区が蔵司に、不丁地区が貢上染物所に、来木地区が匠司にそれぞれ比定されている［石松 一九八四・一九八五・一九九一］。

言うまでもなく、硯は文字を書くための道具の一つであり、これに墨・筆・紙を加えた四品が「文房四宝」とされる。当時、紙は大変貴重なものであったため木札が代用されるが、木札に書かれた文字を刀子で削り取ることにより木札の再利用が可能となる。この文房四宝に刀子や刀子を研ぐための砥石、墨を擦る際の水を入れる水滴、それに物差し等が文房具に含まれる。なお、文書事務に関わる下級役人のことを「刀筆の吏」とも呼ぶが、筆と刀（刀子）はまさに役人の必需品であった。

平城宮においては、図書寮に造紙手四人、造筆手一〇人、造墨手四人と使部二〇人、直丁二人が配属され、紙・筆・墨の製作を行うとともに諸官司への支給も担った（『職員令』）。大宰府では、作紙所が紙の製作を担当したが、筆・墨の製作を担った部署は明らかではない。しかし、大宰府は兎毛筆・鹿毛筆及び墨を平城宮に貢納しており、作紙所が紙以外にも筆・墨の製作及び管理を担当したことが考えられる。なお、須恵器の硯・水滴は、大野城市牛頸窯跡群において生産されたことが確認されている。西海道における文書行政の頂点に君臨した大宰府にあっては、観世音寺・筑前国分寺等の大寺院を擁することもあり、紙・筆・墨・硯を大量に消費したことが窺え、定形硯約三五〇点という平城宮・京に次ぐ陶硯の点数は、そのことを如実に物語っていると言えよう。

また、九州歴史資料館は、平成十四年（二〇〇二）に刊行した『大宰府政庁跡』を初めとして、『観世音寺』『水城跡』の正式報告書を刊行し、平成二十一年度（二〇〇九）からは大宰府政庁の南面域に展開する官衙群の正式報告書を順次刊行中である。筆者は、これら正式報告書の作成に携わり、出土遺物の再整理作業に従事するとともに、墨書土器・硯・漆付着土器・製塩土器等の特殊品の報告も担当している。その遺物抽出作業の過程において、南面域の日吉・不丁・大楠・広丸の各地区では、特殊品のあり方が三者三様であることに着目した。そこで、建物・溝・井戸等の遺構と硯・木簡・墨書土器等の文字関連資料及び生産関連資料のあり方を相互に比較検討することにより、未だ所在地が特定されていない大宰府の所司を比定することが可能ではないかと考え、その有効な手段として硯を用いるものである。なお、硯は材質により、陶硯・石硯・瓦硯に大別されるが、本論考では大宰府において出土点数が豊富で、比較検討が容易な陶硯を取り上げることにする。

1　陶硯の分類と特徴

(1) 陶硯の分類

現時点で大宰府政庁跡、周辺官衙跡及び観世音寺からは、正式報告書作成に伴う遺物再整理作業の過程において、定形硯約三七〇点と土器転用硯約一三二〇点の計一六九〇点余りを抽出しているが、正式報告書の刊行に連れて陶硯の点数が増加するのは必至である。

大宰府の陶硯の分類に関しては、横田賢次郎氏の先行研究があり、福岡県出土の陶硯をI～VI類に分類し、圏足円面硯を脚部形態・技法により細分している［横田 一九八三］（以下、横田分類）。また、日本各地出土の陶硯を集成・分類したものとして、『陶硯関係文献目録』［奈良国立文化財研究所埋文センター 一九八三］（以下、奈文研分類）がある。本論考での陶硯の分類は、上記の分類を参考にしつつ大宰府出土の陶硯に則した分類を行ったが、製作技法に関しては本稿の意図するところではないため特段ふれていない。

I類―円面硯（第1図1～7）

硯面が円形をなし、その周囲に海部及び外堤を有するもので、脚部の形状により獣脚硯（A類）・蹄脚硯（B類）・多足硯（C類）・圏足硯（D類）・低脚硯（E類）に細分されるが、現時点で獣脚硯は政庁跡及び周辺官衙跡では未確認である。1は蹄脚硯の硯台・外堤部破片で、蹄脚硯は政庁跡、不丁・来木官衙跡、前面広場跡で出土しているが、点数的には六点と非常に少ない。また、大宰府出土の蹄脚硯は、いずれも脚部と硯部を別々に製作し、両者を接合するタイプである。3は不丁官衙跡出土の多足硯で、四ヶ所に脚を貼付している。この他に多足硯は政庁後背官衙跡、観世音寺に出土例があるものの点数的には僅かである。

4～6は、脚部が筒状をなす圏足硯で、最も出土例が多い陶硯である。脚部にスカシ孔を施し、4は方形、5は長方形、6は双円形を呈する。また、圏足硯は、海部が深く脚が低いものから、海部が浅く脚が高いものへと変化する。7は硯台が低い低脚硯で、陸・海・外堤部が一体

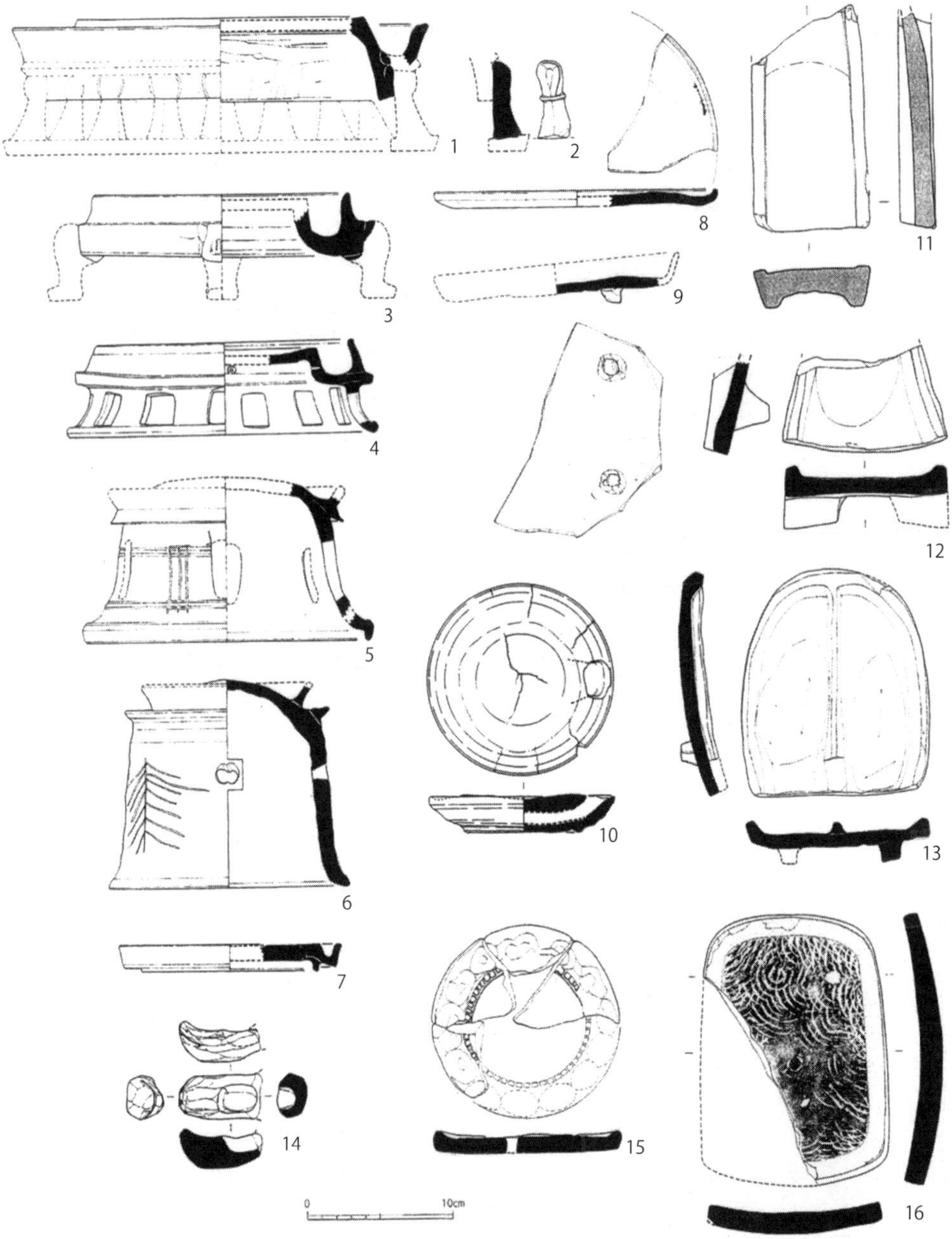

第１図　陶硯分類図（1/5）

となった硯部に高台状の細い脚を貼付したものである。

Ⅱ類―円形硯(第1図8～10)

硯面は円形を呈するが、坏蓋形を呈するもの(A類)と皿形の器形に脚を貼付したもの(B類)と特殊型(C類)がある。8はA類のいわゆる坏蓋硯で、八世紀前半代の坏蓋を逆さにした形状をなす。通常の坏蓋と異なる点は、作りが丁寧で、器高は低く、器壁が厚い点にある。また、口縁部の立ち上がりが外堤となり、その内側を窪めることにより海部としている。9は皿形を呈するB類で、破片資料ではあるが、硯面は傾斜するものとみられる。裏面に二個の短脚を貼付している。横田分類のⅣ―B―c類、奈文研分類の双脚円形硯に該当する。

10は特殊円形硯に分類したもので、坏の口縁部全体を粘土板で覆い硯面とし、外縁の周囲を若干窪めることにより海部としている。内部は中空で、液体を出し入れする円孔を設けており、硯と水差し双方の用途を持つ。しかし、焼成時のひび割れが全体にあり、水差しとしての用途は充たしていない。また、硯面に墨はほとんど見られないが、ひび割れの中に墨が遺存していることをマイクロスコープによる観察で確認している。横田分類のⅣA―b類、奈文研分類の杯皿形硯に該当する。

Ⅲ類―方形硯(第1図11)

平面形が方形もしくは長方形を呈するもので、11は観世音寺出土の長方形硯で、断面形状はH形をなす。他に、広丸官衙跡に数点出土例がある。

Ⅳ類―風字硯(第1図12・13)

平面形が「風」字のかまえをなす風字硯は、硯面が単面のもの―単面風字硯(A類)と中央に貼付した凸帯により二面としたもの―二面風字硯(B類)に分けられる。いずれも陸端部寄りの裏面に二個の短脚を貼付している。12が単面風字硯、13は二面風字硯で、頭部は丸く納める。

Ⅴ類―形象硯(第1図14・15)

形象硯は、動物・宝珠・花等を模った硯であるが、大宰府では亀形・花形の形象硯が出土している。14は取手部分の先端に篦先で眼・鼻・口を刻み亀頭とした亀形硯で、春日市浦ノ原窯跡からは完形品が出土している。15は円盤形をなし、外縁を指頭により窪ませ花弁状としている。また、花弁の内側には、断面方形の工具による刺突文を連続して施し、硯面との境としている。なお、硯面をマイクロスコープで観察したところ、平坦面と花弁状の凹みに墨痕が確認されたことから硯とした。

Ⅵ類―猿面硯(第1図16)

猿面硯には、元来硯として製作したA類と須恵器壺・甕等の胴部を転用したB類があり、B類は形状により風字形(a)、楕円形(b)、未成形(c)に細分される。また、墨痕が確認されていない未使用品であっても、側縁部を研磨あるいは打欠き加工を施しているものは、猿面硯の未製品と判断した。しかし、B類は基本的に転用硯であるため、分類上は転用硯に含めるのが妥当であろう。

Ⅶ類―土器転用硯

土器転用硯(以下、転用硯)は、土器本来の用途を硯として転用したもので、須恵器を転用したものがその大半を占めるが、中には灰釉陶器の蓋を利用したものや土師器の坏蓋・甕を利用したものもみられるが、これらは特異な例と言える。転用硯は、器種からA類(坏蓋)、B類(坏)、C類(高台坏)、D類(皿)、E類(甕)、F類(壺)、G類(盤)、H類(鉢)、I類(平瓶)、J類(鉄鉢形)、K類(高坏)、L類(椀)に細分した。なお、転用硯の抽出に際しては、墨が付着し硯面が擦れているものを転用硯と認定したが、墨の遺存状態が悪く肉眼で転用硯であるかの判断がつかないものについては、倍率五〇倍のポケット・マイクロスコープを用いて判断した。

(2) 大宰府出土陶硯の特徴

先の分類でみてきたごとく、大宰府出土の陶硯には、定形硯として円面硯・円形硯・方形硯・風字硯・形象硯（亀形・花弁形）がある。円面硯は、脚部の形状により蹄脚・獣脚・多足・圏足・低脚硯に細分されるが、圏足硯が圧倒的多数を占める。蹄脚硯は政庁跡、不丁・来木官衙跡、前面広場跡で出土しているが、点数的には六点と少ない。また、大宰府出土の蹄脚硯は、いずれも脚部と硯部を別々に製作し、両者を接合する蹄脚円面硯A（第1図1・2）のみで、平城宮・平城京跡に出土例がある蹄脚円面硯Bはみられない。

多足円面硯は、不丁・後背官衙跡・観世音寺で出土している。第1図3の不丁官衙跡出例は、硯台部の四ヶ所に脚を貼付した痕跡があることから多足硯としたが、獣脚硯の可能性を残す。後背官衙跡からは二点の多足硯が出土しているが、SX3095出土品は脚部が乳房状をなし、韓国定林寺出土例に類似し、舶載品とされている。もう一方の多足硯は脚台部が八稜をなし、稜の先端部を引き伸ばし脚としている。

第1図4は、不丁官衙跡SD2340出土の圏足円面硯で、海部が深く脚は低く、方形のスカシ孔を一三個施す。SD2340からは天平六年（七三四）・同八年（七三六）の紀年銘木簡が出土しており、硯の年代としては八世紀前半頃における。第1図5は、不丁官衙跡SD2015出土の圏足円面硯で、海部は浅く硯面

第1表　大宰府出土陶硯点数表

硯／地区名	定形硯														合計	硯総計
	円面硯					円形硯			方形硯		風字硯		形象硯			
	蹄脚	獣脚	多足	圏足	低脚	坏蓋硯	皿形	特殊形	無脚	有脚	単面	二面	亀形	花形		
政庁	1			22			2	1				1			27	230
日吉				48		2					1				51	130
不丁	3		1	81	1	1	3				8	5	1	1	105	568
大楠				34			1				4				39	85
広丸				49		1	4		1		2				57	125
蔵司				13							2				15	198
来木	1			10		1									12	15
月山東															0	0
政庁後背			2	8			1			1					12	12
前面広場	1			5							1				7	30
学校院				1											1	1
観世音寺			1	27			4		2	1	6	1	1		43	292
計	6	0	4	298	1	5	15	1	3	2	24	7		1	369	1686

硯／地区名	土器転用硯																		合計	定形硯比率
	須恵器											土師器					灰釉陶器			
	坏蓋	坏	高台坏	皿	甕	壺	盤	鉢	平瓶	鉄鉢	高坏	蓋	坏	椀	皿	甕	蓋	坏		
政庁	155	7	10	14	14		1					1					1		203	11.7%
日吉	25	1	4	4	44	1													79	39.2%
不丁	323	3	23	30	62	13	1	3	1	1	1	1				1			463	18.5%
大楠	22	1	7	3	11		1								1				46	45.9%
広丸	41	2		4	19	1				1									68	45.6%
蔵司	71	5	15	19	55	12	1		1	1				2		1			183	7.6%
来木	2		1																3	－
月山東																			0	－
政庁後背																			0	－
前面広場	15		1		6		1												23	23.3%
学校院																			0	－
観世音寺	132	4	6	33	70	3	1												249	14.7%
計	786	23	67	107	281	30	6	3	2	3	1	2	0	2	1	2	1	0	1317	21.9%

は丸みを帯びる。一方、脚は高く、長方形スカシ孔を六個空けているが、スカシ孔間は線刻で代用している。ＳＤ2015は八世紀後半と考えられ、硯も同年代におけよう。

第１図６は日吉官衙跡ＳＫ2203出土で、硯面は山形をなし、外堤を貼付することにより辛うじて海部を形成する。脚は高く、双円形のスカシ孔を三ヶ所配し、その間を綾杉文で充塡している。年代的には、九世紀前半頃と考えられる。このように、圏足円面硯は海部が深く、脚が低いものから、海部が浅く脚が高いものへと変化する。

圏足円面硯の大きさに関しては、外堤径27㌢の大型品から８㌢の小型品まで存在するが、相対的に大型のものから小型のものへと変遷する傾向にある。なお、大型品は部署ごとに配布され共同使用し、小型品は位階に応じて個人単位に配布され、個々人が使用したのであろう。

また、大楠官衙跡ＳＸ2690出土の圏足円面硯(第２図１)は、陸部から外堤部にかけての破片であるが、硯面は全く擦れておらず、墨痕も遺存していない。しかし、陸部内面には墨痕が遺存しており、天地を逆にして使用している。その際、外堤部が脚となるため安定し、一方邪魔になる脚部は故意に打ち欠いていた。圏足硯の転用硯とも言うべき特異な例で、定形硯の貴重さを示すものである。

円形硯には、坏蓋形をなすもの(Ａ類・第１図８)と皿形の器形に脚を貼付したもの(Ｂ類・第１図９)と特殊型(Ｃ類・第１図10)があるが、三者を合わせても二一点と少ない。Ａ類はいわゆる坏蓋硯で、日吉・不丁・広丸・来木官衙跡から出土している。広丸官衙跡出土の坏蓋硯は、硯面三ヶ所を窪め海部及び脚としたもので、八世紀前半代の須恵器坏蓋を逆さにした形態をなす。Ｂ類は政庁・不丁・大楠・広丸・後背官衙跡・観世音寺から出土している。皿形の器形に脚を貼付したものであるが、いずれも破片資料であるため、硯面が水平をなすのか傾斜するのかは定かではない。Ｃ類は政庁跡のみの出土である。第１図10の内部は中空となっており、液体を出し入れする円孔があり、内部に水ないしは擦った墨液を溜めることができ、硯と水差し、あるいは墨液容器双方の用途を持つ。

方形硯は広丸官衙跡で一点、後背官衙跡で一点、観世音寺で三点の計五点出土している程度で、点数的には非常に少ない。観世音寺出土例(第１図11)は、側縁下端に堤状の脚を作り出したものであり、広丸官衙跡出土例は無脚のものである。

風字硯には、硯面が単面のものと二面のものがあるが、点数的には単面風字硯が二面風字硯の三倍と多い。頭部形状は円頭・平頭で、破片資料が大半と言うこともあり、硯頭を花弁の先端状に尖らせた花頭が存在するのかは判然としない。なお、不丁官衙跡の風字硯は、ＳＤ320・2015・4570からの出土であり、八世紀前半～中頃の存続とされるＳＤ2340からは全く出土していない。ＳＤ2015が八世紀後半～九世紀前半で、ＳＤ4570は九世紀代であることから風字硯の時期は、圏足円面硯に後出する八世紀後半～九世紀代とみられる。

形象硯としては、亀形二点、花形一点が出土しているのみで、鳥・羊・宝珠・八花形など豊富な形象硯を有する平城宮・平城京跡とは比較すべくもないが、この点が宮都と地方官衙との大きな差異と言えよう。

転用硯は牛頸窯跡群産の須恵器を用いているが、ごく僅かながら土師器の蓋(第２図３)・皿・甕(第２図４)、灰釉陶器蓋(第２図５)の転用硯も存在する。器種的には坏蓋・坏・高台坏・皿・甕・壺・盤・鉢・平瓶・鉄鉢形・高坏・椀と須恵器のほとんどの器種を転用している。日吉官衙跡を除き坏蓋が最も多用され、政庁跡では76.7％、日吉官衙跡では31.

6%、不丁官衙跡では69.8%、大楠官衙跡では47.8%、広丸官衙跡では60.3%、蔵司官衙跡では38.8%と転用硯総数に対して坏蓋の占める割合が高い。次いで甕、皿、高台坏、壺、坏の順となる。坏蓋が多用される理由としては、大きさ・形態的に転用硯として適しており、高台坏とセットで使用することにより、高台坏が坏蓋で墨を擦る際の脚台の役目をなし、また擦った墨液を高台坏に移し、蓋を引っ繰り返して被せることにより墨液の保存容器にもなる。

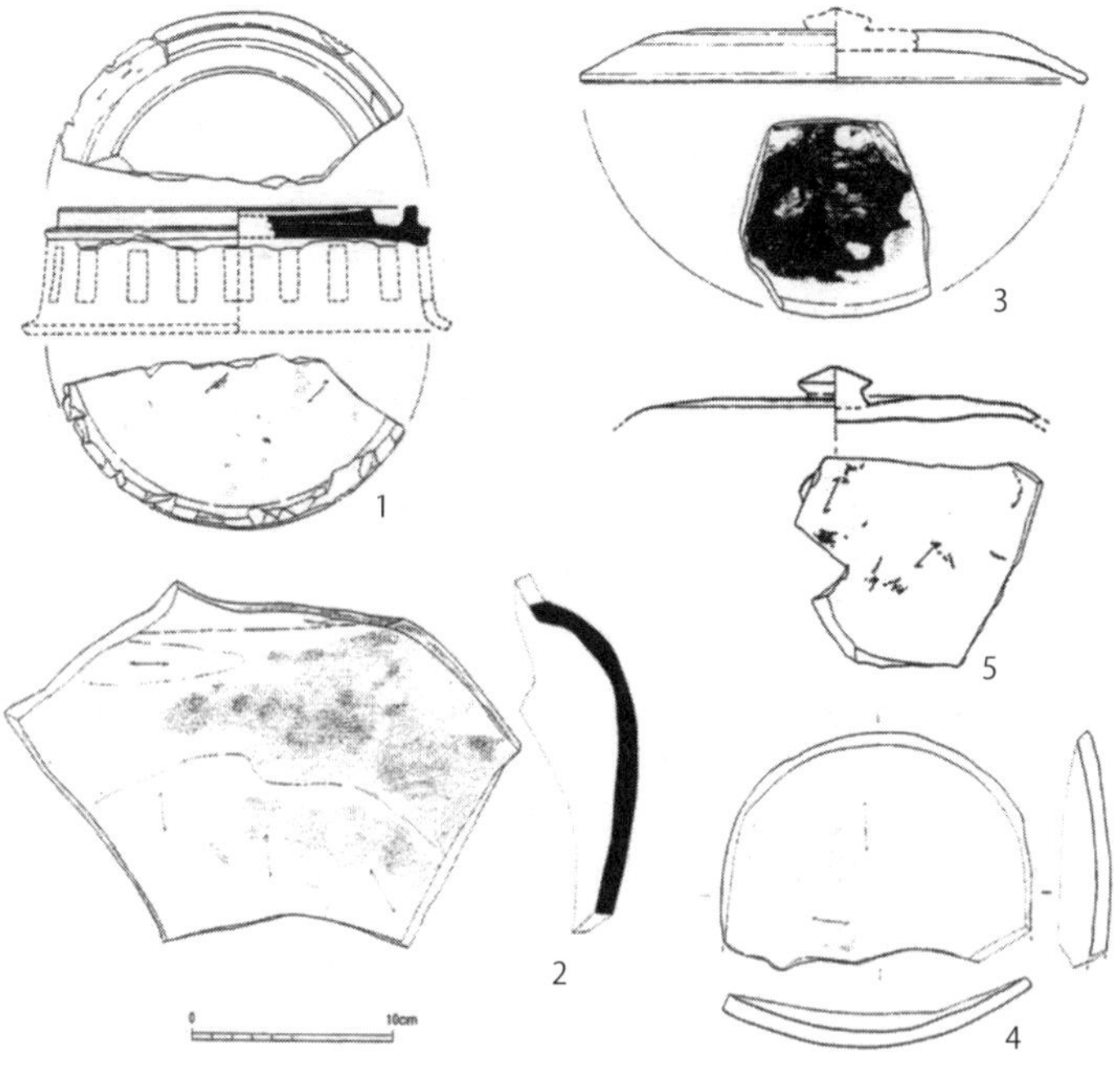

第2図 転用硯実測図(1/6)

猿面硯には、当初から硯として製作したもの(A類)と須恵器甕・壺等の胴部を打ち割り転用硯としたもの(B類)の二者が存在するが、A類を定形硯の猿面硯とし、B類を転用硯とみなしたい。また、第1表の甕転用硯は未使用品も含んだ数字であり、実際に使用した甕転用硯となると点数的にはかなり減る。

最後に、朱墨を用いた硯(朱墨硯)であるが、多賀城跡では約五〇点の朱墨硯が出土しているが[生田 二〇〇三]、大宰府跡では不丁官衙跡(85次SD2340下層・第2図2)で一点、広丸官衙跡(95次灰褐土)で一点の計二点を確認しているにすぎない。[2] 第2図2は不丁官衙跡出土の朱墨硯で、須恵器甕を転用しているが、内面の当具痕が無くなる程に使用している。もう一点の広丸官衙跡出土例は、須恵器坏蓋の転用硯で、内天井部中央に朱墨が丸く遺存している。なお、朱墨硯の用途としては、文書の繕写、物品管理における検校等に用いたとすると、二点と僅少であることから大宰府政庁跡及び周辺官衙跡は検校を行う場所ではなかったと言うことになる。ただ、本論で提示した蔵司官衙跡の陶硯は、丘陵裾部平坦面のみの出土点数であり、丘陵上部(A～D区)が調査中であるため、今後、朱墨硯が出土する可能性は十分あろう。

2 大宰府政庁跡における陶硯の様相

大宰府政庁跡の建物は、発掘調査により三期の変遷が判明している。Ⅰ期の建物は掘立柱形式で、中門地区及び正殿地区で建物跡が検出された。建物跡は重複状況から二時期に細分され、古段階は白村江の戦い前後の築造とみられ、新段階はⅡ期造営段階の仮設建物とされる。Ⅱ期は律令体制の整備に伴い八世紀前半頃に築造された礎石形式の建物群で、宮都の大極殿・朝堂院形式を模した建物配列をなす。南門から派生した築地がＬ形に折れ南面回廊隅に取り付き、中門から左右に延びた回廊は正殿と連結し、その内側には左右各二棟の脇殿を南北に配列する。後殿は正殿の背後に配置され、北面回廊隅から派生した築地で囲繞される。瓦葺きで壮麗な威容を誇った政庁であったが、天慶四年（九四一）に勃発した藤原純友の乱で灰燼に帰す。その後に再建されたのがⅢ期政庁であるが、Ⅱ期の建物配列をそのまま踏襲し、Ⅱ期との違いは後殿の左右に楼が付設された点と建物規模が若干異なる程度である。

大宰府政庁跡では、八世紀代の陶硯を中心として定形硯二七点と転用硯二〇三点を確認した。6次調査西面回廊地区と26次調査後面築地地区からの出土が全体の約八割を占めるが、その大半が包含層や整地層の出土であり、遺構に伴うものは少ない。なお、陶硯総数に占める定形硯の比率は11．7％である。定形硯の内訳は、円面硯二三点（蹄脚一点・圏足二二点）、二面風字硯一点、Ａ類円形硯二点、特殊円形硯一点で、定形硯に占める割合は圏足円面硯が81．5％を占め、円形硯が7．4％であった。蹄脚円面硯は南面築地基壇積土中の出土で、特殊円形硯（第1図10）は、北面築地雨落溝ＳＤ1057から出土した。

転用硯に占める割合を器種からみていくと、坏蓋が一五五点の出土で76．7％と圧倒的多数を占める。次いで、坏類が一七点の出土で8．4％、皿と甕が同数の一四点の出土で6．9％、盤は一点の出土であり、須恵器の坏蓋を多用していることがわかる。このように、転用硯のほとんどが坏蓋の転用品であり、全体の八割弱を占め、残りの二割強を坏・皿・甕の三者で補うといった状況であった。

次に、転用硯を出土地区ごとにみていくと、正殿地区二点（1．7％）、脇殿地区四点（2．6％）、南門地区二点（0．9％）、中門地区六点（2．6％）、北門地区一四点（7．4％）、西面回廊地区七六点（37．0％）、北面回廊地区二点（0．9％）、前面築地地区一三点（6．1％）、後面築地地区八〇点（38．7％）、外湟地区四点（2．2％）の内訳であった。

数字を見る限り、正殿・中門・南門地区の出土点数が二〜六点と極めて少ないのは、正殿が儀式を行う場であり、中門・南門は出入りするための建物であるため、陶硯とは無縁の施設ということで理解できるが、執務とは全く関係のない回廊・築地地区からの出土が全体の八割弱を占めることについては、西面回廊地区の転用硯七六点中二四点が回廊隅部の暗渠ＳＸ064の出土で、八点が回廊東西雨落溝ＳＤ066の出土であり、約半数がＳＸ064とＳＤ066から出土しており、これは西面回廊南端付近に位置する脇殿ＳＢ065と関連付けて考えた方が納得いく。また、後面築地地区の転用硯八〇点中一〇点は、多量の木簡が出土した土坑ＳＫ514の出土であり、土坑のすぐ南側には掘立柱建物ＳＢ500が存在することから、ＳＢ500が執務の場所であり、ＳＫ514はそれに伴う廃棄土坑とみなすことが

第２表　政庁跡陶硯一覧

地区　点数	定形硯	転用硯	地区比率 %
正殿地区	2	2	1.7
脇殿地区	2	4	2.6
南門地区		2	0.9
中門地区		6	2.6
北門地区	3	14	7.4
西面回廊地区	9	76	37.0
北面回廊地区		2	0.9
前面築地地区	1	13	6.1
後面築地地区	9	80	38.7
外湟地区	1	4	2.2
計	27	203	

可能である。

3　政庁周辺官衙跡における陶硯の様相

五〇年にも及ぶ大宰府史跡の発掘調査により、大宰府政庁跡両脇の月山・蔵司地区、蔵司地区西側の来木地区、政庁の背面にあたる後背地区及び南面域の日吉・不丁・大楠・広丸地区には、大宰府に関連する官衙が存在したことが判明している。官衙域の東・西限は明らかではないが、南限は御笠川付近にまで及ぶものと考えられる。

本項では、陶硯の抽出が終了している日吉・不丁・大楠・広丸・蔵司官衙跡及び前面広場跡の様相を述べることとし、未抽出の月山東・政庁後背・来木官衙跡については比較できないので除外する。

(1) 日吉官衙跡

日吉官衙跡は、政庁前面広場跡の東側に位置し、掘立柱建物二一棟、柵六列、井戸五基、溝二〇条、土坑一五基、採土遺構等が検出された。建物の内訳は、四面廂建物一棟、片廂建物一棟、側柱建物一三棟、総柱建物一棟、小型建物五棟があり、側柱建物の中には梁行三間の大規模な建物が九棟含まれる。建物は八世期前半～十二世紀前半の築造であるが、官衙建物とみなされる大規模な建物は九世紀後半で終焉し、その後は二間×三間程度の小型建物に代わる。日吉Ⅱ期（八世紀前半～後半）の建物配列は、四面廂建物ＳＢ2220を中心として梁行三間の建物ＳＢ2000・2001・2195とでコ字形に配され、官司としての体裁をとる。日吉Ⅲ期（九世紀中頃～後半）は、片廂建物ＳＢ2200と梁行三間の建物ＳＢ2215・2235・2240がコ字形配置をなす。

日吉官衙跡の正式報告書では、一六点の定形硯と九点の転用硯を報告しているが、再度見直したところ定形硯三六点と転用硯七〇点を抽出しており、最終的な点数としては定形硯五一点、転用硯七九点となる。[3] 当官衙跡においても包含層や整地層の出土がほとんどであるが、建物掘方・井戸・溝・土坑・落ち込み等からも出土している。

定形硯の内訳は、五一点中四八点が圏足円面硯で、94．1％と定形硯の大半を占める。この他にＡ類円形硯が二点、単面風字硯が一点出土した。圏足円面硯は、外堤径12～15㌢の中型のものが主体をなしている。ＳＫ2203出土の圏足円面硯（第1図6）は、硯面が平坦ではなく山形をなし、脚部は高く、双円形のスカシ孔を穿つ。硯の年代的には九世紀前半頃で、圏足円面硯でも最終末におけるものである。転用硯の内訳は、甕四四点（55．7％）、坏蓋二五点（31．6％）、坏類五点（6．3％）、皿四点（5．1％）、壺一点（1．3％）の順であり、他の政庁周辺官衙跡と異なり、日吉官衙跡においては甕を多用していた。なお、当官衙跡の陶硯で特徴的なのは、陶硯総数に占める定形硯の比率で、39．2％と高い数値を示す点にある。

(2) 不丁官衙跡

不丁官衙跡は前面広場跡の西隣で、前面広場跡とは境界溝ＳＤ2340で画され、西限は大楠官衙跡との境界溝ＳＤ320によって画され、両境界溝肩部での東西幅は76～82㍍を測る。南北長は、蔵司官衙跡南端の築地ＳＡ1410から朱雀門礎出土地点付近までの約220㍍で、その間において建物六三棟、柵二一列、区画溝五条、井戸一五基等の遺構を確認した。建物の内訳は、礎石建物一棟、四面廂建物一棟、両面廂建物一棟、片廂建物七棟、側柱建物五一棟、総柱建物二棟で、側柱建物の中には梁行三間の大規模な建物七棟と小型建物五棟及び門建物二棟を含んでいる。官衙建物とみなされる大規模な建物は、八世紀初頭～十世紀前半の存続であり、藤原純友の乱（天慶四・九四一年）以降は築造されておらず、井戸を伴った一間×二間の小型建物へと大きく変容する。

不丁Ⅱ期（八世紀前半～中頃）の建物配列は、南北棟建物ＳＢ2440・2445と東西棟建物ＳＢ2435とでＬ字形をなす。不丁Ⅲ期（八世紀後半～九世紀中頃）には、北側の東西柵ＳＡ2451と南側の東西溝ＳＤ2015・2470によって三分割され、中央区においては四面廂建物ＳＢ2420を中心とする一群と東西棟建物ＳＢ2380とがＬ字形配列をなし、不丁官衙の中枢部を構成する。ＳＤ2340からは、天平六年（七三四）・同八年（七三六）の紀年銘木簡を含め一八六点の木簡が出土しているが、調・庸の付札木簡には七国一九郡二島の名がみえ、大宰府の支配が西海道一円に及んでいたことが知れる。同溝からは紫草に関する荷札木簡が多く出土しており、従前から所司の一つである貢上染物所が、この区域に存在した可能性が指摘されている。

不丁官衙跡では、八～九世紀の定形硯一〇五点と転用硯四六三点の合計五六八点もの陶硯を確認した。遺構的にはＳＤ320から二九点の定形硯と一〇五点の転用硯が出土しているが、同溝は西接する大楠官衙跡との境界をなすことから、厳密には不丁・大楠官衙どちらからの廃棄か峻別できない。ＳＤ2340からは、定形硯四点・転用硯七六点が出土している。他にＳＤ2015からは定形硯四点・転用硯九点が、ＳＤ2019からも転用硯一〇点が出土しており、主に硯の廃棄場所が溝であったことを示すものである。また、両境界溝からは木簡・墨書土器が多数出土していることもあり、陶硯の出土点数は政庁周辺官衙跡の中でも群を抜いて多い。このことは、不丁官衙には帳簿作成等の筆記に関わる官吏が多く存在したことの傍証となろう。

定形硯の内訳は、一〇五点中八一点が圏足円面硯で、当官衙跡においても圏足円面硯の占める割合が77．1％と極めて高い。次いで単面風字硯八点（7．6％）、更に二面風字硯五点（4．8％）、円形硯四点（3．8％）、蹄脚円面硯三点（2．8％）、形象硯（亀形・花形）二点（1．9％）と続き、一点ずつではあるが多足円面硯・低脚円面硯も出土している。なお、圏足円面硯は、外堤径12～21㌢の中型のものが主体をなしている。転用硯の内訳は、坏蓋三二三点（69．8％）、甕六二点（13．4％）、皿三〇点（6．5％）、坏類二六点（5．6％）、壺一三点（2．8％）、鉢三点（0．6％）の順で、他に盤・平瓶・高坏・鉄鉢形土器がそれぞれ一点ずつ出土している。転用硯に関しては、他の官衙跡同様、須恵器坏蓋及び甕を多用しており、朱墨が付着した須恵器の甕及び土師器の坏蓋・甕の転用硯も一点ずつみられた。陶硯総数に占める定形硯の比率は18．5％と他の官衙地区より低い数値であり、筆記事務には専ら転用硯を使用していたことが窺われる。

また、不丁官衙跡からは、生産関連遺物として約一四〇〇点の製塩土器、四八五点の漆付着土器、鍛冶・鋳造関連遺物として鞴羽口・鉄滓・鋳型・坩堝も多量に出土しており、工房的官司と事務的官司の二つの側面を持つものとみられる。

(3) 大楠官衙跡

不丁官衙跡とは境界溝ＳＤ320を挟んで東接し、西隣の広丸官衙跡とは境界溝ＳＤ2680（後にＳＤ2700）で画され、東西幅は両境界溝肩部で約79㍍を測る。なお、従前の見解では、大楠・広丸地区に関しては、日吉・不丁官衙跡の建物と比較して小規模である点と井戸を伴っている点を根拠として、官衙ではなく大宰府官人の居住域とされてきた[4]。しかし、その後の発掘調査で不丁官衙跡に遜色がない大規模な建物が発見され、陶硯の点数においても日吉官衙跡に比肩し、もはや居住域とした従来の見解を訂正し、官衙として評価すべき段階に来ている。

大楠官衙跡においては、建物六四棟、柵二七列、境界溝三条、井戸二七基等の他に木棺墓・土壙墓の墓地を検出している。建物の内訳は、四面廂建物一棟、両面廂建物五棟、片廂建物四棟、側柱建物四四棟、総柱建物一〇棟で、側柱建物の中には小型建物三棟と門建物一棟が含まれる。官衙建物とみなされる大規模な建物は、八世紀中頃～十世紀前半の存続であり、不丁官衙跡同様、藤原純友の乱以降は築造されておらず、居宅的様相を呈する。大楠Ⅰb期（八世紀中頃）には、北区域に東西棟建物ＳＢ2660を起点に四棟の建物が配され、井戸ＳＥ2621を伴う。南区域には桁行八間の両面廂建物ＳＢ2550が占地し、その東側にＳＢ2018がＬ字形に配されている。

大楠官衙跡では、八～九世紀の定形硯三九点と転用硯四六点を確認したが、前述したごとく境界溝ＳＤ320出土陶硯（定形硯九点・転用硯一〇五点）は全て不丁官衙跡出土品としてカウントしており、半数が大楠官衙跡出土と仮定すると約一四〇点となり、日吉官衙の陶硯総数一三〇点に比肩する。他に、井戸ＳＥ3970と土坑ＳＫ3705から四点ずつ出土しているが、大半は包含層の出土である。ただ、建物が密集している88次調査地（一七点）及び92次調査地（一四点）に集中する傾向がみられる。

定形硯の内訳は、圏足円面硯が三四点（87．2％）、単面風字硯が四点（10．3％）、円形硯が一点の出土であり、ここでも圏足円面硯の占める割合が高い。転用硯の内訳は、坏蓋二二点（47．8％）、甕一一点（23．9％）、坏類八点（17．4％）、皿三点（6．5％）、盤一点であり、土師器皿の転用硯も一点みられた。他の官衙跡同様、須恵器坏蓋及び甕の占める割合が高い。なお、陶硯総数に占める定形硯の比率は45．9％と日吉官衙跡を上回る数値を示す。しかし、ＳＤ320出土の転用硯点数を考慮すると、定形硯本来の比率はもっと下がるものと考えられる。また、圏足円面硯の大きさに関しては、最小のものが外堤径10．6㌢で、最大のものは外堤径17．8㌢を測り、外堤径が12㌢未満の小型品が占める割合が高い。

大楠官衙跡出土の文字関連資料には、陶硯の他に一〇点の墨書土器と四点の刻書土器を確認しているが、いずれも不丁官衙跡に比して極端に少ない点数である。これは陶硯同様、ＳＤ320出土資料を不丁官衙跡出土品として報告しているためであり、本来の実数はこれより増える可能性が高いものと考えられる。

(4) 広丸官衙跡

大楠官衙跡の西隣にあたり、同官衙跡とは境界溝ＳＤ2680（後にＳＤ2700）で画される。ＳＤ2700から西に約90㍍の位置には、南北溝ＳＤ3939（137次調査）が存在し、さらに約84㍍西側では南北溝ＳＤ2840（96次調査）を確認しているが、四面廂建物ＳＢ4340はその西側に存在する。なお、官衙一区画の単位幅を90㍍とすると、広丸官衙跡には三区画分が含まれることとなる。

大楠官衙跡同様、官人居住域とされてきたが、建物三〇棟、柵二三列、区画溝一四条、竪穴住居一軒、井戸三基、土壙墓二三基等を検出した。建物の内訳は、四面廂建物一棟、片廂建物六棟、側柱建物二〇棟、総柱建物三棟であるが、日吉・不丁官衙跡でみられた梁行三間の大規模な建物は、現時点では確認されていない。また、広丸官衙跡は来木工房跡の南側に位置することから、工房を統括する官衙と推測される。

広丸官衙跡でも八～九世紀の定形硯五七点と転用硯六八点を抽出した。溝ＳＤ4345から定形硯八点・転用硯七点、採土遺構ＳＸ4344から定形硯八点が出土している。定形硯の内訳は、圏足円面硯四九点(86.0%)、円形硯五点(8.8%)、単面風字硯二点(3.5%)、方形硯一点であり、当官衙跡においても定形硯の大半が圏足円面硯であるが、円形硯も8.8%と比較的高い数値を示している。転用硯の内訳は、坏蓋四一点(60.3%)、甕一九点(27.9%)、皿四点(5.9%)、坏二点(2.9%)、鉄鉢形一点で、他の官衙跡と同様であった。陶硯総数に占める定形硯の比率は45.6%であり、大宰府政庁周辺官衙跡においては日吉官衙跡を凌いで高い数値を示す。この他に、九世紀後半代の井戸ＳＥ2845からは滑石製と硬質砂岩製の風字硯が一点ずつ出土しており、大宰府跡における滑石製風字硯の出現をこの頃に求めることができる。

(5) 蔵司官衙跡

「蔵司」は大宰府管内の九国三島から納められた調・庸の出納事務を処理し、倉庫を管理した役所とされる。蔵司丘陵上には梁行三間(12.99㍍)×桁行九間(36.59㍍)の大規模な東西棟礎石建物棟ＳＢ5000があり、鏡山猛氏は大宰府の正倉に比定されているが[鏡山 一九六八]、その性格は定まっていない。なお、近年の調査では、礎石建物ＳＢ5000の下層から掘立柱建物二棟とその南側で掘立柱建物一棟及び下段にあたるＡ区で五棟の礎石建物を確認している(5)。丘陵裾部には掘立柱建物二棟、礎石総柱建物二棟、工房一棟、築地二列、井戸等が存在し、台地西側の谷部からは大宰府史跡で初めてとなる木簡が九点発見されている。蔵司Ⅱａ期(八世紀前半~後半)には、掘立柱建物ＳＢ1560と築地ＳＡ1400・1410Ａが築造され、蔵司Ⅱｂ期(八世紀後半~九世紀前半)には礎石建物三棟と築地ＳＡ1410が存続するが、十一世紀前後には廃絶する。

ここで取り上げる陶硯は、丘陵裾部の調査で出土したもので、定形硯一五点と転用硯一八三点を抽出した。定形硯としては、圏足円面硯一三点(86.7%)と単面風字硯二点(13.3%)であった。遺構的には溝ＳＤ1395Ａ(二点)・1555(二点)及び包含層の出土である。転用硯の内訳は、坏蓋七一点(38.8%)、甕五五点(30.1%)、坏類二〇点(10.9%)、皿一九点(10.4%)、壺一二点(6.6%)で、その他に盤・平瓶・鉄鉢形土器が一点ずつと土師器の椀が二点、甕が一点みられた。他の官衙跡同様、須恵器坏蓋及び甕の占める割合が高い。遺構的には、溝ＳＤ1395Ａ(六点)・1505(一〇点)、土坑ＳＫ1510(一七点)、瓦層ＳＸ1561(一六点)及び包含層から出土している。なお、陶硯総数に占める定形硯の比率は7.6%であり、政庁周辺官衙跡の中で最も低い数値を示し、筆記事務には専ら転用硯を使用していたことが窺われる。

(6) 政庁前面広場跡

大宰府政庁跡の前面から御笠川にかけての区域は、広場としての空閑地となっている。ただ、四面廂建物二棟・片廂建物一棟・総柱建物一棟の合わせて四棟の建物が存在する。中でも四面廂建物ＳＢ2300は、身舎の柱間二間×八間の大規模な建物で、朝集殿と考えられている。

広場と言う性格でありながら、円面硯六点(蹄脚一点・圏足五点)、単面風字硯一点と転用硯二三点(坏蓋一五点、甕六点、高台坏一点、盤一点)及び水滴一点を抽出している。定形硯は全て包含層や整地層の出土であるが、ＳＢ2300の掘方からは二点の転用硯が出土している。転用硯に関しては、坏蓋が65.2%と高い割合を示し、次いで甕が26.1%の割合で、他の官衙跡と同様の傾向にある。

4　周辺官衙跡の性格類推

前項では、大宰府政庁跡及び日吉・不丁・大楠・広丸・蔵司官衙跡の政庁周辺官衙跡、それと前面広場跡における陶硯の様相をみてきた。ここでは、さらに踏み込んで先の政庁周辺官衙跡で確認された建物の規模と配列、文字関連資料（木簡・墨書・刻書土器・陶硯）、生産関連遺物を相互に比較検討することにより各々の官衙の性格を類推し、所司の比定を試みたい。

硯は、文房四宝の一つとして、種々の文書事務には絶対に欠かせないものであった。陶硯には、当初から硯として製作された円面硯・風字硯等の定形硯と須恵器や土師器等の土器を硯に転用した土器転用硯の二者が存在する。政庁周辺官衙跡で点数が最も多い定形硯は、圏足円面硯であり、日吉官衙跡で94．1％、不丁官衙跡では77．1％、大楠官衙跡では87．2％、広丸官衙跡では86．0％、蔵司官衙跡では86．7％の割合を示し、圏足円面硯は点数的に他の定形硯とは隔絶している。大宰府出土の圏足円面硯は牛頸窯跡群で焼成されているが、その数量は蓋・坏・壺・甕・高坏等の器種に比して微々たるものであったことは土器との出土割合の低さから窺える。従って、定形硯は使用する場所及び人物が限られた特別な物品であり、定形硯を使用できる人物と転用硯しか使用できない人物とには、格差の存在が認められる。

また、陶硯の出土点数の多少は、官衙の実務内容に深く関わっていると考えられ、五七〇点もの陶硯が出土した不丁官衙跡には文書事務に関わる官吏が多く存在したと推測される。しかし、ここで注意を要するのが定形硯と転用硯との比率であり、不丁官衙跡の陶硯総数に占める定形硯の比率は18．5％と他の周辺官衙跡よりかなり低い比率であり、筆記実務には転用硯しか使用できない下位の官吏があたっていたことが窺われる。逆に定形硯の比率が高い日吉・広丸官衙跡には上位官吏が存在し、専ら文書事務を担当した部署とみなせよう。

第３表　周辺官衙跡陶硯点数

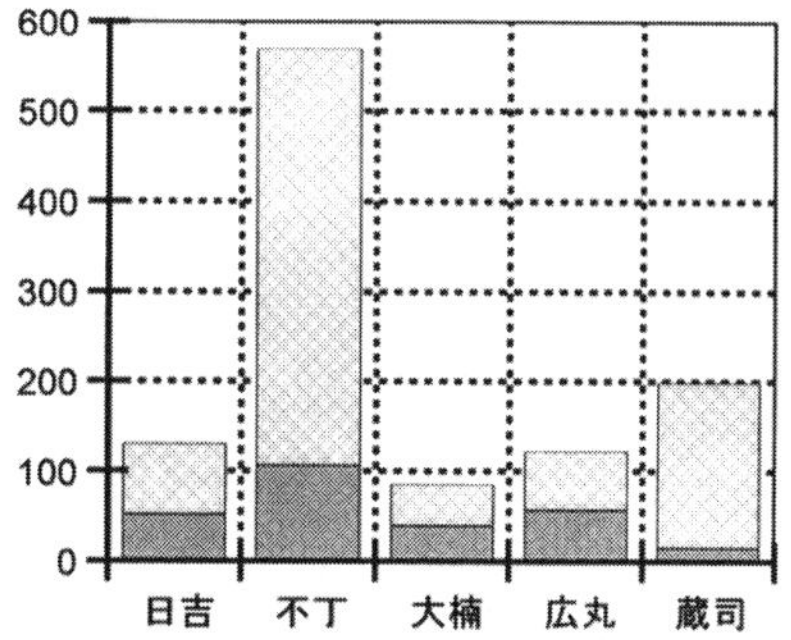

では、次に各官衙跡での陶硯総数に占める定形硯の比率をみていこう。最も高いのが大楠官衙跡の45．9％であるが、前述した如くＳＤ320出土陶硯の処遇が問題として残る。二番目が広丸官衙跡の45．6％で、出土陶硯のほぼ半数が定形硯と言うことになる。次いで日吉官衙跡の39．2％で、この三者が高い比率を示す。一方、低い比率を示すのが不丁官衙跡と蔵司官衙跡になるが、不丁官衙跡の定形硯比率は18．5％と二割弱であり、蔵司官衙跡の定形硯比率は7．6％と一割にも満たない。両官衙跡においては、陶硯の大半が転用硯であり、筆記実務には主に転用硯を用いていたと考えられる。

不丁官衙跡ＳＤ2340からは、木簡・墨書土器・刻書土器及び陶硯等の文字に関する資料が多数出土し、紫草に関する木簡は一四点程出土しており、官司の一つである貢上染物所の存在が窺われる。また、墨書土器には「政所」・「□《(匠カ)》司」があり、不丁官衙に存在した官司を推測させる資料である。他に、溝ＳＤ4566からは「細工」と記した刻書土器が出土してい

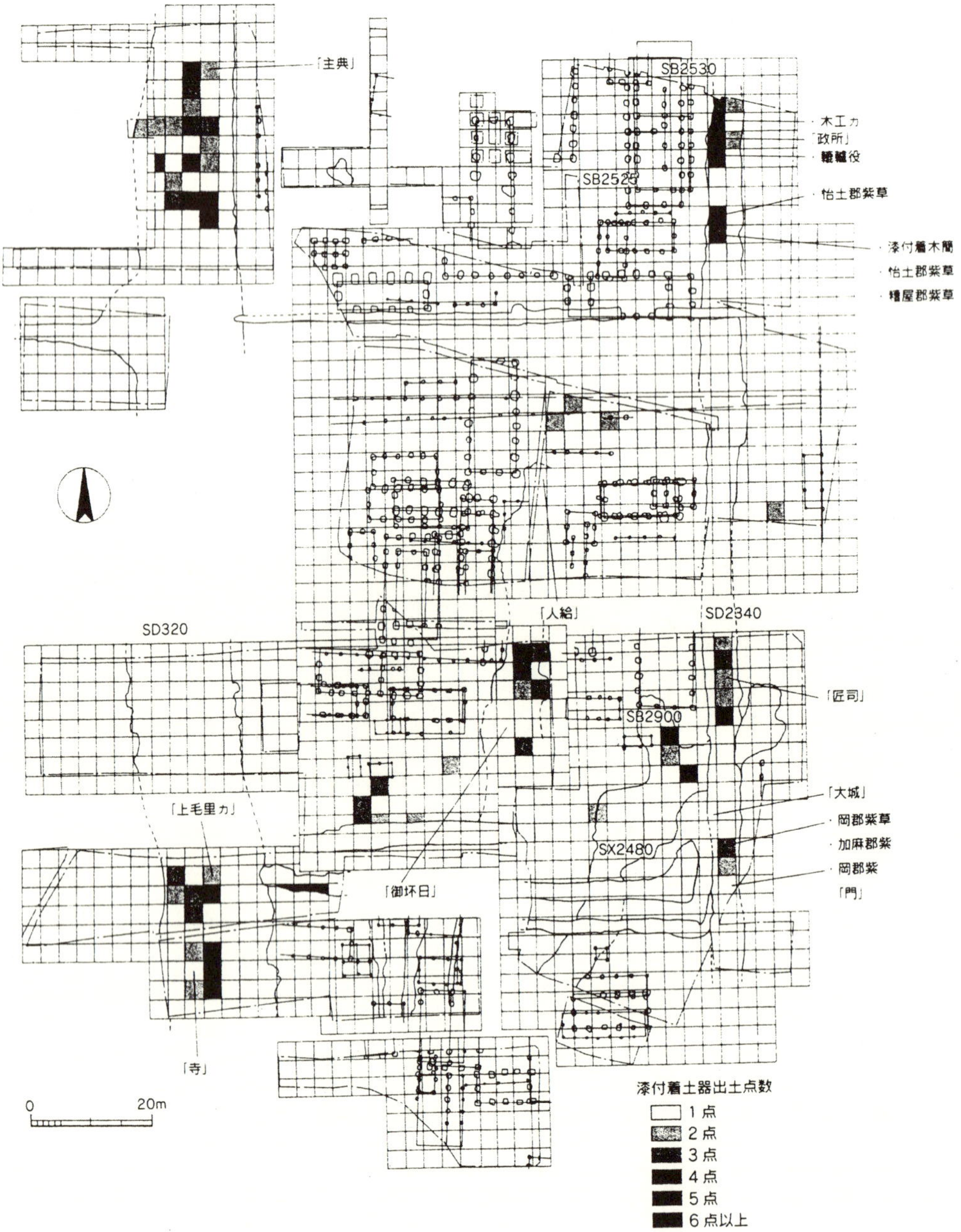

第3図　不丁官衙跡漆付着土器分布図（1/1200）

るが、大宰府の官司として細工所はみえないものの、官司としての可能性は排除できない。政所は、大宰府の各官司をとりまとめ、行政を処理した事務的官司であり、匠司は武器・建造物等の製作を担った工房的官司で、同じく貢上染物所は染色を担当した工房的官司であることから、不丁官衙跡には事務的官司と工房的官司の二者が併存したことを裏付けるものと言えよう。

また、不丁官衙跡からは、生産関連遺物の製塩土器・漆付着土器及び鍛冶・鋳造関連遺物が多量に出土していることは前述したが、先のＳＤ2340からは、「轆轤役」と判読した木簡と漆が付着した木簡の転用材が出土しており、不丁官衙跡の一角に漆塗り製品等の製作を行った工房エリアと鍛冶・鋳造を行った工房エリアの存在が想定される。なお、漆製品の製作工房としては、「轆轤役」木簡及び漆付着土器が多く出土した区域のすぐ西側に位置する梁行三間の南北棟建物ＳＢ2530と同建物と柱筋を揃える梁行三間の南北棟建物ＳＢ2900及びＳＢ2350の後継建物のＳＢ2525を比定しておきたい(第3図)。

蔵司官衙跡は不丁官衙跡の北側丘陵に位置し、その小字「蔵司」から所司の一つである蔵司に比定されている。近年の調査において、丘陵上で三間×五間の礎石総柱建物が三棟検出され、大宰府管内諸国から納められた調・庸の出納事務を処理し、倉庫を管理した官司―蔵司として異論はない。ただ、丘陵裾部においては不丁官衙跡同様、漆付着土器及び鞴羽口・鉄滓・鋳型・坩堝等の鍛冶・鋳造関連遺物が多量に出土しており、蔵司Ⅰ期(七世紀後半)においては大宰府Ⅱ期政庁の造営に関わる工房等の施設が蔵司丘陵裾部から不丁官衙跡にかけて存在したと考えられる。このように、工房的官司であると転用硯の比率が高いことも首肯されよう。さらに不丁官衙跡では、円面硯の中でも希少な蹄脚円面硯が三点と多足円面硯が一点出土しており、政所と言った事務的官司に相応しい陶硯と言えよう。

次に、不丁官衙跡の西隣に位置する大楠官衙跡とその西隣の広丸官衙跡であるが、日吉・不丁官衙跡の建物と比較して小規模である点と井戸を伴っている点を根拠として、両者は大宰府官人の居住域と過小評価されてきた。しかし、前項で触れたごとく建物の規模・配列状況は官衙的で、大楠官衙跡における八五点もの陶硯の存在は官人居住域とする従前の評価を否定するものである。では、如何なる官司が想定できるであろうか。そのヒントとして大楠官衙跡の東側を限る境界溝ＳＤ320出土遺物に着目したい。

ＳＤ320からは、海産物の「烏賊」と記した木簡、判読不明ながら魚偏の文字とその下に腊(鳥獣魚貝を乾燥したもの)と記した木簡、及び墨書土器「主典」・「那ツ支」(菜坏)・「杯」、「厨」と判読した墨書土器、さらには人名の「春岑」と箆書した移動式竈等があり、これらの文字資料は厨の存在を強く窺わせるものである。ただ、ＳＤ320は不丁官衙跡との境界もなすことから、厳密には大楠・不丁官衙跡いずれからの廃棄かは峻別できない。しかしながら、調理に欠かせない塩の生産に用いた製塩土器の点数が四〇〇点余りと多量であり、物品の収納を行う総柱倉庫と炊事に不可欠な井戸の存在を勘案すると、大楠官衙跡を主厨司とみなして大過ないものと考える。そうであれば、移動式竈の鍔外面に箆書した人名の「春岑」は、調理及び調味料の製作を担当した官吏である主厨と言えよう。なお、厨に想定できる遺構は、大楠Ⅰｂ期(八世紀中頃)の東西棟建物ＳＢ2660を主体とする建物群と井戸ＳＥ2621が該当し、桁行八間の両面廂建物ＳＢ2550を食堂に比定しておきたい。

一方の広丸官衙跡であるが、中心施設となる四面廂建物ＳＢ4340や桁行

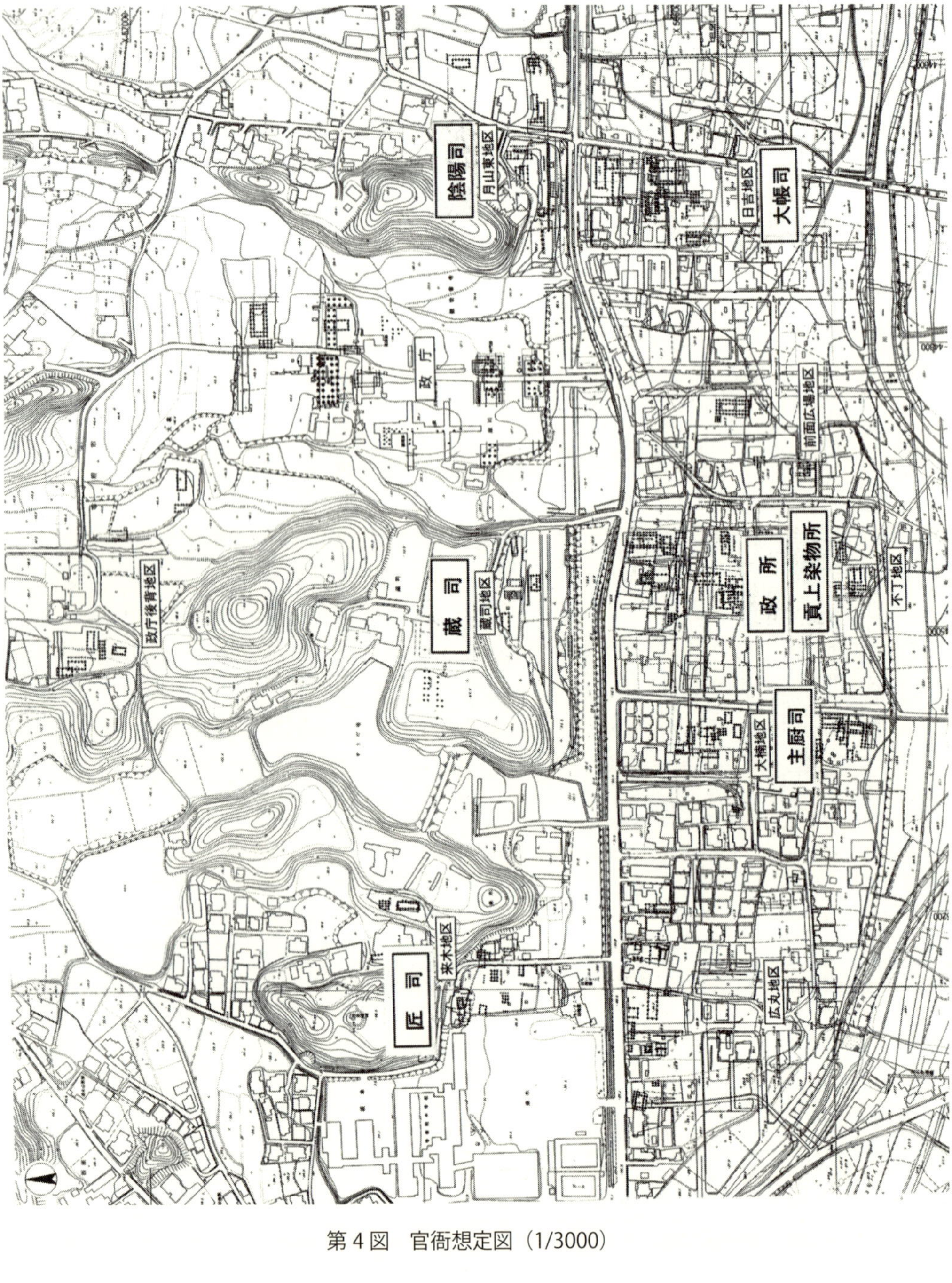

第４図　官衙想定図（1/3000）

七間以上の側柱建物ＳＢ2825が存在し、八世紀前半から九世紀後半にかけてコ字形配列をなすものの閑散とした様子が窺え、しかも官衙域内に奈良時代の竪穴住居が一軒存在するといった他の周辺官衙跡にはみられない特異な状況である。しかし、陶硯総数に占める定形硯の比率は45．6％であり、日吉官衙跡を凌いで高い数値を示す。また、漆付着土器、鍛冶・鋳造関連資料等の生産に関わる遺物は僅かであることから工房的官司とは考え難く、具体的な官司名は不明であるが、文書事務を主たる業務とする役所と捉えられる。

日吉官衙跡からは官司名を推定できる文字資料は出土していないが、日吉Ⅱ期（八世紀前半～後半）の建物配列は、四面廂建物ＳＢ2220を中心として梁行三間の建物三棟とでコ字形の配列をなし、次の日吉Ⅲ期（九世紀中頃～後半）には片廂建物ＳＢ2200を主体に梁行三間の建物がコ字形配列を呈する。また、漆付着土器、鍛冶・鋳造関連資料等の生産に関わる遺物はほとんど出土していないことから工房的官司とは考え難く、陶硯総数に占める定形硯の比率は、39．2％と高い数値を示すことから、文書事務を主体とする官司—公文所あるいは大帳司が考えられる。

最後に、月山東官衙跡について若干言及しておきたい。月山東官衙跡は漏剋が設置されたとの伝承がある月山の東裾部に位置し、月山裾部に接続する東西長112・13メートル、南北長70・76メートルの柵で囲繞された中に九棟の建物が確認された。都において漏剋は陰陽寮の管轄下にあり、漏刻博士・守辰丁が担当したが、大宰府にあっては陰陽師が担当したとみられる。柵を故意に月山の裾部に接続させているのは、その箇所に月山（漏剋）に至る通路が存在したためではないだろうか。このように考えると漏剋遺構は未確認であるが、月山官衙跡を陰陽司に比定できよう。

おわりに

本稿では、大宰府における陶硯の様相から所司の推定を行った。陶硯に関しては、八世紀代においては主として牛頸窯跡群産の圏足円面硯及び須恵器の転用硯が多用されるが、九世紀になると牛頸窯跡群の衰退に伴い、陶硯の数量自体が激減する。それに代わって登場するのが石製の硯（石硯）であるが、大宰府では広丸官衙跡出土例によると九世紀後半頃から使用され始める。

また、圏足円面硯については、海部が深く脚部が低いものから、海部が浅く脚部が高いものへと変化し、硯の大きさも外堤径27センチの大型品から8センチ程の小型品へと縮小化の傾向をたどり、九世紀になると定形硯の主流は風字硯へと移る。なお、大型の円面硯は、各部署に共同使用として複数個が配備されていたものと思われるが、律令制の浸透に伴い事務量も増加し、個人使用・小型化していったものと推測される。

大宰府には、管内諸国から様々な調庸物が多量に集積され、納入品等の物品管理においては、朱墨を用いた確認がなされたとみられるが、肝心の朱墨が付着した陶硯の点数は極めて少ないという特徴がある。何故少ないのか、未だ答えを見出せていないが、朱墨が付着した陶硯を多量に出土する官衙跡は、貢物所等の物品管理を行った官司とみなすことが可能であろう。転用硯は八世紀代を主体とする限られた時期で使用された。これには陶硯の需要度合い、須恵器生産の衰退、石硯・瓦転用硯の出現時期など様々な要因が存在するものと考えられる。

前述したごとく、陶硯総数に占める定形硯の比率は重要な要素で、その比率が四割前後の数値であれば、専ら文書事務を担当した部署とみなせよう。逆に二割程度だと工房的官司と推測される。もちろん、陶硯のみの分析だけでは即断できず、建物の規模・配列、文字資料、生産関連遺物等を総合的に比較・検討する必要があることは言を俟たない。

最後に、定形硯のみならず、転用硯の存否は遺跡の性格を大きく左右しかねない遺物と言える。特に、集落遺跡からの出土となると識字者（里長）の存在を証明する貴重な代物となる。(6) 転用硯が出土していても抽出されない限りその遺跡を評価・検討する俎上にすら上がってこない。従って、転用硯の抽出には調査担当者自らが土器片を一点々手に取り、器面が擦り減っていないか、墨が付着していないか詳細に観察しなければ抽出が不可能な遺物であることを認識して転用硯の抽出を行う必要がある。なお、肉眼での確認が難しい場合は、倍率五〇倍のマイクロスコープは極めて有用である。

註

（１）『古代日本を発掘する　５古代の役所』（一九八五年、岩波書店）掲載の国の役所の職員数によると、大国の国司九人・主な徭丁五三四人の計五四三人が示されており、大宰府の国司が五〇人であることから国の四倍とし、約二〇〇〇人とした。

（２）当館所有の蛍光X線分析装置で陶硯を分析した結果、朱墨とされるものは辰砂ではなくベンガラであることが判明した。

（３）日吉官衙跡及び前面広場跡出土の陶硯点数に関しては、筆者が助成を受けている科学研究費（「大宰府管内出土陶硯の科学分析的研究」平成二十六～二十九年度・課題番号26370914）に伴う調査研究で再抽出を行った。

（４）『太宰府市史　考古資料編』一九九二年

（５）「平成二十九年度大宰府史跡現地説明会資料」

（６）小田和利「製塩土器からみた律令期集落の様相」（『九州歴史資料館研究論集21』一九九六年）

参考文献

石松好雄　一九八四年『大宰府跡』日本の美術第二一六号　至文堂

石松好雄　一九八五年『古代日本を発掘する４　大宰府と多賀城』岩波書店

石松好雄　一九九一年「発掘からみた大宰府」『新版古代の日本３　九州・沖縄』角川書店

小田和利　二〇〇三年「大宰府政庁における土器転用硯のあり方」『續文化財學論集』

小田和利　二〇〇三年「地方官衙と陶硯—大宰府跡出土例を中心として—」『古代の陶硯を巡る諸問題—地方における文書行政をめぐって—』

小田和利　二〇一六年「大宰府の文房具」『九州歴史資料館第三七回企画展　大宰府の役人と文房具』

鏡山　猛　一九六八年『大宰府都城の研究』

九州歴史資料館　二〇〇二年『大宰府政庁跡』

九州歴史資料館　二〇〇七年『観世音寺—遺物編２—』

九州歴史資料館　二〇一〇年『大宰府政庁周辺官衙跡Ⅰ—政庁前面広場地区—』

九州歴史資料館　二〇一一年『大宰府政庁周辺官衙跡Ⅱ—日吉地区—』

九州歴史資料館　二〇一二年『大宰府政庁周辺官衙跡Ⅲ—不丁地区遺構編—』

九州歴史資料館　二〇一三年『大宰府政庁周辺官衙跡Ⅳ—不丁地区遺物編１—』

九州歴史資料館　二〇一四年『大宰府政庁周辺官衙跡Ⅴ—不丁地区遺物編２—』

九州歴史資料館　二〇一五年『大宰府政庁周辺官衙跡Ⅶ—大楠地区遺構編—』

九州歴史資料館　二〇一六年『大宰府政庁周辺官衙跡Ⅷ—大楠地区遺物編—』

九州歴史資料館　二〇一七年『大宰府政庁周辺官衙跡Ⅸ—大楠地区総括・図版編—』

五島美術館　一九七八年『日本の陶硯』

竹内理三　一九七三年「大宰府と大陸」『九州文化論集』平凡社

内藤政恒　一九四四年『本邦古硯考』

奈良国立文化財研究所埋蔵文化財センター　一九八三年「陶硯関係文献目録」『埋蔵文化財ニュース四一』

奈良文化財研究所　二〇〇六年『平城京出土陶硯集成Ⅰ—平城宮跡—』

奈良文化財研究所　二〇〇六年『平城京出土陶硯集成Ⅱ—平城京・寺院—』

福岡県教育委員会　一九八九年『牛頸窯跡群Ⅱ』（福岡県文化財調査報告書第89集）

横田賢次郎　一九八三年「福岡県内出土の硯について分類と編年に関する一試案」『九州歴史資料館研究論集９』

正木喜三郎　一九八〇年「大宰府官制の一考察—大宰大工について—」『鏡山猛先生古希記念古文化論攷』

牛頸窯跡群における生産体制の変革

石木秀啓

はじめに

牛頸窯跡群は福岡平野の南部に位置し、現在の福岡県大野城市上大利・牛頸を中心に春日市・太宰府市の一部を含み、東西4㌔、南北4.8㌔の範囲に広がる。発掘調査された窯跡は三〇〇基を超え、総基数は六〇〇基にせまると考えられる九州最大の須恵器窯跡群であり、平成二十一年二月には「牛頸須恵器窯跡」として一二ヶ所が史跡指定されている。操業が開始されたのは六世紀中頃のことと考えられ、以後九世紀中頃にいたるまで操業が継続されている。この時代の北部九州では、筑紫君磐井の乱にはじまり、那津官家の設置、白村江の戦い、水城・大野城の築造、そして大宰府が成立・展開している。

今回、大宰府史跡発掘調査五十周年の節目にあたり、大宰府研究の到達点と今後の課題を示すことを目的に論文集の企画が行われた。牛頸窯跡群は大宰府政庁の西側約2㌔の位置にあり、那津官家・大宰府との関わりが指摘されている［渡辺 一九九五］。本稿では、牛頸窯跡群の操業開始期から終焉に至るまでの窯構造・集落・墳墓の変遷について概観を行い、生産体制の変革について明らかにしていきたい。

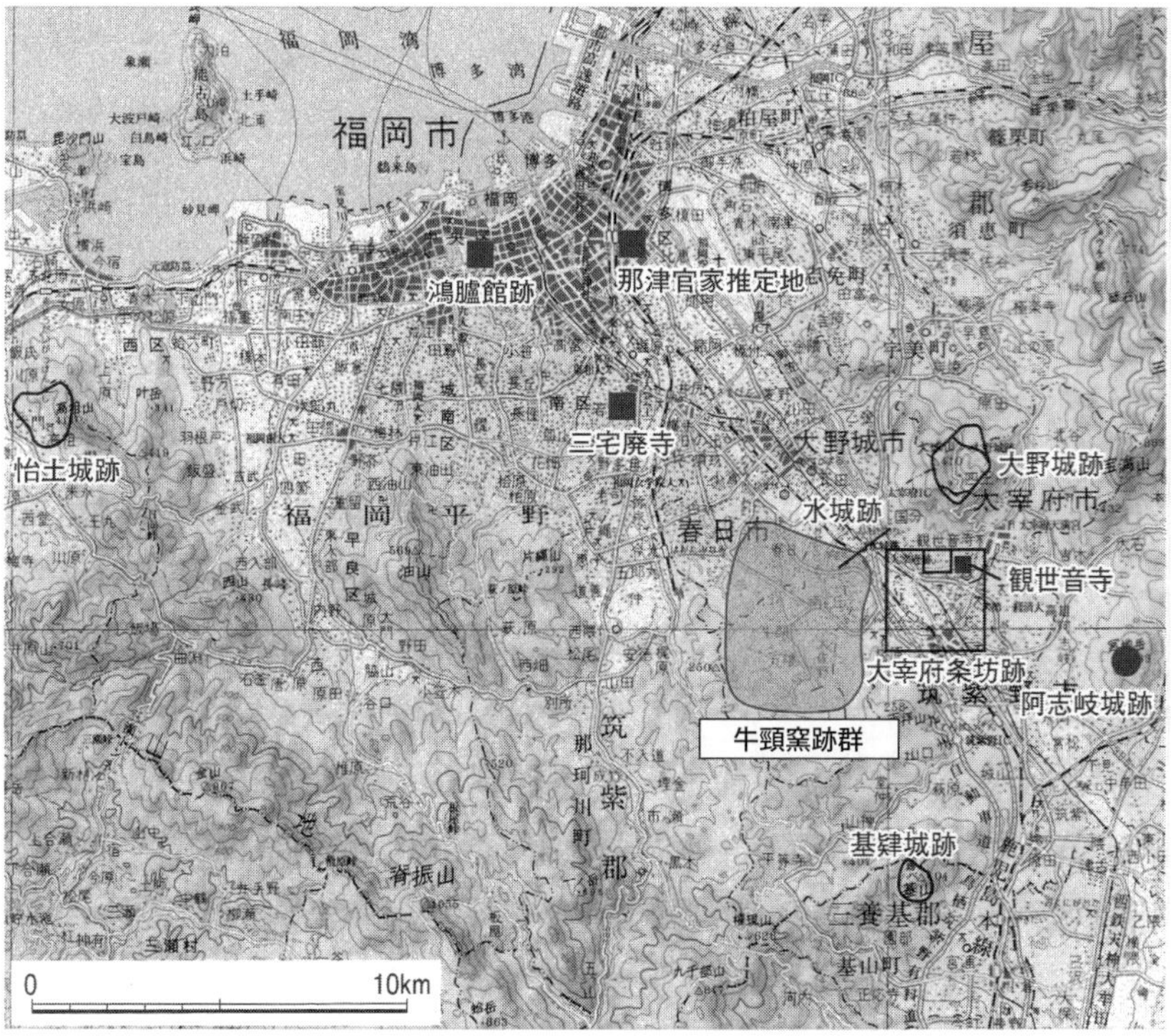

第１図　牛頸窯跡群と関連遺跡

１　研究略史

牛頸窯跡群は、昭和三年に筑紫郡牛頸城ノ山で地元青年が掘り出した窯跡を、牛頸区長山上高太郎氏が福岡県に報告し、島田寅次郎氏による調査が行われたことを嚆矢とする。この調査の記録は昭和十四年に報告され、学会に牛頸窯跡群の存在を知らせることとなった［島田 一九三九］。以来、大野城市をはじめ様々な機関により発掘調査が行われ、多くの研究が積み重ねられてきた。ここではそのすべてを網羅的に取り上げる余裕がないため、関連する研究について概観することとしたい。

まず編年については、小田富士雄氏らによる野添・大浦窯跡群の調査成果［福岡県教委 一九七〇］をもとにして、これを発展させる形で進められてきた。『牛頸窯跡群―総括報告書Ⅰ―』では、各時期の指標となる窯跡出土資料と実年代観を提示する［大野城市教委 二〇〇八a］。現在の牛頸編年の到達点であり本稿もその成果に基づくが、杯Gの

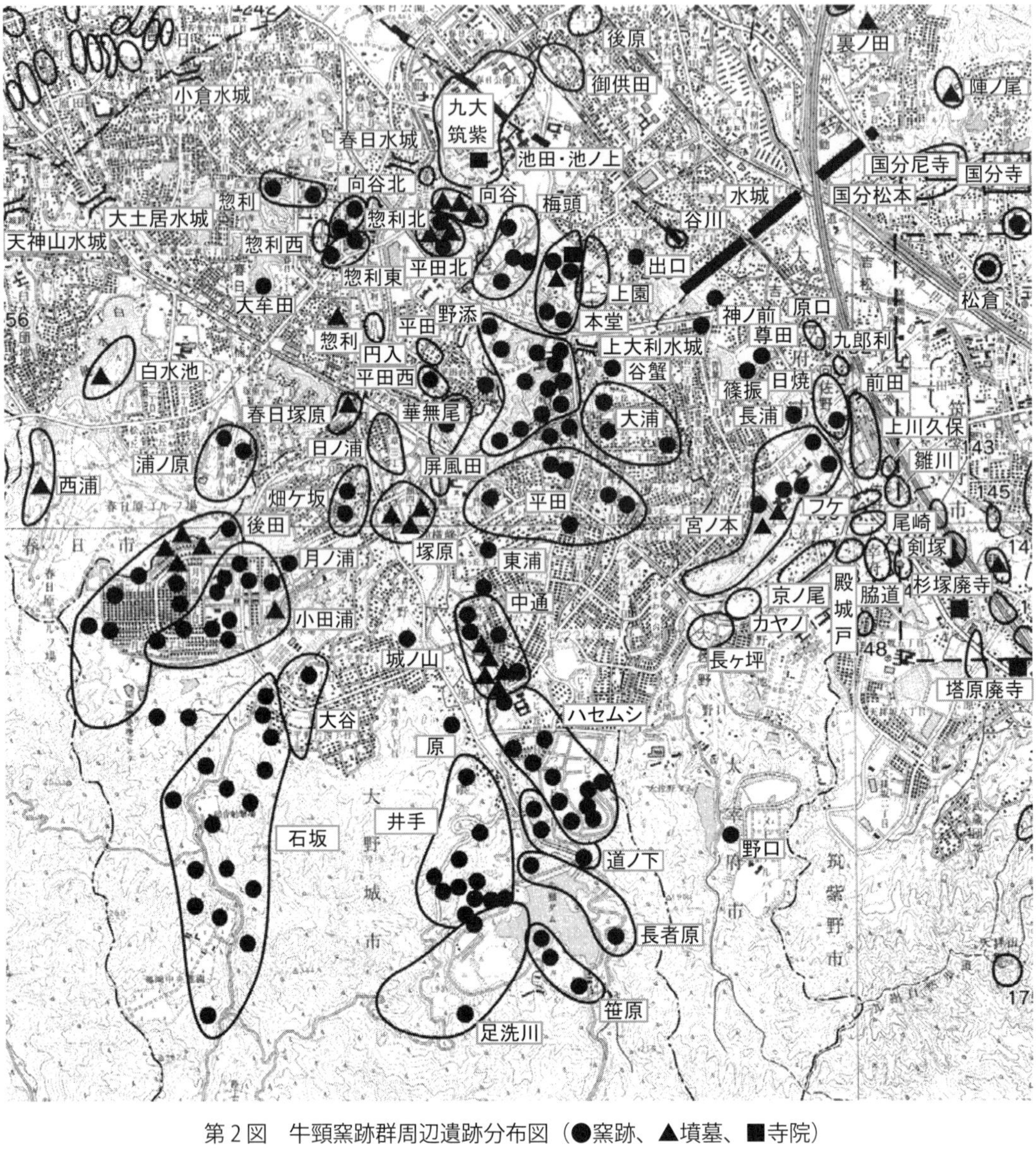

第２図　牛頸窯跡群周辺遺跡分布図（●窯跡、▲墳墓、■寺院）

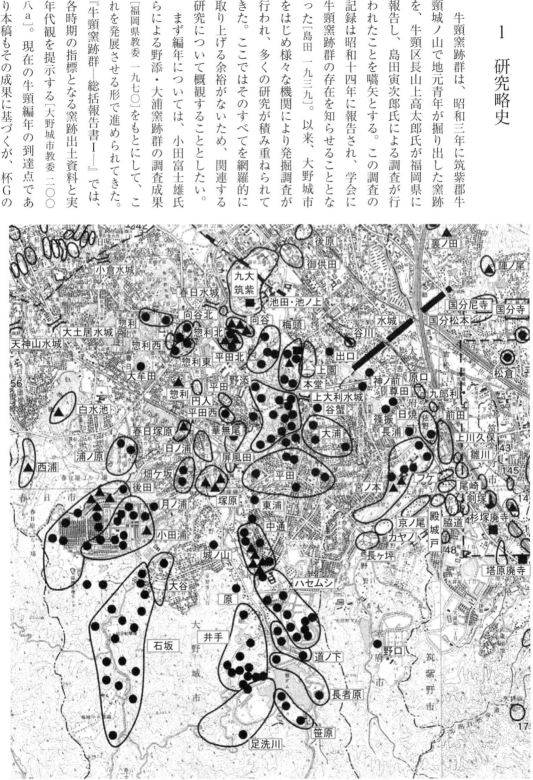

出現時期など今後検討を行う必要がある。

次に窯構造について、副島邦弘氏は規模や構造によりA～Cの三形態に区分を行い、時期ごとに変遷することを示し、ⅢB～Ⅳ期に構造の変化と窯の増加が認められることを指摘した。こうした須恵器窯跡の構造研究については、窯跡研究会による全国各地での検討会の開催と二回のシンポジウムと論文集の発刊により全国的な研究がまとめられ、牛頸窯跡群を含めた九州の状況についても報告が行われている［窯跡研究会編 一九九九・二〇〇四・二〇一〇］。

集落については、春日市南部の牛頸川流域において、牛頸窯跡群が成立する古墳時代後期に大規模な集落が急増しており、須恵器工人との関係が想定されている［丸山 一九九五］。舟山良一氏は、牛頸窯跡群の集落遺跡について春日・上大利・牛頸・佐野の四地区に分けて概観し、佐野地区では工人に関連する遺跡はあまりなく、他地区では可能性のある遺跡が存在することを指摘した［大野城市教委 二〇〇八ａ］。また、舟山氏は丘陵斜面に造られた集落についてその理由は不明とするが、筆者はこの種の集落遺跡が六世紀末から七世紀中頃に限定され、その後姿を消すことは、牛頸窯跡群の生産体制の変化と連動し、個別に行われていた操業が集中的に行われるようになった結果と考えた［大野城市教委 二〇〇八ｂ、石木 二〇一七ａ］。太田智氏は、牛頸窯跡群内の集落より工人集落を抽出し検討を行う。その結果、多様な在り方を示す集落を遺構の時期的分布状況をもとにＡ～Ｄの四類型に分類し、工人派遣生産型・本拠地生産型に区分する［太田 二〇一五］。

墳墓については、松岡史氏は中通古墳群と同一丘陵上に須恵器窯跡が分布することから、古墳の被葬者を「生産者自身かまたは同族関係」にあったものと考えた［大野城市教委 一九八〇］。次いで、小田浦・後田古墳群の調査において、舟山氏は石室内から出土するＵ字型鉄製鋤先について窯を掘る工具として使用したものと考え、須恵器工人の墳墓とする［大野城市教委 一九九二ａ］。このように、牛頸窯跡群の範囲にある同じ時期の横穴式石室を伴う墳墓は、窯との距離や出土遺物から須恵器工人の墳墓として捉えられていた。一方で、梅頭1次1号窯跡では床面から鉄刀・鉄鏃などが出土し、周辺の窯跡からも焚口部を利用したカマド塚状遺構が確認されるなど、六世紀末から七世紀前半ごろに須恵器窯を転用した墳墓が存在することが知られるようになった［石木 二〇〇五］。また、出土した鉄刀には銀象嵌が施されていることが分かり、遺物と墓制の特殊性から被葬者は在地工人ではなく大和政権との関わりを有するものと考えられた［大野城市教委 二〇〇七］。こうした牛頸窯跡群内の墳墓と集落の相関関係について、舟山氏は古墳群に三基程度の小規模な群と一〇基程度の大規模な群が存在することに注目し、集落を構成する集団に大小の別があったとしている［大野城市教委 二〇〇八ａ］。

以上、近年の研究を中心に本論のテーマとなる部分の成果をまとめた。なお、研究史については余語琢磨氏・岡田裕之氏によって詳細なまとめがなされている［余語 一九八九、岡田 二〇〇八］。両氏の掲げる課題のうち、本稿はこれまでの研究を踏まえ、生産者集団の系譜・構造・居住地の解明・牛頸窯跡群周辺の地域社会の実態と群との関連の解明を目指すものであり、先学の視点に導かれながら検討を行っていきたい。

2　操業開始期（ⅢＡ～ⅢＢ期・六世紀中頃～後半）

牛頸窯跡群で、この時期の須恵器窯跡と生産に関わると考えられる集落が確認できるのは北部の上大利地区と春日地区である。本堂遺跡14

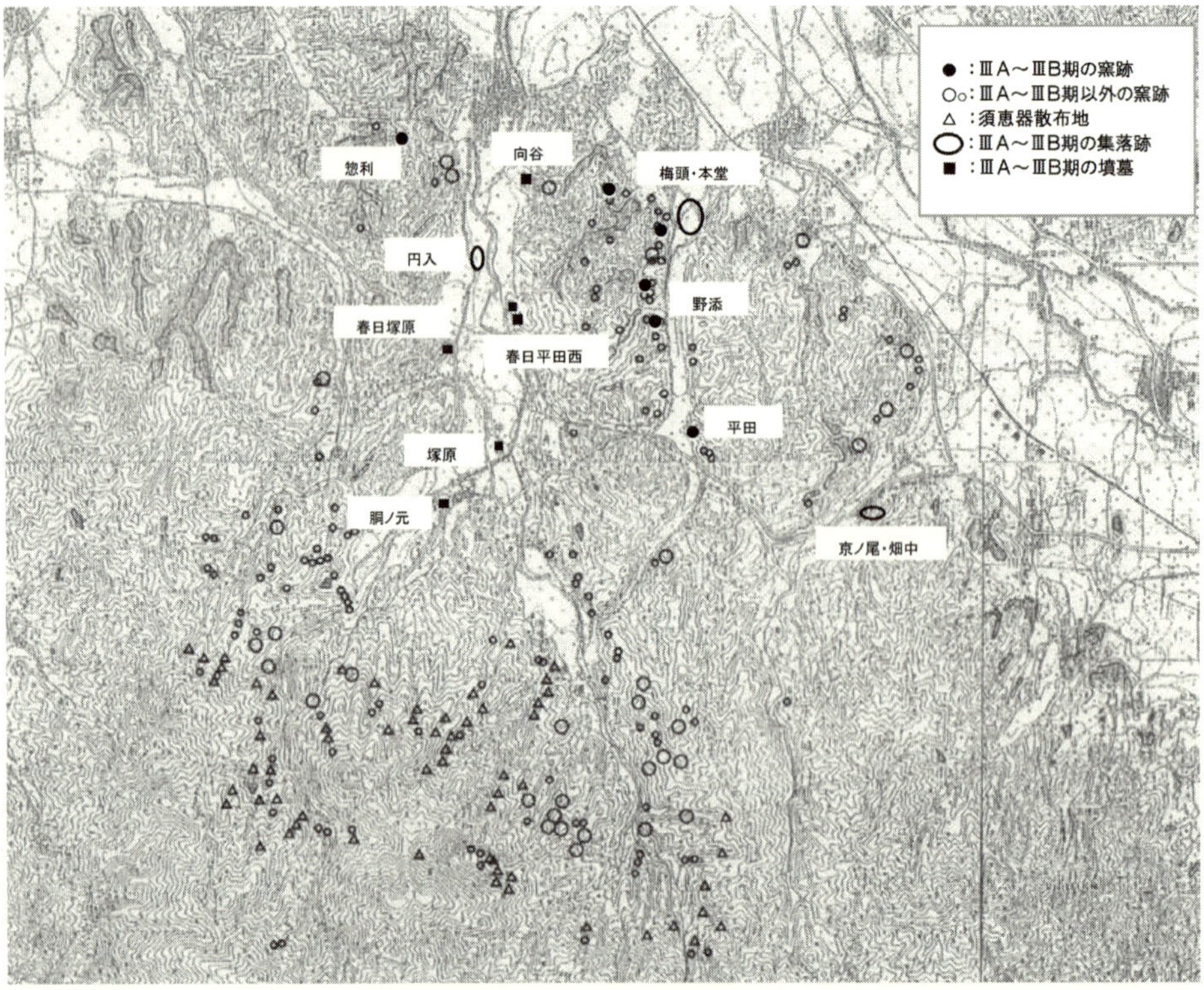

第３図　牛頸窯跡群窯跡・集落・墳墓分布図（ⅢＡ～ⅢＢ期）

第４図　本堂遺跡第 14 次調査地検出工房（S=1/500）

次調査は灰原のみしか確認できなかったが、牛頸窯跡群最古と考えられる窯跡である［大野城市教委 二〇〇八ｃ］。また、灰原の下からは竪穴住居跡ＳＣ01と土坑ＳＸ02が確認された。土坑底部からは粘土が確認され、粘土原料を生成して素地を作る粘土生成土坑と考えられる。住居・土坑は灰原に覆われていたが、選地と粘土生成土坑の存在から須恵器製作工房と見られる。また、窯跡のすぐ下の平地部には上園遺跡13次調査地がある。

六世紀中頃から後半にあたり、竪穴住居跡や粘土生成土坑・ロクロピットなどが確認されている。このように、操業開始期より窯が位置する丘陵の周辺斜面には、窯に付随して、住居と粘土生成土坑を備える工房が存在する。また、付近の平地部にも集落が営まれており、こちらを本拠地の集落と考えることができよう。

大佐野川東岸にある京ノ尾遺跡・畑中遺跡では、六世紀中頃に集落が形成され、末頃に最盛期を迎える。今のところ周辺に窯跡の存在は知られていないが、極めて大量の須恵器が出土しており、生産地に近い集落の在り方として注視が必要である［太宰府市教委 二〇〇六］。また、牛頸川西岸の段丘上には、五世紀代以来の集落である円入遺跡がある。５号住居跡は六世紀中頃にあたり、須恵器・土師器のほか滑石製臼玉が出土したが、須恵器生産に関わる遺構や粘土は確認されていない［春日市教委 一九八六]。

本堂遺跡14次調査地から南に400㍍の所では、野添窯跡群が確認されている。このうち、6号窯跡は本堂14次に後出し、一部時期が重複しながら六世紀末まで操業を行う。9号窯跡は六世紀後半にあたり、地下式で全長10㍍の紡錘形の平面プランを有する大型の窯跡である。6号窯跡とともに、この時期の窯構造が明らかになる事例である[福岡県教委 一九七〇]。また、惣利1号窯跡は春日地区に位置する全長10㍍あまりの大型の窯跡である。本堂遺跡群から西へ約1.5㌔離れた大きな谷の入口に作られ、排煙部を失うものの野添9号窯跡と同様な紡錘形プランを呈する[春日市教委 一九八二]。

この時期の墳墓については、春日塚原遺跡群で横穴式石室を有する円墳が五基確認できる。直径は10〜18㍍であり、六世紀中頃に発生し、七世紀にかけて丘陵上に築造される[春日市教委 一九九九]。また、日ノ浦1号墳は平地上に築造される直径27㍍の円墳である。春日塚原古墳群東側約200㍍の位置にあり、大破しているものの横穴式石室が群に向かって開口することから一連の古墳群と考えることもできる[大野城市教委 一九九四]。これらの墳墓群の出土遺物には、須恵器工人との関連をうかがわせるものはない。また、周辺に同時期の窯跡もなく、今のところ後述する後田・小田浦古墳群のような須恵器工人墳墓とは断定できない。

以上、操業開始期は上大利地区の谷の入口に窯・集落が出現し、次第に窯は谷の奥へ移動していく。また、春日地区においても谷の入口に窯の出現が見られるが、いずれの地区においても窯の数はそれほど多くはない。窯の近くには工房が付随し、これとは別に本拠地と考えられる集落が平地上に営まれる。一方で、須恵器生産とは関わりのなさそうな集落・古墳も多く見られ、操業開始期に須恵器生産を行う範囲と規模は限られていた。

3 生産拡大期（ⅣA〜ⅣB期、六世紀末〜七世紀前半）

この時期になると、上大利・春日地区に加え、さらに南へ谷を入った牛頸地区で窯が作られるようになる。

中通遺跡群は牛頸川東岸の丘陵上に位置し、窯跡八基と古墳一九基からなる。窯跡は、丘陵のやや上位に単独で立地している。中通C窯跡が先行し、B窯跡・A2窯跡が作られる。古墳は、丘陵斜面下方に並ぶように位置している。北から中通古墳、南に約200㍍離れて円墳一四基で構成される北支群、さらに南に約200㍍離れて円墳四基の南支群に分かれている。南支群では、斜面下方に位置するS2・3号墳の墳丘盛土中にD−1・2号窯跡の灰原が認められ、窯の操業終了後に古墳が近接して築造されることから、須恵器工人の墳墓として考えられている[大野城市教委 一九八〇・八二]。

また、後田・小田浦遺跡群は中通遺跡群の西側にあたり、谷をさらに入りこんだところに位置している。窯跡は八ツ手状にのびる丘陵に点在し、小田浦33−Ⅰ号・37−Ⅰ号窯跡、後田65−Ⅰ号窯跡など、同時に複数の窯の操業が行われる[大野城市教委 一九九一・九二b]。古墳については、後田古墳群は一一基で構成され、11号墳は後田45−Ⅰ号窯跡と同じ丘陵斜面に位置し、1〜10号墳はその北側の丘陵に造られる。小田浦古墳群は三基で構成され、小田浦37−Ⅰ・Ⅱ号窯跡の斜面下方に位置している。小田浦・後田古墳群では鉄製U字型鋤先が副葬され、中通古墳群と同様に須恵器工人の墳墓と考えられている[大野城市教委 一九九二a]。

これら窯跡に近接する中通・後田・小田浦古墳群は、それぞれ盟主的

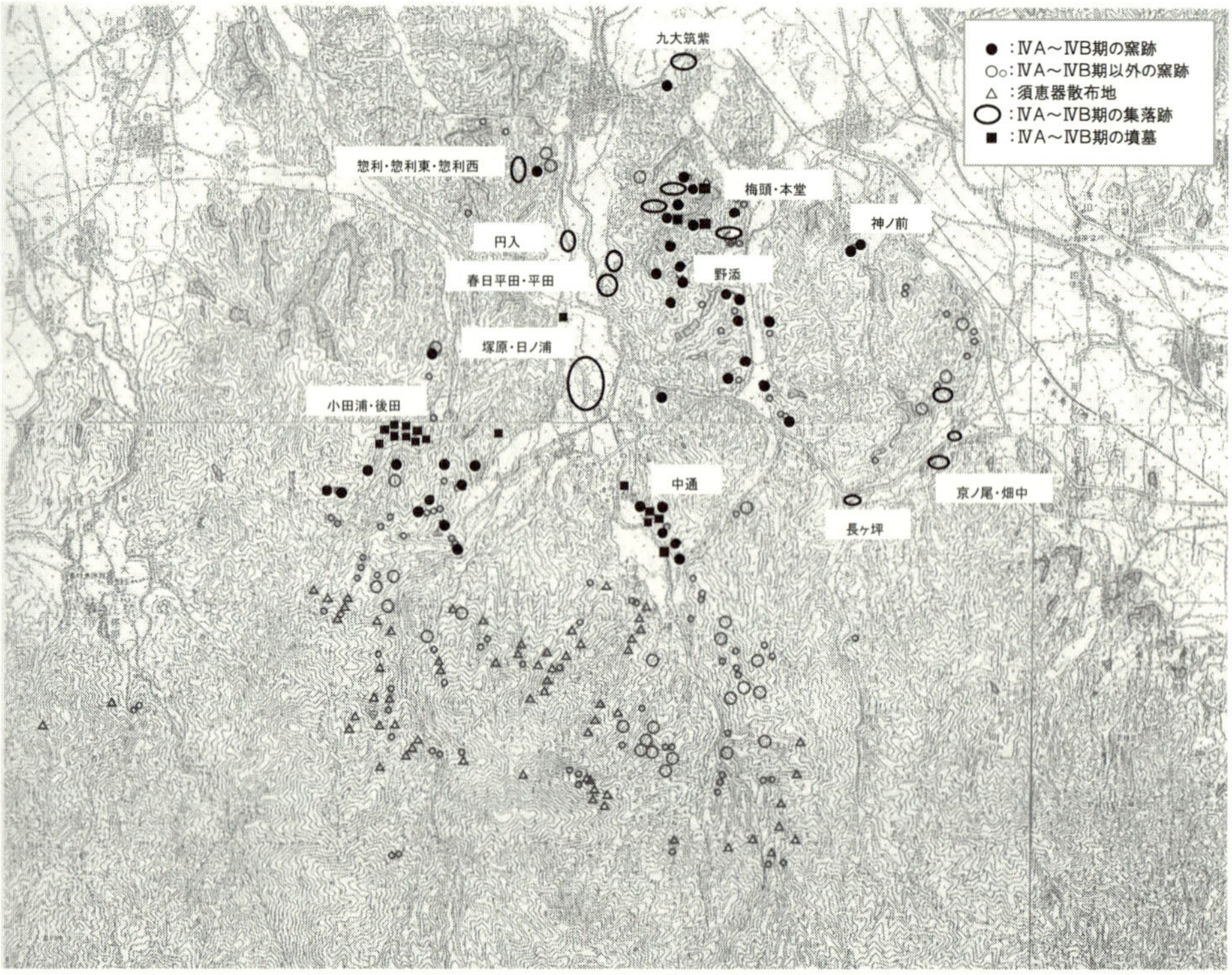

第5図　牛頸窯跡群窯跡・集落・墳墓分布図（ⅣA～ⅣB期）

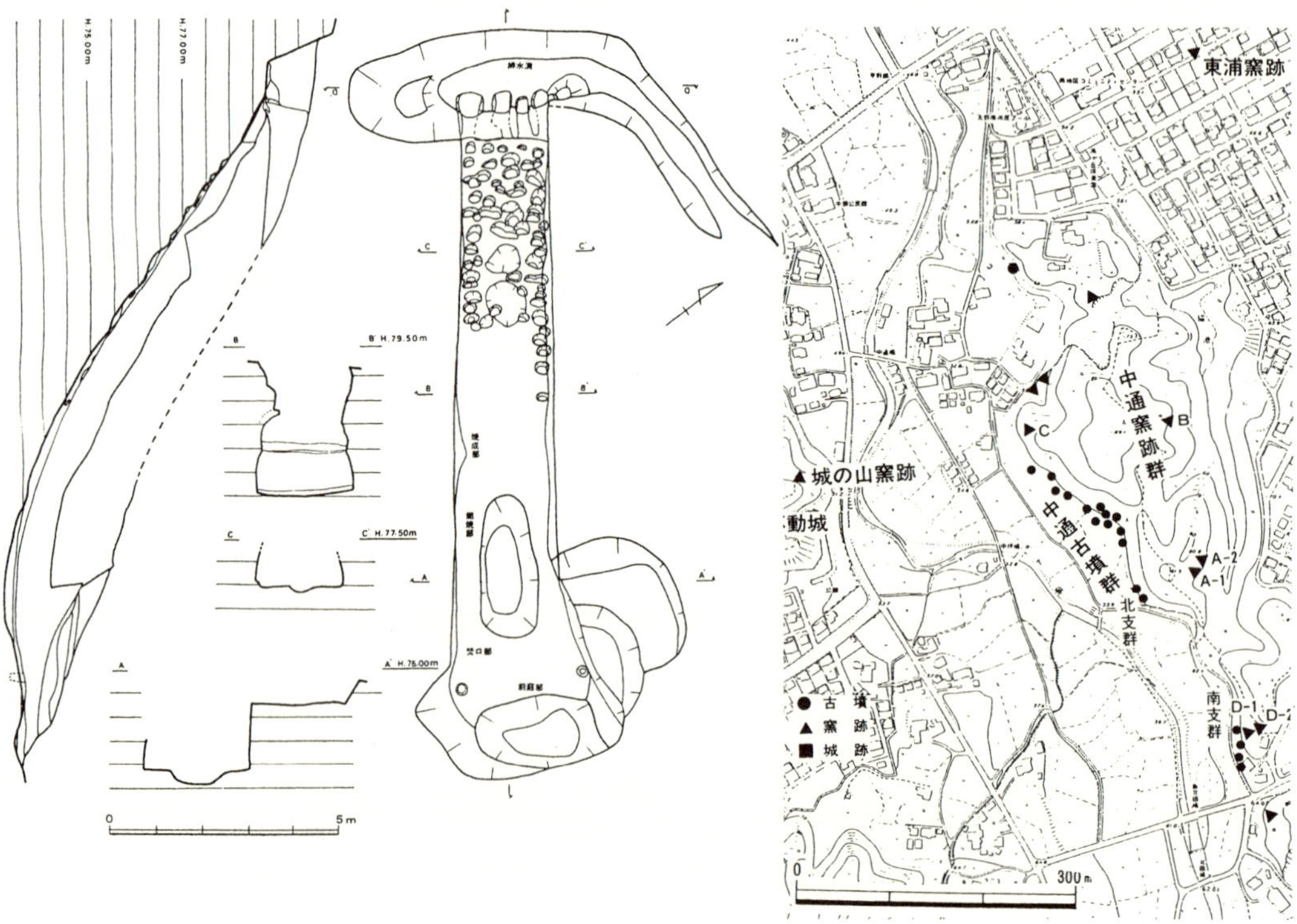

第6図　中通A2窯跡実測図（S=1/200）・中通遺跡群全体図（S=1/10,000）

第７図　梅頭１次１号窯跡遺物出土状況

なやや大型の古墳を含んでいることから、異なる集団であろうと指摘されている。一方、梅頭遺跡群では先に見たように窯を転用した墳墓の事例が明らかにされている。特に梅頭1次1号窯跡は、墓制の非在地性と出土遺物の優位性から、被葬者は須恵器工人集団の首長であり、他地域から来た外来工人であったと考えられる。

この生産拡大期になると、牛頸窯跡群特有の窯構造である多孔式煙道窯が出現する。多孔式煙道窯は、複数の排煙孔をもち、焚口から窯尻までほぼ幅の変わらない構造をとる。全長は10㍍を超え、焼成部最大幅は2㍍以上にもなる大型の窯であり、七世紀前半にいたるまでほぼ同じ規模をとる。多孔式煙道窯は、陶邑窯跡群にこれに類する窯跡が一例あるのみで、九州をはじめ他の窯跡群に同様な窯構造は確認できない。その一方で、牛頸窯跡群内では若干の平面プランの差異はあるものの、七世紀前半まで他の窯構造を確認することができない[石木二〇一七b]。

集落は、上大利・春日地区において窯跡と同じか周辺の丘陵斜面上に営まれる。居住適地とは言えない場所にあるが、斜面をL字状に掘り込

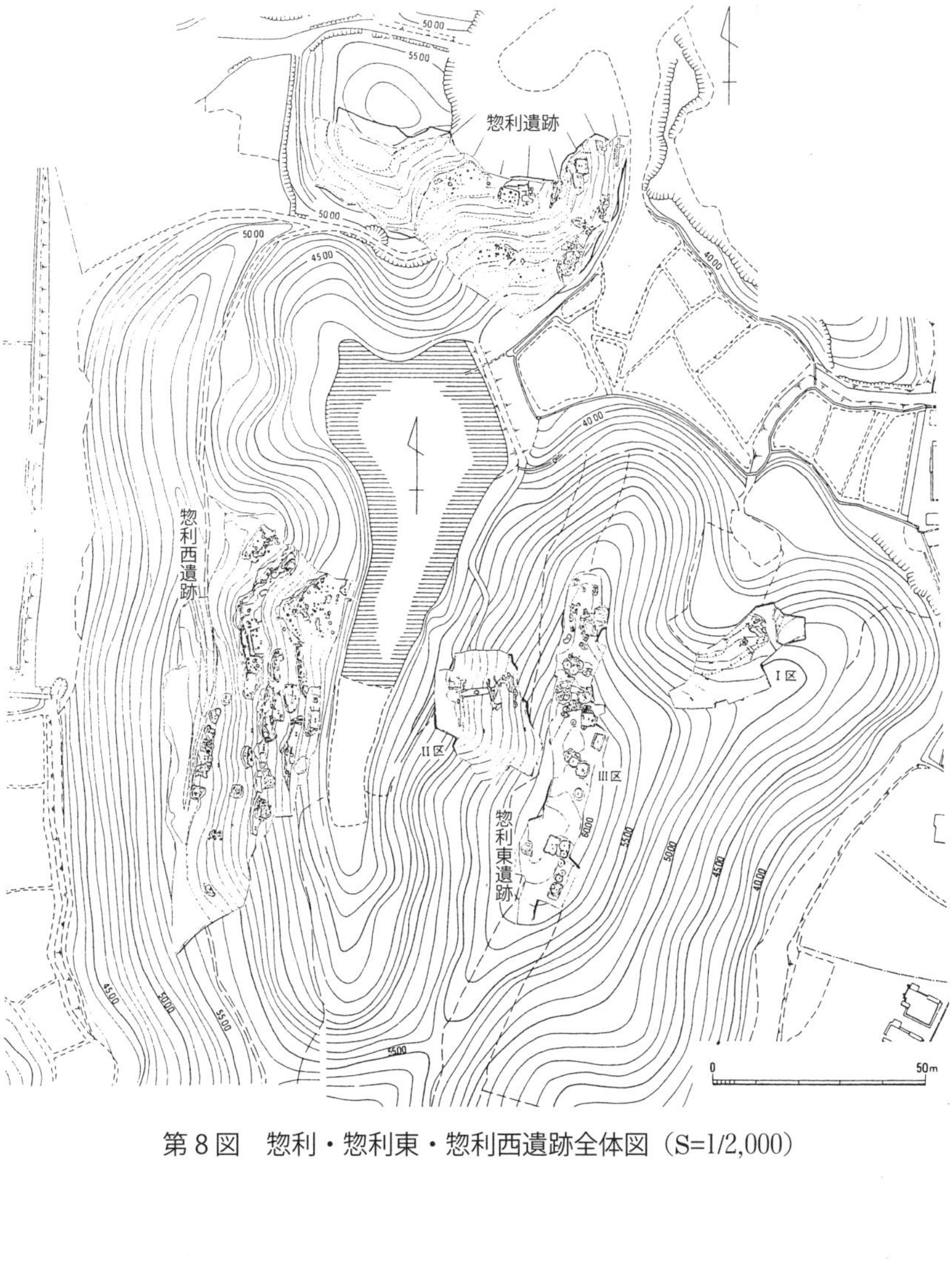

第８図　惣利・惣利東・惣利西遺跡全体図（S=1/2,000）

み、竪穴住居跡にはカマドを備え、粘土生成土坑も確認できる事例があることから、前代に見られた窯付随型の工房から発展して集落化したものと考えられ、窯の操業に関わり一定期間の集住が想定される。こうした遺跡は、梅頭遺跡群、本堂遺跡群、小田浦38地点、惣利・惣利西遺跡、春日平田・平田西遺跡などがあり、六世紀末頃に出現し、七世紀前半から中頃にかけて継続するが、七世紀中頃以降にはほとんど確認できなくなる［大野城市教委 一九九三a、二〇〇八d・e、春日市教委 一九八三・一九八五、春日市 一九九五］。

一方で、牛頸地区では牛頸川西岸の平地上に位置する塚原・日ノ浦遺跡群で新たな集落の出現が見られる。窯は近接せず、各時期三〜五軒の

第９図　日ノ浦遺跡全体図（S=1/1,000）

竪穴住居跡が確認され、窯壁や粘土の存在から須恵器工人集落と考えられている［大野城市教委 一九九四・九五］。遺跡は中通遺跡群や後田・小田浦遺跡群から北へ向かう谷の合流地点にあり、牛頸窯跡群の操業時期を通じて集落が営まれることから、中心的な工人集落として考えられる。こうした平地上に営まれる集落は、塚原・日ノ浦遺跡群の西側にある畑ケ坂・月の浦においても試掘調査等で確認されており、窯の操業が行われている丘陵下の各所に存在したものと考えている。

このように、生産拡大期になると前代に比べて窯の増加が認められ、分布範囲も広がる。窯跡・集落・古墳の分布状況から、工人はいくつかの集団に分かれていたことが想定でき、牛頸地区では塚原・日ノ浦遺跡群をはじめ複数の集落があり、それぞれ窯の操業を行い、古墳を営んでいた可能性が高い。上大利・春日地区においても窯と窯付随型の集落が丘陵上に展開しており、いくつかの集団が存在する。ただ、墳墓は窯転用墳墓を確認しているが、横穴式石室を備える古墳は確認できず、集落に比べ墳墓が少ない状況である。

こうした窯の増加の背景には、工人の増加を考えておかなくてはならないが、これは人口増によるものではなく、他地域から新たな工人の移入があったものと考えている。また、窯が増加する時期に新たに採用されるのは多孔式煙道窯であり、他の窯構造は認められない。新たな工人の参画があれば、工人が技術保持していた窯構造を導入してもよいと考えられるが、それを行わず窯構造が単一のものになる背景としては、築窯にあたって何らかの指導が行われていた可能性が考えられる。牛頸窯跡群では、ヘラ書き須恵器の研究より「大神部」が主体的な工人集団として、操業にあたっていたことが指摘されており、この時期の窯構造の単一性も、大神部が牛頸窯全体を統括し、統一的な生産指導を行った結

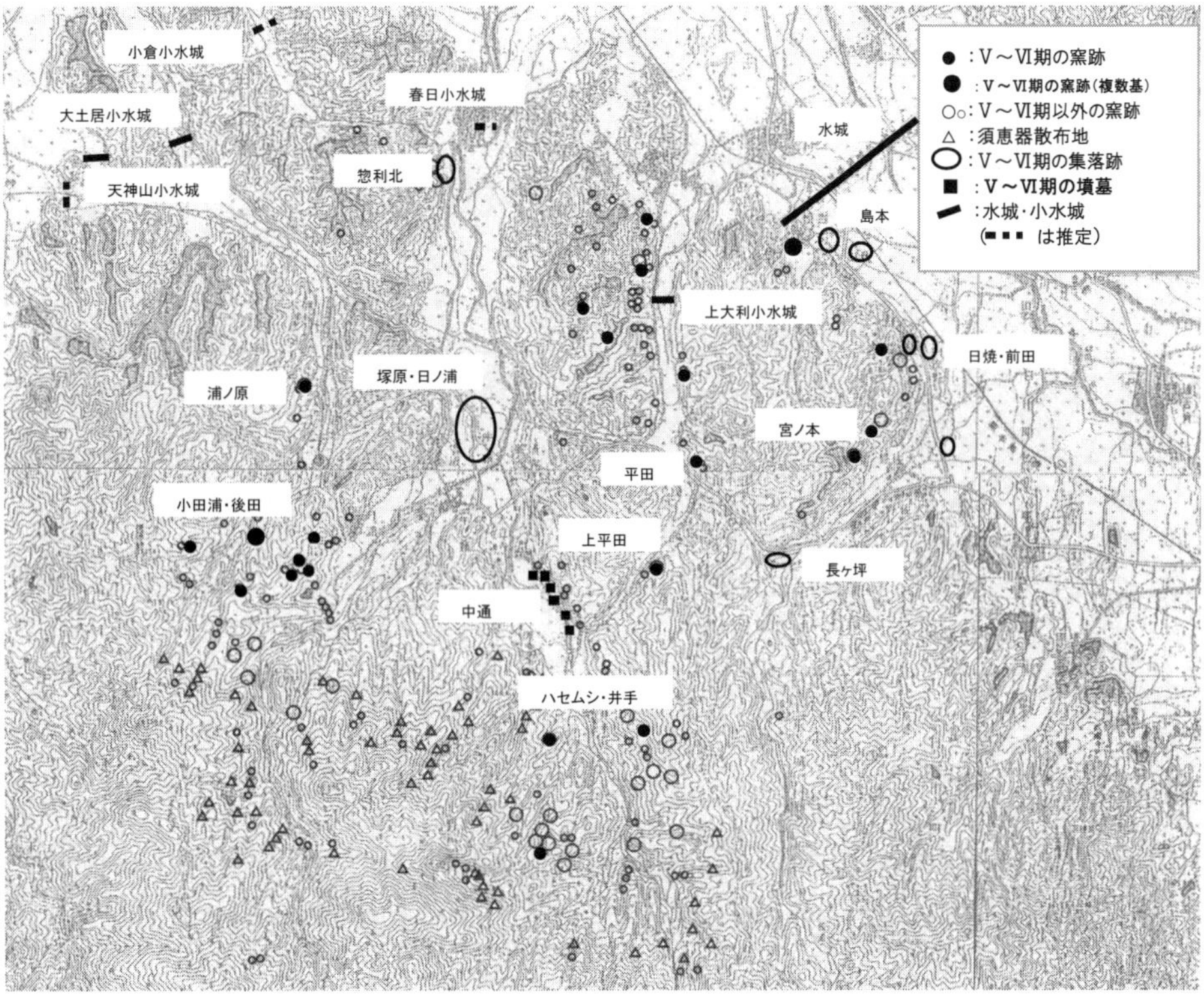

第10図　牛頸窯跡群窯跡・集落・墳墓分布図（Ⅴ～Ⅵ期）

果と考えられる［石木二〇一七b・c］。

そして、窯では瓦・陶棺といった須恵器以外のものも焼いており、最初の生産のピークを迎えている。この時期に生産される須恵器の器種別数量については、梅頭4次1号窯跡灰原出土須恵器総重量1217kgのうち、甕・大甕は848kgと全体量の約七割を占めていた［大野城市教委二〇〇八f］。このことは、須恵器製作に占める甕・大甕の比重が高いことを示すが、製作個数としては蓋杯をはじめとする小形器種が圧倒的に多い。このように、この時期の大型の窯では、蓋杯や高杯などの小形器種と甕・大甕といった大形器種を同時に大量に焼く多器種大量生産を行っている。

4　水城・大野城築造前後（Ⅴ～Ⅵ期、七世紀中頃～後半）

前代までは大型の多孔式煙道窯が作られるのに対し、七世紀中頃になると窯の数が急減し、直立煙道窯が出現する。後田60－Ⅰ号窯跡は、全長6・7㍍、焚口幅1・4㍍、焼成部最大幅1・8㍍と多孔式煙道窯と同じ短冊形の平面プランをとるが、排煙部は奥壁から立ち上がる［大野城市教委一九九二］。また、後田61－Ⅳ号窯跡は紡錘形プランをとり、全長も4～5㍍の小型のものとなる。多孔式煙道窯をみると、小田浦50－Ⅰ号窯跡は全長10・1㍍、焚口幅1・5㍍、焼成部最大幅1・75㍍の大型のものであるが、七世紀後半にあたる上平田2号窯跡は全長6・3㍍、焚口幅1・6㍍、焼成部最大幅1・8㍍の中型のものになり、この時期以降、多孔式煙道窯は見られなくなるなど、窯構造や規模に大きな変化が表れている［大野城市教委一九八〇・一九九一・一九九二b］。こうした多孔式煙道窯・直立煙道窯とともに、奥部開口型の窯跡がハセムシ27号窯跡で確認されている［大野城市教委一九九三b］。既に指摘した通り、この種の窯構

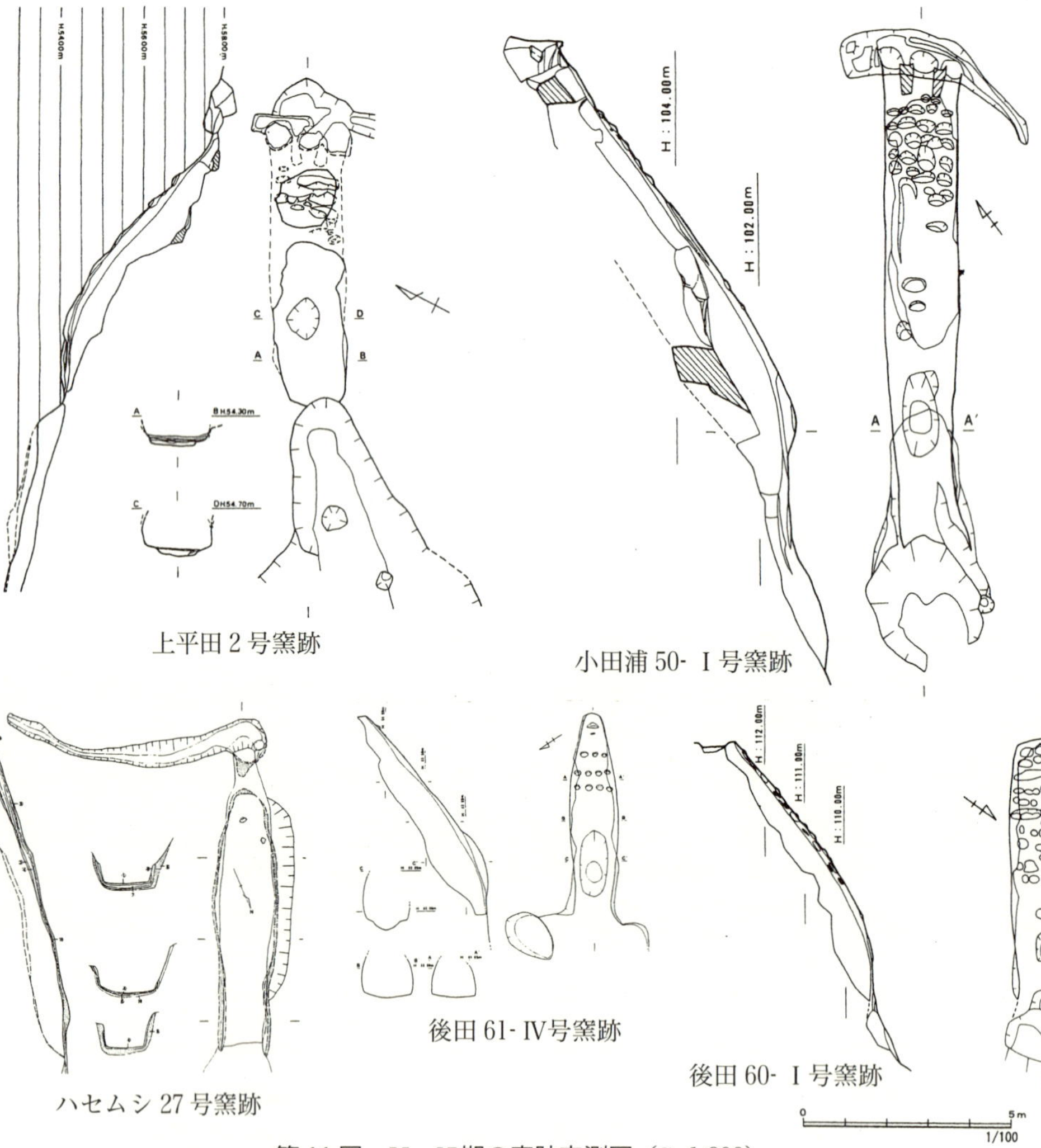

第11図　Ⅴ～Ⅵ期の窯跡実測図（S=1/200）

造はそれまでの牛頸窯跡群では見られないものであり、宗像窯跡群の工人が参画しているものと考えられる［石木 二〇一〇］。さらに、牛頸川流域では、窯は谷奥に作られるようになり、大佐野川流域でも窯が増えてくる。

この七世紀後半の窯において、生産された須恵器の器種別数量を知ることのできる資料として、ハセムシ六地区がある。六地区では、三基の窯跡と三基の土坑が確認された。窯跡は、全長2.5～3.8メートル、最大幅0.95～1.36メートルといずれも小型のもので、七世紀後半から八世紀前半にかけて操業が行われている。ここで出土した遺物の総破片数五万九四四九点のうち器種の判明するものは三万四〇一〇点であるが、そのうち蓋杯は二万七八一八点と約81％と大半を占めている。これに対し、甕は口径22～30センチと小形のもので、四四九点と量も極めて少ない［大野城市教委 一九八九］。また、初期瓦の生産も終了しており、七世紀後半以降の小型の窯では蓋杯をはじめとする小形器種を中心に生産していることが分かる。

ところで、六世紀末頃に集落の形成が始まり、斜面上に位置し窯に近接して営まれていた窯付随型の集落はこの時期以降には見られなくなる。これに対し、平地上にある塚原・日ノ浦遺跡群では、継続して集落が営まれる。日ノ浦遺跡では、調査

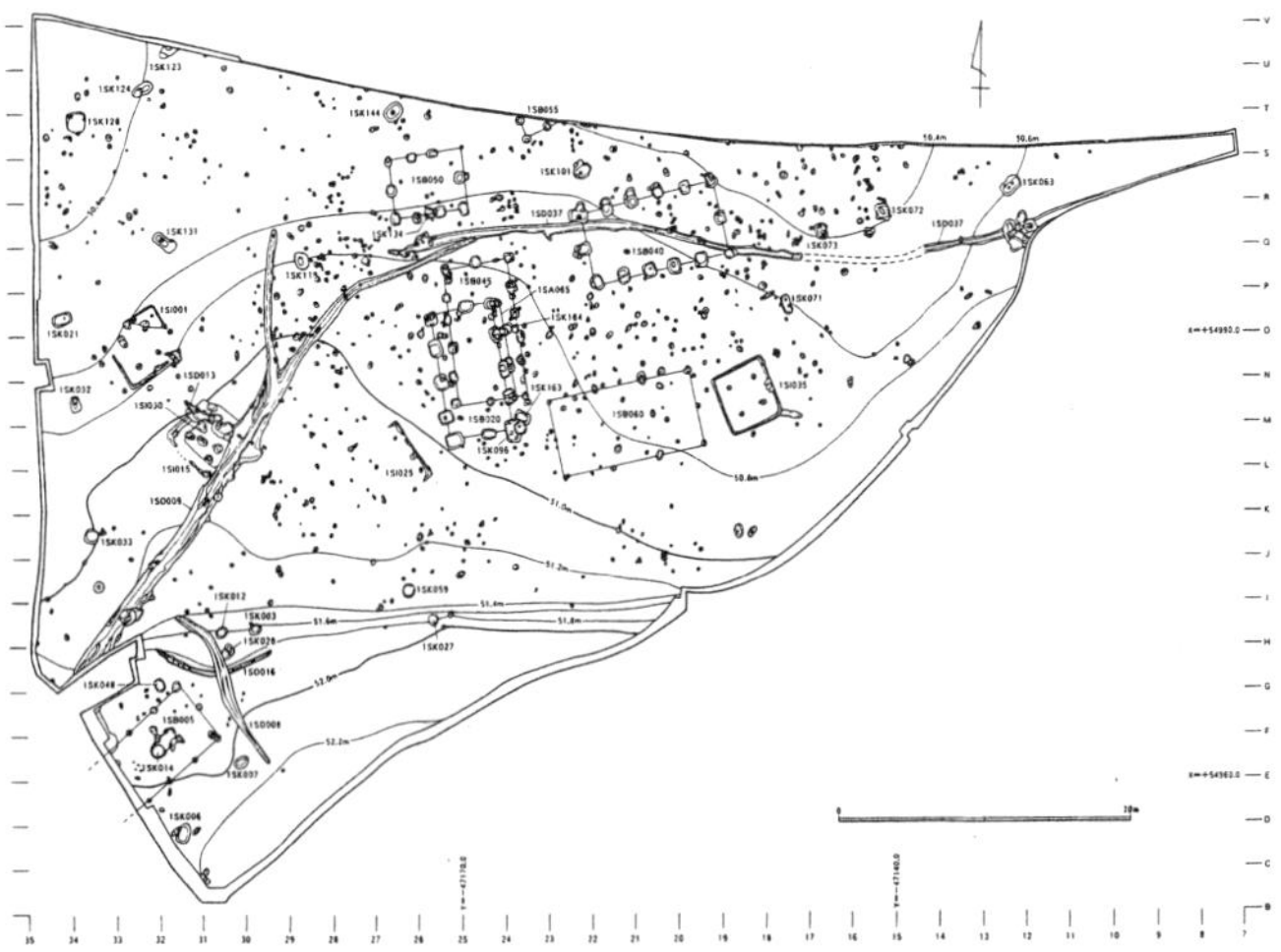

第12図　長ヶ坪遺跡全体図（S=1/1,000）

区の中央で確認された幅約4㍍、深さ約1.4㍍の大溝はこの時期に埋没している。溝内には多量の須恵器が投棄されており、窯から集落に運ばれたものが選別・投棄されたと考えられる。集落の真ん中を通る大溝がどのような役割を果たしていたかは明らかではないが、前代までは大溝を境に同時期の竪穴住居が数棟ずつ営まれていることから、集落景観と集団間の関係に大きな変化が生じているものと考えられる。また、惣利北遺跡は牛頸川西岸段丘上の平地部に位置する。七世紀中頃～後半に出現し、西側の丘陵上には前代まで窯付随型集落が営まれた惣利・惣利東・惣利西遺跡があり密接な関係が想定されている［春日市教委 一九八六］。

その一方、水城・大野城が築造された七世紀後半以降になると、太宰府市側にあたる大佐野川沿いの佐野地区に出現する遺跡が多い。島本・日焼・前田遺跡は七世紀後半に出現し、大佐野川をさかのぼった最奥部の沖積地上に立地する長ヶ坪遺跡1次調査では、六世紀末に竪穴住居跡一軒が営まれたのち、七世紀後半になると竪穴住居跡とともに二×四間、二×五間と複数の掘立柱建物が出現する。こうした掘立柱建物は隣接するカヤノ遺跡においても確認されており、両遺跡が有機的な関係にあると報告されている［太宰府市教委・玉川 二〇〇二］。長ヶ坪・カヤノ遺跡は、上大利小水城が築造される水城西側の狭い谷から大宰府へいたる道の要所に位置しており、その意義が問われるところである。

墳墓については、後田・小田浦古墳群では七世紀前半代まで、中通古墳群では七世紀中頃まで築造が行われるが、以後新しく古墳を築造することはなく、七世紀後半まで追葬が行われている。

このように、水城・小水城・大野城が築造された七世紀中頃以降、牛頸窯跡群では窯構造・規模に大きな変化が表れる。窯は前代に比べて構造が変わり、規模が縮小する。また集落については、窯の周辺に営まれた窯付随型の集落が認められなくなり、窯と工房は別置されたようである。その理由について、個別に行われていた窯の操業が集中して行われるようになった可能性が考えられ、生産体制の大きな変化が生じている。

また、水城・小水城が築造されると土地利用や交通路に大きな変化が生じるものと考えられる。水城には東西に門が備えられ、出入りが厳しく制限された。上大利小水城は平成二十九年の調査により、長さ90㍍以上、幅23㍍、高さ5㍍の規模があり、門が備えられていたと考えられる。こうした中で七世紀後半以降、大佐野川周辺の集落・窯跡が増加することは、大宰府への供給が活発化するようになったことを示すものであり、製品は水城・小水城を経由しない平田から大佐野を経由する南側の間道を通ったものと考えられる。

さらに、七世紀中頃に窯が急減する背景について、牛頸窯跡群を掌握していたと考えられる「大神部」の存在が重要である。『日本書紀』天智二年三月条には新羅にむかう軍の陣容と将軍名が挙げられており、中将軍の一人として「三輪君根麻呂」の名前が見える。鈴木正信氏によれば、「律令制以前に中央氏族が軍事行動に派遣される際、その中央氏族と関係を結んでいた地方氏族がその配下に加わって活躍する場合が実際に存在した」［鈴木 二〇一四］としている。このことから、牛頸窯跡群の操業を掌握していた大神部に連なる須恵器工人が、三輪君根麻呂の率いる軍に動員され白村江戦にのぞんだ結果、七世紀中頃における窯の減少につながったものと考えている。さらに、七世紀後半の窯の規模の縮小と焼成器種の変化や宗像窯跡群の工人の移入は、牛頸窯が再編され、新たな生産体制を構築しつつあるものと考えている。

5　西海道一の生産（ⅦA期、七世紀末～八世紀前半）

前代と同様、この時期も大型・小型の窯で生産を行う。多孔式煙道窯は認められなくなり、いずれも直立煙道窯となるが、後田61－Ⅱ号窯跡は煙道が二本認められた。同時に機能していたものと考えられており、多孔式煙道窯の名残とも思える事例で興味深い［大野城市教委 一九九二］。

また、この時期の窯で大型・小型の窯跡を同じ群に含む事例としてハセムシ12地区がある。群は一〇基で構成され、Ⅸ号窯跡は全長7．96㍍、最大幅1．5㍍でやや大型のものであり、出土遺物から最も早い段階から操業を開始していることが分かる。同時期のものとして、Ⅰ号窯跡は全長3．1㍍、Ⅶ号窯跡は全長5．15㍍と小型のものである。ハセムシ12地区からは、周知のごとく和銅六年銘のヘラ書き須恵器が出土している。この大甕を焼いた窯としては、12地区最大のⅨ号窯跡と考えられる。この他の窯跡は、全長5～6㍍程度のものが二基、2～4㍍程度のものが七基と小型の窯跡が主流となる［大野城市教委 一九八九］。

集落については、日ノ浦遺跡では一辺4㍍程度の竪穴住居跡が散在的に分布する。住居には、近接して複数の廃棄土坑がともなっている。土坑は、不整形で大きく底の浅いものであり、須恵器・土師器に加えて粘土や鉄刀子・鉄鎌などの鉄器や管玉も出土する［大野城市教委 一九九四］。日焼遺跡3次調査では、二棟の竪穴住居跡が確認されている。遺跡からは、焼き歪みや釉着した須恵器も出土しており、近接する宮ノ本丘陵上に須恵器窯跡の存在も確認されることから何らかの関わりがあるものと考えられる［太宰府市教委 二〇〇四］。本堂遺跡1次調査では、丘陵裾部に二棟の竪穴住居跡が確認された。SC02・05はカマドを備える一辺3㍍前後の竪穴住居跡であるが、主柱穴は確認できない。SC05床面からは粘土、SC02からは窯壁が出土しており、周辺状況から小規模な工人集落と考えられる［大野城市教委 二〇〇八g］。1次調査地北側約200㍍の所に位置する本堂遺跡2・6次調査地でもこの時期の住居が認められるが、数は少なく散在的である［大野城市教委 二〇〇八h］。また、宮ノ本1次1号住居跡は斜面をL字状にカットして壁溝を巡らせ、内部に径7～45㌢のピットが並んで検出された［太宰府町教委 一九八〇］。出土遺物を欠くため確言できないが、住居跡の東側に八世紀前半代にあたる2号窯跡が近接することや、壁際に並んだピット列は惣利西遺跡でも認められたものであることから、工房跡である可能性も考えられる。

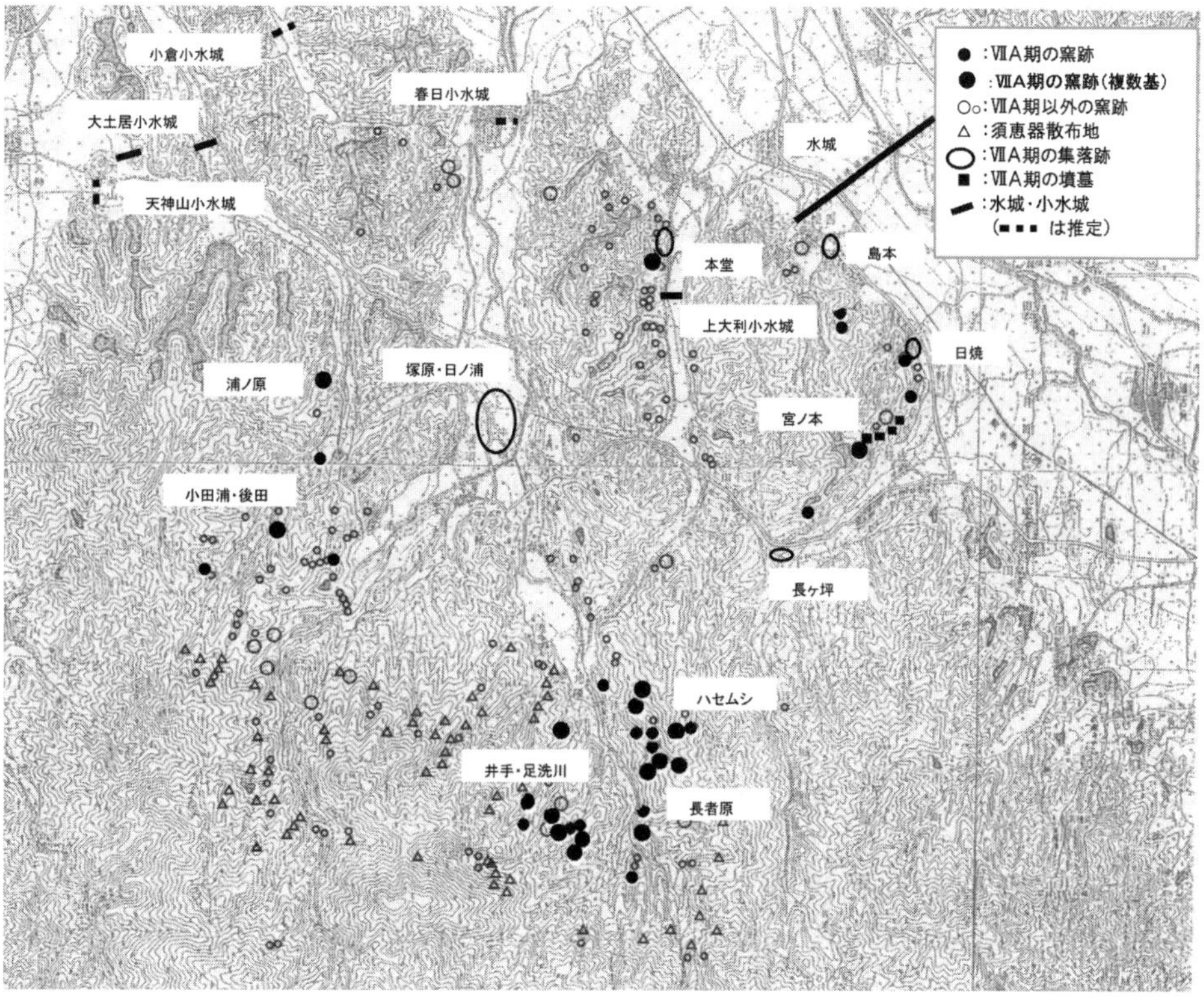

第13図　牛頸窯跡群窯跡・集落・墳墓分布図（Ⅶ A期）

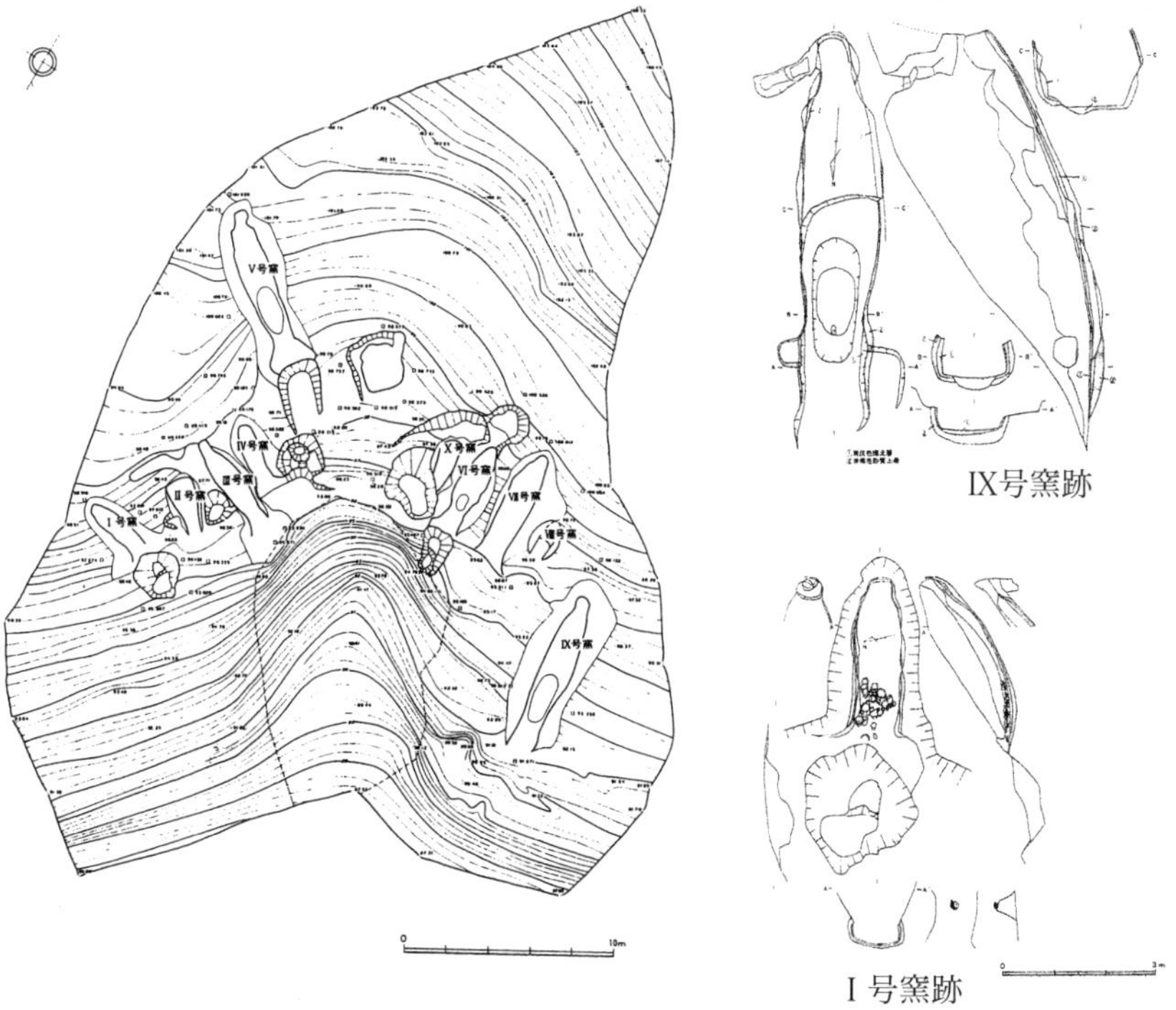

第14図　ハセムシ12地区全体図（S=1/500）、Ⅰ・Ⅸ号窯跡実測図（S=1/200）

墳墓については、古墳への追葬はすでに終わっているが、牛頸窯跡群東側の宮ノ本丘陵において古代墳墓が出現する。宮ノ本1次7・8号墓は須恵器短頸壺・長頸壺を用いた火葬墓であり、窯が営まれる丘陵上に位置する［古都大宰府を守る会 一九九二］。宮ノ本7次ST315は長さ2.35㍍、幅1.1〜1.3㍍の木蓋土坑墓と報告され、供献品として須恵器杯

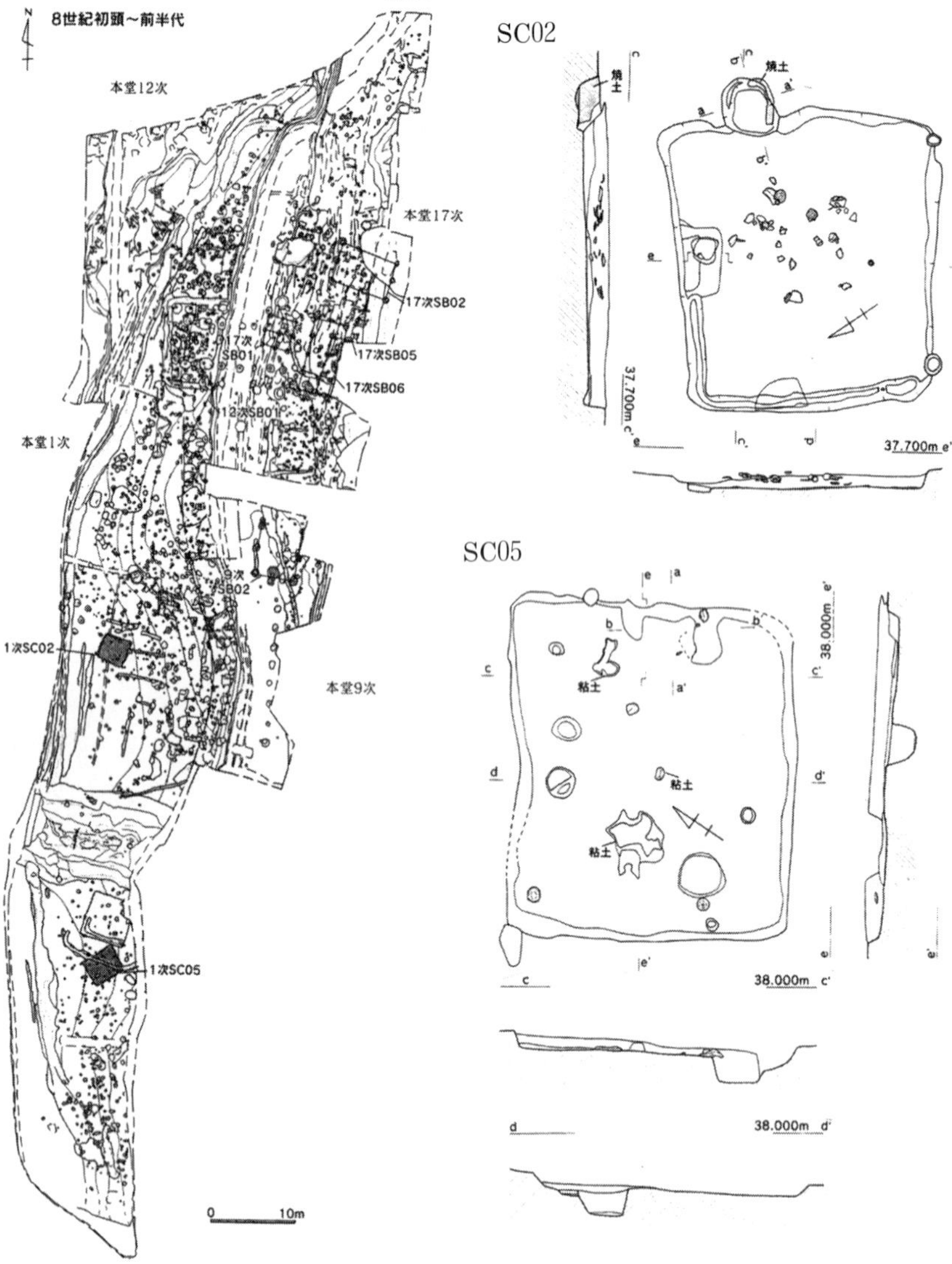

第15図　本堂遺跡1・9・12・17次調査全体図（S=1/1,000）、
1次SC02・05実測図（S=1/100）

身が納められていた[太宰府市教委 一九九五]。

　このように、八世紀前半代になると大型・小型の窯で大小の製品を焼き分けている。生産量に占める甕・大甕の割合は、ハセムシ12地区出土須恵器の器形判明分三万三七九八点中三七九五点とわずか11%程度でしかない。大甕はヘラ書き須恵器の内容より調納目的で焼かれたものであるが、それ以外の生産は非常に低調であったと見られ、蓋杯等の小形器種の生産が中心となっている。生産工房としての集落は、各地区で認められるが、いずれも小規模で散在的な在り方を示す。中心的な集落と見られる塚原・日ノ浦遺跡群においても、住居に廃棄土坑が近接する在り方から、個別的な操業体制が想定できる。また、塚原・日ノ浦遺跡群からすると、ハセムシ窯などは集落から2キロほど離れた山間で操業される。山中にある窯に近接する工房が存在する可能性もあるが、工房で製作された須恵器は窯に運搬・焼成された後、現地で選別され、大半はそのまま消費地へ向けて搬出されるものと考えられる。

　こうした操業スタイルの中、宮ノ本丘陵で確認される火葬墓・土壙墓といった古代墳墓は大宰府に関わる官人墓地としての性格が想定される[中島 二〇〇七]。しかし、前代の墳墓群が希薄な地域で出現し、かつ須恵器窯と同一丘陵上に位置することは見逃すことができない。これらの古代墳墓が牛頸窯跡群内の古墳群全体の追葬を終了した後に出現すること、買地券が出土した宮ノ本1号墓が八世紀前半代にあたる宮ノ本1次2号窯跡にわざわざ隣接して営まれている

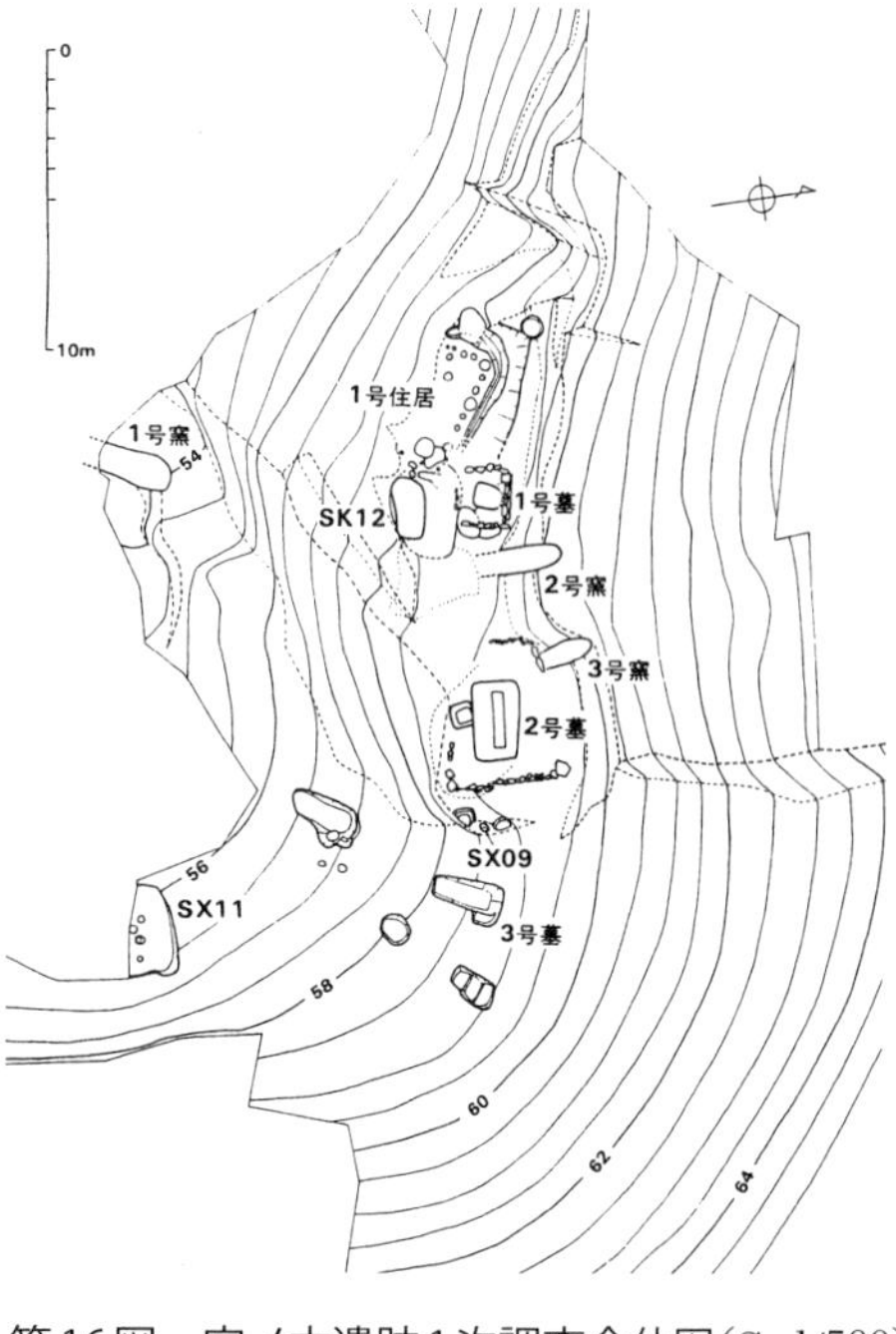

第16図　宮ノ本遺跡1次調査全体図（S=1/500）

ことから、古代墳墓群の性格付けになお検討の余地があるものと考えている。

6　生産の低下と肥後の影響（ⅦB期、八世紀中頃～後半）

八世紀中頃以降になると大型の窯は極めて少なくなり、小型化が一層進む。ハセムシ18地区は七基の窯跡が確認され、八世紀中頃から九世紀初頭にかけて操業が行われている。Ⅰ号窯跡は八世紀中頃にあたり、全長9メートル、焚口部幅1．3メートル、焼成部最大幅1．32メートルと、この時期としては牛頸窯跡群内で唯一の大型の窯跡である。最終操業面上からは甕片が出土し、灰原からは口径43センチの大甕が出土しているが、その生産量は少ないようである。八世紀中頃から後半になるとⅡ・Ⅴ号窯跡があり、Ⅴ号窯跡は八世紀後半にあたり、全長2．96メートル、焚口幅0．94メートル、焼成部最大幅1．06メートルの小型の窯である。さらに八世紀後半になるとⅥ・Ⅶ号窯跡

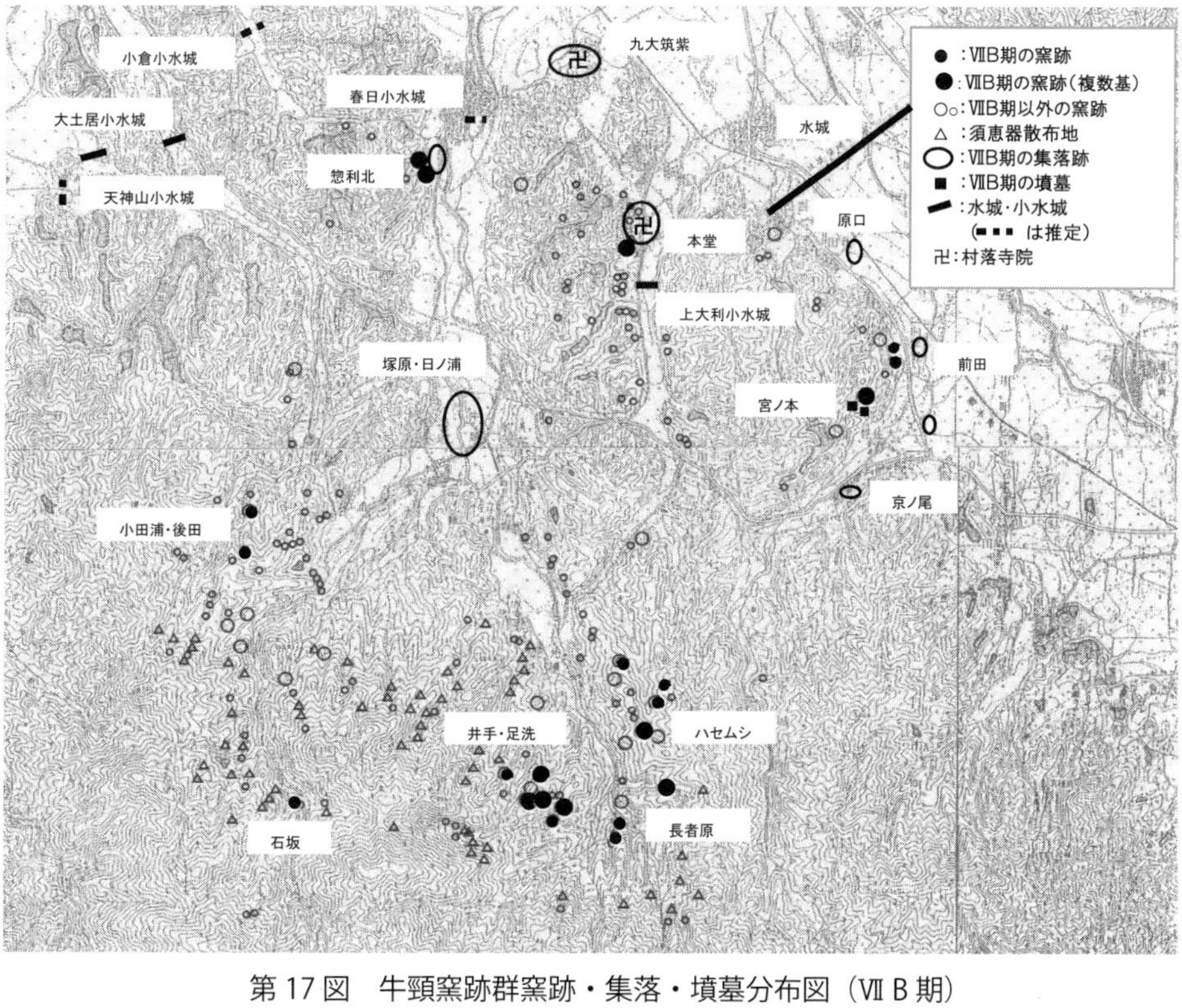

第17図　牛頸窯跡群窯跡・集落・墳墓分布図（ⅦB期）

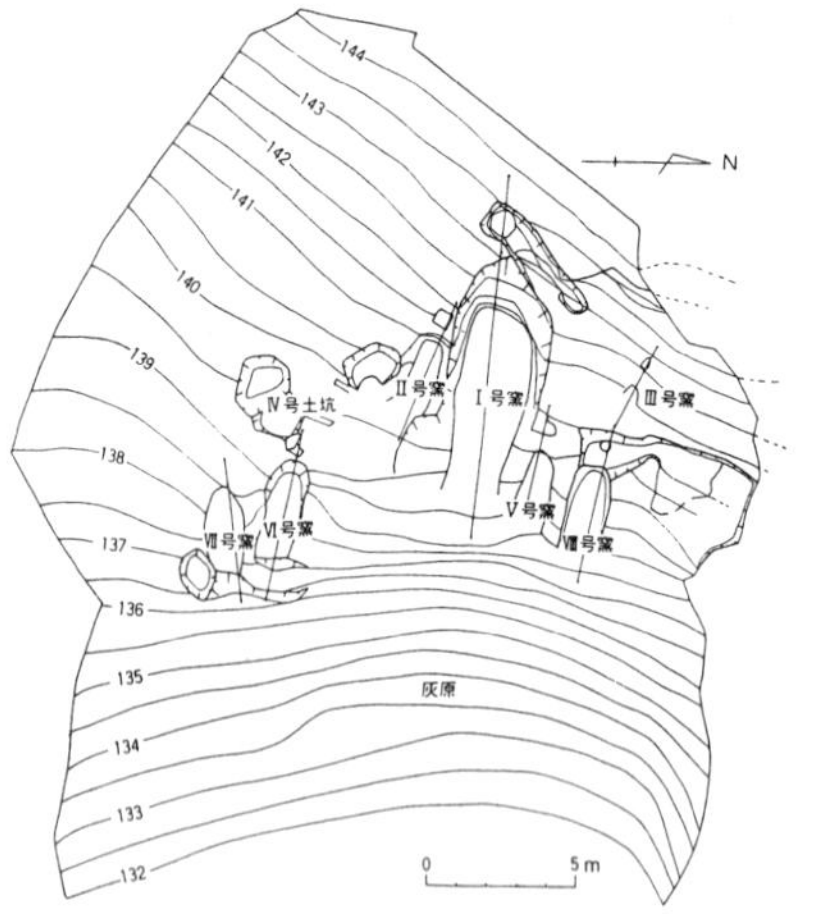

第18図　ハセムシ18地区全体図
（S=1/500）

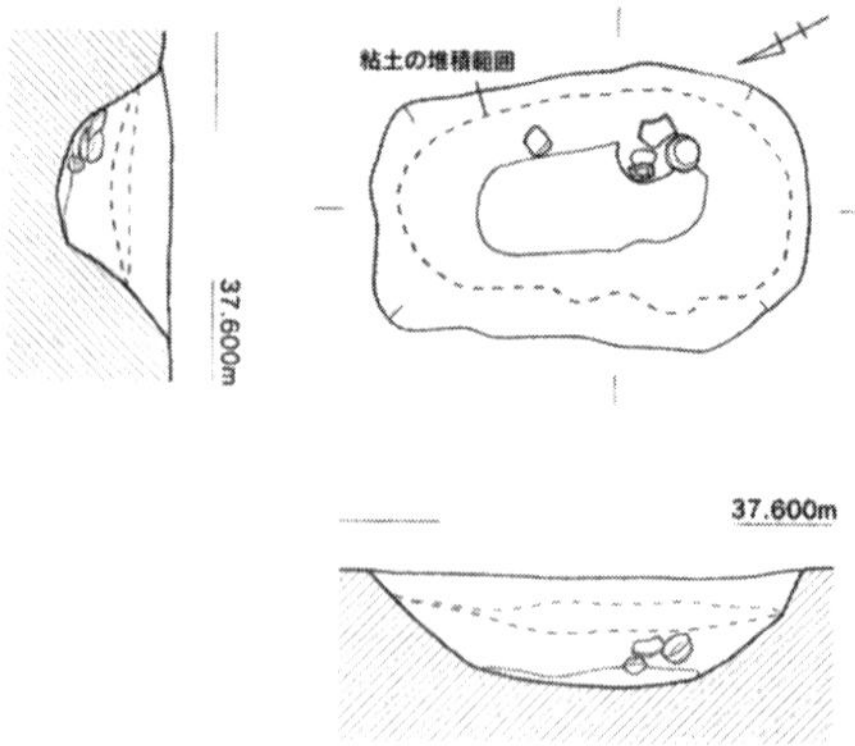

第19図　本堂遺跡1次SX02実測図（S=1/60）

があり、Ⅵ号窯跡は全長2．95㍍、Ⅶ号窯跡は全長1．92㍍と小型化が進むことが確認できる［大野城市教委 一九八八］。

　この時期の集落は、やはり塚原・日ノ浦遺跡群で見られるが、明確な竪穴住居跡がほとんどなくなる。日ノ浦10号住居跡は、4．7×5．6㍍の略方形を呈し、主柱穴・カマドは明確ではないものの、移動式カマドが出土している。この10号住居跡を切って7×6㍍の2号竪穴状遺構が営まれるが、カマドは備えていない［大野城市教委 一九九四］。塚原遺跡では、集落中心部からやや離れて7号住居跡が営まれ、5．3×3．9㍍の住居床面からは多数のピットが確認されたものの、主柱穴・カマドは確認されなかった。また集落内には多くの廃棄土坑が掘られ、たくさんの須恵器が投棄されているが、前代は竪穴住居跡の近くに複数が営まれていたのに対し、この時期は集落全体に点在している［大野城市教委 一九九五］。本堂遺跡1次調査では、粘土生成土坑（ＳＸ02・ＳＰ438）があるが、工房遺構は認められない［大野城市教委 二〇〇八g］。また、他地域との交流を示す遺物として、塚原遺跡ＳＫ12より長頸壺肩部に突帯を巡らせたものが二点出土している。この種の遺物の特徴は、肥後荒尾窯跡群など肥後地域に多く見られるものであるが、石坂C－2号窯跡や本堂遺跡8次調査で出土していることから、牛頸窯の製品に肥後の技術の影響が認められる［大野城市教委 一九八五・二〇〇八i］。

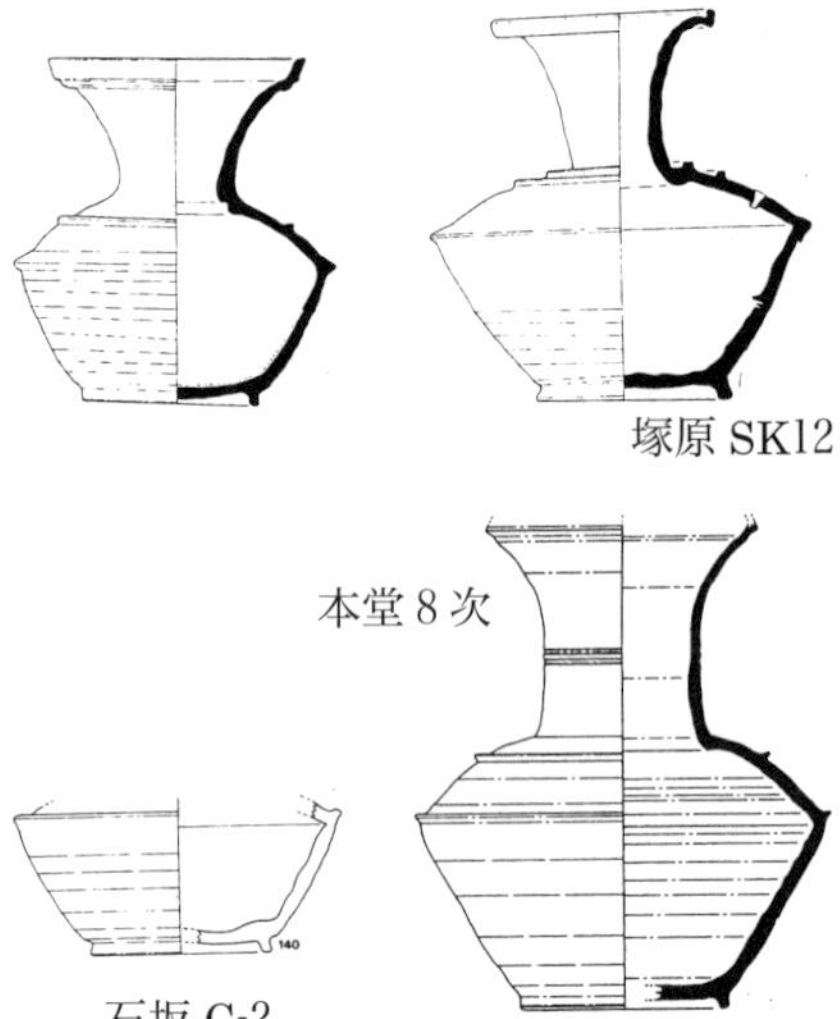

第20図　牛頸窯跡群出土肥後型長頸壺
（S=1/10）

　墳墓については、宮ノ本丘陵において引き続き火葬墓が営まれる。7次ＳＴ025は美濃産と考えられる須恵器壺が正位で埋納され、内部からは炭化物と骨片が検出された。北調査区の丘陵頂部に位置し、八世紀前半から中頃の年代が考えられている［古都太宰府を守る会 一九九三］。また、六世紀以来の墳墓である後田・小田浦・中通古墳群は、七世紀後半に追葬を終了するが、八世紀後半以降の遺物の出土が認められるようになる［大野城市教委 一九八〇・一九九二a］。

　このように八世紀中頃以降になると、さらに窯の小型化が進み、小形

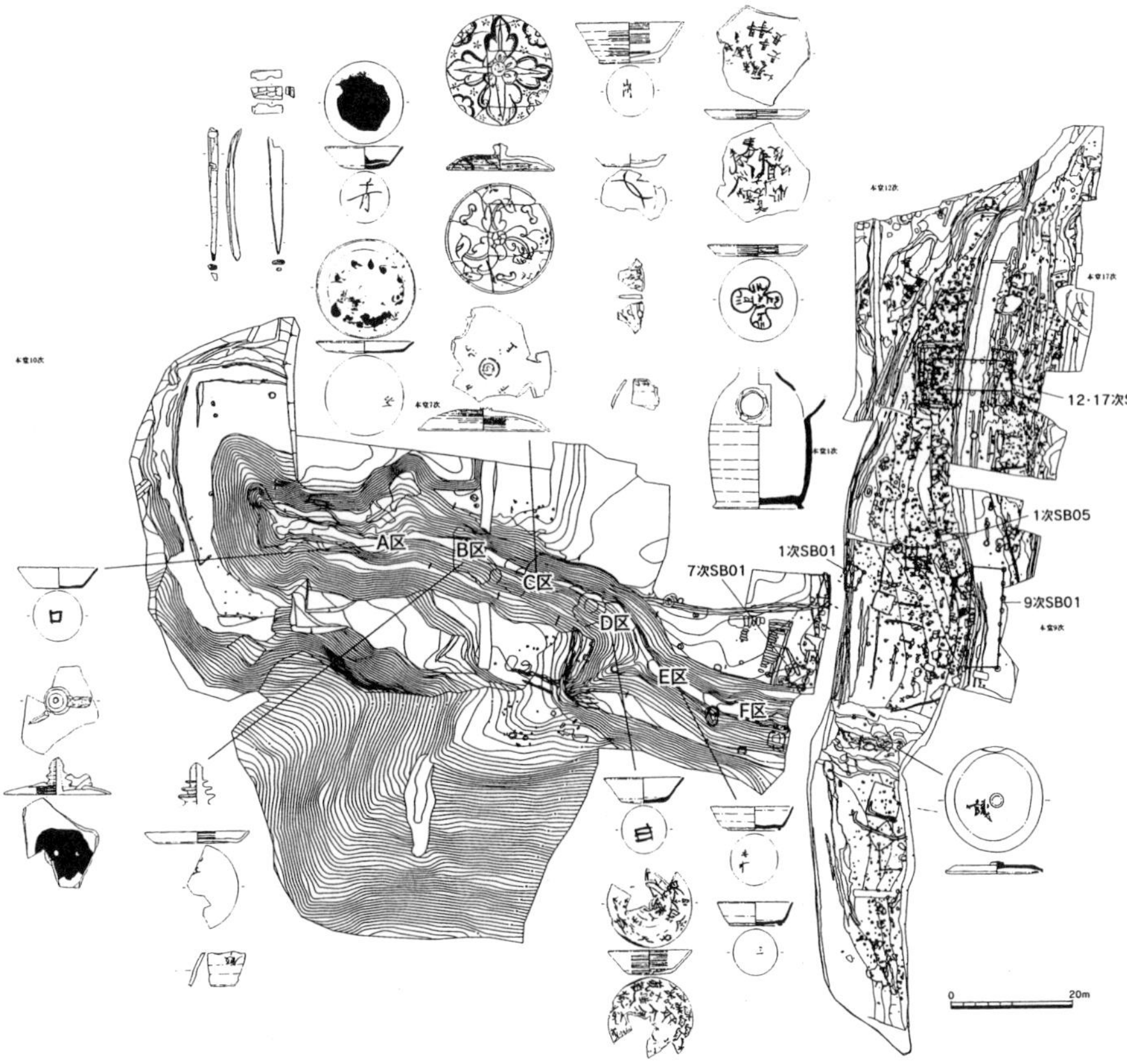

第21図　本堂遺跡第1・7・9・10・12・17次調査の大型建物及び祭祀関係遺物

器種中心の生産が進められる。製作技法も、蓋杯におけるヘラ削りの省略や高台の貼り付けなど粗雑化が進む。集落においても、明確な住居跡が著しく減少し、廃棄土坑が目立っており、この時期の工房の姿は明らかではない。宮ノ本丘陵においては、やはり古代墳墓と窯が近接している。一方で、既存の横穴式石室墳から遺物の出土が認められることは、石室を使用した祭祀や供献行為、あるいは墳墓として使用した可能性もあり、その意義が問われるところである。

また、この時期になると上大利地区や九州大学筑紫キャンパス遺跡群など牛頸窯跡群北部の二遺跡で墨書土器がまとまって出土する。本堂遺跡12・17次調査SB04は、双堂形式の大型建物であり、丘陵裾部に営まれる。主軸方向を東西にとり、斜面上位には溝を巡らせている。9次SB01は1×7間の大型建物であり、主軸方向を南北にとる[大野城市教委 二〇〇八g]。また南側の7次調査谷部などからはおびただしい遺物とともに「識」「山門」といった墨書土器や墨画土器が出土している[大野城市教委 二〇〇八j]。さらに、本堂遺跡

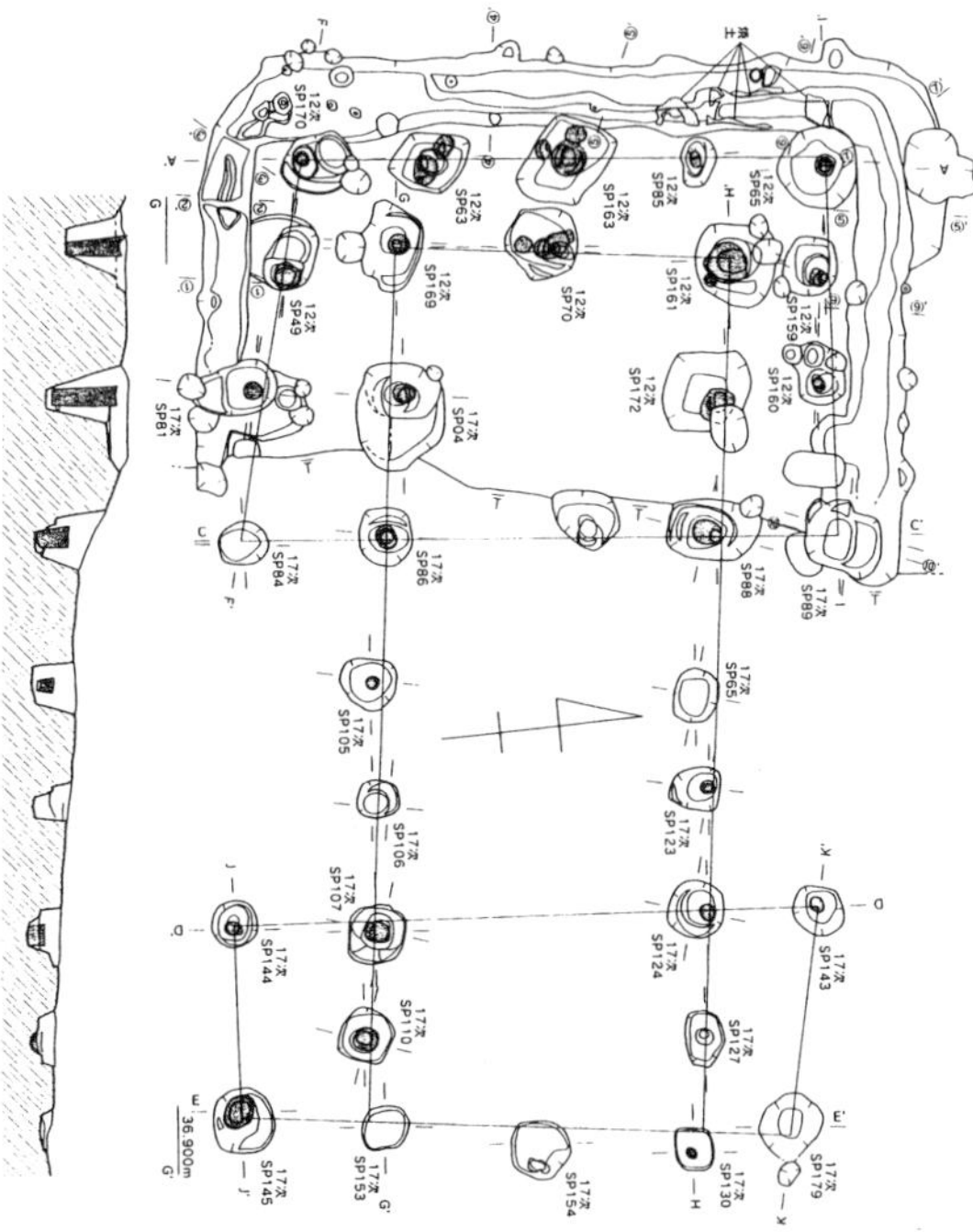

第22図　本堂遺跡第12・17次SB04実測図（S=1/200）

7次調査地のすぐ南の丘陵に位置する本堂遺跡5次2〜5号窯跡灰原からは瓦塔屋蓋の破片が出土しており、仏教的な遺構や遺物が上大利地区周辺に多く見られる。これらのことから、八世紀前半まで須恵器工房があった丘陵裾部には、八世紀後半になると村落寺院が出現するものと考えられる。また、上大利小水城跡の調査では、この時期の遺物が出土しており、何らかの改修が行われた可能性が高く、その意義について今後の研究が必要である。

7　生産の終焉（Ⅷ期、八世紀末から九世紀中頃）

この時期になると、窯の数も急減し、各地区に一基程度しか確認されない。本堂5次6号窯跡は、全長3.45㍍、焚口幅0.72㍍、焼成部最大幅0.94㍍の小型の窯であり、天井部から床面までの高さは最大0.54㍍と這って入るような小型のものであった。出土遺物には、蓋杯・杯が認められたほか、窯体内埋土上層から十世紀中頃から十一世紀代にあたる土師器・黒色土器が出土した〔大野城市教委 二〇〇五〕。また、石坂E-3号窯跡は、牛頸窯跡群中最も南側の山中深くに位置している。全長3.93㍍、焼成部最大幅1.8㍍の胴張りプランを呈し、岩盤を削って窯体を掘り抜いている。出土遺物は、須恵器蓋杯・壺・鉢・甕・大甕があるが、3号窯跡から出土した須恵器一四六二点のうち一四三五点が甕であり、甕を焼くために作られた窯跡である。また、出土した甕の特徴は肥後で生産される二重口縁を呈する大甕が含まれ、その技法から肥後の工人の関与が考えられ、九世紀前半から中頃にあたる〔大野城市教委 一九九七〕。このことに加え、灰原からは須恵器より新しい時期の十世紀中頃の土師器・黒色土器・瓦が出土している。

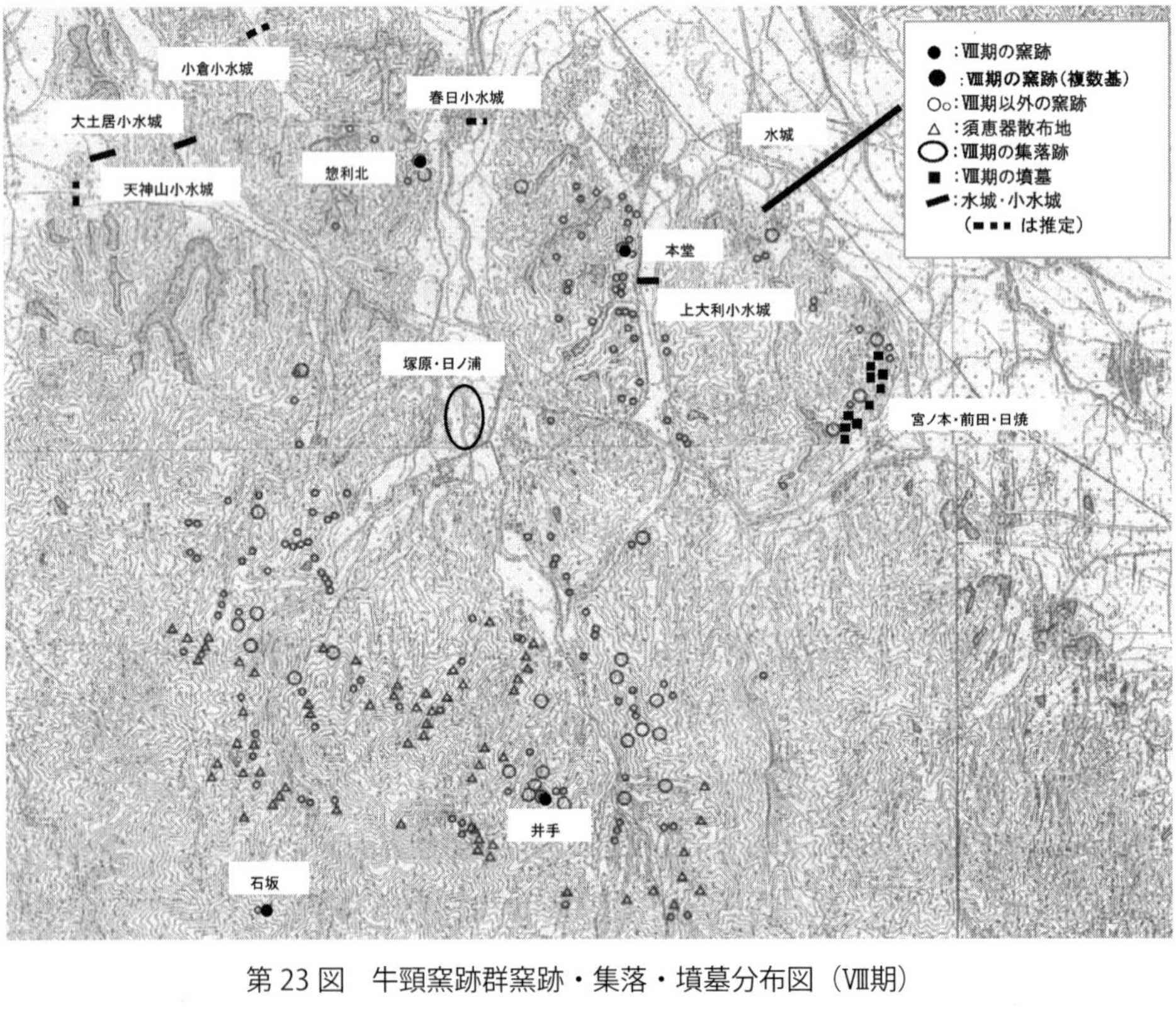

第23図　牛頸窯跡群窯跡・集落・墳墓分布図（Ⅷ期）

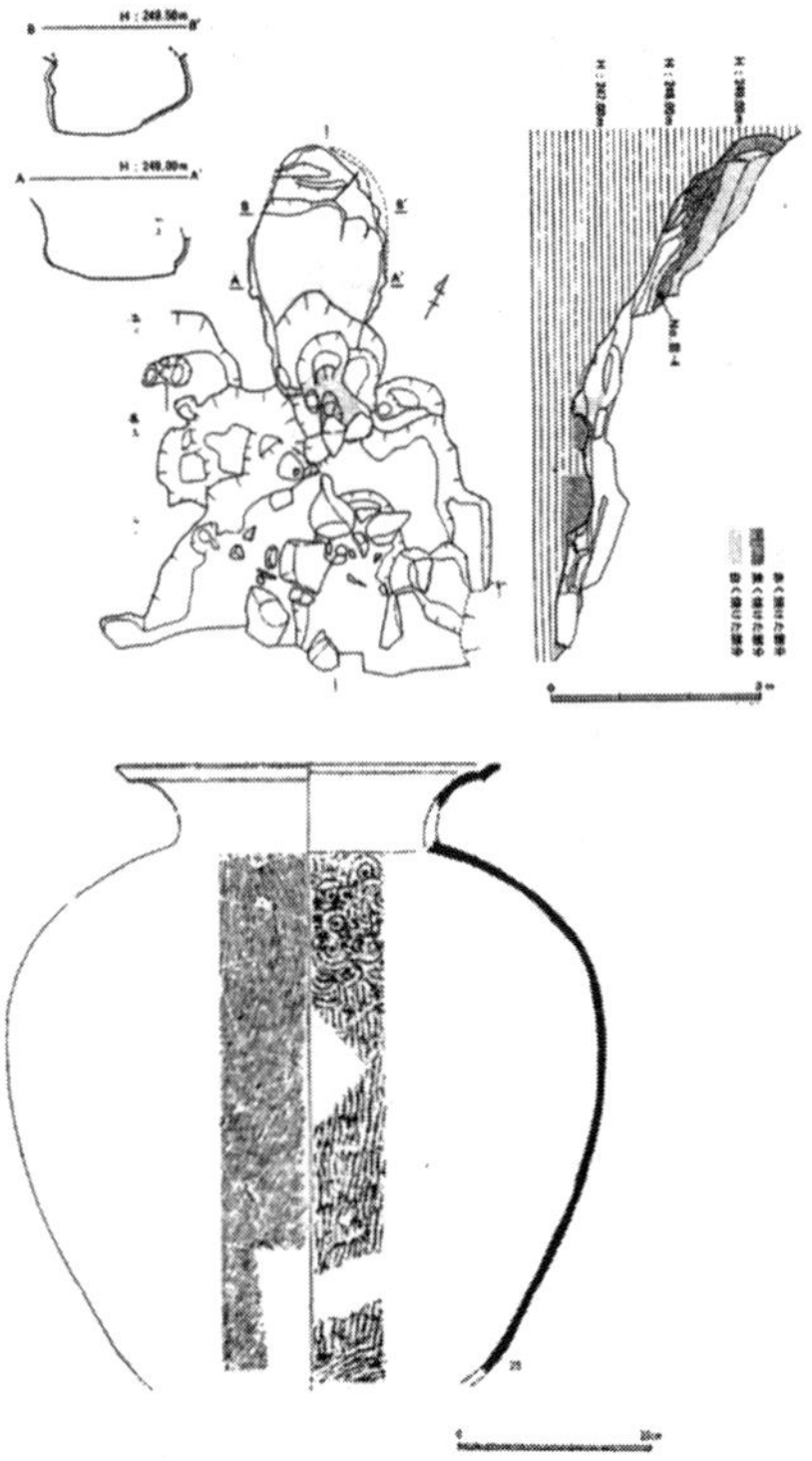

第 24 図　石坂 E-3 号窯跡実測図（S=1/200）
出土大甕実測図（S=1/15）

この時期の集落遺構としては、竪穴住居跡は認められず廃棄土坑のみが顕著に認められ、工房の姿が明確ではない。日ノ浦ＳＫ01は、3．12×2．23㍍、深さ0．6㍍の土坑であり、埋土中に粘土を含んでいる。また、ＳＫ21は2．9×1．52㍍、深さ0．54㍍の土坑であり、須恵器・土師器・黒色土器のほか石製巡方が出土しており、官人の存在を示している［大野城市教委 一九九四］。

墳墓については、宮ノ本丘陵とその東側で造墓が継続されているが、窯の操業は終了している。宮ノ本遺跡・前田遺跡・日焼遺跡では、十世紀にかけて木棺墓・土坑墓が営まれている。一方で、小田浦古墳群などでは石室内から遺物の出土が認められ、何らかの形で再利用されている。

このように、八世紀末から九世紀になると窯の数が激減し、器種も蓋杯・杯など限られたものになる。一方で、石坂Ｅ−３号窯跡は須恵器大甕を焼く目的で作られているが、その技術は肥後からもたらされたものであり、窯構造も従来の牛頸窯跡群で認められたものとは異なるものであった。また、集落内の廃棄土坑は生産された須恵器を選別・廃棄したものと解されるが、八世紀後半以降土師器・黒色土器が占める割合が多くなる。単に生活の中で使われたものを廃棄したものか、あるいは須恵

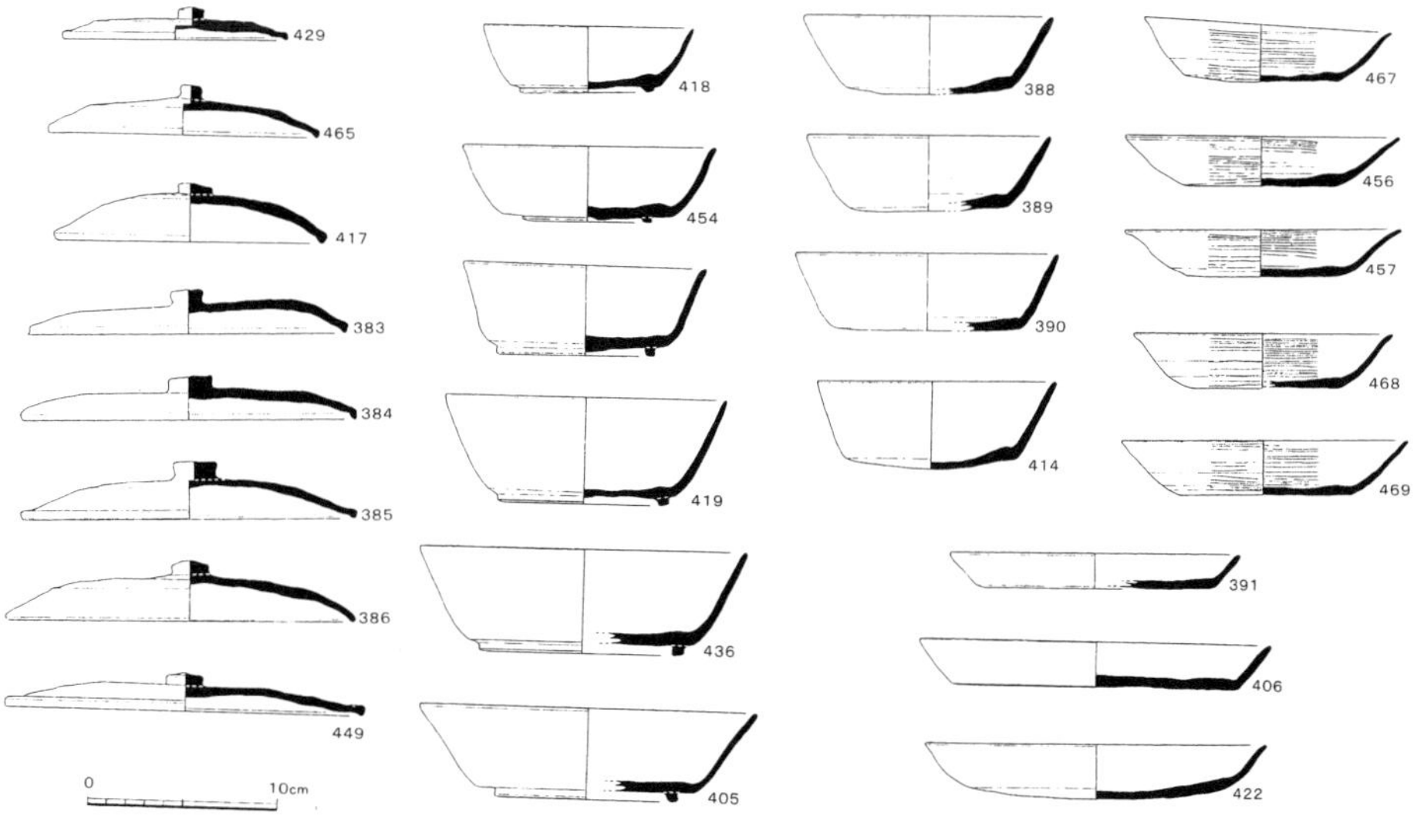

第 25 図　本堂遺跡 13 次 1 号窯跡出土蓋坏杯・杯 d・皿実測図（S=1/6）

器窯とともに土師器・黒色土器の焼成遺構が存在し、生産にあたっていたものか、今後の調査の課題であろう。そうすると、本堂5次6号窯跡や石坂E-3号窯跡で窯体内から窯跡の時期よりも下る土師器・黒色土器が出土する理由も見えてくるかもしれない。いずれにしても、現時点では九世紀中頃以降の須恵器窯や集落遺構は認められなくなり、六世紀中頃からおよそ三〇〇年にわたって須恵器生産を続けてきた牛頸窯跡群は終焉を迎えるのである。

まとめ

以上、牛頸窯跡群の窯構造・集落・墳墓の変遷について概観を行い、考えられる生産体制の変革についてまとめてきた。牛頸窯跡群は、操業開始期は小規模な操業集団であったが、六世紀末頃におこる複数の古墳群と集落の出現、窯転用墳墓の存在は、操業集団が複数存在したことを示す。また、多孔式煙道窯の創出と群内の窯構造の統一は、複数の操業集団を束ねる組織的な生産体制が確立したものと考えられた。ヘラ書き須恵器から、その中心にあったのは大神部であろう。

こうした生産体制の下に、七世紀前半にかけて居住困難と思われる丘陵斜面に窯付随型の集落を配し、平地上に中心的な集落を営むなど、広域的な生産を行う。そうした集落内からは、有溝把手付甑や円筒状土製品が出土し、工人の一部には渡来人が含まれると考えられている［亀田二〇〇八］。窯では、初期瓦や陶棺を含む発展的な操業が続けられ、近畿地方や朝鮮半島からの技術を受け入れているが、七世紀中頃になると窯構造・規模の変化、集落立地の変化が生じ、七世紀後半には宗像窯の影響が認められた。このことは、白村江戦への動員をきっかけとする生産体制の再編と考えられる。和銅六年銘のヘラ書き須恵器に書かれている工人名はその再編の結果であり、内椋人や押坂といった渡来系を含む複数の氏族が参画して操業が行われたと考えられる［石木二〇一七c］。また、ヘラ書きは工人集落である塚原遺跡で行われた可能性が高く、このことから大神部は大宰府成立後かなり早い段階で官人層として組み込まれたものと考えている。

こうして西海道一の生産窯として発展した牛頸窯の生産体制も、八世紀後半には再編され、肥後の工人が参画する。石坂E-3号窯跡は、肥後の工人が直接生産・操業に携わったものであり、食器中心の生産から貯蔵具専用の生産へと大きな試行を行っている。他地域の工人を招来し、生産体制を変革することで新たな須恵器生産を目指したと考えられるが、こうした試行はうまくいかず、牛頸窯跡群ではこれを最後に操業が行われなくなり、須恵器生産の火は途絶えたのであった。

では、大神部を中心とする牛頸窯跡群の須恵器工人たちは、九世紀に操業を終えた後にどこに行くのであろうか。本堂遺跡13次調査では、八世紀後半にあたる1号窯跡灰原から須恵質に焼成された土師器杯dが出土した［大野城市教委二〇〇八ｉ］。また、上大利地区では十一世紀後半～十二世紀前半の土器生産関連遺物が非常に多く、焼成が行われた可能性が指摘されている［朝岡二〇一七］。これらのことは、須恵器窯で土師器を焼成していた可能性を示し、土器作りの伝統がなお後代に続くことを示すものかもしれない。そうすると、塚原・日ノ浦遺跡などで八世紀後半以降の土坑から出土する土師器・黒色土器の割合が須恵器に比べて増えることも理解しやすい。しかし、調査事例に乏しく、今後の調査により土師器・黒色土器を焼成した窯跡・遺構が確認されることを期待しておきたい。

おわりに

今回、大宰府史跡発掘調査五〇周年記念論文集への執筆を機会に、牛頸窯跡群における大宰府成立前後の生産体制の在り方の違いや地域社会の動向を明らかにしたいと考えていた。結果的に、単なる牛頸窯跡群周辺の調査状況の羅列に過ぎなくなったが、現時点での牛頸窯跡群調査研究の到達点を示すことができたと思う。

牛頸窯跡群周辺は都市化が進み、各種開発事業においてかなりの面積の遺跡の発掘調査が行われ、実像が明らかになってきた部分も多い。しかし、なお未調査・未報告の遺跡は数多く、集落研究・墳墓研究も十分とは言えない。本論でも明らかにできなかった課題が多く残っており、本稿を緒として、さらに研究を進めていきたい。

参考文献

朝岡俊也　二〇一七年「大野城市の中世村落」『七隈史学』第一九号

石木秀啓　二〇〇五年「第三章第五節　須恵器工人の墳墓」『大野城市史』上巻　大野城市史編さん委員会

石木秀啓　二〇一〇年「九州」『古代窯業の基礎研究』真陽社　窯跡研究会

石木秀啓　二〇一七年a「西海道北部の土器生産」『徹底追及！大宰府と古代山城の誕生』九州国立博物館「大宰府学研究」事業、熊本県「古代山城に関する研究会」事業合同シンポジウム発表資料集　九州国立博物館・熊本県教育委員会

石木秀啓　二〇一七年b「牛頸窯跡群の大型窯」『須恵器窯の大型化をめぐる地域事例報告および備前焼の窯構造』窯跡研究会第一六回研究会　窯跡研究会

石木秀啓　二〇一七年c「牛頸窯跡群出土のヘラ書き須恵器について」『考古学・博物館学の風景』中村浩先生古稀記念論文集　芙蓉書房出版

太田　智　二〇一五年「須恵器工人集落の研究　序」『古文化談叢』第七四集　古文化研究会

大野城市教育委員会　一九八〇年『牛頸中通遺跡』大野城市文化財調査報告書第四集

大野城市教育委員会　一九八二年『牛頸中通遺跡群Ⅱ』大野城市文化財調査報告書第九集

大野城市教育委員会　一九八五年『牛頸石坂窯跡―C地点―』大野城市文化財調査報告書第一四集

大野城市教育委員会　一九八八年『牛頸ハセムシ窯跡群Ⅰ』大野城市文化財調査報告書第二三集

大野城市教育委員会　一九八九年『牛頸ハセムシ窯跡群Ⅱ』大野城市文化財調査報告書第三〇集

大野城市教育委員会　一九九一年『牛頸後田窯跡群』大野城市文化財調査報告書第三三集

大野城市教育委員会　一九九二年a『牛頸後田・小田浦古墳群』大野城市文化財調査報告書第三六集

大野城市教育委員会　一九九二年b『牛頸小田浦窯跡群』大野城市文化財調査報告書第三五集

大野城市教育委員会　一九九三年a『牛頸小田浦遺跡群』大野城市文化財調査報告書第四〇集

大野城市教育委員会　一九九三年b『牛頸ハセムシ窯跡群Ⅲ』大野城市文化財調査報告書第四一集

大野城市教育委員会　一九九四年『牛頸日ノ浦遺跡群』大野城市文化財調査報告書第四二集

大野城市教育委員会　一九九五年『牛頸塚原遺跡群』大野城市文化財調査報告書第四四集

大野城市教育委員会　一九九七年『牛頸石坂窯跡―E地点―』大野城市文化財調査報告書第四九集

大野城市教育委員会　二〇〇五年『牛頸本堂遺跡群Ⅲ』大野城市文化財調査報告書第六八集

大野城市教育委員会　二〇〇七年『牛頸梅頭遺跡群Ⅰ』大野城市文化財調査報告書第六〇集

大野城市教育委員会　二〇〇八年a『牛頸窯跡群―総括報告書Ⅰ―』大野城市文化財調査報告書第七七集

大野城市教育委員会　二〇〇八年b『牛頸梅頭窯跡群Ⅲ』大野城市文化財調査報告書第八五集

大野城市教育委員会　二〇〇八年c『牛頸本堂遺跡群Ⅸ』大野城市文化財調査報告書第八三集

大野城市教育委員会　二〇〇八年d『牛頸梅頭窯跡群Ⅱ』大野城市文化財調査報告書第八四集

大野城市教育委員会　二〇〇八年e『牛頸本堂遺跡群Ⅲ』大野城市文化財調査報告書第六八集

大野城市教育委員会　二〇〇八年f『牛頸梅頭窯跡群Ⅳ』大野城市文化財調査報告書第八六集

大野城市教育委員会　二〇〇八年g『牛頸本堂遺跡群Ⅵ』大野城市文化財調査報告書第八〇集

大野城市教育委員会　二〇〇八年h『牛頸本堂遺跡群Ⅴ』大野城市文化財調査報告書第七六集

大野城市教育委員会　二〇〇八年i『牛頸本堂遺跡群Ⅷ』大野城市文化財調査報告書第八二集

大野城市教育委員会　二〇〇八年j『牛頸本堂遺跡群Ⅶ』大野城市文化財調査報告書第八一集

大野城市教育委員会　二〇一六年『上大利小水城跡』大野城市文化財調査報告書第一四七集

岡田裕之　二〇〇三年「北部九州における須恵器生産の動向」『古文化談叢』第四九集　九州古文化研究会

岡田裕之　二〇〇六年「古墳時代後期社会と須恵器生産・屯倉制」『東アジアと日本―交流と変容』第三号　九州大学二一世紀COEプログラム（人文科学）

岡田裕之　二〇〇八年「Ⅱ．牛頸窯跡群調査研究史」『牛頸窯跡群―総括報告書Ⅰ―』大野城市文化財調査報告書第七七集　大野城市教育委員会

春日市　一九九五年『春日市史　上巻』

春日市教育委員会　一九八二年『春日地区遺跡群Ⅰ』春日市文化財調査報告書第一二集

春日市教育委員会　一九八三年『春日地区遺跡群Ⅱ』春日市文化財調査報告書第一四集

春日市教育委員会　一九八五年『春日地区遺跡群Ⅲ』春日市文化財調査報告書第一五集

春日市教育委員会　一九八六年『春日地区遺跡群Ⅳ』春日市文化財調査報告書第一六集
春日市教育委員会　一九九九年「Ⅲ―一　塚原古墳群」『春日市埋蔵文化財年報六』
窯跡研究会編　一九九九年『須恵器窯の技術と系譜』窯跡研究会第二回シンポジウム発表要旨集・須恵器窯構造資料集一　窯跡研究会
窯跡研究会編　二〇〇四年『須恵器窯の技術と系譜二』窯跡研究会第三回シンポジウム発表要旨集・須恵器窯構造資料集二　窯跡研究会
窯跡研究会編　二〇一〇年『古代窯業の基礎研究』真陽社　窯跡研究会
亀田修一　二〇〇八年「牛頸窯跡群と渡来人」『九州と東アジアの考古学―九州大学考古学研究室50周年記念論集―』九州大学考古学研究室50周年記念論文集刊行会
古都大宰府を守る会　一九九二年『宮ノ本遺跡Ⅱ』太宰府市の文化財第一〇集
古都大宰府を守る会　一九九三年『太宰府・佐野地区遺跡群Ⅳ』太宰府市の文化財第二一集
島田寅次郎　一九三九年「石器と土器・古墳と副葬品」『福岡県史跡名勝天然紀念物調査報告書』第一三輯　福岡縣
鈴木正信　二〇一四年『大神氏の研究』日本古代氏族研究叢書④　雄山閣
太宰府町教育委員会　一九八〇年『宮ノ本遺跡』太宰府町の文化財第三集
太宰府市教育委員会　一九九五年『太宰府・佐野地区遺跡群Ⅴ』太宰府市の文化財第二七集
太宰府市教育委員会・玉川文化財研究所　二〇〇二年『太宰府・佐野地区遺跡群一五』太宰府市の文化財第六五集
太宰府市教育委員会　二〇〇四年『太宰府・佐野地区遺跡群一八』太宰府市の文化財第七四集
太宰府市教育委員会　二〇〇六年『太宰府・佐野地区遺跡群二一』太宰府市の文化財第八五集
中島恒次郎　二〇〇七年「「都市」的な墓、「村落」的な墓(上)（下）」『古文化談叢』第五六・五七集　九州古文化研究会
福岡県教育委員会　一九七〇年『野添・大浦窯跡群』福岡県文化財調査報告書第四三集
丸山康晴　一九九五年「第三章第五節　古墳時代」『春日市史　上巻』春日市
余語琢磨　一九八九年「第三章　牛頸窯跡群研究史」『牛頸ハセムシ窯跡群Ⅱ』大野城市文化財調査報告書第三〇集　大野城市教育委員会
渡辺正気　一九九五年「第三章第六節　倭国の形成と発展の中で」『春日市史』上巻　春日市史編さん室

日本古代の大宰府管内における食器生産

中島恒次郎

はじめに

天智二年(六六三)の韓半島で起きた百済救済軍の大敗に端を発した西日本防衛網整備をテコに、大和王権は、北は大野城、水城を、南は基肄城を築き周囲を固めた上で、内部に大宰府を置いた。これら施設整備とともに、氏族的な紐帯を包括しつつ、広域支配を実現した大和王権は、大和政権として古代国家体制を現在の東北地方北部以北と南島を除く日本に、地域矛盾を内包しつつ流布していくことになる。

大和政権は、多くの他者を取りまとめる国家装置としての階層表現のために、グリッドプランを基調とし居住空間を広狭によって示す条坊制、職務時の官人衣装、さらには多様な価値観の一つである時の制御を目的とした時制制度など、多くの制度を整備していく。その中の一つとして、官人たちへの給食制や階層表現装置としての食器が整備されていくのも、大宰府官制整備期におきた事象の一つとして取り上げることができる。

本稿では、大宰府官制成立を分岐点として、その両側で起きた食器生産の様態について、大宰府管内を空間対象とし、相対化のために南島の様相を加えて記述する。

1 学説略史

日本古代における食器研究は、一九六〇年代以降に続発する国土開発の波に対応した埋蔵文化財記録保存調査の増加により活発化していく。特に奈良国立文化財研究所(現 奈良文化財研究所。以下「奈文研」とする)による宮都調査や各地の国衙関係調査の進展によって、検出される遺構の考古学的な時間軸設定のための指標遺物として食器が用いられたことによる。この奈文研主導で進められた日本古代の食器研究が、古墳時代からの積み上げによってなされる食器研究とのズレとして表現され、北日本における「空白の七世紀」、南日本における「空白の八世紀」を生じさせる主原因となることは、当時は考えも及ばなかった。

日本古代の食器研究を主導した奈文研の成果は、多量に出土する食器群とともに、紀年記載資料と共伴するという考古学にとって魅力的な素材を合わせて提供してくれたことも、日本古代の食器研究を急速に浸透させた主要因でもあった。これら奈文研の成果を考慮しつつ、九州独自の食器研究が大宰府の発掘とともに進められていくことになる。

大宰府における食器研究に、先導的役割を担ったのが前川威洋氏、森田勉氏、横田賢次郎氏であった。前川氏は、大宰府跡調査ではなく大宰

第１表　実年代付与資料一覧

	遺跡名	遺構名	実年代付与資料	付与年代	資料等級 資料等級	資料等級 出土状況	遺構出土資料群の帰属様相	備考	掲載書
	大宰府								
①	大宰府条坊跡　98　次調査	SX005	畿内産土師器	飛鳥Ⅲ×Ⅳ期	C-1	A	Ⅱ-2期		1
②	大宰府史跡　98　次調査	SX2480	様相比較	飛鳥Ⅲ期	C-1	A	Ⅱ-2期		2
②	大宰府史跡　84　次調査	SX2344	畿内産土師器	飛鳥Ⅳ期	C-1	C	Ⅱ-2期		3
③	大宰府史跡　160　次調査	SK4141	畿内産土師器 様相比較	平城宮土器Ⅱ×Ⅲ期古	C-1	A	Ⅲ-1期		4
③	大宰府条坊跡　68　次調査	SK005暗茶色土	畿内産土師器	平城宮土器Ⅲ期古	C-1	A	Ⅲ-1期		5
④	大宰府史跡　85　次調査	SD2340下層	木簡	天平六（734）年記載	B	B	Ⅲ-1期		3
④	大宰府史跡　87・90次調査	SD2340	木簡	天平八（736）年記載	B	B	Ⅲ-1期		6
⑤	長岡京　102　次調査	SD10201	木簡	■■三（784?）年記載	D	B	Ⅲ-2期	長岡京出土から延暦三年を想定。	7
⑥	大宰府条坊跡　154　次調査	SD020	畿内産土師器	平安京Ⅰ期新	C-4	B	Ⅲ-2期		8
⑦	大宰府条坊跡　87　次調査	SE015	京都系土師器	平安京Ⅲ期中	C-1	A	Ⅳ期		9
⑧	大宰府史跡　72　次調査	SD857-2	楠葉型瓦器	Ⅰ-2型式	C-1	A	Ⅴ期		10
	その他の地域								
③	別所次郎丸遺跡	黄褐色 シルト質土層	畿内産土師器	平城宮土器Ⅲ期中	C-1	B	Ⅲ-1期		11
⑥	豊後国分寺跡	SK04	墨書記載 土師器	天長九（832）年記載	A	A	Ⅲ-2期〉Ⅲ-3期		12

資料等級　紀年記載資料の有する資料性格から導き出されるもので、保管性の高低によって等級を決定する。
A：保管性が低く、紀年記載年に近い時期の廃棄（埋没）が想定できるもの。
B：保管性が高く、紀年記載年から時間差が想定できるもの。
C：広域分布品が持つ年代観から導き出されるもので、「二次的な年代」観に基づくものであるが、下記内容で三者存在。
-1：保管性の低い紀年記載資料と共伴し、その年代が付与されている資料。
-2：保管性の高い紀年記載資料と共伴し、その年代が付与されている資料。
-3：紀年記載資料とは共伴せず、前後の年代付与資料群から推定によって存続年代が付与されているもの。
-4：文献記載内容から遺構評価を行ったもの。
D：資料評価不明

出土状況　紀年記載資料と他資料群との共伴関係によって、時間差を考慮し等級を決定する。
A：一括性が高く、紀年記載資料との廃棄（埋没）の同時性が想定できるもの。
B：一括性が低く、紀年記載資料との廃棄（埋没）の同時性が想定できないもの。
C：報告において記載のないもの。

府条坊域で実施した埋蔵文化財調査で出土した食器群の時間軸上での位置づけを、前川氏が専門とする縄文土器研究に用いられていた型式学的な手法を用い実践していく［前川 一九七八］。一方、森田・横田両氏は、九州歴史資料館が実施する大宰府跡の調査成果を用い、一括資料の時系列配列によって設定する手法をとっていく［横田・森田 一九七六］。両者とも、現在の大宰府研究に欠くことのできない、考古資料による時間確認指標としての食器編年を手に入れることができた重要な基礎的研究として忘れることができない。時間確認指標としての「実年代」付与には、宮都での研究同様に、紀年記載資料の伴出や広域分布品が有する間接的実年代付与を検証しつつ、大宰府の食器研究が進んでいく。前川・森田・横田各氏の研究の利欠点を学んだ山本信夫氏は、両者の研究成果を統合整理して発展的に食器編年をまとめていく。山本氏が行った食器研究は、大宰府跡をはじめとする大宰府関連遺跡での調査成果を取り入れるとともに、国内外の土器・陶磁器など大宰府で出土する多様な焼き物を包括的に時間軸上での位置づけを明らかにしていく［山本 一九九〇・一九九二］。これらの作業を通して、他地域との時間的並行関係の検証が可能になるとともに、時間軸上での位置づけの確からしさを高めていった。前川、森田、横田、そして山本各氏の研究姿勢の底流には、考古学が持つ資料分類、共伴性と年代確認のための手続きを厳然と分け、型式学の持つ原点を外さない手続きを踏んでいることにある。当然といえば当然のことであるが、実年代観のズレを議論するとき、作業仮説と結論が混乱する議論、論者の根拠なき価値観が多く見受けられる昨今の状況には、危惧の念を抱く。

筆者は、原点を外さない大宰府における先行研究の上に立ち、型式—形式—様相の考えを取り入れ、さらに、分析者の眼前に現れる遺構

第２表　各地の様相

暦年代	様相	大宰府	筑後国府	大宰府北部集落	筑前-筑後集落	筑後南部集落	肥前
700	Ⅱ-2	史98SX2480	へ47SK2371				柚比梅坂SH0047 柚比梅坂SH0045
	Ⅲ-1	史122SE3680 史160SK4141 条19SX075 条68SK005暗茶土 条68SK005茶灰土	へ31SK1856 筑後128SD4403	雑6土坑21 雑10住居87 井C-85号土坑 麦B1-2号井戸	大島11・27号土坑 干城39・42号土坑 干1-4号土坑 大島7号土坑	羽中2SI005 羽中2SK250 前中2SI010 前中1SI008 前中1SI009 前中1SI005 前中1SI001	今町梅坂SX301 柚比梅坂SH0240 久池井BSK775 久池井BSK776 徳永14区SH14018 徳永5区SK5048
750	Ⅲ-2	史85SD2340下層 条81SK135 条120SK005黒土 史120SX2999	へ13SK1339 筑後128SK4401 筑後128SK4402 へ36SK2001 神7SK150 神15SK375	雑10住居60 那20SE08下層 五3SE02	宮原D65号土坑 宮原D50号土坑	羽中4SK005 羽中2SI135 前中1SI013	上和泉7区SK7299 上和泉7区SK7300 国府SK069 徳永5区SK5004 久池井BSK314・315
800 850	Ⅲ-3	史18SE400下層 条93SD275 史70SK1800	筑後83SK3575 へ7地点SX1 念BSK54	那68SE05 那8SE01 那50SE01 那64SE090 那21-55号井戸	干猿1号土坑 宮D66号土坑	羽中2SK170	友貞8区SE803 上和泉7区SK7004 小林Ⅱ区SK2011 古村SK223・225・226 泉三本栗SP001
900	Ⅳ	国川1SE005黒茶土	筑後83SX3576 筑後88SK3825 筑後59SK2817 筑後59SK2926				

肥後	豊前	豊後	日向	薩摩 大隅	暦年代付与資料
	菜切6号墳		宮の東S8939		史98SX2480 （飛鳥Ⅲ【藤原23-2SE2355】様相に近似）
上小田宮の前5区SE506	照日4号窯 広末・安永1・4号土壙墓 赤幡森ヶ坪25号土坑 砥石山8号溝	久土2SX01 中安2SX625 下郡SK01 下郡SK25 下郡P13下層	宮の東S8640 宮の東S670　宮の東S8146 古城第2-2区竪穴住居2	大島21号住居 大島37号住居 大島大型竪穴状遺構	史160SK4141（平城宮Ⅱ×Ⅲ古【SD5100】） 条68SK005暗茶土（平城宮Ⅲ古【SD5100】）
二本木28SE02 山頭5-1号住居 本庄1号溝 二本木34SE02・07 二本木32SD03 上小田宮の前7区SE701 二本木40FSD62 山頭5-6号土坑 別府SK11 別府3号土坑	黒添・赤木3・5・6号住居 宇弥勒寺SD7 宇弥勒寺SK1 長野AⅠ区1号土壙 小部7SK1 上清水Ⅴ区32号土坑 宇弥勒寺SK2 赤幡森ヶ坪1・37号土 三口SK5 砥石山1号溝3層 三口SK3	下郡SK06 会下5号土坑 下郡115SX0450 松岡窯跡群 井ノ久保SX69 井ノ久保SX76	古城第2-1区土坑13	大島土坑2 大島8号住居 京田遺跡 大島3号住居 大島6号住居 「嘉祥三（850）年木簡→ 大島34号住居	史85SD2340下層（天平六【734】年） 水31SX001（天平神護元【765】年） 長岡京SD10201（延暦三【784】年）

の時間軸上での位置づけを次の手続きとして捉え、大宰府における食器研究を進めるとともに、大宰府管内における同一様相の検証をすすめ、並行関係を提示してきた［中島二〇〇五・二〇一七］。

　これらを踏まえ、本稿において対象とする時間は、大宰府官制成立前夜ともいえる飛鳥時代から、大宰府官制が考古事象として観察できるようになる奈良時代までを視野に入れている。

2　食器変遷

　記述対象とする時間内での食器変化を様相上で捉えると、三つの様相に分けることができる（説明のための図は、本論末尾に掲載）。筆者設定の様相については、拙稿をご一読いただきたい［中島二〇〇五］。

Ⅱ-2期　須恵器・土師器で構成され、宮都の様相と異なり焼き物による相互補完が導入されていないこと。焼き物ごとの成形技術が排他的であることを特徴とする。

Ⅲ-1期　須恵器・土師器で構成され、宮都の様相に近似したものへと大きく変化し、焼き物による相互補完が導入され、同法量、同形態の食器が焼き物の別を問わず発現する。また、成形技法に回転台が多用され、煮沸具である土師器甕類を除く多くの器種に使用される。

Ⅲ-2期　須恵器・土師器に加え黒色土器、さらに希少性はあるものの国外産の陶磁器ならびに国内産の施釉陶器が参入してくる。須恵器・土師器の焼き物による相互補完様相は前代同様に継続されるものの、新規参入の食器類の華麗さ故か、須恵器・土師器の製作技法に手抜きが顕在化してくる。その要因は、奈良前期と後期の工人調達機構の変動も一因として考慮する必要があり、これらを裏付けるように高度な焼成技術が必要となる須恵器において属性散在化傾向が観察できるのもⅢ-2期からである［中島二〇一七］。

それぞれの実年代付与の遺構内での様相比は、第2表のようになる。換言すると、実年代根拠が抽出できない箇所については、機械的な時間割として理解し、今後の資料増加によって確からしさを向上していく必要があり、課題でもある。

おおまかに各様相の時間幅を推定すると、Ⅱ-2期：七世紀末から八世紀初頭、Ⅲ-1期：八世紀前半、Ⅲ-2期：八世紀後半から九世紀前半を考えている。当然のことながら、各様相が瞬時に変換するのではなく、漸移的に様相転換するのである。

では、これらの様相変化を指標として、大宰府管内の状況を概観してみよう。その際の視点として、大宰府様相とでもいえるⅡ-2期からⅢ-2期までの様相が、①大宰府管内で等しく観察できるのか。②等しく観察できない場合は、何によって置換されているのか、を考慮しつつ観察していく。

3　各地域の状況

これまで各地の資料を実見してきたことを踏まえ、その特徴から大宰府管内を大きく四地域に分け、さらに近年大陸への海道として資料が増加してきた南島を加えた五地域について概述する。地域区分の根拠については、各項目において記述する。

(1) 筑前・肥前・筑後

脊振山系と三郡山系が接近する水城によって画されるものの、それ以外は平野として連続する筑前南部、肥前ならびに筑後は、ほぼ同一様相下にあり、大宰府鴻臚館がある筑前北部についても大宰府支配の強さからか同様な変化をたどっている。

須恵器：須恵器窯跡は、牛頸窯跡群、八女窯跡群等が確認され、筑前、筑後の須恵器供給を行っていたと解される。一方肥前においては、肥前国衙北東域にある向野山窯跡が僅かに知られているものの、肥前国全体を見通すほど明らかにされておらず、今後の課題とされる［舟山一九九六］。既に確認されている窯跡群の状況からみると、大宰府様相を範としつつも、地域の個性として器形において独自性が観察できる窯跡が確認できている。

三国ともに、Ⅲ-2期様相下、実年代観で平安時代前期までの操業が共通しており、それ以降に須恵器生産を発現ないしは、それ以降まで継続する南九州との違いがある。この背景としては、後述する国内外の陶磁器の流入度合いと、階層表現意識の浸透、いわば焼き物による差異を使った階層表現装置としての食器階層序列に利点を見出した人々によって受容された結果として受け止めることができ、硬質の焼き物としての須恵器受容が急速に衰退していく要因の一つとして考えられる。

土師器：土師器は、回転台成形の製品が優勢な大宰府を一方の極とし、前代からの系譜を引く手持ち成形の製品が優勢な集落を一方の極とする様相が観察できる。ただし、時間の経過とともに集落様相は、Ⅲ-2期には回転台成形の土師器が優勢へと転換していく［中島二〇一七］。その

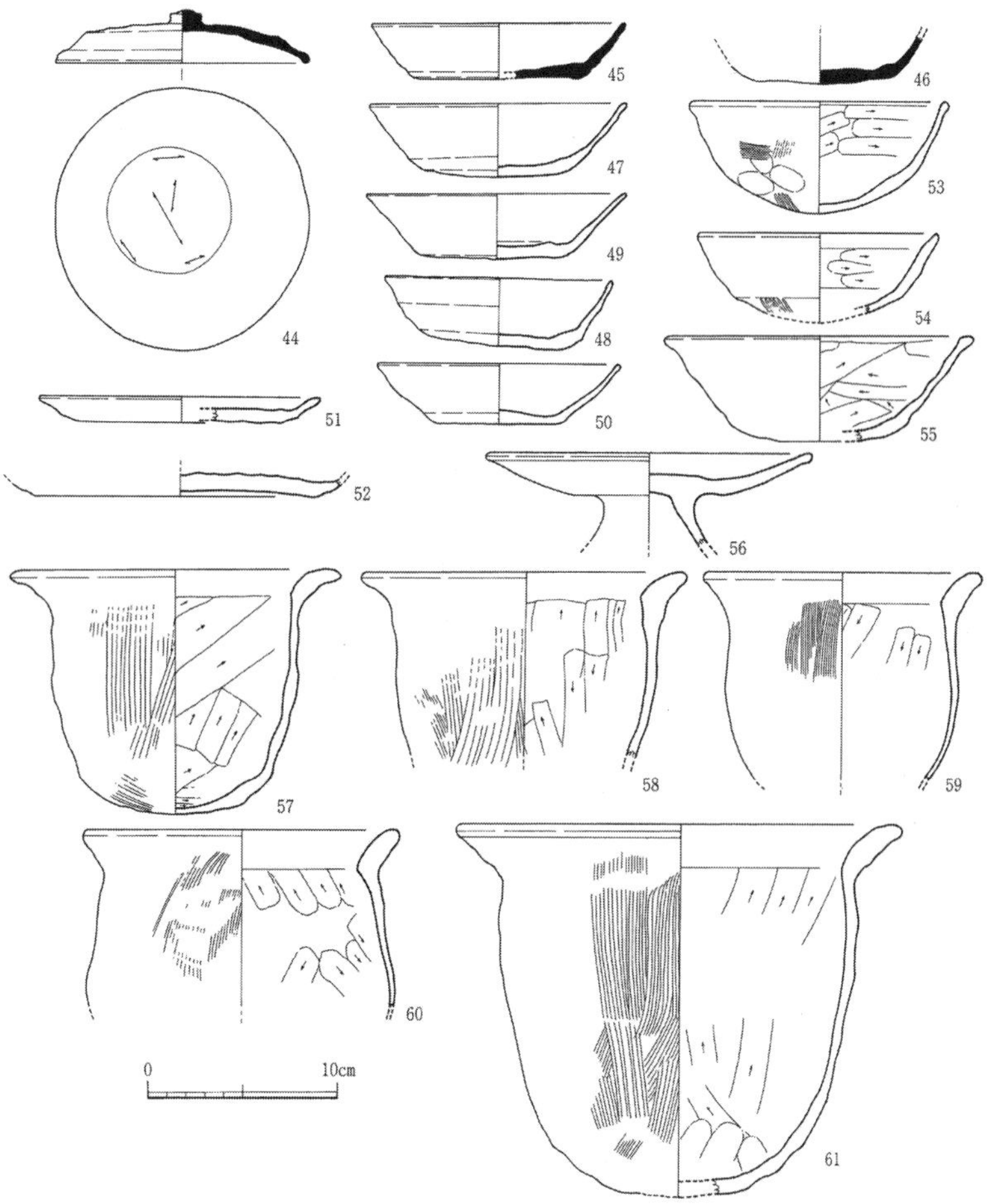

第１図　筑後国におけるⅢ-2期集落出土食器（小郡市教委 2001）

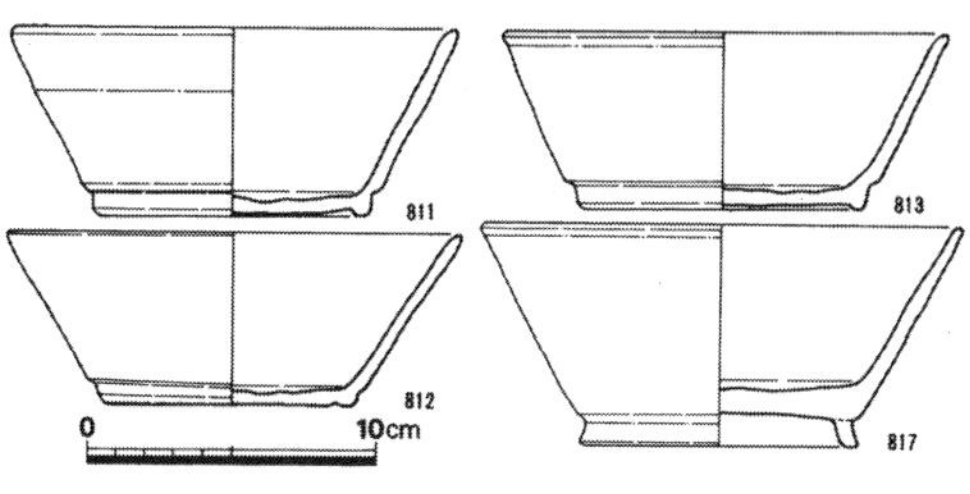

第２図　筑後型（削り出し高台）土師器坏
（久留米市教委 1986）

背景は、生産工人のあり方を文献史学ならびに考古資料観察から導き出した、世襲工人の崩壊による多様な人々による生産への転換を想定している［中島二〇〇五・二〇一六］。

筑後地域には、他地域に見ることができない削り出し高台の杯や胎土に角閃石を多量に含む甕もあり、製作技法上で筑前・肥前との差異は見受けられないものの、胎土から個体特定が可能となることから、筑後型甕として分類されている。これらは、Ⅲ-1期から大宰府をはじめ狭域ではあるが分布の広がりが観察できている。

その他の焼き物：Ⅲ-2期以降に大宰府を主として輸入陶磁器や国産の施釉陶器が入り始める。また、黒色土器A類を端緒としてⅢ-3期以降に黒色土器B類も発現してくる。Ⅲ-2期以降は、多様な色合いの食器が使われはじめる時期ともいえる。

(2) 肥　後

筑後・豊後・薩摩三国とは、山地にて画されており、独立した地域として捉えている。肥後国府域の情報量に比して、肥後北部ならびに南部

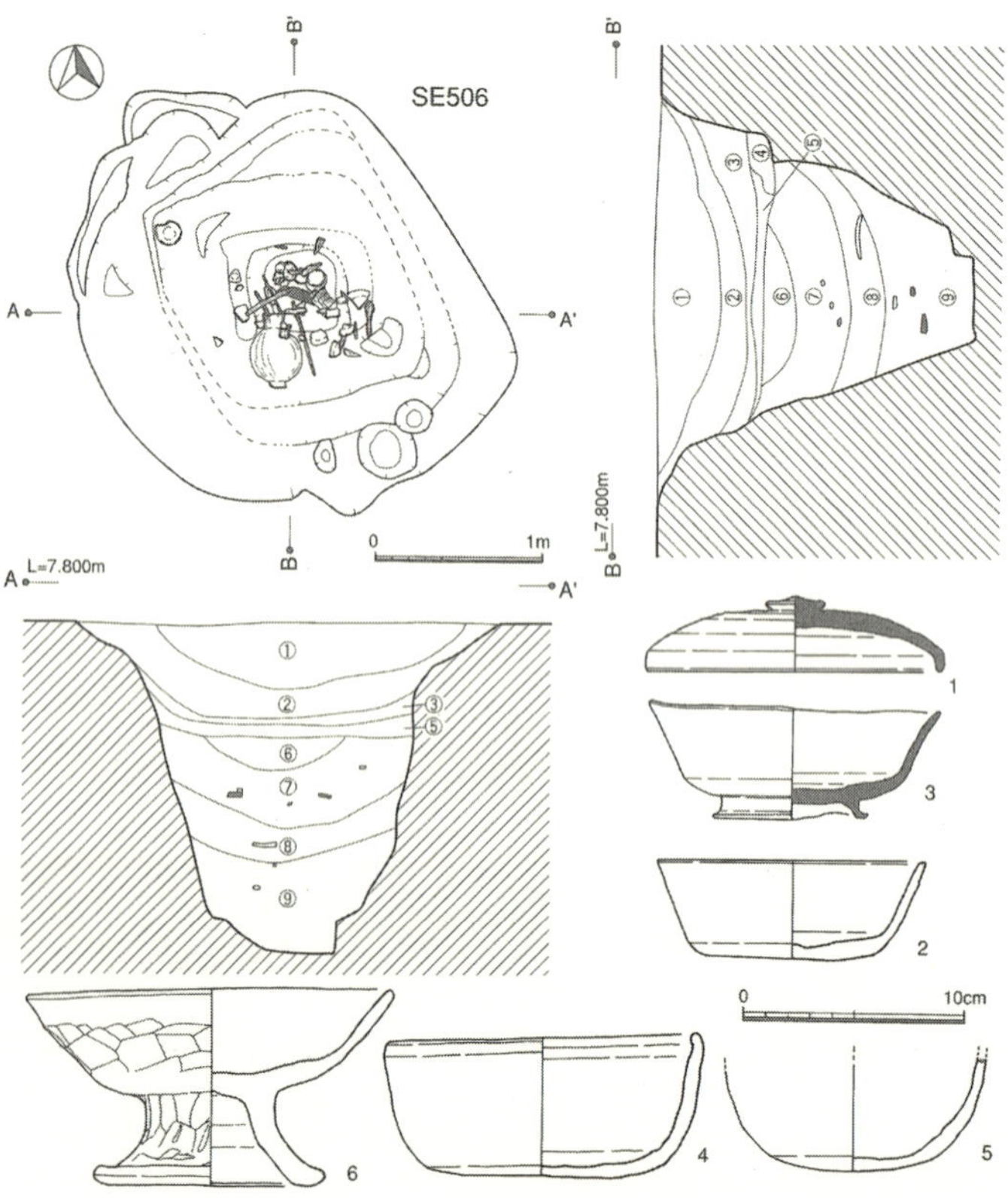

第3図　肥後国におけるⅢ-1期集落出土食器（熊本県教委 2010）

の情報が明らかではなく、薩摩・大隅への媒介地域であるだけに、国府域以外の地域の実態が知りたいところである。その際の視点は、旧態とした国家的施設で使用された食器様相ではなく、5項において記述する集落や在地伝統的な食器様相の存否を検討していく必要がある。ここでは、肥後国における先行研究を参考に記述する［網田 一九九四a、原田 二〇一三］。

須恵器：肥後国の須恵器生産は、肥後北部の荒尾窯跡群、中部の宇城窯跡群、南部の下り山窯跡群が確認され、荒尾窯跡群ではⅡ-2期以前から操業をはじめⅢ-2期まで安定的に継続している。また、宇城窯跡群はⅢ-1期からの操業が確認でき、Ⅲ-2期まで継続的に生産を行っている。一方肥後南部の生産窯である下り山窯跡群はⅢ-2期から確認でき、その後南部九州の特徴として磁器模倣製品を生産するなど平安後期まで操業を継続している。構成器種は、国家的な施設に一般的なもので、構成器種上、地域特性を見出し難い。一方、高台形状や坏外面下位において回転ヘラ削りを持つなど、属性レベルでの地域特性の指摘がなされている［網田 一九九四b、原田 二〇一三］。

土師器：肥後国府の確認が課題として残されているが、官衙関連遺跡として捉えられている熊本市二本木遺跡でもⅢ-1期様相下において、手持ちヘラ削りを有する土師器皿が確認できており、他地域と同様にⅢ-1期様相下においては、在地伝統の技術との混在が指摘できる［原田 二〇一三］。集落的様相をつかむのがやや困難であるが、肥後北部の上小田宮の前遺跡出土資料では、Ⅲ-1期に位置付けられる食器が出土しており、手持ち成形の高坏と回転台成形の坏・鉢類が共存している。しかし、同遺跡で出土しているⅢ-2期に位置する食器群では回転台成形の土師器のみで構成され、北部九州の各国と同様に、国家的様相へ転換していったものと考えられる［熊本県教委 二〇一〇］。

その他の焼き物：他地域と同様に、Ⅲ-2期以降、黒色土器A類、国産施釉陶器、輸入陶磁器類の参入が見られるようになる。

(3) 豊前・豊後・日向

東九州の三国として捉えることができ、日向も含め瀬戸内海交易ルートに接する地としてまとめる。ただし、様相的に俯瞰できない日向については適宜加筆していく。

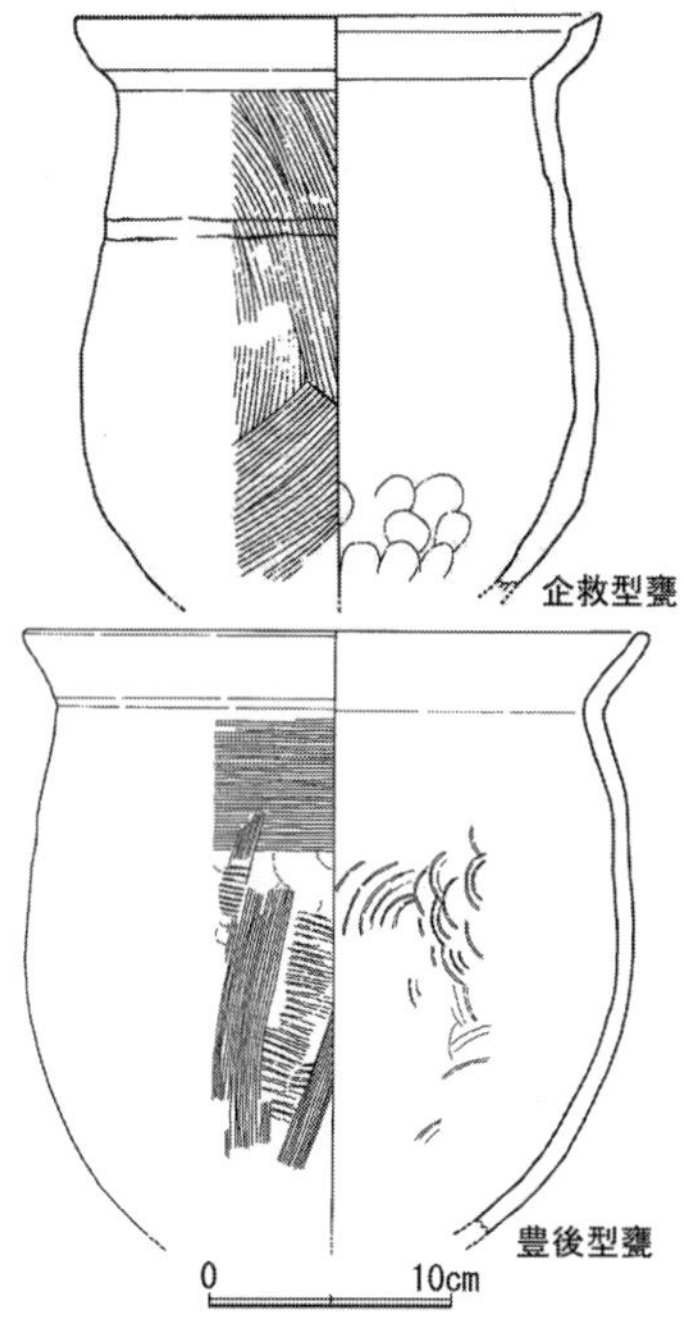

企救型甕：上清水遺跡Ⅴ区 32 号土壙
豊後型甕：大宰府条坊跡第 68 次 SK005 茶灰色土

第５図　企救型甕　豊後型甕

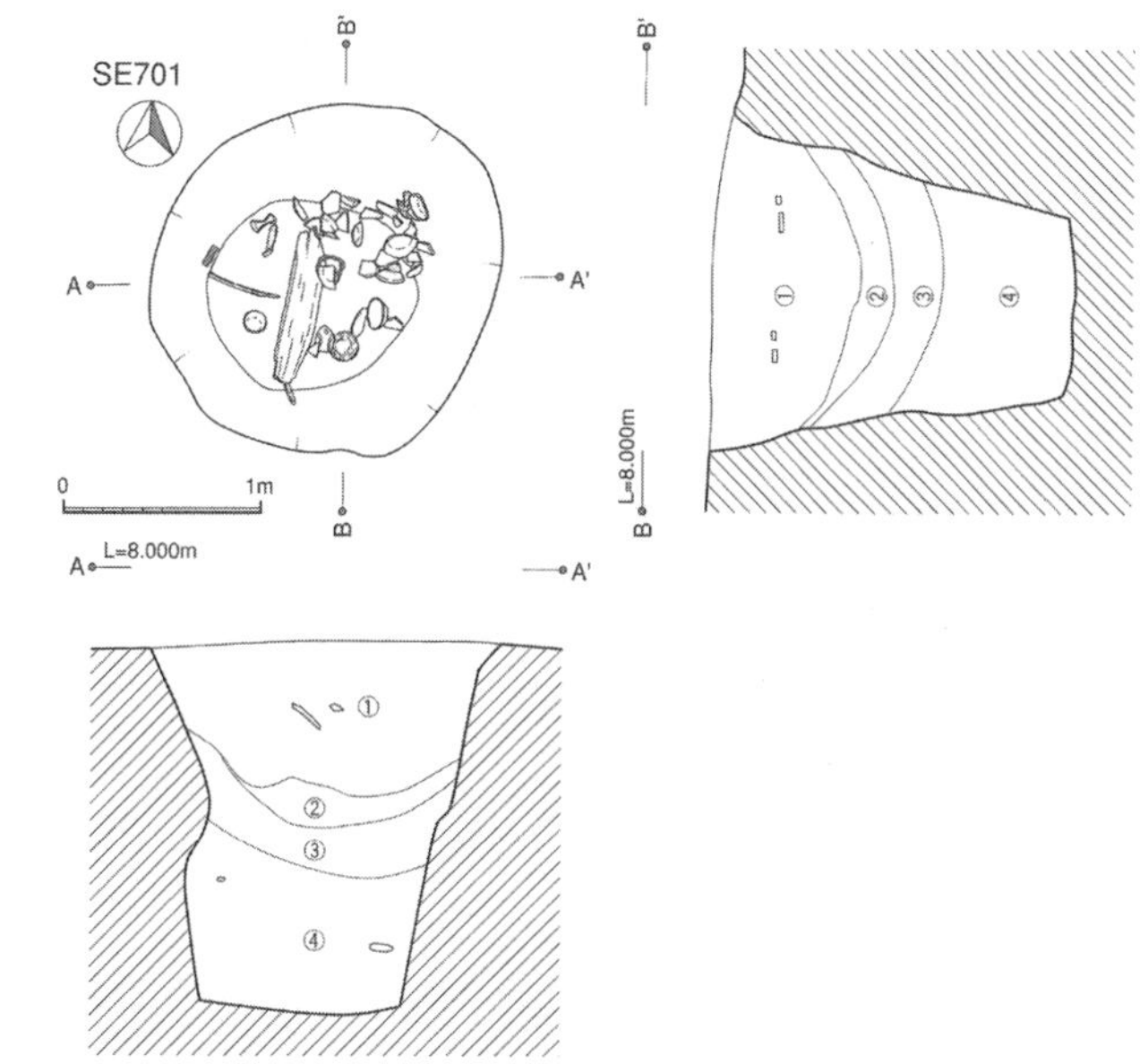

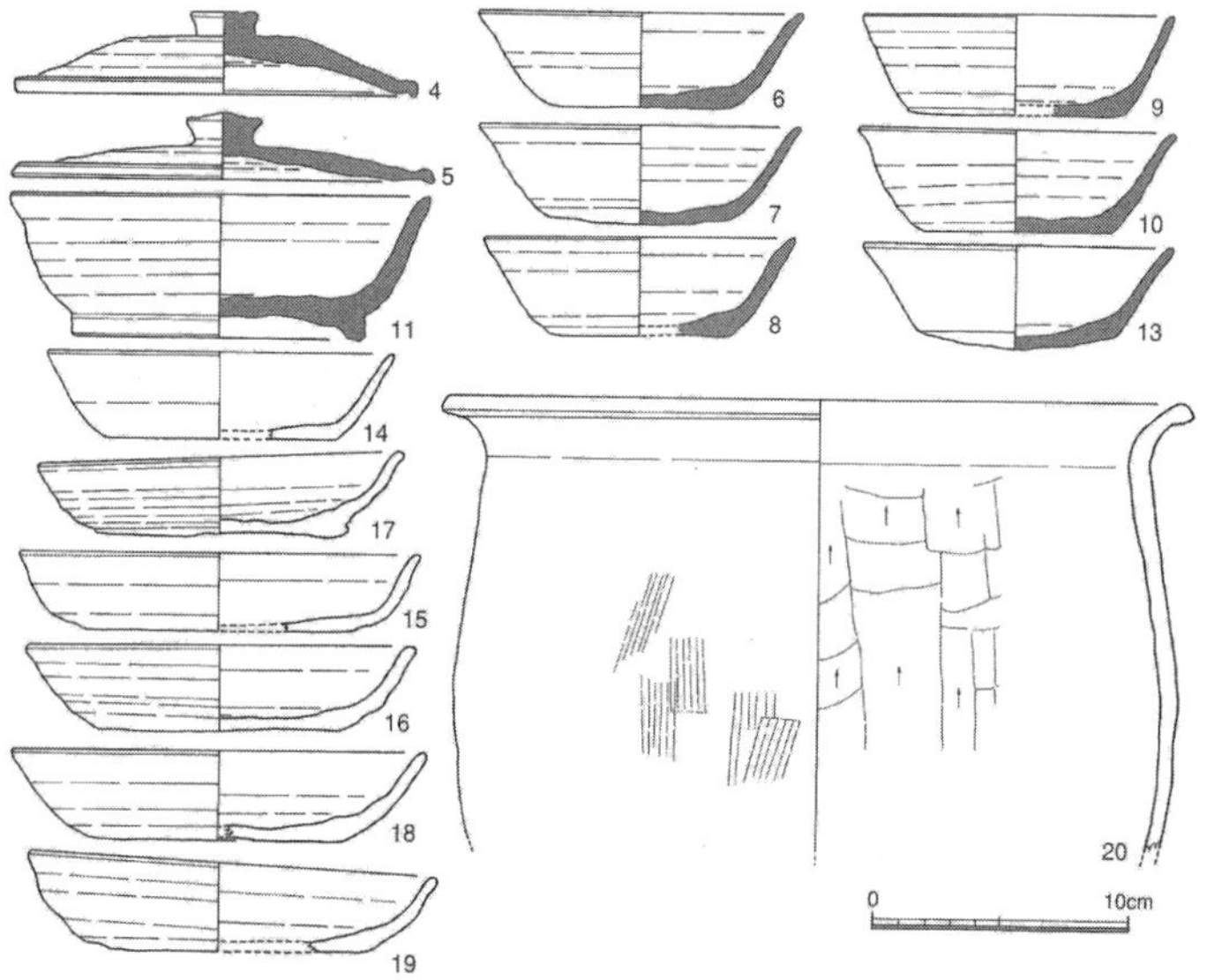

第４図　肥後国におけるⅢ -2 期集落出土食器（熊本県教委 2010）

須恵器：豊前は、豊前北部の天観寺山窯跡群、豊前南部で伊藤田窯跡群が、日向では下村窯跡群がそれぞれ操業し、古代における食器生産の一翼を担っている［舟山 一九九六、池田 一九九六、佐土原町教委 一九九六］。豊前で確認されている諸窯では、前古代から継続的に操業し、日向ではⅢ－1期から操業を開始している。一方、須恵器窯操業が低調な地域が豊後である。生産窯の調査がここ十年内に進み、不透明であった豊後における須恵器生産の実態が明らかとなりつつある［大分市 二〇〇〇］。松岡窯跡群として調査され、Ⅲ－2期に傾斜した様相を呈し、実年代で八世紀中頃から後半に操業幅が想定できる。特徴として還元不良を思わせる窯壁や、製品の焼き上がりから報告者は、土師器生産工人との関わりを想定している。この松岡窯一帯の地質が塩基性岩であることを考慮すると高温度焼成に耐えられない風化生成物ならびに窯体であったことが考えられ、土師器工人との関わりは、筆者想定のⅢ－1期の特徴から肯定できるものの、主要因は窯場の地質にあるものと考えられ、豊後において須恵器が低調な理由も須恵器生産に耐え得るだけの地質条件になかったことを考慮した方が蓋然性は高いと考えられる[1]［吉岡ほか 一九九七］。

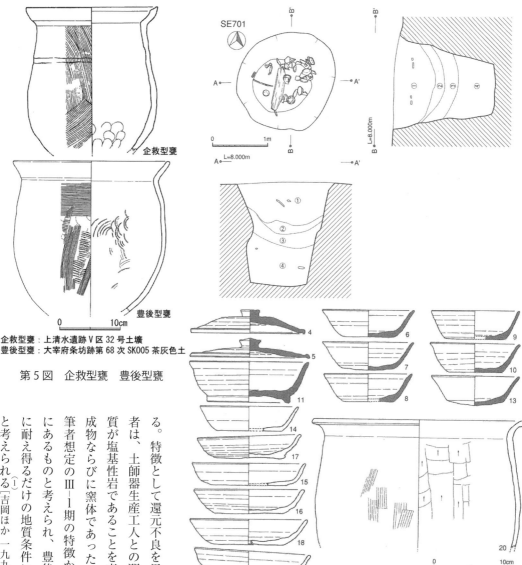

土師器：豊前・豊後においては、北部九州の各国同様にⅢ－1期より回転台成形の土師器生産が開始される［佐藤 一九八七、中島 一九九八、坪根・塩地 二〇〇二］。また、豊前・豊後においては、土師器甕に地域型が確認されており、企救型、豊後型の甕がある。Ⅲ－1期からの移動が確認できており、煮沸具のもつ日常性を考慮すると人々の移動が考古資料から伺えることになる。

その他の焼き物：他地域と同様に、Ⅲ－2期以降、黒色土器A類、国産施釉陶器、輸入陶磁器類の参入が見られるようになる。

(4) 薩摩・大隅

二国の様相を俯瞰できるほど資料が整っているわけではないが、垣間見える資料からは、薩摩では、北部九州で捉えられる集落的様相を成川式土器が占め、大宰府的様相を国衙、国分寺など国家的施設にみることができる。このような視点での観察は、中村直子氏によって成川式土器との共伴事例の検討によって明らかにされてきた事象であり、南日本における「空白の八世紀」解消を大きく前進させている［中村 二〇〇九］。今後、「古墳時代」の様相と「古代」の様相の共伴関係の一次情報の蓄積を待つ必要がある。

須恵器：生産窯の実態を詳細につかむことはできない。薩摩国において国府近傍に開窯した鶴峯窯跡はⅢ－1期に操業を開始し、国府整備時期

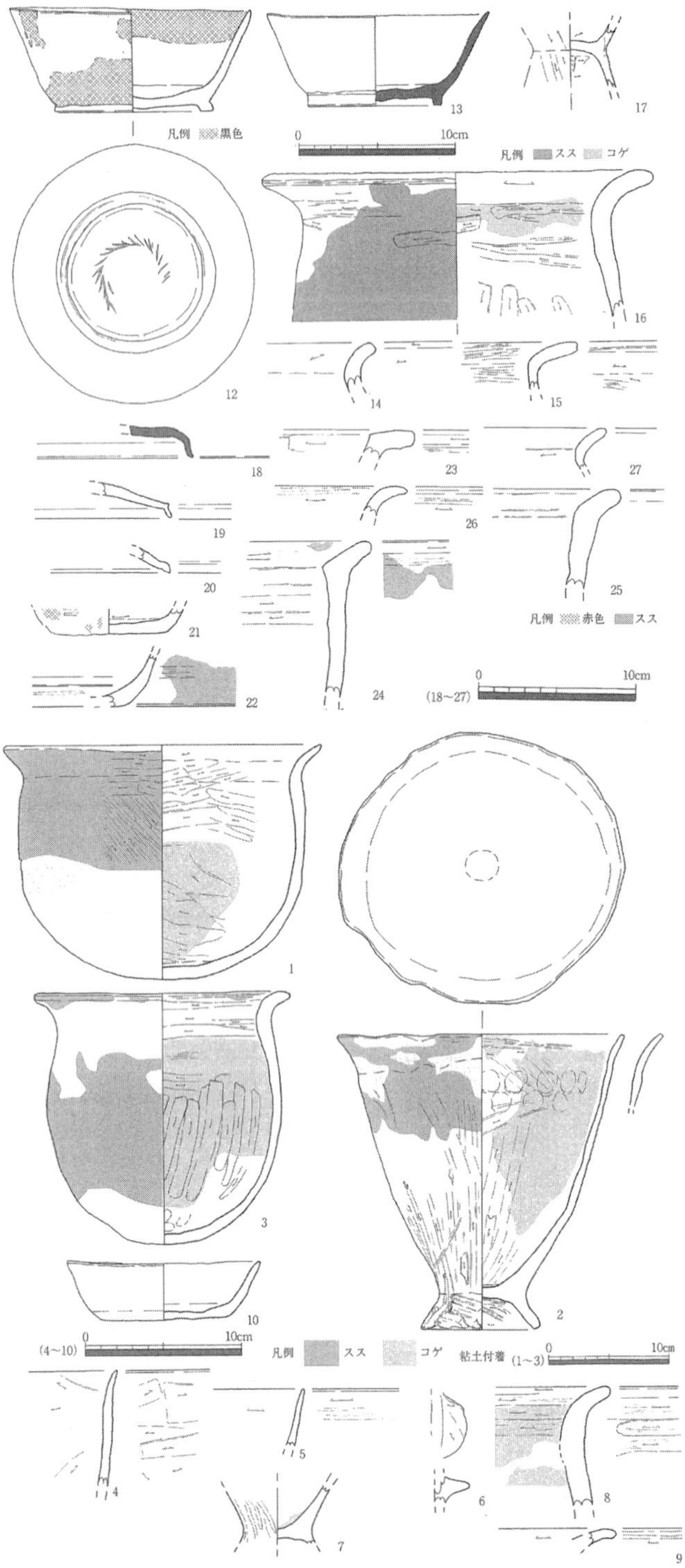

第6図　薩摩国敷領遺跡出土食器（指宿市教委 2015）

に接合していることから、国家施設整備時期に早くも須恵器生産に着手していることになる［池田 一九九六］。調査情報が開示された窯跡を手掛かりに観察すると、大宰府官制施行後に、大宰府様相Ⅲ–1期のように須恵器・土師器の器種互換性が成立し、食器組成上も大宰府的様相へと変化していることが読み取れる。

土師器：Ⅱ–2期ならびにⅢ–1期において二国全域にわたって大宰府的様相へと置換している状況を観察することはできず、かろうじて国衙・国分寺にて見ることができる程度である。Ⅲ–2期に至り、回転台成形土師器の台頭をみることができるようになってくるが、成川式土器と大宰府的な土師器との折衷形態が出現するなど新たな展開を想像させる資料が見受けられるようになってくる。具体的には、鹿児島県指宿市敷領遺跡出土資料で、開聞岳火山降下物に覆われた竪穴住居から出土した食器群で、火山灰の降下年代から、貞観十六年（八七四）に埋没したものと考えられている［指宿市教委 二〇一五］。出土した食器群の共時性については、須恵器横瓶以外は蓋然性が高い。ただし、各型式の存続幅を共時しているという点では、共時幅を広く考慮しておく必要がある食器群であり、一世代使用食器の幅では考え難い点は留意しておく必要がある。資料の共時性についてはさておき、この住居跡出土資料には、成川式土器の甕と土師器甕が出土しており、土師器甕の体部外面を細い棒状のもので磨くという技法が確認できる。これは一緒に出土している成川式土器の甕に用いられている技法と同じものであり、土師器甕の通有の刷毛調整でない点に留意すると、器形は土師器であるが技法は伝統的な成川式土器の技法で製作されており、いわゆる折衷形態といえる。薩摩における在地伝統的な食器である成川式土器と国家的な土器の共存が、平安前期まで確認できたことは重要なことである。

その他の焼き物：黒色土器、国産施釉陶器、輸入陶磁器については、他の各国同様にⅢ–2期から参入し始め、食器構成上、主体は占めないものの、鴻臚館、大宰府を除く各国の状況と同じと言える。

(5) 南　島

鹿児島県大島郡喜界町所在の城久遺跡群の調査成果により、「大宰府の出先機関」の存在が注目された。この遺跡から出土した食器は、大宰府官制成立後のⅢ–2期に位置付けられる食器であったが、何よりも注目すべき点は、在地の食器である兼久式土器文化との接触である。国家的といえる大宰府様相下にある食器は城久遺跡群に限定され、島の多くは兼久式土器文化圏であった。このような現象は、薩摩・大隅でも同様に成川式土器文化圏の中の大宰府様相を有する国衙・国分寺様相と同様な状況にあり、大宰府からの距離に比例するように在地色が強調されていくことが分かる［中島 二〇一五］。

4　日本古代の大宰府管内における食器生産

須恵器：旧国ごとに開窯時期や操業時期による焼成器種に違いがあることは、地域特性と使用食器の持つ歴史性など様々な要素が交じり合って形づくられたものであることは自明のことである。各地の様態として共通していることは、「律令制度的食器様相」への転換の指標である器種互換性の成立が前大宰府様相期（飛鳥期）ではなく、大宰府官制成立時に出現する回転台土師器生産の開始という点で共通している。

土師器：大宰府官制成立時に発現する回転台成形の土師器生産は、宮都以外に発現した一大画期とでもいえる事象で、大宰府管内においても重要な出来事である。一方で、大宰府・国衙など国家的な施設からの距離に正比例して地域伝統の土師器生産が残存している。九州島内では薩摩・大隅に成川式土器をはじめとする古墳時代からの系譜を引く土器(土師器)が残存し、南島に至っては兼久式土器など地域伝統の土器が一般的で、回転台土師器を代表とする国家的土器が希薄になることは既に説いたところである［中島 二〇一七］。土師器生産へ「回転台成形」技術が移入されるとみるか、背後にある工人の統合とみるのかは議論が分かれるところであるが、折衷土器とされるものがⅢ−１期にのみ存在していることを考慮すると、後者の可能性が極めて高い。

その他の焼き物：大宰府・鴻臚館や南島を除く九州本島の各国とも、量比に差はあれど、Ⅲ−２期後葉に黒色土器Ａ類、国産施釉陶器、輸入陶磁器の参入を見、Ⅲ−３期以降に顕著になっていく傾向がある。大宰府や鴻臚館では、Ⅲ−２期前葉からこれらの参入が確認され、先導的役割を担っている。一方南島では、現状で時期様相を確認できるまでに至っていないが、平安中期に位置付けられるⅣ期には、輸入陶磁器の参入が想定できる資料が確認されている［喜界町教委 二〇一五］。

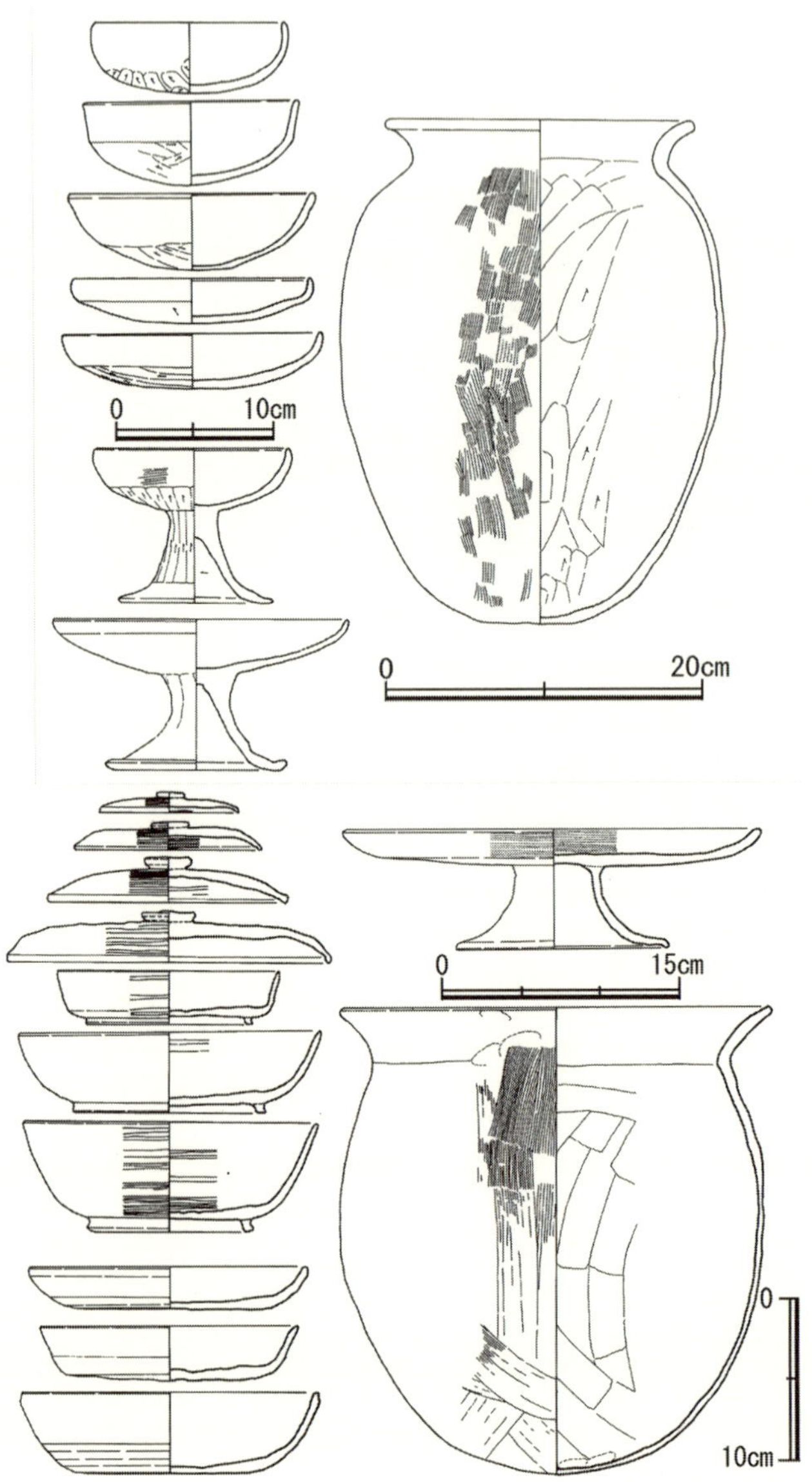

第７図　筑前国における在地伝統的食器(上)と国家的食器(下)

５　食器生産からみた律令制度的様相の地域様態

地域伝統的様相と国家的様相を視点として、大宰府管内の土器生産の様態について整理を行っておきたい。

これまで記述してきたように、古墳時代からの系譜を引く土器群、具体的には手持ち成形の土師器ないしは薩摩や南島のような成川式土器、兼久式土器などを指し、一方、古代官衙成立後に発現する回転台成形の土師器を国家的な食器として見た時、九州内においては成川式土器、兼久式土器のように様式名称を上げることができるように大宰府との距離と正比例する強度で在地伝統が強くなる。逆を述べると大宰府を国家的な様相の極としていることになる。なお、拙稿にて繰り返し述べてきているが、在地伝統の技術として捉えた手持ち成形の土師器は、実は都を包括する畿内では通有の事象であり、九州において在地伝統の技術を保持している集落と都がある畿内が同じ保守的様相を保っていることになる。言い換えると、食器生産工人を維持する背景が変わらなかった畿内と在地集落では、技術保持が行われ、地方統制の拠点とされた大宰府では、地域伝統を無視した生産体制が築かれたといえる。この傾向は、国府、郡家と次第に薄れてゆき、国家的施設からは最も遠い集落において、地域伝統が保持されていたことになる。食器構成においてみるとⅢ－1期において律令制国家的様相である土師器―須恵器の器種互換性・法量分化が成立し、国家的様相下に入るとともに、食器製作技法を見ると、地域の利害を無視した生産体制として土師器―須恵器の生産工人を整理統合、再分離を行ったと解せる(2)事象が顕在化することになる。この食器生産体制の編成と時期を同じくして条坊制施行［中島二〇〇八a］、官道整備［中島二〇〇八b］、水城・大野城・基肄城の再整備など大規模でかつ広範な分野で国家制度を体現するための諸制度が敷かれていくことになる。

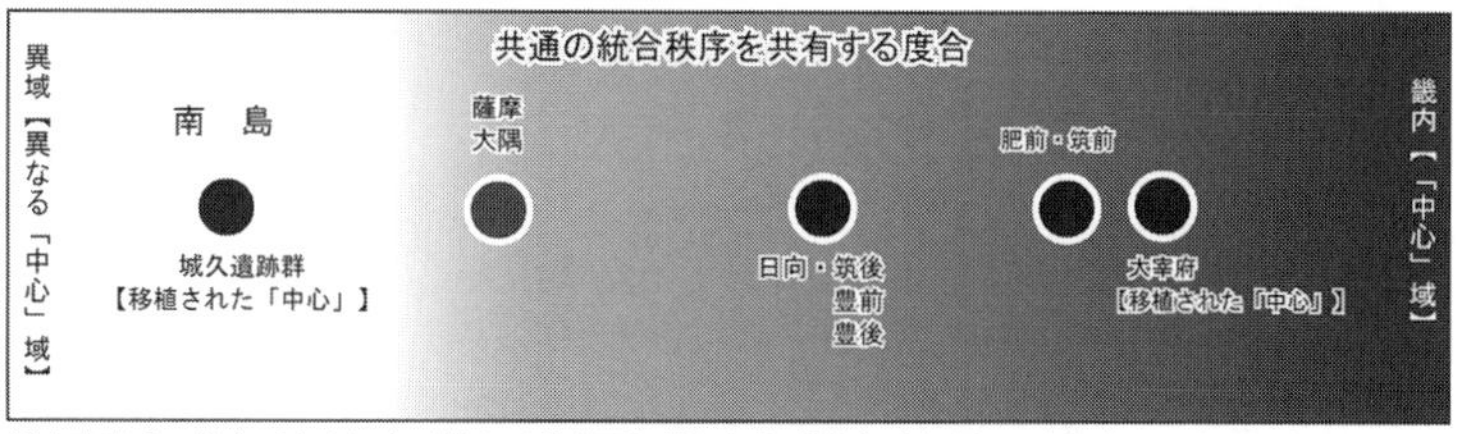

※大宰府は、畿内（中心）とは異なる秩序下に置かれた「畿内（中心）」と捉えることができる。
※各旧国の記載位置は、中心と異域との制度共有度の座標を表現している。

■**共有の度合**（不等号表現の理解：弱い＜強い）
○大宰府：中心に近似　○筑前・肥前：異域＜＜＜中心
○筑後・豊前・豊後・肥後・日向：異域＜＜中心
○薩摩・大隅：異域＞＞中心　○城久遺跡群：異域＜＜中心
○南島：異域

第8図　制度共有（認識）を指標とした各国の位置
（中島 2010 より抽出改変）

これまで述べてきた大宰府管内における食器様相について、国家的様相―地域伝統的様相を視点とし、制度認識を指標として第8図に表現する。日本古代において、食器製作技法や様相を遺跡ごとにみることで、国家的施設であるのか地域伝統に傾斜した遺跡であるのかを問うことができ、この小さいながらも出土する食器を観察し積み重ねることによって日本古代社会の実相が考古資料から明らかにできるものと考える。

6　結び

大宰府調査五〇年の積み重ねは、多くの成果をもたらすとともに、多くの解決すべき課題も提示してきている。食器研究においても、編年論特に実年代観の議論に終始し、その後に積み上げなければならない歴史像の検討まで議論が進展していないのが実情である。

本稿の課題であった食器研究においても、全体的な課題として、土師器生産窯の確認例が極めて希薄なことがある。その背後には、宮都での研究に引っ張られ、土師器と須恵器の生産窯は別であるという先入観ともいえる考え方に縛られていることに起因していると考える。大宰府をはじめ回転台成形の製品を生産する土師器工人にとって、生産窯を異にするという考え方を一旦置き、須恵器生産窯での土師器生産を想定した調査情報の収集が求められるところである。これは単に遺跡情報の収集という一次情報の収集段階のみならず、その上に立論される生産性の合理化、国家的経営（官営工房経営）という様々な課題を考える上で重要な面を有している。

また、北の「空白の七世紀」、南の「空白の八世紀」を考える時、奈文研主導で進められてきた官衙出土食器、いわば国家的施設出土食器による時間軸設定と、地域伝統の食器様相の関係確認が一部地域での着手に留まり、未だ奈良時代の食器変化が国家的な施設出土資料の検討に偏在していることは、考古資料による古代社会像の構築を行う上で大きな壁となっている。当たり前のことであるが、考古資料を抽出する遺跡調査を、先入観を入れず一括資料・一緒資料、同時・共時・混在を考え得る調査情報の取得を前提として立論していく姿勢に回帰すべきである。これを、大宰府調査百年があるなら、次の五〇年の課題として託したい。

おわりに

大宰府のみならず九州の「歴史時代」の土器研究を先導的に牽引してこられた前川威洋、森田勉、横田賢次郎、山本信夫の各氏は、実資料の抽出から分析、配列、そして実年代付与操作を基本に忠実に実践されてきた。この歩みに習いそして踏まえ筆者自身の考え方を明らかにしてきたが、先学の積層に一つ積むことができたかどうかいささか心もとない。今後とも大宰府管内の状況を観察しつつ論を展開していきたい。

本稿をまとめるにあたり、左記の方々にご指導賜った、記して感謝の意を表します。

池田榮史・澄田直敏・新里貴之・中村直子・野崎拓司・松崎大嗣

註

（1）大分市域の多くは、中性～塩基性岩の分布域であり、特に酸化ケイ素の含有量が少ない超塩基性岩が分布しているなど、高温度焼成に耐え得るような陶土として使用するには適さない岩帯が風化生成物の母岩として分布している。

（2）本稿において、律令制度施行期の食器様相について、西弘海氏が提起した「律令的土器様式」の用語を使用せず、「律令制度的食器様相」という用語を用いた［西 一九八六］。「律令的土器様式」については、学説史の整理から提起すべき課題まで高橋照彦氏によって詳述されており［高橋 一九九九］、本稿で再考する紙数がないため割愛するが、「全国的に斉一性を有する食器様相」を持つという指摘には賛同するものの、大宰府管内において後述する「斉一」的様相は強弱はあれ現出している。大宰府管内において現出する「斉一」的様相とは、本稿で記述したように、Ⅲ—1期における①土師器—須恵器の器種互換性、②法量分化、そして最も大きな要素として③回転台成形の土師器が発現し、かつ大宰府管内に広がるという点を重視し、本文においても記述した「地域利害を無視した生産体制として土師器—須恵器の生産工人を整理統合、再分離を行ったと解せる事象の顕在化」が、まさに国家的現象として位置づけられ、この三要素の発現をもって大宰府管内の「律令制度的食器様相」として位置づける。

引用文献

網田龍生　一九九四年a「肥後における回転台土師器の成立と展開」『中近世土器の基礎研究Ⅹ』日本中世土器研究会
網田龍生　一九九四年b「奈良時代　肥後の土器」『先史学・考古学論究』龍田考古会
網田龍生　二〇〇〇年「荒尾産須恵器の特徴」『第11回九州土器研究会資料』
池田榮史　一九九六年「Ⅱ南九州」『須恵器集成図録』第5巻　西日本編　雄山閣出版
指宿市教育委員会　二〇一五年『平成26年度市内遺跡確認調査報告書』指宿市埋蔵文化財発掘調査報告書第55集
大分市教育委員会　二〇〇〇年『大分市埋蔵文化財調査年報11』
小郡市教育委員会　二〇〇一年『干潟猿山遺跡』小郡市埋蔵文化財調査報告書第149集
喜界町教育委員会　二〇一五年『城久遺跡群—総括報告書—』喜界町埋蔵文化財発掘調査報告書(14)
熊本県教育委員会　二〇一〇年『上小田宮の前・養寺遺跡』熊本県文化財調査報告第255集
久留米市教育委員会　一九八六年『東部土地区画整理事業関係埋蔵文化財調査報告書　第7集』久留米市文化財調査報告書第53集
佐藤浩司　一九八七年「奈良時代の須恵器と土師器」『東アジアの考古と歴史(下)—岡崎敬先生退官記念論集—』岡崎敬先生退官記念論文集刊行会

佐土原町教育委員会　一九九六年『下村窯跡群報告書〈基礎資料編〉』佐土原町文化財調査報告書第10集

高橋照彦　一九九九年「「律令的土器様式」再考」『瓦衣千年』森郁夫先生還暦記念論文集

坪根伸也・塩地潤一　二〇〇一年「豊後国の土器編年」『大分・大友土器研究会論集』大分・大友土器研究会

中村直子　二〇〇九年「7・8世紀の成川式土器」『南の縄文・地域文化論考』

中村直子・篠藤マリア編　二〇一五年『中岳山麓窯跡群の研究』鹿児島大学埋蔵文化財調査センター

中島恒次郎　一九九八年「西北九州からみた豊前国の食器相」『中近世土器の基礎研究　13』日本中世土器研究会

中島恒次郎　二〇〇五年「聖武朝の土器―九州（大宰府と周辺）―」『古代の土器研究　聖武朝の土器様式―』古代の土器研究会

中島恒次郎　二〇〇八年a「居住空間史としての大宰府条坊論」『九州と東アジアの考古学』九州大学考古学研究室50周年記念行事実行委員会

中島恒次郎　二〇〇八年b「Ⅵ　成果と課題」『大宰府・佐野地区遺跡群　24』太宰府市教育委員会

中島恒次郎　二〇一〇年「城久遺跡群の日本古代中世における社会的位置」『古代末期・日本の境界』森話社

中島恒次郎　二〇一五年「土器から考える遺跡の性格―大宰府・国府・郡家・集落―」『第18回古代官衙・集落研究会報告書』奈良文化財研究所研究報告第15冊　奈良文化財研究所

中島恒次郎　二〇一六年「古代大宰府を取り巻く集落遺跡理解にむけて」『考古学は科学か』下巻　田中良之先生追悼論文集編集委員会編

中島恒次郎　二〇一七年「日本古代・大宰府官制整備期の九州における食器様相」『考古学・博物館学の風景』中村浩先生古稀記念論文集刊行会

西　弘海　一九八六年『土器様式の成立とその背景』真陽社

原田範昭　二〇一三年「第6章　総括」『二本木遺跡群21』熊本市の文化財第27集

舟山良一　一九九六年「Ⅰ北部九州　第2章　各県の概要」『須恵器集成図録』第5巻　西日本編　雄山閣出版

前川威洋　一九七八年「土師器の分類および編年とその共伴土器について」『福岡南バイパス関係埋蔵文化財調査報告』第8集(下)福岡県教育委員会

山本信夫　一九九〇年「統計上の土器」『乙益重隆先生古稀記念論文集』

山本信夫　一九九二年「北部九州の七世紀から九世紀中葉の土器」『古代の土器研究』古代の土器研究会

横田賢次郎・森田勉　一九七六年「大宰府出土土師器に関する覚書」『九州歴史資料館研究論集』2集　九州歴史資料館

吉岡敏和・星住英大・宮崎一博　一九九七年「大分地域の地質」『地域地質研究報告』地質調査所

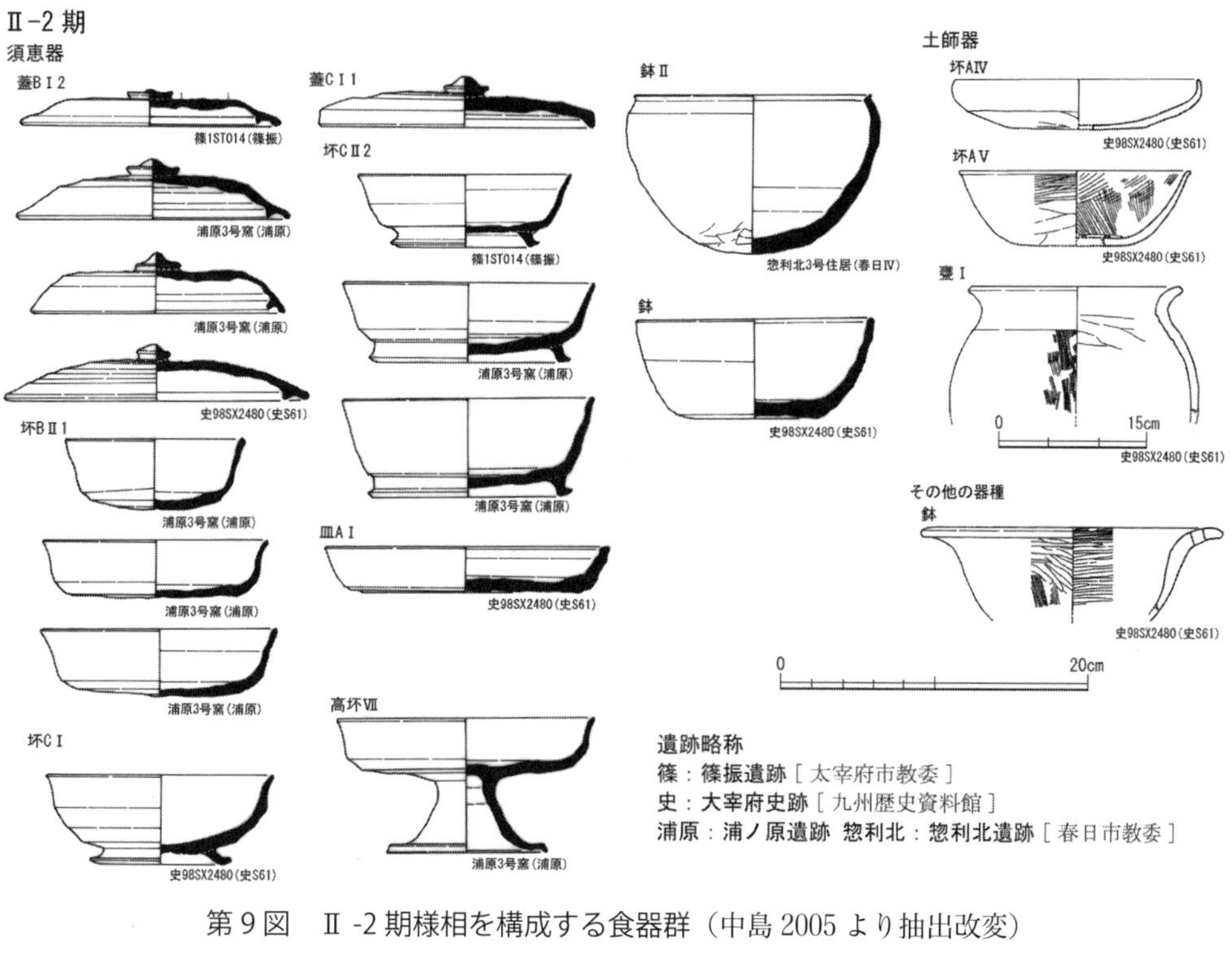

第9図　Ⅱ-2期様相を構成する食器群（中島2005より抽出改変）

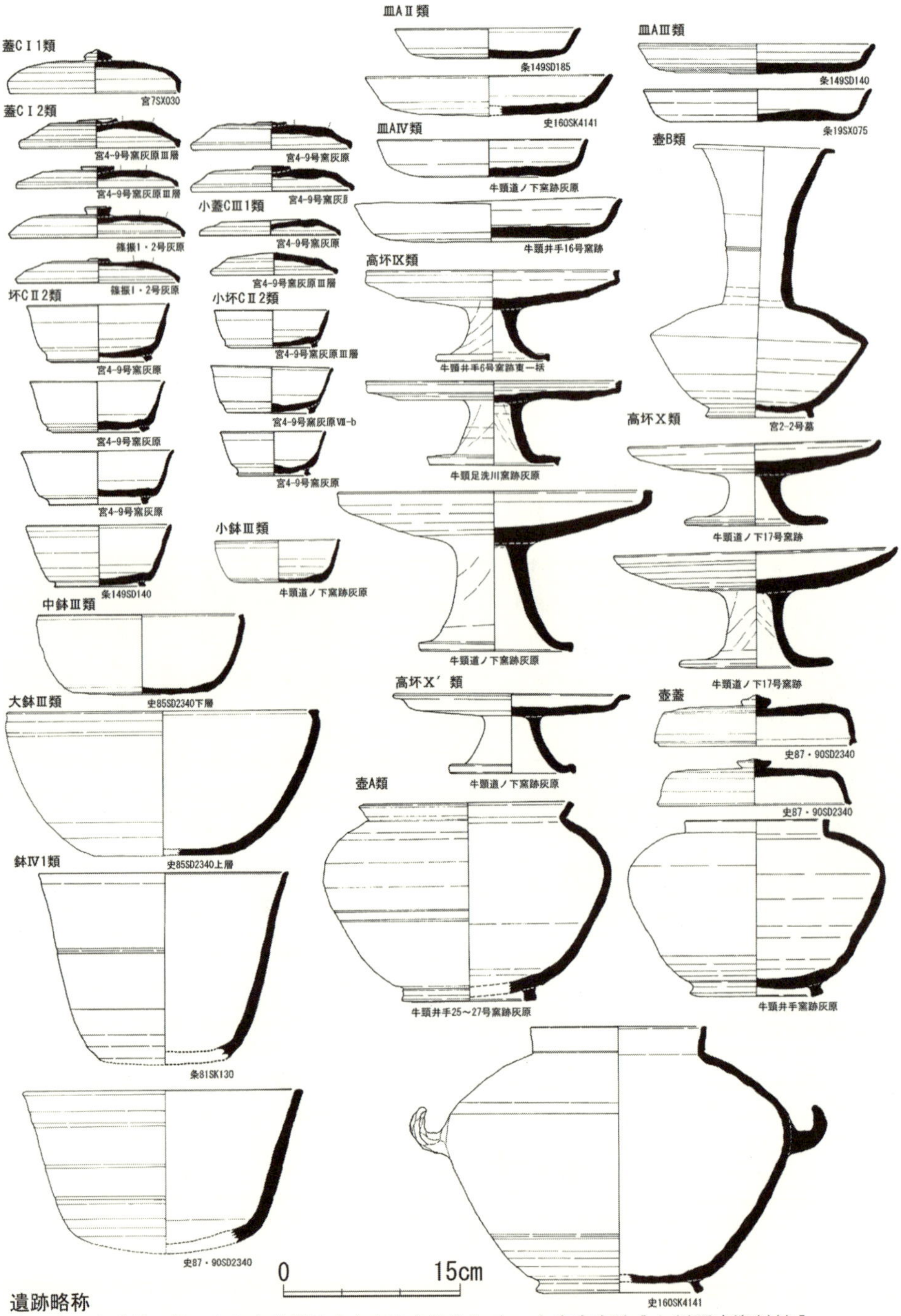

遺跡略称
宮：宮ノ本遺跡　条：大宰府条坊跡［太宰府市教委］**史：大宰府史跡**［九州歴史資料館］
牛頸道ノ下、牛頸井手、牛頸足洗川：牛頸窯跡群［福岡県教委］

第10図　Ⅲ-1期様相を構成する食器群（1）（中島 2005 より抽出改変）

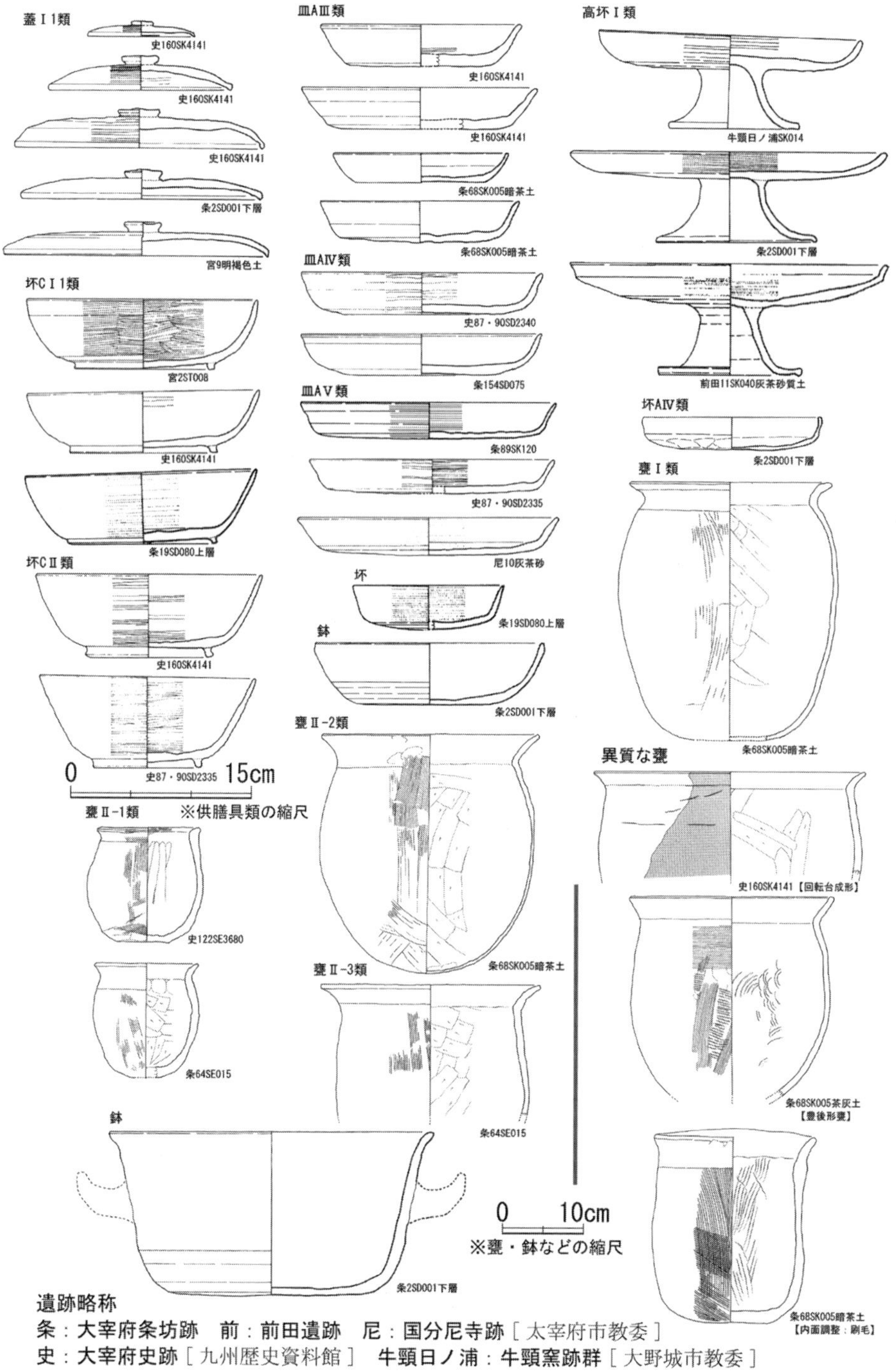

第11図 Ⅲ-1期様相を構成する食器群（2）（中島 2005より抽出改変）

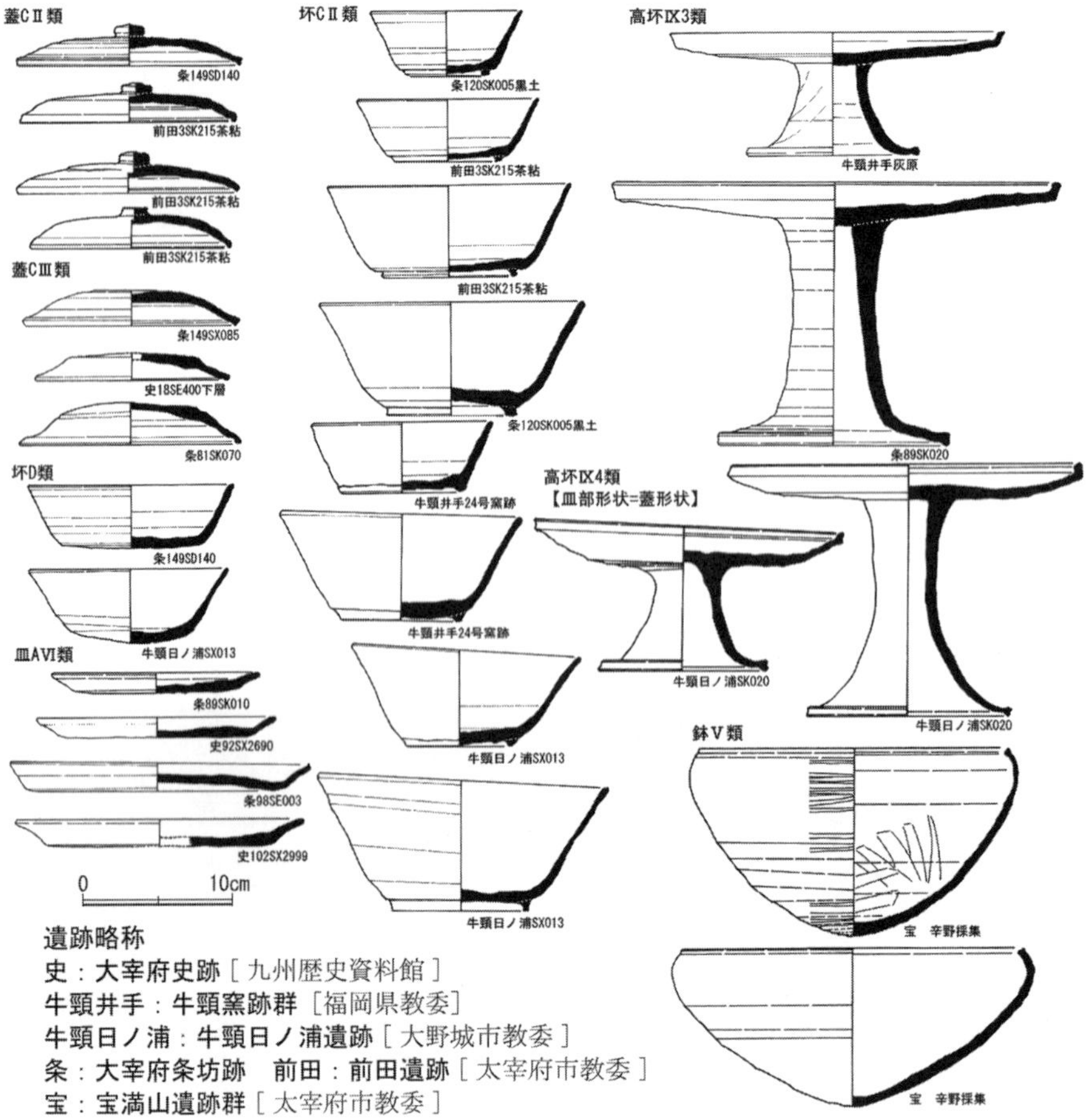

第12図　Ⅲ-2期様相を構成する食器群（1）（中島2005より抽出改変）

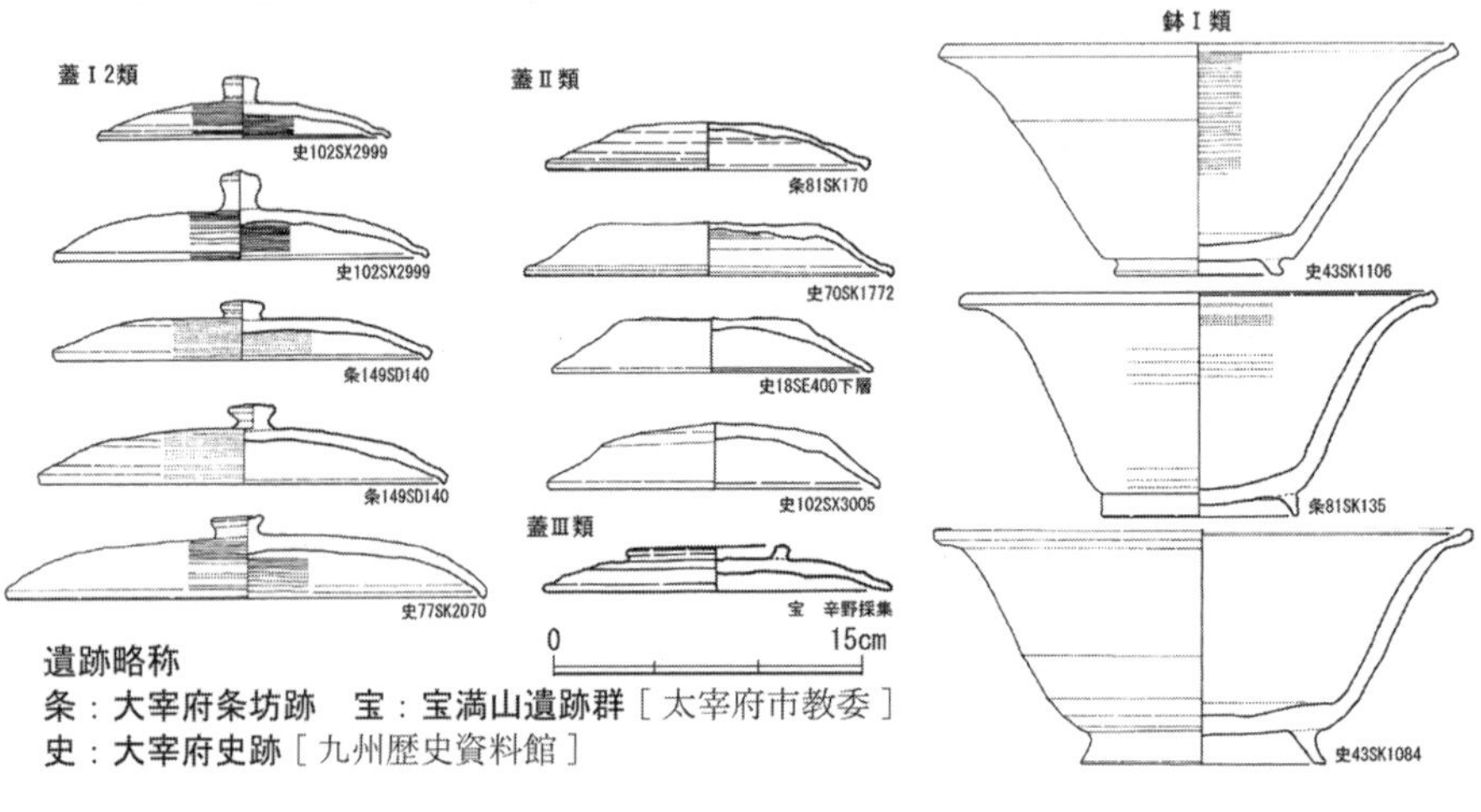

第13図　Ⅲ-2期様相を構成する食器群（2）（中島2005より抽出改変）

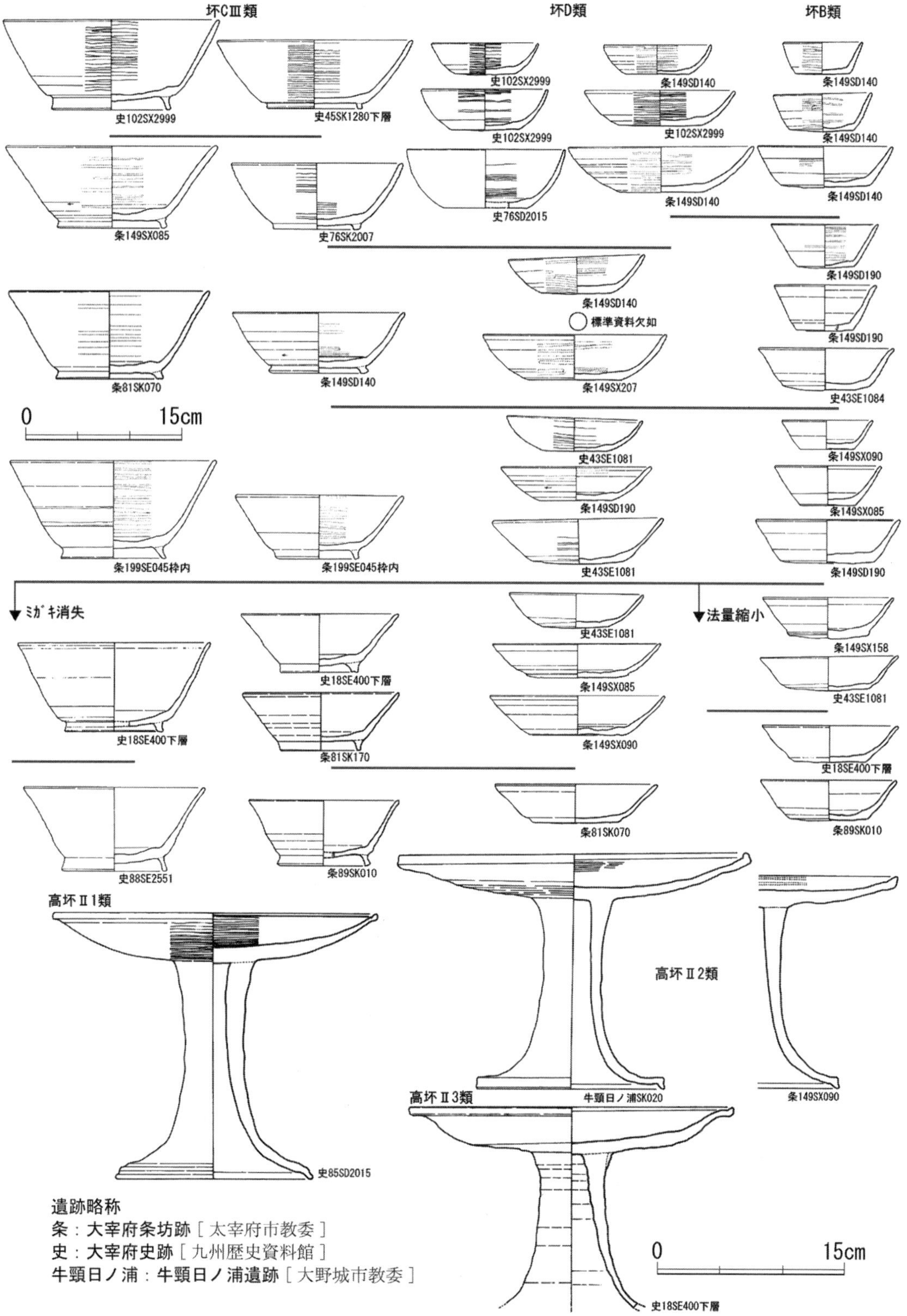

第14図　Ⅲ-2期様相を構成する食器群（3）（中島2005より抽出改変）

■第３表掲載文献

小田 1979= 小田富士雄　1979「九州の須恵器」『世界陶磁全集　2　日本古代』小学館
森田・横田 1978= 横田賢次郎・森田勉 1978「大宰府出土土師器に関する覚書」『九州歴史資料館研究論集』２集　九州歴史資料館
前川 1978= 前川威洋 1978「土師器の分類および編年とその共伴土器について」『福岡南バイパス関係埋蔵文化財調査報告』第８集（下）福岡県教育委員会
森田 1983= 森田勉 1983「大宰府の出土品」『佛教藝術』146 号　毎日新聞社
川述・森田 1989= 川述昭人・森田勉 1989「(2) 須恵器について」『牛頸窯跡群　II』福岡県教育委員会　福岡県文化財調査報告書第 89 集
山本 1990= 山本信夫 1990「統計上の土器」『九州上代文化論集』乙益重隆先生古稀記念論集刊行会
山本 1992a= 山本信夫 1992a「4. まとめ」『宮ノ本遺跡　II　窯跡篇』太宰府市教育委員会　太宰府市の文化財第 10 集
山本 1992b= 山本信夫 1992b「北部九州の７世紀から９世紀中葉の土器」『古代の土器研究』古代の土器研究会
山村 1995= 山村信榮 1995「八世紀初頭の諸問題」『大宰府陶磁器研究』森田勉氏遺稿集・追悼集刊行会
横田 1996= 横田賢次郎 1996「大宰府の土器」『日本土器辞典』雄山閣

■実年代付与資料
①～⑥は、第１表左の①～⑥番号に一致

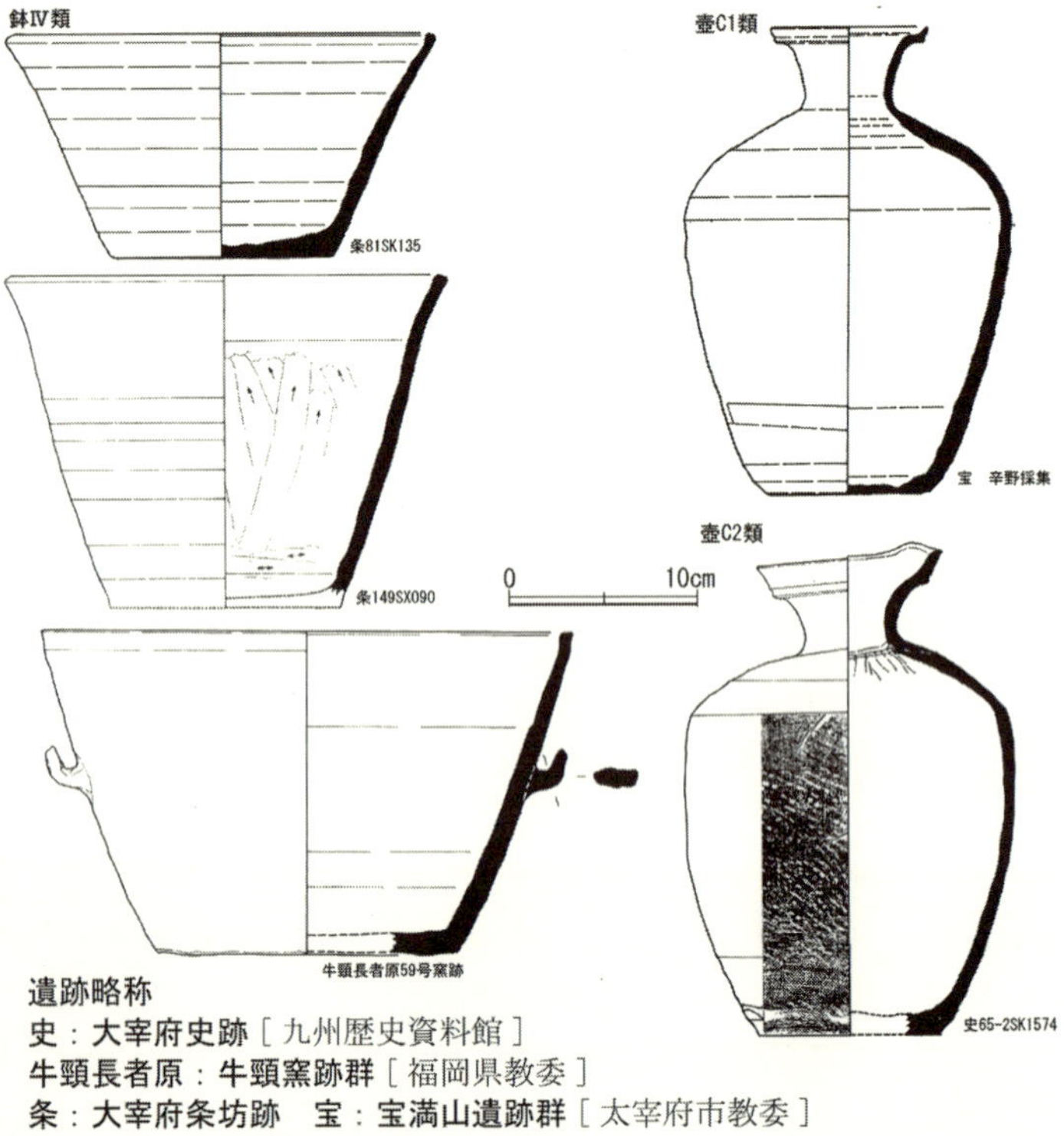

第 15 図　III -2 期様相を構成する食器群（4）（中島 2005 より抽出改変）

第３表　学説史上設定された様相と本稿での様相対照表

実年代観	小田 (1979)		森田・横田 (1978)	前川 (1980)		森田 (1983)	川述・森田 (1989)	山本 (1990)	山本 (1992a)	山本 (1992b)	山村 (1995)	横田 (1996)	本論設定様相	実年代根拠
									②				I -1期	
	V期										B期			
									③				I -2期	
650-		650-												
									④	I A期	C期		II -1期	・・・・①
	VI期													
						A	I期		⑤	I B期	D期	A	II -2期	・・・・②
700-														
							II期			II期				
									⑥		E期			・・・・③
												B-1	III -1期	
							III期			III期	F期			・・・・④
750-	VII期							輸入陶磁器						
						B-1				IV期				
												B-2		
						B-2	IV期			V期			III -2期	・・・・⑤
800-														
			18SE400							VIA期				・・・・⑥
					A	C						C-1		
				1						VIB期				
850-	VIII期				B	D				VII期		C-2	III -3期	
								A期						
900-			35SK678		A	E				VIII期		D-1		
			34SK674 65-2SE1558	2	B	F				IX期		D-2		
950-														

大宰府政庁跡出土の初期貿易陶磁器に関する予察

遠藤　啓介

はじめに

貿易陶磁器、特に初期貿易陶磁器(1)について、その出土傾向もしくは特質が官衙、寺院などの公的な空間に多く分布することについては、すでに過去の研究で指摘されているところであり「亀井 一九七五」、筆者もその結論に異を唱えるものではない。ただし、筆者はその個別具体的な出土状況について、細かくその特質を見ていくことが必要ではないかと常々考えていた。そこで九州最大の官衙「大宰府」における初期貿易陶磁器の分布などから使用の実態やその意味を考えられないだろうか。それが本稿をなすにあたっての出発点である。

大宰府の政庁をはじめとする史跡や官衙域・条坊については、福岡県、太宰府市、筑紫野市で調査されている。調査されている部分のほとんどがトレンチ調査であるといってもその数は多い。そこで、本稿ではまず初期貿易陶磁器について、特に越州窯青磁の編年研究の歩みを見ながらその到達点と課題について触れる。そして、大宰府政庁跡の発掘調査で得られた初期貿易陶磁器（報告書掲載分）について、陶磁器そのものの観察から得た情報を重視し、政庁跡のどの場所、遺構、層位から出土しているかを確認し、考察するものである。

1　初期貿易陶磁器研究の到達点と課題

初期貿易陶磁器、その出土量も多い越州窯青磁について、その研究史をまとめていくと、日本や中国ともにその関心や研究は古くからある「陳万里 一九三六、松村 一九三六」。その中でも藤岡了一氏や小山富士夫氏の研究は、貿易陶磁器としての越州窯青磁研究の基礎として評価される「藤岡 一九三九、小山 一九四三」。

その後、本格的な編年研究は一九七〇年代から開始され、亀井明徳氏は鴻臚館跡採集資料や全国の遺跡出土の越州窯青磁から編年を考え、精粗の差、高台の形態、目跡の位置や器形などを基準とした。さらに輸入や国内交易、需要層などの歴史的な事象についても考察を行い、本論文はその後の日本出土の越州窯青磁における分類編年の基礎となった「亀井 一九七五」。森田勉・横田賢次郎両氏は大宰府で出土した唐代から元代までの中国陶磁器の形式分類を行い、越州窯青磁について施釉の方法、高台形態、体部・口縁部の形態を基準として細分を行った。また、出土した貿易陶磁器の年代を共伴する土師器の年代観から明らかにしようとし、その後の貿易陶磁器研究に大きな影響を与えた「森田・横田 一九七八」。土橋理子氏はそれまでの日本及び中国の越州窯青磁研究を体系的にまとめ、日本出土資料を集成し、中国の出土資料との比較を行い編年研究を進めた［土橋 一九九三］。山本信夫氏は大宰府出土の中国陶磁器を集成し、その編年案を示した［太宰府市教委 二〇〇〇］。

さて、唐から宋代の越州窯青磁の基準資料は当然ながら中国、生産地（窯跡）にもあり、古くから報告されてきた(2)。しかし、それらは表面採集などの情報にとどまっているなど問題点も多かった。近年の発掘報告では、層位に留意した本格的な発掘調査が行われ報告されているが(3)、日本の編年研究のように器形の細かい変化を見ていくような研究は志向されていない。また、中国国内の消費遺跡出土の資料では、浙江省寧波市和義路遺跡の出土品［林士民 一九七六・一九九七］は層位的な発掘が行われており、さらに紀年銘共伴の墓出土資料など(4)も編年研究において重要である。交易や流通という観点から見れば、東南アジアや西アジアの遺跡や沈没船引き揚げの資料(5)なども留意する必要がある。

このように近年の中国における窯跡や遺跡などでの出土例の増加は、貿易陶磁器の編年研究がもはや日本出土資料のみで語れるものではないことを示している。また、亀井明徳氏が言うように、編年研究が進んでいるといっても碗や皿がそのほとんどであり、その他の器種まで及んでいるわけではなく、中国陶磁器全体の中からその位置づけをしようとする研究が志向されているわけでもない［亀井 二〇〇二］。この日本と中国からの出土資料を用いた研究の中では、越州窯青磁などに見られる玉壁高台と輪高台の出現と消滅についての一連の研究がある。当初は玉壁高台から輪高台への変化が想定されたが［亀井 一九九三、田中・横田 一九九四］、その後、中国などの出土例からその同時期の存在が確認され、修正されてきた［森 二〇〇〇］。また、この玉壁高台と輪高台の系譜を、中国陶磁史の流れの中で解明しようとした森達也氏の著作は今後の貿易陶磁器の編年研究の方向性を示した意欲的なものとして評価できる［森 二〇一五］。

そのような中で、編年研究をなぜ行うのかという原点を考えるとき、それが歴史や文化の復元に資するためであることは言をまたない。本論では、これまでの編年研究の成果を大宰府政庁から出土した初期貿易陶磁器について分布を見ていきたい。

2　大宰府政庁跡出土の初期貿易陶磁器の検討

ここでは、発掘場所と遺構およびそこから出土した初期貿易陶磁器についての所見を記す。なお、遺構などの基本的な情報は報告書［九州歴史資料館 二〇〇二］、型式名については土橋編年［土橋 一九九三］を用いた(6)。な

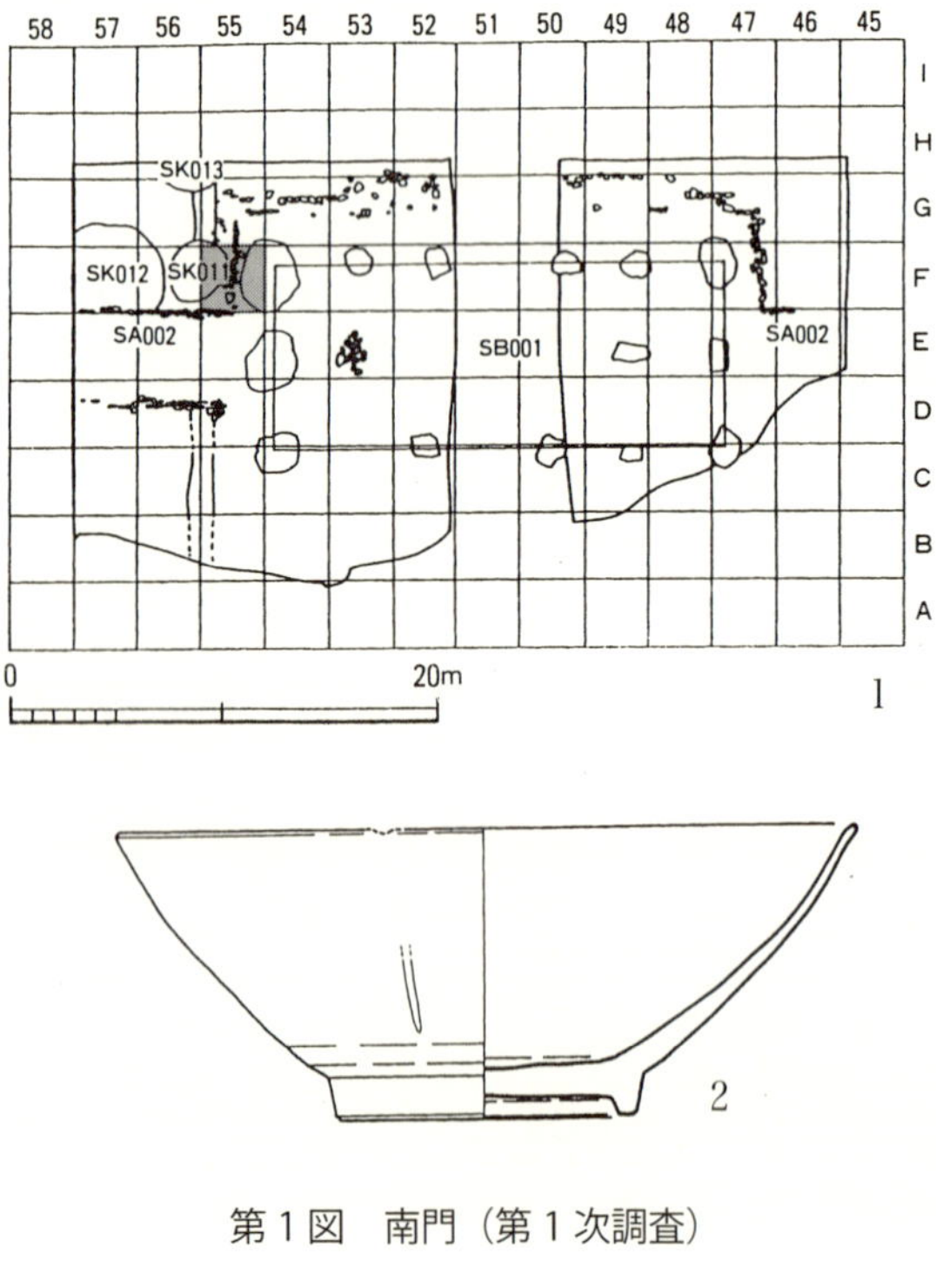

第１図　南門（第１次調査）

お、器物の実測図のスケールは三分の一で、各遺物の所見の最後にF55などの出土グリットを記している。政庁の調査では3㍍ごとの方眼が設定され、南北をアルファベット、東西を数字で表す。

(1) **南門**(第1次調査)(第1図1)

南門は政庁正面の門で、南門(SB001)は建物消失後に当初(政庁Ⅱ期)(7)の基壇を拡幅する形でⅢ期の基壇が築造されていることが判明したが、門については両時期を通じてほぼ同じ規模であった。

①廃棄土坑(SK011) 基壇のすぐ西側で検出され、南門Ⅲ期造営に伴う瓦の廃棄土坑(瓦溜)である。ここからは「安楽之寺」銘を追刻線で消した叩きの瓦(904Ab形式)が出土している。安楽寺は延喜三年(九〇三)に配所で没した菅原道真の霊を祀るべく創建されたもので、この瓦の下限年代は十世紀前半を下らない。

青磁碗(同2) Ⅲ1類 胎土は灰色で、釉はかせている。輪高台。釉薬を掛けてから、畳付をふき取り、おそらく目跡を置いたと思われるがその痕跡が見られなかった。胴部に輪花になる沈線が見られる。F55瓦溜り灰層中出土。

(2) **回廊西南隅**(第6次調査)(第2図)

政庁南西側の回廊南面築地及びその接続付近の調査を行った結果、南面回廊(SC022)は政庁中軸線から西へ約55㍍付近で北へ折れることや三時期の回廊遺構が存在することなどが判明しており、回廊上には鋳造遺構(SX070)があり銅滓などが出土している。また、回廊南面の整地層ではその関連遺物が出土している。

①暗渠遺構(SX064)

SX064は回廊の西南隅接続部で検出した暗渠遺構で、西南回廊(SC060)の東側基壇端を南へ延長する形で築かれ、ほぼ同位置で四回の改修

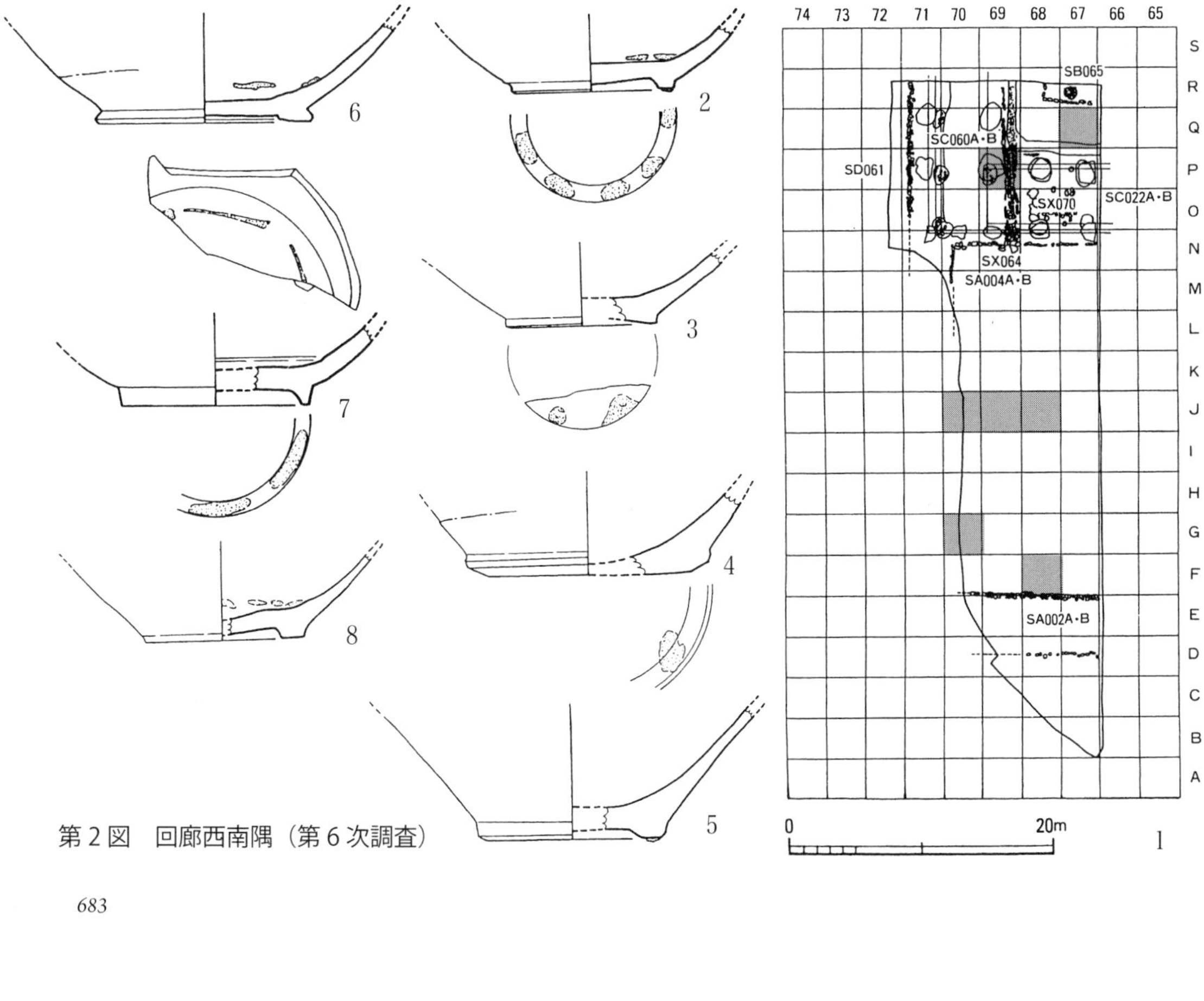

第2図　回廊西南隅（第6次調査）

が行われている。

青磁碗（同2）　ⅠB類　胎土は灰色で、釉は灰緑色をなす。釉薬を掛けてから、畳付をふき取り、白色土の目跡を四ヶ所おき、内底にも同様の目跡が四ヶ所残っている。P69雨落ち溝出土。

②第1整地層

青磁碗（同3）　ⅠA類　胎土は精錬され、灰白色をなす。釉薬は灰緑色で、玉壁高台の畳付に白色土の目跡二ヶ所残る。Q67出土。

青磁碗（同4）　ⅡBもしくはⅡC類　胎土は灰白色で、釉はかせている。平底で底部から体部下部まで無釉である。底部際に目跡の焼痕がある。T68出土。

青磁碗（同5）　ⅠB類　胎土は精錬され黄灰色で、釉薬はかせている。輪高台で目跡痕と思われる不明瞭な跡が一ヶ所見られる。F68下層出土。

青磁碗（同6）　ⅡB類　胎土は灰色、白化粧がある。釉薬は黄緑色で底部から高台、体部下部は無釉である。高台畳付に一ヶ所目跡の痕跡があり、内側面に三ヶ所白色土の目跡が残る。高台側面の作りがあまい。G70・2層出土。

青磁碗（同7）　ⅠB2類　胎土は精錬され灰色で、釉薬は黄緑色である。細い輪高台で畳付をふき取り灰白土の目跡を残す。内底にも線状の目跡二ヶ所見られる。J68・2層出土。

③瓦溜

青磁碗（同8）　ⅠB3類　胎土は精錬され灰色で、釉薬は灰緑色でかせている。輪高台で畳付をふき取り、灰白土の目跡が五ヶ所残る。内側にも同様の目跡が四ヶ所残る。高台脇を面取りする。J69・70出土。

(3) 回廊東北隅（第15次調査）（第3図1）

正殿建物（SB010）と北面回廊（SC340）の接続状況と政庁の東側範囲を確定するための調査を行った結果、回廊遺構は正殿に接続する北面回廊とそれに直交して南に延びる東南回廊（SC350）や北面回廊に接続して北側へ延びる東面築地（SA335）を検出している。これらの回廊は二時期（Ⅱ・Ⅲ期）にわたり、Ⅲ期の礎石はほぼ残り、Ⅱ期のものは一つを残し取り去られていた。

①第一整地層

青磁碗（同2）　ⅡC類　胎土は灰白色で、釉薬は灰緑色で底部から体下部にかけて無釉である。平底で体部への立ち上がりの部分に白色土の目跡が二ヶ所みえ、内底に同様の目跡が一ヶ所残る。F38出土。

②瓦群

青磁碗（同3）　Ⅲ1類か。胎土は灰色、釉薬は灰緑色。口縁部断片で輪花状になる。D37出土。

青磁水注（同4）　胎土は精錬され灰白色、釉薬は黄緑色で、把手部分になる。E38出土。

③その他土層

青磁碗（同5）　ⅠA類　胎土は精錬され灰白色、釉薬は灰緑色でややかせている。玉壁高台をなし、高台縁をふきとり、目跡痕が二ヶ所残る。高台脇を面取りする。F33黄褐色土内焼土出土。

青磁碗（同6）　ⅠB3類　胎土は精錬され灰白色、釉薬は灰青色でややかせている。輪高台で畳付は釉薬をふき取る。高台脇を面取りしている。内側に目跡が三ヶ所残る。G39黄褐色土出土。

青磁碗（同7）　ⅡD類　胎土は不良、黒色粒子を含む。釉薬はほぼ剥離しており、一部に黄緑色のものが残る。平底で体下部まで無釉である。高台脇の作りがあまい。F35黄褐色土出土。

青磁碗（同8）　ⅡＣ類　胎土は灰色、釉薬は灰緑色。平底で体下部まで無釉である。底部には白色土の目跡が六ヶ所、内底には五ヶ所残る。東側溝出土。

(4) **築地東北隅**（第26次調査）（第4図1）

正殿後方の諸施設の確認調査の結果、築地（ＳＡ335）の延長が北面回廊（ＳＣ340）中心から約68㍍のところで西側に折れており後面の範囲が確認されている。また、東面築地に近接する箇所で建て替えの認められる礎石建物（ＳＢ500）、その建物の南西側でそれよりも新しいⅢ期の礎石建物（ＳＢ510）を検出している。また、ＳＢ500と北面築地に挟まれた場所に位置する土坑（ＳＫ514）からは九三〇点もの木簡や木簡の削り屑が出土している。

①Ⅲ期礎石建物（ＳＢ510）

ＳＢ510は後殿地区建物のひとつで、三間×三間の楼もしくは倉と考えられる建物で、基壇整地面には焼土が混入しており、Ⅲ期遺構である。

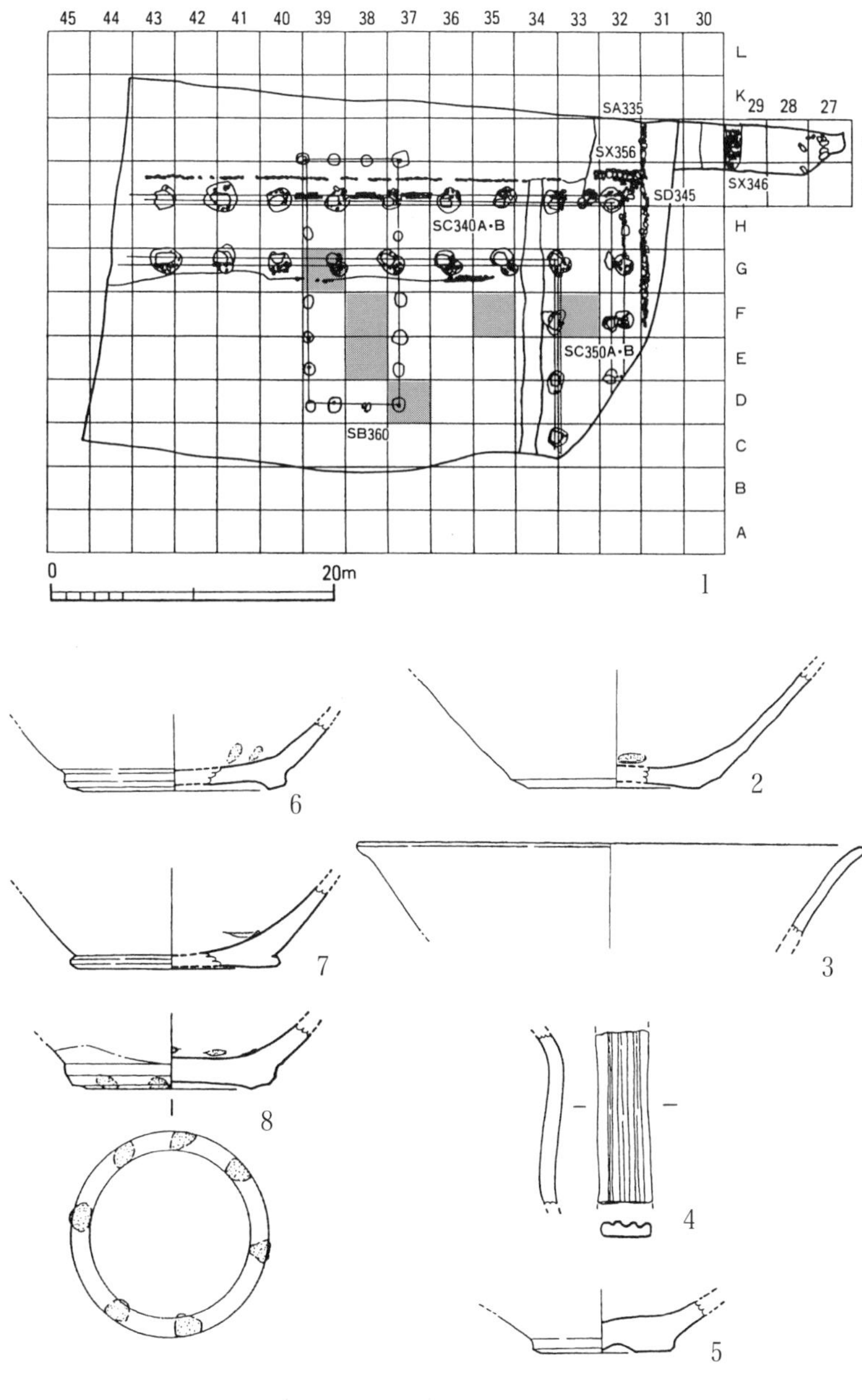

第３図　回廊北東隅（第15次調査）

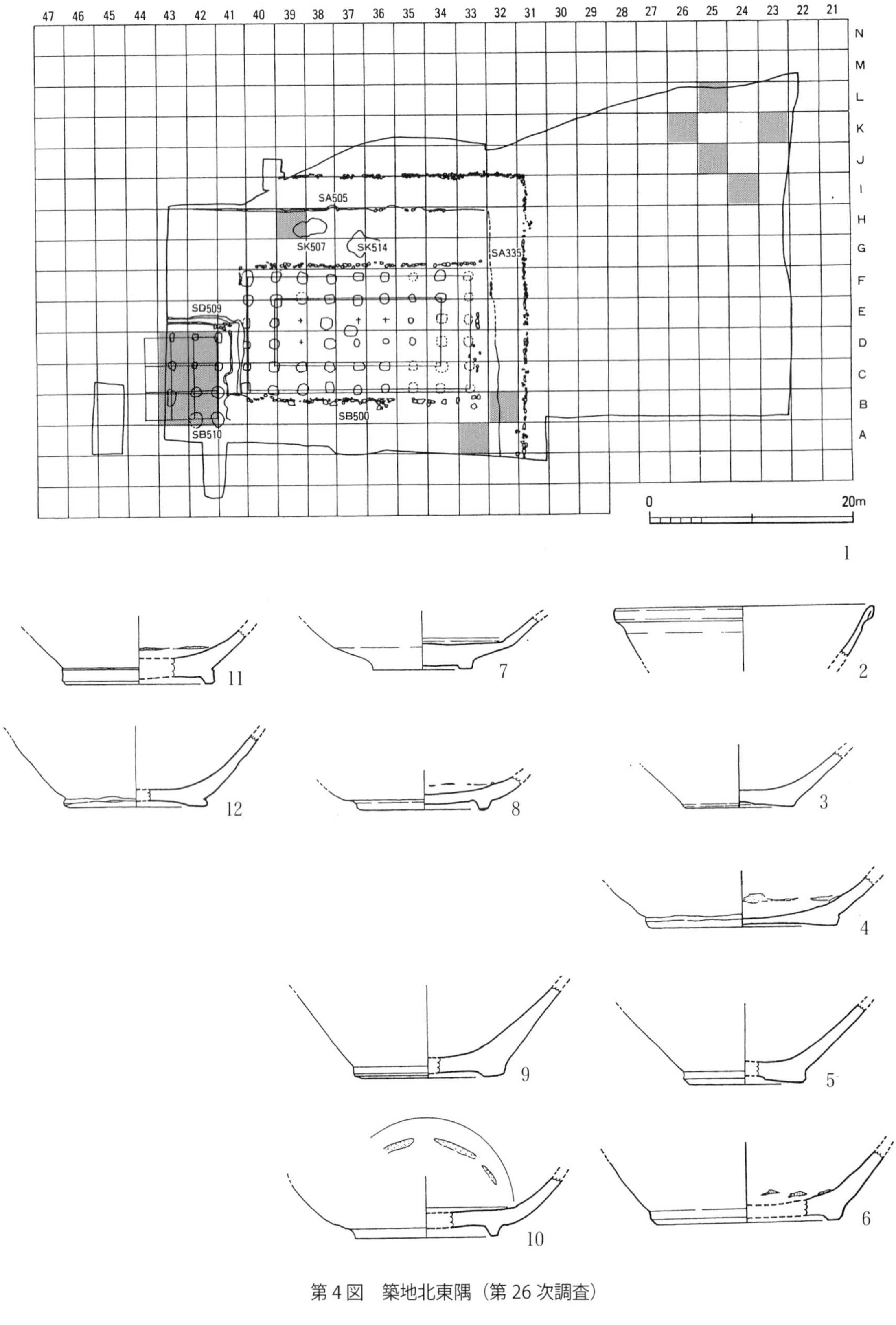

第4図　築地北東隅（第26次調査）

白磁碗(同2) ⅠA類 胎土は精錬され白色、釉薬は白色である。口縁部を折り返して玉縁にしている。礎石建物上面出土。

②SD501

青磁碗(同3) ⅠA類 胎土は精錬され灰色、釉薬はかせている。玉壁高台。上層。K23茶灰荒砂出土。

青磁碗(同4) ⅡC類 胎土は灰色、釉薬は被熱のため、不明瞭で一部に膨れている部分がある。内底に白色土の目跡が見える。平底にし、底部は無釉である。上層。J25茶灰荒砂出土。

青磁碗(同5) ⅠA類 胎土は精錬され灰白色、全釉だが被熱しているため釉色と目跡が判然としない。玉壁高台で高台脇を面取りする。上層。L25荒砂出土。

青磁碗(同6) ⅡB類 胎土は褐色で焼きがあまく悪い。釉薬はかせているが、高台畳付無釉。内底四ヶ所に白色土の目跡が残る。Ⅰ24南北溝出土。

③砂質土層

青磁皿(同7) Ⅰ—1類 胎土は精錬され灰白色、釉薬は灰緑色でややかせている。輪高台で畳付をふき取っており、目跡は不明である。H39灰褐色砂質土出土。

青磁碗(同8) ⅠB類 胎土は精錬され灰色、釉薬は灰緑色でややかせている。輪高台で畳付をふき取り、灰白土の目跡が四ヶ所残る。内底には同様の目跡が線状に四ヶ所ほど残っている。H51灰色砂出土。

青磁碗(同9) ⅠB類 胎土は精錬され灰白色、釉薬はかせており目跡共に不明瞭。H53灰色砂出土。

青磁碗(同10) ⅠB類 胎土は精錬され灰白色、釉薬は灰青色でややかせている。輪高台で畳付を無釉とし、内底に灰白土の目跡は線状のものが三ヶ所残る。体部に輪花状の沈線がわずかに見える。K26灰色砂出土。

④その他土層

青磁碗(同11) ⅠB類 胎土は精錬され灰色、釉薬は灰緑色である。輪高台で畳付を無釉とする。内底に灰白土の目跡が線状に三ヶ所残る。高台脇を面取りする。A33黄褐色土出土。

青磁碗(同12) ⅡD類 胎土は悪く黒色粒子を含む灰色、白化粧土が見える。釉薬はかせており目跡ともに判然としない。平底で体下部まで無釉である。ロクロ目が明瞭に見える。B32黄褐色土出土。

3 考察

このような出土状況を政庁跡の全体図の中に落とし込むと第5図になる。[8] ここでは、その出土状況について、どのような現象がおきているのか見ていきたい。

①全体的に遺構出土品は少なく、土層出土が多く、他所からの混入なども考えられるが、他所といっても遠方にあったものが混入するとは考えにくく、政庁内にあったものがその周辺で打ち捨てられていると考えるのが自然である。

②大宰府政庁跡から出土した初期貿易陶磁器を見ていくと、越州窯青磁(系含む)碗が多く、白磁は微量であり長沙窯のものは検出されていない。トレンチ調査であり、全面発掘ではないなど制約があるので一概には言えないが、一般的な出土傾向として越州窯青磁が多く、その他が少ないというのは珍しい現象ではない。

③型式分類のⅠ類およびⅢ類は精製品、Ⅱ類は粗製品と考えることがで

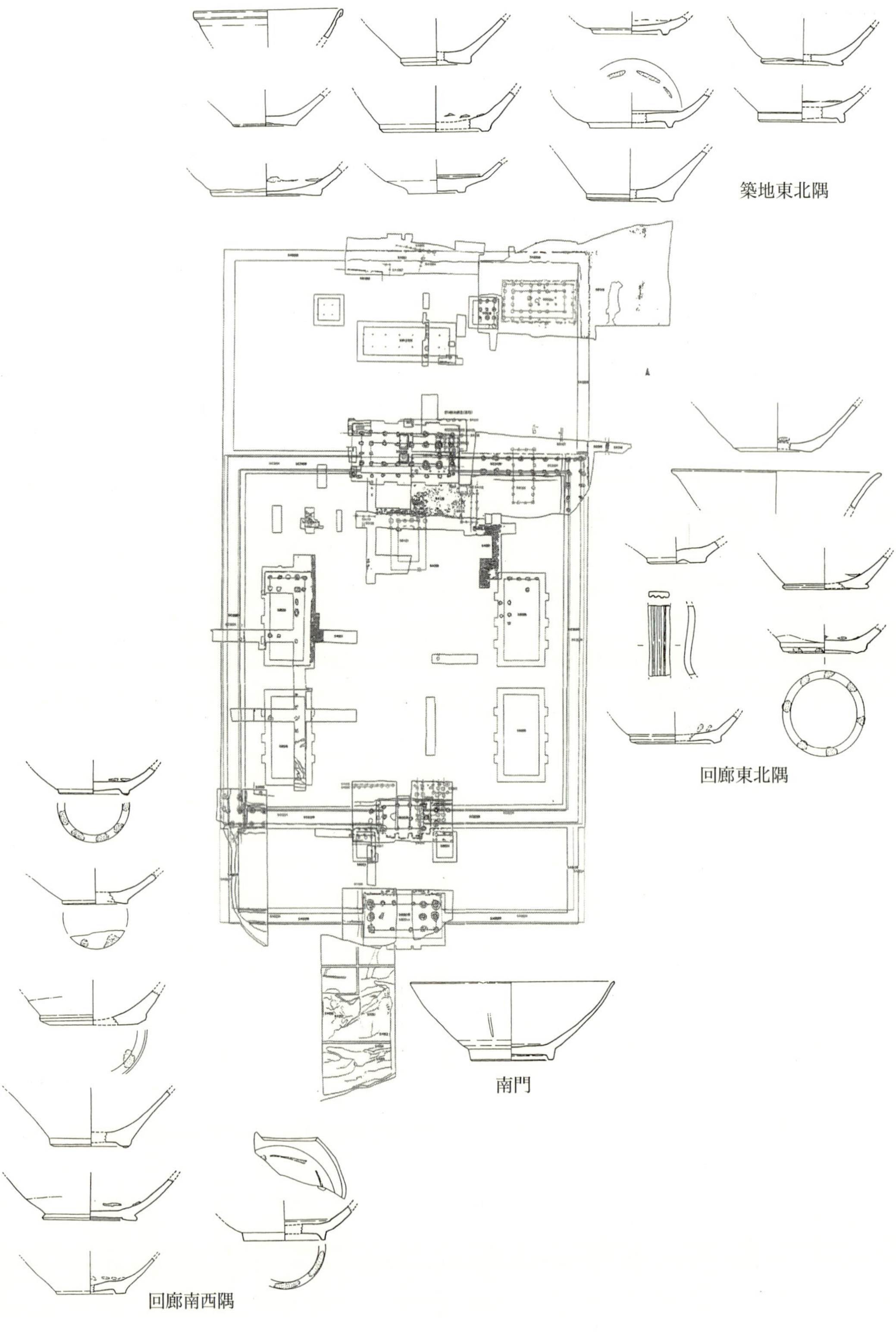

第5図

きる。精製品(水注を含む)は一八点、粗製品は八点となる。この精製品と粗製品の区別は、精製品が浙江省寧波周辺の窯跡の産品であるのに対し、粗製品が浙江省含む福建・広東省などのいわゆる越州窯系と呼ばれる青磁窯で作られたものと考えられる。政庁内では精製品の出土が多いことは、儀礼などの面から見れば興味深いと思われるが、一定量の粗製品の存在も無視できない。

④I期(下限:八世紀前半)にさかのぼるものは、回廊西南隅、回廊東北隅の第一整地層より出土したものである。これは、初期貿易陶磁器の中でももっとも初期にあたるものである。

⑤南門(SK011)出土品は、釉薬がかせており、被熱したものと思われる。この遺構は南門のⅢ期造営に伴う瓦の廃棄土坑とされている。藤原純友の乱により被災したもので、南門およびその近辺にあった資料が破損して埋められたと考えられ、十世紀前半代の年代が押さえられる。

⑥回廊西南隅では、鋳造遺構(SX070)が検出され、関連遺物が出土し、それとともに越州窯青磁が出土している。これらは鋳造などでも使用された可能性を示す。

⑦回廊東北隅の出土品は、正殿建物(SB010)に一番近く、唯一の袋物である青磁水注の把手が出土しているのは注目される。

⑧築地東北隅の木簡出土は重要であり、政庁内で唯一の木簡出土地点であり、実務機能をもった施設の存在が想定でき、その周囲で出土した貿易陶磁器もまた実務的な目的で使用されたことを想定できる。

おわりに

初期貿易陶磁器の大宰府政庁内での分布を見てきたわけであるが、もうすこし論を進めていきたい。第5図の分布を見ても分かる通り、出土している部分は南門、回廊、築地東北隅など政庁の周縁部である。これは、トレンチ設定が政庁の範囲確認のため周辺部が多いことなども一つの理由だろうが、周辺部で出土分布が多くみられることを積極的に評価すれば、回廊に囲まれ、正殿と中門を軸とする空間である内庭が、単なる空間ではなく、朝賀などの儀式を執り行う場であることと関係するのではないか。儀礼で使う器物がその場で打ち捨てられ、そのまま廃棄されることは考えにくい。今後も検討を重ねたい。

また、築地東北隅で木簡やその削り屑が出土している区域からの出土や回廊西南隅の鋳造に伴う可能性のある区域からの出土は、官衙からの出土が多いとされる初期貿易陶磁器の性格やその評価を考えるとき、様々な使用の様態を想定することができよう。

本稿では推測を重ねている部分も多いので「予察」とし、今後はさらに未報告品や官衙域・条坊に範囲を広げて、このような初期貿易陶磁器の分布について考えていきたい。それは大宰府の機能に関する復元や編年研究などにも資すると考えている。

註

(1) 越州窯青磁、邢州窯白磁、長沙窯黄釉褐彩陶器の三種のことをいう。

(2) 窯跡発掘の成果については、以下の通りである。金祖明[一九五九]・汪済英[一九六三]・浙江省文物管理委員会[一九六四]・李輝柄[一九七三]・紹興市文物管理委員会[一九八一]・林士民[一九八四]。

(3) 近年、以下の窯跡で層位的な発掘がなされている。石馬弄窯跡[浙江省文物考古研究所・慈渓市文物管理委員会 二〇〇二]、寺龍口窯跡[浙江省文物考古研究所・北京大学考古文博学院・慈渓市文物管理委員会 二〇〇一・二〇〇二]、荷花芯窯跡[慈渓市博物館編 二〇〇二、浙江省文物考古研究所・慈渓市文物管理委員会 二〇〇三]

（４）紀年銘資料は多く出土するが、河南省偃師市杏園M5036号墓（大暦十三年・七七八）［中国社会科学院考古研究所 二〇〇一］、陝西省西安市法門寺（咸通十五年・八七四）［陝西省考古学研究所・法門寺博物館・宝鶏市文物局・扶鳳県博物館編 二〇〇七］、浙江省臨安市呉越国康陵（天福四年・九三九年）［杭州市文物考古所・臨安市文物館 二〇〇〇］などは基準資料となりうる。

（５）たとえば、インドネシア近海の沈没船引き揚げ品［謝明良 二〇〇二］、ベトナムの遺跡や沈没船［遠藤 二〇一六］、西アジアのペルシャ湾岸遺跡［森 二〇〇八］、エジプト・フスタート出土品［出光美術館 一九八四］などをあげることができる。

（６）中国出土品を見ながら、網羅的な編年を組み立てており、基準が明確であるため、土橋編年を用いる。

（７）大宰府政庁跡の建物は七世紀後半の掘立柱建物（Ⅰ期）、八世紀前半に朝堂院形式を用いた礎石建物（Ⅱ期）に建て替えられる。Ⅱ期の建物は、天慶四年（九四一）の藤原純友の乱により焼失し、その後再建された建物がⅢ期となる。

（８）第５図は九州歴史資料館［二〇〇二］の付図１大宰府政庁跡遺構配置図を筆者が改変したもので、遺構図・器物ともにスケールアウト。

参考文献

出光美術館　一九八四年『陶磁の東西交流　エジプト・フスタート遺跡出土の陶磁』出光美術館
遠藤啓介　二〇一六年「沈没船から見た海のシルクロードとベトナム～引き揚げ中国陶磁器を主として」『亀井明徳氏追悼・貿易陶磁器研究等論文集』亀井明徳さん追悼文集刊行会
小山富士夫　一九四三年『志那青磁史稿』文中堂
亀井明徳　一九七五年「日本出土の越州窯陶磁器の諸問題」『九州歴史資料館研究論集』1　九州歴史資料館
亀井明徳　一九九三年「唐代玉璧高台の出現と消滅時期の考察」『貿易陶磁研究』13
亀井明徳　二〇〇一年「貿易陶磁器研究の方向性」『季刊考古学　特集・基準資料としての貿易陶磁器』第七五号　雄山閣
九州歴史資料館　二〇〇二年『大宰府政庁跡』九州歴史資料館
太宰府市教育委員会　二〇〇〇年『大宰府条坊址ＸＶ―陶磁器分類編―』太宰府市教育委員会
田中克子・横田賢次郎　一九九四年「大宰府・鴻臚館出土の初期貿易陶磁器の検討」『貿易陶磁研究』14
土橋理子　一九九三年「日本出土の古代中国陶磁」『貿易陶磁―なら平安の中国陶磁』奈良県立橿原考古学研究所附属博物館
藤岡了一　一九三九年「越州窯の壺―御物四耳壺其他」『陶磁』一二巻一号　日本陶磁協会
松村雄三　一九三六年「越窯古窯址探査記」『陶磁』八巻五号　日本陶磁協会
森　達也　二〇〇〇年「唐代晩期越州窯青磁碗の二つの系譜」『金大考古』第三四号　金沢大学考古学研究室
森　達也　二〇〇八年「伊郎波斯湾北岸幾個海港遺址発言的中国瓷器」『中国古陶瓷研究』一四　紫禁城出版社
森　達也　二〇一五年『中国青瓷の研究―編年と流通―』汲古書院
森田勉・横田賢次郎　一九七八年「大宰府出土の輸入中国陶磁器について」『九州歴史資料館研究論集』4　九州歴史資料館

中文

陳万里　一九三六年『越器図録』中華書局
金祖明　一九五九年「浙江余姚青瓷窯址調査報告」『考古学報』一九五九年第三期、中国社会科学院考古研究所
汪済英　一九六三年「記五代呉越国的別―官窯―浙江上虞県窯前窯址」『文物』一九六三年第一期、文物出版社
李輝柄　一九七三年「調査浙江鄞県窯址的収穫」『文物』一九七三年第五期、文物出版社
紹興市文物管理委員会　一九八一年「紹興上竃官山越窯調査」『文物』一九八一年第一〇期、文物出版社
林士民　一九八四年「勘察浙江寧波唐代古窯的収穫」『中国古代窯址調査発掘報告書』文物出版社
浙江省文物管理委員会　一九六四年「浙江鄞県古瓷窯址調査報告」『考古』一九六四年第四期、中国社会科学院考古研究所
浙江省文物考古研究所、慈渓市文物管理委員会　二〇〇一年「浙江慈渓市越窯石馬弄窯址的発掘」『考古』二〇〇一年第一〇期、中国社会科学院考古研究所
浙江省文物考古研究所、北京大学考古文博学院、慈渓市文物管理委員会　二〇〇一年「浙江慈渓寺龍口窯址発掘簡報」『文物』二〇〇一年第一一期、文物出版社
浙江省文物考古研究所、北京大学考古文博学院、慈渓市文物管理委員会　二〇〇二年『寺龍口窯址』文物出版社
慈渓市博物館編　二〇〇二年『上林湖越窯』科学出版社
浙江省文物考古研究所、慈渓市文物管理委員会　二〇〇三年「慈渓上林湖荷花芯窯址発掘簡報」『文物』二〇〇三年第一一期、文物出版社
杭州市文物考古所・臨安市文物館　二〇〇〇年「浙江臨安五代呉越国康陵発掘簡報」『文物』二〇〇〇年第二期、文物出版社
林士民　一九七六年「浙江寧波出土一批唐代瓷器」『文物』一九七六年第七期、文物出版社
林士民　一九九七年「浙江寧波和義路遺址発掘報告」『東方博物』浙江省博物館
陝西省考古学研究所・法門寺博物館・宝鶏市文物局・扶鳳県博物館編　二〇〇七年『法門寺考古発掘報告』文物出版社
中国社会科学院考古研究所　二〇〇一年『偃師杏園唐墓』科学出版社
謝明良　二〇〇二年「記黒石号（Batu Hitam）沈船中的中国陶瓷器」『美術史研究集刊』一三、国立台湾大学芸術史研究所

大宰府出土の高麗陶器

主税 英徳

はじめに

高麗陶器とは、韓半島において高麗時代(九一八～一三九二)を中心に生産された、主に青灰色を呈する陶器の汎称である。(1)貯蔵、運搬、食器などの日常容器を中心に使用されてきた。サイズも大型製品から小型製品まで、様々なバリエーションを確認できる。また、器種も統一新羅時代の系譜をもつものから、青磁や青銅器などを模倣したものまで多種多様である。

近年、韓国において、高麗時代遺跡の調査例が増加したことに伴い、高麗陶器の資料数も以前よりも増え、学問的関心も高まっている状況にある。そのため、編年研究を中心として、生産や流通にまで多様なテーマで研究が進められている。

一方、日本でも北部九州を中心として出土例が確認されているため、中世における高麗と日本の関係を探る資料の一つとして評価されている。また、琉球列島でもわずかながらではあるが、出土が認められている。さらには、後に成立する琉球列島の版図に分布域をもつ「類須恵器(カムィヤキ)」の系譜を高麗陶器に求める見方もあり、その関係が指摘されている。すなわち、高麗陶器は、高麗・日本・琉球の関係を探ることができる可能性をもつ考古資料の一つとして注目できる。しかし、現在までの高麗陶器研究は、共通した編年観が未確立であるなど、基礎的な研究段階である。

このような状況をふまえ、本稿では、以下のような方法で、大宰府出土の高麗陶器の特徴を位置づけたい。まず、日韓における高麗陶器の研究の整理を行うことで、現況と課題を把握する。次に、これまでの研究成果も参考にしながら、九州出土の高麗陶器の状況を概観する。その上で、大宰府出土の高麗陶器をみることで、その特徴や性格などについて検討を加えたい。

1 日韓における高麗陶器研究史

(1) 韓国出土高麗陶器の研究

韓国における研究史は、一九九〇年代前半と後半を境に、大きく二つに分けることができる。これは主に、高麗陶器の資料数に起因している。以下、主要な研究を中心に述べる。

① 一九八〇年代後半～一九九〇年代前半における研究

一九八六年、鄭明鎬氏によって、高麗陶器がはじめて本格的な研究対象として位置づけられた。美術的に賛辞され、多くの人々の注目を浴びてきた高麗青磁に対して、高麗陶器に関しては、無関心な傾向にあると指摘した上で、現在に至るまで継承された民衆の容器製作伝統の一つとして高麗陶器をとらえ、その重要性に言及している。さらに『高麗図経』などの文献史料を手がかりに、用途や器種分類の検討まで行っている［鄭明鎬 一九八六］。

この論考を皮切りに、次第に研究が増えていく。高麗陶器と青磁や青銅器などとの比較検討［崔健 一九八七など］、高麗青磁の編年を援用して高麗陶器の時期区分に対する検討［尹龍二 一九九一など］、定林寺と天徳寺から出土した高麗陶器の比較研究［姜熙天 一九九二］などである。

②一九九〇年代後半以降の研究

一九九〇年代後半頃になると以前に比べて、高麗時代の調査例が増えるに伴い、高麗陶器の出土資料も増加した。一九九〇年代前半までは、博物館や限定された遺跡の資料が対象であったが、一九九〇年代後半以降は、高麗時代の様々な遺跡の出土資料を対象にすることが可能になり、研究テーマも多様になる。

高麗陶器に関する研究のうち、最も盛んなテーマの一つが編年研究である。統一新羅時代から高麗陶器への変化様相［朴淳發 二〇〇〇、宋閏貞 二〇〇七など］、高麗陶器の形態や器種構成に関する変遷［韓惠先 二〇〇一・二〇〇三、申鍾國 二〇一二、主税 二〇一三・二〇一六bなど］、墳墓から出土した高麗陶器の年代や性格［韓惠先 二〇一一、朱榮民 二〇一二］などの研究がみられる。

近年においては、高麗陶器を生産した窯の構造やそこで生産された製品に関する研究［柳基正 二〇〇五、姜敬淑 二〇〇五、主税 二〇一七など］なども行われている。また、韓惠先氏によって、流通や量制に関する検討も試みられている［韓惠先 二〇〇九・二〇一二］。このように、近年では、高麗陶器の生産や消費に関しても論じられるまでに至っている。

⑵日本出土高麗陶器の研究

日本における高麗陶器の研究は、大宰府からはじまるといっても過言ではない。

御笠川南条坊出土遺物を報告する際に、前川氏が「雑器六類」として分類しているものがある。特徴は、「薄手で暗青灰色を呈し、胎土は暗褐色である。ロクロの跡がよく残っている」と指摘している［前川 一九七五］。雑器六類全てが高麗陶器ではないものの、この段階で高麗陶器の存在を認識していたことがうかがえる[2]（第1図）。

その後、赤司氏の研究により、高麗陶器の存在が確定的になり、広く認識される契機となる。赤司氏は、北部九州出土の高麗陶器（朝鮮製無釉陶器）を対象にして、その特徴や出土様相をまとめ、十一世紀後半を大きな画期として流入することを指摘した［赤司 一九九二］。

その後、日本の高麗陶器研究は、大きく二つの方向によって進展していく。一つは北部九州を中心とした出土様相に関する研究、もう一つは、高麗陶器とカムィヤキ（類須恵器）との関係である。

山本氏は、大宰府・鴻臚館・博多から出土した統一新羅・高麗の無釉陶器を対象に、その特徴や性格などを明らかにした。その結果、分布・年代が高麗青磁と

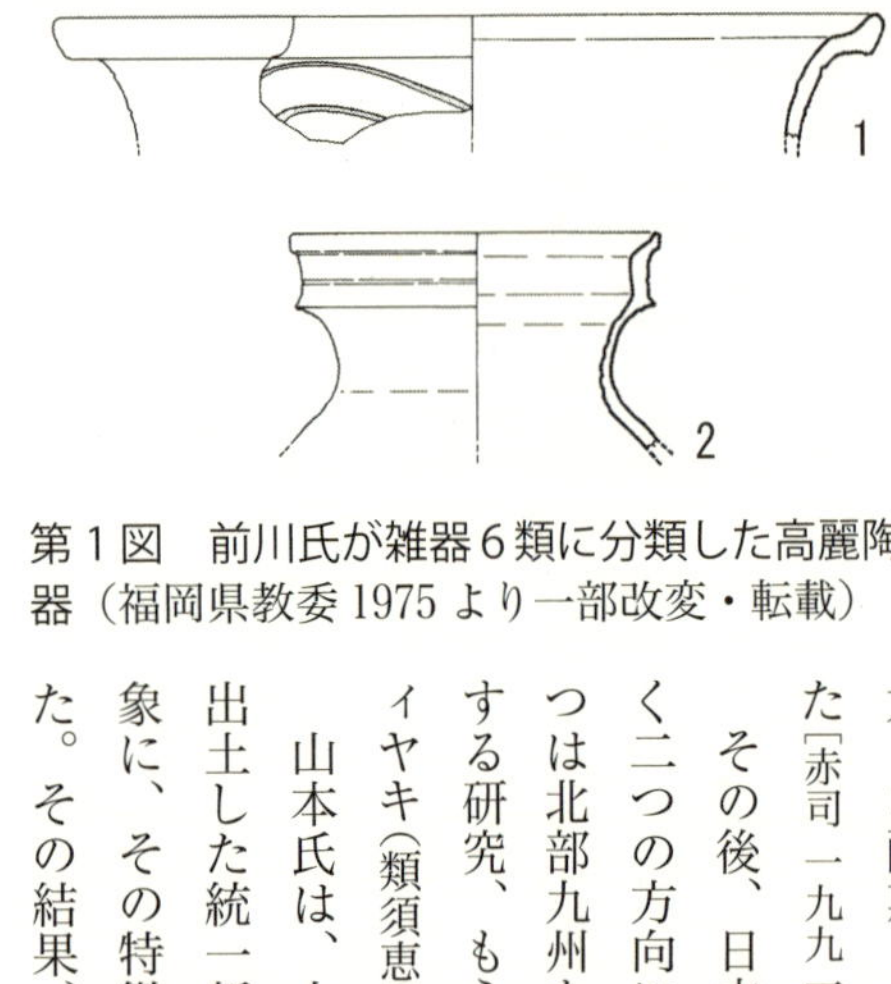

第１図　前川氏が雑器６類に分類した高麗陶器（福岡県教委 1975 より一部改変・転載）

ほぼ一致していることを指摘した［山本 二〇〇三］。赤司氏は、高麗時代の陶磁器と九州・南島との関わりを把握していくなかで、大宰府・博多で出土している高麗陶器の器種は、壺・甕類がほとんどであり、博多を拠点に流入しているものは、十一世紀後半〜十二世紀代に集中していると指摘している［赤司 二〇〇七］。江上氏は、先行研究における高麗陶器出土例を再整理するとともに、長崎県を中心とした出土例について集成を行っている［江上 二〇一〇・二〇一二］。

高麗陶器とカムィヤキ（類須恵器）の関係について、韓半島出土高麗陶器を直接的に比較対象としたものとして、赤司氏と新里氏の研究を挙げることができる。(3)

赤司氏は、慶州王宮跡出土資料を対象にし、カムィヤキ（類須恵器）の器形や製作技術などを比較検討し、壺類は、共通する類似性を見出し得ると指摘した［赤司 一九九九］。新里氏は、カムィヤキ古窯、下り山窯、舞将里窯（高麗陶器を生産した窯の一つ）の三つの窯において、製品の製作技術や窯構造について比較検討を行った。製品はカムィヤキと高麗陶器が技術的に密接な関係があり、窯体構造は三つの窯とも親縁性が高いことを示した［新里 二〇〇四］。

(3) 高麗陶器研究の現状と課題

韓国では、近年、高麗陶器の資料が増加したことにより、編年研究をはじめ、生産や流通まで論じられるようになり、研究テーマも多岐にわたっている。日本においても、北部九州を中心に出土例が確認されており、高麗と日本の交易・交流関係を把握できる可能性をもつ考古資料の一つとして、関心の目が注がれつつある。しかし、現在までの高麗陶器研究は、器種分類や編年など、ある一定程度の共通認識をもつまでに未だ至っているとはいえず、基礎的な段階にある。

特に、編年研究においては、遺構単位ではなく遺跡単位で年代を把握しようとする傾向にある。この背景には、韓半島における高麗時代の遺跡の場合、時期や時代が複数にまたがるような複合的な性格を呈することも少なくなく、一括性の高い遺物群を研究することが容易ではない状況が介在していることも充分に考えることができる。その点において、近年、泰安馬島をはじめとする沈没船の調査［国立海洋文化財研究 二〇一〇・二〇一一・二〇一二］では、一定程度の一括性があると考えられる遺物群が検出されており、高麗陶器を含めた高麗時代全体での遺物の編年に有効に活用できる可能性がある。今後の研究の進展が期待される。

以上のような研究の現況をふまえつつ、本稿では、大宰府出土の高麗陶器の特徴について、九州出土の高麗陶器の現況と比較することで位置づけたいと考える。なお、高麗陶器の大型壺と盤口壺・瓶の年代観と、器種分類（第2図）については、拙稿［主税 二〇一三・二〇一六a］を基礎にしつつ、共伴資料も考慮した上で、時期を推定することとしたい。(4)

2　九州出土の高麗陶器

九州出土の高麗陶器について、分布、器種、時期の順にみていくこととする。

分布については、山本氏や江上氏などによって九州出土のものがまとめられている［山本 二〇〇三、江上 二〇一〇］。さらに、赤司氏や新里氏により、徳之島や沖縄本島などの琉球列島における発見例が報告されている［新里 二〇〇四、赤司 二〇〇七］。このような先行研究の成果をふまえつつ、近年の出土例を加え、整理した分布図が第3図である。(5)

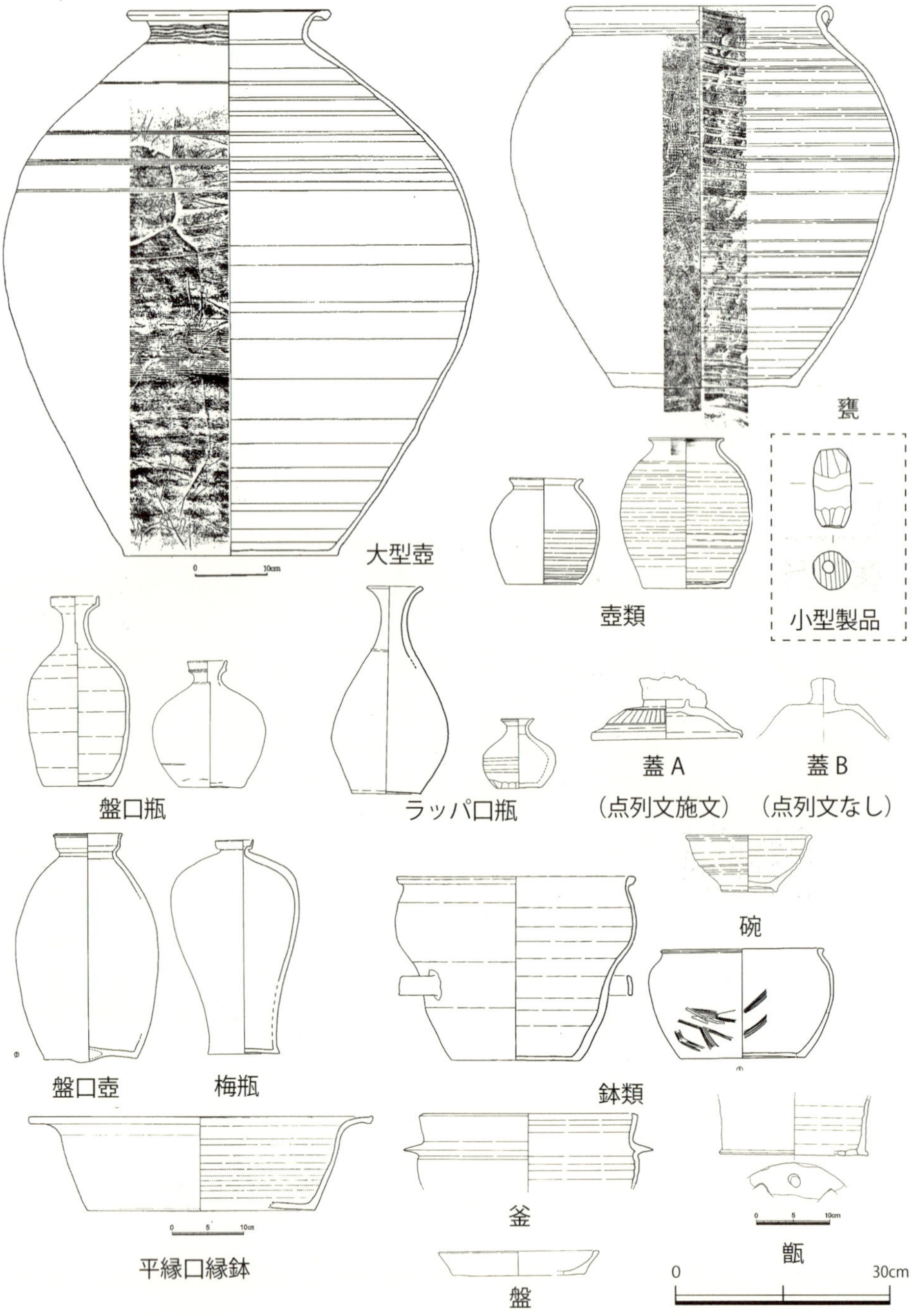

第２図　高麗陶器の器種分類（主税 2013 より一部改変・転載）

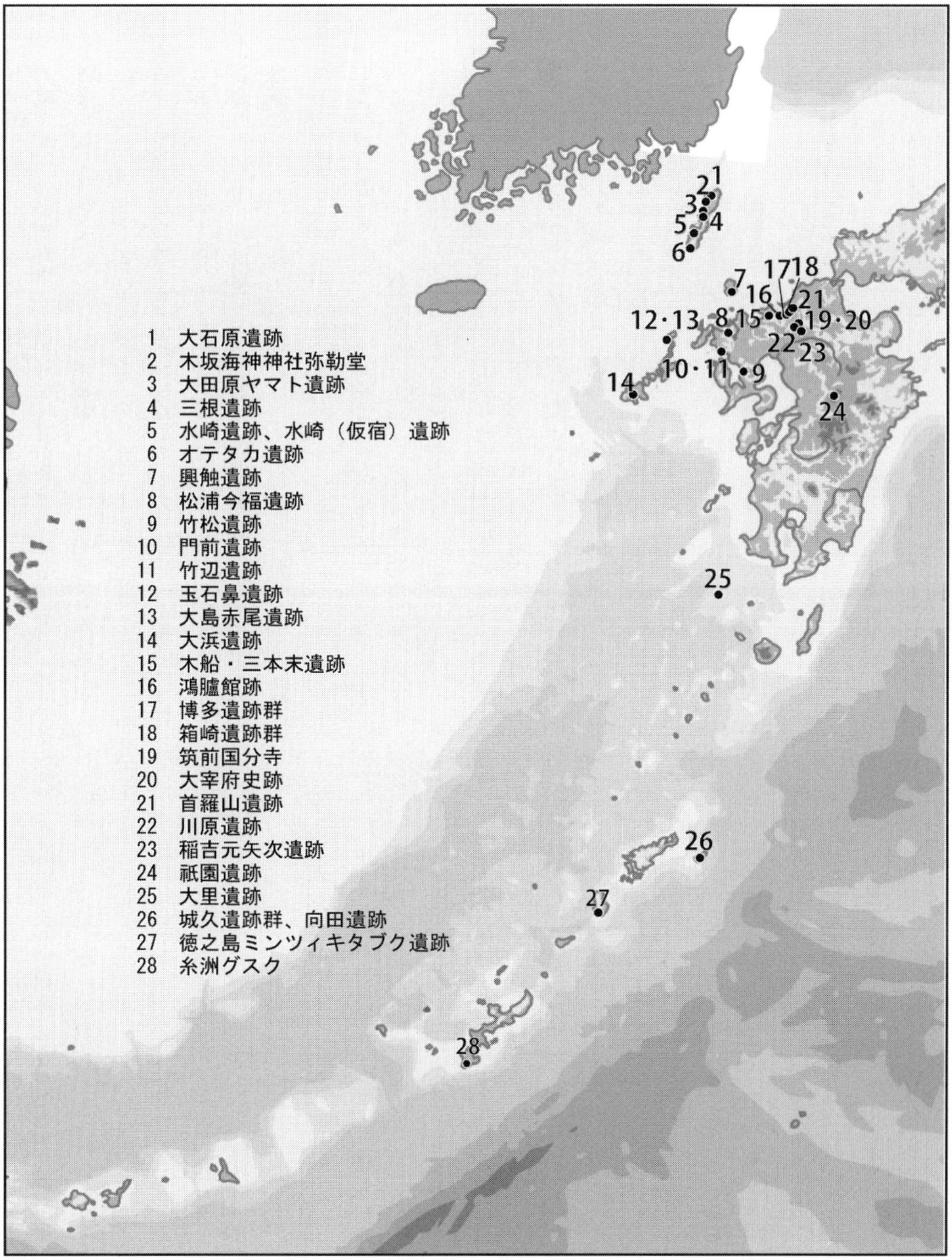

第3図　九州出土高麗陶器の分布
（山本 2000、新里 2004、江上 2010 などを参考に新資料を加えた。国土地理院提供地図に加筆）

分布の傾向としては、従来から指摘される状況と大きくは変わっていない。対馬地域、博多遺跡群、大宰府地域に分布が集中しており、かつ出土量が多い傾向にある。これらの地域は、高麗との交易・交流などにおいて、中心的な役割を果たしていたと考えることができる。

このほか、琉球列島においても数は少ないものの、その出土例を確認でき、カムィヤキ（類須恵器）との関係性を考える上で注目できる。[6] 最近では、長崎県大村市・竹松遺跡では、高麗陶器とカムィヤキ（類須恵器）が同一遺跡から出土しており、高麗から九州、そして南島への経路を検討する上でも、重要である［長崎県教育庁 二〇一七］。

器種について、出土資料の口縁部形態から特定すると、大型壺と盤口瓶・壺[7]がほとんどである。高麗陶器の器種は多種多様に及ぶものの（第2図）、現在までに九州から出土しているのは主に壺・瓶類である。[8]

これらの器種は、貯蔵や保管などに適しており、交易品などの貯蔵容器であった可能性が高い。また、大型壺の場合は、『高麗図経』の記録［徐兢著・朴尚得訳 一九九五］や、近年の韓国における一連の沈没船に対する発掘調査成果を参考にすると、船員が使用していた可能性も考えることができる。ただし、このような高麗陶器は、高麗人が直接もたらしたものか、もしくは間接的に流入してきたものかは、さらなる検討が必要である。

最後に流入の時期を考えてみる。まず、時期と量について整理すると、九州出土の高麗陶器は、十・十一世紀から認めることができ、十二世紀になると最も多くなり、十三世紀になると量は以前よりも減少するものの、少なからず確認できる。

次に、流入の画期を見出すならば、出土量や地域性も勘案すると、十二世紀に画期があると理解できる。先学の研究で指摘された時期とほぼ一致する［赤司 一九九一、山本 二〇〇三など］。また、このような画期は、文献史料からみた高麗との交渉の時期ともほぼ連動しているようである。高麗との関係を文献史料からみると、十一世紀後半頃より日麗通交の活況が伺え、十三世紀半ば以降は日麗交易の痕跡がほとんど消えうせるとされる［森平 二〇〇八］。

以上、現状での九州出土の高麗陶器について検討してみた。ただ、全体の資料数が豊富といえる状況ではなく、今後、新たに高麗陶器の出土例を確認していくことで、見解をさらに進展させていきたい。

3　大宰府出土の高麗陶器

次に、先にみた九州出土の高麗陶器の現況をふまえた上で、大宰府出土の高麗陶器の特徴を検討してみる。大宰府から出土した代表的な高麗陶器をまとめたものが第4・5図になる。第4図は、盤口瓶・壺の口縁部資料、第5図は大型壺をはじめとした壺類になる。このほか、今回は図示していないが、器種の特定までに至らないものの、破片資料も比較的数多く確認できる。

まず、時期について、先述のように大型壺の編年と共伴遺物から判断した結果、大宰府出土の高麗陶器は、十世紀代から十三世紀頃まで継続的に確認できる。量の時期別の推移についても、九州全体の傾向と同様、十二世紀代が最も多いようである。器種は、先述の通り大型壺と盤口瓶・壺が主体をなしている。

大宰府における高麗陶器の傾向は、九州のなかでも、比較的出土量の多い地域である博多遺跡群と類似した様相を示している。このような状況は、高麗陶器だけではなく、高麗青磁の流入様相も同じような傾向にあるようである。博多・大宰府・対馬では、高麗青磁が十一世紀中葉か

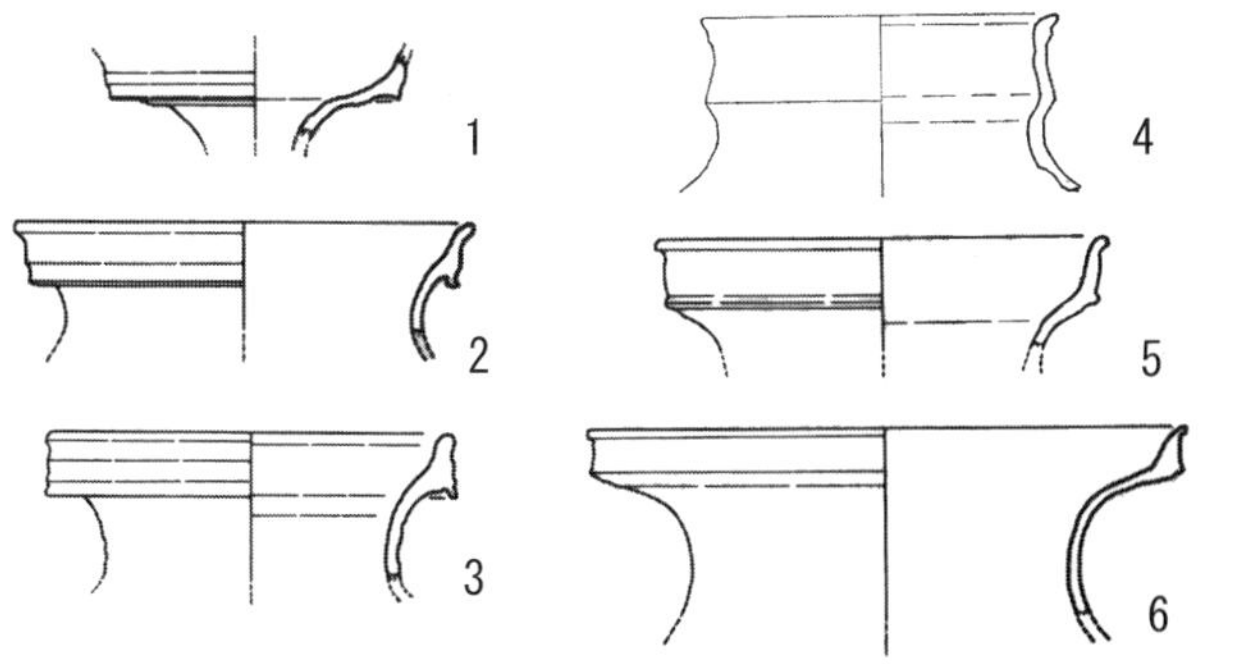

第４図　大宰府出土の高麗陶器盤口瓶・壺の口縁部資料（1/4）
1：条坊跡59次、2･6：条坊64次、3･5：第93次、4：御笠川南条坊より出土　各報告書より転載

ら後半にみられ、徐々に量が増え、十二世紀で最も多くなると指摘されている［降矢 二〇〇二］。すなわち、時期的にも量的にも高麗陶器と高麗青磁は同じような様相を示している。このことは、高麗陶器と高麗青磁がセットで動いていた可能性が高いことを示唆しているとも考えられる。

　次に、大宰府出土の高麗陶器のうち、特徴的な資料について、もう少し詳しくみてみたい。

大型壺と壺類　大宰府出土高麗陶器のうち、最も古いものは、筑前国分寺出土大型壺である（第5図1）。大型壺Ⅱ類（十・十一世紀）に該当し[9]、共伴遺物からみても、十世紀前葉に位置づけられる。口径45・4センチ、頸部が下位から直立気味にのび、上位付近で外側へ曲線的に外反する形態を呈する。頸部と体部の境界に一条、体部中位ほどに三条の突帯が施される。表面の色調は暗青灰色、胎土の色調は暗赤褐色を呈する。九州の他地域においても、この時期の大型壺は、未だ発見例が少ない。第5図3は、口径や頸部形態をみる限り、大型壺の部類に入ると考えられる。ただし、体部中位にみられるような帯状の把手が付いているものは、高麗陶器大型壺のなかでも、一般的ではない。帯状の把手は、通常、鉢類に施されることが多い。今後、韓国出土資料を検討し、類似例を探していきたいと思う。第5図5は壺類の口縁部が欠損した体部である。口縁部は盤口型口縁部の形態で復元されているが、胴部形態から見る限り、第5図6のような壺類である可能性が高いと推測できる。

盤口瓶・壺類　盤口瓶・壺類は、大きく統一新羅時代より続くものと、青磁や青銅器などを模倣したものに分けられそうである。口縁部形態のみに着目すると、前者の場合は、口縁部側面に複数の溝を有し、後者の場合は、比較的直線的な形状を示す傾向がある。他の地域もそうではあるが、大宰府出土盤口瓶・壺の場合も、統一新羅時代から続く口縁部形態を示すものが多い。ただ、第4図4は、青磁や青銅器を模倣した可能性がある[10]。

おわりに

現在までの資料をもとした大宰府出土の高麗陶器について整理すると、以下のとおりになる。

時期別に量をみると、十世紀代から確認でき、十二世紀代が最も多く、十三世紀頃まで継続的に認められる。器種は、大型壺と盤口瓶・壺が主体をなしている。このような時期、量、器種は、九州全体においても同様な傾向にある。地域単位で見た場合、博多遺跡群と同じような様相を呈しており、さらには時期と量からみると、高麗青磁の流入の様相とも類似している感がある。すなわち、大宰府と博多遺跡群においては、少なくとも高麗陶器と高麗青磁の流入様相が類似していることがうかがえる。

最後に高麗陶器研究は、日韓においてまだ基礎的な段階にある。また、

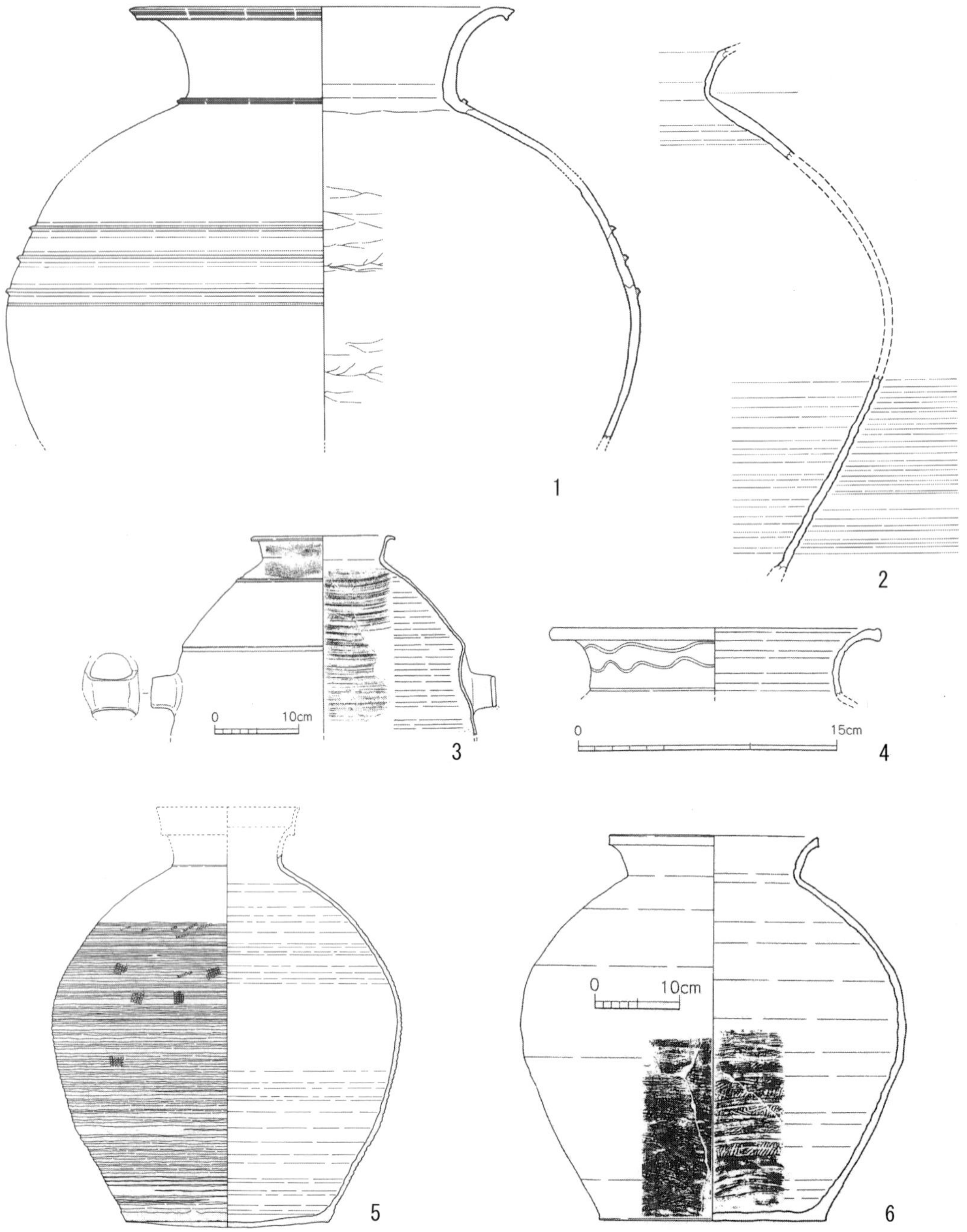

第5図　大宰府出土の高麗陶器大型壺および壺類（4のみ1/4、そのほかは1/8）
1：筑前国分寺、2：条坊248次、3･4･6：観世音寺、6：御笠川南条坊より出土、各報告書より転載

高麗陶器は、高麗青磁などに比べ、これまでに確認されている量が多くないなどの資料的な課題もある。そのような状況のなか、これまでに確認されている資料をもとに、現状での大宰府出土の高麗陶器について分析を行った本稿は、まだまだ検討の余地を残した一つの仮説に過ぎない。

高麗陶器は、貯蔵・運搬用の容器として、日本に流入してきたと考えられる。よって、青磁や白磁などの陶磁器に比べ、器そのものよりも、内容物に価値があった可能性がある。このような視点も持ちながら、今後、日本出土高麗陶器のさらなる把握を進めるとともに、韓半島における高麗陶器の生産や消費の検討も進めていく。その上で、再度、大宰府出土の高麗陶器の位置づけを行えればと思う。本稿によって、「高麗陶器」の存在を少しでも認識していただければ幸いである。

註

（1）名称について、これまでの日本側の研究では、「朝鮮製無釉陶器」［赤司 一九九一］、「高麗無釉陶器」［山本 二〇〇三］などと呼称されていた。近年の研究では、多くが「高麗陶器」［赤司 二〇〇七、池田 二〇〇九など］という表現を用いている状況である。韓国側での研究では、「질그릇(土器)」、「陶器」、「질그릇(陶器)」、「土器」「질그릇」などと、各研究者により多様な表現がみられる。近年、韓惠先氏が、磁器・陶器・甕器などの用語について、文献記録に出てくる用語とそれらの概念を整理している。その結果、陶器については、高麗～朝鮮時代において、「磁器」と区分される一群を「陶器」と総称することが最も適切であろうと結論づけている［韓惠先 二〇一二］。

このような状況をふまえ、筆者は、「高麗陶器」の名称を尊重して使用したい。これは、日韓において「高麗陶器」という名称を用いることが多くなっており、さらには、今後の日韓での比較研究においても、ある程度の共通した認識を持ち得た名称であると考えるためである。ただ、「高麗陶器」と呼称した場合、時代名が頭につくが、前後の時代との系譜関係を明確にすることは現状で難しいため、一部、統一新羅時代と朝鮮時代の土器・陶器も含むことになる。

（2）山本氏が、「二十九年程前に前川氏が大宰府の発掘出土例で注意し、高麗陶器と推定していたが、朝鮮半島の報告が少なく断定するには到らなかった」と述べている［山本 二〇〇〇］。これを参考にすると、前川氏が高麗陶器の存在をこの段階で既に推定していた可能性が高い。筆者は、馬田弘稔氏と九州歴史資料館のご厚意により、二〇一〇年に、御笠川南条坊遺跡の出土遺物について、未報告資料も含め、実見する機会を得た。その結果、前川氏が分類した「雑器六類」の大部分に高麗陶器が含まれていることを確認することができた。

（3）カムィヤキ（類須恵器）の研究史について、池田［二〇〇九］を参照されたい。

（4）高麗陶器の外観上の特徴について、簡単に整理すると以下のとおりになる。①須恵器に比べ、器壁が薄く、内面は隆起するような明瞭なヨコナデが施される［赤司 一九九一］。②胎土に白い帯状の線が混ざり込むものがある［喜界島教委 二〇〇九］。③大型壺の場合、頸部に波状文を施文するものもある。また、頸部と胴部の境界付近や胴部中位に突帯が付くものもある。

（5）拙稿［主税 二〇一六a］においても、九州出土の高麗陶器の分布について整理を行った。本稿の第3図では、さらにいくつかの資料を追加し、再構成したものを掲載した。

（6）沖縄本島・糸洲グスクからは、図版から判断する限り、大型壺のようなものが出土している。しかし、未だ実見までには至っておらず、高麗以外の陶器の可能性も否定できない。

（7）本稿でいう「盤口瓶・壺」は、便宜上、盤口形の口縁をもつ瓶・壺全般のことを指す。瓶・壺の区分については、口縁部資料をもとに明確な基準を示すまでに現段階では至っていないため、瓶・壺という表現を便宜上用いることとした。

（8）現状で主に把握されている大型壺や盤口瓶・壺は、高麗陶器の器種のなかでも、比較的に特徴が把握しやすい口縁部形態を呈しているため、数が多い可能性も否定できないのではないかと考える。今後、さらなる実見調査を進めていくなか、他の器種の流入の有無についても検討していく。

(9) 拙稿[主税 二〇一三]においては、当資料を大型壺Ⅰ類と誤って記載していたが、正しくは大型壺Ⅱ類である。この機会に改めて訂正しておきたい。

(10) 盤口瓶・壺の細分化について、現状で断定できるまでの根拠を示すには至っていないため、本稿では、可能性があることのみで留めておきたい。

参考文献　※図版引用に使用した報告書は紙数の関係上割愛させていただく

赤司善彦　一九九一年「朝鮮製無釉陶器の流入―高麗期を中心として―」『九州歴史資料館研究論集』16
赤司善彦　一九九九年「徳之島カムィヤキ古窯跡採集の南島陶質土器について」『九州歴史資料館研究論集』24
赤司善彦　二〇〇七年「高麗時代の陶磁器と九州および南島」『東アジアの古代文化』一三〇号
池田榮史　二〇〇九年「カムィヤキの生産と流通」『中世東アジアの周縁世界』同成社
江上正高　二〇一〇年「門前遺跡未報告資料について」『門前遺跡Ⅲ・武辺城跡Ⅱ』長崎県教育委員会
江上正高　二〇一二年「肥前における高麗陶器の様相」『西海考古』第八号
喜界町教育委員会　二〇〇九年『城久遺跡群　山田半田遺跡』
徐兢著・朴尚得訳　一九九五年『高麗図経』国書刊行会
新里亮人　二〇〇四年「カムィヤキ古窯の技術系譜と成立背景」『グスク文化を考える』今帰仁村教育委員会
主税英徳　二〇一三年「高麗陶器大型壺の分類と編年―生産からみた画期―」『古文化談叢』第七〇集
主税英徳　二〇一六年a「九州出土の高麗陶器」『考古学は科学か　田中良之先生追悼論文集　下巻』
主税英徳　二〇一六年b「高麗陶器の盤口瓶・壺の編年試論―口縁部形態を中心に―」『原禪　金大煥コレクション』靈岩郡
主税英徳　二〇一七年「高麗陶器生産に関する一試考」『考古学・博物館学の風景　中村浩先生古希記念論文集』
長崎県教育庁新幹線文化財調査事務所　二〇一七年「竹松遺跡　平成二十七年度調査概要」
降矢哲男　二〇〇二年「韓半島産陶磁器の流通―高麗時代の青磁を中心に―」『貿易陶磁研究』22
前川威洋　一九七五年「六、遺物　九.雑器」『福岡南バイパス関係埋蔵文化財調査報告』第二集　福岡県教育委員会
森平雅彦　二〇〇八年「日麗貿易」『中世都市・博多を掘る』海鳥社
山本信夫　二〇〇〇年「日本出土一〇～一二世紀高麗陶器甕・壺及び日本、中国、東アジアの比較」『第三의 伝統甕器의 源流를 찾아서』梨花女子大學校博物館特別展記念學術大会発表資料集
山本信夫　二〇〇三年「東南アジア海域における無釉陶器」『貿易陶磁研究』23

韓国語　※著者名を日本語読みで五十音順。ハングルは極力漢字に変換した。ハングルの人名はカタカナで表記した。

尹龍二　一九九一年「高麗時代질그릇〔陶器〕의變遷과特色」『高麗時代질그릇』延世大學校博物館
姜熙天　一九九一年「高麗土器의基礎的研究(Ⅰ)―定林寺址、天德寺址出土品을 中心으로―」『鄉土文化』第六輯　鄉土文化研究会
姜敬淑　二〇〇五年『韓国陶磁器窯跡研究』sigongart
韓惠先　二〇一二年「文献記録을 통해 본　瓦器・陶器・甕器의 用例와 相互関係」『歴史와 談論』第六十四集
韓惠先　二〇〇一年『京畿地域 出土 高麗時代陶器研究』壇国大學校大學院碩士学位論文
韓惠先　二〇〇三年「京畿地域出土高麗時代貯蔵・運搬用질그릇 研究」『韓國上古史學報』第四十號
韓惠先　二〇〇九年「高麗陶器의 生産과 流通」『高麗陶瓷新論』學研文化社
韓惠先　二〇一一年「高麗時代　陶器扁瓶의　時期区分과　特徴」『忠北文化財研究』第五号　忠清北道文化財研究院
韓惠先　二〇一二年「馬島一・二号船 出水 高麗時代 陶器의 用途와 量制」『海洋文化財』五　国立海洋文化財研究所
国立海洋文化財研究所　二〇一〇年『泰安馬島1号船』
国立海洋文化財研究所　二〇一一年『泰安馬島2号船』
国立海洋文化財研究所　二〇一二年『泰安馬島3号船』
崔健　一九八七年「統一新羅・高麗時代의 陶器에 관하여　―특히 器種別材料와 質의 變遷을 中心으로―『統一新羅・高麗질그릇』梨花女子大學校博物館
朱榮民　二〇一一年「高麗墳墓 出土 陶器의 性格」『忠北文化財研究』第五号　忠清北道文化財研究院
中鍾國　二〇一二年「高麗 沈没船 出水 陶器壺의 型式分類와 編年」『海洋文化財』5、国立海洋文化財研究所
宋閏貞　二〇〇七年「Ⅵ. 考察　2. 遺物　1土器」『龍仁彦南里―統一新羅 生活遺蹟』、韓神大學校博物館
鄭明鎬　一九八六年「高麗時代의 질그릇(土器)」『考古美術』一七一・一七二　韓国美術史學会
朴淳發　二〇〇〇年「羅末麗初 土器 編年 豫考」『韓國古代史와 考古學』鶴山金廷鶴博士頌壽記念論叢学研文化社
柳基正　二〇〇五年「羅末麗初～高麗時代 土器窯의 變遷過程과 井洞里 土器窯의 操業時期『扶餘井洞里遺蹟』忠清文化財研究所

大宰府出土須恵器に付着する白色物質の推定

加藤 和歳

はじめに

土器の用途を考えていく上で、その姿、かたち、製作技法の研究が重要であるが、さらに容器であることから、どのようなものが入れられていたのか、という点についても研究上、大きな関心事になろう。中に入れられていた物資を知ることは、それが直接的、間接的であるかを考慮する必要があるものの、その土器の用途に直結する可能性が高いものと考える。出土時、中に入っていた物資の物性が変化していないそのものが入って入れば一目瞭然である。たとえば、金属のような無機物や樹脂、極めて限定的であるが有機物が内外面に付着していれば、それが用途解明へのアプローチとなり得る。事例としてよくみるのは、赤色を呈した顔料、黒色を呈したススのような物質、漆があり、これをもって、貯蔵などの用途の理解に迫ることができる。

さて、このような物質のうち、須恵器の内外面に付着する白色の物質がある。これについては、須恵器の出土量に対して、少量の存在であるかと思われる。何分にも須恵器は大量であるがゆえに、何らかの意識がないと抽出されないのではないかと推察され、白色物質付着の情報が報告に記述されるケースが少ないかと思われる。たとえ、気づいたとしても肉眼観察では、どのような物質か判断し難い。ゆえに、どのような材質であるのか、そして付着する須恵器の用途も、現状では判然としないところである。

こうした背景から、本稿は、大宰府から出土した須恵器に付着する白色物質について、その素性を科学的手法により推定を試みるものである。

1　推定される白色物質に関するこれまでの科学的調査

古来より使用されている白色物質はさまざまあり、広い視野で可能性を考えていくため、まず、これまでに白色物質に対して行われた科学的調査のうち、出土遺物を中心に、その成果を概観する。

⑴　漆　喰

漆喰は消石灰を主材料とし、スサを加え、糊で練ったものを指す。石灰は原料として石灰岩のほか、ハマグリやカキなどの貝殻が用いられる。こうした原料に含まれている炭酸カルシウムを焼成し、酸化カルシウムとする。そして水を加えて水和させ、水酸化カルシウムとする。これが消石灰であり、建築資材や美術作品の材料として用いられる。

これまでの科学的調査の成果では、古墳時代における壁画の下地材、石郭の壁面や石材目地の充填材、接着材に用いられていることが報告されている。

壁画の下地材としては、奈良県高松塚古墳、キトラ古墳で調査が行われている。高松塚古墳では、昭和四十七年の壁画発見後、奈良県立橿原考古学研究所を中心に、精力的な調査が行われ、土壌中にあった剥落片の分析では、炭酸カルシウムを主に、わずかに鉛が検出され、漆喰に何らかの理由で鉛が含まれるという結果が示されている［安田・白石 一九七二、山崎 一九八七ａ］。また、漆喰の原料に関して、石材に固着させるためのいわゆる「つなぎ」にあたる物質としてフノリの使用［嶋倉 一九七五］、電子顕微鏡観察を用いた、石灰が貝灰もしくは石灰岩由来であるかの調査では、石灰岩使用の推定［西田 一九七五］、左官による各種材料の塗りの実験では、貝灰使用の推定［山田 一九七五］、光学顕微鏡の観察結果から、特有の微細構造の指摘などによる、貝灰使用の可能性を探る［中口 一九七七］といった、多角的な調査が行われている。その後、平成十四年から東京文化財研究所によるハンディ蛍光X線分析装置による顔料の調査が行われ、白色壁部分では、カルシウムと鉛が検出され［早川・佐野・三浦 二〇〇四］、さらに石室内の剥落した漆喰片の分析では、これまでの成果と同様、炭酸カルシウムが検出されている［佐野・早川・三浦 二〇〇九］。

一方、キトラ古墳では、平成十四年から始まった調査の際、剥落した壁画断面の分析が行われた。その結果、純度の高い炭酸カルシウムであることを示した。これは高松塚古墳と同様であるとしているが、鉛については少量にとどまり、この点では相違がみられる［肥塚・村上・高妻・降幡 二〇〇八］。また、奈良県カヅラヤマ古墳出土漆喰の調査においては、カルシウムを検出し、貝殻サンプルの分析との比較から、貝殻由来の漆喰としている［鶴・青木・金原 二〇一三］。

石郭の壁面や石材の目地の充填材、接着材、裏ごめ、閉塞部の密封などに用いられている例は、畿内および上野国所在の古墳から採集された漆喰片の分析がなされ、その結果、炭酸カルシウムが主成分であるとし、それは古墳の所在地域により含量に相関性があることが指摘されている［安田・白石 一九七二］。その後、分析数を増した結果、炭酸カルシウムの純度の違いを指摘し、用途により調製が異なることを述べている［安田 一九七五］。これら一連の分析結果に基づき、用法の分類を含めた分析値がまとめられ、畿内の漆喰使用古墳は古墳時代終末期の特殊な構造の横穴式石室、横口式石郭墳に限られ、古墳の編年と、使用方法を比較した結果、時代が下るにしたがって大量使用、多様化がみられることを指摘している。また、石灰の由来である石灰岩または貝灰について、韓国の漆喰使用古墳の分析から後者の妥当性を述べている［安田 一九八四］。このような壁画下地材以外に用いられる漆喰は、炭酸カルシウムを主成分とし、そのほか、不純物を含む組成であるが、奈良県東明神古墳の漆喰には鉛が含まれている点が特異である［安田・土井 一九九九］。

また、近世城郭における事例として、滋賀県彦根城表御殿跡［沢田 一九八八］、岡山県岡山城本丸跡［松井・村上・高田・乗岡 一九九七］において調査が行われている。試料は池や暗渠、枡といった治水、導水のための施設、土間、穴蔵の壁材などが採取され、分析の結果、炭酸カルシウムの存在が明らかになった。土木、建築資材として、漆喰の使用が確認され、同時に材料としての物性が明らかにされている。

(2) 白　土

白土は、主として長石などの風化により生成された白色粘土で、主な成分は、珪酸アルミニウムである。

これまでの科学的調査の成果によると、白色の顔料や寺院等の土壁の表面を仕上げる上塗り材料として用いられていることがわかった。

まず顔料としては、北部九州に多くみられる装飾古墳に用いられており、たとえば、福岡県王塚古墳の白色は、白色粘土、つまり白土であり、装飾古墳全般にも使用されていることが確認されている(1)[山崎 一九五二]。

古代においては、下地を含めたところで、法隆寺金堂壁画[山崎 一九八七b]、鳥取県上淀廃寺出土壁画[沢田 一九九五]、群馬県山王廃寺出土塑像および塑壁[岡部・朽津・前原・前尾・斎木 二〇〇五]、ほか寺院出土塑像(宮城県多賀城廃寺、山梨県寺本廃寺、岐阜県寿楽寺廃寺、岡山県久米廃寺、鳥取県大御堂廃寺、鳥取県斉尾廃寺)[朽津 二〇〇五]で確認されている。

一方、土壁として白土の使用が確認されているのは、法隆寺金堂壁があり、ここで白土は、主として長石などの風化により生成した白色の粘土で、その主な化学成分は珪酸アルミニウムである、と述べられている[山崎 一九八七b]。出土遺物としては、奈良県山田寺跡出土壁土がある。この調査では、比較試料として石神遺跡、大官大寺、西大寺、薬師寺(いずれも奈良県)出土壁土の分析がなされた。調査の結果、石神遺跡などの壁は、石英、長石類を中心とする鉱物質の白土であるのに対し、山田寺の壁は、火山灰を主体とするガラス質の白土であるとし、特殊な白土を使用していたことが確認された。同時に、垂木先瓦に付着した白色顔料も火山灰を使用していた可能性が指摘されている[村上 二〇〇二]。

また、上淀廃寺壁画は、顔料として白土使用の確認のほかに、壁土として、表面に白土の壁画下地層を確認しており、これは、0.01ミリ以下の鉱物粒を含むシルトおよび粘土質の土からできており、分析で石英が検出されている[沢田 一九九五]。

(3) 鉛白・鉛系白色顔料

鉛白は、鉛を原料に合成されることで造りだされる人工顔料であり、成分としては塩基性炭酸鉛である。古代の中国でも製法が知られており、「鉛より造る白い顔料すなわち鉛白」と技術書に記されている。しかし、鉛白は胡粉と呼ばれており、日本においても伝来後、鎌倉時代頃までは鉛白を胡粉と呼んでいたようである[東京芸術大学大学院文化財保存学日本画研究室編 二〇〇二]。

鉛白の原料にあたる鉛については、先に触れた高松塚古墳の漆喰に含まれているという分析結果が報告されているが、それが顔料として鉛白を使用しているのか、何らかの理由により漆喰に鉛を含ませているのかは、推定の域にとどまっている。それに対し、同古墳石室南面の低い位置からの剥落片に対し行われた分析では、それが鉛白と認められ、漆喰の壁面を平滑に磨き、よりきれいな壁面を作るなど、漆喰壁の加工に利用していた可能性を指摘している[沢田 一九九九]。

また、鉱物として同定していないことから、鉛白と断定せず、鉛を主成分とする白色顔料について、鉛系白色顔料と呼んでいる顔料があり、群馬県山王廃寺、岡山県久米廃寺出土塑像片の分析により確認されている[朽津 二〇〇六]。この鉛を含む白色顔料が、装飾古墳や法隆寺金堂壁画、上淀廃寺において、白土を使用していること、ほかの顔料の傾向を加味し、仏教文化の伝来とともに伝えられた材料ではないかと考えられている[朽津 二〇〇七]。

(4) 小便に由来すると考えられる物質

現代の便所、特に小便器に白色の物質が付着していることがある。また近世、近代の汲取式便所遺構に埋設された甕に白色物質が付着しているような事例がみられることで、甕などに付着する白色物質は小便に由来するものではないかとの考えは、遺構の検出状況のほか、経験的な知見により存在している。

　このような小便に由来するとの想定による科学的調査は、秋田県秋田城跡［吉岡・小松 一九九八］や奈良県平城京跡・藤原宮跡(2)［村上・佐藤・黒崎 一九九八］、鳥取県大御堂廃寺跡［白石 二〇〇二］の各遺跡出土須恵器に付着する白色物質について行われている。分析の結果、この白色物質は主成分がアルミニウムである水礬土(ギブサイト　gibbsite)であることが確認され、これを小便に由来すると考えられる物質であろうと推定している。

　こうした成果を受け、大宰府においても、大宰府政庁跡の回廊跡出土須恵器甕付着の白色物質がギブサイトであることを確認し［加藤 二〇一二a］、福岡県薬師の森遺跡出土須恵器平瓶もしくは壺の分析では、ギブサイトと同質であるバイヤライトであると確認され［加藤 二〇一二b］、いずれも小便に由来すると考えられる物質であろうと推定している。

　ただし、人間の体から排出されるアルミニウムは、堆積するほど多いとは考えにくく、その成因については、結晶構造の解明などの課題があるとしている。つまり小便が土器の中に残存して、埋蔵中に変化したものとは、どのような物質であるのかは、直接的に判明していないので、この白色物質が、直接、小便であるという断定は難しい。こうした分析結果の報告に対するコメントでは、小便に由来する物質が、明瞭に特定されなかったからか、「残尿感が残る」との印象が述べられている［黒崎 一九九八］。

(5) その他

前述までの物質と推測に至ってないが、奈良県飛鳥京跡では、蛍光X線分析および色相から、カルシウム系の物質と、X線回折分析により、水酸化アルミニウム(バイヤライト)［奥山 二〇一二］、平城京跡で出土した須恵器に付着する白色物質の分析から、水酸化アルミニウム［奥山 二〇一二］バイヤライト、ノルドストランダイトを検出している。いずれも成因や付着の過程は不明としている。

　その他、奈良県ハミ塚古墳の石棺石材に付着する白色物質の分析では、リン酸塩鉱物(タラナキ石)が検出されているが、これは二次的に生成された可能性を指摘している［鶴・廣岡・山田 二〇一五］。

2　分析対象遺物

　本稿において、分析に供した遺物は、大宰府から出土し、白色物質が付着している須恵器の内、後述する分析装置に対応できる条件を有する一六点で、第1表に示す。

　器種別にみると、すべて破片であるが、壺、そして壺もしくは瓶である。付着部位は、底部、胴部や底部から胴部にかけてみられる。分析条件に見合わず、対象から外れたが、不丁地区からは平瓶、横瓶が出土している。

　白色物質の状態は硬質であり、指で触れた程度では、形状の変化は見られない。あたかも鍾乳石のようでもある。それが板状の層を成して、内面に張り付く状態であるものと、滴状を呈し、内面に散在して張り付いた状態のものがある。なお、以前、検討した大楠地区出土壺(86次調査出土)は、外面にあたかも吹きこぼれたように付着する例もある［加藤 二〇一〇］。表面形状は、直径が数ミリから数ミクロン程度と、大きさが不定の粒子が平面的に広がっている。色調は、乳白色、褐色を含む白色、ピンク色を含む白色と三種類ある。状態や形状、色調に相関性はないものとみられる。

3　分析の方法

(1) 顕微鏡観察

白色物質表面の微細形状の観察を行った。使用した装置は、デジタルマイクロスコープ超深度マルチアングル観察システム（九州歴史資料館設置KEYENCE VHX-D510）を用い、真空下において五〇〇～二〇〇〇倍の範囲で観察を行った。観察にあたっては、サンプリング等、観察対象遺物の改変は行わず、非破壊・非接触で行った。

(2) X線回折分析

白色物質の結晶性を把握するため、X線回折分析を行った。使用した装置は、X線回折分析装置（福岡市埋蔵文化財センター設置Bruker AXS D8-DISCOVER）である。[3] 測定にあたって、サンプリング等、分析対象遺物の改変は行わず、遺物に対して直接、非破壊・非接触で行った。

4　分析の結果

(1) 顕微鏡観察

第1図、第2表に結果を示す。微細形状を観察したところ、大きく三種類の形状に分類された。まず、Aタイプとして、平板状あるいは粒子状の形状を呈するもの、Bタイプとして短冊状の形状を呈するもの、Cタイプとして、ブロック状の形状を呈するものである。

第１表　分析対象資料

	資料名	器種	付着部位	地区名	遺構	報告書	掲載番号	
							Fig	図番号
1	須恵器	壷	底部	政庁前面広場	不明	大宰府政庁周辺官衙跡Ⅰ　政庁前面広場地区	74	3
2	須恵器	壷	胴部	日吉	灰褐色土	大宰府政庁周辺官衙跡Ⅱ　日吉地区	83	25
3	須恵器	壷	胴部	日吉	土坑上落ち込み	大宰府政庁周辺官衙跡Ⅱ　日吉地区	83	26
4	須恵器	壷	胴部	日吉	土坑上落ち込み	大宰府政庁周辺官衙跡Ⅱ　日吉地区	83	27
5	須恵器	壷	胴部	不丁		大宰府政庁周辺官衙跡Ⅴ　不丁地区　遺物編２	71	2
6	須恵器	壷	底部と胴部の境界付近	不丁		大宰府政庁周辺官衙跡Ⅴ　不丁地区　遺物編２	71	8
7	須恵器	壷	底部	大楠	SE3970	大宰府政庁周辺官衙跡Ⅷ　大楠地区　遺物編	118	1
8	須恵器	壷	底部	大楠	SK2653	大宰府政庁周辺官衙跡Ⅷ　大楠地区　遺物編	118	2
9	須恵器	壷	底部から胴部	大楠	床土 / 灰褐土	大宰府政庁周辺官衙跡Ⅷ　大楠地区　遺物編	118	5
10	須恵器	壷	底部	大楠	床土	大宰府政庁周辺官衙跡Ⅷ　大楠地区　遺物編	118	7
11	須恵器	壷	胴部	大楠	黒褐色土	大宰府政庁周辺官衙跡Ⅷ　大楠地区　遺物編	118	8
12	須恵器	壷	胴部	大楠	暗褐色土	大宰府政庁周辺官衙跡Ⅷ　大楠地区　遺物編	118	9
13	須恵器	壷	胴部	大楠	S-212	大宰府政庁周辺官衙跡Ⅷ　大楠地区　遺物編	118	10
14	須恵器	壷	底部	大楠	SX4619	大宰府政庁周辺官衙跡Ⅷ　大楠地区　遺物編	118	14
15	須恵器	甕	胴部	観世音寺	濁茶色土	観世音寺　遺物編２	286	36
16	須恵器	壷または瓶	胴部	水城跡	北トレンチ拡張区第５、４層混入	水城跡　下巻	182	28

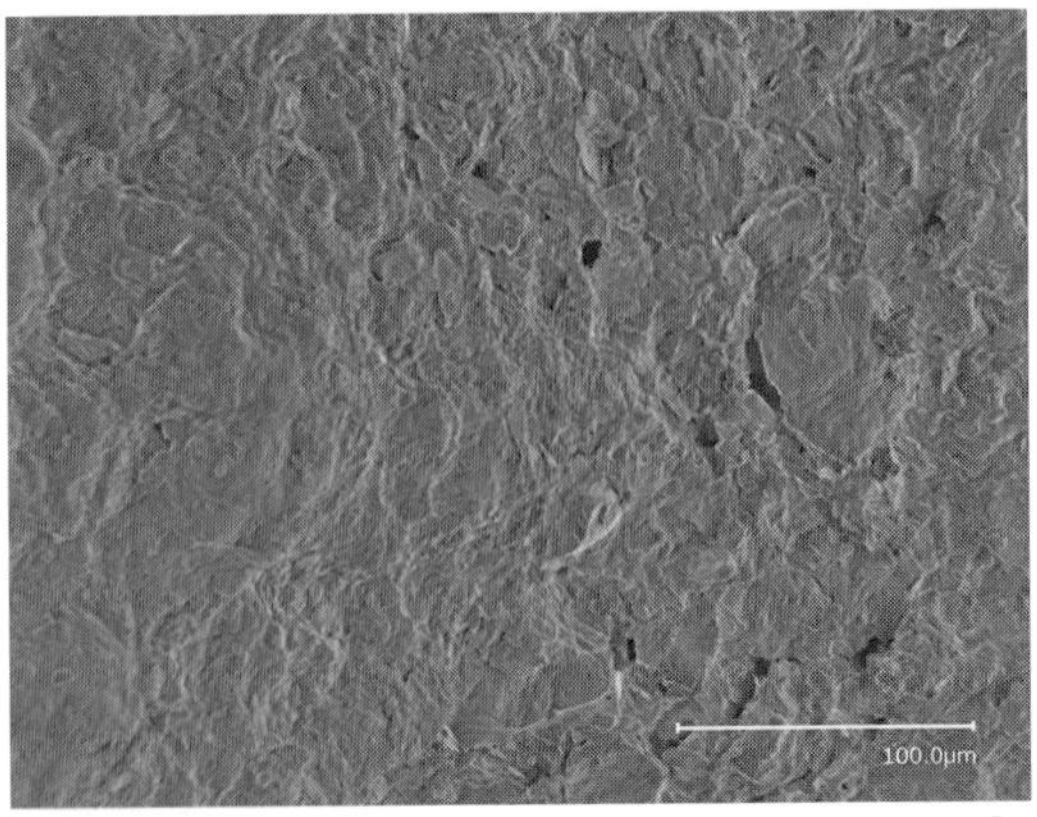

3

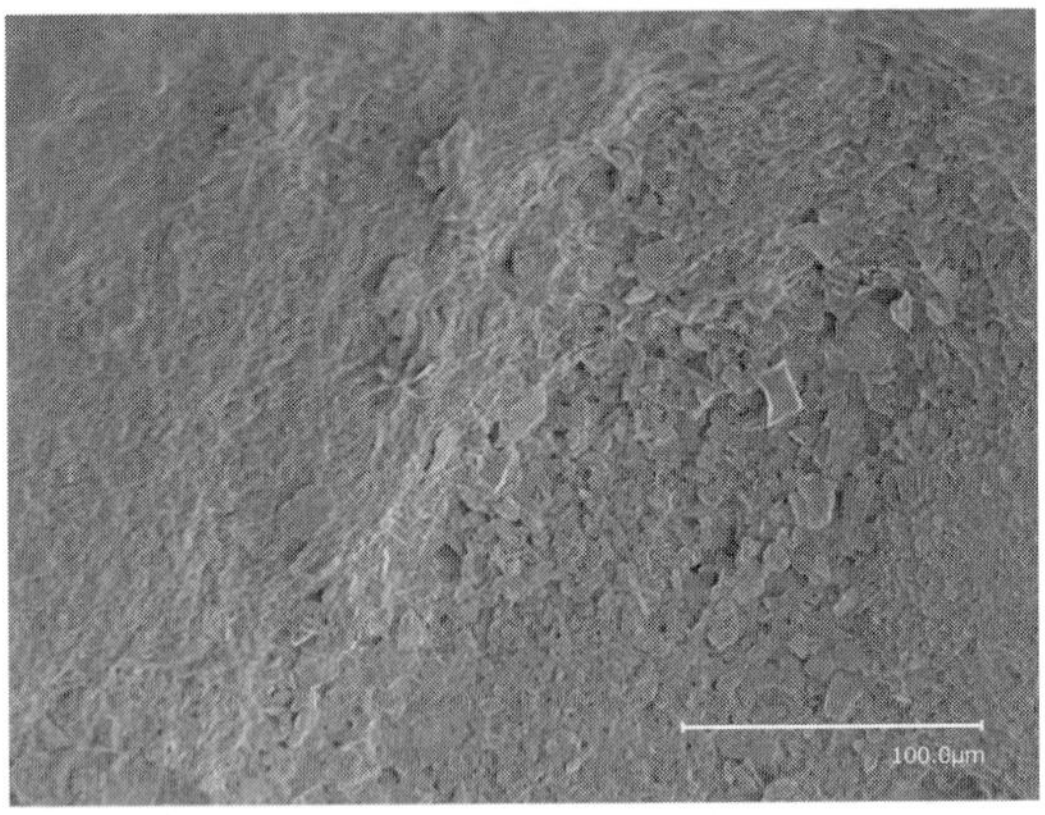

15

Ａタイプ（平板・粒子状）

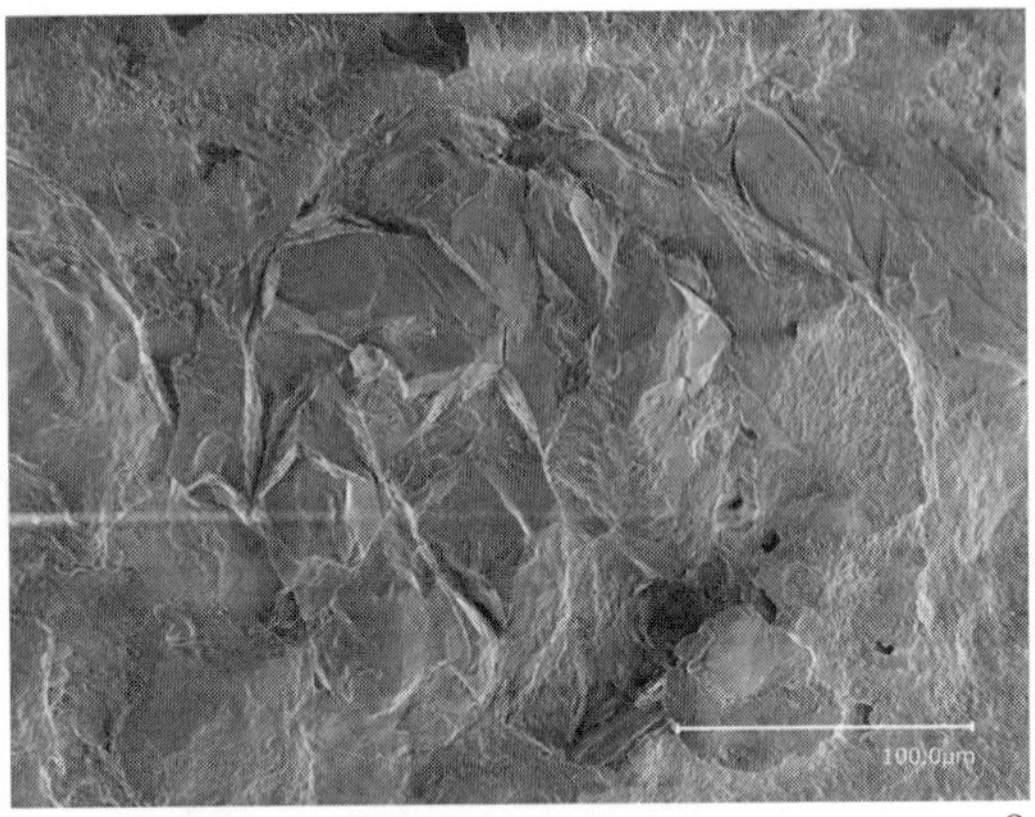

6

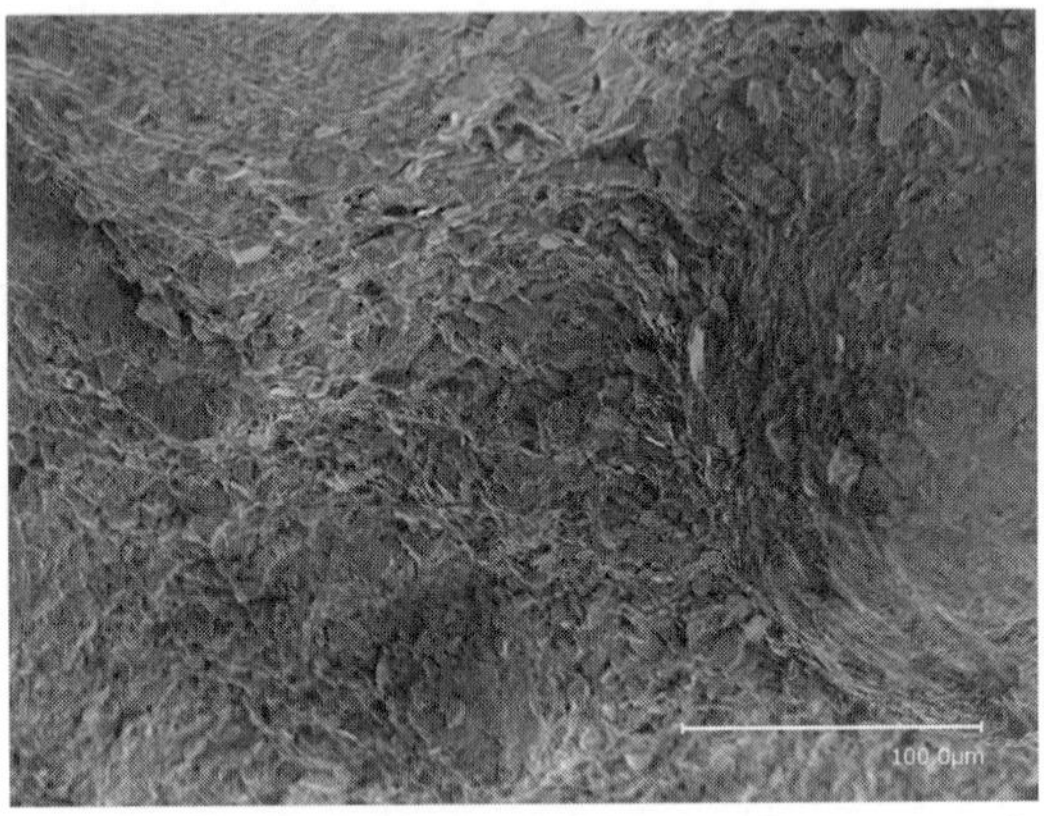

6

Ｂタイプ（短冊状）

9

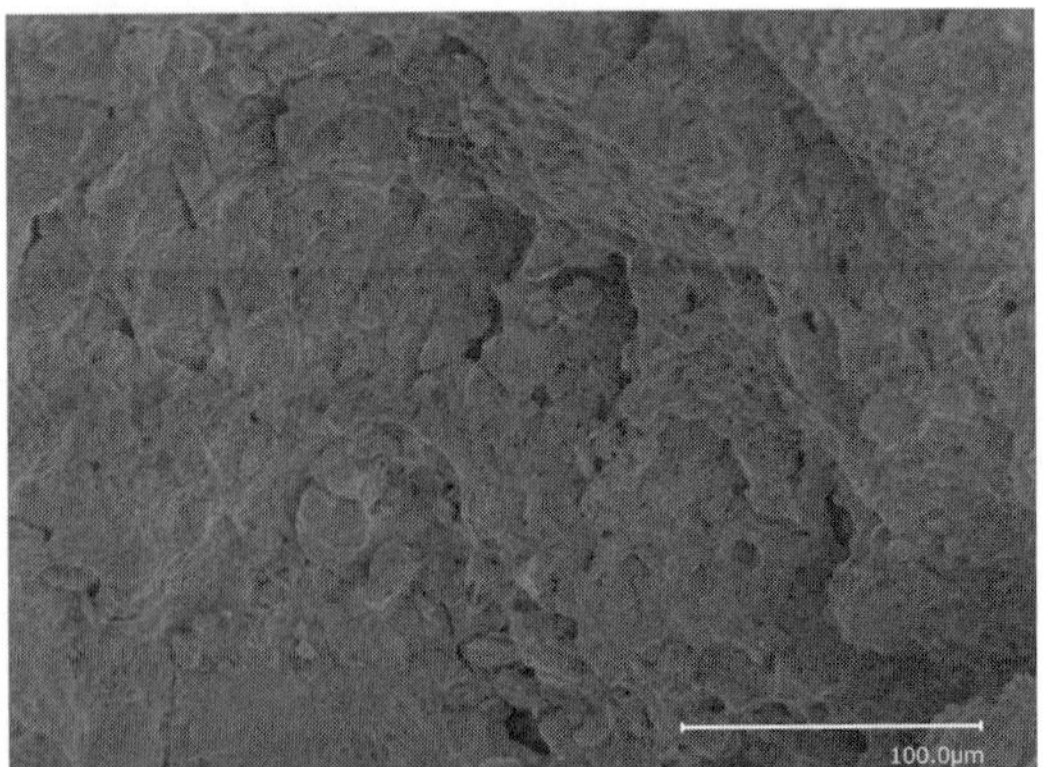

10

Ｃタイプ（ブロック状）

第１図　白色物質の表面微細形状（×1000）

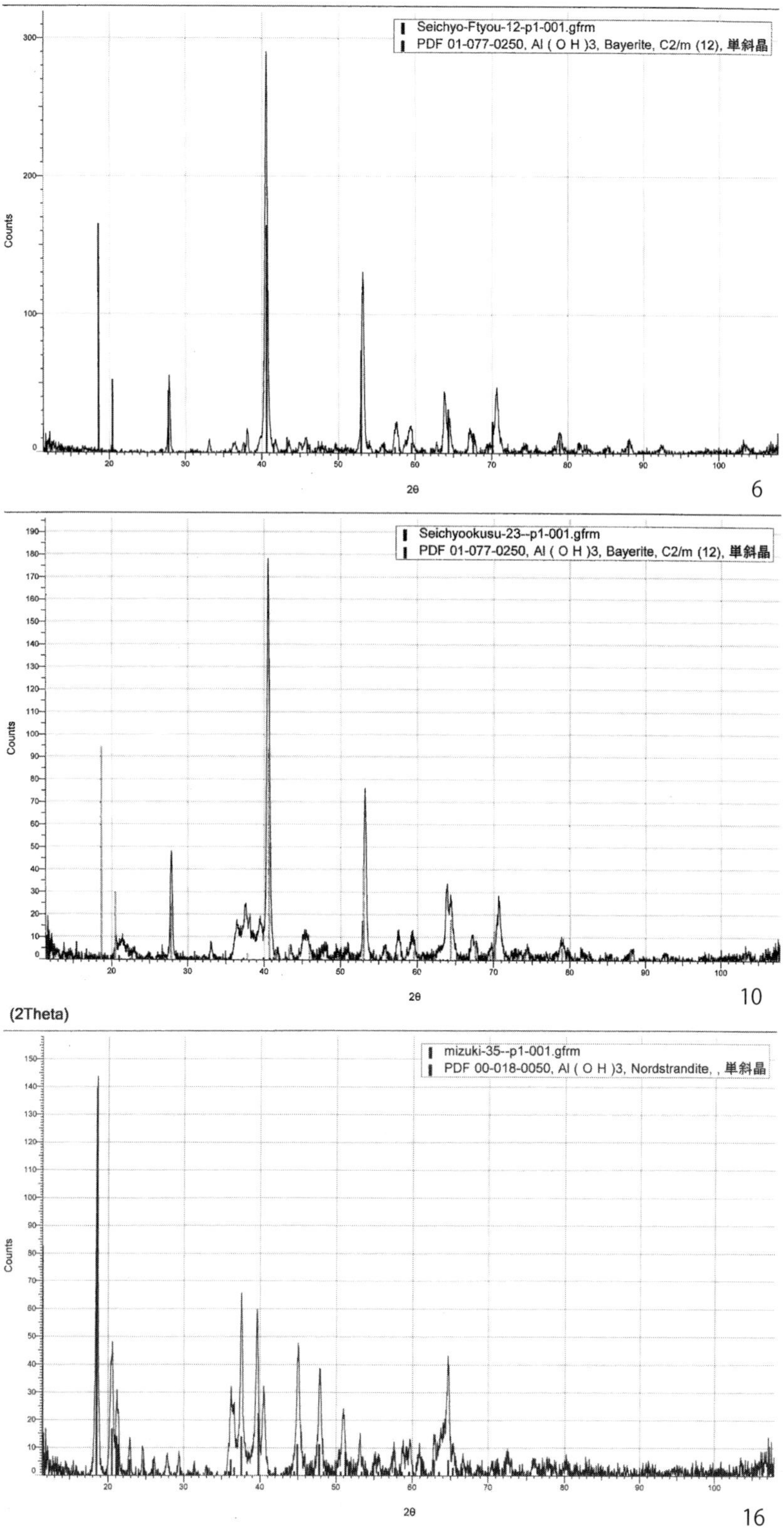

第２図　白色物質のＸ線回折スペクトル

このように三種類に分類されたが、これを同様に三種類に分類される色調と比較してみると、相関性はみられず、微細形状の違いが見た目の色調の違いには反映されないようである。

(2) X線回折分析

第2図に代表的なX線回折スペクトル、第2表に同定された物質を示す。1〜15はバイヤライト[4]、16はノルドストランダイト[5]のピークをみることができ、この物質は水酸化アルミニウムの一種であると考えられる。なお、バイヤライトとノルドストランダイトは、同質の関係にある。また、水酸化アルミニウムということでは、これまでの分析事例で確認されている、ギブサイトとも同質である。結果のすべてが同様であることから、今回、分析を行った遺物は、少なくともすべて同一の物質といえ、それは、水酸化アルミニウムであると考えられる。

5　分析結果の考察と白色物質の推定

以上の分析では、顕微鏡観察から三種類の形状を確認した。このことから、三種類の物質が存在することが推測されよう。しかし、X線回折分析では、すべて水酸化アルミニウムであることがわかり、同一の物質であると推測される。ここに違いが生じている点について、まず考えていきたい。

X線回折分析で得られたバイヤライトとノルドストランダイト、そして同質の関係にあるギブサイトは、長石やガラスなどの鉱物、あるいは粘土鉱物の風化作用で生成した物質であることから、何らかの原因で二次的に生成されたことが可能性として考えられ、埋蔵中に土器と接していた土壌からの溶脱が念頭におかれている[村上・佐藤・黒崎 一九九八]。この点から考えると、本稿の分析では、判断に至らないが、土壌成分や、土中の水分量など、埋蔵環境の違いにより生成過程が異なり、これが微細形状の違いに現れているのではないかと推測される。

第2表　分析の結果

	資料名	器種	地区名	色調	微細形状	X線回折分析
1	須恵器	壷	政庁前面広場	ピンク色を含む白色	A	バイヤライト
2	須恵器	壷	日吉	褐色を含む白色	A	バイヤライト
3	須恵器	壷	日吉	乳白色	A	バイヤライト
4	須恵器	壷	日吉	褐色を含む白色	A	バイヤライト
5	須恵器	壷	不丁	褐色を含む白色	A	バイヤライト
6	須恵器	壷	不丁	褐色を含む白色	B	バイヤライト
7	須恵器	壷	大楠	乳白色	A	バイヤライト
8	須恵器	壷	大楠	ピンク色を含む白色	A	バイヤライト
9	須恵器	壷	大楠	ピンク色を含む白色	C	バイヤライト
10	須恵器	壷	大楠	ピンク色を含む白色	C	バイヤライト
11	須恵器	壷	大楠	褐色を含む白色	A	バイヤライト
12	須恵器	壷	大楠	ピンク色を含む白色	A	バイヤライト
13	須恵器	壷	大楠	褐色を含む白色	C	バイヤライト
14	須恵器	壷	大楠	褐色を含む白色	A	バイヤライト
15	須恵器	甕	観世音寺	乳白色	A	バイヤライト
16	須恵器	壷または瓶	水城跡	黄褐色	C	ノルドストランダイト

したがって、微細形状による白色物質の分類は一定範囲に収まる方向性はあるものの、これのみでの判断は難しい。また色調との相関もみられず、肉眼や光学的な観察では判断し難いといえる。そこで、X線回折分析の結果をみていくこととする。

先に述べたように、これらは水酸化アルミニウムの一種であるが、バイヤライトとノルドストランダイトは、先行研究にみられるギブサイトと同質であることから、この白色物質は、小便に由来すると考えられる物質であると推測できるのではないか。

しかし、水酸化アルミニウムをもって、小便に由来すると考えられる物質と判断するには、その成因やどのような過程で付着したのかが、はっきりしていない。数ミリの堆積に至る量の水酸化アルミニウムが、人体から排出されるとは考えにくく、小便が直接、この白色物質に変化したとは想起し難い。では、成因を考えてみると、ギブサイトであれば、何らか二次的に生成されたものと考えられているが、一つの可能性として、土壌からギブサイトを生成する粘土鉱物の溶脱速度を高める要因として、土器に入れられていた有機質内容物が分解し、その過程で生じると考えられる。これには炭酸ガスや有機酸の存在が想定されている[6]。これについてバイヤライトの標準試料を得るための生成条件に関する実験の中で、塩化アルミニウム溶液にアンモニア水を加えるとバイヤライトが生成されるという成果[山口・坂本・白須賀 一九五八]は、成因を考える上で示唆的である。白色物質が直接、小便であると推測できないが、二次的に生成したものとして、土壌と有機質内容物が作用するとすれば、土器のみならず、便所と推測される遺構の木製の桶などに白色物質が付着している事例[7]は、対応するものといえるのではないか。また、近代の建物において配置図上、便所とわかる遺構から出土した埋甕の内面に付着する白色物質は、小便があったことによって生じたことを示唆する事例といえよう[8]。

一方、白色物質でアルミニウムであるものに、染色で用いる媒染剤が考えられる。媒染に用いるアルミニウムは、硫酸アルミニウム(明礬)、酢酸アルミニウムがある[田中・土肥 一九九〇]。なお、古来、媒染剤として利用されていたのは、『延喜式』に記述される藁など植物の灰や石灰、鉄、土壌泥である[前田 一九八〇]。

媒染剤と推定される白色物質の科学的調査の事例は、管見の限り見当たらないが、染色に関連すると思われる遺物の事例として、福井県一乗谷朝倉氏遺跡において、紺屋と推測される建物に、埋設された越前焼の甕があり、その内面に白色物質の付着がみられ、染色に関する甕ではないかと推定されている[岩田 一九九五]。

大宰府においては、「貢上染物所」が置かれ、染色加工が行われたとしている。これは、「紫草」に関する木簡が多くみられる不丁地区の中に置かれた可能性が指摘され、染色に関する工房の存在が窺えることから、媒染剤が存在する可能性も念頭に置きたいところである。

そこで、今回の分析対象とした須恵器の出土地区をみると、不丁地区のほか、大楠、日吉地区の前面官衙地区のほか、観世音寺、水城跡にもみられる。また、出土遺構も、井戸や溝、土坑、埋土のように一定性はなく、多様である。このように広範な出土地区、多様な出土地点から考えると、一定の場所に置かれる工房に伴う出土遺物とは考えにくい。一乗谷朝倉氏遺跡の遺物の分析が行われておらず、それと想定される事例がないところであるが、現時点で、今回、分析した白色物質が媒染剤である可能性は指摘しにくいと考えられる。

したがって今回、分析した白色物質は、小便に由来すると考えられる物質の可能性を指摘しておきたい。

小便に由来すると考えられる物質と考えた場合、この須恵器の用途は、壺について考えると、移動式小便器に用いられていたと想定できるのではなかろうか。大宰府において、明確な便所遺構は確認されておらず、大宰府の官人はどのように用を足していたのか、わかり得ないが、一日に何度ともなくお世話になる行為であるから、建物内外の一隅に壺を置き、用を足していたことが想像される。不丁地区のみならず、大楠、日吉地区と広範にみられることも、官人の誰もが必ずお世話になる行為であることを示しているのではなかろうか。

おわりに

以上、大宰府から出土した須恵器に付着する白色物質が科学的な手法からどのような素性であるか、そして須恵器の用途を推定してきた。

本稿ではひとまず、小便に由来すると考えられる物質と推定したが、生成されるメカニズムの解明など課題が残されており、なんとも振り切れない状況でもある。

また、今回は可能性を見出せなかったが、大宰府においては、染色に用いる媒染剤の存在も、「貢上染物所」の存在を考える上で、重要視できる物質であろうから、報告例の増加を待ち、分析に供し、発見に努めたい。

最後に、本稿で取り上げた須恵器の内面に付着する白色物質について、これは、何らかの用途を示唆する物質で、土器の整理、研究の際、視点を置くべきものであるとの認識を持っていただけるであろう。大宰府史跡の発掘調査報告書では、特殊遺物として報告されるようになってきている。今後、報告例が増加し、科学的調査が行われることで、大宰府研究、ひいては官衙研究の進展に寄与するものとなれば幸いである。

註

(1) 王塚古墳については、昭和四十四年からの保存対策研究に際して調査が行われ、白色については白土(白色粘土)と推定されることが報告されている[江本一九七五]。その後、非接触を原則とした測定による総括がなされ、白色については、漆喰などカルシウム系の材料が認められないことが指摘されている[朽津二〇〇二]。

(2) 本文献中でも触れられているが、以前、X線回折分析により、壺の内面に付着した物質が水磐土(ギブサイト)であると報告されている[巽一九八四]。

(3) 測定条件は、対陰極・銅(cu)、検出器・リアルタイム二次元検出器、印加電圧・40kv、電流値・40μA、測定角度・13～77度、測定範囲・0.3㎜φ、測定時間300秒

(4) バイエライト(bayerrite)：微細な繊維状の集合体で、堆積岩中に方解石や石膏と共生する。白色をもつ[地学団体研究会新版地学事典編集委員会一九九六]。

(5) ノルドストランダイト(Nordstradite)：熱帯地方で玄武岩と石灰岩の接触部で、石灰岩中に生じた空洞に風化作用の産物として産することを発見、その後、かすみ石閃石長岩ペグマダイトの末期生成物として発見される。無色、淡紅、淡緑色、ガラス光沢を持つ[地学団体研究会新版地学事典編集委員会一九九六]。

(6) 村上ら[一九九八]による。

(7) 広島県吉川元春館跡のトイレ遺構とみられる土坑にある木製桶の内側に白色物質が付着する。分析によりギブサイトに近い物質とみられている[村上・佐藤・黒崎一九九八]。

(8) 便所とわかる遺構にみられる事例として、東京都旧東京帝国大学図書館便所[大田区立郷土博物館編一九九七]、旧住友忠隈礦業所所長社宅の飯塚市忠隈宮坂遺跡の便所遺構[進村二〇〇三]を例示しておく。

参考文献

岩田隆編　一九九五年『特別史跡一乗谷朝倉氏遺跡発掘調査報告Ⅴ　第29次　第77・78次調査』福井県立一乗谷朝倉氏遺跡資料館

江本義理　一九七五年「壁画の老化に関する調査研究」『特別史跡王塚古墳の保存―装飾古墳保存対策研究報告書』福岡県教育委員会

大田区立郷土博物館編　一九九七年『トイレの考古学』東京美術

岡部央・朽津信明・前原豊・前尾修司・斎木一敏　二〇〇五年「群馬県・山王廃寺出土塑像の造像技法と顔料について」『群馬県立歴史博物館紀要』第26号　群馬県立歴史博物館

奥山誠義　二〇一一年「飛鳥京跡第152・164次調査出土品付着物の分析」『飛鳥京跡Ⅳ』奈良県立橿原考古学研究所調査報告第一〇八冊　奈良県立橿原考古学研究所

奥山誠義　二〇一二年「須恵器付着白色物質の分析」『平城京左京四・五条四坊、五条五坊』奈良県文化財調査報告書第一五三集　奈良県立橿原考古学研究所

加藤和歳　二〇一〇年「土器に付着した白色物質の推定に関する予察」『九州歴史資料館研究論集』35　九州歴史資料館

加藤和歳　二〇一二年a「土器に付着した白色物質の推定に関する予察　その二」『九州歴史資料館研究論集』37　九州歴史資料館

加藤和歳　二〇一二年b「薬師の森遺跡第五次調査出土須恵器に付着する物質の科学的調査」『乙金地区遺跡群』四　大野城市文化財調査報告第一〇〇集　大野城市教育委員会

朽津信明　二〇〇二年「古墳などに使われた彩色顔料」『保存科学研究集会二〇〇二―古代の色―』奈良文化財研究所

朽津信明　二〇〇五年「古代地方寺院で用いられた彩色の特徴について」『文化財保存修復学会第二七回大会研究発表要旨集』文化財保存修復学会

朽津信明　二〇〇六年「古代寺院で観察される鉛系白色顔料について」『文化財保存修復学会第二八回大会研究発表要旨集』文化財保存修復学会

朽津信明　二〇〇七年「仏教伝来前後の日本で用いられた顔料の特徴について」『シルクロードの壁画―東西文化の交流を探る』言叢社

黒崎直編　一九九八年『トイレ遺構の総合的研究―発掘された古代・中世トイレ遺構の検討―』平成七～九年度科学研究費補助金(基盤研究A)研究成果報告　奈良国立文化財研究所

肥塚隆保・村上隆・高妻洋成・降幡順子　二〇〇八年「遺物の科学的調査」『特別史跡キトラ古墳発掘調査報告』文化庁　奈良文化財研究所　奈良県立橿原考古学研究所　明日香村教育委員会

佐野千絵・早川泰弘・三浦定俊　二〇〇九年「国宝高松塚古墳壁画の材料調査の変遷」『保存科学』第四八号　東京文化財研究所

沢田正昭　一九八八年「表御殿跡漆喰遺構の化学分析」『特別史跡彦根城跡　表御殿発掘調査報告書』彦根城博物館調査報告一　彦根城博物館

沢田正昭　一九九五年「上淀廃寺出土壁画の材質と保存」『上淀廃寺』淀江町埋蔵文化財調査報告書第三五集　淀江町教育文化事業団

沢田正昭　一九九九年「顔料の調査研究法」『美術を科学する』日本の美術四〇〇　至文堂

嶋倉巳三郎　一九七五年「高松塚の漆喰調査」『青陵』第二八号　奈良県立橿原考古学研究所

白石　純　二〇〇一年「瓦・須恵器の科学的調査」『史跡大御堂廃寺跡発掘調査報告書』倉吉市文化財調査報告書第一〇七集　倉吉市教育委員会

進村真之　二〇〇三年『忠隈宮坂遺跡・鶴三緒七浦遺跡』一般国道二〇一号飯塚庄内田川バイパス関係埋蔵文化財調査報告第二集　福岡県教育委員会

田中清香・土肥悦子　一九九〇年『染織技術事典』理工学社

鶴真美・青木智史・金原正明　二〇一三年「古代壁に使用された漆喰の基礎的研究」『日本文化財科学会第三〇回大会研究発表要旨集』日本文化財科学会

巽淳一郎編　一九八四年『平城京右京八条一坊十一坪発掘調査報告書』奈良国立文化財研究所

地学団体研究会新版地学事典編集委員会　一九九六年『新版　地学事典』平凡社

鶴真美・廣岡孝信・山田隆文　二〇一五年「ハミ塚古墳から見つかった白色物質の分析調査」『日本文化財科学会第三二回大会研究発表要旨集』日本文化財科学会

東京芸術大学大学院文化財保存学日本画研究室編　二〇〇二年『図解　日本画の伝統と継承―素材・模写・修復―』東京美術

中口　裕　一九七七年「高松塚漆喰と貝殻石灰の同定(予報)」『青陵』第三三号　奈良県立橿原考古学研究所

西田史朗　一九七五年「高松塚漆喰・貝粉・石灰粉の走査電子顕微鏡写真」『青陵』第二八号　奈良県立橿原考古学研究所

早川泰弘・佐野千絵・三浦定俊　二〇〇四年「ハンディ蛍光X線分析装置による高松塚古墳壁画の顔料調査」『保存科学』第四三号　東京文化財研究所

前田雨情　一九八〇年『ものと人間の文化史三八　色―染と色彩―』法政大学出版局

松井敏也・村上隆・高田潤・乗岡実　一九九七年「岡山城本丸出土の造園材料と建築補助材料に使われた漆喰の研究」『文化財保存修復学会誌』第四一号　文化財保存修復学会

村上　隆　二〇〇二年「山田寺出土壁土の科学的調査―特に「白土」を中心に―」『山田寺発掘調査報告』奈良文化財研究所学報第六三冊　奈良文化財研究所

村上隆・佐藤昌憲・黒崎直　一九九八年「土器などに付着した白色物質―小便容器の可能性を探る―」『トイレ遺構の総合的研究―発掘された古代・中世トイレ遺構の検討―』平成七～九年度科学研究費補助金(基盤研究A)研究成果報告　奈良国立文化財研究所

安田博幸・白石太一郎　一九七二年「高松塚古墳の漆喰について」『壁画古墳　高松塚　調査中間報告』奈良県教育委員会　奈良県明日香村

安田博幸　一九七五年「古代漆喰の化学分析で新しく得られた二、三の知見について」『橿原考古学研究所論集　創立三五周年記念』吉川弘文館

安田博幸　一九八四年「古代赤色顔料と漆喰の材質ならびに技法の伝流に関する二、三の考察」『橿原考古学研究所論集第七　創立四五周年記念』吉川弘文館

安田博幸・土井礼子　一九九九年「東明神古墳の漆喰の科学分析と出土骨片のPb含有量について」『東明神古墳の研究』橿原考古学研究所研究成果第二冊　奈良県立橿原考古学研究所

山口悟郎・坂本憲一・白須賀公平　一九五八年「バイヤライトの生成条件と結晶構造」『工業

化学雑誌』六一巻三号　社団法人日本化学会
山崎一雄　一九五一年「装飾古墳の顔料の化学的研究」『古文化財之科学』第二號　古文化資料自然科学研究会
山崎一雄　一九八七年a「高松塚古墳壁画の顔料」『古文化財の科学』思文閣文庫
山崎一雄　一九八七年b「法隆寺金堂壁画の顔料およびその火災による変化について」『古文化財の科学』思文閣文庫
山田末利　一九七五年「各種材料による実験結果」『青陵』第二八号　奈良県立橿原考古学研究所
吉岡尚文・小松正夫　一九九八年「秋田城跡出土の灰釉瓶について」『トイレ遺構の総合的研究─発掘された古代・中世トイレ遺構の検討』平成七～九年度科学研究費補助金(基盤研究A)研究成果報告　奈良国立文化財研究所

第6部　大宰府史跡の保存

大宰府史跡と島田寅次郎

伊﨑 俊秋

はじめに

「大宰府跡」・「水城跡」は大正十年三月三日に国指定史跡となった。大正八年六月一日に施行された「史蹟名勝天然紀念物保存法」（法律第四四号）による史跡の指定としては、この日に指定されたほかの四六件とともに全国第一号のひとつである。

その「大宰府跡」で発掘調査が始まったのは昭和四十三年（一九六八）十二月であり、二〇一八年には調査開始から五〇年を迎える。

発掘調査以前の「大宰府史跡」(1)の研究を集大成したのは鏡山猛氏であった〔鏡山 一九六八〕。氏の大著『大宰府都城の研究』は昭和四十三年三月の後記があり、同六月十五日付で発行されている。折しも昭和四十一年十一月に表面化した大宰府史跡の指定拡張問題が激しく議論されている時分であり、(2)この昭和四十三年五月には大宰府史跡発掘事業が発表されたばかりのときであった。そして、七月一日には大宰府史跡発掘調査指導委員会が竹内理三委員長、鏡山猛副委員長のもと一〇人で発足した。発掘調査は当初は福岡県教育委員会の社会教育課が担当したが（昭和四十四年から文化課）、昭和四十七年に九州歴史資料館が設置されるとその調査課が主体となった。

大宰府史跡の調査を担ってきた九州歴史資料館では、まず平成十四年三月に刊行した報告書『大宰府政庁跡』において、それまでの三十数年にわたる政庁跡の調査成果をまとめた。その中で大宰府政庁跡の調査研究史については高倉洋彰氏により詳細が述べられているし、高倉氏はほかにも研究史に触れている〔高倉 一九八三・一九九六・二〇〇二・二〇一三〕。鏡山猛氏もいくつかの大宰府に関する著作の中でその研究史に触れられている〔鏡山 一九六八・一九七二・一九七九〕。

大宰府跡について高倉氏は、近世に入ってから「忘却からの復活」を遂げ、「福岡藩による顕彰」として天明年間の礎石除去禁止や礎石図の作成などが見られるが、幕末のころには「再び忘却の時期へ」と移り、明治維新後しばらくしてから「近代的研究の開始」が見られるようになったと簡潔明瞭にまとめられた〔高倉 二〇〇二〕。その近代的研究としては大正七年の池上年氏の業績を嚆矢として、鏡山猛氏による政庁配置図へと展開していくのである。

池上年氏は「都府楼址の研究（上）」（『考古学雑誌』第八巻第七号）において、「余屢〻この地に遊び、其の遺跡を探究し得る所尠からず。故にこゝに本誌の余白を借りて是を学界に紹介せんとす。本篇の目的は現状の詳報と正確なる実測図とを提供するにあり」として、「都府楼址の研究（中）」（『考古学雑誌』第八巻第一一号）にかけて所在地の地勢、礎石の一般配置、古図と実測図、總門址、中門址、東殿址及西殿址、本殿址と順を追って述べている。しかし、同論文は(中)で政庁跡礎石の詳細が述べられたあと、なぜか(下)は発表されなかった。その「都府楼址の研究(中)」に掲載された政庁跡の図は、現在の測量と比べても遜色のない極めて精確なものであった(第1図)。

池上氏の次に遺跡としての大宰府跡を取り上げるのは島田寅次郎氏である。ところが、大正十五年三月発行の『福岡県史蹟名勝天然紀念物調査報告書』(以下、『福岡県報』と略記)第二輯における島田寅次郎氏の「太宰府阯の礎石」・「大野城址」については、高倉・鏡山の両氏ともにあまり触れるところがない(3)。

島田氏も大宰府跡は福岡県にとって大変重要な遺跡と捉えていた。ただ、島田氏は、池上氏の先行研究成果を取り入れることなく政庁跡の図を示すなど、その調査成果にはやや腑に落ちないところもある。そういったことを踏まえつつ、本稿では、その島田寅次郎氏の大宰府研究の成果を見ることとする。

1　島田寅次郎

島田寅次郎氏については、その生涯の詳細を把握できていない部分もあるが、これまでに知りえたところでは慶応元年(一八六五)の生まれであり、福岡教育大学の『鶴陽会史』における「第二章　多士済済の鶴陽人脈」では次のように紹介されている[鶴陽会史 一九九三]。

　島田寅次郎　(M17)明治十七年七月福岡師範学校高等師範学科第一回生として卒業。卒業後明治十七年八月より、明治十九年十一月まで母校三等助教諭として勤務した。糸島郡内小学校長・糸島郡視学など歴任。明治三十年十一月福岡市立高等小学校長、同三十一年五月福岡市立高等女学校長を兼務した。

　明治三十三年から四十三年まで十年間福岡県教育会幹事。大正十五年から福岡県学務課に勤務している。

概要としてはこのとおりだが、「大正十五年から福岡県学務課に勤務」とあるのは「大正十二年から」が正しい。

これを補足する内容としては次が参考になる[島田 一九四三]。

　私は明治十七年七月福岡師範学校を卒業して同校の三等助教諭となり、師範学校及附属小学校に勤務し尋で小倉・西新・前原高等小学校長勤務、同郡視学にも転勤したるが、引続きて福岡高等小学校長に迎へられ市立福岡高等女学校長を兼務したるが、明治四十三年甘木女子実業学校長兼教諭に転じ、同校が実科高等女学校県立朝倉高等女学校に転進する迄勤続したるが…

なお、福岡県教育会幹事であったとき、明治四十一年六月に来福した哲学者・教育者の井上円了に会い、また同年七月には太宰府出身で東京帝国大学文学部哲学科教授であった井上哲次郎(巽軒)が福岡高等女学校で講習会を開いた際に修猷館長や伝習館長とともに会見している。

島田氏は、明治四十三年から朝倉郡立甘木女子実業学校(のちに県立朝倉高等女学校:現県立朝倉東高等学校)の校長を務めてのち、五十八歳の春に至って次のように転身する[島田 一九三七]。

　私は大正十二年四月に高等女学校を辞して福岡県嘱託となり、社寺兵事課の別室に其課の一員として史蹟名勝天然紀念物の調査保存の事務に鞅掌し、昭和七年三月限り老を以て事務の方面は退きましたが、九年間五代の知事を戴き九人の課長を経て、今日も尚調査委員の列に加はりて斯道に関係していますが、…

さらに少し補足すると、「昭和七年六十九歳の時、県の嘱託を辞し暫く若松市史の編纂に従事し、地を福岡の西郊荒江に求め妻と共に退隠して余生を養ふ事となりました。」〔島田 一九四三〕ということである。

つまり、大正十二年(一九二三)四月から福岡県内務部学務課(大正十五年から学務部社寺兵事課)の嘱託として史蹟名勝天然紀念物の調査保存の事務に携わることとなり、九年間にわたって務めてのち、昭和七年(一九三二)三月に至ってその事務を退いた。

その後は、少なくとも戦前の期間においては史蹟名勝天然紀念物調査委員を務めており(4)、戦後に至って昭和二十四年の暮に病没したとされている(5)。

(1) 文化財との関わり

島田氏は、師範学校を出て、もともとは教職の身であったが、五十八歳の春になって福岡県の文化財保護の業務に携わることになる。昭和七年までの九年間における文化財への関わりについては後述する。

それでは、島田氏はなぜ文化財の業務に関与するようになったのであろうか。それについては、また次の回顧文が参考になる〔島田 一九四二b〕。

私は甘木の学校に奉職せし時或休日に同地の大平山に深入し道に迷ひて或古墳に逢ひたるが、見事の円筒が二三回も墓上の周囲に繞らされて永らく人々の耳目に触れざりし古墳を発見したるが折しも此の淋しい深山に鶯の頻りに流囀する反響に感興を催し、

荒塚に春の経よむ小鳥かな

駄句を作て円筒一ヶを失敬し中学校備品の土馬を借り併せて絵葉書に装したるが、これが機縁となって本県の史蹟調査を嘱託されました。

と述べている。ただ、高等女学校長の頃から「…島田校長は多趣味で、謡曲、俳句に堪能であった、わけても歴史に関心が深く、暇があれば郡内の史蹟をめぐり、古墳を研究するところがあった。…」と評されている〔朝倉高校 一九五九〕。

なお、三井郡三国村(現小郡市)にて明治二十二年に生まれた草場七郎次氏は、大正六年五月から昭和十三年五月まで福岡県庁に在職し、昭和七年八月十九日には学務部社寺兵事課長を命じられている。この草場氏の邦恵夫人は朝倉実業女学校(朝倉高等女学校)の卒業生であるが、在学中には島田寅次郎氏がその校長を務めていた〔小郡市 二〇〇八・二〇〇九〕。島田氏の社寺兵事課嘱託時代と草場氏の社寺兵事課長在任期間は重複していないが、二人とも同時期に県庁内にいたことは確かである。島田氏が社寺兵事課に勤務するようになった背景にこういった関係性があった可能性も全くないとは言えないように思われる。

(2) 文化財に関する業務

島田氏は、九年間の福岡県内務部学務課(学務部社寺兵事課)史蹟名勝天然紀念物の係において、多様な業務に従事しており、その内容は氏の「保存事業の回顧」に詳しい〔島田一九三七〕。部分的に引用する。

保存工事、私の就任当時には本県では太宰府阯・水城阯・筑前国分寺阯・筑後地方の装飾古墳なる乗場・重走大楠・塚花・日輪寺の古墳は既に指定しあるに係らず、保存工事の申請が幾回も却下されて着手し得なかった、…営繕課の技師と数回会合して研究の上、羨門の石壁に沿ふて框を建て前面に観音開きの戸を建てゝ、墳内を密閉し、台湾檜の厚板にて堅牢に美観を添へ、注意札と共に廉価に設計

したれば、其要求は直に採用されて同型の工事が一時に完成整頓しました、…

指定以外の史蹟名勝天然紀念物は、文化の発展と共に比例して湮滅するにより、之が防禦手段の一として榜示板や標識石を建る事は、本県にては三井郡が郡制廃止の時紀念として標識石を建設せしを始とす、県にては昭和三年度より榜示板を建立する事となり同年度に三十三ヶ所、同五年度には十七ヶ所、爾後毎年之を実行せしが、…

私が在職中編輯せし主要なる印刷物は

一、福岡県史蹟名勝天然紀念物調査報告書、大正十四年度より毎年一回一冊宛、市町村役場及関係者方面に送呈、多くは調査委員及特殊な者は臨時設置の委員調査物、及私の調査した者を掲載す、此は今日も継続編纂されている。

一、福岡県史蹟名勝天然紀念物国宝分布図、…

一、本県史蹟名勝天然紀念物所在調査書、…

…私は昭和三年度より予算に蒐集費を設くる長官の諒解を得、各市町村長及警察署等の紹介により確実なる出土品の買収を行ひ、寄附を勧誘し、又自己の蒐集品の出処確実なるものは一切寄納して縣に蒐集を初めましたが、其数数十百点に達しました、但し保存法の実施日尚浅く…私の知らざる間に指定地内に碑文が建設されたり、城阯の石垣が取崩されたり、一里塚が開墾され湮滅する等の遺憾な事が多かった、…

右の「重走大楠」は「重定楠名」の誤植である。このほかにも、国分瓦窯跡の修理工事のことなどに触れている。

島田氏は女学校では修身と歴史を教えていたから史跡等への造詣は深かったといえるだろう。また、金明竹の移植にも関わっていたし、薬園の調査にも携わっていて[島田 一九二九]、まさしく史蹟名勝天然紀念物の全般に関わっていたことになる。それは大正八年の「史蹟名勝天然紀念物保存法」施行の後に福岡県の文化財を所管する部署の嘱託となった島田氏にとっては、ある意味で当然の業務であった。

(3) 九州考古学会など

島田氏における文化財及び歴史事象にかかる対象は幅が広い。大正十二年〜昭和七年の九年間は特に考古学的な内容が多いが、それも古墳や横穴であったり、鎌倉時代の遺跡遺物であったり、中世墳墓であったりした。その後の史蹟名勝天然紀念物調査委員時代は、尊王思想に関する史蹟や塞ノ神(道祖神)のことも報告している。

また、昭和五年に発足した九州考古学会とも活動を共にしていた。二月二日の設立総会に出席していたか否かは定かでないが、同年三月十六日の第二回例会における糸島の御床松原遺跡の実地見学の際には島田氏が写真係を担当している[佐々木 一九七八]。また、昭和六年五月の例会では「墳墓」の題で講演を行っている[6]。さらに昭和九年十二月二日には桂川町王塚古墳の見学旅行にも中山平次郎博士などとともに同道し、報告を行っている[島田 一九三五]。

島田氏の九年間及びその後における諸論考は氏が編集を始めた『史蹟名勝天然紀念物調査報告書』(第一輯は大正一四年(一九二五)三月発行)や『筑紫史談』誌等において披瀝された[7]。

(4) 大宰府との関わり

大宰府に関連したものは、大正十五年(一九二六)三月に刊行された『福岡県報』第二輯の史蹟之部で島田氏が「太宰府阯の礎石」と「大野城址」を報告している。この「太宰府阯の礎石」においては政庁跡全体図や礎石実測図が示された（第1図）。

そして、大宰府との関わりについては先に触れた「保存事業の回顧」において次のように述べる［島田 一九三七］。

私の光栄とする所は、此間高貴の御方々に史蹟の御案内説明を申上げ得ました事で、…高貴の御方への案内所は主に太宰府阯で、高官の人々へは太宰府阯と元寇防塁とが其主要なるものでした、李王殿下に太宰府の沿革を御話申上げた時は一種の感情が湧き出でました。…

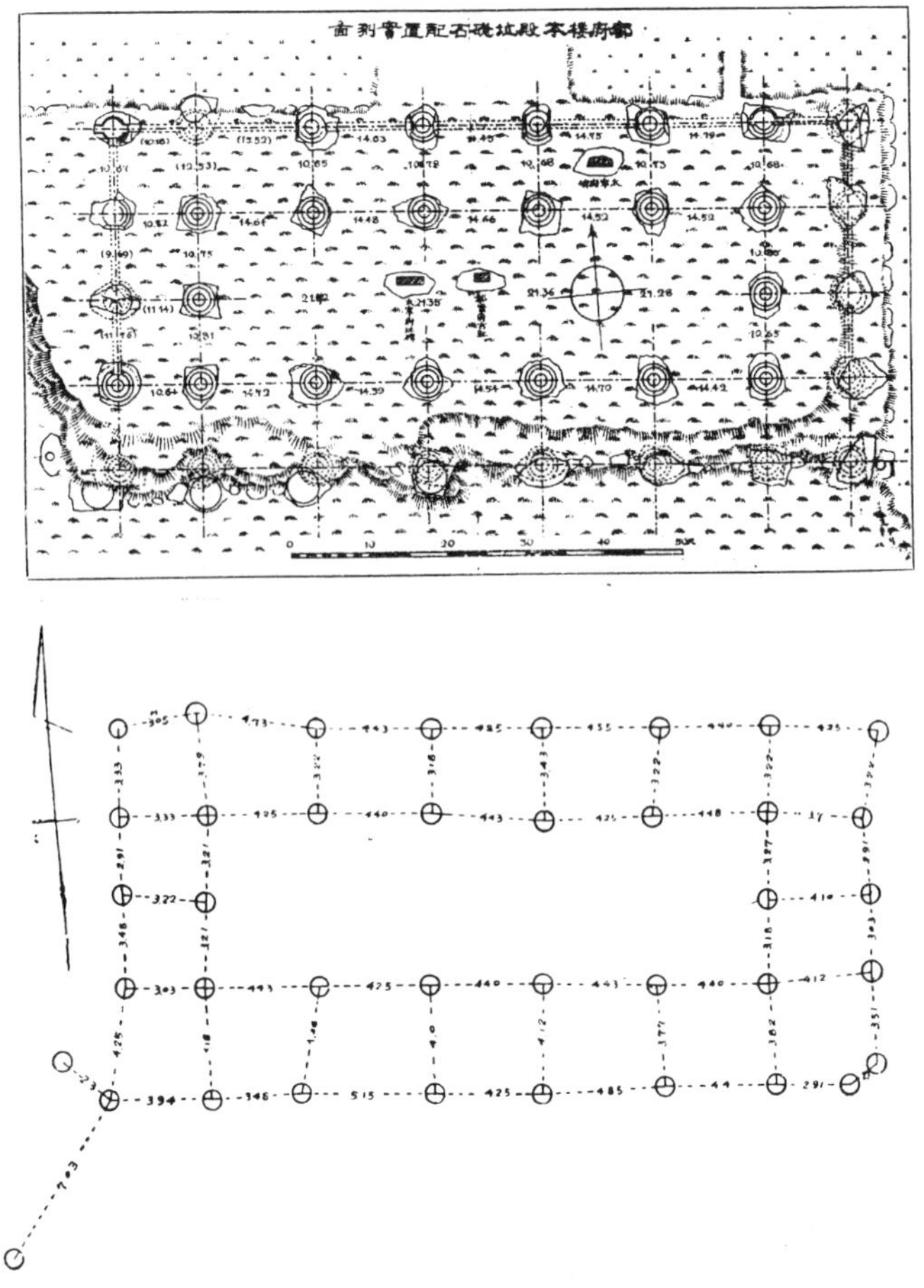

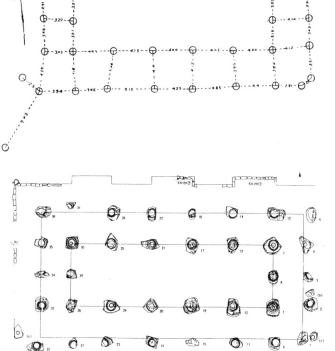

第１図　大宰府政庁跡の図（約 1/400）
（上：池上 1918、中：島田 1926、下：九州歴史資料館 2002）

大島帝室博物館長に観世音寺の古鐘を案内した時、「此鐘一つを見学のために東京から態と来ても損にはならぬ」と激賞されて嬉しかった事など今に記憶しています。

太宰府と云へば私の在職中又は其以前に地下より発見されたものが沢山あります、永き間の史蹟地といへ、その関係地方から無限の宝蔵地として出土発見されたものは驚嘆に値します。指を屈すれば、経筒の発見四ヶ所其数二十余、石仏一、塑像仏の破片数ヶ、磚の破片一（学業院の有紋）、礎石三ヶ所其数三十余、暗渠工事一ヶ所、軍団印二ヶ所、有紋瓦無数、石垣一ヶ所、朝鮮人の使用せしと思はる、石釜石鍋等であるが、私は是等の遺物でも統一して其経歴出土位置などを明確にして書残したいと思ふのであります。

その『福岡県報』第二輯が刊行された大正十五年（一九二六）三月には島田氏は基肄城を踏査しているが、そのとき大野城では山火事が起きている。また同じ五月には内務省の考査官であった柴田常恵氏を大野城へ案内して、毘沙門堂付近で瓦が散乱しているのを確認した。このとき、「柴田氏は四王寺も今一段の調査で指定の域に達する旨を述べられた」という(8)［島田 一九二七a］。

昭和二年五月には、大野城跡の毘沙門堂付近で、島田氏と宇美町役場の持田弥三氏とが八基もの経塚を発見した［島田 一九二七a・b］。

昭和五年二月には、九州帝国大学の長沼賢海教授から依頼されて、県費で水城跡の堤内外の実測図を作成している［長沼 一九三二］。さらに、同年十一月には、大野城跡の水ノ手口城門の所について、「縣が此の附近の史蹟を測量する際、此の敷石の左右に門礎が埋まっているならんと推定して、発掘して見ると、果して更らに多くの敷石ならびに礎石が二つ現はれ、殆んど東西に相対して居り…」、この調査は「福岡県囑託島田氏との供同調査によるもの多く、写真は全部同氏の撮影にかゝるものである」とされている［長沼 一九三二］。

島田氏の水城・大野城を含む大宰府史跡への関わりは右記したようにかなり密なものがあった。そして、大宰府に対しての思い入れは大変に深かったと思われる。

その一端を示すものとして、昭和七年（一九三二）三月の県立朝倉高等女学校校友会誌第十七号において、〈旧職員卒業生通信〉で、「消息に代えて」として次の俳句が見られる。

史蹟の調査をしつつ
都府楼のあとにやせたる土筆哉
怡土城や白帆にかすむ壱岐対馬
椽の城や菜の花まじる三ヶ国

ほかにも数句が掲載されているが、趣味であった俳句で都府楼のことを詠んでいるのである。

その「都府楼のあとにやせたる土筆哉」の句については、昭和十七年の「史蹟の実例と私の感想（第二編）」においても「鐘の音に秋の聲あり榎寺」などの句とともに文中に挿入されており［島田 一九四二b］、大宰府への想いが深いものであったことが推測される。

2　柴田常恵から島田寅次郎への書簡

島田寅次郎氏の「太宰府阯の礎石」(9)に関連して、当時の内務省の史蹟考査官であった柴田常恵氏から島田氏にあてた八月十九日付け書簡が残されている。

この書簡は、福岡県文化財保護課に保管されてきたもので、封筒や手紙の末尾に年号が記されていないが、綴じこんであった他の書類との関係から大正十三年に出されたものと考えられる。原稿用紙五枚にわたり綴られている。

謹啓　此頃は元寇防塁の実測図及太宰府阯礎石実測図御進達相成拝見仕候　各方面の史蹟に就き御努力を煩はし殊に結構の事に存居候　元寇防塁を始め飯盛山の経塚、春日村の甕棺、八女浮羽方面の古墳さては怡土城阯など数え来れば御県には至急調査を要すべきのも多々有之候事とて近き機会に於て少しく余分に時日を費し候ても取纏め度希望に有之何分ともよろしく御配慮に預り度し偖先日拝見仕候大宰府阯礎石の実測図大分精細に出来居御苦心の程憮かしと推察仕候へ共欲を申せは個々の礎石の形状は略ぼ実測図に依り相知れ候へども個々の礎石の関係に至っては知る事六ケ敷此点残念に存候　此種の実測には個々の礎石の距離と高低の位置を知る必要有之　従って土壇状を為せる部分も図面に記入する事必要と存候　右様の事既に貴台御手元に御調査済なれば結構至極に御座候へ共万一然らす候はば他日の機会に此点御添加成下され候はば有益なる御事と存御遠慮もなく婆心を披瀝仕候　何分ともよろしく願上候　実測の方法としては御参考まで左記致置候間御覧成被下度也
敬具

八月十九日　柴田常恵

島田賢台

待史

一、礎石個々の測定は　即ち彫出せる各段の直径と其ノリを計ると共に各段の高さが必要に有之候図面にて大体は察せられ候も寸法を入れ置く必要有之候全部の礎石は一々測定するは困な場合は様式の異るもの又は大さの異なるもののみに止めて図上に之を類別致せは宜しく候

一、都府楼阯の如き土壇の部は土壇の高さ及ひ広さを測ると共に其ノリをも測り併せて若も土壇縁と礎石との関係を知る様致度候

一、各礎石の間隔は是非必要に就き之れを記入致度候　之れは柱礎の中心より直角に綱を引き候て中心と中心とにて計り度候　若も中心より移動せるものは上図の如く測り度候

一、都府楼、東西朝集殿、中門、総門に於ても土壇若も有之は申迄も無之候と共に此等の関係を知る為には正中の一線を引き候て距離を測り置度候

一、各建造物を一纏としての高低か知り度候　即

〈この次に図あり。「都府楼」から「東西朝集殿」、「中門」、「楼門」までの断面比高差を示すような図〉

以上

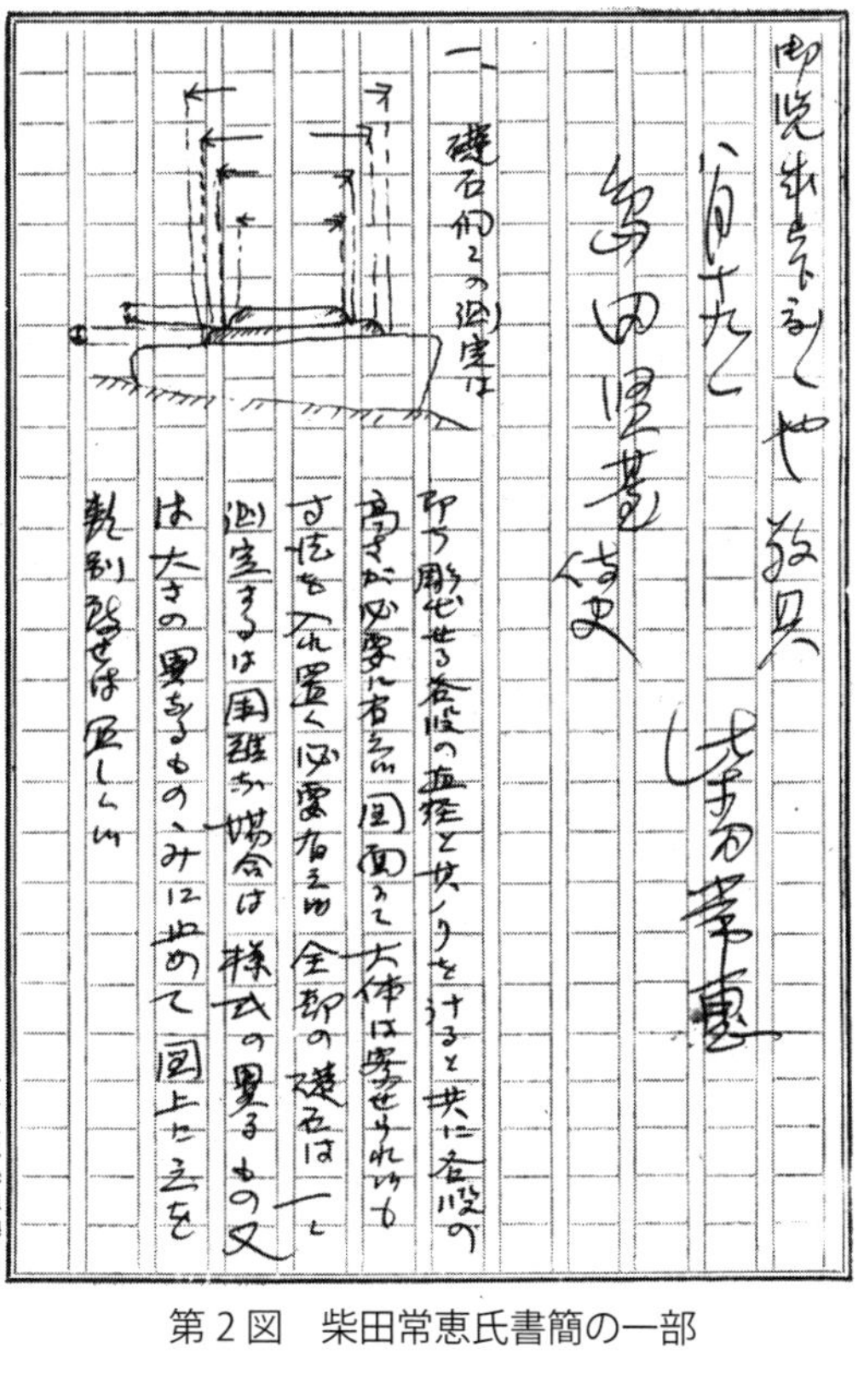
御覧成被下度也　敬具
八月十九日
島田賢台　侍史
柴田常恵
一、礎石個々の測定は
即ち彫出せる各段の直径と其ノリを計ると共に各段の高さか必要に有之候図面にて大体は察せられ候も寸法を入れ置く必要有之候全部の礎石は一々測定するは困難な場合は様式の異るもの又は大さの異なるもののみに止めて図上に之を類別致せは宜しく候
十二ノ廿五　松屋製

第２図　柴田常恵氏書簡の一部

要約すると、「この頃は、元寇防塁の実測図や大宰府跡の礎石実測図の進達を拝見し、各方面の史跡について努力されていることは結構なことと思う。福岡県には元寇防塁や飯盛山経塚、春日の甕棺、八女・浮羽の古墳、怡土城跡など至急調査が必要なものが多いので近い機会に時日をかけて取りまとめたいと考えているのでよろしく御配慮願いたい。さ

て、先日拝見した大宰府跡の礎石実測図は精細にできてはいるが、個々の礎石の関係を知ることが難しい点が残念である。個々の礎石の距離と高低の位置、土壇状の部分も図面に記入する必要がある。参考までに実測方法を記載しておく」といった内容に続けて、図を交えた五項目の解説文がある（第2図）。この図では、礎石個々の測定点、土壇の高さ・広さの実測法、礎石の間隔の距離測定法、政庁・東西朝集殿・中門・総門間の測定法、各建物の高低差の測定、が例示されている。

柴田常恵氏は内務省内務大臣官房地理課（昭和三年から文部省宗教局保存課）に所属し、一方の島田寅次郎氏は福岡県の内務部学務課（大正十五年から福岡県学務部社寺兵事課）の嘱託としての担当官であった。

この手紙のやりとりを見ると、当時の国の専門官と地方の担当官との間で情報の交換がかなりなされていたことが伺える。お互いに国と県の考査官・担当者になる前から接触があった可能性もある。

國學院大學日本文化研究所学術フロンティア推進事業で整理された柴田常恵写真資料目録によると、大正十五年を前後する時期に柴田氏が島田氏から提供を受けた写真は十七件にものぼっている[10]。

3　島田寅次郎の業績

島田氏による大宰府に関連した事績としては、大正十五年の「太宰府阯の礎石」「大野城址」の報告や昭和二年の大野城（四王寺）の経塚の調査、昭和五年の水城跡の測量及び大野城跡の調査などが挙げられる。

「太宰府阯の礎石」では、（一）所在、庁舎の名称及礎石に関する記録と古図、（二）礎石の実測図、（三）府阯の建碑、そして太宰府の沿革概要の順に述べられる。

この稿の「はじめに」で述べたように、池上年氏は「都府楼址の研究」を大正七年に『考古学雑誌』に発表しているが、その政庁跡礎石の詳細な実測図などについて、島田氏は全く触れることがない。なぜであろうか。池上氏の事績を知らなかったのであろうか。今となっては知るすべもないが、認知していなかったのかもしれない。

政庁跡の庁舎の名称について双方を比較すると、池上氏の總門に対して島田氏は大門とし、中門は二人とも同じだが、東殿は東庁又は東集殿、西殿は西庁又は西集殿、本殿は政庁、後殿は後庁といった具合に異なった呼称を使っている。

政庁跡全体の礎石の数について、島田氏は「調査年次による礎石数」として、寛政五年、文政三年、明治二十三年、大正十四年の比較を表で示した。寛政五年（一七九三）は一五〇個、文政三年（一八二〇）は一九五個、明治二十三年（一八九〇）は一〇五個、そしてこの報告で調査した大正十四年（一九二五）は六九個である。島田氏は触れていないが池上氏の調査した大正七年（一九一八）には七三個が示されているので、七年の間に四個が減少したことになる。

島田氏による政庁跡全体図や礎石実測図については、大正十三年（一九二四）八月の柴田常恵氏からの書簡で教示されたことを反映していると思われるのであるが、池上氏の示した礎石配置図及び各礎石実測図と島田氏のそれとでは、精密さにおいて歴然とした差異がみられる。池上氏の図はきわめて精緻である（第1図）。

池上年氏が公表した政庁跡実測図を島田氏が取り上げていないことについては、『考古学雑誌』はやはり専門家向けの雑誌であり、一般の人たちが目にすることはあまりなかったのかもしれない。一方で、島田氏が編集した『福岡県報』は、その第二輯の例言冒頭において「本輯は史蹟と天然紀念物との調査書につき其の主要なるものを蒐録したるものにして之が記述の目的は是等に関する思想の普及と之が愛護保存の要とを世上に希望するの趣旨に外ならず故に専門的の記事を避け又案内記に偏せざるように注意を払ひたり」と述べ、それを「市町村役場及関係者方面に送呈」されている。県内市町村や学校関係者など多くの人たちの目に触れることで、この第二輯において大宰府その他の遺跡の特質・内容について啓蒙・啓発することを目指していたのであろうと思われる。

島田氏が柴田氏の教示にもとづいて大宰府の測量・実測を行い、その成果を広く公開したという点は評価されるのではないかと考える。

昭和五年八月、水城村では在郷軍人による大宰府跡・国分寺跡の風水害復旧工事が行われたという[福嶋 二〇〇四、太宰府市史編集委員会 二〇〇四]が、そういった史跡を顕彰する動きにつながっていったのではないか、と推察するのである。

大宰府跡や水城跡を有する戦前の水城村の文化財行政を見る中で、福嶋寛之氏は、地域における史蹟保存の主導的役割を果たしたのは県であった、と述べる[福嶋 二〇〇四]。その県における史跡等の担当には島田寅次郎氏がいたし、その後任には川上市太郎氏などがいた。

大野城跡が昭和七年七月に「大野城跡竝四王寺阯」として国指定史跡となったことにも島田氏が貢献したことは疑いないところであろう。

加えるに、島田氏は写真をよくしていた。「太宰府阯の礎石」その他に添えられた写真も貴重なものである。

写真については、柴田常恵氏へ送付していたことは前述した。さらに、終戦後間もない昭和二十一年十二月に九州考古学会が編集して刊行された『福岡縣史蹟名寶寫眞集　第一輯』は写真二四枚が収められているが、その撮影者は島田寅次郎氏となっている。そして二四枚の中には重要美術品として都府楼跡出土の鬼瓦(現在は重要文化財)と文様塼が含まれている。

おわりに

島田寅次郎氏は、小学校や高等女学校の教諭・校長として四十年近く教職に従事したのち、大正十二年に五十八歳にして福岡県の文化財行政に身を置いた。県の内務部学務課社寺兵事係(大正十五年より学務部社寺兵事課史蹟名勝天然紀念物係)に嘱託で所属していた際には、大宰府跡、水城跡、大野城跡(四王寺跡)をはじめとして、青銅器、石棺墓、古墳、経筒、元寇防塁など各時代にわたる遺跡・遺物について報告等を行っている。

昭和七年に県の嘱託を辞してからは史蹟名勝天然紀念物調査委員として主に筑前の古墳を担当し、横穴墓や古墳と副葬品のことなどを論じるとともに、尊王思想に関わる論文などがあるけれども、直接的に大宰府跡に関する論考はほとんど見当たらない。

しかし、大宰府への思いが深かったことは、先に引用したように、自らの来し方を回顧する中で述べているとおりである。あるいは、俳句に詠んだ「土筆」に自分を投影していたのかもしれない。

島田寅次郎氏が、大宰府史跡を含む史跡全般について榜示板を建立したり、史跡等の分布図や調査書を作製したことなど、史跡名勝天然記念物保存の必要性・重要性を広く喚起したことは、福岡県における文化財保護の歴史の中で深く記憶されるべきであろう。

註

(1)「大宰府史跡」と総称するときは、伊﨑[二〇一六]でも述べたように、特別史跡及び史跡に指定されている八つを指している。大宰府跡・水城跡・大野城跡・大宰府学校院跡・観世音寺境内及び子院跡附老司瓦窯跡・国分瓦窯跡・筑前国分寺跡・基肄城跡である。

(2) 大宰府史跡の指定地拡張に係る追加指定の際の経緯については太宰府市教育委員会[一九九四]に詳しい。

(3) 高倉氏は池上氏の業績を高倉[二〇〇二・二〇一三]で取り上げるも、島田氏については[高倉 一九八三]の註で図面に触れられるのみである。鏡山氏は[一九六八]の脚注(P35)及び[一九七九]の参考文献(P150)にて少し触れられているのみである。

(4) 昭和十八年の『福岡県職員録』には内政部社寺兵事課職員名簿のほか委員会として史蹟名勝天然紀念物調査委員会委員二六人の名簿が掲載され、そこには担任事項とともに「古墳(筑前)　島田寅次郎」がある。

(5) 佐々木[一九七八]によると、名和羊一郎氏が昭和二十五年一月に福岡県庁を訪れて有光教一氏と話していた時に前年暮に島田氏が病死したことを聞き、後日島田宅を訪問したとされている。

(6)『考古学』二—三の「学界消息」として、九州考古学会の五月十日の第十一回例会で島田氏が講演を行ったことを記す。

(7) 管見の範囲では、二誌以外では『史蹟名勝天然紀念物』と『考古学』に見られる。

(8) 島田氏は全く同名の論文を『史蹟名勝天然紀念物』第二集第十一号(昭和十一年十一月一日発行)に載せている[島田 一九二七b]。ほぼ同じ文章の転載と見てよいが、言い回しに若干の変更が見られ、また基肄城踏査のことや柴田常恵氏のことは省かれている。

(9) 大場磐雄氏によると柴田常恵氏は「しばた　じょうえ」と読む。なお、「外弟子の一人」であった大場氏の縁から、柴田氏の資料は國學院大學が収蔵することとなり、國學院大學日本文化研究所学術フロンティア推進事業の中で整理されている[大場 一九七一]。

(10) 國學院大學日本文化研究所学術フロンティア推進事業「劣化画像の再生利用と資料化に関する基礎的研究」(プロジェクト編集『國學院大學学術フロンティア構想　柴田常恵写真　資料目録　I』國學院大學日本文化研究所、二〇〇四年)、同「劣化画像の再生利用と資料化に関する基礎的研究」(プロジェクト編集『國學院大學学術フロンティア構想　柴田常恵写真資料目録II』國學院大學日本文化研究所、二〇〇六年)。この中で、福岡県分は三六四四の「筥崎宮楼門」から三八四三までの二〇〇枚と三八五八～三八六二の五枚、計二〇五枚を掲載する。その中に「島田寅次郎氏より」と記載されたものがある[國學院大學研究開発推進機構学術資料館編集 二〇一一]。

〔謝辞〕本稿を草するにあたり、多くの方々に御教示を得た。とくに朝倉高校同窓会「一原堂」の松田秋廣氏にはお世話になった。また草場七郎次については須佐弘美氏(現新修宗像市史編集委員会事務局)に教示いただいた。深謝いたします。

参考文献

池上　年　一九一八年a「都府楼址の研究(上)」『考古学雑誌』第八巻第七号(通編二二二号)
池上　年　一九一八年b「都府楼址の研究(中)」『考古学雑誌』第八巻第一一号(通編二二六号)
伊﨑俊秋　二〇一六年「大宰府史跡について(上)」『都府楼』四八
大場磐雄編　一九七一年『日本考古学選集一二　柴田常恵集』築地書館
岡崎敬編　一九八五年『日本考古学選集一一　中山平次郎集』築地書館
小郡市教育委員会　二〇〇八年『小郡市史編集委員会収集資料目録』第八集
小郡市教育委員会　二〇〇九年『小郡市史編集委員会収集資料目録』第九集
鏡山　猛　一九六八年『大宰府都城の研究』風間書房
鏡山　猛　一九七二年「大宰府の遺跡と条坊(1・2)」『九州考古学論攷』所収(『史淵』第一六・一七輯)
鏡山　猛　一九七九年『大宰府遺跡』考古学ライブラリー4　ニュー・サイエンス社
鶴陽会史編集委員会　一九九三年『鶴陽会史』
九州歴史資料館　二〇〇二年『大宰府政庁跡』
國學院大學研究開発推進機構学術資料館編集　二〇一一年『柴田常恵拓本資料目録』國學院大學研究開発推進機構学術資料館
佐々木武彦　一九七八年『古代への旅人—名和羊一郎の生涯—』望郷出版社
島田寅次郎　一九二六年「太宰府阯の礎石」『福岡県史蹟名勝天然紀念物調査報告書　第二輯』
島田寅次郎　一九二七年a「四王寺の来歴と遺物の発見」『筑紫史談』四十一
島田寅次郎　一九二七年b「四王寺の来歴と遺物の発見」『史蹟名勝天然紀念物　第二集』第十一

島田寅次郎　一九二九年「筑前に於ける薬園」『筑紫史談』四十八
島田寅次郎　一九三五年「考古学上の嘉穂郡 桂川村大塚(或ハ王塚)瞥見記」『筑紫史談』六十四
島田寅次郎　一九三七年「保存事業の回顧」『史蹟名勝天然紀念物　第一二集』第一号
島田寅次郎　一九四二年a「史蹟の実例と私の感想」『筑紫史談』八十二
島田寅次郎　一九四二年b「史蹟の実例と私の感想(第二編)」『筑紫史談』八十三
島田寅次郎　一九四三年「史蹟の実例と私の感想(承前)」『筑紫史談』八十五
高倉洋彰　一九八三年「古図に現れた大宰府」『佛教藝術』一四六
高倉洋彰　一九九六年『大宰府と観世音寺』海鳥ブックス一八　海鳥社　所収「古絵図からみた大宰府」
高倉洋彰　二〇〇二年「第Ⅲ章　大宰府史跡の研究史（1)大宰府政庁の研究前史」九州歴史資料館『大宰府政庁跡』
高倉洋彰　二〇一三年「池上年と礎石の実測」太宰府市『市制施行30周年記念　太宰府人物志』
太宰府市教育委員会　一九九四年『大宰府史跡指定拡張の経緯』
太宰府市史編集委員会　二〇〇四年『大宰府市史　年表編』
長沼賢海　一九三一年「大野城及四王寺遺蹟」『福岡県史蹟名勝天然紀念物調査報告書　第六輯』
長沼賢海　一九三二年「水城の大樋の調査」『福岡県史蹟名勝天然紀念物調査報告書　第七輯』
福岡縣總務部人事課　一九四三年『福岡縣職員録(昭和十八年七月一日現在)』
福岡県立朝倉高等学校　一九五九年『創立五十年史』
福嶋寛之　二〇〇四年「戦前期における旧水城村の文化財保存行政の展開」『古都大宰府の展開』大宰府市史 通史編別編

特別史跡　基肄城跡考

中島恒次郎
主税英徳

はじめに

古代大宰府の南の守りとして『日本書紀』にも記録をとどめる基肄城は、佐賀県三養基郡基山町北部の宮浦に多くの城域を占め、基肄城北部の北帝門（北御門）が福岡県筑紫野市山口に位置する、県境に所在する特別史跡である。土塁・石塁延長3.9㌔、内部施設として礎石建物四〇棟強、水門四ヶ所、門跡四ヶ所、つつみ跡をはじめとする井戸と推定される箇所二ヶ所など、個々の構造が有する歴史的な意義は、これまで積み重ねられてきた先学諸氏の努力によって一つひとつが明らかになってきている。

考古事象上、明らかにされている事項については、多くの先行研究で知ることができるので、本稿では特別史跡基肄城跡としての歩みを文化遺産(1)の視点で整理しながら、基肄城跡を一三五〇年の長きにわたり支えてきた住民の姿を記すことで、未来へつなぐ「特別史跡基肄城跡」への展望を考えてみたい。

本論に入る前に、基山の文字の読み方について若干触れておく。

通常、「基山」と記す場合、現行の町名では「きやま」と呼称する。一方、町民の多くは特別史跡基肄城跡が鎮座する山の呼称として同じ字の「基山」をあてて、「きざん」と呼んでいる。これは、明治二十二年（一八八九）の宮浦村・園部村・小倉村・長野村の四ヶ村合併により新たな村として基山村が誕生した後、町民が村呼称と山呼称を区別するために使用し始めたと伝え聞く。(2)

したがって、本稿では町名呼称である「きやま」の場合はルビをふら

第１図　基肄城跡と基山の文化遺産

ず、山呼称のみ「きざん」としてルビをふることとする。

1　特別史跡　基肄城跡

a. 史跡指定史

昭和二十九年（一九五四）に佐賀県ではじめて特別史跡に指定された基肄城跡は、古代大宰府の南の守りとして人びとの記憶にとどまり、文化九年（一八一二）の写しとして伝えられる『椽城太宰府旧蹟全図　南』に全貌が描かれるなど、近世から現代へ継承された足跡を見ることができる。ここでは、大宰府の防衛施設として認識され、史跡指定に至った歩みについて振り返っておく。

久保山善映までの取り組み　基山の北端に位置する基肄城跡は、先に触れた『椽城太宰府旧蹟全図　南』の他、元禄絵図と呼称される『田代領絵図』にも「基肄山」として記され、さらには福岡藩の貝原益軒や青柳種信らがまとめた『筑前国続風土記』『筑前国続風土記拾遺』などの地誌類にも記されており、当時の人びとによって強弱はあれ認識されていたことがわかる。その後近代に入り『筑紫史談』『肥前史談』を舞台に、古代大宰府の南の守りとして武谷水城や松尾禎作らにより活発に記述されるようになる。この時代に活躍し、かつ基肄城跡を史跡指定まで押し上げた人物が、久保山善映である。

久保山善映は、明治十年（一八七七）に基山町園部の小林山専念寺住職久保山湛然の長男として生まれ、昭和十六年（一九四一）に死去されるまでの六十三年間に、基山町の多方面にわたる文化事業に尽力された方である。なかでも基肄城跡の史跡指定化には、大きな業績を残し、久保山なくして基肄城跡の保存はなかったといっても過言ではない。

久保山善映は、基山尋常小学校をはじめ、大正七年（一九一八）に専念寺住職になるまで基肄養父をはじめ福岡県糟屋郡青柳高等小学校などの教職を務め、受領した講習証書には、国語・地理・歴史など基礎学のみならず、代数・幾何・漢文・経済・物理など多岐にわたっている。この多様な知識が基肄城解明の発想力の基礎となっていたことは想像できる。

久保山善映が基肄城踏査に着手することになったのは、大正三年（一九一四）に発表された武谷水城による大野城、基肄城に関する論考［武谷一九一四］に刺激を受けてからである。その成果は、早くも大正四年（一九一五）に行われた佐賀県教育会主催の大正天皇御大典記念共進会に発表されている。踏査に着手して二年後の大正五年（一九一六）は、基肄城解明の大きな成果が得られた年である、と久保山は記している。一つは、「山麓丸林の或古老より、山中の石垣を破壊し、その石材を以って田普請に供したりとの事よりヒントを得て踏査して発見致しました。」と記録し、「東南門」とされる基肄城東南部の谷部に所在する石塁発見が報じられることになる。さらに同じ年に行われた昭和天皇立太式の日の大演習時の飛行隊が基山《ぎざん》山頂に飛来し、その見学に基山《ぎざん》山頂まで登った後、現在の南水門東方の踏査をした際に、土塁の一端を発見し、その土塁を辿ることで、基肄城の全貌を知る手がかりを得たと報告している［久保山一九二八a］。

この時に発見された土塁・石塁によって、基肄城の規模は大正四年に実測されていた約五〇町から約五町減じて周囲約四五町と判明し、ほぼ確定することとなる。[3] さらに久保山は基肄城に関わる遺構群の状況を記述する中で、「北御門」「つつみ」に注目し、「北御門（きたみかど）」の読み方や「つつみ」の機能を大野城と比較することによって明らかにした。

この成果は基肄城理解の原点を知る上で欠くことができないものである(4)［久保山 一九二八b］。

昭和三年（一九二八）に発表された久保山の論考以降、肥前史談会による基肄城を舞台とした観月会だけでなく、修学旅行の地としても知られるようになり、佐賀県内はもとより福岡、久留米など県内外から臨時列車を仕立てて基肄城へ人びとが訪れることになる。同年には、『佐賀県史蹟名勝天然記念物調査報告書』第一輯が刊行され、その中で久保山による「基肄城址」に関する報告がなされている。

昭和三年の久保山の一連の報文と論考の発表後、基肄城への注目度が飛躍的に上がり、昭和五年（一九三〇）六月十日（時の記念日）には肥前史談会において基肄城築造の契機となった天智天皇を仰ぎみる奉賛銅柱建設が決議され、同年七月には「建設趣意書作成」、翌年六月には同趣意書が発表され［肥前史談会 一九三一］、ついに昭和七年（一九三二）六月十日に起工式が挙行される。一方、久保山自身は、基肄城の見識を相対化するために鞠智城、金田城、三野城の踏査も行い、後年発表される対外史蹟概観の情報収集に努めている。

第２図　天智天皇欽仰之碑ほか
上：天智天皇欽仰之碑
中：通天洞　下：避難所跡

昭和七年に起工した天智天皇奉賛銅柱は、工事費九四九〇円を含む総予算一万六〇〇〇円で建設が進められ、翌八年（一九三三）六月に除幕式が挙行されている。併せて、昭和六十年代に解体された展望台、現在も残る避難所としての通天洞が竣工している。

これら一連の流れの後、昭和十二年（一九三七）十二月二十一日付けで、文部省より国家的史蹟として指定された。国指定までの流れ、指定記念式典の様子などは、肥前史談によって「基肄城址史蹟指定記念號」として発刊されている［肥前史談会 一九三八］。時に、久保山善映六〇歳の時である。その後も久保山は精力的に論考を発表し、昭和十六年（一九四一）に亡くなるまで「国防史蹟概観」「寺院分布」「軍団考」について論述している。

基肄城を国指定史跡まで押し上げた人物として久保山善映の業績は大きい。ここまで向かわせたエネルギーを知ることができる文章が残されている。

「大正三、四年頃、筑紫史談に於て福岡の武谷水城老其の他、大野城と連関して発表ありしも、いつも大野城は其の主体にして、基肄城は従の立場にありしを以って、

…。」［久保山 一九二八a］

「全くこの名所（基肄城）が筑前から奪取されていたからである。否我々は此の地に住んでいながら奪取されていたことさへ知らなかったのである。」とし、「この貴重なる史蹟の顕彰保護に関して、我が県人の一考を請はんと欲するものである。」と県民への鼓舞を訴えている［久保山 一九三〇］。

大宰府の防備のための施設として築かれた水城、大野城、基肄城であることへの認識で歴史的には充足していることではあるが、県民ひいては住民の中に認識されていない基肄城を周知させることの必要性を説き実践に移され、結果として県内外から多くの人びとが基肄城を訪れている。昭和十二年の基山駅乗降客数が一年間に一〇万人を超えることを当時の駅長が話している。当時の基山村の人口が七〇〇〇人前後であったことを考えると、基肄城への来訪者数の多さが分かる［久保山 一九三八］。

久保山善映以後　久保山の死後、基肄城は、昭和二十九年（一九五四）に佐賀県初の特別史跡に指定される。その後は、同県の松尾禎作による論考や、鏡山猛による大宰府都城の一施設として取り上げられ、専門家による研究は進展していく。しかし、基山住民であった久保山とは異なり、多くの調査成果は外部の研究者によって編まれ、主に専門家に共有されることとなり、住民にまで到達するには程遠い存在となっていく。それに比例するように住民意識から基肄城は遠のいていくことになる。

基山町では、平成三年（一九九一）に『特別史跡基肄城跡保存整備基本構想』を策定し、基肄城の活用にむけた取り組みが動き出す。その二年

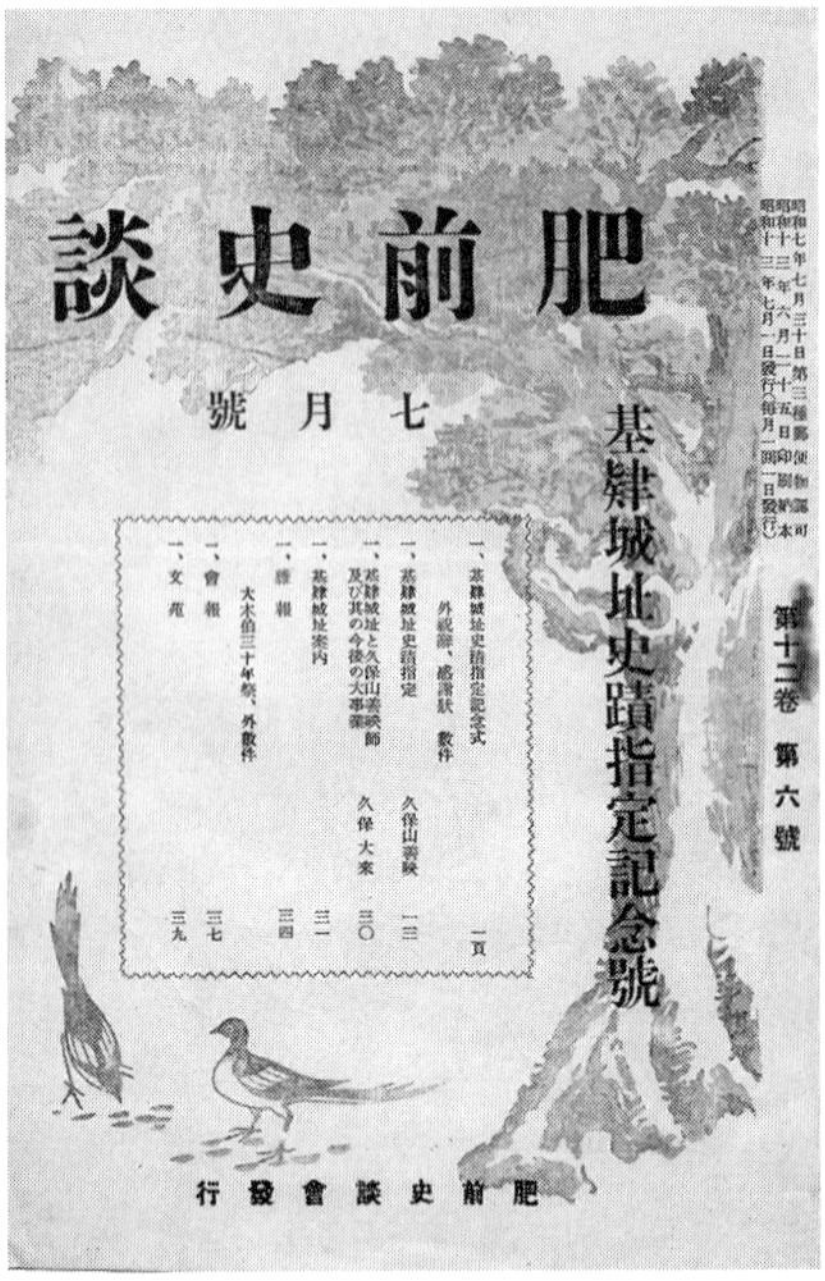

第3図　肥前史談の指定特集号

第1表　特別史跡　基肄城跡発掘調査歴

番号	次数	時期	調査主体	調査原因	掲載文献
1		1959年（昭和34年）	九州大学（調査代表者　鏡山 猛）	学術調査	文献1
2	1	1976年（昭和51年）	基山町教育員会	林道建設計画に伴う調査	文献2
3	2	1994年度（平成6年度）	〃	水門現況測量調査、および試掘調査	
4	3	2003年度（平成15年度）	〃	基山地区生活環境保全林業にともなう確認調査	
5	4	2004年度（平成16年度）	〃	〃	文献3
6	5	2005年度（平成17年度）	〃	〃	〃
7	6	2006年度（平成18年度）	〃	〃	〃
8	7	2010年度（平成22年度）	〃	東南門確認調査	
9	8	〃	〃	基肄城跡水門石垣保存修理事業に伴う調査	
10	9	2011年度（平成23年度）	〃	〃	
11	10	2012年度（平成24年度）	〃	〃	
12	11	〃	〃	〃	

※「次数」：行政による調査次数を示す。
文献
1)　鏡山　猛　1968年『大宰府都城の研究』 風間書房
2)　基山町教育委員会　1977年 『特別史跡基肄城跡林道建設計画に伴う確認発掘調査報告書』
3)　基山町教育委員会 2009・2012『基山町史』上巻・資料編

後の平成五年（一九九三）には『特別史跡基肄城跡保存整備基本計画』も策定され、本格的な整備が進行するやに思われたが、現在も一部整備に終わっていることを考慮すると、様々な事情によって止まってしまった［基山町教委 一九九一・一九九三］。平成二十九年（二〇一七）現在の基肄城跡調査歴を第1表に記しておく。

　時は流れ、平成二十一年（二〇〇九）から、特別史跡基肄（椽）城跡保存整備事業として、樹木の根による崩壊から遺構を保護するために、南水門の石垣保存修理が動き出す。この水門石垣保存修理事業による整備が、再び住民の記憶の中に基肄城を覚醒させるきっかけとなっていく。

2　基肄城を取り巻く文化遺産

　基肄城が鎮座する基山《きざん》には、基肄城が存在することに起因する文化遺産だけでなく、標高400㍍強の登山に適した山が持つ娯楽の場としての文化遺産まで多種多様なものが存在している。特別史跡基肄城跡の活用を考える上で、前項と後項へのつなぎの項として、ここでは基山《きざん》にある文化遺産について記述する。

a．信仰

　基山《きざん》に接する福岡県筑紫野市原田は、筑前と筑後の境に位置し、『風土記　逸文』の中にある「二、公望案、筑後風土記云」にみる荒ぶる神の宿る地として記録され、筑紫の君・肥の君らが占い、「筑紫の君らが祖なる甕依姫《みかよりひめ》して祝祭らめしき。」とし、それ以降、ここを行き来する人びとが神に害されることがなくなったとの伝えが残る筑紫神社が鎮座している。また、筑肥の境、肥の国の北東　鬼門に位置することから荒ぶる神がいたともいわれ、これら荒ぶる神がいた場こそ、基山《きざん》であると近代以来地域の人びとに伝えられてきた［植垣 一九九七、荒穂神社 一九二八］。

　このことに起因し、基山《きざん》南麓には荒穂神社が、さらにその上部、基山《きざん》山頂には磐座としての「タマタマ石」がある。神宿る山としての人びとの意識が、基山《きざん》内に修行道場としてのお瀧場を開き、さらに地域信仰行事の際の浄め水を採取する場として基肄城南水門に、祓いの神である住吉神社とその横にお潮井採りの場がつくられている。

b．史跡指定

　前項でも記したが、肥前史談会の主催で建設された天智天皇奉賛銅柱が、今も朝倉橘広庭宮を見る位置に建っている。碑には、「天智天皇欽仰之碑」として記され、その前面に避難所として建設された「通天洞」の銘が記された建物が残されている。さらに昭和六十年代に劣化のため解体された展望所跡が、山頂にある「特別史跡　基肄（椽）城跡」碑が建つ場の背後の高台に基礎のみ残されている。これらの建造物建設の際には、麓から多くの資材が持ち上げられ、小学生から大人まで多くの人びとの奉仕によって行われたと、携わられた方々が今も伝えている。天智天皇欽仰之碑の落成式後の記念写真に、胸を張り誇らし気な小学生が写っており、そのことを物語っている。

c．顕彰・娯楽の場

　基肄城を知る資料は、江戸期に遡ることは先述した。『椽城太宰府旧蹟全図　南』（以下、「本図」とする）であり、大宰府の領域を示すごとく描かれている［高倉 一九八三］。本図は、江戸時代における黒田藩の国学者として知られる青柳種信資料の中に含まれ、現在は福岡市博物館にて所蔵されている。本図は、文化九年（一八一二）に写されたとされ、江戸時代における基肄城の状態を知るのみならず、多くの地名が記されており、現存地名との比較や本図の地理的位置を推定するのに役立つ情報

第４図　南水門、住吉神社とお潮井採りの場

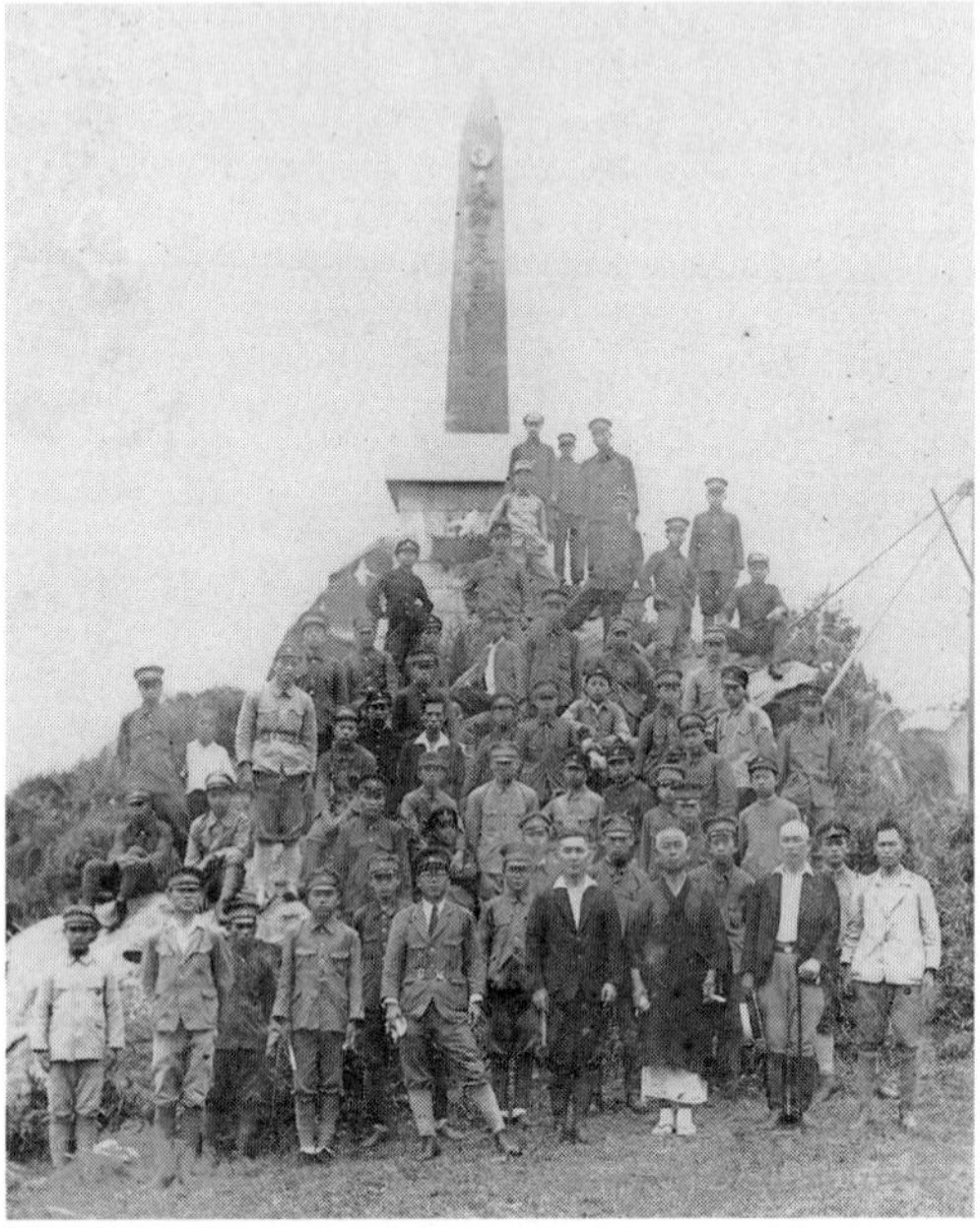

第５図　奉賛塔落成記念（専念寺資料）

が豊富に残されている。全てを詳述することは紙数の都合上困難であるが、先述した「北御門」は、「原点」を見る上で貴重な情報である。また、城内北西部に「塔ノ礎也　シン柱　穴旦(有)リ壱尺八寸」の文字が見え、『扶桑略記』に記す「大宰府起四王院」や『日本三代実録』にみる「…大宰府司於城山四王院」の記載を注視し、江戸期の国学者貝原益軒によって基肄城にも寺があったことが推測され、さらに、昭和五十一年(一九七六)に実施された林道建設事業に伴う確認調査で「山寺」と墨書された八世紀後半代の須恵器蓋が出土するなど、本図に記載された「塔ノ礎也」が示す場の確認と遺構の確認が課題である[貝原 一七〇九]。

基山《きざん》西域に広がる草スキー場は、福岡都市圏をはじめ近在の人びとにとって身近なスキー場として古くより親しまれてきた。現在では、年に一・二度に激減した降雪も昭和三十年代には山頂から現在のJR基山駅までスキーで滑ることができるほどであり、夏冬の娯楽の場として広く知られていた。昭和十三年(一九三八)に刊行された『基山郷土読本』にも「19・草スキー」の項が見えるなど、基山《きざん》が持つもう一つの姿を見ることができる。この草スキー場南側の高台に昭和六十三年(一九八八)建立の「日本植林発祥之地」碑が建てられている。これは、『日本書紀』に見る「初五十猛神 天降之時 多將樹種而下 然不殖韓地、盡以持歸 遂始自筑紫 凡大八洲國之內、莫不播殖而成青山焉 所以 稱五十猛命 爲有功之神 即紀伊國所坐大神是也」の件の中にある「紀伊國」を「基肄国」と解し、「五十猛命」が新羅より木の種を持ち帰り筑紫より始めたとする地を基肄城がある基山《きざん》に比定したことに発する。この解釈は、史跡指定に尽力した久保山善映によっても論証され、荒穂神社の『縣社昇格出願書類』では、荒穂神社の御祭神である瓊瓊杵尊が天孫降臨の神であること、日本最初の植林の神としての五十猛命の二神の存在ゆえに、天智天皇によって基肄城が築かれたと解している。ただし、『縣社昇格出願書類』に記された神社御祭神には、五十猛命の文字は見当たらない[久保山 一九三八a・b。荒穂神社 一九二八]。

その真偽については、本稿で考察できるものではないが、地域の人びとによって「正当化」された思いが、昭和後期まで引き継がれ、石碑として建立された文化遺産として、今も受け継がれている。

標高400㍍強の基山《きざん》は、登山者にとって手軽な山として親しまれ、昨今では、トレイルランニングの練習場として時折、史跡地内を駆け抜ける人びとの姿が散見される。初夏、晩秋の頃は老若男女問わず、多くの人びとが登山し、山頂の平場で弁当を広げる姿が見受けられ、基山町内の小学校でも長きにわたり遠足の地として活用され、特別史跡基肄城跡を知るよい機会となっている。

3　特別史跡　基肄城跡の未来

基肄城の学術研究の進展とは反比例し、住民の記憶の中から「基肄城」は遠のいていった。第1節にて平成二十一年(二〇〇九)から開始される水門石垣保存修理事業による整備が、再び住民の記憶の中に基肄城を覚醒させるきっかけとなっていくと記した。この水門石垣保存修理事業による水門旧景が、「私たちが知る水門景観であり、修理によって見ることができなくなる。水門ありがとうの気持ちを表現したい。」という一人の若者の言葉が、町全体に基肄城を覚醒させるムーブメントを巻き起こすことになる〔中島 二〇一三〕。水門前での基肄城築城に関わる創作劇から発展し、基山町の小中学校合同創作劇「こころつないで」第1回公演が平成二十四年に幕を開ける。その時から、基山町の子どもたちの口々に、「きいじょう、きい城、基肄城」の言葉が連呼され、家族も含め基肄城の存在が当たり前のように基山町民の中に根付いていく。

第6図　創作劇「こころつないで」の一場面

それから、三年後の平成二十七年に基山町を舞台に第5回古代山城サミットが開催され、西日本に展開する古代山城を有する市町の人びとが集い、基肄城の存在とそこで活動する町民組織の活動を見ていただくことになる。さらに創作劇「こころつないで」が、福岡県大野城市で公演され、基山を飛び出し、基肄城の姿を知っていただく機会へと育っていった。久保山善映が、史跡指定へのエネルギーとした基肄城を基山の住民で筑前の人びとに伝えることができた瞬間であった。

大宰府発掘50周年を迎えるが、基肄城を史跡として保存し活用するには大きな課題が積み残され、昭和後期の「負の遺産」化しつつある。特別史跡大宰府跡を含め広域な史跡地内は、公有化によって空き地が広がり、管理費が自治体の財政を蝕んでいく。さらには、史跡地内の人口減少が続き地域コミュニティが形成不能に陥り、地域の伝統行事の継続が危ぶまれつつある。人が使い、人が保護し、一三五〇年の長きにわたり継承してきた史跡が、昭和後期の国家の保護に継承され守られてきたのも事実である。これからは次の段階として、昭和後期の先人たちの心血を注いだ取り組みを「負の遺産」化しないためにも、これらを引き継ぎ、社会変化を見定めつつ次世代へどうつないでいくのかが、全国

第7図　民間活動（ガイド）の様子

第８図　子ども向けワークショップの様子
（基山町教委提供）

にある多くの史跡の持つ共通する課題である。

　基肄城は、基山《きざん》の東麓にある丸林・城戸集落の方々によって守られてきた。落雷や登山客のタバコの投げ捨てによる火災に、昼夜を問わず集落総出で消火活動に係り、山の樹木管理を続けられている。人びとは、基《き》山《ざん》には、大事な木やそして史跡がある、私たちが守っていかなければならないという気持ちで保護されてきた。この意志が平成二十八年(二〇一六)には「きざんの守り人」として民間活動団体へ引き継がれている。民間活動の輪も少しずつ広がっている。基山《きざん》のゴミ拾いや駐車場にあるトイレ掃除を十年以上続けられている「清翠会」。平成五年(一九九三)に山登りを楽しみつつ基山《きざん》の荒れた山道の手入れをされている「基肄山歩会」。第5回古代山城サミットを契機として活動が始まった文化遺産ガイドである「基肄かたろう会」。いずれも、ボランティア活動として基山《きざん》、基肄城を守り育てる活動を繰り広げている[基山町教委 二〇一六]。

　基山町も、平成二十七年から特別史跡基肄城跡の保存整備基本計画策定に着手した。住民ワークショップの折は、平成三年および平成五年の基肄城跡に関わる計画の総括を求める声が上がったが、今回は本腰を入れて計画策定から実践へと昇華してくれるものと期待している。その表れとして、次世代の子どもたちむけのワークショップ開催や、国土交通省・文部科学省・農林水産省の三省共管事業である、「地域の歴史的風致の維持及び向上に関する法律(平成二十年施行)」に基づく、『基山町歴史的風致維持向上計画』策定に平成二十九年(二〇一七)より着手した。特別史跡基肄城跡のみならず付帯施設としてのとうれぎ・関屋土塁の環境整備や導線・誘導整備が可能となる。

　これからの特別史跡基肄城跡は、文化財として囲い込むのではなく、多くの町民、県民、国民が集え、活動し楽しめる空間として保護していくことが望まれる。その実現のためにも、特別史跡大宰府跡をはじめ、広域の史跡地を管理するための財源確保や都市計画法上の制度など幅広く関連する制度を取り込み、未来志向の活用にむけた方策の立案が求められる。一方で、文化財の「尊厳」を表現し守る意志も失ってはいけない。

おわりに

本稿は、大宰府の南の守りとして築かれた基肄城跡の史跡史とでもいえる内容をまとめた。佐賀県、基山町で実施されてきた基肄城跡の発掘調査成果が未だ明らかにされていない中、大宰府史跡発掘調査50周年記念論集へ寄稿するに足る論考を記述することができなかった。しかし、基肄城を史跡として押し上げた久保山善映氏の遺考を学ぶとき、本論集に基肄城がある地域関係者の草稿が欠することは避けなければならないと思ったことに端を発する。事務局の方々には、ご迷惑をおかけした。記してお詫びいたします。また、本稿を草するにあたり、左記の方々にお世話になった。記して深く感謝の意を表します。

久保山真澄(小林山専念寺御住職)、清翠会、基肄山歩会、基山町第6区の皆さま、基山の歴史と文化を語り継ぐ会、基肄かたろう会、基山町、

基山町教育委員会

註

（1）「文化遺産」の用語は、様々な場面で多用されるようになり、社会的に定着した感があるが、その使用法については、文化財と同義、文化財より狭域的理解、文化財とは異なるモノとしての理解など、個々人によって様々である。本稿においては、太宰府市歴史文化基本構想によって記述された、「未来の市民(町民)へ伝えていきたいと、市民(町民)が考えたモノ」全てを文化遺産とし、評価軸を設定しない多様な価値観で取り上げていくモノという理解で記述を進める。したがって、「文化遺産＞＞文化財」という考え方である[太宰府市二〇一一]。

（2）「基山」の地名は、明治二十二年(一八八九)の四ヶ村合併時から使われたと解されてきたが、平成二十三年度にまとめられた『基山町史』編纂事業に伴う町域の文化遺産調査で、旧木山口町の鎮守である若宮八幡神社拝殿に掲げられている文政十年(一八二八)十一月銘の奉納俳句額に「基山下」の文字が見え、江戸時代にはすでに「基山」の地名が使われていたことが明らかとなっている。

（3）当時の計測で約四五町、一町約109.09㍍とした時、4.9㌔であることから、基肄城の土塁・石塁の現況距離約4.3㌔の差、約0.6㌔で計測されており、当時明らかでなかった基肄城の規模がほぼ確定したといって過言ではない。

（4）「北御門」は、後述するように「椽城太宰府旧蹟全図　南」の中にも記されており、現在の地名である「北帝門」が当て字であることがわかる。したがって、正確な読みとしては「きたみかど」であり、俗解としての「ほくていもん」は相応しくないことがわかる。また、「つつみ」についても、久保山は大野城にある井戸跡と比較し、「中央部の井の部分埋まりて、大なる圓錐形の低地をなして居る。」と記載し、井戸であることを推定している。基山《きざん》麓の丸林、城戸地区の方々への聞き取りでは、昭和前期まで水が湧き、夏になると「つつみ」で泳いでいたという。

引用文献

貝原益軒　一七〇九年『筑前国続風土記』（福岡縣　一九四三年『福岡縣史資料』所収）

武谷水城　一九一四年「大野築城の起因及遺址」『筑紫史談』第1号　筑紫史談会

荒穂神社　一九二八年『縣社昇格出願書類』荒穂神社

久保山善映　一九二八年a「基肄城に就きて(上)」『肥前史談』第1巻第11号　肥前史談会

久保山善映　一九二八年b「基肄城に就きて(下)」『肥前史談』第1巻第12号　肥前史談会

久保山善映　一九三〇年「基山の史蹟につきて　敢て県人の一考を煩す」『肥前史談』第3巻第5号

久保山善映　一九三八年「基肄城址史蹟指定」『肥前史談』第12巻第6号　肥前史談会

肥前史談会　一九三一年「天智天皇奉賛銅柱建設計画」『肥前史談』第4巻第6号　肥前史談会

肥前史談会　一九三八年「基肄城址史蹟指定記念號」『肥前史談』第12巻第6号　肥前史談会

高倉洋彰　一九八三年「古図に現れた大宰府」『佛教藝術』146　毎日新聞社

植垣節也校注・訳　一九九七年『風土記』小学館

中島しょう子　二〇一三年「脚本に込めた意図」『町史研究　きやま』創刊号　基山の歴史と文化を語り継ぐ会

太宰府市　二〇一一年『太宰府市民遺産活用推進計画(太宰府市歴史文化基本構想)』

基山町教育委員会　一九九一年『特別史跡基肄城跡保存整備基本構想』

基山町教育委員会　一九九三年『特別史跡基肄城跡保存整備基本計画』

基山町教育委員会　二〇一六年「基肄城を知る⑱　―基山(きざん)を守ってきた人々―」『広報　きやま』1月号　基山町

執筆者一覧

小田《おだ》富士雄《ふじお》　一九三三年生れ、福岡大学名誉教授
森《もり》　公章《きみゆき》　一九五八年生れ、東洋大学文学部教授
松川《まつかわ》博一《ひろかず》　一九七〇年生れ、九州歴史資料館
八木《やぎ》　充《あつる》　一九三一年生れ、山口大学名誉教授
菅波《すがなみ》正人《まさと》　一九六五年生れ、福岡市博物館
岩永《いわなが》省三《しょうぞう》　一九五六年生れ、九州大学総合研究博物館教授
重藤《しげふじ》輝行《てるゆき》　一九六八年生れ、佐賀大学芸術地域デザイン学部教授
日野《ひの》尚志《たかし》　一九三六年生れ、佐賀大学名誉教授
酒井《さかい》芳司《よしじ》　一九七二年生れ、九州歴史資料館
上田《うえだ》龍児《りゅうじ》　一九七九年生れ、大野城市教育委員会
山村《やまむら》信榮《のぶひで》　一九六三年生れ、太宰府市教育委員会
重松《しげまつ》敏彦《としひこ》　一九六〇年生れ、太宰府市公文書館
杉原《すぎはら》敏之《としゆき》　一九六八年生れ、福岡県教育委員会
神保《じんぼ》公久《きみひさ》　一九七二年生れ、久留米市市民文化部
西谷《にしたに》　正《ただし》　一九三八年生れ、海の道むなかた館長
亀田《かめだ》修一《しゅういち》　一九五三年生れ、岡山理科大学生物地球学部教授
林《はやし》　重徳《しげのり》　一九四五年生れ、佐賀大学名誉教授
小澤《おざわ》佳憲《よしのり》　一九七三年生れ、九州国立博物館
赤司《あかし》善彦《よしひこ》　一九五七年生れ、大野城心のふるさと館長
小西《こにし》龍三郎《りゅうざぶろう》　一九五二年生れ、元九州造形短期大学教授
入佐《いりさ》友一郎《ともいちろう》　一九七〇年生れ、福岡県教育委員会
大淵《おおぶち》博文《ひろふみ》　一九八〇年生れ、㈱修復技術システム
木村《きむら》龍生《りゅうせい》　一九七八年生れ、熊本県教育委員会
矢野《やの》裕介《ゆうすけ》　一九七一年生れ、熊本県教育委員会
瓜生《うりう》秀文《ひでふみ》　一九六四年生れ、糸島市教育委員会
小嶋《こじま》　篤《あつし》　一九八三年生れ、九州国立博物館
大高《おおたか》広和《ひろかず》　一九八二年生れ、福岡県人づくり・県民生活部
野木《のぎ》雄大《ゆうだい》　一九八六年生れ、文化庁文化財第二課
井上《いのうえ》信正《のぶまさ》　一九六八年生れ、太宰府市教育委員会
小鹿野《おがの》亮《あきら》　一九七〇年生れ、筑紫野市教育委員会
髙倉《たかくら》洋彰《ひろあき》　一九四三年生れ、西南学院大学名誉教授
岡寺《おかでら》　良《りょう》　一九七五年生れ、九州歴史資料館
森《もり》　弘子《ひろこ》　一九四六年生れ、福岡県文化財保護審議会委員
井形《いがた》　進《すすむ》　一九七一年生れ、九州歴史資料館
下原《しもはら》幸裕《ゆきひろ》　一九七六年生れ、福岡県教育委員会
齋部《さいべ》麻矢《まや》　一九六五年生れ、九州歴史資料館
栗原《くりはら》和彦《かずひこ》　一九四一年生れ、元九州歴史資料館
小田《おだ》和利《かずとし》　一九六〇年生れ、九州歴史資料館
石木《いしき》秀啓《ひでたか》　一九七〇年生れ、大野城市教育委員会
中島《なかじま》恒次郎《こうじろう》　一九六三年生れ、太宰府市都市整備部
遠藤《えんどう》啓介《けいすけ》　一九七五年生れ、九州歴史資料館
主税《ちから》英徳《ひでのり》　一九八三年生れ、基山町教育委員会
加藤《かとう》和歳《かずとし》　一九七一年生れ、九州歴史資料館
伊﨑《いさき》俊秋《としあき》　一九五五年生れ、九州歴史資料館

大宰府の研究

2018年11月20日第1刷発行

編　者　大宰府史跡発掘五〇周年記念論文集刊行会
発行者　濱　久年
発行所　高志書院
〒101-0051 東京都千代田区神田神保町 2-28-201
TEL03(5275)5591　FAX03(5275)5592
振替口座　00140-5-170436
http://www.koshi-s.jp

印刷・製本／亜細亜印刷株式会社

Printed in Japan ISBN978-4-86215-186-5